Hummel/Köhler/Mayer
BDG
Bundesdisziplinargesetz und materielles Disziplinarrecht

Kommentar für die Praxis

Dieter Hummel
Daniel Köhler
Dietrich Mayer

BDG
Bundesdisziplinargesetz und materielles Disziplinarrecht

4., aktualisierte und überarbeitete Auflage

Bibliographische Information der Deutschen Nationalbibliothek:
Die Deutsche Nationalbibliothek verzeichnet diese Publikation in der
Deutschen Nationalbibliografie; detaillierte bibliografische Daten sind im
Internet über **http://dnb.d-nb.de** abrufbar.

4., aktualisierte und überarbeitete Auflage 2009
© 1989 by Bund-Verlag GmbH, Frankfurt am Main
Herstellung: Birgit Fieber
Umschlag: Neil McBeath, Stuttgart
Satz: JOUVE Germany, Kriftel
Druck: Druckerei C. H. Beck, Nördlingen
Printed in Germany 2009
ISBN 978-3-7663-3790-0

Alle Rechte vorbehalten,
insbesondere die des öffentlichen Vortrags,
der Rundfunksendung
und der Fernsehausstrahlung,
der fotomechanischen Wiedergabe,
auch einzelner Teile.

www.bund-verlag.de

Vorwort

Sechs Jahre nach Erscheinen der dritten Auflage sind in der disziplinargerichtlichen Praxis Erfahrungen mit dem neuen Disziplinargesetz gemacht worden. Die neuen Regelungen haben sich überwiegend bewährt. Es hat sich jedoch die Notwendigkeit zu wesentlichen Änderungen und weiteren redaktionellen Anpassungen herausgestellt. Bei der Zulassung der Berufung mussten die gleichzeitig mit dem BDG in Kraft getretenen Änderungen der Verwaltungsgerichtsordnung einbezogen werden. Die Vorschrift des § 14 BDG musste eingeschränkt werden. Nach der Rechtsprechung des Bundesverwaltungsgerichts kann ein Beamter nach einer Verurteilung in einem sachgleichen Strafverfahren grundsätzlich auch nicht mehr mit der zweitschwersten Disziplinarmaßnahme, der Zurückstufung, belegt werden. Die in der Vorgängervorschrift des § 14 BDO nicht enthaltene Zurückstufung (Degradierung) musste aus § 14 Abs. 1 Nr. 2 BDG wieder herausgenommen werden, damit angemessene Disziplinarmaßnahmen verhängt werden können.
Dies führte zu einem Entwurf eines Gesetzes zur Änderung des Bundesdisziplinargesetzes (BT-Drucks. 16/2253 v. 18.7.2007), der aber nicht verabschiedet wurde, sondern in den Entwurf eines Dienstrechtsneuordnungsgesetzes Eingang fand, mit dem ein modernes, transparentes Beamten-, Besoldungs- und Versorgungsrecht geschaffen werden sollte (BT-Drucks. 16/7976 v. 12.11.2007). Die Verabschiedung dieses Gesetzes verzögerte sich dann weiter, weil bei der Kodifizierung des Beihilferechts im neuen § 80 BBG Schwierigkeiten aufgetreten waren. Zu einer isolierten Verabschiedung der völlig unstrittigen Änderungsvorschläge des BDG konnte sich der Gesetzgeber nicht durchringen. So dauerte es bis Februar 2009, bis das Dienstrechtsneuordnungsgesetz v. 5.2.2009 (BGBl. I S. 160 ff.) mit dem neuen Bundesbeamtengesetz (BBG) und den Änderungen des BDG in Kraft treten konnte.
All dies hat das Erscheinen der vierten Auflage erheblich verzögert. Erschwert wurde die Arbeit dadurch, dass sich die Reihenfolge der Vorschriften im BBG geändert hat. Die das Disziplinarrecht betreffenden neuen Vorschriften des BBG sind in diesen Kommentar eingearbeitet. So wurde z. B. die Vorschrift über das Verbot der Annahme von Belohnungen, Geschenken und sonstigen Vorteilen (§ 71 BBG) erheblich erweitert. Weiter hat das Bundesverwaltungsgericht seine Rechtsprechung zu den Milderungsgründen bei Zugriffsdelikten modifiziert. Es gilt nicht mehr ein Kanon von bisher fünf anerkannten Milderungsgründen. Vielmehr sind in Anwendung der Bemessungsgrundsätze des § 13 Abs. 1 BDG auch hier alle bedeutsamen be- und entlastenden Gesichtspunkte heranzuziehen. Schließlich hat das Bundesverwaltungsgericht für die Verfahren, die nach Auflösung des Bundesdisziplinargerichts auf die Verwaltungsgerichte der Länder übergegangen sind, bedeutsame Rechtsgrundsätze aufgestellt. Für diese noch nach der BDO fortzuführenden Verfahren gilt das günstigere materielle

Vorwort

Recht des BDG, z. B. die in §§ 8, 11, 14 bis 16 BDG gegenüber den entsprechenden BDO-Vorschriften günstigeren Regelungen.

Neu aufgenommen wurde die Anlage zu § 78, das Gebührenverzeichnis, welches der Gesetzgeber mit dem Dienstrechtsneuordnungsgesetz neu verabschiedet hat. Dies soll den Gebrauchswert des Kommentars, insbesondere in der anwaltlichen Praxis erhöhen. Die Benutzung des Kommentars selbst soll die im Anhang abgedruckte Synopse zu den beamtenrechtlichen Vorschriften erleichtern.

Das Schwergewicht der Rechtsprechung wird in Zukunft für die Landes- und Bundesbeamten bei den Verwaltungsgerichten der Länder liegen. Es wird daher auch vermehrt die Rechtsprechung dieser Gerichte in diesen Kommentar aufgenommen. Das Bundesverwaltungsgericht ist neben einigen noch nach der BDO abzuarbeitenden Berufungsverfahren nur noch als Revisionsinstanz zuständig. Wichtig ist hierbei, dass es, wenn die von den Oberverwaltungsgerichten als Revisionsinstanz festgestellten Tatsachen eine Bemessungsentscheidung zulassen, auch als Revisionsgericht in der Sache selbst entscheiden kann, so dass keine Verzögerung durch eine Zurückverweisung entsteht.

Mit der vierten Auflage ist der »Köhler/Ratz« umbenannt. Damit wird der Wechsel, der bereits in der Vorauflage stattgefunden hat, auch nach außen dokumentiert. An dieser Stelle noch einmal unser herzlicher Dank an die Vorherausgeber, auf deren gründlicher Arbeit dieser Kommentar immer noch in weiten Teilen fußt.

Im Juli 2009   Die Verfasser

Bearbeiterverzeichnis

Zweiter Teil:
Einführung   Daniel Köhler
A. Allgemeiner Teil   Daniel Köhler
B. Besonderer Teil
I.-II. 5.   Dieter Hummel
II. 6.-9.   Daniel Köhler
II. 10.-12.   Dietrich Mayer

Dritter Teil:
§§ 1-37   Dieter Hummel
§§ 38-40   Dietrich Mayer
§§ 41-63   Daniel Köhler
§§ 64-86   Dietrich Mayer

Synopsen   Daniel Köhler/Dieter Hummel

Zitiervorschlag: Hummel/Köhler/Mayer-*Bearbeiter*, § 1 Rn. 1.
Stand der Bearbeitung: Juli 2009.

Über die Autoren:

Dieter Hummel, Rechtsanwalt und Fachanwalt für Arbeits- und Sozialrecht, Disziplinarverteidiger.
Daniel Köhler, Richter am Landgericht Frankfurt/Main.
Dietrich Mayer, Richter am Bundesverwaltungsgericht a. D., von 1993–2005 im Disziplinarsenat.

Inhaltsverzeichnis

Vorwort 5
Bearbeiterverzeichnis 7
Abkürzungsverzeichnis 15
Literaturverzeichnis 23

Erster Teil:
Text des Bundesdisziplinargesetzes 25

Zweiter Teil:
Materielles Disziplinarrecht 57

Einführung 59
   I. Geschichte des Disziplinarrechts 59
   II. Funktion des Disziplinarrechts 71

A. Allgemeiner Teil 77
   I. Der Dienstvergehenstatbestand 77
      1. Der objektive Pflichtenverstoß 77
      2. Einheit des Dienstvergehens 80
      3. Die Pflichtwidrigkeit 87
      4. Das Verschulden 89
   II. Gesetzesnorm und Richterrecht 93
      1. Disziplinare Grund- und Spezialtatbestände 93
      2. Richterrecht 101
   III. Dienstvergehen und Straftat 106
   IV. Maßnahmenwahl – Bemessungsgrundsätze 108
      1. Maßnahmenkatalog 108
      2. Maßnahmenwahl 110
      3. Allgemeine Bemessungsgrundsätze 116
      4. Milderungs- und Erschwerungsgründe im Einzelnen .. 121
   V. Allgemeine Rechtsgrundsätze 130
      1. Verwirkung 130
      2. Verzögerung 131
      3. Doppelbestrafung 133
      4. Rechtliches Gehör 133
      5. Prozessuale Fürsorge 135
      6. Verfassungsgrundsätze 136
      7. Beteiligungsrechte 137
      8. Verfahrensfehler 142

Inhaltsverzeichnis

B. Besonderer Teil 145
   I. Abgrenzung inner- und außerdienstlichen Verhaltens 145
  II. Die einzelnen Dienstvergehen und ihre Maßregelung 149

Politisches Verhalten 149
  1. Die politische Treuepflicht 149
  2. Die politische Neutralitäts- und Mäßigungspflicht 160

Dienstleistung 174
  3. Fernbleiben vom Dienst 174
  4. Melde- und Nachweispflicht anlässlich des Fernbleibens 191
  5. Erhaltung der vollen Dienst- und Einsatzfähigkeit 195
  6. Arbeitseinsatz und Arbeitsqualität 214
  7. Gehorsams- und Unterstützungspflicht 227

Treue und Wohlverhalten 242
  8. Die Wahrheits- und Auskunftspflicht 242
  9. Die Pflicht zur Amtsverschwiegenheit 252
  10. Die Pflicht zur Uneigennützigkeit 271
    – Zugriffsdelikte (Unterschlagung von Kassengeldern,
      Beförderungsgut und anderen gleichgestellten Lagen) 272
    – Innerdienstlicher Diebstahl zum Nachteil des Dienstherrn,
      der Kollegen und Kunden; Hehlerei 289
    – Betrug gegen die eigene Verwaltung 292
    – Veruntreuungen im weiteren Sinne, Missbrauch dienstlicher
      Möglichkeiten zu privaten Zwecken, Interessenkollision ... 296
    – Verbotene Geschenkannahme, Vorteilsnahme, Bestechung .. 299
  11. Wohlverhaltenspflicht innerhalb des Dienstes, Einzelfälle 304
  12. Wohlverhaltenspflicht außerhalb des Dienstes, Einzelfälle 309
    – Verfehlungen im Straßenverkehr 311
    – Außerdienstliche Unterschlagung, Untreue, Betrug 315
    – Außerdienstlicher Diebstahl und Hehlerei 317
    – Schuldnerverhalten 320
    – Urkundenfälschung, Meineid, Falschaussage 323
    – Außerdienstliche Sexualverfehlungen 325
    – Rauschtat, sonstige Straftaten und Wohlverhaltensverstöße
      außerhalb des Dienstes 327

Dritter Teil:
Kommentar zum Bundesdisziplinargesetz (BDG) 331

Teil 1: Allgemeine Bestimmungen 333

§ 1 Persönlicher Geltungsbereich 333
§ 2 Sachlicher Geltungsbereich 336
§ 3 Ergänzende Anwendung des Verwaltungsverfahrensgesetzes und
     der Verwaltungsgerichtsordnung 339
§ 4 Gebot der Beschleunigung 340

Inhaltsverzeichnis

Teil 2: Disziplinarmaßnahmen 341

§ 5	Arten der Disziplinarmaßnahmen	341
§ 6	Verweis	344
§ 7	Geldbuße	345
§ 8	Kürzung der Dienstbezüge	346
§ 9	Zurückstufung	349
§ 10	Entfernung aus dem Beamtenverhältnis	352
§ 11	Kürzung des Ruhegehalts	357
§ 12	Aberkennung des Ruhegehalts	358
§ 13	Bemessung der Disziplinarmaßnahme	359
§ 14	Zulässigkeit von Disziplinarmaßnahmen nach Straf- oder Bußgeldverfahren	366
§ 15	Disziplinarmaßnahmeverbot wegen Zeitablaufs	382
§ 16	Verwertungsverbot, Entfernung aus der Personalakte	392

Teil 3: Behördliches Disziplinarverfahren 399

Kapitel 1: Einleitung, Ausdehnung und Beschränkung 399

§ 17	Einleitung von Amts wegen	399
§ 18	Einleitung auf Antrag des Beamten	404
§ 19	Ausdehnung und Beschränkung	407

Kapitel 2: Durchführung 408

§ 20	Unterrichtung, Belehrung und Anhörung des Beamten	408
§ 21	Pflicht zur Durchführung von Ermittlungen, Ausnahmen	411
§ 22	Zusammentreffen von Disziplinarverfahren mit Strafverfahren oder anderen Verfahren, Aussetzung	413
§ 23	Bindung an tatsächliche Feststellungen aus Strafverfahren oder anderen Verfahren	417
§ 24	Beweiserhebung	418
§ 25	Zeugen und Sachverständige	421
§ 26	Herausgabe von Unterlagen	425
§ 27	Beschlagnahmen und Durchsuchungen	426
§ 28	Protokoll	428
§ 29	Innerdienstliche Informationen	428
§ 30	Abschließende Anhörung	429
§ 31	Abgabe des Disziplinarverfahrens	430

Kapitel 3: Abschlussentscheidung 431

§ 32	Einstellungsverfügung	431
§ 33	Disziplinarverfügung	435
§ 34	Erhebung der Disziplinarklage	438
§ 35	Grenzen der erneuten Ausübung der Disziplinarbefugnisse	439
§ 36	Verfahren bei nachträglicher Entscheidung im Straf- oder Bußgeldverfahren	441
§ 37	Kostentragungspflicht	443

Inhaltsverzeichnis

Kapitel 4: Vorläufige Dienstenthebung und Einbehaltung von Bezügen . . 447
§ 38 Zulässigkeit 447
§ 39 Rechtswirkungen 452
§ 40 Verfall und Nachzahlung der einbehaltenen Beträge 455

Kapitel 5: Widerspruchsverfahren 458

§ 41 Erforderlichkeit, Form und Frist des Widerspruchs 458
§ 42 Widerspruchsbescheid 461
§ 43 Grenzen der erneuten Ausübung der Disziplinarbefugnisse 464
§ 44 Kostentragungspflicht 466

Teil 4: Gerichtliches Disziplinarverfahren 467

Kapitel 1: Disziplinargerichtsbarkeit 467

§ 45 Zuständigkeit der Verwaltungsgerichtsbarkeit 467
§ 46 Kammer für Disziplinarsachen 471
§ 47 Beamtenbeisitzer 476
§ 48 Ausschluss von der Ausübung des Richteramts 480
§ 49 Nichtheranziehung eines Beamtenbeisitzers 482
§ 50 Entbindung vom Amt des Beamtenbeisitzers 483
§ 51 Senate für Disziplinarsachen 485

Kapitel 2: Disziplinarverfahren vor dem Verwaltungsgericht 485

Abschnitt 1: Klageverfahren 485
§ 52 Klageerhebung, Form und Frist der Klage 485
§ 53 Nachtragsdisziplinarklage 492
§ 54 Belehrung des Beamten 496
§ 55 Mängel des behördlichen Disziplinarverfahrens oder der Klageschrift 497
§ 56 Beschränkung des Disziplinarverfahrens 502
§ 57 Bindung an tatsächliche Feststellungen aus anderen Verfahren 504
§ 58 Beweisaufnahme 509
§ 59 Entscheidung durch Beschluss 512
§ 60 Mündliche Verhandlung, Entscheidung durch Urteil 518
§ 61 Grenzen der erneuten Ausübung der Disziplinarbefugnisse 523

Abschnitt 2: Besondere Verfahren 526
Vor § 62 Verlust der Dienstbezüge nach § 9 BBesG, § 60 BeamtVG 526
§ 62 Antrag auf gerichtliche Fristsetzung 533
§ 63 Antrag auf Aussetzung der vorläufigen Dienstenthebung und
     der Einbehaltung von Bezügen 539

Kapitel 3: Disziplinarverfahren vor dem Oberverwaltungsgericht 544

Abschnitt 1: Berufung 544
§ 64 Statthaftigkeit, Form und Frist der Berufung 544
§ 65 Berufungsverfahren 551
§ 66 Mündliche Verhandlung, Entscheidung durch Urteil 553

Abschnitt 2: Beschwerde 554
§ 67 Statthaftigkeit, Form und Frist der Beschwerde 554
§ 68 Entscheidung des Oberverwaltungsgerichts 555

Inhaltsverzeichnis

Kapitel 4: Disziplinarverfahren vor dem Bundesverwaltungsgericht 555
§ 69 Form, Frist und Zulassung der Revision 555
§ 70 Revisionsverfahren, Entscheidung über die Revision 557
Kapitel 5: Wiederaufnahme des gerichtlichen Disziplinarverfahrens 558
§ 71 Wiederaufnahmegründe 558
§ 72 Unzulässigkeit der Wiederaufnahme 562
§ 73 Frist, Verfahren 563
§ 74 Entscheidung durch Beschluss 564
§ 75 Mündliche Verhandlung, Entscheidung des Gerichts 564
§ 76 Rechtswirkungen, Entschädigungen 565
Kapitel 6: Kosten 567
§ 77 Kostentragung und erstattungsfähige Kosten 567
§ 78 Gerichtskosten 569

Teil 5: Unterhaltsbeitrag bei Entfernung aus dem Beamtenverhältnis oder bei Aberkennung des Ruhegehalts 570

§ 79 Unterhaltsbeitrag bei Entfernung aus dem Beamtenverhältnis oder bei Aberkennung des Ruhegehalts 570
§ 80 Unterhaltsleistung bei Mithilfe zur Aufdeckung von Straftaten 572
§ 81 Begnadigung 574

Teil 6: Besondere Bestimmungen für einzelne Beamtengruppen und für Ruhestandsbeamte 576

§ 82 Polizeivollzugsbeamte des Bundes 576
§ 83 Beamte der bundesunmittelbaren Körperschaften, Anstalten und Stiftungen des öffentlichen Rechts 576
§ 84 Ausübung der Disziplinarbefugnisse bei Ruhestandsbeamten 577

Teil 7: Übergangs- und Schlussbestimmungen 577

§ 85 Übergangsbestimmungen 577
§ 86 Verwaltungsvorschriften 583

Anlage (zu § 78)
Gebührenverzeichnis 584

Synopsen 590
1. Gegenüberstellung der Vorschriften des BBG a.F. und BBG n.F. 590
2. Gegenüberstellung der Vorschriften des BDG und der BDO 592
3. Gegenüberstellung der Vorschriften der BDO und des BDG 596

Stichwortverzeichnis 601

Abkürzungsverzeichnis

a. A.	anderer Auffassung
a. a. O.	am angegebenen Ort
a. D.	außer Dienst
a. E.	am Ende
a. F.	alte Fassung
Aberk.RGeh.	Aberkennung des Ruhegehalts
ABl	Amtsblatt
Abs.	Absatz
Abschn.	Abschnitt
ADAzB	Allgemeine Dienstanweisung für die der Deutschen Bahn AG zugewiesenen Beamten des Bundeseisenbahnvermögens
AGBDG	Ausführungsgesetz zum BDG
AGG	Allgemeines Gleichbehandlungsgesetz
allg.	allgemein(e)
Amtl. Begr.	Amtliche Begründung
Anm.	Anmerkung(en)
AnwBl.	Anwaltsblatt (Zeitschrift)
AO	Abgabenordnung; Anordnung
AöR	Archiv des öffentlichen Rechts (Zeitschrift)
AP	Arbeitsrechtliche Praxis, Nachschlagewerk des BAG
APF	Archiv für das Post- und Fernmeldewesen
ArbGG	Arbeitsgerichtsgesetz
Archiv f. d. PuFmW	Archiv für das Post- und Fernmeldewesen
Art.	Artikel
Aufl.	Auflage
AuR	Arbeit und Recht (Zeitschrift)
AVG	Angestelltenversicherungsgesetz
BA	Bundesanstalt für Arbeit; Bundesanzeiger
BAG	Bundesarbeitsgericht
BAK	Blutalkoholkonzentration
BAnz.	Bundesanzeiger
BAPostG	Bundesanstalt Post-Gesetz
BayBz	Bayerische Beamtenzeitung
BayDO	Bayerische Disziplinarordnung
BayVBl.	Bayerisches Verwaltungsblatt
BayVGH	Bayerischer Verwaltungsgerichtshof
BBesG	Bundesbesoldungsgesetz
BBG	Bundesbeamtengesetz

Abkürzungsverzeichnis

Bd.	Band
BDG	Bundesdisziplinargesetz
BDH	Bundesdisziplinarhof
BDHE	Entscheidungssammlung des BDH
BDiA	Bundesdisziplinaranwalt
BDiG	Bundesdisziplinargericht
BDiszNOG	Gesetz zur Neuordnung des Bundesdisziplinarrechts
BDO	Bundesdisziplinarordnung
BDSG	Bundesdatenschutzgesetz
BeamtReformGes	Beamtenreformgesetz
BeamtVG	Beamtenversorgungsgesetz
BeamtVGÄndG	Änderungsgesetz zum Beamtenversorgungsgesetz
Beschl.	Beschluss
BEV	Bundeseisenbahnvermögen
BFH	Bundesfinanzhof
BGB	Bürgerliches Gesetzbuch
BGBl.	Bundesgesetzblatt
BGH	Bundesgerichtshof
BGHSt	Amtliche Sammlung des Bundesgerichtshofs in Strafsachen
BGS	Bundesgrenzschutz
BlStSozArbR	Blätter für Steuern, Sozialversicherung und Arbeitsrecht (Zeitschrift)
BMF	Bundesminister der Finanzen
BMI	Bundesminister des Innern
BMinGes	Bundesministergesetz
BMJ	Bundesminister der Justiz
BMPT	Bundesministerium für Post und Telekommunikation
BND	Bundesnachrichtendienst
BPersVG	Bundespersonalvertretungsgesetz
BPolBG	Bundespolizeibeamtengesetz
BRAGO	Bundesrechtsanwaltsgebührenordnung
BR-Drs.	Bundesrats-Drucksache
BremDO	Disziplinarordnung Bremens
BRRG	Beamtenrechtsrahmengesetz
BSeuchG	Bundesseuchengesetz
BSG	Bundessozialgericht
BT-Drs.	Bundestags-Drucksache
BVerfG	Bundesverfassungsgericht
BVerfGG	Gesetz über das Bundesverfassungsgericht
BVerwG	Bundesverwaltungsgericht
BVerwGE	Amtliche Entscheidungssammlung des Bundesverwaltungsgerichts
BW	Baden-Württemberg
bzgl.	bezüglich
BZRG	Bundeszentralregistergesetz
DAKf	Dienstanweisung für Kraftfahrer der Post
DB	Deutsche Bahn; Deutsche Bundesbahn
DBG	Deutsches Beamtengesetz

Abkürzungsverzeichnis

DBGrG	Deutsche Bahn Gründungsgesetz
DBP	Deutsche Bundespost
DDB	Der Deutsche Beamte/Beamte heute (Zeitschrift)
Degr.	Degradierung
DGB	Deutscher Gewerkschaftsbund
DGH	Dienstgerichtshof
ders.	derselbe
DiszGerB	Disziplinargerichtsbescheid
DiszH	Disziplinarhof
DiszR	Disziplinarrecht
DJ	Deutsche Justiz (Zeitschrift)
DJZ	Deutsche Juristenzeitung
DKP	Deutsche Kommunistische Partei
DO	Dienstordnung
DÖD	Der Öffentliche Dienst (Zeitschrift)
DÖV	Die Öffentliche Verwaltung (Zeitschrift)
DO NW	Disziplinarordnung Nordrhein-Westfalens
Dok. Ber.	Dokumentarische Berichte aus dem Bundesverwaltungsgericht, Ausgabe B (vor 1968 Dokumentarische Berichte aus dem Bundesdisziplinarhof)
DRiG	Deutsches Richtergesetz
DRiZ	Deutsche Richterzeitung
DVBl.	Deutsches Verwaltungsblatt (Zeitschrift)
E	Entscheidungssammlung; Entwurf
EBA	Eisenbahnbundesamt
EG	Europäische Gemeinschaften
EGBGB	Einführungsgesetz zum BGB
EGMR	Europäischer Gerichtshof für die Menschenrechte
EGMRE	Entscheidungen des Europäischen Gerichtshofs für die Menschenrechte
EhrRiEG	Gesetz über die Entschädigung ehrenamtlicher Richter
Einf.	Einführung
Einl.	Einleitung
einschr.	einschränkend
Einst.	Einstellung
EMRK	Europäische Menschenrechtskommission
ENeuOG	Gesetz zur Neuordnung des Eisenbahnwesens
Entf.	Entfernung
Erl.	Erläuterung(en)
erstinst.	erstinstanzlich
EU	Europäische Union
EUGRZ	Europäische Grundrechte-Zeitschrift
f.	folgend(e)
ff.	fortfolgend(e)
FGG	Gesetz über Angelegenheiten der freiwilligen Gerichtsbarkeit
Fn.	Fußnote
Freispr.	Freispruch

Abkürzungsverzeichnis

Freist.	Freistellung
FS	Festschrift
G	Gesetz
G 131	Gesetz zur Regelung der Rechtsverhältnisse der unter Art. 131 GG fallenden Personen
Geh.K	Gehaltskürzung
GemMinbl.	Gemeinsames Ministerialblatt
GemRdSchrb	Gemeinsames Rundschreiben
Ges.	Gesetz
GG	Grundgesetz
GKG	Gerichtskostengesetz
GKöD	Gesamtkommentar für das öffentliche Dienstrecht – Band II: Disziplinarrecht des Bundes und der Länder (Verf.: Weiß), Losebl.
GMBl.	Gemeinsames Ministerialblatt
GOBReg.	Geschäftsordnung der Bundesregierung
GS	Großer Senat
GVBl.	Gesetz- und Verordnungsblatt
GVG	Gerichtsverfassungsgesetz
GVVO	Verordnung über die Vereinheitlichung der Gerichtsverfassung
Halbs.	Halbsatz
h. M.	herrschende Meinung
HessVGH	Hessischer Verwaltungsgerichtshof
Hs.	Halbsatz
HSGZ	Hessische Städte- und Gemeindezeitschrift
HVA	Hauptverwaltung Aufklärung der DDR
IAO/ILO	Internationale Arbeitsorganisation
i. d. F.	in der Fassung
insbes.	insbesondere
IÖD	Informationsdienst Öffentliches Dienstrecht
i. R.	im Rahmen
i. S. d.	im Sinne des (der)
i.V. m.	in Verbindung mit
Jb	Jahrbuch
JGG	Jugendgerichtsgesetz
JR	Juristische Rundschau (Zeitschrift)
JubVO	Verordnung über die Gewährung von Jubiläumszuwendungen an Beamte und Richter
jur.	juristisch
JuS	Juristische Schulung (Zeitschrift)
JVBl.	Justizverwaltungsblatt (Zeitschrift)
JW	Juristische Wochenschrift (Zeitschrift)
JZ	Juristenzeitung (Zeitschrift)
KG	Kammergericht

Abkürzungsverzeichnis

Komm.	Kommentar
KPD	Kommunistische Partei Deutschlands
KRGes	Kontrollratsgesetz
LAG	Landesarbeitsgericht
LDG	Landesdisziplinargesetz
LDO	Landesdisziplinarordnung
Ls.	Leitsatz
LVG	Landesverwaltungsgericht
MDR	Monatsschrift für Deutsches Recht (Zeitschrift)
MfS	Ministerium für Staatssicherheit der DDR
MiStra	Anordnung über Mitteilungen in Strafsachen
MRKV	Konvention zum Schutz der Menschenrechte und Grundfreiheiten vom 4.11.1950 (Europäische Menschenrechtskonvention)
MV	Mecklenburg-Vorpommern
m.w.N.	mit weiteren Nachweisen
m.w.Z.	mit weiteren Zitaten
nachst.	nachstehend(e)
n.F.	neue Fassung
NDBZ	Neue Deutsche Beamtenzeitung
NDO	Niedersächsische Disziplinarordnung
NDsBG	Niedersächsisches Beamtengesetz
NJW	Neue Juristische Wochenschrift (Zeitschrift)
Nov. 67	Novelle 67 = Gesetz zur Neuordnung des Bundesdisziplinarrechts vom 20.7.1967 (BGBl. I S. 725)
Nr.	Nummer(n)
NSDAP	Nationalsozialistische Deutsche Arbeiterpartei
NStZ	Neue Zeitschrift für Strafrecht
NVwZ	Neue Zeitschrift für Verwaltungsrecht
NVwZ-RR	NVwZ-Rechtsprechungsreport
NW	Nordrhein-Westfalen
o.Ä.	oder Ähnliches
o.a.	oben angegeben(e)
OLG	Oberlandesgericht
OVG	Oberverwaltungsgericht
OWiG	Gesetz über Ordnungswidrigkeiten
PersR	Der Personalrat (Zeitschrift)
PersV	Die Personalvertretung (Zeitschrift)
PersVR	Personalvertretungsrecht
PostPersRG	Postpersonalrechtsgesetz
PrDStH	Preußischer Dienststrafhof
PrOVG	Preußisches Oberverwaltungsgericht
PrOVGE	Entscheidungssammlung des Preußischen OVG
PTNeuOG	Gesetz zur Neuordnung des Post- und Telekommunikationswesens

Abkürzungsverzeichnis

PuFmW	Post- und Fernmeldewesen
RAO	Reichsabgabenordnung
RBG	Reichsbeamtengesetz
RdA	Recht der Arbeit (Zeitschrift)RDiszH Reichsdisziplinarhof
RDStO	Reichsdienststrafordnung
RegE	Regierungsentwurf
RGBl.	Reichsgesetzblatt
RGeh.K	Ruhegehaltskürzung
RGSt	Reichsgericht in Strafsachen
RGZ	Reichsgericht in Zivilsachen
RiA	Recht im Amt (Zeitschrift)
RiStBV	Richtlinien für das Strafverfahren und das Bußgeldverfahren
RmBereinVpG	Rechtsmittelbereinigungsgesetz im Verwaltungsprozess
Rn.	Randnummer(n)
RP	Rheinland-Pfalz
Rspr.	Rechtsprechung
r. Sp.	rechte Spalte
RVBl.	Reichsverwaltungsblatt
RVO	Reichsversicherungsordnung
S.	Seite; Satz
s.	siehe
SchwbG	Schwerbehindertengesetz
SchwbR	Schwerbehindertenrecht
SG	Soldatengesetz
SGB	Sozialgesetzbuch (jeweiliges Buch in römischen Zahlen)
StGB	Strafgesetzbuch
st. Rspr.	ständige Rechtsprechung
StPO	Strafprozessordnung
SUrlV	Sonderurlaubsverordnung
SZG	Sonderzuwendungsgesetz
u.	unter; unten
u. a.	unter anderem
u. U.	unter Umständen
UB	Unterhaltsbeitrag
UrlGG	Urlaubsgeldgesetz
v.	vom; von
VA	Verwaltungsarchiv
VerwRecht	Verwaltungsrecht
VerwArchiv	Verwaltungsarchiv
VG	Verwaltungsgericht
VGH	Verwaltungsgerichtshof
vgl.	vergleiche
VO	Verordnung
vorst.	vorstehend(e)
VRS	Verkehrsrechtssammlung

Abkürzungsverzeichnis

VwGO	Verwaltungsgerichtsordnung
VwV	Allgemeine Verwaltungsvorschriften zur Durchführung der BDO
VwVfG	Verwaltungsverfahrensgesetz
VwZG	Verwaltungszustellungsgesetz
WD	Wehrdienstsenate
WDB	Wehrdienstbeschädigung
WDO	Wehrdisziplinarordnung
WPflG	Wehrpflichtgesetz
z. B.	zum Beispiel
ZBR	Zeitschrift für Beamtenrecht
ZDG	Zivildienstgesetz
ZDL	Zivildienstleistender
ZDVG	Zivildienstvertrauensmanngesetz
Ziff.	Ziffer(n)
ZivilDR	Zivildienstrecht
ZPO	Zivilprozessordnung
ZRP	Zeitschrift für Rechtspolitik
ZTR	Zeitschrift für Tarifrecht
ZuSEG	Gesetz über die Entschädigung von Zeugen und Sachverständigen

Literaturverzeichnis

Altvater/Hamer/Kröll/Lemcke/Peiseler, Bundespersonalvertretungsgesetz mit Wahlordnung und ergänzenden Vorschriften, Kommentar für die Praxis, 6. Aufl. 2008
Bader/Funke-Kaiser/Kuntze/v. Albedyll, Verwaltungsgerichtsordnung, Kommentar, 4. Aufl. 2007
Battis, Bundesbeamtengesetz, Kommentar, 3. Aufl. 2004
Behnke, Kommentar zur Bundesdisziplinarordnung, 2. Aufl. 1968 (zitiert nach Verfassern)
Böckenförde u. a., Extremisten im öffentlichen Dienst, 1981
Breithaupt/Zoch, Kommentar zur Niedersächsischen Disziplinarordnung, Loseblatt
Claussen, Untersuchungsführer, Handbuch, 2. Aufl. 1978
Claussen/Czapski, Das förmliche Disziplinarverfahren, Handbuch, 4. Aufl. 1998
Claussen/Janzen, Handkommentar zur BDO, 8. Aufl. 1996
Däubler (Hrsg.), Arbeitskampfrecht, 2. Aufl. 1987
Els, Die disziplinarrechtliche Ahndung von Dienstvergehen unter besonderer Berücksichtigung von Alkoholverstößen, 1992
Fischer (Hrsg.), Strafgesetzbuch und Nebengesetze, 56. Aufl. 2009
Fischer/Goeres/Gronimus, Gesamtkommentar für das öffentliche Dienstrecht, Band V: Personalvertretungsrecht des Bundes und der Länder, Loseblatt
Gansen, Disziplinarrecht in Bund und Ländern, Kommentar, Loseblatt
Geiger, Grundgesetz und Folgerecht, 1982
Hartung, Deutsche Verfassungsgeschichte vom 15. Jahrhundert bis zur Gegenwart, 1914
Jeserich/Pohl/von Unruh, Deutsche Verwaltungsgeschichte, Bd. 1, 1983
Kopp/Ramsauer, Verwaltungsverfahrensgesetz, Kommentar, 10. Aufl. 2008
Kopp/Schenke, Verwaltungsgerichtsordnung, Kommentar, 15. Aufl. 2007
Köttgen, Das deutsche Berufsbeamtentum und die parlamentarische Demokratie, 1928; Nachdruck 1978
Lang/Lüddecke/Bresser, Gerichtliche Psychiatrie, 1976
Leibholz/Rupprecht, Bundesverfassungsgerichtsgesetz, 1968
Lindgen (I und II), Handbuch des Disziplinarrechts, Teil I: 1966; Teil II: 1968, Ergänzungsband 1969
Lindgen, Disziplinarrecht, Teil IV, Rechtsprechung, Loseblatt
Lorenzen/Schmidt/Etzel/Gerhold/Schlatmann/Rehak, Bundespersonalvertretungsgesetz, Kommentar, Loseblatt
Löwe/Rosenberg, StPO und GVG, Kommentar, 24. Aufl. 1996
Maunz/Dürig, Kommentar zum Grundgesetz, Loseblatt
Maunz/Schmidt-Bleibtreu/Klein/Ulsamer, Bundesverfassungsgerichtsgesetz, 2001
Meyer-Goßner, Strafprozessordnung, Kurzkommentar, 51. Aufl. 2008

Literaturverzeichnis

Ostler, Neues im Bundesdisziplinarrecht, NJW, 1967, 2033 ff.
Plog/Wiedow/Lemhöfer/Bayer, Kommentar zum Bundesbeamtengesetz, 2001
Redeker/von Oertzen, Kommentar zur VwGO, 12. Aufl. 1997
Rehm, Die rechtliche Natur des Staatsdienstes nach Deutschem Recht in Annalen des Deutschen Reichs (Hirths Annalen) 1884, 1885
Rottmann, Der Beamte als Staatsbürger, 1981
Schmoller, Umrisse und Untersuchungen zur Verfassungs-, Verwaltungs- und Wirtschaftsgeschichte, 1898
Schoch/Schmidt-Aßmann/Pietzner, Verwaltungsgerichtsordnung, Kommentar, 2001
Schütz, Disziplinarrecht des Bundes und der Länder, Loseblatt
Stelkens/Bonk/Sachs, Verwaltungsverfahrensgesetz, Kommentar, 7. Aufl. 2008
Summer, Dokumente zur Geschichte des Beamtenrechts, 1986
Wassermann, Die richterliche Gewalt, 1985
Weiß, in: GKöD, Gesamtkommentar für das öffentliche Dienstrecht, Band II: Disziplinarrecht des Bundes und der Länder, Loseblatt
Wittland, Kommentar zur Reichsdienststrafordnung, 1941
Wolff/Bachof/Stober, Verwaltungsrecht, Bd. 1, 12. Aufl. 2007
Zöller, ZPO, 27. Aufl. 2009

Weitere Literaturhinweise vgl. vor A. II. Rn. 52-62 (Richterrecht)

Erster Teil:

Text des Bundesdisziplinargesetzes

Bundesdisziplinargesetz (BDG)

vom 9. Juli 2001 (BGBl. I S. 1510)*, zuletzt geändert durch Art. 12b des Gesetzes vom 5. Februar 2009 (BGBl. I S. 160)

Teil 1
Allgemeine Bestimmungen

§ 1 Persönlicher Geltungsbereich

Dieses Gesetz gilt für Beamte und Ruhestandsbeamte im Sinne des Bundesbeamtengesetzes. Frühere Beamte, die Unterhaltsbeiträge nach den Bestimmungen des Beamtenversorgungsgesetzes oder entsprechender früherer Regelungen beziehen, gelten bis zum Ende dieses Bezuges als Ruhestandsbeamte, ihre Bezüge als Ruhegehalt.

§ 2 Sachlicher Geltungsbereich

(1) Dieses Gesetz gilt für die
1. von Beamten während ihres Beamtenverhältnisses begangenen Dienstvergehen (§ 77 Abs. 1 des Bundesbeamtengesetzes) und
2. von Ruhestandsbeamten
   a) während ihres Beamtenverhältnisses begangenen Dienstvergehen (§ 77 Abs. 1 des Bundesbeamtengesetzes) und
   b) nach Eintritt in den Ruhestand begangenen als Dienstvergehen geltenden Handlungen (§ 77 Abs. 2 des Bundesbeamtengesetzes).

(2) Für Beamte und Ruhestandsbeamte, die früher in einem anderen Dienstverhältnis als Beamte, Richter, Berufssoldaten oder Soldaten auf Zeit gestanden haben, gilt dieses Gesetz auch wegen solcher Dienstvergehen, die sie in dem früheren Dienstverhältnis oder als Versorgungsberechtigte aus einem solchen Dienstverhältnis begangen haben; auch bei den aus einem solchen Dienstverhältnis Ausgeschiedenen und Entlassenen gelten Handlungen, die in § 77 Abs. 2 des Bundesbeamtengesetzes bezeichnet sind, als Dienstvergehen. Ein Wechsel des Dienstherrn steht der Anwendung dieses Gesetzes nicht entgegen.

(3) Für Beamte, die Wehrdienst im Rahmen einer Wehrübung, einer Übung, einer besonderen Auslandsverwendung, einer Hilfeleistung im Innern oder einer Hilfeleistung im Ausland leisten, gilt dieses Gesetz auch wegen solcher Dienstvergehen, die während des Wehrdienstes begangen wurden, wenn das Verhalten sowohl soldatenrechtlich als auch beamtenrechtlich ein Dienstvergehen darstellt.

---

* Dieses Gesetz wurde als Art. 1 des Gesetzes zur Neuordnung des Bundesdisziplinarrechts vom 9.7.2001 (BGBl. I S. 1510) verkündet und ist am 1.1.2002 in Kraft getreten.

§ 3 Ergänzende Anwendung des Verwaltungsverfahrensgesetzes und der Verwaltungsgerichtsordnung

Zur Ergänzung dieses Gesetzes sind die Bestimmungen des Verwaltungsverfahrensgesetzes und der Verwaltungsgerichtsordnung entsprechend anzuwenden, soweit sie nicht zu den Bestimmungen dieses Gesetzes in Widerspruch stehen oder soweit nicht in diesem Gesetz etwas anderes bestimmt ist.

§ 4 Gebot der Beschleunigung

Disziplinarverfahren sind beschleunigt durchzuführen.

Teil 2
Disziplinarmaßnahmen

§ 5 Arten der Disziplinarmaßnahmen

(1) Disziplinarmaßnahmen gegen Beamte sind:
1. Verweis (§ 6)
2. Geldbuße (§ 7)
3. Kürzung der Dienstbezüge (§ 8)
4. Zurückstufung (§ 9) und
5. Entfernung aus dem Beamtenverhältnis (§ 10).

(2) Disziplinarmaßnahmen gegen Ruhestandsbeamte sind:
1. Kürzung des Ruhegehalts (§ 11) und
2. Aberkennung des Ruhegehalts (§ 12).

(3) Beamten auf Probe und Beamten auf Widerruf können nur Verweise erteilt und Geldbußen auferlegt werden. Für die Entlassung von Beamten auf Probe und Beamten auf Widerruf wegen eines Dienstvergehens gelten § 34 Abs. 1 Nr. 1 und Abs. 3 sowie § 37 des Bundesbeamtengesetzes.

§ 6 Verweis

Der Verweis ist der schriftliche Tadel eines bestimmten Verhaltens des Beamten. Missbilligende Äußerungen (Zurechtweisungen, Ermahnungen oder Rügen), die nicht ausdrücklich als Verweis bezeichnet werden, sind keine Disziplinarmaßnahmen.

§ 7 Geldbuße

Die Geldbuße kann bis zur Höhe der monatlichen Dienst- oder Anwärterbezüge des Beamten auferlegt werden. Hat der Beamte keine Dienst- oder Anwärterbezüge, darf die Geldbuße bis zu dem Betrag von 500 Euro auferlegt werden.

§ 8 Kürzung der Dienstbezüge

(1) Die Kürzung der Dienstbezüge ist die bruchteilmäßige Verminderung der monatlichen Dienstbezüge des Beamten um höchstens ein Fünftel auf längstens drei Jahre. Sie erstreckt sich auf alle Ämter, die der Beamte bei Eintritt der Unan-

fechtbarkeit der Entscheidung inne hat. Hat der Beamte aus einem früheren öffentlich-rechtlichen Dienstverhältnis einen Versorgungsanspruch erworben, bleibt dieser von der Kürzung der Dienstbezüge unberührt.

(2) Die Kürzung der Dienstbezüge beginnt mit dem Kalendermonat, der auf den Eintritt der Unanfechtbarkeit der Entscheidung folgt. Tritt der Beamte vor Eintritt der Unanfechtbarkeit der Entscheidung in den Ruhestand, gilt eine entsprechende Kürzung des Ruhegehalts (§ 11) als festgesetzt. Tritt der Beamte während der Dauer der Kürzung der Dienstbezüge in den Ruhestand, wird sein Ruhegehalt entsprechend wie die Dienstbezüge für denselben Zeitraum gekürzt. Sterbegeld sowie Witwen- und Waisengeld werden nicht gekürzt.

(3) Die Kürzung der Dienstbezüge wird gehemmt, solange der Beamte ohne Dienstbezüge beurlaubt ist. Er kann jedoch für die Dauer seiner Beurlaubung den Kürzungsbetrag monatlich vorab an den Dienstherrn entrichten; die Dauer der Kürzung der Dienstbezüge nach der Beendigung der Beurlaubung verringert sich entsprechend.

(4) Solange seine Dienstbezüge gekürzt werden, darf der Beamte nicht befördert werden. Der Zeitraum kann in der Entscheidung abgekürzt werden, sofern dies im Hinblick auf die Dauer des Disziplinarverfahrens angezeigt ist.

(5) Die Rechtsfolgen der Kürzung der Dienstbezüge erstrecken sich auch auf ein neues Beamtenverhältnis. Hierbei steht bei Anwendung des Absatzes 4 die Einstellung oder Anstellung in einem höheren als dem bisherigen Amt der Beförderung gleich.

§ 9 Zurückstufung

(1) Die Zurückstufung ist die Versetzung des Beamten in ein Amt derselben Laufbahn mit geringerem Endgrundgehalt. Der Beamte verliert alle Rechte aus seinem bisherigen Amt einschließlich der damit verbundenen Dienstbezüge und der Befugnis, die bisherige Amtsbezeichnung zu führen. Soweit in der Entscheidung nichts anderes bestimmt ist, enden mit der Zurückstufung auch die Ehrenämter und die Nebentätigkeiten, die der Beamte im Zusammenhang mit dem bisherigen Amt oder auf Verlangen, Vorschlag oder Veranlassung seines Dienstvorgesetzten übernommen hat.

(2) Die Dienstbezüge aus dem neuen Amt werden von dem Kalendermonat an gezahlt, der dem Eintritt der Unanfechtbarkeit der Entscheidung folgt. Tritt der Beamte vor Eintritt der Unanfechtbarkeit der Entscheidung in den Ruhestand, erhält er Versorgungsbezüge nach der in der Entscheidung bestimmten Besoldungsgruppe.

(3) Der Beamte darf frühestens fünf Jahre nach Eintritt der Unanfechtbarkeit der Entscheidung befördert werden. Der Zeitraum kann in der Entscheidung verkürzt werden, sofern dies im Hinblick auf die Dauer des Disziplinarverfahrens angezeigt ist.

(4) Die Rechtsfolgen der Zurückstufung erstrecken sich auch auf ein neues Beamtenverhältnis. Hierbei steht im Hinblick auf Absatz 3 die Einstellung oder Anstellung in einem höheren Amt als dem, in welches der Beamte zurückgestuft wurde, der Beförderung gleich.

§ 10 Entfernung aus dem Beamtenverhältnis

(1) Mit der Entfernung aus dem Beamtenverhältnis endet das Dienstverhältnis. Der Beamte verliert den Anspruch auf Dienstbezüge und Versorgung sowie die Befugnis, die Amtsbezeichnung und die im Zusammenhang mit dem Amt verliehenen Titel zu führen und die Dienstkleidung zu tragen.
(2) Die Zahlung der Dienstbezüge wird mit dem Ende des Kalendermonats eingestellt, in dem die Entscheidung unanfechtbar wird. Tritt der Beamte in den Ruhestand, bevor die Entscheidung über die Entfernung aus dem Beamtenverhältnis unanfechtbar wird, gilt die Entscheidung als Aberkennung des Ruhegehalts.
(3) Der aus dem Beamtenverhältnis entfernte Beamte erhält für die Dauer von sechs Monaten einen Unterhaltsbeitrag in Höhe von 50 Prozent der Dienstbezüge, die ihm bei Eintritt der Unanfechtbarkeit der Entscheidung zustehen; eine Einbehaltung von Dienstbezügen nach § 38 Abs. 2 bleibt unberücksichtigt. Die Gewährung des Unterhaltsbeitrags kann in der Entscheidung ganz oder teilweise ausgeschlossen werden, soweit der Beamte ihrer nicht würdig oder den erkennbaren Umständen nach nicht bedürftig ist. Sie kann in der Entscheidung über sechs Monate hinaus verlängert werden, soweit dies notwendig ist, um eine unbillige Härte zu vermeiden; der Beamte hat die Umstände glaubhaft zu machen. Für die Zahlung des Unterhaltsbeitrags gelten die besonderen Regelungen des § 79.
(4) Die Entfernung aus dem Beamtenverhältnis und ihre Rechtsfolgen erstrecken sich auf alle Ämter, die der Beamte bei Eintritt der Unanfechtbarkeit der Entscheidung inne hat.
(5) Wird ein Beamter, der früher in einem anderen Dienstverhältnis im Bundesdienst gestanden hat, aus dem Beamtenverhältnis entfernt, verliert er auch die Ansprüche aus dem früheren Dienstverhältnis, wenn diese Disziplinarmaßnahme wegen eines Dienstvergehens ausgesprochen wird, das in dem früheren Dienstverhältnis begangen wurde.
(6) Ist ein Beamter aus dem Beamtenverhältnis entfernt worden, darf er nicht wieder zum Beamten ernannt werden; es soll auch kein anderes Beschäftigungsverhältnis begründet werden.

§ 11 Kürzung des Ruhegehalts

Die Kürzung des Ruhegehalts ist die bruchteilmäßige Verminderung des monatlichen Ruhegehalts des Ruhestandsbeamten um höchstens ein Fünftel auf längstens drei Jahre. § 8 Abs. 1 Satz 2 und 3 sowie Abs. 2 Satz 1 und 4 gilt entsprechend.

§ 12 Aberkennung des Ruhegehalts

(1) Mit der Aberkennung des Ruhegehalts verliert der Ruhestandsbeamte den Anspruch auf Versorgung einschließlich der Hinterbliebenenversorgung und die Befugnis, die Amtsbezeichnung und die Titel zu führen, die im Zusammenhang mit dem früheren Amt verliehen wurden.
(2) Nach der Aberkennung des Ruhegehalts erhält der Ruhestandsbeamte bis zur Gewährung einer Rente auf Grund einer Nachversicherung, längstens jedoch für die Dauer von sechs Monaten, einen Unterhaltsbeitrag in Höhe von 70 Prozent des Ruhegehalts, das ihm bei Eintritt der Unanfechtbarkeit der Entscheidung zusteht; eine Kürzung des Ruhegehalts nach § 38 Abs. 3 bleibt unberücksichtigt. § 10 Abs. 3 Satz 2 bis 4 gilt entsprechend.

(3) Die Aberkennung des Ruhegehalts und ihre Rechtsfolgen erstrecken sich auf alle Ämter, die der Ruhestandsbeamte bei Eintritt in den Ruhestand inne gehabt hat.
(4) § 10 Abs. 2 Satz 1 sowie Abs. 5 und 6 gilt entsprechend.

§ 13 Bemessung der Disziplinarmaßnahme

(1) Die Entscheidung über eine Disziplinarmaßnahme ergeht nach pflichtgemäßem Ermessen. Die Disziplinarmaßnahme ist nach der Schwere des Dienstvergehens zu bemessen. Das Persönlichkeitsbild des Beamten ist angemessen zu berücksichtigen. Ferner soll berücksichtigt werden, in welchem Umfang der Beamte das Vertrauen des Dienstherrn oder der Allgemeinheit beeinträchtigt hat.
(2) Ein Beamter, der durch ein schweres Dienstvergehen das Vertrauen des Dienstherrn oder der Allgemeinheit endgültig verloren hat, ist aus dem Beamtenverhältnis zu entfernen. Dem Ruhestandsbeamten wird das Ruhegehalt aberkannt, wenn er als noch im Dienst befindlicher Beamter aus dem Beamtenverhältnis hätte entfernt werden müssen.

§ 14 Zulässigkeit von Disziplinarmaßnahmen nach Straf- oder Bußgeldverfahren

(1) Ist gegen einen Beamten im Straf- oder Bußgeldverfahren unanfechtbar eine Strafe, Geldbuße oder Ordnungsmaßnahme verhängt worden oder kann eine Tat nach § 153 a Abs. 1 Satz 5 oder Abs. 2 Satz 2 der Strafprozessordnung nach der Erfüllung von Auflagen und Weisungen nicht mehr als Vergehen verfolgt werden, darf wegen desselben Sachverhalts
1. ein Verweis, eine Geldbuße oder eine Kürzung des Ruhegehalts nicht ausgesprochen werden,
2. eine Kürzung der Dienstbezüge nur ausgesprochen werden, wenn dies zusätzlich erforderlich ist, um den Beamten zur Pflichterfüllung anzuhalten.

(2) Ist der Beamte im Straf- oder Bußgeldverfahren rechtskräftig freigesprochen worden, darf wegen des Sachverhalts, der Gegenstand der gerichtlichen Entscheidung gewesen ist, eine Disziplinarmaßnahme nur ausgesprochen werden, wenn dieser Sachverhalt ein Dienstvergehen darstellt, ohne den Tatbestand einer Straf- oder Bußgeldvorschrift zu erfüllen.

§ 15 Disziplinarmaßnahmeverbot wegen Zeitablaufs

(1) Sind seit der Vollendung eines Dienstvergehens mehr als zwei Jahre vergangen, darf ein Verweis nicht mehr erteilt werden.
(2) Sind seit der Vollendung eines Dienstvergehens mehr als drei Jahre vergangen, darf eine Geldbuße, eine Kürzung der Dienstbezüge oder eine Kürzung des Ruhegehalts nicht mehr ausgesprochen werden.
(3) Sind seit der Vollendung eines Dienstvergehens mehr als sieben Jahre vergangen, darf auf Zurückstufung nicht mehr erkannt werden.
(4) Die Fristen der Absätze 1 bis 3 werden durch die Einleitung oder Ausdehnung des Disziplinarverfahrens, die Erhebung der Disziplinarklage, die Erhebung der Nachtragsdisziplinarklage oder die Anordnung oder Ausdehnung von Ermittlungen gegen Beamte auf Probe und Beamte auf Widerruf nach § 34 Abs. 3 Satz 2

und § 37 Abs. 1 in Verbindung mit § 34 Abs. 3 Satz 2 des Bundesbeamtengesetzes unterbrochen.
(5) Die Fristen der Absätze 1 bis 3 sind für die Dauer des Widerspruchsverfahrens, des gerichtlichen Disziplinarverfahrens, für die Dauer einer Aussetzung des Disziplinarverfahrens nach § 22 oder für die Dauer der Mitwirkung des Personalrats gehemmt. Ist vor Ablauf der Frist wegen desselben Sachverhalts ein Straf- oder Bußgeldverfahren eingeleitet oder eine Klage aus dem Beamtenverhältnis erhoben worden, ist die Frist für die Dauer dieses Verfahrens gehemmt.

§ 16 Verwertungsverbot, Entfernung aus der Personalakte

(1) Ein Verweis darf nach zwei Jahren, eine Geldbuße, eine Kürzung der Dienstbezüge und eine Kürzung des Ruhegehalts dürfen nach drei Jahren und eine Zurückstufung darf nach sieben Jahren bei weiteren Disziplinarmaßnahmen und bei sonstigen Personalmaßnahmen nicht mehr berücksichtigt werden (Verwertungsverbot). Der Beamte gilt nach dem Eintritt des Verwertungsverbots als von der Disziplinarmaßnahme nicht betroffen.
(2) Die Frist für das Verwertungsverbot beginnt, sobald die Entscheidung über die Disziplinarmaßnahme unanfechtbar ist. Sie endet nicht, solange ein gegen den Beamten eingeleitetes Straf- oder Disziplinarverfahren nicht unanfechtbar abgeschlossen ist, eine andere Disziplinarmaßnahme berücksichtigt werden darf, eine Entscheidung über die Kürzung der Dienstbezüge noch nicht vollstreckt ist oder ein gerichtliches Verfahren über die Beendigung des Beamtenverhältnisses oder über die Geltendmachung von Schadenersatz gegen den Beamten anhängig ist.
(3) Eintragungen in der Personalakte über die Disziplinarmaßnahme sind nach Eintritt des Verwertungsverbots von Amts wegen zu entfernen und zu vernichten. Das Rubrum und die Entscheidungsformel einer abschließenden gerichtlichen Entscheidung, mit der auf eine Zurückstufung erkannt wurde, verbleiben in der Personalakte. Dabei sind die Bezeichnung weiterer Beteiligter und der Bevollmächtigten, die Namen der Richter sowie die Kostenentscheidung unkenntlich zu machen. Auf Antrag des Beamten unterbleibt die Entfernung oder erfolgt eine gesonderte Aufbewahrung. Der Antrag ist innerhalb eines Monats zu stellen, nachdem dem Beamten die bevorstehende Entfernung mitgeteilt und er auf sein Antragsrecht und die Antragsfrist hingewiesen worden ist. Wird der Antrag gestellt oder verbleiben Rubrum und Entscheidungsformel einer abschließenden gerichtlichen Entscheidung nach Satz 2 in der Personalakte, ist das Verwertungsverbot bei den Eintragungen zu vermerken.
(4) Die Absätze 1 bis 3 gelten entsprechend für Disziplinarvorgänge, die nicht zu einer Disziplinarmaßnahme geführt haben. Die Frist für das Verwertungsverbot beträgt, wenn das Disziplinarverfahren nach § 32 Abs. 1 Nr. 1 eingestellt wird, drei Monate und im Übrigen zwei Jahre. Die Frist beginnt mit dem Eintritt der Unanfechtbarkeit der Entscheidung, die das Disziplinarverfahren abschließt, im Übrigen mit dem Tag, an dem der Dienstvorgesetzte, der für die Einleitung des Disziplinarverfahrens zuständig ist, zureichende tatsächliche Anhaltspunkte erhält, die den Verdacht eines Dienstvergehens rechtfertigen.
(5) Auf die Entfernung und Vernichtung von Disziplinarvorgängen, die zu einer missbilligenden Äußerung geführt haben, findet § 112 Abs. 1 Satz 1 Nr. 2, Satz 2 und 3 des Bundesbeamtengesetzes Anwendung.

Teil 3
Behördliches Disziplinarverfahren

Kapitel 1
Einleitung, Ausdehnung und Beschränkung

§ 17 Einleitung von Amts wegen

(1) Liegen zureichende tatsächliche Anhaltspunkte vor, die den Verdacht eines Dienstvergehens rechtfertigen, hat der Dienstvorgesetzte die Dienstpflicht, ein Disziplinarverfahren einzuleiten. Der höhere Dienstvorgesetzte und die oberste Dienstbehörde stellen im Rahmen ihrer Aufsicht die Erfüllung dieser Pflicht sicher; sie können das Disziplinarverfahren jederzeit an sich ziehen. Die Einleitung ist aktenkundig zu machen.
(2) Ist zu erwarten, dass nach den §§ 14 und 15 eine Disziplinarmaßnahme nicht in Betracht kommt, wird ein Disziplinarverfahren nicht eingeleitet. Die Gründe sind aktenkundig zu machen und dem Beamten bekannt zu geben.
(3) Hat ein Beamter zwei oder mehrere Ämter inne, die nicht im Verhältnis von Haupt- zu Nebenamt stehen, und beabsichtigt der Dienstvorgesetzte, zu dessen Geschäftsbereich eines dieser Ämter gehört, ein Disziplinarverfahren gegen ihn einzuleiten, teilt er dies den Dienstvorgesetzten mit, die für die anderen Ämter zuständig sind. Ein weiteres Disziplinarverfahren kann gegen den Beamten wegen desselben Sachverhalts nicht eingeleitet werden. Hat ein Beamter zwei oder mehrere Ämter inne, die im Verhältnis von Haupt- zu Nebenamt stehen, kann nur der Dienstvorgesetzte ein Disziplinarverfahren gegen ihn einleiten, der für das Hauptamt zuständig ist.
(4) Die Zuständigkeiten nach den Absätzen 1 bis 3 werden durch eine Beurlaubung, eine Abordnung oder eine Zuweisung nicht berührt. Bei einer Abordnung geht die aus Absatz 1 sich ergebende Pflicht hinsichtlich der während der Abordnung begangenen Dienstvergehen auf den neuen Dienstvorgesetzten über, soweit dieser nicht ihre Ausübung den anderen Dienstvorgesetzten überlässt oder soweit nichts anderes bestimmt ist.

§ 18 Einleitung auf Antrag des Beamten

(1) Der Beamte kann bei dem Dienstvorgesetzten oder dem höheren Dienstvorgesetzten die Einleitung eines Disziplinarverfahrens gegen sich selbst beantragen, um sich von dem Verdacht eines Dienstvergehens zu entlasten.
(2) Der Antrag darf nur abgelehnt werden, wenn keine zureichenden tatsächlichen Anhaltspunkte vorliegen, die den Verdacht eines Dienstvergehens rechtfertigen. Die Entscheidung ist dem Beamten mitzuteilen.
(3) § 17 Abs. 1 Satz 2 zweiter Halbsatz und Satz 3 sowie Abs. 3 und 4 gilt entsprechend.

§ 19 Ausdehnung und Beschränkung

(1) Das Disziplinarverfahren kann bis zum Erlass einer Entscheidung nach den §§ 32 bis 34 auf neue Handlungen ausgedehnt werden, die den Verdacht eines Dienstvergehens rechtfertigen. Die Ausdehnung ist aktenkundig zu machen.

(2) Das Disziplinarverfahren kann bis zum Erlass einer Entscheidung nach den §§ 32 bis 34 oder eines Widerspruchsbescheids nach § 42 beschränkt werden, indem solche Handlungen ausgeschieden werden, die für die Art und Höhe der zu erwartenden Disziplinarmaßnahme voraussichtlich nicht ins Gewicht fallen. Die Beschränkung ist aktenkundig zu machen. Die ausgeschiedenen Handlungen können nicht wieder in das Disziplinarverfahren einbezogen werden, es sei denn, die Voraussetzungen für die Beschränkungen entfallen nachträglich. Werden die ausgeschiedenen Handlungen nicht wieder einbezogen, können sie nach dem unanfechtbaren Abschluss des Disziplinarverfahrens nicht Gegenstand eines neuen Disziplinarverfahrens sein.

Kapitel 2
Durchführung

§ 20 Unterrichtung, Belehrung und Anhörung des Beamten

(1) Der Beamte ist über die Einleitung des Disziplinarverfahrens unverzüglich zu unterrichten, sobald dies ohne Gefährdung der Aufklärung des Sachverhalts möglich ist. Hierbei ist ihm zu eröffnen, welches Dienstvergehen ihm zur Last gelegt wird. Er ist gleichzeitig darauf hinzuweisen, dass es ihm freisteht, sich mündlich oder schriftlich zu äußern oder nicht zur Sache auszusagen und sich jederzeit eines Bevollmächtigten oder Beistands zu bedienen.
(2) Für die Abgabe einer schriftlichen Äußerung wird dem Beamten eine Frist von einem Monat und für die Abgabe der Erklärung, sich mündlich äußern zu wollen, eine Frist von zwei Wochen gesetzt. Hat der Beamte rechtzeitig erklärt, sich mündlich äußern zu wollen, ist die Anhörung innerhalb von drei Wochen nach Eingang der Erklärung durchzuführen. Ist der Beamte aus zwingenden Gründen gehindert, eine Frist nach Satz 1 einzuhalten oder einer Ladung zur mündlichen Verhandlung Folge zu leisten, und hat er dies unverzüglich mitgeteilt, ist die maßgebliche Frist zu verlängern oder er erneut zu laden. Die Fristsetzungen und Ladungen sind dem Beamten zuzustellen.
(3) Ist die nach Absatz 1 Satz 2 und 3 vorgeschriebene Belehrung unterblieben oder unrichtig erfolgt, darf die Aussage des Beamten nicht zu seinem Nachteil verwertet werden.

§ 21 Pflicht zur Durchführung von Ermittlungen, Ausnahmen

(1) Zur Aufklärung des Sachverhalts sind die erforderlichen Ermittlungen durchzuführen. Dabei sind die belastenden, die entlastenden und die Umstände zu ermitteln, die für die Bemessung einer Disziplinarmaßnahme bedeutsam sind. Der höhere Dienstvorgesetzte und die oberste Dienstbehörde können die Ermittlungen an sich ziehen.
(2) Von Ermittlungen ist abzusehen, soweit der Sachverhalt auf Grund der tatsächlichen Feststellungen eines rechtskräftigen Urteils im Straf- oder Bußgeldverfahren oder im verwaltungsgerichtlichen Verfahren, durch das nach § 9 des Bundesbesoldungsgesetzes über den Verlust der Besoldung bei schuldhaftem Fernbleiben vom Dienst entschieden worden ist, feststeht. Von Ermittlungen kann auch abgesehen werden, soweit der Sachverhalt auf sonstige Weise aufgeklärt ist, insbesondere nach der Durchführung eines anderen gesetzlich geordneten Verfahrens.

§ 22 Zusammentreffen von Disziplinarverfahren mit Strafverfahren oder anderen Verfahren, Aussetzung

(1) Ist gegen den Beamten wegen des Sachverhalts, der dem Disziplinarverfahren zugrunde liegt, im Strafverfahren die öffentliche Klage erhoben worden, wird das Disziplinarverfahren ausgesetzt. Die Aussetzung unterbleibt, wenn keine begründeten Zweifel am Sachverhalt bestehen oder wenn im Strafverfahren aus Gründen nicht verhandelt werden kann, die in der Person des Beamten liegen.
(2) Das nach Absatz 1 Satz 1 ausgesetzte Disziplinarverfahren ist unverzüglich fortzusetzen, wenn die Voraussetzungen des Absatzes 1 Satz 2 nachträglich eintreten, spätestens mit dem rechtskräftigen Abschluss des Strafverfahrens.
(3) Das Disziplinarverfahren kann auch ausgesetzt werden, wenn in einem anderen gesetzlich geordneten Verfahren über eine Frage zu entscheiden ist, deren Beurteilung für die Entscheidung im Disziplinarverfahren von wesentlicher Bedeutung ist. Absatz 1 Satz 2 und Absatz 2 gelten entsprechend.

§ 23 Bindung an tatsächliche Feststellungen aus Strafverfahren oder anderen Verfahren

(1) Die tatsächlichen Feststellungen eines rechtskräftigen Urteils im Straf- oder Bußgeldverfahren oder im verwaltungsgerichtlichen Verfahren, durch das nach § 9 des Bundesbesoldungsgesetzes über den Verlust der Besoldung bei schuldhaftem Fernbleiben vom Dienst entschieden worden ist, sind im Disziplinarverfahren, das denselben Sachverhalt zum Gegenstand hat, bindend.
(2) Die in einem anderen gesetzlich geordneten Verfahren getroffenen tatsächlichen Feststellungen sind nicht bindend, können aber der Entscheidung im Disziplinarverfahren ohne nochmalige Prüfung zugrunde gelegt werden.

§ 24 Beweiserhebung

(1) Die erforderlichen Beweise sind zu erheben. Hierbei können insbesondere
1. schriftliche und dienstliche Auskünfte eingeholt werden,
2. Zeugen und Sachverständige vernommen oder ihre schriftliche Äußerung eingeholt werden,
3. Urkunden und Akten beigezogen sowie
4. der Augenschein eingenommen werden.
(2) Niederschriften über Aussagen von Personen, die schon in einem anderen gesetzlich geordneten Verfahren vernommen worden sind, sowie Niederschriften über einen richterlichen Augenschein können ohne erneute Beweiserhebung verwertet werden.
(3) Über einen Beweisantrag des Beamten ist nach pflichtgemäßem Ermessen zu entscheiden. Dem Beweisantrag ist stattzugeben, soweit er für die Tat- oder Schuldfrage oder für die Bemessung der Art und Höhe einer Disziplinarmaßnahme von Bedeutung sein kann.
(4) Dem Beamten ist Gelegenheit zu geben, an der Vernehmung von Zeugen und Sachverständigen sowie an der Einnahme des Augenscheins teilzunehmen und hierbei sachdienliche Fragen zu stellen. Er kann von der Teilnahme ausgeschlossen werden, soweit dies aus wichtigen Gründen, insbesondere mit Rücksicht auf den Zweck der Ermittlungen oder zum Schutz der Rechte Dritter, erforderlich ist. Ein

schriftliches Gutachten ist ihm zugänglich zu machen, soweit nicht zwingende Gründe dem entgegenstehen.

§ 25 Zeugen und Sachverständige

(1) Zeugen sind zur Aussage und Sachverständige zur Erstattung von Gutachten verpflichtet. Die Bestimmungen der Strafprozessordnung über die Pflicht, als Zeuge auszusagen oder als Sachverständiger ein Gutachten zu erstatten, über die Ablehnung von Sachverständigen sowie über die Vernehmung von Angehörigen des öffentlichen Dienstes als Zeugen oder Sachverständige gelten entsprechend.
(2) Verweigern Zeugen oder Sachverständige ohne Vorliegen eines der in den §§ 52 bis 55 und 76 der Strafprozessordnung bezeichneten Gründe die Aussage oder die Erstattung des Gutachtens, kann das Gericht um die Vernehmung ersucht werden. In dem Ersuchen sind der Gegenstand der Vernehmung darzulegen sowie die Namen und Anschriften der Beteiligten anzugeben. Das Gericht entscheidet über die Rechtmäßigkeit der Verweigerung der Aussage oder der Erstattung des Gutachtens.
(3) Ein Ersuchen nach Absatz 2 darf nur von dem Dienstvorgesetzten, seinem allgemeinen Vertreter oder einem beauftragten Beschäftigten gestellt werden, der die Befähigung zum Richteramt hat.

§ 26 Herausgabe von Unterlagen

Der Beamte hat Schriftstücke, Zeichnungen, bildliche Darstellungen und Aufzeichnungen einschließlich technischer Aufzeichnungen, die einen dienstlichen Bezug aufweisen, auf Verlangen für das Disziplinarverfahren zur Verfügung zu stellen. Das Gericht kann die Herausgabe auf Antrag durch Beschluss anordnen und sie durch die Festsetzung von Zwangsgeld erzwingen; für den Antrag gilt § 25 Abs. 3 entsprechend. Der Beschluss ist unanfechtbar.

§ 27 Beschlagnahmen und Durchsuchungen

(1) Das Gericht kann auf Antrag durch Beschluss Beschlagnahmen und Durchsuchungen anordnen; § 25 Abs. 3 gilt entsprechend. Die Anordnung darf nur getroffen werden, wenn der Beamte des ihm zur Last gelegten Dienstvergehens dringend verdächtig ist und die Maßnahme zu der Bedeutung der Sache und der zu erwartenden Disziplinarmaßnahme nicht außer Verhältnis steht. Die Bestimmungen der Strafprozessordnung über Beschlagnahmen und Durchsuchungen gelten entsprechend, soweit nicht in diesem Gesetz etwas anderes bestimmt ist.
(2) Die Maßnahmen nach Absatz 1 dürfen nur durch die nach der Strafprozessordnung dazu berufenen Behörden durchgeführt werden.
(3) Durch Absatz 1 wird das Grundrecht der Unverletzlichkeit der Wohnung (Artikel 13 Abs. 1 des Grundgesetzes) eingeschränkt.

§ 28 Protokoll

Über Anhörungen des Beamten und Beweiserhebungen sind Protokolle aufzunehmen; § 168 a der Strafprozessordnung gilt entsprechend. Bei der Einholung von schriftlichen dienstlichen Auskünften sowie der Beiziehung von Urkunden und Akten genügt die Aufnahme eines Aktenvermerks.

§ 29 Innerdienstliche Informationen

(1) Die Vorlage von Personalakten und anderen Behördenunterlagen mit personenbezogenen Daten sowie die Erteilung von Auskünften aus diesen Akten und Unterlagen an die mit Disziplinarvorgängen befassten Stellen und die Verarbeitung oder Nutzung der so erhobenen personenbezogenen Daten im Disziplinarverfahren sind, soweit nicht andere Rechtsvorschriften dem entgegenstehen, auch gegen den Willen des Beamten oder anderer Betroffener zulässig, wenn und soweit die Durchführung des Disziplinarverfahrens dies erfordert und überwiegende Belange des Beamten, anderer Betroffener oder der ersuchten Stellen nicht entgegenstehen.

(2) Zwischen den Dienststellen eines oder verschiedener Dienstherrn sowie zwischen den Teilen einer Dienststelle sind Mitteilungen über Disziplinarverfahren, über Tatsachen aus Disziplinarverfahren und über Entscheidungen der Disziplinarorgane sowie die Vorlage hierüber geführter Akten zulässig, wenn und soweit dies zur Durchführung des Disziplinarverfahrens, im Hinblick auf die künftige Übertragung von Aufgaben oder Ämtern an den Beamten oder im Einzelfall aus besonderen dienstlichen Gründen unter Berücksichtigung der Belange des Beamten oder anderer Betroffener erforderlich ist.

§ 30 Abschließende Anhörung

Nach der Beendigung der Ermittlungen ist dem Beamten Gelegenheit zu geben, sich abschließend zu äußern; § 20 Abs. 2 gilt entsprechend. Die Anhörung kann unterbleiben, wenn das Disziplinarverfahren nach § 32 Abs. 2 Nr. 2 oder 3 eingestellt werden soll.

§ 31 Abgabe des Disziplinarverfahrens

Hält der Dienstvorgesetzte nach dem Ergebnis der Anhörungen und Ermittlungen seine Befugnisse nach den §§ 32 bis 34 nicht für ausreichend, so führt er die Entscheidung des höheren Dienstvorgesetzten oder der obersten Dienstbehörde herbei. Der höhere Dienstvorgesetzte oder die oberste Dienstbehörde können das Disziplinarverfahren an den Dienstvorgesetzten zurückgeben, wenn sie weitere Ermittlungen für geboten oder dessen Befugnisse für ausreichend halten.

Kapitel 3
Abschlussentscheidung

§ 32 Einstellungsverfügung

(1) Das Disziplinarverfahren wird eingestellt, wenn
1. ein Dienstvergehen nicht erwiesen ist,
2. ein Dienstvergehen zwar erwiesen ist, eine Disziplinarmaßnahme jedoch nicht angezeigt erscheint,
3. nach § 14 oder § 15 eine Disziplinarmaßnahme nicht ausgesprochen werden darf oder
4. das Disziplinarverfahren oder eine Disziplinarmaßnahme aus sonstigen Gründen unzulässig ist.

(2) Das Disziplinarverfahren wird ferner eingestellt, wenn
1. der Beamte stirbt,
2. das Beamtenverhältnis durch Entlassung, Verlust der Beamtenrechte oder Entfernung endet oder
3. bei einem Ruhestandsbeamten die Folgen einer gerichtlichen Entscheidung nach § 59 Abs. 1 des Beamtenversorgungsgesetzes eintreten.
(3) Die Einstellungsverfügung ist zu begründen und zuzustellen.

§ 33 Disziplinarverfügung

(1) Ist ein Verweis, eine Geldbuße, eine Kürzung der Dienstbezüge oder eine Kürzung des Ruhegehalts angezeigt, wird eine solche Maßnahme durch Disziplinarverfügung ausgesprochen.
(2) Jeder Dienstvorgesetzte ist zu Verweisen und Geldbußen gegen die ihm unterstellten Beamten befugt.
(3) Kürzungen der Dienstbezüge können festsetzen:
1. die oberste Dienstbehörde bis zum Höchstmaß und
2. die der obersten Dienstbehörde unmittelbar nachgeordneten Dienstvorgesetzten bis zu einer Kürzung um ein Fünftel der Dienstbezüge auf zwei Jahre.
(4) Kürzungen des Ruhegehalts bis zum Höchstmaß kann der nach § 84 zur Ausübung der Disziplinarbefugnisse zuständige Dienstvorgesetzte festsetzen.
(5) Die oberste Dienstbehörde kann ihre Befugnisse nach Absatz 3 Nr. 1 durch allgemeine Anordnung ganz oder teilweise auf nachgeordnete Dienstvorgesetzte übertragen; die Anordnung ist im Bundesgesetzblatt zu veröffentlichen.
(6) Die Disziplinarverfügung ist zu begründen und zuzustellen.

§ 34 Erhebung der Disziplinarklage

(1) Soll gegen den Beamten auf Zurückstufung, auf Entfernung aus dem Beamtenverhältnis oder auf Aberkennung des Ruhegehalts erkannt werden, ist gegen ihn Disziplinarklage zu erheben.
(2) Die Disziplinarklage wird bei Beamten durch die oberste Dienstbehörde, bei Ruhestandsbeamten durch den nach § 84 zur Ausübung der Disziplinarbefugnisse zuständigen Dienstvorgesetzten erhoben. Die oberste Dienstbehörde kann ihre Befugnis nach Satz 1 durch allgemeine Anordnung ganz oder teilweise auf nachgeordnete Dienstvorgesetzte übertragen; die Anordnung ist im Bundesgesetzblatt zu veröffentlichen. § 17 Abs. 1 Satz 2 zweiter Halbsatz sowie Abs. 3 und 4 gilt entsprechend.

§ 35 Grenzen der erneuten Ausübung der Disziplinarbefugnisse

(1) Die Einstellungsverfügung und die Disziplinarverfügung sind dem höheren Dienstvorgesetzten unverzüglich zuzuleiten. Hält dieser seine Befugnisse nach den Absätzen 2 und 3 nicht für ausreichend, hat er die Einstellungsverfügung oder die Disziplinarverfügung unverzüglich der obersten Dienstbehörde zuzuleiten. Die oberste Dienstbehörde kann das Disziplinarverfahren an den höheren Dienstvorgesetzten zurückgeben, wenn sie weitere Ermittlungen für geboten oder seine Befugnisse für ausreichend hält.
(2) Der höhere Dienstvorgesetzte oder die oberste Dienstbehörde kann ungeachtet einer Einstellung des Disziplinarverfahrens nach § 32 Abs. 1 im Rahmen ihrer

Zuständigkeiten wegen desselben Sachverhalts eine Disziplinarverfügung erlassen oder Disziplinarklage erheben. Eine Entscheidung nach Satz 1 ist nur innerhalb von drei Monaten nach der Zustellung der Einstellungsverfügung zulässig, es sei denn, es ergeht wegen desselben Sachverhalts ein rechtskräftiges Urteil auf Grund von tatsächlichen Feststellungen, die von denjenigen tatsächlichen Feststellungen, auf denen die Entscheidung beruht, abweichen.
(3) Der höhere Dienstvorgesetzte oder die oberste Dienstbehörde kann eine Disziplinarverfügung eines nachgeordneten Dienstvorgesetzten, die oberste Dienstbehörde auch eine von ihr selbst erlassene Disziplinarverfügung jederzeit aufheben. Sie können im Rahmen ihrer Zuständigkeiten in der Sache neu entscheiden oder Disziplinarklage erheben. Eine Verschärfung der Disziplinarmaßnahme nach Art oder Höhe oder die Erhebung der Disziplinarklage ist nur innerhalb von drei Monaten nach der Zustellung der Disziplinarverfügung zulässig, es sei denn, es ergeht wegen desselben Sachverhalts ein rechtskräftiges Urteil auf Grund von tatsächlichen Feststellungen, die von denjenigen tatsächlichen Feststellungen, auf denen die Entscheidung beruht, abweichen.

§ 36 Verfahren bei nachträglicher Entscheidung im Straf- oder Bußgeldverfahren

(1) Ergeht nach dem Eintritt der Unanfechtbarkeit der Disziplinarverfügung in einem Straf- oder Bußgeldverfahren, das wegen desselben Sachverhalts eingeleitet worden ist, unanfechtbar eine Entscheidung, nach der gemäß § 14 die Disziplinarmaßnahme nicht zulässig wäre, ist die Disziplinarverfügung auf Antrag des Beamten von dem Dienstvorgesetzten, der sie erlassen hat, aufzuheben und das Disziplinarverfahren einzustellen.
(2) Die Antragsfrist beträgt drei Monate. Sie beginnt mit dem Tag, an dem der Beamte von der in Absatz 1 bezeichneten Entscheidung Kenntnis erhalten hat.

§ 37 Kostentragungspflicht

(1) Dem Beamten, gegen den eine Disziplinarmaßnahme verhängt wird, können die entstandenen Auslagen auferlegt werden. Bildet das Dienstvergehen, das dem Beamten zur Last gelegt wird, nur zum Teil die Grundlage für die Disziplinarverfügung oder sind durch Ermittlungen, deren Ergebnis zugunsten des Beamten ausgefallen ist, besondere Kosten entstanden, können ihm die Auslagen nur in verhältnismäßigem Umfang auferlegt werden.
(2) Wird das Disziplinarverfahren eingestellt, trägt der Dienstherr die entstandenen Auslagen. Erfolgt die Einstellung trotz Vorliegens eines Dienstvergehens, können die Auslagen dem Beamten auferlegt oder im Verhältnis geteilt werden.
(3) Bei einem Antrag nach § 36 gilt im Falle der Ablehnung des Antrags Absatz 1 und im Falle seiner Stattgabe Absatz 2 entsprechend.
(4) Soweit der Dienstherr die entstandenen Auslagen trägt, hat er dem Beamten auch die Aufwendungen zu erstatten, die zur zweckentsprechenden Rechtsverfolgung notwendig waren. Hat sich der Beamte eines Bevollmächtigten oder Beistands bedient, sind auch dessen Gebühren und Auslagen erstattungsfähig. Aufwendungen, die durch das Verschulden des Beamten entstanden sind, hat dieser selbst zu tragen; das Verschulden eines Vertreters ist ihm zuzurechnen.
(5) Das behördliche Disziplinarverfahren ist gebührenfrei.

Kapitel 4
Vorläufige Dienstenthebung und Einbehaltung von Bezügen

§ 38 Zulässigkeit

(1) Die für die Erhebung der Disziplinarklage zuständige Behörde kann einen Beamten gleichzeitig mit oder nach der Einleitung des Disziplinarverfahrens vorläufig des Dienstes entheben, wenn im Disziplinarverfahren voraussichtlich auf Entfernung aus dem Beamtenverhältnis oder auf Aberkennung des Ruhegehalts erkannt werden wird oder wenn bei einem Beamten auf Probe oder einem Beamten auf Widerruf voraussichtlich eine Entlassung nach § 5 Abs. 3 Satz 2 dieses Gesetzes in Verbindung mit § 34 Abs. 1 Satz 1 Nr. 1 oder § 37 Abs. 1 Satz 1 des Bundesbeamtengesetzes erfolgen wird. Sie kann den Beamten außerdem vorläufig des Dienstes entheben, wenn durch sein Verbleiben im Dienst der Dienstbetrieb oder die Ermittlungen wesentlich beeinträchtigt würden und die vorläufige Dienstenthebung zu der Bedeutung der Sache und der zu erwartenden Disziplinarmaßnahme nicht außer Verhältnis steht.

(2) Die für die Erhebung der Disziplinarklage zuständige Behörde kann gleichzeitig mit oder nach der vorläufigen Dienstenthebung anordnen, dass dem Beamten bis zu 50 Prozent der monatlichen Dienst- oder Anwärterbezüge einbehalten werden, wenn im Disziplinarverfahren voraussichtlich auf Entfernung aus dem Beamtenverhältnis oder auf Aberkennung des Ruhegehalts erkannt werden wird. Das Gleiche gilt, wenn der Beamte im Beamtenverhältnis auf Probe oder auf Widerruf voraussichtlich nach § 5 Abs. 3 Satz 2 dieses Gesetzes in Verbindung mit § 34 Abs. 1 Satz 1 Nr. 1 oder § 37 Abs. 1 Satz 1 des Bundesbeamtengesetzes entlassen werden wird.

(3) Die für die Erhebung der Disziplinarklage zuständige Behörde kann gleichzeitig mit oder nach der Einleitung des Disziplinarverfahrens anordnen, dass dem Ruhestandsbeamten bis zu 30 Prozent des Ruhegehalts einbehalten werden, wenn im Disziplinarverfahren voraussichtlich auf Aberkennung des Ruhegehalts erkannt werden wird.

(4) Die für die Erhebung der Disziplinarklage zuständige Behörde kann die vorläufige Dienstenthebung, die Einbehaltung von Dienst- oder Anwärterbezügen sowie die Einbehaltung von Ruhegehalt jederzeit ganz oder teilweise aufheben.

§ 39 Rechtswirkungen

(1) Die vorläufige Dienstenthebung wird mit der Zustellung, die Einbehaltung von Bezügen mit dem auf die Zustellung folgenden Fälligkeitstag wirksam und vollziehbar. Sie erstrecken sich auf alle Ämter, die der Beamte inne hat.

(2) Für die Dauer der vorläufigen Dienstenthebung ruhen die im Zusammenhang mit dem Amt entstandenen Ansprüche auf Aufwandsentschädigung.

(3) Wird der Beamte vorläufig des Dienstes enthoben, während er schuldhaft dem Dienst fernbleibt, dauert der nach § 9 des Bundesbesoldungsgesetzes begründete Verlust der Bezüge fort. Er endet mit dem Zeitpunkt, zu dem der Beamte seinen Dienst aufgenommen hätte, wenn er hieran nicht durch die vorläufige Dienstenthebung gehindert worden wäre. Der Zeitpunkt ist von der für die Erhebung der Disziplinarklage zuständigen Behörde festzustellen und dem Beamten mitzuteilen.

(4) Die vorläufige Dienstenthebung und die Einbehaltung von Bezügen enden mit dem rechtskräftigen Abschluss des Disziplinarverfahrens.

§ 40 Verfall und Nachzahlung der einbehaltenen Beträge

(1) Die nach § 38 Abs. 2 und 3 einbehaltenen Bezüge verfallen, wenn
1. im Disziplinarverfahren auf Entfernung aus dem Beamtenverhältnis oder auf Aberkennung des Ruhegehalts erkannt worden oder eine Entlassung nach § 5 Abs. 3 Satz 2 dieses Gesetzes in Verbindung mit § 34 Abs. 1 Satz 1 Nr. 1 oder § 37 Abs. 1 Satz 1 des Bundesbeamtengesetzes erfolgt ist,
2. in einem wegen desselben Sachverhalts eingeleiteten Strafverfahren eine Strafe verhängt worden ist, die den Verlust der Rechte als Beamter oder Ruhestandsbeamter zur Folge hat,
3. das Disziplinarverfahren auf Grund des § 32 Abs. 1 Nr. 3 eingestellt worden ist und ein neues Disziplinarverfahren, das innerhalb von drei Monaten nach der Einstellung wegen desselben Sachverhalts eingeleitet worden ist, zur Entfernung aus dem Beamtenverhältnis oder zur Aberkennung des Ruhegehalts geführt hat oder
4. das Disziplinarverfahren aus den Gründen des § 32 Abs. 2 Nr. 2 oder 3 eingestellt worden ist und die für die Erhebung der Disziplinarklage zuständige Behörde (§ 34 Abs. 2) festgestellt hat, dass die Entfernung aus dem Beamtenverhältnis oder die Aberkennung des Ruhegehalts gerechtfertigt gewesen wäre.

(2) Wird das Disziplinarverfahren auf andere Weise als in den Fällen des Absatzes 1 unanfechtbar abgeschlossen, sind die nach § 38 Abs. 2 und 3 einbehaltenen Bezüge nachzuzahlen. Auf die nachzuzahlenden Dienstbezüge können Einkünfte aus genehmigungspflichtigen Nebentätigkeiten (§ 99 des Bundesbeamtengesetzes) angerechnet werden, die der Beamte aus Anlass der vorläufigen Dienstenthebung ausgeübt hat, wenn eine Disziplinarmaßnahme verhängt worden ist oder die für die Erhebung der Disziplinarklage zuständige Behörde feststellt, dass ein Dienstvergehen erwiesen ist. Der Beamte ist verpflichtet, über die Höhe solcher Einkünfte Auskunft zu geben.

Kapitel 5
Widerspruchsverfahren

§ 41 Erforderlichkeit, Form und Frist des Widerspruchs

(1) Vor der Erhebung der Klage des Beamten ist ein Widerspruchsverfahren durchzuführen. Ein Widerspruchsverfahren findet nicht statt, wenn die angefochtene Entscheidung durch die oberste Dienstbehörde erlassen worden ist.
(2) Für die Form und die Frist des Widerspruchs gilt § 70 der Verwaltungsgerichtsordnung.

§ 42 Widerspruchsbescheid

(1) Der Widerspruchsbescheid wird durch die oberste Dienstbehörde, bei Ruhestandsbeamten durch den nach § 84 zuständigen Dienstvorgesetzten erlassen. Die oberste Dienstbehörde kann ihre Zuständigkeit nach Satz 1 durch allgemeine Anordnung ganz oder teilweise auf nachgeordnete Behörden übertragen; die Anordnung ist im Bundesgesetzblatt zu veröffentlichen.
(2) In dem Widerspruchsbescheid darf die angefochtene Entscheidung nicht zum Nachteil des Beamten abgeändert werden. Die Befugnis, eine abweichende Entscheidung nach § 35 Abs. 3 zu treffen, bleibt unberührt.

§ 43 Grenzen der erneuten Ausübung der Disziplinarbefugnisse

Der Widerspruchsbescheid ist der obersten Dienstbehörde unverzüglich zuzuleiten. Diese kann den Widerspruchsbescheid, durch den über eine Disziplinarverfügung entschieden worden ist, jederzeit aufheben. Sie kann in der Sache neu entscheiden oder Disziplinarklage erheben. Eine Verschärfung der Disziplinarmaßnahme nach Art oder Höhe oder die Erhebung der Disziplinarklage ist nur innerhalb von drei Monaten nach der Zustellung des Widerspruchsbescheids zulässig, es sei denn, es ergeht wegen desselben Sachverhalts ein rechtskräftiges Urteil auf Grund von tatsächlichen Feststellungen, die von denjenigen tatsächlichen Feststellungen, auf denen die Entscheidung beruht, abweichen.

§ 44 Kostentragungspflicht

(1) Im Widerspruchsverfahren trägt der unterliegende Teil die entstandenen Auslagen. Hat der Widerspruch teilweise Erfolg, sind die Auslagen im Verhältnis zu teilen. Wird eine Disziplinarverfügung trotz des Vorliegens eines Dienstvergehens aufgehoben, können die Auslagen ganz oder teilweise dem Beamten auferlegt werden.
(2) Nimmt der Beamte den Widerspruch zurück, trägt er die entstandenen Auslagen.
(3) Erledigt sich das Widerspruchsverfahren in der Hauptsache auf andere Weise, ist über die entstandenen Auslagen nach billigem Ermessen zu entscheiden.
(4) § 37 Abs. 4 und 5 gilt entsprechend.

Teil 4
Gerichtliches Disziplinarverfahren

Kapitel 1
Disziplinargerichtsbarkeit

§ 45 Zuständigkeit der Verwaltungsgerichtsbarkeit

Die Aufgaben der Disziplinargerichtsbarkeit nach diesem Gesetz nehmen die Gerichte der Verwaltungsgerichtsbarkeit wahr. Hierzu werden bei den Verwaltungsgerichten Kammern und bei den Oberverwaltungsgerichten Senate für Disziplinarsachen gebildet. Die Landesgesetzgebung kann die Zuweisung der in Satz 1 genannten Aufgaben an ein Gericht für die Bezirke mehrerer Gerichte anordnen. Soweit nach Landesrecht für Verfahren nach dem Landesdisziplinargesetz ein Gericht für die Bezirke mehrerer Gerichte zuständig ist, ist dieses Gericht, wenn nichts anderes bestimmt wird, auch für die in Satz 1 genannten Aufgaben zuständig. § 50 Abs. 1 Nr. 4 der Verwaltungsgerichtsordnung bleibt unberührt.

§ 46 Kammer für Disziplinarsachen

(1) Die Kammer für Disziplinarsachen entscheidet in der Besetzung von drei Richtern und zwei Beamtenbeisitzern als ehrenamtlichen Richtern, wenn nicht ein Einzelrichter entscheidet. An Beschlüssen außerhalb der mündlichen Verhandlung und an Gerichtsbescheiden wirken die Beamtenbeisitzer nicht mit. Einer der Be-

amtenbeisitzer soll dem Verwaltungszweig und der Laufbahngruppe des Beamten angehören, gegen den sich das Disziplinarverfahren richtet.
(2) Für die Übertragung des Rechtsstreits auf den Einzelrichter gilt § 6 der Verwaltungsgerichtsordnung. In dem Verfahren der Disziplinarklage ist eine Übertragung auf den Einzelrichter ausgeschlossen.
(3) Der Vorsitzende der Kammer für Disziplinarsachen entscheidet, wenn die Entscheidung im vorbereitenden Verfahren ergeht,
1. bei Zurücknahme der Klage, des Antrags oder eines Rechtsmittels,
2. bei Erledigung des gerichtlichen Disziplinarverfahrens in der Hauptsache und
3. über die Kosten.
Ist ein Berichterstatter bestellt, entscheidet er anstelle des Vorsitzenden.
(4) Die Landesgesetzgebung kann die Besetzung der Kammer für Disziplinarsachen abweichend von den Absätzen 1 bis 3 regeln. Soweit nach Landesrecht für die Verfahren nach dem Landesdisziplinargesetz eine andere Besetzung der Kammer für Disziplinarsachen vorgesehen ist, gilt diese Besetzung, wenn nichts anderes bestimmt wird, auch für die gerichtlichen Verfahren nach diesem Gesetz.

§ 47 Beamtenbeisitzer

(1) Die Beamtenbeisitzer müssen auf Lebenszeit ernannte Beamte im Bundesdienst sein und bei ihrer Auswahl oder Bestellung ihren dienstlichen Wohnsitz (§ 15 des Bundesbesoldungsgesetzes) im Bezirk des zuständigen Verwaltungsgerichts haben. Ist einem Verwaltungsgericht die Zuständigkeit für die Bezirke mehrerer Verwaltungsgerichte übertragen, müssen die Beamtenbeisitzer ihren dienstlichen Wohnsitz in einem dieser Bezirke haben.
(2) Die §§ 20 bis 29 und 34 der Verwaltungsgerichtsordnung sind vorbehaltlich des § 50 Abs. 3 auf die Beamtenbeisitzer nicht anzuwenden.
(3) Das Verfahren zur Auswahl oder Bestellung der Beamtenbeisitzer bestimmt sich nach Landesrecht.

§ 48 Ausschluss von der Ausübung des Richteramts

(1) Ein Richter oder Beamtenbeisitzer ist von der Ausübung des Richteramts kraft Gesetzes ausgeschlossen, wenn er
1. durch das Dienstvergehen verletzt ist,
2. Ehegatte, Lebenspartner oder gesetzlicher Vertreter des Beamten oder des Verletzten ist oder war,
3. mit dem Beamten oder dem Verletzten in gerader Linie verwandt oder verschwägert oder in der Seitenlinie bis zum dritten Grad verwandt oder bis zum zweiten Grad verschwägert ist oder war,
4. in dem Disziplinarverfahren gegen den Beamten tätig war oder als Zeuge gehört wurde oder als Sachverständiger ein Gutachten erstattet hat,
5. in einem wegen desselben Sachverhalts eingeleiteten Straf- oder Bußgeldverfahren gegen den Beamten beteiligt war,
6. Dienstvorgesetzter des Beamten ist oder war oder bei einem Dienstvorgesetzten des Beamten mit der Bearbeitung von Personalangelegenheiten des Beamten befasst ist oder
7. als Mitglied einer Personalvertretung in dem Disziplinarverfahren gegen den Beamten mitgewirkt hat.
(2) Ein Beamtenbeisitzer ist auch ausgeschlossen, wenn er der Dienststelle des Beamten angehört.

§ 49 Nichtheranziehung eines Beamtenbeisitzers

Ein Beamtenbeisitzer, gegen den Disziplinarklage oder wegen einer vorsätzlich begangenen Straftat die öffentliche Klage erhoben oder der Erlass eines Strafbefehls beantragt oder dem die Führung seiner Dienstgeschäfte verboten worden ist, darf während dieser Verfahren oder für die Dauer des Verbots zur Ausübung seines Amts nicht herangezogen werden.

§ 50 Entbindung vom Amt des Beamtenbeisitzers

(1) Der Beamtenbeisitzer ist von seinem Amt zu entbinden, wenn
1. er im Strafverfahren rechtskräftig zu einer Freiheitsstrafe verurteilt worden ist,
2. im Disziplinarverfahren gegen ihn unanfechtbar eine Disziplinarmaßnahme mit Ausnahme eines Verweises ausgesprochen worden ist,
3. er in ein Amt außerhalb der Bezirke, für die das Gericht zuständig ist, versetzt wird oder
4. das Beamtenverhältnis endet oder
5. die Voraussetzungen für das Amt des Beamtenbeisitzers nach § 47 Abs. 1 bei ihrer Auswahl oder Bestellung nicht vorlagen.

(2) In besonderen Härtefällen kann der Beamtenbeisitzer auch auf Antrag von der weiteren Ausübung des Amts entbunden werden.

(3) Für die Entscheidung gilt § 24 Abs. 3 der Verwaltungsgerichtsordnung entsprechend.

§ 51 Senate für Disziplinarsachen

(1) Für den Senat für Disziplinarsachen des Oberverwaltungsgerichts gelten § 46 Abs. 1 und 3 sowie die §§ 47 bis 50 entsprechend.

(2) Für das Bundesverwaltungsgericht gilt § 48 Abs. 1 entsprechend.

Kapitel 2
Disziplinarverfahren vor dem Verwaltungsgericht

Abschnitt 1
Klageverfahren

§ 52 Klageerhebung, Form und Frist der Klage

(1) Die Disziplinarklage ist schriftlich zu erheben. Die Klageschrift muss den persönlichen und beruflichen Werdegang des Beamten, den bisherigen Gang des Disziplinarverfahrens, die Tatsachen, in denen ein Dienstvergehen gesehen wird, und die anderen Tatsachen und Beweismittel, die für die Entscheidung bedeutsam sind, geordnet darstellen. Liegen die Voraussetzungen des § 23 Abs. 1 vor, kann wegen der Tatsachen, in denen ein Dienstvergehen gesehen wird, auf die bindenden Feststellungen der ihnen zugrunde liegenden Urteile verwiesen werden.

(2) Für die Form und Frist der übrigen Klagen gelten die §§ 74, 75 und 81 der Verwaltungsgerichtsordnung. Der Lauf der Frist des § 75 Satz 2 der Verwaltungsgerichtsordnung ist gehemmt, solange das Disziplinarverfahren nach § 22 ausgesetzt ist.

§ 53 Nachtragsdisziplinarklage

(1) Neue Handlungen, die nicht Gegenstand einer anhängigen Disziplinarklage sind, können nur durch Erhebung einer Nachtragsdisziplinarklage in das Disziplinarverfahren einbezogen werden.

(2) Hält der Dienstherr die Einbeziehung neuer Handlungen für angezeigt, teilt er dies dem Gericht unter Angabe der konkreten Anhaltspunkte mit, die den Verdacht eines Dienstvergehens rechtfertigen. Das Gericht setzt das Disziplinarverfahren vorbehaltlich des Absatzes 3 aus und bestimmt eine Frist, bis zu der die Nachtragsdisziplinarklage erhoben werden kann. Die Frist kann auf einen vor ihrem Ablauf gestellten Antrag des Dienstherrn verlängert werden, wenn dieser sie aus Gründen, die er nicht zu vertreten hat, voraussichtlich nicht einhalten kann. Die Fristsetzung und ihre Verlängerung erfolgen durch Beschluss. Der Beschluss ist unanfechtbar.

(3) Das Gericht kann von einer Aussetzung des Disziplinarverfahrens nach Absatz 2 absehen, wenn die neuen Handlungen für die Art und Höhe der zu erwartenden Disziplinarmaßnahme voraussichtlich nicht ins Gewicht fallen oder ihre Einbeziehung das Disziplinarverfahren erheblich verzögern würde; Absatz 2 Satz 4 und 5 gilt entsprechend. Ungeachtet einer Fortsetzung des Disziplinarverfahrens nach Satz 1 kann wegen der neuen Handlungen bis zur Zustellung der Ladung zur mündlichen Verhandlung oder bis zur Zustellung eines Beschlusses nach § 59 Nachtragsdisziplinarklage erhoben werden. Die neuen Handlungen können auch Gegenstand eines neuen Disziplinarverfahrens sein.

(4) Wird innerhalb der nach Absatz 2 bestimmten Frist nicht Nachtragsdisziplinarklage erhoben, setzt das Gericht das Disziplinarverfahren ohne Einbeziehung der neuen Handlungen fort; Absatz 3 Satz 2 und 3 gilt entsprechend.

§ 54 Belehrung der Beamten

Der Beamte ist durch den Vorsitzenden gleichzeitig mit der Zustellung der Disziplinarklage oder der Nachtragsdisziplinarklage auf die Fristen des § 55 Abs. 1 und des § 58 Abs. 2 sowie auf die Folgen der Fristversäumung hinzuweisen.

§ 55 Mängel des behördlichen Disziplinarverfahrens oder der Klageschrift

(1) Bei einer Disziplinarklage hat der Beamte wesentliche Mängel des behördlichen Disziplinarverfahrens oder der Klageschrift innerhalb zweier Monate nach Zustellung der Klage oder der Nachtragsdisziplinarklage geltend zu machen.

(2) Wesentliche Mängel, die nicht oder nicht innerhalb der Frist des Absatzes 1 geltend gemacht werden, kann das Gericht unberücksichtigt lassen, wenn ihre Berücksichtigung nach seiner freien Überzeugung die Erledigung des Disziplinarverfahrens verzögern würde und der Beamte über die Folgen der Fristversäumung belehrt worden ist; dies gilt nicht, wenn der Beamte zwingende Gründe für die Verspätung glaubhaft macht.

(3) Das Gericht kann dem Dienstherrn zur Beseitigung eines wesentlichen Mangels, den der Beamte rechtzeitig geltend gemacht hat oder dessen Berücksichtigung es unabhängig davon für angezeigt hält, eine Frist setzen. § 53 Abs. 2 Satz 3 bis 5 gilt entsprechend. Wird der Mangel innerhalb der Frist nicht beseitigt, wird das Disziplinarverfahren durch Beschluss des Gerichts eingestellt.

(4) Die rechtskräftige Einstellung nach Absatz 3 steht einem rechtskräftigen Urteil gleich.

§ 56 Beschränkung des Disziplinarverfahrens

Das Gericht kann das Disziplinarverfahren beschränken, indem es solche Handlungen ausscheidet, die für die Art und Höhe der zu erwartenden Disziplinarmaßnahme nicht oder voraussichtlich nicht ins Gewicht fallen. Die ausgeschiedenen Handlungen können nicht wieder in das Disziplinarverfahren einbezogen werden, es sei denn, die Voraussetzungen für die Beschränkung entfallen nachträglich. Werden die ausgeschiedenen Handlungen nicht wieder einbezogen, können sie nach dem unanfechtbaren Abschluss des Disziplinarverfahrens nicht Gegenstand eines neuen Disziplinarverfahrens sein.

§ 57 Bindung an tatsächliche Feststellungen aus anderen Verfahren

(1) Die tatsächlichen Feststellungen eines rechtskräftigen Urteils im Straf- oder Bußgeldverfahren oder im verwaltungsgerichtlichen Verfahren, durch das nach § 9 des Bundesbesoldungsgesetzes über den Verlust der Besoldung bei schuldhaftem Fernbleiben vom Dienst entschieden worden ist, sind im Disziplinarverfahren, das denselben Sachverhalt zum Gegenstand hat, für das Gericht bindend. Es hat jedoch die erneute Prüfung solcher Feststellungen zu beschließen, die offenkundig unrichtig sind.
(2) Die in einem anderen gesetzlich geordneten Verfahren getroffenen tatsächlichen Feststellungen sind nicht bindend, können aber der Entscheidung ohne erneute Prüfung zugrunde gelegt werden.

§ 58 Beweisaufnahme

(1) Das Gericht erhebt die erforderlichen Beweise.
(2) Bei einer Disziplinarklage sind Beweisanträge von dem Dienstherrn in der Klageschrift und von dem Beamten innerhalb zweier Monate nach Zustellung der Klage oder der Nachtragsdisziplinarklage zu stellen. Ein verspäteter Antrag kann abgelehnt werden, wenn seine Berücksichtigung nach der freien Überzeugung des Gerichts die Erledigung des Disziplinarverfahrens verzögern würde und der Beamte über die Folgen der Fristversäumung belehrt worden ist; dies gilt nicht, wenn zwingende Gründe für die Verspätung glaubhaft gemacht werden.
(3) Die Bestimmungen der Strafprozessordnung über die Pflicht, als Zeuge auszusagen oder als Sachverständiger ein Gutachten zu erstatten, über die Ablehnung von Sachverständigen sowie über die Vernehmung von Angehörigen des öffentlichen Dienstes als Zeugen und Sachverständige gelten entsprechend.

§ 59 Entscheidung durch Beschluss

(1) Bei einer Disziplinarklage kann das Gericht, auch nach der Eröffnung der mündlichen Verhandlung, mit Zustimmung der Beteiligten durch Beschluss
1. auf die erforderliche Disziplinarmaßnahme (§ 5) erkennen, wenn nur ein Verweis, eine Geldbuße, eine Kürzung der Dienstbezüge oder eine Kürzung des Ruhegehalts verwirkt ist, oder
2. die Disziplinarklage abweisen.

Zur Erklärung der Zustimmung kann den Beteiligten von dem Gericht, dem Vorsitzenden oder dem Berichterstatter eine Frist gesetzt werden, nach deren Ablauf die Zustimmung als erteilt gilt, wenn nicht ein Beteiligter widersprochen hat.
(2) Der rechtskräftige Beschluss nach Absatz 1 steht einem rechtskräftigen Urteil gleich.

§ 60 Mündliche Verhandlung, Entscheidung durch Urteil

(1) Das Gericht entscheidet über die Klage, wenn das Disziplinarverfahren nicht auf andere Weise abgeschlossen wird, auf Grund mündlicher Verhandlung durch Urteil. § 106 der Verwaltungsgerichtsordnung wird nicht angewandt.
(2) Bei einer Disziplinarklage dürfen nur die Handlungen zum Gegenstand der Urteilsfindung gemacht werden, die dem Beamten in der Klage oder der Nachtragsdisziplinarklage als Dienstvergehen zur Last gelegt werden. Das Gericht kann in dem Urteil
1. auf die erforderliche Disziplinarmaßnahme (§ 5) erkennen oder
2. die Disziplinarklage abweisen.
(3) Bei der Klage gegen eine Disziplinarverfügung prüft das Gericht neben der Rechtmäßigkeit auch die Zweckmäßigkeit der angefochtenen Entscheidung.

§ 61 Grenzen der erneuten Ausübung der Disziplinarbefugnisse

(1) Soweit der Dienstherr die Disziplinarklage zurückgenommen hat, können die ihr zugrunde liegenden Handlungen nicht mehr Gegenstand eines Disziplinarverfahrens sein.
(2) Hat das Gericht unanfechtbar über die Klage gegen eine Disziplinarverfügung entschieden, ist hinsichtlich der dieser Entscheidung zugrunde liegenden Handlungen eine erneute Ausübung der Disziplinarbefugnisse nur wegen solcher erheblicher Tatsachen und Beweismittel zulässig, die keinen Eingang in das gerichtliche Disziplinarverfahren gefunden haben. Eine Verschärfung der Disziplinarmaßnahme nach Art oder Höhe oder die Erhebung der Disziplinarklage ist nur innerhalb von drei Monaten nach der Zustellung des Urteils zulässig, es sei denn, es ergeht wegen desselben Sachverhalts ein rechtskräftiges Urteil auf Grund von tatsächlichen Feststellungen, die von denjenigen tatsächlichen Feststellungen, auf denen die Entscheidung beruht, abweichen.

**Abschnitt 2
Besondere Verfahren**

§ 62 Antrag auf gerichtliche Fristsetzung

(1) Ist ein behördliches Disziplinarverfahren nicht innerhalb von sechs Monaten seit der Einleitung durch Einstellung, durch Erlass einer Disziplinarverfügung oder durch Erhebung der Disziplinarklage abgeschlossen worden, kann der Beamte bei dem Gericht die gerichtliche Bestimmung einer Frist zum Abschluss des Disziplinarverfahrens beantragen. Die Frist des Satzes 1 ist gehemmt, solange das Disziplinarverfahren nach § 22 ausgesetzt ist.
(2) Liegt ein zureichender Grund für den fehlenden Abschluss des behördlichen Disziplinarverfahrens innerhalb von sechs Monaten nicht vor, bestimmt das Gericht eine Frist, in der es abzuschließen ist. Anderenfalls lehnt es den Antrag ab. § 53 Abs. 2 Satz 3 bis 5 gilt entsprechend.

(3) Wird das behördliche Disziplinarverfahren innerhalb der nach Absatz 2 bestimmten Frist nicht abgeschlossen, ist es durch Beschluss des Gerichts einzustellen.
(4) Der rechtskräftige Beschluss nach Absatz 3 steht einem rechtskräftigen Urteil gleich.

§ 63 Antrag auf Aussetzung der vorläufigen Dienstenthebung und der Einbehaltung von Bezügen

(1) Der Beamte kann die Aussetzung der vorläufigen Dienstenthebung und der Einbehaltung von Dienst- oder Anwärterbezügen beim Gericht beantragen; Gleiches gilt für den Ruhestandsbeamten bezüglich der Einbehaltung von Ruhegehalt. Der Antrag ist bei dem Oberverwaltungsgericht zu stellen, wenn bei ihm in derselben Sache ein Disziplinarverfahren anhängig ist.
(2) Die vorläufige Dienstenthebung und die Einbehaltung von Bezügen sind auszusetzen, wenn ernstliche Zweifel an ihrer Rechtmäßigkeit bestehen.
(3) Für die Änderung oder Aufhebung von Beschlüssen über Anträge nach Absatz 1 gilt § 80 Abs. 7 der Verwaltungsgerichtsordnung entsprechend.

Kapitel 3
Disziplinarverfahren vor dem Oberverwaltungsgericht

Abschnitt 1
Berufung

§ 64 Statthaftigkeit, Form und Frist der Berufung

(1) Gegen das Urteil des Verwaltungsgerichts über eine Disziplinarklage steht den Beteiligten die Berufung an das Oberverwaltungsgericht zu. Die Berufung ist bei dem Verwaltungsgericht innerhalb eines Monats nach Zustellung des vollständigen Urteils schriftlich einzulegen und zu begründen. Die Begründungsfrist kann auf einen vor ihrem Ablauf gestellten Antrag von dem Vorsitzenden verlängert werden. Die Begründung muss einen bestimmten Antrag sowie die im Einzelnen anzuführenden Gründe der Anfechtung (Berufungsgründe) enthalten. Mangelt es an einem dieser Erfordernisse, ist die Berufung unzulässig.
(2) Im Übrigen steht den Beteiligten die Berufung gegen das Urteil des Verwaltungsgerichts nur zu, wenn sie von dem Verwaltungsgericht oder Oberverwaltungsgericht zugelassen wird. Die §§ 124 und 124 a der Verwaltungsgerichtsordnung sind anzuwenden.

§ 65 Berufungsverfahren

(1) Für das Berufungsverfahren gelten die Bestimmungen über das Disziplinarverfahren vor dem Verwaltungsgericht entsprechend, soweit sich aus diesem Gesetz nichts anderes ergibt. Die §§ 53 und 54 werden nicht angewandt.
(2) Wesentliche Mängel des behördlichen Disziplinarverfahrens, die nach § 55 Abs. 2 unberücksichtigt bleiben durften, bleiben auch im Berufungsverfahren unberücksichtigt.
(3) Ein Beweisantrag, der vor dem Verwaltungsgericht nicht innerhalb der Frist des § 58 Abs. 2 gestellt worden ist, kann abgelehnt werden, wenn seine Berück-

sichtigung nach der freien Überzeugung des Oberverwaltungsgerichts die Erledigung des Disziplinarverfahrens verzögern würde und der Beamte im ersten Rechtszug über die Folgen der Fristversäumung belehrt worden ist; dies gilt nicht, wenn zwingende Gründe für die Verspätung glaubhaft gemacht werden. Beweisanträge, die das Verwaltungsgericht zu Recht abgelehnt hat, bleiben auch im Berufungsverfahren ausgeschlossen.
(4) Die durch das Verwaltungsgericht erhobenen Beweise können der Entscheidung ohne erneute Beweisaufnahme zugrunde gelegt werden.

§ 66 Mündliche Verhandlung, Entscheidung durch Urteil

Das Oberverwaltungsgericht entscheidet über die Berufung, wenn das Disziplinarverfahren nicht auf andere Weise abgeschlossen wird, auf Grund mündlicher Verhandlung durch Urteil. § 106 der Verwaltungsgerichtsordnung wird nicht angewandt.

Abschnitt 2
Beschwerde

§ 67 Statthaftigkeit, Form und Frist der Beschwerde

(1) Für die Statthaftigkeit, Form und Frist der Beschwerde gelten die §§ 146 und 147 der Verwaltungsgerichtsordnung.
(2) Gegen Beschlüsse des Verwaltungsgerichts, durch die nach § 59 Abs. 1 über eine Disziplinarklage entschieden wird, kann die Beschwerde nur auf das Fehlen der Zustimmung der Beteiligten gestützt werden.
(3) Für das Beschwerdeverfahren gegen Beschlüsse des Verwaltungsgerichts über eine Aussetzung nach § 63 gilt § 146 Abs. 4 der Verwaltungsgerichtsordnung entsprechend.

§ 68 Entscheidung des Oberverwaltungsgerichts

Das Oberverwaltungsgericht entscheidet über die Beschwerde durch Beschluss.

Kapitel 4
Disziplinarverfahren vor dem Bundesverwaltungsgericht

§ 69 Form, Frist und Zulassung der Revision

Für die Zulassung der Revision, für die Form und Frist der Einlegung der Revision und der Einlegung der Beschwerde gegen ihre Nichtzulassung sowie für die Revisionsgründe gelten die §§ 132, 133, 137 bis 139 der Verwaltungsgerichtsordnung.

§ 70 Revisionsverfahren, Entscheidung über die Revision

(1) Für das Revisionsverfahren gelten die Bestimmungen über das Disziplinarverfahren vor dem Oberverwaltungsgericht entsprechend.
(2) Für die Entscheidung über die Revision gelten die §§ 143 und 144 der Verwaltungsgerichtsordnung.

Kapitel 5
Wiederaufnahme des gerichtlichen Disziplinarverfahrens

§ 71 Wiederaufnahmegründe

(1) Die Wiederaufnahme des durch rechtskräftiges Urteil abgeschlossenen Disziplinarverfahrens ist zulässig, wenn
1. in dem Urteil eine Disziplinarmaßnahme ausgesprochen worden ist, die nach Art oder Höhe im Gesetz nicht vorgesehen ist,
2. Tatsachen oder Beweismittel beigebracht werden, die erheblich und neu sind,
3. das Urteil auf dem Inhalt einer unechten oder verfälschten Urkunde oder auf einem vorsätzlich oder fahrlässig falsch abgegebenen Zeugnis oder Gutachten beruht,
4. ein Urteil, auf dessen tatsächlichen Feststellungen das Urteil im Disziplinarverfahren beruht, durch ein anderes rechtskräftiges Urteil aufgehoben worden ist,
5. an dem Urteil ein Richter oder Beamtenbeisitzer mitgewirkt hat, der sich in dieser Sache der strafbaren Verletzung einer Amtspflicht schuldig gemacht hat,
6. an dem Urteil ein Richter oder Beamtenbeisitzer mitgewirkt hat, der von der Ausübung des Richteramts kraft Gesetzes ausgeschlossen war, es sei denn, dass die Gründe für den gesetzlichen Ausschluss bereits erfolglos geltend gemacht worden waren,
7. der Beamte nachträglich glaubhaft ein Dienstvergehen eingesteht, das in dem Disziplinarverfahren nicht hat festgestellt werden können, oder
8. im Verfahren der Disziplinarklage nach dessen rechtskräftigem Abschluss in einem wegen desselben Sachverhalts eingeleiteten Straf- oder Bußgeldverfahren unanfechtbar eine Entscheidung ergeht, nach der gemäß § 14 die Disziplinarmaßnahme nicht zulässig wäre.

(2) Erheblich im Sinne des Absatzes 1 Nr. 2 sind Tatsachen und Beweismittel, wenn sie allein oder in Verbindung mit den früher getroffenen Feststellungen geeignet sind, eine andere Entscheidung zu begründen, die Ziel der Wiederaufnahme des Disziplinarverfahrens sein kann. Neu im Sinne des Absatzes 1 Nr. 2 sind Tatsachen und Beweismittel, die dem Gericht bei seiner Entscheidung nicht bekannt gewesen sind. Ergeht nach Eintritt der Rechtskraft des Urteils im Disziplinarverfahren in einem wegen desselben Sachverhalts eingeleiteten Straf- oder Bußgeldverfahren ein rechtskräftiges Urteil auf Grund von tatsächlichen Feststellungen, die von denjenigen tatsächlichen Feststellungen des Urteils im Disziplinarverfahren abweichen, auf denen es beruht, gelten die abweichenden Feststellungen des Urteils im Straf- oder Bußgeldverfahren als neue Tatsachen im Sinne des Absatzes 1 Nr. 2.

(3) In den Fällen des Absatzes 1 Nr. 3 und 5 ist die Wiederaufnahme des Disziplinarverfahrens nur zulässig, wenn wegen der behaupteten Handlung eine rechtskräftige strafgerichtliche Verurteilung erfolgt ist oder wenn ein strafgerichtliches Verfahren aus anderen Gründen als wegen Mangels an Beweisen nicht eingeleitet oder nicht durchgeführt werden kann.

§ 72 Unzulässigkeit der Wiederaufnahme

(1) Die Wiederaufnahme des durch rechtskräftiges Urteil abgeschlossenen Disziplinarverfahrens ist unzulässig, wenn nach dem Eintritt der Rechtskraft

1. ein Urteil im Straf- oder Bußgeldverfahren ergangen ist, das sich auf denselben Sachverhalt gründet und diesen ebenso würdigt, solange dieses Urteil nicht rechtskräftig aufgehoben worden ist, oder
2. ein Urteil im Strafverfahren ergangen ist, durch das der Verurteilte sein Amt oder seinen Anspruch auf Ruhegehalt verloren hat oder ihn verloren hätte, wenn er noch im Dienst gewesen wäre oder Ruhegehalt bezogen hätte.

(2) Die Wiederaufnahme des Disziplinarverfahrens zuungunsten des Beamten ist außerdem unzulässig, wenn seit dem Eintritt der Rechtskraft des Urteils drei Jahre vergangen sind.

§ 73 Frist, Verfahren

(1) Der Antrag auf Wiederaufnahme des Disziplinarverfahrens muss bei dem Gericht, dessen Entscheidung angefochten wird, binnen drei Monaten schriftlich oder zur Niederschrift des Urkundsbeamten der Geschäftsstelle eingereicht werden. Die Frist beginnt mit dem Tag, an dem der Antragsberechtigte von dem Grund für die Wiederaufnahme Kenntnis erhalten hat. In dem Antrag ist das angefochtene Urteil zu bezeichnen und anzugeben, inwieweit es angefochten wird und welche Änderungen beantragt werden; die Anträge sind unter Bezeichnung der Beweismittel zu begründen.

(2) Für das weitere Verfahren gelten die Bestimmungen über das gerichtliche Disziplinarverfahren entsprechend, soweit sich aus diesem Gesetz nichts anderes ergibt.

§ 74 Entscheidung durch Beschluss

(1) Das Gericht kann den Antrag, auch nach der Eröffnung der mündlichen Verhandlung, durch Beschluss verwerfen, wenn es die gesetzlichen Voraussetzungen für seine Zulassung nicht für gegeben oder ihn für offensichtlich unbegründet hält.

(2) Das Gericht kann vor der Eröffnung der mündlichen Verhandlung mit Zustimmung der zuständigen Behörde durch Beschluss das angefochtene Urteil aufheben und die Disziplinarklage abweisen oder die Disziplinarverfügung aufheben. Der Beschluss ist unanfechtbar.

(3) Der rechtskräftige Beschluss nach Absatz 1 sowie der Beschluss nach Absatz 2 stehen einem rechtskräftigen Urteil gleich.

§ 75 Mündliche Verhandlung, Entscheidung des Gerichts

(1) Das Gericht entscheidet, wenn das Wiederaufnahmeverfahren nicht auf andere Weise abgeschlossen wird, auf Grund mündlicher Verhandlung durch Urteil.

(2) Gegen das Urteil des Verwaltungsgerichts und des Oberverwaltungsgerichts kann das in dem jeweiligen Verfahren statthafte Rechtsmittel eingelegt werden.

§ 76 Rechtswirkungen, Entschädigung

(1) Wird in einem Wiederaufnahmeverfahren das angefochtene Urteil zugunsten des Beamten aufgehoben, erhält dieser von dem Eintritt der Rechtskraft des aufgehobenen Urteils an die Rechtsstellung, die er erhalten hätte, wenn das aufgehobene Urteil der Entscheidung entsprochen hätte, die im Wiederaufnahme-

verfahren ergangen ist. Wurde in dem aufgehobenen Urteil auf Entfernung aus dem Beamtenverhältnis oder auf Aberkennung des Ruhegehalts erkannt, gilt § 42 des Bundesbeamtengesetzes entsprechend.
(2) Der Beamte und die Personen, denen er kraft Gesetzes unterhaltspflichtig ist, können im Falle des Absatzes 1 neben den hiernach nachträglich zu gewährenden Bezügen in entsprechender Anwendung des Gesetzes über die Entschädigung für Strafverfolgungsmaßnahmen vom 8. März 1971 (BGBl. I S. 157) in der jeweils geltenden Fassung Ersatz des sonstigen Schadens vom Dienstherrn verlangen. Der Anspruch ist innerhalb von drei Monaten nach dem rechtskräftigen Abschluss des Wiederaufnahmeverfahrens bei der für die Erhebung der Disziplinarklage zuständigen Behörde geltend zu machen.

Kapitel 6
Kosten

§ 77 Kostentragung und erstattungsfähige Kosten

(1) Für die Kostentragungspflicht der Beteiligten und die Erstattungsfähigkeit von Kosten gelten die Bestimmungen der Verwaltungsgerichtsordnung entsprechend, sofern sich aus den nachfolgenden Vorschriften nichts anderes ergibt.
(2) Wird eine Disziplinarverfügung trotz Vorliegens eines Dienstvergehens aufgehoben, können die Kosten ganz oder teilweise dem Beamten auferlegt werden.
(3) In Verfahren über den Antrag auf gerichtliche Fristsetzung (§ 62) hat das Gericht zugleich mit der Entscheidung über den Fristsetzungsantrag über die Kosten des Verfahrens zu befinden.
(4) Kosten im Sinne dieser Vorschrift sind auch die Kosten des behördlichen Disziplinarverfahrens.

§ 78 Gerichtskosten

In gerichtlichen Disziplinarverfahren werden Gebühren nach dem Gebührenverzeichnis der Anlage zu diesem Gesetz erhoben. Im Übrigen sind die für Kosten in Verfahren vor den Gerichten der Verwaltungsgerichtsbarkeit geltenden Vorschriften des Gerichtskostengesetzes entsprechend anzuwenden.

Teil 5
Unterhaltsbeitrag bei Entfernung aus dem Beamtenverhältnis oder bei Aberkennung des Ruhegehalts

§ 79 Unterhaltsbeitrag bei Entfernung aus dem Beamtenverhältnis oder bei Aberkennung des Ruhegehalts

(1) Die Zahlung des Unterhaltsbeitrags nach § 10 Abs. 3 oder § 12 Abs. 2 beginnt, soweit in der Entscheidung nichts anderes bestimmt ist, zum Zeitpunkt des Verlusts der Dienstbezüge oder des Ruhegehalts.
(2) Die Zahlung des Unterhaltsbeitrags nach § 12 Abs. 2 steht unter dem Vorbehalt der Rückforderung, wenn für denselben Zeitraum eine Rente auf Grund

der Nachversicherung gewährt wird. Zur Sicherung des Rückforderungsanspruchs hat der Ruhestandsbeamte eine entsprechende Abtretungserklärung abzugeben.
(3) Das Gericht kann in der Entscheidung bestimmen, dass der Unterhaltsbeitrag ganz oder teilweise an Personen gezahlt wird, zu deren Unterhalt der Beamte oder Ruhestandsbeamte verpflichtet ist; nach Rechtskraft der Entscheidung kann dies die oberste Dienstbehörde bestimmen.
(4) Auf den Unterhaltsbeitrag werden Erwerbs- und Erwerbsersatzeinkommen im Sinne des § 18 a Abs. 2 sowie Abs. 3 Satz 1 und 2 des Vierten Buches Sozialgesetzbuch angerechnet. Der frühere Beamte oder frühere Ruhestandsbeamte ist verpflichtet, der obersten Dienstbehörde alle Änderungen in seinen Verhältnissen, die für die Zahlung des Unterhaltsbeitrags bedeutsam sein können, unverzüglich anzuzeigen. Kommt er dieser Pflicht schuldhaft nicht nach, kann ihm der Unterhaltsbeitrag ganz oder teilweise mit Wirkung für die Vergangenheit entzogen werden. Die Entscheidung trifft die oberste Dienstbehörde.
(5) Der Anspruch auf den Unterhaltsbeitrag erlischt, wenn der Betroffene wieder in ein öffentlich-rechtliches Amts- oder Dienstverhältnis berufen wird.

§ 80 Unterhaltsleistung bei Mithilfe zur Aufdeckung von Straftaten

(1) Im Falle der Entfernung aus dem Beamtenverhältnis oder der Aberkennung des Ruhegehalts kann die zuletzt zuständige oberste Dienstbehörde dem ehemaligen Beamten oder ehemaligen Ruhestandsbeamten, der gegen das Verbot der Annahme von Belohnungen oder Geschenken verstoßen hat, die Gewährung einer monatlichen Unterhaltsleistung zusagen, wenn er sein Wissen über Tatsachen offenbart hat, deren Kenntnis dazu beigetragen hat, Straftaten, insbesondere nach den §§ 331 bis 335 des Strafgesetzbuches, zu verhindern oder über seinen eigenen Tatbeitrag hinaus aufzuklären. Die Nachversicherung ist durchzuführen.
(2) Die Unterhaltsleistung ist als Prozentsatz der Anwartschaft auf eine Altersrente, die sich aus der Nachversicherung ergibt, oder einer entsprechenden Leistung aus der berufsständischen Alterssicherung mit folgenden Maßgaben festzusetzen:
1. Die Unterhaltsleistung darf die Höhe der Rentenanwartschaft aus der Nachversicherung nicht erreichen;
2. Unterhaltsleistung und Rentenanwartschaft aus der Nachversicherung dürfen zusammen den Betrag nicht übersteigen, der sich als Ruhegehalt nach § 14 Abs. 1 des Beamtenversorgungsgesetzes ergäbe.

Die Höchstgrenzen nach Satz 1 gelten auch für die Zeit des Bezugs der Unterhaltsleistung; an die Stelle der Rentenanwartschaft aus der Nachversicherung tritt die anteilige Rente.
(3) Die Zahlung der Unterhaltsleistung an den früheren Beamten kann erst erfolgen, wenn dieser das 65. Lebensjahr vollendet hat oder eine Rente wegen Erwerbs- oder Berufsunfähigkeit aus der gesetzlichen Rentenversicherung oder eine entsprechende Leistung aus der berufsständischen Versorgung erhält.
(4) Der Anspruch auf die Unterhaltsleistung erlischt bei erneutem Eintritt in den öffentlichen Dienst sowie in den Fällen, die bei einem Ruhestandsbeamten das Erlöschen der Versorgungsbezüge nach § 59 des Beamtenversorgungsgesetzes zur Folge hätten. Der hinterbliebene Ehegatte erhält 55 Prozent der Unterhaltsleistung, wenn zum Zeitpunkt der Entfernung aus dem Beamtenverhältnis oder der Aberkennung des Ruhegehalts die Ehe bereits bestanden hatte.

§ 81 Begnadigung

(1) Dem Bundespräsidenten steht das Begnadigungsrecht in Disziplinarsachen nach diesem Gesetz zu. Er kann es anderen Stellen übertragen.
(2) Wird die Entfernung aus dem Beamtenverhältnis oder die Aberkennung des Ruhegehalts im Gnadenweg aufgehoben, gilt § 43 Satz 2 des Bundesbeamtengesetzes entsprechend.

Teil 6
Besondere Bestimmungen für einzelne Beamtengruppen und für Ruhestandsbeamte

§ 82 Polizeivollzugsbeamte des Bundes

Das Bundesministerium des Innern bestimmt durch Rechtsverordnung, welche Vorgesetzten der Polizeivollzugsbeamten des Bundes als Dienstvorgesetzte im Sinne des § 33 Abs. 2, Abs. 3 Nr. 2 und Abs. 5 gelten.

§ 83 Beamte der bundesunmittelbaren Körperschaften, Anstalten und Stiftungen des öffentlichen Rechts

(1) Das für die Aufsicht zuständige Bundesministerium gilt im Sinne dieses Gesetzes als oberste Dienstbehörde der Beamten der bundesunmittelbaren Körperschaften, Anstalten und Stiftungen des öffentlichen Rechts. Es kann durch Rechtsverordnung im Einvernehmen mit dem Bundesministerium des Innern seine Befugnisse auf nachgeordnete Behörden übertragen und bestimmen, wer als nachgeordnete Behörde, Dienstvorgesetzter und höherer Dienstvorgesetzter im Sinne dieses Gesetzes anzusehen ist. Es kann durch Rechtsverordnung im Einvernehmen mit dem Bundesministerium des Innern darüber hinaus die Zuständigkeit für Verweise, Geldbußen und Kürzungen der Dienstbezüge abweichend von § 33 regeln.
(2) Für die in Absatz 1 bezeichneten Körperschaften, Anstalten und Stiftungen des öffentlichen Rechts gilt § 144 Abs. 2 des Bundesbeamtengesetzes entsprechend.

§ 84 Ausübung der Disziplinarbefugnisse bei Ruhestandsbeamten

Bei Ruhestandsbeamten werden die Disziplinarbefugnisse durch die zum Zeitpunkt des Eintritts in den Ruhestand zuständige oberste Dienstbehörde ausgeübt. Diese kann ihre Befugnisse durch allgemeine Anordnung ganz oder teilweise auf nachgeordnete Dienstvorgesetzte übertragen; die Anordnung ist im Bundesgesetzblatt zu veröffentlichen. Besteht die zuständige oberste Dienstbehörde nicht mehr, bestimmt das Bundesministerium des Innern, welche Behörde zuständig ist.

Teil 7
Übergangs- und Schlussbestimmungen

§ 85 Übergangsbestimmungen

(1) Die nach bisherigem Recht eingeleiteten Disziplinarverfahren werden in der Lage, in der sie sich bei Inkrafttreten dieses Gesetzes befinden, nach diesem Gesetz fortgeführt, soweit in den Absätzen 2 bis 10 nichts Abweichendes bestimmt ist. Maßnahmen, die nach bisherigem Recht getroffen worden sind, bleiben rechtswirksam.

(2) Die folgenden Disziplinarmaßnahmen nach bisherigem Recht stehen folgenden Disziplinarmaßnahmen nach diesem Gesetz gleich:
1. die Gehaltskürzung der Kürzung der Dienstbezüge,
2. die Versetzung in ein Amt derselben Laufbahn mit geringerem Endgrundgehalt der Zurückstufung und
3. die Entfernung aus dem Dienst der Entfernung aus dem Beamtenverhältnis.

(3) Vor dem Inkrafttreten dieses Gesetzes eingeleitete förmliche Disziplinarverfahren werden nach bisherigem Recht fortgeführt. Für die Anschuldigung und die Durchführung des gerichtlichen Verfahrens gilt ebenfalls das bisherige Recht.

(4) Die Behörde des Bundesdisziplinaranwalts wird mit Ablauf des 31. Dezember 2003 aufgelöst. Ab diesem Zeitpunkt fertigt die Einleitungsbehörde in den Fällen von Absatz 3 die Anschuldigungsschrift; die Vorschriften der Bundesdisziplinarordnung sind nicht anzuwenden, soweit sie den Bundesdisziplinaranwalt betreffen.

(5) Statthaftigkeit, Frist und Form eines Rechtsbehelfs oder Rechtsmittels gegen eine Entscheidung, die vor dem Inkrafttreten dieses Gesetzes ergangen ist, bestimmen sich nach bisherigem Recht. Im weiteren Verfahren gelten ebenfalls die Bestimmungen des bisherigen Rechts.

(6) Die bei Inkrafttreten dieses Gesetzes anhängigen gerichtlichen Disziplinarverfahren werden nach den Bestimmungen des bisherigen Rechts fortgeführt. Dabei kann der Vorsitz einer oder mehrerer Kammern auch einem Richter auf Lebenszeit übertragen werden, der nicht Vorsitzender Richter ist. Ab dem Zeitpunkt des Inkrafttretens dieses Gesetzes kann von § 45 Abs. 1 der Bundesdisziplinarordnung abgewichen werden; ab diesem Zeitpunkt ist § 50 Abs. 1 der Bundesdisziplinarordnung nicht mehr anzuwenden.

(7) Das Bundesdisziplinargericht wird mit Ablauf des 31. Dezember 2003 aufgelöst. Die zu diesem Zeitpunkt bei diesem Gericht anhängigen Verfahren gehen in dem Stand, in dem sie sich befinden, auf das zuständige Verwaltungsgericht über. Die Vorschriften der Bundesdisziplinarordnung über das Verfahren vor dem Bundesdisziplinargericht gelten sinngemäß, soweit sie nicht die Beteiligung des Bundesdisziplinaranwalts oder die Besetzung der Kammern betreffen. Eine mündliche Verhandlung, die in einem anhängigen Gerichtsverfahren vor Ablauf des 31. Dezember 2003 geschlossen wurde, muss wiedereröffnet werden.

(8) Für die Wiederaufnahme von Disziplinarverfahren, die vor dem Inkrafttreten dieses Gesetzes rechtskräftig abgeschlossen worden sind, gilt bis zum Ablauf des 31. Dezember 2003 Abschnitt IV der Bundesdisziplinarordnung. Ab diesem Zeitpunkt gelten die Bestimmungen dieses Gesetzes.

(9) Die nach bisherigem Recht in einem Disziplinarverfahren ergangenen Entscheidungen sind nach bisherigem Recht zu vollstrecken, wenn sie unanfechtbar geworden sind.

(10) Die Frist für das Verwertungsverbot und ihre Berechnung für die Disziplinarmaßnahmen, die vor dem Inkrafttreten dieses Gesetzes verhängt worden sind, bestimmen sich nach diesem Gesetz. Dies gilt nicht, wenn die Frist und ihre Berechnung nach bisherigem Recht für den Beamten günstiger ist.

(11) Gebühren nach § 78 Satz 1 werden nur für die nach dem 31. Dezember 2009 anhängig werdenden gerichtlichen Verfahren erhoben. Dies gilt nicht im Verfahren über ein Rechtsmittel, das nach dem 31. Dezember 2009 eingelegt worden ist.

§ 86 Verwaltungsvorschriften

Die zur Durchführung dieses Gesetzes erforderlichen Verwaltungsvorschriften erlässt das Bundesministerium des Innern; die Verwaltungsvorschriften sind im Gemeinsamen Ministerialblatt zu veröffentlichen.

Zweiter Teil:

Materielles Disziplinarrecht

Einführung

I. Geschichte des Disziplinarrechts

»Die Disziplinargewalt des öffentlichen Dienstherrn ergibt sich aus seiner Diensthoheit und ermöglicht Sanktionen gegen seine Bediensteten.« Schon die Wortwahl in dieser Beschreibung wird jüngeren Menschen als ein Relikt vergangener Zeiten erscheinen und auf frühere Strukturen im öffentlichen Dienstverhältnis hinweisen. Sie ist dennoch auch heute aktuelle Fachsprache. Vielleicht wäre es zeitgemäßer zu definieren: »Dienstrechtliche Maßnahmen sollen zur künftigen Pflichterfüllung mahnen oder wegen Untragbarkeit das Beamtenverhältnis lösen.« In der Sache würde sich dadurch nichts ändern. Aber vielleicht lässt sich doch schon im Sprachgebrauch erkennen, dass sich Beamten- und Disziplinarrecht aus feudalen/obrigkeitlichen Strukturen zu lösen haben. Disziplinarrecht dient nicht mehr dem willkürlichen Sanktionsbedürfnis des Dienst»herrn«, sondern allein der rechtsstaatlichen Sicherung einer funktionierenden öffentlichen Verwaltung. Disziplinarrecht ist kein »Sonderstrafrecht«, sondern Bestandteil des Beamtenrechts und von dessen jeweiliger Ausgestaltung abhängig.[1]

1. Bis zum Ende des 18. Jahrhunderts gab es kein Beamten»recht«, also auch kein Disziplinarrecht. Im **mittelalterlichen Feudalstaat** war der fürstliche Bedienstete dem subjektiven Gutdünken seines Dienstherrn unterworfen. Der Fürst konnte in dem allein auf seine Person bezogenen Dienstverhältnis jederzeit willkürliche Entscheidungen gegen seinen Bediensteten treffen, ihn auch ohne Grund entlassen. Hierzu bemerkte ein Zeitgenosse 1768: »Ob es aber auch klug, billich und christlich seye, einen Bediensteten ohne Ursach schlechterdings fortzuschicken, ist eine andere Frage«.[2] Im **gemeinen Recht** setzten Bestrebungen von Theorie und Praxis zur Sicherung der Beamten ein. Eine erste rechtliche Sicherung schaffte erst die Rspr. des **Reichskammergerichts** und des **Reichshofrats**, die allerdings nur noch für die kleineren Territorien in Deutschland verbindlich waren.[3] Das Reichskammergericht hatte mit seinem Urteil von 1759, das jede Entlassung eines Reichsbeamten ohne iusta causa als unzulässig bezeichnete, die »wohlerworbenen Rechte« im Sinne der »Inamobilitätstheorie« von Cramers anerkannt.[4] Seitdem kann von einem Disziplinar»recht« gesprochen werden. Denn die Annahme der prinzipiellen Unabsetzbarkeit eines Beamten erforderte die Möglichkeit seiner rechtsförmigen Entlassung in recht-

---

1 Behnke, ZBR 1963, 257 ff.; Reuss, DVBl. 1963, 61; Geber, AöR Bd. 18 n. F. (1930); Presting, ZBR 1957, 345.
2 Zitiert nach Behnke-Arndt, Einf., S. 46, Rn. 2.
3 Jeserich/Pohl/v. Unruh, Deutsche Verwaltungsgeschichte, Bd. 1 (1983), S. 272.
4 Behnke-Arndt, a. a. O.

Einführung

lich begründeten Ausnahmefällen. In einem Bereich gab es allerdings schon lange solche rechtlich geregelten Dienstentlassungen: bei den klassischen Amtsverbrechen. Neben den ungeregelten, willkürlichen »ehrlichen Abschieden« gab es die zu den geringeren Kriminalstrafen gezählten »Kassationen«, d. h. Dienstentlassungen »mit Unehr um eins Verbrechen willen« (z. B. § 9 1. Teil 1. Kapitel des Codex Iuris Bavarici Criminalis von 1751). In diesem Strafverfahren waren Bestrafung und Dienstentlassung noch identisch. Erst im 19. Jahrhundert wurde die beamtenrechtliche Lösung von dem strafrechtlichen Ausspruch getrennt. Erst von da ab wurde generell – und nicht nur für Entlassungen – von der **Verschiedenartigkeit und Eigenständigkeit des Disziplinarverfahrens** gesprochen,[5] woraus sich die Situation der strafrechtlichen und disziplinarrechtlichen »Doppelverfolgung« herleitet.[6]

2. Im absolutistischen Staat des 18. Jahrhunderts sah das gemeine Recht mangels gesetzlicher Regelung nur die Möglichkeit, das Beamtenverhältnis einem der bekannten **Vertragstypen** zuzuordnen.[7] Die Bestallungsurkunden hatten mehr die Bedeutung einer Vollmacht gegenüber dem Amtsunterworfenen als die eines Rechtstitels gegenüber dem Dienstherrn.[8] Ein rechtsförmiges Verfahren zum Schutz des Beamten und der Verwaltung war damit nicht verbunden. Das Bedürfnis nach rechtlicher Fixierung entwickelte sich aus den Spätwirkungen des Naturrechts und aus der Französischen Revolution. Die Lehre vom **Gesellschaftsvertrag** (Vertragsschluss gleichberechtigter Menschen), die Vorstellung von Individualrechten als Menschenrechte, von einer integren Beamtenschaft als Instrument eines (absolutistischen) Wohlfahrtsstaats führten zu dem Wunsch nach einem gesetzlich geordneten Beamtenrecht. Das Neue an dieser Vorstellung war, dass die Beamtenschaft – obwohl noch in der Identität von Monarch und Staat – nicht mehr in erster Linie für den Monarchen, sondern für den Staat ihre Dienstleistung zu erbringen hatte. Hierin liegt der **Übergang vom Fürstendiener zum Staatsdiener**.[9] Für eine solche **funktionale Ausgestaltung** des Beamtenwesens hatte Preußen eine wegweisende Rolle. Die Entwicklung zum (absolutistischen) Gesetzesstaat vollzog sich dort mit dem **Preußischen Allgemeinen Landrecht** von 1794, in welchem wesentliche Elemente des Beamtenverhältnisses geregelt sind, darunter auch die Kontrollmöglichkeiten von Entlassungen (allerdings nicht durch Richterspruch, was der König abgelehnt hatte). Es kann hier offen bleiben, ob der oft beschworene »frühpreußische« Geist calvinistisch-pietistischen Aufgehens des Staatsdieners in Staat und Dienst »rund um die Uhr« wirklich der seinerzeitigen Realität entsprach. Allgemein galt er für die deutschen Länder sicher nicht.[10]

---

5 Arndt, DÖV 1966, 809 ff., und Behnke-Arndt, S. 46 f., Rn. 3.
6 Auch i. R. des Art. 103 Abs. 3 GG, BVerfG NJW 1967, 1651 und 1654.
7 Dargestellt bei Rehm, »Die rechtliche Natur des Staatsdienstes nach deutschem Recht«, in: Annalen des Deutschen Reichs (= Hirths Annalen) 1884, S. 565 ff., 1885, S. 65 ff.
8 Schwegmann/Summer (Komm. zum BBesG, Einf. vor § 1 Rn. 8 a m. w. N.). Sie enthielten aber schon umfangreiche Pflichteninstruktionen (z. B. zur Wahrheit, Amtsverschwiegenheit, Residenzpflicht, Dienstzucht, Aufsicht, Urlaub, Nebentätigkeit).
9 Dazu im Einzelnen Schmoller: »Der Deutsche Beamtenstaat vom 16.–18. Jahrhundert«, in: Schmoller, Umrisse und Untersuchungen zur Verfassungs-, Verwaltungs- und Wirtschaftsgeschichte, 1898, S. 299 ff. Nach Rehm (Fn. 7), 1884, S. 604, erscheint der Begriff »Staatsdiener« erstmals in einem anonymen Aufsatz 1785.
10 Vgl. Summer/Rometsch, ZBR 1981, 6.

Geschichte des Disziplinarrechts

3. **Die Verrechtlichung des Staatsdienstes während des Übergangs vom 18. zum 19. Jahrhundert** bahnte sich an mit der Lehre Malacords (1788) von den iura quaesita und dem Einfluss des ius publicum auf das Staatsdienerverhältnis,[11] setzte sich fort etwa in der **Hofratsliteratur**,[12] die um eine gesicherte Rechtsposition der Staatsdiener kämpfte, und fand schließlich Ausdruck in Seufferts Werk »Vom Verhältnis des Staats und der Diener des Staats gegeneinander im rechtlichen und politischen Verstand« (1793). Seuffert ordnete als Erster das Staatsdienerverhältnis dem öffentlichen Recht zu, sah dieses allerdings – wie bis dahin üblich – durch Vertrag begründet. Dagegen setzte erstmals Gönner[13] den **Hoheitsakt** als statusbegründendes Element ein. Er arbeitete für Bayern den Entwurf des ersten Beamtengesetzes aus, das als Bayerische Hauptlandespragmatik von 1805 (s. Fn. 13) verkündet wurde. Sie eröffnete zusammen mit dem **Reichsdeputationshauptschluss** von 1803,[14] in welchem sich die Staaten gegenseitig u. a. zur Wahrung der Rechte der Beamten aus den neu eingegliederten Territorien verpflichteten, die Reihe der nun folgenden Landes-Beamtengesetze. Diese übernahmen in ähnlicher Weise die Regelungen zur Begründung und lebenslangen Dauer des Beamtenverhältnisses, zur Besoldung, Versetzung, Ruhegehaltszahlung und Entlassung. Auch Disziplinarmaßnahmen unterhalb der Entfernung aus dem Dienst wurden in einem rechtlich geordneten Verfahren vorgesehen.[15]

4. Im frühen Liberalismus des 19. Jahrhunderts wurde die Idee des Verfassungsstaats zugleich auch zum Motor für die weitere rechtliche Sicherung einer von der Willkür des Dienstherrn freien und nur dem Staat und dem Recht verpflichteten Beamtenschaft. Schon die preußische Reformbewegung nach der Niederlage Preußens 1806 hatte tief greifende, verfassungspolitische Ziele. Sie richteten sich auf Beseitigung des Polizeistaats und Beteiligung der Bürger am Staat auf der Ebene der kommunalen Selbstverwaltung. So kam es im Rahmen der Stein-Hardenbergschen Reform zur Regelung auch des kommunalen Dienstrechts in der Preußischen Städteordnung von 1808. Die liberalen Gesellschaftsvorstellungen reichten aber weiter. Ausgehend von der Idee des Gesellschaftsvertrags waren die Bürger Träger der Staatsgewalt, die sie lediglich aus Gründen des inneren und äußeren Friedens dem Monarchen übertragen hatten, für die sie sich aber weiter verantwortlich fühlten. Man wünschte sich eine geschriebene Konstitution, in die der Wille der Staatsbürger eingehen konnte und zu deren Erhaltung ein Widerstandsrecht – auch gegen den Monarchen – gegeben sein sollte. Und weiterhin gehörte zur liberalstaatlichen Idee die Vorstellung der unveräußerlichen Freiheit des Einzelnen, die staatliche Bindungen nur so weit zulässt, als der Kernbereich der Bürgerfreiheit nicht verletzt wird. Liberalstaatliches Ergebnis war in Württemberg die Verfassung von 1819, die den Verfassungseid des Beamten (also eigene Verantwortung für die Verfassung) und seine (eingeschränkte) Verantwortung für seine weisungsgemäßen

---

11 Presting (Fn. 1), S. 346.
12 Summer/Rometsch (Fn. 10), S. 5.
13 »Der Staatsdienst aus dem Gesichtspunkt des Rechts und der Nationalökonomie betrachtet, nebst der Hauptlandespragmatik über die Dienstverhältnisse im Königreich Bayern mit erläuternden Anmerkungen«, 1808.
14 § 59, abgedruckt in: Summer, Dokumente zur Geschichte des Beamtenrechts, Deutscher Beamtenverlag, 1896.
15 Vgl. bei Summer, Dokumente, S. 59 ff.

Einführung

Amtshandlungen enthielt. Diese Eigenverantwortlichkeit des Beamten für Staat und Recht war schon das Motiv der preußischen Reformpartei. In ihr verfolgte eine Gruppe leitender Beamter hartnäckig und kämpferisch ihr Staatsziel gegenüber der Staatsspitze und den Vorgesetzten. Dieses Bild einer Beamtenschaft, die nicht angepasst ihre Aufgaben erfüllt, sondern sich dem Staat ohne Rücksicht auf die persönliche Treuepflicht zum Dienstherrn oder Vorgesetzten verpflichtet fühlt, wurde als positives Merkmal liberal-rechtsstaatlicher Verantwortung angesehen.[16] Ähnlich wehrten sich die »Göttinger Sieben« (Professoren) 1837 gegen ihren hannoverschen König, als dieser die Verfassung von 1831 aufhob. Sein Verhalten und die Entlassung der »Sieben« wurden seinerzeit als Verfassungsbruch und als rechtswidrig empfunden. Gleiches gilt für den Widerstand der kurhessischen Beamten, Richter und Offiziere 1850 gegen eine ungesetzliche Steuererhebung des Kurfürsten von Hessen-Kassel, der sich erst mit fremden Truppen durchsetzen konnte.[17]

5. Als der antiliberale, spätpreußische Obrigkeitsstaat aufkam, war das Berufsbeamtentum mit abgesicherter Rechtsstellung bereits aufgebaut. Die Grundstruktur war aus den deutschen Mittel- und Kleinstaaten gewachsen. Für den Rückfall in den Obrigkeitsstaat waren aber – neben anderen Faktoren – gerade diese Sicherung und die gewachsene Macht der Beamtenschaft mitverantwortlich. Die selbst- und machtbewusst gewordene Beamtenschaft hatte keine Neigung, ihre Macht in der Gesellschaft mit dem Parlament, dem Sitz der liberalen Bürgerbewegung, zu teilen. Die Beamtenschaft wurde zum natürlichen Verbündeten der Monarchen und zum Gegner der Verfassungsbewegung. Sie konnte ihre Rechtsstellung im Bündnis mit der Staatsspitze halten und ausbauen. Unter dem Einfluss **Hegelscher Staatsüberhöhung** und eines nur **formellen Rechtsstaatsbegriffs** sowie nationaler Einheits- und Großmachtpolitik identifizierte sich die Beamtenschaft mit der Staatsspitze, sah sich selbst als die Staatsmacht und hielt es für treuwidrig, die Exekutivspitze zu kritisieren. Für viele unerkannt, entledigte sich die Beamtenschaft so ihrer frühliberalen Zielsetzung: ihrer inneren Unabhängigkeit und Meinungsfreiheit. Verstärkt wurde diese Entwicklung durch konservativ-politische Beeinflussung in der **Bismarck-Ära** (selbst bei Wahlen).[18]

In diese Zeit fiel die erste **speziell disziplinarrechtliche Gesetzesregelung** mit dem preußischen Gesetz vom 29.3.1844 (zur Feststellung des gerichtlichen und des Disziplinar-Straf-Verfahrens gegen Beamte). Allerdings sind hierin noch sowohl die strafgerichtlich zu verfolgenden »Amtsverbrechen« als auch die »anderen Dienstvergehungen« erfasst. Jedenfalls wird aber zwischen beiden Verfahren unterschieden, Doppelverfahren werden ausgeschlossen, Zuständigkeiten und Disziplinarmaßnahmen für die eigentlichen »Dienstvergehungen« werden geregelt. Über die preußischen Verordnungen vom 10. und 11.7.1849 kam es dann zu dem Preußischen Disziplinargesetz vom 21.7.1852. Dieses enthielt nun auch materielle Pflichtentatbestände mit Disziplinarstrafen und Statusfolgen sowie Verfahrensregelungen. Ähnliche Verfahrensregelungen enthielt

---

16 Summer, Dokumente, S. 23 ff. mit Zitaten.
17 Summer, Dokumente, S. 25 ff.
18 Summer, Dokumente, S. 29/30; Morsey, »Zur Beamtenpolitik des Reiches von Bismarck bis Brüning«, in: Demokratie und Verwaltung, Festschrift 25 Jahre Hochschule Speyer 1972; Hartung, Deutsche Verfassungsgeschichte vom 15. Jahrhundert bis zur Gegenwart, 1914, S. 256 ff. (261, 267).

dann auch das **Reichsbeamtengesetz von 1873**, das die **Reichsdisziplinarkammern** und den **Reichsdisziplinarhof** begründete und Kostenregelungen, aber keine Pflichtentatbestände enthielt.
Mit dieser Gesetzesentwicklung war die **Ablösung des Disziplinarrechts vom Strafrecht** weitgehend gesichert.[19] Das zeigt sich materiell und formell darin, dass damals weitgehend von den im Strafrecht typischen, konkreten Pflichtentatbeständen[20] abgesehen und auf Generalklauseln abgestellt wurde.[21] Außerdem wurde das **Dienstvergehen als einheitlicher Tatbestand des Gesamtverhaltens** aufgefasst.[22] Während die strafrechtliche Theorie noch bis zum Ende des 19. Jahrhunderts das Disziplinarrecht als Sonderstrafrecht für Beamte ansah, setzte sich mit Heffter[23] die staats- und verwaltungsrechtliche Theorie durch.[24]
6. In der Weimarer Republik war das Beamtenrecht **verfassungsrechtlich gesichert**, rechtsstaatlich strukturiert und mit rechtsstaatlichen Freiheitsrechten versehen. Nach der Weimarer Reichsverfassung vom 11. 8. 1919 hatten für den Zugang zum öffentlichen Dienst Befähigung und Leistung zu entscheiden (Art. 128 Abs. 1), die Anstellung auf Lebenszeit und die Altersversorgung waren gesichert (Art. 129 Abs. 1), die »wohlerworbenen Rechte« und die Vermögensrechte waren garantiert (Art. 129 Abs. 4), die Freiheit ihrer politischen Gesinnung und ihre Vereinigungsfreiheit waren geschützt (Art. 130 Abs. 2), und Beamtenvertretungen (zur personalvertretungsrechtlichen Mitwirkung) waren vorgesehen (Art. 130 Abs. 3). Nichts stand also der Erneuerung der obrigkeitshörig gewordenen Beamtenschaft zu einem der neuen Verfassung verpflichteten, demokratischen und eigenverantwortlichen öffentlichen Dienst entgegen als ihr herkömmliches Selbstverständnis. Die Betonung der **politischen Enthaltsamkeit auch außerhalb der Amtsführung**, der nur auf das Funktionieren als »Verwaltungsapparat« ausgerichteten Zuverlässigkeit – wie im Absolutismus und im Obrigkeitsstaat eingeübt – hat alle freiheitlichen Aspekte der

---

19 Auch wenn bis vor kurzem noch über § 25 BDO die StPO subsidiär anzuwenden ist. Darin wurde mehr das Bedürfnis nach gesichertem, rechtsstaatlichem Verfahren als nach Festhalten an strafrechtlichen Kategorien gesehen, so Behnke-Arndt, Einf., S. 50. Dieser Gesichtspunkt zieht heute angesichts der Ausgestaltung des Verwaltungsverfahrensrechts, das dem öffentlichen Dienstrecht näher steht, nicht mehr.
20 Wie sie noch § 10 des Badischen Staatsdieneredikts vom 30. 1. 1819 zusammen mit den Strafandrohungen enthielt.
21 Z.B. in § 33 Hannoversches Staatsdienergesetz vom 8. 5. 1852, abgedruckt bei Summer, Dokumente (Fn. 14), S. 169: »Jeder Staatsdiener muß das ihm übertragene Amt nach der Verfassung, nach den Gesetzen und Dienstanweisungen treu und fleißig verwalten. Er ist schuldig, in und außerhalb des Dienstes ein Verhalten zu beobachten, welches nicht nur den Vorschriften der Sittlichkeit, sondern auch der Würde und dem Zweck seines Amtes entspricht.«
22 Dieser noch heute hochaktuelle Begriff der »Einheit des Dienstvergehens« war im Ansatz schon in § 11 des Bayer. Staatsdieneredikts von 1818 enthalten, wonach die 2. und die 3. Disziplinarstrafe – als Voraussetzung für die gerichtliche Degradierung oder Entlassung – nicht bei jedem einzelnen Fehler verhängt werden musste. Eine ausdrückliche Regelung schlug der Gesetzesantrag des Deutschen Reichstags vom 14. 6. 1928 für ein Deutsches Beamtengesetz in § 23 vor: »Bei der Strafbemessung ist in demselben Dienststrafverfahren nicht für jedes Dienstvergehen eine besondere Strafe festzusetzen ... Bei der Strafbemessung ist einheitlich nur eine Strafe festzusetzen.«
23 Lehrbuch des gemeinen deutschen Strafrechts usw., 1857, 12, 465.
24 Behnke-Arndt, S. 51 f., und heute BVerfG NJW 1967, 1654 ff.; 1970, 507; 1972, 93.

Einführung

Eigenverantwortlichkeit gegenüber dem Rechtsstaat und notfalls des Widerstands gegen die Exekutivspitze verschüttet. Die Weimarer Republik selbst hat nichts dafür getan, die gesamtpolitische Verantwortung ihrer Staatsdiener zu wecken. Auch das beamtenrechtliche Schrifttum war in der Hegelschen Staatsüberhöhung und im absolutistischen Obrigkeitsstaat stehen geblieben. Es beschränkte sich auf die Definition des öffentlichen Dienstes als »**Staatsorganschaft**«.[25] Der damalige Beamtenbund (nicht gleichzusetzen mit der heutigen, konservativ geprägten Standesvertretung), der sich seinerzeit für eine »Politisierung« der Beamtenschaft zur eigenverantwortlichen Mitarbeit am neuen Staat einsetzte und für Beamtenvertretungen kämpfte, sah sich im damaligen Meinungskampf als Außenseiter.[26]

Dementsprechend gab es in der Zeit der Weimarer Republik keine wesentlichen Änderungen im Verständnis des Beamtendisziplinarrechts. In Preußen wurden die Beamtendienststrafordnung und die Dienststrafordnung für die richterlichen Beamten vom 27.1.1932 erlassen, die die bisherigen Länderregelungen zusammenfasste.

7. Im von den **Nationalsozialisten** so genannten »Dritten Reich« wurde die Beamtenschaft dem **totalitären Herrschaftsanspruch** unterworfen. Sie leistete keinen Widerstand, was sich aus dem zuvor dargestellten Selbstverständnis der damaligen Beamten und aus ihrer weitgehenden Ablehnung der parlamentarischen Republik erklärt.[27] Der Nationalsozialismus koppelte die Beamtenschaft von der Verantwortung für den Staat ab und band sie (wieder) persönlich an den »Führer«. Die Bindung an das Gesetz relativierte sich dadurch, dass die überkommenen Gesetze »im Geist des Nationalsozialismus« zu interpretieren waren und die neuen Gesetze auf »**Führerbefehl**« beruhten.[28] Aus der Beamtenschaft wurden politisch Missliebige und Verfehmte verstoßen, andere diszipliniert.[29]

Das in der Weimarer Republik vorbereitete **Deutsche Beamtengesetz** erschien dann mit nationalsozialistischen Einschüben zusammen mit der **Reichsdienststrafordnung** am 26.1.1937. Zwar enthielten beide Gesetze noch die wesentlichen Ergebnisse der reformerischen Vorarbeiten bis 1932.[30] So waren vor allem der Rechtsstatus der Berufsbeamten und die rechtsstaatliche Sicherung des Disziplinarverfahrens zunächst gewahrt. Aber es lag auf der Hand, dass die liberale Grundlage der Vorarbeiten nicht mehr zum Tragen kommen konnte, geschweige denn weiterentwickelt worden wäre. Vielmehr wurde denn auch die Disziplinargerichtsbarkeit nach der Rede Hitlers vor dem »Großdeutschen Reichstag« durch dessen Beschluss vom 26.4.1942 wenn auch nicht formell aufgehoben, so doch praktisch außer Kraft gesetzt.[31]

---

25 Gerber, Vom Begriff und Wesen des Beamtentums, 1930, AöR Bd. 18, 34 ff. und Köttgen, Das deutsche Berufsbeamtentum und die parlamentarische Demokratie, 1928 (Nachdruck 1978, S. 38 ff., 85 ff.); Summer (Fn. 14), S. 31-34.
26 »Der Beamte«, Vierteljahresheft für Beamtenrecht und Beamtenpolitik, 1930, 2. Heft, S. 97.
27 Zum Masseneintritt der Beamten in die NSDAP vgl. Roth, in: Festgabe für H. R. Claussen, 1988, S. 34 f.
28 § 1 Abs. 3 Deutsches Beamtengesetz von 1937, Daniels, DBG 1937, Erl. VIII.
29 Gesetz zur Wiederherstellung des Berufsbeamtentums vom 7.4.1933; Beispiele der politischen Disziplinierung bei Roth (Fn. 27), S. 40 ff.
30 Vgl. Ule, ZBR 1987, 226.

8. **Nach Kriegsende 1945** galt zwar die Reichsdienststrafordnung fort, da die Alliierten sie niemals aufgehoben hatten; die Dienststrafgerichte waren jedoch durch Art. 1 des Gesetzes Nr. 2 der Militärregierung Deutschland geschlossen worden. Damit konnten zunächst schwebende gerichtliche Disziplinarverfahren nicht fortgeführt, neue nicht anhängig werden. Dementsprechend konnten Dienstvorgesetzte nur Dienststrafverfügungen erlassen. Entlassungen konnten nur durch Entscheidungen der Besatzungsmächte herbeigeführt werden. Daraus entwickelte sich zunächst ein gemeinsames Verfahren, das sogar noch dann weitergalt, als für gewisse Verwaltungszweige nach Ermächtigung der Militärregierungen Dienststrafkammern in den Ländern errichtet waren. Überregional wurden für das **Vereinigte Wirtschaftsgebiet** (mit Gesetz des Wirtschaftsrats vom 5.7.1948) Dienststrafkammern gebildet. Sie waren aber nur für die Abwicklung der Altverfahren gegen Reichsbeamte zuständig und nur als Übergangslösung bis zu einer Neuregelung gedacht. Diese Neuregelung erfolgte mit dem Gesetz des Wirtschaftsrats vom 12.8.1949, das allerdings die Dienststrafgerichte nur als Rechtsbehelfsinstanzen vorsah. Nach Inkrafttreten des Bundesgesetzes über die Errichtung von Bundesdienststrafgerichten vom 12.11.1951 ging auf diese die Zuständigkeit für die noch anhängigen Verfahren der ehemaligen Reichsbeamten über. Die **verfahrensrechtliche Neuregelung** erschien dann mit dem Gesetz zur Änderung und Ergänzung des Dienststrafrechts vom 26.11.1952 mit der Bezeichnung »**Bundesdisziplinarordnung**« (BDO). Trotz mannigfacher Änderungen hatte es die Struktur der alten Reichsdienststrafordnung behalten.[32] Das **Gesetz zur Neuordnung des Bundesdisziplinarrechts** vom 20.7.1967 brachte zwar auch bloß kosmetische Änderungen wie »Beamter« statt »Beschuldigter« und »Disziplin« und »Maßnahme« statt »Strafe«, die nur den alten Wunsch verdeutlichen, die »Eigenart« des Disziplinarrechts gegenüber dem Strafrecht hervorzuheben. Es enthielt aber auch wesentliche Änderungen mit der Einschränkung des Tatbestandes des »außerdienstlichen Dienstvergehens« in § 77 Abs. 1 Satz 2 BBG, mit der teilweisen Beseitigung der »Doppelbestrafung« in § 14 BDO und mit der Weiterentwicklung der Verjährungs- und Tilgungstatbestände in §§ 4 und 19 BDO.[33]

Die **Diskussion um die Weiterentwicklung des Disziplinarrechts**, die nach 1945 vor allem in der Wissenschaft begonnen hatte,[34] weitete sich aus auf die grundsätzlichere Frage nach der **Zeitgemäßheit von Disziplinarrecht und Berufsbeamtentum überhaupt**.

---

31 In seiner Rede sagte Hitler: »Es kann in dieser Zeit keiner auf seine wohlerworbenen Rechte pochen... Ich bitte deshalb den Reichstag um die ausdrückliche Bestätigung, daß ich das gesetzliche Recht besitze, jeden zur Erfüllung seiner Pflichten anzuhalten bzw. denjenigen, der seine Pflichten nach meiner gewissenhaften Einsicht nicht erfüllt, entweder zur gemeinen Kassation zu verurteilen oder ihn aus Amt und Stellung zu entfernen...«, zitiert nach Behnke, BDO 1953, S. 73 Fn. 7.
32 Wofür sich besonders Behnke eingesetzt hatte, vgl. in seinem Kommentar zur BDO 1953, Einf., S. 85.
33 Den Beamtendisziplinarsenaten des Bundesverwaltungsgerichts fiel es zunächst schwer, diese Neuregelungen umzusetzen, so dass es zu widerspruchsvollen und dem Gesetzeswillen nur zögernd folgenden Entscheidungen kam.
34 Z. B. in der ZBR 1963: Finger, S. 289 ff., zur Bindung an die Strafurteile; Lindgen, S. 292 ff., zur Anwendbarkeit des berechtigten Interesses gem. § 193 StGB; Janzen, S. 306 ff., zur innerprozessualen Bindung im Disziplinarverfahren; Lochbrunner und Lindgen zur Stellung des Bundesdisziplinaranwalts, S. 299 ff. und 303 ff.

Einführung

Schon die **Hessische Verfassung** vom 1.12.1946 erstrebte ein **einheitliches Dienstrecht** für alle Angehörigen des öffentlichen Dienstes[35] und das **Hessische Beamtengesetz** vom 25.6.1948 ließ in § 44 das Disziplinarverfahren fakultativ gegen Angestellte zu. In aller Breite wurden die Reform des Disziplinarrechts sowie das Berufsbild des Beamten erörtert.[36] Auch die Richter des Bundesdisziplinargerichts regten durch ihre berufsständische Vertretung gegenüber Bundestag und Bundesministerien eine Harmonisierung mit dem materiellen Beamtenrecht an,[37] um die Doppelbelastungen durch beamtenrechtliche und disziplinare Folgen zu verringern.

In die Richtung der o. a. hessischen Regelungen zielten vor allem die **Reformvorstellungen der Gewerkschaften** (aber auch anderer Verbände und von politischen Parteien), das Beamten- und Disziplinarrecht als Sonderrecht abzuschaffen und ein einheitliches Dienstrecht zu begründen. Zur bundesweiten Klärung wurde eine »**Studienkommission für die Reform des öffentlichen Dienstrechts**« gebildet, deren Bericht 1973 vorlag. Der – nicht verwirklichte – Bericht plädiert für die Beibehaltung des Berufsbeamtentums und des Disziplinarrechts, schlägt allerdings vor, das Disziplinarrecht auf alle Angehörigen des öffentlichen Dienstes anzuwenden (S. 166).[38] Eine Vereinheitlichung des öffentlichen Dienstrechts steht also noch aus, wird aber mit Sicherheit Thema der öffentlichen Meinungsbildung und der Rechtspolitik bleiben. So hat der **DGB weitere Vorschläge** zur Liberalisierung und Modernisierung von Einzelregelungen des Disziplinarrechts veröffentlicht (DDB 11/1986, S. 19). **Für die Vereinheitlichung des öffentlichen Dienstrechts** sprechen sowohl **rechtssystematische** als auch **soziopsychologische** Gründe (s. unter Einf. II.).

9. Auch die Neuregelung durch das Gesetz zur **Neuordnung des Bundesdisziplinarrechts** vom 9.7.2001 (BGBl. I S. 1510) hat diesen Schritt nicht vollzogen. Vielmehr beschränkt sich das Gesetz auf eine Umgestaltung des **Disziplinarverfahrens**, ohne das Disziplinarrecht umfassend in das Beamtenrecht einzugliedern. Allein die Verlagerung von Disziplinarbefugnissen von den Disziplinargerichten auf die Dienstherrn (Gehaltskürzung), die Verlagerung der Beweisaufnahme in das Gerichtsverfahren, die ergänzende Geltung von VwVfG und VwGO statt der StPO (mit der Aufblähung auf **drei Instanzen**) sowie die Auflösung der schnell und effizient arbeitenden Institutionen Bundesdisziplinargericht und Bundesdisziplinaranwalt bringen keine Vereinheitlichung des öffentlichen Dienstrechts, im Gegenteil vermutlich eine Rechtszer-

---

35 Art. 29 Abs. 1: »Für alle Angestellten, Arbeiter und Beamten ist ein einheitliches Arbeitsrecht zu schaffen.« Art. 135: »Die Rechtsverhältnisse aller Arbeitnehmer der öffentlichen Verwaltungen sind im Rahmen des in Art. 29 vorgesehenen einheitlichen Arbeitsrechts nach den Erfordernissen der Verwaltung zu gestalten.«

36 Lochbrunner, ZBR 1963, 282 ff.; Verringerung des Disziplinarmaßnahmen-Katalogs, Zuordnung aller Disziplinargerichte zu den allgemeinen Verwaltungsgerichten, unmittelbare Beweisaufnahme vor dem Disziplinargericht, Dreistufigkeit der Disziplinargerichtsbarkeit; dagegen entschieden Behnke, ZBR 1963, 257 ff. mit umfangreichem historischen Material und Zitaten.

37 Reformvorschlag der Arbeitsgemeinschaft erstinstanzlicher Richter im Bundesdienst vom 1.10.1971, z. B. zur disziplinaren Einbeziehung beamtenrechtlicher Folgen von Pflichtverletzungen wie Nichtaufrücken in den Besoldungsstufen, Nichtbeförderung, Verlust des Weihnachtsgelds, der Jubiläumszuwendung usw.

38 Vgl. Ule, DVBl. 1973, 442 ff.

Geschichte des Disziplinarrechts

splitterung und -unsicherheit für die Bundesbeamten, deren Verfahren nun von zahlreichen VG und 16 verschiedenen OVG/VGH entschieden werden. Die Revision zum BVerwG dürfte selten werden und die Vereinheitlichung nicht tragen (vgl. Müller-Eising, ZBR 1999, 145, 147). Die Überlegungen zu einem einheitlichen Verfahrenszug für Bundes- und Landesbeamte (etwa VG-Disziplinarhof-BVerwG) wurden leider nicht weiterverfolgt, wohl wegen der ablehnenden Haltung der Länder.

10. In nächster Zukunft dürfte an eine neue Reform kaum gedacht werden. Das Dienstrechtsneuordnungsgesetz (DNeuG) bringt keine grundlegende Neuorientierung. Dennoch sollte das Ziel der Vereinheitlichung durch dieses im Wesentlichen nur auf formelle Verfahrensabläufe reduzierte Gesetz nicht aus den Augen verloren werden. Jedenfalls sollten **Beamtenrecht und Disziplinarrecht** zusammengefasst und **harmonisiert** werden. Rechtssystematisch folgt schon aus dem Grundsatz von der **Einheit des Dienstvergehens** und der auf die **gesamte Persönlichkeit** des Beamten gerichteten Einwirkung **(einheitliche Maßregelung)**, dass **alle** Folgen der Verfehlung, auch die rein beamtenrechtlichen, in die Gesamtmaßregelung einbezogen werden müssen. Es stößt bei Betroffenen wie bei Richtern, vor allem bei den ehrenamtlichen Beamtenbeisitzern, die bei den Kammern der VG immer die Stimmenmehrheit haben, auf **Unverständnis**, dass bei der Auswahl und der Bemessung der Disziplinarmaßnahme nicht einbezogen werden soll, dass ein beschuldigter Beamter wegen seiner Verfehlung vorweg schon erhebliche dienstrechtliche Nachteile hat hinnehmen müssen: Z. B. kann er auf einen Dienstposten mit geringerer oder keiner monatlichen Zulage umgesetzt worden sein, möglicherweise hat er mit der Umsetzung zugleich den Beförderungsposten verloren, auch kann er mit einer Versetzung an eine weit entfernte Dienststelle höhere Fahrtkosten und erheblichen Freizeitausfall haben, das Aufsteigen in den Gehaltsstufen, Jubiläumszulage gehen kraft Gesetzes verloren. Dieses von der höchstrichterlichen Rspr. bislang energisch verteidigte **Nebeneinander von beamten- und disziplinarrechtlichen Folgen** hat bei Betroffenen und Beteiligten wenig Akzeptanz. Ohne **Akzeptanz**, die im Übrigen hinsichtlich der Notwendigkeit von Konsequenzen für Fehlverhalten in hohem Maße in der Beamtenschaft vorhanden ist, verfehlt jede Einflussnahme ihre Wirkung.

Häufig wird in der gerichtlichen Praxis auch bemängelt, dass es an der – im Strafverfahren längst eingeführten – **Flexibilität in der Maßnahmenwahl** fehlt. Ersatzmaßnahmen nach freier richterlicher Wahl, die Kombination verschiedener dienstrechtlicher Folgen und Auflagen könnten ein Sanktionensystem ermöglichen, das dem zeitgemäßen Bedürfnis nach Rehabilitation und Motivation des unzuverlässigen Beamten entgegenkommt. Schon die Dauer des Beamtenverhältnisses auf Lebenszeit legt die Möglichkeit differenzierterer, fantasievollerer Einwirkungen auf den Beamten nahe. Dazu kommt, dass sich das Selbstverständnis und die Einstellung der Beamtenschaft zu Gesellschaft und Staat ebenso fortentwickelt haben wie die Einschätzung der öffentlichen Verwaltung durch die Allgemeinheit. Für ein verändertes Verständnis des »Staatsdienstes« kann das Vorwort des damaligen Bundesinnenministers (Maihofer) zum neuen »**Aktionsprogramm zur Dienstrechtsreform**« von 1976 zitiert werden: »So wie der Mensch nicht um des Staates willen da ist, sondern der Staat um des Menschen willen, so ist auch der Diener unseres Staates nicht um des Staates willen, sondern um des Bürgers willen da. Was vom öffentlichen Dienst gefordert wird, ist nicht Dienst am Staat, sondern Dienst am Menschen . . .«

Einführung

Schon im **derzeitigen System des gesonderten Beamtenrechts können die notwendigen Reformen** des Disziplinarrechts betrieben werden.
Aber auch einem **einheitlichen Dienstrecht** müssen die »hergebrachten Grundsätze des Berufsbeamtentums« i. S. d. Art. 33 Abs. 5 GG nicht entgegenstehen, wenn die Statusregelungen des Beamtenrechts nicht abgebaut, sondern diejenigen der Angestellten und Arbeiter angehoben werden. Ohnehin hat sich der Rechts- und Sozialschutz von Angestellten und Arbeitern in den letzten 100 Jahren dem der Beamtenschaft erheblich angenähert (Entlassungsschutz, Altersversorgung, Krankheitsschutz, Urlaub, Fortbildung usw.), so dass die ursprüngliche Kluft zwischen den verschiedenen Arten von Arbeitnehmern im öffentlichen Dienst ohnehin nicht mehr besteht. Außerdem zeigt sich auch, dass die das »Beamtenverhältnis« rechtfertigenden Begriffe der »Hoheitsverwaltung« und der »Verwaltungsfunktion« immer mehr relativiert und aufgelöst werden, indem alle Arten von Arbeitnehmern im hoheitlichen wie im nichthoheitlichen Bereich der öffentlichen Verwaltung eingesetzt werden. Allerdings muss dann auch eine politische (möglicherweise verfassungsrechtliche) Lösung für die Bereiche »**Tarifautonomie**« und »**Streikrecht**« im gesamten öffentlichen Dienst gefunden werden.
Ein punktuelles Absetzen alt-ehrwürdiger beamtenrechtlicher Gedanken ist notwendig. Jede Staatsform hat ihr eigenes öffentliches Dienstrecht. Auch dasjenige des Grundgesetzes unterliegt naturgemäß dem Wandel, s. u. Ziff. 12.[39]
11. Was bei der Diskussion der Reform des öffentlichen Dienstrechts (s. o. Ziff. 8) den Vertretern der herkömmlichen Beamtendoktrin verfassungsrechtlich und politisch als unakzeptabel galt, erscheint denselben für die mittlerweile vollzogene **Privatisierung öffentlicher Verwaltungen** (Flugsicherung, Bahn, Post) durchaus unbedenklich. Mit ihr ist die Einschränkung bzw. Abschaffung des Berufsbeamtentums im Bereich bisheriger Staatsaufgaben i. S. d. Art. 33 Abs. 4, 87 Abs. 1, 87 d Abs. 1 GG verbunden.
12. Nach Änderung der Verfassung durch Einfügung der Art. 87 e, 87 f, 143 a und 143 b sind durch Gesetz zur Neuordnung des Eisenbahnwesens (ENeuOG v. 27. 12. 1993, BGBl. I, S. 2378) für die Bahn und durch Postneuordnungsgesetz (PTNeuOG v. 14. 9. 1994, BGBl. I S. 2325) für die Post die großen Sondervermögen des Bundes »privatisiert« worden (im Einzelnen vgl. Schönrock, Beamtenüberleitung anlässlich der Privatisierung von öffentlichen Unternehmen, Diss., nur im Internet veröffentlicht, http://dochost.rz.hu-berlin.de/dissertationen/schoenrock-sabrina-2000-02-15/; Roß, Das materielle Disziplinarrecht der in den Nachfolgeunternehmen von Bundesbahn und Bundespost tätigen Beamten, Diss. Frankfurt a. M. 1999). Während die aus der Deutschen Bundespost entstandene Deutsche Telekom AG tatsächlich – teilweise – über Aktienemissionen in Privateigentum übergegangen ist, sind Deutsche Postbank AG, Deutsche Post AG sowie Deutsche Bahn AG noch zu 100% in Bundesbesitz, so dass es sich nur um eine formelle Privatisierung handelt.
Für den Bereich der Bahn wurde der unternehmerische Teil zur DB-AG ausgegliedert, die als Konzernobergesellschaft besteht, der fünf eigenständige AG

---

39 Vgl. im Einzelnen Summer zur historischen und heutigen verfassungsrechtlichen Bedeutung der hergebrachten Grundsätze des Berufsbeamtentums, ZBR 1992, 1 ff.; ders., »Die deutsche Staatsangehörigkeit und das Beamtenverhältnis«, ZBR 1993, 97 ff.; Blanke/Sterzel, »Probleme der Personalüberleitung im Falle einer Privatisierung der Bundesverwaltung (Flugsicherung, Bahn und Post)«, AuR 1993, 274.

Geschichte des Disziplinarrechts

untergeordnet sind. Den Verwaltungsbereich nehmen Bundeseisenbahnvermögen (BEV) und Eisenbahnbundesamt (EBA) als Bundesoberbehörden wahr (Art. 3 ENeuOG). Die Beamten der DB wurden zum größten Teil gem. § 12 Abs. 2 DBGrG (Deutsche Bahn Gründungsgesetz = Art. 2 ENeuOG) der Bahn AG zugewiesen. Möglich ist auch das Ausscheiden aus dem Beamtenverhältnis oder die Beurlaubung ohne Besoldung unter Abschluss eines privatrechtlichen Arbeitsvertrages mit der DB AG, was allerdings in der Regel nur für Beamte des höheren Dienstes zu verbesserten Tarifen möglich war. Die DB AG erhielt in großem Umfang Dienstherrenbefugnisse übertragen (DBAG-ZuständigkeitsVO v. 1.1.1994, BGBl. I S. 53), die mit den betrieblichen Notwendigkeiten korrelieren (z. B. Weisungsrecht). Verwaltende Zuständigkeit, insbesondere disziplinare Befugnisse verblieben beim BEV (§ 3 Abs. 2 DBGrG).

Die DBP wurde zunächst in 3 Unternehmensbereiche gegliedert, die nach § 1 Abs. 1 und 2 PostUmwandlungsgesetz (PostUmwG = Art. 3 PTNeuOG) in die 3 AG umgewandelt wurden. Die dienstrechtlichen Befugnisse nehmen gem. § 1 Abs. 1 PostPersonalrechtsGesetz (PostPersRG = Art. 4 PTNeuOG) die Unternehmen im Wege der Beleihung direkt wahr. Die Beamten wurden direkt und unmittelbar in die privaten Unternehmen übergeleitet, soweit nicht auch sie ausgeschieden oder beurlaubt sind und Angestellte einer der AG oder der nachgeordneten Tochterfirmen werden.

Dienstherr für die Beamten sowohl bei Bahn als auch bei Post als unmittelbare Bundesbeamte bleibt der Bund (BVerwG v. 28.11.2000 – 1 D 56.99). Ihr Status bleibt somit vollständig erhalten. Sie leisten ihren Dienst für den Bund bei den AG. Es muss hier nicht dargestellt werden, welche verfassungsrechtlichen und gesellschaftspolitischen Bedenken gegen die Privatisierung von Staatsaufgaben – nicht gegen die Reform des öffentlichen Dienstrechts! – bestehen.[40] Jedenfalls ist zu beachten, dass der Funktionsvorbehalt für das Berufsbeamtentum aus Art. 33 Abs. 4 GG und entsprechend der Rspr. des BVerfG[41] eine verfassungsrechtliche Sperrwirkung für die Wahrnehmung von Staatsaufgaben in Formen des Privatrechts erzeugt.[42] Die Weitergeltung der beamtenrechtlichen Amtspflichten und des Disziplinarrechts für die bisherigen Bundesbeamten bleibt jedenfalls höchst zweifelhaft. Denn nur soweit der Staat die Wahrnehmung staatlicher Aufgaben i.S.d. GG auf andere Rechtsträger überträgt (wirksam übertragen kann!), können diese Rechtsträger »Dienstherreneigenschaft« und die Beamten ihren staatlichen Verwaltungsauftrag erlangen. Rechtspersonen des Privatrechts haben obrigkeitliche Aufgaben nicht zu erfüllen. Die Privatisierung der entsprechenden Dienstleistungen ist ja auch gerade der Zweck der beabsichtigten Privatisierungen. Deshalb können private Rechtsträger auch niemals staatliche Beamte haben.[43] Gleichgültig, ob die Privatisierung einer

---

40 Vgl. hierzu die bemerkenswerte kritische Analyse mit weiteren Hinweisen von Blanke/Sterzel, a.a.O., S. 265 ff., Fn. 40.
41 BVerfGE 17, 371 ff., 377; E 9, 268 ff., 284.
42 Vgl. Ehlers, Verwaltung in Privatrechtsform, 1984, S. 121 ff.; Blanke/Sterzel (Fn. 39), S. 268 Fn. 40.
43 Vgl. Plog/Wiedow/Lemhöfer/Bayer, Komm. zum BBG, § 2 Rn. 27; Schuppert, unveröffentlichtes Rechtsgutachten im Auftrag der SPD-Fraktion, 1992, S. 109; Blanke/Sterzel (Fn. 39), S. 270 Fn. 40; dagegen großzügig Battis, Gutachten zur Weiterbeschäftigung der Beamten im privatisierten Postunternehmen (im Auftrag des BMPT), 1992, S. 7 ff. und 36 ff.; Scholz, Berufsbeamtentum nach der Wiedervereinigung – Die Personalstruktur der Deutschen Bundespost, unveröff. Gutachten 1992.

Einführung

Bundesverwaltung als »unechte« oder als »echte« (materielle) Aufgabenprivatisierung erfolgt.[44] Die Verkoppelung von »staatlichen Beamten« mit »Privatunternehmen« ist unvereinbar. Wenn sich der Staat privater Rechtsformen bedient bzw. seine staatlichen Aufgaben zu deren Gunsten aufgibt, so kann er nicht in diese hineinregieren.[45] Nach der Privatisierung der ehemaligen Staatsaufgaben ist dem öffentlich-rechtlichen Dienst- und Treueverhältnis, in dem die Beamten bisher zum Staat standen und aus dem sich allein die dienstlichen Amtspflichten ableiten lassen, die Grundlage entzogen.[46] Entsprechend dürfen die Nachfolgeunternehmen von Bahn und Post auch keine Beamten mehr einstellen. Obwohl die Beamten bei der Dienstleistung auch die privaten Interessen der Unternehmen zu wahren haben (z. B. Vermögensmehrung, Umsatzsteigerung), die nicht in jedem Fall den hoheitlichen Interessen entsprechen müssen, geht die h. M. davon aus, dass die beamtenrechtlichen Pflichten uneingeschränkt weitergelten (BVerwGE 111, 231 = NVwZ 2001, 810) und Verfehlungen disziplinarrechtlich geahndet werden können. Richtig daran ist, dass statusbezogene Einschränkungen nicht begründbar sind. Für den beschäftigungsbezogenen Bereich ist die jeweilige Norm jedoch nach ihrem Schutzgedanken in Bezug auf die Belange des Dienstherrn (also des Bundes) auszulegen. Verfehlungen des Beamten bei der AG sind also nur dann relevant, wenn das Vertrauensverhältnis zum Bund davon berührt wird. Die Unterschlagung eines Geldbetrages durch einen unter Beurlaubung ohne Besoldung bei der DeTeMobil Deutsche Telekom MobilNetz GmbH angestellten Beamten bei dieser Gesellschaft stellt daher ein **außerdienstliches** Verhalten dar (BVerwGE 111, 231 = ZBR 2000, 387) und ist nicht milder zu ahnden als ein entsprechendes innerdienstliches Vergehen, solange der Bund an den AGs beteiligt ist (BVerwG v. 24.10.2002 – 1 DB 10.02).
13. Der Beitritt der ehemaligen DDR-Länder zur Bundesrepublik – **Einigungsvertrag** v. 31.8.1990 (BGBl. II S. 885, 1142) – hat keine Auswirkungen auf Bestand und Struktur des Disziplinarrechts des Bundes. Es wurde lediglich der räumliche Geltungsbereich des BBG und der BDO auf das Beitrittsgebiet, vorübergehend auch sachlich auf Landes- und Kommunalbeamte der neuen Bundesländer erstreckt.[47] Zwar ist trotz des Verbeamtungsgebots des Einigungsvertrags die Errichtung des Berufsbeamtentums im Beitrittsgebiet nur zögernd in Gang gekommen (wegen der Privatisierung von Flugsicherung, Bahn und Post s. o. Ziff. 12). Dies ändert aber nichts grundsätzlich an der Geltung und Bedeutung des Disziplinarrechts insgesamt.
14. Ebenso wenig inhaltliche und strukturelle Auswirkung auf das deutsche Beamten- und Disziplinarrecht hat das **Europäische Gemeinschaftsrecht**. Die Europäische Menschenrechtskonvention (MRKV) v. 7.8.1952 (BGBl. II S. 658) gilt zwar als innerdeutsches Recht,[48] enthält aber nur allgemeine Rechtsgrundsätze und keine Strukturänderungen des nationalen Beamten- und Disziplinarrechts.[49] Das Dienstrecht – einschließlich Disziplinarrecht – der Europäischen

---

44 Vgl. Blanke/Sterzel (Fn. 39), S. 266 Fn. 40.
45 So BVerfG, zuletzt zur Verfassungswidrigkeit von Beamteneinsätzen gegen den Streik der Angestellten und Arbeiter, NJW 1993, 1379.
46 Vgl. Peine, Der Funktionsvorbehalt des Berufsbeamtentums, Die Verwaltung 1984, S. 415 ff., 434; Ehlers (Fn. 42), 43; Blanke/Sterzel (Fn. 39), S. 273 ff. Fn. 40.
47 Vgl. dazu § 1 Rn. 2; im Einzelnen Weiß, ZBR 1991, 1 ff.; Karpen/Maaß, NVwZ 1992, 942.
48 BVerfGE 10, 274; NJW 1992, 2472.
49 Vgl. dazu A. V Rn. 128.

Gemeinschaften selbst gilt nur für deren eigene Bedienstete.[50] Auf das nationale Beamtenrecht zielt zwar die Frage nach der Staatsangehörigkeit als Eingangsvoraussetzungen zum Beamtenverhältnis in den jeweiligen Mitgliedstaaten.[51] Aber ist ein Angehöriger eines anderen Mitgliedstaates erst einmal in das deutsche Beamtenverhältnis übernommen worden, untersteht er voll dem deutschen Beamten- und Disziplinarrecht.[52] Auch die Freizügigkeit in den Berufszulassungen des seit dem 1.1.1993 bestehenden europäischen Binnenmarktes (vereinbart in der »Einheitlichen Europäischen Akte« v. 1.7.1987) ändert an dieser Rechtslage nichts. Das gilt auch für die »Europäische Union«, die schrittweise durch den Maastrichter Vertrag geschaffen werden soll. Die mit ihr vorgesehene »Unionsbürgerschaft« mit freiem Zuzugs- und Wahlrecht beeinflusst das nationale öffentliche Dienstrecht noch nicht.

II. Funktion des Disziplinarrechts

1. Disziplinarrecht regelt die Frage, wann ein Dienstvergehen begangen wurde, wie es aufgeklärt werden muss und welche disziplinare Reaktion darauf zu erfolgen hat. Da es **Bestandteil des Beamtenrechts** ist, hängen die Antworten weitgehend vom Zustand des geltenden Beamtenrechts ab. Danach, wie sich die Rolle und die Funktion der Beamtenschaft in der heutigen Gesellschaft darstellen, bestimmen sich auch Zweck und Ziel des Disziplinarrechts. Nach wie vor hat die Beamtenschaft die Aufgabe, den staatlichen Auftrag der öffentlichen Verwaltung umzusetzen (Art. 33 Abs. 4 GG), indem sie innerhalb der organisierten Verwaltungszuständigkeiten die Gesetze erfüllt, bzw. die auf Gesetzen beruhenden Verordnungen, Verwaltungsanweisungen und dienstlichen Anordnungen befolgt. Diese **gesetzmäßige Verwaltung** zu erhalten und zu sichern, ist nach wie vor die Aufgabe des Disziplinarrechts.

Selbst in dem Bereich **dienstlicher Verwaltungstätigkeit** im Rahmen des übertragenen Amts und des Dienstpostens ist der Beamte nicht nur »technisch Ausführender«, sondern zugleich »**integrierende Persönlichkeit**, deren Tätigkeit vom Ganzen her bestimmt wird und wesensbestimmend auf das Ganze zurückwirkt«.[53] Alle Beamten stehen aber neben ihrer alltäglichen, dienstlichen Arbeit auch im Rahmen ihres Rechtsstatus als Subjekt des gegenseitigen Treueverhältnisses ihrer Verwaltung gegenüber. Sie haben subjektive Rechte persönlicher und finanzieller Art, die ihnen sowohl aus der Abwicklung der Dienstgeschäfte als auch außerhalb derselben erwachsen (z.B. Reisekostenerstattungen, Aufwandsentschädigungen, Umzugskostenerstattungen, Urlaubsbewilligungen). Darüber hinaus stellen sich alle Mitarbeiter in der täglichen Zusammenarbeit

---

50 Vgl. Ipsen, Grundzüge des europäischen Dienstrechts, ZBR 1989, 40 ff.
51 Vgl. die Aktion der Kommission der EG auf dem Gebiet der Anwendung von Art. 48 Abs. 4 EWG-Vertrag, Amtsblatt der EG vom 18.3.1988 – Nr. C 72/2 ff. Mit dieser Aktion wurden die Mitgliedstaaten aufgefordert, mindestens für die unteren Beamtendienste auf die Voraussetzung der nationalen Staatsangehörigkeit zu verzichten.
52 Ein etwaiger gemeinschaftsrechtlicher Anspruch auf Einstellung als Beamter geht deutschem Recht, auch dem Beamtenrecht, vor und kann unmittelbar vor deutschen Gerichten eingeklagt werden: BVerwG, st. Rspr., DRiZ 1993, 240.
53 Behnke-Arndt, S. 53 f.

Einführung

als Kollegen, Vorgesetzte oder Untergebene mit ihrem zwischenmenschlichen Selbstverständnis dar. In all diesen Beziehungen wirken sich wie im Staatsganzen so auch in der Beamtenschaft die Impulse aller gesellschaftlichen und politischen Kräfte zur lebendigen Wirklichkeit aus. Die Auswirkungen unterschiedlichen Integrationsverhaltens der Beamtenschaft in vergangenen Zeiten sind in Einf. I dargestellt. So oder so ist ihre Wirksamkeit auch heute nicht zu bestreiten.

Wie stellt sich die Beamtenschaft unter den heutigen verfassungsrechtlichen und gesellschaftlichen Verhältnissen dar? Der **freiheitliche soziale Rechtsstaat** des Grundgesetzes geht von einer **pluralistischen Gesellschaft** aus, in der dem Einzelnen sowohl eigene Verantwortung für die Verfassungswirklichkeit als auch das Recht auf Entfaltung der Persönlichkeit übertragen sind. Die Beamtenschaft hat die Gesetzmäßigkeit der Verwaltung in unabhängiger Gesetzeserfüllung zu sichern, steht aber gleichzeitig – als Staatsbürger – innerhalb und – in seiner Amtsfunktion als Kontrahent – gegenüber einer offenen, politisch kämpferischen und fordernden Gesellschaft. Seit dem absolutistischen Rechtsstaat (vgl. Einf. I. 2) wird der Beamtenschaft angesichts einflussnehmender Kräfte (welcher Art auch immer) die Funktion zugeschrieben, eine **neutrale, ausgleichende Kraft** zu sein. Diese auch heute noch beschworene Formel[54] kann aber nicht bedeuten, dass die Beamtenschaft verpflichtet sei, den gesellschaftspolitischen Machtkampf aller gesellschaftlichen Kräfte zu neutralisieren oder gar zu blockieren. Die Beamtenschaft hat nicht die Funktion, quasi von Staats wegen i. S. d. Regierenden steuernd, bremsend oder lähmend in diesen Meinungskampf einzuwirken. Sie hat sich zwar **im Rahmen der amtlichen Tätigkeit** eigenen Meinungskampfes zu enthalten und nur die ihrer Verwaltung anvertrauten gesetzlichen Aufgaben zu erfüllen. Das bedeutet aber nicht, dass sie sich i. S. d. Treuepflicht aus § 60 Abs. 1 Satz 3 BBG oder der Mäßigungspflicht aus § 60 Abs. 2 BBG immer und in jeder Situation, vor allem **außerdienstlich**, eigener gesellschaftspolitischer Meinungen und Aktivitäten zu enthalten habe.[55]

Selbst **innerdienstlich** wird sich wegen der oben dargestellten Integrationsfunktion der Beamtenschaft eine gesellschaftspolitische Tendenz zwangsläufig auch auf die Art der verwaltungsmäßigen Gesetzesanwendung auswirken. Andernfalls müssten Beamte wirklich meinungslose, uninteressierte, also verfassungspolitisch pathologische Wesen sein. Selbstverständlich gelten auch für gesellschaftspolitisch denkende und aktive Beamte die Bindung an die Verfassung und die Gesetze und die Gebote der Sachlichkeit, Objektivität und Neutralität in der Amtstätigkeit. Angesichts weiter Bereiche von Ermessen und unbestimmter Rechtsbegriffe einerseits und moderner, durch Selbstverantwortung, Delegation und Kooperation auch im öffentlichen Dienst geprägter Arbeitsstruktur andererseits fließen zwangsläufig veränderte Vorstellungen von Bürgerrecht und Bürgerfreiheit, von Staatsaufgaben und Verwaltungsverantwortung in das alltägliche Verwaltungshandeln ein. Das muss sich auch auf die Frage auswirken, nach welchen Kriterien die für eine gesetzmäßige, freiheitlich-rechtsstaatliche Verwaltung notwendige Integrität eines Beamten beurteilt und wann sie beeinträchtigt oder zerstört ist, so dass disziplinarrechtliche Maßnahmen erforderlich werden.

---

54 BVerfG, Beschl. v. 6. 6. 1988 – 2 BvR 111/88 – DRiZ 1988, 301; ebenso in E 6, 162; 7, 162; 11, 216; vgl. auch die bei Behnke-Arndt, S. 54 Fn. 55, Zitierten.
55 Vgl. dazu die Rspr. des BVerfG, nachst. B. II. 2. Rn. 2, 3.

2. Als Ziel und Zweck des Disziplinarrechts können sich vielerlei Vorstellungen anbieten. Schutzzweck könnten sein: der allgemeine Moral- und Sittenkodex der Gesellschaft, berufsständische Verhaltensnormen, die strafrechtlich geschützte Rechtsordnung, die Funktion der öffentlichen Verwaltung. Nach heutiger Rechtslage ist das Disziplinarrecht reines **Funktionsrecht** zur Sicherung der öffentlichen Verwaltungsaufgabe und in seiner verfahrensrechtlichen Ausgestaltung zugleich Schutzrecht der Beamten.[56] In diesem Rahmen hat der Beamte allerdings nicht mehr die Funktion, i. S. d. überholten »Staatsorgantheorie« (Einf. I. 6) Repräsentant des Staates rund um die Uhr und im Dienst wie im Privatleben zu sein. Disziplinarrecht ist nicht dazu bestimmt, die »soziale Repräsentanz des Staates« gegenüber der Gesellschaft zu sichern (so allerdings BVerwGE 83, 303). Disziplinarrecht hat ausschließlich **rationalen** Zwecken zu dienen. Ihm haben moralische oder strafrechtliche Maßstäbe ebenso fremd zu sein wie berufsethische Formeln »halb lyrischer, halb theologischer Art«.[57] Disziplinarrecht ist Interessenschutz des öffentlichen Dienstes, der die **Abwägung der Interessen beider Partner** des gegenseitigen Vertrauensverhältnisses erfordert.

Die Funktion des Disziplinarrechts als Steuerungsinstrument für eine funktionierende Verwaltung erfordert eine **konkrete** Überprüfung des fraglichen Verhaltens auf seine **Dienstbezogenheit**, also auf die Frage, wie sich das Fehlverhalten auf den dienstlichen – möglicherweise auch auf den künftigen, laufbahnmäßig denkbaren – Aufgabenbereich des Beamten auswirken könnte. Die konkrete, **unmittelbare Dienstbezogenheit** eines Fehlverhaltens ist die eigentliche Rechtfertigung für disziplinarrechtliches Einschreiten. An ihr müssen sich auch Wahl und Bemessung der beabsichtigten Disziplinarmaßnahmen orientieren. Wo die unmittelbare dienstliche Auswirkung auf den übertragenen Aufgabenbereich fehlt, stellt sich grundsätzlich die Frage nach der Berechtigung disziplinarer Verfolgung. Als Ausnahme von diesem Grundsatz lässt § 77 Abs. 1 Satz 2 BBG für außerdienstliche Verhaltensweisen eine **mittelbare Dienstbezogenheit** genügen, allerdings unter zusätzlichen Bedingungen. Hierbei wird nicht auf die weitere dienstliche Einsatzfähigkeit i. S. leistungsmäßiger Zuverlässigkeit abgestellt, sondern auf amtserforderliche Achtung und Ansehen.[58] Zwar wird hierdurch auf das äußere Erscheinungsbild der Beamtenschaft abgestellt, also auf moralische Wertungen. Tatsächlich sind aber erhebliche Achtungs- und Ansehensbeeinträchtigungen, die nicht zugleich auch konkret mindestens die allgemeine Funktionsfähigkeit, nämlich die Akzeptanz der Verwaltung in den Augen der Gesellschaft, berühren, kaum denkbar. Jedenfalls muss auch in diesem – außerdienstlichen – Bereich die mittelbare Dienstbezogenheit konkret geprüft und dargelegt werden, damit ein Dienstvergehen angenommen werden kann. In vielen Fällen wird ohnehin durch das außerdienstliche achtungs- und ansehensschädliche Verhalten zugleich auch das innerdienstliche Vertrauen in zuverlässige und korrekte Dienstleistung beeinträchtigt sein. Das kommt in Betracht z. B. bei schwer kriminellem Verhalten, aus dem eine persönlichkeitsbedingte Labilität generell ersichtlich ist. Bei be-

---

56 BVerwGE 46, 64, 66; BVerfG NJW 1972, 93; Arndt, DÖV 1966, 809 ff., und in Behnke, S. 55 ff.; Fliedner, ZBR 69, 140 ff.; Claussen/Janzen, Einl. A Rn. 4.
57 Reuss, JR 1964, 1; Behnke-Arndt, S. 62 Rn. 35.
58 Soweit auch auf die – dienstliche – Vertrauenswürdigkeit abgestellt wird, handelt es sich wieder um unmittelbare Dienstbezogenheit.

Einführung

stimmten außerdienstlichen Verhaltensweisen kann sogar ein unmittelbarer Zusammenhang mit dienstlichen Kernpflichten bestehen, z. B. bei Alkoholismus eines dienstlichen Busfahrers oder Lokführers.
Bei einem auf Lebenszeit begründeten gegenseitigen Dienst- und Treueverhältnis sind Einwirkungs- und Korrekturmöglichkeiten als Folge von erheblichen Störungen des Vertrauensverhältnisses unverzichtbar. Solche dienstrechtlichen Maßnahmen haben sich an rationalen, an der Funktionsfähigkeit des öffentlichen Dienstes und der dienstlichen Einsatzfähigkeit des Beamten zu messenden Grundsätzen auszurichten. Mit der Kompliziertheit des Lebens sind auch die Anforderungen an den öffentlichen Dienst größer geworden. Das setzt auch eine höhere Selbstverantwortung von Beamten voraus, die einhergeht mit größeren privaten Freiräumen und stärkerem Selbstbewusstsein.»Beides führt zwangsläufig zur Einschränkung erzieherischer Eingriffe. **Disziplinarmaßnahmen sind ohnehin nicht die einzigen, auch nicht die besten Mittel zur Erziehung der Beamtenschaft . . .«**[59]
3. Dass Disziplinarrecht **kein Strafrecht** ist, wird seit Ende des 19. Jahrhunderts allgemein vertreten (Fn. 57, s. Einf. I. 5.). Daraus ergaben sich Konsequenzen, die der Erziehungs- und »Reinigungs«funktion des Disziplinarrechts – besser »Pflichtenmahnungs- und Lösungsfunktion« – (zum pflichtmahnenden Zweck des Disziplinarrechts s. A. IV. Rn. 88 ff.) wie auch dem Schutz der Beamtenschaft dienten, teils aber auch begünstigende Rechts- und Verfahrensgrundsätze des Strafrechts ausschlossen (vgl. unten zu Fn. 62 ff. sowie A. I. Rn. 15–17, II Rn. 50, V Rn. 126, 128).
Disziplinarrecht unterscheidet sich schon dadurch vom Strafrecht, dass es auf einer **persönlichen Bindung** in einem konkreten Dienstverhältnis beruht, während der Staatsbürger lediglich der allgemeinen Rechtsordnung unterworfen ist. Entsprechend zielt das Strafrecht mindestens auch auf Vergeltung und Sühne hinsichtlich des begangenen Rechtsbruchs hin. Disziplinarrecht dagegen hat sich repressiver Absichten zu enthalten und lediglich das Funktionieren der Verwaltung und die weitere Einsatzfähigkeit der Beamten zu sichern, und zwar durch (individuelle und generalpräventive) Einwirkung oder, falls diese nicht mehr ausreicht, durch Lösung des Beamtenverhältnisses. Die im modernen Strafrecht in den Vordergrund getretene **Resozialisierung** kommt im Disziplinarrecht nur im Rahmen der **pflichtenmahnenden** Maßnahmen unter dem Gesichtspunkt der **Rehabilitation** (Bewährung) zum Zuge. Hier werden schon für die Auswahl und die Bemessung der Disziplinarmaßnahme bei der Prüfung der – noch verbliebenen – Vertrauenswürdigkeit und des Erziehungsbedürfnisses die Möglichkeit und die Chance der künftigen Bewährung berücksichtigt. Ist das **Vertrauensverhältnis zerstört**, so kann ein betroffener Beamter nicht mehr verantwortlich mit Verwaltungsaufgaben betraut werden. Diese **objektive Untragbarkeit** für den Staatsdienst kann nicht durch individuelle, soziale Erwägungen ausgeschaltet werden. Denn in ihr kommt die absolute Ungeeignetheit des Betroffenen für staatlich verantwortliche Tätigkeit zum Ausdruck. Vor dieser Ungeeignetheit und Unzuverlässigkeit müssen die Verwaltung, vor allem aber auch die Bürger und Adressaten der Verwaltung geschützt werden. Während der straffällige Bürger Mitglied der Gesellschaft bleibt und nach Möglichkeit in diese wieder integriert werden soll, muss der pflichtwidrige Beamte nicht zwangsläufig im öffentlichen Dienst bleiben. Er kann auch in einem ande-

---
59 Behnke-Arndt, S. 62 Rn. 35.

ren Beruf arbeiten. Deshalb kommt bei einem die Dienstentfernung erfordernden Dienstvergehen eine ausnahmsweise Belassung im Dienst allein aus Gründen der Resozialisierung oder der schwerwiegenden sozialen Folgen nicht in Betracht.[60]

Aus der **Persönlichkeitsbezogenheit** des Disziplinarrechts ergibt sich, dass die **Pflichtenregelungen** unmittelbar an die Person des Beamten gerichtet und **nicht tatbezogen** sind. Im Gegensatz zu den tatbezogenen Straftatbeständen des Strafrechts, in denen abstrakte Rechtsgüterverletzungen negativ mit Strafe bedroht werden, richten sich die beamtenrechtlichen Pflichtennormen positiv an den Beamten. Das erklärt, warum die Dienstpflichten weitgehend »**unbestimmt**«, generalklauselhaft formuliert sind: Positive Werteregeln lassen sich kaum anders als in tendenziellen Zielvorstellungen vermitteln. Bei aller Problematik sind diese Generalklauseln dennoch durch empirische Konkretisierung justiziabel.[61] Das ist zwar in allen Rechtsbereichen mehr oder weniger nötig und üblich. Im Disziplinarrecht kommt dem aber angesichts der fast ausschließlichen Generalklauseln besondere Bedeutung zu. Deshalb ist das **materielle Disziplinarrecht** vorwiegend **Richterrecht** (A. II. Rn. 52 ff.). Dabei kommt wegen der unbestimmten Regelung des Pflichtenkatalogs dem Gesichtspunkt der **Evidenz** als Voraussetzung des Bewusstseins der Pflichtwidrigkeit besondere Bedeutung zu. Zweifeln an der Evidenz im konkreten Fall »redlich und kritisch nachzugehen, ist die Aufgabe rechtsstaatlich-zeitgemäßer Disziplinarausübung«.[62] Ungebunden wie die Pflichtentatbestände sind auch die **Folgen eines Dienstvergehens, die Disziplinarmaßnahmen**. Sie sind zwar im BDG ausdrücklich geregelt. § 13 BDG regelt nun neuerdings die Bemessung der Disziplinarmaßnahmen, bleibt aber sehr abstrakt. Ihre Anwendung im konkreten Fall ist aber offen gelassen und muss nach **richterlichem Ermessen** unter Beachtung des Grundsatzes der Einheit von Dienstvergehen und Maßregelung entschieden werden. Zur Bewertung von Dienstvergehen, ihre Einstufung in den Maßnahmenkatalog und zur Bemessung der Maßnahmen haben die Disziplinargerichte Rechtsgrundsätze entwickelt, die die notwendige Konkretisierung und Kategorisierung liefern.

Da Disziplinarrecht in keiner Weise Strafrecht ist, sind die allgemein im **Strafrecht bekannten Institute** wie Fortsetzungszusammenhang, Tateinheit – Tatmehrheit, Versuch, Teilnahme hier **ohne Bedeutung**. Ebenso ist seit langem anerkannt, dass – außerdienstliche – **Straftaten** nicht immer zugleich Dienstvergehen darstellen. Ebenso kommt es für die Feststellung eines Dienstvergehens nicht darauf an zu erklären, ob dieser oder jener Straftatbestand erfüllt ist.[63]

Auch in den **Verfolgungsgrundsätzen** unterscheiden sich beide Rechtsgebiete: Während § 152 Abs. 2 StPO die Staatsanwaltschaft verpflichtet, gegen alle strafbaren Handlungen einzuschreiten **(Legalitätsprinzip)**, gilt Gleiches nur für die »Aufklärung« durch die nach § 17 Abs. 1 BDG einzuleitenden Ermittlungen, nicht aber für die weitere Verfolgung und Maßregelung. Insoweit geben §§ 32-34 BDG dem Disziplinarvorgesetzten freies Ermessen, eröffnen also das **Opportunitätsprinzip**.

---

60 BVerwGE 43, 97; DÖD 1984, 88, ZBR 1983, 371; vgl. A. IV. Rn. 84.
61 Zur Problematik der Konkretisierungsansätze A. II. Rn. 37 ff., insbes. 42-44.
62 So Behnke-Arndt, S. 60 Rn. 30 am Ende.
63 Vgl. zu allem BDHE 3, 125, 130; 7, 94, 95 u. ZBR 1961, 383; BVerwG v. 10. 8. 1983 – I D 24.83 = Dok. Ber. 1983, 308, und Behnke-Arndt, S. 117 ff.

Einführung

Mit der Eigenständigkeit und Andersartigkeit des Disziplinarrechts werden allerdings auch **Rechtsgrundsätze bestritten**, die im Strafverfahren zum Wohle des Betroffenen angewandt werden: So soll die **Verjährungsregelung** kein Verfolgungsverbot, sondern nur ein Maßnahmeverbot sein,[64] und einzelne Pflichtverletzungen sollen nicht der Verjährung unterworfen sein.[65] Die **Verwirkung** wird für das Disziplinarverfahren generell abgelehnt, ebenso die Anwendung von Art. 6 der **Menschenrechtskonvention** – unangemessene Verfahrensverzögerung.[66] Insoweit liegt noch eine erhebliche Aufgabe der Modernisierung und Harmonisierung des Disziplinarrechts vor den Disziplinargerichten (oder dem Gesetzgeber!).

4. Nach alledem muss sich **zeitgemäßes Disziplinarrecht** mit rationalen, auf seine Funktion beschränkten Maßstäben darum bemühen, die Lebenswirklichkeit zu treffen. Es muss sich der Voraussetzung seiner **Effizienz** bewusst sein. Zu diesen gehört die realistische Einschätzung des gesellschaftlichen Verständnisses von Staat und Verwaltung sowie des Selbstverständnisses der einzelnen Beamten. Naturgemäß muss in einer freiheitlich-rechtsstaatlichen Demokratie noch mehr als im aufgeklärten Absolutismus der Beamtenschaft zugebilligt werden, aus eigenem Antrieb und Verantwortung vor Verfassung und Gesetz und nicht nur aus Gehorsam und Angst vor den Regierenden und Vorgesetzten die übertragenen Verwaltungsaufgaben durchzuführen. Sicher ist ein Teil der Beamtenschaft (zumal in den unteren Laufbahnen mit untergeordneten Aufgaben) i. S. d. Soziologie eher noch »**sanktionsorientiert**« als »**legitimationsorientiert**«. Jedoch ist unverkennbar, dass in allen Schichten und Besoldungsklassen Selbstbewusstsein und Anspruch auf Selbstverantwortung zugenommen haben. Zusammen mit den schon genannten **Führungsmethoden** der Motivation, Delegation und Kooperation ergibt das ein **anderes Menschenbild**. Davon, wie die Disziplinarorgane diese Veränderungen in ihre Praxis aufnehmen, hängt die **Akzeptanz** des Disziplinarrechts ab. Die disziplinaren **Einwirkungskriterien** müssen berücksichtigen, dass nur die konkret belegbare Dienstbezogenheit den Betroffenen und seine Kollegen überzeugt. Und die Beamtenschaft soll mit den Mitteln des Disziplinarrechts **nicht moralisch zu besseren Menschen** erzogen werden, **nicht rund um die Uhr** dem Dienstherrn verpflichtet sein[67] und auch **nicht als perfekte, fehlerfrei arbeitende Mustermenschen** hingestellt werden.[68]

---

64 Vgl. wegen der Konsequenzen Fn. 32.
65 Vgl. zu allem § 15 Rn. 9.
66 BVerwG v. 5.5.1998 – 1 D 12.97; a. A. OVG MV v. 10.9.1998 –2 M 91/98; anders in Verfahren nach § 9 BBesG: NVwZ 1998, 289.
67 BVerwGE 48, 101, 102 – Beamtensenat – im Gegensatz zu früher BDHE 1, 25 u. PrOVGE 89, 416.
68 BDHE 7, 97 f., DÖV 1966, 840 Sp. 272; DVBl. 1966, 143; BDiG Dok. Ber. 1968, 3311.

A. Allgemeiner Teil

I. Der Dienstvergehenstatbestand

1. Der objektive Pflichtenverstoß

Das Bundesbeamtengesetz benennt in § 77 Abs. 1 Satz 1 zwei verschiedene **1** Begriffe: das **Dienstvergehen** und die **Pflichtverletzung**. Der Begriff des Dienstvergehens ist der weitere und zugleich der maßgebliche Begriff. Er ist die Grundlage der disziplinaren Verfolgung (§ 17 Abs. 1 BDG) und Maßregelung (§§ 32-34, 59, 60 BDG). Die Pflichtverletzung folgt aus dem konkreten Pflichtentatbestand. Dieser kann im Beamtengesetz, in einer allgemeinen Verwaltungsregelung oder in einer Einzelweisung enthalten sein. Die Abweichung von der Pflichtennorm ist der **objektive** Teil des Dienstvergehens. Erst mit dem **subjektiven** Teil, dem Verschulden, ist der Tatbestand des Dienstvergehens erfüllt.

Das Dienstvergehen setzt mindestens **einen** Pflichtenverstoß voraus, be- **2** schränkt sich aber nicht auf diesen. Es ist vielmehr der Inbegriff aller zur Prüfung stehenden Pflichtverletzungen (BVerwG, ZBR 1991, 215). Darin drückt sich der Grundsatz von der »**Einheit des Dienstvergehens**« aus (Einf. I. Anm. 5 Fn. 22). Da das Maßnahmerecht persönlichkeitsbezogen ist, kommt es auf eine Bewertung und Maßnahmezuordnung zu den einzelnen Pflichtverstößen nicht nur nicht an, sondern die isolierte Beurteilung und Bewertung der einzelnen Verfehlungen ist grundsätzlich ausgeschlossen. Es gibt keine »portionsweise« Maßregelung einzelner Pflichtverstöße. Vielmehr ist die aus dem Gesamtverhalten ersichtliche Persönlichkeitsstruktur auf ihre künftige Zuverlässigkeit hin zu prüfen und mit einer einzigen Gesamtmaßnahme pflichtmahnend zu beeinflussen, oder das Beamtenverhältnis ist zu lösen (BVerwG st. Rspr., z. B. E 63, 88, E 73, 178). Die Gesamtmaßnahme rechtfertigt sich aus der Gesamtschau der Vergangenheit einerseits und dem in die Zukunft gerichteten Mahnungsbedürfnis andererseits. Die dem Strafrecht eigenen Einsatzstrafen und die Bildung von Gesamtstrafen gibt es im Disziplinarrecht nicht, auch nicht in rechtsähnlicher Anwendung (BVerwGE 73, 178). Wegen der aus der »Einheit des Dienstvergehens« folgenden verfahrens- und maßnahmerechtlichen Konsequenzen und Ausnahmemöglichkeiten nachstehend (Rn. 11-18).

Der Pflichtenverstoß als objektives Merkmal des Dienstvergehens beruht in **3** jedem Fall letztlich auf den mehr oder weniger konkreten **Normen der Beamtengesetze**. Soweit die Pflichten in unbestimmten Rechtsbegriffen (Generalklauseln) normiert sind, ergibt sich ihre notwendige Konkretisierung entweder aus anderen (Spezial-)Gesetzen, Verwaltungsanweisungen und Einzelanordnungen oder aus der empirischen Rechtsprechung. Da die unbestimmten Pflichtennormen in aller Regel nur die abstrakten, programmatischen Zielbe-

A. I. 1 Objektiver Pflichtenverstoß

schreibungen für das gewünschte Ergebnis des Beamtenverhaltens enthalten, nicht aber Tatbestandsmerkmale, die in sich wertfrei das relevante Verhalten definieren, gilt für sie eine **andere Systematik** als für das Strafrecht. Die Frage der Pflichtwidrigkeit bzw. der Berechtigung zum fraglichen Verhalten ist in der Regel schon im Pflichtentatbestand integriert (vgl. Rn. 21, 38 ff., 42). Immer aber ist das Beamtengesetz die Rechtsgrundlage, die nicht nur die allgemeine Gestaltung des beamtenrechtlichen Verhältnisses regelt, sondern aus der auch die konkrete Verpflichtung abgeleitet werden muss (im Einzelnen Rn. 42 ff.). Die unmittelbare Ableitung einer Pflichtennorm aus »**der Tradition des Beamtentums**« (wie BDHE 1, 59 und Claussen/Janzen, Einl. B. Rn. 2, meinen) ist ebenso wenig zulässig wie aus allgemeinen **Moralbegriffen** (Behnke-Arndt, Einf. B. I. S. 72 Rn. 19). Auch eine ohne rechtliche Grundlage herrschende **Verwaltungsübung** kann nicht unmittelbar als Verhaltensnorm herangezogen werden.

4 Die **Pflichtennorm muss zur Zeit der Tat rechtsverbindlich** gelten. Der Verfassungssatz »nullum crimen sine lege« gilt auch für das Sanktionssystem des Disziplinarrechts. Dementsprechend müssen auch Pflichtentatbestände, die auf **Verwaltungsregelungen oder Einzelanordnungen** beruhen, rechtswirksam ergangen sein. Deshalb sind solche Regelungen daraufhin zu prüfen, ob sie nicht **absolute Wirksamkeitsmängel** aufweisen, z. B. absolute Unzuständigkeit, Unverständlichkeit, Widersprüchlichkeit, Mehrdeutigkeit, Undurchführbarkeit, Mangel eigenständigen Regelungswillens (z. B. bei bloßer Wiederholung einer ohnehin geltenden Norm). Wegen der Bindung an dienstliche Weisungen genereller oder individueller Art vgl. Rn. 22 und im Einzelnen B. II. 3. Rn. 1 ff.

5 Die dem Pflichtenverstoß zugrunde liegende **Tat** besteht aus dem Verhalten des Beamten, also einem sich real auswirkenden Tun oder Unterlassen. Eine Tat durch Unterlassen wiegt grundsätzlich nicht weniger als ein Tun (BVerwG v. 26. 9. 2001 – 1 D 32.00). **Innere Einstellungen, Überzeugungen oder bloße Absichten** können erst dann zu Pflichtenverstößen werden, wenn sie in einem nach außen wirkenden Verhalten in Erscheinung treten.

6 Auf den Charakter als **Vorbereitungs- oder Versuchshandlung** kommt es für das Vorliegen eines Pflichtenverstoßes nicht an. Ein versuchtes Dienstvergehen gibt es nicht. Die begonnene, aber nicht realisierte Pflichtverletzung ist nicht vorwerfbar. Gegenstand eines Dienstvergehens ist immer eine **vollendete** Pflichtverletzung, auch wenn vielleicht die sachgleiche Straftat selbst unvollendet blieb (vgl. Behnke-Arndt, Einf. Rn. 10 und 154). Entscheidend für den Pflichtentatbestand ist der Handlungswille, nicht der Erfolg (BVerwGE 103, 54; ZBR 1983, 372 = DöD 1983, 247). Deshalb kann schon in der strafrechtlichen Vorbereitungs- oder Versuchshandlung eine selbständige Pflichtverletzung liegen. Das hängt nicht davon ab, ob das materielle Strafrecht Vorbereitungs- und Versuchshandlungen mit Strafe bedroht (vgl. Rn. 8). Vielmehr kommt es allein auf den Inhalt der einschlägigen Beamtenpflicht an. Bleibt die geplante Tat in der Vorbereitung stecken, etwa weil von der Durchführung freiwillig zurückgetreten wird, so kann ein Pflichtenverstoß u. U. auf die Ordnungswidrigkeit, die in den Vorbereitungshandlungen liegt, beschränkt sein (BVerwG v. 15. 5. 1974 – 1 D 17.74 – Dok. Ber. 1974, 258). Hat auch der **Rücktritt vom Versuch** im Disziplinarrecht nicht dieselbe – strafbefreiende – Wirkung wie im Strafrecht, so ist er dennoch disziplinarrechtlich nicht ohne Bedeutung. Er setzt objektiv das Gewicht des Dienstvergehens herab und spricht subjektiv für die eigene Einsicht und damit für geringeres Pflichtenmahnungsbedürfnis (BVerwG v. 17. 5. 1988 – 1 D 11.87 – Dok. Ber. 1988, 222). Ist also für die Bewertung eines Versuchs als vollendeter Pflichtverletzung das Ausbleiben des Erfolgs zwar unerheblich, so kann daraus doch eventuell auf mindere kriminelle Intensität und Schuld geschlossen werden, was sich bei der **Bewertung des Dienstvergehens und sogar der Maßnahmenwahl mildernd** auswirken kann (BVerwG v. 21. 6. 1983 – ZBR 1983, 372; Rn. 105).

Betreibt der Beamte die Tatabsicht bzw. das pflichtwidrige Verhalten weiter, so können die weiteren Handlungen **von dem Hauptvorwurf »konsumiert«** sein, so dass in ihnen keine selbständige Pflichtverletzung liegt. Das kann im Sinne einer **»straflosen Nachtat«** ebenso der Fall sein, wenn nach dem Diebstahl von Schecks diese gefälscht und eingelöst werden, wie wenn in der Zeit der alkoholbedingten völligen Dienstunfähigkeit (selbständiges Dienstvergehen) vorzeitig das Dienstgebäude verlassen wird (BDiG v. 28. 6. 1977 – V VL 2/77) oder wenn die wahrheitswidrige Einlassung im Ermittlungsverfahren dazu dient, die vorgeworfene betrügerische Manipulation, die ihrerseits auf der Verletzung der Wahrheitspflicht beruhte, aufrechtzuerhalten (BVerwGE 53, 212; wegen der Bewertung und Bemessung solcher Nachtaten vgl. Rn. 115 a. E.). Ist eine Urlaubsbewilligung durch unwahre Angaben herbeigeführt worden, so besteht das Dienstvergehen allein aus dem Fernbleiben vom Dienst. Die Wahrheitspflichtverletzung ist dann nur ein **Tatbestandsmerkmal** der schuldhaften Pflichtwidrigkeit des Fernbleibens (BDiG v. 16. 2. 1979 – I VL 22/78). 7

Insgesamt sind die **Institutionen des materiellen Strafrechts** disziplinarrechtlich unerheblich. Selbst das Vorliegen einer **strafbaren Handlung** bedeutet nicht schon zwangsläufig auch das Vorliegen einer Dienstpflichtverletzung (BVerwGE 103, 54 und v. 10. 8. 1983 – 1 D 24.83 S. 11 – Dok. Ber. 1983, 308). Mit Behnke-Arndt (S. 117 Rn. 150-151) werden bei außerdienstlichen Straftaten alle Ordnungswidrigkeiten, der größte Teil der Fahrlässigkeitstaten und ein erheblicher Teil der Vorsatztaten auszuscheiden sein (Rn. 49). Dementsprechend kommt es auch für den Tatbestand des Pflichtverstoßes nicht darauf an, unter welchen strafrechtlichen Tatbestand das fragliche Verhalten zu subsumieren wäre (Rn. 63). Auch spielen die strafrechtlichen Teilnahmebegriffe wie **Beihilfe, Anstiftung und Mittäterschaft** keine disziplinarrechtliche Rolle (BVerwG, NJW 1994, 209). Für den Pflichtentatbestand ausschlaggebend ist allein die dienstrechtliche Bedeutung des Verhaltens unter dem Blickwinkel der konkreten Dienstpflicht. Bloße Gehilfenschaft lässt aber Milderung zu (BVerwGE 93, 300, 305 und RiA 1988, 75). 8

Der bloße **Verdacht** einer disziplinarrechtlich erheblichen Tat begründet keine selbständige Pflichtverletzung. Ob er als solche angeschuldigt ist, muss sich eindeutig aus der Anschuldigungsschrift ergeben. Die bloße Erwähnung im Nebensatz langt nicht (BVerwG v. 13. 2. 1974 – 1 D 84.73 – Dok. Ber. 1974, 173). Die »**Verursachung eines bösen Anscheins**« allein kann niemals schon einen selbständigen Pflichtenverstoß darstellen. Die den Verdacht auslösende Verhaltensweise selbst muss pflichtwidrig sein. Auch der bloße **Verdacht einer strafbaren Handlung** begründet selbst noch keine Pflichtverletzung (Behnke-Arndt, Einf. Rn. 17, gegen ihre frühere Meinung und die frühere Rspr. des BDH). In dem Verhalten, das einen letztlich unbestätigten Verdacht auf eine Pflichtverletzung auslöst, kann aber selbst schon eine andere, selbständige Pflichtverletzung liegen (etwa in formalen Kassenverstößen, die den – dann nicht bestätigten – Verdacht einer Veruntreuung bewirken). 9

Ein Verdacht, der nicht bestätigt oder der gar ausgeräumt ist, darf nicht zur Grundlage einer Rechtssanktion gemacht werden, selbst wenn er zunächst den 10

A. I. 2   Einheit des Dienstvergehens

Beamten in ein schlechtes Licht gesetzt hat (BDiG v. 16.7.1987 – I VL 4/87). Aber auch der begründet gebliebene, jedoch letztlich unbewiesene Verdacht kann nicht als selbständige Pflichtverletzung oder Maßnahme verschärfend berücksichtigt werden. Denn **ohne Schuldnachweis ist jede Sanktion rechtsstaatswidrig**, im Übrigen auch unbegründet. Die verdachterweckende Tat hat ohnehin ihr Eigengewicht. Die zutage getretene Labilität ist zwangsläufig auch ein Hinweis auf mögliche Anfälligkeiten weitergehender Art. Darin drücken sich bereits der diensterhebliche Vertrauensverlust und die Ansehensschädlichkeit aus, die das Gewicht des Dienstvergehens bestimmen. Auf dieses allein kommt es an. Nur aus dem erwiesenen Pflichtenverstoß dürfen der disziplinare Vorwurf und dessen Bewertung abgeleitet werden (z. Disziplinarmaß BVerwG v. 23.6.1981 – 1 D 56.80 – Dok. Ber. 1981, 287).
Das BVerwG hat sich mit Urt. v. 4.4.2001 (DVBl. 2001, 1218) nunmehr dieser Ansicht in Abkehr von jahrzehntelanger Rspr. (zuletzt v. 26.9.2000 – 1 D 66.99; ebenso Claussen/Janzen, Einl. B. Rn. 3; GKöD-Weiß, J 226 Rn. 48) angeschlossen. Solange nicht die verdachterweckende Handlung selbst tatbestandlich eine Pflichtwidrigkeit darstelle (wie dies etwa für die Pflicht zur unparteiischen und gerechten Amtsführung gem. § 60 Abs. 1 Satz 2 BBG gelte, s. BVerwG v. 20.2.2001 – 1 D 55.99 – DVBl. 2001, 1074 noch zu § 52 Abs. 1 Satz 2 BBG a.F.), stehe das verfassungsrechtlich verankerte Gebot der **Unschuldsvermutung** einem beamtenrechtlichen Pflichtverstoß entgegen.

2. Einheit des Dienstvergehens

11   Aus der »**Einheit des Dienstvergehens**« folgte nach langer Zeit st. Rspr. verfahrensrechtlich, dass alle bekannten Pflichtenverstöße in **einem einzigen Verfahren** zu verfolgen sind (BVerwG, DöD 2001, 31), das gem. § 17 Abs. 1 BDG bei ausreichenden Verdachtsmomenten **einzuleiten** ist. Nachträglich bekannt gewordene Verdachtsfälle werden grundsätzlich in das laufende Verfahren einbezogen (§§ 19 Abs. 1, 53 Abs. 1 BDG). Diesen ursprünglich materiell-rechtlichen Grundsatz (»einheitliche Würdigung eines Fehlverhaltens durch mehrere Verfehlungen«) hat das BVerwG nunmehr in seinen **verfahrensrechtlichen Auswirkungen** (»einheitliche Maßnahmenfindung in einem Verfahren«) erheblich eingeschränkt, wenn nicht gar aufgehoben (BVerwG v. 14.2.2007 – 1 D 12.05). Im Hinblick auf die Ausnahmetatbestände von der Einheit des Dienstvergehens nach §§ 19 Abs. 2, 53 und 56 BDG, die eine Würdigung in aufeinander folgenden Verfahren zulassen, lasse sich aus § 77 Abs. 1 Satz 2 BBG ein verfahrensrechtliches Gebot der gleichzeitigen Entscheidung über mehrere Pflichtverstöße nicht mehr herleiten. Nach den genannten Vorschriften kann der Dienstherr weitgehend nach eigenem Ermessen entscheiden, ob er neue Verstöße in ein laufendes Verfahren einbringt oder in ein neues eigenständiges Verfahren (s. Komm. zu §§ 19, 53, 56). Der Grundsatz der Einheit des Dienstvergehens setzt sich nur noch materiell-rechtlich durch, indem im letzten Verfahren eine einheitliche Würdigung aller Pflichtverstöße der vorangegangenen Verfahren als gesamtes Dienstvergehen durchzuführen ist. Der Beamte darf im Ergebnis durch mehrere Verfahren nicht schlechter gestellt werden als dies bei einer gleichzeitigen, einheitlichen Ahndung des Dienstvergehens der Fall wäre. Es hat also **quasi eine »Gesamtmaßnahmenbildung«** ähnlich dem Strafrecht stattzufinden. Die im letzten Verfahren für das zu beurteilende Verhalten in

Erwägung gezogene Maßnahme ist daher in Relation zu den Maßnahmen jeweils früherer Verfahren zu setzen und eventuell auf ein insgesamt angemessenes Maß zurückzuführen. Das kann zu einer strengeren, aber auch zu einer wesentlich milderen Maßnahme führen, auch zur Einstellung des neuen Verfahrens (BDiG, DöD 1988, 193). Wäre im ersten Urteil auch bei Einbeziehung der später erst verfolgten Pflichtverletzung keine höhere Disziplinarmaßnahme verhängt worden, ist das neue Verfahren einzustellen. Wegen der originären Maßnahmenkompetenz des Gerichts ist das in diesem Fall auch ohne Zustimmung nach § 59 BDG zulässig. Es handelt sich hier nicht um die Einstellung wegen Geringfügigkeit, sondern um die – wenn auch erst nachträglich und getrennt vollzogene – einheitliche **Bildung der Gesamtmaßnahme** durch das Gericht. Ist im ersten Urteil eine höhere Gehaltskürzung verhängt worden, so darf im nachfolgenden Verfahren als erforderliche Disziplinarmaßnahme gem. §§ 59, 60 BDG als Gehaltskürzung nur die reale Differenz auferlegt werden (sowohl hinsichtlich der Laufzeit als auch der – möglicherweise durch die noch laufende Gehaltskürzung ohnehin schon gekürzten – Dienstbezüge, vgl. Rn. 75 und 92). Wurde im ersten Urteil eine Zurückstufung ausgesprochen, so kann jetzt für die getrennt verfolgte Verfehlung nicht einfach eine Gehaltskürzung zusätzlich verhängt werden. Das würde eine ungerechtfertigte Über-Maßregelung bewirken und wäre nicht die erforderliche Maßnahme. Würde die getrennt verfolgte Verfehlung zusammen mit der früheren eine Zurückstufung rechtfertigen, so muss ggf. aus denselben Gründen darauf verzichtet und nur noch eine entsprechend lange Gehaltskürzung auferlegt werden. Hätte der Beamte bei einheitlicher Beurteilung aus dem Beamtenverhältnis entfernt werden müssen, so ist dies auch nunmehr unumgänglich. Eine Benachteiligung kann darin nicht liegen, da der Betroffene in der Zwischenzeit immerhin – zu Unrecht – die Beamtenrechte behalten hatte. Eine »**nachträgliche Gesamtstrafenbildung**« i. S. d. § 55 StGB würde die Vereinheitlichung der beiden getrennten Maßregelungen vereinfachen, wäre auch der »Einheit des Dienstvergehens« angemessen, wird aber nach wie vor vom BVerwG nicht zugelassen (BVerwG, a. a. O.). Auch das BDG sieht eine solche Regelung leider nicht vor. Eventuell muss konsequent das letzte Verfahren trotz Feststellung eines Dienstvergehens sogar eingestellt werden. Diese Grundsätze greifen auch für Alt-Verfahren, die noch nach der BDO zu beurteilen sind (BVerwG, a. a. O., Rn. 23).

Fraglich bleibt, inwiefern etwa **unbekannte** Verfehlungen nach Abschluss des Verfahrens noch nachträglich verfolgt werden dürfen. Da materiell-rechtlich das Fehlverhalten einheitlich abgeurteilt wird, ist dies jedoch unzulässig. Die Aufhebung der verfahrensrechtlichen Einheit bedeutet lediglich, dass der Dienstherr freier ist, ihm bis zum Abschluss des Verfahrens bekannt gewordene Verfehlungen noch in das laufende Verfahren einzubringen oder ein neues zu beginnen. Sie bedeutet nicht, dass quasi unbegrenzt zurückliegende Pflichtwidrigkeiten verfolgt werden können. Das Verfahren endet nur mit **einer abschließenden Entscheidung**. Die abschließende Entscheidung enthält wegen der Notwendigkeit eines **einheitlichen Schuldausspruchs** auch nur **einen Entscheidungssatz**. Sind mehrere Pflichtenverstöße unterschiedlich zu beurteilen (etwa zum Teil mit Freispruch, zum Teil mit Verurteilung), so ergeht doch nur ein einheitliches Erkenntnis: Das am weitesten reichende Erkenntnis bestimmt den Entscheidungssatz. Bleibt ein Dienstvergehen festzustellen, so bestimmt die Verhängung der dafür angemessenen Disziplinarmaßnahme den Entscheidungssatz. Freistellungen von einem Teil der Vorwürfe (egal ob wegen erwiese-

A. I. 2   Einheit des Dienstvergehens

ner Unschuld, Mangels an Beweisen, Zeitablaufs oder Maßnahmeverbots nach § 14 BDG) erscheinen nicht in dem Entscheidungssatz (vgl. § 60 Abs. 2 Satz 2 BDG). Nach § 56 BDG – anders noch nach der früheren BDO – kann das Gericht ebenso wie der Dienstherr (§ 19 Abs. 2 BDG) trotz der Fortgeltung des Grundsatzes der Einheit des Dienstvergehens solche Handlungen ausscheiden und unberücksichtigt lassen, die für die Disziplinarmaßnahme voraussichtlich nicht ins Gewicht fallen (ähnlich wie § 154 StPO). Solche ausgeschiedenen Sachverhalte können nur unter engen Voraussetzungen wieder in das Verfahren einbezogen werden und nach bestandskräftigem Abschluss nicht erneut Gegenstand eines Disziplinarverfahrens sein. Das neue BDG übernimmt damit die Rspr. des BVerwG (zuletzt v. 30. 8. 2000 – 1 D 18.99) auch für die erste Instanz. Gem. § 65 Abs. 1 BDG gilt dies auch im Berufungsverfahren. Fallen nunmehr die Gründe für die Beschränkung in der ersten Instanz nachträglich weg, kann auch das OVG/der VGH die zuvor ausgeschiedenen Handlungen wieder einbeziehen. **Berufungen** können nicht auf einen Teil der Urteilsvorwürfe beschränkt werden (BVerwG, BDHE 6, 128). Andererseits dürfen Verhaltensweisen, von deren Anschuldigung der Beamte in erster Instanz freigestellt worden ist, bei Berufung nur des Beamten nicht mehr in die **Berufungsentscheidung** einbezogen werden. Das liegt nicht nur an dem Verbot der »reformatio in peius« (früher § 25 BDO, § 331 Abs. 1 StPO; jetzt § 3 BDG, §§ 88, 113, 129, 141 VwGO), das sich nur auf die Verschlechterung der Disziplinarmaßnahme bezieht, sondern an der **Teilrechtskraft**, die hinsichtlich der einzelnen Pflichtverletzungen trotz der »Einheit des Dienstvergehens« eingetreten ist. Sind Sachverhalte durch Teilrechtskraft oder durch maßnahmenbeschränkte Berufung einmal rechtskräftig entschieden, so sind sie ebenso wenig justiziabel wie nicht angeschuldigte Sachverhalte (vgl. zur reformatio in peius: Redeker/v. Oertzen, § 88 Rn. 4). Unverändert ist der Grundsatz der Einheit des Dienstvergehens in jedem laufenden Verfahren zu beachten.

12   Die Rechtskraft (Bestandskraft) einer Disziplinarmaßnahme erstreckt sich nach der neueren Rspr. des BVerwG wegen der materiell-rechtlichen Wirkung der Einheit des Dienstvergehens auf jedes vor der letzten Maßregelung liegende Fehlverhalten des Beamten und **schließt deshalb eine nachträgliche, getrennte Verfolgung** solcher Verfehlungen grundsätzlich aus, soweit nicht bereits ein weiteres Fehlverhalten zum Gegenstand eines neuen Verfahrens gemacht wurde. Dies gilt auch bei so genanntem »fortgesetzten« Handeln. So schon BVerwG v. 20. 9. 1968 – 3 D 40.67 bei so genanntem »fortgesetzten« Schuldenmachen. »So genannt« deshalb, weil (vgl. Rn. 8) der **strafrechtliche Fortsetzungszusammenhang** im Disziplinarrecht nicht gilt (BVerwG, v. 6. 8. 1996 – 1 D 81.95). Er hat auch im Strafrecht seine Geltung verloren (BGH GS NJW 1994, 1663). In Wirklichkeit handelt es sich bei diesem Verfolgungsverbot in Bezug auf Teile einer »fortgesetzten« Tat auch weniger um die Frage der »Doppelbestrafung« als darum, dass die aufgrund derselben Lebenssituation und wesensmäßigen Labilität des Beamten wiederholten Verfehlungen für die Vergangenheit einheitlich und abschließend gemaßregelt sein sollen. Auch außerhalb eines »Fortsetzungszusammenhangs« gilt dieser Grundsatz generell für solche früheren Pflichtenverstöße, die im Zeitpunkt der nachfolgenden Maßregelung den Disziplinarorganen **bekannt** waren und die aus **ermessensfehlerhaften** Gründen nicht in die Maßnahme einbezogen worden waren (BVerwGE 111, 54 = NVwZ-RR 2000, 449). Diese Rspr. hat den allgemeinen Rechtsgrundsatz der »**Verwirkung**« in das Disziplinarrecht eingeführt (auch wenn das BVerwG dies andernorts bestreitet:

Einheit des Dienstvergehens A. I. 2

Urt. v. 5. 5. 1998 – 1 D 12.97; E 76, 176 – DVBl. 1984, 962 und für den Wehrdienstsenat E 83, 384). Denn Grundlage dieser Rspr. ist die Annahme, dass mit der letzten Disziplinarmaßnahme die »**Disziplinargewalt verbraucht**« ist. Darin ist auch der allgemeine Rechtsgrundsatz des »**Vertrauensschutzes**« einbezogen, dem wegen der Gegenseitigkeit des beamtenrechtlichen Treue- und Vertrauensverhältnisses besondere Bedeutung zukommt (A.V. Rn. 126). Die Betroffenen müssen sich darauf verlassen können, dass mit der einheitlichen Gesamtmaßnahme alle davor liegenden bekannten bzw. im Fortsetzungszusammenhang stehenden Verfehlungen abgegolten sind.

Werden frühere einzelne Pflichtverstöße in zulässiger Weise erst nach der **Einleitung des Disziplinarverfahrens** aufgegriffen, so können sie ebenso wie nachfolgende Pflichtverstöße nach §§ 19 Abs. 1, 53 BDG in das noch anhängige Verfahren eingeführt oder selbständig geführt werden. Ggf. kann sogar das anhängige Berufungsverfahren ausgesetzt werden, bis das neue erstinstanzliche Verfahren entschieden und eventuell auch in die Berufung gegangen ist. Sind diese Verstöße nach diesen Grundsätzen (materiell-rechtlich) nicht mehr verfolgbar, **muss das Verfahren** hinsichtlich der getrennt verfolgten Pflichtverletzung wegen Verbrauchs der Disziplinargewalt **als unzulässig eingestellt werden** (§ 55 Abs. 3 BDG). Ebenso ist eine nach § 33 Abs. 1 BDG verhängte **Disziplinarmaßnahme** unzulässig und im allgemeinen verwaltungsrechtlichen Verfahren nach §§ 41 BDG, 68 ff., 42 VwGO aufzuheben, wenn gegen das Gebot der einheitlichen Verfolgung und Maßregelung im neu dargelegten Sinne verstoßen wurde (BDiG, DÖV 1998, 299). Auch ein **Disziplinargerichtsbescheid** schließt eine nachträgliche Verfolgung früherer Pflichtwidrigkeiten aus. Auch kann der **Verzicht auf Widerspruch** gegen den angekündigten Beschluss nach § 59 zur Einführung des neuen Sachverhalts in das Gerichtsverfahren widerrufen werden (BVerwG, DöD 2001, 31 = ZBR 2000, 315 = DöV 2000, 777). Dem Disziplinargerichtsbescheid entspricht nach der neuen Rechtslage der Beschluss nach § 59 Abs. 1 BDG für das Disziplinarklageverfahren bzw. der allgemeine Gerichtsbescheid nach § 84 VwGO für Klagen gegen Disziplinarverfügungen nach § 33 BDG, vgl. § 59 Rn. 2 f.

13

Sind zurückliegende »verbrauchte« Pflichtverstöße ausnahmsweise und **ermessensfehlerfrei** nicht in das laufende Verfahren einbezogen, so muss die **getrennt anstehende Disziplinarmaßnahme** ebenfalls wegen des nach wie vor geltenden Grundsatzes der »einheitlichen Gesamtmaßregelung« **so ausgesucht und bemessen** werden, dass der betroffene Beamte **im Ergebnis nicht schlechter und nicht besser steht**, als wenn alle Verfehlungen zugleich mit der ersten Maßnahme geahndet worden wären (BVerwG v. 13. 5. 1981 – 1 D 21.80 – Dok. Ber. 1981, 259 und v. 25. 9. 1985 – 1 D 73.84 – Dok. Ber. 1985, 321).

14

Die »Einheit des Dienstvergehens« bewirkt, dass auch bei der Anwendung der **Verfolgungsverjährung nach § 15 BDG** und des **Maßnahmeverbots nach § 14 BDG** die einzelnen Pflichtverletzungen des Dienstvergehens nicht getrennt beurteilt werden dürfen. Vielmehr sind grundsätzlich alle Pflichtverletzungen verfolgbar, solange die letzte Verfehlung noch nicht verjährt ist (BVerwG, ZBR 1989, 245 = RiA 1989, 135 = E 33, 194). Ebenso scheidet eine isolierte Verfahrenseinstellung nach § 14 BDG insgesamt mangels »Sachverhaltsidentität« aus, wenn neben der strafgerichtlich bestraften sachgleichen Verfehlung eine weitere vorliegt, die nicht strafgerichtlich bestraft worden ist.

15

Diese **einheitliche Betrachtung des Dienstvergehens** wird dann durchbrochen, wenn sich eine einzelne Pflichtverletzung gegenüber anderen Verstößen

16

A. I. 2 Einheit des Dienstvergehens

desselben Dienstvergehens verselbständigen lässt. Daran hat sich auch nach der neuen Rspr. (vgl. Rn. 11) nichts geändert, da hieran materiell-rechtliche Folgen anknüpfen. Eine solche **Verselbständigung** ist angebracht, wenn die verschiedenen Pflichtverletzungen **nicht in einem zeitlichen, ursächlichen, psychologischen und wesensmäßigen Zusammenhang** stehen (BVerwG st. Rspr. v. 23. 3. 1968 – 2 D 37.67 mit Zitaten; Dok. Ber. 1979, 263, Dok. Ber. 1992, 191, 220; v. 11. 2. 2000, DöD 2001, 31 = DöV 2000, 777). Unter dieser Voraussetzung kann für eine Pflichtverletzung getrennt von den anderen eine Verjährung oder das Maßnahmeverbot bejaht und diese Pflichtverletzung aus dem vorwerfbaren Dienstvergehen ausgesondert werden. Für die Verselbständigung kommt es auf den Kern des angeschuldigten Dienstvergehens, also auf die Frage an: Wodurch ist die **Integrität** des Beamten konkret betroffen? Ist es die Alkoholneigung mit ihren dienstlichen Auswirkungen, Unpünktlichkeit und Dienstversäumungen, Labilität gegenüber fremdem Eigentum und Vermögen, Streitsucht und dienstlicher Ungehorsam o. Ä.? Die allgemeine Feststellung, dass der Beamte wesensmäßig zur Unzuverlässigkeit oder zu Gesetzesverstößen neige, wie sie das BVerwG früher zur Bemessung und zur Rückfallneigung im Zusammenhang mit § 14 BDO lange Zeit für maßgeblich hielt (Rn. 43, 79, 83, 106 und § 14 Rn. 30 f.), kann den hier erforderlichen Zusammenhang nicht herstellen. Vielmehr kommt es darauf an, ob die unter § 14 oder 15 BDG fallende Pflichtverletzung mit den anderen, darunter nicht fallenden Pflichtverletzungen in einem **konkreten** Zusammenhang der o. a. Art steht und ausgesondert werden kann oder nicht (vgl. Behnke-Arndt, Einf. B. I. Rn. 4, 5, sowie beispielsweise BVerwG, ZBR 1992, 281). Diese Frage der Verselbständigungsfähigkeit kann **großzügiger** bejaht werden, wenn die unter §§ 14 oder 15 BDG fallenden Pflichtverletzungen im Verhältnis zu den anderen angeschuldigten Pflichtverletzungen **kein erhebliches Gewicht** haben, bzw. als **unbedeutender Annex** isoliert beurteilt werden können. Dann kann nach §§ 19 Abs. 2, 56 aber auch das Verfahren beschränkt werden.

17 Auch bei den **außerdienstlichen Pflichtenverstößen** wirft die »Einheit des Dienstvergehens« Probleme auf. Die einzelnen außerdienstlichen Pflichtverletzungen können zwar i. S. d. § 61 Abs. 1 Satz 3 BBG pflichtwidrig sein, müssen aber nicht zwangsläufig die gesteigerten Voraussetzungen des § 77 Abs. 1 Satz 2 BBG erfüllen. § 77 Abs. 1 Satz 2 BBG sieht außerdienstliches Fehlverhalten nur noch ausnahmsweise als disziplinarrechtlich erheblich an (vgl. Einf. II. 2.; A. I. Rn. 18; A. II. Rn. 47-51; B. I. Rn. 1). Dennoch führt gerade die »Einheit des Dienstvergehens« zu einer für die Beamten ungünstigeren Situation: Frühere Rspr. und jetzt noch Literatur gehen nämlich davon aus, **dass nicht für jede einzelne außerdienstliche Pflichtverletzung der Tatbestand des § 77 Abs. 1 Satz 2 BBG erfüllt sein muss**, sondern dass dieser insgesamt für alle – bloß i. S. d. § 61 Abs. 1 Satz 3 BBG pflichtwidrigen – Verhaltensweisen zu prüfen ist (BVerwG st. Rspr. E 33, 162, v. 22. 5. 1980 – 1 D 41.79 und Dok. Ber. 1983, 308; Behnke-Arndt, Einf. Rn. 6; Claussen/Janzen, Einl. C. Rn. 62 b). Dagegen bestehen **Bedenken**: Auf diese Weise werden trennbare Verhaltensweisen (Rn. 16), die bei isolierter Beurteilung kein Dienstvergehen oder die verjährt wären, verfolgbar gemacht. Was im Bereich innerdienstlicher Verfehlungen und im Verhältnis von außer- zu innerdienstlichen Verfehlungen anerkannt ist (Rn. 18), muss auch im Verhältnis der außerdienstlichen Verfehlungen zueinander gelten. Dass § 77 Abs. 1 Satz 2 BBG von einem außerdienstlichen »Dienstvergehen« und nicht von außerdienstlichen »Pflichtverletzungen« spricht, besagt in die-

sem Zusammenhang nichts (entgegen Behnke-Arndt, Rn. 6). Denn in beiden Fällen ist das »Dienstvergehen« im Sinne von § 77 Abs. 1 die Summe aller einzelnen Pflichtverletzungen, die wiederum einzeln auf ihre Verselbständigungsfähigkeit zu untersuchen sind. Außerdienstliche Verhaltensweisen, die nicht die besonderen Voraussetzungen des § 77 Abs. 1 Satz 2 BBG erfüllen, sind »keine Pflichtverletzungen« i. S. d. Gesetzes (so **jetzt auch** BVerwG ZBR 2001, 39 = DVBl. 2001, 137; vgl. A. II. Rn. 50). Es ist unzulässig, zwischen »einfachen Pflichtverletzungen« i. S. d. § 61 Abs. 1 Satz BBG und solchen nach § 77 Abs. 1 Satz 2 BBG zu unterscheiden (BVerwG v. 29. 4. 1976 – 1 D 13.76; Behnke-Arndt, Einf. Rn. 145; s. u. Rn. 50). Für den außerdienstlichen Pflichtenverstoß ist allein § 77 Abs. 1 Satz 2 BBG »tatbestandsbegründend« (Claussen/Janzen, Einl. C. Rn. 58 a). Auch die Notwendigkeit, die **Gesamtpersönlichkeit** des Beamten zu würdigen (Rn. 43), erfordert die Verfolgung verjährter Verfehlungen hier im außerdienstlichen Bereich noch weniger als im innerdienstlichen. Um eine ersichtliche Labilität in der Maßnahmenwahl und -bemessung berücksichtigen zu können, bedarf es nicht der Verfolgung verjährter Pflichtverletzungen. Diese Labilität ergibt sich ohnehin aus der stets vorzunehmenden Gesamtwürdigung des Persönlichkeitsbildes. Damit ist nicht gesagt (entgegen Behnke-Arndt, Einf. Rn. 6), dass das nicht verfolgte Verhalten später als »pflichtgemäß« behandelt werden müsste. Es liegt als ein verwertbares Geschehen und als Hinweis auf eine womöglich wesensmäßige Labilität vor und kann so – auch nachteilig – berücksichtigt werden. Einer Verfolgung als Pflichtverletzung nach Eintritt der Verjährung bedarf es nicht. Die spätere Verfolgung ist vielmehr unzulässig, wenn der innere und zeitliche Zusammenhang mit den nicht verjährten Verfehlungen fehlt (ebenso, aber in sich widersprüchlich Behnke-Arndt, S. 66, 67 Rn. 6, und BVerwG noch in Dok. Ber. 1976, 316). Die herrschende Praxis dient auch nicht der **Akzeptanz** disziplinarer Verfolgung. Wenn der Disziplinarvorgesetzte einmal eine Verfehlung als disziplinarrechtlich so geringwertig angesehen hat, dass er glaubte, sie nicht verfolgen zu müssen, so kann sich das Gewicht der Verfehlung zur Tatzeit nicht durch spätere Vorfälle verändern (vgl. § 56 BDG). Allerdings kann eine spätere Verfehlung angesichts der schon früher gezeigten Labilität schwerer wiegen. Auf die – zutreffende – frühere Beurteilung vertrauen zu dürfen, hat auch der Betroffene ein Recht.

Treffen **außer- und innerdienstliche Pflichtverletzung zusammen**, dann sind sie gemeinsam als ein Dienstvergehen zu beurteilen (wobei die außerdienstlichen häufig in ihrer Bedeutung zurücktreten werden). Jedoch sind dann jedenfalls die außerdienstlichen Verfehlungen daraufhin zu überprüfen, ob sie die besonderen Voraussetzungen des § 77 Abs. 1 Satz 2 BBG erfüllen, andernfalls sind sie nicht pflichtwidrig i. S. d. § 61 Abs. 1 Satz 3 BBG. »Die Einheit des Dienstvergehens« setzt voraus, dass **sämtliche zugrunde liegenden Einzelfälle** pflichtwidrig sind, d. h., dass im Falle von außerdienstlichen Verfehlungen § 77 Abs. 1 Satz 2 BBG erfüllt ist (BVerwG, ZBR 2001, 39; v. 29. 4. 1976 – 1 D 13.76; s. Rn. 17). **18**

Die **nachdienstlichen Pflichtverletzungen** sind in § 77 Abs. 2 BBG geregelt. Während für die aus dem Beamtendienst insgesamt ausgeschiedenen Beamten natürlich keine Dienstpflichten mehr bestehen, sind Ruhestandsbeamte weiterhin bestimmten Pflichten unterworfen. Dies entspringt dem auch über die aktive Dienstzeit hinausreichenden Lebenszeitverhältnis. Zu allgemeinem Wohlverhalten ist der Ruhestandsbeamte nicht mehr verpflichtet (BVerwG, ZBR 1968, 290). Seine Pflichten beschränken sich auf die Verfassungstreue, die Amts- **19**

A. I. 2 Einheit des Dienstvergehens

verschwiegenheit, die Unbestechlichkeit und die Pflicht, einer erneuten Einberufung in den aktiven Dienst zu folgen.

20 Eine Pflichtverletzung liegt nur dann vor, wenn sie ein »Mindestmaß an Gewicht« hat und damit die »**Schwelle zur disziplinarrechtlichen Erheblichkeit**« überschreitet (BVerfG NJW 1975, 1641; BVerwG, Dok. Ber. S. 3970). Diese Definition hat zwar keinen konkreten Regelungsinhalt, weil sie keine objektiven Abgrenzungskriterien bietet und sich allenfalls mit sich selbst erklärt. Aber sie macht deutlich, dass es zielsetzende Pflichtennormen gibt, deren Verletzung so formal und geringfügig sein kann, dass die disziplinaren Zwecke (Einf. II. Ziff. 2-4) ein Einschreiten nicht erfordern. Der **Gesetzgeber** hat selbst eine – erhöhte – »Schwelle für die disziplinare Erheblichkeit« in § 77 Abs. 1 Satz 2 BBG für das außerdienstliche Dienstvergehen gesetzt, aber auch hier keine konkreten Abgrenzungskriterien formuliert. Die **Rspr.** hat für bestimmte Kategorien von »Fehlverhalten« die Schwelle zur »disziplinaren Erheblichkeit« bestimmt: z. B. bei Straßenverkehrsdelikten dahin, dass erst über dem durchschnittlichen Maß der Fahrlässigkeit eines Verkehrsteilnehmers eine Dienstpflichtverletzung in Frage kommt (BDH v. 7. 9. 1967 – 1 D 16.67 und v. 31. 12. 1965 – 2 D 1.65 = NJW 1966, 688; im Einzelnen Rn. 63). So gilt in unbestimmter Weise auch allgemein schon für den »normalen« innerdienstlichen Pflichtenkreis, dass nicht jede Abweichung von der optimalen, höchstmöglichen Leistung und Verhaltensweise gegen die konkrete »Berufserforderlichkeit« verstößt. Das gilt besonders für die generalklauselhaften Grundpflichten des § 61 Abs. 1 Satz 3 BBG, die nicht auf ein konkretes Verhalten, sondern auf die Zielrichtung amtlicher Bemühungen abstellen. Aber auch bei konkret bestimmten Pflichtentatbeständen kann gelegentlich bezweifelt werden, ob Beamte mit einer erstmaligen Unzuverlässigkeit schon ihre Vertrauenswürdigkeit beeinträchtigt haben. Ob das »berufserforderliche« Verhalten verfehlt wurde, hängt immer von den Umständen des Einzelfalles ab und ist jedenfalls dann zu verneinen, wenn es um einmalige Geringfügigkeiten im Bereich der Ordnungswidrigkeiten, um **Bagatellverfehlungen** im Rahmen des § 62 Abs. 1 Satz 2 BBG geht (Claussen/Janzen, Einl. B. 4.). Mit einer einzelnen »schwachen Leistung«, einer gelegentlichen »Flüchtigkeit«, einem einmaligen »Zuspätkommen« können normalerweise die Pflichten »zur vollen Hingabe an den Beruf« des § 61 Abs. 1 Satz 1 BBG, mit einer einmaligen verbalen Entgleisung im kollegialen Umgang nicht die Pflicht zur »Achtungs- und Vertrauenswürdigkeit« des § 61 Abs. 1 Satz 3 BBG, mit einer gelegentlichen Abweichung von dem angeordneten Arbeitsablauf in der Formularbehandlung oder beim Zustellgang die Gehorsamspflicht des § 62 Abs. 1 Satz 2 BBG **nicht** verletzt werden (Einf. II. 4. Fn. 53). Der öffentliche Dienst erfordert ebenso wenig wie andere Arbeitsbereiche den »Mustermenschen« (BDH, DVBl. 1966, 143; Arndt, APF 1968, 19, 1. Sp.). Über das Berufserforderliche entscheiden nicht allein das Nützliche und Wünschbare, sondern das für den konkreten Dienst »Unabdingbare« (Behnke-Arndt, Einf. Rn. 44). Auch formale Ordnungsverstöße können jedoch erheblich sein, wenn sie im **Kernbereich** der amtlichen Pflichten erfolgen oder wenn ihre **wiederholte Begehung** auf eine wesensmäßige Labilität und Rücksichtslosigkeit schließen lässt (BDH, PersV 1967, 166 = Dok. Ber. 1966, 2873; E 7, 98; BDiG, Dok. Ber. 1968, 3311; vgl. B. II. 6.). Zum Begriff »Kernpflicht« vgl. BVerwG, ZBR 1990, 90.

3. Die Pflichtwidrigkeit

Jeder Verstoß gegen eine Pflichtennorm oder gegen eine konkrete dienstliche Weisung ist pflichtwidrig, wenn nicht besondere Umstände die Pflichtwidrigkeit ausschließen oder beseitigen. Für die disziplinarrechtlichen Tatbestände gilt jedoch eine **andere Systematik** als etwa für das Strafrecht (vgl. Rn. 3, 37 ff., 42). Die Pflichtennormen enthalten in aller Regel nur die abstrakten, programmatischen Zielbeschreibungen für das gewünschte Ergebnis des Beamtenverhaltens, nicht aber Tatbestandsmerkmale, die in sich wertfrei das relevante Verhalten definieren. Deshalb kann weitgehend der Pflichtentatbestand nicht ohne die Frage der Pflichtwidrigkeit oder besser der Berechtigung zum fraglichen Verhalten festgestellt werden. Soweit die Pflichtennorm unbestimmt geregelt ist und damit nicht tatbestandsmäßig auf ein konkret definiertes Verhalten abstellt, ist die **Pflichtgemäßheit bzw. -widrigkeit schon im Pflichtentatbestand integriert**. Ist ein Beamter zu einem bestimmten Tun oder Unterlassen berechtigt, so handelt er nicht pflichtwidrig. In dem Verhalten kann begrifflich/systematisch kein Verstoß gegen einen Pflichtentatbestand liegen. Wozu Beamte im konkreten Fall verpflichtet sind, etwa um »vertrauenswürdig« i. S. d. § 61 Abs. 1 Satz 3 BBG zu handeln, ergibt sich aus den besonderen Umständen der Sachlage. Hierzu gibt es eine differenzierte, **empirische Konkretisierung** vielerlei Konfliktfälle durch die Rspr. In diese kategorisierenden Abgrenzungen sind bereits Gesichtspunkte der **Interessenabwägung, der Interessenkollision, der Zumutbarkeit, der dienstlichen Fürsorgepflicht usw.** einbezogen. Als Beispiel dafür kann gelten, dass eine auf Unmögliches gerichtete Leistung schon gar nicht geschuldet wird. Ebenso liegt bei mangelnder Eignung oder bei Überforderung schon tatbestandsmäßig keine Pflichtverletzung vor (s. unten B. II. 6.). In § 96 BBG gehört zum Tatbestand das »ungenehmigte« und im weiteren Sinne das »unberechtigte« Fernbleiben vom Dienst, so dass etwa bei Arbeitsunfähigkeit oder sonstigen persönlichen, zwingenden Hinderungsgründen schon tatbestandsmäßig kein Pflichtverstoß vorliegt (z. B. beim »Fernbleiben« oder »mangelndem Einsatz« vgl. B. II. 3. Rn. 1., 5. Rn 1., 6. Rn. 2).

Wenn dagegen dem Beamten durch allgemeine Dienstanordnung oder durch individuelle Weisungen **ein ganz bestimmtes Verhalten vorgeschrieben** ist, so liegt bereits in der Abweichung der tatbestandsmäßige Pflichtverstoß. In diesen Fällen können die genannten Gesichtspunkte der Interessenabwägung, Interessenkollision, Zumutbarkeit und Fürsorgepflicht **Rechtfertigungsgründe** liefern. Hierbei ist allerdings zu beachten, dass die Beamten nach § 62 Abs. 1 Satz 2 BBG grundsätzlich an dienstliche Weisungen gebunden sind und sich nur in Ausnahmefällen eigenmächtig und außerhalb des dafür vorgesehenen Rechtswegs dieser Bindung entziehen dürfen. Es mangelt allerdings schon am Pflichtentatbestand – und nicht etwa an der Pflichtwidrigkeit –, wenn eine »bindende«, nämlich rechtswirksame Anordnung gar nicht vorliegt, etwa gem. § 62 Abs. 1 Satz 2 zweiter Halbsatz BBG (Rn. 4 und im Einzelnen B. II. 7. Rn. 7-9). Ein **echter Rechtfertigungsgrund** liegt vor, wenn gegen eine Weisung die Voraussetzungen der **Verweigerung nach § 63 Abs. 2 Satz 3 erster Halbsatz BBG** erfüllt sind, also die Weisung strafbar oder ordnungswidrig ist oder gegen die Würde des Menschen verstößt. In diesen Fällen ist ein Verstoß gegen die Weisung gegenüber dem anweisenden Vorgesetzten nicht pflichtwidrig. Darunter fällt auch das Zusammentreffen einer dienstlichen Weisung mit einem gesetzlich begründeten, **speziellen Verweigerungsrecht** des Beamten:

A. I. 3 Pflichtwidrigkeit

Trotz ausdrücklicher Anzeigepflicht braucht der Betroffene gegen ihn laufende polizeiliche oder staatsanwaltliche Ermittlungen nicht dienstlich zu melden, wenn er sich damit zugleich einer disziplinaren Verfolgung aussetzen würde (BDiG v. 11.7.1985 – VI VL 21/85). Denn nach st. Rspr. ist niemand verpflichtet, an seiner eigenen disziplinaren Verfolgung mitzuwirken (Art. 1 GG, § 20 Abs. 2 Satz 3 BDG; BDHE 4, 62 und 7, 78). **Gegenüber dem Adressaten** der Amtshandlung »befreit« die Befolgung der Weisung »von der Verantwortung«, § 63 Abs. 2 Satz 3 2. Hs. BBG.

23 Die **Verwaltungsübung** an der Dienststelle oder die **stillschweigende Duldung** von Fehlverhalten durch den Vorgesetzten reicht im Allgemeinen nicht zur Rechtfertigung aus. Dies folgt schon daraus, dass grundsätzlich jeder Beamte selbstverantwortlich in dem übertragenen Aufgabenkreis zu arbeiten und die Dienstpflichten zu erfüllen hat. Passivität von Vorgesetzten, die möglicherweise selbst pflichtwidrig ist, rechtfertigt pflichtwidriges Verhalten ebenso wenig wie gleichartiges Fehlverhalten von Kollegen (BDiG v. 22.8.2000 – VIII VL 37/99). Allerdings können **geduldete Missstände** innerhalb einer Behörde das Bewusstsein der Pflichtwidrigkeit erheblich mindern und zu einer entsprechenden Maßnahmenmilderung führen (BVerwGE 33, 101; 53, 251; Claussen/Janzen, Einl. D. 13 b). Im Übrigen kommt es auf die Sachlage im Einzelfall an, ob in einer **bewussten Billigung des Vorgesetzten** bezüglich einer vorschriftswidrigen Verfahrens- und Verhaltensweise eine **dienstliche Genehmigung oder gar Weisung** liegt. Darin wird dann allerdings weniger ein Rechtfertigungsgrund liegen als schon grundsätzlich ein Mangel am Pflichtenverstoß. Weisungen direkter Vorgesetzter unter bewusstem Verstoß gegen die abstrakten Regelungen des obersten Dienstherrn bei Kenntnis dieser abstrakten Sachlage durch den einzelnen Beamten lassen die Pflichtwidrigkeit des Verhaltens nach dem Rechtsgedanken des § 63 BBG allerdings unberührt (B. II. 7. Rn. 8). **Nachträgliche Zustimmungen oder Dienstregelungen des Vorgesetzten** können die gegebene Pflichtwidrigkeit nicht beseitigen. So bleibt das ungenehmigte Fernbleiben auch dann pflichtwidrig, wenn nachträglich die versäumte Zeit als Urlaub oder Freizeitausgleich »verrechnet« wird (vgl. B. II. 3. Rn. 5). Es kommt dann lediglich eine mildere Betrachtungsweise in Frage.

24 Kommt es zu einer **Kollision widerstreitender Dienstpflichten**, so hat der Beamte jedenfalls dann nicht pflichtwidrig gehandelt, wenn er mit seinem Verhalten bestrebt war, das nach seiner Meinung vorrangige dienstliche Interesse zu schützen. Die Vorrangigkeit einer Dienstpflicht vor der anderen ergibt sich häufig aus der Natur der Sache oder aus dem offensichtlichen Vorrang der spezielleren vor der allgemeineren Regel. So ist selbstverständlich ein Beamter der örtlichen Betriebssicherung trotz des allgemeinen Gebots der Kollegialität und Wahrung des Betriebsfriedens kraft seiner speziellen Amtspflichten gezwungen, eine Anzeige gegen einen Kollegen zu erstatten. Das kann auch für die Meldung von Vorgängen außerhalb des eigenen Aufgabenbereichs gelten (Wehrdienstsenat BVerwG v. 20.7.1967, E 33, 90; BDH, Dok. Ber. S. 1297). Auch kann die kleinliche oder gar obstruktive Befolgung von Organisations- und Ordnungsvorschriften (»Dienst nach Vorschrift«) nicht rechtfertigen, dass das vorrangige Arbeitsziel leichtfertig oder mutwillig verfehlt wird. Denn die Amtspflicht enthält auch die Aufgabe der Selbständigkeit und Eigeninitiative und die Verpflichtung, ggf. die Vorgesetzten zu unterrichten und zur Klärung zu veranlassen. Ebenso wenig kann sich grundsätzlich ein Beamter damit rechtfertigen, dass die allgemeine (nicht gesetzlich ergangene) Regelung die Befol-

gung einer konkreten Einzelanweisung verbiete (zur Bindung an dienstliche Weisungen im Einzelnen unten B. II. 7. Rn. 8).

Aus der »**gefahrengeneigten Tätigkeit**« kann kein Rechtfertigungsgrund abgeleitet werden in dem Sinn, dass ein Versagen nicht vorgeworfen werden dürfe, weil in diesem Aufgabenbereich die Gefahr von Fehlern ohnehin vorgegeben sei (BDHE 6, 60, 61; Behnke-Arndt, S. 73 Rn. 23). Zwar kann die Gefahrengeneigtheit des Aufgabenbereichs im konkreten Fall ergeben, dass ein Verschulden nicht vorliegt oder gemindert ist. Im Allgemeinen jedoch erfordert gerade die Gefahrenträchtigkeit eines Dienstpostens entsprechend erhöhte Aufmerksamkeit und Befolgung der dienstlichen Organisations- und Sicherheitsvorschriften. Gehört die gefahrengeneigte Tätigkeit zum Kernbereich der übertragenen Amtspflichten, so kann sich der Betroffene nicht allgemein damit entlasten, dass von keinem Menschen stets fehlerfreie Arbeit erwartet werden könne (BDiG, Dok. Ber. S. 3981; Arndt, APF 1968, 17, und in Behnke, S. 102 Rn. 106; Claussen/Janzen, Einl. C. Rn. 12).   25

Auch im Bereich der »Rechtfertigungsgründe« helfen die **klassischen strafrechtlichen Kategorien** nicht weiter. Liegt **Notwehr, Sachnotstand, erlaubte Selbsthilfe oder übergesetzlicher Notstand** vor, kommt ohnehin eine Ansehens-, Achtungs- oder Vertrauensbeeinträchtigung als Pflichtverstoß nicht in Betracht. Dasselbe gilt für die »**Wahrnehmung berechtigter Interessen**« i. S. d. § 193 StGB und für die **Einwilligung des Verletzten** (BDHE 3, 125 und in ZBR 1966, 228, sowie zu allem Behnke-Arndt, S. 74 f. Rn. 25 und 26). Sind berechtigte Interessen des Beamten zu beachten, so geschieht dies bereits im Pflichtentatbestand (etwa im Falle berechtigter Verteidigung gegen Vorwürfe des Vorgesetzten). Auf die Einwilligung des Verletzten kommt es dann nicht an, wenn aus dienstlichem Interesse dem Beamten gerade ein anderes Verhalten vorgeschrieben ist. So handelt z. B. ein Briefzusteller pflichtwidrig, wenn er die Empfangsbestätigung des Postkunden mit dessen Namen selbst unterschreibt, obwohl dies ausdrücklich untersagt ist. Auch hier ist (wie im Strafrecht) die Einwilligung des Verletzten nur erheblich, wenn er über das betroffene Rechtsgut allein wirksam verfügen kann. Die Dienstvorschriften über Postzustellungen dienen nicht nur der Sicherung der Postkunden, sondern auch dem innerdienstlichen Bedürfnis nach Kontrolle des funktionierenden Dienstbetriebs. Darauf kann der Postkunde nicht verzichten.   26

4. Das Verschulden

Für das Vorliegen eines Dienstvergehens fordert § 77 Abs. 1 Satz 1 BBG die »schuldhafte« Verletzung der obliegenden Pflichten. Verschulden umfasst die **Schuldformen Vorsatz und Fahrlässigkeit**. Hierfür gelten im Disziplinarrecht weitgehend dieselben Kategorien wie im Strafrecht.   27

Vorsatz setzt Wissen und Wollen der Tatmerkmale voraus. Hinsichtlich des Tatverlaufs genügt es, wenn der Erfolg billigend in Kauf genommen wird (Eventualvorsatz). **Fahrlässig** handelt, wer die Sorgfalt außer Acht lässt, zu der er nach den Umständen des Einzelfalles verpflichtet und nach seinen persönlichen Kenntnissen und Fähigkeiten imstande ist. Je nach der Vorstellung über den Tatverlauf kann bewusste oder unbewusste Fahrlässigkeit vorliegen. Nach dem Grad der Sorgfaltsverletzung kann grobe oder leichte Fahrlässigkeit in Frage kommen. Tatbestands- und maßnahmenmäßig kommt es auf diese   28

A. I. 4 Verschulden

Variationen prinzipiell nicht an. Denn das Bundesbeamtengesetz und das Bundesdisziplinargesetz machen insoweit keine Unterschiede. Allerdings können im außerdienstlichen Bereich fahrlässige Verhaltensweisen schon grundsätzlich aus dem Pflichtenbereich – etwa des § 61 Abs. 1 Satz 3 BBG – ausscheiden, weil sie die berufserforderliche Integrität noch nicht berühren.

29 Das subjektive Tatbestandsmerkmal der **Absicht** ist dem Dienstvergehen fremd. Für die Bewertung des Dienstvergehens ist es allerdings von Bedeutung, zumal wenn dessen Gewicht sich auch nach dem Charakter der zugleich darin liegenden Straftat bestimmt (Rn. 49 a. E.). So ist es zwar gleichermaßen pflichtwidrig und schuldhaft (nämlich eigennützig und vertrauenswidrig i. S. d. § 61 Abs. 1 Sätze 2 und 3 BBG), wenn Reisekosten tatsächlich falsch belegt werden: einmal nur zur Verdeckung eines unerlaubten Dienstabbruchs (BDiG v. 24. 2. 1976 – V VL 25/75) oder eines ehewidrigen Verhältnisses (BVerwG, Dok. Ber. 1974, 103; s. B. II. 10. Rn. 19), ein anderes Mal aber gezielt in betrügerischer Absicht. Im ersten Fall wird der unrechtmäßige Vermögensvorteil zwar vorsätzlich, aber nur als zwangsläufige Folge der Verheimlichung anderer Umstände hingenommen. Entsprechend der geringeren Schuld ist auch das Gewicht des Dienstvergehens gemildert.

30 Liegt ein **Irrtum über** die tatbestandserheblichen **Tatumstände** vor, so ist wie im Strafrecht Vorsatz ausgeschlossen. Beruht der Irrtum auf Fahrlässigkeit, so kommt ein fahrlässiges Dienstvergehen in Betracht (etwa wenn Falschangaben im Beihilfeantrag auf fahrlässige Unterlassung der möglichen und zumutbaren Aufklärung zurückzuführen sind, BVerwG v. 12. 12. 1985 – 1 D 106.85; v. 21. 2. 2008 – 2 B 1/08). An die Aufklärungspflicht des Beamten werden wegen des besonderen Treueverhältnisses erhöhte Anforderungen gestellt, die allerdings nicht unrealistisch sein dürfen (etwa im Falle schwer verständlicher Formulare BVerwG, ZBR 1985, 254; zu allem im Einzelnen B. II. 10. Rn. 19).

31 Zur Schuld gehört das **Bewusstsein der Pflichtwidrigkeit**. Dieses beinhaltet zum einen das **materielle** Bewusstsein von Recht und Unrecht. Daneben ist aber auch das **statusrechtliche** Bewusstsein erforderlich, als Angehöriger des öffentlichen Dienstes bestimmten Dienstpflichten zu unterliegen. Das Bewusstsein, im beamtenrechtlichen Sinn »Beamter« zu sein, wird nicht gefordert. Der beamtenrechtliche Status begründet lediglich eine Verfahrensvoraussetzung für die disziplinarrechtliche Verfolgung (§ 1 BDG). Verfahrensvoraussetzungen werden von der Schuld nicht erfasst. Es genügt deshalb für die Annahme einer »Schuld« die allgemeine Kenntnis, in einem öffentlich-rechtlichen Dienstverhältnis zu stehen (Behnke-Arndt, S. 78 Rn. 36 m. w. Zitaten; Claussen/Janzen, Einl. B. Rn. 17; BDHE 1, 55; 2, 82). Für die unter das Gesetz zu Art. 131 GG fallenden Personen war diese Frage von großer Erheblichkeit (BDHE 5, 17; v. 7. 3. 1967 – 1 D 5.66), heute ist sie nur noch von theoretischer Bedeutung. Die Vorstellung als Nichtbeamter disziplinarrechtlich nicht verantwortlich zu sein, ist ebenso unerheblich wie der strafrechtliche Irrtum über die Strafbarkeit (BGHSt [GS] 2, 202). Meint ein Beamter irrtümlich, bereits aus dem Dienstverhältnis ausgeschieden zu sein (etwa weil ein – noch nicht beschiedener – Entlassungsantrag gestellt wurde), so fehlt es lediglich an dem – unerheblichen – Bewusstsein der disziplinaren Verfolgbarkeit jedenfalls dann, wenn das Verhalten generell geeignet ist, die Berufserforderlichkeit zu beeinträchtigen (etwa bei einer Verletzung der Amtsverschwiegenheit oder bei einer achtungswidrigen Straftat). Gehört allerdings zu einem bestimmten Pflichtentatbestand (wie etwa bei der Dienstleistungspflicht aus §§ 61 Abs. 1 Satz 1 und 73 BBG) die Kenntnis

der konkreten dienstrechtlichen Verpflichtung, so liegt im angenommenen Fall ein Irrtum über eine tatbestandserhebliche Rechtstatsache (die geschuldete Dienstleistung) vor, der Vorsatz (hier beim Fernbleiben vom Dienst) ausschließt. Dabei handelt es sich nicht um das meist unerhebliche Fehlen des Unrechtsbewusstseins, sondern um einen erheblichen Tatsachenirrtum.

Auch im Disziplinarrecht ist der **unvermeidbare Verbotsirrtum** geeignet, das Unrechtsbewusstsein entfallen zu lassen (BVerwG v. 22. 6. 2006, ZBR 2006, 385). Der vermeidbare Verbotsirrtum ist unerheblich. Um ein materielles Bewusstsein der Pflichtwidrigkeit entwickeln zu können, bedarf es – wie im Strafrecht – nicht der Kenntnis und des juristischen Verständnisses der jeweiligen Pflichtennorm. Der Beamte muss vielmehr in laienhafter Weise das rechtlich Unerlaubte erkennen können. Diese Erkenntnis ist aufgrund der dienstlichen und Lebenserfahrung allgemein zu unterstellen. Wird der objektive Geschehensablauf richtig vorgestellt und erstreckt sich der Irrtum nur darauf, dass das Verhalten als erlaubt angesehen wird, so liegt ein Verbotsirrtum vor. Dieser ist unerheblich und schließt auch Vorsatz nicht aus, wenn er vermeidbar war. Auch hier werden wegen des besonderen Treueverhältnisses strenge Anforderungen an die Erkundigungspflicht gestellt. Ist sich der Beamte über die Bedeutung von Vorschriften oder Weisungen nicht im Klaren, so muss er alle dienstlich möglichen Aufklärungen versuchen (BDHE 5, 26). Im Falle unbestimmter Pflichtennorm oder unbekannter Rechtslage kann sich der Beamte nicht auf Unkenntnis oder private Auslegung zurückziehen.

32

Da die Dienstpflichten des Bundesbeamtengesetzes generell Ausfluss des besonderen, gegenseitigen Treueverhältnisses und auf die Sicherung der staatlichen Verwaltungsaufgaben gerichtet sind, ergeben sie sich weitgehend aus der Natur der Sache. Auch wenn es sich um allgemein gefasste Pflichten handelt (Uneigennützigkeit, Vertrauenswürdigkeit, Gehorsam), so leuchten sie doch wegen ihrer berufsethischen, funktionalen Bedeutung gemeinhin jedem Beamten ohne weiteres ein, sie sind »evident« (zur Evidenz als Voraussetzung eines jeden Dienstvergehens allgemein BVerfGE 39, 350). Diese **Evidenz der Pflichtwidrigkeit** ist besonders dort eindeutig, wo schon die allgemein gültige und bekannte Rechtsordnung (etwa im Strafrecht) Verhaltensnormen setzt. Je spezieller der individuelle Fall, je situationsbedingter die Anordnung/Weisung ist, desto weniger wird von einer »objektiven« Evidenz, einer Grundkenntnis in der Beamtenschaft ausgegangen werden können. In diesen Fällen kommt besonderes Gewicht der Aufklärung der Frage zu, ob dem Beamten gerade »diese« Regelung oder Anweisung bekannt geworden ist. Werden aus unbestimmten, ausfüllungsbedürftigen Rechtsbegriffen konkrete Pflichten abgeleitet, müssen diese ohne Zweifel erkennbar und einleuchtend sein. Eine Interessenprüfung muss hier realistisch erfolgen (Arndt, DÖV 1968, 41 ff.; Achterberg, DÖV 1963, 331 ff.). Das allgemeine, gesellschaftliche **Sittenempfinden** gibt auch hier nicht den Ausschlag. Vor allem wenn es im außerdienstlichen, privaten Bereich um ernsthafte **Minderheitsinteressen** geht, kann es an der Evidenz der Pflichtwidrigkeit für die Betroffenen, also an der Schuld, fehlen. In diesem Bereich kommt der **Evidenz** unter Umständen sogar eine **tatbestandsmäßige Bedeutung** zu in dem Sinn, dass mangels objektiver Evidenz schon keine Pflichtwidrigkeit angenommen werden kann. In der pluralistischen Gesellschaft wirkt auch das **Toleranzgebot** (Rn. 49) in die Frage der Evidenz ein. Denn auch herrschende Konventionen müssen nicht unbedingt abweichendes Verhalten als »offensichtlich« pflichtwidrig erscheinen lassen.

33

A. I. 4 Verschulden

34 Schuld setzt **Schuldfähigkeit** voraus. Auch im Disziplinarrecht werden die Regelungen in §§ 20, 21 StGB entsprechend angewandt. Unter den Voraussetzungen des § 20 StGB entfällt ein Dienstvergehen. Die Voraussetzungen der §§ 20, 21 StGB brauchen nicht voll erwiesen zu sein. Es genügt nach dem Grundsatz »in dubio pro reo«, dass die Schuldunfähigkeit oder die Einschränkung der Schuldfähigkeit **nicht mit Sicherheit auszuschließen ist** (Claussen/Janzen, Einl. B. 15.; wie auch zu den Milderungsvoraussetzungen bei Unterschlagungen BVerwGE 63, 319 und v. 2. 3. 1980 – 1 D 53/79 – Dok. Ber. 1980, 233). Der die Schuldunfähigkeit begründende Krankheitszustand muss **kausal** sein, also sich, um rechtserheblich zu sein, konkret und unmittelbar auf die vorgeworfene Tat ausgewirkt haben (BVerwG, Dok. Ber. 1973, 155). So behebt es die Schuldfähigkeit nicht, wenn ein alkoholsüchtiger Beamter im Zustand der Nüchternheit einen Diebstahl begeht, der nichts mit seiner Alkoholsucht zu tun hat (BVerwG v. 13. 1. 1987 – 1 D 147.85); ebenso Minderung der Schuldfähigkeit nicht allein durch Abhängigkeit von Betäubungsmitteln (BGH, JZ 1989, 155; BVerwG v. 19. 1. 1993 – 1 D 68/91 – Dok. Ber. 1993, 161). Auch nicht bei Straftat zur Finanzierung des Suchtmittels, jedoch bei direktem Zugriff auf Suchtmittel (BVerwG v. 7. 5. 1993 – 1 DB 35/92 – Dok. Ber. 1993, 207; BGH, NJW 1989, 2336; vgl. auch A. IV. Rn. 84). Wegen unterschiedlicher Arztbeurteilungen vgl. B. II. 3. Rn. 6. Schuldunfähigkeit steht nicht Verhandlungsunfähigkeit gleich (BVerwG v. 25. 1. 2001 – 1 D 31.99).

35 Die Annahme der **verminderten Schuldfähigkeit** (§ 21 StGB) ändert am Vorliegen einer schuldhaften Pflichtverletzung, d. h. eines Dienstvergehens, nichts. Ob und inwieweit die Minderung der Schuldfähigkeit Auswirkung auf die Maßnahmenwahl und Bemessung hat, ist eine Frage des Einzelfalls. Sie führt jedenfalls nicht grundsätzlich zu einer Milderung. Denn gerade in der zugrunde liegenden Labilität kann die **Gefahr der Rückfälligkeit** liegen. Das kann zu einem erhöhten Bedürfnis erzieherischer Einwirkung führen (BVerwG st. Rspr., Dok. Ber. 1987, 251). Ist der Beamte »**objektiv untragbar**« geworden, also aus dem Dienst zu entfernen, so rechtfertigt eine Minderung der Schuldfähigkeit die Belassung im Dienst nicht generell, weil dieser **bloße Bemessungsfaktor** nur bei der Bemessung pflichtenmahnender Maßnahmen (zu denen die Dienstentfernung nicht zählt) Bedeutung haben kann (BVerwG st. Rspr. v. 14. 10. 1997 – 1 D 60.96; v. 9. 9. 1987 – 1 D 12.87; v. 10. 2. 1988 – 1 D 110.87 – Dok. Ber. 1988, 96). **Ausnahmsweise** kann auch die **Maßnahmeart gemildert** werden, auch bei einer **Kernpflicht** (so nun auch BVerwG, ZBR 1999, 135; vgl. auch A. IV. Rn. 77, 84); ebenso, wenn nicht auszuschließen ist, dass die Minderung der Schuldfähigkeit – zeitlich oder qualitativ – **an der Grenze zur vollen Schuldunfähigkeit** liegt (BVerwG v. 20. 10. 1970 – 3 D 22.70; v. 23. 9. 1987 – 1 D 16.87 [»absurde intra-psychische Entlastungshandlung, die demnächst zu einem Zustand nach § 20 StGB führt«]; v. 29. 3. 1984 – 1 D 16.84 [suchtartige, psychische Störung]; BDiG v. 3. 2. 1988 – VI VL 27/87 und v. 26. 2. 1988 – I VL 12/87 [Beeinträchtigung lag an der Grenze zur Schuldunfähigkeit]) oder dass die **Krankheit nicht selbst verschuldet** wurde und weitere mildernde Umstände hinzutreten (BVerwG v. 26. 8. 1971 – 2 D 11.71; v. 1. 9. 1971 – 1 D 27.70). Selbst wenn nicht einmal Minderung der Schuldfähigkeit vorliegt, kann bei **bloßer psychischer Belastung** – negative Lebensphase – die Maßnahmeart gemildert werden (BVerwG v. 10. 11. 1987 – 1 D 24.87 [statt Entfernung Degradierung]). Eine weitere Ausnahme wird dort zugelassen, wo die Minderung der Schuldfähigkeit auf einem **Sonderopfer** für die Allgemeinheit beruht, etwa auf einer

Kriegsverletzung oder auf einem Dienstunfall (BVerwG v. 13.1.1987 – 1 D 147.85).

Die **strafrechtlichen Schuldausschließungsgründe** (Notstand § 35, Notwehrexzess § 33 StGB) sind im Disziplinarrecht ebenso wie die strafrechtlichen Rechtfertigungsgründe (Rn. 26) praktisch ohne Bedeutung. Eine danach schuldlos verursachte Rechtsgüterverletzung betrifft regelmäßig schon gar nicht den beamtenrechtlichen Pflichtenkreis, stellt also kein Dienstvergehen dar (Behnke-Arndt, Einf. Rn. 31).

36

II. Gesetzesnorm und Richterrecht

1. Disziplinare Grund- und Spezialtatbestände

Das Bundesbeamtengesetz regelt **allgemeine und spezielle Pflichtentatbestände**. Die allgemeinen (Grund-)Pflichtentatbestände werden durch Spezialregelungen konkretisiert. Auch zu den Spezialtatbeständen werden häufig in beamtenrechtlichen Nebenbestimmungen ergänzende Regelungen getroffen (z. B. zur Amtsverschwiegenheit nach §§ 67 ff. BBG die Verschlusssachenrichtlinien, zur Nebentätigkeitsregelung in §§ 97 ff. BBG die NebentätigkeitsVO, zur Vorteilsannahme nach § 71 Abs. 1 BBG den Erlass des BMI v. 20.3.1962 – GemMinBl. 1962, 128). Auch dort, wo in erster Linie nicht Pflichten, sondern Rechte der Beamten geregelt werden, sind wiederum hinsichtlich der Durchführung spezielle Pflichten normiert (z. B. UrlaubsVO, BeihilfeVO, Reisekosten- und UmzugskostenG). Ohnehin sind Pflichten- und Berechtigungstatbestände oft miteinander verknüpft, so dass sich aus den Anspruchstatbeständen quasi spiegelbildlich die dahinterstehenden Pflichtentatbestände ergeben und umgekehrt (z. B. bei Vorteilsannahme nach § 71 Abs. 1 BBG oder Fernbleiben vom Dienst in § 96 Abs. 1 BBG). Je spezieller ein Pflichtentatbestand geregelt ist, desto weniger Beurteilungsspielraum bleibt für seine Konkretisierung. Seine Anwendung erfordert die übliche Subsumtionstechnik.

37

Je **unbestimmter die Pflichtennorm** geregelt ist, desto mehr müssen Inhalt und Grenzen eines Pflichtentatbestands in der Rechtsanwendung **empirisch konkretisiert** werden, um ihnen einen auf den jeweiligen Sachverhalt bezogenen Inhalt zu vermitteln. Das Disziplinarrecht beruht weitgehend auf allgemeinen, generalklauselhaften Pflichtentatbeständen. Das ist nach Meinung des BVerfG wegen der Möglichkeit empirischer Konkretisierung **verfassungsrechtlich unbedenklich** (BVerfGE 26, 204 = NJW 1969, 2195 und PersV 1985, 35; BVerwGE 33, 327; zur Problematik von und zu den Anforderungen an Richterrecht Rn. 42, 52 ff.). Zunehmende Kompliziertheit des Lebens und der Verwaltungsaufgaben bewirkt schnelleren Wandel sowohl in bestimmten, typischen Verwaltungsabläufen als auch in der gesellschaftlichen Wertordnung und im Selbstverständnis der Beamtenschaft. Mit unbestimmten, ausfüllungsfähigen und auf das Ziel amtlicher Tätigkeit hinweisenden Normen lässt sich dieser Wandel in dem auf Dauer angelegten Dienstverhältnis besser auffangen als mit engen, tatbezogenen Sanktionstatbeständen. Ohnehin lassen sich positive Wertregeln kaum anders als in tendenziellen Zielvorstellungen ausdrücken. Das Strafrecht geht von der grundsätzlichen Handlungsfreiheit der Bürger aus und kann sich deshalb auf einzelne, rechtsgüterbezogene Sanktionstatbestände beschränken.

38

A. II. 1 Disziplinare Grund- und Spezialtatbestände

Im Gegensatz dazu steht im öffentlichen Dienst der Beamte in einem lebenszeitlichen, gegenseitigen Treue- und Fürsorgeverhältnis zu seiner Verwaltung und es besteht das staatliche Interesse an der Sicherung der Leistungsfähigkeit der Verwaltung. Das führt zwangsläufig zu umfassender Pflichtenbindung und zur abstrakten Formulierung von Wertzielen. Die unbestimmten Rechtsbegriffe erlauben eine zwanglose Anpassung an veränderte Realitäten. Darin liegt allerdings auch die besondere Herausforderung vor allem der Disziplinargerichte.

39 Disziplinare **Grundpflichten** regeln z. B. im Bundesbeamtengesetz die §§ 60 Abs. 1 (Pflicht zur Unparteilichkeit und zum Verfassungsbekenntnis), 60 Abs. 2 (Pflicht zur politischen Mäßigung), 61 Abs. 1 (Pflicht zur vollen Leistungsbereitschaft, zur Redlichkeit und Vertrauenswürdigkeit), 62 (Pflicht zum Gehorsam), 99 (Genehmigung von Nebentätigkeiten), 77 Abs. 1 Satz 2 (Pflicht zu außerdienstlichem Wohlverhalten). Ihre Geltung ist nicht auf bestimmte dienstliche Aufgabenbereiche oder Situationen beschränkt. Sie appellieren vielmehr für jegliche Art amtlicher und dienstbezogener Tätigkeit an die durchweg erwartete Einstellung und Haltung des Beamten. Alle Spezialregelungen sind Ausfluss dieser Grundpflichten bzw. führen auf diese zurück. An ihnen entscheidet sich letztlich, ob und mit welchem Gewicht das dienstliche Interesse verletzt wurde.

40 Vor allen Regelungen ist die so genannte **Wohlverhaltensklausel** des § 61 Abs. 1 Satz 3 BBG die Richtschnur für das »berufserforderliche« Verhalten (§ 61 Abs. 1 Satz 3 BBG: »Ihr Verhalten innerhalb und außerhalb des Dienstes muss der Achtung und dem Vertrauen gerecht werden, die ihr Beruf erfordert«). Damit sind nicht Charakterbewertungen und Moralanschauungen, sondern die **amtsbezogene, allumfassende Beschreibung des zentralen Verwaltungsinteresses** gemeint. Den außerdienstlichen Privatbereich regelt § 77 Abs. 1 Satz 2 BBG einschränkend (»Ein Verhalten des Beamten außerhalb des Dienstes ist ein Dienstvergehen, wenn es nach den Umständen des Einzelfalles in besonderem Maße geeignet ist, Achtung und Vertrauen in einer für sein Amt oder das Ansehen des Beamtentums bedeutsamen Weise zu beeinträchtigen«). Der Leitbegriff für die disziplinare Erheblichkeit von dienstlichem und privatem Verhalten ist das »**Berufserforderliche**«. Er entscheidet unter den Aspekten des »Vertrauens-, Achtungs- und Ansehensgemäßen« letztlich bei allen Grund- und Spezialpflichten darüber, ob die »Schwelle zur disziplinaren Erheblichkeit« überschritten wurde (dazu Rn. 20; im Einzelnen Arndt, DÖV 1968, 39 ff.; Claussen/Janzen, Einl. C. 1 a-3 m. w. Zitaten). Die Verletzung der o. g. Grundpflichten stellt »berufsethisches Unrecht« dar, also im Sprachgebrauch der disziplinarrechtlichen Rspr. **materielle Pflichtenverstöße**.

41 Die **formalen Pflichtenverstöße** sind dem Grunde nach im Bereich der Gehorsamspflicht, § 62 Abs. 1 Satz 2 BBG, geregelt. Hierunter fallen Verstöße gegen »die äußere Ordnung des Dienstes«, die häufig nur **disziplinare Ordnungswidrigkeiten** darstellen. Als »materielle« Pflichtenverstöße i. S. d. § 61 Abs. 1 Satz 3 BBG werden sie nur erheblich, wenn im Kernbereich der Amtsaufgaben versagt wurde oder wenn erhebliche dienstliche Störungen und Vertrauensschäden verursacht wurden (Rn. 20). Als erhebliche Ordnungswidrigkeiten kommen in Betracht: Verstöße gegen Organisations- und Abwicklungsvorschriften, etwa bezüglich der Form von Erstattungsanträgen (Reisekosten, Beihilfe usw.), der Reihenfolge bestimmter Arbeitsabläufe (Zustellgang des Postzustellers, Listenführung eines Kassenbeamten, Bedienung und Pflege von

Fahrzeugen, etwa durch den Lokführer oder Busfahrer) oder das äußere Erscheinungsbild eines Beamten, besonders im Umgang mit den Kunden.

Die **Konkretisierung** der Pflichtentatbestände, sowohl der allgemeinen wie der speziellen, muss sich letztlich an dem Merkmal der **»Berufserforderlichkeit«** aus § 61 Abs. 1 Satz 3 BBG ausrichten. Dabei kommt es nicht auf das »Amt« als Inbegriff der geforderten Dienstleistungen an, sondern auf den »Dienst« insgesamt, der alle Beziehungen des Beamten zu seiner Verwaltung umfasst, sowohl die sachlichen wie die persönlichen. Das ist aber auch die entscheidende Grenze zur Privatsphäre.

42

Die »**Wohlverhaltenspflicht**« bedeutet nicht, dass im öffentlichen Dienst »Mustermenschen« verlangt werden; **allgemeine Moral- und Sittenanschauungen** berühren nicht eo ipso das Funktionieren der Verwaltung und das Vertrauen in dieses (Rspr. s. Einf. II. 4. a. E.). Die Gesetzesanwendung – auch wenn es sich um Generalklauseln handelt – erlaubt **nicht den direkten Zugriff auf soziokulturelle Vorstellungen** von Sitte und Moral. Die soziokulturelle Meinungsbildung findet im außerrechtlichen, vorgesetzlichen Raum statt. Sie ist dort zwar stets nötig, aber nicht verbindlich für die disziplinarrechtliche Zielsetzung: die Wahrung der **berufserforderlichen** Integrität der Verwaltung. Der **außerrechtliche Konsens der Gesellschaft** zu bestimmten Verhaltensweisen (z. B. auf sexuellem Gebiet, siehe zur Homosexualität und zum Toleranzgebot Rn. 49) ist **nicht unmittelbar pflichtbegründend**. Die Gefahr der Ausfüllung unbestimmter Rechtsbegriffe durch persönliche Wunschvorstellungen, Vorurteile und daraus abgeleiteten angeblichen Konsens der Gesellschaft statt durch objektive Konkretisierung des dienstlich »Berufserforderlichen« liegt nahe. Das Disziplinarrecht ist aber kein »gruppäres Standesrecht«, sondern staatliches Funktionsrecht zur Sicherung der Verwaltung (Einf. II. 2. und 4.). Deshalb auch müssen Dienstvorgesetzte sich **vor** einem Vorhalt gegenüber Untergebenen klar werden, ob sie von einem Pflichtverstoß ausgehen oder nur von einem persönlich für »unangemessen« gehaltenen Verhalten. Im letzteren Sinne würde auch ein so genanntes »kollegiales Gespräch« ein unzulässiger disziplinarer Vorhalt sein, da es nicht nur am Dienstvergehen, sondern auch an der Einhaltung der zum Schutz der Betroffenen geregelten Verfahrensvorschriften des BDG fehlte (s. Rn. 71).

Nicht entscheidend sind auch unter dem Gesichtspunkt der »Achtung« in § 61 Abs. 1 Satz 3 BBG die persönlichen Bewertungen der Vorgesetzten oder die Reaktion von Mitarbeitern, sondern die objektiven **konkreten Anforderungen im alltäglichen Dienstbetrieb** (BDiG v. 12. 9. 2001 – VII BK 5/01). Nur so lässt sich die Grenze zwischen dem »dienstlich Erforderlichen« und dem Nichterforderlichen einigermaßen objektiv und funktional sichtbar machen. Die außerdienstliche ehrenrührige Streiterei mit Nachbarn hat normalerweise keinerlei Bezug zur Dienstausübung und ist disziplinarrechtlich unerheblich, auch wenn damit der Beamte ein schlechtes Bild abgibt. Für die bislang tadelfreie Dienstausübung kann dies nicht vertrauensmindernd wirken.

Ebenso liegt keine Pflichtverletzung bei Verweigerung des freiwilligen »Katastrophendienstes« außerhalb des Dienstes vor (BDiG v. 5. 8. 1992 – XVI BK 4/92 – Dok. Ber. 1993, 35). Ebenso wenig wird das **Vertrauen der Allgemeinheit** in die korrekte Dienstausübung der Beamtenschaft insgesamt (gleich »**Ansehen des Beamtentums**« in § 77 Abs. 1 Satz 2 BBG, § 14 BDG) durch solche Vorfälle beeinträchtigt werden. Gleiches muss für die außerdienstliche Trunkenheitsfahrt von Schreibtischbeamten gelten, die nichts mit dem Führen von Dienst-

A. II. 1 Disziplinare Grund- und Spezialtatbestände

fahrzeugen zu tun haben. Auch hier fehlt generell die unmittelbare dienstliche Auswirkung auf den dienstlichen Einsatz und auf die bislang gezeigte und künftig zu erwartende dienstliche Zuverlässigkeit. Tatsächlich leitete die Rspr. in solchen Fällen die disziplinare Erheblichkeit auch nur aus der »allgemeinen« Eignung zur Achtungs- und Ansehensbeeinträchtigung gem. § 77 Abs. 1 Satz 2 BBG her (BDH v. 1. 6. 1967 – 1 D 10.67 – st. Rspr. und früher zu § 14 BDO im Urt. v. 7. 9. 1967 – 1 D 18.67 – wörtlich: »... die Öffentlichkeit hat kein Verständnis dafür, wenn gerade Beamte sich der Trunkenheit im Verkehr schuldig machen, während die Behörden ständig zur Nüchternheit mahnen. Daher gebietet auch die Wahrung des Ansehens des Beamtentums in der Regel die Verhängung einer zusätzlichen Disziplinarmaßnahme.«). Eine unmittelbare, kausale Auswirkung auf die konkreten Dienstobliegenheiten des betroffenen Beamten ist nicht dargetan. Es ist bezeichnend, dass das BVerwG in st. Rspr. »Ansehensbeeinträchtigung« nach § 77 Abs. 1 Satz 2 BBG und »Bedürfnis nach Ansehenswahrung« gem. § 14 BDO im selben Fall gegensätzlich beantwortete (Dok. Ber. 1979, 109). Erst mit Urteil vom 30. 8. 2000 (1 D 37.99 – ZBR 2001, 39) ist das BVerwG mit zutreffenden Erwägungen wieder zu der ein **Dienstvergehen verneinenden** Rspr. (v. 6. 12. 1967 – 1 D 29.67) **zurückgekehrt**. Auch das BDG trägt diese Rspr. für die Zukunft, da in § 14 die Ansehenswahrung nicht mehr enthalten ist.

43 Hier entscheiden auch die Disziplinargerichte oft nach **moralischen Werturteilen** statt nach der realen Dienstbezogenheit. Dies geschieht auch dann, wenn es auf das »**Persönlichkeitsbild**« ankommt. Das ist bei der Frage der Steigerung der Maßnahmenart und bei deren Bemessung ebenso der Fall wie im Rahmen des § 14 BDG, aber auch bei Fällen der ausnahmsweisen Milderung der fälligen Höchstmaßnahme (bei Veruntreuung im Amt, B. II. 10.). Die konkrete Prognose der künftigen Zuverlässigkeit des Beamten aufgrund des Persönlichkeitsbildes, also aufgrund der bisherigen Unbescholtenheit bzw. »wesensmäßigen Labilität«, ist nur dann negativ, wenn die verschiedenen Pflichtverletzungen aus derselben wesensmäßigen Quelle herrühren (BVerwG v. 28. 4. 1981 – 1 D 7.80 und v. 7. 10. 1987 – 1 D 26.87). Es ist unzulässig, von dem Einzelfall auf einen **unzuverlässigen Gesamtcharakter** zu schließen. Aus der gezeigten Labilität etwa beim Einhalten der Dienstzeit oder in Form alkoholischen Fehlverhaltens außerhalb des Dienstes kann nicht auf eine insgesamt »wesensmäßige Unzuverlässigkeit«, auf den »Hang zum Gesetzesbruch« oder auf einen »notorischen Rechtsbrecher« geschlossen (dazu BVerwG 28. 3. 2000 – 1 D 8.99 und Claussen/Janzen, Einl. D. 9. d a. E.) und daraus die Wiederholungsgefahr hinsichtlich einer ganz anderen Arbeits- und Versuchungssituation abgeleitet werden. Vielmehr ist darauf abzustellen, ob die **gleiche oder ähnliche Labilität** zuvor in Erscheinung getreten war (so schon früher BVerwG, Dok. Ber. 1977, 175 und neuerdings wieder unter ausdrücklicher Aufgabe der früheren Rspr. in Dok. Ber. 1985, 154 und v. 27. 1. 1988 – 1 D 50.87 für die »persönlichkeitsfremde« Tat; ebenso v. 7. 10. 1987 – 1 D 26.87 wegen der Steigerung der Maßnahmenart nach Rückfall; vgl. auch Rn. 16 f. und 79). **Analogisierende Verallgemeinerungen** in der Art »Wer lügt, stiehlt auch« sind unzulässig. Aus einem außerdienstlichen Warenhausbetrug darf nicht ohne weiteres auf Anfälligkeit im Kassendienst geschlossen werden, da die Unterschiedlichkeit von Tatsituationen und Tätertyp zu beachten ist (BVerwG v. 5. 8. 1980 – 1 D 96.79). Selbst bei Rückschlüssen von privater auf dienstliche Labilität gleicher Art ist Vorsicht geboten: Wer nach privater Ein-

ladung unter Alkoholeinfluss seinen Kraftwagen heimsteuert, muss noch lange nicht dazu neigen, auch seinen Dienst auf der Lok unter Alkohol durchzuführen. Und wer in seinem Sportverein als Kassierer unordentlich ist, muss noch nicht zu dienstlichen Kassenveruntreuungen neigen. Man mag solche Zusammenhänge nach aller Lebenserfahrung nicht ausschließen wollen und sie für beamtenrechtliche Personalentscheidungen im Sinne der Eignung ermessensmäßig verwerten können. Aber als disziplinarrechtlich erhebliche »Persönlichkeitsstruktur« sind sie damit noch nicht erwiesen. Sie können nicht ohne weiteres die »Dienstbezogenheit« und damit ein außerdienstliches Dienstvergehen oder in der Bemessung einen erschwerenden Rückfall oder das Bedürfnis nach zusätzlicher Pflichtenmahnung i. S. d. § 14 BDG begründen.

Die Grundpflichten sind allerdings verletzt, wenn das außerdienstliche Privatverhalten zu **unmittelbaren oder mittelbaren Störungen** des Dienstbetriebs oder der Einsatzfähigkeit des Beamten geführt hat. Kann der dienstliche Kraftfahrer nicht mehr als solcher oder gar nicht mehr (laufbahnmäßiger Busfahrer) eingesetzt werden, weil er wegen einer außerdienstlichen Trunkenheitsfahrt seine Fahrerlaubnis verloren hat, so liegt die Dienstbezogenheit auf der Hand. Hierin liegt allerdings, wie auch meist in vergleichbaren Fällen, ohnehin eine neben § 77 Abs. 1 Satz 2 BBG **selbständige – innerdienstliche – Pflichtverletzung** aus § 61 Abs. 1 Satz 1 BBG (Erhaltung der vollen Einsatzfähigkeit auf dem übertragenen Dienstposten). In dieser liegt das entscheidende disziplinare Gewicht, hinter dem die außerdienstliche Trunkenheitsfahrt an Bedeutung zurücktritt. Auch andere unmittelbar auf den Dienstbetrieb wirkende Folgen der außerdienstlichen Verfehlung (so etwa Dienstversäumung bei Haft oder Krankenhausaufenthalt nach der Trunkenheitsfahrt) können in diesem Sinn selbständige Pflichtverletzungen sein. Ob sie als Dienstvergehen vorwerfbar sind, hängt – wie immer – davon ab, ob sie vom Verschulden erfasst werden, woran es bei krankheits- oder haftbedingter Dienstversäumnis in der Regel mangelt (Rn. 98 ff., besonders Rn. 103, sowie B. II. 5. Rn. 9 und § 14 Rn. 24). Auch die nur **mittelbare Dienstbezogenheit** eines außerdienstlichen Verhaltens wirkt besonders »vertrauensmindernd« und begründet einen Pflichtenverstoß. So ist z. B. der außerdienstliche Schmuggel eines selbst in der Steuer- und Zollkontrolle eingesetzten Beamten des Bundesgrenzschutzes an seinem eigenen Einsatzort gegenüber den eigenen Mitarbeitern gewichtiger als der eines nicht in der Steuer- und Zollkontrolle eingesetzten Kollegen an fremdem Ort gegenüber einem fremden Staat (BVerwG, Dok. Ber. 1987, 273). Aus einer nur allgemein ähnlichen Aufgabenstellung kann nicht der Schluss der »konkreten« Dienstbezogenheit abgeleitet werden; so nicht bei außerdienstlichem Diebstahl eines Polizeihauptmeisters im BGS der Schluss auf eine dienstliche Unzuverlässigkeit. Denn weder dem BGS allgemein noch dem Beamten obliegt die Bekämpfung der Diebstahlskriminalität (BVerwG, ZBR 1985, 203).

Der **Grundtatbestand des »Wohlverhaltens«** in § 61 Abs. 1 Satz 3 BBG (innerdienstlich) und in § 77 Abs. 1 Satz 2 BBG (außerdienstlich) knüpft an die Merkmale der berufserforderlichen Achtung, des Vertrauens und Ansehens an. Achtung und Vertrauen sind auf die Amtsführung und damit auf die **Person** des Beamten ausgerichtet. Sie drücken beide die Anerkennung der integren Persönlichkeit aus. Die **Achtungswürdigkeit** ergibt sich aus der Gesamtheit des persönlichen Eindrucks im dienstlichen wie im privaten Leben. Sie stellt das äußere Ansehen in den Augen der Umwelt dar. Sie erwächst aus

A. II. 1 Disziplinare Grund- und Spezialtatbestände

den vielen Facetten des Persönlichkeitsbildes, das sich auch für den dienstlichen Bereich durch solche Verhaltensweisen und Erscheinungsformen prägt, die dienstlich nicht erfordert werden und möglicherweise für die Dienstausübung wertneutral sind. Diese Wesenszüge werden naturgemäß wiederum von dem Betrachter subjektiv und unterschiedlich aufgefasst und bewertet. Die Berufserforderlichkeit verlangt aber auch hier, dass die »Achtung« in **diensterheblicher** Weise, also in konkreter Auswirkung auf Dienstbetrieb und Dienstabwicklung gelitten hat. Deshalb dürfen in die disziplinare Beurteilung der »Achtungswürdigkeit« nicht die persönliche Privatmeinung oder gesellschaftliche Konventionen einfließen dahin gehend, ob das fragliche Verhalten als »sympathisch oder unsympathisch«, »angemessen oder unangemessen«, »unbedenklich oder irritierend« empfunden wird (Rn. 43, 49). Es kommt allein auf das dienstlich erhebliche Erscheinungsbild des Beamten an. Insoweit fällt der Inhalt des Begriffes »Achtungswürdigkeit« mit dem der »Vertrauenswürdigkeit« zusammen.

46 Die »**Vertrauenswürdigkeit**« ist ebenfalls nur für den dienstlichen Bereich, nämlich gegenüber Vorgesetzten, Mitarbeitern und Adressaten der Amtstätigkeit, geschuldet. Das Vertrauen wird zwar im Sprachgebrauch – mehr als die Achtung – auf die konkrete Aufgabenerfüllung bezogen. Aber letztlich umfasst auch das Vertrauen die gesamte Persönlichkeit des Beamten im Hinblick auf Redlichkeit, Zuverlässigkeit und Korrektheit im Allgemeinen. Nicht nur von der Arbeitsqualität bei den übertragenen Aufgaben hängt das diensterforderliche Vertrauen ab, sondern auch von dem übrigen Verhalten im dienstlichen Umgang, etwa von der Redlichkeit und Korrektheit bei persönlichen Leistungsansprüchen gegenüber der Verwaltung (Beihilfe-, Reisekostenanträge) oder davon, dass dienstliche Befugnisse oder Möglichkeiten nicht privat missbraucht werden (zu Letzterem B. II. 10. Rn. 21 ff.). Das Vertrauen wie auch die Achtung können gleichermaßen durch inner- wie durch außerdienstliches Verhalten beeinträchtigt werden. In Wirklichkeit lassen sich die Merkmale »Achtung und Vertrauen« inhaltlich nicht präzise abgrenzen. Es sind dieselben Voraussetzungen der Berufserforderlichkeit und Dienstbezogenheit, unter denen bestimmte Verhaltensweisen das »Vertrauen« wie die »Achtung« einschränken können. Beide Aspekte bedingen einander: Ohne Vertrauen in die dienstliche Zuverlässigkeit auch keine Achtung insoweit und umgekehrt!

47 **Materiell** kommt dem »**Ansehen des Beamtentums**« deshalb keine andere, selbständige Bedeutung zu. Dieses Tatbestandsmerkmal des § 77 Abs. 1 Satz 2 BBG ist nur ein Anwendungsfall des »achtungs- und vertrauensgerechten« Verhaltens. § 77 Abs. 1 Satz 2 BBG hat lediglich das Ziel, für das außerdienstliche Dienstvergehen den Pflichtentatbestand des § 61 Abs. 1 Satz 3 BBG einzuschränken (Behnke-Arndt, Einf. Rn. 148). Andernfalls könnten gerade über das »Ansehen des Beamtentums« subjektiv moralisierende Sittenvorstellungen, die mit dem Dienstbetrieb und den dienstlichen Anforderungen an den Beamten nichts zu tun haben, zum Maßstab beamtengerechten Verhaltens erhoben werden. Das Ansehen des Beamtentums kann nur beeinträchtigt werden durch ein Verhalten, das sich nachteilig auf den Dienstbetrieb, die Dienstleistung und die dienstliche Einsatzfähigkeit auswirkt. Deshalb ist ein achtungs- und vertrauenswidriges Verhalten auch immer geeignet, ansehensbeeinträchtigend zu wirken.

48 **Formal** ist das Merkmal des »**ansehensgemäßen Verhaltens**« in seiner Zielrichtung von den Merkmalen »Achtung und Vertrauen« dadurch abgegrenzt,

dass es nicht auf die Person des Beamten, sondern auf das »**Beamtentum**« bezogen ist. Da es nur im Tatbestand des außerdienstlichen Dienstvergehens (§ 77 Abs. 1 Satz 2 BBG) geregelt ist, könnte gefolgert werden, dass hier eine andersartige, selbständige Grundpflicht für den Fall geschaffen wurde, dass die Voraussetzungen einer »Achtungs- oder Vertrauensverletzung« außerhalb des Dienstes nicht erfüllt sind. Das ist nicht der Fall. Das »ansehensgerechte Verhalten« stellt nichts anderes dar, als schon in den Begriffen der »Achtungs- und Vertrauenswürdigkeit« enthalten ist. Wenn die Umwelt ein »außenschädigendes Verhalten« (Behnke-Arndt, Einf. Rn. 51) wahrnimmt, so nur deshalb, weil sie nicht mehr das uneingeschränkte Vertrauen in die »dienstliche« Zuverlässigkeit des Beamten haben kann. Und allein dies – wenn überhaupt – kann in den Augen der Allgemeinheit in disziplinar erheblicher Weise ein schlechtes Licht auf die Beamtenschaft insgesamt werfen. Achtung, Vertrauen und Ansehen sind Aspekte ein und derselben Sache, nämlich der **berufserforderlichen Integrität** der Beamten im Einzelnen und insgesamt. Diese Integrität beinhaltet das Vertrauen von jedermann (Vorgesetzten, Mitarbeitern und Bürgern), dass vom Einzelnen wie von der Gesamtheit der Beamten zuverlässige, uneigennützige und korrekte Verwaltung des anvertrauten Amtes erbracht wird.

Wer aber ohne konkrete Dienstbezogenheit (wie das in Rn. 42 wiedergegebene BDH-Urt. v. 7. 9. 1967 – 1 D 18.67) nur **berufsethisch** auf unterstellte **Moralempfindungen der Allgemeinheit** abstellt, begibt sich auf schwammigen Boden. Erstens werden häufig keine zuverlässigen, empirischen Meinungsbefragungen, sondern persönliche Vermutungen zugrunde gelegt. Zweitens würden auch gesicherte Mehrheitsmeinungen nicht immer verbindlich sein können. Denn solche könnten durchaus dem geltenden Recht, vor allem dem Verfassungsrecht, widersprechen (z. B. bzgl. ethnischer, religiöser und moralischer Minderheiten, in Fragen des Asylrechts, Ausländerrechts, der Todesstrafe) und damit auch disziplinarrechtlich unerheblich sein. Das **Toleranzgebot** schließt den unreflektierten Rückgriff auf verurteilende Mehrheitsmeinungen aus, wenn die Rechtslage offen ist (**richtungweisend BVerwG v. 16. 12. 1970 – 2 D 19.70** – Dok. Ber. 1971, 3905 **und v. 10. 6. 1970 – 2 WD 73.69**; erst mit Urt. v. 30. 8. 2000 – 1 D 37.99 hieran anknüpfend fortgeführt unter Aufgabe der bish. Rspr.; vgl. in anderem Zusammenhang VG Lüneburg NJW 2001, 767; außerdem Steinbach, ZBR 1971, 271). Auch Verstöße gegen die allgemeine Rechtsordnung (wie strafbares Verhalten im Privatbereich) müssen nicht im besonderen Maße diensterheblich sein und nicht ohne weiteres eine gegen die Beamtenschaft gerichtete Ablehnung/Abwertung der Allgemeinheit nach sich ziehen. Einfache Straftaten sind weitgehend nicht geeignet, das berufserforderliche Ansehen zu beeinträchtigen (Rn. 8, 63; ähnlich Behnke-Arndt, Einf. Rn. 150-153; dagegen nehmen Claussen/Janzen, Einl. C. Rn. 61 b bei Straftaten »regelmäßig« Ansehensbeeinträchtigungen an, schwächen dies allerdings offenbar in Rn. 62 a wieder ab). **Dienstlich unerheblich** werden alle **materiellen Ordnungswidrigkeiten** ohne unmittelbaren Dienstbezug sein, auch der **größte Teil der Fahrlässigkeitstaten** und ein nicht **unerheblicher Teil der Vorsatztaten** (Behnke-Arndt, Rn. 148, 150-153). Allerdings kann schwere Kriminalität im Privatbereich **mittelbar** die dienstlich erforderliche Achtungswürdigkeit beeinträchtigen (B. II. 12.). Die strafrechtliche Einstufung als Verbrechen oder Vergehen wird in aller Regel auch das Gewicht der Achtungs-, Vertrauens- und Ansehensbeeinträchtigung beeinflussen (BVerwG v. 19. 6. 1984 – 1 D 124.83 und v.

A. II. 1 Disziplinare Grund- und Spezialtatbestände

6.7.1987 – 1 D 142.86). Keine konkrete Dienstbezogenheit liegt in dem außerdienstlichen Warenhausdiebstahl eines Polizeihauptmeisters im BGS, weil dieser nicht spezifisch zur Bekämpfung der Diebstahlskriminalität eingesetzt wird (BVerwG, ZBR 1985, 203; Rn. 44).

50 Für die **außerdienstliche Pflichtverletzung** ist neben der Grundnorm des § 61 Abs. 1 Satz 3 BBG auch § 77 Abs. 1 Satz 2 BBG **tatbestandsbegründend**. Er ist die spezielle, konkretisierende Vorschrift für das außerdienstliche Wohlverhalten (Claussen/Janzen, Einl. C. Rn. 58 a; Dau, DVBl. 1968, 69; Behnke-Arndt, Einf. Rn. 145). Auch das BVerwG hat mit seiner Grundsatzentscheidung (v. 30.8.2000 – 1 D 37.99 – ZBR 2001, 39; konkretisiert: v. 8.5.2001 – 1 D 20.00 und v. 29.8.2001 – 1 D 49.00) in Abkehr von jahrzehntelanger Rspr. ausgesprochen, dass das Merkmal in § 54 Satz 3 BBG (a.F., jetzt § 61 Abs. 1 Satz 3) »die sein Beruf erfordert« inhaltlich durch § 77 Abs. 1 Satz 2 BBG konkretisiert und ausgeformt wird. Es kann dahingestellt bleiben, ob die weiteren Tatbestandsvoraussetzungen des § 77 Abs. 1 Satz 2 BBG »allgemeine Bedeutsamkeit« und »Eignung« getrennt anschließend zu prüfen sind (so das BVerwG) oder zusammen mit § 61 Abs. 1 Satz 3 BBG (so Behnke-Arndt, ebenda, und die Vorauflage). **Entscheidend ist, dass jedes einzelne vorzuwerfende Verhalten außerhalb des Dienstes die Tatbestandsmerkmale des § 77 Abs. 1 Satz 2 BBG erfüllen muss.** Auch eine Mehrzahl außerdienstlicher, i. S. d. § 61 Abs. 1 Satz 3 BBG »einfacher« Pflichtverletzungen kann ohne Feststellung der Voraussetzungen des § 77 Abs. 1 Satz 2 BBG nicht die Feststellung eines Dienstvergehens rechtfertigen (vgl. auch B. II. 12. Rn. 2 f.). Auch wenn mehrere Teilaspekte letztlich einheitlich zu würdigen sind, so muss dennoch mindestens einer der Teilaspekte pflichtwidrig sein, um ein Dienstvergehen begründen zu können (BVerwG, ZBR 1991, 92; vgl. auch im Einzelnen A. I. Rn. 17, 18). Einen übergeordneten, außerdienstlichen »Fortsetzungszusammenhang« in dem Sinn, dass auch wesensmäßig, psychologisch und kausal nicht verknüpfte Verfehlungen, die »eine Tat« des § 77 Abs. 1 Satz 2 BBG darstellten, gibt es nicht (zum Fortsetzungszusammenhang und zur Einheit des Dienstvergehens vgl. Rn. 12, 16-18).

51 Für den Tatbestand des außerdienstlichen Dienstvergehens nach § 77 Abs. 1 Satz 2 BBG muss der **besondere Achtungs-, Vertrauens- und Ansehensschaden nicht tatsächlich eingetreten sein** (BVerwG st. Rspr., z. B. v. 8.5.2001 – 1 D 20.00). Es kommt allein auf die »**Eignung**« an, die aber »in besonderem Maße« vorliegen muss. Die »bedeutsame Weise« der Beeinträchtigung in § 77 Abs. 1 Satz 2 BBG hat keine zusätzliche, einschränkende Bedeutung. Sie drückt nichts anderes aus als das »besondere Maß« an Eignung zur Beeinträchtigung (Behnke-Arndt, Einf. Rn. 149; a. A. Claussen/Janzen, Einl. C. Rn. 62 a). Es ist also darauf abzustellen, ob der öffentliche Dienst oder die konkret betroffenen Bürger bzw. der »verständige Betrachter« das fragliche Verhalten als besonders diensterheblich störend empfinden könnten oder müssten. Dabei muss deutlich werden, dass das Gesetz mit seinem einschränkenden Tatbestand das außerdienstliche Dienstvergehen nur noch als **Ausnahmefall** vorsieht (BVerwGE 33, 115 und 125; ZBR 2001, 39). Die Überlegung ist müßig, ob das »besondere Maß« ein zusätzlich einschränkendes Tatbestandsmerkmal oder nur ein »Auslegungshinweis« (Claussen/Janzen, Einl. C. Rn. 60 b) ist. Objektive Abgrenzungskriterien hat die Rspr. bislang kaum entwickelt, eher ein »Fall-Recht« gebildet. Bei aller Betonung des Ausnahmecharakters des außerdienstlichen Dienstvergehens bleibt es durchweg bei allgemeinen Bewertungen, die sich aus sich selbst tragen. In dieser Hinsicht muss von der Disziplinarrechtsprechung noch mehr Konsequenz und Realitätssinn aus dem Blickwinkel der nicht im öffentlichen Dienst stehenden Bürger erwartet werden. Selbstverständlich ist das »besondere Maß« erfüllt, wenn das außerdienstliche Verhalten unmittelbar nachteilige Auswirkungen auf den Dienst hat, etwa bei einer Trunkenheitsfahrt eines Dienstkraftfahrers mit Verlust der Fahrerlaubnis (Rn. 44, 99 ff.).

2. Richterrecht

Literatur: *Achterberg*, Rechtsprechung als Staatsfunktion, Rechtsprechungslehre als Wissenschaftsdisziplin, DVBl. 1984, 1093 ff.; *Arndt*, Das Bild des Richters, 1957; *Bender*, Justizorganisation und Selbstverständnis der Richter, 1977; *Bendix*, in: Weiss, Zur Psychologie der Urteilstätigkeit des Berufsrichters und andere Schriften, 1968; *Bihler*, Rechtsgefühl und Wertung, 1979; *Bruckmann*, Funktionsweise des Gehirns und juristische Methode, DRiZ 1989, 81; *Bülow*, Gesetz und Richteramt, Leipzig 1885; *Dahrendorf*, Deutsche Richter – ein Beitrag zur Soziologie der Oberschicht, in: Gesellschaft und Freiheit, 1961, S. 176 ff.; *Ebsen*, Der sozialrechtliche Herstellungsanspruch – ein Beispiel geglückter richterlicher Fortbildung?, DVBl. 1987, 389 ff.; *Esser*, Grundsatz und Norm, 1956, S. 150 f.; *ders.*, Vorverständnis und Methodenwahl, 2. Aufl. 1972; *Fastenrath*, Lücken im Völkerrecht, 1989, S. 213 ff.; *Fikentscher*, Methoden des Rechts in vergleichender Darstellung, Bd. IV 1977, S. 313 ff.; *Gilles*, Der Beitrag der Sozialwissenschaften in Effektivität des Rechtsschutzes und verfassungsmäßige Ordnung. Die Deutschen Landesberichte zum VII. Internationalen Kongreß für Prozeßrecht in Würzburg, 1983, S. 122; *Gusy*, Richterrecht im Grundgesetz, DÖV 1990, 537; 1992, 461; *Heußner*, in: Hilger-Stumpf, 1983, S. 318 ff.; *Hyde*, Die Rechtsprechung, in: Benda/Maihofer/Vogel, Hdb. des Verfassungsrechts, 1983, S. 1199, 1247; *Hill*, Das Verhältnis der Bürger zum Gesetz, DÖV 1980, 666; *Hirsch*, Richterrecht und Gesetzesrecht, JR 1966, 334 und 342; *Ipsen*, Richterrecht und Verfassung, 1975; *ders.*, Verfassungsrechtliche Schranken des Richterrechts, DVBl. 1984, 1102 ff.; *Kaupen*, die Hüter von Recht und Ordnung, 1969; *Kaupen/Rasehorn*, Die Justiz zwischen Obrigkeitsstaat und Demokratie, 1971; *Kissel*, Grenzen der rechtsprechenden Gewalt, NJW 1982, 1777 ff.; *Klages*, Wandlungen im Verhältnis der Bürger zum Staat, 1988; *Larenz*, Kennzeichen geglückter Rechtsfortbildung, 1965, S. 13 ff.; *Lautmann*, Justiz – Die stille Gewalt. Teilnehmende Beobachtung und entscheidungssoziologische Analyse, 1972; *ders.*, Rolle und Entscheidung des Richters – ein soziologischer Problemkatalog, in: Jb für Rechtssoziologie und Rechtstheorie, Bd. 1, 1970, S. 381 ff.; *Leisner*, Richterrecht in Verfassungsschranken, DVBl. 1986, 705 ff.; *Lerche*, Koalitionsfreiheit und Richterrecht, NJW 1987, 2465 ff.; *C. F. Müller*, in: Festschrift der Jur. Fakultät Heidelberg, 1986, XII; *F. Müller*, Richterrecht, Elemente einer Verfassungstheorie, Bd. IV 1986; *G. Müller*, JuS 1980, 635; *Oestreich*, Im Dschungel der Paragraphen. »Rechtsgefühl« zwischen Klischee und Information, 1984; *Ossenbühl*, in: Erichsen, Allg. Verw. Recht, 11. Aufl. 1998, § 7 VIII; *ders.*, in: Richterrecht und demokratischer Rechtsstaat, 1988; *ders.*, in: Isensee/Kirchhof, Handbuch des Staatsrechts III, 1988, § 61 Rn. 35; *Picker*, JZ 1988, 1 ff., 62, 153; *Redeker*, Verfassungsrechtliche Vorgaben zur Kontrolldichte verwaltungsgerichtlicher Rechtsprechung, NVwZ 1992, 305; *Rüthers*, Die unbegrenzte Auslegung, 1968, S. 431 ff.; *Sendler*, Der Rechtsstaat im Bewußtsein seiner Bürger, AnwBl. 1989, 415; *ders.*, Zur Makulaturproduktion des Gesetzgebers, FS zum 125jährigen Bestehen der Juristischen Gesellschaft zu Berlin, 1984; NJW 1987, 2340 ff. und DVBl. 1988, 828 ff.; *Simitis*, Informationskrise des Rechts und Datenverarbeitung, 1970; *Simon*, Die Unabhängigkeit des Richters, 1975, S. 104 ff.; *Stern*, Das Staatsrecht der Bundesrepublik Deutschland II, 1980, S. 585, § 37 II 2 e; *Vogel*, Zur Diskussion über die Normenflut, JZ 1979, 321 ff.; *Wassermann*, Der politische Richter, 1972, S. 17 ff.; *ders.*, Die richterliche Gewalt, 1985; *ders.*, Recht und Sprache, 1983; *Würkner*, BVerfG auf Abwegen, NVwZ 1992, 309.

A. II. 2 Richterrecht

52 **Definition und Zulässigkeit von Richterrecht** sind nach wie vor umstritten. Überwiegend wird Richterrecht als Tatsache richterlicher Rechtsfortbildung anerkannt (st. Rspr. BVerfGE 65, 182 [190]) und (seit BVerfGE 3, 243 = NJW 54, 65; ähnlich E 13, 164; auch NJW 1991, 2549) als »**Aufgabe des Richters zur schöpferischen Rechtsfindung**« gesehen. Es wird entweder als **selbständige Rechtsquelle** oder jedenfalls als **verbindlicher Teil der Gesamtrechtsordnung** anerkannt (Fr. Müller, Richterrecht, Elemente einer Verfassungstheorie, Bd. IV, 1986, Richterl. Rechtsfortbildung; Heußner, in: FS Hilger-Stumpf, 1983, S. 318 f.; Wassermann, Die richterliche Gewalt, 1985, S. 6 ff.; Rüthers, Die unbegrenzte Auslegung, 1968, S. 457 ff. Anm. 2 und die dort Zitierten; Nachweise bei Leisner, Die allgemeine Bindung der Finanzverwaltung an die Rechtsprechung – Zur normgleichen Präjudizienwirkung höchstrichterlicher Urteile, Karl-Bräuer-Institut, Heft 48/1980, S. 41 ff.; Blomeyer, in: FS Obermayer, 1986, S. 21 ff.). Das Richterrecht bietet das nötige flexible Instrumentarium zur Ergänzung des starren Gesetzeswerks im Sinne interessenadäquater, sozialstaatlicher Lösungen. Es ist die Entwicklung vom liberalen zum **sozialen Rechtsstaat**, die dem Richter immer mehr »politische«, das heißt hier: wertsetzende, normierende Entscheidungen abverlangt. Der liberale Rechtsstaat trennte Staat und Gesellschaft in zwei selbständige Bereiche. Indem der soziale Rechtsstaat diese beiden Bereiche miteinander verschränkt, entzieht er der antithetischen Entgegensetzung von Recht und Politik die Grundlage. Das hat offenbar zu einem veränderten Selbstverständnis auch des Gesetzgebers geführt, der nicht mehr souverän ist und sich auch nicht mehr souverän fühlt (Sendler, Zur Makulatur des Gesetzgebers, FS zum 125-jährigen Bestehen der Juristischen Gesellschaft zu Berlin, 1984, S. 753), sondern bewusst in erheblichem Maß **Rechtsfortbildung und Rechtsschöpfung** den Gerichten überträgt.

53 **Richterliche Rechtsfortbildung** entsteht aus der klassischen Gesetzesanwendungsmethodik und ist ergänzendes Richterrecht. Die liberal-rechtsstaatliche Idee von der **Gewaltenteilung** (Montesquieu, De l'Esprit des Lois, Buch 11, Kapitel 6; zur Unschärfe der Abgrenzung der drei Gewalten vgl. Hesse, Grundzüge des Verfassungsrechts der BRD, 20. Aufl. 1995, Rn. 476 ff., 500 ff.) sieht den Richter als bloßen »Gesetzesvollzieher«, als »Mund des Gesetzes«, der keinesfalls rechtsschöpferische Macht haben soll. Jedoch ist auch die **traditionelle Gesetzesanwendung** der Subsumtion und Auslegung nie ganz ohne richterliche Eigenwertung und Normprägung ausgekommen (vgl. Sendler, NJW 1987, 3240, und mit kritischer Überschau über den Gesamtkomplex in DVBl. 1988, 828 ff.; Wassermann, Die richterliche Gewalt, S. 4, und die dort zitierten Bülow, 1885, und Esser, 1956. Zur Fragwürdigkeit der Idee von der reinen Gesetzesanwendung: Wassermann, Die richterliche Gewalt, S. 131 ff., und die dort dargestellte Literatur). Schon die freie Wahl (BVerfGE 11, 130 ff.) der klassischen Auslegungsmittel (sprachlich-logische, systematische, historische, teleologische) gibt dem Richter einen Spielraum, der Norm seine Wertvorstellung aufzudrücken. Noch mehr ist der **Analogieschluss**, wenn auch aus der Gesetzesnorm bzw. dem Gesetzeszweck unmittelbar hergeleitet, bereits richterliche Rechtsfortbildung (BVerfG JZ 1990, 811 mit Anm. v. Roellecke; zum allgemeinen Analogieverbot in der Eingriffsverwaltung Gusy, DÖV 1992, 464; a. A. BVerwG JZ 1989, 997 ff., JZ 1991, 624 ff.; zur Analogie contra legem Gusy, a.a.O., mit Nachw.). **Rechtsschöpfung** bildet neue Rechtsinstitute, die sich von den sie tragenden Rechtsgrundsätzen gelöst haben und als **eigenständiges Richterrecht neben die Gesetze** treten. »Die richterliche Tätigkeit besteht nicht nur im Erkennen und Aussprechen von Entscheidungen des Gesetzgebers. Die Aufgabe der Rechtsprechung kann es erfordern, Wertvorstellungen ... ans Licht zu bringen und in Entscheidungen zu realisieren« (BVerfGE 34, 269, 287). Dazu zählen z. B. das allgemeine Persönlichkeitsrecht und der Schadensersatz für immateriellen Schaden (gegen den Gesetzestext!), weite Bereiche des Arbeitsrechts (zur Verfassungsmäßigkeit der BAG-Rspr. zur Beschränkung von Arbeitskampfmitteln BVerfG NJW 1991, 2549 f.), die culpa in contrahendo, der enteignungsgleiche Eingriff, der öffentlich-rechtliche Folgenbeseitigungsanspruch, bis zum VwVfG das gesamte allgemeine Verwaltungsrecht, das Verfassungsrecht auf Koalitionsbetätigung, der sozialrechtliche Herstellungsanspruch, im **Disziplinarrecht die Einheit des Dienstvergehens**.

Je **unbestimmter das Gesetz** gefasst ist, desto größer wird zwangsläufig die »**Macht**« des Richters. Die Unbestimmtheit der Gesetzesbegriffe nimmt zu. Ohnehin »spottet das wirkliche Leben der gesetzgeberischen Voraussicht« und »nicht das Gesetz, sondern Gesetz und Richterspruch schaffen dem Volke sein Recht« (s. schon Bülow, 1885). Dementsprechend nehmen die früher großen Kodifikationen ab, **Sonder- und Einzelgesetze** treten an ihre Stelle. Angesichts der zunehmend komplexen, sich rasch wandelnden pluralen Verfassung der modernen Industriegesellschaft wird die Tendenz zu unbestimmten Regelungen, die durch die Richter auszufüllen sind, anhalten. Je mehr der Richter vom vorgegebenen Gesetz weg zu eigener Normsetzung hin gezwungen wird, desto mehr nimmt seine »**politische**«, d. h. normsetzende Funktion zu.

Die Verlagerung der gesellschaftspolitischen Probleme vom Gesetzgeber zur rechtsetzenden Justiz bewirkt die »Politisierung der Justiz« und wirft Fragen auf nach der verfassungsrechtlichen **Legitimation** des Richterrechts, nach dem verfassungsgemäßen **Richterbild** und nach dem **richterlichen Verhalten** in und außerhalb seines Amtes. Zur Legitimation und zu den Grenzen des Richterrechts (Beschränkung auf Füllen von Gesetzeslücken) aus Art. 20 Abs. 3 GG vgl. BVerfG in DÖV 1985, 778, 783; E 65, 190 = NJW 1984, 475; E 69, 371 = NJW 1985, 2395; E 71, 354 = NJW 1986, 2242; Stern, 1980; Wassermann, Die richterliche Gewalt, S. 12 ff., und die dort Zitierten; Gusy, Richterrecht und Grundgesetz, DÖV 1992, 461 ff.; im Übrigen vorstehende Literaturübersicht. Die **verfassungsrechtlich erforderliche Kontrolle des Richterrechts** übt das Bundesverfassungsgericht aus (offenbar erweiternd BVerfGE 65, 190). Richterliche Rechtsbildung hatte in der überkommenen Gesetzessystematik zumeist die soziale Funktion, den **billigen Interessenausgleich und den Schutz der Schwachen**, von denen im liberalstaatlichen Rechtsschutzsystem wenig die Rede war, zu sichern und zu verbessern. Diese Aufgabe stellt sich weiterhin, zumal unter dem Sozialstaatsgebot des Art. 20 GG, wirft aber auch die Frage nach der **angemessenen Rechtsschöpfungsmethode** auf. Abweichen von der Methodenlehre bedeutet allerdings noch nicht Verfassungswidrigkeit (Lerche, NJW 1987, 2469, entgegen Hanau, BlStSozArbR 1985, S. 18, und ähnlich Söllner, RdA 1985, 331 ff., sowie Leisner, DVBl. 1986, 707).

Die Kompetenz der Richter zur Konkretisierung und Ausfüllung von **Blankettnormen, Generalklauseln und unbestimmten Regelungen** ist schon im Rahmen der traditionellen Methodenlehre keine bloße Gesetzesanwendung, sondern **konkrete richterliche Normbildung** (Esser, Grundsatz und Norm, 1956, S. 150 Anm. 6). Das wird erweitert durch die neuerdings geforderte verwaltungsgerichtliche Nachprüfung des »Beurteilungsspielraums« der Verwaltung (BVerfGE 85, 130; NJW 1991, 2005; NVwZ 1992, 361; E 70, 318; dazu Redeker

A. II. 2 Richterrecht

und Würkner in NVwZ 1992, 305 und 309). Darüber hinaus sind ganze Rechtsgebiete (Arbeitsrecht, allgemeines Verwaltungsrecht, zum großen Teil auch **materielles Disziplinarrecht**) vom Gesetzgeber unbehandelt geblieben und der Rspr. überlassen worden. Der richterliche Beitrag der oberen und obersten Gerichte zur Anpassung des Rechts an die strukturellen und sozialen Wandlungen der Gesellschaft ist bekannt. Ohne die **ergänzende richterliche Rechtsbildung** wäre die Privatrechtsordnung des BGB von 1900 untauglich geworden. Immer mehr schreibt der Gesetzgeber nachträglich nur fest, was die Rspr. zuvor entwickelt hat (z. B. den Allgemeinen Teil des Verwaltungsrechts im VwVfG).

57 Das Richterrecht stellt den Richter nicht nur frei vom Gesetzestext, sondern überbürdet ihm zugleich auch die **Verantwortung eines Gesetzgebers**. Deshalb kommt der Richterpersönlichkeit und der **richterlichen Rechtsbildungsmethodik** besondere Bedeutung zu. Zur Gefahr der parteipolitischen Einflussnahme auf die Justiz vgl. Piorreck, DRiZ 1993, 109. Die Bedeutung dieser Aspekte kommt in den Anstößen zu einer »**Rechtsprechungslehre**« (neben der Verwaltungslehre und der Gesetzgebungslehre) zum Ausdruck (dazu Achtenberg, Rechtsprechung als Staatsfunktion – Rechtsprechung als Wissenschaftsdisziplin, DVBl. 1984, 1093 ff.). Richterrecht im engeren Sinn muss aus den materiellen Rechtsprinzipien rechtstechnisch abgeleitet, subsumtionsfähig und in die Gesamtrechtsordnung einfügbar sein (Larenz, 1965, S. 13; zur Unterscheidung von richterrechtlicher Normsetzung und Einzelfall-Rechtsfortbildung: Leisner, DVBl. 1986, 708; Nr. 5). Die **Rechtsbildungsmethodik** muss sicherstellen, dass für die Rechtsbildung nur die Definition des Gemeinwohls, dass gesellschaftliche Gesamtinteressen entscheiden, nicht aber persönliche Wertungen, überkommene Attitüden, Vorverständnisse, Alltagstheorien, Neigungen, Bindungen, Abhängigkeiten (zur Rechtsbildung der Gesetzgeber kritisch Sendler, AnwBl. 1989, 415 m. w. N.; außerdem Hill, DÖV 1980, 666; auch die methodologische Bestandsaufnahme von Böckenförde, NJW 1976, 2090). Diese **persönlichen und Umwelteinflüsse** sind nur vermeidbar, wenn der Richter auch merkt und sich eingesteht, dass er eine in diesem Sinne »politische« Entscheidung trifft und nicht meint, nur eine vorgegebene Regelung anzuwenden oder einem vorgegebenen Wertmaßstab zu folgen. Die unbefragte Übernahme herkömmlicher Meinungen und Standards, die zur allgemeinen Meinung erhöhten persönlichen Prägungen und Neigungen sind ohnehin ein Dauerproblem in der richterlichen Arbeit. Andererseits langt für das Richterrecht das **Problembewusstsein des Richters** allein nicht aus, es muss als Entscheidungsgrundlage in den Gründen auch offenbart werden. Traditionell begründete Rechtsableitungen verbergen oft genug den persönlichen, prägenden Willen des Autors. Das geschieht besonders dann, wenn neue Wege gesucht wurden, ohne sich der fachlichen und öffentlichen Zustimmung sicher zu sein. Im Bereich des Richterrechts erhalten subjektive Faktoren leicht die Bedeutung fehlerhafter Normbildung. Im **Disziplinarrecht** sind diese Gefahren deshalb besonders nahe liegend, weil hier im Rahmen der Generalklauseln ständig auf das »Empfinden der Allgemeinheit«, »dienstliche Vertrauenswürdigkeit«, »Zuverlässigkeit«, »Tragbarkeit im öffentlichen Dienst«, auf »Charakter und Gesamtpersönlichkeit« abgestellt wird (vgl. Rn. 42, 48).

58 Die **Richterpersönlichkeit** bestimmt weitgehend auch den Inhalt des Richterrechts. Sie wird nicht allein durch seine **Psyche oder seine Herkunft** geprägt (vgl. die Zusammenstellung bei Bendix, in: Weiss, 1968, S. 86 ff.). Auch die realgesellschaftliche Situation, die **Umweltbedingungen** legen dem Richter Hemmungen auf oder Freiräume dar. Das Bewusstsein der gesellschaftlichen Stimmungen und Wertungen beeinflusst den Richter so oder so. Auch seine **Herkunft und sein Sozialprofil** sind Faktoren seiner Entscheidungen (kritisch Wassermann, Die richterliche Gewalt, S. 137 mit weiteren Literaturhinweisen). Letztlich wird der gesamte **Sozialisationsprozess** des Richters seine Rechtsfindung und -schöpfung beeinflussen (vgl. zum gehirnorganischen Zusammenspiel von analytischem Denken und sozialreifer Intuition im Hinblick auf Rechtsmethodik Bruckmann, DRiZ 1989, 81). Nicht zuletzt prägt auch der **Status des Richters** sein Bewusstsein (Wassermann, Die richterliche Gewalt, S. 138). Richterliche Unabhängigkeit in sachlicher wie persönlicher Hinsicht prägen ebenso wie die **Kontrollfunktionen** des Instanzenzugs, der Prozessbeteiligten und der Öffentlichkeit im Laufe der Berufsausübung zunehmend das richterliche Selbstverständnis (zum Rollenbild Lautmann, Rolle und Entscheidung des Richters, S. 381 ff.; Dahrendorf, Pfade aus Utopia, 1968, S. 128, 143 ff.). **Als Richterbild in der Gesellschaft konsensfähig dürfte der »menschliche Richter« sein** (Wassermann, Menschen vor Gericht, 1979, S. 21 ff.; Sendler, AnwBl. 1989, 415 ff., zu III. i).

Die **Rechtsbildungsmethodik** des Richterrechts muss der **Integrationsaufgabe** des Rechts gerecht werden. Da bei »freier« Entscheidungsfindung zwangsläufig keine allgemein anerkannten Wertregeln vorgegeben sind, muss Richterrecht auf **Konsens** abzielen. Nur dann werden »politische« Entscheidungen akzeptiert. Zur Rechtsbildungsmethodik gehören deshalb einerseits »**Ausargumentieren**« bis Widerspruchslosigkeit, andererseits »**Relativierung**« des persönlichen Gerechtigkeitsempfindens, Anerkennung der relativen Berechtigung von Gegenpositionen, mit einem Wort: das Durchhalten und Aufgebenkönnen von Standpunkten (Achterberg, S. 1098 Anm. 4 b; Wassermann, Die richterliche Gewalt, S. 24). Dabei muss das Gesetz, soweit möglich, Richt- und Orientierungspunkt bleiben. **Das Gesetz hat den Rechtsbildungsvorrang.** Nach der Verfassung gibt es keine Richter-Legislative. Sinnumdeutungen und Entscheidungen gegen den eindeutigen Gesetzeswortlaut sind unzulässig (BVerfGE 49, 318; hinsichtlich »Sünden« oberstrichterlicher Rspr. und zu »Rechtsbegründungstheorien« vgl. Wassermann, Die richterliche Gewalt, S. 16 f., und dortige Zitate). Rechtsklarheit und Rechtssicherheit erfordern, dass das Richterrecht im Hinblick auf den steten Wandel der Gesellschaft auch seine **Folgen** in die Entscheidungsbildung einbezieht. Wesentliche Entscheidungsgrundlage außerhalb des Gesetzeswerks ist das **Grundgesetz**. Darüber hinaus entstehen richterliche »Normen« in erheblichem Maße auch durch die **Rechtsprechung EuGMR**, die das innerstaatliche Recht durch Gemeinschaftsrecht prägt und bindet (BVerfG NJW 1988, 1459; Stein, in: FS der Jur. Fak. Heidelberg, 1986; vgl. auch A. V. Rn. 132 c).

Wesentliches Erfordernis jeder Normbildung, also auch durch Richterrecht, ist deren **Transparenz**. Entscheidende Gründe einer »politischen«, also normbildenden Entscheidung dürfen nicht allein mit allgemeinen Rechtsbegriffen wie Verhältnismäßigkeit, Unzumutbarkeit, allgemeine Anschauung dargelegt werden und den falschen Eindruck erwecken, als handele es sich um bloße, zwingende Gesetzessubsumtion. Der Mangel an Durchsichtigkeit erlaubt den Rückzug auf unverbindliche Einzelfall- und Gefühlsentscheidungen. Zur Transparenz gehört, dass die Entscheidungssituation mit ihren Alternativen und die **entscheidenden Wertungen offen dargelegt** wird. Die **Akzeptanz**

A. III. Dienstvergehen und Straftat

der Entscheidung wird hierdurch erleichtert. Der Transparenz und der Akzeptanz wäre auch die Zulassung der **Veröffentlichung abweichender Meinungen** im Kollegialgericht förderlich (47. Deutscher Juristentag 1968, II. R 144).

61 Für das generalklausulierte **materielle Disziplinarrecht** erschöpft sich richterliche Rechtsbildung in der Konkretisierung der richtungweisenden Allgemeintatbestände. Es handelt sich um eine **ergänzende Rechtsfortbildung**, indem konkrete Dienstvergehensfälle definiert und abgegrenzt werden. Es werden Dienstvergehenstatbestände geprägt, die sich so nicht aus dem Beamtengesetz ablesen lassen. Tatsächlich stellen die Definition und Bewertung der Dienstvergehenskategorien echtes Richterrecht dar. Denn die Generalklauseln des Beamtengesetzes und der Maßnahmenkatalog des Bundesdisziplinargesetzes enthalten hierzu keine gesetzlichen Bewertungsvorgaben, so dass die Gerichte auf »eigene Bewertungen« angewiesen sind (entsprechend zum Arbeitskampfrecht Ipsen, DVBl. 1984, 1102 ff.). Für das **disziplinare Verfahrensrecht**, das BDG, reichen die traditionellen Gesetzesanwendungsmethoden aus, die auch das Schließen von Gesetzeslücken erlauben.

62 **Richterrecht bindet** das entscheidende Gericht ebenso wenig wie andere Gerichte. Insoweit unterscheidet es sich nicht von der Rechtslage bei traditioneller Gesetzesanwendung durch Subsumtionstechnik. Eine Bindung an »Präjudizien« wie im angelsächsischen Recht ist dem deutschen Recht fremd (a. A. sowohl für Richterrecht als auch für die herkömmliche Ausfüllung von General- und Blankettklauseln Fikentscher, Methoden des Rechts in vergleichender Darstellung, Bd. IV 1977, S. 338 ff.). Auch Instanzgerichte sind deshalb nicht an richterrechtlich gewonnene Grundsätze der obersten Instanz gebunden (BVerfGE 18, 244, 284). Höchstrichterliche Rechtsgrundsätze sind allerdings aus Gründen der Rechtssicherheit in den Entscheidungsprozess einzubeziehen. Jedenfalls im Bereich des Richterrechts kommt solchen Grundsätzen die **Qualität erheblicher Rechtsregeln** zu. Aber auch die Disziplinargerichte sind befugt, von der höchstrichterlichen Rspr. abzuweichen. Dies gilt vor allem dann, wenn die höchstrichterliche Entscheidung für unvertretbar gehalten wird und die Abweichung die Korrektur dieser Rspr. anstrebt (Wassermann, Der politische Richter, S. 26; Rüthers, S. 472). Dagegen bestehen die **prozessuale** (§ 3 BDG i.V.m. § 130 Abs. 2 VwGO) und die **innerprozessuale Bindung** (BVerwG, Dok. Ber. 1987, 106; E 76, 326) auch im Rahmen richterlicher Normschöpfung. Das Gericht kann sich von seinem eigenen, richterlich gefundenen Obersatz nicht ohne weiteres lösen (vgl. zur richterlichen Selbstbindung aus Art. 3 Abs. 1 GG und zu allem ausführlich und m. w. N. Gusy, DÖV 1992, 467 ff.).

III. Dienstvergehen und Straftat

63 Die Tatbestände des Dienstvergehens sind grundsätzlich **unabhängig von Straftatbeständen** und von strafrechtlichen Kriterien. So ist es bei innerdienstlichen wie bei außerdienstlichen Pflichtverletzungen im Grund unerheblich, ob ein Straftatbestand und ggf. – bei mehreren möglichen – welcher erfüllt ist. Die strafrechtliche Subsumtion spielt keine wesentliche Rolle (BDHE 3, 127 ff.; Claussen/Janzen § 18 Rn. 10 b; vgl. auch A. I. Rn. 6, 7). **Straftaten außerhalb des Dienstes** sind nicht ohne weiteres Dienstvergehen gem. § 77 Abs. 1 Satz 2 BBG (BVerwG, ZBR 2001, 39). So hat die Rspr. z. B. für Straßenverkehrsdelikte als

Dienstvergehen und Straftat A. III.

»Schwelle zur disziplinaren Erheblichkeit« das durchschnittliche Maß der Fahrlässigkeit eines Verkehrsteilnehmers bestimmt. Danach sind bislang wegen der überdurchschnittlichen Gefährlichkeit und Sozialschädlichkeit **pflichtwidrig**: Unfallflucht und Fahren ohne Fahrerlaubnis, dagegen **nicht pflichtwidrig**: nach Aufgabe der bisherigen Rspr. die einmalige Trunkenheitsfahrt für dienstlich nicht mit dem Führen von Kfz betraute Beamten (BVerwG v. 30. 8. 2000 – 1 D 37/99 – ZBR 2001, 39; hier dürfte eine weitere Liberalisierung durch die Disziplinargerichte zu erwarten sein, vgl. auch B. II. 12. Rn. 5, 6) sowie bloße Verstöße gegen Vorfahrts-, Überhol- oder Halteregeln oder Fahren eines nicht haftpflichtversicherten Kraftwagens (vgl. BDH v. 7. 9. 1967 – 1 D 17.67 und v. 31. 12. 1965 – 2 DV 1.65; BDiG v. 10. 9. 1980 – VI VL 18/80; Rn. 8 und 20; im Einzelnen zu Verkehrsverfehlungen B. II. 12. Rn. 5 ff.). Allerdings werden umgekehrt **innerdienstliche Straftaten** immer auch Dienstvergehen darstellen, da solche Rechtsverstöße zwangsläufig unmittelbar dienstbezogen sind und damit die »berufserforderlichen« Interessen des Dienstes beeinträchtigen (§ 61 Abs. 1 Satz 3 BBG). Das **Gewicht des Dienstvergehens** wird auch von der strafrechtlichen Qualität der Verfehlung als Ordnungswidrigkeit, Vergehen oder Verbrechen mitbestimmt (BVerwG v. 19. 6. 1984 – 1 D 124.83 und v. 6. 7. 1987 – 1 D 142.86).

Trotz seiner grundsätzlichen Eigenständigkeit und Verschiedenartigkeit unterliegt das Disziplinarrecht auch **verfahrensrechtlichen Einwirkungen des Strafrechts**. 64

Ein **Strafurteil** hat eine **unmittelbare, rechtsgestaltende Auswirkung** auf das Dienstverhältnis, wenn es **unter den Voraussetzungen des § 41 BBG** ergeht. Bei Verurteilung wegen einer vorsätzlichen Tat zu einer Freiheitsstrafe von mindestens einem Jahr oder wegen Friedensverrats, Hochverrat usw. zu einer Freiheitsstrafe von mindestens sechs Monaten, zur Aberkennung der Fähigkeit zur Bekleidung öffentlicher Ämter oder wegen verfassungsgerichtlicher Entscheidung der Verwirkung eines Grundrechts gem. Art. 18 GG endet das Dienstverhältnis kraft Gesetzes mit der Rechtskraft des Strafurteils. Einer Verurteilung durch **Strafbefehl** (die nach dem Gesetz zur Entlastung der Rechtspflege vom 11. 1. 1993 [BGBl. I S. 50] nun möglich ist) kommt diese Wirkung jedoch **nicht** zu (BVerwG v. 8. 6. 2000 – NJW 2000, 3297). 65

Unmittelbaren Einfluss hat ein – rechtskräftiges – **Strafurteil** auch nach Maßgabe des § 23 Abs. 1 BDG, indem es alle Disziplinarorgane an die tatsächlichen Feststellungen eines rechtskräftigen – deutschen – Strafurteils bindet. Die Bindung erstreckt sich nur auf solche tatsächlichen Feststellungen, die den Schuldspruch tragen und die konkret, eindeutig und schlüssig sind. Auf die daraus abgeleitete strafrechtliche Subsumtion kommt es nicht an. Von dieser Tatsachenbindung können sich nur die Disziplinargerichte unter bestimmten, von der Rspr. gesetzten Grenzen lösen, § 57 Abs. 1 Satz 2 BDG (im Einzelnen § 57 Rn. 2 ff.). Wird das bindende Strafurteil nach Erlass der darauf gestützten Disziplinarentscheidung aufgehoben, so ist die Wiederaufnahme des Disziplinarverfahrens zulässig, § 71 Abs. 1 Nr. 4 BDG. Dasselbe gilt für den Fall, dass – ohne Gebundensein nach § 57 BDG – nach der Disziplinarerkenntnis ein im Tatsächlichen abweichendes Strafurteil ergeht, § 71 Abs. 2 BDG. 66

Einen **mittelbaren Einfluss auf die disziplinaren Tatsachenfeststellungen** bewirkt ein Strafurteil nach **§ 57 Abs. 2 BDG**. Die in einem »anderen gesetzlich geordneten Verfahren getroffenen tatsächlichen Feststellungen sind nicht bindend, können aber der Entscheidung im Disziplinarverfahren zugrunde gelegt werden« (im Einzelnen § 57 Rn. 14). 67

A. IV. 1 Maßnahmenkatalog

68 **Unmittelbar** greift auch nach § 14 Abs. 2 BDG das **freisprechende Strafurteil** in die disziplinare Beurteilung ein. In diesem Fall darf wegen der dem strafgerichtlichen Freispruch zugrunde liegenden Tatsachenfeststellungen eine disziplinare Verfolgung und Maßregelung nur erfolgen, wenn sie einen disziplinaren, den Straftatbestand nicht betreffenden Überhang darstellen.

69 **Mittelbaren Einfluss** auf die Verhängung der an sich gebotenen Disziplinarmaßnahme hat ein rechtskräftiges **Strafurteil im Rahmen des § 14 Abs. 1 BDG**. Bei sachgleichen Verfahren ist eine disziplinare Maßregelung zusätzlich zu der strafgerichtlichen Strafe oder Ordnungsmaßnahme nur unter den beiden kumulativen Voraussetzungen zulässig, dass das Bedürfnis nach Pflichtmahnung des Beamten und der Wahrung des Ansehens des Beamtentums zusätzlich vorliegt. Zwar ist die Regel-Verbotsnorm zwingend, aber für den Ausnahmefall lassen die beiden unbestimmten Ausnahmevoraussetzungen einen erheblichen Beurteilungsspielraum zu. Umgekehrt sind die zu erwartenden dienstrechtlichen Folgen der Straftat bei der Strafrahmenwahl zu berücksichtigen (BGHSt 35, 148). Geschieht dies, muss das auch bei der Bemessung der Diszplinarmaßnahmen und im Rahmen des § 14 BDG von Bedeutung sein. Deshalb treffen letztlich, wie die Entwicklung der Rspr. gezeigt hat, die Gerichte und nicht die Existenz des Strafurteils die eigentliche Entscheidung darüber, ob eine zusätzliche Disziplinarmaßnahme bis zur Höhe der Gehalts-/Ruhegehaltskürzung verhängt wird (im Einzelnen § 14 Rn. 28 ff. sowie A. IV. Rn. 124). Bei nachträglichem Strafurteil wird auch hier für die Prüfung des § 14 BDG das Disziplinarverfahren gem. § 71 Abs. 1 Nr. 8 BDG wiederaufgenommen.

70 Allein schon das **anhängige Strafverfahren** wirkt sich auf das Disziplinarverfahren aus: Nach § 22 BDG ist das Disziplinarverfahren grundsätzlich auszusetzen, kann aber unter bestimmten Bedingungen nach Abs. 1 Satz 2 noch vor dem strafprozessualen Abschluss weiterbetrieben und entschieden werden (im Einzelnen § 22 Rn. 1 ff.).

IV. Maßnahmenwahl – Bemessungsgrundsätze

1. Maßnahmenkatalog

71 Das **Verfahrensrecht** bestimmt abschließend die für das Disziplinarrecht **zulässigen Maßnahmen** und ihre statusrechtlichen Folgen in den §§ 5-13 BDG; Vollstreckung – soweit erforderlich – regelt sich nach VwGO und VwVfG. Sie allein dürfen als Mittel disziplinarer Einwirkung – nach Durchführung eines Disziplinarverfahrens – eingesetzt werden. **Andere, rein beamtenrechtliche Maßnahmen** wie Umsetzung, Versetzung, Rückstufung in der Beförderungsliste usw. dürfen nur aus dem funktionalen, dienstlichen Interesse der Verwaltungsorganisation als personalpolitische Mittel, aber **nicht als versteckte disziplinare Erziehungsmaßnahmen** an deren Stelle ergriffen werden (a. a. Claussen/Janzen, Einl. D. I. a und § 5 Rn. 1, 2). Verzichtet der Dienstvorgesetzte auf die Durchführung eines Disziplinarverfahrens und auf die verbindliche Feststellung eines Dienstvergehens, so darf er die beamtenrechtliche Personalentscheidung nicht allein mit dem Dienstvergehen rechtfertigen. Das würde eine unzulässige Umgehung der auch zum Schutz des Beamten geregelten Verfah-

rensvorschriften bedeuten. Gleiches gilt für Vorhaltungen, die offen lassen, ob von einem disziplinarrechtlich erheblichen oder nur von einem »gesellschaftlich« unüblichen oder unangemessenen Verhalten ausgegangen wird. Ein unverbindlicher »kollegialer Meinungsaustausch« zu standes- oder gesellschaftsüblichen Normen wird von Untergebenen selten gewünscht sein, wenn sie sich ohnehin im Recht fühlen. Sie werden die Ansprache ihres Vorgesetzten eher als Missbilligung empfinden, was sie ja auch ist. Vorgesetzte dürfen nicht aufsichtlich ermahnen, bevor sie nicht die Berechtigung des disziplinaren Vorwurfs geklärt haben. Andererseits stellen berechtigte Nachfragen zu verwaltungs-/ betriebstechnischen Vorfällen noch keine disziplinaren Vorwürfe dar. Auf einem anderen Gebiet liegt die Frage, ob bei Vorliegen einer Pflichtenabweichung schon disziplinar verfolgt werden muss. Das ist nach § 17 Abs. 1 BDG anders als früher zu § 3 BDO immer der Fall, sogar bei geringfügigen Bagatellverstößen. Umgekehrt kann eine Zurückstufung nicht als Ausgleich der versäumten beamtenrechtlichen Unterlassung oder der Rücknahme der (nach der Tat erfolgten) Beförderung verhängt werden, wenn ein die Zurückstufung rechtfertigendes Dienstvergehen nicht vorliegt (BVerwGE 53, 166; vgl. § 9 Rn. 2). Ebenso wenig führt die gesetzlich zulässige, aber nicht vorgenommene Rücknahme der Ernennung eines Beamten wegen arglistiger Täuschung (§§ 14 Abs. 1 BBG) automatisch zur Entfernung aus dem Dienst. Arglistige Täuschung und Dienstvergehen sind unterschiedliche Rechtsbegriffe und lassen daher keine pauschale Betrachtung zu (BDiG v. 6. 12. 1995 – XVI VL 37/95 und v. 9. 5. 1996 – XVI VL 46/95, bestätigt v. BVerwG, NVwZ 1998, 1306; BVerwGE 113, 118; ZBR 2000, 36, 37 = DÖD 2000, 89). Die Anfechtung der Ernennung ist allein beamtenrechtlich zu betrachten (BVerwG, NVwZ 2000, 447; ZBR 2000, 36). **Zusätzlich zur Verhängung der Disziplinarmaßnahme oder jedenfalls nach Feststellung eines Dienstvergehens können allerdings weitere, rein beamtenrechtliche Folgen** eintreten, entweder kraft Gesetzes (z. B. Verlust der Beförderungsmöglichkeit nach §§ 8 Abs. 4, 9 Abs. 3 BDG, das Hinausschieben der Jubiläumszuwendung nach § 7 JubVO, der Wegfall des so genannten Weihnachtsgelds nach § 5 Abs. 2 SZG) oder kraft dienstlicher Regelung (Umsetzung, Versetzung, weil der Beamte aus Ansehensgründen nicht mehr bei der alten Dienststelle beschäftigt werden kann). Auch sieht das Gesetz unabhängig voneinander disziplinare und beamtenrechtliche Folgen eines Dienstvergehens vor, z. B. bei Fernbleiben vom Dienst Disziplinarmaßnahme und Verlust der Dienstbezüge nach § 9 BBesG. Dieses **unabgestimmte Nebeneinander von disziplinaren und beamtenrechtlichen Folgen** eines Dienstvergehens kann zu bedenklichen Störungen der Verhältnismäßigkeit der Mittel und der Gleichbehandlung führen und sollte gesetzlich behoben werden (Einf. I. 8. Fn. 36).

Eine besondere Rolle im Maßnahmenkatalog nimmt die »**Missbilligende Äußerung** (Zurechtweisung, Ermahnung, Rüge und dergleichen)« i. S. d. § 6 Satz 2 BDG ein, die – wenn nicht als »Verweis« erteilt – ausdrücklich als Disziplinarmaßnahme ausgeschlossen ist. Sie wird aber häufig im Zusammenhang mit disziplinaren Vorwürfen ausgesprochen. Offensichtlich fällt es manchen Dienstvorgesetzten schwer, es ohne erzieherische Ansprache bei der Einstellung des Verfahrens und der Feststellung eines Dienstvergehens, was ja selbst mannigfaltige Mahnungswirkungen hat, zu belassen.

Das Gesetz zur Neuordnung des Bundesdisziplinarrechts hat eine vergleichbare Regelung zu § 124 BDO nicht übernommen. Das BDG selbst bietet also keine Rechtsschutzmöglichkeiten gegen solche missbilligenden Äußerungen.

A. IV. 2 Maßnahmenwahl

Allerdings verbleiben dem betroffenen Beamten die allgemeinen Rechtsschutzwege nach der VwGO. Relevant sind dabei nur solche Missbilligungen, die Bezug auf ein (angebliches) Dienstvergehen nehmen. Nur dann tritt eine Kollision mit dem Disziplinarrecht ein, das für Dienstvergehen nur den Katalog nach § 5 BDG zulässt. Betrachtet man die Missbilligung als Verwaltungsakt, kommt eine Anfechtungsklage nach § 42 Abs. 1 VwGO in Betracht, wie ja § 124 BDO früher auch ein spezielles Anfechtungsverfahren bot (vgl. 2. Aufl., § 124 Rn. 2). Legt man der Missbilligung keinen Charakter eines Verwaltungsaktes bei, kommt eine Feststellungsklage nach § 43 VwGO in Betracht, zumal letztlich auch nur die Feststellung begehrt wird, kein Dienstvergehen begangen zu haben. Eine eindeutige Regelung hat das BDG leider ebenfalls nicht zu bieten. Am Ende hat jedoch regelmäßig eine Klage Erfolg, weil eine Mahnungsmaßnahme ergriffen wurde, die nach dem BDG unzulässig ist.

73 Da das Disziplinarrecht nicht der Vergeltung und der Sühne bestimmter Pflichtenverstöße dient, sind auch die Maßnahmen des § 5 BDG nur zur **Pflichtenmahnung der Beamten und zur Auflösung des Beamtenverhältnisses** (»Reinigung des Beamtentums«, wie es häufig noch altertümlich heißt) bestimmt. Sowohl die den Disziplinarvorgesetzten im Disziplinarverfahren zustehenden Maßnahmen des Verweises, der Geldbuße und neuerdings auch Gehalts- und Ruhegehaltskürzung (§ 33 Abs. 2, 3 BDG) als auch die im gerichtlichen Verfahren allein den Verwaltungsgerichten vorbehaltene Zurückstufung (Versetzung in ein Amt derselben Laufbahn mit geringerem Endgrundgehalt) dienen der Erziehung, entgegen dem BVerwG aber nicht der Generalprävention, der Gleichbehandlung oder der Ansehenswahrung (vgl. Rn. 86, 88-90). Mit der Entfernung aus dem Beamtenverhältnis wird das Dienstverhältnis insgesamt, mit der Aberkennung des Ruhegehalts insoweit gelöst, als es gegenüber Beamten noch besteht. Die Folge ist für beide Statusgruppen der Verlust aller Beamtenrechte.

2. Maßnahmenwahl

74 Die **Disziplinarmaßnahmen** des § 5 BDG sind nicht gleichwertig nebeneinander, sondern entsprechend der Schwere des Dienstvergehens und der Einwirkungsnotwendigkeit in **aufsteigender Stufenfolge** gegliedert. Die schwerere Maßnahme schließt die leichtere wie auch jede andere zusätzliche Disziplinarmaßnahme aus. Die Häufung mehrerer Disziplinarmaßnahmen wegen eines Dienstvergehens ist wegen der Prinzips der »Einheit des Dienstvergehens« (Rn. 11 ff.) unzulässig. Treffen mehrere Disziplinarmaßnahmen **verschiedener Disziplinarvorgesetzter** gegen einen Beamten zusammen, weil dieser mehrere Ämter innehat und in diesen Dienstvergehen begangen hat (§ 17 Abs. 3 BDG), so liegt keine unzulässige Maßnahmenhäufung vor (Rn. 129). Ebenso nicht, wenn zur Disziplinarmaßnahme eine gesetzlich vorgesehene beamtenrechtliche Maßnahme folgt, die keine Disziplinarmaßnahme ist, z. B. bei unerlaubtem Fernbleiben vom Dienst der Verlust der Dienstbezüge nach § 9 BBesG (Rn. 71 a. E. und vor § 62 Rn. 1 ff.).

75 Die **Zulässigkeit** der einzelnen Disziplinarmaßnahmen im anstehenden Fall hängt vom **beamtenrechtlichen Status** der Betroffenen **im Entscheidungszeitpunkt** ab (BDHE 5, 49 und 57). Niemand kann degradiert werden, der erst das Eingangsamt seiner Laufbahn innehat. Wird während einer laufenden Gehaltskürzung noch eine weitere verhängt, gilt die Höchstgrenze des § 8 Abs. 1 Satz 1 BDG für jede einzelne. Dass beide Maßnahmen zusammen die Höchstgrenze überschreiten würden, steht nicht entgegen. Da die Gehaltskürzung rechtsgestaltend wirkt, sind nur die im Beurteilungszeitpunkt zustehenden Dienstbezüge maßgeblich (BDiG v. 12. 5. 1982 – XIV VI 3/82; Rn. 92). Ob eine Gehaltskürzung nur möglich ist, wenn der Betroffene überhaupt Anspruch auf laufende Dienstbezüge hat, die durch das Urteil gekürzt werden können, war streitig, wird nun aber logischerweise durch § 8 Abs. 3 BDG bejaht (im Einzelnen § 8 Rn. 7). Gegen Beamte auf Widerruf oder Probe können nur die Maßnahmen des Verweises und der Geldbuße verhängt werden (§ 5 Abs. 3 BDG). Für Ruhestandsbeamte sind nur Kürzung und Aberkennung des Ruhegehalts zulässig (§ 5 Abs. 2 BDG).

Die konkrete **Bestimmung der angemessenen Disziplinarmaßnahme** ist Teil des **materiellen Disziplinarrechts**. Da keine absoluten Maßnahmen und Maßnahmerahmen wie im Strafrecht geregelt sind, ist die konkrete Angemessenheit der Disziplinarmaßnahme durch das objektive Gewicht des Dienstvergehens und die persönlichen Momente des Beamten bestimmt. Hierfür sind maßgeblich das Ausmaß des inner- und außerdienstlichen Vertrauensschadens (so jetzt neu ausdrücklich § 13 BDG). Anknüpfungspunkte im Einzelnen sind beispielsweise die Auswirkung der Pflichtverletzung auf den Dienstbetrieb, die weitere dienstliche Verwendbarkeit des Beamten, die einem Amt innewohnende höhere Verantwortung und Vorbildfunktion, der Schuldgrad, der Rücktritt vom Versuch (A. I. Rn. 6), die Tatmotive und -umstände, die bisherige und künftig zu erwartende dienstliche Leistung und Führung (das »Persönlichkeitsbild«). Auch die (lange) Verfahrensdauer kann – unterhalb der Entfernung – zu einer milderen Maßnahmeart führen (BVerwG, ZBR 2005, 91). **76**

Grundsätzlich stehen für die Maßregelung eines Dienstvergehens alle Maßnahmen des § 5 BDG alternativ zur Verfügung. Jedoch folgt die Wahl der angemessenen Disziplinarmaßnahme in der Regel deren »**Einstufungsfunktion**«, wie sie sich schon aus der Gliederung in § 5 BDG ergibt. In der gewählten Maßnahmeart soll sich in erster Linie die objektive »Schwere« des Dienstvergehens ausdrücken (st. Rspr. BVerwGE 33, 74 und DÖD 1974, 60). Wegen des unterschiedlichen Gewichts der zugrunde liegenden Pflichtverletzungen trifft das BDG für die verschiedenen Maßnahmenarten unterschiedliche Regelungen z. B. für die Verjährung des § 15 BDG, für das Maßnahmeverbot in § 14 BDG oder für die Tilgung in § 16 BDG. Dies führte in der disziplinaren Rspr. für bestimmte Dienstvergehenskategorien zu »**Regelmaßnahmen**«, d. h. zu typisierender Zuordnung von Maßnahmenarten. Solche Typisierungen galten sowohl für »entfernende« (z. B. für Kassenveruntreuungen: BVerwG v. 23. 9. 1997 – 1 D 3.96 – Dok. Ber. 1998, 67) als auch für »erziehende« Maßnahmen (z. B. Zurückstufung [Degradierung noch nach BDO] für den außerdienstlichen Meineid: BVerwG v. 4. 11. 1976 – 1 D 6.76; Gehaltskürzung für wiederholte, außerdienstliche Trunkenheitsfahrt oder Unfallflucht: BVerwG v. 18. 3. 1986 – 1 D 47.85). Mit Urteil v. 20. 10. 2005 hat das BVerwG zu den Zugriffsdelikten diese Typisierung aufgegeben (vgl. dazu § 13 Rn. 18ff.). Entsprechend der »Einstufungsfunktion« liegt in der höheren Maßnahme immer auch eine schwerere Sanktion und Erziehungswirkung, schon wegen der dienstrechtlichen Nebenfolgen und der Außenwirkung (BVerwG, Dok. Ber. B 1979, 233). Deswegen kann die Wahl einer anderen als der objektiv angemessenen Maßnahme nicht etwa darauf gestützt werden, dass im konkreten Fall die zu verhängende Geldbuße **77**

A. IV. 2 Maßnahmenwahl

einen höheren Geldverlust bewirken würde als die in Frage kommende Gehaltskürzung oder eine Gehaltskürzung mehr Geldeinbuße als eine Zurückstufung. Andererseits schließt die typisierende Regelzumessung logischerweise die Ausnahme von der Regel ein. Nach den **objektiven Besonderheiten** des Einzelfalles und vor allem bei Vorliegen **persönlicher Milderungs- oder Erschwerungsgründe** kann nach unten oder nach oben abgewichen werden. Ebenso wie erschwerende Momente eine höhere Maßnahmenart nahe legen können, können gravierende Milderungsgründe (vgl. Rn. 94 ff.) ausnahmsweise eine niedrigere Maßnahmenart rechtfertigen, z. B. geringe oder fehlende Dienstbezogenheit bei außerdienstlichen Pflichtverletzungen (zu deren Fragwürdigkeit vgl. Rn. 44, 48, 49), unangemessene Verfahrensdauer bei allen pflichtenmahnenden Maßnahmen (neuerdings BVerwG v. 24. 6. 1998 – 11 D 23.97 – ZBR 1999, 135; ZBR 2005, 91; vgl. Rn. 121), Häufung beamtenrechtlicher und disziplinarer Folgen für den Täter, etwa Beförderungsverlust durch Disziplinarverfahren (s. auch BVerwG v. 28. 6. 1988 – 1 D 119.87 bei außerdienstlichem Kaufhausdiebstahl im wiederholten Rückfall einer älteren Postbeamtin Geh.K statt Degr.; BDiG v. 13. 12. 1985 – I VI 20/85). Auch bloß psychische Beeinträchtigung in negativer Lebensphase, die nicht einmal verminderte Schuldfähigkeit bewirkt, kann die Maßnahmenart mildern (BVerwG v. 9. 11. 2000 – 1 D 8.96; v. 10. 11. 1987 – 1 D 24.87). Eine Schematisierung darf niemals zu einer starren Fessel für die **Besonderheiten des Einzelfalles** werden (BVerwG v. 10. 8. 1983 – 1 D 24.83; zuletzt v. 6. 6. 2007 – 1 D 8/06). Allerdings müssen diese eine Abweichung von der Regel rechtfertigenden Umstände objektiviert werden, damit sie ihrerseits wieder für gleiche Fälle generell angewendet werden können. Eine nur gelegentliche, singuläre Abweichung von der – möglicherweise selbst gesetzten – Regel würde keine »Einzelfallgerechtigkeit«, sondern Ungleichbehandlung und damit Willkür bewirken (zu Einzelfalllösungen vgl. beispielhaft im Einzelnen B. II. 10. Rn. 13). Ein »Ausnahmefall« muss für alle gleichen Annahmefälle anwendbar sein. Milderungsgründe unterliegen dabei nicht den strengen Beweisanforderungen. Es reicht aus, wenn derartige tatsächliche Anhaltspunkte vorliegen, dass der den Milderungsgrund bedeutende Sachverhalt nicht auszuschließen ist (BVerwG v. 9. 5. 2001 – 1 D 22.00; BayVGH v. 26. 7. 2006 – 16a D 05.1013). Für Erschwerungsgründe dürfte dies nach dem Grundsatz »in dubio pro reo« nicht gelten.

78 Mit der Einstufungsfunktion hängt zusammen der Grundsatz von der »**stufenweisen Steigerung**« der Disziplinarmaßnahmen. Er besagt zugunsten einer gerechten und psychologisch sinnvollen Erziehungseinwirkung, dass schwerere Disziplinarmaßnahmen erst einzusetzen sind, wenn leichtere versagt haben (BVerwG v. 27. 10. 1992 – 1 D 55.91; Dok. Ber. 1975, 165; Behnke-Arndt, Einf. Rn. 185). Gelegentlich wird dieser Grundsatz zu Unrecht in sein Gegenteil verkehrt in dem Sinn, dass bei Rückfälligkeit eine der Art nach schwerere Maßnahme als bei der Vortat verhängt werden »muss« (Claussen/Janzen, Einl. D. 3. b). Das ist gerade nicht der Sinn des Steigerungsprinzips. Vielmehr kann die notwendige Steigerung der disziplinaren Mahnung durchaus im Rahmen der bereits einmal verhängten Maßnahmenart erfolgen (BVerwG v. 6. 3. 2001 – 1 D 6.00 in wünschenswerter Deutlichkeit; im Einzelnen Rn. 79). Liegt die Pflichtverletzung zeitlich vor der letzten Disziplinarmaßnahme, so ist einheitliche Bewertung erforderlich. Die Disziplinarmaßnahme muss so bemessen sein, dass sie dem Ergebnis nahe kommt, das bei einheitlicher Verfolgung und Bemessung schon mit der letzten Maßnahme entstanden wäre (vgl. Rn. 14).

Maßnahmenwahl A. IV. 2

Die Maßnahmenwahl hängt in erster Linie von dem Gewicht und der typischen Einstufung des aktuellen Dienstvergehens ab und muss bei **Rückfall nicht automatisch zur nächsthöheren Maßnahmenart** führen (BVerwG v. 6. 3. 2001 – 1 D 6.00 und v. 8. 12. 1987 – 1 D 48.87). Auch innerhalb einer bestimmten Dienstvergehenskategorie gibt es in der Regel eine große Spannweite von Einzelfallgestaltungen, die das Dienstvergehen als im unteren, im mittleren oder im oberen Bereich der Skala der denkbaren Fälle erscheinen lassen kann. Das **konkrete Gewicht des »aktuellen« Dienstvergehens** muss auch hinsichtlich des »Steigerungsgrundsatzes« Ausgangspunkt und erste Richtschnur sein und kann dazu führen, dass die Steigerung nur innerhalb der schon einmal verhängten Maßnahmenart erfolgt (BVerwG v. 7. 10. 1987 – 1 D 26.87 und v. 18. 3. 1986 – 1 D 47.85) oder dass sogar eine gegenüber der Vormaßnahme geringere Maßnahmenart gewählt wird. Wenn z. B. nach einer früheren Zurückstufung wegen schwerwiegenden innerdienstlichen Alkoholverstoßes als Berufskraftfahrer und Ablösung vom laufbahnmäßigen Dienst nunmehr nur eine außerdienstliche Verkehrsverfehlung ohne dienstliche Auswirkung vorliegt, dann kann wegen dieser – wenn überhaupt – keine höhere Maßnahme als die Gehaltskürzung in Frage kommen. Eine **Steigerung der Maßnahmenart** wird im Allgemeinen nahe liegen, wenn der Rückfall einschlägig ist und der Beamte damit zeigt, dass die frühere Maßregelung hinsichtlich der gezeigten Labilität keine auf Dauer ausreichende Erziehungswirkung gehabt hat. Auch dies kann wiederum **nicht generell** unterstellt werden. Vielmehr kommt es auf die Besonderheiten und das Gewicht des anstehenden Falles an. Für einen Schluss auf Uneinsichtigkeit und mangelnden Änderungswillen kommt es zunächst auf gleiche »Labilität« an (so für »persönlichkeitsfremde« Tat jetzt wieder BVerwG v. 27. 1. 1988 – 1 D 50.87, vgl. A. II. Rn. 43). Auch kann nicht ohne weiteres aus dem Rückfall allein auf Unbelehrbarkeit geschlossen werden, so z. B. nicht nach erheblicher Bewährung etwa im Ausmaß der anderweitig geltenden Tilgungsfrist, wenn die Vortat zwar nicht berücksichtigungsfähig ist, die dienstlichen Folgen (Fahrerlaubnisverlust) aber noch aktenkundig sind (BVerwG, Dok. Ber. 1985, 126), ebenso nicht, wenn eine vierjährige Unbescholtenheit seit der Vortat für eine effektive Erziehbarkeit des Betroffenen spricht (BVerwG v. 28. 11. 1984 – 1 D 31.84) oder wenn der Rückfall ohne konkreten dienstlichen Bezug ist und deswegen die Erziehung wegen der außerdienstlichen Straftat weitgehend dem Strafgericht überlassen werden kann (BVerwG v. 22. 10. 1974 – 1 D 47.74 und Dok. Ber. 1975, 189 und v. 26. 6. 1983 – 1 D 71.82 für den ersten Rückfall; im Übrigen Behnke-Arndt, Einf. Rn. 185).

Vortaten sind **dann nicht rückfallbegründend** und können deshalb nicht erschwerend berücksichtigt werden, wenn ein **Verwertungsverbot nach § 49 Abs. 1 BZRG** besteht. Dieses Verwertungsverbot kann auch nicht dadurch umgangen werden, dass einzelne, **in den Personalakten verbliebene Umstände oder Folgen der Vortat** als Anhalt für eine Wiederholungsgefahr und dementsprechend erhöhtes Erziehungsbedürfnis herangezogen werden. Dass wegen einer früheren, inzwischen getilgten Strafe auch der Dienstführerschein eingezogen und der Beamte deswegen aus dem Fahrdienst abgelöst wurde, kann deshalb nach **Tilgung im BZRG weder als Dienstvergehen vorgeworfen** (a. A. noch BVerwG, NJW 1974, 286) **noch im Rahmen des § 14 BDG oder bei der Bemessung erschwerend berücksichtigt werden** (so nach BDiG Urt. v. 18. 5. 1982 – XII VI 5/82; auch BVerwG seit Urt. v. 11. 12. 1984 – 1 D 113.83, entgegen früherer st. Rspr.). Das gilt entgegen BVerwG auch für den Fall, dass die **Vortat**

A. IV. 2 Maßnahmenwahl

nicht nur strafgerichtlich bestraft, sondern **auch disziplinar gemaßregelt** worden war und deshalb die Tilgungs- und **Sperrregelung des § 16 Abs. 1 BDG** Platz greift. Das Berücksichtigungsverbot aus § 16 Abs. 1 Satz 1 BDG betrifft allerdings nur die Disziplinarmaßnahme selbst, nicht den zugrunde liegenden Sachverhalt. Das Gesetz bezieht sich ausdrücklich immer nur auf die »Disziplinarmaßnahme«. Das hat den Grund, dass nach Tilgung der Beamte als unbescholten und die neue Verfehlung nicht als »Rückfall« gilt. Für die beamtenrechtliche Frage der Eignung, der Einsatz- und Beförderungsfähigkeit ist die Kenntnis des bloßen Sachverhalts aus der Personalakte weiterhin wichtig (einleuchtend sicher im Falle eines Kassenbeamten, der wiederholt Kassenfehler macht, oder eines Lokführers mit wiederholten Zugunfällen). Das weiter reichende Verwertungsverbot des § 49 Abs. 1 BZRG geht der Berücksichtigungsmöglichkeit im Rahmen des § 16 vor (dazu § 16 Rn. 2 ff.). Ist zwar eine Disziplinarmaßnahme gem. § 16 BDG nicht mehr zu berücksichtigen, gleichwohl ein Verwertungsverbot nach § 49 BZRG nicht eingetreten, so kann diese Vorstrafe im Disziplinarverfahren verwertet werden (BVerwG st. Rspr. v. 3.3.1998 – 1 D 13.97 – NJW 1998, 2463 = ZBR 1998, 427 = DÖD 1998, 233). Ist die Vormaßnahme oder die Vorstrafe zwar nicht getilgt, ist jedoch bis zur neuen Tat eine Zeitspanne etwa in der Länge der normalen Tilgungsfrist verstrichen gewesen, so kann dies ebenso eine Milderung nach der Maßnahmenart rechtfertigen (BDiG v. 14.3.1985 – VI VL 46/84 in Fortführung von BVerwG, Dok. Ber. 1985, 126, das im Rahmen von § 14 BDO – nun § 14 BDG – das Bedürfnis nach einer zusätzlichen Pflichtenmahnung verneint, wenn die inzwischen getilgte Vorstrafe der Trunkenheitsfahrt und der damit verbundene Entzug der dienstlichen Fahrerlaubnis 5 1/2 Jahre vor dem neuerlichen Dienstvergehen lag; ebenso für Milderung der Degradierung – nun Zurückstufung – in Geh.K noch in Urt. v. 18.4.1985 – 1 D 131.84; a. A. in Urt. v. 28.4.1986 – 1 D 152.85; vgl. auch § 14 Rn. 35). Bei sachgleichen Vorstrafen und Vormaßnahmen entfällt das zusätzliche Mahnungsbedürfnis schon bei längerer Unbescholtenheit seit Rechtskraft der letzten Maßnahme/Strafe. Denn diese legen den ersten Grundstein für die Einsicht der Betroffenen (BDiG v. 27.5.1988 – VI VL 2/88, aufgehoben durch BVerwG v. 13.3.1989 – 1 D 52.88).

81 Nicht rückfallbegründend sind auch **Vortaten, die vor der Begründung des Beamtenverhältnisses** begangen wurden. Denn die Bedeutung des Rückfalls für die Bemessung liegt darin, dass eine frühere, einschlägige **Pflichtverletzung** die Labilität gegenüber den Beamtenpflichten aufzeigt. Diese Unzuverlässigkeit wird noch konkreter, wenn die frühere Pflichtverletzung auch disziplinar – und offenbar ohne Wirkung – gemaßregelt worden war. Da nur das dienstbezogene Verhalten dienstlich erheblich sein kann, ist allein der **Rückfall in die beamtenrechtliche Pflichtwidrigkeit** erheblich für die Bemessung des Erziehungsbedürfnisses, nicht das außerhalb beamtenrechtlicher Pflichten gezeigte Privatverhalten (BVerwG schwankend, wie hier v. 20.8.1969 – 3 D 12.69 und v. 22.9.1976 – 1 D 25.76; dagegen v. 7.9.1967 – 1 D 18.67, v. 20.8.1968 – 2 D 16.68 und zuletzt Dok. Ber. 1979, 7).

82 **Für eine niedrigere Maßnahme** kann sprechen, dass ein **früheres Dienstvergehen gar nicht oder nicht in angemessener Steigerung disziplinar gemaßregelt** wurde. Wenn eine frühere Erziehung unterlassen wurde, kann auch nicht im Sinne des Steigerungsgrundsatzes bei Rückfall erschwerend gefolgert werden, der Beamte sei gegenüber einer erzieherischen Einwirkung uneinsichtig geblieben und bedürfe deshalb jetzt einer strengeren Sanktion. Vielmehr kann

nicht ausgeschlossen werden, dass bei den Betroffenen durch das Ausbleiben angemessener disziplinarer Reaktion die falsche Vorstellung über die dienstliche Bedeutung des Fehlverhaltens entstand (BVerwG, Dok. Ber. 1981, 110). Insbesondere die Entfernung scheidet aus, wenn zuvor über einen längeren Zeitraum ein Fehlverhalten nicht beachtet wurde (BayVGH v. 24. 11. 2004 – 16a D 03.2755 – zur mangelnden Dienstleistung).

Bei **unterschiedlichen Rechtsgüterverletzungen** der verschiedenen Dienstvergehen rechtfertigt der verallgemeinernde Schluss, der Beamte neige offenbar »zur Unzuverlässigkeit«, »zum Gesetzesbruch« oder sei ein »notorischer Rechtsbrecher« (Rn. 16, 43, 79, 106) **nicht die zwangsläufige Steigerung** der Maßnahmenart. Die Steigerung der Disziplinarmaßnahme muss nach der konkret gezeigten Labilität und nach der Prognose künftiger Zuverlässigkeit aus der Gesamtheit der bislang vorliegenden Dienstvergehen geklärt werden (so zutreffend BVerwG v. 7. 10. 1987 – 1 D 26.87). Alles zusammen muss dem **Gebot der Verhältnismäßigkeit** gerecht werden (in diesem Sinn bedenklich BVerwG v. 7. 8. 1984 – 1 D 57.84, das bei Vorliegen nur einer nach § 14 BDO [nunmehr § 14 BDG] eingestellten Vortat degradierte, weil drei in Gehaltskürzung einzustufende Einzelverstöße das Dienstvergehen ausmachten).

83

Verweis, Entfernung aus dem Beamtenverhältnis und Aberkennung des Ruhegehalts enthalten **keinen weiteren Bemessungsspielraum**, so dass sich mit ihrer Auswahl die disziplinare Zumessungserwägung erschöpft. Der **Verweis** als niedrigste Erziehungsmaßnahme kommt für geringfügige Ordnungswidrigkeiten formaler Art in Betracht, die gerade die Schwelle der disziplinaren Erheblichkeit überschreiten (Rn. 20). Die **Entfernung aus dem Beamtenverhältnis** ist keine Erziehungs-, sondern eine **Auflösungsmaßnahme**. Sie setzt völlige Zerstörung des diensterforderlichen Vertrauensverhältnisses voraus und lässt deshalb eine Fortsetzung des – im Falle des Ruhestands eingeschränkten – öffentlichen Pflichtenverhältnisses nicht zu (BVerwGE 46, 9). Ist das gegenseitige Vertrauensverhältnis zerstört, fehlt es an der Grundlage für weitere Differenzierungen und Bemessungserwägungen. Das **Unterlassen von Anordnungen nach § 38 Abs. 1–3 BDG** ist für die Maßnahmenwahl der Entfernung unerheblich (BVerwG, Dok. Ber. 1992, 93, noch zu §§ 91, 92 BDO). Anders jedoch, wenn der Betroffene auch nach der Tat in dem bisherigen oder einem vergleichbaren oder gar verantwortlicheren Aufgabenbereich eingesetzt war und sich bewährt hat. Verträgt die Funktion der staatlichen Verwaltung die Weiterbeschäftigung eines Beamten nicht mehr, dann auch nicht teilweise. Hier geht es nicht, wie beim Strafrecht, um die Wiedereingliederung in die soziale Gemeinschaft, in die ohnehin auch jeder Straftäter gehört, sondern um die weitere Tragbarkeit in einem besonderen Dienstverhältnis. Deshalb scheiden hier **Zumessungskriterien wie verminderte Schuldfähigkeit** (BVerwG, Dok. Ber. 1981, 251; anders, wenn Grenze zur Schuldunfähigkeit erreicht ist: A. I. Rn. 34, 35; vgl. aber auch zur generellen Milderung wegen verminderter Schuldfähigkeit BVerwG, ZBR 1990, 90 und A. I. Rn. 34), **Verhältnismäßigkeit** (BVerwGE 76, 87 = ZBR 1983, 371; v. 23. 6. 1993 – 1 D 38.92 – Dok. Ber. 1993, 265 [keine unverhältnismäßige Härte]; v. 21. 10. 1987 – 1 D 106.86, BVerwGE 43, 97) oder **Resozialisierung** (BVerwGE 43, 57; 46, 9; DÖD 1984, 88) grundsätzlich aus. Das gilt gleichermaßen für die **Aberkennung des Ruhegehalts**. Das folgt zwar nicht aus dem Gesichtspunkt der Gleichbehandlung (so BVerwG, Dok. Ber. 1989, 125; Behnke-Arndt, Einf. Rn. 169) in dem Sinn, dass es der aktive Beamte ungerecht empfinden würde, wenn er aus dem Dienst entfernt werden, sein inzwischen

84

A. IV. 3 Allgemeine Bemessungsgrundsätze

pensionierter Kollege aber leer ausgehen würde. Im Status des Ruhestandsbeamten und dem des aktiven Beamten liegt kein gleicher Sachverhalt. Die Berechtigung für die Aberkennung des Ruhegehalts könnte allenfalls daraus abgeleitet werden, dass auch im Ruhestand das beiderseitige Pflichtenverhältnis, wenn auch eingeschränkt, fortbesteht (§ 77 Abs. 2 BBG). Ist dieses zerstört, so kann es ebenso wenig wie das Dienstverhältnis geheilt werden. Die **Entscheidung des BVerwG** (v. 20.10.1987 – 1 D 110.85 – Dok. Ber. 1987, 335) nimmt zu der bisherigen Grundsatzrechtsprechung nicht Stellung; aus der Anfrage an den Bundesdisziplinaranwalt um Zustimmung nach § 31 Abs. 4 Satz 4 BDO ergibt sich aber, dass der Senat auf die »im wesentlichen nur noch generalpräventive Bedeutung« und u. a. darauf abgestellt hat, dass eine Aberkennung des Ruhegehalts »zudem nur die Umschichtung der Versorgungslast auf den Rentenversicherungsträger, dazu eine erhebliche Beitragslast für den Dienstherrn zur Folge hätte« (abgedruckt in: HSGZ 1988, 98). Sie hält indessen – jedenfalls bei langer Verfahrensdauer und im Übrigen guter und unbescholtener Dienstleistung – **die vorwiegend generalpräventive Aberkennung des Ruhegehalts für unangemessen** und hat im Falle eines schweren, sonst zur Dienstentfernung führenden Dienstvergehens das Verfahren nach §§ 76 Abs. 3, 31 Abs. 4 Satz 5 BDO eingestellt. Dieser Standpunkt ist im entschiedenen Fall zwar rechtstechnisch erstaunlich, da er zunächst schon voraussetzt, dass die angenommene Pflichtverletzung bei einem aktiven Beamten nicht zur Entfernung geführt hätte, was das BVerwG bisher stets gegenteilig entschied (vgl. B. II. 1.). Außerdem besteht im entschiedenen Fall die verletzte Pflicht auch im Ruhestand weiter (§ 77 Abs. 2 Nr. 1 BBG), so dass ein anhaltendes, spezialpräventives Bedürfnis bzw. eine noch andauernde Pflichtverletzung in Betracht kommt. Im Ansatz wäre dieser – wenn auch nicht nach den bekannt gegebenen Gründen, so doch nach ihrem logischen Inhalt – Entscheidung für alle Dienstvergehen außerhalb des § 77 Abs. 2 BBG zuzustimmen (vgl. auch § 12 Rn. 3), denn die »sühnende« oder »generalpräventive« Funktion der Disziplinarmaßnahme widerspricht dem heutigen Verständnis des disziplinaren Zwecks (Rn. 88 und entsprechend zur Kürzung des Ruhegehalts Rn. 90). Die Entscheidung scheint jedoch ein Einzelfall geblieben zu sein, da der Senat in der Folgezeit die generalpräventive Zielrichtung betonte (zuletzt v. 7.3.2001 – 1 D 14.00).

3. Allgemeine Bemessungsgrundsätze

85 Die **übrigen Disziplinarmaßnahmen des § 5 BDG gewähren einen erheblichen Bemessungsspielraum**. Die **Geldbuße** kann von theoretisch 1 Euro bis zum vollen Monatsbetrag der Dienstbezüge (§ 7 BDG), bei Zivildienstleistenden bis zum vierfachen Monatssold bemessen werden, die **Gehaltskürzung** kann von einem winzigen Bruchteil bis zu einem Fünftel, die Laufzeit von einem Monat (BVerwG, Dok. Ber. 1971, 4040 – ausnahmsweise –) bis zu drei Jahren erstreckt werden – Absenkung durch § 8 BDG von vorher 5 Jahren nach § 9 BDO. Die **Zurückstufung** (früher Degradierung) muss nicht auf die nächstniedrigere Besoldungsgruppe beschränkt sein, sondern kann im gegebenen Fall innerhalb derselben Laufbahn **über mehrere Ämter hinweg** bis zum Eingangsamt (BDHE 3, 248) und auch von den Ämtern der B-Besoldung (obwohl diese keine Laufbahnen mit unterschiedlichen Endgrundgehältern

Allgemeine Bemessungsgrundsätze A. IV. 3

kennt) in ein Amt der A-Besoldung erfolgen (BVerwG, Dok. Ber. 1980, 232; im Einzelnen § 9 BDG Rn. 3). Andererseits ist eine Zurückstufung um mehrere Ämter nicht deswegen schon zwingend, weil in Unkenntnis des Dienstvergehens noch eine Beförderung erfolgte (BVerwG, Dok. Ber. 1976, 305). Noch mehr als in der Wahl der Art der angemessenen Maßnahme, die durch die Einstufungsfunktion eingeschränkt ist (Rn. 84), ist innerhalb derselben die ganze gesetzliche Spannweite nach dem konkreten Erziehungsbedürfnis im Einzelfall auszunutzen.

Ob die Zurückstufung »auch« der Pflichtenmahnung dient (so Claussen/Janzen, Einl. D. 2. f) oder nur eine entfernende Maßnahme, nämlich aus dem Beförderungs- oder Spitzenamt wegen Untragbarkeit darin, darstellt (so Behnke-Arndt, Einf. Rn. 170), ist streitig. Die Disziplinargerichte setzen jedenfalls die Zurückstufung auch als Mahnungsmittel ein (BVerwG, ZBR 1999, 135 = DÖD 1999, 203; ZBR 1974, 30 = DÖD 1974, 60). Das ist auch unumgänglich, wenn bei anhaltenden, gleichartigen Verfehlungen die disziplinare Einwirkung nach dem Gebot »stufenweiser Steigerung« (s. Rn. 78) verschärft werden muss, bevor der Beamte als untragbar entfernt werden kann. **86**

Die **Bemessung der Gehaltskürzung** unterliegt grundsätzlich einer **erheblichen Spannweite**, die auch vom Berufungsgericht hinzunehmen ist, wenn der grobe Rahmen eingehalten wurde (BVerwG v. 6. 7. 1982 – 1 D 71.81). Andererseits hat das BVerwG (seit Dok. Ber. 1982, 233, st. Rspr. Dok. Ber. 1986, 317) eine **Regelbemessung** eingeführt. Danach soll das Gewicht des Dienstvergehens und das daraus folgende Erziehungsbedürfnis (BVerwG v. 7. 12. 1983 – 1 D 51.83) außer in der Maßnahmenart nur in der Bemessung der Laufzeit ausgedrückt werden. Der Kürzungssatz soll ausschließlich nach der finanziellen Lage der Betroffenen bemessen werden, **bisher bei durchschnittlichem Beamtenhaushalt mit 1/20 der Monatsbezüge** (v. 27. 10. 1982 – 1 D 79.81 und v. 7. 12. 1983 – 1 D 51.83). Dieser offenbar dem Strafrecht nachempfundene Regelsatz verkürzt das Zumessungsermessen im Rahmen des § 8 BDG erheblich und zugleich **bedenklich**. Es ist schon fraglich, ob angesichts der stets beteuerten Andersartigkeit des Disziplinarrechts die strafrechtlichen Bemessungsgrundsätze vorbildlich sein können und was ein »durchschnittlicher Beamtenhaushalt« ist (möglicherweise der statistische 4-Personen-Haushalt mit einem Verdiener). Jedenfalls kann nicht übersehen werden, dass nicht nur der Laufzeit, sondern ebenfalls dem finanziellen Ausmaß der gesetzlich gewollten »wiederkehrenden erzieherischen Einwirkung« (BVerwG v. 20. 4. 1971 – 1 D 10.71) spezielle Bedeutung zukommt. Gerade im Kürzungssatz kann sich das objektiv größere oder mindere Gewicht des Dienstvergehens ausdrücken. Sinn einer Vermögenssanktion ist es ohnehin, das höhere Gewicht der Verfehlung durch eine spürbarere finanzielle Einbuße deutlich zu machen. Dabei kommt es dem Gesetz bei der Gehaltskürzung nicht auf die letztliche Gesamtsumme der finanziellen Einbuße, sondern auf die Wirkung der wiederkehrenden Einzeleinbußen an. In der Bemessung der Laufzeit kann das konkrete Bedürfnis nach pflichtmahnender Einwirkung entsprechend der Verhaltensprognose (Labilität, Wiederholungsgefahr) wirkungsvoll dargestellt werden. Es kann nach dem Gewicht des Dienstvergehens und nach dem Mahnungsbedürfnis sinnvoll sein, z. B. bei einem erstmaligen Dienstvergehen mit relativ hohem Gewicht (etwa innerdienstliche Straßenverkehrsverfehlung [Unfallflucht] eines dienstlichen Kraftfahrers mit Verlust der Fahrerlaubnis und deswegen mit Ablösung vom Fahrdienst), aber mit geringer oder keiner Wiederholungsgefahr (weil im vor- **87**

117

A. IV. 3 Allgemeine Bemessungsgrundsätze

stehenden Beispiel wegen der Ablösung aus dem Fahrdienst eine solche Verfehlung nicht mehr vorkommen kann) die Kürzung sehr spürbar auf etwa 1/10, aber die Laufzeit nur auf 5 bis 7 Monate zu bemessen. Hierbei wären auch die beamtenrechtlichen Nebenfolgen (Einf. I. 8. Fn. 36 und 9. sowie Rn. 58) auf das Vertretbare beschränkt. Die Regelbemessung des BVerwG führt dazu, dass dienstlich höchst unterschiedlich bedeutsame Dienstvergehen unterschiedslos gemaßregelt werden. Zum Beispiel wurden bisher (s. Rn. 49-51) nach einer zweiten außerdienstlichen Trunkenheitsfahrt sowohl der Schreibtischbeamte, auf dessen dienstlichen Einsatz sich die Straftat nicht auswirkt, als auch der innerhalb des Dienstes betrunken fahrende Berufsbusfahrer, der wegen des Führerscheinverlusts nicht mehr laufbahnmäßig eingesetzt werden kann, mit der Regelmaßnahme der Gehaltskürzung von 1/20 auf die Dauer von sechs Monaten gemaßregelt (BVerwG v. 7. 12. 1983 – 1 D 51.83; v. 26. 6. 1983 – 1 D 71.82 und v. 13. 3. 1975 – 1 D 77.74). Die starre Anwendung eines solchen Regelsatzes trägt zwangsläufig dem Gesichtspunkt der »berufserforderlichen« Einwirkung, dem Gleichbehandlungsgrundsatz und dem Verhältnismäßigkeitsgebot nicht genügend Rechnung (so BDiG v. 27. 3. 1984 – I VL 3/84, insoweit geändert durch BVerwG v. 13. 11. 1984 – 1 D 64.84; vgl. auch Schwandt, FS Claussen, 1988, S. 175 ff., der ebenfalls eine schematische, an Eckwerten orientierte tabellarische Berechnung des Kürzungssatzes vorschlägt). **Neuerdings** bemisst das BVerwG den Kürzungssatz wenigstens **für die Laufbahnen unterschiedlich** (v. 21. 3. 2001, ZBR 2001, 362: danach beträgt der Kürzungssatz in der Regel im **einfachen Dienst 1/25**, im **mittleren Dienst 1/20** und im **gehobenen und höheren Dienst bis A 16 1/10**).

88 Der **Zweck des Disziplinarrechts** liegt bei den im Dienst belassenden Maßnahmen grundsätzlich in der individuellen Pflichtenmahnung (Spezialprävention) des Beamten zu einer berufserforderlichen Zuverlässigkeit, **nicht in der allgemeinen Abschreckung der Beamtenschaft insgesamt, auch nicht in der Wahrung der »sozialen Repräsentanz des Staates«** gegenüber der Gesellschaft (Einf. I. 2. bis 4. und Rn. 89). Dennoch führt auch die individuelle Erziehungsmaßnahme zwangsläufig zu einer **Abschreckung** (Generalprävention) anderer, nicht betroffener Beamten, indem diese davon erfahren. Einerseits werden statusändernde Maßnahmen (wie Zurückstufung und Entfernung) wegen ihrer Außenwirkung dem Umfeld bekannt. Andererseits spricht sich ein Disziplinarverfahren trotz der Vertraulichkeitspflicht schon deswegen herum, weil eine Reihe von Kollegen den Anlass des Verfahrens kennen und in der Aufklärungsphase mit dem Verfahren befasst sind. Generalpräventiv wirken auch die abstrakt informierenden Rundschreiben und die Dienstunterrichte.

89 **Als Ziel der Disziplinierung** ist jedoch die **allgemeine Abschreckung** (Generalprävention) **unzulässig**. So dürfen (entgegen st. Rspr. zuletzt BVerwG v. 27. 6. 2001 – 1 D 40.00) bei den Zumessungserwägungen generalpräventive Aspekte nicht zusätzlich erschwerend herangezogen werden (Fliedner, ZBR 1969, 142 ff.; Wiese, VerwArchiv 1965, 368 Anm. 164). Auch § 14 BDG deutet durch den Verzicht auf die Voraussetzung der »Wahrung des Ansehens der Beamtenschaft« an, dass die Generalprävention nicht Ziel des Disziplinarverfahrens ist. Bereits § 14 BDO zielte weniger auf die Abschreckung der Beamtenschaft (wie Behnke-Arndt, S. 126 Rn. 171, meint) als darauf ab, dass die »Allgemeinheit« aus der Untätigkeit des Dienstvorgesetzten nicht den Schluss ziehen soll, die Verwaltung nehme keinen Anstoß an dem Fehlverhalten und fördere damit gleiches Fehlverhalten auch anderer Beamter. In dieser Ausnahmevorausset-

zung der »Ansehenswahrung« konnte allenfalls gegenüber der Allgemeinheit die Verpflichtung zum Tätigwerden der Disziplinarorgane angesprochen sein, nicht aber die Pflicht zur exemplarischen Einwirkung auf die übrige Beamtenschaft. Eine Maßnahme, die nicht schon durch die Einstufung, das Gewicht des Dienstvergehens und die individuelle Bemessung gerechtfertigt ist, kann dies durch generalpräventive Erwägungen auch nicht werden. Dies gilt erst recht unter dem eingeschränkten Wortlaut des § 14 BDG. So wäre es unzulässig, einen noch vertrauenswürdigen Beamten aus Gründen der allgemeinen Abschreckung aus dem Dienst oder dem Amt zu entfernen (Behnke-Arndt, S. 125 Rn. 168). Die **Ansehenswahrung** kann ebenso wenig wie die Gleichbehandlung als selbständiger Zweck disziplinarer Verfolgung angesehen werden (entgegen BVerwG v. 25. 3. 1980 – 1 D 14.79 – Dok. Ber. 1980, 132 mit Zitaten). Aus § 77 Abs. 1 Satz 2 BBG ergibt sich dies nicht für außerdienstliche Verfehlungen (vgl. Rn. 47), und § 61 Abs. 1 Satz 3 BBG stellt für innerdienstliche Verfehlungen ohnehin nicht auf die Ansehenswahrung ab. Wegen der begrifflichen Unschärfe von »achtungs-, vertrauens- und ansehensgerechtem« Verhalten vgl. Rn. 45 ff.

Die in §§ 5 Abs. 2, 11 BDG geregelte **Kürzung des Ruhegehalts** wurde **von der Rspr. vorwiegend generalpräventiv** angewandt, nämlich auch in den Fällen, in denen die verletzte Pflicht gem. § 77 Abs. 2 BBG im Ruhestand nicht mehr besteht (BVerwG, DÖD 1979, 128; ebenso Claussen/Janzen, Einl. D. 1. b). Der nur vereinzelt gebliebenen Entscheidung des BVerwG v. 20. 10. 1987 (s. o. Rn. 84) ist darin zuzustimmen, dass ein generalpräventiver Zweck die Ruhegehaltskürzungen nicht rechtfertigen soll. Die Ruhegehaltskürzung kann nur in den Fällen pflichtenmahnend wirken, in denen die Ruhestandsbeamten weiterhin den Dienstpflichten unterliegen, nämlich denen des § 77 Abs. 2 BBG. Nur hinsichtlich solcher Pflichten können Dienstvergehen noch begangen werden, nur daraufhin ist eine erzieherische Maßregelung noch möglich (so für die »zusätzliche Pflichtenmahnung« nach § 14 BDO BVerwG v. 24. 7. 1968 – 3 D 10.68; st. Rspr. [heute § 14 BDG]). In aller Regel wird die Ruhegehaltskürzung aber nicht wegen **nachwirkender Dienstpflichten oder wegen nachdienstlicher Dienstvergehen** verhängt, sondern wegen solcher Pflichtverletzungen, die noch in der aktiven Dienstzeit und vor der Versetzung in den Ruhestand begangen wurden, die aber im Ruhestand nicht mehr vorkommen können. Deshalb kann die Ruhegehaltskürzung keine individuelle Erziehung bewirken. Auch hier ist das Bedürfnis, den Ruhestandsbeamten nicht besser als seinen noch im aktiven Dienst stehenden Kollegen zu behandeln, nicht mit dem Gleichbehandlungsgrundsatz zu begründen (Rn. 84). Der **logische Widerspruch**, einerseits die Gehaltskürzung an den Zweck der individuellen Pflichtenmahnung zu binden, andererseits wegen des Mangels weiterwirkender Pflichtenbindung allein die Abschreckung der Beamtenschaft (die von Gesetzes wegen davon gar nichts erfahren dürfte) zu bezwecken, ist mit der oben zitierten höchstrichterlichen Rspr. behoben; andernfalls wäre es die Aufgabe des Gesetzgebers gewesen, für eine Klärung zu sorgen.

Unzulässige generalpräventive Erwägungen liegen **nicht** vor, wenn bei einer Maßnahmenbemessung erschwerend berücksichtigt wird, dass derartige Pflichtverletzungen sich in der Behörde häufen oder überhand nehmen. Wer in Kenntnis dieser Situation und entgegen den Bemühungen der Behörde um Abhilfe versagt, hat dies voll zu verantworten. Hier handelt es sich um eine dienstliche Situation, die jeden einzelnen Beamten betrifft und seine besondere

A. IV. 3 Allgemeine Bemessungsgrundsätze

»berufserforderliche« Reaktion erfordert. Es ist ein objektiver Tatbestand, der sich erschwerend auswirken kann, wenn er vom Verschulden erfasst ist. Umgekehrt können das »Schleifenlassen« von Missständen durch die Vorgesetzten und geduldete Nachlässigkeiten aller Mitarbeiter das Bewusstsein der Pflichtwidrigkeit (Evidenz) der betroffenen Beamten mindern (BDH, Dok. Ber. S. 2785; BVerwG, Dok. Ber. S. 3318; E 33, 101; 53, 255; Rn. 23).

92 Wie für die Wahl der Maßnahmenart liegt auch für die Bemessung der Disziplinarmaßnahme der **Beurteilungszeitpunkt** bei der Entscheidung. Auch die Veränderung außerdienstlicher Anforderungen muss in der Bemessung berücksichtigt werden. Andernfalls kommt ein Verstoß gegen das »**Rückwirkungsverbot**« des Art. 103 Abs. 2 GG in Betracht (BVerwG v. 24. 10. 1973 – 2 WD 42.73). Es kann nur auf die Tatsachen abgestellt werden, die im Zeitpunkt der Entscheidung feststehen. Wird z. B. eine weitere Gehaltskürzung noch während des Laufs einer vorherigen Gehaltskürzung verhängt, so gelten für die Höchstgrenze der Bemessung nach § 8 Abs. 1 Satz 1 BDG die derzeit gekürzten Dienstbezüge (Rn. 75). Veränderungen seit der Tat bis zur Entscheidung sind auf ihre Erheblichkeit für Wahl und Bemessung der Disziplinarmaßnahme zu untersuchen. Haben sich die dienstlichen Aufgaben und Anforderungen an den Beamten seit der Tat geändert, so können die früheren Anforderungen zwar das objektive Gewicht des Dienstvergehens bestimmen, aber für das konkrete Erziehungsbedürfnis muss berücksichtigt werden, dass der Beamte in diesem Bereich absehbar nicht mehr versagen kann, also auch nicht in diensterforderlicher Weise gerade insoweit erzogen werden muss. So kann im Rahmen der Bemessung nicht erschwerend berücksichtigt werden, dass der Beamte früher einmal Berufskraftfahrer war und insoweit besonderen Pflichten unterlag, vor der erneuten Trunkenheitsfahrt aber aus dem Fahrdienst abgelöst wurde, so dass sich die Tat ohnehin dienstlich nicht mehr unmittelbar auswirken kann. Für die Bemessung müssen auch diejenigen Bewertungskriterien gelten, die das Bedürfnis zur Pflichtenmahnung im Rahmen des § 14 BDG bestimmen: Begehen z. B. alkoholisch vorbelastete Beamte des Bahnbetriebsdienstes eine außerdienstliche Trunkenheitsfahrt, so kann diese trotz der Alkoholempfindlichkeit des Bahnbetriebsdienstes dennoch keine zusätzliche Pflichtenmahnung nach § 14 BDG rechtfertigen, wenn sie aus anderen dienstlichen Gründen ohnehin inzwischen aus diesem umgesetzt worden sind (BVerwGE 33, 75 und v. 13. 10. 1981 – 1 D 3.81). Eine **Ausnahme vom Rückwirkungsverbot** gilt für den Fall der nachträglichen, getrennten Verfolgung eines Dienstvergehens, das bei der gebotenen **einheitlichen Verfolgung** schon innerhalb einer vorausgegangenen Disziplinarmaßnahme hätte berücksichtigt werden müssen: In diesem Fall muss unter Berücksichtigung der Vormaßnahme so bemessen werden, dass der Beamte insgesamt nicht schlechter und nicht besser steht, als wenn die vorausgegangene Maßnahme schon die nachträglich verfolgte Verfehlung erfasst hätte (s. Rn. 14).

93 Bemessungserhebliche Umstände können sich demnach aus den **Verhältnissen der Tat selbst**, aber auch aus der **Zeit davor und danach** herleiten. Alle drei Zeitphasen können sowohl das objektive Gewicht des Dienstvergehens als auch das individuelle Erziehungsbedürfnis bestimmen. Aus der Tat und ihren Umständen ergibt sich das objektive Gewicht des unmittelbaren dienstlichen und außerdienstlichen Vertrauensschadens. Das »Persönlichkeitsbild« und damit das konkrete Erziehungsbedürfnis wird sich vor allem auch aus dem dienstlichen und außerdienstlichen Verhalten vor und nach der Tat bestimmen.

4. Milderungs- und Erschwerungsgründe im Einzelnen

a) Äußere Tatumstände

Bemessungserhebliche Tatumstände ergeben sich aus der **Art der Pflichtverletzung** und der daraus folgenden dienstlichen Erheblichkeit. Soweit nicht schon die »Einstufungsfunktion« eine Maßnahmenart bestimmt, die eine weitere Bemessung nicht erlaubt (Rn. 84), bestimmt zwangsläufig die Bedeutung der Pflichtverletzung die Bemessung der Maßnahme mit. Das gilt besonders für die breiten Spielräume von Geldbuße und Gehaltskürzung. 94

Die **Begehungsweise** und die **Dienstbezogenheit** der Tat sind ein weiterer wichtiger Bemessungspunkt. Die Öffnung einer Postsendung zum Betrachten der darin enthaltenen Diabilder kann aus der Verleitungssituation heraus, etwa bei Beschädigung der Sendung, aber auch gezielt nach vorheriger Entnahme aus dem ordnungsgemäßen Postgang erfolgen. Ebenso kann bei formularmäßigen Erstattungs- oder Leistungsanträgen ein unbedachter Fehler oder eine gezielte, mit Missbrauch dienstlicher Einwirkungsmöglichkeiten oder mit Urkundenfälschung verbundene Manipulation vorliegen. Auf die Intensität der Begehungsweise und das Ausmaß des konkreten Vertrauensbruchs kommt es entscheidend an. Auch ist hierbei von Bedeutung, ob der Beamte die Tat nur vorbereitet, versucht, nur unterstützt, für sich oder für einen anderen begangen hat (Rn. 6). Das **Maß der Dienstbezogenheit** einer außerdienstlichen Verfehlung wirkt sich ebenso aus (vgl. zum außerdienstlichen Schmuggel eines Grenzschutzbeamten Rn. 44). 95

Hat die Tat nur den **innerdienstlichen Bereich** betroffen, so kann dies milder zu bewerten sein, als wenn auch Außenstehende geschädigt wurden oder mindestens von der Tat erfahren haben (bei Unterschlagung von Essensmarken BVerwG v. 7. 7. 1982 – 1 D 119.81 und bei Verletzung des Postgeheimnisses v. 24. 11. 1976 – 1 D 27.76). Jedenfalls wirkt immer erschwerend, wenn auch außerhalb der Verwaltung bekannt geworden ist, dass ein Beamter eine schwer wiegende Pflichtverletzung begangen hat, die das Vertrauen auch der Allgemeinheit in die Zuverlässigkeit der Verwaltung zu beeinträchtigen geeignet ist. 96

Das **dienstliche Umfeld der Tat** kann zusätzliche Bemessungsaspekte beitragen. Ist dem Beamten bei der Tat bewusst, dass Verfehlungen der beabsichtigten Art sich in der Dienststelle häufen und die Verwaltung um Abhilfe bemüht ist, so wirkt das erschwerend (Rn. 91). Geduldete Missstände an der Dienststelle und Vernachlässigung der Überwachungspflicht der Vorgesetzten können mildernd wirken, wenn nicht der Täter gerade selbst zu besonderer Eigenständigkeit und Selbstverantwortung verpflichtet war (BVerwGE 53, 338). 97

Die **Folgen der Tat** sind dann bemessungserheblich (BVerwGE 63, 71; ZBR 1976, 129; Dok. Ber. 1982, 24), wenn sie dem Beamten **zurechenbar** sind, das heißt voraussehbar waren. Eine unzulässige »Vergeltung« (so BVerwG v. 5. 11. 1970 – 2 D 18.70 und Claussen/Janzen, Einl. D. 17. a) liegt darin nicht. Auch steht der Zurechnung nicht logisch entgegen, dass es bei vielen Pflichten tatbestandsmäßig nicht auf den Eintritt weiterer Folgen ankommt. Die generelle Bedeutung einer Pflichtverletzung ist im Sinne der Einstufungsfunktion nicht daran gebunden, dass die – wenn auch nahe liegenden – Folgen eingetreten sind. Z.B. ist die Trunkenheitsfahrt auf der Lok pflichtwidrig und wegen der grundsätzlichen Gefahr schwer wiegend, auch wenn kein Unfall geschieht. Ähnliches gilt für die Vorbereitungs- und Versuchshandlungen (BVerwGE 93, 300, 305; 103, 54 98

A. IV. 4 Milderungs- und Erschwerungsgründe

stellt maßgeblich auf den Handlungswillen ab) oder hinsichtlich einer außerdienstlichen Ansehensbeeinträchtigung (Rn. 6, 8, 49 und 63). Das schließt jedoch nicht aus, dass tatsächlich eingetretene zusätzliche Folgen der Tat deren Gewicht erschweren.

99 **Folgen der Tat bei dem Tatopfer** können ebenfalls bemessungserheblich sein. Wenn ein Dienstvergehen die Adressaten der Verwaltung oder unbeteiligte Bürger schädigt, so bewirkt das einen zusätzlichen Ansehensschaden. Kommt es durch die Verletzung des Postgeheimnisses zu weiteren Schäden des Absenders oder des Adressaten (BVerwG v. 29. 6. 1972 – 2 D 10.72) oder wird ein ausländischer Reisender durch Nichtherausgabe des Wechselgelds aus der Nachlösung durch den Zugschaffner geschädigt und gar in finanzielle Schwierigkeiten gebracht, so wirkt das ebenso erschwerend wie die Unfallschäden gegenüber Dritten infolge einer innerdienstlichen Trunkenheitsfahrt (BVerwG, ZBR 1976, 129) oder eines Zugunglücks (BVerwG ZBR 1978, 341) oder eines Schiffsunglücks (BVerwG v. 8. 12. 1981 – 1 D 105.80). Haben die Täter mit der Möglichkeit der Folgen rechnen müssen, so haben sie sie auch zu vertreten.

100 Die **Folgen für den Dienst** sind im **Allgemeinen zurechenbar**. Bei innerdienstlichen Verfehlungen wird der Beamte schon aufgrund der dienstlichen Zusammenhänge und der Berufserfahrung mit den dienstlichen Folgen der Verfehlung rechnen müssen und sie voraussehen. Auch die dienstlichen Folgen außerdienstlicher Verfehlungen sind häufig voraussehbar, so etwa die Umsetzung aus dem Kassendienst nach außerdienstlichen Eigentums- und Vermögensdelikten oder die Ablösung aus dem Fahrdienst nach Alkoholverfehlungen (BVerwG, Dok. Ber. 1981, 318; v. 22. 9. 1976 – 1 D 25.76 und v. 18. 7. 1978 – 1 D 59.77).

101 Ob es sich nur um eine bemessungserhebliche **Folge des Dienstvergehens oder** um eine **selbständige Pflichtverletzung** handelt, kann fraglich sein. Handelt es sich um die Verletzung eines eigenständigen Pflichtentatbestands, so ist dessen Bewertung und Zumessung im Rahmen des einheitlichen Dienstvergehens ohnehin zwangsläufig. Ein selbständiger Pflichtentatbestand ist erfüllt, wenn dieser einen eigenen, weitergehenden oder abweichenden Inhalt hat und, falls sich die Schuld darauf erstreckt, auch ohne die andere Pflichtverletzung ein Dienstvergehen darstellen würde.

102 **Folgt der außerdienstlichen Trunkenheitsfahrt der Dienstantritt unter Einwirkung des Restalkohols**, so handelt es sich bei Letzterem nicht um eine Folge des außerdienstlichen Dienstvergehens gem. § 77 Abs. 1 Satz 2 BBG, sondern um einen selbständigen, vorwerfbaren Pflichtenverstoß nach § 61 Abs. 1 Satz 1 BBG (st. Rspr. BVerwG, Dok. Ber. 1981, 263). Entsprechendes gilt für die **Dienstunfähigkeit als Folge** des schuldhaften und pflichtwidrigen **Alkoholismus** (BVerwG v. 23. 7. 1979 – 1 D 99.79; im Einzelnen B. II. 5. Rn. 6). Dasselbe gilt für den Verlust der Fahrerlaubnis und für die damit **zwangsläufig verbundene Ablösung des hauptamtlich eingesetzten Berufskraftfahrers aus dem Fahrdienst**. Auch in diesem Fall hat der Beamte nicht nur eine außerdienstliche Ansehensgefährdung bewirkt (§ 77 Abs. 1 Satz 2 BBG), sondern zusätzlich die Pflicht zur Erhaltung der vollen dienstlichen Einsatzfähigkeit verletzt (§ 61 Abs. 1 Satz 1 BBG), die außerdem schwerer wiegt. Deshalb handelt es sich hier wie in den vorgenannten Fällen nicht um eine bloße – bemessungserhebliche – Folge, sondern um eine bei der Bewertung und Auswahl der Disziplinarmaßnahme voll zu berücksichtigende Pflichtverletzung (vgl. B. II. 5. Rn. 10).

Milderungs- und Erschwerungsgründe A. IV. 4

Nicht ohne weiteres von den Tätern vorauszusehen und dann **nicht zurechenbar** sind dienstliche Auswirkungen, die nicht zwangsläufig der Tat folgen, sondern von weiteren **Ermessensentscheidungen** der zuständigen Stellen abhängen. In diesem Sinn gelten für die Bemessung dieselben Aspekte, die das BVerwG zu § 14 BDO (nunmehr § 14 BDG) entwickelt hat. So ist z. B. nicht zurechenbar die **Ablösung aus dem Lok-Fahrdienst wegen außerdienstlicher Trunkenheitsfahrt** (BVerwG v. 8.12.1982 – 1 D 28.82). Auch die **Untersuchungshaft oder Haft als Folge einer Straftat**, etwa der Trunkenheitsfahrt, kann nicht bei der Bemessung oder im Rahmen des § 14 BDG erschwerend zugerechnet werden (BVerwG, Dok. Ber. 1981, 305; weiter für die Zurechnung Claussen/Janzen, Einl. D. 19. a. E. im Widerspruch zu 17. a; vgl. Rn. 69). Die Nichtzurechenbarkeit folgt nicht daraus, dass mit der Haft »einer Staatsbürgerpflicht nachgekommen wird« und deshalb die haftbedingte Dienstversäumung nicht pflichtwidrig ist (BDHE 4, 119; BVerwG v. 20.3.1970 – 3 D 33.69 und v. 2.10.1981 – 1 DB 16.81). Denn pflichtwidrig ist jede nachteilige Folge einer pflichtwidrigen Tat, sie ist auch verschuldet, wenn sie vorhersehbar war (Arndt, APF 1968, S. 18 re. Sp.). Überzeugen kann auch nicht, dass die Haft »notwendige Folge« sei und dass es für § 14 BDO (= § 14 BDG) nur auf das »künftige« Verhalten ankomme (BVerwG v. 3.3.1978 – 1 D 57.77 – Dok. Ber. 1978, 161). Die »Notwendigkeit der Folge« schließt ein Verschulden nicht aus, auch wenn die Entscheidung über die Folge von der richterlichen Ermessensentscheidung abhängt. Entscheidend sind neben dem Gewicht des Dienstvergehens die **künftige Verhaltensprognose** und hierbei die Frage, in welchem Umfang der Täter noch einer **pflichtmahnenden Einwirkung** bedarf. Unter diesem Aspekt ist ohne Rücksicht auf die »Zurechenbarkeit« der Tatfolge die Verbüßung der Freiheitsstrafe schon deshalb nicht verschärfend heranzuziehen, weil die für den Dienst **nachteilige Abwesenheit** durch den für den Beamten **gravierenden Freiheitsentzug aufgewogen** wird (BDiG v. 14.9.1976 – V VL 17/76). Entsprechend ist auch die Dienstversäumung wegen **Krankheit als Folge der Trunkenheitsfahrt** mit Unfall oder wegen der **Polizeiaufklärungen nach der Tat** nicht erschwerend zu berücksichtigen (BVerwGE 53, 310, 314).

103

Die **Folgen für den Täter selbst** sind ebenfalls bemessungserheblich. Das gilt sowohl für die aus dem Dienstvergehen folgenden dienstrechtlichen Nachteile (wie **Beförderungsverlust**: BVerwG v. 28.6.1988 – 1 D 119.87, Dok. Ber. 1986, 294; v. 25.2.1976 – 1 D 27.75 und v. 22.9.1976 – 1 D 25.76) als auch für die außerdienstlichen Folgen, z. B. pflichtmahnende und finanzielle Bedeutung der **strafgerichtlichen Einwirkung** durch Haft, Geldstrafe usw. (BVerwG v. 18.9.1970 – 2 D 17.70; zum verfassungsrechtlichen Gebot der Anrechnung der strafgerichtlichen Geldsanktion auf die disziplinarrechtliche Geldsanktion BVerfGE 27, 180 m. Anm. Kreuzer u. Rn. 124, 129), **lange Dauer des Disziplinarverfahrens** mit entsprechendem Leidensdruck oder dienstlichen Nachteilen (BVerwG, ZBR 1999, 135 = DÖD 1999, 203; vgl. A. V. Rn. 128) oder **persönliche Schäden** an Gesundheit oder Vermögen (BVerwG v. 18.4.1979 – 1 D 60.78; BDiG v. 14.9.1976 – V VL 17/76: Absitzen der Freiheitsstrafe hebt in seiner erzieherischen Wirkung den dienstlichen Nachteil des Fernbleibens vom Dienst auf). Zu den besonderen Milderungsgründen beim Zugriff auf amtliche Gelder und Güter vgl. Rn. 113 und B. II. 10. Rn. 12 ff.

104

A. IV. 4 Milderungs- und Erschwerungsgründe

b) Persönliche Tatumstände

105 Selbstverständlich sind die **Tatmotive** und der jeweilige Schuldgrad nicht nur für die Auswahl der Maßnahmenart, sondern auch für deren Bemessung erheblich. Das wirkt sich vor allem bei solchen Dienstvergehen aus, die aus mehreren Einzelverfehlungen bestehen, von denen eine Pflichtverletzung durch ihr vorherrschendes Eigengewicht die Maßnahmenart allein bestimmt (Einstufungsfunktion), die weiteren aber darüber entscheiden, ob es bei dieser Einstufung insgesamt bleiben kann und wie die Bemessung zu erfolgen hat. Z. B. erfordert eine erstmalige Trunkenheitsfahrt außerhalb des Dienstes nach neuer Rspr. des BVerwG (v. 8. 5. 2001 – 1 D 20.00 – ZBR 2002, 39) dann eine Gehaltskürzung, wenn erschwerende Umstände aus der Tat oder deren Folgen hinzutreten. Grundsätzlich liegen solche erschwerenden Umstände auch darin, dass neben der Trunkenheitsfahrt noch ein innerdienstlicher Alkoholverstoß Bestandteil des Dienstvergehens ist. Ist der innerdienstliche Alkoholverstoß aber nur fahrlässig verschuldet, etwa weil es sich um Restalkohol aus einem viele Stunden zurückliegenden Alkoholgenuss handelt und weil bei ausreichender Nachtruhe – wenn auch irrig – mit ausreichender Dienstleistungsfähigkeit bei Dienstbeginn gerechnet wurde, so kann es (bei erstmaliger Verfehlung) bei der an sich verwirkten Geldbuße bleiben (v. 7. 11. 1979 – 1 D 3.80). So kann schon in der strafrechtlichen Vorbereitungs- oder Versuchshandlung eine selbständige Pflichtverletzung liegen (BVerwGE 103, 54). Das Gewicht (nicht das tatbestandsmäßige Vorliegen) des Dienstvergehens hängt auch davon ab, ob es bei Sachgleichheit nach materiellem Strafrecht nur eine Vorbereitungs- oder Versuchshandlung ist. Bleibt die geplante Tat in der Vorbereitung stecken, etwa weil von der Durchführung freiwillig zurückgetreten wird, so kann ein Pflichtenverstoß u. U. auf die Ordnungswidrigkeit, die in den Vorbereitungshandlungen liegt, beschränkt sein (BVerwG v. 15. 5. 1974 – 1 D 17.74). Hat auch der **Rücktritt vom Versuch** im Disziplinarrecht nicht dieselbe – strafbefreiende – Wirkung wie im Strafrecht, so ist er dennoch disziplinarrechtlich nicht ohne Bedeutung. Er setzt objektiv das Gewicht des Dienstvergehens herab und spricht subjektiv für die eigene Einsicht und damit für geringeres Pflichtenmahnungsbedürfnis (BVerwG v. 17. 5. 1988 – 1 D 11.87 – Dok. Ber. 1988, 222). Ist also für die Bewertung eines Versuchs als vollendeter Pflichtverletzung das Ausbleiben des Erfolgs unerheblich, so kann daraus doch eventuell auf mindere kriminelle Intensität und Schuld geschlossen werden (BVerwG v. 21. 6. 1983 – 1 D 100.82; vgl. A. I. Rn. 6; A. IV. Rn. 76). Auch eine Selbstanzeige nach § 371 AO kann mildernd wirken (OVG NW, RiA 2002, 43; 2001, 300).

106 Entscheidender Bemessungsfaktor ist das **Persönlichkeitsbild** (Rn. 43 und 79), das durch die **bisherige Leistung und Führung**, durch **Unbescholtenheit oder strafgerichtliche Vorstrafen bzw. disziplinare Vorbelastungen** geprägt ist. Zeigen sich in dem bisherigen Erscheinungsbild wesensmäßige Anfälligkeiten einschlägiger Art oder sind erzieherische Maßnahmen ohne Erfolg geblieben, so wirkt das wegen der zutage getretenen Uneinsichtigkeit erschwerend. Dabei darf aber nicht die nach einer Vormaßnahme über Jahre gezeigte Unbescholtenheit außer Acht gelassen (Rn. 78, 80) oder in verallgemeinernder Weise aus einer bestimmten, einmal gezeigten Labilität eine Gesamtverurteilung als notorisch unzuverlässig und rechtsbrecherisch abgeleitet werden (Rn. 43, 79, 83). Rückfall und daraus abgeleitete Wiederholungsgefahr scheiden aus, wenn ein **Verwertungsverbot** besteht (Rn. 80) oder die **Vortat kein Dienstvergehen** war (Rn. 81).

Wegen getrennter Verfolgung trotz Einheit des Dienstvergehens und Abstimmung der zweiten Maßnahme auf die erste vgl. Rn. 14 und 92 a. E.

Die mit einer **hohen Amtsstellung** verbundene besondere Verantwortung oder auch die allgemeine Pflicht der **Vorgesetzten** zu besonders vorbildlichem und fürsorglichem Verhalten gegenüber den Untergebenen wird häufig erschwerend wirken (BVerwG v. 4. 4. 2001 – 1 D 15.00; v. 20. 2. 2001 – 1 D 55.99 – DVBl. 2001, 1074). Ebenso kann das **Lebens- und Dienstalter** erheblich sein und ggf. mildernd wirken, z. B. wenn sich ein junger, unerfahrener Beamter trotz eigener Bedenken seinem ihm vorgesetzten, älteren Kollegen fügt. Gleiches gilt generell für die **fachliche Unerfahrenheit**, die sich aus der Jugend oder der kurzen Zeit der Einarbeitung ergibt. Andererseits kann auch bei einem älteren, kurz vor der Pensionierung stehenden, bis dahin tadelfreien Beamten ohne die Voraussetzungen des § 21 StGB mildernd berücksichtigt werden, dass bei ihm der **Altersabbau** Hemmungen verringert hat, die sonst für ihn wesenstypisch waren. 107

Die **Krankheit** zur Tatzeit wirkt sich auf die Bemessung dann aus, wenn sie **ursächlich** für die Tat war (BVerwG v. 22. 1. 1973 – 1 D 27.72 – Dok. Ber. 1973, 155). Hierfür gilt Gleiches wie für die Bedeutung von Ausschluss oder Minderung der Schuldfähigkeit nach §§ 20, 21 StGB (Rn. 34, 35, 84). Für alle den Beamten im Dienst belassenden Disziplinarmaßnahmen ist die **Minderung der Schuldfähigkeit** grundsätzlich mildernd berücksichtigungsfähig (BVerwG, Dok. Ber. S. 3365), wenn nicht schon die Krankheit die Tat – z. B. Fernbleiben vom Dienst – rechtfertigt. Auch bloß psychische Beeinträchtigung in negativer Lebensphase, die nicht einmal verminderte Schuldfähigkeit bewirkt, kann die Maßnahmenart mildern, in jedem Fall aber die Bemessung der Maßnahme (BVerwG v. 10. 11. 1987 – 1 D 24.87). 108

In st. Rspr. haben BDH und BVerwG angenommen, dass auch bei schwerwiegenden, die objektive Tragbarkeit in Frage stellenden Verfehlungen eine die Schuldfähigkeit oder die Verfehlung sonstwie beeinflussende **Kriegsverletzung** mildernd zu berücksichtigen sei (BVerwG DÖD 1978, 73; ZBR 1979, 187). In gleicher Weise müssen andere **Sonderopfer für die Allgemeinheit**, wie etwa **Dienstunfallfolgen**, mildernd berücksichtigt werden, wenn sie sich ursächlich auf das Dienstvergehen ausgewirkt haben (Behnke-Arndt, Einf. Rn. 181; Claussen/Janzen, Einl. D. 22.). 109

Die **psychisch-intellektuelle Verfassung** zur Tatzeit ist ebenfalls bemessungserheblich. Ist der Beamte in seinem Aufgabenbereich überfordert, so dass er dafür als ungeeignet angesehen werden muss, so kann ihm ohnehin eine Pflichtverletzung nur vorgeworfen werden, wenn er es völlig an der ihm möglichen Anstrengung hat fehlen lassen. Objektiv oder subjektiv **Unmögliches** kann von niemandem verlangt werden. Die Pflicht zu vollem dienstlichen Einsatz (§ 61 Abs. 1 Satz 1 BGB) und zur zuverlässigen, weisungsgemäßen Dienstleistung (§§ 61 Abs. 1 Satz 3, 62 Abs. 1 Satz 2 BGB) reicht nur so weit, wie es die persönliche Leistungsfähigkeit des Beamten ermöglicht (Behnke-Arndt, S. 101 Rn. 106). Liegen unüberwindliche Leistungsschwächen in der Persönlichkeitsstruktur des Beamten begründet, so müssen diese jedenfalls bei der Bemessung mildernd berücksichtigt werden. 110

Die **familiären Verhältnisse** vor und zur Tatzeit können das Gewicht der Schuld erheblich beeinflussen. Die Vereinsamung eines Beamten am von seiner Familie weit entfernten Dienstort kann ebenso seine Verfehlung verständlicher erscheinen lassen wie umgekehrt die nervliche Belastung aus einer großen Familie mit Krankheits-, Erziehungs- oder sonstigen Problemen. Spannungen 111

A. IV. 4 Milderungs- und Erschwerungsgründe

in der Ehe, Getrenntleben oder Scheidungsverfahren sind naturgemäß geeignet, Konzentration und Zuverlässigkeit im dienstlichen Alltag zu beeinträchtigen.

112 Eine **negative Lebensphase** kann erheblich mildernd wirken, wenn sie abgeschlossen ist und wenn nach dem jetzigen Verhalten des Beamten von einer gefestigten Lebenssituation und von künftiger Pflichterfüllung ausgegangen werden kann. Die negative Lebensphase kann entlasten bei einer Vielzahl von Einzelverfehlungen (BVerwG v. 11. 2. 1987 – 1 D 11.86) wie auch bei einer Dauerverfehlung, beispielsweise durch langes Fernbleiben vom Dienst (BVerwGE 63, 315). Als negative Lebensphase kann auch eine psychische Beeinträchtigung, die noch nicht die Schuldfähigkeit mindert, eine niedrigere Maßnahmenart rechtfertigen, also statt einer Entfernung die Degradierung zulassen (BVerwG v. 10. 11. 1987 – 1 D 24.87).

113 **Notstands- und Konfliktlagen**, aus denen heraus die Tat begangen wurde, entlasten das Gewicht des Dienstvergehens, wenn sie nicht schon ohnehin ein Dienstvergehen ausschließen (Rn. 26, 36). Sie lassen den Schluss zu, dass der Betroffene nur in dieser Ausnahmesituation versagt hat, aber nicht wesensmäßig labil ist. So können hier generell die **Ausnahmesituationen** mildernd herangezogen werden, die das BVerwG für die Fälle der objektiven Untragbarkeit abgegrenzt hat: einmalige, persönlichkeitsfremde Gelegenheitstat – psychische Schocksituation – unverschuldete, ausweglose finanzielle Notlage – tätige Reue (BVerwG st. Rspr., v. 8. 2. 1980 – 1 D 38.79 und Dok. Ber. 1988, 135; im Einzelnen B. II. 10. Rn. 12 ff.).

114 Auch **dienstliche Belastungen** und Spannungen mit Kollegen und Vorgesetzten können mildernd berücksichtigt werden, wenn sie nicht von dem Beamten selbst zu verantworten sind. Ungerechtfertigte dienstliche Benachteiligungen, unkollegiales Verhalten von Mitarbeitern, schlechtes Betriebsklima können der erste Anlass für dienstliche Leistungs- oder Verhaltensfehler sein.

c) Verhältnisse nach der Tat

115 Das **Verhalten des Beschuldigten vor der Entdeckung** und dem Beginn der Ermittlungen kann positiv wie negativ zugerechnet werden. Zu seinen Gunsten kann sich **tätige Reue** als Ausdruck eines eindeutigen Gesinnungswandels auswirken, der sich in einem effektiven Abrücken von der Tat oder der zugrunde liegenden Labilität ausdrückt. Wer nach alkoholbedingten Verfehlungen von sich aus eine **Entziehungskur** und Gruppentherapie auf sich nimmt (BVerwG v. 11. 8. 1987 – 1 D 149.86), sich nach einer Beleidigung oder Tätlichkeit bei seinem Opfer **entschuldigt** oder nach einer Unterschlagung, einem Diebstahl oder einem Betrug den Schaden von sich aus **wiedergutmacht**, bevor die Tat entdeckt bzw. der Verwaltung bekannt wurde, rückt von der Verfehlung ab und zeigt, dass er dennoch wirksame Widerstandskräfte gegen einen Rückfall hat (unter Aufgabe der bisherigen Rspr. jetzt auch für Kassenveruntreuungen BVerwG v. 8. 3. 1988 – 1 D 69.87 – Dok. Ber. 1988, 135 [noch offen lassend v. 24. 2. 1988 – 1 D 89.87]; ebenso schon BDiG v. 25. 11. 1987 – XIII VL 35/87; v. 21. 1. 1988 – VI VL 22/87). Negativ kann sich auswirken, wenn nach der Tat noch zusätzlich **die pflichtwidrige Absicht intensiviert** wird, z. B. durch Fälschung oder Einlösung der gestohlenen Schecks oder durch Abwälzen des Verdachts auf Unschuldige (BVerwG v. 22. 5. 2001 – 137.00), wobei es hier nicht darauf ankommt, ob es sich dabei um eine selbständige Pflichtverletzung handelt oder ob die Weiterverfolgung der Tatabsicht von dem Hauptvorwurf »kon-

Milderungs- und Erschwerungsgründe A. IV. 4

sumiert« wird, also eine Art »straflose Nachtat« darstellt (vgl. BVerwG v. 25.11.1976 – 1 D 32.76; vgl. Rn. 7).

116 Nach der Entdeckung der Tat und dem Beginn der Ermittlungen ist die Haltung des Beschuldigten zur Tat nur noch bedingt geeignet, als Beweis der **Einsicht und Reue** oder umgekehrt des Desinteresses und der Ablehnung zu gelten. Denn dann ist die Verhaltensweise durch den Druck des Verfahrens und die gewählte Verteidigungsstrategie beeinflusst. Da Beschuldigte hierbei zumeist nicht juristisch-logisch überlegen, ist es jedenfalls bedenklich, aus einer leugnenden oder widersprüchlichen Einlassung erschwerende Momente für die Bewertung der Tat selbst oder für das künftige Verhalten der Beschuldigten herzuleiten. Andererseits muss sich aber ein **Geständnis** jedenfalls dann mildernd auswirken, wenn es mehr zugibt, als sich bis dahin oder später hätte nachweisen lassen. Denn dieses freiwillige, nicht durch die Beweislage veranlasste Geständnis beweist die ehrliche Abkehr des Betroffenen von der Verfehlung und rechtfertigt eine für die Zukunft günstige Prognose. Nicht nur die **Verweigerung der Einlassung**, die nach § 20 Abs. 1 Satz 3 BDG erlaubt ist und nicht belastend verwendet werden darf, sondern auch das **bloße Leugnen** sind nicht erschwerend zu bewerten. Sie sind aus dem Gewissenskonflikt der Beschuldigten erklärlich. Die Mitwirkung an der eigenen Überführung ist nicht zumutbar, auch nicht im Disziplinarverfahren (BVerwG Wehrdienstsenat, NJW 1969, 1188 und BDiG, DÖD 1979, 204 f.; im Einzelnen zur Pflichtwidrigkeit unwahrer Einlassung B. II. 8. Rn. 9). Jedoch wirkt erschwerend, wenn der Beschuldigte durch **falsche Angaben** Unschuldige in Verdacht bringt oder das Betriebsklima der ganzen Dienststelle vergiftet.

117 Die **dienstliche und außerdienstliche Führung nach der Tat** kann zwar an dem Gewicht des Dienstvergehens rückwirkend nichts ändern. Aber für das Persönlichkeitsbild und die Verhaltensprognose kann sie von Bedeutung sein. Leistet der Beamte längere Zeit nach der Tat unbescholten und gut beurteilt den Dienst, so kann ggf. damit bestätigt werden, dass die Tat in einer einmaligen, situationsbedingten und wesensfremden Weise zustande kam (BDH, Dok. Ber. S. 2733, 3095). Außerdem kann nicht ausgeschlossen werden, dass eine erzieherische Wirkung allein schon von der Aufdeckung der Tat und dem bisherigen Verlauf des Verfahrens ausgegangen ist. Dies ist für die Bemessung des Erziehungsbedürfnisses von Bedeutung.

118 **Neue Pflichtverletzungen** nach der Tat sind nur dann zu Lasten des Beamten verwertbar, wenn sie durch **Nachtragsdisziplinarklage** förmlich zum Gegenstand des Verfahrens gemacht worden sind. Dies sehen nun §§ 60 Abs. 2 und 3, 53 Abs. 1 BDG ausdrücklich vor. Andernfalls würde das Gebot der einheitlichen Verfolgung von Pflichtverletzungen umgangen (Rn. 11 ff.) und dem Beschuldigten der verfahrensrechtliche Rechtsschutz des BDG genommen. Das gilt auch für die **Berufungsinstanz**. Die »Einheit disziplinarer Verfolgung« erlaubt dem Berufungsgericht nicht, hinsichtlich des neuerlichen Dienstvergehens das gesetzlich vorgeschriebene Verfahren und die Entscheidungszuständigkeiten der Disziplinarvorgesetzten und des VG auszuschalten. In Wirklichkeit handelt es sich hier auch nicht um die Wahrung der Einheit des Dienstvergehens, die sich auf die zeitlich vor dem letzten, angeschuldigten Verstoß liegenden Verfehlungen bezieht (Rn. 11, 12), sondern um den **Vorgriff einer unzuständigen Instanz**. Ohne Durchführung eines dem Gesetz entsprechenden Verfahrens ist eine Pflichtverletzung nicht vorwerfbar. Es ist daher in jedem Verfahrensabschnitt **unzulässig, neue Pflichtenverstöße formlos** und ohne eigene Zuständigkeit in

A. IV. 4 Milderungs- und Erschwerungsgründe

das anhängige Verfahren einzubeziehen, sie so **zum Gegenstand von Bemessungserwägungen zu machen** und als Erschwerungspunkte in das Persönlichkeitsbild einzubringen (a. A. noch entgegen der früheren Rspr. BVerwG, ZBR 1992, 59; ebenso Claussen/Janzen, Einl. D. 24. und, wenn auch zögernd und zeitlich vor der o. a. Rspr. des BVerwG, Behnke-Arndt, Einf. Rn. 190).

119 **Neue Tatsachen**, die nicht den Tatbestand einer Pflichtverletzung erfüllen, können dagegen zu Lasten wie zugunsten der Beschuldigten bei der Bemessung berücksichtigt werden. Dazu können, wie schon in Rn. 104 erwähnt, gute oder schlechte dienstliche Leistung und Führung nach der Tat, möglicherweise nach Umsetzung auf dem neuen Dienstposten, Belobigungen oder Ermahnungen, Arbeitsfehler, gehäufte Dienstverspätung und Fernbleibenszeiten, Beschwerden von Adressaten der Amtstätigkeit usw. gehören. Solche Tatsachen sind aber nur verwertbar, wenn sie unstreitig oder beweiskräftig in das Verfahren eingebracht worden sind.

120 Die **lange Verfahrensdauer** kann, in bestimmten Fällen muss sie zur milderen Bemessung führen. Hat das gesamte Disziplinarverfahren oder das vorausgegangene Strafverfahren jahrelang gedauert, möglicherweise ohne Zutun des Beschuldigten, so kann nicht ausgeschlossen werden, dass der andauernde Leidensdruck und die eingetretenen und noch zu erwartenden dienstlichen Nachteile eine erhebliche pflichtenmahnende Wirkung entfaltet haben. Deshalb ist bei der Disziplinarmaßnahme, die auf eine wiederkehrende, dauerhafte Einwirkung abstellt, also bei der **Gehaltskürzung**, abzuwägen, ob nicht ihre **Laufzeit** angesichts der langen Verfahrensdauer gemildert werden soll. In aller Regel wird dies zu bejahen sein (BVerwG, Dok. Ber. 1976, 107; v. 22. 9. 1976 – 1 D 25.76; v. 19.10. 1977 – 1 D 41.77; v. 15. 10. 1979 – 1 D 92.78; Dok. Ber. 1982, 24; v. 7. 10. 1987 – 1 D 44.87), auch im Berufungsverfahren hinsichtlich der durch die Berufung entstandenen weiteren Verfahrensverlängerung (BVerwG v. 12. 8. 1976 – 1 D 63.75 – Dok. Ber. 1977, 122).

121 Eine **unangemessene Verfahrensverzögerung** ist darüber hinaus geeignet, auch eine **niedrigere Maßnahmenart** zu rechtfertigen (so jetzt auch in Abkehr von der bisherigen Rspr. für alle pflichtenmahnenden, also unterhalb der Entfernung oder Aberkennung des Ruhegehalts liegenden Maßnahmen: BVerwG v. 24. 6. 1998, ZBR 1999, 135 = DÖD 1999, 203; DiszH HessVGH v. 12. 10. 2007 – 24 DH 2878/06)). Einerseits macht **das BDG in § 4 und § 62** deutlich, dass der Beschleunigungsgrundsatz im Disziplinarverfahren hohe Bedeutung hat (BVerfG, DÖD 1977, 274). Andererseits ist auch im Disziplinarverfahren »das Recht auf Anhörung und Entscheidung in angemessener Frist« entsprechend **Art. 6 Abs. 1 Satz 1 MRKV** anzuwenden und bedeutet der jahrelange Lauf eines Disziplinarverfahrens eine erhebliche Belastung. Die Verzögerung darf allerdings nicht von den Beamten verursacht worden sein.

122 Der **Eintritt in den Ruhestand** rechtfertigt keine mildere Bewertung des Dienstvergehens, reduziert aber in den meisten Fällen das konkrete Erziehungsbedürfnis bis nach Null hin. Wenn dennoch der Gesetzgeber hier die typisch erzieherische Maßnahme der Ruhegehaltskürzung vorsieht (vgl. wegen der Systemwidrigkeit Rn. 84, 90), dann ist jedenfalls die Bemessung dem entsprechend geringen Erziehungsbedürfnis anzupassen (BVerwG – 1 D 74.77).

123 **Bei sachgleichem Strafverfahren** stellt zwar **§ 14 BDG keinen Bemessungsvorgang** dar, jedoch beziehen sich dessen Ausnahmevoraussetzungen auf Kriterien, die auch für die Bemessung maßgeblich sind. Das Bedürfnis nach zusätzlicher »Pflichtenmahnung« deckt sich mit den Bemessungsfaktoren des

Erziehungsbedürfnisses und des Gewichts des Dienstvergehens. Insoweit überschneiden sich auch in der Rspr. häufig Aspekte der Maßnahmenbemessung und der Sanktionsprüfung nach § 14 BDG. Generell sind Gesichtspunkte aus § 14 BDG auch bei der Bemessung der Maßnahme einzubeziehen, jedenfalls nicht gegensätzlich zu verwenden (etwa Rückfall, Wiederholungsgefahr, Persönlichkeitsbild).

Das **sachgleiche Strafverfahren** ist für die Bemessung unmittelbar erheblich, **124** wenn es nicht ohnehin schon zu einer Einstellung des Verfahrens nach §§ 14, 32 BDG kommt. Bei Einstellung kommt es nicht mehr auf die Bemessung der gewählten Maßnahme an (a. A. BVerwG v. 23. 7. 1968 – 3 D 9.68). Wenn auch das **Nebeneinander von krimineller Strafe und disziplinarer Maßregelung verfassungsgemäß** ist (BVerfGE 21, 378 ff. = NJW 1967, 1652), so ist doch verfassungsrechtlich aus dem Gesichtspunkt des Art. 103 Abs. 3 GG die **Berücksichtigung der sachgleichen Kriminalstrafe bei der Bemessung der Disziplinarmaßnahme** jedenfalls dann geboten, wenn es sich um gleichartige Sanktionen handelt. Bei Zusammentreffen von strafrechtlicher Freiheitsstrafe und wehrdienstrechtlichem Arrest verlangt das BVerfG (E 21, 378 und 21, 391) die **volle Anrechnung**. Bei Geldsanktionen in beiden Bereichen ist zwar nicht die rechnerische Anrechnung der Höhe nach, aber die grundsätzliche Berücksichtigung bei der Bemessung selbstverständlich und geboten (BVerfGE 27, 180 = NJW 1970, 507 ff., wobei die Hälfte des Gerichts sogar die direkte, rechnerische Anrechnung forderte). Ob demnach die strafgerichtliche Geldstrafe bzw. Geldbuße in voller Höhe von der an sich angemessenen disziplinaren Gehaltskürzung oder Geldbuße abgezogen werden muss, ist verfassungsrechtlich nicht zwingend, nach einfachem Recht jedoch auch nicht verboten. Einigkeit besteht jedenfalls darin, dass die finanzielle Sanktion im Rahmen der wirtschaftlichen Verhältnisse des Beamten zu berücksichtigen ist (angemessene Berücksichtigung: BVerwG v. 15. 10. 1997 – 1 D 3.97 – Dok. Ber. 1998, 49; volle Anrechnung: BDiG v. 19. 2. 1987 – VI VL 35/86). Daneben kann aber auch die **pflichtenmahnende Wirkung des Strafurteils** nicht unberücksichtigt bleiben. Denn es ist gerade dies der Gesetzeszweck des § 14 BDG, die erzieherische Wirkung der Kriminalstrafe weitgehend ausreichen zu lassen. Das muss sich auch dann auswirken, wenn ausnahmsweise eine **zusätzliche** dienstliche Pflichtenmahnung erforderlich erscheint. Bei **außerdienstlichen Dienstvergehen** ohne dienstliche Auswirkungen kann die eigentliche Erziehungswirkung dem Strafgericht überlassen bleiben, das seinerseits schon die Schuld und die besonderen Umstände der Tat und des Täters berücksichtigt (BVerwG, Dok. Ber. 1975, 67, 189). Aber auch bei **innerdienstlichen Verfehlungen** braucht die disziplinare Einwirkung auch der Höhe nach nur eine »zusätzliche Maßnahme« zu sein (richtig so ursprünglich BVerwG im vorgenannten Urt. v. 20. 8. 1968 – 2 D 16.68). Diese **Berücksichtigung muss effektiv stattfinden und aus der Entscheidung sichtbar und substantiiert hervorgehen**. Eine bloß pauschale Berufung auf die berücksichtigten wirtschaftlichen Verhältnisse würde nicht erkennen lassen, ob und in welchem Maße die vorausgegangene Kriminalstrafe mildernd berücksichtigt wurde. Andererseits ist aber auch u. U. zu berücksichtigen, wenn das Strafurteil wegen der zu erwartenden Disziplinarmaßnahme die Strafe geringer bemessen hat (was BGHSt 35, 148 verlangt; vgl. auch A. III. Rn. 69; § 14 Rn. 33).

V. Allgemeine Rechtsgrundsätze

125 Die Regelungen des **Verwaltungsverfahrensgesetzes** zum Ermessen und Vertrauensschutz sind im Disziplinarrecht direkt anzuwenden, §§ 3, 45 BDG. Das gilt zunächst für alle den Beamten **belastenden Ermessensentscheidungen** hinsichtlich der **sachgemäßen Abwägung**, des Begründungszwanges aus § 39 VwVfG und der vorherigen Anhörung. § 55 BDG sieht neuerdings für wesentliche Mängel eine dem Disziplinarverfahren völlig fremde Verspätungs- und Heilungsregel vor, vgl. § 55 Rn. 3 ff. Soweit es um die **fehlerfreie Betätigung des disziplinaren Ermessens** zur Frage der Verfolgung und der Maßnahmenwahl und -bemessung geht, ergibt sich die **Überprüfbarkeit** durch den Rahmen der eigenen Disziplinargewalt nach den Vorschriften des BDG. So hat der Disziplinarvorgesetzte nach §§ 33, 34 BDG ein Maßregelungsermessen, das den Verwaltungsgerichten nicht, jedenfalls nicht allein (§ 59 Abs. 1) zusteht. Liegt ein Dienstvergehen vor, so können Disziplinargerichte im Gegensatz zu den Disziplinarvorgesetzten nicht aus eigener Zuständigkeit von einer Maßregelung absehen (s. § 32 BDG Rn. 4). Im Übrigen haben auch die Disziplinargerichte im Rahmen ihrer Disziplinargewalt (d. h. in den Grenzen der Disziplinarklage bzw. der angefochtenen Disziplinarverfügung, vgl. §§ 52, 53, 60 Abs. 2 BDG) das volle Überprüfungsrecht und Maßregelungsermessen.

1. Verwirkung

126 Die Verwirkung ist ein allgemeiner Rechtsgrundsatz, der auch im öffentlichen Recht gilt und damit auch im Beamten- und Disziplinarrecht (hinsichtlich des Disziplinarrechts so BDiG v. 27. 3. 1984 – I VL 25/83 [aufgehoben durch BVerwGE 76, 176], OVG MV v. 10. 9. 1998 – 2 M 91/98; OVG Lüneburg, DVBl. 1959, 447 Nr. 18; Breithaupt-Zoch, NDO, § 3 Anm. 13, zu § 90 Anm. 4; a. A. BVerwG v. 13. 1. 1987 – 1 D 61.86; E 76, 176 = NJW 1985, 215, nachdem es die grundsätzliche Frage lange Zeit ausdrücklich offen gelassen und nur wegen fehlender formaler Voraussetzungen Verwirkung verneint hatte: E 43, 273; v. 4. 9. 1978 – 1 DB 22.78; E 63, 334; E 73, 97; für den Wehrdienstbereich E 83, 384. Das BVerwG wendet allerdings bei Verlustfeststellungsbescheiden nach § 9 BBesG Verwirkung an, da es sich hierbei um Verfügungen und nicht um Disziplinarmaßnahmen handele, NVwZ 1998, 289. Gerade die Hinwendung des BDG zum Verwaltungsrecht belegt die Geltung der Verwirkung im Disziplinarverfahren. Ebenso ablehnend Weiß in GKöD und PersV 1985, 198 ff. und Claussen/Janzen, § 4 BDO Rn. 7). Verwirkung bezeichnet im materiellen wie im Verfahrensrecht den Verlust eines an sich gegebenen Rechts aus den besonderen Gründen des Vertrauensschutzes, häufig aus »widersprüchlichem Verhalten« (**venire contra factum proprium**). Selbst im **Strafverfahren**, das bislang nach § 25 BDO subsidiär galt, wird Verwirkung angewandt (bei Rechtsmitteln: BVerfGE 32, 305; BGHSt 24, 280; bei Verfahrensrügen: Kleinknecht/Meyer-Großner, StPO, Einl. v. § 296 Rn. 11, § 337 Rn. 21 u. 23) und wird besonders damit begründet, dass sich »**Organe der Rechtspflege**« zu eigenem Verhalten in Widerspruch gesetzt hatten. Der **Vertrauensschutz** ist für **Verwaltungsverfahren im VwVfG** gesetzlich verankert (behördliche Zusicherung: § 38; Rücknahme rechtswidriger Verwaltungsakte: § 48; Widerruf begünstigender Verwaltungsakte: § 49). Im Sinne des VwVfG sind Disziplinarmaßnahmen Verwaltungsakte, denn sie greifen in den beamtenrechtlichen Status des Beamten ein (vgl. VG Gießen, DÖD 1993, 263). Auch wenn dies nicht so wäre, so müssten doch die **Vertrauensschutzregeln als allgemeiner Rechtsgrundsatz** angewendet werden. Daraus folgt, dass Disziplinarorgane sich nicht in Widerspruch zu ihrem eigenen früheren Verhalten setzen dürfen. Die **beamtenrechtliche Rspr. zur Verwirkung in Statusfragen** gilt auch für das Disziplinarrecht (bewusste Untätigkeit des Dienstvorgesetzten ist nach der Lebenszeiternennung nicht mehr korrigierbar: BVerwGE 61, 206-208; Niedermaier/Fürst, GKöD, § 12 BBG Rn. 33). Hat also eine Disziplinarbehörde in Kenntnis des Dienstvergehens, das eine Entfernung aus dem Dienst nahe legt, auf disziplinare Verfolgung bewusst verzichtet und statt dessen den Beamten zum Lebenszeitbeamten ernannt, so kann sie nicht nachträglich disziplinar die Entfernung aus dem Dienst betreiben (OVG MV v. 10. 9. 1998 – 2 M 91/98 zur vorläufigen Dienstenthebung; BDiG o. a. I VL 25/83, aufgehoben durch o. a. BVerwGE 76, 176). Die Rspr. des BVerwG hierzu ist, insbesondere nach der Umgestaltung des Disziplinarrechts, nicht überzeugend. Ohnehin ist das Disziplinarverfahren nicht so ungewöhnlich und eigenartig, dass von vornherein die allgemeinen Rechtsprinzipien der anderen Verfahrensordnungen nicht gelten könnten. Es ist ein Sanktionsverfahren wie das Strafverfahren, und es ist wie das Beamtenrecht auch **öffentliches Dienstrecht**. Dies gilt gerade unter der Wirkung des BDG. Außerdem beinhaltet das für das Disziplinarrecht anerkannte Verbot der nachträglichen, getrennten Verfolgung einzelner Pflichtverletzungen (vgl. Rn. 12) selbst schon den Aspekt des Vertrauensschutzes und des **Verbots, sich mit seinem eigenen Verhalten in Widerspruch zu setzen**. Auch in der Verjährungsregelung des § 15 BDG ist der Gesichtspunkt des Vertrauensschutzes enthalten (vgl. § 15 BDG Rn. 1 ff.).

Ein Unterfall der Verwirkung wegen Bindung an früheres Verhalten ist die **Zusage von Disziplinarvorgesetzten, disziplinar nicht – weiter – einzuschreiten**. Nach § 38 VwVfG setzt die Zusage **Schriftform** voraus, außerdem die **Zuständigkeit** zur Entscheidung. Sind diese Voraussetzungen erfüllt, dann steht der Verwirkung nicht entgegen, dass das Gesetz selbst in § 35 BDG die spätere Aufnahme disziplinarer Verfolgung nach ursprünglicher Untätigkeit vorsieht (worauf BVerwGE 63, 334 unzutreffend abstellt). Denn Verwirkung im Sinn des »venire contra factum proprium« setzt den **bewussten, endgültigen und vorbehaltlosen Verzicht** auf disziplinare Verfolgung voraus (BDiG im o. a. Beschl. I VL 25/83). An dieser endgültigen und vorbehaltlosen Entscheidung fehlt es allerdings meistens.

127

2. Verzögerung

Unangemessene Verzögerung des Disziplinarverfahrens kann einen Verstoß gegen **Art. 6 Abs. 1 Satz 1 MRKV** (Konvention zum Schutz der Menschenrechte und Grundfreiheiten, Gesetz v. 7. 8. 1952, BGBl. II S. 685) darstellen. Art. 6 Abs. 1 Satz 1 MRKV ist **unmittelbar geltendes Bundesrecht** (durch Zustimmungsgesetz v. 7. 8. 1952 – BGBl. II S. 685 – i.V. mit der Bekanntmachung über das Inkrafttreten v. 15. 12. 1953 – BGBl. II 1954 S. 14; BVerfGE 10, 274; NJW 1992, 2472; BVerwGE 47, 378; BVerwG v. 15. 3. 1982 – 1 DB 2.82) und gewährt Anspruch auf Anhörung und Entscheidung in angemessener Frist. Verletzungen dieses Beschleunigungsgebots können im Strafverfahren zur Milderung der Bemessung

128

A. V. 2 Verzögerung

bis zum Absehen von Strafe führen (BGHSt 21, 81 und JZ 1972, 59). Dieser verfahrensrechtliche Beschleunigungsgrundsatz gilt entweder unmittelbar oder analog aus Art. 6 Abs. 1 Satz 1 MRKV für das Disziplinarverfahren (instruktiv Quambusch PersV 1999, 453). Das BVerwG hat diese Frage lange offen gelassen und entweder aus tatsächlichen Gründen eine unangemessene Verzögerung verneint (BVerwG v. 22. 1. 1973 – 1 D 27.72 – Dok. Ber. 1973, 155) oder obiter dicta **gegen die Anwendung eingewandt**, dass der Rückgriff auf die MRKV wegen des ohnehin im Disziplinarverfahren geltenden Beschleunigungsgebots sich erübrige (BVerwG v. 4. 9. 1979 – 1 DB 22.79) oder dass innerhalb der gesetzlichen Verjährungsfristen eine menschenrechtsverletzende Verfahrensverzögerung nicht in Betracht komme (BVerwG v. 29. 11. 1972 – 2 D 19.72). **Letztlich** hat das BVerwG in st. Rspr. (DÖD 1990, 268 = ZBR 1990, 183) die **unmittelbare Anwendung** des Art. 6 Abs. 1 Satz 1 MRKV im Disziplinarrecht definitiv abgelehnt, aber immerhin die **analoge Anwendung** bei »eklatanter, schlechthin unerträglicher« Verzögerung für gerechtfertigt gehalten (v. 9. 5. 1973 – 1 D 8.73 – DÖD 1973, 204) und faktisch solche Fälle als Milderungsgrund anerkannt (Rn. 121). Das Argument gegen die unmittelbare Anwendung, das »verwaltungsgerichtliche« Disziplinarverfahren sei weder ein Straf- noch ein Zivilverfahren, steht im Widerspruch zu der weiten Auslegung des Begriffs »verwaltungsgerichtliches Verfahren« durch den Europäischen Gerichtshof für Menschenrechte (EGMR, NJW 1979, 477). Danach kommt es nicht auf die formale Zugehörigkeit des Verfahrens zu einem bestimmten innerstaatlichen Gerichtszweig an, sondern darauf, welchen materiellen Rechtscharakter das verletzte Recht hat. Tatsächlich hat der EGMR v. 29. 5. 1961 Nr. 734/60 in Collection of Decisions 6/29 = NJW 1979, 478; vgl. Peukert, EuGRZ 1979, 267) zu Recht das öffentliche Dienstrecht nicht den »zivilen Ansprüchen und Verpflichtungen« des Art. 6 Abs. 1 MRKV zugerechnet. Das betrifft aber nicht das Beamten-Disziplinarrecht und dessen Verhältnis zum gerichtlichen Strafverfahren i. S. d. Art. 6 Abs. 1 Satz 1 MRKV. Dieses ist als Sonderrechtsgebiet des Dienstrechts seinem Sanktionscharakter nach i. S. d. Art. 6 Abs. 1 Satz 1 MRKV dem Strafverfahren zuzurechnen. Dabei spielt keine Rolle, ob die »Zuwiderhandlung« innerstaatlich dem Strafrecht, dem Disziplinarrecht oder beiden zugerechnet wird. Für den Begriff der »strafrechtlichen Anklage« in Art. 6 Abs. 1 Satz 1 MRKV hat der EGMR die »eigenständige Bedeutung« im Sinne der MRKV festgelegt (EuGRZ 1975, 393 ff. = vollständig in EGMRE Bd. I. [1970] S. 179). Die Schutzgarantie des Art. 6 Abs. 1 MRKV greift ein, wenn die innerstaatliche Sanktionsregelung in das »Strafrechtliche« übergreift (bejaht für Freiheitsentzug im niederländischen Wehrdisziplinarrecht, EuGRZ 1976, 232 ff.). Gleiches muss für das deutsche Beamten-Disziplinarrecht insgesamt gelten. Die vom BVerwG in Anspruch genommene »Wesensverschiedenheit« zieht nach der o. a. Auslegungspraxis des EGMR nicht. Auch schließt die Beschleunigungsregelung des nur das behördliche Disziplinarverfahren betreffenden § 62 BDG das Bedürfnis nach einem allgemein und auch für den gerichtlichen Verfahrensabschnitt geltenden Rechtsgrundsatz nicht aus, da die Verletzung des Beschleunigungsgebots die disziplinare Entscheidung »unverhältnismäßig« und damit verfassungswidrig machen kann (BVerfG, DÖD 1977, 274). Auch geht der erzieherische Zweck durch den Zeitablauf verloren (Quambusch, PersV 1999, 458). Da für den gerichtlichen Verfahrensabschnitt das BDG keine Regelung zum Beschleunigungsgrundsatz enthält, kommt dem auf das gerichtliche Verfahren beschränkten Art. 6 Abs. 1 Satz 1 MRKV (EGMRE Bd. I. [1970]

S. 181, § 23 Abs. 2) für das disziplinargerichtliche Verfahren besondere Bedeutung zu. Ob direkt oder analog aus Art. 6 Abs. 1 Satz 1 MRKV: Jedenfalls **wirkt sich eine Verletzung des Beschleunigungsgebots in der Bemessung, in schweren Fällen auch in der Wahl der Maßnahmenart aus** (Rn. 121).

3. Doppelbestrafung

Das Verbot der Doppelbestrafung (Art. 103 Abs. 3 GG) **gilt auch im Verhältnis Strafrecht – Disziplinarrecht.** Es schließt jedoch Disziplinarmaßnahmen neben sachgleichen strafgerichtlichen Bestrafungen nicht aus, da das Disziplinarverfahren seinem Wesen nach Dienstrecht, aber kein Strafrecht ist (BVerfGE 21, 381 = NJW 1967, 1654 u. 1951; NJW 1972, 93). Einem Verstoß gegen das **Verhältnismäßigkeitsgebot** beugt die **Regelung des § 14 BDG** vor. Innerhalb dessen Anwendung könnte ein Verstoß gegen die Verhältnismäßigkeit nur in Frage kommen, wenn im Einzelfall keine spezifische disziplinare Notwendigkeit für eine zusätzliche Disziplinarmaßnahme bestünde (BVerfGE 27, 180 = NJW 1970, 507). Diese Notwendigkeit ist mit der Prüfung des »zusätzlichen Bedürfnisses nach Pflichtenmahnung« i. S. d. § 14 BDG festzustellen (vgl. § 14 Rn. 30 ff.). Das Verbot der »Doppelbestrafung« verlangt aber bei der **Bemessung der »zusätzlichen« Disziplinarmaßnahme**, dass die gleichartige Sanktion des Strafgerichts effektiv angerechnet wird (BVerfGE 21, 378 und 391 für den Fall von Freiheitsentzug, E 27, 180 = NJW 1970, 507 für Geldsanktionen; im Einzelnen und zur Rspr. des BVerwG dazu Rn. 124).

Ob dieselbe Tat, also **Sachverhaltsidentität**, vorliegt, entscheidet sich danach, ob derselbe geschichtliche Lebensvorgang der Entscheidung zugrunde gelegt wurde (BVerwG v. 20. 2. 2001 – 1 D 7.00). Sowohl bei Disziplinarurteil, -gerichtsbescheid (jetzt Beschluss nach § 59 BDG) als auch bei der Disziplinarverfügung müssen materielle Rechtskraft bzw. Bestandskraft aus dem Tenor und den Entscheidungsgründen entnommen werden. Das kann gerade bei Spätfolgen oder Dauerdelikten schwierig sein (vgl. OVG NW, RiA 2000, 39). Enthält die Entscheidung außer der Feststellung einer Pflichtverletzung zugleich eine **Freistellung von anderen Vorwürfen**, so können letztere nicht mehr verfolgt werden. Enthält der entschiedene Gesamtsachverhalt **bestimmte Einzelakte** nicht, so können diese wegen der **Einheit des Dienstvergehens** nicht mehr verfolgt werden, wenn sie in einem sachlichen, zeitlichen oder psychologischen Zusammenhang stehen (auch bei »fortgesetzter Handlung« im strafrechtlichen Sinn, vgl. im Einzelnen A. I. Rn. 11 ff.). Die Einleitungsbehörde muss daher ermessensgerecht prüfen, ob neue Sachverhalte mit einbezogen werden sollen, diese andernfalls ausgeschlossen sind. Auch die Zustimmung zum Erlass eines Gerichtsbescheids entbindet hiervon nicht, da diese widerrufen werden kann (BVerwG v. 11. 2. 2000 – 1 DB 20.99 – DÖD 2001, 31 = ZBR 2000, 315 = DÖV 2000, 777).

4. Rechtliches Gehör

Das **Gebot des rechtlichen Gehörs** ist in Art. 103 Abs. 1 GG für das **gerichtliche Verfahren** zum Grundrecht erhoben (BVerfGE 9, 95 und in DÖV 1984, 717 m. w. N.), gilt aber in justizförmig gestalteten **Verwaltungsverfahren** wegen

129

130

A. V. 4   Rechtliches Gehör

des Rechtsstaatsgebots entsprechend (BVerfG, NJW 78, 152; BDHE 7, 62; Maunz/Dürig, Art. 103 Anm. 92 m. w. N.). Das rechtliche Gehör ist im BDG weitgehend ausdrücklich gesichert, so in §§ 17 Abs. 2, 20 Abs. 1–3, 24 Abs. 4, 30, 54 BDG. Im Übrigen gilt über § 3 BDG das VwVfG ergänzend. Die **Anhörung im Verfahren nach § 9 BBesG** ersetzt nicht die Gewährung des rechtlichen Gehörs im Disziplinarverfahren (BVerwG, Dok. Ber. 1992, 263). Das **Gebot gilt gegenüber allen Verfahrensbeteiligten**, also auch gegenüber der Einleitungsbehörde (soweit beteiligt) und auch gegenüber Zeugen und Sachverständigen, soweit deren eigene Rechtsstellung betroffen ist. Dass die Einleitungsbehörde staatliche Behörde ist, ändert an deren Einbeziehung nichts (a. A. Claussen/Janzen, vor § 15 Rn. 9). Denn sie vertritt spezielle Interessen, deren Geltendmachung im Prozess ihr durch rechtliches Gehör gesichert werden soll (BVerfGE 7, 53 ff.). Das Recht auf Gehör erstreckt sich auf die **streiterhebliche Sachlage**, also Tatsachen und Beweisergebnisse (BVerfGE 19, 142; 20, 280 u. 347), nicht auf Gesichtspunkte der rechtlichen Bewertung (Claussen/Janzen, vor § 15 Rn. 19 a m. w. N.; a. A. BVerwG, NJW 1961, 891, 1549; Ule, DVBl. 1959, 541; vgl. auch BVerfG NJW 1988, 2787). Ein Anspruch auf rechtliche Unterrichtung und ggf. auf ein Rechtsgespräch kann sich jedoch aus dem Gebot der **prozessualen Fürsorge** ergeben (s. Rn. 131). Im Rahmen des Gehörs zu Tatsachen dürfen allerdings **Rechtsausführungen** nicht verwehrt werden (BVerfGE 9, 266). Der Fall des § 265 StPO kann kaum aktuell werden (entgegen BDHE 7, 68 und Claussen/Janzen, vor § 15 Rn. 10 a), weil die Disziplinargerichte an die Disziplinarklage gebunden sind und von sich aus weder andere Tatsachen oder Pflichtentatbestände einführen (BDHE 1, 99; 3, 56; im Einzelnen Rn. 118 und § 60 Rn. 12) noch eine weitergehende Schuldform – Vorsatz statt Fahrlässigkeit – prüfen dürfen (BVerwG v. 12. 9. 2000 – 1 D 48.98). Für das rechtliche Gehör **bedeutsam** sind alle Umstände, die in die Interessensphäre des Verfahrensbeteiligten eingreifen, ein besonderes Gewicht ist nicht erforderlich (BVerfG, NJW 1957, 1395; BDHE 7, 34). Will das **Rechtsmittelgericht** gegen den in erster Instanz Begünstigten entscheiden, muss es dessen vorherige Äußerung sicherstellen (BVerfG, DÖV 1984, 717). Die **Form des rechtlichen Gehörs** kann, wenn nicht gesetzlich besonders geregelt, nach Ermessen vom Gericht bestimmt werden (BVerfG, DRiZ 1974, 63). Das rechtliche Gehör erfordert, dass das entscheidende Disziplinarorgan den **Vortrag wahrnimmt** und in die Entscheidung einbezieht (BVerfG, MDR 1969, 545), nicht aber, dass in der Entscheidung ausdrücklich darauf eingegangen wird (BVerfGE 5, 24). Grundsätzlich ist das rechtliche Gehör **vor der Entscheidung** zu gewähren (BVerfGE 9, 95), der Vortrag muss deshalb abgewartet werden (BVerfGE 8, 91; 12, 8; 17, 193). Das rechtliche Gehör steht nach Meinung des BVerfG grundsätzlich dem Betroffenen selbst, nicht dem Verteidiger zu (BVerfG NJW 1975, 103, 105). Daher besteht kein Recht auf Anwesenheit des Verteidigers bei Anhörung im zivildienstlichen Verfahren (BDiG, NVwZ-RR 1990, 424). Fehlt das rechtliche Gehör wegen **Verhinderung des Verteidigers** in der Hauptverhandlung, so gilt grundsätzlich § 102 VwGO i.V.m. § 3 BDG. Unter besonderen Umständen und wenn den Beamten daran kein Verschulden trifft, kann ein Recht auf Vertagung zur Wahrung des rechtlichen Gehörs bestehen (vgl. § 60 Rn. 4 f.). Wegen der **Folgen der Verletzung** des rechtlichen Gehörs s. Rn. 134.

5. Prozessuale Fürsorge

a) Die Pflicht zur **prozessualen Fürsorge** gilt für alle Verfahrensarten und -stufen und für alle Disziplinarorgane, also für die Disziplinarvorgesetzten und die Disziplinargerichte. Hierbei handelt es sich um Nebenpflichten, die nicht schon ausdrücklich in der Prozessordnung geregelt sind. Sie folgen aus den Rechtsstaatsprinzipien der Rechtssicherheit und der materiellen Gerechtigkeit (BVerfGE 25, 269, 290; 41, 246, 250), dem für das öffentliche Recht geltenden Grundsatz des Vertrauensschutzes (BVerwGE 5, 312), dem Recht auf Verteidigung und auf ein faires Verfahren (BVerfGE 26, 66, 71). Sie dienen der pfleglichen, zweckmäßigen und justizförmigen Ausgestaltung des Verfahrens zum Schutz des Verfahrensbeteiligten. Kommunikationsprobleme müssen im Sinne des Betroffenen überwunden, dessen Persönlichkeitsrechte müssen gewahrt werden. Die prozessuale Fürsorgepflicht muss von den Disziplinarorganen zur Lösung der Einzelfälle konkretisiert werden. Auch innerhalb des Disziplinarrechts, nämlich im **Verhältnis der Disziplinarmaßnahmen zueinander, gilt das Verbot der »Doppelbestrafung«** aus Art. 103 Abs. 3 GG als allgemeiner Rechtsgedanke »entsprechend« (BDHE 2, 79; 7, 45). Das Verbot der Doppelbestrafung ist aber beschränkt auf das **betroffene Dienstverhältnis**, in dem das Dienstvergehen begangen wurde. Ist in verschiedenen Dienstverhältnissen ein und dasselbe Dienstvergehen begangen worden, so kann dieses getrennt und mehrfach verfolgt und gemaßregelt werden, weil selbständige Pflichtenkreise betroffen sind (BDiG, DÖD 1995, 80). Ein als Soldat begangenes Dienstvergehen kann nicht nach der WDO verfolgt werden, wenn gegen den späteren Beamten schon nach der BDO eine Ahndung erfolgte (BVerwG, DÖV 1998, 205 = ZBR 1999, 25). Hat der Beamte **mehrere Ämter in einem Dienstverhältnis** (zu demselben Dienstherrn), so schreibt § 17 Abs. 3 BDG ein einheitliches Verfahren vor. Disziplinarverfügungen i. R. d. §§ 33 ff. BDO können allerdings mangels entsprechender Regelung getrennt und mehrfach ergehen. Das Verbot der »Doppelbestrafung« ist auf **denselben Sachverhalt** beschränkt. Es **schließt jede nochmalige Sachentscheidung in derselben Sache aus** und nicht etwa nur eine neue »Maßregelung« (wegen der Ausnahme im nichtförmlichen Verfahren vgl. § 35 BDG). Die **bestandskräftige Disziplinarverfügung** hat insofern nicht geringeres Gewicht als ein Disziplinarurteil und tritt deshalb auch nicht hinter eine nochmalige förmliche Disziplinarklage zurück (entgegen BDHE 7, 48; wie hier Claussen/Janzen, vor § 15 Rn. 5 b u. 7 b). Der Streit, ob auch eine Missbilligung der späteren Verfolgung entgegensteht (BDiG, DÖV 1998, 299 = ZBR 1998, 326 = NVwZ 1999, 688 gegen BVerwGE 43, 211; BDiG v. 15. 6. 1999 – XVI VL 2/99), dürfte sich mit der Neuregelung im BDG erledigt haben (vgl. Rn. 72). Fürsorge umfasst die Gebote der **Information und Aufklärung** über den Sach- und Rechtsstand, die Gebote der **Verhältnismäßigkeit** (als »Übermaßverbot« inzwischen eine eigenständige Rechtsinstitution: BVerfGE 34, 238, 246), der **Heilung von Verfahrensmängeln** (vgl. Rn. 141), der **Verfahrensbeschleunigung** (vgl. Rn. 128).

b) Das Gebot der **fairen Behandlung** erfordert, dass der gesetzliche, unabhängige Richter die gewährleisteten Grundrechte beachtet, insbesondere die Würde des Menschen (Art. 1 Abs. 1 GG, BVerfGE 7, 275, 279; BGH MDR 60, 856), das allgemeine Persönlichkeitsrecht (Art. 2 Abs. 1 GG, BGHZ 13, 337), die Gleichheit vor dem Gesetz und das darin enthaltene Willkürverbot (Art. 3 GG), das Verbot, den Betroffenen zu einer Selbstbelastung zu zwingen (Art. 2 Abs. 1

A. V. 6 Verfassungsgrundsätze

i.V.m. Art. 1 Abs. 1 GG, BVerfGE 56, 37). Je unkundiger und unbeholfener der Verfahrensbeteiligte ist, desto größer ist die Pflicht des Disziplinarorgans, Aufklärung über die Bedeutung der Verfahrenshandlung zu geben und ggf. ein Rechtsgespräch zu führen bzw. schriftliche Hinweise zu geben. Ist eine unleserliche Unterschrift längere Zeit unbeanstandet geblieben, so können nachteilige Folgen erst nach Vorwarnung abgeleitet werden (BVerfGE 78, 123). Wegen der Probleme einer fairen Kommunikation und Entscheidung vgl. A. II., Richterrecht Rn. 52 ff.).

6. Verfassungsgrundsätze

133 a) Als **allgemeine Rechtsgrundsätze sind die Verfassungsgrundsätze** des GG anzuwenden, insbesondere in der Form, die das Bundesverfassungsgericht ihnen durch seine Auslegung und Anwendung gibt. Kraft seiner höchstrichterlichen Aufgabe und Autorität zur Rechtsklärung und Wahrung der Rechtseinheit auf dem Gebiet des Verfassungsrechts kommt seinen Entscheidungen und den in den **Entscheidungsgründen geäußerten Auslegungen ganz allgemein präjudizielle Bedeutung** zu. Präjudizielle Bedeutung ist aber nur als Interpretationshinweis zu verstehen, nicht als Bindung im formalen Sinn (vgl. Schneider, DVBl. 1954, 185, 187). **Formale Bindungen** bestehen im Rahmen der normalen materiellen Rechtskraft oder der Gesetzeskraft verfassungsgerichtlicher Entscheidungen nach § 31 Abs. 2 BVerfGG oder nach Art. 100 Abs. 3 GG gegenüber Landesverfassungsgerichten.

134 b) Im Rahmen des § 31 Abs. 1 BVerfGG haben aber auch die **Entscheidungsgründe des BVerfG** selbst bindende Wirkung, soweit die in ihnen zum Ausdruck kommenden Anwendungen und Auslegungen von Verfassungsgrundsätzen die Entscheidung tragen. § 31 Abs. 1 BVerfGG lautet: »Die Entscheidungen des Bundesverfassungsgerichts binden die Verfassungsorgane des Bundes und der Länder sowie alle Gerichte und Behörden.« Die längere Zeit umstrittene und zunächst auch vom BVerfG mehrdeutig ausgelegte Bindung aus § 31 Abs. 1 BVerfGG (BVerfGE 19, 391 ff.; 20.86 ff.; 24, 296 ff.; Schneider, DVBl. 1954, 184 ff., und Geiger, NJW 1954, 1057 ff.) hat das BVerfG mit seiner Entscheidung in E 40, 88 ff. klargestellt: Sowohl im Normenkontrollverfahren als auch im Verfassungsbeschwerdeverfahren ». . . entfalten die Entscheidungen des Bundesverfassungsgerichts gem. § 31 Abs. 1 BVerfGG eine über den Einzelfall hinausgehende Bindungswirkung insoweit, als die sich aus dem Tenor und den tragenden Gründen der Entscheidung ergebenden **Grundsätze für die Auslegung der Verfassung von den Gerichten in allen künftigen Fällen beachtet werden müssen**«. Eine für verfassungswidrig erklärte Normauslegung darf weder von Gerichten noch Behörden weiterpraktiziert werden. Diese Bindung gilt auch für die Anwendung und Bewertung anderer Gesetze, soweit deren Normen identisch sind mit der verfassungsgerichtlich beschiedenen (Wolff/Bachof/Stober, VerwR, 11. Aufl. 2000, § 39 Rn. 3; Maunz/Schmidt-Bleibtreu/Klein/Ulsamer, BVerfGG, 2001, § 31 Rn. 75 ff.). Lediglich das BVerfG selbst ist an seine früheren Entscheidungsgründe nicht gebunden (BVerfGE 4, 38; 20, 87).

135 c) Auch **internationale Regelungen** und Entscheidungen internationaler Gerichte können die disziplinare Rechtslage beeinflussen, soweit sie verbindliches innerstaatliches Recht geworden sind. Das gilt für die **Europäische Menschenrechtskonvention** – MRKV – (vgl. Beispielsfälle in A. V. Rn. 128 und B. II. 1.

Rn. 23). Die MRKV begründet aber nur **einfaches Bundesrecht**, das zwar das vorgegebene innerdeutsche Recht ändert, aber nicht über die Grundrechtsgewährung des GG hinausgeht (BVerfGE 9, 39; BVerwGE 10, 218; 47, 378, sowie Dok. Ber. 1987, 105). Die MRKV und dazu die Rspr. des EGMR sind jedoch für das innerdeutsche Recht von großer Bedeutung. Denn die Rspr. des EGMR ist ohne eigene Grundrechtsprüfung direkt anzuwenden (BVerfGE 73, 339, 366 = NJW 1987, 577, dazu Vedder, NJW 1987, 526). Der EGMR ist »gesetzlicher Richter« i. S. d. Art. 101 Abs. 1 Satz 2 GG, hat im Rahmen seiner Zuständigkeit die volle Entscheidungskompetenz und auch die **Kompetenz zur Rechtsfortbildung**. Seine Rspr. bindet die Gerichte der Mitgliedstaaten (BVerfG, NJW 1988, 1459). Darüber hinaus gebietet das Gebot der »**völkerrechtsfreundlichen**« **Auslegung** von Verfassung und einfachem Recht die Berücksichtigung völkerrechtlicher Bindungen, soweit es die Gesetze zulassen (BVerfGE 58, 1; ArbG Oldenburg »Betrifft Justiz« 1987, 144; Geiger, Grundgesetz und Völkerrecht, 2. Aufl. 1994, S. 210 m. w. N.).

7. Beteiligungsrechte

a) In allen Verfahrensabschnitten sind **Beteiligungsrechte** der am Verfahren Beteiligten wie auch der dem Verfahren Fernstehenden zu wahren. Der Verstoß gegen Beteiligungsrechte stellt **Verfahrensfehler** dar. Nach § 55 BDG können solche Verfahrensfehler geheilt werden. Auch kann der Beamte der Rechtsfolgen solcher Verfahrensfehler durch Nichtrügen verlustig gehen.
Als dem Verfahren **Fernstehende sind zu beteiligen der Personalrat** vor der Erhebung der Disziplinarklage (§ 78 Abs. 1 Nr. 3 BPersVG i. d. F. v. 9. 7. 2001, BGBl. I S. 1510), die **Vertrauensleute der Schwerbehinderten** in allen den Schwerbehinderten berührenden Angelegenheiten (§ 95 Abs. 2 SGB IX i. d. F. v. 19. 6. 2001, BGBl. I S. 1046) und der **Vertrauensmann der Zivildienstleistenden**, bei Fehlen eines solchen der **Betriebs- oder Personalrat** vor der Entscheidung im Disziplinarverfahren (§ 62 b Abs. 2 ZDG i. d. F. v. 28. 9. 1994, BGBl. I S. 2811, geändert durch G v. 9. 7. 2001, BGBl. I S. 1531). Nach der Privatisierung der Deutschen Bundespost ist vor Erlass einer Entscheidung die **Bundesanstalt für Post und Telekommunikation** zu beteiligen (Art. 1 und 4 Postneuordnungs G v. 14. 9. 1994, BGBl. I S. 2325; § 1 Abs. 6 und 7 PostPersRG, § 15 BAPostG) und zwar nachdem alle Verfahrensschritte einschließlich des Beteiligungsverfahrens abgeschlossen sind (BVerwG v. 22. 6. 2006 – 2 C 11.05 Rn. 21).
b) Das **Mitwirkungsrecht des Personalrats** als selbständiger Verfahrensbeteiligter ist ausgeschlossen im Verfahren gegen Ruhestandsbeamte, gegen Beamte ab BesGr. A 16 und gegen politische Beamte nach § 36 Abs. 2 BBG (§ 78 Abs. 2 Satz 1 i. V. m. § 77 Abs. 1 Satz 2 BPersVG). Im Übrigen besteht es zugunsten aller Beamten, ist aber beschränkt auf die **Entscheidung über die Erhebung der Disziplinarklage** (§ 78 Abs. 1 Nr. 3 BPersVG; BVerwG v. 20.10.2005 – 2 C 12.04), nicht auch deren Inhalt. Im nichtförmlichen Verfahren wirkt der Personalrat nicht als selbständiger Verfahrensbeteiligter mit, auch nicht vor dem Erlass einer belastenden Disziplinarverfügung (BVerwG, ZBR 1958, 211). Dies folgt aus der abschließenden Aufzählung der Mitwirkungstatbestände in § 75 ff. BPersVG und der Tatsache, dass der Gesetzgeber in Kenntnis abweichender Verwaltungspraxis bei der Neufassung des BPersVG die Mitwirkung des Personalrats auf den Fall der Erhebung der Disziplinarklage beschränkt hat (von

A. V. 7 Beteiligungsrechte

Schwichow, DÖD 1984, 59 Ziff. II. 5). Nach § 68 Abs. 1 Nr. 2 BPersVG ist jedoch jeder Beschuldigte berechtigt, den Personalrat für sich einzuschalten. Der Personalrat ist dann berechtigt und verpflichtet, Rat und Hilfe zu gewähren. Er kann sich auf Wunsch der Betroffenen zu dessen Rechtswahrung auch am Verfahren so beteiligen, wie es den Betroffenen selbst möglich ist (so für das beamtenrechtliche Beschwerdeverfahren Altvater u. a., § 68 BPersVG Rn. 7; für das beamtenrechtliche Verfahren ebenso wohl Lorenzen u. a., § 68 BPersVG Rn. 25, aber gegen das Auftreten im Rechtsstreit Rn. 26 mit Verweis auf Fischer/Goeres/Gronimus, § 68 BPersVG Rn. 13; für das Beurteilungsverfahren auch BVerwG, ZBR 1983, 215; vgl. § 31 BDG Rn. 2). Es gibt keinen Grund, diese Rechtswahrung für die Betroffenen im Disziplinarverfahren anders zu beurteilen als für das beamtenrechtliche Beschwerdeverfahren. Auch die förmliche »Mitwirkung als Beteiligter« liegt in der Hand der Betroffenen, sie ist von einem dahin gehenden **Antrag** des Beamten abhängig (§ 78 Abs. 2 Satz 2 BPersVG), worüber er belehrt werden muss (OVG NW v. 19. 1. 2005 – 22d A 1433/03.BDG). Soweit eine **Belehrung** über das Antragsrecht zur Anhörung des Personalrats zur beabsichtigten Einleitung des förmlichen Disziplinarverfahrens nach der BDO stattgefunden hat, muss sie vor der Erhebung der Disziplinarklage **erneut** erfolgen (OVG NW, a. a. O.). Stellt der Beamte den Antrag auf Beteiligung des Personalrats, dann ist dessen **Mitwirkung zwingend**. Das Mitwirkungsrecht entfällt auch dann nicht, wenn die oberste Dienstbehörde das Verfahren gem. § 20 BDG an sich zieht oder gem. § 35 BDG eigenständig eine Disziplinarverfügung erlassen oder Disziplinarklage erheben will. Diese Regelung nimmt der Einleitungsbehörde lediglich das eigene Entscheidungsermessen nach §§ 32, 33 BDG, nicht aber die Bindung an die zwingende Beteiligungsregelung des Gesetzes. Die oberste Dienstbehörde ist noch weiter vom Arbeitsplatz des Betroffenen entfernt und deshalb noch mehr auf die Informationen des Personalrats angewiesen. Deshalb ist die Anhörung des Personalrats in diesem Fall noch dringlicher (von Schwichow, DÖD 1984, 59 Ziff. II. 6). Auch im Fall des »**Selbstreinigungsverfahrens**« nach § 18 BDG hängt die Einleitung des Disziplinarverfahrens nicht von der Einleitungsbehörde, sondern von dem Antrag des Beamten ab. Dennoch muss auch hier die Einleitungsbehörde den Personalrat – auf Antrag – beteiligen (von Schwichow, a. a. O.), zumal die endgültige Entscheidung über die Einleitung auch im Rahmen des § 18 BDG in ihrem Ermessen liegt. Die Betroffenen sind aus Fürsorgegründen **rechtzeitig auf ihr Antragsrecht hinzuweisen**. Für die Mitwirkung **zuständig** ist der bei dem entscheidenden Disziplinarvorgesetzten bzw. bei der Einleitungsbehörde bestehende Personalrat (§ 82 Abs. 1 BPersVG), im Falle der Post der Betriebsrat des Betriebes, bei dem der Beamte beschäftigt ist (§ 24 PostPersRG, § 1 BetrVG; BVerwG v. 22. 6. 2006 – 2 C 11.05 Rn. 17). Der Personalrat muss in der **gesetzlich vorgeschriebenen Zusammensetzung** beteiligt werden. Er darf z. B. nicht durch angebliche Geheimhaltungsinteressen ausgeschaltet werden (BDiG v. 1. 11. 1984 – XIV VL 46/83 und v. 16. 11. 1984 – I BK 14/84: beide Beschlüsse aus tatsächlichen bzw. Bindungsgründen aufgehoben durch BVerwGE 76, 322, Dok. Ber. 1985, 95 und ZBR 1985, 179). Der Personalrat kann seine **Einwendungen** nur darauf stützen, dass die Klageerhebung rechtswidrig ist oder gegen eine gerichtliche Entscheidung verstößt oder dass die durch Tatsachen begründete Besorgnis besteht, dass der Beamte ungerechtfertigt benachteiligt wird (§§ 78 Abs. 2 Satz 3, 77 Abs. 2 Nr. 1 und 2 BPersVG). Wegen der **Rechtswidrigkeit der Einleitung** und ihrer Folgen vgl. Rn. 141 und § 55 BDG. **Eine unge-**

rechtfertigte **Benachteiligung** kann sich aus der Vernachlässigung objektiver und subjektiver Milderungsgründe sowie aus einem Verstoß gegen den Gleichbehandlungsgrundsatz ergeben. Ein solcher kommt auch dann in Betracht, wenn sich die **Disziplinarbehörde selbst gebunden** hat und im Einzelfall unbegründet davon abweicht. Eine **Umgehung der Mitwirkung in Eilfällen** (§ 72 Abs. 6/§ 69 Abs. 5 BPersVG) dürfte nur selten gerechtfertigt sein, da die drei- bis siebentägige Äußerungsfrist immer zumutbar ist (BVerwG, Dok. Ber. 1983, 146). Die Anhörungspflicht entfällt jedenfalls nicht schon dann, wenn die Verjährung wegen verzögerlicher Behandlung der Disziplinarbehörde droht (großzügiger Claussen/Janzen, § 33 Rn. 6 h). Hat die beantragte Mitwirkung des Personalrats nicht oder nicht in der gesetzlich vorgeschriebenen Weise stattgefunden, so ist die Einleitungsverfügung nach der geltenden Evidenztheorie deswegen **nicht nichtig**. Es liegt aber ein **schwerer Verfahrensfehler** vor, der im gerichtlichen Disziplinarverfahren von Gerichts wegen zu beachten ist (s. Rn. 141; § 55).

c) Die **Vertrauenspersonen der schwerbehinderten Menschen** sind **in allen Angelegenheiten** zu beteiligen, die den einzelnen Schwerbehinderten berühren (§ 95 Abs. 2 Satz 1 SGB IX). Die Mitwirkung ist nicht beschränkt auf den Fall der Dienstentfernung i. S. d. § 128 Abs. 2 SGB IX (Wortlaut Satz 1: »Sollen schwerbehinderte Beamte und Beamtinnen vorzeitig in den Ruhestand versetzt oder entlassen werden, so wird vorher das Integrationsamt gehört . . .« Satz 2: »Die Beteiligung der Schwerbehindertenvertretung gemäß § 25 Abs. 2 bleibt unberührt.«; vgl. zur früheren Diskussion des Geltungsbereichs von § 95 Abs. 2 SGB IX von Schwichow, DÖD 1984, 55 f.; vgl. BVerwG, Dok. Ber. 1992, 147, das entgegen früherer Rspr. mit formaler Begründung gegen die Anwendbarkeit des § 128 Abs. 2 SGB IX, früher § 50 Abs. 2 SchwbG ist). Geschützter Personenkreis sind auch Beamte (BVerwG v. 28. 4. 1981 – 1 WB 40/80), die formal nach §§ 2, 69 SGB IX als **Schwerbehinderte anerkannt** sind. § 95 Abs. 2 SGB IX regelt **zwei mitwirkungspflichtige Sachverhalte**: die rechtzeitige und umfassende Unterrichtung von »allen berührenden Angelegenheiten« und die Anhörung »vor einer Entscheidung«. Die **Information** der Vertrauenspersonen ist nach dem Gesetz schon bei dem Beginn disziplinarer Ermittlungen nach § 17 BDG und bei allen weiteren Aufklärungsmaßnahmen erforderlich (dagegen GKöD-Weiß, Bd. II Teil 3, K § 26 Rn. 56 a, der nur in besonderen Fällen ein Beteiligungsrecht der Schwerbehindertenvertretung während der Vorermittlungen anerkennt). Das wesentliche Beteiligungsrecht im Sinne des Gesetzeszweckes liegt aber in der **Anhörung der Vertrauenspersonen vor der Entscheidung**. Denn darin erst kommt die Einflussnahme zum Ausdruck, die das Gesetz sicherstellen will und deren Unterbleiben ggf. einen schweren Verfahrensfehler darstellt. Wird die Schwerbehinderteneigenschaft eines Beamten erst nach der Einleitung des förmlichen Verfahrens bekannt, so ist die Beteiligungsregelung nicht verletzt, ein Verfahrensfehler nicht gegeben (BVerwG E 83, 202). Als mitwirkungspflichtige »Entscheidung« kommen die **disziplinaren Sachentscheidungen** in Frage, die letztlich die Statusrechte des Beamten verbindlich und belastend gestalten bzw. ein dahin führendes Verfahren eröffnen, das nicht mehr der eigenen Verfügung unterliegt (den Unterschied zwischen »Information« in allen Angelegenheiten und »Anhörung« vor der Entscheidung sowie den Unterschied zwischen der »Neuentscheidung« nach § 95 Abs. 2 Satz 2 SGB IX und der »Heilung« der weiterbestehenden, fehlerhaften Entscheidung durch bloße Nachholung der Beteiligung verkennt Weiß, PersV 1987, 313 ff., so dass seine

A. V. 7 Beteiligungsrechte

Problemstellungen und einschränkenden Folgerungen schon im Ansatz fehlgehen). Die zur Anhörung verpflichtenden »Entscheidungen« des § 25 Abs. 2 Satz 1 SGB IX sind im Disziplinarverfahren demnach nur die ein Dienstvergehen voraussetzenden Sachentscheidungen der **Einleitung des Disziplinarverfahrens** (§ 17 BDG), die eine **Sachentscheidung enthaltenden Einstellungsverfügungen** nach § 32 BDG und der **Disziplinarverfügungen** nach § 33 BDG, der **Erhebung der Disziplinarklage** nach § 34 BDG, der **Anordnungen** nach § 38 Abs. 1-3 BDG, des **Feststellungsbescheids** nach § 9 BBesG (der trotz seiner deklaratorischen Bedeutung bzgl. des Wegfalls der Dienstbezüge eine eigene Sachentscheidung bzgl. des Tatbestands des unberechtigten und schuldhaften Fernbleibens enthält), **nicht aber** alle eine Sachentscheidung lediglich vorbereitenden **Aufklärungsmaßnahmen und prozessualen Förderungsmaßnahmen**. Die Beteiligung der Vertrauenspersonen ist nach der zwingenden gesetzlichen Regelung **von Amts wegen** herbeizuführen. Der betroffene Schwerbehinderte kann allerdings, da die Regelung nur zu seinem Schutz getroffen ist, auf die Beteiligung der Vertrauenspersonen **verzichten** (BVerwGE [WD] 76, 82 = ZBR 1984, 14). Dieser Verzicht muss ausdrücklich und in Kenntnis der gesetzlichen Regelung erklärt werden, um wirksam zu sein. Drückt sich der Betroffene nicht eindeutig in diesem Sinn aus, so kann angesichts der Bedeutung dieses Schutzrechts nicht von dem Einverständnis zur Unterlassung der Beteiligung ausgegangen werden. Einer **ausdrücklichen Einwilligung** des Beamten (bedenklich so BVerwG [WDB], DÖV 1983, 767 ff.) bedürfen die Vertrauenspersonen zur Mitwirkung nicht. Dies würde nicht nur dem eindeutigen Gesetzeswortlaut, sondern auch dem Gesetzeszweck widersprechen, der mangels spezieller Erzwingungsverfahren (von Schwichow, DÖD 1984, 57 Ziff. I. 6) mit der »Mussvorschrift« die Beteiligung der Vertrauenspersonen sicherstellen will. Die Anhörungspflicht hat nicht zur Voraussetzung, dass vorweg feststeht, dass die **Behinderung Mitursache der Maßnahme** ist oder dass die Maßnahme **sich auf die Behinderung auswirkt**. Vielmehr hat die **Anhörung den Selbstzweck** der fachkundigen Aufklärung, ob und wieweit die Behinderung ein Entscheidungskriterium sein kann (BVerwGE 17, 283 f. und BVerwG ZBR 1983, 136; von Schwichow, DÖD 1984, 56 Ziff. I. 2; dagegen zu eng BVerwGE [WDB] 73, 295 und Weiß, PersV 1987, 316 Anm. 2, die wohl einen kausalen Zusammenhang voraussetzen). Für Zeitpunkt, Zuständigkeit und Inhalt der Mitwirkung gilt das Gleiche wie für den Personalrat. Sind an der Dienststelle der Betroffenen **Vertrauenspersonen nicht gewählt**, so sind die Vertrauenspersonen der nächsthöheren Behörde zu beteiligen, notfalls das Integrationsamt (§§ 101, 102 SGB IX) im jeweiligen Bundesland. In diesem Fall kommt es weniger auf die persönlichen und örtlichen Kenntnisse des Mitwirkenden als auf die besondere Kenntnis der Probleme eines Schwerbehinderten an.

139 d) Entsprechendes gilt für den **Vertrauensmann der Zivildienstleistenden**. Er ist nach § 62 b Abs. 2 ZDG und nach § 22 ZDVG (Zivildienstvertrauensmanngesetz v. 16. 1. 1991, BGBl. I S. 53) vor der disziplinaren Entscheidung zur Person des Dienstleistenden und zum Sachverhalt anzuhören. Der Zivildienstleistende kann allerdings auf die Beteiligung des Vertrauensmannes **verzichten** (gegen Verzicht BDiG XIV ZK 24/91). Ist an der Dienststelle des Zivildienstleistenden ein **Vertrauensmann nicht gewählt**, so ist stattdessen der Personalrat oder der Betriebsrat der Dienststelle zu hören. Diese im Gesetz geregelte **Ersatzzuständigkeit** beruht darauf, dass wegen der ohnehin nur zeitweisen Zugehörigkeit des Zivildienstleistenden zur Dienststelle vorrangig die Kenntnis des Mitwirkungsorgans von der Persönlichkeit des Betroffenen und den Gegebenheiten der Dienststelle und des Dienstes einbezogen werden soll. **Atypische Situationen**, die der Behörde einen Ermessungsspielraum einräumen bzw. das Unterlassen der Anhörung des Vertrauensmannes rechtfertigen, liegen vor, wenn vom Gesetz gebilligte Gründe gegen die Beteiligung sprechen und diese Gründe nicht von der Behörde selbst herbeigeführt oder zu vertreten sind. In diesem Sinn befreien von der Anhörungspflicht der **Verzicht** der Zivildienstleistenden und die **Nichtexistenz** eines Vertrauensmannes und eines Betriebs-/Personalrats an der Dienststelle. Vom Gesetz nicht gebilligte, nach dem Normenzweck »**typische**« **Fälle der Anhörungspflicht** liegen dagegen dann vor, wenn der Vertrauensmann und sein Stellvertreter und die ersatzweise zuständigen Personal-/Betriebsräte **nur zeitweise verhindert** sind (etwa durch Abordnung oder Urlaub). Denn geringfügige Verzögerungen des Verfahrens stehen an Bedeutung hinter dem Gesetzeszweck der Anhörung zurück. Auch eine **drohende Verjährung** kann von der Anhörungspflicht nicht befreien, wenn sie durch Verfahrensverzögerungen der Behörde veranlasst ist. Ebenso wenig befreit eine **Befangenheit des Vertrauensmannes** – etwa durch enge Beziehungen zu dem Zivildienstleistenden oder durch eigene Beteiligung an dem Dienstvergehen – von der Pflicht seiner Anhörung. Denn er ist nicht (im Gegensatz zum Personalrat) zur Neutralität und zur Wahrung der Interessen der Behörde verpflichtet, sondern er soll als gewählter Vertrauensmann des Zivildienstleistenden die objektiven und subjektiven Momente des Geschehens sowie seine Sicht der dienstlichen Gesamtverhältnisse einbringen. Diesen Gesetzeszweck kann auch ein »befangener« Vertrauensmann oder Personal-/Betriebsrat erfüllen (so zu den genannten Fällen die letztinstanzliche, einheitliche st. Rspr. aller Kammern des BDiG, z. B. v. 9. 12. 1983 – I ZK 1/83).

e) In **dienstrechtlichen Angelegenheiten von Postbeamten** sind über die für alle Beamten geltenden Vorschriften hinaus weitere spezialgesetzliche Regelungen, darunter diejenigen des Postpersonalrechtsgesetzes – PostPersRG – zu beachten. So hat gem. § 1 Abs. 6 PostPersRG der zuständige Stelleninhaber mit den Befugnissen eines Dienstvorgesetzten, wenn er beabsichtigt, gegen einen Beamten eine Disziplinarmaßnahme zu erlassen oder Klage zu erheben, die beabsichtigte Maßnahme vor ihrer Mitteilung unverzüglich unter Vorlage der Akten von der **Bundesanstalt für Post und Telekommunikation Deutsche Bundespost** auf Rechtmäßigkeit und sachgerechte Ausübung des Ermessens prüfen zu lassen; dem Prüfungsergebnis der Bundesanstalt hat die zuständige Stelle der jeweiligen Aktiengesellschaft Rechnung zu tragen. Wesentliches gesetzgeberisches Anliegen bei der Schaffung des § 1 Abs. 6 PostPersRG war es, die zuständigen Stellen der den Unternehmen der früheren Deutschen Bundespost nachgefolgten Aktiengesellschaften zur Einbeziehung des Prüfungsergebnisses der Bundesanstalt in die den in der Vorschrift genannten disziplinarrechtlichen Entscheidungen vorangehende Ermessensausübung zu verpflichten. Durch die zwingende Beteiligung einer unabhängigen Behörde soll das Vertrauen in die Rechtmäßigkeit des Zustandekommens dieser Entscheidungen, die abweichend vom früheren Rechtszustand nunmehr von Stellen privatrechtlicher Aktiengesellschaften getroffen werden, gestärkt werden. Unter der Geltung noch der BDO konnte diesem Anliegen im gerichtlichen Verfahrensstadium nicht mehr entsprochen werden, weil die »zuständigen Stellen« der jeweiligen Aktiengesellschaften, an die sich das Prüfungsergebnis der Bundesanstalt zu richten hätte, hier keine uneingeschränkte eigene Entscheidungs-

A. V. 8 Verfahrensfehler

kompetenz mehr haben (vgl. § 31 Abs. 3 Satz 3 i.V. m. Abs. 2 Satz 1 BDO). Nach § 55 BDG kommt nunmehr wohl auch hier eine Heilung durch den Dienstherrn in Betracht. Für Beamte der ehemaligen DB gibt es keine vergleichbare Verknüpfung, da für sie die dienstrechtlichen Maßnahmen vom Bundeseisenbahnvermögen und damit einer Behörde wahrgenommen werden (Art. 1 § 3 Abs. 2 Nr. 3 ENeuOG).

8. Verfahrensfehler

141 a) Wird gegen zwingende Verfahrensgrundsätze verstoßen, so liegen **Verfahrensfehler** vor, die je nach ihrem Gewicht Disziplinarverfahren unzulässig machen können und zur Einstellung des Verfahrens nach §§ 32 Abs. 1 Nr. 4, 55 Abs. 3 BDG zwingen. Diese Folge ist jedoch die Ausnahme. Schon **§ 46 VwVfG** (der für das Disziplinarverfahren gilt, vgl. Rn. 125) regelt, dass »die Aufhebung eines Verwaltungsakts, der nicht nach § 44 nichtig ist, nicht allein deswegen beansprucht werden kann, weil er unter Verletzung von Vorschriften über das Verfahren, die Form oder die örtliche Zuständigkeit zustande gekommen ist, wenn keine andere Entscheidung in der Sache hätte getroffen werden können« (vgl. Seibert FS Zeidler, Die Beachtlichkeit von Fehlern im Verwaltungsverfahren gem. §§ 46 VwVfG und die Konsequenzen für das verwaltungsgerichtliche Verfahren). § 55 BDG greift das nun ausdrücklich auf.

142 b) Die **Heilung von Verfahrensfehlern** durch die zuständigen Disziplinarorgane ist ein **Ausfluss der prozessualen Fürsorge** (Rn. 131; Kleinknecht/Meyer-Goßner Einl. Rn. 159 m. w. Z.; Claussen/Janzen, vor § 15 Rn. 13 b), die für alle Verfahrensabschnitte gilt. Die jeweiligen Disziplinarorgane sind verpflichtet, zuvor aufgetretene Verfahrensfehler nachträglich zu beheben, soweit dies in ihrer Zuständigkeit liegt (BDiG v. 21. 2. 1989 – XIV BK 27/88; vgl. auch BVerwG, ZBR 1991, 152; Dok. Ber. 1982, 111; BVerfG, NJW 1987, 1319 ff. [Grundrechtsverstöße sind zuerst durch Fachgerichte selbst zu beheben]). Für nachträgliche Heilung durch dasselbe Gericht noch zu §§ 25 BDO, 311 a StPO (BDiG v. 30. 9. 1988 – VI BK 14/88). Dies wird oft bei **Mängeln des rechtlichen Gehörs und bei Aufklärungsfehlern** der Fall sein, wenn sie nur Details des vorgeworfenen Sachverhalts betreffen und die Grundentscheidung, ob eine Disziplinarmaßnahme getroffen bzw. das förmliche Disziplinarverfahren eingeleitet werden soll, nicht in Frage stellen. Dann können auch noch die Disziplinargerichte im anhängigen Verfahren solche Fehler selbst heilen. Jedenfalls kann das gerichtliche Verfahren aufgrund des § 55 Abs. 3 BDG so lange nicht wegen Verfahrensfehlern in den Vorverfahren als unzulässig eingestellt werden, wie der Verfahrensfehler durch Aussetzung und Rückgabe der Klageschrift an den Dienstherrn behoben werden kann. Hierbei kann das Gericht eine Frist setzen, binnen derer der Fehler zu beheben ist. Ist allerdings wegen eines Verfahrensfehlers das gerichtliche Verfahren schon einmal ausgesetzt, die **Klage aber ohne Heilung des Mangels erneut vorgelegt** worden, dann ist eine weitere Verfahrensverzögerung durch wiederholte Aussetzung nicht vertretbar (BVerwG – noch unter Geltung der BDO – v. 23. 11. 1971 – 2 D 31.70). Heilung oder Aussetzung im gerichtlichen Verfahrensabschnitt kommt nur bei **behebbaren Verfahrensfehlern** in Betracht (im Einzelnen § 55 Abs. 3 BDG).

143 c) Bei **nicht behebbaren, schweren Verfahrensfehlern** müssen das Disziplinarverfahren eingestellt (vgl. § 32 Abs. 1 Nr. 4 BDG), die fehlerhafte Disziplinarverfügung aufgehoben werden. Dem steht auch § 55 BDG nicht entgegen. Die danach vorgesehene Beseitigung von Verfahrensfehlern kommt bei schweren Verstößen nicht in Betracht (vgl. unten und Rn. 144), die ordnungsgemäße Verfahrenseinleitung etwa gegen einen verhandlungsunfähigen Beamten ist nicht möglich. Die Ermittlungen nach § 21 BDG sind dann nicht verwertbar, wenn der Beamte sich nicht sachgerecht verteidigen kann (Claussen/Janzen, § 33 Rn. 2 a). Das gilt zunächst für schwere Verfahrensfehler im Bereich zwingender **Zuständigkeits- oder Formregelungen**, die es nicht zulassen, dass **unzuständige Organe** im Nachhinein die fehlerhafte Entscheidung durch eine neue, fehlerfreie ersetzen. Gleiches gilt auch für schwere Verletzungen des **rechtlichen Gehörs**, wenn auf ihnen eine **Ermessensentscheidung** beruht, die so von anderen, erst später zuständig gewordenen Disziplinarorganen nicht getroffen werden kann. § 46 VwVfG gilt nicht für Ermessensentscheidungen, sondern nur für gebundene Verwaltung. Bei Ermessensentscheidungen ist, außer bei der so genannten Null-Schrumpfung, immer mit einer anderen Entscheidung zu rechnen (Stelkens/Bonk/Sachs, § 46 VwVfG Rn. 7 und 13). Für die Entscheidung des zuständigen Disziplinarvorgesetzten, das Verfahren einzustellen, eine Disziplinarmaßnahme selbst zu verhängen, Disziplinarklage zu erheben, gilt nach §§ 32-34 BDG das freie, pflichtgemäße Ermessen. Dieser **Opportunitätsgrundsatz gilt nicht für die Disziplinargerichte**: Sie müssen bei Vorliegen eines Dienstvergehens die entsprechende Maßnahme verhängen (wenn nicht die zwingenden Regelungen in §§ 14, 15 BDG die Klageabweisung bei Disziplinarklagen oder Aufhebung der Disziplinarverfügung, § 60, erfordern). Ist eine dieser Ermessensentscheidungen durch Verfehlung des rechtlichen Gehörs fehlerhaft und damit rechtswidrig getroffen worden, kann nicht ausgeschlossen werden, dass i. S. d. §§ 45 Abs. 1 Nr. 3 und 5, 46 VwVfG bei fehlerfreiem Ermessen eine andere, für den Betroffenen günstigere Ermessensentscheidung ergangen wäre. Diese fehlerfreie Ermessensentscheidung kann aus dem Rechtsgedanken in § 45 Abs. 2 und 3 VwVfG nur bis zum Abschluss des Vorverfahrens und bis zur Gerichtshängigkeit nachgeholt werden. Auch im Disziplinarverfahren kann das Gericht behördliche Ermessensentscheidungen nur im Bereich der eigenen, gesetzlich ausgewiesenen Ermessenskompetenz ersetzen (BVerwG zu §§ 91 ff. BDO – jetzt § 38 Abs. 1-3 BDG – v. 28. 10. 1985 – 1 DB 46.85). Da es hieran für die Entscheidungen nach §§ 32-34 BDG über weitere Verfolgung, Erhebung der Disziplinarklage bei Gericht fehlt, kann das Gericht nur die behördliche **Ermessensfehlentscheidung** (Disziplinarverfügung) **aufheben** oder (wegen der unzulässigen Einleitungsverfügung) die Disziplinarklage abweisen. In diesen Fällen ist eine Heilung im gerichtlichen Verfahren nicht zulässig (BDiG v. 1. 7. 1993 – XI BK 3/93; v. 26. 2. 1988 – I VL 12/87; entgegen st. Rspr. BVerwG seit Urt. v. 27. 4. 1973 – 1 D 15.72; v. 22. 3. 1989 – 1 DB 30.88, die die Bedeutung der eigenständigen Ermessenskompetenz der Disziplinarvorgesetzten in diesem Bereich außer Acht lässt; wie BVerwG auch Claussen/Janzen, § 64 Rn. 2, § 33 Rn. 6 a und c; Behnke-Hardraht, § 64 Rn. 20, § 67 Rn. 17/18; GKöD-Weiß, K § 28 Rn. 33).

144

d) Dasselbe gilt für die schwere Verletzung zwingend vorgeschriebener **Beteiligungsrechte**, wenn auf ihr eine **Ermessensentscheidung** beruht, die von anderen, erst später zuständig gewordenen Disziplinarorganen nicht getroffen werden darf. Der Beteiligung des Personalrats, der Vertrauensmänner der Zivildienstleistenden, der Schwerbehindertenvertretung bzw. des Integrationsamtes sowie der BA für Post und Telekommunikation (Rn. 133) kommt eher

A. V. 8   Verfahrensfehler

noch höhere Bedeutung zu. Die materielle Einflussmöglichkeit einer anzuhörenden, außenstehenden Stelle erschöpft sich in der Meinungsäußerung als solcher. Das Gesetz macht deshalb die Rechtmäßigkeit der Entscheidung nicht von der Bedeutung der Meinungsäußerung, sondern allein davon abhängig, dass die Entscheidungsinstanz diese Meinungsäußerung **rechtzeitig** zur Kenntnis nimmt. Der Sinn und der Zweck der gesetzlichen Beteiligungsregelungen kann nur durch Anhörung vor der Entscheidung erfüllt werden. Handelt es sich um rechtlich gebundene Entscheidungen, ist die heilende Nachholung noch bis zum Abschluss des Verwaltungsverfahrens möglich, da die Widerspruchsbehörde die volle Entscheidungskompetenz hat. Da nach Einleitung des Disziplinarverfahrens oder nach Klageerhebung bei dem VG die gerichtlichen Instanzen den entscheidenden Ermessensspielraum nicht mehr haben, kann jedenfalls im gerichtlichen Verfahren die **unterbliebene Anhörung nicht mehr mit heilender Wirkung nachgeholt** werden. Andernfalls würde der Vorrang der gesetzlich gebotenen Anhörung umgangen (so zum **SchwbR** BVerwGE 17, 283 f.; 34, 135; BDiG 26. 2. 1988 – I VL 12/87; zum **DiszR** BVerwG [WD] ZBR 1983, 136; zum **PersVR** für fristlose Entlassung aus Arbeitsverhältnis BVerwG, RiA 1982, 170; E 66, 291 = DÖD 1983, 183; Dok. Ber. A 1983, 141; PersV 1985, 296; DÖD 1986, 32; E 68, 189; entsprechend für Entfernung aus Beamtenverhältnis BDiG v. 1. 11. 1984 – XIV VL 46/83, v. 16. 11. 1984 – I BK 14/84 und v. 9. 11. 1984 – II VL 36/83: all diese Beschlüsse ohne Entscheidung zu dieser Frage aus anderen tatsächlichen bzw. Bindungsgründen aufgehoben durch BVerwG, Dok. Ber. 1985, 95; E 76, 322 = ZBR 1985, 179; vgl. auch BVerwG, ZBR 1989, 372; zum **Zivildienstrecht** BDiG st. Rspr. aller Kammern, z. B. v. 9. 12. 1983 – I ZK 1/83; von Schwichow, DÖD 1984, 57 m. w. N. Fn. 17; auch Weiß noch in ZBR 1985, 72 r. Sp.; **anderer Ansicht** BVerwG v. 25. 1. 1983 – 2 WDB 2.83 – DÖV 1983, 767 ff., der ohne differenzierte Begründung und nach unzutreffender Gleichsetzung mit dem anders lautenden § 28 Abs. 6 Satz 1 WDO der pauschalen Meinung der Literatur folgt: v. 22. 8. 1984 – 1 D 21.83, das sich ohne weitere Begründung dem vorgen. Beschluss anschließt; ebenso Dok. Ber. 1992, 147; vgl. Rn. 138; Claussen/Janzen, § 33 Rn. 6 a ff.). Der **allgemeine Grundsatz aus den §§ 45, 46 VwVfG**, dass vor einer Ermessensentscheidung entstandene Anhörungsfehler nicht durch eine andere, für die Ermessensentscheidung unzuständige Behörde geheilt werden können, findet seine spezielle Anerkennung in der **Neuregelung des § 95 Abs. 2 Satz 2 SGB IX** (»Die Durchführung oder Vollziehung einer ohne Beteiligung gemäß Satz 1 getroffenen Entscheidung ist auszusetzen; die Beteiligung ist innerhalb von 7 Tagen nachzuholen; **sodann ist endgültig zu entscheiden**«). Das Gesetz bestimmt hier zwingend, dass die Nachholung durch die erstentscheidende Stelle zu erfolgen hat. An die Stelle des in Satz 1 genannten Arbeitgebers tritt bei Beamten der Dienstvorgesetzte (gleich Disziplinarvorgesetzte). Trotz des schweren Verfahrensfehlers kann das Gericht ausnahmsweise zugunsten des Beamten zur Sache entscheiden, wenn das **Ermessen auf »Null« geschrumpft** war, so dass nur eine richtige Entscheidung in Frage kommt (BDiG v. 1. 7. 1993 – XI BK 3/93; v. 26. 2. 1988 – I VL 12/87).

B. Besonderer Teil

I. Abgrenzung inner- und außerdienstlichen Verhaltens

Nach § 61 Abs. 1 Satz 2 BBG hat ein Beamter auch außerdienstlich beamtenrechtliche Pflichten zu beachten. Sein Verhalten muss der Achtung und dem Vertrauen gerecht werden, die sein Beruf erfordert. Verstößt er gegen diese Pflichten, so begeht er eine außerdienstliche Pflichtverletzung, soweit die weiteren Voraussetzungen des § 77 Abs. 1 Satz 2 vorliegen. § 77 Abs. 1 Satz 2 BBG stellt jedoch klar, dass dem Verhalten eines Beamten **im Privatbereich nur ausnahmsweise disziplinarrechtliche Bedeutung zukommen** soll (vgl. A. II. Rn. 51). Die feudale, obrigkeitsstaatliche Auffassung, dass Beamte »immer im Dienst« (PrOVGE 89, 416), also niemals »Privatmann/Privatfrau« seien (BDHE 1, 25) und rund um die Uhr »den Staat repräsentierten« (so noch BVerwG im Urt. v. 8.7.1987 – 1 D 141.86), ist überholt (BVerwG – Beamtensenat – in E 48, 101 f.; Steinbach ZBR 1971, 271; vgl. im Übrigen Einf. II. 2. und 4. a. E.). Der mit der Neuregelung (v. 20.7.1967) des § 77 Abs. 1 Satz 2 BBG beabsichtigte Zweck geht dahin, den Privatbereich weitgehend vor disziplinaren Einwirkungen der Dienstvorgesetzten zu schützen. Diese Richtschnur ist von allen Disziplinarorganen einzuhalten. Nach der zutreffenden neueren Auffassung des BVerwG (v. 30.8.2000 – 1 D 37/99) hat der Gesetzgeber durch die Einfügung des Satzes 2 in § 77 Abs. 1 BBG den Tatbestand des Dienstvergehens im Bereich außerdienstlichen Verhaltens eingeschränkt und ihn über verschärfte tatbestandliche Anforderungen auf Fälle von besonderer Bedeutsamkeit beschränken (BVerwG, a.a.O., m.w.N.). Zu Recht verweist das Gericht darauf, dass die Rspr. die vom Gesetzgeber zitierte geänderte Anschauung und die dieser folgenden geänderten Gesetzeslage nicht nur bei der Prüfung der Frage, ob ein Dienstvergehen i.S.d. § 77 Abs. 1 Satz 2 vorliegt, zu berücksichtigen hat, sondern dies auch auf die Frage zu erstrecken hat, ob der Beamte überhaupt seine beamtenrechtlichen Pflichten aus § 61 Abs. 1 Satz 2 BBG verletzt hat. Mit dem Dienstrechtsneuordnungsgesetz hat der Gesetzgeber nunmehr eine weitere Veränderung am Gesetzeswortlaut vorgenommen. Hat er den Wortlaut des § 61 BBG, dort werden die inner- und außerdienstlichen Verhaltenspflichten geregelt, unverändert gelassen, so hat er jedoch § 77 Abs. 1 Satz 2 BBG geändert, indem er dort das Merkmal »Achtung« gestrichen hat, verändert. Mithin regelt der Gesetzgeber in § 61 BBG weiterhin, dass der Beamte auch außerdienstlich sein Verhalten danach auszurichten hat, dass er sowohl der Achtung, als auch dem Vertrauen gerecht wird, die der Beruf erfordert. Jedoch liegt ein Dienstvergehen nach § 77 BBG nur noch dann vor, wenn ein außerdienstliches Verhalten geeignet ist, das Vertrauen in einer für ihr Amt oder das Ansehen des Beamtentums bedeutsamer Weise zu beeinträchtigen. Ist durch dieses Verhalten nur die »Achtung« betroffen, so liegt kein Dienstvergehen vor. Hierbei handelt

1

B.I. Abgrenzung inner- und außerdienstlichen Verhaltens

es sich um kein Redaktionsversehen des Gesetzgebers. Er hat diese Differenzierung sehenden Auges vorgenommen. Festzuhalten ist daher, dass der Gesetzgeber von den Beamten weiterhin ein inner- und außerdienstliches Verhalten fordert, welches sowohl der Achtung, als auch dem Vertrauen gerecht wird. Ist ein außerdienstliches Verhalten jedoch alleine geeignet, die Achtung, die der Beruf erfordert, zu beeinträchtigen, ohne dass eine Vertrauensbeeinträchtigung vorliegt, soll dieses Verhalten zukünftig nicht mehr disziplinarrechtlich geahndet werden können. Ein solches Verhalten erfüllt nicht die tatbestandlichen Voraussetzungen des § 77 Abs. 1 Satz 2 BBG. Dies berücksichtigt, ergibt sich keine Veränderung der vom BVerwG in seiner Entscheidung vom 30.8.2000 – 1 D 37/99 – vorgegebenen Prüfungsreihenfolge. Die Normstruktur der §§ 61 Abs. 1 Satz 2, 77 Abs. 1 Satz 2 BBG ist wie folgt zu verstehen: § 61 Abs. 1 Satz 2 BBG bildet den Grundtatbestand. Anhand der Merkmale dieser Norm ist im dienstrechtlichen Zusammenhang die Pflichtwidrigkeit eines angeschuldigten außerdienstlichen Verhaltens zu bestimmen. Es ist also weiterhin zu prüfen, ob das Verhalten eines Beamten die Achtung und das Vertrauen beeinträchtigt, die sein Beruf erfordert. Dabei ist das Merkmal »die sein Beruf erfordert« durch die später erlassene Vorschrift des § 77 Abs. 1 Satz 2 BBG inhaltlich dahin zu konkretisieren, dass sich die Achtungs- und Vertrauensbeeinträchtigung entweder auf das Amt des Beamten oder auf das Ansehen des Beamtentums zu beziehen hat. Nur wenn diese Voraussetzungen erfüllt sind, liegt ein pflichtwidriges Verhalten i. S. d. § 61 Abs. 1 Satz 2 BBG vor. Ist ein pflichtwidriges Verhalten nach § 61 Abs. 1 Satz 2 BBG als eines von mehreren tatbestandlich vorausgesetzten Merkmalen eines Dienstvergehens zu bejahen, sind weiterhin noch die besonderen Voraussetzungen eines außerdienstlichen Dienstvergehens nach § 77 Abs. 1 Satz 2 BBG zu prüfen, nämlich
– die allgemeine Bedeutsamkeit der Vertrauensbeeinträchtigung sowie
– die auf den Einzelfall bezogene besondere Eignung des Verhaltens (BVerwG a. a. O.).
Es ist also zu prüfen, ob das gem. § 61 Abs. 1 Satz 2 BBG festgestellte Verhalten, welches durchaus auch in einer Ansehensbeeinträchtigung liegen kann, die engeren Voraussetzungen des § 77 Abs. 1 Satz 2 BBG erfüllt. Hier kommt es nunmehr alleine darauf an, ob das Verhalten geeignet ist, eine Vertrauensbeeinträchtigung herbeizuführen. Ist dies nicht der Fall und liegt alleine eine Vertrauensbeeinträchtigung vor, handelt es sich zwar um einen Verstoß gegen § 66 Abs. 1 Satz 2 BBG, nicht jedoch um ein disziplinarrechtlich verfolgbares Vergehen. Daraus folgt weiterhin, dass eben nicht jeder Verstoß gegen § 66 Abs. 1 Satz 2 BBG auch disziplinarrechtliche Konsequenzen nach sich zieht.

2 Die praktische Bedeutung der Unterscheidung zwischen inner- und außerdienstlichen Verhaltensweisen wird häufig unterschätzt. Dies liegt zumeist daran, dass die Voraussetzungen einer außerdienstlichen Verfehlung nach § 77 Abs. 1 Satz 2 BBG verkannt werden. Nach dem oben beschriebenen Verständnis ist eine solche nur gegeben, wenn durch privates Verhalten die amtlich übertragenen Aufgaben oder die Beziehungen zur eigenen Behörde konkret und in besonders bedeutsamen Maße tangiert sind. Zu beachten ist dabei, dass nicht jeder außerdienstliche Verstoß gegen die Rechtsordnung, nicht einmal jeder Verstoß gegen Strafgesetze notwendigerweise zu einer Ansehens- und Vertrauensschädigung führt. Das ist z. B. nicht der Fall, wenn der freiwillige Katastropheneinsatz außerhalb des Dienstes verweigert wird (BDiG v. 5.8.1992 – XVI BK 4/92). Dies ist auch nicht mehr durch die erstmalige außerdienstliche

Abgrenzung inner- und außerdienstlichen Verhaltens B. I.

Trunkenheitsfahrt eines im Dienst nicht mit dem Führen eines Kraftfahrzeuges betrauten Beamten gegeben (BVerwG v. 30. 8. 2000 – 1 D 37.99). Und ebenso kann das »Ansehen des Beamtentums« **in berufserheblicher Weise** nur leiden, wenn die amtliche/dienstliche Zuverlässigkeit konkret beeinträchtigt ist (vgl. A. II. Rn. 42 ff.). Was dienstlich nicht erforderlich ist, gehört ohnehin in den freien Bereich der Privatsphäre des Beamten (Behnke-Arndt, S. 83 Rn. 47).

Innerdienstliche und private Bereiche greifen ineinander über. Auch während der Dienstzeit unterliegen Beamte außer ihren Beamtenpflichten denjenigen der allgemeinen Rechtsordnung, die für jeden Bürger gelten. Ebenso unterliegen sie außerhalb der Dienstzeit weiterhin bestimmten Beamtenpflichten, die für Privatleute nicht gelten. Es kann privates, außerdienstliches Verhalten während der Dienstzeit und im Dienstgebäude stattfinden, und ebenso können in der Freizeit und zu Hause Dinge verrichtet werden, die zum innerdienstlichen Pflichtenkreis gehören. Entscheidend für inner- oder außerdienstliches Verhalten i. S. d. § 77 Abs. 1 BBG ist nicht der äußere, zeitliche und räumliche Zusammenhang mit der dienstlichen Organisation, sondern die **Rechtsnatur der verletzten Pflicht** (ausführlich dazu BVerwG v. 20. 2. 2001 – 1 D 55.99). Ergibt sich diese Pflicht speziell für den Beamten aus dem öffentlichen Dienstverhältnis und seinen Normen, so liegt innerdienstliches Verhalten vor (vgl. A. II. Rn. 42 ff. und BVerwGE 114, 48). Z. B. ist Hehlerei an dienstlichem Beförderungsgut innerdienstlich, es steht direktem Zugriff gleich (BVerwGE 86, 273; DÖD 1991, 65). Dieser Pflichtenkreis ergibt sich im üblichen beamtenrechtlichen Sprachgebrauch aus dem organisatorischen Betriebsverhältnis wie auch aus dem statusrechtlichen Grundverhältnis. Folgt die verletzte Norm nur aus der allgemeinen Rechtsordnung, wie sie für jeden Bürger gilt, so handelt es sich um außerdienstliches Verhalten. Dementsprechend kommt es für die Abgrenzung nicht allein darauf an, ob das Verhalten in der Dienstzeit, an der Dienststelle und im Rahmen dienstlicher Tätigkeit stattfand (BVerwG v. 24. 11. 1992 – 1 D 52.91). Hat das außerdienstliche Privatverhalten nur **mittelbare Auswirkungen** auf den Dienstbereich, so wird es dadurch nicht zum innerdienstlichen Verhalten. Es kommt auf den dienstrechtlichen Charakter des Verhaltens, nicht allein auf die äußeren Begleitumstände oder die Folgen für den Dienst an. Ist ein Busfahrer einer staatlichen Behörde durch Dienstüberlassungsvertrag in das private Arbeitsverhältnis mit einem Privatunternehmen eingetreten, so kann seine dortige Geldunterschlagung keine Amtsunterschlagung und kein Dienstvergehen sein (BVerwG v. 7. 6. 2000 – 1 D 4.99; unverständlich a. A. BVerwG v. 7. 4. 1987 – 1 D 73.86; s. auch Rn. 4). Ein privater Vorgang ist nicht schon deswegen innerdienstlich, weil er in der Dienstzeit oder im Dienstgebäude stattfindet. **Außerdienstlich** ist deshalb z. B. die Beleidigung während eines dienstlich gestatteten Privatgesprächs mit dem Diensttelefon, der Inhalt eines im Dienst geschriebenen privaten Briefes, das Lesen privater Lektüre, weil dieses Verhalten in dieser Situation gleichermaßen jeder Bürger ohne jede Beziehung zu dienstlichen Erfordernissen als Privatperson vollziehen könnte (BVerwG v. 5. 11. 1968 – 1 D 19.68; Behnke-Arndt, S. 115 Rn. 146 ff.). Andererseits können **private Einzelsituationen** im Rahmen der Dienstausübung und auch solche Verhaltensweisen, die nicht gezielt auf die »Ausübung« des Dienstes gerichtet sind, sondern nur »**bei Gelegenheit der Dienstausübung**« stattfinden, wegen des dienstlichen Zusammenhangs oder wegen des Missbrauchs der dienstlich ermöglichten Gelegenheit **innerdienstlich** sein.

B. I. Abgrenzung inner- und außerdienstlichen Verhaltens

4 Besondere Probleme stellen sich bei der Abgrenzung dienstlicher/außerdienstlicher Verfehlungen bei Beamten, die zur Aufnahme einer privatrechtlich begründeten Tätigkeit vom Dienstherr beurlaubt sind und beim privaten Arbeitgeber gegen beamtenrechtliche Verpflichtungen verstoßen. Das BVerwG hat in einem Fall, in welchem der Beamte bei einer Tochter einer Nachfolgeorganisation der Deutschen Bundespost Unterschlagungen begangen hat, festgestellt, dass es sich hierbei um ein außerdienstliches Vergehen handelt (BVerwG v. 7.6.2000 – 1 D 4.99). Die Tätigkeit bei einem Tochterunternehmen eines der Nachfolgeunternehmen der Deutschen Bundespost stellt keinen Dienst nach § 4 Abs. 1 PostPersRG dar. Durch die Beurlaubung nach § 13 SUrlV und die Beschäftigung aufgrund privatrechtlichen Arbeitsvertrages sind zwar ein Teil der beamtenrechtlichen Pflichten suspendiert, nicht jedoch die Vorschrift des § 61 Abs. 1 Satz 2 BBG. Die Pflicht zur Beachtung der für jedermann geltenden Strafgesetze als Bestandteil der Pflicht des Beamten zu achtungs- und vertrauenswürdigem Verhalten wird durch die privatrechtliche Tätigkeit nicht eingeschränkt. Daraus ergibt sich, dass bei Verstößen im Arbeitsverhältnis aufgrund eines privatrechtlichen Arbeitsverhältnisses zwar außerdienstliche Verstöße gegen beamtenrechtliche Verpflichtungen vorliegen können, nie jedoch innerdienstliche. Obwohl das BVerwG dies bislang nur für den Fall der Beurlaubung zur Arbeitserbringung bei Dritten entschieden hat, muss dies auch für diejenigen Beamten gelten, die zwar noch bei ihrem Dienstherrn beschäftigt sind, aber dort im Zuge der »In-Sich-Beurlaubung« nicht mehr aufgrund eines öffentlich-rechtlichen Dienstverhältnisses – welches z. B. über Art. 143 b Abs. 3 und § 4 Abs. 1 PostPersRG fingiert ist –, sondern aufgrund privatrechtlichen Vertrages bei ihrem Dienstherrn beschäftigt sind. Auch für sie gilt das Argument des BVerwG aus der oben zitierten Entscheidung, dass die Beurlaubung aus dem Dienst dem Zweck diene, die »Fesseln des Dienstrechts« abzustreifen.

5 **Beispiele: Fernbleiben vom Dienst** oder **ungenehmigte Nebentätigkeit** finden zwangsläufig außerhalb des Dienstes statt, stellen aber Verletzungen von innerdienstlichen Kernpflichten dar. Wird außerhalb der Dienstzeit zu Hause ein **Beihilfebeleg gefälscht** und dann eingereicht, so ist dies die Verletzung der innerdienstlichen Treue- und Wahrheitspflicht. **Überzieht** ein Postbeamter sein eigenes **Gehaltskonto** im Gehaltsabhebungsverfahren, so begeht er wegen der entgegenstehenden dienstlichen Weisungen ein innerdienstliches Dienstvergehen (BVerwG – 1 D 142.85). Macht er dasselbe außerhalb der eigenen Dienststelle auf dem **privaten Postsparkonto seiner Ehefrau**, so handelt er dagegen außerdienstlich (BVerwG – 1 D 29.81). Ebenso handelt eine Postbeamtin außerhalb des Dienstes, wenn sie betrügerisch und mit **Fälschung der Paketeinlieferungsabschnitte** für angeblich verloren gegangene Pakete von der Post Erstattungen verlangt, auch wenn sie dabei ihre besonderen Kenntnisse und Erfahrungen als Beamtin der Nachforschungsstelle missbraucht (BVerwG v. 11.7.1988 – 1 D 106.87). **Stiehlt** ein Bahnbeamter **während der Dienstpause** und außerhalb seiner dienstlichen Verrichtungen Geld aus der Kasse der Bahnhofswirtschaft (BVerwG v. 6.2.1968 – 1 D 39.67) oder während der Beurlaubung bei einem Besuch auf der Dienststelle aus der Schalterkasse (BVerwG – 1 D 88.87 – DÖD 1988, 214), so handelt er außerdienstlich (genau entgegengesetzt aber BVerwG v. 24.9.1986 – 1 D 81.86 für Beraubung von Waggons außerhalb des Dienstes und der dienstlichen Zuständigkeit, weil er gegen seine allgemeine Grundpflicht, sich überall und jederzeit für den Schutz von Gut seiner Behörde einzusetzen, verstoßen habe). Beamte sind allerdings nicht rund um die Uhr im

Dienst. Außerdienstlich ist das **Lesen einer privaten Zeitung** während des Dienstes (Behnke-Arndt, Einf. Rn. 147 b; a. A. BVerwG Beamtensenat in E 20, 347 und BVerwG – 1 D 3.79 im Anschluss an das Dienstunfallrecht), es sei denn, es geht um die Vernachlässigung der dienstlichen Arbeit, was logischerweise den Verstoß gegen eine innerdienstliche Pflicht darstellt. **Stiehlt** ein Bahnbeamter **in Uniform** »nur bei Gelegenheit« der Rückkehr mit dem Dienst-Kfz von seinen Dienstverrichtungen (BVerwG v. 20. 8. 1980 – 1 D 96.79) oder stiehlt ein Postbeamter »bei Gelegenheit« seines Zustellganges (BVerwG v. 21. 10. 1987 – 1 D 56.86), so handelt er zwar nicht »in Ausübung« seiner dienstlichen Aufgaben, aber unter Missbrauch der dienstlich eröffneten Tatmöglichkeit und damit innerdienstlich. Wer seinen Vorgesetzten am privaten Stammtisch verleumdet, handelt außerdienstlich, geschieht Gleiches von der Dienststelle aus mit dem Diensttelefon, so ist das innerdienstlich (BVerwG, ZBR 1984, 156). Die außerdienstliche Trunkenheitsfahrt mit dem Privat-Kfz bleibt ein außerdienstliches Geschehen, auch wenn sie sich mittelbar dienstlich auswirkt, etwa durch Dienstverspätung, Haft, Krankheitsfolgen; dagegen ist selbständig innerdienstliche Pflichtverletzung die Folge der Dienstunfähigkeit durch Restalkohol bei Dienstantritt oder durch Verlust der Fahrerlaubnis bei einem Berufskraftfahrer (A. II. Rn. 44, IV. Rn. 102 f.). Alkoholverstoß während einer dienstlich geduldeten und üblichen Beförderungsfeier während des Dienstes ist innerdienstlich (BVerwG v. 14. 3. 1980 – 1 D 3.79). Belästigt ein Fernmeldeentstörer eine Frau sexuell während seiner dienstlichen Tätigkeit in deren Privatwohnung, so handelt er innerdienstlich (BVerwG v. 21. 10. 1987 – 1 D 106.86), begeht er die gleiche Tat, indem er seine Dienststelle verlässt und die Frau während der Dienstzeit in der Nachbarschaft aufsucht, handelt er insoweit außerdienstlich. Hehlerei an dienstlichem Beförderungsgut ist immer innerdienstlich, steht direktem Zugriff gleich (BVerwGE 86, 273; DÖD 1991, 65). Die zugleich pflichtwidrige Versäumung der Dienstleistungspflicht gem. § 96 Abs. 1 Satz 1 BBG ist innerdienstlich. Bedenklich die Einstufung als außerdienstlich bei: Belästigung einer Untergebenen bei Faschingsfeier im Dienstgebäude, Anpumpen von Untergebenen im Dienstgebäude (BVerwG v. 17. 10. 1969 – 2 D 20.69). In diesen Fällen wird der unmittelbare dienstliche Bezug, der auch außerhalb der Dienstzeit die Vorgesetzten gegenüber den Untergebenen zu besonders vorbildlichem und rücksichtsvollem Verhalten verpflichtet, verkannt.

II. Die einzelnen Dienstvergehen und ihre Maßregelung

Politisches Verhalten

1. Die politische Treuepflicht

a) Rechtsgrundlage: § 60 Abs. 1 Satz 3 BBG

Wortlaut § 60 Abs. 1 Satz 3 BBG:
»Beamtinnen und Beamte müssen sich durch ihr gesamtes Verhalten zu der freiheitlichen demokratischen Grundordnung im Sinne des Grundgesetzes bekennen und für deren Erhaltung eintreten.«

B. II. 1   Politische Treuepflicht

b) Definition der Pflicht und ihrer Verletzung

1   Der Bundesbeamte steht in einem **gegenseitigen Dienst- und Treueverhältnis** zu der Anstellungskörperschaft, dem Bund (oder gleichgestellten bundesunmittelbaren Körperschaft, Anstalt, Stiftung), also nicht unmittelbar gegenüber dem einzelnen Vorgesetzten, Dienstvorgesetzten, der Verwaltung oder der jeweiligen Regierung, denen gegenüber spezielle Pflichten bestehen. Diese **Grundpflicht gegenüber dem Staat und seiner Verfassung** drückt sich in der Eidesformel (§ 64 BBG) und in dem Pflichtentatbestand des § 60 BBG gegenüber Volk und Verfassung aus und ist Bestandteil der verfassungsgeschützten hergebrachten Grundsätze des Berufsbeamtentums gem. Art. 33 Abs. 4 und 5, 5 Abs. 3 Satz 2 GG (BVerfGE 39, 334, 347). Politische Aktivitäten sowie die Mitgliedschaft und Betätigung in politischen Parteien sind den Beamten grundsätzlich ebenso erlaubt wie allen anderen Bürgern. Die insoweit geschützte Meinungsäußerungs- und Vereinigungsfreiheit nach Art. 5, 9 GG unterliegt auch dem Schutz der Art. 10, 11 EMRK.

2   Als spezielle Regelung konkretisiert § 60 Abs. 1 Satz 3 BBG die politische Treuepflicht dahin, dass der Beamte und die Beamtin »sich durch ihr gesamtes Verhalten zu der freiheitlichen demokratischen Grundordnung im Sinne des Grundgesetzes bekennen und für deren Erhaltung eintreten müssen«. Der Umfang dieser **Bekenntnis- und Erhaltungspflicht** ist in Rspr. und Schrifttum strittig. Zum Diskussionsstand: EGMR v. 26.9.1995, NJW 1996, 375 ff.; BVerfG v. 22.5.1975, E 39, 334 ff. = NJW 1975, 1641 ff.; BVerwG v. 7.5.1993 – 1 D 92.85; VGH BW v. 13. 3. 2007 – 4 S 1805/06.

3   Der Beschluss des BVerfG und der so genannte Radikalenerlass sind nunmehr unter Berücksichtigung des **Beschlusses des EGMR** vom 26.9.1995 (NJW 1996, 375 ff.) auszulegen. Der EGMR hat festgestellt, dass die Entlassung einer Beamtin auf Lebenszeit aus dem öffentlichen Schuldienst, weil sie durch Aktivitäten für die DKP als einer Partei, die verfassungsfeindliche Ziele verfolge, und durch ihre Weigerung, sich von dieser Partei zu distanzieren, angeblich ihrer jedem Beamten obliegenden Pflicht, für die freiheitliche demokratische Grundordnung einzutreten, nicht nachgekommen ist, einen Eingriff in die Ausübung des durch Art. 10 MRKV geschützten Rechts der Freiheit der Meinungsäußerung sowie der durch Art. 11 MRKV geschützten Vereinigungsfreiheit darstellt. Dieser Eingriff verletzt, da er nicht als »in einer demokratischen Gesellschaft unentbehrlich« und »in einem angemessenen Verhältnis zu dem damit verfolgten legitimen Zweck« steht, Art. 10, 11 MRKV. Denn obwohl ein demokratischer Staat das Recht hat, von seinen Beamten die Treue zu den grundlegenden Verfassungsgrundsätzen zu verlangen und dies angesichts der Erfahrungen der Weimarer Zeit und Deutschlands Lage im politischen Kontext jener Zeit (deutsche Teilung, Ost-West-Konfrontation) ein besonderes Gewicht hat, ist der Eingriff unverhältnismäßig, da einer sehr schwerwiegenden Maßnahme wie der Entlassung das vergleichsweise geringe Sicherheitsrisiko, das die Beschwerdeführerin als Deutsch- und Französischlehrerin in einem Gymnasium darstellte, gegenübersteht.
Damit hat der EGMR die Schwelle für eine Dienstentfernung wegen Verstoßes gegen die politische Treuepflicht gegenüber grundlegenden Verfassungsgrundsätzen, die er bejaht, deutlich höher gelegt, als dies bislang in der nationalen Rspr. der Fall ist. Die von dieser Rspr. bislang geforderte Distanzierungs- und daraus folgende Austrittspflicht kann so nicht mehr aufrechterhalten werden.

Politische Treuepflicht B. II. 1.

Welche konkreten Auswirkungen dies in der nationalen Rspr. haben wird, ist noch nicht recht deutlich geworden. Am ausführlichsten hat sich bislang der VGH Kassel mit der insofern neuen Rechtslage auseinander gesetzt. Er hatte über einen Funktionär der »Republikaner« zu urteilen. In seinem Urteil führt das Gericht aus, dass unter Berücksichtigung der Entscheidung des EGMR und der dort ausdrücklich festgestellten und auch durch Art. 10, 11 MRKV geschützten Rechte auf Meinungsäußerung und Vereinigung die dem Beamten obliegende politische Treuepflicht es nicht gebiete, eine Partei bereits beim Auftreten erheblicher verfassungsrechtlicher Tendenzen zu verlassen. Allerdings stelle das bewusste Verbleiben in einer Partei, die höchstrichterlich als allgemein oder jedenfalls überwiegend verfassungsfeindlich bezeichnet wird, in der Regel einen Verstoß gegen die politische Treuepflicht dar. Dies gelte ausdrücklich auch unter Beachtung des Urteils des EGMR (VGH Kassel v. 7.5.1998 – 24 DH 2498/96 – NVwZ 1999, 904 ff.; s. auch VGH BW v. 13.3.2007 – 4 S 1805/06).

Das BVerfG hat im Radikalenbeschluss (entgegen dem Anschein aus den Leitsätzen 2, 3 und 6) **zwei Tatbestände politischer Treuepflichten** definiert: einmal die direkt aus dem Verfassungsrecht (Art. 33 Abs. 4 und 5, 5 Abs. 3 Satz 2 GG) abgeleitete, als **allgemeine Richtschnur** erwünschte, insbesondere für jede – ermessensmäßige – Einstellungsentscheidung erhebliche politische Treue des Beamtenbewerbers gegenüber der Verfassung, zum Zweiten die für alle bereits im Beamtenverhältnis stehenden Bediensteten **disziplinarrechtlich erhebliche Dienstpflicht** i.S.d. § 60 Abs. 1 Satz 3 BBG. Ob die Abgrenzung geglückt und hinreichend deutlich ist, mag dahinstehen. Jedenfalls gibt es keine andere Interpretation der insoweit bindenden Entscheidungsgründe des Radikalenbeschlusses, die ohne Ausklammerungen und einseitige Auswertung dessen Wortlaut, Inhalt und Gesamtzusammenhang loyal und widerspruchsfrei gerecht wird. 4

Die vom BVerfG vorgenommene Differenzierung (auch im Hinblick auf die unterschiedlichen Gesetzesanforderungen zur politischen Treue gegenüber den verschiedenen Statussituationen, s. BVerfGE 39, 350, 351) rechtfertigt sich daraus, dass der Bewerber um ein öffentliches Amt im Gegensatz zum Beamten noch über keinen geschützten Rechtsstatus verfügt. Gegenüber einem bloßen Bewerber dürfen ermessensmäßig weitgehende Eignungserwartungen angelegt werden. Dagegen können einem Beamten die verfassungsrechtlich geschützten Rechte nur aufgrund eines konkretisierten und evidenten Tatbestands der Dienstpflichtverletzung entzogen werden. Die Differenzierung zwischen der allgemein gefassten, tendenziellen Erwartung der Pflichterfüllung und dem konkret abgegrenzten, vorwerfbaren Verletzungstatbestand entspricht der **Systematik des materiellen Disziplinarrechts** (s. A. II. Rn. 37 ff.). Erst durch die empirische, fallbezogene Umsetzung in einen konkreten Pflichtentatbestand wird der Beamtenschaft ersichtlich (evident, A. I. Rn. 33), welches reale Tun oder Unterlassen von ihr erwartet wird und wann die Grenze vom disziplinar Unerheblichen zum Vorwerfbaren überschritten wird (Minimum an Gewicht, A. I. Rn. 20). 5

Aus **Art. 33 Abs. 5 GG** leitet der Radikalenbeschluss allgemein eine weitgehende Treuepflicht in dem Sinne her (BVerfGE 39, 348-350), dass jeder Beamte **verpflichtet ist,** »den Staat und seine geltende Verfassungsordnung zu bejahen, sie als einen hohen positiven Wert zu erkennen und anzuerkennen«, es nicht bei einer »uninteressierten, kühlen, innerlich distanzierten Haltung« zu belassen, sondern stattdessen »sich eindeutig von Gruppen und Bestrebungen zu distan- 6

B. II. 1 Politische Treuepflicht

zieren, die diesen Staat ... und die geltende Verfassungsordnung angreifen ...«. Wenn der Radikalenbeschluss verschiedentlich in diesem Sinne von »der Treuepflicht der Beamten« und von deren entsprechender »Amtspflicht« spricht, so meint er damit offensichtlich die allgemeine, direkt aus den hergebrachten Grundsätzen abgeleitete Treuepflicht und prüft daraus die Gewähr von Einstellungsbewerbern für ein solches, pflichttreues Verhalten.

7 Dementgegen kann der Gesetzeswortlaut des § 60 Abs. 1 Satz 3 BBG **nur mit Einschränkungen als verfassungsgemäß** angesehen werden und ein vorwerfbares Dienstvergehen begründen. Denn für den Pflichttatbestand des § 60 Abs. 1 Satz 3 BBG stellt der Radikalenbeschluss, von der allgemeinen Treuepflicht abweichend, eindeutig fest, dass »sich der umschriebene Inhalt der Treuepflicht des Beamten nicht völlig mit dem Inhalt der disziplinär zu ahndenden Treuepflichtverletzung des Beamten deckt, weil zum letztgenannten Tatbestand ein Minimum an Gewicht und an Evidenz der Pflichtverletzung gehört«. Diese Einschränkung wird konkretisiert durch die für § 60 Abs. 1 Satz 3 BBG aus dem Grundrecht der Meinungsfreiheit getroffene Feststellung (BVerfGE 39, 350), dass »das bloße Haben einer Überzeugung und die bloße Mitteilung, dass man diese habe, niemals eine Verletzung der Treuepflicht ist; ...«. Damit ist die zuvor und allgemein postulierte Pflicht, von der Verfassungsordnung überzeugt zu sein, sich zu ihr zu bekennen und sie gegen andere Meinungen zu verteidigen (ein wesentlicher Teil des Regelungsinhalts des § 60 Abs. 1 Satz 3 BBG!), beseitigt, die disziplinar erhebliche Treuepflicht qualitativ und quantitativ eingeengt worden. Denn es kann nicht zugleich erlaubt und verboten sein, gegen die geltende Verfassungsordnung eingestellt zu sein und sich dazu anderen gegenüber zu bekennen (so auch Rottmann, ZRP 1984, 100). Nach dem Radikalenbeschluss »ist dieser Tatbestand (der disziplinaren Unerheblichkeit, Anm. d. Verf.) überschritten, wenn der Beamte aus seiner politischen Überzeugung Folgerungen für seine Einstellung gegenüber der verfassungsmäßigen Ordnung der Bundesrepublik Deutschland, für die Art der Erfüllung seiner Dienstpflichten, für den Umgang mit seinen Mitarbeitern oder für politische Aktivitäten im Sinne seiner politischen Überzeugung zieht« (BVerfGE 39, 350 f.). Was unter solchen »Folgerungen« verstanden werden soll, muss sich unter Berücksichtigung der schon aufgezeigten Einschränkungstendenz aus den weiteren Ausführungen des Radikalenbeschlusses ergeben. Der Hinweis auf die Erfüllung der allgemein gültigen Dienstpflichten und auf den Umgang mit den Mitarbeitern bringt insoweit keine tatbestandsmäßige Klärung, weil solche Pflichtverletzungen ohnehin, mit und ohne politischen Bezug, vorwerfbar sind. Dass die verfassungsablehnende Überzeugung die »Einstellung gegenüber der verfassungsmäßigen Ordnung der Bundesrepublik Deutschland« beeinflusst, ist zwangsläufig und deckt sich mit dem zulässigen »bloßen Haben und Äußern der gegnerischen Überzeugung«. So kann im Sinne des Radikalenbeschlusses ein disziplinar erheblicher Tatbestand nur aus solchen »politischen Aktivitäten« gefolgert werden, die im Sinne des verfassungsgemäßen Schutzziels gewichtiger sind als das »Äußern der gegnerischen Meinung«.

8 Die **bloße Mitgliedschaft in einer verfassungsgerichtlich nicht verbotenen politischen Partei**, die für eine andere Verfassungsordnung eintritt (so genannte radikale oder extremistische Parteien), ist nicht pflichtwidrig. In einer freiheitlichen, demokratischen und parlamentarischen Demokratie ist es nicht nur erlaubt, sondern für deren Bestand geradezu essenziell, dass erlaubte politische

Politische Treuepflicht B. II. 1.

Überzeugungen in der Form des Eintritts in eine nicht verbotene politische Partei und der Betätigung in ihr verfolgt werden. Auch würde es für das Schutzgut »Sicherung einer loyalen Beamtenschaft in Krisenzeiten« keine Verbesserung bedeuten, wenn Beamte lediglich auf den formalen Eintritt in die Partei verzichteten, aber dennoch sich erlaubterweise für die Ziele der verfassungsgegnerischen Partei einsetzen könnten. Das BVerfG hat hierzu nicht ausdrücklich Stellung genommen. Es lässt im Radikalenbeschluss die bloße Mitgliedschaft als »einen« Ermessensfaktor für die Einstellungsentscheidung gegenüber Bewerbern zu, vermeidet jedoch eine Konkretisierung für die disziplinare Entscheidung gegenüber bereits ernannten Beamten (a. a. O., S. 357-360). Nach allem sind bloße Mitgliedschaften und legale Betätigungen in verfassungsgerichtlich nicht verbotenen Parteien disziplinar nicht vorwerfbar (ebenso im Ergebnis BVerwG [WD] v. 14.3.1973 – I WB 26.73 – NJW 1973, 1469). Dies ergibt sich auch aus dem bereits zitierten Urteil des EGMR (s. Rn. 3). Gleiches folgt aus dem Urteil des VGH Kassel (Rn. 3 a. E.). In dem dort verhandelten Fall ging es um den damaligen Landesvorsitzenden Hessens der »Republikaner«, also nicht nur um ein einfaches Mitglied. Der VGH führt aus, dass selbst die Übernahme dieses Amtes nicht ausreiche, ohne weitere hinzutretende Aktivitäten oder Äußerungen auch nur eine Gehaltskürzung zu rechtfertigen. Gilt dies also nicht einmal für einen Landesvorsitzenden, so kann die einfache Mitgliedschaft dies erst recht nicht auslösen.

Etwas anderes wird zu gelten haben, wenn höchstrichterlich über eine Gruppierung festgestellt ist, dass sie verfassungsfeindliche Ziele zumindest überwiegend vertritt. In einem solchen Fall wird auch das Verbleiben in der Gruppierung als Verstoß gegen die politische Treuepflicht zu sehen sein.

Eine andere Interpretation des Radikalenbeschlusses würde dem **Parteienprivileg** aus Art. 21 Abs. 2 GG (Radikalenbeschluss: BVerfGE 39, 357 ff.; davon abweichend Rupp, BVerfGE 39, 380 ff.), dem verfassungsrechtlichen **Diskriminierungsverbot/Toleranzgebot** aus Art. 3 Abs. 3 GG und dem **rechtsstaatlichen Verhältnismäßigkeitsgebot** entgegenstehen (dazu Simon, BVerfGE 63, 309 ff.; Rottmann, ZRP 1984, 101 ff.). Diskriminierend und intolerant wäre es, wenn in der heutigen Zeit Beamten in ihrem Privatbereich gesellschaftliche Grundrechte vorenthalten würden. 9

Pflichtwidrig sind solche verfassungsgegnerischen Aktivitäten, die entweder selbst **unmittelbar** gegen die Strafgesetze oder gegen sonstige, von der politischen Treuepflicht unabhängige Dienstpflichten verstoßen, oder die **mittelbar** durch bloße Mitgliedschaft und Werbung deswegen illegal sind, weil die Partei verboten ist (Art. 21 Abs. 2 GG) oder, ohne verboten zu sein, einen illegalen Angriff auf die Verfassungsordnung betreibt. Verstöße gegen die Dienstpflicht aus § 60 Abs. 1 Satz 3 BBG liegen vor, wenn sich die einzelnen Mitglieder oder die Partei Straftaten gegen Volk und Verfassung schuldig machen (StGB – §§ 81-83 a: Hoch- und Landesverrat, § 84: Fortführung einer für verfassungswidrig erklärten Partei, § 85: Verstoß gegen ein Vereinigungsverbot, § 86: Verbreiten von Propagandamitteln verfassungswidriger Organisationen, § 86 a: Verwenden von Kennzeichen verfassungswidriger Organisationen, § 87: Agententätigkeit zu Sabotagezwecken, § 88: verfassungsfeindliche Sabotage, § 89: verfassungsfeindliche Einwirkung auf Bundeswehr und öffentliche Sicherheitsorgane, § 90: Verunglimpfung des Bundespräsidenten, § 90 a: Verunglimpfung des Staates und seiner Symbole, § 91: verfassungsfeindliche Verunglimpfung von Verfassungsorganen, § 92: Begriffsbestimmung und Verfassungsgrundsät- 10

B. II. 1 Politische Treuepflicht

ze, §§ 93-100 a: Landesverrat und Gefährdung der äußeren Sicherheit, §§ 102-104 a: Straftaten gegen ausländische Staaten, §§ 105-108 b: Straftaten gegen Verfassungsorgane sowie bei Wahlen und Abstimmungen, §§ 109-109 h: Straftaten gegen die Landesverteidigung, §§ 111-121: Widerstand gegen die Staatsgewalt, §§ 123 ff.: Straftaten gegen die öffentliche Ordnung, darunter § 130: Volksverhetzung, § 131: Verherrlichung von Gewalt, Aufstachelung zum Rassenhass). Beschmiert z. B. ein Zollbeamter im Dienst Fenster und Türen des Dienstgebäudes mit Hakenkreuzen, SS-Runen und NS-Parolen, begeht er damit Straftaten i. S. d. §§ 86 Abs. 1 Nr. 4, 86 a, 130 StGB und zugleich ein schwerwiegendes Dienstvergehen nach §§ 60 Abs. 1 Satz 3, 61 Abs. 1 Satz 2 und 77 Abs. 1 BBG (BVerwG, Dok. Ber. 1982, 253).

11 Als verfassungsgegnerische Parteien kommen zurzeit vor allem die NPD und die Republikaner in Betracht.

12 Richtete sich in der Vergangenheit die Ausgrenzung fast ausschließlich gegen DKP-Mitglieder, spielt dies in der jüngeren Vergangenheit keine Rolle mehr. Mit dem Ende der Blockkonfrontation hat diese Auseinandersetzung ihre ideologische und politische Brisanz verloren. Die Bundesrepublik sieht sich nunmehr von DKP-Mitgliedern, wohl auch angesichts der nunmehrigen Bedeutungslosigkeit dieser Partei nach dem Verlust der Bruderparteien im ehemaligen Ostblock, nicht mehr in ihren Grundfesten bedroht. Fälle, in denen die Mitgliedschaft in der DKP eine Rolle gespielt hat, sind in den letzten Jahren nicht mehr aufgetreten.

13 In den Vordergrund getreten ist die **Auseinandersetzung mit** rechtsradikalen Parteien und hier insbesondere der **NPD**. Diese Partei ist zumindest verfassungsgegnerisch eingestellt, wenn sie nicht sogar verfassungswidrig ist. Zwar ergibt sich das nicht aus dem Wortlaut der derzeit gültigen »Düsseldorfer Thesen und Forderungen 1973«, in denen es unter I. 1. heißt: »Die NPD bekennt sich zur freiheitlichen demokratischen Grundordnung im Sinne des Grundgesetzes der Bundesrepublik Deutschland, weil diese Grundordnung ein Höchstmaß persönlicher Freiheit gewährt und soviel Ordnung setzt, wie notwendig ist. Der freiheitlich-demokratische Staat muss ein Rechtsstaat sein. Die Unabhängigkeit der gesetzgebenden, ausführenden und rechtsprechenden Staatsgewalt voneinander muss gesichert sein. Verfassungsnorm und Verfassungswirklichkeit müssen übereinstimmen.« Dieses **formale Bekenntnis zum GG** wird jedoch widerlegt durch Verhalten und Verlautbarungen (im Einzelnen dargestellt in BVerwG v. 20. 5. 1983 – 2 WD 11.82, gekürzt wiedergegeben in NJW 1984, 813 ff.; instruktiv hierzu auch die einzelnen Antragsschriften im Verbotsverfahren vor dem BVerfG) der Funktionäre und Mitglieder der NPD, auf das es nach Art. 21 Abs. 2 Satz 1 GG ebenfalls ankommt. Für die Nationaldemokraten ist die Grundlage eines »starken Staates« die »Volksgemeinschaft« im Sinne der »schon einmal verwirklichten Idee« des Nationalsozialismus. Das Menschenbild des GG wird »als liberalistisch« abgelehnt, die Ungleichheit der Menschen wird als Rechtfertigung für die Bewertung des Einzelnen nur nach dem Nutzen für die Volksgemeinschaft, für die Überlegenheit der »deutschen Rasse« und die Ablehnung anderer Rassen postuliert. Der parteipolitische Kampf zielt darauf ab, andere Parteien aus dem politischen Leben auszuschalten und die allein richtige Weltanschauung zu bestimmen. Damit vertritt die NPD weitgehend **nationalsozialistische Ziele**[7], wie sie das BVerfG auch schon bei der seinerzeitigen Sozialistischen Reichspartei (SRP) festgestellt und als Grundlage der Verbotsentscheidung angenommen hat (BVerfGE 2, 1). Hinzu tritt, dass sich die

Politische Treuepflicht B. II. 1.

NPD in der jüngeren Vergangenheit und gerade in den neuen Bundesländern intensiv um die Zusammenarbeit mit so genannten »Freien Kameradschaften« und rechtsradikalen Skinheads erfolgreich bemüht hat. Diese Gruppierungen vertreten teilweise eine offene Verherrlichung des Nationalsozialismus und machen aus ihrer Gewaltbereitschaft keinen Hehl. Wer sich als Mitglied der NPD aktiv betätigt, muss sich deren Zielsetzungen zurechnen lassen und ist dafür im Rahmen des eingeschränkten Pflichtentatbestands des § 60 Abs. 1 Satz 3 BBG disziplinar verantwortlich. Der Vorsatz muss nicht nur die Umstände umfassen, aus denen sich die verfassungsgegnerischen Ziele ergeben, sondern er muss diese Wertung selbst vorgenommen haben. Nach einer gerichtlichen Feststellung der Verfassungsgegnerschaft seiner Partei kann das NPD-Mitglied sich ebenso wenig wie ein DKP-Mitglied darauf berufen, dass es die Verfassungswidrigkeit nicht erkannt habe (BVerwG [WD], NJW 1984, 814 ff.), verfassungswidrige Meinungen in seiner Partei bekämpft und korrigiert habe oder dass es seine Aktivitäten so lange für erlaubt gehalten habe, wie das BVerfG die Partei nicht nach Art. 21 Abs. 2 GG verboten hat (BVerwGE [DI] 73, 263 = NJW 1982, 784; zur Frage des Tatbestands- oder Rechtsirrtums hinsichtlich der verfassungsgegnerischen Zielsetzung vgl. von Schwichow, DÖD 1985, 1 ff.; **s. aber VGH Kassel** v. 7.5.1998 – 24 DH 2498/96 – NVwZ 1999, 904 ff., Rn. 3).

Wenn Mitgliedschaft und legale Aktivitäten auch bei der NPD grundsätzlich nicht pflichtwidrig sind, so ist allerdings zusätzlich zu berücksichtigen, dass in ihnen **nach Programm und ideologischer Ausrichtung besonders leicht Straftaten** gegen Volk, Verfassung und Staat i. S. d. §§ 80 ff. StGB liegen können, wie etwa nach § 86 Abs. 1 Nr. 4: Verbreiten von NS-Propagandamaterial, § 86 a: Verwendung von NS-Kennzeichen, § 127: Bildung bewaffneter Haufen, § 130: Volksverhetzung. 14

Die »**Republikaner**« werden in einer Vielzahl von Bundesländern auch unter Einsatz nachrichtendienstlicher Mittel durch die Ämter für Verfassungsschutz beobachtet. Nach Auffassung der Gerichte (VGH Mannheim, NVwZ 1994; VGH München, DÖV 1996, 1008; OVG Koblenz, NVwZ 1998, 874; VGH Kassel, NVwZ 1999, 904; OVG Münster, NVwZ 1996, 913) liegen bei den »Republikanern« Anhaltspunkte für Bestrebungen, die gegen die freiheitlich-demokratische Grundordnung gerichtet sind, vor. Zwar ergäben sich aus dem Bundesprogramm aus dem Jahr 1993 keine Anhaltspunkte für menschenrechtsfeindliche Bestrebungen, darauf käme es jedoch nicht an, da Parteiprogramme unter Umständen darauf angelegt seien, die wahren Ziele einer Partei zu verschleiern (BVerwG, NJW 1986, 3096). Maßgeblich abzustellen ist auf die Verlautbarungen und Verhaltensweisen der Partei und ihrer Funktionäre. Hier seien jedoch durchaus erhebliche Anhaltspunkte für Bestrebungen gegen die freiheitlich-demokratische Grundordnung festzustellen (VGH München, a. a. O.). Diese Anhaltspunkte reichten zwar für die Zulässigkeit der nachrichtendienstlichen Beobachtung aus, nicht jedoch würden sie bereits die Feststellung tragen, die »Republikaner« seien ganz oder zumindest überwiegend eine verfassungsfeindliche Partei. 15

Die Zulässigkeit der nachrichtendienstlichen Beobachtung einer Partei, die (noch) nicht als verfassungsfeindlich eingestuft worden ist, soll jedoch nur dazu führen, dass der Beamte seine Position und Mitarbeit in der Partei einer Überprüfung unterzieht. Disziplinar vorwerfbar ist sie nicht (VG Münster v. 24. 2. 1995 – 15 K 4889/94.0). Das OVG hat sich in seiner Entscheidung vorrangig mit 16

B. II. 1 Politische Treuepflicht

verfahrensrechtlichen Problemen auseinander setzen müssen und merkt lediglich am Rand und ohne weitere Begründung an, dass es in der Sache die Position des VG teile (OVG NW v. 12. 10. 1995, NVwZ 1996, 913).
In diesem Zusammenhang ist noch einmal auf die Entscheidung des VGH Kassel vom 7. 5. 1998 zu verweisen, die noch deutlicher in diese Richtung zeigt.

17 Ein Verstoß gegen die Treuepflicht kann aber nicht nur durch die Mitgliedschaft in einer verfassungsfeindlichen Partei begangen werden. Auch durch **individuelles Verhalten** kann gegen diese Pflicht verstoßen werden. So hat das BVerwG (v. 16. 6. 1999 – 1 D 74/98 – NJW 2000, 231) zu Recht entschieden, dass das Verteilen einer »strategischen Skizze« eines Referenten zur »Entausländerung Deutschlands« einen Verstoß gegen § 60 Abs. 1 Satz 3 BBG darstellt. Der Beamte, der Vorsitzender eines »Arbeitskreises für deutsche Politik« war, habe eine Pflichtverletzung begangen mit dem Verteilen dieses Pamphlets, in dem es heißt: »Die Generalmaßnahme der Entausländerung Deutschlands (...) versteht sich von selbst, weil Notstände durch die Verausländerung Deutschlands herbeigeführt wurden ... Das Szenario der Machtergreifung, wie es in den lokalen Volksaufständen von Hoyerswerda und Rostock erstmals erschien, wird sich in jedem Heißen Herbst mit größerer Wucht wiederholen und viele unauffällige Nachahmer in Form unbewaffneter und gewaltfreier Bürgerrebellionen und bürgermeisterlicher Gehorsamsverweigerung finden.
Durch un- und bewaffnete Gemeinde- und Gauaufstände, durch lokale und regionale Notstandsbewältigung in Eigenmacht wird sich die Erneuerung von Volk und Staat der Deutschen vollziehen. Es geht nur von unten her. Werwölfe werden so manchen Fremdling, der sich zum Freier überhebt, und so manchen Systemling, der dem Deutschenhaß und dem Antigermanismus fröhnt, beiroden ....«

18 Das Gericht führt zutreffend aus, dass der Inhalt dieser »Skizze« mit grundlegenden Prinzipien der freiheitlichen demokratischen Grundordnung unvereinbar ist und sich gegen die freiheitliche demokratische Grundordnung richtet, um dann auf eine Gehaltskürzung (der geringsten förmlichen disziplinaren Maßnahme!) von drei Jahren zu erkennen.

19 Eine ähnlich unverständliche Milde erfuhr ein Postbetriebsassistent, der meinte, Aufkleber des »Freundeskreises Freiheit für Deutschland« öffentlich aufhängen zu müssen, die ein Schwein zeigen, das Brote frisst und schwarz gezeichnete Menschen ausscheidet. Der Körper des Schweins ist als Weltkugel dargestellt, die in der Mitte Afrika zeigt. Als Text enthielten die Aufkleber: »Brot und Geld für die Welt, Scheinasylanten für Deutschland?« Der Beamte wurde strafrechtlich zu einer Geldstrafe von 100 Tagessätzen zu 40 DM verurteilt. Das Bundesdisziplinargericht erkannte im anschließenden Disziplinarverfahren wegen Verstoßes gegen die Pflichten des § 60 Abs. 1 Satz 3 BBG auf Entfernung aus dem Dienst. Das BVerwG (v. 25. 2. 1997 – 1 D 37/96) sah dies anders. Es sah lediglich einen außerdienstlichen Verstoß gegen die Mäßigungspflicht und erkannte auf Gehaltskürzung auf die Dauer von 30 Monaten. Diese Entscheidung erging, obwohl das Gericht selbst feststellte, dass der Beamte keinerlei Einsicht in das Unrecht und die Bedeutung seines Fehlverhaltens hatte.

20 Insoweit ist auf die **Rspr. des Wehrdisziplinarsenats** zu verweisen. Dieser hat in einem Fall das Verhalten eines Kapitänleutnants der Reserve als ein Verhalten gewertet, welches geeignet ist, die freiheitliche demokratische Grundordnung auszuhöhlen und damit einen Verstoß gegen die politische Treuepflicht bejaht. Der Soldat hatte während einer Übung geäußert: »Alles was nicht arisch ist und

in Deutschland lebt, gehört erschossen oder in die Gaskammer! Jeder Deutsche ist von Geburt an ein Nazi! Jeder Schwarze taugt nichts!«
Immerhin hat der Wehrdiszplinarsenat diesen Soldaten nicht nur – wie die erste Instanz – in den Rang eines Oberleutnants versetzt, sondern als Höchstmaßnahme in den Rang eines Matrosen und begründete dies ausdrücklich mit der notwendigen Signalwirkung (BVerwG v. 22.1.1997 – 2 WD 24/96). 21

Die politische Treuepflicht kann auch dadurch verletzt werden, dass sich ein Beamter bewusst in den Einflussbereich eines gegen die Bundesrepublik Deutschland gerichteten Geheimdienstes begibt. Für die Verletzung der Treuepflicht ist die Weitergabe sicherheitsrelevanter Informationen nicht notwendig (BVerwG v. 27.8.1997 – 1 D 49/96 – DÖD, 1998, 67). 22

Durch **internationale Regelung** (zur Erheblichkeit und Verbindlichkeit vgl. A. V. Rn. 132, auch Rn. 128) wird die Rechtslage beeinflusst durch die Europäische Menschenrechtskonvention – MRKV – (vgl. A. V. Rn. 128), in deren Art. 10 geregelt ist: »1. Jedermann hat Anspruch auf freie Meinungsäußerung. Dieses Recht schließt die Freiheit der Meinung und die Freiheit zum Empfang und zur Mitteilung von Nachrichten oder Ideen ohne Eingriffe öffentlicher Behörden und ohne Rücksicht auf Landesgrenzen ein. . . . 2. Da die Ausübung dieser Freiheiten Pflichten und Verantwortung mit sich bringt, kann sie bestimmten, vom Gesetz vorgesehenen Formvorschriften, Bedingungen, Einschränkungen oder Strafdrohungen unterworfen werden, . . .« Die MRKV und die Rspr. des EGMR dazu begründen zwar nur einfaches Bundesrecht, das nicht über die Grundrechtsgewährung des GG hinausgeht (BVerfGE 9, 39; BVerwGE 10, 218 und E 47, 378 sowie 1 D 114.85, ZBR 1987, 17, NJW 1987, 2691), ist jedoch für das innerdeutsche Recht und besonders für den vorliegenden Problembereich nicht bedeutungslos. Schon das Gebot der »**völkerrechtsfreundlichen**« Auslegung von Verfassung und einfachem Recht gebietet die Berücksichtigung völkerrechtlicher Bindungen, soweit es die Gesetze zulassen (BVerfGE 58, 1; 34, 59; 63, 89). 23

Nicht besetzt. 24

c) Bewertung der Pflichtverletzung, Auswahl und Bemessung der Disziplinarmaßnahme

Die politische Treuepflicht steht an der Spitze der beamtenrechtlichen Pflichten und hat Verfassungsrang. Ihre schuldhafte Verletzung wiegt sehr schwer. Der Verstoß im Kernbereich der Amtspflichten ist geeignet, im innerdienstlichen Verhältnis zur Anstellungsbehörde das diensterforderliche Vertrauensverhältnis zu zerstören und nach außen das Ansehen seiner Verwaltung schwerwiegend zu beeinträchtigen. Mit Beamten, die in illegaler Weise (unter Verstoß gegen die Strafgesetze oder gegen weitere Dienstpflichten) auf den Sturz der verfassungsmäßigen Ordnung der Bundesrepublik Deutschland hinarbeiten oder sonstwie durch ihr Verhalten die tragenden Verfassungsgrundsätze des GG verneinen (etwa durch Volksverhetzung o. Ä.), darf sich eine rechtsstaatliche Verwaltung nicht identifizieren. Bei **vorsätzlichem Verstoß und Festhalten** an der pflichtwidrigen, verfassungsgegnerischen Betätigung ist der Beamte für den öffentlichen Dienst nicht mehr tragbar und muss aus dem Dienst entfernt werden (st. Rspr. BVerwG, ZBR 1984, 270 ff. und v. 20.1.1987 – 1 D 114.85 – NJW 1987, 2691 [DKP]; E 87, 158 [NPD]; diese Rspr. ist zur Bewertung der Schuldgrade generell annehmbar, in den entschiedenen Fällen aus dem vorher Gesagten abzulehnen). Ist der Beamte nachträglich durch Austritt aus der Partei 25

B. II. 1 Politische Treuepflicht

von deren Zielsetzungen abgerückt (BVerwG v. 20. 5. 1983 – 2 WD 11.82 – NJW 1984, 814 ff.; BDG DÖD 1984, 272), oder hat er wenigstens die Aktivitäten in der Partei eingestellt (BVerwG v. 20. 10. 1987 – 1 D 110.85 – PersV 1988, 240, NVwZ 1988, 735 – Einstellung des Verfahrens gegen Ruhestandsbeamten wegen Geringfügigkeit nach § 31 Abs. 4 Satz 5 BDO ohne nähere Begründung, die sich allerdings aus dem Schriftwechsel in der Gerichtsakte ergibt, abgedruckt in HSGZ 1988, 98 m. red. Anm.), oder liegt nur **Fahrlässigkeit** vor, etwa wegen eines vermeidbaren Tatsachenirrtums hinsichtlich der verfassungsgegnerischen Ziele der Partei (s. BVerwG, NJW 1984, 814 ff. und BDiG, DÖD 1984, 272; zur **Irrtumsproblematik** in diesem Zusammenhang von Schwichow, DÖD 1985, 1 ff.), kann von der Entfernung aus dem Dienst abgesehen und auf eine niedrigere Disziplinarmaßnahme erkannt bzw. (s. BVerwG v. 20. 10. 1987, a. a. O.) das Verfahren eingestellt werden.

d) Rechtsprechungsübersicht

Bis zum **Verbot einer Partei** kann niemand deren Verfassungswidrigkeit rechtlich geltend machen; die Mitgliedschaft ist so lange nicht rechtswidrig
– *BVerfGE* 12, 304; 13, 52; 17, 166

Bis zum Verbot einer Partei darf deren legale Unterstützung durch Anhänger und Funktionäre **nicht sanktioniert** werden
– *BVerfGE* 40, 291; 47, 139 u. 230

Definition der allgemeinen politischen Treuepflicht aus Art. 33 Abs. 5 GG (Gewähr der Verfassungstreue von Bewerbern) **und des Dienstvergehenstatbestands** aus § 52 Abs. 2 (jetzt: § 60 Abs. 1 Satz 3) BBG (für Beamten) – Das GG will eine »wehrhafte [streitbare]« Demokratie – Art. 21 GG steht der disziplinaren Verfolgung von Beamten nicht entgegen – Die Feststellung der Verfassungsgegnerschaft ist auch ohne vorheriges Verbot der Partei zulässig – Die Art. 3 Abs. 3, 5 Abs. 1 und 2, 12 GG stehen disziplinarer Verfolgung nicht entgegen
– *BVerfGE* 39, 334 **(Radikalenbeschluss)**
– *VGH BW* v. 13. 8. 2007 – 4 S 1805/06

Der Schutz des **Abgeordnetenmandats** nach Art. 48 Abs. 11 GG steht der disziplinaren Verfolgung wegen Verfassungsgegnerschaft der Partei nicht entgegen
– *BVerfGE* 42, 312

Der in der **Menschenrechtskonvention** (MRKV) gewährte Schutz geht nicht über die Grundrechts-Gewährleistung des deutschen Rechts hinaus
– *BVerfGE* 9, 39; ebenso
– *BVerwGE* 10, 218; 47, 378; ZBR 1984, 270

Die **NPD ist eine verfassungsgegnerische Partei** – Das ergibt sich weniger aus dem Programm als aus Verhalten und Verlautbarungen der Partei – Tatbestandsirrtum – Fahrlässiges Dienstvergehen des Soldaten – Nach 1. Verurteilung von Partei distanziert: **Beförderungsverbot** u. **Gehaltskürzung**
– *BVerwG*, NJW 1984, 813; E 87, 158
– *BDiG*, DÖD 1984, 272

Politische Treuepflicht B. II. 1.

Aktivitäten als Mitglied der NPD –: **Entf.**
- *BVerwG*, Dok. Ber. 1986, 127

Keine **Verwirkung des disziplinaren Verfolgungsanspruchs**, obwohl in Kenntnis seiner verfassungsgegnerischen Betätigung der Beamte vor Ablauf der Probezeit auf Lebenszeit übernommen worden war (A. V. Rn. 126)
- *BVerwG* DVBl. 1984, 962 (**entgegen erstinstanz.** *BDiG* v. 27. 3. 1984 – I Vl 25/83)

Entfernung aus dem Dienst unverhältnismäßig
- *EGMR* v. 26. 9. 1995, NJW 1996, 375 (in Abweichung von der früheren Rspr. [*EGMR*, NJW 1986, 3005])

Funktionär muss nicht bereits beim Auftreten erheblicher verfassungsfeindlicher Tendenzen aus den **Republikanern** austreten, bewusster Verbleib bei Feststellung zumindest überwiegender Verfassungsfeindlichkeit bleibt Verstoß gegen Treuepflicht
- *VGH Kassel* v. 7. 5. 1998, NVwZ 1999, 904

Allein die Kandidatur für eine **Partei, die** zwar **der nachrichtendienstlichen Observation unterliegt**, gerichtlicherseits jedoch (noch) nicht als verfassungsfeindlich deklariert wurde, stellt noch kein Dienstvergehen dar
- *VG Münster* v. 24. 2. 1995, DVBl. 1995, 630

Verteilen einer Skizze zur »**Entausländerung Deutschlands**« – Verstoß gegen die Treuepflicht: **Geh.K.**
- *BVerwG* v. 16. 6. 1999 – 1 D 74.98

Ausländerfeindliche Äußerungen eines Kapitänleutnants zur See – Verstoß gegen Treuepflicht: **Degr. in niedrigsten Mannschaftsdienstgrad ausdrücklich als Signalwirkung**
- *BVerwG* v. 22. 1. 1997 – 2 WD 24.96

Kontakte zum MfS ohne Weitergabe sicherheitsrelevanter Unterlagen, Milderungsgründe: **Degr.**
- *BVerwG* v. 27. 8. 1997 – 1 D 49.96 – DÖD 1998, 67

Hörfunkredakteur bei bundeswehreigenem Hörfunksender, von innerer Überzeugung getragene **Mitgliedschaft eines Soldaten bei Republikanern** begründet Zweifel an Verfassungstreue
- *BVerwG* v. 14. 9. 1999 – 1 WB 40.99 und 42.99

Politische Treuepflicht nicht verletzt bei **Äußerungen mit ausländerfeindlichem und rassistischem Inhalt**, aber Verstoß gegen Gebot zu unparteiischem und gerechtem Verhalten (§ 52 Abs. 1 Satz 2 BBG)
- *BVerwG* v. 20. 2. 2001 – 1 D 55.99

Bloße Teilnahme an Feiern und Konzerten der **Skinhead-Szene**, Tragen eines Siegelrings mit SS-Runen, kein Verstoß gegen Treuepflicht, Letzteres aber außerdienstliches Vergehen
- *BVerwG* v. 17. 5. 2001 – 1 DB 15.01

2. Die politische Neutralitäts- und Mäßigungspflicht

a) Rechtsgrundlage: § 60 Abs. 1 Satz 1 und 2, Abs. 2 BBG

Wortlaut § 60 Abs. 1 Satz 1 und 2 BBG:
»Beamtinnen und Beamte dienen dem ganzen Volk, nicht einer Partei. Sie haben ihre Aufgaben unparteiisch und gerecht zu erfüllen und bei ihrer Amtsführung auf das Wohl der Allgemeinheit Bedacht zu nehmen.«

Wortlaut § 60 Abs. 2 BBG:
»Beamtinnen und Beamte haben bei politischer Betätigung diejenige Mäßigung und Zurückhaltung zu wahren, die sich aus ihrer Stellung gegenüber der Allgemeinheit und aus der Rücksicht auf die Pflichten ihres Amtes ergeben.«

b) Definition der Pflicht und ihrer Verletzung

1   Die Generalklauseln in § 60 Abs. 1 Satz 1 und 2 und Abs. 2 BBG geben keine begrifflich-präzise Klärung dessen, was sie von Beamten an Neutralität, Mäßigung und Zurückhaltung verlangen. Sie geben lediglich einen tendenziellen Hinweis, worauf bei der Abwägung amtlicher und persönlicher Interessen abzustellen ist. Eine Begriffsdefinition nach einzelnen Tatbestandsmerkmalen hilft hier wie bei den anderen Generalklauseln nicht weiter (a. A. Weiß, ZBR 1988, 114 ff.). Der Pflichtentatbestand ist entsprechend der programmatischen Aussage sowie auf der Grundlage der Verfassungsgrundsätze und der individuellen Grundrechte zu konkretisieren (vgl. A. I. Rn. 21, 38, 42 ff. und umfassend GKöD-Weiß, II. I 701).

2   Unter **politischer Betätigung** ist nicht nur die parteipolitische, sondern auch verbandspolitische und sowohl gruppenförmige als auch individuelle gesellschaftspolitische Aktivität wie Bürgerinitiativen (BVerfGE 44, 204), Friedensbewegung (BVerfG, NJW 1985, 160) zu verstehen (a. A. Weiß, ZBR 1988, 112, der offenbar rechtlich geschützte »Verbandspolitik« in diesem Sinn für unpolitisch hält, aber gegenteilig auf S. 114 ff. den Begriff des »Politischen« zu Recht erweitert). Sie ist grundsätzlich wie jeder Staatsbürger auch der Beamtenschaft erlaubt (BVerfG, NJW 1976, 1680; für Richter: DDB 1985, 69; für Soldaten: BVerfG, NJW 1985, 1658). Der freiheitlich soziale Rechtsstaat des GG geht von einer pluralistischen Gesellschaft aus, für die der offene Meinungskampf wesentliche Grundlage des demokratischen Konsenses und der Loyalität zur Verfassungs- und Rechtsordnung ist. Die **Gewissensfreiheit** jedes Einzelnen bezieht sich heute auf die individuelle Gewissenskompetenz, nicht auf die gesellschaftlich standardisierten »Glaubens«formen früherer Jahrhunderte. Deshalb ist das Austragen unterschiedlicher oder gegensätzlicher Wertvorstellungen unvermeidlich und zugleich lebenserhaltend für einen demokratischen Rechtsstaat. »Ethische Dissensen« (im Gegensatz zu »Verteilungsdissensen«) offenbaren eine Krise in der Gesellschaft. Die **Loyalität der Minderheit** gegenüber der durch die Mehrheit geprägten Rechts- und Moralordnung kann nur so lange erwartet werden, wie die Minderheit die Chance sieht, im offenen Überzeugungskampf die Mehrheit für sich zu gewinnen und bis dahin **Toleranz der Mehrheit** und Minderheitenschutz zu erfahren. Damit die Rechtsordnung sich nicht zu weit von der Interessenlage und den politischen wie ethischen Vorstellungen der Bürger entfernen kann, sind alle Staatsbürger zu gesellschaftspolitischem Enga-

gement veranlasst (Tiedemann, Gewissensfreiheit und Demokratie, in: Der Staat, Bd. 26, 1987, 371). Die Beamtenschaft ist davon nicht ausgenommen. Auch für sie gilt Art. 4 Abs. 1 GG: »Die Freiheit des Gewissens ist unverletzlich.« Die Beamtenschaft ist nicht mehr »rund um die Uhr« entpersönlichter »Repräsentant« und »neutral-ausgleichende Kraft« des »Dienstherrn«, die im Sinne der Regierenden in der Gesellschaft »Ruhe als erste Bürgerpflicht« herzustellen hat (Einf. II. 1.). Auch Beamten haben im öffentlichen Meinungskampf Gewissens- und Meinungsfreiheit und in gravierenden gesellschaftlichen Fragen auch in und gegenüber dem dienstlichen Bereich politische Rechte (die zum Teil institutionalisiert sind, wie im Recht der Personalvertretungen und der berufsständischen Vereinigungen).

Die **Stellung der Beamtenschaft gegenüber der Gesamtheit und die Rücksicht auf die Amtspflichten** kennzeichnen das Spannungsverhältnis, in dem das Grundrecht auf Meinungsfreiheit aus Art. 5 GG zu dem Verfassungsgebot der Sicherung der staatlichen Verwaltung steht (Art. 33 Abs. 4 GG; zur geschichtlichen Entwicklung vgl. Weiß, ZBR 1988, 110; grundsätzlich Rottmann, Der Beamte als Staatsbürger, 1981). In politischen Auseinandersetzungen richtet sich die Reichweite der Meinungsfreiheit nach der **»Wesentlichkeit« der Äußerungen im öffentlichen, geistigen Meinungskampf**. Ist die Bedeutung wesentlich, so sind überhöhte Anforderungen an die Zulässigkeit der politischen Äußerung mit Art. 5 GG nicht vereinbar. Auch polemische Äußerungen sind dann ohne Rücksicht auf ihren Wahrheitsgehalt zulässig (zu allem BVerfG, NJW 1976, 1680). Die **Meinungsfreiheit** gewährleistet, ohne zwischen »Tatsachenbehauptung« und »Werturteil« zu unterscheiden, jedermann das Recht, seine Meinung frei zu äußern (BVerfGE 42, 170; 43, 130). Besonderen Schutz genießen die »Werturteile«, weil gerade sie geistige Wirkung zur Überzeugung anderer in der öffentlichen Auseinandersetzung haben (BVerfGE 7, 210). Für deren Schutz ist es unerheblich, ob sie »wertvoll« oder »wertlos«, »richtig« oder »falsch«, emotional oder rational begründet sind (BVerfGE 33, 14). An die Zulässigkeit **wertender Äußerungen im öffentlichen Meinungskampf** (im Gegensatz zu Auseinandersetzungen im privaten Bereich und bei Gegenständen ohne allgemeines Interesse) dürfen wegen Art. 5 GG keine überhöhten Anforderungen gestellt werden, auch scharfe Kritik muss hingenommen werden (BVerfG, DÖV 1980, 759; für Beamte: BVerfG, NJW 1976, 1680; für Richter: DDB 1985, 69; für Soldaten: BVerwG, NJW 1985, 1658). Nach Art. 33 Abs. 5 GG sind nur solche **Grundrechtsbeschränkungen** zulässig, die durch Sinn und Zweck des »konkreten« Dienst- und Treueverhältnisses also der persönlichen Amtspflichten des Beamten gefordert werden (BVerfGE 19, 322).

Grundsätzlich spricht gegen die Zulässigkeit **politischer Betätigung im Dienst** die Güterabwägung zwischen Koalitions- und Meinungsfreiheit einerseits und Sicherung der Verwaltungsfunktion andererseits. Im engeren Rahmen der **Amtsausübung** widerspricht politische Betätigung normalerweise der amtlichen Aufgabe und damit zugleich dem dienstlichen Bedürfnis nach Neutralität, Objektivität und persönlicher Unbefangenheit zur übertragenen Verwaltungsaufgabe. Anders, wenn schon zu den amtlichen Aufgaben gesellschaftspolitisches Engagement gehört, z. B. die Pflicht eines Landrats, den politischen Willen seines Landkreises (gegen eine Atomwiederaufbereitung) gegen die Landesregierung zu vertreten (Verfahrenseinstellung durch Disziplinarkammer Regensburg). Sie ist deshalb **grundsätzlich unzulässig** (auch wenn witzig, z. B. Ausruf einer Bahnhofsaufsicht am Wahlvortag »Und nicht vergessen morgen SPD wählen!«). Das

B. II. 2 Politische Neutralitäts- und Mäßigungspflicht

gilt für **parteipolitische** Betätigung generell. Die übertragene Sachaufgabe enthält allerdings häufig **gesellschaftspolitische** Inhalte und Zielsetzungen und erfordert dann auch eine darauf gerichtete Aktivität des Amtsinhabers ohne Rücksicht darauf, welche politische Partei dafür oder dagegen ist. Eine rechts- oder gesellschaftspolitisch **kritische dienstliche Eingabe**, die im Rahmen des anvertrauten Amtes auf dem Dienstweg gegen die Zielsetzung der eigenen Verwaltung gerichtet wird, ist grundsätzlich zulässig, wird aber bei **querulatorischem Betreiben und polemisch beleidigenden Ausfällen** ebenso wie im Falle gleichartiger unpolitischer dienstlicher Äußerungen pflichtwidrig (BDiG v. 17. 1. 1985 – I Bk 15/84). Die aktive, **agitative parteipolitische oder gesellschaftspolitische Werbung im Dienst** ist pflichtwidrig. So darf ein Beamter sein Diensttelefon weder zur Wahlwerbung als Kandidat für einen Bundestagswahlkreis noch zur politischen Betätigung für eine Partei benutzen (BVerwG v. 9. 12. 1998 – 2 B 85/98). In einem solchen Verhalten hat das BVerwG einen Verstoß gegen die Neutralitätspflicht gesehen. Dass dies auch für eine **Unterschriftenliste gegen Atomkraftwerke** während **dienstfreier** Zeit in der Kaserne gelten soll (BVerfGE 44, 197 = NJW 1978, 2109; dagegen abweichende Meinung des Verfassungsrichters Rottmann, BVerfGE 44, 205 ff.), ist bedenklich. Hierbei wird nicht (im Sinne BVerfGE 19, 322, s. o.) auf die »reale Störung der Kameradschaft« (von Soldaten) und auf die Beeinträchtigung der »konkreten« Amtspflichten des beschuldigten Soldaten abgestellt, sondern auf die abstrakte Störung anderer Soldaten. Ebenso weiterhin BVerfG ZBR 1993, 59 zur öffentlichen Erklärung einer Gruppe von Soldaten zur Strafverfolgung der Äußerung »Soldaten seien potentielle Mörder« (Aufhebung des zugrunde liegenden BVerwG-Urteils wegen »einseitiger Wertung« – BVerwG, ZBR 1992, 159).

5 **Verbandspolitische Aktivitäten außerhalb des Dienstes** sind auch dann durch die Meinungs- und Koalitionsfreiheit aus Art. 5 und 9 Abs. 3 GG gedeckt, wenn sie sich mit kritischen Äußerungen gegen die eigene Verwaltung oder die Anstellungskörperschaft richten. Das Grundrecht auf **Koalitionsfreiheit im öffentlichen Dienst** nach Art. 9 Abs. 3 GG, § 116 BBG schützt nicht nur die Zugehörigkeit eines Beamten zu einer Vereinigung, sondern garantiert auch einen Kernbereich, in dem er sich zum Zwecke der Koalition innerhalb oder außerhalb des Dienstes aktiv betätigen und **frei sagen kann, was er denkt**, auch wenn er keine nachprüfbaren Gründe für das Urteil abgibt oder abgeben kann (BVerfG, NJW 1976, 1680). Ein generelles Betätigungsverbot der Beamten innerhalb ihrer Koalition (Verband, Gewerkschaft) gehört nicht zu den »hergebrachten Grundsätzen« des Berufsbeamtentums. **Die Gewerkschaften** dienen neben sonstigen gesellschaftspolitischen Zwecken vor allem auch den Arbeits- und Wirtschaftsbedingungen des öffentlichen Dienstes und unterstehen als Gesamtheit wie auch der einzelne Gewerkschaftsangehörige in ihren Aktivitäten innerhalb der Tarifautonomie und im Arbeitskampf **auch im öffentlichen Dienst** dem Grundrechtsschutz des Art. 9 Abs. 3 GG (BVerfG, DDB 1985, 69 für die Gewerkschaftsmitgliedschaft und Tagungsteilnahme eines Richters). Die aktive Verfolgung solcher gewerkschaftlichen Ziele durch einen Beamten wird durch § 116 BBG ausdrücklich geschützt (BVerfGE 19, 303; 28, 304; 50, 367; im Kern schon in E 17, 338; BVerwG, NJW 84, 2713; BAG, AuR 1987, 86). Deshalb können auch **innerhalb des Dienstes** gewerkschaftliche wie auch andere verbandspolitische Aktivitäten zulässig sein. Vor **Personalratswahlen ist die gewerkschaftliche Werbung** im Dienstgebäude und während der Dienstzeit zulässig, weil die verfassungsgeschützte Einflussmöglichkeit nur so effektiv sein kann (BVerf-

GE 19, 320). Dagegen ist die eindringliche **Werbung eines Personalratsmitglieds** (also nicht der Gewerkschaft) für eine bestimmte Gewerkschaft pflichtwidrig (BVerfG, NJW 1970, 1635; BVerwG, RiA 1960, 144 und DVBl. 1966, 535). Dem **beamteten Gewerkschaftsvertreter** muss ein ähnlicher Bewegungsspielraum wie dem nichtbeamteten zugestanden werden. Mit einem gegen die eigene Verwaltung gerichteten und außerhalb des Dienstes verteilten **Flugblatt** handelt der Vorsitzende der Gewerkschaftsgruppe des Amtes, der zugleich Leiter der Beratungs- und Öffentlichkeitsstelle bei der Postdirektion ist, nicht pflichtwidrig, solange er unzutreffende Tatsachenbehauptungen und negative Werturteile gegen besseres Wissen oder ohne sachlichen Anhaltspunkt vermeidet (BDiG, DÖD 1979, 199). Ebenfalls ist der **innerdienstliche Aufruf** zu einem als solchem zulässigen **Streik** durch beamtete, der Dienststelle angehörende Gewerkschaftsvertreter zulässig und kann nicht durch das »Hausrecht« des Dienststellenleiters verwehrt werden (BDiG, DÖD 1987, 233 und v. 15. 8. 1991 – VI VL 23/90; ebenso Ratz, DÖD 1988, 210; die Zulässigkeit des Streiks im entschiedenen Fall bestreitend: Hartmann, DÖD 1988, 32 und polemisch Weiß, PersV 1989, 334 ff.). Das BVerwG hat den Aufruf zu einem rechtmäßigen Warnstreik durch die örtliche stellvertretende Personalratsvorsitzende, die gleichzeitig Vorsitzende der zuständigen Gewerkschaftsgliederung war, als Verstoß gegen beamtenrechtliche Pflichten gewertet. Daran ändere auch nichts, dass sie ausdrücklich darauf hingewiesen habe, dass sie als Gewerkschaftfunktionärin und nicht als Personalvertreterin rede, extra einen Umhang mit der Aufschrift »DPG«, als der zuständigen Gewerkschaft übergezogen und für diese Zeit Freizeitausgleich in Anspruch genommen hat. Es soll nach der Auffassung des Gerichts ausreichen, dass das Personalratsmitglied bei den Beschäftigten als solches bekannt war (BVerwG v. 23. 2. 1994 – 1 D 65.91, E 103, 70; NVwZ 1996, 74). In die gleiche Richtung zielt die Entscheidung des Gerichts vom gleichen Tag (1 D 48.92). In diesem Fall soll es als Pflichtwidrigkeit ausreichen, dass der Personalratsvorsitzende in seiner dienstfreien Zeit sich am Ort eines von der zuständigen Gewerkschaft organisierten Warnstreiks aufhält und alleine diese Anwesenheit fördernd wirke. Die Erklärung des Personalratsvorsitzenden »Er halte sich da raus« ändere daran nichts. Diese beiden Entscheidungen bilden wohl den Schlusspunkt einer verfehlten Rspr., die nur aus einer realitätsfernen und mit den o. g. Grundsätzen einer demokratischen Verwaltung nicht (mehr) zu vereinbarenden Vorstellung der Pflichten von Beamten heraus erklärt werden kann. Mit dieser Rspr. wird das Koalitionsrecht, welches auch für Beamte gilt, ausgehöhlt. Gerade die aktivsten Beamten, die Aufgaben in der Gewerkschaft und im Personalrat wahrnehmen – diese Personalunion ist die Regel –, sollen damit an der Wahrnehmung ihrer Rechte aus ihrer Mitgliedschaft in der Gewerkschaft und den dort übernommenen Funktionen gehindert werden. Dies sogar ausdrücklich in den Fällen, in denen sie selbst deutlich machen, dass sie als Gewerkschaftsfunktionäre in ihrer Freizeit handeln. Das »Argument«, sie seien so bekannt, dass sie nicht aus ihrer Rolle als Personalrat heraustreten könnten, führt dazu, dass sie gerade diese Rechte als Gewerkschafter nie mehr wahrnehmen könnten, solange sie Personalratsmitglieder sind. Dies führt wiederum dazu, dass in ihre Koalitionsfreiheit insoweit eingegriffen wird, als sie sich entscheiden müssten, ob sie nunmehr gewerkschaftspolitisch aktiv sind und im Betrieb auftreten wollen oder ob sie einer Personalratstätigkeit nachgehen wollen. Dieser Eingriff ist jedoch unzulässig. Von diesen Fallkonstellationen zu unterscheiden sind die Situationen, in denen ausdrück-

B. II. 2 Politische Neutralitäts- und Mäßigungspflicht

lich als Personalratsmitglied gewerkschaftspolitisch gehandelt und aufgetreten wird.

Eine Schranke ist dort gesetzt, wo die Erfüllung der dienstlichen Aufgaben unmöglich würde und die Ordnung in der Dienststelle oder das Wohl der Bediensteten unvertretbar und unvermeidbar gestört würden (BVerfGE 19, 322; 50, 368; BDiG, DÖD 1987, 233 ff.). An diese Einschränkungen sind angesichts der verfassungsrechtlichen Bedeutung des gewerkschaftlichen Koalitions- und Meinungsfreiheitsrechts strenge Anforderungen zu stellen.

6 **Politische Äußerungen im Dienst** sind nach denselben Maßstäben disziplinar unerheblich, wenn sie nicht gegen die Strafgesetze verstoßen, den Betriebsfrieden wahren und die Erfüllung der Verwaltungsaufgabe nicht vereiteln. Auch hier sind kleinliche Maßstäbe unangebracht. Partei- und gesellschaftspolitische **Diskussionen unter Kollegen** sind zulässig (BVerfG, DVBl. 1970, 456), aber im Sinne des zu wahrenden Betriebsfriedens von Streit und Feindseligkeiten freizuhalten. **Strafbare Äußerungen** im Dienst sind ohnehin pflichtwidrig, so etwa die Bemerkung »Türken ... müßte man ... vergasen!« (BVerwG [WD], RiA 1985, 70), oder das Beschmieren des öffentlich zugänglichen Teils des Zollgebäudes während des Dienstes mit Hakenkreuz, SS-Runen und der NS-Parole »Juden raus aus Deutschland!« (BVerwG v. 6. 7. 1982 – 1 D 3.82). Zu Beleidigungen mit ausländerfeindlichem Inhalt wie »Blöder Polak, Du bist ein Polak und kannst sowieso nicht fahren« siehe BVerwG v. 26. 9. 1996 – 2 WD 33.95. »Meinungsäußerungen« mit rechtsradikalem Hintergrund sind geeignet, einen Verstoß gegen die Neutralitäts- und Mäßigungspflicht – soweit nicht schon gegen die Treuepflicht verstoßen wird – darzustellen. Zu Recht hat deshalb der Wehrdisziplinarsenat einen Soldaten mit einer Beförderungssperre von einem Jahr belegt, der das so genannte »Asylbetrügergedicht« in einer Kaserne öffentlich gemacht hat (BVerwG v. 23. 1. 1997 – 2 WD 37.96). Gleiches gilt für die Entscheidung, mit der ein Oberfeldwebel mit einem Beförderungsverbot von drei Jahren belegt wurde, der die Widerstandskämpfer des 20. 7. 1944 als »Verräter« bezeichnet hatte und eine verzerrte Darstellung zur Kriegsschuldfrage gegeben hat. Nur weil Milderungsgründe in nicht unerheblichem Umfang vorlagen, sah sich das Gericht in der Lage, von der eigentlich »zwingenden Folge der disziplinaren Höchstmaßnahme« abzusehen (BVerwG v. 24. 10. 1996 – 2 WD 22.96).

Das **bloße Bekenntnis** zu einer bestimmten Partei, politischen Gruppe oder Richtung ist auch **im Dienst gegenüber Mitarbeitern** nicht pflichtwidrig. Anderes könnte gelten, wenn das Bekenntnis etwa bei der Amtsausübung selbst gegenüber **Adressaten der Verwaltung** geäußert worden ist und der Adressat sich dadurch in seinem Verhalten gegenüber dem Beamten beeinflusst sehen könnte. Hierin könnte im Einzelfall eine Verletzung der Pflicht zur Vermeidung des Eindrucks von Parteilichkeit und Befangenheit (Rn. 8) liegen. Normalerweise kann in dem Tragen von politischen **Nadeln, Plaketten oder Aufklebern** im Dienst eine reale Störung der anderen Bediensteten, des Betriebsablaufs oder des Vertrauens von Außenstehenden in die objektiv-korrekte Amtsausübung nicht gesehen werden (entgegen BVerwG [WD] E 53, 327 – Abstellen eines privaten Pkw mit Aufkleber auf Kasernengelände –, das ebenfalls nur auf die **abstrakte** Gefahr mit Solidaritätsstörung abstellt, und bei Anti-Atomkraftplakette eines Lehrers BVerwG – 2 C 50.88; außerdem in DÖV 1981, 966 = DVBl. 1981, 1066 [kein »politischer Gehalt« bei geringer gesellschaftlicher Bedeutung oder mangels kontroverser Diskussion in der Gesellschaft]). Ist der Inhalt dieser Bekenntnisträger nicht strafbar (wie etwa bei einem NS-Symbol) oder wirkt grob verletzend, besteht kein vernünftiger Grund, an diesem – zulässigen – Bekenntnis Anstoß zu nehmen. Wird nicht überhaupt eine Unruhe der Mitarbeiter nur unterstellt, so könnte diese im Normalfall (bei legalen Symbolen) allenfalls auf politischer Intoleranz oder auf ängstlicher Anpassung beruhen. Beide Gründe würden gegenüber der friedlich und zurückhaltend bekundeten politischen Einstellung kein vorrangiges Gewicht haben. Diese symbolhafte Bekenntnis hat keine stärkere Bedeutung als das (nach BVerfGE 39, 334 ff.) erlaubte Äußern der politischen Meinung. Darin liegt weder eine »Nötigung« noch eine Störung der Funktionsfähigkeit des Dienstes, vielmehr müssen damit die für andere Beamten verbundenen »Irritationen« hingenommen werden (BVerwG, NJW 1985, 161 für die öffentliche Aktion eines Kompaniechefs zugunsten der Friedensbewegung).

Außerhalb des Dienstes sind politische Äußerungen eines Beamten grundsätzlich disziplinarrechtlich unerheblich, soweit sie nicht strafbar (z. B. nach §§ 42, 47 BVerfGG wegen Propaganda für verbotene, verfassungsgegnerische Partei – BVerfGE 25, 44) oder aus anderen Gründen pflichtwidrig sind. Der besondere Wertgehalt des Grundrechts auf freie Meinungsäußerung führt zu einer grundsätzlichen Vermutung für die Freiheit der Rede und vergleichbarer Meinungsäußerungen in allen Bereichen, namentlich im öffentlichen Leben (BVerwGE 73, 238; auch für Soldaten: NJW 1985, 1659). Handelt es sich um politische Äußerungen im Rahmen eines **Wahlkampfes**, muss dem Beamten eine ähnlich weitgehende Meinungsfreiheit zugestanden werden, wie sie das BVerfG (E 61, 1) Parteipolitikern allgemein einräumt. Die weitgehende Freiheit politischer Wertungen gilt aber nicht nur für Sprecher von Parteien, Verbänden und Vereinigungen, sondern auch für **individuelle, politisch motivierte Aktivitäten**. Die o. a. dienstlichen Rechtsgüter können hier das Recht auf Meinungsfreiheit nur im Bereich des Strafbaren, im Übrigen nur ausnahmsweise überwiegen. Einen Verstoß lediglich gegen die Mäßigungspflicht im außerdienstlichen Bereich hat das OVG Rheinland-Pfalz (v. 4. 8. 1995 – 3 A 11324/95) bei einem Polizeibeamten gesehen, der gegenüber einem Zeitungsmitarbeiter mit Bezug auf straffällige Asylbewerber geäußert hat, dass es richtig sei, »diese Bimbos mit dem Knüppel rauszutreiben«. Im Zusammenhang mit den Pogromen in Hoyerswerda äußerte er Sympathien für diejenigen, die das Vorgehen der Rechtsradikalen mit Beifall begleitet hatten. Weiter vertrat er die Meinung, dass das Asylproblem nur mit Gewalt gelöst werden könne.

Diese Grundsätze gelten für demonstrative Meinungsäußerungen ebenso wie für die Teilnahme an rechtmäßigen Demonstrationen (entgegen Weiß, ZBR 1988, 118 ff., der offenbar schon jede Betätigung als »Aktionismus« disziplinar erheblich machen will, im Übrigen polemisch jedes staatsbürgerlich-demokratische Engagement von Amtsträgern disqualifiziert). Mit der Überreichung einer **Petition für eine ABC-Waffenfreie Zone** außerhalb des Dienstes verletzt ein Hauptmann nicht seine Zurückhaltungspflicht (BVerwG v. 25. 7. 1984 – 2 WDB 3/84 – E 28, 36 = NJW 1985, 160 und v. 6. 3. 1987 – 2 WED 11/86 – NJW 1987, 3213 und nicht verhinderte Gemeinschaftseingabe an Ministerium: v. 6. 3. 1987 – 2 WDB 11/86). Dagegen nimmt das BVerwG (in Dok. Ber. 1988, 60) pflichtwidrigen Missbrauch an, wenn ein Reserveoffizier privat, aber mit Dienstgradangabe in Zeitung zu demonstrativem **Treffen für Kriegsdienstverweigerung** aufruft. Wegen Presseerklärung eines Offiziers »Alle Soldaten sind potentielle Mörder« BVerwG, ZBR 1992, 159; dagegen BVerfG, ZBR 1993, 59. Diese Meinungsfreiheit für Beamte erlaubt auch **öffentliche Kritiken an der**

B. II. 2 Politische Neutralitäts- und Mäßigungspflicht

eigenen Verwaltung und den Vorgesetzten, wenn diese dazu sachlichen Anlass gaben. In diesem Fall liegt in der öffentlichen, politisch-geistigen Auseinandersetzung keine pflichtwidrige »**Flucht in die Öffentlichkeit**« (BVerfGE 28, 64: **Leserbrief** eines Soldaten gegen die in der Presse veröffentlichte Verteidigungsrede seines Bataillonskommandeurs). Wer sich bei der Wortwahl seiner politischen Erwiderung an den Schärfen und **Überspitzungen des Vorredners** orientiert, handelt mit seinen eigenen Übertreibungen nicht pflichtwidrig (BVerfGE 54, 138; 60, 241; BVerwG [WD], NJW 1985, 1660 zum **offenen Brief** eines Soldaten gegen die veröffentlichte Verteidigungsrede seines Brigadekommandeurs). Allgemein gilt auch für Beamte die bereits zitierte BVerfG-Rspr., dass je nach gesellschaftspolitischer Bedeutung der Streitfrage Polemik und Schärfe in der Formulierung zulässig sind. Dabei liegt der anzuwendende Maßstab nicht in der persönlichen Anschauung des Dienstvorgesetzten, sondern in dem distanzierten Blick des Außenstehenden, der die verfassungsgeschützte Pluralität der politischen Meinungsäußerung wahren will.

8 Beamte dürfen ihre **Unparteilichkeit/Unbefangenheit, Objektivität und Gesetzestreue** durch politisches Verhalten (wie auch sonst nicht, etwa durch intime Beziehung eines hoch gestellten Beamten zur Adressatin seiner Verwaltung – BVerwG – 1 D 14.79, E 63, 353, DÖD 1981, 35), nicht beeinträchtigen. Sie sind aus § 60 Abs. 1 Satz 2 BBG verpflichtet, ihre Unbefangenheit gegenüber dem Adressaten ihrer Amtstätigkeit aufrechtzuerhalten. Wer sich im Bereich seiner Amtsaufgaben schuldhaft befangen, also zur pflichtgemäßen Amtsausübung unfähig macht, kann damit ein Dienstvergehen begehen (s. B II. 6. Rn. 10). Ein solches scheidet allerdings aus, wenn Rechtfertigungsgründe, etwa höherrangige Interessen, ihm zur Seite stehen. Angesichts der hohen Bedeutung des Grundrechts auf Meinungsfreiheit sind im Allgemeinen legale politische Betätigungen und Meinungsäußerungen durch das GG geschützt (BVerwG, NJW 1985, 1660: »Irritationen sind hinzunehmen«). So geben private Meinungsäußerungen selbst von Richtern (für die die entsprechenden Grundsätze entweder unmittelbar aus § 39 DRiG oder subsidiär über § 46 DRiG aus § 60 Abs. 1 Satz 1 und 2, Abs. 2 BBG gelten) in der Öffentlichkeit zu rechts- und gesellschaftspolitischen Fragen, mit denen sie selbst einmal befasst waren oder künftig befasst werden könnten, noch **keinen Befangenheitsgrund** ab (BVerfGE 12, 113; 46, 14; anders bei anhängigem Verfahren: BVerfGE 20, 1, das allerdings eine Pflichtwidrigkeit dennoch ablehnt). Angesichts der erhöhten Bedeutung der Unbefangenheit für das unabhängige Richteramt gilt diese Rspr. umso mehr gegenüber den weisungsgebundenen Beamten. Es muss und kann allgemein darauf vertraut werden, dass die öffentlichen Amtsträger ihre privaten Ansichten in der Amtsführung zurückstellen. Das Vertrauen in ihre sachliche, ausgewogene und ernsthafte Amtsführung kann im Normalfall vernünftigerweise nicht durch private politische Meinungsäußerungen außerhalb des Dienstes als gestört angesehen werden. **Gegen das Neutralitäts-Mäßigungsgebot verstoßen** nur solche politischen Äußerungen (mit oder ohne Berufs- und Amtsoffenbarung), die ihrem Inhalt oder der Form nach strafbar sind oder in spezieller Weise die konkrete Amtsausübung gerade dieses Amtsträgers betreffen und ihn in seinem Sachbereich oder in einer anhängigen Sache befangen machen und deswegen von der weiteren Bearbeitung seines Dienstpostens oder der einzelnen Angelegenheit ausschließen.

9 Auch die **Offenlegung des bekleideten Amtes** oder der Zugehörigkeit zum öffentlichen Dienst **bei der politischen Meinungsäußerung** bzw. Betätigung

bewirkt allein noch keine Verletzung der Neutralitäts- und Mäßigungspflicht. Das ist nicht unumstritten. Die Zulässigkeit wird bejaht für Soldaten (durch BVerwG, NJW 1985, 1659) – dies gilt insoweit auch für die Angabe des Dienstgrades und der Dienststelle bei privaten Schreiben mit politischem Inhalt (BVerwG v. 10.3.1998 – 1 WB 70.97); verneint für Beamte, Staatsanwälte (BVerwG, ZBR 1988, 128) und Richter (BVerfG, NJW 1983, 2691; BVerwG, ZBR 1988, 128 = DRiZ 1988, 180 [entgegen VG Schleswig, NJW 1985, 1098] sowie DRiZ 1988, 301; zum kontroversen Meinungsstand vgl. Sendler, NJW 1985, 689; Göbel, NJW 1985, 1057; Moll, ZRP 1985, 244 und 1986, 31; Hill, DRiZ 1986, 81; Deutscher Verwaltungsrichtertag 1986, Saarbrücken, Dokumentation, Podiumsdiskussion »Richteramt und Meinungsfreiheit«, S. 291, Bericht in DÖV 1986, 649, NJW 1986, 2815; Deutscher Richtertag 1987, Hamburg, Berichte in NJW 1987, 2423 Abt. 5, DRiZ 1987, 291; Rudolph, in: »Richter und Staatsanwälte im Dienst für den Bürger«, Vorträge und Referate des Dt. Richtertages in Hamburg 1987, Hrsg. Dt. Richterbund, S. 445, und Rottmann, ebd., S. 423; auffallend polemisch Weiß, ZBR 1988, 119). Wenn auch die Frage des **»Missbrauchs des Amtsbonus«** vor allem gegenüber Richtern diskutiert wird, so stellt sie sich nicht anders für Beamte. Denn die in § 60 Abs. 1 Satz 1 und 2, Abs. 2 BBG und in § 39 DRiG geregelten Pflichten stimmen mindestens inhaltlich überein (s. o. Rn. 8). Die Annahme, durch Offenlegung des bekleideten Amtes werde in jedem Fall ein »Amtsbonus missbraucht« und allein damit das **Vertrauen der Außenstehenden in die korrekte Amtsführung** beeinträchtigt, ist nicht haltbar. Dagegen spricht schon § 86 Abs. 2 Satz 2 BBG, wonach der Beamte die Amtsbezeichnung »... auch außerhalb des Dienstes führen« darf. Ein Missbrauch ist zwar nicht undenkbar, zumeist aber nicht gegeben. Sicherlich muss jeder Amtsträger – vor allem die Verwaltungsspitzen und politischen Beamten – »eine klare Trennung zwischen Amt und politischem Meinungskampf einhalten« und »darf bei seinen privaten Äußerungen nicht den Anschein einer amtlichen Stellungnahme erwecken« (BVerwG – 2 C 73.86 – ZBR 1988, 128). Ein solcher Anschein kann aber vernünftigerweise aus der privaten und außerdienstlichen Teilnahme an einer Demonstration nicht entstehen. Wer sich außerhalb des Dienstes unter seiner Amtsbezeichnung privat äußert oder betätigt, handelt im Allgemeinen erkennbar nicht dienstlich. In Wirklichkeit wird nur die eigene Persönlichkeit eingesetzt, zu der allerdings immer auch die Prägung durch den Beruf gehört. Das gilt auch für demonstrierende Beamte, Staatsanwälte oder Richter, die ihren Beruf bzw. ihre Amtsbezeichnung offenbaren. Niemand wird vernünftigerweise annehmen, dass hierbei »das Amt« eingesetzt, also mit amtlicher Autorität gehandelt wird. Anders liegt es, wenn ein Amtsträger im Privatbereich unter Nennung seines Amtes unberechtigt dienstliche Befugnisse einsetzt oder persönliche Vorteile erzwingen will (z. B. Verkehrsstrafrichter geht außerhalb des Dienstes gegen angebliche Verkehrssünder vor oder Polizeipräsident versucht in privater Sache Polizeistreife einzuschüchtern). Der Gedanke von dem »Missbrauch des Amtsbonus« geht unterschwellig von der Annahme aus, dass ein Amtsträger eine höhere staatspolitische und gesellschaftliche Kompetenz auch dort habe, wo er nur schlichter Staatsbürger ist, und dass es deshalb für jeden Amtsträger ungehörig sei, sich in einer politischen Streitfrage öffentlich zu engagieren. Ein solcher Ansatz widerspricht der Verfassungsrechtslage (s. o. Rn. 2, 3). Im Übrigen kann bezweifelt werden, ob heutzutage wirklich eine **aufgeklärte Öffentlichkeit** einem Amtsträger noch einen »Amtsbonus« in dem Sinn zuerkennt, dass seine Meinung schon allein wegen seiner

B. II. 2 Politische Neutralitäts- und Mäßigungspflicht

Amtsstellung als besonders maßgebend und verbindlich angesehen wird. Dem Selbstverständnis des modernen Menschen dürfte es widersprechen, den Amtsträger allein wegen seiner Amtsstellung auf ein Podest zu stellen nach dem Motto: »Wem Gott ein Amt gibt, dem gibt er auch den Verstand!« Darauf kommt es aber für die Frage der Neutralitäts- und Mäßigungspflicht auch nicht an. Denn ein »Missbrauch« der Amtsstellung kann nicht darin liegen, dass sich öffentliche Amtsträger im privaten Bereich zu ihrem Beruf bekennen. Das ist seit eh und je und besonders in einer offenen, pluralen Gesellschaft üblich. Beamter mit einer bestimmten Amtsstellung zu sein, ist keine Geheimsache. Schon immer prägt der Beruf den Menschen und dessen Identität. Dennoch ist das Recht auf freie Entfaltung der Persönlichkeit im privaten Bereich unangetastet. Beamte sind nicht wie in früheren Verfassungszeiten zur Meinungslosigkeit, zur »Neutralisierung gesellschaftlicher Kräfte« (s. o. Rn. 2 a. E., Einf. II. 1. Abs. 3) und zur Repräsentanz des Staates (der Regierenden) rund um die Uhr verpflichtet, sondern zur aktiven Teilhabe am gesellschaftlichen Entwicklungsprozess berechtigt. Zu ihrer Identität gehört auch ihr Beruf. Eine aufgeklärte Gesellschaft erwartet nicht im Ernst, dass Amtsträger keine private politische Meinung haben. Die Realität zeigt auch, dass dieser Ansatz zweierlei Maß für Führungsbeamte und Untergeordnete anlegen würde. Denn gerade Beamte mit höchster Amtsstellung und Verantwortung nehmen unbeanstandet zu tagespolitischen Fragen parteiisch Stellung, ohne dass eine Vertrauenseinbuße angenommen oder gar verfolgt wird. Selbst wenn sie ihre Amtsstellung dabei nicht offenbaren, kennt die Öffentlichkeit diese aufgrund des Bekanntheitsgrades. Kritik wird im Übrigen immer nur von den Meinungsgegnern geäußert. Beanstandet wird in Wirklichkeit weniger, dass ein Amtsträger sich erkennbar äußert, sondern dass er die unerwünschte Gegenmeinung vertritt. Würde sich das **Vertrauen in die korrekte Amtsausübung** nur darauf stützen können, dass die Meinung des Amtsträgers nicht bekannt ist, wäre es schwach begründet. Die Allgemeinheit wie auch die Verwaltung selbst dürfen aber darauf vertrauen, dass Amtsträger trotz möglicherweise entgegenstehender politischer Meinungen ihr Amt getreu dem Gesetz und ihren Dienstpflichten ausüben. Die Bindung der Beamten an ihren Dienstherrn, Beruf und damit an besondere amtsspezifische Anforderungen wirkt sich disziplinarrechtlich nur in dem Maße aus, wie das Privatverhalten »konkret« die unbehinderte und zuverlässige Amtsführung beeinträchtigt (Einf. II. 1.; A. II. Rn. 42–44). Das ist nicht grundsätzlich schon bei politischen Meinungsäußerungen mit Offenlegung der Amtsstellung der Fall. Deshalb kann einem Amtsträger (entgegen BVerfG, NJW 1983, 269 im Falle von in einer **Zeitungsanzeige gegen »Berufsverbot«** protestierenden Richtern) nicht als pflichtwidrig angelastet werden, »er habe es mit der plakativen Aufmachung der völlig einseitigen, mit absolutem Gültigkeitsanspruch erhobenen Forderung an dem Maß an Offenheit und Distanz fehlen lassen, das der Richterschaft grundsätzlich gegenüber allen Rechtsangelegenheiten auferlegt ist...«. Denn hier wird die amtserforderliche Arbeitsweise auch auf die gesamte Lebensführung im Privatbereich erstreckt und der Amtsträger unnötig und zu Unrecht von privaten Betätigungsformen ausgeschlossen, wie sie in einer Demokratie jedem Staatsbürger zustehen (zum Leserbrief als demokratisch angemessene, durch Art. 5 GG legitimiertes Äußerungsmittel: BVerfGE 28, 64). Zugleich wird der unzulässige Schluss gezogen (der im Bereich der Befangenheitsablehnung bei amtsbezogenen Äußerungen abgelehnt wird, s. o.), dass der unbefangene Betrachter nicht mehr darauf vertrauen könne, der Amtsträger werde zwischen Privatleben und Dienst, zwischen persönlichem Engagement und sachgerechter, objektiver Amtsausübung unterscheiden. Ebenso ist es ungerechtfertigt, Amtsträgern (hier Richtern und Staatsanwälten, die unter Offenlegung ihres Berufs in einer **Zeitungsanzeige gegen Raketenstationierung** protestierten), als einzig denkbares Motiv zu unterstellen, sie hätten ihr Richteramt zweckentfremdend eingesetzt, um ihrer »politischen Auffassung eine größere Beachtung und höhere Überzeugung zu verschaffen«. Sie hätten »das anvertraute Amt mit ihrer Privatsphäre verbunden und dadurch einen eindeutigen dienstlichen Bezug hergestellt« (BVerwG v. 29. 10. 1987 – 2 C 72 und 73.86 – ZBR 1988, 128 f.; gegen die Strafbarkeit von Sitzblockaden: Rudolph, DRiZ 1988, 131 und 155). Wenn es in der Entscheidung vom 29. 10. 1987 (ebd.) heißt: ». . . Er darf bei seinen privaten Äußerungen nicht den Anschein einer amtlichen Stellungnahme erwecken«, so ist dem zuzustimmen. Im entschiedenen Fall ist ein solcher Anschein allerdings nicht ersichtlich. Dementgegen stand den Betroffenen das Recht zu, durch Angabe ihres Berufs den **gesellschaftspolitisch erheblichen Umstand** deutlich zu machen, dass auch in der Berufsgruppe der Richter und Staatsanwälte ernsthafte Engagements für die Friedensbewegung bestehen (so für Soldaten anerkannt durch BVerwG, NJW 1985, 1659; wohl auch BVerfGE 28, 55 im Fall eines gegen den Vorgesetzten gerichteten Leserbriefs, aus dem die Soldateneigenschaft des Schreibens offenbar ersichtlich war). **Dienstliche Nachteile für die konkrete Amtsausübung** der Betroffenen, nämlich die reale Art und Weise der Dienstverrichtung, sind weder unmittelbar noch mittelbar gegeben (s. A. II. Rn. 42–44). In Wirklichkeit dürfte die Ablehnung eher darin liegen, dass die Öffentlichkeit erfährt, dass es überhaupt Amtsträger dieser Art gibt, die eine solche Meinung vertreten. Der Schluss von dieser – bekennenden – Art der Meinungsäußerung auf eine unkorrekte Amtsausübung bedeutet deshalb eigentlich die Sanktionierung des Meinungsinhalts und damit der staatsbürgerlichen Meinungsfreiheit. Dass ein Amtsträger öffentlich von der – vielleicht überwiegenden – Anschauung seiner Kameraden und Vorgesetzten abweicht, müssen diese trotz aller Irritation tolerieren (BVerwG, NJW 1985, 161). Die Offenbarung der Amtsstellung oder des Berufs bei der politischen Meinungsäußerung verstößt nur dann gegen das Neutralitäts-Mäßigungsgebot, wenn ihr Inhalt oder die Form strafbar ist oder den Amtsträger befangen macht und deswegen von der weiteren Amtsführung ausschließt.

c) Bewertung der Pflichtverletzung, Auswahl und Bemessung der Disziplinarmaßnahme

Das Gewicht von schuldhaften Verletzungen der Neutralitäts- und Mäßigungspflicht muss im **Einzelfall** nach der Bedeutung des Schadens bemessen werden, der der Verwaltung oder dem übertragenen Amt entstanden ist. Angesichts der großen Skala denkbarer Verstöße und deren unterschiedlicher Bedeutung gibt es **keine generalisierende Norm-Einstufung** in eine bestimmte Maßnahmenart. Beinhalten entsprechende Dienstvergehen **schwerwiegende Straftaten** (zur Erheblichkeit für das Disziplinarmaß s. A. II. Rn. 63) wie etwa Volksverhetzung (in den genannten Beispielen »Türken vergasen« – »Beschmieren mit NS-Symbolen und -Parolen«), so kann dies die Untragbarkeit für den öffentlichen Dienst bewirken, ebenso wie die **agitative Werbung im Dienst für eine verfassungsgegnerische Partei**. Stellen persönliche Angriffe und Überspitzungen

B. II. 2 Politische Neutralitäts- und Mäßigungspflicht

zugleich **strafbare Beleidigungen** dar, so wird das disziplinare Gewicht bei sonst unbescholtenen Beamten an der unteren Grenze der Maßnahmenskala anzusetzen sein. Überschreitet die an sich legale politische Meinungsäußerung die **Schutzgrenze** zum geordneten und aufgabengemäßen Dienstbetrieb (etwa bei hitzigen und streitigen politischen **Auseinandersetzungen während des Dienstes**), so wird je nach Tatumständen und Persönlichkeitsbild eine Disziplinarmaßnahme im unteren oder mittleren Bereich in Betracht kommen. Falls **legale außerdienstliche Betätigungen und Äußerungen** überhaupt pflichtwidrig sein sollten, sind (im Vergleich zur Rspr. bei Demonstrationen und politischen Anzeigen von Richtern) bei Beamten noch geringere Bewertungen angemessen (Missbilligung, Verweis). Entsprechendes würde für das Tragen von **Bekenntnis-Nadeln, -Plaketten und -Aufklebern** gelten, falls dieses überhaupt pflichtwidrig wäre, z. B. wegen ihres besonders verletzenden und aufreizenden Inhalts. Im Übrigen gelten die allgemeinen Bewertungs- und Bemessungskriterien (A. IV. Rn. 71-124).

d) Rechtsprechungsübersicht

Die Freiheit der **politischen Betätigung** ist auch für den **öffentlichen Dienst** nach Art. 5 Abs. 1, 9 Abs. 3 GG geschützt
– *BVerfG,* NJW 1976, 1680 (Beamte), DDB 1985, 69 (Richter), NJW 1985, 1658 (Soldaten)

Aus Art. 33 Abs. 5 GG sind nur solche **Grundrechtseinschränkungen** zulässig, die durch Sinn und Zweck des »konkreten« Dienstverhältnisses – also der konkreten Anforderung des Dienstpostens – gefordert werden
– *BVerfGE* 19, 322

Das Grundrecht aus Art. 5 Abs. 1 GG unterscheidet nicht zwischen »**Werturteil**« und »**Tatsachenbehauptung**« – Jeder soll frei sagen können, was er denkt, auch wenn er keine nachprüfbaren Gründe für sein Urteil angibt
– *BVerfGE* 42, 170

Öffentliche Erklärung einer Gruppe von Soldaten zum **Verfahren »Soldaten sind potentielle Mörder«** – Disziplinarurteil verstößt gegen Meinungsfreiheit – einseitige Auslegung
– *BVerfG* ZBR 1993, 59

Persönliche Werturteile sind besonders geschützt, weil sie geistig auf die Umwelt einwirken wollen – Es ist unerheblich, wie sie begründet sind, ob »wertvoll« oder »wertlos«, »richtig« oder »falsch«, emotional oder rational – Für alles, was zum öffentlichen Meinungskampf beitragen kann, spricht die Vermutung für die Zulässigkeit der freien Rede
– *BVerfGE* 7, 210, 212; 33, 14; 43, 130; 73, 238; NJW 1985, 1659

Die hergebrachten Grundsätze des Berufsbeamtentums aus Art. 33 Abs. 5 GG enthalten **kein generelles Betätigungsverbot** für Beamte innerhalb ihrer Koalition – die **Gewerkschaften** wie auch ihre einzelnen **Mitglieder** unterstehen dem Grundrechtsschutz des Art. 9 Abs. 3 GG
– *BVerfG* DDB 1985, 69 (für Richter)

Die **aktive Verfolgung der Koalitionsziele** durch den Beamten ist durch § 91 (jetzt: § 116) BBG geschützt
- *BVerfGE* 17, 338; 19, 303; 28, 304; 50, 367;
- *BVerwG*, NJW 1984, 2713;
- *BAG*, AuR 1987, 86

Die durch Art. 9 Abs. 3 GG gewährleistete **Koalitionsfreiheit** verlangt, dass die Rechtsordnung den Koalitionen die »spezifischen« Betätigungen zur effektiven Erreichung ihres Zweckes ermöglicht
- *BVerfGE* 17, 33; 19, 314

Die **Schutzgrenze** ist nur dann überschritten, wenn die Erfüllung der dienstlichen Aufgaben unmöglich wird und die Ordnung in der Dienststelle oder das Wohl der Mitarbeiter unvermeidbar und unvertretbar gestört wird
- *BVerfGE* 19, 322; 50, 368

Auch innerhalb des Dienstgebäudes und der Dienstzeit ist die **gewerkschaftliche Werbung** vor einer Personalratswahl verfassungsrechtlich geschützt
- *BVerfGE* 19, 320

Verfassungsrechtlich nicht geschützt dagegen die innerdienstliche **Werbung eines Personalratsmitglieds** für eine Gewerkschaft
- *BVerfG*, NJW 1970, 1635;
- *BVerwG*, RiA 1960, 144; DVBl. 1966, 535

Dem beamteten Gewerkschafter steht ein ähnlicher Betätigungsspielraum zu wie dem nichtbeamteten – Der **innerdienstliche Aufruf** der Arbeiter und Angestellten **zum zulässigen Streik** ist den beamteten Gewerkschaftern erlaubt – Das Hausrecht des Dienststellenleiters steht dem nicht entgegen
- *BDiG*, DÖD 1987, 233

Stellvertretende Personalratsvorsitzende und **Gewerkschaftsvorsitzende** ruft zu rechtmäßigem **Streik auf: Geldbuße, jedoch Einst. wegen Verjährung**
- *BVerwG* v. 23. 2. 1994 – 1 D 65.91 – E 103, 70; PersR 1994, 515; NVwZ 1996, 74

Anwesenheit des Personalratsvorsitzenden bei Warnstreik als Unterstützung gewertet: **RGeh.K auf 5 Monate**
- *BVerwG* v. 23. 2. 1994 – 1 D 48.92

Das **außerdienstliche Unterzeichnen und Verteilen von Flugblättern**, die sich gegen die eigene Verwaltung richten, ist einem Gewerkschaftsgruppenvorsitzenden und zugleich Leiter der Beratungsstelle der Behörde erlaubt, solange er nicht wider besseres Wissen falsche Behauptungen aufstellt und nicht ohne sachlichen Anlass abwertende Urteile trifft
- *BDiG*, DÖD 1979, 199

Wer als **Vorgesetzter (Soldat) im Dienst** gegenüber Untergebenen die **freiheitliche demokratische Grundordnung in Frage stellt**, wird durch Art. 5 Abs. 1 GG nicht geschützt
- *BVerfG*, DÖV 1970, 417

B. II. 2 Politische Neutralitäts- und Mäßigungspflicht

Auch im politischen Meinungskampf sind durch Grundrechte nicht gedeckt und pflichtwidrig **falsche Zitate** oder Falsches »**in den Mund legen**« (nicht aber inhaltlich richtige Zusammenfassung)
- *BVerfGE* 54, 155 u. 219; 61, 8;
- *BVerwG*, NJW 1985, 160

. . . ebenso **ehrverletzende und diffamierende Äußerungen**
- *BVerwGE* 61, 8; 63, 37; NJW 1985, 1659

. . . dagegen grundsätzlich **zulässige Polemik, Schärfen und Überspitzungen** – Zur »Wesentlichkeit« der Meinungsäußerung – Auch Kollegen/Kameraden und Vorgesetzte müssen Irritationen wegen der öffentlich geäußerten abweichenden Meinung ertragen
- *BVerfG*, NJW 1976, 1680; E 28, 65;
- *BVerwG*, NJW 1985, 161 u. 1660

Die Grenze zulässiger Polemik und Schärfe bestimmt sich auch nach der Art, wie der Vorredner sich geäußert hat – **Leserbrief** gegen veröffentlichte Vereidigungsrede des Brigadekommandeurs
- *BVerfGE* 28, 55; 54, 138; 60, 241; DÖV 1980, 759;
- *BVerwG*, NJW 1985, 1660

Im **Wahlkampf** sind wertende politische Äußerungen, zumal eines Parteimitglieds, besonders geschützt
- *BVerfGE* 61, 11

Keine unerlaubte »**Flucht in die Öffentlichkeit**« bei kritischem Leserbrief eines Soldaten gegen in der Presse veröffentliche Verteidigungsrede seines Bataillonskommandeurs – **Leserbrief** geschützte Form politischer Meinungsäußerung – Rangunterschiede erfordern keine Zurückhaltung bei kritischer Auseinandersetzung in Presse
- *BVerfGE* 28, 64; 60, 241;
- *BVerwGE* 54, 138; 63, 37; NJW 1985, 1658

Die **Bekanntgabe der Zugehörigkeit zum öffentlichen Dienst** und der Amtsbezeichnung/Dienstgrad bei der öffentlichen, politischen Äußerung ist nicht pflichtwidrig für Soldaten
- *BVerwG*, NJW 1985, 160 u. 1659

. . . ist pflichtwidrig für Richter
- *BVerwG*, NJW 1983, 2691 u. Urt. v. 29. 10. 1987 – 2 C 72 u. 73.86; *Nds. DiGH*, DRiZ 1982, 429; a. A. *VG Schleswig*, NJW 1985, 1098; Vorwurf verstößt nicht gegen die Verfassung: *BVerfG*, Vorprüfungsausschuss NJW 1983, 2691

. . . ist nicht entschieden für Beamte

Die Übergabe einer **Petition für eine ABC-Waffen-freie Zone** in der Öffentlichkeit durch einen Hauptmann in Zivil und in seiner Freizeit ist nicht pflichtwidrig – keine unzulässige Nötigung der Bundesregierung – **keine »amtliche« Äußerung**
- *BVerwG*, NJW 1985, 161

Politische Neutralitäts- und Mäßigungspflicht B. II. 2

Die disziplinare Maßregelung eines Soldaten, der in der Kaserne während der Freizeit **Unterschriften gegen ein Atomkraftwerk** sammelt, verstößt nicht gegen Art. 5 Abs. 1 GG – abstrakte Gefährdung der Kameradschaft genügt: **Disz. Arrest**
- *BVerfGE* 44, 197; abw. Meinung des Verfassungsrichters *Rottmann*, S. 205 ff.
- *BVerwG*, Dok Ber. 1988, 60

Rechts- und gesellschaftspolitisch motivierte **kritische, dienstliche Eingaben** an die eigene Verwaltung sind dann pflichtwidrig, wenn sie querulatorisch oder beleidigend sind: **Missbilligung**
- *BDiG* v. 17. 1. 1985 – I Bk 15/84

Partei- und gesellschaftspolitische Diskussion im Dienst unter Kollegen sind als solche nicht pflichtwidrig
- *BVerfG*, DVBl. 1970, 456; *BDH*, Dok. Ber. S. 2170

Das **bloße Äußern der verfassungsgegnerischen Überzeugung** (durch Beamten) ist noch nicht pflichtwidrig
- *BVerfGE* 39, 334

Die innerdienstliche Bemerkung »**Türken . . . müßte man . . . vergasen**« ist strafbar und schon deswegen pflichtwidrig: **Degr.**
- *BVerwG*, RiA 1985, 70

. . . ebenso das Beschmieren des öffentlich zugänglichen Teils des eigenen Zollgebäudes mit **Hakenkreuz, SS-Runen und NS-Parole** »**Juden raus aus Deutschland**« – wegen verminderter Schuldfähigkeit: **Degr.**
- *BVerwG*, Dok. Ber. 1982, 259

Das Tragen von **politischen Nadeln, Plaketten, Aufklebern** o. Ä. im Dienst ist pflichtwidrig, wenn Zielsetzung »abstrakt« geeignet ist, den Dienstfrieden zu stören
- *BVerwGE* 53, 327; DÖV 1981, 966 = DVBl. 1981, 1066

Außerdienstlicher Verstoß gegen Mäßigungspflicht durch **rechtsradikale Äußerungen – Geh.K auf 1 Jahr**
- *OVG Rheinland-Pfalz* v. 4. 8. 1995 – 3 A 11324/995

Dienstgrad und Dienststelle können **bei privaten Briefen mit politischem Inhalt** angegeben werden
- *BVerwG* v. 10. 3. 1998 – 1 WB 70/97

Bezeichnung der **Widerstandskämpfer** als »Verräter«, verzerrte Darstellung der Kriegsschuld: **Beförderungsverbot für drei Jahre**
- *BVerwG* v. 24. 10. 1996 – 2 WD 22/96

Innerdienstliches Verteilen des »**Asylbetrügergedichts**«: **Beförderungsverbot auf ein Jahr**
- *BVerwG* v. 23. 1. 1997 – 2 WD 37.96

B. II. 3 Fernbleiben vom Dienst

Äußerungen mit ausländerfeindlichem Inhalt im Rahmen eines Gesprächs mit Behördenangehörigen in der Mittagspause in der Kantine; Wertung als innerdienstliches Dienstvergehen; **Geh.K.**
– BVerwG v. 20. 2. 2001 – 1 D 55.99

Dienstleistung

3. Fernbleiben vom Dienst

a) Rechtsgrundlage: §§ 87, 88, 91, 96 BBG

Wortlaut § 87 BBG (Arbeitszeit):
»(1) Die regelmäßige Arbeitszeit darf wöchentlich im Durchschnitt 44 Stunden nicht überschreiten.
(2) Soweit Bereitschaftsdienst besteht, kann die Arbeitszeit entsprechend den dienstlichen Bedürfnissen verlängert werden.
(3) Das Nähere zur Regelung der Arbeitszeit, insbesondere zur Dauer, zu Möglichkeiten ihrer flexiblen Ausgestaltung und zur Kontrolle ihrer Einhaltung, regelt die Bundesregierung durch Rechtsverordnung. Eine Kontrolle der Einhaltung der Arbeitszeit mittels automatisierter Datenverarbeitungssysteme ist zulässig, soweit diese Systeme eine Mitwirkung der Beamtinnen und Beamten erfordern. Die erhobenen Daten dürfen nur für Zwecke der Arbeitszeitkontrolle, der Wahrung arbeitsschutzrechtlicher Bestimmungen und des gezielten Personaleinsatzes verwendet werden, soweit dies zur Aufgabenwahrnehmung der jeweils zuständigen Stelle erforderlich ist. In der Rechtsverordnung sind Löschfristen für die erhobenen Daten vorzusehen.«

Wortlaut § 88 BBG (Mehrarbeit):
»Beamtinnen und Beamte sind verpflichtet, ohne Vergütung über die regelmäßige wöchentliche Arbeitszeit hinaus Dienst zu tun, wenn zwingende dienstliche Verhältnisse dies erfordern und sich die Mehrarbeit auf Ausnahmefälle beschränkt. Werden sie durch eine dienstlich angeordnete oder genehmigte Mehrarbeit mehr als 5 Stunden im Monat über die regelmäßige Arbeitszeit hinaus beansprucht, ist ihnen innerhalb eines Jahres für die Mehrarbeit, die sie über die regelmäßige Arbeitszeit hinaus leisten, entsprechende Dienstbefreiung zu gewähren. Bei Teilzeitbeschäftigung sind die 5 Stunden anteilig zu kürzen. Ist die Dienstbefreiung aus zwingenden dienstlichen Gründen nicht möglich, können Beamtinnen und Beamte in Besoldungsgruppen mit aufsteigenden Gehältern eine Vergütung erhalten.«

§ 91 (Teilzeit)
». . .«

Wortlaut § 96 BBG (Fernbleiben vom Dienst):
»(1) Beamtinnen und Beamte dürfen dem Dienst nicht ohne Genehmigung ihrer Dienstvorgesetzten fernbleiben. Dienstunfähigkeit infolge Krankheit ist auf Verlangen nachzuweisen.
(2) Verliert die Beamtin oder der Beamte wegen unentschuldigten Fernbleibens vom Dienst nach dem Bundesbesoldungsgesetz den Anspruch auf Besoldung, wird dadurch die Durchführung eines Disziplinarverfahrens nicht ausgeschlossen.«

b) Definition der Pflicht und ihrer Verletzung

Die **Pflicht zur Dienstleistung** ergibt sich zwangsläufig und ohne weiteres aus 1
dem Zweck eines jeden Dienstverhältnisses. Rechtlich folgt sie aus der allgemeinen Treue- und Zuverlässigkeitspflicht der §§ 4 und 61 Abs. 1 Satz 2 BBG.
§ 96 Abs. 1 BBG stellt die speziellere Regelung im Hinblick auf pflichtwidriges
Fernbleiben vom Dienst dar. Dies ergibt sich daraus, dass § 61 Abs. 1 Satz 1 BBG
– Pflicht zur vollen beruflichen Hingabe – sich auf die Qualität, nicht jedoch auf
die Quantität der Arbeit bezieht (BVerwG [Revis.-Senat], E 48, 101, 102; BDiG v.
17. 5. 1978 – V BK 9/77; dem folgend GKöD-Weiß, J 610 Rn. 6 und J 890 Rn. 38).
Damit stellt § 96 Abs. 1 die Rechtsgrundlage für die disziplinare Vorwerfbarkeit
des Fernbleibens vom Dienst dar.
Über den reinen Wortlaut des § 96 Abs. 1 hinaus ist in Rspr. und Schrifttum
einhellig anerkannt, dass nicht nur die »dienstliche Genehmigung« und die –
nur hinsichtlich der Nachweispflicht genannte – »Dienstunfähigkeit infolge
Krankheit« zum Fernbleiben berechtigen, sondern auch alle anderen zwingenden, unabwendbaren oder höherrangigen Hinderungsgründe (näher im Folgenden). Die verschiedenen Berechtigungen zum Fernbleiben bestehen selbständig. Es bedarf deshalb z. B. bei Krankheit keiner zusätzlichen dienstlichen
Genehmigung zum Fernbleiben. Vorwerfbar und disziplinarrechtlich von Interesse ist danach nicht das unvermeidbare Verhindertsein, sondern die Dienstverweigerung durch Fernbleiben. **§ 96 Abs. 1 BBG regelt die Dienstverweigerung** durch Fernbleiben, **nicht das unvermeidbare Verhindertsein** am
Erscheinen zum oder Verbleiben im Dienst (BVerwG v. 7. 2. 1969 – 2 DB 10.68
– E 33, 257: Haft in SSR; GKöD-Weiß, J 610 Rn. 13 cc). Klassisches Beispiel ist
die gezielte Dienstverweigerung, sei es aus Unlust oder entgegenstehenden
anderen Interessen (Interessenkonflikten), sei es aus Protest gegen die Verwaltung (etwa gegen als ungerecht empfundene Dienstdauervorschriften –
BVerwG v. 25. 9. 1985 – 1 D 38.85 – PersV 1988, 236), gegen Versetzungen, Umsetzungen oder andere Maßnahmen oder Unterlassungen der Vorgesetzten
(s. u. Rn. 9). Wer an der anstehenden Dienstleistung unabwendbar gehindert
ist, ist insoweit ebenso wenig zur Arbeit verpflichtet wie derjenige, für den eine
Dienstleistung schon gar nicht vorgesehen war. Deswegen sind alle Gründe, die
eine Pflicht zur Dienstleistung zu einer bestimmten Zeit und an einem bestimmten Ort aus welchen Gründen auch immer ausschließen, **nicht nur Rechtfertigungsgründe**. Vielmehr ist mangels konkreter Pflicht zur Dienstleistung
der **disziplinare Tatbestand des pflichtwidrigen Fernbleibens** schon objektiv
nicht erfüllt.
Die Pflichtwidrigkeit ist bereits als Tatbestandsmerkmal integriert (so auch die
Rspr.: BVerwG v. 26. 8. 1993 – 1 DB 15.93 – E 93, 393; im Einzelnen u. bei »Krankheit« Rn. 6; GKöD-Weiß, J 160 Rn. 7). Das hat Auswirkungen auf die Dienstvergehensqualität des »Fernbleibens«. Dem Dienst bleibt **nicht** fern, wer am **Arbeitsplatz erscheint, ohne dienstfähig zu sein**, zumal wenn Dienstwilligkeit
besteht (BVerwG v. 12. 10. 1979 – 1 DB 24.79; BDiG v. 15. 9. 1981 – I Bk 1/81; v.
26. 6. 1992 – II Bk 1/92). Dem Dienst bleibt fahrlässig fern, wer ohne hinreichende Vorbereitungen für das Ausschlafen und das Wecken **verschläft** (BDiG v.
11. 10. 1976 – IV Bk 19/75) **und den Dienst verspätet antritt**. Wer aber nach
Verschlafen des Dienstbeginns seine **Dienstleistung anbietet**, vom Vorgesetzten jedoch die Ableistung der restlichen Dienstzeit abgelehnt bekommt, weil
die Dienstleistung ohnehin nicht mehr erbracht werden kann (Briefzusteller),

B. II. 3   Fernbleiben vom Dienst

bleibt für diese Restzeit dem Dienst nicht pflichtwidrig fern (BDiG v. 15. 9. 1981 – I Bk 1/81). Weil es sich bei den Sachverhalten »Pflichtwidriges Fernbleiben« und »Dienstausübung« um zwei verschiedene Tatbestände handelt, begründet **Dienstunfähigkeit** tatbestandsmäßig auch dann kein Fernbleiben, wenn sie **pflichtwidrig (und schuldhaft) verursacht** wurde. Denn im dienstunfähigen Zustand bestehen keine Pflicht und nicht einmal das Recht zur Dienstleistung. Dagegen würde tatbestandsmäßiges und pflichtwidriges (also vorwerfbares) »Fernbleiben« vorliegen, wenn lediglich der »Rechtfertigungsgrund« (z. B. Krankheit) entfiele, weil er durch pflichtwidriges Verhalten herbeigeführt wurde (s. BVerwG, ebd.). Wegen der Ausfälle der Arbeitsleistung kommen ggf. **andere Pflichtverstöße** in Betracht wie verschuldete Dienstunfähigkeit (§ 61 Abs. 1 Satz 1 BBG), Arbeitsverweigerung (§ 62 Abs. 1 Satz 2 BBG) usw.

2 Eine konkrete Dienstleistungspflicht trifft nur die **aktiven Beamten**. Bei Ruhestandsbeamten ruht die Dienstpflicht, kann aber nach § 46 BBG wiederaufleben. Vorläufig des Dienstes enthobene Beamte schulden eine **Dienstbereitschaft** (dazu § 38 BDG). Ist diese Anordnung in der Zeit des Fernbleibens getroffen, so **erstreckt sich das Dienstvergehen auch auf die Zeit nach der Dienstenthebung**, wenn die Dienstbereitschaft nicht erklärt wird.

3 Soweit eine konkrete Dienstleistungspflicht besteht, bedeutet die **Pflicht zur Dienstleistung** in erster Linie, dass der Beamte **pünktlich am Dienstort erscheint und bis zum Dienstende seine Dienstleistungen erbringt** (st. Rspr., BVerwGE 63, 315). Da der Beamte nicht »rund um die Uhr« im Dienst ist (BVerwG [Revis. Senat], E 48, 101; s. Einf. II. 4. Fn. 53; A. II. Rn. 42, 49 und B. I.), wird die Dienstleistung nur nach Maßgabe der konkreten zeitlichen und sachlichen Dienstregelungen geschuldet. **Geschuldete Dienstleistung** ist alles, was nach Dienstposteninhalt und spezieller Regelung als dienstliche Aufgabe übertragen ist. Dazu können auch Arbeiten außerhalb des engeren oder üblichen Arbeitsbereichs gehören, z. B. Dienstunterricht, Aushilfe in unterwertigen und laufbahnfremden Arbeiten (BVerwG, Dok. Ber. 1961, 1655; Behnke-Arndt, Einf. Rn. 114). Grundsätzlich ist die Annahme des Beamten, der konkrete Arbeitsauftrag sei »**unzumutbar**«, nicht geeignet, die Pflicht zur Dienstleistung aufzuheben (entgegen h. M. s. zu Arbeitsverweigerung, »Gehorsamspflicht« B. II. 7. Rn. 5, 6, 11-13). Denn zunächst ist jede dienstliche Weisung bindend, solange sie nicht in dem dafür vorgesehenen Verfahren aufgehoben, für unwirksam erklärt oder in ihrer Wirksamkeit aufgeschoben wurde (BDiG, DÖD 1987, 233 u. v. 5. 8. 1987 – VI Bk 3/87; OVG NW v. 24. 8. 2005 – 21d A 73/04.0). Jedoch liegt eine Dienstleistungspflicht kraft spezieller Weisung dann nicht vor, wenn die Weisung wegen ihrer **Unwirksamkeit** eine bindende Wirkung nicht entfalten kann (s. A. I. Rn. 22).

4 Ist der Tatbestand des pflichtwidrigen Fernbleibens erfüllt und wird dies angeschuldigt, so **konsumiert** dieser Vorwurf andere Pflichtverletzungen, die die Dienstleistungspflicht während dieser Zeit betreffen. So kann nicht als weitere, selbständige Pflichtverletzung vorgeworfen werden, der Beamte habe **während des Fernbleibens eine ungenehmigte Nebenbeschäftigung** ausgeübt (BVerwGE 81, 172; vgl. ähnlich zu mangelndem Arbeitseinsatz bei voller alkoholbedingter Dienstunfähigkeit B. II. 5. Rn. 6).

5 Von der allgemein oder speziell geregelten **Dienstzeit** kann sich der Beamte nicht eigenmächtig entbinden. So wird sowohl die genaue Einhaltung des Dienstbeginns wie des Dienstendes geschuldet. **Verspäteter Dienstantritt** wie **vorzeitiges Verlassen** des Dienstes während der Dienstzeit ist pflichtwidrig

(BVerwG – 1 D 71.79 – Dok. Ber. 1980, 273: Verlassen des Dienstes zur Begehung sexueller Straftaten). Das gilt auch im Bereich **gleitender Arbeitszeit** für die Einhaltung der Kernzeit und der Gesamtarbeitszeit (BayVGH, DÖD 1979, 29; VG Münster, ZBR 1974, 370). Im Sinne einer solchen Pünktlichkeit ist die Frage der **Relevanz des Verstoßes** zu beachten (s. A. I. Rn. 20). Nicht jede geringfügige oder gelegentliche Abweichung von der Dienstzeitregelung ist disziplinarrechtlich erheblich. So ist auch **kurzzeitiges Verlassen** des Dienstes zur Erledigung unaufschiebbarer persönlicher Angelegenheiten (z. B. Telegrammaufgabe) nicht ohne weiteres pflichtwidrig (BVerwG – 1 D 71.79 – Dok. Ber. 1980, 273). Allerdings gelten hierfür meistens spezielle dienstliche Weisungen zur Abmeldung beim Vorgesetzten. Nicht unter den Fernbleibenstatbestand fallen **private Verrichtungen während des Dienstes**, weil die Betreffenden hierbei dienstlich anwesend sind (und gegen die auch im Übrigen nichts einzuwenden ist, wenn sie sich im Hinblick auf die Arbeitsbelastung im Rahmen halten, etwa Zeitunglesen, Kaffeekochen, private Unterhaltung: BVerwG, Dok. Ber. 1980, 273). In diesen Fällen ist allenfalls die Dienstpflicht zu vollem Einsatz aus § 61 Abs. 1 Satz 1 BBG angesprochen. Ebenso wenig bleibt ein Beamter dem Dienst fern, indem er während der Dienstzeit **andere dienstliche Leistungen als die gerade vorgeschriebenen** erbringt (z. B. eine nicht genehmigte Dienstreise, die nach Art und Inhalt dienstbezogen und nützlich ist, GKöD-Weiß, J 610 Rn. 12; s. auch OVG NW v. 24. 8. 2005 – 21d A 73/04.O). Auch in diesem Fall sind ggf. andere Pflichten (gegen den Gehorsam, die Vertrauenswürdigkeit, §§ 62, 61 Abs. 1 Satz 2 BBG) verletzt.

Bei dringendem dienstlichen Bedarf besteht gem. § 88 BBG die **Pflicht zur Mehrarbeit** über die geregelte Tages-Dienstzeit hinaus oder an dienstfreien Tagen. Dazu bedarf es nicht immer einer speziellen, dienstlichen Anweisung. Denn hier wirkt die Dienstpflicht zu vollem beruflichen Einsatz aus § 61 Abs. 1 Satz 1 BBG ein, die von dem Beamten entsprechende Leistungsbereitschaft aus eigener Verantwortung und eigenem Antrieb erfordert. Wird die angeordnete Dienstzeit aus **Irrtum über den Dienstplan** versäumt, so kommt das fahrlässige Fernbleiben als Dienstvergehen in Frage. 6

Der Dienst ist **an der Stelle** anzutreten, an der die geschuldete Dienstleistung zu erbringen ist. Wo das ist, bestimmt sich ebenfalls aus dem übertragenen Dienstposten und den konkreten Dienstregelungen. Für bestimmte Dienstposten ist die Arbeit an verschiedenen Orten in das **pflichtgemäße Ermessen** des Beamten gestellt (z. B. im Außendienst, Kontrolldienst, in der Kundenberatung und -werbung). Der Dienstort wird grundlegend geändert durch **Abordnungen und Versetzungen**, die als Verwaltungsakte eine bindende Dienstleistungspflicht am anderen Dienstort begründen, solange die Bindung nicht im Verwaltungsrechtsweg aufgeschoben oder aufgehoben wurde. Ist gegen einen solchen Verwaltungsakt **Widerspruch** eingelegt, so kommt diesem nach der Änderung des BRRG keine aufschiebende Wirkung mehr zu. Der betroffene Beamte hat daher die entsprechende Anordnung zu befolgen und den Dienst am neuen Dienstort aufzunehmen. Die Weigerung bedeutet i. d. R. das Fernbleiben vom Dienst (B. II. 7. Rn. 12; OVG NW v. 24. 8. 2005 – 21d A 73/04.O). Einstweiliger Rechtsschutz über § 80 Abs. 5 VwGO kann dann beantragt werden. Eine **bloße Umsetzung** vom Dienstposten ist in aller Regel kein Verwaltungsakt (zur Abgrenzung BVerwG, NJW 1980, 67), so dass der nach §§ 172 BBG, 126, 127 BRRG für alle Streitigkeiten aus dem Beamtenverhältnis zulässige Widerspruch keine aufschiebende Wirkung auslöst. Dem Beamten stehen im 7

B. II. 3 Fernbleiben vom Dienst

Übrigen die Feststellungsklage oder die allgemeine Leistungsklage aus Verletzung der Fürsorgepflicht vor den Verwaltungsgerichten zur Verfügung (BVerwGE 75, 138 = Battis, § 26 BBG Rn. 6), für die sofortige Gegenwehr die formlose Remonstration und die einstweiligen Anordnungen des § 123 VwGO. Solange solche nicht zur Aufhebung oder Aufschiebung geführt haben, bleibt es bei der Bindung an die Anordnung und bei der Dienstleistungspflicht.

8   Bei **Genehmigung durch den Vorgesetzten** entfällt die Dienstleistungspflicht. Sie kann schriftlich, mündlich oder auch durch schlüssiges Verhalten erteilt werden. Bei der Genehmigung zum Fernbleiben kann es sich um **Dienstbefreiung, Diensttausch oder Beurlaubung** handeln. Irrt sich der Beamte über die Tatsache der Genehmigung, etwa die Urlaubsgewährung, so kommt es auf die näheren Umstände an, ob der **Irrtum fahrlässig** entstand und damit ein fahrlässiges Dienstvergehen vorliegt. Ist für eine **bestimmte Angelegenheit Dienstbefreiung** erteilt, so gilt sie nur für die notwendige Dauer des Anlasses (z. B. **Arztbesuch** oder **Beerdigung**, zu der mangels ausdrücklicher Beschränkung der Genehmigung üblicherweise auch der Leichenschmaus gehört [BDiG v. 28. 6. 1977 – V VI 2/77]).

9   Dies gilt auch für Abwesenheiten zur Wahrnehmung von **Personalvertretungsaufgaben**. Sie sind allerdings nur im notwendigen Umfang gerechtfertigt. Ist zu einer Sitzung die Anreise am Vortag erforderlich, fällt auch diese Zeit, soweit eine Anreise nicht am gleichen Tag erfolgen kann, unter die erlaubte Abwesenheit (BVerwG v. 9. 9. 1994 – 1 DB 4.93), allerdings auch nur im Rahmen des für die Anreise erforderlichen. Die Abreise muss so eingeplant werden, dass die Ankunft frühestens mit dem sonstigen Dienstschluss zusammen fällt. Bleibt zuvor Zeit, ist normaler Dienst zu leisten (BDiG v. 2. 10. 1997 – VI BK 7/97; v. 20. 9. 2000 – VII BK 16/99; BVerwG v. 1. 9. 1999 – 1 DB 44.98).

10 **Private Absprachen** von Mitarbeitern, ihren Dienst zu tauschen (BDH 1 DV 1.62) oder ihre **Dienstwechsel entgegen dem Plan** zu ändern, sind ohne Genehmigung des zuständigen Vorgesetzten nicht zulässig (wenn auch das Gewicht des Dienstvergehens hier wesentlich geringer ist als bei echtem Dienstversäumnis). Eine **Verwaltungsübung** an der Dienststelle kann von der Dienstleistungspflicht befreien, in aller Regel aber nicht **stillschweigende Duldung von missbräuchlicher Dienstzeitabweichung** durch die Vorgesetzten (s. A. I. Rn. 23).

11 **Akzeptieren Vorgesetzte nachträglich** ein ungenehmigtes Fernbleiben durch Verrechnung mit dem zustehenden Erholungsurlaub oder mit Freizeitausgleich, so ändert das nichts daran, dass der Beamte zuvor schon den Tatbestand pflichtwidrigen Fernbleibens erfüllt und damit ein Dienstvergehen begangen hat (so auch BVerwG v. 20. 5. 1998 – 1 D 57.96; BDiG v. 28. 10. 1999 – III VL 21/99; ebenso Pirkuth, DÖD 1991, 153 ff.; a. A. GKöD-Weiß, J 610 Rn. 12). Denn die Bewilligung des Urlaubs muss vor seinem Antritt vorliegen. Ob die Disziplinarvorgesetzten dann noch dieses Dienstvergehen verfolgen wollen, liegt nach § 17 BDG in ihrem pflichtgemäßen Ermessen. Dagegen ist für die Entscheidung nach § 9 BBesG eine solche »Urlaubsverrechnung« zulässig (dies ergibt sich ebenfalls aus BVerwG v. 20. 5. 1998, ebd.) und ein dennoch ergehender Feststellungsbescheid ist rechtswidrig. Denn es können nicht als doppelte Einbuße zugleich der Urlaub als verbrauchte Arbeitszeit angerechnet und Dienstbezüge entzogen werden (s. vor § 62 Rn. 9).

12 Leistet ein Beamter, dem ein bereits bewilligter Urlaub aus dringenden dienstlichen Gründen widerrufen worden ist, in der Zeit des beabsichtigten Urlaubs

trotz bestehender Dienstfähigkeit keinen Dienst, so bleibt er diesem ungenehmigt schuldhaft fern (BVerwG v. 8. 2. 1996 – 1 DB 27.95 – PersV 1996, 415).
Die Dienstleistungspflicht entfällt nicht allein deshalb, weil der Beamte nach Abgabe eines **Entlassungsantrags** irrig meint, nunmehr dienstlich nicht mehr verpflichtet zu sein. Die Dienstleistungspflicht besteht bis zur Entscheidung über die Entlassung (BVerwG [Rev. Sen.] v. 13. 12. 1961 – 2 C 28.60). Ist der Beamte aber während des Zurruhesetzungsverfahrens von seiner aktiven Dienstleistungspflicht entbunden, so kann ein vorwerfbares unentschuldigtes Fernbleiben vom Dienst nicht in Betracht kommen (BVerwG v. 8. 8. 1996 – 1 DB 10.96). Wird das Zurruhesetzungsverfahren eingestellt und der Beamte zur unverzüglichen Dienstaufnahme aufgefordert, so hat er dann aber dieser Aufforderung nachzukommen. **13**

Ist ein **Urlaubsantrag gestellt**, so berechtigt der Umstand, dass ein entsprechender Anspruch dem Grunde nach besteht, und die Erwartung, dass er genehmigt werde, ebenso wenig zum Fernbleiben. Erst ab Erteilung der Urlaubsgewährung entfällt die Dienstleistungspflicht (st. Rspr. zuletzt BVerwG v. 6. 9. 2000 – 1 DB 20.00). **Eigenmächtiges Fernbleiben** zum Ausgleich des den Angestellten und Arbeitern zustehenden Mehrurlaubs ist unzulässig und wiegt schwer, wenn Vorgesetzter Untergebene mitverleitet (BVerwG, Dok. Ber. 1988, 79). **Bei irrtümlicher Annahme der Urlaubsgewährung** kommt fahrlässige Pflichtverletzung in Betracht (s. o.). **Ausnahmsweise berechtigt** der **Urlaubsanspruch allein** schon zum Fernbleiben, wenn ein Ermessensspielraum für die Urlaubsgewährung nicht besteht und jede andere Entscheidung als die Genehmigung rechtswidrig wäre. Das ist z. B. der Fall, wenn andernfalls dem **ausscheidenden** Beamten der ihm als Rechtsanspruch zustehende **Jahresurlaub verfiele** und zwingende dienstliche Gründe dem Urlaub nicht entgegenstehen, was angesichts der planvollen Abwicklung eines solchen Personalvorgangs normalerweise nicht in Betracht kommt (BDiG v. 12. 3. 1987 – I Bk 7/86; a. A. BVerwG v. 28. 7. 1980 – 1 DB 23.80; Schminkel/GKöD, Bd. III, § 9 BBesG Rn. 17; GKöD-Weiß, J 610 Rn. 12, die verkennen, dass es in diesem Fall keiner Genehmigung bedarf, weil nach zwingender Rechtslage – der Urlaub **muss** hier gewährt werden! – im fraglichen Zeitraum eine Dienstleistungspflicht nicht besteht). Allerdings muss in diesem Fall der Beamte die Dienststelle von seinem Urlaubswunsch vorher unterrichten, sonst sind andere Pflichten verletzt, etwa die zur Unterstützung der Vorgesetzten oder die Gehorsamspflicht gegenüber dahingehenden dienstlichen Weisungen (§ 62 BBG). **14**

Krankheitsbedingte Dienstunfähigkeit schließt eine Dienstleistungspflicht aus. Wer zum Erscheinen im Dienst oder zu der geschuldeten Dienstleistung körperlich oder psychisch unfähig ist, kann und braucht nicht zum Dienst zu erscheinen. Hält sich ein alkoholbedingt **dienstunfähiger Beamter dennoch im Dienstgebäude** auf, ohne seine Dienstleistung zu erbringen, so kann ihm nicht zusätzlich zu dem Verstoß nach § 61 Abs. 1 Satz 1 BBG (Beseitigung der Dienstfähigkeit) auch noch Fernbleiben vorgeworfen werden (BVerwG v. 12. 10. 1979 – 1 DB 24.79). Im Zustand der Dienstunfähigkeit **darf Dienst nicht geleistet** werden. Das gilt nicht nur kraft ausdrücklicher Weisung, sondern generell aus Gründen der Pflicht zur verantwortlichen und gesetzmäßigen Amtsführung, § 61 Abs. 1 BBG. Für den Tatbestand des pflichtwidrigen Fernbleibens kommt es nicht darauf an, ob die Dienstunfähigkeit pflichtwidrig und schuldhaft herbeigeführt wurde (s. o.). Deshalb entfällt die Dienstleistungspflicht auch dann, wenn die Dienstunfähigkeit schuldhaft durch **Trunkenheit** verursacht **15**

B. II. 3 Fernbleiben vom Dienst

wurde. Auch die **dauernde Dienstunfähigkeit durch Trunksucht** ist ein Dienstvergehen nicht wegen Fernbleibens, sondern wegen schuldhafter und pflichtwidriger Beseitigung der vollen Arbeitskraft i. S. d. § 61 Abs. 1 Satz 1 BBG (st. Rspr. BVerwG, ZBR 1980, 456; s. B. II. 5. Rn. 5 ff. zur dienstlichen Einsatz-Gesunderhaltungspflicht.

16 Liegt nur **partielle Dienstunfähigkeit** vor, etwa durch **Betriebsdienstuntauglichkeit** eines Bahnbetriebsbeamten, so besteht die Dienstleistungspflicht im Übrigen weiter. Der Beamte ist auch verpflichtet, die ihm zumutbaren Voraussetzungen zu schaffen, um trotz einer körperlichen Beeinträchtigung seinem Dienstherrn seine noch vorhandene Arbeitskraft zur Verfügung zu stellen. Dies geht sogar soweit, dass der Beamte sich ein Fahrzeug anzuschaffen hat, soweit er aufgrund körperlicher Beeinträchtigungen seine Arbeitsstelle nicht anders erreichen kann (BVerwG v. 27. 11. 1997 – 1 DB 25.96). In diesem Fall litt der Beamte an einer Kniegelenkarthrose, die es ihm unmöglich machte, die notwendigen Fußstrecken zur Benutzung öffentlicher Verkehrsmittel zurückzulegen. Das BVerwG hielt die Anschaffung eines PKW für den ledigen Beamten für zumutbar, da die finanziellen Mittel vorhanden seien.

17 Der Beamte muss zum Dienst erscheinen und die Aufgaben erledigen, zu denen noch Befähigung besteht. Ob eine umfassende oder nur partielle Dienstunfähigkeit vorliegt, muss sich aus den ärztlichen Befunden und den konkreten dienstlichen Anforderungen des Dienstpostens ergeben (BVerwG v. 13. 2. 1979 – 1 D 23.77). Bei **vorübergehender Betriebsdienstuntauglichkeit** ändert sich an der Dienstleistungspflicht und der Bereitschaft zur Wiederaufnahme des Dienstes nichts (BVerwG v. 11. 12. 1986 – 1 D 49.86). Für das Vorliegen der Dienstunfähigkeit kommt es nicht auf einen bestimmten »**Krankheitswert**« an (wie etwa bei der Frage der Schuldunfähigkeit, s. u. Rn. 21). Ausschlaggebend ist die reale Auswirkung der festgestellten Krankheitssituation auf die konkreten Dienstanforderungen (BVerwG v. 25. 10. 1977 – 1 D 82.76 – DÖD 1978, 208 = ZBR 1978, 339).

18 Liegen mehrere **widersprechende Arztgutachten** vor, so kommt wegen der höheren Sachkunde dem Universitätsgutachten und wegen ihrer Neutralität und wegen der besseren Kenntnis der dienstlichen Belange Amtsärzten, Bahnärzten, Postbetriebsärzten (auch Vertragsärzten) gegenüber Privatärzten nach st. Rspr. des BVerwG grundsätzlich die höhere Kompetenz und ihren Bescheinigungen der höhere Beweiswert zu (st. Rspr. BVerwG v. 9. 9. 1997 – 1 DB 17.97; v. 11. 4. 2000 – 1 D 1.99, bei Bahnärzten auch nach der Privatisierung; v. 23. 4. 2001 – 1 DB 13.01; BVerwG v. 11. 10. 2006 – 1 D 10.05). Allerdings müssen auch die amtsärztlichen oder gutachterlichen Stellungnahmen in sich folgerichtig und nachvollziehbar sein. Ist dies nicht der Fall, so ist der Dienstherr seiner ihm obliegenden Beweispflicht nicht nachgekommen (BVerwG v. 1. 3. 2000 – 1 DB 13.99). Liegen dem privatärztlichen Attest substantiierte Überlegungen zur Dienstunfähigkeit zugrunde und sind diese im Einzelnen dargelegt, so ist der Amts- oder Vertragsarzt für den Fall, dass er trotzdem die Dienstfähigkeit bejahen will, verpflichtet, sich mit den entgegenstehenden Erwägungen des Privatarztes auseinander zu setzen und darzulegen, warum er diesen nicht folgt (BVerwG 23. 4. 2001 – 1 DB 13.01). Widersprechen sich gleichwertige Fachärzte aufgrund gegensätzlicher Lehrmeinungen in der medizinisch-wissenschaftlichen Bewertung des übereinstimmend angenommenen Krankheitsbildes, so kann in dubio pro reo die Dienstunfähigkeit nicht mit der erforderlichen Sicherheit ausgeschlossen werden (BDiG v. 13. 9. 1977 – IV VL 10/77).

Bei stationärer Krankheitsbehandlung liegt immer Dienstunfähigkeit vor, da 19
sie das Erscheinen im Dienst zwangsläufig ausschließt. Vorausgesetzt, die stationäre Behandlung findet überhaupt ernsthaft statt, was in aller Regel unterstellt werden kann, kommt es nicht darauf an, ob die Behandlung zur Beseitigung einer **aktuellen Dienstunfähigkeit** und gerade im gegebenen Zeitpunkt erforderlich ist (BDiG v. 16. 6. 1983 – II Bk 2/83, aufgehoben durch BVerwG v. 22. 9. 1983 – 1 DB 24.83 – Dok. Ber. 1984, 12, das unverständlicherweise für den privaten Bereich das **Grundrecht auf selbstbestimmte, private Lebensführung** und für den dienstlichen Bereich die korrespondierende **Dienstpflicht zur Gesunderhaltung** aus § 61 Abs. 1 Satz 1 BBG [s. im Folgenden] außer Acht lässt und eine Urlaubsbewilligung voraussetzt). Solange der Anlass der stationären (wie jeder anderen ärztlichen) Behandlung nicht nur vorgetäuscht ist, sondern auf einem begründeten und ernsthaften Bedürfnis nach Heilung beruht, geht das Grundrecht auf Selbstbestimmung dem dienstlichen Interesse vor (zur Abgrenzung des Rechts auf private Lebensführung von der Treuwidrigkeit gegenüber dem Dienst vgl. Arndt, APF, 1968, 18) und kann auch nicht von einer in das Ermessen der Verwaltung gestellten Urlaubsbewilligung abhängig gemacht werden.

Bei **ambulanten Arztbesuchen** ist allerdings zumeist die Verabredung eines 20
Termins außerhalb der Dienstzeit möglich und damit zumutbar. Zur vorsätzlichen oder fahrlässigen Begehung eines Fernbleibensdeliktes vgl. die neuere Rspr. zu »Schuld« unter A. II. Rn. 35.

Psychische Erkrankungen können ebenso wie organische eine Dienstunfähig- 21
keit begründen. Bei ihnen **überschneidet sich häufig die Frage der Dienstunfähigkeit mit derjenigen der Schuldfähigkeit**. In Wirklichkeit liegen zwei unterschiedliche Sachverhalte vor, die lediglich zusammenfallen können. Eine schwere neurotische Störung muss nicht den Krankheitswert erreichen, den § 20 StGB voraussetzt, und kann doch aufgrund der tatsächlichen Verfassung des Beamten im Hinblick auf besondere Umstände des Arbeitsumfeldes die Annahme der Dienstunfähigkeit erlauben. Umgekehrt kann eine Wahnkrankheit die Schuldfähigkeit ausschließen, obwohl der körperlich-geistige Zustand die Verrichtung der Dienstleistungen erlauben würde (BDiG v. 7. 2. 1975 – IV VL 5/74, religiöser Wahn). Deshalb muss bei der Krankheitsaufklärung, speziell im **Gutachterauftrag**, darauf geachtet werden, dass das Aufklärungsthema nicht auf die Frage der Schuldfähigkeit eingeengt wird. Generell gilt allerdings, dass **bloß neurotische Abneigungen** und Sperren gegen die Dienstleistung, gegen Mitarbeiter oder Vorgesetzte oder gegen jede Aktivität außerhalb des privaten Bereichs nicht geeignet sind, die Dienstunfähigkeit zu begründen. Nicht jede gesundheitliche Beeinträchtigung und nicht jeder krankhafte psychische Befund befreit von der Verpflichtung zur Dienstleistung (BVerwG v. 25. 11. 1998 – 1 D 19.97). Nur wenn sich die **Neurose zu einer zwanghaften Haltung** (Psychose) verhärtet hat, die dem Beamten keine Wahlfreiheit mehr lässt, liegt eine die Dienstunfähigkeit begründende Krankheit vor (BVerwG v. 7. 2. 1969 – 2 DB 10. 68 – E 33, 257; v. 23. 2. 1973 – 1 DB 13.72; v. 20. 3. 1970 – 3 D 33.69; v. 7. 7. 1971 – 2 D 9.71). Wenn der Grad der neurotischen Störung nicht zur Befreiung von der Dienstleistungspflicht reicht, so kann er doch zur **Milderung** der Disziplinarmaßnahme führen (BVerwG v. 2. 3. 1977 – 1 D 46.76). Droht bei der Wiederaufnahme der Arbeit das Wiederaufleben depressiver Symptome und ist dieses aufgrund mangelnder Arbeitsmotivation nicht nur für einen konkret zugewiesenen Arbeitsplatz, sondern allgemein für jeden anderen amtsgemäßen und

B. II. 3 Fernbleiben vom Dienst

laufbahntypischen Einsatz in der Verwaltung der Bundeswehr nicht therapierbar, so ist bei gleichzeitig amts- und fachärztlich festgestellter allgemeiner Dienstfähigkeit diese fehlende Therapierbarkeit als Arbeitsverweigerung und schuldhaftes Fernbleiben vom Dienst zu werten (BVerwG v. 26. 2. 2003 – 1 DB 1.03).

22 **Sonstige Hinderungsgründe**, die die Dienstleistungspflicht entfallen lassen, müssen entweder **unabwendbar oder dem dienstlichen Interesse vorrangig** sein. Kann der Beamte keinerlei Gründe für sein Fernbleiben angeben, so liegt der klassische Fall der **Dienstverweigerung** vor (BDiG v. 20. 1. 1976 – V VL 17/75). Als **tatsächliche** Hinderungsgründe, die der Beamte auch bei bestem Willen nicht ausräumen kann, kommen in Betracht (Festhaltungen im Ausland; Flugstreik im Auslandsurlaub: BDiG, ZBR 1975, 298). Verkehrsstörungen, eigene Autopanne, polizeiliche Festnahme bzw. Vernehmung, Haft (BVerwG v. 2. 10. 1981 – 1 DB 16.81), Katastrophen im privaten Bereich (Brand im Haus, Überschwemmung, Rohrbruch) oder auch **rechtlicher Art**, die als staatsbürgerliche oder dienstliche Verpflichtung der Dienstleistungspflicht vorgehen, z. B. Vorladungen vor Gericht oder zur Polizei, ehrenamtliche Amtstätigkeit (Schöffen, Wahlhelfer), Personal- und Betriebsratstätigkeit, kommunale Abgeordnetentätigkeit (zur Wahrnehmung der Pflichten als Landtagsabgeordneter BVerwG v. 21. 11. 1989 – 1 DB 8, 89 – E 86, 211, DÖV 1990, 254), Wehr- oder Katastrophendienstübungen, Hilfeleistungen nach § 323 c StGB. Ein solcher Hinderungsgrund liegt auch im Fall der Inhaftierung vor. Das **Verbüßen der Freiheitsstrafe** ist ein diensthinderndes Ereignis, welches der Erfüllung der Dienstleistungspflicht entgegensteht. Dies gilt dem Grunde nach sowohl für die Grundfreiheitsstrafe als auch für die Ersatzfreiheitsstrafe.

23 Der Rechtfertigungsgrund entfällt jedoch dann, wenn der Beamte den Rechtfertigungsgrund rechtsmissbräuchlich herbeigeführt hat. Dies soll dann der Fall sein, wenn für den Beamten zumutbare Möglichkeiten bestehen, die Strafverbüßung zu vermeiden und er diese Möglichkeiten unter Vernachlässigung seiner Pflicht zur Dienstleistung zumindest bedingt vorsätzlich nicht wahrnimmt und dadurch die Strafverbüßung verursacht (BVerwG v. 7. 6. 1994 – 1 D 35.93).

24 Auch die **Unterhalts- und Sorgepflicht** gegenüber Angehörigen, besonders Kindern, kann bei unerwarteten Betreuungssituationen der Dienstpflicht vorgehen. Das gilt aber nicht für die normale Dauersituation, auf die sich der Beamte wie jeder andere Arbeitnehmer durch entsprechende Lösungen einstellen muss. Verweigert die **Mutter eines 6-jährigen Kindes** den Dienst, weil sie dessen Betreuung auch während der Dienstzeit nicht anderen überlassen will, so geht dieser persönlichen Entscheidung die Dienstleistungspflicht vor (BVerwG – 1 D 25.77 = E 63, 11).

25 Keine Rechtfertigung für die unerlaubte Abwesenheit stellt auch die »blinde Verliebtheit in die Freundin« dar (BVerwG v. 18. 3. 1999 – 2 WD 30.98).

26 Die demonstrative Arbeitsverweigerung (nicht »Streik«, der begrifflich nur für den tariflichen Arbeitskampf zutrifft) aus beruflichen, gruppen- oder gesellschaftspolitischen Gründen verstößt nach h. M. immer gegen die Dienstleistungspflicht und stellt ein innerdienstliches Dienstvergehen dar (st. Rspr. BVerfGE 4, 107; 8, 17, BVerwG, DÖD 1977, 200). Wegen unzulässigen Beamteneinsatzes auf bestreikten Arbeitsplätzen vgl. B. II. 7. Rn. 7. Zwar sichern die Art. 5 Abs. 1, 8, 9 Abs. 3 GG auch für Beamte das Recht zur Vereinigung, zur Versammlung und freien Meinungsäußerung und Betätigung in der Vereinigung. Diese Grundrechte werden aber nach st. Rspr. des BVerfG und des

BVerwG durch das Verfassungsgebot der Verwaltungssicherung aus Art. 35 Abs. 4 GG, der hergebrachten Grundsätze des Berufsbeamtentums aus Art. 33 Abs. 5 GG und der Beamtengesetze eingeschränkt (s. auch B. II. 2. Rn. 3). Der Rspr. zum »Streikverbot« wird allerdings von den Gewerkschaften und Teilen der Wissenschaft aus dem Gesichtspunkt der Einheitlichkeit des öffentlichen Dienstes widersprochen.

Im Hinblick auf beurlaubte Beamte der ehemaligen Deutschen Bundespost sieht nun auch die Rspr. ein Streikrecht beim privaten Arbeitgeber für gegeben an (BVerwG v. 7. 6. 2000 – 1 D 4.99). Der Senat betont seine bisherige Rspr., wonach die Privatisierung nichts am Beamtenstatus der bei den früheren Staatsunternehmen beschäftigten Beamten geändert habe, der Beamtenstatus also unverändert erhalten bleibe. Von den aus dem Status resultierenden Pflichten sei der Beamte jedoch infolge der Beurlaubung zum Teil entbunden. Dies betreffe vor allem die Pflicht zur Leistungserbringung gegenüber seinem Dienstherrn. Dies ist die zwingend logische Konsequenz aus dem Zweck der Beurlaubung, der darin besteht, dem Beamten die Möglichkeit zu verschaffen, im Rahmen eines privatrechtlichen Arbeitsvertrages für einen anderen privaten Arbeitgeber tätig zu werden und dort seine Dienste zu erbringen. Die weitere Begründung des Gerichts, dass die Eigenart dieses Arbeitsverhältnisses (z. B. Zusagen von Prämien für besondere Leistungserfüllung) dazu führe, dass von dem Beamten keine uneigennützige Aufgabenerfüllung mehr verlangt werden könne bzw. der Beamte seine Aufgaben nicht mehr unparteiisch wahrnehmen könne, weil er, im Fall der Beurlaubung durch Arbeitsvertrag verpflichtet sei, den Gewinn des privaten Unternehmens – auch im Wettbewerb zu Konkurrenzunternehmen – zu erhöhen, **gilt gleichermaßen für nicht beurlaubte Beamte** bei den Aktiengesellschaften als Nachfolgeorganisationen der ehemaligen Monopolunternehmen. Auch sie sind in dem politisch gewollten und hergestellten Zustand der privaten Konkurrenz auf (fast) allen Gebieten der ehemaligen Monopolunternehmen und vor dem Hintergrund, dass die ehemaligen Staatsunternehmen entweder bereits Aktiengesellschaften sind oder den Gang an die Börse anstreben, zu Gewinnerzielung verpflichtet. Sie haben ihre Aufgaben in diesem Sinn für das Wohl der Aktiengesellschaft und der dahinter stehenden Aktionäre zu erbringen und nicht mehr mit Blick auf das Wohl der Allgemeinheit – also auch der Konkurrenzunternehmen – wahrzunehmen. Somit gelten die Einschränkungen, die das BVerwG im Hinblick auf die Geltung des beamtenrechtlichen Pflichtenkatalogs für beurlaubte Beamte macht, genauso für nicht beurlaubte Beamte bei den privatisierten Gesellschaften. Dies gilt auch für das erfreulich klar festgestellte Streikrecht der Beamten. Wegen unzulässigen Beamteneinsatzes auf bestreikten Arbeitsplätzen vgl. B. II. 7. Rn. 7.

Bei legalen Demonstrationen für Grundrechte und Verfassungswerte besteht in aller Regel die Möglichkeit, in ausreichender Weise den öffentlichen Meinungskampf in der dienstfreien Zeit zu organisieren. Ein **inhaltlicher oder zeitlicher Notstand**, der zur Demonstration innerhalb der Dienstzeit zwingen würde, wäre nur unter den engen Voraussetzungen des Art. 20 Abs. 4 GG (Abwehr eines Angriffs auf die verfassungsmäßige Ordnung) anzuerkennen (einhellige Rspr. des BDiG zu Demonstrationen von Zivildienstleistenden während der Dienstzeit gegen Gesetzesvorhaben, z. B. v. 28. 12. 1978 – I Zk 19/78; v. 9. 12. 1983 – I Zk 2/83).

Der gesellschaftliche und rechtliche **Charakter der Motive** zur demonstrativen Dienstverweigerung kann bei der Bewertung eine Rolle spielen (BDiG, ebd.).

B. II. 3 Fernbleiben vom Dienst

30 Demonstrative **Behinderungen des Dienstes** durch vorgetäuschte Krankmeldungen (**»go sick«**) stellen ebenfalls pflichtwidrige Dienstverweigerungen dar (BDiG, DÖD 1975, 187 zu Fluglotsenstreik). Der so genannte »**Bummelstreik**« oder »**Dienst nach Vorschrift**« ist kein Fernbleiben, sondern ein Verstoß gegen den vollen dienstlichen Einsatz nach § 61 Abs. 1 Satz 1 BBG (B. II. 6. Rn. 2). Das bloß **verbale Bekenntnis** zu einer pflichtwidrigen demonstrativen Dienstverweigerung ist keine eigene Dienstverweigerung im Sinne des Fernbleibens und auch sonst (Störung des Arbeitsfriedens, § 27 Abs. 1 Satz 3 ZDG) nicht pflichtwidrig (BDiG v. 27. 10. 1978 – I Zk 4/78). Ebenso verweigert ein Beamter den Dienst nicht selbst, wenn er den pflichtwidrigen »**Streik**« organisiert, unterstützt oder dabei mithilft (BVerwGE 63, 158, NJW 1978, 178; BDiG, DVBl. 1974, 820 = Vorstand eines Fluglotsenverbands). Allerdings verstößt er dann gegen seine Einsatz- und Unterstützungspflicht aus §§ 61 Abs. 1 Satz 1, 62 Abs. 1 Satz 1 BBG. Die **rechtswidrige Abhaltung einer Personalversammlung** kann eine demonstrative Dienstverweigerung durch Fernbleiben und damit pflichtwidrig sein (BVerwG, RiA 1984, 14).

31 Für den Tatbestand des Fernbleibens gibt es **keine zeitliche Begrenzung**. Auch die bloße Dienstverspätung um 5 Minuten ist pflichtwidriges Fernbleiben. Ob es die Schwelle zur disziplinaren Erheblichkeit überschreitet, ist eine Frage des Einzelfalles. Als Fernbleibenszeiten gelten **nicht die dienstfreien Tage**, die von den Zeiten des Fernbleibens eingeschlossen sind (im Gegensatz zu § 9 BBesG: BVerwG – 1 D 57.83). Die **Dienstleistungspflicht ruht**, wenn der Beamte **vorläufig des Dienstes enthoben** ist. Ist diese Anordnung (nach § 38) in der Zeit des Fernbleibens getroffen worden, so erstreckt sich das Dienstvergehen auch auf die Zeit nach der Dienstenthebung, wenn nicht die Dienstbereitschaft gem. § 39 Abs. 3 Satz 2 BDG erklärt wird (Näheres dort).

32 Das pflichtwidrige Fernbleiben muss schuldhaft sein. Dazu gelten die üblichen Grundsätze für die verschiedenen Schuldgrade der Fahrlässigkeit, des bedingten und des vollen Vorsatzes sowie des absichtlichen Verhaltens und der Schuldunfähigkeit (s. A. 1. Rn. 27 ff.). Schuldhaftes Fernbleiben scheidet aus, wenn schon tatbestandsmäßig keine Pflicht zur Dienstleistung besteht (s. o.). Deshalb kommt es hier nur auf das Verschulden des Fernbleibens, nicht des von der Leistungspflicht befreienden Hinderungsgrundes an (wer seine krankheitsbedingte Dienstunfähigkeit verschuldete, bleibt nicht dem Dienst pflichtwidrig fern, sondern verstößt gegen seine Pflicht zur Erhaltung seiner vollen Dienstfähigkeit i. S. d. § 61 Abs. 1 Satz 1 BBG, vgl. BVerwG v. 20. 6. 2000 – 1 DB 5.00). Schuldhaft oder zumindest fahrlässig handelt, wer im Rahmen seines Zurruhesetzungsverfahrens zwar zulässigerweise seinen Wohnort für eine Reise verlässt, es jedoch unterlässt, dafür Sorge zu tragen, dass er von einer etwaigen Einstellung des Zurruhesetzungsverfahrens unterrichtet werden kann und damit in der Lage ist, seinen Dienst alsbald wieder anzutreten. Das Ausmaß der Vorkehrungen, die getroffen werden müssen, sind im Einzelfall zu prüfen (BVerwG v. 8. 8. 1996 – 1 DB 10.96).

33 In der Regel bedingt vorsätzlich handelt der Beamte, wenn er trotz der ihm bekannten anders lautenden amtsärztlichen Bescheinigung und den eindeutigen Aufforderungen seiner Dienstvorgesetzten sich auf die Beurteilung seiner Privatärzte verlässt. Er muss in derartigen Fällen damit rechnen, dienstfähig zu sein und trägt das entsprechende Risiko (BVerwG v. 9. 9. 1997 – 1 DB 17.97; v. 1. 3. 2000 – 1 DB 13.98). Die Abgrenzung zur bewussten Fahrlässigkeit ist nicht immer einfach und oft eine Gratwanderung. Nach der Feststellung der Dienst-

Fernbleiben vom Dienst B. II. 3

fähigkeit ist der Beamte sofort zur Dienstleistung verpflichtet. Einer besonderen Aufforderung hierzu durch die Dienststelle bedarf es nicht (BVerwG v. 29. 6. 1995 – 1 DB 12.95; v. 11. 9. 2000 – 1 DB 19.00). Der Vorrang amtsärztlicher Begutachtung (und der anderen, denen ebenfalls Vorrang, s. Rn. 18, zukommt) muss für den Beamten erkennbar sein, er muss grundsätzlich darüber belehrt werden (BVerwG v. 11. 3. 1994 – 1 DB 4.94). Die Erkennbarkeit für den Beamten kann sich jedoch auch aus den Gesamtumständen ergeben. So, wenn er vom Dienst heraus zum Amts-, Vertrauens-, Bahn- oder Postbetriebsarzt geschickt wird, weil die Dienstfähigkeit der privatärztlichen Atteste bezweifelt wird (BVerwG v. 4. 9. 1998 – 1 D 26.98). Liegen gegensätzliche Beurteilungen von Ärzten vor, denen Vorrang zukommt (z. B. Amts- und Bahnarzt) kann dem Beamten grundsätzlich kein Schuldvorwurf gemacht werden (BVerwG v. 16. 2. 1998 – 1 DB 10.97; v. 28. 3. 2001 – 1 DB 10.01; ausnahmsweise anders: v. 2. 12. 1999 – 1 DB 19.99). Kein Verschulden wurde in einem Fall angenommen, in dem ein Beamter das Bestehen der aufschiebenden Wirkung von Rechtsbehelfen gegen die Aufforderung zum Dienstantritt angenommen hatte (BVerwG v. 5. 4. 2000 – 1 DB 3.00; OVG Koblenz v. 18. 10. 2004 – 11 A 11253/04). Fahrlässig handelt ein Beamter zwar auch dann, wenn ihm ein privatärztliches Gutachten Dienstunfähigkeit bescheinigt, eine amtsärztliche Untersuchung jedoch Dienstfähigkeit feststellt und der Beamte im Fernbleiben vom Dienst durch seinen ihn behandelnden Arzt bestimmt wird. Allerdings liegt dann ein Irrtum über das Tatbestandsmerkmal »Dienstfähigkeit« vor (OVG NW v. 27. 11. 2006 – 21d A 512/05.O). Dies gilt jedenfalls dann, wenn der Privatarzt die Feststellungen des Amtsarztes gegenüber dem Beamten als unmaßgeblich und inhaltlich unrichtig bezeichnet.

Die **Beweislast** für das Vorliegen der Dienstunfähigkeit liegt **bei den Disziplinarorganen**. Denn das Vorliegen der Tatbestandsvoraussetzung muss, wie im Strafverfahren, von den Verfolgungsbehörden nachgewiesen werden. Da zum Tatbestand des Fernbleibens die Pflichtwidrigkeit gehört (s. o.), muss den Beschuldigten nachgewiesen werden, dass sie dienstfähig, also von der Dienstleistungspflicht nicht befreit waren. Gelingt dies nicht mit der erforderlichen an Sicherheit grenzenden Wahrscheinlichkeit, muss von der Berechtigung zum Fernbleiben ausgegangen werden. **§ 96 Abs. 1 Satz 1 BBG kehrt die normalen Beweislastregeln nicht um** (BDH, Dok. Ber. 1960, 1281; BVerwG v. 27. 11. 1969 – 3 D 26.68 – E 43, 30). Die beschuldigten Beamten haben aus der allgemeinen Treue- und Unterstützungspflicht bei der Sachverhaltsklärung eine **Darlegungslast**, indem sie mindestens die Hinderungsgründe angeben müssen. Sind sie dazu nicht bereit oder in der Lage, so kann ebenso von unberechtigtem Fernbleiben ausgegangen werden wie für den Fall, dass die angegebenen – und weiteren nachgewiesenen – Gründe eine Berechtigung zum Fernbleiben nicht ergeben. Werden **keinerlei Gründe** angegeben, so muss zwangsläufig von der Pflichtwidrigkeit ausgegangen werden. In Krankheitsfällen werden in der Regel ärztliche Atteste und Gutachten vorliegen, aus denen sich die Stichhaltigkeit des Verhinderungsgrundes ergeben soll. Liegen mehrere **widersprechende Arztgutachten** vor, so kommt es auf die medizinische Sachkunde an, die in der Regel bei dem Universitätsgutachten, häufig beim Amtsarzt wegen dessen Kenntnis der dienstlichen Gegebenheiten liegen wird (BVerwG st. Rspr. v. 25. 5. 1993 – 1 D 38.91; v. 24. 11. 1971 – 2 D 23.71; v. 20. 1. 1976 – 1 DB 16.75). Die **Nichtvorlage von Attesten** oder die Weigerung, sich (amts-)ärztlich untersuchen zu lassen trotz dienstlicher Weisung stellt zwar ein erhebliches Indiz dar,

34

185

B. II. 3 Fernbleiben vom Dienst

beweist aber noch nicht die Dienstfähigkeit, sondern begründet allenfalls ein eigenes Dienstvergehen (§ 96 Abs. 1 Satz 2 BBG; s. u. B. II. 4. Melde- und Attestvorlagepflicht). Die **Tatsachenfeststellungen des gerichtlichen Beschlusses nach § 63 BDG/§ 9 BBesG** können nach § 23 Abs.1 BDG **als bindend übernommen** werden, wenn der Beschuldigte sie nicht ernsthaft bestreitet und auch sonst keine Bedenken gegen ihre Richtigkeit bestehen (BVerwG – 1 D 176.85 – E 83, 221, DÖV 1987, 734; die Bindungswirkung bejahend auch BVerwG [WD], E 46, 175 und [Rev.-Senat] in ZBR 1966, 304 und 1984, 307). Auch umgekehrt kann die Disziplinarentscheidung Bindungswirkung für die Feststellung nach § 9 BBesG entfalten. Der auf der Annahme der Dienstfähigkeit beruhende **Vorwurf des pflichtwidrigen Fernbleibens und** der auf der Annahme der krankheitsbedingten Dienstunfähigkeit (Voraussetzung für eine Arbeitsunfähigkeitsbescheinigung) beruhende Vorwurf der **Unterlassung der Attestvorlage schließen sich logischerweise aus**. Denn der angeschuldigte Sachverhalt kann nicht zugleich von der Krankheit und von der Gesundheit bzw. Dienstfähigkeit ausgehen (BDiG v. 11. 11. 1987 – I Zk 4/87; Arndt, Archiv f. d. PuFmW 1968, 19).

c) Bewertung der Pflichtverletzung, Auswahl und Bemessung der Disziplinarmaßnahme

35 Das Gebot, wenigstens zum Dienst zu erscheinen, ist die Grundpflicht eines jeden Beamten. Das Funktionieren der Verwaltung, das dienstliche Vertrauen in die Mitarbeiter und das Vertrauen der Allgemeinheit in die Zuverlässigkeit der Verwaltung hängen von der pünktlichen Dienstanwesenheit ab. Die Bedeutung dieser Pflicht ist leicht einzusehen und allen Beamten offenkundig. Deshalb wiegt ein Verstoß dagegen über einen längeren Zeitraum oder in einer Anzahl von Fällen so schwer, dass »in aller Regel« (BVerwG st. Rspr., E 93, 78; v. 25. 5. 1993 – 1 D 38.91) das Vertrauensverhältnis zerstört und der Betreffende dem öffentlichen Dienst nicht mehr zumutbar ist. Die Entfernung aus dem Dienst ist aber **kein Grundsatz** in dem Sinne, dass nur bei typisierten Ausnahmetatbeständen die Belassung im Dienst noch zu rechtfertigen wäre. Vielmehr steht für die Einzelfallentscheidung der **ganze Maßnahmenkatalog** zur Verfügung (BVerwGE 63, 315, DÖD 1978, 72). Auch hinsichtlich der Dauer des Fernbleibens gibt es zur Bewertung keine festen Grenzen. Es kommt auf die Situation, auf »negative Lebensphasen« (dazu BVerwG, DÖD 1990, 90 und folgende Rechtsprechungsübersicht), auf die Persönlichkeit, die bisherige Verhaltensweise im Dienst, die privaten und familiären Verhältnisse, die Gesundheit, die Motive usw. an. Erschwerende Umstände, die zur Dienstentfernung führen können, liegen in der mehrfachen Missachtung von Ermahnungen zur Dienstleistungserbringung und dem danach erneuten unentschuldigten Fehlen (BVerwG v. 31. 8. 1999 – 1 D 12.98). Zur Differenzierung in einzelnen Fällen vgl. Rechtsprechungsübersicht.

d) Rechtsprechungsübersicht

Kein Fernbleiben bei Erscheinen zum Dienst ohne Dienstleistung (wegen Dienstunfähigkeit oder Arbeitsunwilligkeit) – andere Pflichtverletzungen
  – *BVerwG* v. 12. 10. 1979 – 1 DB 24.79
  – a. A. wohl *OVG NW* – 21d A 73.04.O

Fernbleiben vom Dienst B. II. 3

Zollbeamter – trotz Verbotes **Dienstantritt mit 17 Monate altem Kind** – andere Betreuung unmöglich – »**kein Fernbleiben**«: Freist.
- *BDiG* v. 25. 6. 1992 – II Bk 1/92

Kein pflichtwidriges Fernbleiben, wenn die Wirksamkeit von **Abordnung oder Versetzung** durch Rechtsbehelfe aufgeschoben ist
- *BVerwG*, Dok. Ber. 1978, 221; v. 6. 8. 1980 – 1 D 82.79; v. 28. 1. 1988 – 1 DB 1.88
- *BDiG* v. 10. 12. 1987 – I Bk 9/87

Als Zeiten schuldhaft pflichtwidrigen Fernbleibens gelten nicht die **dienstfreien** Tage, die von den Zeiten des Fernbleibens eingeschlossen sind
- *BVerwG*, Dok. Ber. 1984, 306

Beweislast für Dienstunfähigkeit bei Disziplinarorganen – § 73 (jetzt: § 96) Abs. 1 Satz 1 BBG kehrt die normalen Beweislastregeln nicht um – **Nichtvorlage von Attesten** trotz dienstlicher Weisung beweist nicht die Dienstfähigkeit, sondern begründet allenfalls ein eigenes Dienstvergehen nach § 73 (jetzt: § 96) Abs. 1 Satz 2 BBG
- *BVerwG* v. 27. 11. 1969 – 3 D 26.68 – E 43, 30; v. 16. 3. 1984 – 1 DB 4.48 – E 76, 142, PersV 1984, 340, DÖD 1984, 179
- *BVerwG* v. 1. 3. 2000 – 1 DB 13.99

Beweiswert privatärztlicher Dienstunfähigkeitsbescheinigungen
- *BVerwG* v. 11. 1. 2007 – 1 D 16.05

Vertragsarzt/Amtsarzt muss sich mit entgegenstehendem substantiierten **privatärztlichen Gutachten** detailliert auseinander setzen
- *BVerwG* v. 23. 4. 2001 – 1 DB 13.01
- *BVerwG* v. 11. 10. 2006 – 1 D 10.05

Neurosen (Depressionen) befreien von Dienstleistungspflicht nicht bei eigenem schuldhaftem Mitwirken – jedoch dann, wenn sie zu zwanghaftem Verhalten (Psychose) führen
- *BVerwG* v. 20. 3. 1970 – 3 D 33.69; v. 7. 7. 1971 – 2 D 9.71; v. 7. 2. 1969 – 2 DB 10.68 – E 33, 257; v. 10. 8. 1972 – 2 DB 11.71; v. 25. 10. 1977 – 1 D 82.76 – DÖD 1978, 208, ZBR 1978, 339

Fehlende Therapierbarkeit von Depressionen aufgrund mangelnder Arbeitsmotivation – Arbeitsverweigerung
- *BVerwG* v. 26. 2. 2003 – 1 DB 1.03

Schuldunfähigkeit bei **religiöser Wahnkrankheit: Freisp.**
- *BDiG* v. 7. 2. 1975 – IV VL 5/74

Pflichtwidriges Fernbleiben, wenn Beamter **ohne Urlaubsbewilligung** und ohne akute Dienstunfähigkeit sich einer **Krankenhausbehandlung** unterzieht – zu § 121 BDO
- *BVerwG* – 1 DB 24.83, Dok. Ber. 1984, 12

B. II. 3   Fernbleiben vom Dienst

Bei **gegensätzlichen Arztgutachten** hat das Universitätsgutachten, gegenüber Privatgutachten hat das amtsärztliche Gutachten die höhere Kompetenz
– *BVerwG* st. Rspr. v. 24. 11. 1971 – 2 D 23.71; v. 20. 1. 1976 – 1 DB 16.75 – E 53, 118, DÖD 1976, 111

Partielle Dienstunfähigkeit lässt im Übrigen Dienstfähigkeit bestehen – die Bereitschaft dazu muss angeboten werden – hier bejaht: **Freisp.**
– *BVerwG* v. 13. 2. 1979 – 1 D 23.77

Flugstreik im Auslandsurlaub
– *BDiG*, ZBR 1975, 298

Haft
– *BVerwG* v. 1. 9. 1981 – 1 D 90.80 – E 73, 252; v. 2. 10. 1981 – 1 DB 16.81

. . . jedoch: Schuldhaftes, rechtsmissbräuchliches Herbeiführen einer Ersatzfreiheitsstrafe: **Geh.K auf 12 Monate**
– *BVerwG* v. 7. 6. 1994 – 1 D 35.93 – E 103, 128

Verweigert die **Mutter eines über 6-jährigen Kindes** den Dienst, weil sie dessen Betreuung auch während der Dienstzeit nicht anderen überlassen will, so bleibt sie dem Dienst pflichtwidrig fern: **Entf.**
– *BVerwG* v. 28. 2. 1978 – 1 D 25.77

Die **demonstrative Arbeitsverweigerung** (so genannter Streik) ist immer ein innerdienstliches Dienstvergehen: – st. Rspr.
– *BVerfGE* 8, 17
– *BVerwG*, DÖD 1977, 200

Krankfeiern (go sick) als demonstrative Dienstverweigerung – »**Fluglotsenstreik**«: **Geldbuße**
– *BDiG*, DÖD 1975, 187

Das bloß **verbale Bekenntnis** zu einer pflichtwidrigen, demonstrativen Dienstverweigerung ist keine eigene Dienstverweigerung im Sinne des Fernbleibens und auch sonst (Störung des Arbeitsfriedens, § 27 Abs. 1 Satz 3 ZDG) nicht pflichtwidrig
– *BDiG* v. 27. 10. 1978 – I Zk 4/78

Keine eigene Dienstverweigerung, wenn Beamter den pflichtwidrigen »**Streik**« **organisiert**, unterstützt oder dabei mithilft (Vorstand eines Fluglotsenverbands) – Verstoß gegen seine Einsatz- und Unterstützungspflicht aus §§ 54 Satz 1, 55 Satz 1 (jetzt: §§ 61 Abs. 1 Satz 1, 62 Abs. 1 Satz 1) BBG: **Degr.**
– *BVerwGE* 63, 158, NJW 1978, 178
– *BDiG*, DVBl. 1974, 820

Demonstrationen von Zivildienstleistenden während der Dienstzeit gegen Gesetzesvorhaben kein inhaltlicher oder zeitlicher Notstand unter den engen Voraussetzungen des Art. 20 Abs. 4 GG – Bemessung: 4 Tagessolde pro Tag:

Fernbleiben vom Dienst B. II. 3

Geldbuße
- *BDiG* einhellige Rspr., z. B. v. 28. 12. 1978 – I Zk 19/78; v. 9. 12. 1983 – I Zk 2/83

Die **rechtswidrige Abhaltung einer Personalversammlung** kann eine demonstrative Dienstverweigerung sein – Fernbleiben des einberufenden Personalratsvorsitzenden selbst – wegen zeitlicher Begrenzung: **Geh.K**
- *BVerwG*, RiA 1985, 14

Wahrnehmung von **Personalratssitzungen – Dienstreisen** nach Erforderlichkeit von Dienstbefreiung gedeckt – eigenes pflichtgemäßes Ermessen
- *BVerwG* v. 10. 8. 1992 – 1 DB 7.91

Dienstverweigerung aus **Protest gegen Dienstdauervorschriften** – Milderungsgründe in Person des Beamten: **Geh.K**
- *BVerwG* v. 25. 9. 1985 – 1 D 38.85 – PersV 1988, 236

Fernbleiben über einen **längeren Zeitraum** oder in einer **Anzahl von Fällen** (hier 2 + 2 Monate) ist »in aller Regel« das Vertrauensverhältnis zerstört und der Betreffende dem öffentlichen Dienst nicht mehr zumutbar – trotz belastender Familienverhältnisse: **Entf.**
- *BVerwG* v. 7. 2. 1984 – 1 D 31.83

Fernbleiben von **6 + 8 Wochen + 1 Tag** – familiäre Zerwürfnisse und denkbare Minderung der Schuldfähigkeit nicht entlastend: **Entf.**
- *BVerwG* v. 7. 2. 1984 – 1 D 31.83

Fernbleiben **über 2 Monate – Umgehung der wirksamen Versetzung** durch unzutreffende Krankmeldung: **Geh.K**
- *BVerwG*, ZBR 1973, 318

9-monatiges Fernbleiben – widersprüchliche Privat- u. Amtsarzt-Gutachten – 20% Minderung d. Erwerbsfähigkeit kein Grund für Dienstunfähigkeit – Dienstbereitschaftserklärung nach § 125 BDO nicht erklärt: **Entf.**
- *BVerwG* – 1 D 64.76

Innerhalb von ca. 1,5 Jahren **sieben Fehlzeiten** zwischen 1 und 10 Tagen, insgesamt **31 Tage: Entf.**, wenn Erschwernisgründe vorliegen. Hier: Keine Dienstaufnahme trotz mehrfacher Aufforderung
- *BVerwG* v. 31. 8. 1999 – 1 D 12.98 – DÖD 2000, 59

16-monatiges Fernbleiben – eingeschränkte Dienstfähigkeit: **Entf.**
- *BVerwG* v. 15. 3. 1995 – 1 D 14.93

Nach einem **Entlassungsantrag** besteht die Dienstleistungspflicht bis zur Entscheidung über die Entlassung
- *BVerwG (Rev. Sen.)* v. 13. 12. 1961 – 2 C 28.60

B. II. 3 Fernbleiben vom Dienst

Erst **ab Erteilung der Urlaubsgewährung** entfällt die Dienstleistungspflicht
- *BVerwG* v. 12. 4. 2000 – 1 D 12.99; v. 8. 4. 1997 – 1 D 44.95; v. 11. 2. 2000 – 1 DB 23.99; OVG Saarland, DÖD 1998, 121

Drohender **Urlaubsverfall** wegen bevorstehender Entlassung – behördliches Ermessen zur Bewilligung des zustehenden Urlaubs auf Null reduziert – trotz ungenehmigten Urlaubs kein pflichtwidriges Fernbleiben
- *BDiG* v. 12. 3. 1987 – I Bk 7/86; **a. A.**
- *BVerwG* – 1 DB 17.79

Gezielte **Überschreitung des Sonderurlaubs** wegen mehrmonatiger Indienreise mit Ehemann: **Entf.**
- *BVerwG* v. 22. 5. 1984 – 1 D 114.83

Grundlose Weigerung eines **Ruhestandsbeamten**, sich zur Feststellung seiner Dienstfähigkeit ärztlich untersuchen zu lassen, und die Weigerung, seine bisherige Dienststelle aufzusuchen, um erneut in das Beamtenverhältnis berufen zu werden: **Aberkennung des RGeh.**
- *BVerwG* v. 29. 6. 1995 – 1 D 67.92

Zumutbarkeit der Anschaffung eines PKW, wenn Dienstantritt aufgrund körperlicher Beeinträchtigung anders nicht möglich ist – Verlustfeststellung der Bezüge wegen vorwerfbaren Fernbleibens
- *BVerwG* v. 27. 11. 1997 – 1 DB 25.96

Unterwertige Beschäftigung berechtigt nicht zum Fernbleiben, keine Selbsthilfe, Beamter muss sich mit Rechtsmitteln wehren
- *BVerwG* v. 22. 6. 1995 – 1 DB 33.94; v. 10. 6. 1998 – 1 DB 39.96

Fernbleiben für 3 Monate; »Flucht« vor persönlichen Problemen ins Ausland: **Entf.**
- *BVerwG* v. 8. 12. 1999 – 1 D 29.99

Mildere Beurteilung, wenn Verwaltung bereit war, auf Dienstleistung (vorübergehend) zu verzichten
- *BVerwG* v. 12. 4. 2000 – 1 D 12.99 – ZBR 2000, 347

Verstärkung eines Rückenleidens durch unbefriedigende dienstliche Situation, dadurch bedingte **subjektiv empfundene Dienstunfähigkeit: 5 Jahre Geh.K**
- *BVerwG* v. 5. 7. 2000 – 1 D 39.99

43 Arbeitstage Fernbleiben innerhalb eines halben Jahres, bedingter Vorsatz: **Aberk. RGeh.**
- *BVerwG* v. 12. 12. 2000 – 1 D 13.98

Fernbleiben für 10,5 Wochen, Vorlage unrichtiger ärztlicher Bescheinigungen: **Entf.**
- *BVerwG* v. 21. 2. 2001 – 1 D 64.99

Es kommt auf das **Verschulden des Fernbleibens**, nicht auf das Verschulden des Hinderungsgrundes an
- *BVerwG* v. 20. 6. 2000 – 1 DB 5.00

Wer sich bei **anders lautenden amtsärztlichen Gutachten** auf die Gutachten seiner Hausärzte verlässt, muss damit rechnen, dienstfähig zu sein und trägt das entsprechende Risiko
- *BVerwG* v. 9. 9. 1997 – 1 DB 17.97; v. 1. 3. 2000 – 1 DB 13.98

Nach Feststellung der Dienstfähigkeit ist **sofort** der **Dienst aufzunehmen**, einer Aufforderung hierzu bedarf es nicht
- *BVerwG* v. 29. 6. 1995 – 1 DB 12.95; v. 11. 9. 2000 – 1 DB 19.00

Der Beamte muss über den **Vorrang amtsärztlicher Gutachten** aufgeklärt sein
- *BVerwG* v. 11. 3. 1994 – 1 DB 4.94

. . . dieser Vorrang kann sich auch aus den Umständen der Einholung des amtsärztlichen Gutachtens ergeben, z. B. wenn auf die **Zweifel am Attest des Hausarztes** hingewiesen wurde
- *BVerwG* v. 4. 9. 1998 – 1 D 26.98

Kein Vorwurf bei **gegensätzlichen Gutachten** gleichrangiger Ärzte
- *BVerwG* v. 16. 2. 1998 – 1 DB 10.97; v. 28. 3. 2001 – 1 DB 11.01; ausnahmsweise anders: v. 2. 12. 1999 – 1 DB 19.99

Bei **irriger Annahme hinsichtlich der aufschiebenden Wirkung von Rechtsmitteln** kein Vorwurf
- *BVerwG* v. 5. 4. 2000 – 1 DB 3.00

Irrtum über das Tatbestandsmerkmal »**Dienstfähigkeit**« führt zu einem den Vorsatz ausschließenden Tatbestandsirrtum
- *BVerwG* v. 9. 4. 2002 – 1 D 17.01

Tatbestands-/Verbotsirrtum
- OVG Koblenz v. 18.10.2004 – 11 A 11253/04

4. Melde- und Nachweispflicht anlässlich des Fernbleibens

a) Rechtsgrundlage: § 96 Abs. 1 Satz 2 BBG
Wortlaut:
»Dienstunfähigkeit infolge von Krankheit ist auf Verlangen nachzuweisen.«

b) Definition der Pflicht und ihrer Verletzung
Das Gesetz regelt ausdrücklich nur die »**Nachweispflicht**«, das heißt die Pflicht, auf Verlangen der Dienstvorgesetzten **ärztliche Arbeitsunfähigkeitsbescheinigungen** vorzulegen (zur Problematik einer solchen Anordnung umfassend Lopacki, ZBR 1992, 193 ff.). Die Pflichtverletzung ist zwar erst gegeben,

B. II. 4 Melde- und Nachweispflicht

wenn eine konkrete dienstliche Regelung den ärztlichen Nachweis verlangte. Dennoch handelt es sich bei § 96 Abs. 1 Satz 2 BBG um einen **selbständigen Pflichtentatbestand** gegenüber dem Verbot des pflichtwidrigen Fernbleibens aus Satz 1 und nicht etwa um eine Beweisregel (BVerwG v. 16.3.1984 – 1 DB 4.84 – BVerwGE 76, 142) oder um eine Ermächtigungsgrundlage für Dienstvorgesetzte (a. A. GKöD-Weiß, J 610 Rn. 20, der als Pflichtentatbestand allein die Gehorsamspflicht aus § 62 Abs. 1 Satz 1 BBG annimmt). § 96 Abs. 1 Satz 2 BBG ist die **Spezialvorschrift**, das dienstliche Verlangen ist darin ein Tatbestandsmerkmal. Die Pflichtverletzung aus § 96 Abs. 1 Satz 2 BBG kann nur in Frage kommen, wenn tatsächlich von krankheitsbedingter Dienstunfähigkeit auszugehen ist. Denn nur dann kann und darf eine Dienstunfähigkeitsbescheinigung erteilt werden. Unterlassung der Attestvorlage kann **nicht hilfsweise oder incidenter** als Fernbleiben angeschuldigt werden, das nur bei Dienstfähigkeit vorliegt. Beide Verstoßtatbestände schließen sich logisch aus (s. o. B. II. 3.). Unter welchen Umständen, insbesondere aber nach wie viel Tagen der Erkrankung ein Attest der Dienststelle vorzulegen ist, bestimmen die Verwaltungen in ihren **allgemeinen Vorschriften** oder durch **Einzelanweisungen** an den Beamten. Ist durch Einzelweisung die Vorlage schon »**am ersten Krankheitstag**« vorgeschrieben (vgl. BDiG, DÖD 1975, 187; BVerwG v. 2.3.1977 – 1 D 46.76 und v. 18.10.1977 – 1 D 111.76 – DÖD 1978, 72 = ZBR 1978, 338), so bedeutet das vernünftigerweise nur, dass das Attest am ersten Tag **eingeholt (ausgestellt)** worden sein muss (vgl. BDH v. 4.7.1961 – 1 D 75.60, v. 17.8.1962 – 2 D 13.62; BVerwG v. 23.11.1971 – 2 D 31.70). Denn bei Krankheiten, die die Dienstunfähigkeit begründen, kann niemand von dem Kranken erwarten, dass das Attest noch am selben Tag zur Dienststelle befördert werden kann. Der Kranke ist aber durch seine Nachweispflicht gehalten, das Attest ohne schuldhaftes Verzögern – also auf dem schnellstmöglichen Weg – der Dienststelle zuzuleiten. Die Pflicht erstreckt sich nur auf das dem Kranken »**Mögliche**«. Stehen Art und Schwere der Krankheit oder die Lebensumstände einer sofortigen Konsultation des Arztes entgegen oder kommt der Arzt trotz Aufforderung nicht sofort zu dem Kranken, so ist dennoch der Pflicht genügt, wenn das Mögliche hierzu veranlasst worden war.

2   Bestehen dienstlich Zweifel an der Erheblichkeit der attestierten Dienstunfähigkeit, kann die **Untersuchung durch einen Amtsarzt** angeordnet werden (BVerwGE 21, 15; DÖD 1965, 98). Die Aufforderung zur amtsärztlichen Untersuchung aufgrund § 96 Abs. 1 Satz 2 BBG stellt wie die Anordnung einer amtsärztlichen Untersuchung nach § 46 Abs. 6 BBG keinen Verwaltungsakt dar (BVerwG v. 23.7.2001 – 1 DB 18.01). Diese weitere Aufklärung ist aber auf den Umstand der Dienstfähigkeit beschränkt. Die Vorlage der **Diagnose** kann die Behörde im Allgemeinen weder vom Beamten (geschützte Intimsphäre, datenrechtlicher Schutz der informationellen Selbstbestimmung) noch vom Arzt (ärztliche Schweigepflicht) verlangen, es sei denn, das Gesetz selbst regelt solches (z. B. für das Zurruhesetzungsverfahren, §§ 47 f. BBG, oder für die Aufklärung im Disziplinarverfahren in § 24 BDG). Im Übrigen ist der Beamte zur Mitwirkung an der genauen Aufklärung seiner die Dienstunfähigkeit begründenden Krankheit nur so weit verpflichtet, als die genaue Kenntnis von der Krankheit aus **übergeordnetem dienstlichem Bedürfnis** unverzichtbar ist, etwa aus Gründen der Betriebssicherheit (z. B. Kreislaufkrankheit oder Alkoholismus bei einem Lokführer, Fahrdienstleiter, beim Polizei- oder Zollaußendienst), aber auch bei anderen Risiken auf gefahrengeneigten oder öffentlich-

keitsempfindlichen Dienstposten (s. Schrifttum bei GKöD-Weiß, J 610 Rn. 23).
Unmittelbarer dienstlicher Zwang zur Untersuchung ist unzulässig (außer im Disziplinarverfahren nach § 26).

Soweit die Mitwirkungs- und Nachweispflicht reicht, liegt in ihrer Verweigerung ein Dienstvergehen. Der Beamte ist nicht berechtigt, nur wegen der **Kosten** die Einholung des geschuldeten Attests hinauszuschieben (BVerwG v. 26. 6. 1973 – 1 D 16.73). Die Kosten des die Dienstabwesenheit begründenden Attests hat der Beamte zu tragen (BVerwGE 21, 15). Da die individuelle Weisung der Attestvorlage in den geschützten Rechtsstatus des Beamten eingreift, stellt sie einen **Verwaltungsakt** dar (BVerwGE 34, 248), der durch die **Rechtsbehelfe der VwGO** außer Wirkung gesetzt werden kann. 3

Neben der Nachweispflicht trifft krankheitsbedingt abwesende Beamte auch eine **Melde- und Informationspflicht gegenüber ihrer Dienststelle**. Sie folgt auch ohne spezielle Regelung (a. A. GKöD-Weiß, J 610 Rn. 25) aus der allgemeinen Treue- und Unterstützungspflicht nach §§ 61 Abs. 1 Satz 1, 62 Abs. 1 Satz 1 BBG. Einem jeden ist **leicht einsehbar**, dass es zur ordnungsgemäßen Abwicklung des Dienstbetriebs unabdingbar ist, dass die Dienststelle so schnell wie möglich, spätestens zu Dienstbeginn, Kenntnis von der Abwesenheit des Mitarbeiters erlangt. Da jeder nach § 62 Abs. 1 Satz 1 BBG ohnehin zur »**Unterstützung der Vorgesetzten**« verpflichtet ist, müssen auch ohne Einzelregelungen in den Verwaltungen oder an der Dienststelle Beamte ohne schuldhaftes Zögern ihr Fernbleiben und die vermutliche Dauer desselben (telefonisch oder durch Dritte) mitteilen (BVerwG v. 13. 7. 1999 – 1 D 81.97; v. 6. 3. 2001 – 1 D 6.00). 4

Während der Krankschreibung besteht keine Pflicht, einer Vorladung zur Dienststelle zu folgen (BDiG v. 24. 4. 1989 – VI Bk 2/89). Ob ein Unterlassen pflichtwidrig und schuldhaft ist und über der Schwelle zur disziplinaren Erheblichkeit liegt, hängt von den **Umständen des Einzelfalles** ab (Krankheitsgrad, Telefonmöglichkeit, nachbarliches Umfeld usw.). Auch hier kann Unmögliches nicht gefordert werden. Die Pflichtverletzung kann auch fahrlässig begangen werden, z. B. dadurch, dass unterlassen wurde, Vorkehrungen zu treffen, die ein rechtzeitiges Erwachen (zum Zweck der Benachrichtigung) sicherstellen und dies zu der verspäteten Meldung führte (BVerwG v. 20. 5. 1998 – 1 D 57.96). 5

c) Bewertung der Pflichtverletzung, Auswahl und Bemessung der Disziplinarmaßnahme

Für das Gewicht dieser Pflichtverstöße gibt es keine Regeleinstufung. Da in diesen Fällen schon tatbestandsmäßig von einer krankheitsbedingten oder – was die Melde- und Informationspflicht betrifft – aus anderen Gründen zulässigen Abwesenheit des Betroffenen auszugehen ist, liegt häufig nur ein Ordnungsverstoß vor, der im Bereich der Bagatellverfehlungen liegt. Das gilt vor allem für fahrlässige Verfehlungen. Wird jedoch vorsätzlich oder gar absichtlich und möglicherweise anhaltend gegen die Melde- und Informationspflicht oder gar gegen die Attestvorlagepflicht verstoßen, so kann dies die Tragbarkeit überhaupt des Betroffenen in Frage stellen. Denn gerade die wiederholte und längere Unüberprüfbarkeit des Abwesenheitsgrunds und die daraus folgenden Zweifel an der Aufrichtigkeit und Zuverlässigkeit des Betroffenen können für die dienstliche Interessenlage dem pflichtwidrigen Fernbleiben gleichstehen. Insgesamt steht deshalb der gesamte Maßnahmenkatalog zur Verfügung. Die Entscheidung ist aus den Umständen des Einzelfalles zu treffen. 6

B. II. 4 Melde- und Nachweispflicht

d) Rechtsprechungsübersicht

§ 73 (jetzt: § 96) Abs. 1 Satz 2 BBG begründet einen **selbständigen Pflichtentatbestand** gegenüber dem Verbot des pflichtwidrigen Fernbleibens aus Satz 1 und nicht etwa eine Beweisregel
- *BVerwG* v. 16. 3. 1984 – 1 DB 4.84 – E 76, 142, PersV 1988, 235, DÖD 1984, 179

Weisung der Vorlage schon »**am ersten Krankheitstag**« bedeutet, dass das Attest am ersten Tag eingeholt (ausgestellt) sein muss
- *BDH* v. 4. 7. 1961 – 1 D 75.60; v. 17. 8. 1962 – 2 D 13.62
- *BVerwG* v. 23. 11. 1971 – 2 D 31.70; v. 2. 3. 1977 – 1 D 46.76 und v. 18. 10. 1977 – 1 D 111.76 – DÖD 1978, 72, ZBR 1978, 338
- *BDiG*, DÖD 1975, 187

Anzeige der Dienstunfähigkeit hat unverzüglich, d. h. ohne schuldhaftes Zögern, zu erfolgen
- *BVerwG* v. 13. 7. 1999 – 1 D 81.97

Bei Zweifeln an der Erheblichkeit der attestierten Dienstunfähigkeit **Untersuchung durch Amtsarzt** zulässig
- *BVerwGE* 21, 15, DÖD 1965, 98

Anordnung ist **kein Verwaltungsakt**
- *BVerwG* v. 23. 7. 2001 – 1 DB 18.01

Die **Kosten des** die Dienstabwesenheit begründenden **Attests** hat der Beamte zu tragen
- *BVerwGE* 21, 16

Nur wegen der *Kosten* darf die Einholung des geschuldeten Attests nicht hinausgeschoben werden
- *BVerwG* v. 26. 6. 1973 – 1 D 16.73

Die individuelle Regelung der **Attestvorlage** greift in den geschützten Rechtsstatus des Beamten ein und stellt einen **Verwaltungsakt** dar
- *BVerwGE* 34, 248

Fahrlässiger Verstoß gegen **unverzügliche Meldepflicht** möglich
- *BVerwG* v. 20. 5. 1998 – 1 D 57.96

5. Erhaltung der vollen Dienst- und Einsatzfähigkeit

a) Rechtsgrundlage: § 61 Abs. 1 Satz 1 BBG

Wortlaut:
»Beamtinnen und Beamte haben sich mit vollem persönlichen Einsatz ihrem Beruf zu widmen.«

b) Definition der Pflicht und ihrer Verletzung

In der Neufassung wurde die alte und altertümliche Formulierung »der Beamte hat sich voller Hingabe seinem Beruf zu widmen« durch eine sprachlich angepasste und den Inhalt auch besser treffende Formulierung ersetzt. Inhaltlich hat sich jedoch an der Norm und der Verpflichtung der Beamten durch die Neuformulierung nichts geändert. Es war bereits in der Vorauflage darauf hingewiesen worden, dass die »Hingabepflicht« nichts anderes bedeutet, als dass der Beamte alle Kräfte für die übertragenen Dienstgeschäfte einzusetzen hat und seine volle Leistungsfähigkeit erhalten soll. So kommt dies in der neuen Formulierung besser zum Ausdruck. Gleichzeitig ergibt sich aus dieser Vorschrift die Verpflichtung des einzelnen Beamten, seine volle Leistungsfähigkeit wiederherzustellen. Die Pflicht zur **Erhaltung bzw. Wiederherstellung der vollen Dienstfähigkeit** wird üblicherweise allein für die **gesundheitliche** Leistungsfähigkeit verwendet. In gleichem Maße ist aber auch die Pflicht zur Erhaltung der vollen **Einsatzfähigkeit im weiteren Sinn** angesprochen. Wie § 96 Abs. 1 Satz 2 BBG (»Dienstunfähigkeit infolge Krankheit«) deutlich macht, ist Krankheit nur ein Fall der Dienstunfähigkeit. Die Pflicht betrifft alle **Eigenschaften**, die Voraussetzung für die Ausübung eines öffentlichen Amtes im Allgemeinen und des übertragenen Dienstposten im Besonderen sind: Gesundheit (Dienstfähigkeit), persönliche Vertrauenswürdigkeit (Unbestraftheit, Unbescholtenheit), sachliche und persönliche Unbefangenheit (allgemein und politisch, vgl. B. II. 2. Rn. 6), Fähigkeiten (Führungsqualität als Vorgesetzter), Berechtigungen (Fahrerlaubnis für Dienstkraftfahrer) usw.

Auch hier ist die **Pflichtwidrigkeit in den Tatbestand integriert** (s. B. II. 3. Rn. 1). Wer seine dienstliche Einsatzfähigkeit ganz oder teilweise beseitigt, verstößt nur dann tatbestandsmäßig gegen die Pflicht zur Erhaltung der vollen Dienstleistungsfähigkeit, wenn dies pflichtwidrig geschieht. Dabei kommt es auf die **spezielle Pflicht gegenüber dem Dienst** an. Die Dienstpflichten sind nicht ohne weiteres schon bei unvernünftigem oder riskantem Verhalten gegenüber den eigenen persönlichen Interessen im Privatleben tangiert. Denn für die **private Lebensführung** steht Beamten wie jedem anderen auch das Grundrecht auf freie Entfaltung der Persönlichkeit zu (Art. 2 Abs. 1 GG). Deshalb ist eine Güterabwägung erforderlich. Eine **disziplinar erhebliche Treuwidrigkeit** gegenüber dem Dienstherrn liegt erst dann vor, wenn »das Verschulden gegen sich selbst zu einem überwiegenden Verschulden gegen den Dienstherrn wird« (Grundsatzentscheidung BVerwG NJW 1980, 1347). Das ist jedenfalls dann der Fall, wenn der Beamte nach dienstlicher (und ggf. – z. B. zur Krankheitsentwicklung – weiterer fachkundiger) Aufklärung die dienstlichen Nachteile genau erkennt und sich trotz persönlicher Steuerfähigkeit und Zumutbarkeit darüber hinwegsetzt.

Herkömmlicherweise wird die **Pflicht zur Erhaltung und Wiederherstellung der vollen Dienst- und Einsatzfähigkeit** als Hauptpflicht aus § 61 Abs. 1 Satz 1

B. II. 5 Erhaltung der vollen Dienst- und Einsatzfähigkeit

BBG gesehen (häufig auch systematisch ungenau als Bestandteil des Fernbleibens-Tatbestands behandelt; dazu B. II. 3.). Sie ist aber nur **eine Spezifizierung** der allgemeinen Dienstleistungspflicht. Die andere, gleichwertige Pflicht aus § 61 Abs. 1 Satz 1 BBG ist die zu **vollem persönlichen Einsatz und zur Qualität der Arbeit** bei der **konkreten Dienstausübung** (s. B. II. 6.).

4 Die Erhaltung und Wiederherstellung der **Gesundheit** ist die augenfälligste Voraussetzung der vollen Dienstleistungsfähigkeit. Treuwidrigkeit gegenüber der Verwaltung liegt nicht grundsätzlich und ohne weiteres vor, wenn Beamte sich im privaten Leben gegenüber der eigenen Gesundheit riskant verhalten (»Keine umfassende Pflicht zur Enthaltsamkeit in Lebensführung«: BVerwG – 1 D 23.89, PersV 1991, 324 = ZBR 1991, 91 und weitere Nachw. Rn. 15). Wer in seiner Freizeit einen unfallträchtigen Sport ausübt, zu ungesundem Essen und Trinken neigt, sich in der Liebe verausgabt oder sich strapazierend in der Politik engagiert, handelt im Hinblick auf die sich mehr oder weniger zwangsläufig daraus ergebenden Gesundheitsbeeinträchtigungen schon grundsätzlich nicht treuwidrig und damit auch nicht tatbestandsmäßig. Es muss die **Zumutbarkeit** der Änderung der privaten Lebensführung hinzukommen (BVerwG [WD], E 53.83). Was zumutbar ist, bestimmt sich nach dem Gebot der **Verhältnismäßigkeit** durch Abwägung von privatem Grundrecht und dienstlichem Bedürfnis. Dabei kommt es auf die Schwere und Offensichtlichkeit der Gesundheitsbeeinträchtigung, auf die damit verbundene Auswirkung auf den Dienst und auf die Kenntnis des Beamten von dem zwangsläufigen Krankheitsverlauf und den dienstlichen Folgen an. Zur Zumutbarkeit einer bis zu 6-wöchigen stationären Psycho- und Physiotherapie und anschließenden bis zu 30-stündigen Ambulanz vgl. BVerwG v. 26. 7. 1986 – 1 D 98.82.

5 Zur Gesunderhaltung gehört auch die entsprechende **Vorsorge**. Kranke Beamte, die aber noch arbeitsfähig sind, haben deshalb die grundsätzliche Pflicht, alles Notwendige und Zumutbare zur Aufrechterhaltung und Verbesserung ihrer Dienst- und Einsatzfähigkeit – selbst in längerer, unbezahlter Beurlaubung – zu tun (BVerwG v. 26. 7. 1983 – 1 D 98.82 – ZBR 1983, 360; GKöD-Weiß, J 665 Rn. 20 ff. und ZBR 1982, 6). Deshalb darf dem noch dienstfähigen Beamten nicht als pflichtwidrig angelastet werden, dass **ohne Urlaubsbewilligung eine stationäre Heilbehandlung/Operation** angetreten wird (BDiG v. 16. 6. 1983 – II Bk 2/83, aufgehoben durch BVerwG – 1 DB 24.83).

6 Leicht als pflichtwidrig erkennbar ist die Beseitigung der Dienst- und Einsatzfähigkeit **vor unmittelbar bevorstehendem Dienst**. Es ist generell dienstlich erforderlich und auch zumutbar, dass Beamte sich auch in ihrer privaten Lebensführung auf den bevorstehenden Dienst einstellen, um diesen ausgeruht und voll leistungsfähig antreten und durchführen zu können. Diese Notwendigkeit ist so nahe liegend und offensichtlich, dass auch ohne dahin gehende Dienstanweisungen allgemeiner Konsens in der Beamtenschaft besteht. Die Pflicht ist **evident**. Wer sich am Vorabend, in der Nacht oder bis kurz **vor Dienstbeginn betrinkt**, muss sich je nach Ausmaß des Alkoholgenusses darüber im Klaren sein, dass seine Dienstfähigkeit darunter leiden wird (st. Rspr. BVerwG v. 19. 10. 1977 – 1 D 41.77; v. 10. 8. 1994 – 2 WD 24.94; v. 6. 3. 2001 – 1 D 6.00). Das Gleiche gilt für die Einschränkung der Dienstleistungsfähigkeit durch andere **Drogen oder durch Arzneimittelmissbrauch** (s. Rn. 24). Je nachdem kommt vorsätzlicher, bedingt vorsätzlicher oder fahrlässiger Verstoß gegen die Gesunderhaltungspflicht in Betracht. Dieses Dienstvergehen aus § 54 Satz 1 BBG tritt ggf. selbständig zu einer vorausgegangenen Pflichtverletzung hinzu (st. Rspr. BVerwG für **verspäteten Dienstantritt**: v. 7.12.1983 – 1 D 51.83 – ZBR 1984, 276; v. 26.3.1985 – 1 D 180.84; für alkoholbedingte **Dienstunfähigkeit durch Restalkohol**: v. 14.11.1980 – 1 D 3.80; v. 6.5.1985 – 1 D 6.85; dagegen ablehnend für **Haft**: v. 20.3.1970 – 3 D 33.69; Beschl. v. 2.10.1981 – 1 DB 16.81; für **Unfallfolgen**: v. 2.6.1977 – 1 D 83.76 – E 53, 310 und für **Verlust der Fahrerlaubnis**: BVerwG 1 D 27.83 – NJW 1984, 504; v. 11.12.1984 – 1 D 125.83; v. 7.5.1983 – 1 D 109.84; **widerspr.**: v. 13.10.1981 – 1 D 3.81; v. 9.12.1982 – 1 D 44.82; v. 8.12.1982 – 1 D 28.82, vgl. dazu im Einzelnen Rn. 22). Die Erhaltung der Leistungsfähigkeit erfordert auch, dass die **Ruhezeit** zur Ruhe und Erholung benutzt wird (was in manchen Dienstordnungen ausdrücklich hervorgehoben wird). Wer ohne zwingende Gründe die Freizeit vor dem Dienst nicht nutzt und deswegen nicht in ausgeruhtem, voll leistungsfähigen Zustand den Dienst antreten kann, also beispielsweise zecht oder bummelt statt zu schlafen, kann damit pflichtwidrig handeln. Dazu reicht aber nur die Feststellung kurzen Schlafes nicht, da das Schlafbedürfnis individuell verschieden ist. Nur aus den eindeutigen Anzeichen von Übermüdung und daraus **kausal** folgender Minderleistung kann geschlossen werden, dass die verbliebene Zeit zum Ausschlafen nicht reichte (BDH v. 16.2.1967 – 3 D 36.66; BDiG v. 19.3.1968 – III Bk 4-6/68; v. 31.1.1973 – V VI 9/72) und damit eine vorwerfbare Pflichtverletzung besteht. Selbst ein mittlerer **Alkoholgenuss während der Zeit der Ruhe** ist nicht ohne weiteres selbst schon pflichtwidrig (BVerwG v. 28.6.1973 – 1 D 22.73) und auch nicht automatisch Indiz oder Beweis für Minderleistung durch mangelnde Nachtruhe (BVerwG v. 14.11.1980 – 1 D 3.80; v. 23.7.1979 – 1 D 99.79 – E 73, 115). Ist aber durch übermäßigen Alkoholgenuss die **Dienstunfähigkeit** eingetreten, so geht diese Pflichtverletzung als **Spezialvorschrift** einer möglichen Verletzung der Ruhenspflicht vor (BVerwG – 1 D 22.73; BDiG v. 12.12.1973 – III Bk. 6/73).

Alkoholgenuss und Trunkenheit im Dienst verstoßen nicht nur gegen die Gehorsamspflicht nach § 62 Abs. 1 Satz 2 BBG, falls absolutes Alkoholverbot besteht, sondern vor allem auch gegen die Pflicht zur Erhaltung der dienstlichen Leistungsfähigkeit (BVerwGE 46, 272; v. 23.7.1979 – 1 D 99.79 – E 73, 115). Dies kann aber nur dann in Betracht kommen, wenn es aufgrund des Alkoholgenusses zu dienstlichen Beeinträchtigungen kommt, wobei auch die nur teilweise Beeinträchtigung der Dienstleistungsfähigkeit bereits pflichtwidrig ist (BVerwG v. 6.3.2001 – 1 D 6.00; hier lagen keine dienstlichen Beeinträchtigungen vor, so dass das BVerwG keinen Verstoß gegen § 61 Abs. 1 Satz 1 (damals noch § 54 Satz 1) BBG gesehen hat). 7

Auch die nur **teilweise Beeinträchtigung der Dienstleistungsfähigkeit** ist pflichtwidrig. Wer den Dienst mit einer **Blutalkoholkonzentration von über 0,5** antritt, befindet sich auch ohne absolute Alkoholverbote nach medizinischer Erkenntnis in einem leistungsgeminderten und damit pflichtwidrigen Zustand (BVerwG v. 20.6.1974 – 1 D 22.74; E 46, 272; v. 14.11.1980 – 1 D 3.80). 8

Ist außerhalb eines Disziplinarverfahrens die **sofortige Klärung der Dienstfähigkeit** dienstlich erforderlich (z.B. im Bahnbetriebsdienst, Kraftfahrdienst, Polizeivollzugsdienst, im Kundendienst bei Post und Zoll), so ist der Beamte verpflichtet, sich einem so genannten **Alco-Test** (Blastest mit Anzeigeröhrchen) zu unterziehen (st. Rspr. BVerwG v. 6.12.1988 – 1 D 98.87 – ZBR 1989, 342 = DÖD 1989, 264). Allerdings ist diese Alkoholmessung nur dann zu Lasten des Beamten verwertbar, wenn zur Bestimmung der Atemalkoholkonzentration ein 9

B. II. 5 Erhaltung der vollen Dienst- und Einsatzfähigkeit

Mittelwert aus zwei wirksamen Tests ermittelt wurde (VG Ansbach v. 19. 1. 1998 – 6 DA 97.02056 – DÖD 1998, 121 f. – unanfechtbar). Dieser Beschluss verweist auf die Ungenauigkeiten bei der Atemalkoholkonzentrationsmessung und ihrer Fehleranfälligkeit. Unter Verweis auf die einschlägige Literatur wird davon ausgegangen, dass zur Bestimmung der Atemalkoholkonzentration mindestens zwei Tests notwendig sind. Liegt nur ein Test vor, so kann dessen Ergebnis nicht zu Lasten des Beamten verwertet werden. Das LG Dessau (NStZ 2001, 152) geht davon aus, dass Atemalkoholwerte nicht zur Feststellung der absoluten Fahruntüchtigkeit nach § 316 StGB herangezogen werden können und verneint einen hinreichenden Tatverdacht (s. auch Iffland u. a., NJW 1999, 1379). Die Verpflichtung **entfällt**, wenn der Test **im Rahmen disziplinarer Vermittlungen** der Überführung dienen soll oder wenn der Beamte ohne Verschulden davon ausgehen kann, dass der Test mindestens auch der disziplinaren Überführung dient (BVerwG v. 22. 4. 1982 – 1 D 68.81; ebenso v. 12. 2. 1985 – 1 D 144.84, in dem die Entscheidung über die Aufgabe der fr. Rspr. zur Mitwirkungspflicht [s. vorst.] offen gelassen wird; vgl. auch B. II. 7 Rn. 7 und 8 Rn. 6). Denn niemand ist verpflichtet, an seiner eigenen Überführung mitzuwirken (BVerwGE 73, 118). Die Befürchtung der Betroffenen, dass die Feststellung des Alkoholverstoßes zur disziplinaren Verfolgung führen wird, ist nach aller Lebenserfahrung meist begründet. Deshalb entfällt eine Pflichtwidrigkeit schon dann, wenn nicht auszuschließen ist, dass der Betroffene die Mitwirkung gerade aus Angst vor nachfolgender disziplinarer Verfolgung verweigert. Die Anordnung des Alco-Tests ist aber formal zulässig, so dass der freiwilligen Mitwirkung, soweit die Betroffenen ein eigenes Interesse haben müssen, nichts im Wege steht (BVerwG v. 21. 9. 1983 – 1 D 45.83; v. 12. 2. 1985 – 1 D 144.84).

10 Der **Alco-Test** kann zwar die genaue BAK nicht bestimmen, ist aber bei Abzug eines Unsicherheitsfaktors von 0,3 **beweiskräftig** (st. Rspr. BVerwG v. 6. 2. 1980 – 1 D 4.79). Diese Rspr. kann angesichts der neueren Erkenntnisse über die Fehlerhaftigkeit solcher Tests nicht mehr gehalten werden. Die Auffassung, dass Atemalkoholmessungen im Disziplinarverfahren verwertbar sind, steht im Widerspruch zu diesen Erkenntnissen und zur Rspr. des BGH (v. 14. 6. 1995, NStZ 1995, 539) für den strafrechtlichen Bereich. Auch unter Berücksichtigung, dass die Disziplinarbehörden in der Beweiserhebung freier gestellt sind als die Strafverfolgungsbehörden, gilt jedoch, dass auch im Disziplinarverfahren ein Verstoß nachgewiesen werden muss. Wie dies mittels einer im Strafverfahren als unzuverlässig erkannten Methode gelingen soll, ist nicht ersichtlich. Daher kann auch im Disziplinarverfahren eine Maßnahme nicht mehr alleine auf die Atemalkoholmessung gestützt werden. Etwas anderes mag für die Fälle gelten, in denen schnell und unmittelbar – z. B. beim Dienstantritt eines Lokführers – festgestellt werden muss, ob er nüchtern ist. Die Untersagung des Dienstantritts kann auch weiterhin – andere Methoden, die schnell eine Feststellung treffen, stehen nicht zur Verfügung – auf die Alkoholmessung gestützt werden. Ansonsten muss der **Beweis** der alkoholbedingten Leistungsminderung aus einer im Strafverfahren durchgeführten Blutuntersuchung, aus den erwiesenen Trinkmengen und/oder aus dem festgestellten alkoholtypischen Verhalten geführt werden. Bei letzterem Indizienbeweis ist allerdings zu beachten, dass auch bei einem als solchem bekannten Trinker körperliche und geistige Ausfälle, die nicht auf akuter Alkoholbeeinflussung beruhen, das auffällige Verhalten erklären können (z. B. Kreislaufbeschwerden, Schwindel, Grippe; vgl. Arndt, APF 1968, 20 f.).

Erhaltung der vollen Dienst- und Einsatzfähigkeit B. II. 5

Einer **ärztlichen Blutentnahme und Blutuntersuchung** müssen Beamte sich **11** gegen ihren Willen und zwangsweise nur unter den Voraussetzungen des § 81 a StPO zur Klärung einer Straftat unterziehen. Ist eine ärztliche Blutuntersuchung durchgeführt worden, so kann aus deren Ergebnis und nach Berücksichtigung der **Alkoholabbauwerte** auf eine zuverlässige BAK zum fraglichen Zeitpunkt (Dienstantritt oder Dienstende) vor- oder rückgerechnet werden. Diese Rechnung muss nach dem Grundsatz »in dubio pro reo« immer den für den Beschuldigten günstigsten Abbauwert zugrunde legen. Das sind bei der **Rückrechnung** (z. B. von dem disziplinar maßgeblichen späteren Dienstantritt zurück auf den Zeitpunkt der Blutentnahme oder der Trunkenheitsfahrt = von der früheren BAK abzuziehen) der höchstmögliche Abbauwert von 0,29 pro Stunde (BGH VRS 23, 209, 211), bei **Vorausrechnung** (z. B. vom Dienst unter Alkohol auf den Zeitpunkt der späteren Blutentnahme oder Trunkenheitsfahrt nach dem Dienst = zur späteren BAK hinzuzuzählen) der niedrigste Abbauwert von maximal 0,12 pro Stunde (BGH, NJW 1974, 246; VRS 23, 209, 211; DRiZ 1986, 263). Dabei muss die **Resorptionszeit** (völlige Aufnahme des Alkohols in das Blut) von 1 bis 2 Stunden nach Trinkende ausgeklammert werden. Bei einem so genannten **Sturztrunk** ist zu berücksichtigen, dass die alsbald danach festgestellte BAK nachträglich noch erheblich ansteigen wird (vgl. BGH v. 19. 8. 1971 – 4 StR 574/70; zur korrekten Berechnung der Tatzeit-Blutalkoholkonzentration vgl. Salger, DRiZ 1989, 174 ff.).

Besteht **absolutes Alkoholverbot im Dienst**, so ist jeder Alkoholgenuss ohne **12** Rücksicht auf Art und Menge pflichtwidrig. Nur bei negativen dienstlichen Folgen kann jedoch ein Verstoß gegen die Pflicht zur Erhaltung der Einsatzfähigkeit vorliegen. Ohne diese dienstlichen Folgen können jedoch andere Disziplinartatbestände – z. B. die Pflicht zur Beachtung dienstlicher Vorschriften – berührt sein. Dient das absolute Alkoholverbot der Erhaltung der dienstlichen Einsatzfähigkeit (Bundeswehrpiloten, Lokführer), so liegt immer ein Verstoß gegen die Pflicht zur Erhaltung der Einsatzfähigkeit vor. Das absolute Verbot kann sich nicht generell oder nur auf den außerdienstlichen Bereich beziehen. Erst der dienstliche Bezug (hinsichtlich Trinkens im Dienst oder Auswirkung außerdienstlichen Trinkens auf den Dienst) macht das absolute Alkoholverbot zulässig (Arndt, AFP 1968, 21). Das absolute Alkoholverbot schreibt das **völlige Nüchternsein** während der Dienstzeit vor. Es umfasst dann auch die Pflicht, rechtzeitig vor Dienstantritt auf Alkoholgenuss zu verzichten, um Restalkohol bei Dienstantritt auszuschließen. Ob dann auch **geringste Alkoholbeeinflussung** (z. B. 0,1 BAK) im Dienst schon pflichtwidrig ist (so BVerwG v. 10. 2. 1972 – 1 D 38.71 – E 43, 305 = DÖD 1972, 112; v. 12. 12. 1979 – 1 D 93.78; v. 14. 3. 1980 – 1 D 14.79 – E 63, 349), erscheint unter dem Gesichtspunkt sowohl des notwendigen Gewichts als auch der Evidenz des Dienstvergehens (vgl. A. I. Rn. 20, 33) als zweifelhaft. Jedenfalls wird die Schuld an der mangelhaften Vorsorge der Nüchternheit bei Dienstantritt bei BAK unter 0,3 kaum nachzuweisen sein, nachdem dieser Promillesatz schon beim Nachweis durch Alco-Test vernachlässigt werden darf (s. oben). Auch **ohne absolutes Alkoholverbot** liegt eine pflichtwidrige alkoholbedingte Einschränkung der Dienstleistungsfähigkeit bei einer BAK über 0,5 vor (s. im Einzelnen oben).

Ob der Alkoholgenuss im Dienst **genehmigt** ist, hängt von den Umständen des **13** Einzelfalles ab. Häufig existieren Verwaltungsanordnungen und Hausverfügungen, die diese Frage ansprechen. Auch dann ist im Einzelfall zu klären, was der objektive Regelungsinhalt ist und ob der Beamte diesen richtig ver-

B. II. 5 Erhaltung der vollen Dienst- und Einsatzfähigkeit

standen hat oder verstehen musste. Fraglich in ihrer Regelungsschärfe sind Formulierungen wie »... sollte sich im Dienst bei Alkoholgenuss zurückhalten« oder »... nur zur Erfrischung oder zu den Mahlzeiten sind geistige Getränke vertretbar« oder »... nur bei genehmigten Feiern oder aus Anlass von Beförderungen und Geburtstagen etc. in vernünftigem Maß erlaubt«. Der allgemein an einer **Dienststelle übliche Missbrauch** kann normalerweise die Pflichtwidrigkeit nicht beseitigen, aber das Gewicht der Verfehlung mindern (s. A. I. Rn. 23, IV. Rn. 97).

14 Für das **Verschulden** kommt es auf die üblichen Kriterien an (s. A. I. Rn. 27 ff.). Bei dienstlichen Alkoholverfehlungen ist wie auch im Strafrecht gelegentlich zweifelhaft, ob der Alkoholverstoß noch in schuldfähigem oder schon in alkoholbedingt **schuldunfähigem Zustand** begangen wurde. Hierbei ist das Handeln mit vorverlegter Schuld (**actio libera in causa**, BGH, NJW 1968, 658) ebenso wie die **Rauschtat** (BDHE 5, 20; v. 26. 4. 1967 – 3 D 1.67; BVerwG v. 24. 9. 1976 – 1 D 11.76) auch disziplinarrechtlich erheblich (s. B. II. 12. Rn. 36).

15 Auch ohne konkrete und unmittelbare Alkoholeinwirkung während der anstehenden Dienstleistung kann schon der latente Krankheitszustand der **Alkoholsucht** oder der andauernde **Alkoholmissbrauch** die Dienstunfähigkeit begründen. Die Grenze zur disziplinaren Pflichtwidrigkeit ist überschritten bei schuldhaftem Herbeiführen der **dauernden oder zeitweisen völligen Dienstunfähigkeit** oder jedenfalls **Einsatzunfähigkeit** im übertragenen Aufgabengebiet durch Alkoholmissbrauch, wobei es unerheblich ist, ob der Missbrauch innerhalb oder außerhalb des Dienstes geschah (BVerwG v. 11. 12. 1986 – 1 D 49.86). Es gibt aber keine umfassende Dienstpflicht zu jeglicher Enthaltsamkeit in der Lebensführung (BVerwG, DVBl. 1990, 1240; DVBl. 1992, 106 = ZBR 1992, 283). **Weitere Voraussetzungen** sind, dass die Dienstunfähigkeit **kausal** auf dem Alkoholkonsum beruht, dass der Betroffene die Entscheidung über das Alkoholverhalten in **schuldfähigem Zustand** (also nicht bereits in schuldausschließender Sucht) treffen konnte, dass ihm die **gesundheitlich-medizinischen und die dienstrechtlichen Folgen bewusst** gemacht worden sind, die erneuter oder weiterer Alkoholmissbrauch bewirken kann. Dazu im Einzelnen:

16 Als erstes muss die **Kausalität des Alkoholmissbrauchs für die Dienstunfähigkeit** (Zurruhesetzung wegen dauernder Dienstunfähigkeit oder zeitweiser Dienstunfähigkeit) konkret bewiesen sein (BVerwG v. 6. 5. 1985 – 1 D 160.84; v. 27. 1. 1987 – 1 D 95.85). Beim Nachweis des Alkoholmissbrauchs ist das Disziplinargericht **nicht** an eine Entscheidung des Dienstvorgesetzten **gebunden**, der Beamte sei wegen Alkoholismus dauernd dienstunfähig (BVerwG, ZBR 1992, 282 ff.). Dabei kommt es auf eine eingehende und **medizinisch sachverständige Begutachtung** an. Selbst private und amtliche Ärzte sprechen regelmäßig von »Alkoholismus« und »Trunksucht«, wo in Wirklichkeit allenfalls Anhaltspunkte von – vielleicht auch übermäßigem – Alkoholgenuss ersichtlich sind. Amtsärzte kommen häufig allein deshalb zu dem Schluss der »alkoholbedingten andauernden Dienstunfähigkeit«, weil ihnen der Beamte schon verschiedentlich als auffällig zugeführt worden war. Der Grad der Alkoholabhängigkeit (Alpha-, Beta-, Gamma-Trinker), die Bedeutung dieser Diagnose für die allgemeine und für die spezielle Dienstfähigkeit auf dem konkreten Dienstposten und die Frage der Schuldunfähigkeit durch Trunksucht erfordern wegen ihrer Kompliziertheit und Verdecktheit eine kompetente Untersuchung (zu Beta-Alkoholiker BVerwG v. 10. 3. 1987 – 1 D 71.86; zu Gamma-Alkoholiker BVerwG – 1

D 61.80). Erst die **Beeinträchtigung des Dienstes** ist das Dienstvergehen, nicht schon der **Alkoholismus als solcher** (st. Rspr. BVerwG v. 26. 3. 1985 – 1 D 180.84, 11. 12. 1986 – 1 D 49.86). Beamte schulden ihrer Verwaltung nicht alkoholabstinentes Verhalten im Privatleben (BVerwG v. 15. 3. 1995 – 1 D 37.93). Sie haben sich nur insoweit enthaltsam zu zeigen, als es um Alkoholeinfluss oder -folgen im Dienst oder für die Dienstausübung geht (BVerwG v. 10. 3. 1987 – 1 D 71.86). Erst die **dienstlichen Auswirkungen** – und diese allein – sind disziplinar relevant (BVerwG v. 15. 3. 1995 – 1 D 37.93). Sie stellen nicht nur bloße Folgen des Dienstvergehens dar, sondern ein **Merkmal des Tatbestands** selbst (BVerwG v. 16. 12. 1980 – 1 D 99.79 – E 73, 115; v. 26. 3. 1985 – 1 D 180.84). So stellt auch die Wiederaufnahme des Alkoholgenusses nach einer Entziehungskur oder gar »der **Rückfall in die Alkoholabhängigkeit**« für sich allein ebenso wenig ein Dienstvergehen dar wie das erstmalige Abhängigwerden (BVerwG v. 4. 7. 1990 – 1 D 23.89 = ZBR 1991, 910; BVerwG v. 15. 3. 1995 – 1 D 37.93 im Einklang mit der st. Rspr. und gegen das im Widerspruch dazu stehende Urt. v. 10. 2. 1987 – 1 D 67.86 – E 83, 283, das im Rückfall schon das Dienstvergehen und in der kurbedingten Abwesenheit nur bemessungserhebliche »Folgen« sieht). Folgen dem Alkoholgenuss oder -missbrauch dienstliche Nachteile, so kommt eine Pflichtverletzung ebenso wie bei dauernder Dienstunfähigkeit in Betracht, z. B. bei Dienstversäumung wegen **Entziehungskur** (BVerwG v. 9. 7. 1987 – 1 D 144.86), **vorübergehender Betriebsdienstuntauglichkeit** (BVerwG v. 11. 12. 1986 – 1 D 49.86), Verminderung der Dienst- und Einsatzfähigkeit durch **Trunkenheit** (Restalkohol) im Dienst (BVerwG v. 16. 12. 1980 – 1 D 99.79 – E 73, 115; v. 14. 11. 1980 – 1 D 3.80). Wegen der Abgrenzung zum Dienstvergehenstatbestand des Fernbleibens vgl. B. II. 3. Rn. 6.

Die alkoholbedingt pflichtwidrige **Dienstunfähigkeit muss verschuldet** sein, um ein Dienstvergehen darzustellen. Insoweit kann aber nicht schon generell für den **Beginn des Alkoholverhaltens** Schuld angenommen werden, weil bei regelmäßigem Genuss weder fachmedizinisch die Zwangsläufigkeit der Sucht feststeht, noch die Kenntnis der Betroffenen von den Gefahren des ständigen Missbrauchs unterstellt werden kann (s. Fachliteratur, zit. in BVerwG, NJW 1980, 1347). Hat der Missbrauch schon den **Grad der Sucht** erreicht und ist der Betroffene deshalb nicht mehr schuldfähig (steuerungsfähig, BDiG v. 25. 4. 1973 – V VL 9/71; zur Dipsomanie – periodische Trunksucht [Quartalssäufer] – als Geisteskrankheit i. S. d. § 20 StGB BDiG v. 9. 4. 1968 – IV VL 32/67), so kommt ein Dienstvergehen erst in Betracht, wenn der Betroffene (im Allgemeinen erst nach einer erfolgreichen Entziehungskur) wieder verantwortlich handeln konnte (st. Rspr. BVerwG, NJW 1980, 1347). 17

Nach einer erfolgreichen Kur ist der Alkoholabhängige zwar nicht »geheilt«, kann aber die Krankheit unter Kontrolle bringen. Er ist deshalb nach einer **erfolgreichen Entziehungskur** für jeden Einstieg in die »nasse Phase« verantwortlich, ohne dass es weiterer Trockenphasen bedürfte (BVerwG, Dok. Ber. 1992, 329). Dass der Betroffene stabilisiert aus der Entziehungskur entlassen wurde, kann nicht einfach unterstellt werden (so wegen der vielen denkbaren Mängel einer Kur wie mangelnde Beteiligung des Alkoholikers, heimlicher Rückfall während der Kur, vorzeitige Entlassung wegen Verweigerung des Kostenträgers usw.; BDiG v. 14. 7. 1993 – VIII VL 56/92; a. A. BVerwG, Dok. Ber. 1992, 329, das bei jeder Entlassung aus der Kur deren Erfolg unterstellt). Der Erfolg der Kur ergibt sich auch nicht alleine daraus, dass dieser im Entlassungsbericht der Klinik bescheinigt wird. So spricht z. B. eine zeitnahe Aufnahme des 18

B. II. 5   Erhaltung der vollen Dienst- und Einsatzfähigkeit

Alkoholgenusses gegen eine erfolgreiche Kur. Sprechen Anhaltspunkte gegen eine erfolgreiche Entwöhnungsbehandlung, so hat das Gericht Beweis darüber zu erheben, ob eine erfolgreiche Behandlung vorgelegen hat. Gelingt dieser Beweis nicht, so ist zu Gunsten des Beamten von einem Misserfolg der Entziehungskur auszugehen. Die Länge einer abstinenten Phase stellt in der Regel ein wichtiges Indiz für den Erfolg einer Kur dar (BVerwG v. 21. 9. 1994 – 1 D 62.93). Es gibt jedoch keinen rechtlichen Grundsatz, dass der Erfolg dann eingetreten ist, wenn der Beamte mindestens sechs Monate abstinent gelebt hat (BVerwG v. 15. 3. 1994 – 1 D 42.93).

19   **Schuldhaft** ist die alkoholbedingte dauernde Dienstunfähigkeit erst, wenn die Pflichtwidrigkeit des Alkoholverhaltens **evident** ist. Evidenz kann nicht als selbstverständlich unterstellt werden. Es liegt in der Natur der Gesellschaftsüblichkeit von Alkoholgenuss und in der mangelnden Selbstkritik von Alkoholikern, dass die Folgen von Alkoholmissbrauch verkannt oder verdrängt werden. Das **Bewusstsein der Pflichtwidrigkeit** kann deshalb erst dann angenommen werden, wenn der Betroffene über die dienstlichen Folgen (nicht unbedingt die Art und Höhe der Disziplinarmaßnahme, BVerwG v. 4. 6. 1984 – 1 D 28.84) und über die medizinisch-gesundheitlichen Folgen eindeutig aufgeklärt worden war und dennoch in seinem Missbrauch fortfährt oder in ihn zurückfällt. Der Dienstvergehenstatbestand setzt deshalb die **eindeutige und unmissverständliche Aufklärung** des Betroffenen in sowohl ärztlich-medizinischer als auch dienstrechtlicher Hinsicht voraus (BVerwG st. Rspr. seit NJW 1980, 1347; v. 21. 7. 1986 – 1 D 137.84 – PersV 1988, 235 = DVBl. 1987, 250). Vor allem kommt der rechtzeitigen (im Zustand der Schuldfähigkeit gegebenen) **dienstlichen Belehrung** besondere Bedeutung zu. Sie muss eindeutig klar machen, dass »die mit disziplinaren Maßnahmen bewehrte Pflicht zum Verzicht auf jeden Genuss von Alkohol besteht, der die Dienstleistung akut oder gar auf Dauer beeinträchtigen oder ausschließen kann. Warnungen, Empfehlungen und Hinweise, die auf die gesundheitlich womöglich abträglichen Folgen . . . aufmerksam machen und an die Vernunft und Verantwortungsbereitschaft . . . appellieren, genügen diesen Erfordernissen nicht« (BVerwG v. 12. 8. 1992 – 1 D 10.91; v. 21. 7. 1986 – 1 D 137.84 – PersV 1988, 235 = DVBl. 1987, 250). Auch sind Weisungen, »überhaupt keine alkoholischen Getränke mehr zu trinken«, wegen ihrer evidenten Rechtswidrigkeit unwirksam. Eine solche umfassende Weisung, auch im privaten Bereich – z. B. im Urlaub – keinen Alkohol zu sich zu nehmen, stellt einen derartig umfassenden Eingriff in die grundgesetzlich geschützte Privatsphäre dar, dass sie von sich aus bereits rechtswidrig ist. Auch bei gesundheitlichen Risiken bleibt es dem Beamten selbst überlassen, ob er Alkohol trinkt oder nicht. Dies ist grundsätzlich Sache der eigenen Lebensführung, über die der Dienstherr nicht zu bestimmen hat. Jedoch sollen auch einschlägige straf- und disziplinarrechtliche Verurteilungen sowie Hinweise auf die Rückfallfolgen ausreichen (BVerwG v. 10. 7. 1991 – 1 D 84.90 – ZBR 1992, 58). Derartige Hinweise müssten dann aber konkret und persönlichkeitsbezogen sein.

20   Ist ein alkoholabhängiger Beamter nach erfolgreicher Entziehungskur (d. h. alkoholentwöhnt und psychisch stabilisiert) **medizinisch über die gesundheitlichen Folgen** und dienstlich über die disziplinaren Folgen eines Rückfalls aufgeklärt, so ist ein **Rückfall in die Alkoholabhängigkeit** pflichtwidrig und vorwerfbar (v. 16. 6. 1992 – 1 D 76.90; BayVGH v. 14. 12. 2005 – 16a D 04.3486; vgl. o. Rn. 17 a. E.). Ob ein pflichtwidriger Rückfall schon vorliegt, wenn auch

»nur zum ersten Glas gegriffen wird« (was die Rspr. früher als fahrlässig bejahte: BVerwG z. B. in NJW 1980, 1347), wird jetzt verneint (BVerwG v. 15. 3. 1995 – 1 D 37.93; vgl. auch o. Rn. 15). Denn die Alkoholentwicklungen sind so individuell, dass »kontrolliertes Trinken« auch durch Alkoholiker nicht völlig ausgeschlossen ist. Jedenfalls ist diese Frage im Einzelfall aufzuklären. Denn, wie schon dargestellt, ist nicht »das erste Glas« schon der pflichtwidrige Rückfall, sondern erst die darauf beruhenden dienstlichen Auswirkungen sind pflichtwidrig (BVerwG v. 15. 3. 1995 – 1 D 37.93). Im Allgemeinen wird das unkontrollierte Trinken aufgrund der dienstlichen Auffälligkeit feststellbar sein. Jedenfalls von da an ist der Alkoholgenuss übermäßig und damit pflichtwidrig geworden. Das Dienstvergehen kann vorsätzlich, bedingt vorsätzlich (so BVerwG v. 20. 7. 1993 – 1 D 12.92) oder fahrlässig begangen werden (s. zur Abgrenzung BVerwG, NJW 1980, 1347 und v. 23. 3. 1982 – 1 D 63.81).

Bei der Verschuldensfrage kann sich der alkoholkranke Beamte nach der bisherigen Rspr. nur bei Vorliegen des § 20 StGB entlasten. Sind die Voraussetzungen des § 21 StGB gegeben, so reichte dies nach der st. Rspr. des BVerwG nicht aus. Die verminderte Schuldfähigkeit sollte bei danach verschuldetem und vorwerfbarem Verlust der Dienstleistungsfähigkeit nicht einmal bei der Maßnahmewahl zu berücksichtigen sein (BVerwG v. 16. 4. 1996 – 1 D 79.95; a. A. BDiG v. 10. 1. 2001 – IX VL 14/00). Dies wird nach der neuesten Rspr. des BVerwG so nicht mehr aufrechtzuerhalten sein. Das BVerwG hat in der Entscheidung vom 3. 5. 2007 (2 C 9.06) bei einem spielsüchtigen Beamten ausdrücklich ausgeführt, dass vor dem Hintergrund der in § 13 Abs. 1 Satz 2 bis 4 BDG vorgegebenen Bemessungsvorgaben und der dabei geforderten prognostischen Gesamtwürdigung auch die Frage, ob der Beamte im Zustand erheblich verminderter Schuldfähigkeit gehandelt hat, sogar bei Zugriffsdelikten nicht schematisch als unbeachtlich abgetan werden darf. Lässt der Sachverhalt Anhaltspunkte erkennen, dass eine Schuldminderung gem. § 21 Abs. 1 StPO vorliegt, so haben die Gerichte diesem nachzugehen. Gilt dies nach der richtigen Auffassung des BVerwG bei Zugriffsdelikten, so gilt dies erst recht bei den hier in Frage stehenden Delikten (s. dazu ausf. die Komm. zu § 13). **21**

Ein selbständiger Tatbestand der Beseitigung oder Einschränkung der Dienst- und Einsatzfähigkeit kann auch vorliegen **bei dienstlich nachteiligen Folgen** vorausgegangener anderer Pflichtverstöße, soweit sie zurechenbar sind. Wie schon dargestellt (s. o. Rn. 7), sind bei Alkoholmissbrauch allein seine dienstlichen Auswirkungen disziplinar relevant. Sie stellen nicht bloße – erschwerende – Folgen eines anderen Dienstvergehens, sondern ein Merkmal eines **selbständigen Pflichttatbestands** dar (BVerwG GE 73, 115, 63; v. 26. 3. 1985 – 1 D 180.84; vgl. auch v. 11. 12. 1986 – 1 D 49.86 und v. 9. 7. 1987 – 1 D 144.86). So begeht ein selbständiges, innerdienstliches Dienstvergehen aus § 61 Abs. 1 Satz 1 BBG, wer nach einer außerdienstlichen Trunkenheitsfahrt mit **Restalkohol den Dienst antritt** oder hätte antreten müssen (BVerwG v. 14. 11. 1980 – 1 D 3.80; v. 6. 5. 1985 – 1 D 6.85) oder den Dienst wegen der Trunkenheitsfahrt verspätet antritt (BVerwG v. 7. 2. 1983 – 1 D 51.83 – ZBR 1984, 276; v. 26. 3. 1985 – 1 D 180.84). Dieselben Grundsätze gelten für solche dienstlichen Auswirkungen von Alkoholmissbrauch, die nicht die Gesundheit, sondern die **sonstige Befähigung zur Dienstleistung** einschränken. Denn wie schon dargelegt und aus § 96 Abs. 1 Satz 2 BBG ersichtlich: Zur Dienstfähigkeit gehört nicht nur die Erhaltung der Gesundheit, sondern auch der anderen Leistungsvoraussetzungen. Deshalb begeht – neben der außerdienstlichen Trunkenheitsfahrt, soweit **22**

B. II. 5 Erhaltung der vollen Dienst- und Einsatzfähigkeit

sie nach der neueren Rspr. disziplinar überhaupt noch relevant ist – ein selbständiges Dienstvergehen nach §§ 61 Abs. 1 Satz 1, 96 Abs. 1 Satz 1 BBG, wer als laufbahnmäßiger Berufskraftfahrer infolge einer Trunkenheitsfahrt die **Fahrerlaubnis verliert** (BDiG v. 22.11.1977 – I VL 52/77; v. 28.6.1977 – V VL 2/77; v. 8.2.1978 – IV VL 34/77; v. 3.2.1982 – I VL 23/81; v. 14.8.1984 – VI Bk 5/84). Damit verliert er zugleich die Befähigung, weiter in der Laufbahn (dazu BVerwG v. 11.12.1986 – 1 D 49.86) eingesetzt zu werden. Diese Folge ist ihm als selbständige Pflichtverletzung ebenso zurechenbar wie Versäumung des Dienstes, Verspätung bei Dienstantritt oder Trunkenheit im Dienst. Diese Gesichtspunkte können **nicht in gleichem Maße** für die Beamten gelten, die im Rahmen ihrer anderweitigen Laufbahnverwendung nur beiläufig oder gelegentlich auch mit Kraftfahrern befasst werden. Denn ihr weiterer Einsatz in ihrer Laufbahn und in dem bisherigen Dienstbereich wird durch den Verlust der Fahrerlaubnis meist nicht vereitelt.

23 Ebenso wie beim Fernbleiben aus anderen Gründen (unerlaubte Nebentätigkeit während pflichtwidrigen Fernbleibens, s. o. B. II. 3. b) **konsumiert** die durch vordienstlichen Alkoholgenuss eingetretene **volle Dienstunfähigkeit** (Dienstvergehen nach § 61 Abs. 1 Satz 1 BBG) **weitere innerdienstliche Pflichtverletzungen**, die damit im Zusammenhang stehen. Denn wer ohnehin nicht dienstfähig ist, hat für diese Zeit auch keine Dienstleistungspflichten, die er zusätzlich und selbständig verletzen könnte. Bringt sich ein Dienstkraftfahrer bei der genehmigten Teilnahme an einer Beerdigungsfeier außerhalb des Dienstes in alkoholbedingte, volle Dienstunfähigkeit, so kann ihm außer dem Verstoß nach § 61 Abs. 1 Satz 1 BBG nicht auch noch vorgeworfen werden, er habe pflichtwidrig nach Rückkehr zum Dienst die Arbeit nicht aufgenommen (BDiG v. 28.6.1977 – V VL 2/77).

24 Andere Ursachen als Alkohol können ebenfalls den Tatbestand der andauernden oder vorübergehenden Dienst- und Einsatzunfähigkeit erfüllen. Das gilt zunächst für den Missbrauch von **Arzneimitteln und Drogen** in größerem Umfang (BVerwG – 1 D 174.84; v. 29.4.1986 – 1 D 141.85). **Gelegentlicher Haschischgenuss** ohne dienstliche Auswirkungen ist noch nicht pflichtwidrig i. S. d. § 61 Abs. 1 Satz 1 BBG (BVerwG v. 10.12.1985 – 1 D 76.85 – ZBR 1986, 244 = E 87, 82; BDiG v. 7.10.1998 – VII VL 35/97; zur Bedeutung von »Einstiegsdrogen« BVerwG [WD], Dok. Ber. 1991, 119; zum Haschischkonsum eines Soldaten in schweren Fällen vgl. BVerwG [WD], ZBR 1991, 30.1; a. A. BVerwG v. 10.8.1994 – 2 WD 24/94: Nach dieser Entscheidung soll auch der einmalige Konsum von Haschisch bereits ein Verstoß gegen die Verpflichtung zur Gesunderhaltung sein. An dieser Entscheidung ist die exemplarisch vorgeführte vorurteilsbeladene Argumentation über die Gefahren von Haschischrauchen interessant, die das Urteil inhaltlich entwertet und dem daher nicht gefolgt werden kann). Das Herbeiführen einer Heroinabhängigkeit soll ebenfalls einen Verstoß gegen die Pflicht zur Gesunderhaltung darstellen (BVerwG v. 14.5.1997 – 1 D 58.96, ZBR 1998, 245). Nach Auffassung des Senats ist die Abhängigkeit von harten Drogen, anders als bei der Alkoholsucht, selbst verschuldet und dem Beamten bei dienstlichen Folgen daher vorwerfbar. Der Besitz und **Handel mit Haschisch** verstößt gegen § 61 Abs. 1 Satz 2 BBG (BVerwG v. 13.1.1985 – 1 DB 85.83 – Dok. Ber. 1988, 51). Die dienstliche Beteiligung am **Heroinhandel** (Abfangen von Heroinbriefen als Postzusteller gegen Überlassen kleiner Mengen zum Eigenverbrauch) ist ein Dienstvergehen, das in der Regel untragbar macht (BVerwG – 1 D 103.87). Gleiches gilt für den Kokainhandel (BVerwG v.

12.7.1994 – 1 D 31.93). Der außerdienstliche Erwerb von »Speed« und Kokain sowie deren Weitergabe – wobei im Sachverhalt offen bleibt, ob entgeltlich oder unentgeltlich – sollen grundsätzlich mit einer Degradierung zu ahnden sein (BVerwG v. 1.7.1997 – 2 WD 11.97).

Zur Klärung der Dienstfähigkeit müssen Beamte eine Röntgen-Lungenuntersuchung hinnehmen, da sie aus dienstlichen Gründen zumutbar ist und nicht gegen Art. 2 und 3 Abs. 1 GG verstößt (BVerfG v. 21.8.1987 – 2 BvR 688/87; BDiG v. 7.4.1987 – IV Zk 4/86; v. 15.10.1987 – XIII Zk 38.86). 25

Auch der Verlust der amtserforderlichen **Unparteilichkeit und Unbefangenheit** (§ 60 Abs. 1 Satz 2 BBG) schränkt die dienstliche Einsatzfähigkeit ein. Dafür können politische Betätigung (vgl. B. II. 2. Rn. 6) wie auch private Beziehungen verantwortlich sein. Schon der Anschein der Befangenheit ist zu vermeiden. Danach hat sich der Beamte innerhalb und außerhalb der Amtsführung zu verhalten. Geht ein Staatssekretär ohne zwingenden Anlass intime Beziehungen zu einer Antragstellerin ein, die in seinem Zuständigkeitsbereich ein Großprojekt durchsetzen möchte, so macht er sich befangen und handelt pflichtwidrig (BVerwGE 63, 360 ff.). 26

Speziell mit der Gesunderhaltungspflicht korrespondiert die **Pflicht zur Wiederherstellung** der verlorenen oder eingeschränkten Dienst- und Einsatzfähigkeit (Gesundungspflicht). Dienstunfähige Beamte haben keinen Anspruch auf Krankbleiben. Die allgemeine Dienstleistungspflicht ruht, ist aber nicht aufgehoben. Beamte sind verpflichtet, nicht nur im Krankenstand alles der Gesundung Entgegengerichtete zu unterlassen, sondern auch unter der Voraussetzung der Zumutbarkeit sich einer **Heilbehandlung oder auch Operation** zu unterziehen, um sich wieder dienstfähig zu machen (BDHE 5, 39 und 232; 3 D 63.57; BVerwG v. 9.7.1987 – 1 D 144.86; DÖD 1992, 25; gegen Zumutbarkeit eines Ballonkatheters bei Herzkranken BVerwG – 2 BvR 1732/93; weitere Nachw. bei GKöD-Weiß, J 665 Rn. 22). Für dienstunfähig Erkrankte gilt die Genesungs- und Wiederherstellungspflicht noch mehr als für dienstfähige und beurlaubte Beamte (dazu BVerwG v. 26.7.1983 – 1 D 98.82 – ZBR 1983, 360 und o. Rn. 4). Von alkoholabhängigen Beamten wird deshalb verlangt, dass sie sich auch ohne dienstliche Anregung (BVerwG – 1 D 55.76 – E 53, 237 – DÖD 1977, 88) einer **Alkoholentziehungskur** unterziehen, jedenfalls aber immer dann, wenn diese ihnen dienstlich unter Hinweis auf die dienstrechtliche Bedeutung nahe gelegt wird. Die **Einsicht** in die Notwendigkeit einer solchen Kur, um die sonst anstehende Entfernung aus dem Dienst abzuwehren, kann normalerweise auch von einem Trinker, soweit er sich nicht in den letzten Stadien des suchtbedingten Verfalls befindet, erwartet werden. Nach fachmedizinischer Erkenntnis »ist der Alkoholiker mit seinen Möglichkeiten zur Gestaltung der Lebensführung auch mitverantwortlich für das, was er aus sich macht und was aus ihm geworden ist« (Langelüddeke/Bresser, Gerichtliche Psychiatrie, 1976, 157). Pflichtwidrig handelt deshalb ein Alkoholiker, wenn er eine **Entziehungskur ablehnt oder vorzeitig abbricht**, ohne stabilisiert zu sein (st. Rspr. BVerwG, NJW 1980, 1347 unter Berufung aus Langelüddeke/ Bresser, a.a.O.; v. 10.3.1987 – 1 D 71.86; v. 24.2.1987 – 1 D 127.85). Dies gilt jedoch nur dann, wenn der Beamte über die Notwendigkeit einer Entziehungskur und die disziplinarrechtlichen Folgen einer Verweigerung für ihn verständlich belehrt worden ist (BVerwG v. 25.3.1994 – 1 DB 34.93; BayVGH v. 13.12.2006 – 16a D 05.3379). Gleiches gilt auch für den **vorwerfbaren Abbruch eines Drogenentzugs**. 27

B. II. 5 Erhaltung der vollen Dienst- und Einsatzfähigkeit

28 Aber auch bei vorsätzlichem Abbruch einer Entziehungskur ist Entfernung aus dem Dienst nicht zwingend, nämlich dann nicht, wenn innerdienstlich Alkoholverfehlungen nie vorkamen und die Einsicht in die Genesungspflicht nicht völlig fehlt (BVerwG v. 10. 3. 1987 – 1 D 71.86; nur Geh.K BVerwG v. 3. 5. 1988 – 1 D 5.88 bei betriebsdienstuntauglichem Bahnbeamten, der im Rückfall Entziehungskur verweigert, nachdem er jetzt einsichtig und verheiratet ist).

29 Die Genesungspflicht verlangt auch, dass sich Beamte **während des Krankenstands** bemühen, möglichst rasch wieder gesund und dienstfähig zu werden. Ein Pflichtverstoß setzt aber auch hier den Nachweis der **Kausalität** zwischen Verhalten und Gesundungsverzögerung, die **Abwägung** zwischen Lebensführungsrecht und Dienstpflicht und **Verschulden** (einschließlich Bewusstsein der Pflichtwidrigkeit) voraus. Richtschnur für das geschuldete Genesungsverhalten ist grundsätzlich die konkrete **ärztliche Anordnung** (BDH v. 22. 3. 1961 – 3 D 41.60). Wenn wegen Bandscheibenbeschwerden krankgeschrieben und weder Bettruhe noch Ausgehverbot verordnet wurden, so ist der Besuch der **Vorstandssitzung** des Sportvereins und vor allem mäßiger Alkoholgenuss dabei nicht ohne weiteres der Gesundung schädlich und pflichtwidrig (a. A. BVerwG – 1 D 62.76 entgegen erstinstl. BDiG v. 23. 3. 1976 – IV VL 36/75; **aber** BVerwG v. 20. 5. 1998 – 1 D 57.96: Besuch eines Bierfestes für eine Stunde am letzten Tag der Krankschreibung – wobei offen bleibt, ob Bier getrunken wurde – ist nicht vorwerfbar). Gleiches gilt für einen **Spaziergang** an frischer Luft eines von der Grippe Genesenden. Dagegen sind übertriebene, besonders **kräftezehrende** Betätigungen der Genesung offensichtlich schädlich. Pflichtwidrig sind stets **nebenberufliche Betätigung** während der Krankheit, besonders solche gegen Entgelt (BVerwG, Dok. Ber. 1992, 149 auch bei bloß genereller Eignung zur Genesungsverzögerung; s. dazu B. II. 6. Rn. 7). Der einstündige Fahrschulunterricht auf einem Motorrad während der Arbeitsunfähigkeit ist vorwerfbar (BVerwG 20. 5. 1998 – 1 D 57.96).

30 Eine Verpflichtung des Ruhestandsbeamten, sich einer medizinischen Behandlung zur Wiederherstellung seiner Dienstfähigkeit zu unterziehen, wird verneint. Die ärztliche Untersuchungspflicht beschränke sich auf die Feststellung, ob zwischenzeitlich Dienstfähigkeit eingetreten sei (OVG NW v. 2. 7. 1997 – 12 A 4369/95 – DÖD 1998, 143 f.).

c) Bewertung der Pflichtverletzung, Auswahl und Bemessung der Disziplinarmaßnahme

31 Die Bewertung der verschiedenen Verstöße gegen die Pflicht zur Erhaltung bzw. Wiederherstellung der vollen Dienstfähigkeit richtet sich, wie immer, nach ihrer Bedeutung für den Dienst und seine konkreten Aufgaben. Besonders den **Alkohol- und Drogenverfehlungen** kommt wegen ihrer Verbreitung und Auswirkung auf verantwortliches Verhalten im Dienst erhebliche Bedeutung zu. Ein süchtiger Alkoholiker kann nirgends mehr verantwortlich eingesetzt werden. Krankheitsbedingte Dienstunfähigkeit und das uneinsichtige Verweigern von zumutbaren Maßnahmen, die die Dienst- und Einsatzfähigkeit wiederherzustellen geeignet sind, stehen der allgemeinen Treue- und Dienstleistungspflicht derart entgegen, dass das Vertrauen der Verwaltung wie auch der Öffentlichkeit in eine amtserforderliche Dienstleistung zerstört sein kann. Angesichts des breiten Spektrums der hier denkbaren Dienstvergehen kommt die **ganze Skala der Disziplinarmaßnahmen** zur Anwendung. Allerdings gibt es

für bestimmte Gruppen von Verfehlungen **Regel-Einstufungen**, von denen nur unter besonderen Umständen nach oben oder unten abgewichen wird. Zur Untragbarkeit und damit zur **Entfernung aus dem Dienst** führt grundsätzlich die vorwerfbare **dauernde Dienst-, Betriebs- oder Laufbahnunfähigkeit** (BVerwG v. 10.1.1980 – 1 D 56.79, NJW 1980, 1347). Liegt keine dauernde Dienstunfähigkeit vor, scheidet die Entfernung aus dem Dienst aus. Zur Feststellung der dauernden Dienstunfähigkeit ist das Disziplinargericht nicht an den Feststellungsbescheid des Dienstvorgesetzten gebunden (BVerwG, ZBR 1992, 282; vgl. o. Rn. 16).

Hierbei können eine **Milderung der Maßnahmenart und deren Bemessung** rechtfertigen: Verminderte Schuldfähigkeit (BVerwG v. 8.4.1981 – 1 D 8.80; v. 24.2.1987 – 1 D 127.85; v. 3.5.2007 – 2 C 9.06), der niedrigere Schuldgrad der Fahrlässigkeit (BVerwG v. 10.7.1991 – 1 D 84.90 – E 93, 133 = NJW 1992, 1249; v. 19.2.1986 – 1 D 49.86; jedoch bei Unverbesserlichkeit auch Entf.: Urt. v. 24.3.1982 – 1 D 63.81), ebenso bei bedingt vorsätzlichem Rückfall in »nasse Phase« (BVerwG v. 20.7.1993 – 1 D 12.91), es sei denn, die Prognose kann positiv gesehen werden (v. 9.6.1993 – 1 D 4.92), die nachträglich gezeigte Einsicht und Wiederherstellung der Dienstfähigkeit (BVerwG, NJW 1980, 1347; v. 9.7.1987 – 1 D 144.86), eine abgeschlossene negative Lebensphase (BVerwGE 63, 315; DÖD 1978, 72), die nur partielle Beschränkung oder vorübergehende Dauer der Einsatzunfähigkeit (BVerwG v. 19.2.1986 – 1 D 49.86). 32

Kurzfristige Beeinträchtigungen der Dienstfähigkeit führen nur bei anhaltendem, unverbesserlichem Fehlverhalten zur Untragbarkeit und Entfernung (BVerwG v. 22.11.1983 – 1 D 26.83; v. 8.4.1981 – 1 D 8.80). Das Hauptfeld dieser sporadischen, meist kurzzeitigen Dienstunfähigkeiten stellen die Alkoholverfehlungen vor und im Dienst. Hierfür stehen normalerweise je nach den Umständen des Einzelfalles alle Disziplinarmaßnahmen zur Verfügung. Allerdings gilt für **Alkoholverfehlungen im Dienst trotz absoluten Alkoholverbots** (Bahnbetriebsdienst, Schalterbeamte, Zusteller, Kundenbetreuer, Kraftfahrer, Polizeivollzugsbeamte) der Grundsatz, dass bei Ersttat Gehaltskürzung, bei Wiederholungstaten oder schweren dienstlichen Folgen Degradierung und Entfernung angemessen sind (BVerwG v. 25.7.1984 – 1 D 69.84; zu eng BVerwG, DÖD 1990, 143, das bei erstmaligem Alkoholverstoß eines Betriebsbeamten bei betrieblichen Störungen ohne andere erhebliche Folgen regelmäßig Degradierung verlangt; vgl. BVerwG v. 6.3.2001 – 1 D 6/00 mit ausführlichen Darlegungen zur Maßnahmewahl). 33

Haschischgenuss im größeren Umfang zieht Gehaltskürzung nach sich, bei erschwerenden Umständen wie Besitz und Handel Degradierung und Entfernung. Auf Entfernung wird bei (auch außerdienstlichem) Handel mit harten Drogen erkannt. 34

Verstöße gegen die »**Wiederherstellungspflicht**« führen nur ausnahmsweise zur Entfernung, nämlich bei vorsätzlich oder bedingt vorsätzlicher Verweigerung der zumutbaren Heilbehandlung, Kur oder Operation (BVerwG v. 24.2.1987 – 1 D 127.85). Wegen der Maßnahmewahl und Bemessung im Allgemeinen vgl. A. IV. Rn. 74 ff., im Einzelnen folgende Rspr.-Übersicht; zu rein außerdienstlichen Alkoholverfehlungen wie Trunkenheitsfahrt, Rauschtat vgl. B. II. 12. Rn. 4 ff. 35

B. II. 5 Erhaltung der vollen Dienst- und Einsatzfähigkeit

d) Rechtsprechungsübersicht

Grundsatzentscheidung **zur Erhaltung der Dienstleistungspflicht**
 – *BVerwG* E 73, 115; E 46, 272

Grundsatzentscheidung zum **Alkoholismus** als disziplinar erhebliche Treuwidrigkeit – wg. Alkoholismus **vorzeitig in Ruhestand** versetzter Postbeamter – Fahrlässigkeit, kein bedingter Vorsatz – Einsicht durch neuerliche Entziehungskur: **RGeh.K**
 – *BVerwG*, NJW 1980, 1347; vgl. auch E (WD) 53, 83

Alkoholismus – Bedeutung von **Vorsatz und Fahrlässigkeit** – Bewusstsein der Pflichtwidrigkeit: **RGeh.K**
 – *BVerwG* – 1 D 13.83, ZBR 1984, 155, PersV 1988, 234

Verminderte Schuldfähigkeit, § 21 StPO – Berücksichtigung bei der Maßnahmewahl
 – *BVerwG* v. 3. 5. 2007 – 2 C 9.06

Periodische Trunksucht (Dipsomanie) – Geisteskrankheit gem. § 20 StGB: **Freispruch**
 – *BDiG* v. 9. 4. 1968 – IV VL 32/67

Alkoholismus – andauernde Dienstunfähigkeit – wiederholter Rückfall – auch bei **Fahrlässigkeit: Entf./Aberk. RGeh./p>**
 – *BVerwG* v. 23. 3. 1982 – 1 D 63.81

Beta-Alkoholiker – Abbruch der Entziehungskur – keine Dienstunfähigkeit – keine Auswirkungen auf den Dienst: **Degr.**
 – *BVerwG* v. 10. 3. 1987 – 1 D 71.86

Gamma-Alkoholiker – Rückfall nach 2 Entziehungskuren: **Aberk. RGeh.**
 – *BVerwG* v. 14. 10. 1981 – 1 D 61.80

Lokführer – längerer **Alkoholismus** – Trunkenheit während Dienst – erste innerdienstliche Verfehlung – Rückfall nach zwei Entziehungskuren: **Entf.**
 – *BVerwG* v. 30. 10. 1984 – 1 D 33.84 – E 76, 211, ZBR 1985, 90, PersV 1988, 235

Lokführer Trunkenheit auf Lok – Rückfall – wegen erfolgreicher Entziehungskur statt Degradierung: **Geh.K**
 – *BVerwG* v. 10. 2. 1982 – 1 D 52.81, bei Ersttat: **Geh.K**; v. 24. 5. 1978 – 1 D 74.77; v. 24. 2. 1981 – 1 D 30.80

Rangierbeamter – **Trunkenheit im Dienst** als Kolonnenführer – Rangierdienst weniger gefährlich als Lokdienst – Geldbuße – wegen jetzigen Ruhestands: **Einst.**
 – *BVerwG* v. 14. 12. 1977 – 1 D 4.77 – E 53, 351; dagegen: Geh.K. v. 28. 6. 1979 – 1 D 51.78 – E 63, 242

Rangierleiter – Trunkenheit im Dienst – Rückfall: **Degr.**
 – *BVerwG* v. 13. 11. 1984 – 1 D 94.84

Erhaltung der vollen Dienst- und Einsatzfähigkeit   B. II. 5

Fahrdienstleiter – Alkohol bei Dienstantritt – verschuldeter Auffahrunfall: **Degr.**
– *BVerwG*, DÖD 1990, 143

Schrankenwärter – erstmalige Trunkenheit im Dienst – keine betrieblichen Störungen: **Geh.K**
– *BVerwG* v. 7. 12. 1977 – 1 D 47.77

Schrankenwärter – Alkohol im Dienst – wiederholt rückfällig: **Entf.**
– *BVerwGE* 33, 92

Abteilungsleiter – Alkohol im Dienst **kurz vor Dienstende** – Umtrunk bei Beförderung – keine Leistungsausfälle – Trunkenheitsfahrt nach Dienst: **Geh.K**
– *BVerwG* v. 14. 3. 1980 – 1 D 3.79 v. 16. 12. 1980 – 1 D 99.79 – E 73, 115

Berufskraftfahrer – Trunkenheit im Dienst – außerdienstlich einschlägig vorbestraft – regelmäßig Degradierung: **Degr.**
– *BVerwG* v. 14. 12. 1976 – 1 D 33.76 – E 53, 226, DÖD 77, 1985; v. 21. 4. 1976 – 1 D 49.76

Busfahrer – erstmalige außerdienstliche Trunkenheitsfahrt mit Verlust der Fahrerlaubnis – zwangsläufige Ablösung aus Fahrdienst – kein selbständiges Dienstvergehen, jedoch erschwerende Folge – nach Geh.K wg. § 14 BDO: **Einst.**
– *BVerwG* v. 11. 12. 1984 – 1 D 125.83; v. 9. 12. 1982 – 1 D 42.82, NJW 1983, 1440, ZBR 1983, 159; v. 12. 12. 1984 – 1 D 129.84

Busfahrer – außerdienstliche Trunkenheitsfahrt auf Moped – Verlust der Fahrerlaubnis ist Dienstvergehen nach § 54 Satz 1 BBG: **Geh.K**
– *BDiG* v. 22. 11. 1977 – I VL 52/77; bei sonst. Dienstkraftfahrern: v. 8. 2. 1978 – IV VL 34/77; v. 8. 2. 1978 – IV VL 32/77; v. 28. 6. 1977 – V VL 2/77

Busfahrer – Trunkenheit bei Dienstfahrt, Verlust der Fahrerlaubnis – Unfall mit Schaden, nur: **Geh.K 1/20 – 6 Mon.**
– *BVerwG* v. 7. 12. 1983 – 1 D 51.83 (bedenklich!) – ZBR 1984, 276

Vielfach **vorbelasteter Alkoholiker** – Rückfall – Einsicht durch neue Entziehungskur dienstliche Leistung und Kontrolle jetzt günstig – Grundsatz der stufenweisen Steigerung: **Degr.**
– *BVerwG* v. 8. 4. 1981 – 1 D 8.80

Vielfach **vorbelasteter Alkoholiker** – Rückfall während der 3. Entziehungskur, abgebrochen: **Aberk. RGeh.**
– *BVerwG* – 1 D 71.89

Postzusteller – Alkoholgenuss im Dienst trotz absoluten Alkoholverbots – geringe Trinkmenge, Verleitung durch Postkunden – Trunkenheitsfahrt nach Dienstende – Ersttat, gut beurteilt – Geldbuße/Verjährung: **Einst.**
– *BVerwG* v. 13. 3. 1980 – 1 D 1/79; ebenso: **Geldbuße**
– *BDiG* v. 27. 2. 1985 – I VL 34/84

B. II. 5 Erhaltung der vollen Dienst- und Einsatzfähigkeit

Innendienstbeamter – Dienstantritt mit **Restalkoholgehalt** nach **außerdienstlicher Trunkenheitsfahrt** – selbständiges Dienstvergehen aus § 54 Satz 1 BBG – Milderung wegen Fahrlässigkeit – **Geldbuße/Verjährung: Einst.**
– *BVerwG* v. 7. 11. 1979 – 1 D 3.80; Dok. Ber. 1981, 63; Dok. Ber. 1981, 263

Alkoholbedingte Dienstunfähigkeit nach außerdienstlicher Trunkenheitsfahrt – zurechenbare Folge = selbständiges Dienstvergehen:

ja bei nachwirkender Dienstunfähigkeit:
– *BVerwG* v. 14. 11. 1980 – 1 D 3.80

verspäteter Dienstantritt:
– *BVerwG* v. 17. 12. 1983 – 1 D 51.83 – ZBR 1984, 276

Verlust der Fahrerlaubnis:
– *BDiG* v. 22. 11. 1977 – I VL 52/77; v. 28. 6. 1977 – V VL 2/77; v. 8. 2. 1978 – IV VL 34/77; v. 14. 8. 1984 – VI Bk 5/84

nein bei Haft:
– *BVerwG* v. 20. 3. 1970 – 3 D 33.69; v. 1. 9. 1981 – 1 D 90.80 – E 73, 252; v. 2. 10. 1981 – 1 DB 16.81

Unfallfolgen:
– *BVerwG* v. 2. 6. 1977 – 1 D 83.76 – E 53, 310

Verlust der Fahrerlaubnis:
– *BVerwG*, Dok. Ber. 1984, 79; v. 11. 12. 1984 – 1 D 125.83; v. 7. 5. 1983 – 1 D 109.84: **widerspr.:** v. 13. 10. 1981 – 1 D 3.81; v. 9. 12. 1982 – 1 D 44.82; v. 8. 12. 1982 – 1 D 28.82

Alkoholbedingte Dienstunfähigkeit – andere Leistungsdefizite zur gleichen Zeit werden davon konsumiert – keine selbständigen Dienstvergehen
– *BDiG* v. 28. 6. 1977 – V VL 2/77; wie entspr.
– *BVerwGE* 81, 172 für Nebentätigkeit während Fernbleibens

Haschischgenuss – ohne dienstliche Auswirkungen nicht nach § 54 Satz 1 (jetzt: § 61 Abs. 1 Satz 1), jedoch Besitz nach § 54 Satz 3 (jetzt: § 61 Abs. 1 Satz 1) BBG pflichtwidrig: **Geh.K**
– *BVerwG* ZBR 1986, 244 – E 83, 82;
– *BDiG* v. 21. 3. 1985 – I VL 28/84

Rauschgiftgenuss und -handel in geringem Umfang – keine Dienstunfähigkeit: **Degr.**
– *BVerwG* 1 D 175.84; vgl. auch v. 29. 4. 1986 – 1 D 141.85; Dok. Ber. 1982, 1931; v. 13. 1. 1985 – 1 DB 35.83; v. 10. 12. 1987 – 1 DB 29.87

Postzusteller – Beteiligter am **Heroinhandel** durch Abfangen der fingiert adressierten Heroinbriefe – als Belohnung Abgaben zu eigenem Verbrauch – Rauschgifttat und Bestechlichkeit – mildernd: Verleitung – freiwilliger Ausstieg: statt Entf.: **Degr.**
– *BVerwG* – 1 D 103.87

Erhaltung der vollen Dienst- und Einsatzfähigkeit B. II. 5

Ablehnung oder Abbruch der Entziehungskur durch Alkoholiker ist pflichtwidrig: **RGeh.K**
- *BVerwG* v. 24. 2. 1987 – 1 D 127.84: Degr.
- *BVerwG* v. 10. 3. 1987 – 1 D 71.86

Stationäre **Heilbehandlung trotz Dienstfähigkeit** – keine Urlaubsbewilligung dazu – **pflichtwidrig**
- *BVerwG* v. 22. 9. 1983 – 1 DB 24.83 entg. erstinst. *BDiG*

Genesungspflicht – Krankschreibung wegen Bandscheibenbeschwerden, weder Bettruhe noch Ausgehverbot verordnet – dennoch wegen Besuchs der Vorstandssitzung des Sportvereins und mäßigen Alkoholgenusses Geh.K – wegen § 14 BDO: **Einst.**
- *BVerwG* v. 15. 9. 1977 – 1 D 62.76 entg. erstinst.
- *BDiG* v. 23. 3. 1976 – IV VL 36/75 (Freispruch)

Genesungspflicht – Pflicht zur **Heilbehandlung und Operation**
- *BDHE* 5, 39 u. 232; v. 2. 6. 1959 – 3 D 63.57
- *BVerwG* v. 10. 1. 1980 – 1 D 56.79; 1 D 144.86
- *BVerfG* – 2 BvR 1732/93

Genesungspflicht – ungenehmigte Nebentätigkeit während Krankheit – Verletzung der Einsatzpflicht: **Entf.**
- *BVerwG*, Dok. Ber. 1992, 147

Pflicht zur **Klärung des Gesundheitszustands** – **Röntgenuntersuchung** zumutbar
- *BVerfG* v. 21. 8. 1987 – 2 BvR 688, 87
- *BDiG* v. 7. 4. 1987 – IV Zk 4/86; v. 15. 10. 1987 – XIII Zk 38.86

Alco-Test

Mitwirkungspflicht:
- *BVerwG* v. 6. 12. 1988 – 1 D 98.87 – ZBR 1989, 342 = DÖD 1989, 264 (Geh.K)

Erheblichkeitsgrenze:
- *BVerwGE* 46, 272; v. 14. 11. 1980 – 1 D 3.80

Beweiskraft:
- *BVerwG* v. 6. 2. 1980 – 1 D 4.79; 12. 12. 1979 – 1 D 93.78

Fehlerquellen:
- *BVerwG* v. 12. 12. 1979 – 1 D 93.78

Alkoholmessung mittels Alkomaten nur dann verwertbar, wenn zur Bestimmung der Atemalkoholkonzentration ein Mittelwert aus zwei wirksamen Tests ermittelt wird
- *VG Ansbach* v. 19. 1. 1998 – 6 DA 97.02056 – DÖD 1998, 121
- *LG Dessau*, NStZ 2001, 152

B. II. 5 Erhaltung der vollen Dienst- und Einsatzfähigkeit

Absolutes Alkoholverbot – geringste Menge pflichtwidrig
- *BVerwG* v. 10. 2. 1972 – 1 D 38.71 – E 43, 305, DÖD 1972, 112; v. 12. 12. 1979 – 1 D 93.78

Rauschtat – Gewicht des Dienstvergehens und Bemessung der Maßnahme nach Bedeutung der im Rausch begangenen Tat
- *BDHE* 5, 20; v. 26. 4. 1967 – 3 D 1.67;
- *BVerwG* v. 24. 9. 1976 – 1 D 11.76

Staatssekretär – intime Beziehungen zu Antragstellerin – schuldhafte **Parteilichkeit und Befangenheit** – weitere Verfehlungen – wegen Ruhestands: **RGeh.K** (Höchstmaß)
- *BVerwGE* 63, 360 ff.

Kurzer Besuch (1 Stunde) eines Bierfestes – kein Verstoß gegen Genesungspflicht; einmalige Fahrstunde auf Motorrad während Erkrankung, **Uneinsichtigkeit im Hinblick auf Alkoholproblem** und deswegen Dienstunfähigkeit bei unklaren ärztlichen Attesten – keine Evidenz der Pflichtwidrigkeit: **RGeh.K 1/30 auf 5 Jahre**
- *BVerwG* v. 20. 5. 1998 – 1 D 57.96

Anforderungen an **Auflage, keinen Alkohol zu trinken** – keine Verpflichtung im privaten Bereich, kein Bestimmungsrecht des Dienstherrn
- *BVerwG* v. 15. 3. 1995 – 1 D 37.93 – ZBR 1996, 55; PersV 1995, 380

Beamter muss die ihm **zumutbaren Voraussetzungen trotz körperlicher Beeinträchtigung** schaffen, seine Arbeitskraft zur Verfügung zu stellen – Notwendigkeit zur Anschaffung eines PKW für den Weg zur Dienststelle, da die finanziellen Mittel beim Beamten vorhanden seien
- *BVerwG* v. 27. 11. 1997 – 1 DB 25.96

Rückfall in nasse Phase der Alkoholabhängigkeit, Abwesenheit wegen Entziehungskur, dienstliche Auswirkungen – »erstes Glas« kein Vergehen, erst dann, wenn Abhängigkeit dienstliche Folgen hat: **RGeh.K auf 6 Monate**
- *BVerwG* v. 21. 9. 1994 – 1 D 62.93

Keine Verpflichtung des Ruhestandsbeamten zu Heilmaßnahmen, die der Wiederherstellung seiner Dienstfähigkeit dienen
- *OVG NW* v. 2. 7. 1997 – 12 A 4369/95 – DÖD 1998, 143 f. (rechtskr.)

Keine Regeldauer der **Alkoholabstinenz als Nachweis des Kurerfolgs**
- *BVerwG* v. 15. 3. 1994 – 1 D 42.93

Gerichtliche Beweiserhebung hinsichtlich des Kurerfolgs, Notwendigkeit und Umfang der Belehrung
- *BVerwG* v. 25. 3. 1994 – 1 DB 34.93

Außerdienstlicher **Kokain- und Speederwerb** und Weitergabe im Dienst: **Degr.**
- *BVerwG* v. 1. 7. 1997 – 2 WD 11.97 – NVwZ-RR 1998, 243 f.

Erhaltung der vollen Dienst- und Einsatzfähigkeit B. II. 5

Disziplinare Einstufung des Verstoßes gegen **Nüchternheitsgebot** abhängig von der konkreten wahrzunehmenden Tätigkeit des Beamten – Es kommt auch eine nichtförmliche Maßnahme in Betracht
- *BVerwG* v. 14. 6. 1995 – 1 D 22.95

Herbeiführung einer **Heroinabhängigkeit** in der Regel vorwerfbar – gesamte Breite der disziplinaren Maßnahmen, hier: **Geh.K auf 18 Monate, weil erfolgreicher Entzug**
- *BVerwG* v. 14. 5. 1997 – 1 D 58.96

Handel mit Rauschgift (Haschisch, Kokain, Amphetamin) sowie weitere außerdienstliche Straftaten: **Entf.**
- *BVerwG* v. 12. 7. 1994 – 1 D 31.93 – ZBR 1995, 26; PersV 1995, 381

Erwerb von **Marihuana** zum Eigenverbrauch: **Geh.K im unteren Bereich**
- *BVerwG* v. 7. 5. 1996 – 1 D 82.95 – E 103, 316, NVwZ 1997, 587

Grundsätze der Maßnahmebemessung
- *BVerwG* v. 6. 3. 2001 – 1 D 6.00

Die **Hingabepflicht** hat die Bedeutung, dass sie die Leistungsbereitschaft des Beamten gegenüber dem Dienstherrn fordert und damit in erster Linie den Einsatz seiner vollen Arbeitskraft sichern soll – Diese Pflicht ist verletzt bei der **privaten Nutzung des Btx-Dienstes während des Dienstes**
- *BVerwG* v. 9. 8. 1994 – 1 D 54.93 (dürfte entspr. für die **Internetnutzung** gelten)

Gebot des § 54 Satz 1 BBG (jetzt: § 61 Abs. 1 Satz 1) umfasst die **Verpflichtung zur Erhaltung der Gesundheit** (Aufbau einer Firma und Ausübung des Gewerbes während Krankschreibung): **Aberk. RGeh.**
- *BVerwG* v. 1. 6. 1999 – 1 D 49.97 – NJW 2000, 1585

. . . verneint bei **Ausübung von Extremtauchsport** während krankheitsbedingter Fehlzeit
- *BVerwG* v. 15. 8. 2000 – 1 D 77.98

Beamter des gehobenen Dienstes in Vorgesetztenfunktion, wiederholtes **Unterschreiten der Regelarbeitszeit** anlässlich von Familienheimfahrten – **Geh.K**
- *BVerwG* v. 29. 3. 2000 – 1 D 62.98

Posthauptschaffner – **verspäteter Dienstantritt in 15 Fällen** zwischen 10 und 45 Minuten, Erschwernisgründe – **Geh.K**
- *BVerwG* v. 21. 3. 2001 – 1 D 29.00

6. Arbeitseinsatz und Arbeitsqualität

a) Rechtsgrundlage: § 61 Abs. 1 Sätze 1 und 2 BBG

Wortlaut:
»Beamtinnen und Beamte haben sich mit vollem persönlichen Einsatz ihrem Beruf zu widmen. Sie haben das ihnen übertragene Amt uneigennützig nach bestem Gewissen wahrzunehmen. ...«

b) Definition der Pflicht und ihrer Verletzung

1 Jeder Beamte ist verpflichtet, sich mit allen Fähigkeiten und Kräften voll für die übertragenen dienstlichen Aufgaben einzusetzen. Diese **Einsatzpflicht** ist der eigentliche Inhalt des § 61 Abs. 1 Satz 1 BBG, der allein auf die Qualität der Dienstleistung, nicht auf die im Dienst verbrachte Zeit abstellt (vgl. B. II. 3. Rn. 1). Der Inhalt der zu erledigenden Aufgaben ergibt sich zunächst aus den Organisationsplänen, Zuständigkeitsregelungen und Einzelanweisungen. Aus dem Aufgabenbereich selbst ergeben sich auch die Leistungsanforderungen und die Qualität der Arbeit zwangsläufig. Die programmatische Zielsetzung des § 61 Abs. 1 Sätze 1 und 2 (wie auch des § 62 Abs. 1 Satz 1) BBG macht darüber hinaus nur deutlich, dass wegen des lebenslangen Treueverhältnisses auch ohne ständige Kontrollen und Anweisungen aus **eigenem Antrieb und eigener Verantwortung** das Amtserforderliche getan werden muss. Dabei kommt es wieder, wie generell, darauf an, ob die übertragene Aufgabe dienstlichen Zwecken dient (vgl. BDHE 6, 160, DVBl. 1967, 738) und ob eine private Verrichtung während der Dienstzeit das dienstlich geschuldete Arbeitsergebnis überhaupt beeinträchtigt (vgl. B. I.). Richtet sich der disziplinare Vorwurf darauf, dass der Beamte die übertragenen Geschäfte grundsätzlich nicht bearbeiten will, so liegt darin Arbeitsverweigerung (BVerwG v. 22. 6. 2006 – 2 C 11.05 Rn. 40; instruktiv OVG NW v. 11. 5. 2005 – 21d A 4233/02.9 und Nds. OVG v. 17. 7. 2007 – 3 LD 5/04, die allerdings gerade den tatsächlichen Vorwurf verkennen) oder Nachlässigkeit und mangelnde Sorgfalt i. S. d. § 61 Abs. 1 Satz 1 BBG. Werden aber nur Einzelanweisungen vernachlässigt, die auf das Gesamtergebnis der Aufgabenstellung keinen entscheidenden Einfluss haben, so liegt tatbestandsmäßig eher der Pflichtenverstoß des Ungehorsams (§ 62 Abs. 1 Satz 2 BBG) vor, der zunächst nur eine **Ordnungswidrigkeit** im Bereich der formalen Pflichtenverstöße darstellt und deshalb geringeres Gewicht hat (vgl. B. II. 7.). Erst Verstöße im Bereich der **Kernpflichten** geben diesen Ordnungswidrigkeiten das Gewicht einer materiellen Pflichtverletzung (i. S. d. § 61 Abs. 1 Satz 3 BBG) mit entsprechend höherem disziplinaren Gewicht (vgl. A. II. Rn. 39 ff.). Zu letzteren gehört die Pflicht zu vollem Arbeitseinsatz und zu sorgfältiger Arbeit. Sie bezieht sich auf die **fehlerhafte oder nachlässige Arbeitsweise aufgrund mangelnder Eigenverantwortung**.

2 Jedoch ist nicht jede mangelhafte Arbeitsweise pflichtwidrig. Grundsätzlich schuldet jeder Beamte nur eine **im Ganzen durchschnittliche Leistung**. »Das schließt allerlei Mängel der Arbeitsweise ein, die als Ganzes zu betrachten ist. Auch der fähigste und zuverlässigste Beamte macht gelegentlich Fehler und ist Schwankungen seiner Arbeitskraft unterworfen. Es wäre willkürlich, solche Mängel aus dem Zusammenhang einer andauernden Tätigkeit herauszugreifen und isoliert zu beurteilen. Das kann allenfalls bei vorsätzlichem Verhalten geschehen, also bei ausgesprochener **Widersetzlichkeit oder bewusster Gleich-**

gültigkeit gegenüber ganz konkreten Anordnungen oder auch bei **bewusster Nachlässigkeit**, die im gegebenen Einzelfall **voraussehbar zu erheblichen Nachteilen** geführt hat« (zuletzt BVerwG v. 9.11.2000 – 1 D 8.96, S. 20 m.w. N.; BayVGH v. 24.11.2004 – 16a D 03.2755; st. Rspr. BDiG, Dok. Ber. 1968, 3311; v. 21.9.1974 – V Bk 3/74). Damit scheiden als Dienstvergehen Arbeitsmängel aus, die im alltäglichen Verlauf jedem einmal unterlaufen können, soweit sie nicht persönlichkeitsbedingt wiederholt, vorsätzlich oder bei gefahrengeneigter Arbeit im Kernbereich des Dienstpostens mindestens bewusst fahrlässig begangen wurden. Dementsprechend sind **Ordnungswidrigkeiten im Bagatellbereich** zumindest nicht pflichtwidrig (BVerwG v. 1.10.1970 – 1 D 12.70; vgl. zu Bagatellsachen A. I. Rn. 20, zur Bedeutung der Strafbarkeit des Verhaltens A. III. Rn. 63). **Widersetzt sich** ein Beamter anderen zugewiesenen Aufgaben **durch Gleichgültigkeit und Untätigkeit** (BDiG v. 3.10.1974 – IV Bk 4/74; BVerwG v. 8.7.1987 – 1 D 140.86), erscheint er oftmals aus **Gleichgültigkeit** nicht zum Dienst (BVerwG, ZBR 2000, 168 = NVwZ-RR 2000, 231 = DÖD 2000, 59) oder **vernachlässigt ein Zugführer** der Bundesbahn ständig aus Gleichgültigkeit und Arbeitsunlust seine Aufgaben (BDiG v. 26.8.1975 – IV Bk 7/74), so ist die Pflicht zur vollen Einsatzbereitschaft vorsätzlich verletzt, ebenso bei vorsätzlicher Verweigerung bestimmter Arbeitsleistungen (BVerwG v. 3.3.1993 – 1 D 35.91: Degr.). Die Einsatzpflicht besteht auch im Bereitschafts- und Rufbereitschaftsdienst. Dies ist neuerdings von Relevanz für der DB-AG zugewiesene Bahnbeamte, die mangels eigenen Arbeitsplatzes dem Dienstleistungszentrum Arbeit, bzw. nun der DB-Arbeit GmbH zugeordnet wurden. Diese oft als »Arbeitsamt der Bundesbahn« bezeichnete Institution entlässt in der Regel ihr zugeordnete Beamte zur Einsparung teuren Büroraumes – es mangelt schließlich an Arbeit – in die Heimbereitschaft. Jeder Beamte ist verpflichtet, sich auf Einzelweisung bei einer Dienststelle der DB zur Erfüllung konkreter Aufgaben einzufinden. Verhindert er, dass er erreicht werden kann, verletzt er die Pflicht zu vollem Arbeitseinsatz, bleibt aber nicht dem Dienst fern (BDiG v. 30.11.2000 – XII VL 1/00). **Entzieht sich** ein Einhebeleiter der Bundesbahn im **Bereitschaftsdienst** bewusst seiner dienstlichen Heranziehung (BDiG v. 21.1.1975 – V Bk 5/74) oder betreibt ein Zollfahnder in der Rufbereitschaft Alkoholmissbrauch mit Einschränkung der Leistungsfähigkeit, so liegt ein Pflichtenverstoß vor (BDiG v. 18.3.1988 – IV Bk 2/88). Nicht jeder Ungehorsam gegenüber allgemeinen oder speziellen Anordnungen stellt einen Verstoß gegen die Pflicht zu vollem dienstlichem Einsatz i.S.d. § 61 Abs. 1 Satz 1 BBG dar. Entscheidend sind Motive und Ziel des Ungehorsams. Wird gewollt der volle Einsatz verweigert, so liegt darin ohne Rücksicht auf entsprechende Anordnungen der Pflichtenverstoß (BVerwG v. 5.9.1995 – 1 D 41.94). Geht es nur um die Befolgung der organisatorischen Anweisung bei vollem Einsatz im Übrigen, so liegt der Pflichtverstoß des Ungehorsams i.S.d. § 62 Abs. 1 Satz 2 BBG vor, der nur ein formaler Ordnungsverstoß ist. So muss auch bei »Dienst nach Vorschrift« geklärt sein, ob es dem Betroffenen um die Vermeidung einer lästigen Arbeit ging bzw. bloß Nachlässigkeit oder Unkenntnis im Spiel war oder ob durch zweck- und sachwidrige Übertreibung der Vorschriften der Dienstbetrieb boykottiert werden sollte (vgl. B. II. 7.). Vorsätzlicher Verstoß gegen die Pflicht zu vollem Einsatz liegt auch bei **demonstrativem »Dienst nach Vorschrift«**, **Bummelstreik** (go slow) vor (zum so genannten Fluglotsenstreik: BVerwGE 63, 293 = NJW 1980, 1809; ZBR 1978, 101; BDiG v. 20.8.1982 – I VL 15/80). Da die betreffenden Beamten im Dienst erscheinen und auch arbeiten, scheidet der

B. II. 6 Arbeitseinsatz und Arbeitsqualität

Tatbestand des Fernbleibens aus (im Gegensatz zum demonstrativen »Krankfeiern, go sick« bei Abwesenheit vom Dienst, vgl. B. II. 3. Rn. 9). Wegen unzulässigen Beamteneinsatzes auf bestreikten Arbeitsplätzen vgl. B. II. 7. Rn. 7.

3 Je näher die Möglichkeit von dienstlichen Auswirkungen einer Nachlässigkeit liegt oder je höher der mögliche Schaden abzusehen ist, desto geringere Grade der Fahrlässigkeit können dann schon vorwerfbar sein. Das gilt speziell für den Bereich der besonders **gefahrenträchtigen Aufgaben**, etwa im Bahnbetriebsdienst, beim Dienst mit der Waffe (BVerwGE 93, 100 = NJW 1992, 387; E 93, 14 = ZBR 1991, 250), im Flugsicherungsdienst, im Kraftfahrdienst usw. **Beispiele: Fluglotsen** verzögern demonstrativ die Flugbewegungen (Bummelstreik, s. BVerwG, Rn. 2), **Aufsichtsführer im Gleisbau** verursacht grob fahrlässig einen Zugunfall mit 4 Toten (BVerwG v. 29. 5. 1968 – 1 D 18.68), **Schrankenwärter** vergisst Schrankenschließen und verursacht tödlichen Unfall (BDiG v. 18. 7. 1968 – IV VL 12/68), **Fahrdienstleiter** vergisst unzulässige Weichenschaltung und verursacht grob fahrlässig Unfall im Bahnhof mit Toten und Verletzten (BVerwG, Dok. Ber. 1972, 4313), **Fahrdienstleiter** unterlässt nötige Abklärung mit Rangierleiter, gibt unklare Fahrgenehmigungen und mitverursacht fahrlässig Betriebsunfall (BDiG v. 15. 11. 1976 – IV Bk 5/76), **Triebfahrzeugführer** überfährt grob fahrlässig Halt-Signal (BDiG v. 18. 12. 1970 – III Bk 3/70), **Lokführer** unterlässt eigenmächtig und vorschriftswidrig völliges Anhalten im Bahnhof (BDiG v. 21. 9. 1973 – IV Bk 8/73), **Lokführer** fährt trotz Bremsmängeln mit überhöhter Geschwindigkeit und verursacht grob fahrlässig Unfall (BDiG v. 27. 11. 1973 – V Bk 1/73; v. 8. 12. 1999 – VII VL 22/99 – Bremsprobe unterlassen).

4 Aber auch im gefahrenträchtigen Dienst ist **technische Ungeschicklichkeit, Verkennen der Situation oder Unerfahrenheit** nicht ohne weiteres mit Pflichtwidrigkeit und Verschulden gleichzusetzen. Ohnehin herrscht in der Verwaltung häufig die irrige Meinung, dass jeder Unfall und jede Panne auf einem Dienstvergehen beruhen müsse. Liegt nur leichte Fahrlässigkeit vor, so kann nach den Umständen des Einzelfalles auch bei gefahrenträchtiger Arbeit oder im Kernbereich der Amtspflichten das ursächliche Handeln noch unter der Schwelle zur Pflichtwidrigkeit liegen. Auch für die alltägliche Arbeit gilt, dass niemand perfekt ist. Verursacht etwa ein **E-Lokführer**, der seine Lok ohne Strom mit Schwung in den Lokschuppen laufen lassen muss, einen Unfall am Schuppen, weil er sich hinsichtlich des rechtzeitigen Moments der **Absenkung der Stromabnehmer** verschätzt (BDiG v. 18. 3. 1969 – IV Bk 45/68), so hat er zwar möglicherweise weniger perfekt als möglich reagiert, aber nicht pflichtwidrig, schon gar nicht schuldhaft gehandelt. Denn besondere Geschicklichkeit ist nicht programmierbar und nicht in jedem Einzelfall abforderbar. Die **exakte Sachaufklärung** ist gerade bei technischen Betriebsabläufen unverzichtbar. Der Schluss, dass der jeweils für den Betriebsablauf Zuständige bis zum Beweis des Gegenteils auch der Verursacher und damit der Schuldige sei, ist unzulässig. So kann aus dem **Überfahren eines Halt-Signals** durch einen erfahrenen und bewährten Triebfahrzeugführer nicht ohne weiteres und zwingend auf vorsätzliche oder bewusst fahrlässige Missachtung der Signale und der Fahrdienstvorschriften geschlossen werden, wenn dieser sich unwiderlegt auf Irrtum durch Blendwirkung beruft (BDiG v. 30. 10. 1969 – III Bk 7/69) oder andere technische Ursachen nicht mit Sicherheit auszuschließen sind (BDiG v. 14. 3. 1978 – IV Bk 8/77) oder den **Bremsfehler** unwiderlegt auf vereiste Scheibenbremsen zurückführt (BDiG v. 9. 11. 1971 – IV Bk 9/70).

Arbeitseinsatz und Arbeitsqualität B. II. 6

Daraus ergibt sich auch, dass **Unmögliches** von niemandem verlangt werden 5
kann. Darunter fällt nicht nur das absolut und objektiv Unmögliche, das niemand verwirklichen kann, sondern auch das dem einzelnen Beamten nicht Mögliche, das individuelle **Unvermögen**. Liegt eine nicht überwindbare, auf Minderbefähigung oder Krankheit oder sonstigen Lebensumständen (dienstliche Überlastung, mangelnde dienstliche Unterstützung) beruhende **Leistungsschwäche** vor, so kann daraus keine Pflichtwidrigkeit abgeleitet werden, solange der Betroffene alles in seinen Kräften Stehende tut. Allerdings ist dem Vorgesetzten über den dem Beamten bekannten Umstand seiner Schwäche Mitteilung zu machen, so dass Entlastung gewährt werden kann. Hat der Vorgesetzte bereits Kenntnis von der Leistungsschwäche oder dem Unvermögen, wäre die Meldung nur Förmelei, weshalb dann eine unterbliebene Information nicht pflichtwidrig ist (BVerwG v. 16. 3. 1994 – 1 D 4.93; v. 23. 7. 1991 – 1 D 40.90 = Dok. Ber. 1991, 261; BDiG v. 31. 5. 1995 – VI VL 6/94). Kann die Minderung der Leistungsfähigkeit nicht voll das Verhalten rechtfertigen oder entschuldigen, so ist sie aber bei der Bemessung mildernd zu berücksichtigen (BDiG v. 21. 1. 1975 – V VL 15/74). Andererseits kann sich niemand auf mangelnde Eignung zu der übertragenen Aufgabe berufen, wenn er dafür qualifiziert ist und nur nicht Lust dazu hat (BDiG v. 26. 11. 1984 – I Bk 6/84 im Falle eines höheren Beamten, dem eine Versetzung widerstrebte und der auf einem bestimmten Dienstposten beharrte).

Auch **Unzumutbares** kann nicht als voller dienstlicher Einsatz verlangt werden. 6
Unzumutbar sind vor allem die in § 63 Abs. 2 Satz 3 BBG genannten **strafbaren oder ordnungswidrigen oder gegen die Würde des Menschen** gerichteten Tätigkeiten. Gegen die menschliche Würde gerichtet sind jedoch nicht alle dienstlichen Anforderungen, die dem Betroffenen subjektiv unzweckmäßig, unnötig oder ungerecht erscheinen. Der Verstoß muss sich vielmehr aus dem Konflikt mit höherwertigen Grundwerten und objektiv für jedermann aus der Natur der Anforderung ergeben, denkbarerweise wenn Briefzusteller Verteilung rechtsradikaler Sendungen verweigert, Drucker Werbematerial für Kriegsverherrlichung ablehnt (vgl. im Übrigen BDiG, Dok. Ber. 1973, 47; zur Menschenwürde Maunz/Dürig, Art. 1 GG Rn. 17-45; Claussen/Janzen, Einl. C. Rn. 32 b, 33). Dafür macht es keinen Unterschied, ob die Würde des angewiesenen Beamten selbst oder die des Adressaten der Amtshandlung verletzt würde. Im Arbeitsrecht werden zunehmend solche Gewissenskonflikte geschützt (BAG v. 24. 5. 1989 – 2 AZR 285/88 – AP 1990/673). Das BVerwG steht dem zu Unrecht ablehnend gegenüber (NJW 2000, 88 = DVBl. 1999, 1441 = ZBR 2000, 49 zur Weigerung eines Postzustellers, Wurfsendungen der Scientology-Kirche zuzustellen). Sind **dienstliche Weisungen** erteilt, so sind sie grundsätzlich bindend und können nicht aus eigener Beurteilung als ungerechtfertigt oder unzumutbar zurückgewiesen werden (nicht bindend sind auch **Bewerbungsaufforderungen** an Beamte – etwa von Post und Telekom – vgl. B. II. 7. Rn. 8; sie verstoßen gegen Art. 33 Abs. 5 GG; BVerwGE 126, 182, 189). Nur in **Ausnahmefällen**, in denen der Verwaltungsrechtsweg nicht rechtzeitig beschritten werden kann, kommt dem betroffenen Beamten ihnen gegenüber eine eigene Kompetenz zur Prüfung der Zumutbarkeit zu. Er trägt allerdings das Risiko, dass die disziplinaren Instanzen später zu einem anderen Ergebnis kommen können (zur Bindung, deren Beseitigung auf dem Verwaltungsrechtsweg und zur Eigenbeurteilung der Bindung vgl. B. II. 7. Rn. 13).

B. II. 6 Arbeitseinsatz und Arbeitsqualität

7 Die Pflicht, die ganze Arbeitskraft für den Dienst zu erhalten und einzusetzen, wirkt sich auch auf **private Aktivitäten** dahin aus, dass außerdienstliche Berufsarbeit grundsätzlich verboten ist. Inwieweit Beamte einer **Nebentätigkeit** nachgehen dürfen, regeln die §§ 97 bis 105 BBG und die Bundesnebentätigkeits-VO (v. 12.11.1987, BGBl. I S. 2376). Eine Nebentätigkeit i. S. d. Vorschriften liegt vor bei einer auf Dauer angelegten Tätigkeit, die typischerweise auf die Erzielung von Gelderwerb ausgerichtet ist (Plog/Wiedow/Beck/Lemhöfer, BBG, vor § 64 Rn. 15). Nebentätigkeit und unerlaubte Geschenkannahme schließen sich daher gegenseitig aus (BDiG v. 15.10.1997 – IV VL 30/96; BVerwG v. 9.2.1999 – 1 D 1.98). In einer solchen »beruflichen« Tätigkeit kann die Beeinträchtigung der grundsätzlich im Rahmen des Dienst- und Treueverhältnisses dem Dienstherrn zustehenden Arbeitskraft eines Beamten liegen, weshalb diesem die Prüfung vorbehalten bleibt, ob die konkrete Tätigkeit Auswirkungen auf die Dienstleistung haben kann, sowie zudem, ob Ansehensschädigungen des Beamtentums insgesamt zu befürchten sind (BDiG v. 29.3.1999 – XIV VL 1/99). Wird eine Nebentätigkeit nur für einen kurzen Zeitraum ausgeübt, entfällt nicht der Tatbestand der §§ 99, 100 BBG; es kann aber eine milder zu bewertende disziplinare Ordnungswidrigkeit vorliegen (BVerwG v. 17.3.1998 – 1 D 73.96; v. 22.6.1993 – 1 D 7.92 – Dok. Ber. 1993, 289). Wer ohne Genehmigung bzw. unerlaubt einer Nebentätigkeit nachgeht, dadurch die Arbeitskraft erkennbar schwächt und mangelhaft arbeitet, handelt pflichtwidrig (BVerwG NJW 2000, 1585 = ZBR 2000, 47; v. 12.2.1992 – 1 D 2.91 – Dok. Ber. 1992, 147; BDiG v. 14.11.1977 – I VL 44/77; v. 17.9.1976 – V Bk 3/76), insbesondere wenn das Beamtenverhältnis eigentlich nur noch der Risikoabsicherung dient für den Fall des fehlenden Erfolges der eigenen Firma (BVerwG v. 24.9.1997 – 1 D 81.96). Zur disziplinaren Erheblichkeit von Nebentätigkeiten vgl. BVerwG, NVwZ-RR 2000, 229 (Gefährdung von Leben und Gesundheit anderer in genehmigter Nebentätigkeit, Blutplasma-Test auf HIV und Hepatitis durch Pooltestung missglückt); E 113, 32 = DÖV 1997, 108 (Ausarbeitung von Heizungsanlagenbauplänen und Annahme einer Heizungsanlage als Geschenk); E 86, 370 (Tätigkeit als Übersetzer und Dolmetscher über mehr als 3 Jahre); Dok. Ber. 1990, 7 (Werbung für Versicherungen im Dienst); E 93, 151 = DÖV 1992, 357 = ZBR 1992, 358 (jahrelange Nebentätigkeit und Steuerhinterziehung); NVwZ-RR 1992, 642; NVwZ 1992, 169; DiszH Hess VGH v. 12.10.2007 – 24 DH 2878/06. Schon bei bloß genereller Eignung der Nebentätigkeit zur Genesungsverzögerung nimmt BVerwG, NJW 2000, 1585, Dok. Ber. 1992, 149 Pflichtverletzung an; vgl. B. II. 5. Rn. 14. Auch hier steht die Interessenabwägung allein der Verwaltung zu (vgl. zur Interessenabgrenzung BVerwGE 12, 34). Ist eine Nebentätigkeit erlaubt, so ist eine die Dienstqualität mildernde Auswirkung erst dann pflichtwidrig, wenn die Dienstvorgesetzten entsprechende Weisungen geben (Claussen/Janzen, Einl. C. Rn. 18). Bleibt der Beamte dem Dienst insgesamt schuldhaft ungenehmigt fern, so **konsumiert** dieses Dienstvergehen die währenddessen ausgeübte pflichtwidrige Nebentätigkeit (BVerwG – für Soldaten – E 63, 167; vgl. B. II. 3. Rn. 2).

8 Wird also der volle Einsatz aller Kräfte geschuldet, so kann doch auch **Übereifer** zu pflichtwidrigem Verhalten führen. Lässt ein Aufsichtsführer im Gleisbau nach längerer Dienstabwesenheit wegen besonderen Diensteifers und Ehrgeizes dienstliche Vorschriften und zu beachtende Umstände des Dienstbetriebs außer Acht und verursacht dadurch einen Zugunfall mit 4 Toten, so handelt er grob fahrlässig und pflichtwidrig (BVerwG v. 29.5.1968 – 1 D

18.68). Das gegenteilige Problem besteht bei weit **überdurchschnittlich fähigen** Beamten, wenn sie weniger leisten, als sie leisten könnten, sondern nur das »normal« zu Erwartende erbringen. Dies kann ihnen nicht als Pflichtverletzung vorgeworfen werden. Denn die Leistungen müssen nur den Anforderungen »genügen«, ein Mehr an Leistung und Qualität ist nicht gefordert. Arbeiten hoch qualifizierte Beamte unter Niveau, so kommt nicht disziplinare Maßregelung, sondern dienstrechtliche Personalpolitik zum Zuge. Wer aber eine seiner Fähigkeit entsprechend anspruchsvolle Arbeit übertragen bekommt, muss diese auch nach Kräften erbringen. Andernfalls handelt er pflichtwidrig (vgl. zu allem Arndt, APF 1968, 18).

Besonderen Einsatz und Qualität der Dienstleistung haben wegen ihrer Vorbildfunktionen **Vorgesetzte** zu erbringen. Das bezieht sich zunächst auf die eigene **Arbeitsanforderung**. Für sie gilt deshalb das für alle Beamte Gesagte, allerdings mit erhöhtem Gewicht. Bei Mängeln im Einsatz und in der Arbeitsgüte ist die Vorgesetzteneigenschaft erschwerend zu berücksichtigen (BVerwG, Dok. Ber. 1990, 63; BDiG v. 11.5.1976 – IV VL 46/75 [Vorgesetzter bedrängt Untergebene sexuell]). Allerdings muss auch hier im Einzelfall nach der Bedeutung der Vorgesetztenstellung differenziert werden. Ist beim Zoll-Streifendienst oder in der Postverladung ein nach Laufbahn – und womöglich Besoldungsgruppe – Gleichgestellter mit der Funktion des Aufsichtsführenden betraut, so sind Überlegenheit und Vorbildfunktion naturgemäß vergleichsweise gering. Auch im **außerdienstlichen Verhalten** verlangt der »volle Einsatz« des Vorgesetzten, dass er seine dienstliche Leistungsfähigkeit und Verwendbarkeit vorbildlich aufrechterhält. Wegen der **Vorbildfunktion** kann bei grundsätzlich gleicher Pflichtenlage wie bei allen Beamten die Vorgesetzteneigenschaft auch hier erschwerend wirken. **9**

Aus der **Vorgesetztenstellung** folgen besondere Aufgaben wie **Dienstaufsicht** (Kontroll- und Weisungsbefugnis) und **Fürsorge** für die Untergebenen. Sie sind nicht Ergebnis der vollen Einsatzpflicht, die für alle Amtsträger gleichermaßen gilt, sondern eigenständiger Inhalt der besonderen Aufgabenstellung des Vorgesetzten-Dienstpostens. Vorgesetzte mit eigenem **Entscheidungsspielraum** haben eine entsprechende hohe Verantwortung für ihre Sachentscheidungen wie auch für ihre persönliche Verhaltensweise. In ihrem Amtsbereich müssen sie ihre Integrität wahren, auch durch Erhaltung ihrer persönlichen und sachlichen Distanz und Unbefangenheit gegenüber den Adressaten ihrer Verwaltung. Wer sich als Vorgesetzter ohne Zwang in der **Amtsführung befangen** macht, verstößt in besonderem Maß gegen die Einsatz- und Vorbildpflicht. Das gilt z.B. für einen hohen Ministerialbeamten, der intime Beziehung mit einer Architektin eingeht, die ihr Großprojekt in seiner Behörde anbringen will (BVerwG v. 25.3.1980 – 1 D 14.79). Im Verhältnis zu den Mitarbeitern und Untergebenen kann sich pflichtwidriges Verhalten von Vorgesetzten (egal ob gegen diese gerichtet und ob außerhalb oder innerhalb des Dienstes begangen) achtungs- und vertrauensmindernd auswirken. Denn Vorgesetzte haben neben der Aufsichts- und Weisungsfunktion auch eine **Vorbildfunktion** (BVerwG v. 1.9.1998 – 1 D 71.97; v. 27.8.1997 – 1 D 49.96 – E 113, 118 = NVwZ 1998, 1306). Dies gilt ebenso bei Ausnutzung von Personen, die dem Beamten in dienstlichem Bezug zur Kontrolle oder Führung anvertraut sind (so für Bewährungshelfer BayVGH v. 17.2.2006 – 16a D 05.2034; OVG NW v. 5.4.2006 – 21d A 511/05.O). Disziplinar erheblich ist dies aber nur bei einer wirklich übergeordneten Verantwortung. Nicht jede formale Weisungsfunktion unter ansonsten gleich- **10**

B. II. 6   Arbeitseinsatz und Arbeitsqualität

geordneten Kollegen mit gleichwertigem Arbeitsauftrag ist mit einer solchen Vorbildfunktion verbunden (z.B. bei Doppelstreifen, Betriebsaufsichten und -einteilern). Die **Unabhängigkeit des Vorgesetzten zur Dienstaufsicht** kann gefährdet und möglicherweise beeinträchtigt sein, wenn Vorgesetzte ihre persönliche Unbefangenheit und sachliche Distanz zu ihren Untergebenen durch pflichtwidriges Verhalten verlieren oder wenn sie sich durch die Annahme von Vorteilen und Gefälligkeiten von Mitarbeitern in persönliche Abhängigkeit bringen. Dabei sind allerdings das veränderte Selbstbewusstsein der Beamtenschaft, der gesellschaftsüblich freiere Umgang miteinander und die zeitgemäßen Gesten der Höflichkeit und Freundlichkeit zu berücksichtigen. Der Vorgesetzte hat nicht mehr die steife, unnahbare, unansprechbare, kontaktscheue Persönlichkeit früherer Zeiten zu sein.

11 So ist es fraglich, ob die **freiwillige und kollegiale Hilfe von Untergebenen in ihrer Freizeit beim Hausbau** des Vorgesetzten Letzterem vorwerfbar ist (so BVerwG v. 7.10.1980 – 1 D 64.79 entgegen erstinst. BDiG). Anders bei Missbrauch der Vorgesetztenstellung zur persönlichen Bereicherung durch **Arbeitseinsatz von Untergebenen** in der Dienstzeit für sich privat, worin Untreue liegt (vgl. BVerwG, Dok. Ber. 1981, 38 [Leitsatz]; BDiG v. 25.4.1979 – I VL 46/78; BDiG v. 2.12.1975 – IV VL 26/75; B. II. 10. Rn. 22, 27). Die Unabhängigkeit und das Vorbild als Vorgesetzter können verloren gehen etwa dadurch, dass der Vorgesetzte von Untergebenen wertvolle Geschenke annimmt (BVerwGE 113,4 = ZBR 1997, 48 = DÖV 1997, 341), selbst seine Untergebenen zu **häufigem gemeinsamen Zechen im Dienst** animiert (BDHE 6, 91 = ZBR 1962, 195), durch **Anpumpen** und dann Sitzenlassen von Untergebenen (BVerwG v. 17.10.1969 – 2 D 20.69), durch **sexuelle Beziehungen** zu Untergebenen, soweit es sich nicht um echte, schicksalshafte Liebesbeziehungen handelt (BDHE [WD] 7, 200; BVerwG, Dok. Ber. 1971, 4019; [WD] Dok. Ber. 1970, 3644; NJW 1984, 936). Die **Dienstaufsichtspflicht** ist weiter z.B. verletzt, wenn die vorgeschriebenen **Kassenkontrollen** unterlassen werden oder gegen festgestellte Mängel nicht eingeschritten wird (BDiG v. 3.3.1997 – XV VL 44/96), wenn Mitarbeiter zum Zwecke der Abrechnung von Überstunden ihre ursprüngliche Arbeit zum Teil als Nebentätigkeit für eine private Firma erbringen dürfen (BDiG v. 3.8.2000 – VIII VL 37/99), wenn ein Rangierleiter einen alkoholisierten Kleinlokfahrer **nicht ablöst** (BDiG v. 9.9.1975 – V Bk 2/75 – Freispruch aus tatsächlichen Gründen), die **Trunkenheitsfahrt eines Untergebenen** zugelassen wird (BDHE 5, 45; Dok. Ber. 1960, 1291), Untergebene zu **ungenehmigtem Urlaub** und Alkoholgenuss im Dienst verleitet werden (BVerwG, Dok. Ber. 1988, 79), **private Arbeiten im Dienst** nicht abgestellt, sondern gefördert werden (BDH, Dok. Ber. 1963, 2141), Pflichtverletzungen von Untergebenen **nicht disziplinar** aufgeklärt werden (§§ 17, 21 BDG – Legalitätsprinzip). Andererseits entlastet eine fehlende oder mangelhafte Dienstaufsicht die entsprechend einer unzulässigen oder geduldeten Übung handelnden Beamten (BVerwG v. 13.10.1998 – 1 D 91/97). Die Aufsichts- und Weisungspflicht verlangt von dem Vorgesetzten aber auch **Sachlichkeit, Verständnis und Kritikfähigkeit** gegenüber den Untergebenen, vor allem im innerdienstlichen Umgang. Von Vorgesetzten wird in erhöhtem Maß erwartet, dass sie sachbezogene Kritik von Untergebenen sachlich aufgreifen und beherrscht mit **Meinungsverschiedenheiten** umgehen. Wehrt sich ein Lokführer gegenüber seinem Gruppenleiter gegen vorschriftswidrige Weisungen in einer betriebstechnischen Angelegenheit und weist er auf die für ihn sprechenden Vorschriften hin, so handelt der Vorgesetzte pflichtwidrig, wenn er ausfallend und tätlich reagiert (BDiG v. 13.12.1971 – IV Bk 2/71). Die **Fürsorgepflicht** gegenüber den Untergebenen ist z. B. verletzt, wenn Untergebene **schikaniert**, tätlich angegriffen oder beleidigt werden (BDH, Dok. Ber. 2544; BVerwG, ZBR 1975, 66; BDiG – XVIII Bk 5/96), wenn bei Untergebenen **Schulden** gemacht werden (BDH, Dok. Ber. 1407 und 1487; BVerwG v. 17.10.1969 – 2 D 20.69; BDiG v. 30.4.1968 – IV VL 39/67) oder auch, wenn aus unvernünftigen, nicht nachvollziehbaren Gründen **disziplinare Maßnahmen** ergriffen werden (woraus eine **Haftung des Staates** erwachsen kann, OLG Schleswig-Holstein, NVwZ-RR 2001, 494; BGH, NVwZ 2000, 1275).

Die Fürsorgepflicht wird zudem schwerwiegend verletzt, wenn Vorgesetzte sexuelle Handlungen gegenüber Untergebenen vornehmen. Nach Art. 10 des 2. Gleichberechtigungsgesetzes v. 24.6.1994 (BGBl. I S. 1406) – hier: § 2 Abs. 2 des Gesetzes zum Schutz der Beschäftigten vor sexuellen Belästigungen am Arbeitsplatz (BGBl. I S. 1412) – ist sexuelle Belästigung am Arbeitsplatz jedes vorsätzliche, sexuell bestimmte Verhalten, das die Würde der Beschäftigten am Arbeitsplatz verletzt. Dazu gehören schon Bemerkungen mit sexuellem Inhalt, die von Betroffenen abgelehnt werden, und erst recht Aufforderungen zu sexuellen Handlungen, ungewollte Annäherungsversuche oder gar strafbare Handlungen. Diese Regelung scheint mit verantwortlich dafür zu sein, dass in der jüngeren Rspr. des BVerwG solchen Dienstvergehen zu Recht ein erheblich höheres Gewicht beigemessen wird, bei denen es zu körperlichen Annäherungen bis hin zur Nötigung kam (BVerwGE 113, 151 = NJW 1998, 1656 [Degr.]; E 113, 25 = NJW 1997, 958 = ZBR 1997, 96 [Dienstenthebung eines Probebeamten wg. zu erwartender Entlassung]; v. 21.9.2000 – 1 DB 7.00 [Entfernung aus dem Dienst als überwiegend wahrscheinlich angesehen]; BDiG v. 3.9.1999 – XIV VL 36/98 [Aberk. Ruhegeh.]), wenn auch solche Vergehen immer schon disziplinar geahndet wurden. Im Bereich der Bundeswehr scheinen solche Verstöße häufiger vorzukommen, werden dort aber noch härter gemaßregelt (BVerwG, ZBR 2000, 425; E 113, 296, wobei das hier vorliegende homosexuelle Verhalten nicht den Blick auf die eigentliche Problematik einer geschlechtlichen Beziehung in der Truppe verstellen soll; auch heterogeschlechtliche Beziehungen sind nach der Öffnung der Bundeswehr für Frauen pflichtwidrig, BVerwG v. 9.10.2001 – 2 WD 10.01 – NJW 2002, 1514; vgl. auch E 113, 290; E 113, 279; E 113, 63). Im übertragenen Sinne gilt diese Rspr. auch für Verfahren gegen Bundesbeamte.

c) Bewertung der Pflichtverletzung, Auswahl und Bemessung der Disziplinarmaßnahme

Für die Bewertung der Verstöße gegen die Pflicht zu vollem Einsatz und qualifizierter Arbeit gibt es **keinen Regelsatz** der Einstufung. Auch hier steht je nach der dienstlichen Bedeutung der Pflichtverletzung die ganze Skala der Disziplinarmaßnahmen und der Bemessungskriterien zur Verfügung. Dazu vgl. A. IV. Rn. 74 ff. und 85 ff. sowie folgende Rspr.-Übersicht. Das Gewicht des Dienstvergehens ist sehr hoch, wenn die Verweigerung des vollen Arbeitseinsatzes gezielt der **demonstrativen Störung des geregelten Dienstbetriebs** dienen soll, um einen streikähnlichen Druck auf die Behörde bzw. die Anstellungskörperschaft auszuüben, etwa beim so genannten Fluglotsenstreik (s. Rspr.-Übersicht). Die vom BVerwG verhängten Degradierungen (nun Zurückstufung) gegen die »Streikleitung« und Gehaltskürzungen gegen die »Mitläufer«, richtiger die aktiv Handelnden, entsprechen nicht den sonstigen Maßstä-

B. II. 6 Arbeitseinsatz und Arbeitsqualität

ben des BVerwG, zumal bei dem Fluglotsenstreik ungewöhnlich hoher Ansehens- und materieller wie immaterieller Schaden bei den Flugreisenden und Millionenschäden bei den Fluggesellschaften und der Bundesrepublik entstanden waren. Möglicherweise liegen die Gründe für die milde Maßregelung in den dem »Streik« vorausgegangenen jahrelangen Verhandlungen und Abreden des Verbands mit der Bundesregierung und einer daraus angenommenen Minderung des Unrechtsbewusstseins der Fluglotsen. Im Übrigen legt die Rspr. bei **fahrlässigen betriebstechnischen Fehlhandlungen** (trotz hohen Schadens) sowie bei Einzelverfehlungen und Verstößen im Bereich verstehbarer, wenn auch nicht hinnehmbarer **Meinungsverschiedenheiten über Sinn und Notwendigkeit bestimmter Aufgabenzuweisungen** einen milden Maßstab an (im untersten Bereich von Missbilligung, Verweis und Geldbuße). Mit Gehaltskürzung werden häufig **wiederholte, beharrliche oder voraussehbar besonders schädliche Nachlässigkeiten** (bei gefahrengeneigter Tätigkeit) gemaßregelt. Bei Pflichtverletzungen von **Vorgesetzten**, gerade auch von hochgestellten, fällt eine erhebliche Milde auf, die nicht immer aus dem festgestellten Sachverhalten einleuchtet. Nachdem früher bei schweren, strafbaren **Sexualverstößen** von Vorgesetzten gegenüber von ihnen dienstlich abhängigen Frauen die verhängten Gehaltskürzungen und die dafür gegebenen Begründungen als eine Beschönigung der Gewalt gegen Frauen missverstanden werden konnten, hat die jüngere Rspr. die Schwere der Dienstvergehen zu Recht durch Verhängung der disziplinaren Höchstmaßnahme oder Degradierung betont (vgl. Rn. 11 a. E.). Der Wehrdienstsenat geht sogar vom Grundsatz der Dienstgradherabsetzung für sexuelle Belästigungen und Anzüglichkeiten aus (BVerwGE 113, 290 = Dok. Ber. 1999, 131 = NVwZ 1999, 662 [Ls.] = ZBR 1999, 142 [Ls.]). Soweit sich das pflichtwidrige Verhalten auf unsittliche Äußerungen oder verbale Impertinenzen beschränkt, können jedenfalls – auch längerfristige – Gehaltskürzungen verwirkt sein (BDiG v. 15.12.1999 – X VL 39/98; 24.6.1999 – XVI VL 3/99).

d) Rechtsprechungsübersicht

Voller Einsatz wird nur dort geschuldet, wo die übertragene Aufgabe **dienstlichen Zwecken** dient
 – *BDHE*, 6, 160, DVBl. 1967, 738

Mängel der Dienstleistung sind nur pflichtwidrig bei **vorsätzlichem** Verhalten, bei ausgesprochener Widersetzlichkeit oder bewusster Gleichgültigkeit gegenüber konkreten Anordnungen und bei **grober Nachlässigkeit**, die im gegebenen Einzelfall voraussehbar zu erheblichen Nachteilen geführt hat: **Freispruch**
 – *BDH*, PersV 1967, 166
 – *BVerwG* v. 9.11.2000 – 1 D 8.96; **Einst.**

wg. Geringfügigkeit (Vorwürfe 10-15 Jahre her, Ruhestand)
 – *BDH* –3 DV 1/66 – PersV 1967, 166 = Dok. Ber. 1966, 2873
 – *BDiG* v. 21.9.1974 – V Bk 3/74

Fernmeldebeamter – **vorsätzliche** Herbeiführung von **Störungen** – Verärgerung über unterbliebene Beförderung: **Entf.**
 – *BVerwG* v. 5.9.1995 – 1 D 41.94

Arbeitseinsatz und Arbeitsqualität B. II. 6

Beamter des gehobenen Dienstes – **vorsätzliche Verweigerung von Arbeitsleistungen** seines Aufgabenbereichs – weitere Pflichtverstöße: **Degr.**
– *BVerwG* v. 3. 3. 1993 – 1 D 35.91
– *BayVGH* v. 24. 11. 2004 – 16a D 03.2755
– *OVG NW* v. 11. 5. 2005 – 21d A 4233/02.O: **Entf.a.D.**
– *OVG Nds.* v. 17. 7. 2007 – 3 LD 5/04: **RuheGeh.K** statt **Degr.**, da kein Wiederholungsfall

Postzusteller lehnt Zustellung von Postwurfsendungen der Scientology-Kirche ab – Gewissensentscheidung nicht anerkannt, da Ausweichmöglichkeit vorhanden: **Geh.K**
– *BVerwG*, NJW 2000, 88 = DVBl. 1999, 1441 = ZBR 2000, 49

Dementsprechend sind **Ordnungswidrigkeiten im Bagatellbereich** zumeist nicht pflichtwidrig
– *BVerwG* v. 1. 10. 1970 – 1 D 12.70

Beamter der Wehrbereichsverwaltung – **unterlassene Bearbeitung von Anträgen** wegen Unvermögens aus privaten Gründen – Kenntnis der Vorgesetzten: **Freistellung** vom Vorwurf
– *BVerwG* v. 16. 3. 1994 – 1 D 4.93

Fahrlässige Pflichtverletzung durch Vernachlässigung der Dienstgeschäfte – Vielzahl von Mängeln – keine Meldung an Vorgesetzte – weitere Pflichtverstöße: **Degr.**
– *BVerwG* v. 23. 7. 1991 – 1 D 40.90 – Dok. Ber. 1991, 261

Kann die **verminderte Leistungsfähigkeit** nicht voll das Verhalten rechtfertigen oder entschuldigen, so ist sie bei der Bemessung mildernd zu berücksichtigen: **Geh.K**
– *BDiG* v. 21. 1. 1975 – V VL 15/74

E-Lokführer – Unfall am Lokschuppen – **nicht rechtzeitige Absenkung der Stromabnehmer** – kein Verschulden: **Freispruch**
– *BDiG* v. 18. 3. 1969 – IV Bk 45/68

Stellwerkswärter – Entgleisung wegen **Weichenumstellung** unter dem Wagen – kein Beweis fehlerhafter Arbeitsweise: **Freispruch**
– *BDiG* v. 18. 3. 1969 – IV Bk 35/68

Triebfahrzeugführer – Überfahren eines Halt-Signals – Blendwirkung – keine Missachtung der Fahrdienstvorschriften: **Freispruch**
– *BDiG* v. 30. 10. 1969 – III Bk 7/69; vgl. auch
– *BDiG* v. 14. 3. 1978 – IV Bk 8/77

Aufsichtsführer im Gleisbau – Zugunfall mit 4 Toten – Übersehen dienstlicher Vorschriften und Umstände des Dienstbetriebs aus übersteigertem Eifer – längere Dienstabwesenheit: **Geh.K**
– *BVerwG* v. 29. 5. 1968 – 1 D 18.68

B. II. 6 Arbeitseinsatz und Arbeitsqualität

Schrankenwärter – **vergisst Schrankenschließen** – tödlicher Unfall – Einst. § 14 BDO auf der Grundlage einer: **Geh.K**
- *BDiG* v. 18. 7. 1968 – IV VL 12/68

Fahrdienstleiter – **Unfall im Bahnhof** mit Toten und Verletzten – Vergessen unzulässiger Weichenschaltung – Einst. § 14 BDO auf Grundlage einer: **Geh.K**
- *BVerwG* v. 6. 6. 1972 – 1 D 7.72 – Dok. Ber. 1972, 4313

Triebfahrzeugführer – **Überfahren von Halt-Signal** – wegen geringen Gewichts d. Dienstvergehens: **Einst.**
- *BDiG* v. 18. 12. 1970 – III Bk 3/70

Lokführer – Bahnhofsdurchfahrt ohne Anhalten: **Geldbuße**
- *BDiG* v. 21. 9. 1973 – IV Bk 8/73

Lokführer – Unfall – **überhöhte Geschwindigkeit** trotz Bremsmängeln, grob fahrlässig verursacht: **Geldbuße**
- *BDiG* v. 27. 11. 1973 – V Bk 1/73

Bahnbeamter im gehobenen Dienst – zugewiesen zur DB-Arbeit GmbH (vormals Dienstleistungszentrum Arbeit) – Heimbereitschaft – **verhindert Kontaktaufnahme für konkrete Arbeitsaufträge** – wg. weiterer Verfehlungen: **Geh.K**
- *BDiG* v. 30. 11. 2000 – XII VL 1/00

Einhebeleiter der Bundesbahn – **Bereitschaftsdienst** – entzieht sich seiner dienstlichen Heranziehung: **Geldbuße**
- *BDiG* v. 21. 1. 1975 – V Bk 5/74

Zollfahnder im Rufbereitschaftsdienst – **Alkoholmissbrauch und Prügelei** – in Gaststätte – Minderung der Leistungsfähigkeit: **Verweis**
- *BDiG* v. 18. 3. 1988 – IV Bk 2/88

Postbeamter des gehobenen Dienstes – nur am Kassendienst interessiert – widersetzt sich Versetzung **durch Gleichgültigkeit und Untätigkeit: Verweis**
- *BDiG* v. 3. 10. 1974 – IV Bk 7/74

Zugführer der Bundesbahn – ständige **Vernachlässigung der Aufgaben** – Gleichgültigkeit und Arbeitsunlust: **Verweis**
- *BDiG* v. 26. 8. 1975 – IV Bk 7/74

Fahrdienstleiter – Betriebsunfall – Abklärung mit Rangierleiter versäumt – unklare Fahrtgenehmigungen: **Verweis**
- *BDiG* v. 15. 11. 1976 – IV Bk 5/76

Postzustellerin – **Unterdrückung von 196 Sendungen** (176 Infopost) – keine Regelrechtsprechung: **Entf.**
- *BVerwG* v. 7. 7. 1998 – 1 D 98.97, zu hart; vgl. auch
- *BVerwGE* 83, 206 = ZBR 1986, 343
- *BVerwG* v. 5. 9. 1995 – 1 D 18.95 – Dok. Ber. 1996, 23

Arbeitseinsatz und Arbeitsqualität B. II. 6

Baurat widerstrebt neuem Dienstposten – Minderleistungen – Berufung auf **mangelnde Eignung** ungerechtfertigt: **Rüge**
- *BDiG* v. 26. 11. 1984 – I Bk 6/84

Bahn-Prüfbeamter – **Arbeitsverweigerung** hinsichtlich Teil der Aufgaben –: **Verweis**
- *BDiG* v. 25. 2. 1988 – IV Bk 18/87

Dienststellenleiter – **Vernachlässigung der Kassenaufsicht** aus Desinteresse – sehr gute Leistungen im Übrigen: **Geh.K**
- *BDiG* v. 3. 7. 1997 – XVI VL 44/96

Vorgesetzter Rangierer – Dienstaufsicht – **Unterlassen der Ablösung** eines alkoholisierten Kleinlokfahrers – aus tatsächlichen Gründen: **Freispruch**
- *BDiG* v. 9. 9. 1975 – V Bk 2/75; vgl. ebenso
- *BDHE* 5, 45; Dok. Ber. 1960, 1291

Fluglotsenstreik – Verbandsvorstand – psych. Unterstützung – demonstrative **Verweigerung des vollen Einsatzes** – vorsätzlicher Verstoß – »Dienst nach Vorschrift, Bummelstreik, go slow«: **Degr.**
- *BVerwG* v. 3. 12. 1980 – 1 D 86.79 – NJW 1980, 1809

Fluglotse – vorsätzliche Verzögerung der Flugbewegungen – **Bummelstreik** – Mitläufer: **Geh.K**
- *BVerwG* v. 16. 11. 1978 – 1 D 82.77 – ZBR 1978, 101

Fluglotse – vorsätzliche Verzögerung der Flugbewegungen – **Bummelstreik** – außerdem »**Beinahe-Zusammenstoß**«: **Geh.K**
- *BDiG* v. 20. 8. 1982 – I VL 15/80

Nebentätigkeit ohne Genehmigung bzw. unerlaubt – erkennbare Schwächung der Arbeitskraft und **mangelhafte Arbeit** – pflichtwidrig: **Aberk. RGeh.**
- *BVerwG*, NJW 2000, 1585 = ZBR 2000, 47
- *BVerwG* v. 20. 11. 2008 – 2 B 30/08

Medizinaldirektor nimmt während der Dienstzeit ungenehmigt Notarzteinsätze wahr – schuldhaftes Fernbleiben – betrügerische Arbeitszeiterfassung: **Entf.**
- *DiszH Hess. VGH* v. 12. 10. 2007 – 24 DH 2878/06

Nebentätigkeit zum Aufbau eigener Firma – Beamtenverhältnis nur noch als Risikoabsicherung: **Entf.**
- *BVerwG* v. 24. 9. 1997 – 1 D 81.96

Lange, **ungenehmigte Nebentätigkeit** und Steuerhinterziehung – mildernd: keine dienstliche Auswirkung: **Degr.**
- *BVerwGE* 93, 151 = ZBR 1992, 358 = DÖD 1992, 357

Pflichtwidrige **Nebentätigkeit** während des Fernbleibens vom Dienst und wird vom Fernbleibenstatbestand konsumiert
- *BVerwGE* 63, 167 für Soldaten

B. II. 6 Arbeitseinsatz und Arbeitsqualität

Vorgesetzteneigenschaft ist erschwerend zu berücksichtigen
- *BVerwG*, Dok. Ber. 1990, 63; Dok. Ber. 1978, 275

Hoher Ministerialbeamter – intime Beziehungen zu Antragstellerin im eigenen Amtsbereich – Befangenheit – weitere schwere Pflichtverstöße: **RGeh.K Höchstmaß**
- *BVerwG* v. 25. 3. 1980 – 1 D 14.79

Präsident a. D. einer Bundesanstalt – **Reisekostenbetrug** – Vorgesetztenstellung – weder Entf. noch Degr. im akt. Dienst: **RGeh.K**
- *BVerwG* v. 27. 4. 1987 – 1 D 100.86

Vorgesetzter im Abschnitt Kasse/Buchhaltung – **Geschenkannahme von Untergebenen** im Wert von 55 000 DM in Bezug auf sein Amt – grds. Degr.; hier wg. Ruhestand **RGeh.K**
- *BVerwGE* 113, 4 = ZBR 1997, 48 = DÖV 1997, 341

Vorgesetzter – handschriftliche negative Aufzeichnungen über Mitarbeiter kein Dienstvergehen – Aufbewahrung im Schreibtisch – Kopien von Unbekannten an Mitarbeiter geleitet – Störung des Betriebsfriedens – fahrlässig – keine disziplinare Relevanz: **Freispruch**
- *BVerwG* v. 19. 10. 2005 – 1 D 14.04

Vorgesetzter – Leiter eines Tagungszentrums der Post-AG – **Duldung von Nebentätigkeiten seiner Untergebenen** für private Firma, zur Umgehung von Überstundenregelungen – Gäste in eigenes Hotel umgeleitet – Milderungsgründe, statt Degr.: **Geh.K**
- *BDiG* v. 3. 8. 2000 – VIII VL 37/99

Vorgesetzter – Beleidigung von Untergebenen
- *BDH*, Dok. Ber. 2544;
- *BVerwG*, ZBR 1975, 66

Vorgesetzter Abteilungsleiter (höh. Dienst) – Hilfe v. Untergebenen bei **privatem Hausbau** in und außer Dienstzeit – geringe Bereicherung: **Geh.K**
- *BVerwG* v. 7. 10. 1980 – 1 D 64.79 – Dok. Ber. 1981, 38 (Leitsatz)

Vorgesetzter Dienststellenleiter (gehob. Dienst) – **Einsatz von Untergebenen** im Dienst für eigene Dienstwohnung – Veruntreuungen: **Degr.**
- *BDiG* v. 2. 12. 1975 – IV VL 26/75

Vorgesetzter im BGS – **5 Beamtenanwärterinnen** unter Ausnutzung der dienstlichen Stellung **belästigt** – Küssen, Intimkontakte, Geschlechtsverkehr: **Entf.** (zu vermuten in Verfahren über die Suspendierung)
- *BVerwG* v. 21. 9. 2000 – 1 DB 7.00

Vorgesetzter Ausbilder – »Sexualaufklärung« im Dienstunterricht
- *BDiG*, Dok. Ber. 1974, 251
- für Lehrer: *Nds. OVG* v. 4. 9. 2007 – 20 LD 14/06

Vorgesetzter im BGS – **Mitarbeiterinnen massiv sexuell bedrängt** – körperliche Kontaktaufnahme bis hin zu Samenerguss: **Aberk. R.Geh**
– *BDiG* v. 3. 9. 1999 – XIV VL 36/98; *BVerwG* v. 8. 11. 2000 – 1 D 35.99

Vorgesetzter – **9 Mitarbeiterinnen sexuell belästigt** – ungebetene Vertraulichkeiten, Streicheln, Umarmen, Küssen, intime Fragen – neg. Auskünfte nach Abweisung: **Degr.**
– *BVerwGE* 113, 151 = NJW 1998, 1656 = ZBR 1998, 177

Vorgesetzter stellvertretender Sachgebietsleiter (gehob. Dienst) – sexuelle, körperliche Belästigungen und **Nötigungen** zweier unterstellter Mitarbeiterinnen – Zeitraum von 10 Jahren: **Geh.K**
– *BVerwG* v. 24. 6. 1987 – 1 D 98.86 bedenkl. milde! (gegen erstinst. Degr.)

Vorgesetzter Botenmeister (einf. Dienst) – **sexuelle Nötigung mit Freiheitsberaubung** gegen Untergebene (Eilzustellerin) – mehrfache Bedrängungen – weitere Pflichtverletzungen: **Geh.K**
– *BVerwG* v. 9. 2. 1987 – 1 D 85.86 (gegen erstinst. Degr.) – bedenkl. milde!

Heterosexuelle Kontakte
– *BVerwG* v. 9. 10. 2001 – 2 WD 10.01 – NJW 2002, 1514

Nicht Bezahlen von **Arztrechnungen: Geh.K**
– *BVerwG* v. 8. 12. 1992 – 1 D 6.92

Abwicklungsverschulden mit erkennbarer **Gleichgültigkeit gegenüber Gläubigerinteressen**, strafrechtliche und disziplinare Vorbelastung, Arztrechnungen nicht bezahlt: **Degr.**
– *BVerwG* v. 28. 6. 1995 – 1 D 66.94 – NVwZ-RR 1996, 452-453

7. Gehorsams- und Unterstützungspflicht

a) Rechtsgrundlage: § 62 Abs. 1 BBG

Wortlaut:
»Beamtinnen und Beamte haben ihre Vorgesetzten zu beraten und zu unterstützen. Sie sind verpflichtet, deren dienstliche Anordnungen auszuführen und deren allgemeinen Richtlinien zu befolgen. Dies gilt nicht, soweit die Beamtinnen und Beamten nach besonderen gesetzlichen Vorschriften an Weisungen nicht gebunden und nur dem Gesetz unterworfen sind.«

b) Definition der Pflicht und ihrer Verletzung

§ 62 regelt in spezieller Weise das Verhältnis zwischen **Vorgesetzten und Untergebenen**. Ohne die Spezialregelung würden sich dieselben Pflichten aus der allgemeinen Pflicht zu achtungs- und vertrauenswürdigem Verhalten im Dienst (§ 61 Abs. 1Satz 3 BBG) und aus der Pflicht zu vollem dienstlichen Einsatz (§ 61 Abs. 1 Satz 1 BBG) ergeben. Die Pflicht zum **Gehorsam bindet** den Beamten an die allgemeinen Dienstvorschriften und an die speziellen Einzelanweisungen der Vorgesetzten. Die Gesetzmäßigkeit der Verwaltung (Art. 20 Abs. 3 GG) liegt

1

B. II. 7 Gehorsams- und Unterstützungspflicht

nicht im Entscheidungsbereich des einzelnen Beamten, sondern der Verwaltung, die ihrerseits von den Parlamenten und den Gerichten kontrolliert wird. Es entspricht der i. S. d. Art. 33 Abs. 5 GG hergebrachten hierarchischen Struktur der Verwaltung und der Weisungsunterworfenheit der Beamten, dass letztere grundsätzlich nicht berechtigt sind, aus eigener Befugnis die Berechtigung einer Weisung in Frage zu stellen und sich von ihr zu lösen. Soweit dem Beamten ein eigener **Ermessensspielraum** im Inhalt oder in der Abwicklung der Arbeit eingeräumt wurde, kann nicht Ungehorsam, sondern nur anderes, materielles Fehlverhalten vorgeworfen werden, z. B. einem in der Dienstabwicklung weitgehend freigestellten Kundenberater der Bahn oder der Post bei Säumigkeit mangelnder Einsatz i. S. d. § 61 Abs. 1 Satz 1 BBG, bei Schwarzfahrten oder Falschangaben zu Fahrgelderstattungen eigennütziges (betrügerisches) Verhalten i. S. d. § 61 Abs. 1 Satz 2 BBG, bei einem die Kontrolle und Aufsicht vernachlässigenden Vorgesetzten mangelnder Einsatz i. S. d. § 61 Abs. 1 Satz 1 BBG.

2 Die Gehorsamspflicht nach § 62 Abs. 1 Satz 2 BBG betrifft den Bereich der **funktionalen Organisation des Dienstes**. Formale Verstöße gegen diese äußere Ordnung sind kein ethisches Unrecht und berühren in der Regel nicht die berufserforderliche Integrität von Beamten (vgl. A. I. Rn. 41; Behnke-Arndt, Einf. Rn. 140; Claussen/Janzen, Einl. D. Rn. 9 f-g). Sie stellen disziplinare **Ordnungsverstöße** mit entsprechend geringerem Gewicht dar. In diesem Bereich geht es allein um die formale Tatsache der Nichtbefolgung von Anordnungen im Einzelfall ohne schwerwiegendere Verstöße gegen materielle und Kernpflichten. Da die amtlichen Aufgaben, die statusrechtlichen Angelegenheiten und die im Einzelnen anzuwendenden Arbeitsweisen durchweg mit allgemeinen und speziellen Organisationsanordnungen geregelt sind, liegen zwangsläufig in den meisten Verstößen gegen materielle Dienstpflichten zugleich Weisungsverstöße. Insoweit ist der **formale Gehorsamsverstoß** ohne selbständige Bedeutung und wird von der vorrangigen bzw. weitergehenden **materiellen Pflichtverletzung konsumiert**. Ein selbständiger, gesondert vorwerfbarer Pflichtenverstoß nach § 62 Abs. 1 Satz 2 BBG scheidet dann aus. Dementsprechend wird in vielen Weisungsverstößen im Kernbereich der Amtspflichten das eigentliche Dienstvergehen in der Verletzung der höherrangigen, materiellen und auch ohne besondere Weisung geschuldeten Pflicht zu vollem dienstlichen Einsatz und zur qualifizierten Arbeitsweise i. S. d. § 61 Abs. 1 Satz 1 BBG liegen, beispielsweise in der anhaltenden Dienstversäumung (§ 96 Abs. 1 Satz 1 BBG) trotz Aufforderung zur Dienstaufnahme oder in der Unterlassung des Krankheitsnachweises (§ 96 Abs. 1 Satz 2 BBG) trotz konkreter Weisung zur Attestvorlage nach § 96 BBG, in der Eigennützigkeit und Vertrauenszerstörung (§ 61 Abs. 1 Sätze 2 und 3 BBG) bei Veruntreuungen unter Verstoß gegen Richtlinien, in der Vertrauens- und Einsatzminderung (§ 61 Abs. 1 Sätze 1 und 3 BBG) bei Verstoß gegen Kassenvorschriften ohne Veruntreuung (BDiG v. 16. 7. 1987 – I VL 4/87: Geh.K). Demonstrativer »Dienst nach Vorschrift«, der allerdings gerade keinen formalen Ungehorsam darstellt, verstößt gegen die Pflicht zu vollem dienstlichen Einsatz gem. § 61 Abs. 1 Satz 1 BBG (s. Rn. 4).

3 **Ungehorsam** drückt sich normalerweise in der gezielten Ablehnung (BDiG v. 14. 8. 1984 – VI Bk 6/84) oder in der **nachlässigen Außerachtlassung** einer Anordnung aufgrund bedingten Vorsatzes oder Fahrlässigkeit aus. Dabei kommt es nicht darauf an, aus welchen persönlichen oder sachlichen Gründen die Befolgung der Weisung unterlassen wird, ob aus Bequemlichkeit, Gleichgültigkeit, Vergesslichkeit, sachlicher Kritik an der Zweckmäßigkeit, Rechthaberei, wegen Unzumutbarkeit o. Ä. Ungehorsam handelt auch, wer die geltenden Anordnungen zwar grundsätzlich befolgen will, sie aber **inhaltlich falsch anwendet**. Ob hierin ein Dienstvergehen liegt, hängt von der Feststellung des Verschuldens und von dem Gewicht des Versagens unter dem Gesichtspunkt der disziplinaren Erheblichkeit ab (vgl. A. I. Rn. 20, 30-33). Die **Existenz der Anordnung und ihr tatsächlicher Regelungsinhalt sind Rechtstatsachen**, die einerseits beweiserheblich sind (BDiG v. 23. 11. 1971 – III VL 8/71), andererseits einen Tatsachenirrtum begründen können. Kennt der Beamte die Vorschrift nicht, irrt er sich über den Inhalt der Anordnung oder legt sie falsch aus, so kann Verschulden ausscheiden oder ggf. nur Fahrlässigkeit in Betracht kommen. Beruht der Irrtum auf falscher Bewertung der Bindungswirkung oder der rechtlichen Bedeutung der Regelung, kommt Rechtsirrtum nach den allgemeinen Grundsätzen in Frage (A. I. Rn. 30-32).

Darüber hinaus kann **Ungehorsam nicht durch Anwendung der Vorschriften**, auch nicht in der Form missbräuchlicher Übertreibung stattfinden. Bei missbräuchlicher und sinnwidriger Berufung auf Vorschriften zum Zwecke der Störung des Dienstbetriebs handelt es sich um das materielle Dienstvergehen der Verweigerung des vollen dienstlichen Einsatzes nach § 61 Abs. 1 Satz 1 BBG (ebenso GKöD-Weiß, J 890 Rn. 37; wohl auch Behnke-Arndt, Einf. Rn. 140; a. A. offenbar Claussen/Janzen, die in Einl. C. Rn. 35 b auch materielle Pflichtenverstöße als Gehorsamspflichtverletzungen aufführen). Dabei ist allerdings nach den Motiven und Zielen dieses so genannten »**Dienstes nach Vorschrift**« zu differenzieren. Wer sich an die Vorschriften hält – sei es auch nur aus Ängstlichkeit oder Pedanterie – und sich gleichzeitig nach Kräften um die effektive Dienstabwicklung bemüht, handelt auch dann weder ungehorsam noch gegen seine Pflicht zu vollem dienstlichen Einsatz, wenn durch die genaue Einhaltung der Vorschriften Verzögerungen oder **Störungen im Arbeitsablauf** eintreten. Weder Ungehorsam i. S. d. § 62 Abs. 1 Satz 2 BBG noch Verweigerung des vollen dienstlichen Einsatzes i. S. d. § 61 Abs. 1 Satz 1 BBG liegen vor, wenn der Beamte mit der Befolgung der Anweisungen entsprechend deren Zweck strafbares, ordnungswidriges oder sonst rechtswidriges Verhalten vermeidet (entgegen GKöD-Weiß, J 890 Rn. 17 mit den Beispielen: Rangierbeamter nimmt Weg auf andere Zugseite nicht – wie üblich, aber verboten – über die Puffer, sondern zeitraubend um den ganzen Zug; motorisierter Paketzusteller parkt nicht an nächst liegender Stelle im Halteverbot; Lokführer holt Verspätung nicht durch verbotenes, aber übliches Schnellerfahren auf). Solche zwangsläufigen Auswirkungen des Gehorsams haben die anordnenden Stellen zu vertreten (vgl. Literatur bei GKöD-Weiß, J 890 Rn. 36–39), wobei die **Unterstützungspflicht** u. U. aufklärende Hinweise der Weisungsempfänger an die Vorgesetzten nahe legt (Claussen/Janzen, Einl. C. Rn. 36, 37 b). Erst wenn der Beamte die **Vorschriften missbräuchlich**, nämlich bewusst gegen ihren eigentlichen Zweck, zur Störung des Dienstbetriebs anwendet, liegt ein Verstoß gegen die Pflicht zum vollen dienstlichen Einsatz nach § 61 Abs. 1 Satz 1 BBG vor. Die Befolgung dienstlicher Anordnungen wird auch dann geschuldet und ist nicht pflichtwidrig, wenn es aus Praktikabilitätsgründen verwaltungsüblich ist, sich über diese hinwegzusetzen. Denn pflichtwidriges Verhalten wird durch entsprechende **Verwaltungsübung** nicht rechtmäßig und kann nicht abverlangt werden (vgl. A. I. Rn. 23). Andererseits kann abweichendes Verhalten in solchen Fällen mangels Verschulden nicht als Dienstvergehen vorgeworfen werden, wenn veraltete Vorschriften nicht mehr praktikabel sind und allgemein nicht mehr angewendet werden.

B. II. 7 Gehorsams- und Unterstützungspflicht

5 Entgegen verbreiteter Meinung (BGH, DRiZ 1964, 375 ff.; BDiG, Dok. Ber. 1973, 47; Claussen/Janzen, Einl. C. Rn. 32 a-33) stellt die **Remonstration nach § 63 Abs. 2 BBG** nicht den Befreiungstatbestand im internen Gehorsamsverhältnis zu den Vorgesetzten dar (widersprüchlich BVerwG, das im Urt. v. 12. 4. 1988 – 1 D 39.87 ausdrücklich § 56 BBG a.F. auf die innere Verantwortlichkeit gegenüber den Vorgesetzten anwendet und im Urt. v. 13. 1. 1988 – 1 D 127.86 unausgesprochen, aber dem Inhalt nach auf Remonstration abstellt und bei Erfolglosigkeit die Weisung voll nachprüft; dagegen wie hier – inhaltliche Überprüfung durch die Verwaltungsgerichte – Urt. v. 8. 7. 1987 – 1 D 140.86; s. Rn. 11). Die Remonstration und die Freistellung von der Bindung an die Anordnung in Abs. 2 stehen im eindeutigen Regelungszusammenhang mit Abs. 1 und gelten ebenso wie der Abs. 3 nur für diesen. Der gesamte § 63 BBG betrifft *nur* die Verantwortlichkeit (Haftung) der Beamten gegenüber den Adressaten ihrer amtlichen Tätigkeit (Behnke-Arndt, Einf. Rn. 28, 29). Er gilt nicht für das dienstrechtliche Innenverhältnis, für den Bereich der eigenen Statusrechte oder Interessen gegenüber dem Dienstherrn (BDiG v. 17. 5. 1978 – V Bk 9/77; v. 22. 10. 1986 – X VL Bk 21/86; v. 11. 11. 1987 – XII Bk 3/87). Will ein Beamter eine dienstliche Weisung nicht anerkennen, so muss er im Allgemeinen die gegebenen Rechtsmittel der VwGO ergreifen (s. Rn. 13; a. A. und allgemein zur Bindung, Remonstration und Rechtsschutz bzgl. dienstlicher Weisungen Günther ZBR 1988, 297 ff., sowie umfassend Weiß, ZBR 1994, 325 ff.).

6 Allerdings sind die **in § 63 Abs. 2 Satz 3 BBG aufgeführten Verweigerungsgründe** der erkannten **Strafbarkeit** oder Ordnungswidrigkeit der Weisung oder der **Verletzung der Würde** des Menschen (dazu BDiG, Dok. Ber. 1973, 47; Maunz/Dürig, Art. 1 GG Rn. 17-45; Pöttgen, ZBR 1965, 48; Heckel, ZBR 1965, 66) sowie eingeschränkt der Verfassungswidrigkeiten der Weisung (dazu Rn. 7 und B. II. 6. Rn. 6) als **allgemeiner Rechtsgedanke** auch für das interne Verhältnis des Beamten zu den Vorgesetzten anwendbar (BDiG, DÖD 1987, 233). Seit Inkrafttreten des AGG am 14. 8. 2006 (BGBl. I S. 1897) ist § 16 Abs. 1 Satz 1 AGG zu beachten. Die im Übrigen in § 63 BBG geregelte Remonstration hat – wie gesagt – verfahrensrechtliche Bedeutung nur für die Befreiung von der Haftung aus amtlicher Tätigkeit gegenüber Dritten. Es bedarf ohnehin nicht des § 63 BBG, um Beamten das selbstverständliche Recht zu geben, sich wegen einer ihnen unzumutbar oder unzweckmäßig erscheinenden Weisung an die Vorgesetzten zu wenden und sich ggf. auch formlos dagegen zu beschweren. Bleibt die Beschwerde erfolglos, so befreit sie – ebenso wie im Fall des § 63 BBG – nicht von der Bindung an die Weisung (s. Rn. 11, 13). **Eine Pflicht zur Remonstration** (so Claussen/Janzen, Einl. C. Rn. 36) erlegt § 63 Abs. 2 BBG dem Beamten nicht auf, sondern regelt vielmehr ein (Verfahrens-)Recht der Beamten zur Befreiung von der Haftung gegenüber Außenstehenden. Die Unterstützungspflicht ergibt sich originär und speziell aus § 62 Abs. 1 Satz 1 BBG (Rn. 14; Weiß, ZBR 1994, 327, II. 1).

7 Nur in engen Grenzen gibt es Ausnahmen von der Verbindlichkeit dienstlicher Weisungen. Dienstliche Weisungen entfalten dann **keine Bindungswirkung**, wenn sie **offensichtlich unwirksam** sind, d. h. wenn ihnen die essentiellen Voraussetzungen einer verbindlichen Anordnung fehlen. Das ist in allen Fällen anzunehmen, in denen auch bei einem Verwaltungsakt Nichtigkeit angenommen wird, weil der Fehler für jeden auf der Hand liegt, also bei absoluter sachlicher und persönlicher **Unzuständigkeit** des Anordnenden (§ 3 Abs. 1 BBG) und bei absoluter und subjektiver **Unmöglichkeit** der angeordneten Leistung (vgl. B. II. 6. Rn. 5). Unwirksam ist eine Weisung, der offensichtlich jede **rechtliche Grundlage fehlt** oder der eine besondere **gesetzliche Regelung entgegensteht**. Soweit durch Urteil des BVerfG vom 2. 3. 1993 (E 88, 103 = NJW 1993, 1379 = ZBR 1993, 147 = PersR 1993, 284) der Einsatz von Postbeamten auf bestreikten Arbeitsplätzen bei einem rechtmäßigen Streik wegen Verstoßes gegen das Koalitionsrecht, Art. 9 Abs. 3 GG, für verfassungs- und rechtswidrig erklärt wurde, fehlt es danach für einen solchen Einsatz zwar an der erforderlichen Rechtsgrundlage. Allerdings bedeutet dies **nicht zwangsläufig die offensichtliche Unwirksamkeit** einer dahin gehenden Weisung (BDiG v. 20. 4. 1994 – X BK 13 und 14/93 sowie auf nachfolgende Verfassungsbeschwerde: BVerfG, ZBR 1995, 71 = NVwZ 1995, 680 = DVBl. 1995, 192 = DÖD 1995, 193; vgl. auch Weiß, ZBR 1994, 325; a. A. noch die Vorauflage und Köhler, PersR 1994, 12). Wie auch bei »bloßen« rechtswidrigen Weisungen bleibt die beamtenrechtliche Bindung auch bei verfassungswidrigen Anordnungen bestehen, es sei denn, es läge ein evidenter, besonders schwerer Verfassungsverstoß vor (BVerfG, ZBR 1995, 71 a. E.). Gerade in diesem Fall lag eine obergerichtliche Rspr. von BVerwG und BAG zur Zulässigkeit des Streikeinsatzes von Beamten vor, die erst durch BVerfGE 88, 103 aufgehoben wurde. Ein offensichtlicher Verstoß war so gerade nicht erkennbar. Anderes wird jedoch für die Zukunft zu gelten haben. Davon zu unterscheiden ist allerdings die Frage, inwieweit Beamten in solchen Fällen aufgrund ihrer Gewissensentscheidung ein Streikeinsatz zumutbar war (hierzu Rn. 15 und Köhler, PersR 1994, 12). Die das Dienstvergehen bejahenden Entscheidungen des BDiG und des BVerfG schweigen sich hierüber aus.

Eine Rechtsgrundlage fehlt generell bei allen Anordnungen, die nicht den dienstlichen Bereich, sondern **ausschließlich das Privatleben** des Beamten betreffen, so eine Anordnung, privaten Zahlungsverpflichtungen nachzukommen (BVerwGE 33, 108). Im **Disziplinarverfahren** schließen § 20 Abs. 1 Satz 2 BDG und der Grundsatz, dass Beamte zur Selbstbelastung und Überführung nicht verpflichtet sind (BVerwGE 73, 118), bestimmte Weisungen aus (vgl. B. II. 5. Rn. 5 und 8. Rn. 7). Das gilt auch für Selbstbezichtigungen außerhalb eines Disziplinarverfahrens mit disziplinaren Folgen (BDHE 4, 62; v. 16. 4. 1958 – 1 D 83.57; BVerwG – 2 WD 2.69; Behnke-Arndt, Einf. Rn. 125; Claussen, ZBR 1964, 306; GKöD-Weiß, J 970 Rn. 51; vgl. jedoch zur Wahrheitspflicht, wenn Aussage nicht verweigert wird, B. II. 8. Rn. 9). So stehen die Schutzrechte des BDG Anordnungen entgegen, die eine Mitwirkung an der selbstbelastenden Aufklärung im Disziplinarverfahren anstreben oder zwangsläufig oder jedenfalls aus der Sicht der Betroffenen nach sich ziehen. Das gilt z. B. für die Mitwirkung an einem **Alco-Test** (BVerwG v. 22. 4. 1982 – 1 D 68.81; v. 12. 2. 1985 – 1 D 144.84, das die Entscheidung über die Aufhebung der bisherigen Rspr. zur innerdienstlichen Mitwirkungspflicht bzgl. der Klärung der Dienstfähigkeit ausdrücklich offen lässt; vgl. zu dieser Widersprüchlichkeit B. II. 5. Rn. 5), für den Arztbesuch zur diszipl. Klärung der Medikamenteneinnahme (BDHE 7, 78) oder die **Anhörung** zur disziplinaren Überführung (st. Rspr. seit BDHE 6, 18; vgl. auch BDH, ZBR 1961, 385 Nr. 18; v. 5. 3. 1965 – 1 D 18.64; vgl. B. II. 8. Rn. 6, 9). Entfällt in diesen Fällen auch eine Gehorsamspflicht, so sind Aufforderungen zu solchen Handlungen doch nicht schlechthin rechtswidrig, sondern formal zulässig (BVerwG v. 12. 2. 1985 – 1 D 144.84). Denn es steht in der freien Entscheidung der Betroffenen, ob sie der Aufforderung entgegen ihren Interessen nachkommen

B. II. 7 Gehorsams- und Unterstützungspflicht

wollen. Rechtssystematisch können solche Aufforderungen dahin beurteilt werden, dass sie entweder ihrem Wesen nach schon keine Bindung enthalten oder dass die Pflicht zu ihrer Befolgung durch entgegenstehende Rechte ausgeschaltet ist (Interessen- und Rechtskollision).

8 Eine Anordnung ist unwirksam, wenn sie nicht als verbindlich erkennbar und wenn ihr Inhalt sprachlich oder sonst nicht **eindeutig und unmissverständlich** ist. Sie muss eine klare, verbindliche Anordnung beinhalten, die dem Adressaten das von ihm Erwartete unmissverständlich klarlegt, ihm sein Tätigwerden nicht freistellt, sondern einen ernsthaften Durchsetzungswillen ausdrückt (BVerwGE 33, 106; 48, 281; ZBR 1981, 220; BDiG v. 17.5.1978 – V BK 9/77; v. 20.6.1978 – V Bk 12/77). An einem solchen ernsthaften Durchsetzungswillen fehlt es insbesondere, wenn die Anordnung den Charakter einer Bitte trägt oder gar ausdrücklich als »**Einladung**« bezeichnet ist und eine Rückmeldung für den Verhinderungsfall erbeten wird (BVerwG v. 30.3.2000 – 1 DB 24.99 – Buchholz 232 § 55 BBG Nr. 13). **Bewerbungsaufforderungen** an Beamte der privatisierten Bundesbehörden sind unwirksam, weil sie außerhalb der Weisungsbefugnis liegen (BVerwG v. 18.9.2008, AuR 2008, 357). An der Eindeutigkeit der Anordnung kann es mangeln, wenn **mehrere widersprüchliche Weisungen** erteilt werden. Dies kann auch der Fall sein bei dem Zusammentreffen der Anordnungen von über- und untergeordneten Behörden. Grundsätzlich hat zwar die vorgesetzte Behörde die höhere Regelungskompetenz. Wenn sie aber nur eine Allgemeinregelung trifft, kommt den unmittelbaren Vorgesetzten die aktuelle Weisungsbefugnis gegenüber dem unterstellten Beamten zu. Setzt sich aber ein Dienstvorgesetzter – für den betroffenen Beamten erkennbar – zu der höherrangigen Regelung und zu seinen eigenen Anordnungen in Widerspruch, so ist eine Weisung mangels Eindeutigkeit nicht wirksam (im Falle von Dienstunterrichtseinteilungen in der Freizeit BDiG v. 17.5.1978 – V BK 9/77; v. 29.9.1970 – IV Bk 12-16, 21/69). Folgt eine Beamtin allerdings einer ausdrücklichen an sie gerichteten Weisung, die der generellen Weisungslage der Behörde widerspricht, so muss sie die Konsequenz einer eventuellen Pflichtwidrigkeit tragen. Entsprechend dem Rechtsgedanken des § 63 Abs. 2 BBG muss sie der speziellen Weisung widersprechen, wenn sie die weisungswidrige Sachlage erkennt und ein eigenes Dienstvergehen vermeiden will (BDiG v. 31.3.2000 – II BK 15/99 zur Abänderung und Nachtragung von Prüfvermerken entgegen der Weisung der Generaldirektion, wobei allerdings die eigentliche Frage nach der Rechtfertigung durch Weisung ausgespart bleibt).

9 Eine dienstlich bindende Anordnung, die einen selbständigen Pflichtenverstoß begründen kann, liegt nur vor, wenn sie einen eigenen, konkreten, **selbständigen Regelungsinhalt** hat. Dienstliche Anordnungen haben die Funktion, die Dienstpflichten für den konkreten Arbeitsablauf oder für eine bestimmte dienstliche Angelegenheit (persönliche Anträge, Erklärungen, Auskünfte) zu aktualisieren und zu präzisieren. Diese verbindliche Pflichtenregelung zu schützen ist der Gesetzeszweck des § 62 Abs. 1 Satz 2 BBG. Dienstliche Weisungen müssen also die vorherige Pflichtenlage der Beamten verändern, um als selbständige Regelung zu gelten. Bloße Hinweise, Ermahnungen und Wiederholungen von ohnehin schon bestehenden Regelungen nehmen nur Bezug darauf und regeln selbst nichts. Der Ungehorsam besteht dann nicht gegenüber dem Hinweis, sondern gegenüber der zugrunde liegenden Regelung. So ist die allgemeine oder individuelle Mahnung, das absolute Alkoholverbot gem. § 14 ADAzB (v. 1.9.1997) einzuhalten, keine selbständige dienstliche Weisung, da dieselbe Pflicht schon aus § 14 ADAzB selbst folgt. Ebenso liegt keine selbständige dienstliche Weisung in einer wiederholten Belehrung über die vorgegebene allgemeine Dienstleistungspflicht und über die als vorgegeben dargestellte Rechtslage (einheitl. Rspr. BDiG v. 27.10.1978 – I Zk 5/78; v. 17.5.1978 – V Bk 9/77; DÖD 1987, 233 = Der PersR 1988, 81).

Die bindende Wirkung der Weisung kann nachträglich beseitigt werden, indem sie von den **Vorgesetzten zurückgenommen** wird. Das kann auch durch **schlüssiges Verhalten** geschehen. Wehrt sich ein Beamter aus triftigen Gründen verbal gegen die Anordnung gem. § 88 BBG zur Mehrarbeit nach Dienstschluss, so liegt darin eine zulässige Remonstration (außerhalb des § 63 BBG! s. Rn. 5 f.). Weigert er sich verbal weiter und schickt dann der Vorgesetzte entgegen seiner ursprünglichen Absicht doch zum normalen Dienstende einen Ablöser, so ist die vorherige Anordnung damit – jedenfalls für das Verständnis eines jeden Betrachters – faktisch und schlüssig aufgehoben werden. Die möglicherweise gegebene Absicht der Dienstverweigerung ist nicht erwiesen, jedenfalls nicht verwirklicht und für sich allein nicht vorwerfbar (BDiG v. 26.1.1988 – I Bk 10/87, allg. A. I. Rn. 5). 10

Bestehen die Vorgesetzten auf der Befolgung der Anordnung, so kann die Bindungswirkung durch die Verwaltungsgerichte beseitigt werden (BVerwG v. 8.7.1987 – 1 D 140.86; BDiG, DÖD 1987, 233; v. 17.5.1978 – V Bk 9/77). Sie sind für die Entscheidung aller Streitigkeiten aus dem Beamtenverhältnis zuständig (§§ 172 BBG, 126 BRRG, 40 Abs. 1 Satz 1 VwGO) wie auch nun für Disziplinarverfahren (§ 45 BDG). Für die disziplinarrechtliche Beurteilung ist die materiell-rechtliche Fehlerfreiheit einer dienstlichen Anordnung eine Vorfrage. Hierüber entscheidet die Kammer des VG, die für sonstige Beamtenrechtsstreitigkeiten nach der Geschäftsverteilung zuständig ist. Die Disziplinarkammer ist zur Entscheidung dieser Vorfrage und zur inhaltlichen Nachprüfung dienstlicher Anordnungen mit Ausnahme der u. Rn. 13 dargestellten Fälle nicht befugt. Hierfür kann sie gem. § 22 Abs. 3 BDG das Verfahren aussetzen. Grundsätzlich kann die Disziplinarkammer deshalb nicht selbst nachprüfen, ob die Weisung **verhältnismäßig, zumutbar, rechtswidrig** war (BDiG, DÖD 1987, 233; v. 17.5.1978 – V Bk 9/77 entgegen DÖD 1984, 269 [Zumutbarkeit von Streikarbeit]). Insbesondere Weisungen zum äußeren Erscheinungsbild von Beamten sind insoweit Gegenstand der Rspr. gewesen (zuletzt VGH Kassel – 1 TG 3238/95 [Lagerfeld-Zopf] = NJW 1996, 1164; a. A. VGH München 3 B 95.3457, PersV 1999, 123; aber nachfolgend zustimmend BVerwG, NJW 1999, 1985 = ZBR 1999, 277, sowie Günther, ZBR 2000, 401 [Piercing]; früher bereits BVerwG, ZBR 1983, 343 [Zulässigkeit des Irokesenhaarschnitts bei Bundeswehr]; BDiG v. 28.5.1968 – III Bk 11/68; v. 21.3.1971 – IV Bk 4/71; v. 24.6.1982 – VII ZK 2/82 zum Verbot von Ohrschmuck eines Polizeibeamten; BVerfG, NJW 1991, 1477 = DÖD 1991, 236 auf BVerwGE 84, 287 = NJW 1990, 2266). Die Frage der Unzumutbarkeit (vgl. auch B. II. 6. Rn. 6) klärt sich durch Abwägung der widerstreitenden Interessen des Dienstherrn an sachgerechter Aufgabenerledigung und der allgemeinen Handlungsfreiheit des Beamten (vgl. hierzu in anderem Zusammenhang zutreffend VG Lüneburg, ZBR 2001, 182 – Kopftuch für Lehrerin). Bei Unzumutbarkeit entfällt die Gehorsamspflicht. Grundsätzlich ist dies im allgemeinen Verwaltungsrechtsweg zu klären. Hierzu kann ein Disziplinarverfahren ausgesetzt werden, § 22 BDG. Fehlt aber der Weisung jede Rechtsgrundlage oder aber genügend Zeit, die Beamtenkammer des Verwaltungsgerichts anzurufen, ist das Disziplinargericht zur eigenen Überprüfung befugt. 11

B. II. 7 Gehorsams- und Unterstützungspflicht

Die Möglichkeit, solche Weisungen vor dem Verwaltungsgericht anzufechten, bleibt davon unberührt.

12 Ergeht die Anordnung im Statusbereich (Grundverhältnis) des Beamten und stellt damit einen **Verwaltungsakt** dar, so regelt sich der Rechtsschutz problemlos nach den Verfahrensvorschriften der VwGO. In Abänderung der früheren allgemeinen Rechtslage, wonach Widerspruch und Anfechtungsklage gegen eine Abordnung oder Versetzung nach § 80 VwGO aufschiebende Wirkung hatten, bewirken diese Rechtsmittel nach dem Gesetz zur Reform des öffentlichen Dienstrechts vom 24. 2. 1997 (BGBl. I S. 322) dies nicht mehr. Gem. § 126 Abs. 3, Nr. 3 BRRG (i. d. F. der Bekanntmachung der Neufassung v. 31. 3. 1999, BGBl. I S. 654, 672) i.V. m. § 80 Abs. 2, Nr. 3 VwGO haben **Widerspruch und Anfechtungsklage** gegen Abordnung oder Versetzung **keine aufschiebende Wirkung**. Die entsprechende Anordnung ist also durch den Beamten zu befolgen, es sei denn, es liegen solche Gründe vor, die die Anordnung als nichtig oder offensichtlich rechtswidrig erscheinen lassen. Die Weigerung bedeutet dann i. d. R. das Fernbleiben vom Dienst (BVerwG v. 11. 5. 2000 – 1 DB 35.99 – ZBR 2000, 345 = Dok. Ber. 2000, 247; vgl. B. II. 3. Rn. 4). Gem. § 80 Abs. 5 VwGO kann bei der Beamtenkammer des VG die Anordnung der aufschiebenden Wirkung beantragt werden. Wird dem stattgegeben, braucht der Beamte einstweilen der Abordnung oder Versetzung nicht nachzukommen. Eine Pflicht zur Befolgung besteht dann so lange nicht, wie die Suspensivwirkung fortbesteht, also bis zur Klärung in der Hauptsache oder bis zur Aufhebung einer gerichtlichen Anordnung der aufschiebenden Wirkung (s. zur früheren Rechtslage BVerwGE 63, 74).

13 Wenn der Beamte nicht durch einen Verwaltungsakt, sondern durch eine **Weisung im Betriebsverhältnis** verpflichtet wurde, greift der Regelungskomplex der §§ 68 ff., 80 ff. VwGO mangels Verwaltungsakts nicht ein (BVerwGE 60, 144 = NJW 1981, 67 = ZBR 1981, 28 = DVBl. 1980, 882: allgemeine Leistungsklage statt Anfechtungsklage). In vielen Fällen wird dann immer noch die Möglichkeit bestehen, den erforderlichen Rechtsschutz durch eine Feststellungsklage (aus Verletzung der beamtenrechtlichen Fürsorgepflicht; vgl. auch Felix, ZBR 1996, 33 u. ZBR 1994, 18) und im Eilfall durch Erwirkung einer **einstweiligen Anordnung nach § 123 VwGO** zu suchen (etwa bei Übertragung einer unterwertigen oder überwertigen Tätigkeit auf längere Zeit oder bei Umsetzung: OVG Weimar, ZBR 1997, 199). **Ausnahmen** davon müssen gelten, wenn der Beamte aufgrund der besonderen Umstände Rechtsschutz gegenüber der Weisung nicht rechtzeitig erreichen kann, etwa weil die aufgetragene Dienstleistung nur sofort geleistet oder verweigert werden kann. Nur in diesem Fall besteht eine Rechtsschutzlücke, die dahin ausgefüllt werden muss (Art. 19 GG), dass der Beamte selbst die Zumutbarkeit der Anordnung prüfen und ihre Befolgung verweigern darf. In diesem Ausnahmefall ist die Disziplinarkammer zur vollen inhaltlichen Nachprüfung der Anordnung auf Fehlerhaftigkeit befugt. Der Beamte trägt allerdings dann das volle Risiko, dass im späteren Disziplinarverfahren das Gericht zu einer gegenteiligen Meinung kommen kann.

14 Die **Unterstützungspflicht** aus § 62 Abs. 1 Satz 1 BBG ist einerseits eine Spezialregelung zur allgemein in § 61 Abs. 1 Sätze 1 und 3 BBG geregelten Pflicht zu vollem dienstlichen Einsatz und zu achtungs- und vertrauenswürdiger Dienstleistung, andererseits eine Ergänzung der Gehorsamspflicht (so auch Claussen/Janzen, Einl. C. Rn. 37 a). Sie beinhaltet die konkrete Aufforderung an jeden Beamten, auch ohne spezielle Anweisungen und aus eigener Verantwortung

die Vorgesetzten in deren Verantwortungsbereich zu unterstützen. Das entspricht auch der zeitgemäßen Arbeitsstruktur von Kooperation, Delegation und Motivation (s. Einf. II. 4.). Die Unterstützung der Vorgesetzten erfolgt naturgemäß in erster Linie in der **Zuarbeit für die Vorgesetzten**, durch tatsächliche Verrichtung der anstehenden Dienstleistungen. Die Zuarbeit besteht ohne Rücksicht darauf, ob sie im Einzelnen angeordnet wurde oder nicht. So wird häufig bei ungeklärter Weisungslage zwar kein Ungehorsam vorliegen (Rn. 4), aber die Verpflichtung in Betracht kommen, die Entscheidung oder die Klärung der Situation durch den Vorgesetzten herbeizuführen oder abzuwarten. Wer sich der Sonderschichteinteilung entzieht, bevor der Lokdienstleiter die Einteilung definitiv machen kann (BDiG v. 20. 6. 1978 – V Bk 12/77), wer sich eine Vertretungsbefugnis anmaßt, um seinen Vorgesetzten von dessen Befugnis auszuschließen (BDiG v. 15. 9. 1982 – I Bk 1/82), oder wer als höherer Beamter bewusst die ersichtliche Zielsetzung seiner Behörde unterläuft (BDiG v. 28. 10. 1999 – XVI VL 43/98; v. 21. 12. 1987 – VI Bk 4/87), verstößt gegen die Unterstützungspflicht. Die Unterstützungspflicht schließt auch die **Unterrichtung** über entscheidungs- oder regelungserhebliche Sachverhalte ein, etwa Personalausfall, Betriebs- und Arbeitsstörungen, eigene Verhinderung an der Dienstleistung, aus der Reihe fallende Vorkommnisse oder Probleme usw. Die **Beratung** der Vorgesetzten bedeutet nicht nur das Vermitteln eigenen Wissens, sondern auch die sachbezogene Auseinandersetzung über die effektive und sichere Erledigung anstehender Arbeits- und Betriebsabläufe.

Dabei muss auch eine **kontroverse Auseinandersetzung** als pflichtgemäß angesehen werden, wenn sie aus sachlichem, dienstlichem Antrieb und mit sachlichen Argumenten in angemessener Umgangsform erfolgt. Zur Pflicht des Vorgesetzten zur Sachlichkeit und Kritikfähigkeit vgl. B. II. 6. Rn. 11. Hierbei wird nicht selten die Wohlverhaltenspflicht aus § 61 Abs. 1 Satz 3 BBG angesprochen. Ein **achtungsgemäßes Verhalten** des Untergebenen gegenüber den Vorgesetzten wird nicht schon dann verfehlt, wenn in der Sache den Vorgesetzten widersprochen wird, um die bessere Lösung sicherzustellen. **Konstruktiver Widerspruch** kann unter bestimmten Umständen sogar geschuldet sein. Das entspricht, je nach der Art der Amtstätigkeit und Problemlage mehr oder weniger, dem zeitgemäßen Arbeitsstil von Teamarbeit, Kooperation und Delegation. Für die freie und offene Zusammenarbeit in einer Behörde muss einerseits **Sachlichkeit und Rücksichtnahme** gefordert werden, andererseits können angesichts unterschiedlicher Temperamente und Bildung nicht starre Maßstäbe angelegt werden. »Schlechte Manieren, Taktlosigkeit und Unhöflichkeit sind nicht ohne weiteres pflichtwidrig. Einer verständlichen Erregung ist billigerweise Rechnung zu tragen« (Behnke-Arndt, Einf. Rn. 130; BDH, Dok. Ber. 1965, 2544). Maßstab ist die **Würde des Menschen und die Achtung und Hilfsbereitschaft**, die jeder im umgekehrten Fall auch für sich erwartet. Das Weglassen des Doktortitels gegenüber dem Vorgesetzten verletzt nicht das Höflichkeitsgebot (VG München, BayVBl. 1989, 25 mit Anm. v. Mayer, BayVBl. 1989, 282). Insbesondere vor der Erstattung einer Strafanzeige gegen Vorgesetzte muss ein Beamter zuvor alles Zumutbare versucht haben, die Klärung der streitigen Angelegenheit innerhalb der Verwaltung herbeizuführen, ohne dass es auf den Wahrheitsgehalt der unterstellten Straftat ankäme (BVerwG v. 13. 12. 2000 – 1 D 34.98). Entgegen der Unterstützungspflicht und achtungswidrig verhält sich, wer nicht aus Verpflichtung der dienstlichen Aufgabe gegenüber, sondern nur aus persönlicher Ablehnung oder Feindschaft sich den Vorgesetzten grund-

B. II. 7 Gehorsams- und Unterstützungspflicht

sätzlich widersetzt, wer ohne sachliche Grundlage unkontrolliert und kränkende Unmutsäußerungen abgibt oder gar wider besseres Wissen unwahre Behauptungen aufstellt. Die Pflichtwidrigkeit hängt wesentlich von den tatsächlichen Vorstellungen und von der Vorwerfbarkeit eines etwaigen Irrtums des Angreifenden ab. Es ist nicht mehr sachbezogen, wenn sich in allgemeinen Herabsetzungen und Beleidigungen, in unsubstantiierten und damit unnachprüfbaren Vorwürfen ergangen wird, wenn ohne tatsächliche Anhaltspunkte aus bloßem Argwohn heraus schwere Verdächtigungen ausgesprochen werden, wenn mit beleidigenden Ausdrücken dem Unmut unkontrolliert freier Lauf gelassen wird (BVerwG v. 15. 12. 2005- 2 A 4.04; BDiG v. 24. 6. 1998 – XIV VL 21/97; v. 15. 4. 1969 – III VL 2/69 und DÖD 1979, 202). An spontane mündliche Äußerungen sind geringere Anforderungen zu stellen als an schriftliche Ausarbeitungen und an Schriftsätze (BDH, ZBR 1966, 228; 1961, 385 Nr. 15; BDiG v. 13. 12. 1971 – IV Bk 2/71).

16 *Aktionen*, die gegen Vorgesetzte gerichtet sind, stehen dem ersten Anschein nach im Gegensatz zur Unterstützungs- und Beratungspflicht. Sie sind aber nicht immer und von vornherein pflichtwidrig. So steht jedem Beamten das Recht der effektiven **Rechtswahrung in eigener Sache** zu. Die Interessenlage kann auch hier ausnahmsweise persönliche Angriffe, Abwertungen und inhaltliche Beleidigungen rechtfertigen (BVerwG v. 15. 12. 2005 – 2 A 4.04). Der Beamte hat allerdings immer das Recht, sich mit Beschwerden an Vorgesetzte zu wenden. Hieraus erwächst nie ein disziplinarer Vorwurf (BVerwG, a. a. O.), wenn die Beschwerde sachlich ist. Dies greift nun auch das Allgemeine Gleichbehandlungsgesetz (AGG) in §§ 16, 19 f und 24 AGG auf. Im Rechtsstreit gegen seine Behörde darf der Beamte durchaus auch deutliche, wertende und harte Worte wählen, wenn sie sachbezogen sind und zur Rechtswahrung geeignet erscheinen können. Dagegen sind unnötig unsachliche, nur auf die Person gerichtete Beleidigungen, Behauptungen gegen besseres Wissen pflichtwidrig (BDH bei Döring, ZBR 1961, 385 Nr. 14; DDB 1967, 18; BDiG, DÖD 1979, 202; Urt. v. 14. 9. 1977 – IV VL 60/76; Rn. 15). Die **unbefugte Tonbandaufnahme** und das spätere Abspielen des dienstlichen Beurteilungsgesprächs mit dem Vorgesetzten ist nicht nur nach § 201 Abs. 1 StGB strafbar, sondern wegen des Vertrauensbruchs auch pflichtwidrig (BVerwG v. 6. 7. 1987 – 1 D 142.86 – Dok. Ber. 1987, 263). Das **Sammeln von Material** oder von Unterschriften gegen den Vorgesetzten zur bloßen Rechtsverteidigung ist pflichtgemäß (BDHE 5, 49; BDiG v. 24. 3. 1971 – IV Bk 19/69), kann aber dann pflichtwidrig sein, wenn es ohne sachlichen Zwang hinterhältig, gehässig, verleumderisch oder unlauter geschieht, um die Autorität des Vorgesetzten zu untergraben (BDH bei Döring, ZBR 1961, 385 Nr. 15). Wegen der Flucht in die Öffentlichkeit vgl. B. II. 9. Rn. 21.

17 Für **Mitglieder des Personalrats** bestehen dieselben Pflichten wie für alle anderen Beamten. Die Personalratsfunktion befreit nicht von den allgemeinen Dienstpflichten. Denn sie wird im Interesse sowohl des Personals als auch der Dienststelle ausgeübt. So besteht etwa Dienstbefreiung zur Wahrnehmung von Personalratssitzungen gem. § 46 Abs. 2 Satz 1 BPersVG nur im Rahmen der Erforderlichkeit und gegenseitigen Zumutbarkeit. Verstöße gegen solche allgemeinen Dienstpflichten im Rahmen der Personalratstätigkeit wie hier etwa durch Fernbleiben sind innerdienstliche Dienstvergehen. Hierüber befinden die Disziplinargerichte, ohne dass darin eine Behinderung der PR-Tätigkeit zu sehen wäre (BVerwG v. 1. 9. 1999 – 1 DB 44.98 – Buchholz 240 § 9 BBesG Nr. 11 (auch die personalvertretungsrechtlichen Sanktionsmöglichkeiten nach

§ 28 Abs. 1 BPersVG stehen nicht entgegen, BVerwGE 103, 70; v. 23. 2. 1994 – 1 D 48.92). Die Funktion ist aber mit zusätzlichen Pflichten verbunden, die sich gerade aus der Personalvertretungstätigkeit ergeben, so die besondere Schweigepflicht aus § 10 und die **Zusammenarbeitspflicht aus § 66 BPersVG**. Letztere wird verletzt, wenn die Zusammenarbeit verweigert, wilder Streik veranlasst und beleidigt wird (BVerfGE 103, 70 = ZBR 1994, 280; v. 23. 2. 1994 – 1 D 48.92; v. 19. 9. 1984 – 1 D 38.84). Andererseits sind im Rahmen der gleichgestellten, partnerschaftlichen Auseinandersetzung mit Vorgesetzten sachbezogene Angriffe und bildungsbedingte Entgleisungen in der Wortwahl nicht ohne weiteres pflichtwidrig (BDiG v. 5. 4. 1989 – XVI Bk 31/88; v. 17. 8. 1993 – VI Bk 8/93). Weder besteht für den Personalrat eine erhöhte Wohlverhaltenspflicht (BVerwG, a. a. O.; BDiG v. 29. 8. 1979 – I Bk 13/79; BDHE 6, 98) noch die Pflicht, Funktionen des Dienststellenleiters gegenüber den Mitarbeitern zu erfüllen (BVerwG v. 23. 2. 1994 – 1 D 48.92). Auch die beamteten **Gewerkschaftsmitglieder** unterliegen der Pflicht zur Unterstützung ihrer Vorgesetzten. Ihr gesellschaftlicher Auftrag gibt ihnen jedoch eine besondere Berechtigung zur Teilhabe am öffentlichen Meinungskampf, ggf. auch gegen die eigene Behörde (vgl. OVG RP, DVBl. 1999, 330 [öffentliche Äußerung als Gewerkschaftsvertreter]; BDiG, DÖD 1979, 199 [Flugblatt gegen eine Behörde wegen Fragen der Arbeitsplatzbeschaffung], im Übrigen B. II. 2. Rn. 6, B. II. 9. Rn. 12).

c) Bewertung der Pflichtverletzung, Auswahl und Bemessung der Disziplinarmaßnahme

Das Gewicht formaler **Verstöße gegen die äußere Ordnung** ist relativ gering. Wie vorstehend dargestellt, liegen eigenständige Verstöße gegen die Gehorsamspflicht nur dann vor, wenn sie nicht zugleich mit einer schwerwiegenden materiellen oder Kernpflicht verbunden sind. Besteht das Dienstvergehen nur aus formalem Ungehorsam im Organisationsbereich, so ist es kein ethisches Unrecht und berührt in der Regel nicht die berufserforderliche Integrität des Beamten. Dementsprechend sind, falls die Schwelle zur disziplinaren Erheblichkeit überhaupt überschritten ist, **Verweis und Geldbuße** die angemessenen Maßnahmen. Schwerere Fälle zeichnen sich durch ständige Rückfälligkeit, beharrliche Obstruktion, durch Versagen im Kernbereich der Amtspflichten aus. In diesen Fällen ist nicht der Ungehorsam der Dienstvergehenstatbestand, sondern der Verstoß gegen die auch ohne besondere Weisung geschuldete Pflicht zu vollem dienstlichen Einsatz und zur qualifizierten Arbeitsweise i. S. d. § 61 Abs. 1 Satz 1 BBG.

18

d) Rechtsprechungsübersicht

Das **Remonstrationsrecht** aus § 63 Abs. 2 (früher: § 56 Abs. 2) BBG enthält keinen allgemeinen Befreiungstatbestand – Er gilt nur für die Haftungsbefreiung nach außen, nicht für die Verteidigung innerdienstlicher Statusrechte oder Interessen der Beamten gegenüber dem Dienstherrn
- *BDiG* v. 17. 5. 1978 – V Bk 9/77; v. 22. 10. 1986 – X VL Bk 21/86; v. 11. 11. 1987 – XII Bk 3/87 **entgegen**
- *BVerwG* v. 13. 1. 1988 – 1 D 127.86;
- BGH, DRiZ 1964; 375;
- *BDiG*, Dok. Ber. 1973, 47

B. II. 7 Gehorsams- und Unterstützungspflicht

Postbeamtin verändert auf Weisung der direkten Vorgesetzten **Prüfvermerke entgegen allg.** Untersagungsverfügung der Generaldirektion – eigene dienstrechtliche Haftung der Beamtin entspr. Rechtsgedanke § 63 Abs. 2 BBG: **Geldbuße**
– *BDiG* v. 31. 1. 2000 – II Bk 15/99

Einsatz von Beamten auf bestreikten Arbeitsplätzen der Post ist verfassungswidrig und unzulässig – keine gesetzliche Grundlage – Wahrung der Koalitionsfreiheit
– *BVerfG,* NJW 1993, 1379

Die **Weigerung** eines **Postbeamten, Dienst auf einem bestreikten Arbeitsplatz zu leisten**, ist pflichtwidrig – Rechtswidrigkeit der Weisung, aber nicht offensichtlich – keine Unverhältnismäßigkeit: **Einst.** wg. BVerfG, NJW 1993, 1379 unter Feststellung des Dienstvergehens
– *BDiG* v. 20. 4. 1994 – X Bk 13 und 14/93
– *BVerfG,* ZBR 1995, 71 = NVwZ 1995, 680 = DÖV 1995, 193 = DVBl. 1995, 192

Wirksame dienstliche **Weisungen** sind bindend – dagegen nur Rechtsmittel vor Verwaltungsgericht – keine Nachprüfung durch Disziplinargericht: **Geh.K**
– *BVerwG* v. 8. 7. 1987 –1 D 140.86, ebenso
– *BDiG* v. 17. 5. 1978 – V Bk 9/77 – DÖD 1987, 233

In der Regel keine Nachprüfung **dienstlicher Anordnungen** durch Disziplinargerichte auf inhaltliche Verhältnismäßigkeit, Zumutbarkeit, Rechtswidrigkeit
– *BDiG,* DÖD 1987, 233; v. 17. 5. 1978 – V Bk 9/77
– *BVerwG* v. 8. 7. 1987 – 1 D 140.86
– *BVerwG* E 53, 83 [unverhältnismäßiges Verbot scharfer Mensuren in Bundeswehrhochschule]; E 46, 1; v. 13. 1. 1988 – 1 D 127.86 [Zumutbarkeit]; ZBR 1983, 342 = E 76, 66 [Zulässigkeit des Irokesenhaarschnitts bei Bundeswehr]; NJW 1999, 1985;
– *BDiG,* DÖD 1984, 269 [Zumutbarkeit von Streikarbeit]; Dok. Ber. 3651 und 1973, 47; v. 28. 5. 1968 – III Bk 11/68; v. 21. 3. 1971 – IV Bk 4/71
– *VGH Kassel,* NJW 1996, 1164

Anordnungen, die i. S. d. § 63 Abs. 2 Satz 3 BBG gegenüber Beamten oder den Adressaten ihres Dienstes **strafbar** oder **ordnungswidrig** sind oder die **Würde des Menschen** verletzen, sind unwirksam – sie entfalten keine Bindungswirkung
– *BDiG,* DÖD 1987, 233

Zur Verletzung der **Würde des Menschen**
– *BDiG,* Dok. Ber. 1973, 47

Anordnung, **privaten Zahlungsverpflichtungen** nachzukommen – betrifft nicht den dienstlichen Bereich, sondern ausschließlich das Privatleben des Beamten – Fehlen der rechtlichen Grundlage
– *BVerwGE* 33, 108

Gehorsams- und Unterstützungspflicht B. II. 7

Keine Gehorsamspflicht zur eigenen Belastung im Disziplinarverfahren bei **Alco-Test**
– *BVerwG* v. 12. 2. 1985 – 1 D 144.84

Eine **mehrdeutige und missverständliche Anordnung**, die einen ernsthaften Durchsetzungswillen nicht ausdrückt, ist unwirksam
– *BVerwGE* 33, 106; 48, 281; ZBR 1981, 220
– *BDiG* v. 17. 5. 1978 – V Bk 9/77; v. 20. 6. 1978 – V Bk 12/77

»**Einladung**« zur Teilnahme an Bewerbungsauswahlverfahren (»**Accessment**«) an Beamten des Dienstleistungszentrums Arbeit – keine eigene Bewerbung – kein Anordnungscharakter – keine Verbindlichkeit bei Einladungscharakter: **Freistellung**
– *BVerwG* v. 30. 3. 2000 – 1 DB 24.99 – Buchholz 232 § 55 BBG Nr. 13

Dienstunterrichtseinteilungen in der Freizeit – **widersprechende Regelungen** der oberen und unteren Behörde – Vorrang der aktuellen Weisungsbefugnis des unmittelbaren Vorgesetzten – Weisung mangels Eindeutigkeit nicht wirksam
– *BDiG* v. 17. 5. 1978 – V Bk 9/77; v. 29. 9. 1970 – IV Bk 12-16, 21/69

Wiederholte **Belehrung** über die allgemein geregelte Unzulässigkeit des **Streikaufrufs** im Dienstgebäude – keine selbständige dienstliche Weisung
– *BDiG*, DÖD 1987, 233; vgl. auch v. 27. 10. 1978 – I Zk 5/78

Keine Pflicht zur Befolgung, solange **Suspensivwirkung** gegen Anordnung durch Verwaltung besteht
– *BVerwGE* 63, 74

Widerspruch und Klage gegen **Versetzung** und **Abordnung** haben keine aufschiebende Wirkung mehr – Nichtbefolgung bedeutet i. d. R. Fernbleiben vom Dienst
– *BVerwG*, ZBR 2000, 345

Verweigerung der angeordneten Überstundenarbeit – Vorgesetzter schickt zum normalen Dienstende einen Ablöser – Aufhebung der Weisung durch schlüssiges Verhalten – bloße Absicht der Dienstverweigerung für sich allein nicht vorwerfbar: **Freispruch**
– *BDiG* v. 26. 1. 1988 – I Bk 10/87

Einhebeleiter im **Bereitschaftsdienst** – bewusste Entziehung des Einsatzes durch Unterlassen der vorgeschriebenen **Funkmeldung: Geldbuße**
– *BDiG* v. 21. 1. 1975 – V Bk 5/74

Lokführer – verbotene **Geschwindigkeitsüberschreitung** – Sachschaden: **Geldbuße**
– *BDiG* v. 27. 11. 1973 – V Bk 1/73

Verweigerung der **Durchführung einer Vorermittlung** – persönlicher Ärger und Überforderung: **Verweis**
– *BDiG* v. 3. 10. 1974 – IV Bk 4/74

B. II. 7 Gehorsams- und Unterstützungspflicht

Postamtmann – ausdrücklicher **Entscheidungsvorbehalt des Vorgesetzten** für Beurteilungen mit »sehr gut« – vorsätzlicher Verstoß: **Geldbuße**
- *BDiG* v. 14. 8. 1984 – VI Bk 6/84

Telekombeamter – Missbrauch Diensthandy – 0190-Nummern – Privatgespräche – Schaden ca. 24 000 DM: **Entf.**
- *BVerwG* v. 19. 5. 2004 – 1 D17/03 – IÖD 2004, 269

Systembetreuer – »Surfen« im Internet ohne dienstlichen Anlass – (tier-)pornografische Seiten – Wiederholung trotz persönlichem Verbot: **Entf.**
- *Nds. OVG* v. 22. 3. 2007 – 19 LD 2/06

Oberkommissar im Bundesgrenzschutz – Verstoß gegen Sichtflugregeln nach LuftVG und LuftVO – falsche Einschätzung des Bewölkungsgrades: **Verweis**
- *BDiG* v. 29. 7. 1998 – XVI Bk 9/98

Zollbeamter – **Verbot des Ohrenschmucks** – wegen Differenzierungsschwierigkeit und geringfügiger Beeinträchtigung noch hinnehmbar – nicht verfassungswidrig
- *BVerfG*, DÖD 1991, 236

Lokführer – Verweigerung der unterwertigen Heizertätigkeit – wegen gesundheitlicher Behinderung gerechtfertigt – aber Verletzung der Unterstützungspflicht: **Verweis**
- *BDiG* v. 28. 5. 1986 – III Bk 11/68

Postzusteller – Verstoß gegen die **Kassenvorschriften** – keine Veruntreuung: **Geh.K**
- *BVerwG* v. 19. 3. 1974 – 1 D 3.74;
- *BDiG* v. 16. 7. 1987 – I VL 4/87

Lokführer – Verstoß gegen die **Fahrdienstvorschriften** – Überfahren eines Halt-Signals: **Geldbuße**
- *BDiG* v. 12. 5. 1971 – VIII Bk 7/71

Bahnbetriebsbeamter – Verweigerung der außerplanmäßigen Dienstleistung nach **Widerruf der Urlaubsgenehmigung** – ausnahmsweiser Notfall der Vertretung: **Verweis**
- *BDiG* v. 13. 12. 1968 – IV Bk 27/68

Lokführer – Langsamfahren wegen Schüttelschwingungen der Lok entgegen dienstlicher Weisung – Zugverspätung: **Verweis**
- *BDiG* v. 7. 7. 1971 – IV Bk 8/70

Fahrdienstleiter der Bahn – Verletzung der **Fahrdienstvorschriften** – schwerer Zugunfall mit Toten und Verletzten – wegen § 14 BDO: **Einst.**
- *BVerwG* v. 6. 6. 1972 – 1 D 7.72

Gehorsams- und Unterstützungspflicht B. II. 7

Schrankenwärter – Verstoß gegen die **Bahnbewachungsvorschriften** – kurzfristige Unaufmerksamkeit eines sonst zuverlässigen Beamten – tödlicher Unfall – wegen § 14 BDO: **Einst.**
– *BDiG* v. 18. 7. 1968 – IV VL 12/68

Gleisbau-Aufsichtsbeamter – Verstoß gegen die **Unfallverhütungsvorschriften** – Unfall im Gleis mit 4 Toten – besondere psychische Situation am Unfalltag – Übereifer – Strafurteil: **Geh.K**
– *BDiG* v. 19. 3. 1968 – III VL 19/67

Eigene Rechtswahrung – Interessenlage kann auch persönliche Angriffe, Abwertungen und inhaltliche Beleidigungen rechtfertigen
– *BDH*, ZBR 1966, 228; bei Döring, ZBR 1961, 385 Nr. 14; DDB 1967, 18;
– *BDiG*, DÖD 1979, 202; v. 14. 9. 1977 – IV VL 60/76

Hauptpersonalratsmitglied – Fernbleiben vom Dienst wegen Überziehung der zur Abwicklung der Personalratstätigkeit erforderlichen Reisezeit – Zuständigkeit der Disziplinargerichte – keine Behinderung der PR-Tätigkeit: **Geldbuße, anteiliger Verlust der Dienstbezüge**
– *BVerwG* v. 1. 9. 1999 – 1 DB 44.98 – Buchholz 240 § 9 BBesG Nr. 11

Personalratsvorsitzender – Zusammenarbeitspflicht aus § 66 BPersVG verletzt, weil die **Zusammenarbeit verweigert**, wilder Streik veranlasst und beleidigt wurde: **Geh.K**
– *BVerwG* v. 23. 2. 1994 – 1 D 48.92 – Dok. Ber. 1994, 231
– *BVerwG* v. 19. 9. 1984 – 1 D 38.84 – Dok. Ber. 1985, 7

Personalratsvorsitzender – in Personalversammlung Vorwürfe gegen Vorgesetzten – kein Dienstvergehen: **Aufhebung der Missbilligung**
– *BDiG* v. 17. 8. 1993 – VI Bk 8/93

Personalratsvorsitzender – kritisches Thesenpapier gegen Dienststellenleitung – kein Dienstvergehen: **Aufhebung Disziplinarverfügung**
– *BDiG* v. 5. 4. 1989 – X VI Bk 31/88

Personalratsmitglied und Gewerkschaftsvertreterin – **Aufruf zu Warnstreik** an Arbeiter und Angestellte der Behörde – wegen Doppelrolle Verstoß gegen § 66 BPersVG und Neutralitätspflicht (str.) – Geldbuße, Verjährung: **Einst.**
– *BVerwGE* 103, 70 = NVwZ 1996, 74 = ZBR 1994, 280 = PersV 1994, 515
entgegen
– *BDiG* v. 15. 8. 1991 – XI VL 23/90 – PersR 1991, 434 (Freispruch)

Personalratsmitglied – Auseinandersetzung mit Vorgesetzten in Personalratssitzung – Entgleisungen in der Wortwahl: **Freispruch**
– *BDiG* v. 29. 8. 1979 – I Bk 13/79; vgl. auch **BDHE** 6, 98

Unbefugte Tonbandaufnahme und späteres Abspielen eines dienstlichen Vorgesetztengesprächs – nach § 201 Abs. 1 StGB strafbar, Vertrauensbruch
– *BVerwG*, Dok. Ber. 1987, 263

B. II. 8 Wahrheits- und Auskunftspflicht

Sammeln von Material oder von Unterschriften gegen den Vorgesetzten zur bloßen Rechtsverteidigung ist **nicht pflichtwidrig**
– BDHE 5, 49

. . . ist **pflichtwidrig**, wenn es ohne sachlichen Zwang, hinterhältig, gehässig oder verleumderisch geschieht
– BDH bei Döring, ZBR 1961, 385 Nr. 15

Lokführer – entzieht sich der **Sonderschichteinteilung**, bevor der Lokdienstleiter die Einteilung definitiv machen kann: **Geldbuße**
– BDiG v. 20. 6. 1978 – V Bk 12/77

Beamter des **höheren Dienstes** – **Anmaßung einer Vertretungsbefugnis** entgegen der Regelung – Behinderung des eigentlichen Vertreters: **Verweis**
– BDiG v. 15. 9. 1982 – I Bk 1/82

Beamter des **höheren Dienstes** – bewusstes **Unterlaufen der ersichtlichen Zielsetzung** seiner Behörde: **Missbilligung**
– BDiG v. 21. 12. 1987 – VI Bk 4/87

Vortragender Legationsrat 1. Klasse – **Täuschung seiner Vorgesetzten** über wesentliche Umstände bzgl. Anmietung oder Ankauf neuer Diensträume: **Geh.K**
– BDiG v. 28. 10. 1999 – XVI VL 43/98

Treue und Wohlverhalten

8. Die Wahrheits- und Auskunftspflicht

a) Rechtsgrundlage: §§ 62 Abs. 1 Satz 1, 61 Abs. 1 Satz 3 BBG

§ 62 Abs. 1 Satz 1 BBG:
»Beamtinnen und Beamte haben ihre Vorgesetzten zu beraten und zu unterstützen.«

§ 61 Abs. 1 Satz 3 BBG:
»Ihr Verhalten innerhalb und außerhalb des Dienstes muss der Achtung und dem Vertrauen gerecht werden, die ihr Beruf erfordert.«

b) Definition der Pflicht und ihrer Verletzung

1   Die **Wahrheitspflicht** ist Ausfluss der zuvor behandelten Unterstützungspflicht gem. § 62 Abs. 1 Satz 1 BBG und der allgemeinen Wohlverhaltenspflicht aus § 61 Abs. 1 Satz 3 BBG, genauer: der Pflicht zu dienstlich vertrauenswürdigem Verhalten. Die Funktionsfähigkeit der Verwaltung verlangt eine reibungslose und vertrauensvolle Zusammenarbeit zwischen allen Beteiligten, besonders auch zwischen den Beamten und ihren Vorgesetzten. Wesentliche Voraussetzung dafür ist **Offenheit und Wahrhaftigkeit im dienstlichen Umgang**. Auf eine begriffliche Unterscheidung zwischen der »objektiven« Wahrheit und der

Wahrheits- und Auskunftspflicht B. II. 8

»subjektiven« Wahrhaftigkeit (GKöD-Weiß, J 970 Rn. 5-10) kommt es disziplinarrechtlich nicht an. Denn die »subjektive Wahrhaftigkeit als ethisches Postulat« kann ebenso wie »der Charakter«, »die Persönlichkeit«, »die Ehrlichkeit«, »die Zuverlässigkeit« usw. nur aus den konkret nachgewiesenen Handlungs- bzw. Unterlassungstatsachen, nicht aber aus einer subjektiven Einschätzung des »inneren Verhältnisses zur Wahrheit« abgeleitet werden. Auch hier sind verallgemeinernde Schlüsse auf den Charakter des Betroffenen fragwürdig (vgl. A. II. Rn. 42, 43). Das tatsächliche Verhalten des Beamten ist die alleinige und ausreichende Grundlage des Vorwurfs pflichtwidriger Unwahrheit. Auch hier beschränkt sich die Pflicht auf das **dienstlich Erhebliche**, das Erforderliche. Unwahre Äußerungen oder das Verschweigen der Tatsachen sind nur dann diensterheblich, wenn sie sich nachteilig auf den Dienstbetrieb oder das Grundverhältnis zwischen Verwaltung und Beamten auswirken können. Sie müssen geeignet sein, bei dem Vorgesetzten oder Kollegen einen Irrtum zu erwecken. Nur dann sind sie dienstlich von Belang (BVerwG v. 12.9.2000 – 1 D 48.98). Ist eine dienstliche Erklärung im wesentlichen Teil wahr, so sind **nebensächliche Unrichtigkeiten** im Allgemeinen ohne dienstliche Bedeutung, stellen also keine Verletzung der Wahrheitspflicht dar (a. A. GKöD-Weiß, J 970 Rn. 39 unter Bezug auf BVerwG v. 4.3.1977 – 1 D 102.76). **Private Aufschneidereien** ohne Bezug auf dienstliche Interessen sind disziplinarrechtlich irrelevant. Der Schutz der persönlichen Intimsphäre und das Recht zum **Verschweigen privater Umstände** sind grundsätzlich zu beachten. Im Konfliktfall muss die Interessenabwägung über die Pflicht zur Offenbarung entscheiden.

Die wesentliche Bedeutung der Wahrheitspflicht liegt naturgemäß im **Bereich** **2** **der Amtsausübung**. In diesem Kernbereich der Dienstpflichten darf die Erfüllung der übertragenen Aufgaben nicht durch unwahre Angaben oder durch Verschweigen wichtiger Umstände gefährdet werden. Die Pflichtverletzung kann durch **Tun** (falsche Angaben) **oder Unterlassen** (Verschweigen erheblicher Tatsachen; BVerwG v. 12.9.2000 – 1 D 48.48) verwirklicht werden. Die **Dienstpflicht zum Offenbaren** ergibt sich allgemein aus der Unterstützungs- und Informationspflicht gem. § 62 Abs. 1 Satz 1 BBG, im Speziellen aus vorangegangenem Tun (z. B. bei irrtümlich falschem Bericht nach Kenntnis der wahren Sachlage, BDH – 1 D 71.60) oder bei Veränderung der objektiven Sachlage (z. B. bei geringerer Umzugskostenrechnung als ursprünglich angenommen und genehmigt, BDH v. 29.12.1958 – 3 DV 9.58 – E 5, 64). Die Wahrheitspflichtverletzung dauert an, solange der offenbarungspflichtige Sachverhalt vorliegt. Erst nach der Offenbarung oder nach Wegfall der Offenbarungspflicht beginnt der Lauf von Verjährungsfristen (§ 15 BDG). Auch ohne besondere dienstliche Regelung oder Weisung muss der Beamte Mitarbeiter und Vorgesetzte über wichtige dienstliche Umstände informieren. Zu diesen zählt auch die Ausübung einer **Nebentätigkeit**, da sie immer geeignet sein kann, die dienstliche Leistungsfähigkeit zu beeinflussen.

Die Offenbarungspflicht gilt grundsätzlich auch hinsichtlich von Umständen, **3** die für Beamte **persönlich nachteilig** sein können, etwa weil sie fehlerhafte Arbeit offenbaren. Gerade bei eigenem Verschulden an einer dienstlich nachteiligen Situation erfordert die Unterstützungs- und Einsatzpflicht, dass sich der Verantwortliche offenbart, um den dienstlichen Schaden möglichst wiedergutzumachen (so auch Claussen/Janzen, Einl. C. Rn. 40, 43). Im **Kernbereich** der amtlich anvertrauten Aufgaben hat das dienstliche Interesse an effektiver Dienstabwicklung und Aufgabenerfüllung den Vorrang. **§ 65 Abs. 1 BBG**

B. II. 8 Wahrheits- und Auskunftspflicht

(»Der Beamte ist von Amtshandlungen zu befreien, die sich gegen ihn selbst oder einen Angehörigen richten würden«) enthält keine Reduzierung der disziplinarrechtlichen Wahrheitspflicht. Er will die Funktionsfähigkeit der Verwaltung sichern, indem er den Interessenkonflikt bei der Amtsausübung gegen außenstehende Adressaten der Verwaltung vermeiden und in dieser Beziehung die Neutralität, Objektivität und Unvoreingenommenheit der Beamten erhalten will (entgegen GKöD-Weiß, J 970 Rn. 51, der diese Regelung für eine »Ausprägung des Grundrechts auf menschliche Würde« und damit für eine Schutzvorschrift zugunsten der Beamten hält). Die disziplinarrechtliche Wahrheitspflicht gilt in der Beziehung der Amtsträger zur eigenen Verwaltung. Wer als **Berufskraftfahrer** durch eine Trunkenheitsfahrt die Fahrerlaubnis verliert, muss diesen Umstand seinen Vorgesetzten melden, auch wenn dadurch disziplinare Verfolgung zu befürchten ist. Denn der Verlust der Fahrerlaubnis macht für diesen Dienstposten absolut untauglich (Eignungsmangel), ein weiterer Einsatz wäre strafbar. Ebenso muss ein Dienstkraftfahrer einen **dienstlichen Verkehrsunfall** melden, da die Verwaltung hierdurch unmittelbar betroffen und gegenüber den Unfallbeteiligten rechtlich verpflichtet wird (BDH, Dok. Ber. 1965, 2499; BVerwGE 76, 371; Claussen/Janzen, Einl. C. Rn. 40). Dagegen besteht bei einem **dienstlich nicht als Kraftfahrer** eingesetzten Beamten hinsichtlich außerdienstlicher Verkehrsstraftaten keine Meldepflicht, wie auch generell keine Pflicht besteht, dienstliche **Mitteilung von strafrechtlichen oder polizeilichen Verwicklungen** zu machen (BDHE 4, 62; 7, 78; Behnke-Arndt, Einf. Rn. 125; Claussen/Janzen, Einl. C. Rn. 40), auch dann nicht, wenn dies dienstlich vorgeschrieben ist (BDiG v. 11. 7. 1985 – VI VL 21/85). Denn einerseits ist in aller Regel ein solcher Umstand für den Dienstbetrieb nicht erheblich, zum anderen ist ohne dienstlich zwingenden Grund kein Beamter verpflichtet, gegen sich selbst eine disziplinare Verfolgung zu veranlassen (vgl. Rn. 6). Ist kraft ausdrücklicher Regelung zum Inhalt des Dienstgeschäfts **die Aufzeichnung über den Dienstablauf** gemacht – etwa bei **Grenzaufsichtsdienst** (Bestätigung des vorgeschriebenen Weges und der Zeiten im Dienstbuch) (BDiG v. 25. 10. 1970 – IV Bk 2/70; v. 2. 6. 1971 – IV Bk 3/71), Sicherung des **Fahrtenschreibers** (BVerwG v. 20. 7. 1978 – I D 45.77 – Dok. Ber. 1978, 287; BDiG v. 15. 11. 1976 – IV Bk 8/76), im **Zolldienst** richtige Eintragungen im **Abfertigungsbuch**, in Bescheiden und Tagebüchern (BDH v. 5. 12. 1962 – 1 D 1.62), bei der Führung eines **Fahrtenbuches** (BDH v. 11. 5. 1966 – 1 D 59.65; BVerwG v. 1. 10. 1970 – 1 D 12.70), eines Leistungsnachweises durch einen **Kundenberater** oder einen **Zugkontrolleur**, im Kassendienst die Führung der **Kassenlisten und -bücher** (BVerwG v. 4. 3. 1977 – 1 D 102.76) –, so befreit von dieser Pflicht nicht der Umstand, dass sich der Beamte selbst einer pflichtwidrigen Abweichung von der vorgeschriebenen Dienstleistung bezichtigen muss. Die wahrheitsgemäße Offenlegung der tatsächlichen Umstände ist hier die geschuldete Dienstleistung. Die Unwahrheit verstößt dann gegen eine materielle Hauptpflicht, die dem Interesse des Beamten an der Verdeckung eines anderen Pflichtenverstoßes vorgeht (s. auch Rn. 6). Allerdings wird diese pflichtwidrige Unwahrheit in den meisten Fällen von dem vorrangigen Dienstvergehen (des Betrugs, der Veruntreuung, der Dienstversäumung, der falschen Anschuldigung usw.) konsumiert werden (s. Rn. 4).

4 Der Vorrang des dienstlichen Interesses wird besonders deutlich in Fällen **strafbaren Verhaltens gegen die eigene Verwaltung** (BDiG v. 28. 10. 1999 – XVI VL 43/98), wie z. B. bei Urkundenfälschung bzw. Falschbeurkundung etwa zur

Verdeckung von Dienstversäumnissen, von Veruntreuungen oder in betrügerischer Absicht. In diesen Fällen geht allerdings zumeist der Wahrheitsverstoß in dem weitergehenden Straf- bzw. Dienstvergehenstatbestand auf (Konsumtion). Da die Unwahrheit Tatbestandsmerkmal einer Straftat ist, ist auch bei **außerdienstlichen Straftaten** die Unwahrheit kein selbständiger Dienstvergehenstatbestand. Die Unwahrheit ist dann immer nur ein Tatbestandsmerkmal des weitergehenden oder schwerer wiegenden Dienstvergehens, etwa des Betrugs, der Urkundenfälschung, des unberechtigten Fernbleibens, der falschen Anschuldigung oder Verleumdung usw. (vgl. GKöD-Weiß, J 970 Rn. 2).

Eine selbständige Wahrheitspflichtverletzung scheidet auch dann rechtlich aus, wenn die Unwahrheit im Disziplinarverfahren **keine eigenständige Verfehlung** darstellt. Dient sie der Aufrechterhaltung der vorgeworfenen Pflichtverletzung (etwa der Unwahrheit zum Zwecke des Betrugs), so wird die Aufrechterhaltung der wahrheitswidrigen Behauptung im Ermittlungsverfahren **von dem Hauptvorwurf konsumiert** (BVerwG v. 25. 11. 1976 – 1 D 32.76). Ebenso konsumiert das Dienstvergehen des unberechtigten Fernbleibens die im Ermittlungsverfahren aufrechterhaltenen unwahren Angaben zur angeblichen Verhinderung an der Dienstleistung (BDiG v. 16. 2. 1979 – I VL 22/78; zur Konsumtion vgl. auch bei »Fernbleiben« B. II. 3. Rn. 3 a. E., zum »Ungehorsam« B. II. 7. Rn. 3, zur Verschwiegenheitspflicht B. II. 9. Rn. 2). 5

Die Wahrheitspflicht umfasst auch die dienstliche **Auskunftspflicht**. Besteht eine Offenbarungs- und Auskunftspflicht, so macht es in der Sache keinen Unterschied, ob der Beamte einen Teil der Auskunft wahr erteilt, den Rest der Auskunft aber verweigert. Jedenfalls liegt darin der Verstoß gegen die Pflicht, wahrheitsgemäß die volle Auskunft zu erteilen. Dienstliche **Anfragen zu persönlichen Umständen** müssen Beamte wahrheitsgemäß beantworten, soweit sie dienstlich erforderlich und im Hinblick auf die **informationelle Selbstbestimmung** (BVerfGE 65, 1 = NJW 1984, 419) zumutbar sind. Fragen nach der Konfession, der parteipolitischen Zugehörigkeit, nach privaten Neigungen und Bindungen sind in aller Regel dienstlich unerheblich und schon deswegen unzulässig (vgl. Claussen/Janzen, Einl. C. Rn. 38 mit Zitaten). Selbst wenn sie dienstlich von Interesse sein könnten, überwiegt dieses Interesse nicht ohne weiteres das persönliche Grundrecht auf informationelle Selbstbestimmung. Das überwiegende dienstliche Interesse ist zu bejahen, wenn es um die **dienstliche Einsatzfähigkeit** geht, etwa für die Anzeige von Reisen in bestimmte Länder nach Maßgabe von Regelungen der Bundesregierung. Es gehört zu den Kernpflichten, die eigene Einsatzfähigkeit zu erhalten. Die Offenbarungspflicht kann jedoch entfallen, wenn sich Beamte durch die Offenbarung oder durch die Mitwirkung an der Aufklärung innerhalb des Disziplinarverfahrens der **Gefahr disziplinarer Verfolgung** aussetzen würden (vgl. B. II. 5. Rn. 5, 10; B. II. 7. Rn. 7). Das gilt auch für Selbstbezichtigungen mit disziplinaren Folgen außerhalb eines Disziplinarverfahrens (BDHE 4, 62; v. 16. 4. 1958 – 1 D 83.57; BVerwG 2 WD 2.69; Behnke-Arndt, Einf. Rn. 125; Claussen, ZBR 1964, 306, GKöD-Weiß, J 970 Rn. 51; Pickuth, DÖD 1989, 19 ff.). Im konkreten Fall muss die Bedeutung der widerstreitenden Interessen entscheiden. Ist der dienstliche Schaden bei Verschweigung der Wahrheit wesentlich größer als der persönliche Nachteil für den Beamten, so bleibt es bei der Wahrheitspflicht im Kernbereich der Amtspflichten (s. o. das Beispiel des Berufskraftfahrers, der die Fahrerlaubnis durch Trunkenheitsfahrt verloren hat; so auch GKöD-Weiß, J 970 Rn. 52). Für die Klärung der Einsatzfähigkeit sind u. U. Auskünfte zu den 6

B. II. 8 Wahrheits- und Auskunftspflicht

privaten Verhältnissen notwendig. Bei einem Angehörigen des Verfassungsschutzes gehört dazu die Beantwortung von Sicherheitsanfragen (BDiG v. 26.1.1988 – XVI Bk 11/87; vgl. Rn. 7). Ein Staatssekretär ist seinem Minister gegenüber verpflichtet, in einer öffentlich als Korruptionsfall diskutierten Angelegenheit die volle Wahrheit über seine intimen Beziehungen zu der Antragstellerin des Falles zu offenbaren (BVerwGE 63, 366). Ebenso sind **statusrechtliche Fakten** für die Besoldung (Ortszuschlag), für Kindergeld, für Beihilfen, für Trennungsgeld und Umzugskostenerstattung, für Reisekosten usw. erheblich. Werden für solche Verwaltungsentscheidungen Angaben im **persönlichen Intimbereich** erforderlich und lehnt der Beamte eine Auskunft ab, so besteht nicht grundsätzlich und primär die Offenlegungspflicht. Vielmehr muss eine Interessenabwägung stattfinden. Wenn die Nichtbeantwortung der Anfrage nicht wesentlich den Dienstbetrieb stört, sondern allenfalls nur dem Beamten Nachteile bringt, wenn er ohne erhebliche Schwierigkeit laufbahngemäß weiterbeschäftigt werden kann, so wird man eine Offenbarungspflicht nicht annehmen können. Denn das dienstliche Interesse überwiegt dann nicht (Eckstein, DÖD 1997, 237).

7 Auch Gründe der **Staatssicherheit** können nicht von vornherein als überwiegend angesehen werden (a. A. Behnke-Arndt, Einf. Rn. 126; Claussen/Janzen, Einl. C. Rn. 39), da in jedem Fall die Bedeutung des Interessengegensatzes konkret zu untersuchen ist. Es kann schon fraglich sein, ob die beamtenrechtlichen Regelungen in §§ 61 Abs. 1 Satz 3, 62 Abs. 1 Satz 1 BBG (A. II. Rn. 42 ff.) i. S. v. BVerfGE 65, 1 eine ausreichende »Normenklarheit« für die Einschränkung des Rechts auf **informationelle Selbstbestimmung** bewirken (bejahend BVerfG in DVBl. 1988, 530, OVG Münster, ZBR 1970 56, u. speziell v. 2.10.1986 – 1 A 2877/84; verneinend VG Stade, NJW 1987, 3148; für das Arbeitsrecht sind weder die Gehorsamspflicht noch das Bundesverfassungsschutzgesetz und die Sicherheitsrichtlinien ausreichende Rechtsgrundlagen für eine Sicherheitsüberprüfung, BAG v. 16.10.1986 – 6 AZR 331/86). Jedenfalls müssen auch die Beamtengesetze im Sinne dieses Grundrechts ausgelegt und angewandt werden. Werden zur **Sicherheitsüberprüfung** hinsichtlich eines bestimmten Dienstpostens Fragen zu höchstpersönlichen Umständen gestellt, etwa zu Auslandsreisen (vgl. Rn. 6), so besteht eine Offenbarungspflicht nur, wenn im Falle der Nichtbeantwortung die Verwaltung das Sicherheitsrisiko durch beamtenrechtliche, personalpolitische Regelungen nicht beheben könnte. **Frühere Kontakte** oder sogar Tätigkeiten für das Ministerium für Staatssicherheit der DDR **müssen offenbart werden** (BVerwGE 113, 118 [Sicherheitsanfrage nach Kontakten oder Reisen in das osteuropäische Ausland]; vgl. 14.11.1996 – 2 B 16.96). Liegen diese allerdings lange zurück, dürfte eine sicherheitsrelevante Beeinträchtigung von Staatsinteressen und damit eine Pflichtwidrigkeit fehlen. Dauern sie noch an, wird der Verstoß gegen die Wahrheitspflicht »nachgeordneter Annex« der Verletzung der politischen Treuepflicht sein und im Ergebnis wenig eigenständige Bedeutung haben (BVerwGE 113, 118 und v. 27.8.1996 – 1 D 19.96, wo der Verstoß gegen die Wahrheitspflicht nur eine Milderung der Disziplinarmaßnahme verhinderte). Erst wenn der Beamte überhaupt nicht mehr laufbahngemäß verwendet oder wenn der Dienstposten mit anderen geeigneten Mitarbeitern nicht besetzt werden kann, kann von einem Vorrang dienstlichen Interesses über das Recht auf informationelle Selbstbestimmung und damit von der Pflicht zur Offenbarung privater Umstände gesprochen werden. Ein Angehöriger des Verfassungsschutzes ist deshalb zur Beantwortung von Sicherheitsanfragen verpflichtet (BDiG v. 26.1.1988 – XVI Bk 11/87). Auskunftspflicht wurde bejaht bei sicherheitserheblicher Schuldenerklärung (BVerwG [WD], ZBR 1972, 222; einschränkend BDiG v. 16.11.1978 – II VL 5/78 – DÖD 1979, 204; vgl. B. II. 12. Rn. 12) und bei Familienangaben zur Sicherheitsüberprüfung (BVerwG, Dok. Ber. 1991, 315). Bei allem ist zu fragen, auf welchen Umständen der Mangel weiterer Verwendbarkeit (Ungeeignetheit) auf einem bestimmten Dienstposten beruht: auf der Auskunftsverweigerung oder auf den zu offenbarenden privaten Umständen. Schon die Verweigerung der Auskunft deutet auf ein mögliches Sicherheitsrisiko hin. Damit ist den Vorgesetzten in aller Regel die Entscheidung über die Verwendung des Beamten auf einem bestimmten Dienstposten bereits möglich, einer Offenbarung der privaten Umstände bedarf es nicht. Das zeigt sich beispielhaft in dem Fall der Auskunft nach anfänglicher Weigerung. Auch wenn die offenbarten Umstände ein Sicherheitsrisiko nicht ergeben, so könnte schon die mangelnde Bereitschaft zur Offenlegung der Verwendung auf einem sicherheitsempfindlichen Dienstposten entgegenstehen. Dies erfordert eine Personalentscheidung, die auf beamtenrechtlichem, nicht auf disziplinarem Gebiet liegt. Dasselbe gilt für den gegenteiligen Fall: Wird die Auskunft erteilt und werden Sicherheitsrisiken dadurch ersichtlich, so kann Versetzung oder Umsetzung nötig werden, ohne dass ein Dienstvergehen zugrunde liegt (z. B. bei Verwandtschaftsbeziehungen zu Ostblockländern; zur Sicherheitsüberprüfung allg. vgl. Rspr. BAG bei Etzel, RiA 1984, 1985). Sollen **persönliche Daten an Bereiche außerhalb der Verwaltung** des Beamten weitergegeben werden, so steht dem das Recht auf informationelle Selbstbestimmung noch mehr entgegen (etwa für **militärische Zwecke**, vgl. VG Stade, NJW 1987, 3148).

Macht der Beamte **Ansprüche gegen die Verwaltung** geltend, so versteht sich **8** von selbst, dass die notwendigen Angaben unaufgefordert und wahrheitsgemäß erfolgen müssen. Es ist dabei gleichgültig, ob in den Antragsformularen ausdrücklich darauf hingewiesen wird und ob die wahren Angaben für den Antrag nachteilig sein würden (BDH, Dok. Ber. 1960, 1359; 1964, 2309). Da es bei solchen Anträgen auf Besoldungsänderung, Kindergeld, Beihilfe, Reisekostenerstattung, Trennungsgeld, Umzugskostenerstattung, Zulagen, Entschädigungen, Dienstzeitgutschriften usw. immer um materielle Vergünstigungen geht, ist die Wahrheitspflichtverletzung meistens in dem weitergehenden bzw. schwer wiegenden **Dienstvergehen des Betrugs oder der fahrlässigen oder vorsätzlichen Bereicherung konsumiert** (vgl. Rn. 3, B. II. 10. Rn. 17 ff.). Sie kann als **selbständige Pflichtverletzung** vorliegen, wenn es dem Beamten mit der unwahren Angabe nicht um den rechtswidrigen Vermögensvorteil geht oder wenn die falschen Angaben auf Fahrlässigkeit beruhen (z. B. im Antrag auf »Nebenbezüge« – Regel-Rspr. Geh.K: BVerwG v. 13.10.1992 – 1 D 51.91; im Beihilfeantrag: BVerwG v. 23.7.1986 – 1 D 16.86; v. 6.5.1985 – 1 D 175.84; BDiG v. 18.9.1985 – I VL 13/85) oder wenn die Falschangabe zwar bewusst (vorsätzlich), aber ohne Bereicherungsabsicht gemacht wird (Verschweigen der ehelichen Trennung im Umzugskostenantrag, um das Leben in »wilder Ehe«: BVerwG v. 13.2.1974 – 1 D 74.73 oder den »Seitensprung« als Grund des Fernbleibens vom Dienst zu verheimlichen: BDiG v. 19.8.1976 – VII VL 61/76). Auch in gerichtlichen Verfahren, die Beamte einleiten, sind sie verpflichtet mitzuwirken, z. B. Unterlagen vorzulegen, auch solche, die sie selbst belasten würden, etwa Arztgutachten im Verfahren zur Überprüfung eines Verlustfeststellungsbescheids nach § 9 BBesG (früher nach § 121 BDO a. F.). Bei Verletzung dieser Pflicht geht der Anspruch nicht verloren. Allerdings stellt sich dann die Frage

B. II. 8 Wahrheits- und Auskunftspflicht

nach der prozessualen Mitwirkungspflicht des Beamten als Kläger (vgl. hierzu vor § 62 Rn. 7; BVerwG v. 22. 5. 2000 – 1 DB 8.00; v. 11. 2. 1997 – 1 DB 12.96 sowie v. 19. 6. 2000 – 1 DB 13.00 – NVwZ 2001, 436).

9 Im **Disziplinarverfahren** ist der Beamte **nicht zur wahrheitsgemäßen Selbstbelastung verpflichtet**. Es kann die Einlassung nach § 20 BDG ebenso verweigert werden wie jede andere Mitwirkung zur eigenen Überführung (z. B. Alco-Test, ärztliche Untersuchung, Vorlage von privaten Unterlagen, Befreiung von der ärztlichen Schweigepflicht; zur Unzulässigkeit, einen Betroffenen zu zwingen, BVerfGE 56, 37 = NJW 1981, 1431; BDHE 4, 62; BVerwGE 63, 366; im Übrigen vgl. B. II. 5. Rn. 5, 10; B. II. 7. Rn. 7). Ob aber, wenn ausgesagt wird, **gelogen werden darf**, ist sowohl in der Literatur (vgl. BDiG, DÖD 1979, 204; Lindgen, DÖD 1985, 49) als auch höchstrichterlich umstritten. Die **Beamtendisziplinarsenate** des BVerwG nehmen eine Verletzung der Wahrheitspflicht an (BDHE 4, 62; 7, 71; BVerwGE 46, 116 = DÖD 1973, 186; E 63, 366; noch einschränkend bei gleichzeitigem Strafverfahren Urt. v. 30. 7. 1969 – 3 D 28.68), die **Wehrdienstsenate** lehnen sie ab (BVerwGE 33, 170 = NJW 1968, 2120; NJW 1969, 1188). Arndt (in: Behnke, Einf. Rn. 128 und in DÖV 1968, 44) bejaht die Wahrheitspflicht, schränkt ihren Wirkungsbereich aber ein: Die Unwahrheit soll dann nicht disziplinar erheblich sein, wenn die disziplinare Verfolgung existenzbedrohend ist (trotz grundsätzlicher Ablehnung hierauf abstellend auch BVerwGE 63, 365), wenn der Ermittlungsführer nach menschlicher Erfahrung auf die Richtigkeit der Aussage ohnehin nicht vertrauen kann, wenn die unwahre Aussage im Ermittlungsverfahren rechtzeitig berichtigt wurde (a. A. BDH v. 16. 4. 1958 – 1 D 83.57; BVerwGE 46, 116), wenn mit ihr andere Kollegen oder Außenstehende nicht in Verdacht geraten sind und wenn nicht ein unverhältnismäßig hoher Ermittlungsaufwand verursacht wurde, etwa weil die Wahrheit rasch ermittelt wurde. Die **Kammern des BDiG** sind unterschiedlich den jeweiligen Standpunkten gefolgt (den Wehrdienstsenaten in DÖD 1979, 205, der Meinung Arndts z. B. mit Urt. v. 21. 1. 1969 – IV VL 29/68; v. 24. 2. 1971 – VII VL 17/70; v. 31. 1. 1973 – V VL 9/72; v. 13. 10. 1986 – VI VL 25/86; v. 17. 9. 1976 – V Bk 3/76; v. 20. 5. 1988 – VI VL 11/88; zuletzt NVwZ-RR 1999, 519 = ZBR 1999, 428). Der **Rspr. der Wehrdienstsenate** ist **zu folgen**. Nicht anders als bei Straftätern lässt sich generell der Gewissenskonflikt zwischen Wahrheitsliebe und Existenzfurcht nicht leugnen. Es ist unrealistisch, von einem ohnehin – wie das Dienstvergehen zeigt – labilen Menschen so viel Selbstüberwindung zu verlangen (so im Prinzip wohl auch Claussen/Janzen, Einl. C. Rn. 41 a). Außerdem ist in aller Regel das Gewicht der Wahrheitspflichtverletzung im Verhältnis zu dem geleugneten Dienstvergehen so gering, dass ihr keine wirkliche, selbständige Bedeutung für die Zuverlässigkeitsprognose des Beamten zukommt. Oft wird sich auch die Verletzung der Wahrheitspflicht als »nachgeordneter Annex« einer weitergehenden Pflichtwidrigkeit darstellen (BVerwG v. 18. 4. 1985 – 1 D 156.84; vgl. A. I. Rn. 16 a. E. und § 14 Rn. 25 ff.; GKöD-Weiß, K § 14 Rn. 31). Soweit sie nur dazu führen würde, das **Maßnahmeverbot des § 14 BDG zu umgehen**, würde dies dem Gesetzeszweck dieser Vorschrift nicht entsprechen (s. u.).

Ihre Rspr. engen die Beamtendisziplinarsenate dadurch ein, dass sie das im Disziplinarverfahren fortgesetzte Lügen hinsichtlich eines auf Unwahrheit beruhenden Pflichtverstoßes als von diesem **konsumiert** ansehen (z. B. bei Betrug, dessen Täuschungshandlung in den disz. Ermittlungen aufrechterhalten wird: BVerwG v. 25. 11. 1976 – 1 D 32.76; vgl. Rn. 3). Versucht der beschuldigte Beamte, die Erforschung der Wahrheit im Disziplinarverfahren gegen sich selbst durch

Beeinflussung von Zeugen zu vereiteln, so liegt in dieser Straftat der versuchten Anstiftung oder der Verleitung zur Falschaussage nach §§ 159, 160 StGB das vorrangige materielle Dienstvergehen der Vertrauens- und Achtungswidrigkeit gem. § 61 Abs. 1 Satz 3 BBG (BVerwG – 2 WD 20.76; v. 13.2.1974 – 1 D 74.73). Auch dürfen zur Beweisführung nicht unrichtige Urkunden verwendet werden (BVerwGE 73, 121).

Die Wahrheits- und Auskunftspflicht kann zu **Interessen- und Pflichtenkollisionen** führen. Beim Konflikt mit persönlichen Interessen geht grundsätzlich die dienstliche Wahrheitspflicht vor (Rn. 2), anders im eigenen Disziplinarverfahren (Rn. 7). Die Pflicht zur Wahrheit gegenüber den Vorgesetzten kollidiert mit der Pflicht zur Kollegialität gegenüber den Mitarbeitern (der Kameradschaft im Soldatenverhältnis), wenn das **kollegiale Versprechen** des Schweigens auf Weisung und Drängen des Vorgesetzten gebrochen wird. Geht es um dienstliche oder disziplinare Aufklärung, so ist der Bruch des kollegialen Versprechens gerechtfertigt, da die dienstliche Unterstützungs- und Wahrheitspflicht vorgeht (BVerwGE 33, 90, das allerdings auf fehlendes Bewusstsein der Pflichtwidrigkeit abstellt).

10

Gegenüber Außenstehenden besteht nicht die dienstliche Wahrheitspflicht im Sinne des hier behandelten Pflichtentatbestands (Behnke-Arndt, Einf. Rn. 129; a. A. Claussen/Janzen, Einl. C. Rn. 42 und GKöD-Weiß, J 970 Rn. 8 b unten mit dem unzutreffenden Argument, dass sonst außerdienstliche Verfehlungen generell disz. unerheblich wären). Denn Außenstehenden gegenüber besteht weder das besondere Treueverhältnis gegenüber dem Dienstherrn noch die beamtenrechtliche Einsatz- und Unterstützungspflicht. Gibt der Beamte **in Ausübung des Amtes** falsche Auskünfte oder Bescheide, so ist nicht die den Vorgesetzten gegenüber geschuldete Wahrheitspflicht, sondern die Pflicht zur einwandfreien, gewissenhaften und rechtmäßigen Dienstleistung i. S. d. § 61 Abs. 1 Sätze 1 und 2 BBG verletzt (BVerwG, RiA 1968, 138 und 219; Behnke-Arndt, Einf. Rn. 129). Handelt es sich um Unwahrheiten gegenüber Außenstehenden im Privatbereich, z. B. bei Urkundenfälschungen, Betrügereien, falschen Aussagen, Meineid usw., so liegt keine Verletzung der dienstlichen Wahrheitspflicht, sondern allenfalls eine Verletzung der **Wohlverhaltenspflicht** nach § 61 Abs. 1 Satz 2 BBG vor (BVerwGE 63, 366, 367 im Falle der Falschaussage vor parlamentarischem Untersuchungsausschuss). Hinsichtlich der verwaltungsinternen Angelegenheiten besteht nach außen ohnehin keine Auskunfts- und Wahrheitspflicht, da die Pflicht zur Amtsverschwiegenheit vorgeht (B. II. 9.).

11

c) Bewertung der Pflichtverletzung, Auswahl und Bemessung der Disziplinarmaßnahme

Das Gewicht der Wahrheitspflichtverletzung hängt von dem Ausmaß des dienstlichen Schadens ab. Es gibt **keine Regelrechtsprechung**. In den meisten Fällen der Anschuldigung von Wahrheitspflichtverletzungen handelt es sich entweder um nicht vorwerfbare Unwahrheiten (Rn. 7) oder um solche, die vom Hauptvorwurf konsumiert sind (Rn. 2 und 3). Haben Vorwürfe der Wahrheitspflichtverletzung eigenständige Bedeutung (bei Nichtmeldung des Wegfalls eines zwingenden Eignungsmerkmals – z. B. bei Verlust der Fahrerlaubnis eines Berufsbusfahrers, der Spionageverwicklung eines Verfassungsschutzbeamten, vgl. Rn. 3, 6, 7), so ist der Kernbereich der Amtspflichten verletzt. Da damit zugleich die weitere Einsatzfähigkeit berührt ist, gilt das o. zu B. II. 5.

12

B. II. 8 Wahrheits- und Auskunftspflicht

unter c Gesagte. Im Übrigen werden selbständige Verletzungen der Wahrheitspflicht meist nur formale Bedeutung von geringem selbständigen Gewicht haben. Als solche werden sie nur selten isoliert verfolgt und vorgeworfen.

d) Rechtsprechungsübersicht

Verwaltungsamtmann – **2 außerdienstliche Trunkenheitsfahrten** – kein dienstlicher Kraftfahrer – strafrechtliche Ermittlungen – keine Meldepflicht trotz dienstlicher Anweisung – insoweit: **Freispr.**
– BDiG v. 11. 7. 1985 – VI VL 21/85

Postschalterbeamter – Disziplinarverfahren wegen des Verdachts der Kassenveruntreuung – in Vorermittlung **falsche Auskunft über private Verschuldung** – rasche Aufklärung, keine Belastung Unschuldiger – weitere Verfehlungen – hinsichtlich des Vorwurfs der Wahrheitspflichtverletzung: **Freistellung**
– BDiG v. 13. 10. 1986 – VI VL 25/86; vgl. ähnlich v. 16. 2. 1979 – I VL 22/78

Zollgrenzdienst – **falsche Eintragungen im Dienstbuch** – Verletzung der Kernpflicht – weitere Verfehlungen, insgesamt: **Verweis**
– BDiG v. 2. 6. 1971 – IV Bk 3/71

Zugführer – **Falschangaben über Dienstdauer** in Leistungszettel aus Trägheit und Bequemlichkeit – keine Bereicherungsabsicht: **Geh.K**
– BVerwG v. 4. 3. 1977 – 1 D 102.76

Triebwagenführer – Manipulation des Fahrtenschreibers zur **Verdeckung der Geschwindigkeitsüberschreitungen** – Kernpflichtverletzung: **Geldbuße**
– BDiG v. 15. 11. 1976 – IV Bk 8/76

Postoberamtsrat – falsche Angaben in Fahrtenbuch und Umzugs-/Reisekostenantrag zur **Verdeckung außerehelicher Beziehung** – keine Bereicherungsabsicht: **RGeh.K**
– BVerwG v. 13. 2. 1974 – 1 D 74.73

Falschangaben im Erstattungsantrag – keine Bereicherungsabsicht – **Verdeckung eines »Seitensprungs«: Geh.K**
– BDiG v. 19. 8. 1976 – VII VL 61/76

Zollkommissariatsleiter – Blockierung des Kilometerzählers in Dienstwagen – Falschangaben in Tagebuch und in Erstattungsantrag – **Irrtum über die Abrechnungsbestimmungen: Geh.K**
– BVerwG v. 11. 5. 1966 – 1 D 59.65

Fernmeldebezirksleiter – **Falscheintragungen in Fahrtenbüchern** – Fahrlässigkeit – zu Bereicherung keine Schuld – Geldbuße/Verjährung: **Einst.**
– BVerwG v. 1. 10. 1970 – 1 D 12.70

Lokführer – **grob fahrlässige Falschangaben** in Anträgen auf »Nebenbezüge« – Regel-Rspr.: **Geh.K**
– BVerwG v. 13. 10. 1992 – 1 D 51.91

Wahrheits- und Auskunftspflicht B. II. 8

Soldat – Vernehmung durch Vorgesetzten – **Bruch des Kameradenversprechens** zum Schweigen – kein Bewusstsein der Pflichtwidrigkeit: **Freisp.**
– BVerwGE 33, 90

Vortragender Legationsrat – **Unterlassene Angabe von Kontakten zu ausländischen Nachrichtendiensten** in Sicherheitserklärungen und Wiederholungsüberprüfungen sowie bei Bewerbung für den auswärtigen Dienst – Fortsetzung der Kontakte trotz Kenntnis der Zugehörigkeit der Kontaktpersonen zu Nachrichtendiensten: **Degr.**
– BVerwGE 113, 118 = NVwZ 1998, 1306 = DÖD 1998, 67

Vortragender Legationsrat – **Verschweigen von Treffen mit Mitarbeitern der MfS der DDR über 15 Jahre** – Fortführung der Kontakte trotz Kenntnis der nachrichtendienstlichen Tätigkeit der Kontaktperson – Täuschungshandlung bei Einstellung in auswärtigen Dienst: **Degr.**
– BVerwG v. 27. 8. 1997 – 1 D 19.96

Verfassungsschutzbeamter – **Sicherheitsüberprüfung** – teilweise Verweigerung der Auskunft über finanzielle Verhältnisse: **Verweis**
– BDiG v. 26. 1. 1988 – XVI Bk 11/87

Beamter des gehobenen Dienstes – **Verweigerung von Familienangaben** für Sicherheitsüberprüfung: **Geldbuße**
– BVerwG, Dok. Ber. 1991, 315

Staatssekretär – zuständig für Antragsvorgang von öffentlichem Aufsehen – **Verschweigen seiner intimen Beziehung** zu Antragstellerin gegenüber seinem Minister – wegen zwischenzeitl. Ruhestand: **RuheGeh.K**
– BVerwGE 63, 364 ff.

Beamter – **unwahre Angaben zum Fernbleiben** vom Dienst – Hauptvorwurf des Fernbleibens konsumiert Unwahrheit – keine Verfahrensverzögerung – insoweit: **Freistellung**
– BDiG v. 16. 2. 1979 – I VL 22/78

Amtsleiter der Arbeitsverwaltung – **falsche Angaben zu ehebrecherischem Verhältnis** außerhalb des Dienstes – wegen Existenzangst keine Offenbarungspflicht – weitere Verfehlungen – hinsichtlich Wahrheitspflicht: **Freistellung**
– BDiG v. 24. 2. 1971 – VII VL 17/70

Zollhauptsekretär – **Scheidung von 2. Ehefrau nicht angezeigt** – jahrelanger Bezug überhöhten Ortszuschlages – vorsätzlich falsche Angaben in Beihilfeanträgen: **Geh.K**
– BVerwG v. 12. 9. 2000 – 1 D 48.98

Postbeamtin – falsche Angaben in **Beihilfeantrag** – leichte Fahrlässigkeit – Geldbuße – wegen Verjährung: **Einst.**
– BVerwG v. 6. 5. 1985 – 1 D 175.84

B. II. 9 Pflicht zur Amtsverschwiegenheit

Zollbeamter – falsche Angaben in **Beihilfeantrag** – leichte Fahrlässigkeit – mit Zustimmung des BDiA nach § 31 Abs. 4 S. 5 BDO: **Einst.**
– *BDiG* v. 18.9.1985 – I VL 13/85

Zollbeamter – falsche Angaben in **Beihilfeantrag** – grobe Fahrlässigkeit: **Geh.K**
– *BVerwG* v. 23.7.1986 – 1 D 16.86 – Dok. Ber. 1986, 294 (Ls.)

Vortragender Legationsrat 1. Klasse – Leiter eines Generalkonsulates – **Täuschung der Vorgesetzten** über wesentliche Umstände bez. Anmietung oder Ankauf neuer Konsulatsräume – wegen weiterer Umstände (schwarze Kasse; Nebentätigkeit als Geschäftsführer einer ausländischen GmbH): **Geh.K**
– *BDiG* v. 28.10.1999 – XVI VL 43/98

9. Die Pflicht zur Amtsverschwiegenheit

a) Rechtsgrundlage: §§ 67–70 BBG

Wortlaut § 67 BBG:
»(1) Beamtinnen und Beamte haben über die ihnen bei oder bei Gelegenheit ihrer amtlichen Tätigkeit bekannt gewordenen dienstlichen Angelegenheiten Verschwiegenheit zu bewahren. Dies gilt auch über den Bereich eines Dienstherrn hinaus sowie nach Beendigung des Beamtenverhältnisses.
(2) Absatz 1 gilt nicht, soweit
1. Mitteilungen im dienstlichen Verkehr geboten sind,
2. Tatsachen mitgeteilt werden, die offenkundig sind oder ihrer Bedeutung nach keiner Geheimhaltung bedürfen, oder
3. gegenüber der zuständigen obersten Dienstbehörde, einer Strafverfolgungsbehörde oder einer von der obersten Dienstbehörde bestimmten weiteren Behörde oder außerdienstlichen Stelle ein durch Tatsachen begründeter Verdacht einer Korruptionsstraftat nach den §§ 331 bis 337 des Strafgesetzbuchs angezeigt wird.
Im Übrigen bleiben die gesetzlich begründeten Pflichten, geplante Straftaten anzuzeigen und für die Erhaltung der freiheitlichen demokratischen Grundordnung einzutreten, von Absatz 1 unberührt.
(3) Beamtinnen und Beamte dürfen ohne Genehmigung über Angelegenheiten nach Absatz 1 weder vor Gericht noch außergerichtlich aussagen oder Erklärungen abgeben. Die Genehmigung erteilt die oder der Dienstvorgesetzte oder, wenn das Beamtenverhältnis beendet ist, die oder der letzte Dienstvorgesetzte. Hat sich der Vorgang, der den Gegenstand der Äußerung bildet, bei einem früheren Dienstherrn ereignet, darf die Genehmigung nur mit dessen Zustimmung erteilt werden.
(4) Beamtinnen und Beamte haben auch nach Beendigung des Beamtenverhältnisses, auf Verlangen der oder des Dienstvorgesetzten oder der oder des letzten Dienstvorgesetzten amtliche Schriftstücke, Zeichnungen, bildliche Darstellungen sowie Aufzeichnungen jeder Art über dienstliche Vorgänge, auch soweit es sich um Wiedergaben handelt, herauszugeben. Entsprechendes gilt für ihre Hinterbliebenen und Erben.«

Wortlaut § 68 BBG:
»(1) Die Genehmigung, als Zeugin oder Zeuge auszusagen, darf nur versagt werden, wenn die Aussage dem Wohle des Bundes oder eines deutschen Landes Nachteile bereiten oder die Erfüllung öffentlicher Aufgaben ernstlich gefährden oder erheblich erschweren würde.
(2) Sind Beamtinnen oder Beamte Partei oder Beschuldigte in einem gerichtlichen Verfahren oder soll ihr Vorbringen der Wahrnehmung ihrer berechtigten Interessen dienen, darf die Genehmigung auch dann, wenn die Voraussetzungen des Absatzes 1 erfüllt sind, nur versagt werden, wenn die dienstlichen Rücksichten dies unabweisbar erfordern. Wird die Genehmigung versagt, haben die oder der Dienstvorgesetzte der Beamtin oder dem Beamten den Schutz zu gewähren, den die dienstlichen Rücksichten zulassen.
(3) Über die Versagung der Genehmigung entscheidet die oberste Dienstbehörde.«

Wortlaut § 69 BBG:
»Die Genehmigung, ein Gutachten zu erstatten, kann versagt werden, wenn die Erstattung den dienstlichen Interessen Nachteile bereiten würde. § 68 Abs. 3 gilt entsprechend.«

Wortlaut § 70 BBG:
»Die Leitung der Behörde entscheidet, wer den Medien Auskünfte erteilt.«

b) Definition der Pflicht und ihrer Verletzung

Die Verschwiegenheitspflicht entspricht dem traditionellen Gebot der Diskretion und Vertraulichkeit im öffentlichen Dienst und entspricht den hergebrachten Grundsätzen des Berufsbeamtentums nach Art. 33 Abs. 5 GG (BVerfGE 28, 201; BVerwG DVBl. 1983, 505). Sie dient der **Funktionsfähigkeit der Verwaltung** ebenso wie dem **Persönlichkeitsschutz** der Verwaltungsadressaten und der Verwaltungsbediensteten. Sie hat als »**Grund- und Hauptpflicht**« hohen Rang (BVerwG v. 20.10.2005 – 2 C 12.04 entgegen früherer Bezeichnung als Kernpflicht). Um ihrer Funktionsaufgabe gerecht werden zu können, muss die Verwaltung ungestört zu regelmäßigen und sachgerechten Entscheidungen kommen und von sachfremden Einflüssen freigehalten werden (BVerwG v. 27.4.1983 – 1 D 54.82). Sie bedarf des Vertrauens der Gesellschaft in ihre rechtsstaatliche, unparteiische und grundrechtssichernde Tätigkeit (zur Flucht in die Öffentlichkeit BVerfGE 28, 191 = NJW 1970, 1498 und Rn. 22). Das setzt auf der einen Seite die öffentliche Anerkennung der Integrität und Effektivität der Verwaltung voraus, die durch Verbreitung verwaltungsinterner Mängel beeinträchtigt werden kann. Allerdings kommen Pannen, Missstände und Querelen überall in der Arbeitswelt vor und haben im Allgemeinen keinen gesellschaftlichen Öffentlichkeitswert. Kommen sie in einer Behörde als Einzelfälle ohne großes Gewicht vor, so bedürfen sie nicht der Kenntnis und Kontrolle der Öffentlichkeit. Ebenso bedarf das innerdienstliche Arbeitsklima zwischen Mitarbeitern und Vorgesetzten der Vertraulichkeit dienstlicher Vorgänge. Andererseits hat aber – abgesehen von der vorrangigen Kontrollfunktion des Parlaments und der Gerichte (Rn. 20) – in einem demokratischen Rechtsstaat auch die Öffentlichkeit ein Informationsrecht und eine Kontrollfunktion gegenüber der öffentlichen Verwaltung. Die **Information der Öffentlichkeit durch die Medien** ist verfassungsgeschützt (BVerfGE 12, 130). Dabei müssen aber sowohl

B. II. 9 Pflicht zur Amtsverschwiegenheit

die Verwaltungsinteressen an der ungestörten und effektiven Verwaltungsarbeit, an der **Vertraulichkeit noch nicht abgeschlossener Angelegenheiten** berücksichtigt als auch die **privaten Umstände Außenstehender** geschützt werden (Rn. 20, 21). Letzteres hat umso größere Bedeutung, als die Bürger gezwungen sind, sich der Verwaltung zu offenbaren. Deshalb sind in amtlichen Entscheidungen, soweit sie aus informatorischen oder wissenschaftlichen Gründen herausgegeben werden, die Personaldaten und Anknüpfungstatsachen der Betroffenen zu **anonymisieren** (schwärzen). Soweit es sich um Persönlichkeitsrechte und insbesondere um die private Intimsphäre handelt, steht derselbe Vertraulichkeitsschutz auch den Amtsträgern sowohl innerhalb der Verwaltung als auch nach außen zu. Dagegen haben die Amtsträger **in ihrer amtlichen Tätigkeit keinen Anspruch auf Anonymität** gegenüber ihrer Behörde, gegenüber den Adressaten ihrer Amtstätigkeit oder gegenüber der Gesellschaft insgesamt (so zu Recht definitiv für Richter im Urteilsrubrum, inhaltlich auch für Beamte die Erlasse des BMJ vom 1. 12./9. 9. 1987 – Z A 2/R A 1 – 15552-40544/87, BMI vom 3. 6. 1987 – O I 4-191 500-3/6). Alle Amtsträger tragen für ihre amtliche Tätigkeit gem. § 63 BBG die Verantwortung gegenüber der Gesellschaft allgemein. Dafür haben sie mit ihrer Person erkennbar einzustehen. Auch das Bundesbeamtengesetz stellt für die Geheimhaltungsbedürftigkeit erst in zweiter Linie auf den Schutz der Amtsträger (§ 68 Abs. 2 BBG) ab. In erster Linie sollen die Funktionsfähigkeit der Verwaltung und der Persönlichkeitsschutz der Verwaltungsadressaten (§ 67 BBG) gesichert sein.

2 Die Pflicht zur Amtsverschwiegenheit ist eine Konkretisierung der allgemeinen Pflicht zur Vertrauenswürdigkeit (§ 61 Abs. 1 Satz 3 BBG) und der Unterstützungspflicht (§ 62 Abs. 1 Satz 1 BBG). Für die disziplinare Erheblichkeit des Verschwiegenheitstatbestandes kommt es nicht darauf an, ob die Pflicht allgemein aus § 67 BBG oder aus speziellen Gesetzen oder dienstlichen Anordnungen folgt. Beruht sie auf dienstlichen Anordnungen, so ist ihre Verletzung ein Verstoß gegen die Verschwiegenheitspflicht, nicht gegen die Gehorsamspflicht. Denn für die Qualifizierung des Dienstvergehens kommt es nicht auf die Entstehungsform, sondern auf den Regelungsinhalt der Pflicht an (B. II. 7. Rn. 2). Als **Spezialvorschrift** geht immer die Geheimhaltungspflicht vor. Die Gehorsamspflicht aus § 62 Abs. 1 Satz 2 BBG wird – wie auch andere spezielle Tatbestände – von der materiellen Geheimhaltungspflicht **konsumiert** (a. A. GKöD-Weiß, J 530 Rn. 138 bb, 139; zur Konsumtion vgl. auch bei »Fernbleiben« B. II. 3. Rn. 2 a. E., zum »Ungehorsam« B. II. 7. Rn. 2, B. II. 8. Rn. 5). So liegt z. B. im Verstoß gegen VS-Richtlinien eine selbständige Gehorsamspflichtverletzung – und nur diese – lediglich dann, wenn nicht zugleich ein Geheimnis gebrochen wurde (Rn. 13).

3 Der Bruch der Amtsverschwiegenheit wird auch vom **Strafrecht** erfasst. Die sonstigen Verschwiegenheitsdelikte durch Privatpersonen oder durch Beamte im Privatbereich interessieren hier nicht, da es disziplinarrechtlich um die »Amtspflicht« zur Verschwiegenheit geht. Strafrechtliche Vorschriften gibt es zum Schutz der **Persönlichkeitsrechte** (StGB § 201 Abs. 3 [Vertraulichkeit des Wortes], § 203 Abs. 2 [Verletzung eines als Amtsträger anvertrauten oder bekanntgewordenen Privatgeheimnisses], § 204 [Verwertung fremder Geheimnisse], § 206 [Verletzung des Post- und Fernmeldegeheimnisses – s. Rn. 14], § 353 b [Verletzung des Dienstgeheimnisses usw.], § 353 d [verbotene Mitteilungen über Gerichtsverhandlungen], § 355 [Verletzung des Steuergeheimnisses]) und zum Schutze von **Staatsgeheimnissen** (§§ 93 ff. StGB) sowie zu anderen Schutz-

Pflicht zur Amtsverschwiegenheit B. II. 9

zwecken in strafrechtlichen Nebenbestimmungen. Die Tatbestände der §§ 67-70 BBG können von denen des StGB unberührt sein (etwa von §§ 201 und 206 Abs. 2 StGB, die im Gegensatz zu § 67 BBG die unbefugte Kenntnisnahme und Verwendung von Geheimnissen betreffen) oder auch sich mit ihnen überschneiden (so mit §§ 353 b und 206 Abs. 1 StGB). Letzten Endes kommt es aber für die **disziplinarrechtliche Würdigung als Dienstvergehen** ohnehin nicht entscheidend auf die strafrechtliche Erheblichkeit und Subsumtion an. Lediglich für die Bewertung des Dienstvergehens und die Zumessung der Disziplinarmaßnahme kann die Strafbarkeit und die strafrechtliche Bewertung als Verbrechen oder Vergehen eine Rolle spielen (A. III. Rn. 63). Im Übrigen gelten für die Sachverhaltsfeststellung sachgleicher Verdächte oder Vorwürfe die Bindungsregeln der §§ 14 Abs. 2, 23, 57 BDG).

Die Verschwiegenheitspflicht gilt **für alle Beamten**, auch für solche **im Ruhestand** (§ 67 Abs. 1 BBG, aber nur für Angelegenheiten, die durch die frühere Amtstätigkeit erfahren wurden), im **Vorbereitungsdienst** (Wassermann, JuS 1964, 418) und für **Ehrenbeamte** (§ 177 Abs. 1 BBG). Sie kann sich je nach Inhalt und Grenzen der Geheimhaltungspflicht **gegen jedermann**, also nicht nur gegen Außenstehende (wie Familie, Freunde [BVerwG, Dok. Ber. 1983, 63: Mitteilung der Postbeschlagnahme an Freunde], Bekannte, Verbands- und Parteifreunde), sondern auch gegen Mitarbeiter (BVerwG, ZBR 1998, 247 [Äußerungen über Disziplinarangelegenheiten gegenüber Kollegen]), Vorgesetzte (BVerwG v. 28. 10. 1998 – 1 D 29.97), andere Behörden, Gerichte, Prozessbevollmächtigte, Presse und sowohl in eigenen wie in fremden Angelegenheiten richten. Die Geheimhaltungspflicht kann auch den **Empfänger des Amtsgeheimnisses** in dem Sinne treffen, dass es pflichtwidrig ist, geheime Angelegenheiten sich zu erschleichen oder auf sie unbefugt direkt zuzugreifen (vgl. Rn. 15, 17). **4**

Gegenstand der Geheimhaltungspflicht nach § 67 Abs. 1 BBG sind die Angelegenheiten, die »in amtlicher Tätigkeit« erfahren wurden. Die Verschwiegenheitspflicht erstreckt sich zunächst auf alle dienstlich erworbenen Kenntnisse, ohne nach dem Grad oder dem besonderen Grund des Geheimnisses zu unterscheiden. Erst in Absatz 2 werden die Ausnahmen von der Regel genannt, die die Geheimhaltungspflicht aufheben. Die Ausnahmen betreffen unterschiedliche Angelegenheiten und haben unterschiedliche Auswirkungen (Rn. 7 ff.). Die Pflicht erstreckt sich zwar nicht auf die trivialen (»bedeutungslosen«), aber auf die **»einfachen« Dienstangelegenheiten**, die nach dem funktionalen Verwaltungsinteresse vertraulich zu behandeln sind, ohne dass besondere, **zusätzliche »Schweigegebote«** bestehen. »Amtlich« bekannt geworden sind danach alle Umstände, die durch die Dienstleistung und im Rahmen des Dienstes erfahren wurden, die – anders ausgedrückt – ohne die Dienstleistung nicht zur Kenntnis gekommen wären. Die Geheimhaltungspflicht ist auf die dienstliche Bezogenheit beschränkt. Es gibt keine »Amtspflicht« zur Geheimhaltung privat erlangter Kenntnisse. Hier können aber andere Dienstpflichten verletzt sein, wie die Unterstützungs- und Loyalitätspflicht aus §§ 61 Abs. 1 Satz 3, 62 Abs. 1 Satz 1 BBG. »**Bekannt gewordene Angelegenheiten**« sind alle sinnhaft wahrnehmbaren Vorgänge, Situationen, Umstände, Tatsachen, Urkunden, Gegenstände, Äußerungen, Beurteilungen, Bewertungen. Für die Verschwiegenheitspflicht ist es unerheblich, **wie die amtliche Kenntnis zustande kam**, ob durch zuständige Befassung, bei Gelegenheit eines Kollegengesprächs, durch zufällige Akteneinsicht, ob aufgrund eigener oder fremder Angelegenheit, ob anlässlich **5**

B. II. 9 Pflicht zur Amtsverschwiegenheit

rechtmäßigen oder – angeblich – rechtswidrigen Verwaltungshandelns (zu Letzterem BVerfGE 28, 191; BVerwG, NJW 1983, 2343; BGH, NJW 1966, 1227). Wie das Geheimnis zu wahren ist, hängt von den Umständen ab. Der Geheimnisbruch kann durch **Tun oder Unterlassen** bewirkt werden, z. B. durch dienstliche Erklärungen, durch Behördenauskunft, durch Aktenversand oder -einsicht, durch privates tätiges Offenbaren, durch Presseerklärung, Leserbrief oder schriftstellerisches Werk, auch durch schlüssiges Verhalten (z. B. Unterlassen eines Dementis auf substantiierte Frage, zustimmendes Schweigen, wobei zu klären ist, ob nicht schon vorher die Angelegenheit bekannt, also nicht mehr geheim war; dazu Rn. 18). Auch wer durch **Vortäuschung eines amtlichen Informationsersuchens** und durch Benutzung eines **ahnungslosen Untergebenen** Zugriff auf geschützte Daten nimmt, begeht mittelbar, da es nicht die eigenen Amtsgeheimnisse sind, Geheimnisbruch (und nicht nur eigennützige Ansehenswidrigkeit: BDiG v. 28. 4. 1988 – XVIII Bk 4/87; v. 18. 12. 1996 – XVI VL 20/96 [zu einer unzulässigen Halterabfrage]). Durch Unterlassen kann das Geheimnis gebrochen werden, indem entgegen einer Rechtspflicht keine Vorbeugung oder Sicherung gegen unbefugten Zugriff getroffen wird (vgl. § 6 BDSG, Sicherung von Personalakten und Verschlusssachen).

6 Welche amtlich erfahrenen Angelegenheiten geheim zu halten sind, kann sich sowohl nach dem **Willen des Geheimnisgeschützten** (Behörde, Vorgesetzter, Verwaltungsadressat oder Beteiligter) als auch nach dem **objektiven Schutzwert des Geheimnisses** bestimmen. Soweit spezielle gesetzliche oder weisungsmäßige Schweigegebote bestehen, richtet sich die Schweigepflicht nach ihnen (vgl. B. II. 7. Rn. 11 ff.). Im Übrigen bestimmt § 67 Abs. 1 BBG eine grundsätzliche Schweigepflicht für alle dienstlichen Vorgänge mit folgenden Ausnahmen von der Regel: Eine Geheimhaltung ist nicht geschuldet »im dienstlichen Verkehr«, in Bezug auf »offenkundige« oder »unbedeutende« Tatsachen.

7 Unter »**dienstlichem Verkehr**« (§ 67 Abs. 2 BBG) ist zunächst der **innerbehördliche Amtsbetrieb** zu verstehen, in welchem der Beamte die Aufgaben des übertragenen (funktionalen) Amtes erfüllt bzw. in welchem der Beamte beamtenrechtlich in eigener Rechtswahrung auftritt (Statusbereich). Beide Bereiche, der nach außen wie der nach innen wirkende, gehören zum »Dienstbetrieb«. Der interne Bereich erfasst die Arbeitsorganisation und das dienstrechtliche Statusverhältnis des Beamten. Die innerbehördliche Kommunikation findet sowohl horizontal (organisationsbedingt) in derselben Dienststelle als auch vertikal mit über- und untergeordneten Dienststellen (auch im Rahmen der Rechts-, Fach- und Dienstaufsicht) statt. Die funktionale Zusammenarbeit zwischen Mitarbeitern und Vorgesetzten innerhalb der Behörde bedarf nicht (und verträgt auch nicht) die Geheimhaltung der normalen »einfachen« Amtsvorgänge. Im Gegenteil verlangt im Normalfall die Unterstützungs- und Wahrheitspflicht aus §§ 61 Abs. 1 Satz 3, 62 Abs. 1 Satz 1 BBG (B. II. 7. und 8.) gerade die Offenbarung dienstlicher Tatsachen. Die in § 67 Abs. 1 BBG ohne Rücksicht auf den konkreten Geheimhaltungsgrund und -grad auf alle dienstlichen Angelegenheiten formulierte Geheimhaltungspflicht betrifft daher für den innerdienstlichen Bereich nur die »besonderen Schweigegebote«, nicht die »einfachen« Amtsgeheimnisse, die wegen der funktional erforderlichen Kommunikation von der Geheimhaltungspflicht befreit sind. Für den »dienstlichen« Bereich kommt es daher auf die Merkmale der »Offenkundigkeit« und »Bedeutungslosigkeit« nicht an. Diese sind nur für den außerdienstlichen Bereich erheblich, demgegenüber alle Amtsgeheimnisse, auch die einfachen, geschützt sind. Das Offenbarungsrecht im

»dienstlichen Verkehr« ist großzügig anzunehmen (so auch Claussen/Janzen, Einl. C. Rn. 27, 28 a; a. A. GKöD-Weiß, J 530 Rn. 83 c). Hier gilt eine Geheimhaltungspflicht nur nach der Maßgabe zusätzlicher Schweigegebote wie etwa der Verschlusssachenregelungen (vgl. Rn. 13).

Der **dienstliche Verkehr mit Stellen außerhalb der eigenen Behörde** unterliegt derselben Befreiung von der Geheimhaltungspflicht, wenn er der **eigenen amtlichen Aufgabenerfüllung** dient, z. B. bei gesetzlich vorgeschriebener oder sachlich erforderlicher Beteiligung anderer Behörden oder privater Stellen. Das gilt sowohl für die Erteilung dienstlicher Auskünfte als auch für eigene Anfragen, auch wenn hierdurch bestimmte Umstände der Angelegenheit nach außen bekannt gemacht werden. »Dienstlicher Verkehr« findet nicht statt, wenn ein Zivildienstleistender im Auftrag seiner Gruppe Leserbriefe mit Einzelheiten der Dienststelle verschickt. Denn er handelt nicht »amtlich« für die Behörde (entgegen BDiG v. 19. 3. 1981 – III Zk 3/80). Soweit die vom Verwaltungsadressaten beantragte oder von Amts wegen gebotene Verwaltungs- (oder Gerichts-) entscheidung Sachaufklärung verlangt, ist die Offenbarung dienstlich bekannt gewordener Umstände an Dritte als »dienstlicher Verkehr« gerechtfertigt. Dabei ist der generellen Geheimhaltungspflicht insoweit zu genügen, als nur die für die Sachbehandlung notwendigen Tatsachen offenbart werden sollten. Da es dabei um Beurteilungs- und Standpunktsfragen geht, ist auch hier ein großzügiger Maßstab am Platz.

8

Zum »innerdienstlichen Verkehr« gehören auch **Rechtsstreitigkeiten** zwischen Beamten und der eigenen Behörde über verwaltungsinterne Fragen. Das gilt sowohl für die durch die Dienstvorgesetzten veranlassten **Disziplinarverfahren** als auch für die durch den Beamten angestrengten **beamtenrechtlichen Verfahren** (zu eng und undifferenziert BVerwG v. 13. 1. 1988 – 1 D 127.86). An der »dienstlichen Aufgabenerfüllung« ändert nichts, dass kraft gesetzlicher Regelung oder Sachzwanges behördenfremde Amtsträger, Gerichte oder private Instanzen beteiligt sind (vgl. Rn. 8). Deswegen sind der beschuldigte Beamte, Dienstvorgesetzte und oberste Dienstbehörde wie auch die behördenangehörigen Zeugen und Sachverständigen im gesamten Disziplinarverfahren einschließlich Ermittlungsverfahren und Gerichtsverfahren (BDH, NJW 1962, 1884) **von der »einfachen« Geheimhaltung befreit**. Gleiches gilt für das »**beamtenrechtliche« Verfahren** (so auch BDiG v. 3. 12. 1991 – IX Bk 9/91 – NJW 1992, 2107). Im Disziplinarverfahren wie im beamtenrechtlichen Verfahren sind den meisten Mitwirkenden die einschlägigen Angelegenheiten schon bekannt und kraft eigener Verschwiegenheitspflicht nach außen geschützt. Das beamtenrechtliche Verfahren ist zwar nicht von der eigenen Behörde kraft amtlicher Aufgabe, sondern von dem Beamten zur persönlichen Rechtswahrung angestrengt worden, betrifft aber ebenfalls das innerdienstliche Verhältnis und damit »innerdienstliche Aufgaben« (dazu BDiG v. 16. 5. 1978 – IV Bk 8/78). Anderes gilt jedoch für den Fall, dass der beteiligte Beamte im eigenen Gerichtsverfahren oder in Strafanzeigen gegen Kollegen oder Vorgesetzte (vgl. Rn. 13, 22) zur Rechtswahrung **Amtsgeheimnisse verwendet, die Dritte betreffen**, die er in amtlicher Tätigkeit erfahren und die er wegen des Personaldatenschutzes der Dritten geheim zu halten hat. Über diese darf er nicht ohne Genehmigung der Vorgesetzten (und möglicherweise der Dritten) verfügen (BVerwG v. 15. 12. 2005 – 2 A 4.04 Rn. 47). Eine erst nachträglich eingeholte Genehmigung des »Dritten« macht den zuvor begangenen Geheimnisbruch nicht ungeschehen (BDiG v. 14. 8. 1984 – VI Bk 6/84). Im Übrigen gilt der **Genehmigungsvorbehalt nach**

9

B. II. 9 Pflicht zur Amtsverschwiegenheit

§ 67 Abs. 3 BBG nur für Verfahren der Behörde mit Außenstehenden oder für Verfahren, an denen die Behörde überhaupt nicht beteiligt ist (Strafverfahren). Auch im **Remonstrations- oder Beschwerdeverfahren** dürfen die Verwaltungsinterna den übergeordneten Behörden und Dienststellen offenbart werden.

10 Soweit der beschuldigte Beamte zur Rechtswahrung gegenüber der eigenen Behörde **Rechtsberater/Prozessbevollmächtigte/Verteidiger** hinzuzieht, sind diese nicht von vornherein in den verwaltungsinternen »dienstlichen Verkehr« einbezogen (falls es sich nicht um behördeninterne Beamte handelt, was nach § 67 VwGO möglich ist). Sie sind also Außenstehende, denen gegenüber zunächst die Verschwiegenheitspflicht besteht. Die speziellen Rechtsschutzregelungen in § 20 BDG (Darlegungs- und Aufklärungsrecht), § 67 Abs. 2 VwGO (Recht auf Verteidiger) und die übergeordneten Rechtsschutzgarantien (Grundrecht auf rechtsstaatliche Prozessführung und rechtliches Gehör, Art. 103 Abs. 1 GG, und auf gerichtlichen Rechtsschutz, Art. 19 Abs. 4 GG) geben aber dem beschuldigten Beamten ein **Offenbarungsrecht** gegenüber ihren Verteidigern/Prozessbevollmächtigten (BDHE 5, 49; BDiG, NJW 1992, 2107; Behnke-H. Arndt, Einf. Rn. 93; A. Arndt, NJW 1960, 2040; Claussen/Janzen, § 40 BDO Rn. 7 c; a. A. GKöD-Weiß, J 530 Rn. 118; vgl. BGH, NJW 1966, 1227). Es ist selbstverständlich, dass dem Beamten nicht ein verwaltungsinterner Sachverhalt vorgeworfen und er zugleich daran gehindert sein kann, sich dagegen mit den garantierten Rechtsschutzmitteln zu wehren. Dazu gehört die Hinzuziehung und Information eines Verteidigers. Das gilt jedenfalls hinsichtlich der Geheimhaltung »einfacher« Verwaltungsangelegenheiten, für die kein gesteigerter Geheimnisschutz besteht. Auch an **sonstige Außenstehende** darf sich der beschuldigte Beamte zur Rechtswahrung hilfesuchend wenden und dabei die nötigen Informationen geben. Soll damit Verteidigungsmaterial beschafft werden und wird die Information auf das Nötige beschränkt und besteht kein besonderes Schweigegebot, so liegt kein Bruch des Amtsgeheimnisses vor (BDHE 5, 48), ebenso nicht, wenn der Beamte den – nicht »besonders« geheimnisgeschützten – Inhalt der ergangenen Disziplinarentscheidung verbreitet (BDiG v. 12. 9. 2001 – VII Bk 5/01; Claussen/Janzen, Einl. C. Rn. 27).

11 Wendet sich der Beamte zur eigenen Rechtswahrung in innerbehördlichen Streitfragen an den **Personalrat**, so betrifft das die Statusbeziehung des Beamten zur Verwaltung und damit wiederum den »dienstlichen Verkehr« (so auch Claussen/Janzen, Einl. C. Rn. 28 b). Der »dienstliche Verkehr« befreit sowohl nach § 67 Abs. 2 BBG als auch kraft spezialgesetzlicher Regelung in §§ 68 Abs. 1 Nr. 3 und Abs. 2 Sätze 3 und 4, 76 Abs. 1 und 2 Nr. 9, 77 Abs. 1, 78 Abs. 1 Nr. 3-5 BPersVG von der Schweigepflicht hinsichtlich »einfacher« Amtsgeheimnisse. Die Einbeziehung des Personalrats in den »dienstlichen Verkehr« und in die geheim zu haltenden Amtsgeheimnisse sichert das BPersVG dadurch ab, dass es den Personalratsmitgliedern ebenfalls eine Verschwiegenheitspflicht in § 10 Abs. 1 auferlegt, die – soweit nicht personalvertretungsrechtliche Belange tangiert sind – auch gegenüber den übrigen Personalratsmitgliedern besteht (§ 10 Abs. 1 Satz 2 BPersVG) und die in Abs. 2 nur im Falle der »Offenkundigkeit« und »Unbedeutendheit« aufgehoben wird. Personalratsmitglieder genießen also keine »Immunität«, sondern unterliegen einem zusätzlichen Schweigegebot (BDiG v. 27. 9. 1979 – I Bk 16/78). Die im »dienstlichen Verkehr« erworbenen Informationen sind in »amtlicher Tätigkeit« erlangt und unterliegen der Geheimhaltungspflicht nach § 67 Abs. 1 BBG (Rn. 6; vgl. auch OVG RP, DÖD 2000, 270).

Gewerkschaften sind behördenfremde Institutionen, denen gegenüber grundsätzlich die Schweigepflicht auch hinsichtlich »einfacher« Geheimnisse besteht. Soweit sie nicht durch Gesetz zum Bereich des »dienstlichen Verkehrs« zählen (s. nachst.), besteht ihnen gegenüber Geheimhaltungspflicht mindestens hinsichtlich der »personalbezogenen« Daten eines Dritten. Der Schutz der personalbezogenen Daten (Namenslisten) hat Vorrang gegenüber dem Interesse der Gewerkschaft, diese Listen für den Wahlkampf zum Personalrat zu verwenden. Wer seinem Kollegen und Gewerkschaftsobmann geheim gehaltene Adressenlisten der Dienstanfänger überlässt, damit dieser Werbung betreiben kann, verletzt seine Geheimhaltungspflicht (BDiG v. 25. 11. 1987 – XVI Bk 20/87). Die den Gewerkschaften, die in der Dienststelle vertreten sind, eingeräumten Rechte (so z. B. § 91 Abs. 1 Satz 2 BBG, § 2 BPersVG, auf Teilnahme an der Personalratssitzung, § 36 BPerVG und auf Herbeiführung einer Personalversammlung, § 49 Abs. 3 BPersVG) beinhalten zwangsläufig das Bekanntwerden mindestens »einfacher« Amtsgeheimnisse. Der »Schutz von Dienstgeheimnissen« i. S. d. § 2 Abs. 2 BPersVG kann sich deshalb nur auf den »gesteigerten« Geheimnisschutz kraft »besonderer Schweigegebote« beziehen (vgl. Rn. 13). Die insoweit gegebene Einbeziehung der Gewerkschaften in den »dienstlichen Verkehr« befreit nicht nur die Behördenleitung und den Personalrat, sondern auch den einzelnen Amtsträger gegenüber den Gewerkschaften von der Geheimhaltungspflicht »einfacher« Geheimnisse (a. A. Claussen/Janzen, Einl. C. Rn. 28 b). Zumeist werden die dienstlichen Angelegenheiten durch die gesetzliche Zusammenarbeit den Gewerkschaften ohnehin schon bekannt und damit »offenkundig« oder »bedeutungslos«, also noch nicht einmal »einfache« Amtsgeheimnisse sein. Soweit beamtete Gewerkschafter im gewerkschaftlichen Meinungskampf Amtsgeheimnisse veröffentlichen, gelten die üblichen Grundsätze hinsichtlich der Offenkundigkeit und Unbedeutendheit (vgl. BDiG, DÖD 1979, 199 [Flugblatt gegen eigene Behörde zu verwaltungsinternen Vorgängen bzgl. Arbeitsplatzbeschaffung] sowie OVG RP, DVBl. 1999, 330; B. II. 2. Rn. 5, B. II. 7. Rn. 17).

Liegen innerhalb des »dienstlichen Verkehrs« **besondere Geheimhaltungsgebote** vor oder sind Beamte in einem anderen Verfahren gegen die eigene Behörde als Betroffene, Zeugen oder Sachverständige beteiligt (also außerhalb des »dienstlichen Verkehrs«), so sind sie **gem. § 67 Abs. 3 BBG nur nach Genehmigung** der dafür zuständigen Stellen zur Offenbarung befugt, auch wenn es dabei um die eigenen Interessen geht. Die besonderen Geheimhaltungsregelungen sind als Spezialregelungen immer bindend, solange sie nicht ausdrücklich aufgehoben sind. Die Ausnahmevoraussetzungen für die allgemeine Regelung des § 67 Abs. 2 BBG sind hier nicht wirksam (vgl. BVerwGE 93, 202 zum Verstoß gegen § 22 Abs. 3 Satz 1 GOBReg). Der Umfang der Geheimhaltungspflicht ergibt sich aus der jeweiligen Spezialregelung. Besondere Schweigepflichten können sich aus dem **Gesetz** (Personaldatenschutz §§ 5, 10, 11 Abs. 1 BDSG, Postgeheimnis Art. 10 GG/§ 206 Abs. 2 Nr. 1 StGB, Sozialgeheimnis § 35 SGB I, Steuergeheimnis § 30 AO/§ 355 StGB, Bankgeheimnis § 32 BBankG, Prozessgeheimnis § 353 d StGB, weitere Auflistung bei GKöD-Weiß, J 530 Rn. 183 ff.), aus **allgemeinen und speziellen Verwaltungsanordnungen** (Verschlusssachen-Anweisung) und aus der **Natur der Sache** (Personalakten) §§ 90 BBG, 99 Abs. 1 Satz 2 VwGO ergeben. Arbeitet ein mit Verschlusssachen betrauter BGS-Beamter mit ausländischem Nachrichtendienst zusammen (BVerwG v. 27. 6. 1995 – 1 D 12.94 – E 103, 248 = ZBR 1996, 52 = NVwZ-RR 1996, 97), so verletzt er besondere Sicherheitsbestimmungen. Aber auch darüber hinaus kann die Übermittlung

B. II. 9 Pflicht zur Amtsverschwiegenheit

von Informationen an das MfS die Verschwiegenheitspflicht verletzen. Nach der Wiedervereinigung beider deutscher Staaten kam es im Zuge der Aufklärung nachrichtendienstlicher Verknüpfungen vermehrt zu Disziplinarverfahren gegen ehemals westdeutsche Beamte, die Kontakte zum MfS oder zur HVA der DDR hatten. Die Übermittlung von – für die ehemalige DDR – interessanten Informationen aus der Behörde oder dem Arbeitsbereich des Beamten berührt immer auch die Pflicht zur Amtsverschwiegenheit nach § 67 Abs. 1 BBG (BVerwG v. 27. 1. 1998 – 1 D 63.96). Die Verletzung der **Verschwiegenheitspflicht hat** dabei **eigenes Gewicht**, da die ebenfalls häufig gleichzeitig verletzten Pflichten aus § 60 Abs. 1 Satz 3 BBG (politische Treuepflicht) oder § 61 Abs. 1 Satz 2 BBG (Uneigennützigkeit) diese nicht konsumieren (BVerwGE 103, 248; NVwZ-RR 1996, 516; Dok. Ber. 1995, 203). Hängt ein Personalratsmitglied des BGS einen mit »VS-NfD« gekennzeichneten Organisations- und Stellenplan im Kantinengebäude aus, so dass auch Nichtangehörige des BGS Kenntnis erlangen können, ist die besondere Schweigepflicht der Verschlusssachen-Anweisungen verletzt ohne Rücksicht darauf, ob und inwieweit die Öffentlichkeit von dem Inhalt auch anderweit Kenntnis erlangen konnte (BDiG v. 27. 9. 1979 – I Bk 16/78; BVerwGE 103, 248, das allerdings bzgl. der VS-Anweisung § 61 Abs. 1 Satz 3 BBG für einschlägig hält statt richtigerweise § 67 Abs. 1 BBG, vgl. Rn. 3), ebenso bei Gefährdung des Patentgeheimnisses durch nachlässige Handhabung des Sachbearbeiters (BDiG v. 28. 6. 1988 – X VI Bk 9/88). Der Bruch der Amtsverschwiegenheit wird durch gleichzeitige oder spätere Verstöße anderer nicht behoben. Anders, wenn zum Zeitpunkt des Verstoßes die geheim zu haltende Angelegenheit bereits öffentlich bekannt, also »offenkundig« war. Weitere besondere Schweigepflichten ergeben sich aus den **strafrechtlichen Geheimhaltungstatbeständen** (wie in §§ 203, 206, 353 d, 356 StGB) und aus prozessualen Aussage- und Zeugnisverweigerungstatbeständen (wie in §§ 53, 53 a StPO, 383 Abs. 1 Nr. 6 ZPO). Zu letzteren gehört auch § 67 Abs. 3 i. V. m. § 68 BBG. Wird gegen eine »besondere« Schweigepflicht verstoßen, **ohne dass ein Amtsgeheimnis offenbart** wird (etwa weil in einer Verschlusssache der Umstand offenkundig ist), so liegt kein Verstoß gegen die Amtsverschwiegenheit, sondern gegen die Gehorsamspflicht vor (vgl. B. II. 7. Rn. 2). Auch bei der »besonderen Schweigepflicht« kommt es darauf an, wem gegenüber die Geheimhaltung geschuldet wird. Ist ein **amtsärztliches Gutachten** von der Behörde oder dem Gericht angeordnet und dementsprechend erstattet worden, ist die besondere Geheimhaltung der ärztlichen Untersuchung der anordnenden Stelle geschuldet, nicht dem Patienten (selbstverständlich gilt die allgemeine Geheimhaltungspflicht gegenüber Außenstehenden weiter). Die ärztliche Schweigepflicht besteht nicht gegenüber der auftraggebenden Behörde, auch nicht bei Widerspruch des betroffenen Beamten (BVerwG v. 18. 10. 1977 – 1 D 111.76 m. w. N., ebenso Behnke-Arndt, Einf. Rn. 98 m. w. N. vgl. auch Fischer, DÖD 1985, 165; a. A. GKöD-Weiß, J 530 Rn. 199 m. w. N.). Die Befreiung von der ärztlichen Schweigepflicht, die hier häufig vermisst wird und nur nach § 60 BDO entbehrlich ist, liegt schon in dem Einverständnis des Patienten zur behördlich angeordneten Untersuchung und Begutachtung. Das ergibt sich auch für den Patienten evident aus Sinn und Zweck des behördlichen Gutachterauftrags. Auch gegen besondere Schweigepflichten könnten Offenbarungspflichten überwiegen: z. B. zur Strafanzeige und Verfassungstreue nach §§ 61 Abs. 4 BBG, zur ärztlichen Anzeige nach §§ 3 ff. BSeuchG, 11 ff. GeschlKrG, im übergesetzlichen Notstand nach § 34 StGB (bei Arzt vgl. BVerwG v. 4. 9. 1970 – 1 B 50.69 – DÖV 1972, 59).

Im dienstlichen Umgang mit Postgut sichert § 206 Abs. 2 Nr. 1 StGB das Brief- und Postgeheimnis auch gegenüber den Postbediensteten. Zum Umfang des Postgeheimnisses vgl. BVerwG, NJW 1984, 2112. Eine strafrechtliche **Verletzung des Postgeheimnisses** liegt nicht vor bei gebührenbegünstigten Sendungen, die »offen« auszuliefern sind. Der einfache Klammerverschluss macht die Sendung nicht zu einer »verschlossenen« (BVerwGE 76, 152). Postsendungen mit Adhäsionsverschluss stehen sonstigen Briefsendungen gleich (BVerwG, Dok. Ber. 1982, 277). Bei offenen Sendungen verbietet das Postgeheimnis nicht das Öffnen und Kenntnisnehmen, sondern nur das Mitteilen des Inhalts an Dritte (BVerwG v. 25. 4. 1984 – 1 D 74.83 – Dok. Ber. 1984, 189). Die Verletzung des Postgeheimnisses ist schwer wiegend. Wegen der großen Spannweite der denkbaren Verfehlungen gibt es – soweit nicht zugleich ein Zugriff auf Beförderungsgut gegeben ist (BVerwGE 113, 221 = NVwZ 1999, 662 = DÖD 1999, 28; B. II. 10. Rn. 2 ff.) – **keine Regeleinstufung**, aber auch die Höchstmaßnahme kann bei besonders schweren Fällen in Betracht kommen (Überblick in BVerwG v. 27. 3. 1968 – 1 D 43.67). Trotz erschwerender Momente wie gezielte Briefausforschung aus Feindschaft (BVerwG v. 9. 6. 1972 – 1 D 1.72 = Einst. § 14 BDO [nun § 14 BDG] n. Geh.K), Vorgesetztenstellung (BVerwG v. 24. 11. 1976 – 1 D 27.76 = Geh.K), fortgesetztes Anschauen persönlicher Aktfotos einer bekannten Postkundin (BVerwG v. 15. 6. 1966 – 2 D 15.66: Degr.), fortgesetztes Brieföffnen aus sexueller Neugier (BVerwG v. 15. 12. 1965 – 2 D 55.65: Degr.) kann von der Höchstmaßnahme abgesehen werden. Ebenso pflichtwidrig ist die Verletzung des Fernmeldegeheimnisses (BVerwG, Dok. Ber. 1990, 107). Auch nach der Privatisierung der Post bleibt die Verletzung des Post- und Fernmeldegeheimnisses pflichtwidrig (BVerwGE 113, 208 = NVwZ 1998, 172 = DÖD 1998, 231).

Die **Amtshilfe** gehört zum zwischenbehördlichen Dienstverkehr. Ersuchen außerbehördliche Stellen um Amtshilfe, so dient dies jedoch nicht dem »innerdienstlichen Verkehr«, der amtlichen Aufgabenerfüllung der ersuchten Behörde i. S. d. § 67 Abs. 2 BBG. Es besteht deshalb volle Geheimhaltungspflicht hinsichtlich der einfachen und gesteigerten Amtsgeheimnisse (mit Ausnahme der offenkundigen und unbedeutenden). Amtshilfe kann amtliches Tätigwerden für die ersuchende Behörde (Tätigkeitshilfe) und Weitergabe von Kenntnissen der ersuchten Behörde (Informationshilfe) bedeuten. Die **Tätigkeitshilfe** erfordert bis zu einem gewissen Grad die Offenbarung geheim zu haltender Tatsachen durch die ersuchende Behörde, da andererseits Grundlage und Zielrichtung der Amtshilfe unklar bliebe. Für die ersuchte Behörde ist dies kein Problem der Amtsverschwiegenheit, da sie keine Geheimnisse offenbart. Für die ersuchende Behörde ist die Offenbarung zulässig, da sie der eigenen amtlichen Aufgabenerfüllung dient und damit »dienstlichen Verkehr« darstellt. Der Rechtfertigungsgrund für die Offenbarung von Amtsgeheimnissen entfällt, wenn die **Amtshilfe nur vorgetäuscht** wird. Dann handelt allerdings nicht der ahnungslose Auskunftgebende, sondern der Täuscher pflichtwidrig (BDiG v. 28. 4. 1988 – XVIII Bk 4/87; vgl. Rn. 4).

Die Amtshilfe als **Informationshilfe** ist unter dem Gesichtspunkt der Amtsverschwiegenheit das eigentliche Problem (vgl. zum Grundrechtsschutz aus Art. 1 Abs. 1, 2 Abs. 1 GG BVerfGE 27, 6, 351; Benda, FS Geiger, 1974, S. 38, und zu den verfassungsrechtlichen Grenzen der Informationshilfe eingehend u. m. vielen Nachw. Schmidt, ZRP 1979, 185 ff.). Die Weitergabe von geheim zu haltenden Kenntnissen an andere Behörden ist nur aufgrund gesetzlicher Ermächtigung oder übergeordneter Interessen zulässig. Soweit es um **verwaltungsinterne**

B. II. 9 Pflicht zur Amtsverschwiegenheit

Probleme geht, wird die Behörde selbst an der Geheimhaltung interessiert sein. Dagegen haben in erster Linie die Verwaltungsadressaten bzw. die Amtsträger selbst das Interesse am Schutz ihrer **personenbezogenen Daten**. Die disziplinare Praxis beschäftigt sich überwiegend nur mit der Verletzung der Verwaltungsinteressen. Offenbar wird die Verletzung des informationellen Selbstbestimmungsrechts den Betroffenen nur selten bekannt, jedenfalls disziplinarrechtlich kaum verfolgt. Für den Geheimnisschutz bei Informationshilfe gilt in jedem Fall, dass **Allgemeine Amtshilfevorschriften** wie z. B. Art. 35 Abs. 1 GG, § 99 Abs. 1 S. 1 VwGO, § 29 BDG oder der AO der Mitteilungen in Strafsachen (Neufassung v. 29. 4. 1998, BAnz. 1998, Nr. 99 a) nicht von den Geheimhaltungspflichten entbinden. Sie schaffen nur eine verfahrensmäßige Zuständigkeit. Die materiellrechtlichen Voraussetzungen einer Geheimnisweitergabe sind in aufgabenspezifischen Ermächtigungsnormen zu suchen, etwa in § 96 StPO (Aktenbeiziehung), in § 3 PetAusschussBefugnisG, BGBl. 1975 I S. 1921 (zum Auskunftsrecht des Petitionsausschusses), §§ 14 Abs. 1 und 2, 23, 57 BDG (zur Bindung der Disziplinarorgane an Strafurteile, was die inhaltliche Verwertung der Strafakten voraussetzt; nach BVerwG, ZBR 1997, 296 steht das Recht auf informationelle Selbstbestimmung der Beiziehung von Strafakten nicht entgegen). Soweit die §§ 4-8 und 30 VwVfG die Amtshilfe und die Geheimhaltungspflicht regeln, lassen sie die materielle Offenbarungsermächtigung offen. Selbst für das Strafverfahren, das ausdrücklich nur die Rechtshilfe regelt (§ 156 GVB), aber in §§ 161 a Abs. 4 und 162 StPO inhaltlich Amtshilfe begründet, beschränkt sich diese auf dieselbe Aufgabenerfüllung desselben Verwaltungszweigs (Justiz) und ist dem individuellen Grundrechtsschutz und dem Verwaltungsinteresse der ersuchten Behörde unterstellt (dazu Kleinknecht/Meyer-Goßner, StPO, Vorbem. zu § 156 GVG Rn. 2). Besonders gegenüber **speziellen Geheimhaltungsregelungen** (im Einzelnen Rn. 13) versagt das allgemeine Recht auf Amtshilfe (vgl. Schnapp, NJW 1980, 2165; Ostendorf, DRiZ 1981, 4; Franzheim, ZRP 1981, 6). Das gilt vor allem für die speziellen Geheimhaltungsregelungen, die zum **Schutz des Bürgers** und seines Rechts auf **informationelle Selbstbestimmung** getroffen sind (zu Letzterem B. II. 8. Rn. 6, 7). Der Gegensatz zwischen allgemeinem, formalem Anspruch auf Amtshilfe und materiellem Geheimnisschutz ist in erster Linie durch den Gesetzgeber (**Parlamentsvorbehalt**; zum Grundrechtsschutz in Selbstverwaltungsautonomie und in »besonderen Gewaltverhältnissen« BVerfGE 33, 11; 33, 159; 47, 78), erst in zweiter Linie – und nur sehr eingeschränkt – im Rahmen eines »Grundrechtsnotstands« durch **Güterabwägung** zu lösen. Der Parlamentsvorbehalt verdrängt die Güterabwägung, auch gegenüber dem Strafverfolgungsanspruch (im Einzelnen Schmidt, ZRP 1979, 187). In der Praxis wird sich das Problembewusstsein danach unterscheiden, ob die Geheimhaltung dem Schutz der Verwaltungsinteressen (Behördeninterna) oder des Individualinteresses (informationelles Selbstbestimmungsrecht) dient. Ist besonderer Vertraulichkeitsschutz gegeben, so ist Amtshilfe im Wege der Auskunft oder Aktenüberlassung/-einsicht nur unter strikter Wahrung des Verhältnismäßigkeitsgebots bei überwiegendem Interesse der Allgemeinheit zulässig (BVerwG, NJW 1970, 1760 ablehnend zur Zulässigkeit der Auskunft aus **Personalakten**; BGH, NJW 1973, 188 bejahend zur Überlassung der Personalakten an Justizbehörde wegen Berufszulassungsverfahren). Instruktiv zur Güterabwägung ist § 30 Abs. 4 Nr. 5 AO zum Steuergeheimnis (OVG NW, RiA 2002, 43). Dabei ist zu prüfen, ob die erforderliche Sachklärung nur durch Verwertung auf diesem Wege (z. B. Aktenbeiziehung und Verwertung) möglich ist. So steht z. B. dem Aufklärungs- und Verfolgungsauftrag der Disziplinarorgane nach § 17 BDG die vorrangige Vertraulichkeit des Ehescheidungsverfahrens entgegen. Überlassung der **Ehescheidungsakten** an und Verwertung durch andere Behörden/Gerichte im Wege der Amtshilfe ist deshalb ohne Zustimmung der Eheleute unzulässig (BVerfGE 27, 344; DVBl. 1973, 362; BDiG v. 13.9.1977 – IV VL 10/77) und pflichtwidrig. Ebenso steht auch beispielsweise nach Literatur und Praxis der **Arbeitsverwaltung** (Nachw. bei Schmidt, ZRP 1979, 189 Fn. 44) das spezielle Sozialgeheimnis aus § 35 SGB I dem Auskunftsersuchen der Disziplinargerichte nach § 29 BDG (Amtshilfeanspruch gegen alle Gerichte und Behörden) entgegen, wenn der Betroffene nicht zustimmt. Auch die Anforderung von vertraulichen Akten durch die **Strafverfolgungsorgane** in Form des Amtshilfeersuchens verlangt eine Prüfung und Abwägung nach dem Verhältnismäßigkeitsgebot (überwiegendes Interesse, Notwendigkeit des Mittels). Disziplinarakten (die doppelten Vertraulichkeitsschutz genießen, vgl. Rn. 13) sind ohne Zustimmung des Betroffenen dann nicht zu übersenden und offen zu legen, wenn diese im Disziplinarverfahren Schutzrechte nicht hatten oder sich deren begeben hatten und hierdurch prozessuale Nachteile im Strafverfahren befürchten müssen (z. B. hinsichtlich der Wahrheitspflicht bei der eigenen Einlassung, vgl. B. II. 8. Rn. 9). Häufig wird allerdings der staatliche Strafverfolgungsanspruch Vorrang vor dem Interesse der Betroffenen auf Geheimhaltung haben.

Der Geheimnisschutz hat durch die **EDV-Vernetzung** eine erhebliche Gefährdung, vor allem auch im Bereich der herkömmlichen Amtshilfe, erfahren (im Einzelnen hierzu Schmidt ZRP 1979, 185). Die **Informationshilfe** durch Benutzung von EDV-Netzen sprengt die Struktur der herkömmlichen Amtshilfe. Denn nach generell erteilter Abrufberechtigung werden die gewünschten Daten von der (früher ersuchenden) Behörde über Terminal im Online-Anschluss abgerufen, ohne dass die datenverwaltende Behörde zuvor die Zulässigkeit prüfen und die Abrufung registrieren kann. Unter diesen Umständen muss die **Geheimhaltungspflicht im Sinne des Straftatbestandes in § 41 BDSG erweitert** werden auf diejenigen, die ohne Ersuchen unmittelbar über automatisierte EDV in den Besitz geheimer Tatsachen kommen wollen. Die Amtsverschwiegenheit gilt dann für die »anvertrauten« wie für die »zugänglichen« Daten und trifft dann unmittelbar auch die abrufende (früher ersuchende) Stelle bzw. die abrufenden Amtsträger und nicht nur die ersuchte (abgebende) Behörde. Dieser **Gesichtspunkt gilt generell:** Wer sich über eine bestehende Geheimhaltungspflicht hinwegsetzt und damit unmittelbar und unberechtigt auf Personaldaten zugreift, begeht außer der Straftat nach § 41 BDSG (die möglicherweise achtungs- und ansehenswidrig i. S. d. § 61 Abs. 1 Satz 3 BBG ist) zugleich auch ein innerdienstliches Dienstvergehen gegen die Amtsverschwiegenheit nach § 67 Abs. 1 BBG (im Ergebnis BDiG v. 28.4.1988 – X VIII Bk 4/87: Vortäuschen von Amtshilfe; vgl. Rn. 5 und 15). Ob ein Pflichtenverstoß auch bei der datenverwaltenden Stelle vorliegt, die keine Vorkehrungen gegen unkontrollierbaren Datenzugriff trägt, hängt von den technischen Gegebenheiten ab, ist aber wegen der verfassungsrechtlichen Bedeutung des Datenschutzes grundsätzlich zu bejahen. **17**

Auch außerhalb des »dienstlichen Verkehrs« unterliegen amtsbekannte Angelegenheiten nicht der Amtsverschwiegenheit, wenn sie »**offenkundig**« sind, d. h. »von denen verständige und erfahrene Menschen regelmäßig ohne weiteres Kenntnis haben oder von denen sie sich durch Benützung allgemein zugängli- **18**

B. II. 9 Pflicht zur Amtsverschwiegenheit

cher, zuverlässiger Quellen unschwer überzeugen können« (BVerfGE 10, 183; BVerwG, DVBl. 1983, 35; BGHSt 6, 292). Insoweit deckt sich Offenkundigkeit mit »Allgemeinkundigkeit«, die wiederum nicht in allen Regionen und Bevölkerungsgruppen gleichermaßen vorhanden zu sein braucht (BGH, NJW 1954, 1656). Offenkundigkeit liegt aber nicht vor, wenn nur der Empfänger der Mitteilung oder ein kleiner Kreis schon eingeweiht ist. Für die Offenkundigkeit langt die allgemein gegebene Informationsmöglichkeit. Angelegenheiten sind offenkundig, wenn sie veröffentlicht wurden (Presse, Medien, Gesetz- oder Amtsblätter) oder in der Öffentlichkeit offenbart wurden (gilt für öffentliche Gerichtsverhandlung, Parlamentssitzung, Verbandssitzungen, auch wenn kein Publikum anwesend war) oder wenn sie zwar unbefugt, aber einem unkontrollierbaren Kreis offenbart wurden (streitig: wie hier GKöD-Weiß, J 530 Rn. 81 aa S. 55; dagegen OVG NW, DÖV 1966, 504). Offenbarte Angelegenheiten können, auch wenn sie damit »offenkundig« geworden sind, durch spezielle Schweigegebote wieder zu einem zu schützenden Geheimnis werden (Battis, BBG, § 61 Anm. 3; Plog/Wiedow/Lemhöfer/Bayer, BBG, § 61 Rn. 6). Aber auch durch **Zeitablauf** kann eine Tatsache wieder in Vergessenheit geraten und damit wieder dem Geheimnisschutz unterliegen (OLG Köln, NJW 2000, 3656).

19 Amtsbekannte Tatsachen, die »**ihrer Bedeutung nach** keiner Geheimhaltung bedürfen«, unterliegen ebenfalls nicht der Schweigepflicht. Maßgeblich sind der dienstliche Zusammenhang, die Bedeutung der Angelegenheit, die Interessenlage (Verwaltungsinternum oder Personaldaten), der Grad der Schutzbedürftigkeit des Interesses, Anlass und Nutznießer der Offenbarung usw. **Triviale Alltagsbegebenheiten des Dienstbetriebs** bedürfen keiner Geheimhaltung, weder im außerdienstlich-privaten Bereich (z. B. Bemerkung über persönliche Arbeitsbelastung wegen Personalknappheit, Schilderung persönlichen Ärgers mit Vorgesetzten oder Kunden ohne Benennung der Namen und der Sache, private Erörterung einer Rechtsfrage, anekdotische Erzählung eines Vorgangs ohne Offenlegung von Personen und Sache) noch im inner- oder zwischenbehördlichen Bereich (z. B. Bemerkungen außerhalb des »dienstlichen Verkehrs« [Rn. 7, 8] über Geschäftslage, Bearbeitungsdauer, Anfragen oder Auskünfte zu Fragen der allgemeinen Verwaltungsorganisation, Öffnungszeit, Anwesenheit bestimmter Mitarbeiter). Aber nicht nur geringfügige Angelegenheiten können hinsichtlich des Geheimnisschutzes bedeutungslos sein (so auch Claussen/Janzen, Einl. C. Rn. 27 gegen Plog/Wiedow/Lemhöfer/Bayer, § 61 Rn. 6). Wesentlich ist, ob jetzt oder für eine spätere Zeit das **Bedürfnis nach Geheimhaltung** »evident« ist, ins Auge springt (vgl. BVerwG, DVBl. 1983, 505). Erst eine spezielle, besondere Schweigepflichtregelung wird häufig die Geheimhaltungspflicht evident machen.

20 Die Verwaltung unterliegt verschiedenen **Kontrollinstanzen** wie dem Parlament, den Gerichten, den Strafverfolgungsbehörden, den Medien. Dies ändert nichts an der Verschwiegenheitspflicht der einzelnen Beamten. Die Offenbarung der Amtsgeheimnisse ist den einzelnen Amtsträgern nur im Rahmen des § 67 Abs. 2 (Offenkundigkeit oder mangelnde Bedeutung) oder Abs. 3 BBG (Genehmigung der Vorgesetzten) erlaubt. Dabei ist es unerheblich, ob das Offenbarungsinteresse von Außenstehenden oder von dem Amtsträger ausgeht. Entsprechend dem hierarchischen Aufbau der Verwaltung hat der verantwortliche Vorgesetzte über die Genehmigung zur Offenbarung von Amtsgeheimnissen zu entscheiden. Liegt es im persönlichen Interesse des Amtsträgers, sich etwa zur öffentlichen Meinungsbildung an die Öffentlichkeit

und die Presse (Interview, Leserbrief [BVerfGE 28, 64], Gegendarstellung [BVerfGE 54, 153; NJW 1983, 1179]) oder zur eigenen Rechtswahrung an Parlamentsabgeordnete, Petitionsausschüsse, Polizei, Justiz (auch außerdeutsche, vgl. Art. 25 MRKV, Anrufung des EGMR) zu wenden und offenbart er dabei ohne Genehmigung Amtsgeheimnisse, so sind nach der Bedeutung der Geheimhaltung die beiderseitigen Interessen abzuwägen (vgl. B. II. 2. Rn. 5, 7-9 zur politischen Mäßigungspflicht; B. II. 7. Rn. 15, 16 zur Unterstützungspflicht; B. II. 8. Rn. 11 zur Wahrheitspflicht). Eine generelle und völlige Befreiung von jeglicher Geheimhaltungspflicht gibt es nicht. Höchste Geheimnisgrade können auch starken Individualrechten vorgehen. Außerdem kann, abgesehen von dem dienstlichen Geheimhaltungsinteresse, der Personaldatenschutz sehr weitgehend Vorrang haben. **Pflicht zum Geheimnisbruch** besteht nach § 67 Abs. 2 Satz 4 BBG bei gesetzlicher Strafanzeigepflicht und zur Verteidigung der freiheitlichen demokratischen Grundordnung.

Die **Medien (Presse, Funk, Fernsehen)** haben ein verfassungsgeschütztes Informationsrecht (BVerfGE 12, 128; Löffler, NJW 1982, 91). Ihnen ist eine institutionelle Eigenständigkeit zur Beschaffung und Verbreitung von Nachrichten (BVerfGE 10, 118) garantiert. Die Medien haben damit die Aufgabe der öffentlichen Meinungsbildung und demokratischen Kontrolle (BVerfGE 20, 97). Dazu gehört die Information über Struktur und Arbeitsweise der öffentlichen Verwaltung (BDH v. 25. 10. 1961, S. 40 f. – 3 D 20.61). In § 70 BBG ist eindeutig geregelt, dass für die Unterrichtung der Presse (und der anderen Medien) allein der **Behördenvorstand** bzw. die von ihm Beauftragten berechtigt sind. Der einzelne Amtsträger hat demnach im eigenen Aufgabenbereich wie für die Behörde insgesamt volle Verschwiegenheit i. S. d. § 67 Abs. 1 BBG zu wahren. Der Behördenvorstand und die Pressebeauftragten haben allerdings die Amtspflicht zur sachgerechten Presseinformation. **Pressesprecher** sind ihrerseits an »besondere Schweigepflichten« gebunden. Sie sind nicht berechtigt zu veröffentlichen, dass sie angewiesen sind, ihre Presseerklärungen zuvor genehmigen zu lassen (BVerwG, ZBR 1983, 181 = DÖD 1983, 162). Für Art und Umfang der Offenbarung von Amtsgeheimnissen gelten die vorstehenden Grundsätze (Rn. 18, 19). »Einfache« Geheimnisse können bei entsprechendem Öffentlichkeitswert und geringem Geheimnisgrad mitgeteilt werden und sollten es auch angesichts der Informationsaufgabe der Medien. Wenden sich die Beamten aus persönlichen Gründen und ohne Pressesprecher zu sein an die Medien oder werden sie angesprochen (Leserbrief, Interview), so haben sie die Verschwiegenheitsgrundsätze zu beachten. Ist die Abstimmung einer Veröffentlichung der Dienstgestaltung mit dem Dienstvorgesetzten angeordnet, so ist der Betroffene daran gebunden (BVerwG, ZBR 1991, 345). Wenn auch nur »offenkundige« und »unbedeutende« Angelegenheiten der Behörde ungeschützt sind, so ist doch eine – unbefugte – Offenlegung »einfacher« Amtsgeheimnisse wegen der Unbestimmtheit der Ausnahmebegriffe und im Sinne der Güterabwägung (der »praktischen Konkordanz«: BVerfGE 19, 220; 30, 19) mit Verständnis zu beurteilen. Zur besonderen Geheimhaltungspflicht für Kabinettsmitglieder gem. GOBReg. vgl. BVerwGE 93, 202 = NJW 1992, 1713.

Die Offenlegung innerdienstlicher Angelegenheiten in den Medien, in schriftlichen Veröffentlichungen und Vorträgen oder auch in Strafanzeigen gegen Kollegen und Vorgesetzte (BDiG v. 24. 6. 1998 – XIV VL 21/97; folgend BVerwG v. 15.11.2000 – 1 D 65.98) durch Beamte zum Zwecke der persönlichen Rechtfertigung, der Rechtswahrung oder der Kritik von Mängeln in der Behörde wird

B. II. 9 Pflicht zur Amtsverschwiegenheit

häufig als »**Flucht in die Öffentlichkeit**« bezeichnet (allerdings disziplinarrechtlich selten vorgeworfen). Es handelt sich hierbei nur um ein Schlagwort, nicht um einen selbständigen Pflichtentatbestand (a. A. GKöD-Weiß, I 630, speziell Rn. 2, 7 und 20 ff.; der tatbestandsmäßige Begriffsanalyse betreibt). Im Rahmen der hier maßgeblichen Pflicht zur Amtsverschwiegenheit kommt es für eine »**Flucht an die Öffentlichkeit**« nicht darauf an, ob der Beamte sich dienstlich oder außerdienstlich schriftlich oder mündlich äußert, ob die Äußerung dienstlichen Bezug hat und ob sie sich gegen die eigene Behörde oder die Vorgesetzten/Kollegen richtet. Vielmehr geht es allein um die Veröffentlichung **innerdienstlicher Vorgänge**, nicht um die sonstige Meinungsäußerung in der Öffentlichkeit, auch wenn die Amtsbezeichnung offen gelegt wird (dazu B. II. 2. Rn. 9). Als Grundlage des Vorwurfs wird herkömmlich die – formal ordnungswidrige – **Versäumung des Dienstwegs** angenommen, § 125 Abs. 1 und 2 BBG. Der eigentliche Vorwurf geht weiter: Gemeint ist in Wirklichkeit die Verletzung der **Dienstpflicht zur Loyalität** gegenüber der eigenen Behörde (Pflicht zur Unterstützung, Kollegialität und Vertrauenswürdigkeit, §§ 61 Abs. 1 Satz 3, 62 Abs. 1 Satz 1 BBG; Rn. 23 und B. II. 7. Rn. 15, 16) und der Amtsverschwiegenheit. Der Vertrauensbruch wird darin gesehen, dass der Druck der öffentlichen Meinung auf die Behörde/die Vorgesetzten angestrebt wird. Die dienstliche Loyalität verlangt von Beamten das für die Behörde und die staatliche Verwaltung schonendste Mittel bei der Verfolgung eigener Offenbarungsinteressen, also die Ausschöpfung der innerbehördlichen, staatlich-institutionellen (Justiz) und parlamentarischen Abhilfemöglichkeiten, bevor die Medien eingeschaltet werden (BVerfGE 28, 191 zur Veröffentlichung vermeintlich verfassungswidriger Praktiken der eigenen Behörde). **Öffentlichkeit** bedeutet hier jede Anlaufstelle außerhalb des Dienstes, die den Druck der öffentlichen Meinung darstellen oder beeinflussen kann (vgl. BVerwG v. 27. 4. 1983 – 1 D 54.82). Dabei bleibt meist zunächst offen, ob dieses Vorgehen nur deshalb vorgeworfen wird, weil der Behörde nicht vorher auf dem Dienstweg Gelegenheit zur Abhilfe gegeben wurde, oder ob in jedem Fall die Veröffentlichung wegen ihres Inhalts als vertrauenswidrig angesehen wird. Wie so oft überschneiden sich die einzelnen Pflichtentatbestände auch hier (wegen des Verhältnisses von allgemeiner zu spezieller Norm und wegen der Unbestimmtheit des Tatbestands A. I. Rn. 3., II. Rn. 37 ff.). Die Beeinträchtigung des gegenseitigen Vertrauensverhältnisses (§ 61 Abs. 1 Satz 3 BBG) ist ohnehin die allgemeine Grundnorm für die Verschwiegenheitspflicht wie für alle anderen Dienstpflichten, daher keine Konkurrenz zur Amtsverschwiegenheit. Sie ist dennoch insofern angesprochen, als die »Einhaltung des Dienstwegs« nicht nur eine formale Pflicht des bloßen Ordnungsrechts sein muss, sondern auch eine materielle Pflicht, auch eine solche im Kernbereich, darstellen kann. Darum geht es bei dem Vorwurf der »Flucht in die Öffentlichkeit«. So lag auch in der **früheren Rspr.** der Vorwurf der Treuwidrigkeit darin, dass Beamte die Lösung ihres Problems nicht zuerst vertrauensvoll innerhalb der Behörde, auf dem Dienstweg gesucht hatten (BDHE 1, 28 und 33). Deshalb wurde schon die Androhung der Flucht in die Öffentlichkeit als pflichtwidrig erkannt (BDH, Dok. Ber. 1961, 1580), eine Pflichtverletzung aber verneint, wenn der Dienstweg – ohne Erfolg – ausgeschöpft war (BVerwG v. 15. 12. 2005 – 2 A 4.04 m.w.N.; Behnke-Arndt, Einf. Rn. 138). Dieses Interesse deckt sich mit dem einen der Regelungszwecke des § 67 BBG, nämlich verwaltungsinterne Spannungen oder Missstände intern zu regeln und nicht »an die große Glocke zu hängen« (der andere Zweck der Geheimhaltung von Personaldaten dient dem individuellen Persönlichkeitsschutz, nicht dem Behördeninteresse). Soweit als »Flucht in die Öffentlichkeit« die Offenbarung dienstlicher Angelegenheiten vorgeworfen wird, gelten die dargestellten Grundsätze der Verschwiegenheitspflicht. Das heißt: Wenn die dienstlichen Angelegenheiten offenkundig oder unbedeutend und nicht durch eine »besondere Schweigepflicht« geschützt sind, unterliegen sie keiner Geheimhaltungspflicht. Eine Veröffentlichung kann dann **nicht § 67 BBG, sondern nur andere Pflichten** wie die zur politischen Mäßigung, neutralen Amtsführung, Unterstützung, Kollegialität und Vertrauenswürdigkeit (§§ 60 Abs. 1 und 2, 61 Abs. 1 Satz 3, 62 Abs. 1 Satz 1 BBG) betreffen. Werden geschützte Dienstgeheimnisse pflichtwidrig offenbart, so stellt die **Meinungsfreiheit nach Art. 5 Abs. 1 GG** keinen Rechtfertigungsgrund dar (BDiG v. 19.3.1981 – III Zk 3/80; ebenso OVG RP v. 4.12.1998 – 2 A 11514/98 OVG – DVBl. 1998, 330 = NVwZ-RR 1999, 648), auch wenn der Betroffene glaubt, verfassungswidrige Praktiken seiner Behörde öffentlich bekannt machen zu müssen (BVerfGE 28, 191). Missstände einer Behörde dürfen bei öffentlichem Interesse im Rahmen der Meinungsfreiheit aber veröffentlicht werden, wenn die Offenlegung von Amtsgeheimnissen auf das Nötigste beschränkt wird (BGH, NJW 1966, 1227). Die Veröffentlichung vor Ausnutzung des Dienstwegs (§ 125 BBG) ist **kein pflichtwidriger Vertrauensbruch** bei Anrufung des Bundespersonalausschusses, des Petitionsausschusses, eines Parlamentsabgeordneten (Art. 17 GG; BDHE 1, 29; Behnke-Arndt, Einf. Rn. 138; Claussen/Janzen, Einl. C. Rn. 28 b, 47), der Gerichte sowie bei schwerer Verletzung von Grundrechten.

Die Geheimhaltungspflicht gilt auch für **wissenschaftliche und schriftstellerische Veröffentlichungen** und Vorträge (BVerfGE 28, 198; BVerwGE 37, 265 = DÖV 1971, 557 = NJW 1971, 1229). Auch hier ziehen die »besonderen Schweigepflichten« eindeutige Grenzen zum erlaubten Offenbaren. Bei »einfachen« Amtsgeheimnissen entscheidet die Güterabwägung zwischen dienstlichem Geheimhaltungsinteresse (Grad der Bedeutung) und dem Grundrecht auf Meinungsäußerung (Art. 5 Abs. 1 Sätze 1 und 2 GG), die Sachverhaltsschilderungen bis zu einem gewissen Grad voraussetzt. Auch der wissenschaftlichen Freiheit setzt die Amtsverschwiegenheitspflicht Grenzen (BVerwGE 37, 265). Hinsichtlich **personenbezogener Daten** besteht immer ein Vorrang der Geheimhaltungspflicht, da es bei diesen um Grundrechtsschutz und nicht nur um die verwaltungsinternen Interessen der Behörde geht. Verwaltungsanordnungen können dieses Spannungsfeld verdeutlichen und Klärung schaffen, wie etwa § 80 der gemeinsamen Geschäftsordnung von BMI und BMJ (GGO I), der Zurückhaltung entsprechend der dienstlichen Stellung gebietet und für die Verwertung amtlich unveröffentlichter Unterlagen Genehmigung voraussetzt. Außer der Pflicht zur Amtsverschwiegenheit ist die **Dienstpflicht zur Loyalität** gegenüber der eigenen Behörde (Pflicht zur Unterstützung, Kollegialität und Vertrauenswürdigkeit, §§ 61 Abs. 1 Satz 3, 62 Abs. 1 Satz 1 BBG) zu beachten. Wer unter dem Vorwand literarischer Arbeit »schmutzige Wäsche wäscht«, um das Bedürfnis nach Rache, Verunglimpfung oder Eitelkeit zu befriedigen, verletzt vielleicht nicht immer das Amtsgeheimnis, aber seine Loyalitätspflicht (in der Veröffentlichung des Buches »Entzaubertes Bundeskanzleramt – Denkwürdigkeiten eines Personalratsvorsitzenden« durch einen Referenten des Bundeskanzleramts liegen über die vorgeworfenen Achtungs- und Unterstützungsverstöße hinaus auch viele Verstöße gegen die Amtsverschwiegenheit: BDiG v. 29.9.1977 – X Bk 15/76). Inwieweit das die Schwelle zur disziplinaren Erheb-

B. II. 9 Pflicht zur Amtsverschwiegenheit

lichkeit überschreitet (A. I. Rn. 20, 33) oder nur schlechter Geschmack ist, bedarf der objektiven und distanzierten Prüfung. Auch hier findet eine Güterabwägung im Sinne der »praktischen Konkordanz«, d. h. des verbindenden Ausgleichs, statt (BVerfGE 19, 220; 30, 19).

c) Bewertung der Pflichtverletzung, Auswahl und Bemessung der Disziplinarmaßnahme

24 Eine Regelrechtsprechung gibt es hier wegen der großen Spannbreite denkbarer Verfehlungen nicht (BVerwG v. 19. 5. 1998 – 1 D 37.97; Dok. Ber. 1983, 63). Das Gewicht der Verfehlung und die entsprechende »Einordnung« in den Maßnahmenkatalog hängen von der Bedeutung des gebrochenen Geheimnisses, von dem verschuldeten Schaden gegenüber den dienstlichen Interessen oder/und den datengeschützten Personen, den Umständen des Einzelfalles, insbesondere der Tatbegehung, dem Schuldgrad, dem Interessenkonflikt, der mitwirkenden Veranlassung der Behörde, von den Motiven und Absichten, dem Persönlichkeitsbild usw. ab. Geht die Verletzung der Amtsverschwiegenheit mit der Entgegennahme von Geld einher (Bestechlichkeit, Geschenkannahme, vgl. B. II. 10. Rn. 25 ff.) wird in der Regel die Entfernung aus dem Beamtenverhältnis/Aberkennung des Ruhegehaltes zu verhängen sein (BVerwG v. 28. 3. 1995 – 1 D 39.94 – Dok. Ber. 1995, 203). Bei gezielter, schwer wiegender Schädigung von Postkunden (durch Weitergabe amtlicher Kenntnisse über ihre Kreditfähigkeit an Kreditauskunftsbüros) und strafbarer Verletzung des Postgeheimnisses kommt völlige Vertrauenszerstörung und Entfernung aus dem Dienst in Betracht (BVerwGE 43, 57), aber auch Milderung (BVerwG v. 19. 5. 1998 – 1 D 37.97, Dok. Ber. 1983, 63). Im Übrigen gelten für die Maßnahmenwahl und die Bemessung die allgemeinen Grundsätze (A. IV. und § 13).

d) Rechtsprechungsübersicht

Postzusteller – Verstoß gegen Zustellvorschriften und gegen Postgeheimnis – zwang Hausbewohner, nachzuweisende Sendungen gemeinsam im Hauseingang abzuholen: **Geh.K**
– *BVerwG*, Dok. Ber. 1992, 35

Postbeamter – **Verletzung des Postgeheimnisses**, § 354 StGB a. F. – Information des Freundes über die Beschlagnahme seiner Postsendungen – Milderungsgründe – statt Geh.K wegen § 14 BDO: **Einst.**
– *BVerwG* v. 18. 10. 1984 – 1 D 107.83

Postbeamter – Verletzung des Postgeheimnisses n. § 354 StGB a. F. – Öffnung der **Blutprobensendung eines Bekannten** – Information seiner Frau: **Degr.**
– *BVerwG*, Dok. Ber. 1983, 63

Verletzung des Post- und Fernmeldegeheimnisses nach § 354 StGB a. F. – (jetzt § 206 StGB) – liegt nicht vor bei unverschlossenen Sendungen – Verstoß gegen Gehorsamspflicht – wegen Verjährung von Geldbuße: **Einst.**
– *BVerwG* v. 25. 4. 1984 – 1 D 84.83 – Dok. Ber. 1984, 189

Pflicht zur Amtsverschwiegenheit B. II. 9

Postbeamter – Sammeln amtlicher **Unterlagen über Kreditwürdigkeit** von Postkunden – Weitergabe an Kreditauskunftsbüros gegen Entgelt: **Entf. a. D.**
– *BVerwGE* 43, 57

Prüfungsmitglied – **Verrat der Aufgaben an Prüflinge: Geh.K**
– *BVerwG*, Dok. Ber. 1986, 63

Postamtmann – Mitteilung gegenüber Vorgesetzten über Befragung durch Betriebssicherung – **Gefährdung der Ermittlungen** – ausdrücklicher Hinweis auf Verschwiegenheitspflicht (zusätzlich Falschangaben hinsichtl. Trennungsgeld): **Geh.K**
– *BVerwG* v. 28. 10. 1998 – 1 D 28.97

Höherer Beamter im **Landwirtschaftsministerium – Übersendung von verwaltungsinternen Unterlagen** an privatwirtschaftlichen Fachverband, damit dieser auf Verbesserung seiner (des Beamten) Stellung in der Behörde hinwirke: **Geldbuße**
– *BVerwG* v. 27. 4. 1983 – 1 D 54.82 gegen erstinst. Geh.K

Hoher Offizier – **Verstoß gegen Weisung**, nur nach Abstimmung mit Vorgesetzten die **Dienstgestaltung zu veröffentlichen**
– *BVerwG*, ZBR 1991, 345

Veröffentlichung geschützter Dienstgeheimnisse – Betroffener glaubt, verfassungswidrige Praktiken seiner Behörde öffentlich bekannt machen zu müssen – **Meinungsfreiheit** nach Art. 5 Abs. 1 GG **hat keinen Vorrang**
– *BVerfGE* 28, 191

Zivildienstleistender – **Leserbriefe** als Reaktion auf Zeitungs- und Radioberichte über seine Dienststelle – Bruch dienstinterner Umstände wird nicht durch Meinungsfreiheit gedeckt: **Verweis**
– *BDiG* v. 19. 3. 1981 – III Zk 3/80

Vortäuschen eines Amtshilfeersuchens zur privaten Verwertung von Personaldaten Dritter (Tochter) – Missbrauch der Weisungsbefugnis gegenüber ahnungslosem Untergebenen: **Geldbuße**
– *BDiG* v. 28. 4. 1988 – XVIII Bk 4/87

Regierungsdirektor erstattet in 15 Fällen **Strafanzeige gegen Kollegen und Vorgesetzte ohne sachliche Veranlassung: Entf. a. D.**
– *BDiG* v. 24. 6. 1998 – XIV VL 21/97
– *BVerwG* v. 15. 11. 2000 – 1 D 65.98 (Freispruch wg. Schuldunfähigkeit)

Beamter des höheren Dienstes – Verwertung amtlicher **Unterlagen über Ermittlungstätigkeiten gegen Dritte** im eigenen beamtenrechtlichen Gerichtsverfahren – keine Genehmigung eingeholt – Fahrlässigkeit – weitere Verfehlungen: **Geh.K**
– *BVerwG* v. 13. 1. 1988 – 1 D 127.86

B. II. 9 Pflicht zur Amtsverschwiegenheit

Postamtmann – eigener Rechtsstreit vor dem Verwaltungsgericht – **Vorlage der Beurteilung Dritter** – erst nachträglich eingeholte Genehmigung des »Dritten« macht den zuvor begangenen Geheimnisbruch nicht ungeschehen: **Geldbuße**
– *BDiG* v. 14. 8. 1984 – VI Bk 6/84

Höherer Beamter des **Bundesnachrichtendienstes** – Verwaltungsgerichtsverfahren gegen eigene Behörde – **Benennung von Vergleichsmännern unter ihren Decknamen** – innerdienstliche Geheimhaltungsregelungen – Grundsatzausführungen zu »dienstlichem Verkehr« – mangels bindender Weisungen und Schuld im Ergebnis: **Freispruch**
– *BDiG* v. 16. 5. 1978 – IV Bk 8/78

Beamter des gehobenen Dienstes – **Erschleichen von Amtsgeheimnissen** einer fremden Behörde – **Vortäuschung von Amtshilfe** – Ausnutzen seiner Vorgesetztenstellung – eigennütziger Gebrauch: **Hohe Geldbuße**
– *BDiG* v. 28. 4. 1988 – XVIII Bk 4/87

Personalratsmitglied des BGS – **Aushang eines mit »VS-NfD« gekennzeichneten Organisations- und Stellenplans** im Kantinengebäude – Einblicksmöglichkeit von Verwaltungsfremden – Verletzung der besonderen Schweigepflicht der Verschlusssachen-Anweisungen – anderweitige Verbreitung in der Öffentlichkeit ohne Bedeutung – geringe Bedeutung der Geheimhaltung: **Verweis**
– *BDiG* v. 27. 9. 1979 – I Bk 16/78

Ersatzmitglied des Personalrats – **offener Brief bzgl. Missständen** im BGS an Gewerkschaft, Personalrat, Vorgesetzte, andere Dienststellen: **Verweis**
– *BDiG* v. 30. 6. 1988 – XVIII Bk 9/87

Postdirektor – mit Verschlusssachen befasst – **nachrichtendienstliche Tätigkeit für das MfS** – Übergabe als vertraulich eingestufter Unterlagen – Milderungsgründe: **Degr. um 2 Stufen**
– *BVerwGE* 103, 248 = *NVwZ-RR* 1996, 97 = *ZBR* 1996, 52

Regierungsdirektor a. D. – **Weitergabe von Informationen an MfS** gegen Geldzuwendung (über 50.000 DM) – Bestechlichkeit: **Aberk. RGeh.**
– *BVerwG* v. 28. 1. 1998 – 1 D 63.96

Oberregierungsrätin a. D. – **Übergabe von Informationen von geringem Wert an MfS** gegen monatliche Geldzuwendungen und Geschenke im Gesamtwert von mehr als 100.000 DM – Verleihung von Orden: **Aberk. RGeh.**
– *BVerwG* v. 28. 3. 1995 – 1 D 39.94 – Dok. Ber. 1995, 203 (entgegen RGehK durch *BDiG*)

BGS-Beamter – **Fahndungsabfrage aus Neugierde** – Information an Gesuchten (späteren Schwager) über Haftbefehl – statt Degradierung (wg. Eingangsamt) und Gehaltskürzung (wg. § 14 BDO): **Einst.**
– *BVerwG* v. 19. 5. 1998 – 1 D 37.97

Kriminalkommissar – Abfrage des Bestehens einer Telefonüberwachung – Weitergabe an Dritte – § 353b StGB: **Entf.**
– *Nds. OVG* v. 28. 2. 2006 – 20 LD 1/06
– *BayVGH* v. 24. 11. 2004 – 16a D 03.2668 (Wohnungsdurchsuchung: **Zurückstufung**)

Polizeiobermeister im BGS – **Werbung mit pflichtwidrig erlangten Namens- und Anschriftenlisten** – statt absprachegemäß für Gewerkschaft für eigene, nebenamtliche Versicherungstätigkeit: **Verweis**
– *BDiG* v. 13. 7. 1988 – XVI Bk 7/88

Ministerialreferent – **Veröffentlichung eines Buches** »Entzaubertes Bundeskanzleramt – Denkwürdigkeiten eines Personalratsvorsitzenden« – Verstöße gegen die Achtungs- und Unterstützungspflicht (nicht vorgeworfen die zugleich vorliegenden Verstöße gegen die Amtsverschwiegenheit, s. o. Rn. 22): **Verweis**
– *BDiG* v. 29. 9. 1977 – X Bk 15/76

Ministerialrat – **Veröffentlichung von Kabinettsvorgängen** im Buch: Geh.K
– *BVerwGE* 93, 202 = NJW 1992, 1713 = DÖV 1992, 580

10. Die Pflicht zur Uneigennützigkeit

a) Rechtsgrundlage: § 61 Abs. 1 Satz 2 BBG

Wortlaut:
»Sie (die Beamtin und der Beamte) haben das ihnen übertragene Amt uneigennützig nach bestem Gewissen wahrzunehmen.«

b) Definition der Pflicht und ihrer Verletzung

Mit der Pflicht zur Uneigennützigkeit ist nicht gemeint, dass Beamte aus reinem Altruismus im öffentlichen Dienst arbeiten und auf jeden persönlichen Vorteil verzichten. Das Streben nach ideellen und materiellen persönlichen Vorteilen ist selbstverständliche Grundlage jeder Arbeit. Die Pflichtwidrigkeit beginnt erst dort, wo **unrechtmäßige Bereicherung und Schädigung** von Verwaltung, Mitarbeitern oder Adressaten der Amtstätigkeit stattfinden. Der korrekte und redliche Umgang mit dienstlich anvertrauten oder dienstlich zugänglichen Geldern, Gütern oder vermögenswerten Vorteilen ist eine **Grund- und Kernpflicht** des öffentlichen Dienstes und die Grundlage des gegenseitigen Treue- und Vertrauensverhältnisses. Die Pflicht kann, muss aber nicht in der Form von strafrechtlichen Eigentums- und Vermögensdelikten verletzt werden. Bei **strafrechtlich relevanten Sachverhalten** liegt die Pflichtwidrigkeit des Eigennutzes auf der Hand: Wer anvertraute Gelder oder Güter veruntreut, wer unter Missbrauch seiner dienstlichen Möglichkeiten stiehlt, wer seine Verwaltung oder die Kunden betrügt oder wer sich bestechen lässt, handelt pflichtwidrig eigennützig. Aber auch **außerhalb der Straftatbestände** kann dienstpflichtwidriger Eigennutz vorliegen, etwa bei Bereicherung ohne dahin zielende Absicht oder im Konflikt zwischen dienstlichen Interessen und priva-

B. II. 10 Pflicht zur Uneigennützigkeit

ten Erwerbswünschen (Missbrauch der Amtsstellung für privates Unternehmen, privater Einsatz von dienstlich Untergebenen oder von dienstlichen Mitteln, Nichtabführen der Einkünfte aus amtlicher Nebentätigkeit). Die innerdienstliche Uneigennützigkeit wird nur im **funktionalen oder statusrechtlichen Zusammenhang** mit der amtlichen Tätigkeit bzw. mit dem Dienstverhältnis verletzt. Greift ein Beamter in die Gemeinschaftskasse, die er mit Kollegen privat errichtet hat, so liegt weder Amtsunterschlagung noch Kollegendiebstahl vor (BVerwG v. 16. 1. 1985 – 1 D 112.84 – Dok. Ber. 1985, 105). Ist ein Busfahrer der Post durch Dienstüberlassungsvertrag in das private Arbeitsverhältnis mit einem Privatunternehmen eingetreten, ist weder das statusrechtliche Amt noch das Amt im funktionellen Sinne betroffen. Der Beamte erbringt seine Dienstleistung nach wie vor für seinen Dienstherrn (BVerwG – 2 C 84.81, E 69, 303 f., bzgl. beurlaubter Beamten bei den privatisierten Unternehmen siehe unten B. II. 12. Rn. 3).

Für Eigentums- und Vermögensdelikte außerhalb des Dienstes gelten andere Grundsätze und Bewertungen (s. B. II. 12.). Die innerdienstlichen Verstöße gegen die Uneigennützigkeit werden in der disziplinarrechtlichen Praxis in bestimmten **Fallkategorien** behandelt, die auch weitgehend die Bewertung und Maßregelung bestimmen. Sie werden im Folgenden jeweils getrennt behandelt.

Zugriffsdelikte (Unterschlagung von Kassengeldern, Beförderungsgut und anderen gleichgestellten Lagen)

2   Die **Kassenklarheit, -sicherheit und -redlichkeit** sind für ein geordnetes und zuverlässiges Kassenwesen grundlegende Voraussetzung. Ebenso muss das der Verwaltung und speziell dem Beamten amtlich **anvertraute Beförderungsgut** der Kunden tabu sein. Darüber wird jeder Beamte in der Ausbildung und Einarbeitung belehrt. Bei aller Kontroll- und Prüfungsorganisation ist die Verwaltung nicht in der Lage, jeden einzelnen Arbeitsvorgang eines jeden Beamten zu kontrollieren. Sie ist vielmehr auf die Ehrlichkeit und Zuverlässigkeit der Mitarbeiter angewiesen. Von einem Beamten auf Lebenszeit kann und muss erwartet werden, dass diese Gebote aus eigener Verantwortlichkeit und eigenem Antrieb eingehalten werden. Dies entspricht dem gegenseitigen Treue- und Vertrauensverhältnis und ist für jeden evident.

3   Ein **Zugriffsdelikt** liegt nach neuerer ständiger Definition des BVerwG immer dann vor, wenn ein Beamter auf Bargeld oder gleichgestellte Werte zugreift und damit **den wertmäßigen Bestand** der von ihm geführten Kasse **unmittelbar verkürzt** (BVerwG v. 17. 1. 1995 – 1 D 59.94; v. 21. 3. 2001 – 1 D 10.00). Dies ist stets der Fall, wenn der Beamte **dienstlich erlangtes oder anvertrautes Geld** unterschlägt oder nicht an seinen Dienstherrn abführt (BVerwG v. 10. 11. 1998 – 1 D 103.97). Auf die Art der Gewahrsamserlangung kommt es also nicht an. Hierher zählen alle diejenigen Gelder, die dem Beamten zur amtlichen Tätigkeit anvertraut sind, also sowohl die in der Schalterkasse, in der Geldtasche, im Fahrgeldautomaten, im Münzfernsprecher befindlichen, als auch die beim Postkunden eingezogenen Nachnahmebeträge und -gebühren, die auszuzahlenden Postanweisungen, die Paketgebühren, die zu erhebenden Fernmeldegebühren, auch die vom Kunden zur amtlichen Verwendung übergebenen Einzahlungsbeträge für Sparbuch, Überweisung o. Ä. Hierzu gehören die von **Polizeibeamten** eingenommenen, aber nicht abgeführten Verwarnungsgelder (OVG NW v. 29. 4. 1998 – 6d A 2084/97), das vom **Gerichtsvollzieher** für Gläubiger einge-

Pflicht zur Uneigennützigkeit B. II. 10

triebene Geld (OVG NW v. 29.4.1999 – 12d A 5145/98.0), selbst die außerhalb der amtlichen Tätigkeit mit der Bitte um Einzahlung **privat übergebenen Beträge** (da sie zu dienstlicher Verwendung und wegen der Amtsstellung des Empfängers übergeben wurden, s. BVerwG v. 20.10.1987 – 1 D 151.86). Eine solche Sachlage besteht auch dann, wenn ein Postbeamter von Postkunden entrichtete Gebühren für das Freimachen angelieferter Postsendungen nicht an den Dienstherrn abführt, sondern für sich behält und die Sendungen mit bereits entwerteten Postwertzeichen versieht (BVerwG v. 10.10.2000 – 1 D 46.98).

Sofern die Gelder oder gleichgestellte Werte dem Beamten nicht anvertraut sind, müssen sie ihm aufgrund seiner von ihm wahrzunehmenden Aufgaben **dienstlich zugänglich** sein (BVerwG v. 3.9.1991 – 1 D 15.91 – Weiß, II 2 J 975 Rn. 9, 10). Der Beamte muss im Rahmen seiner Dienstausübung hierauf ohne weiteres tatsächlich zugreifen können. Das ist nicht der Fall, wenn er sich erst rechtswidrig Zugang verschaffen muss (BVerwG v. 12.3.1997 – 1 D 34.96). Dann liegen aber andere erschwerende Umstände vor.

Als **Zugriffsdelikt** wurde gewertet die Entwendung von Goldbarren und Goldmünzen aus der Wohnung einer Verstorbenen, die ein Polizeibeamter aus dienstlichem Anlass betreten hat (OVG NW v. 23.5.2007 – 21d A 2492/06.O). Dies ist zweifelhaft. Zutreffender wäre wohl die Einstufung als Diebstahl von Eigentum von Behördenkunden gewesen wie dies der Fall ist, wenn ein Postzusteller in der Wohnung eines Postkunden stiehlt (vgl. Rn. 15). Die Entwendung einer EC-Karte eines Gefangenen aus der Asservatentüte und missbräuchlicher Verwendung der Karte sind zutreffend als Zugriffsdelikt gewertet worden (OVG NW v. 28.3.2007 – 21dA 1477/06.O). Die Veruntreuung von Geldern eines zu Betreuenden durch einen Amtsbetreuer hat der VGH München durch Urteil v. 26.7.2006 (16a D 05.1055) unzutreffend als Untreue zum Nachteil des Dienstherrn gewertet (was nicht regelmäßig zur Entfernung führt, vgl. Rn. 21f.), richtig dagegen als Zugriffsdelikt: Nds. DiszH v. 13.1.2005 – 2 NDH L 10703. Als Zugriffsdelikt wurde gewertet die Entwendung von Verpflegung im Rahmen eines Castortransports, die dem Beamten besonders anvertraut war und die er weisungsgemäß an seine Kollegen auszugeben hatte (OVG NW v. 22.2.2006 – 21d A 2732/04.O). Die disziplinare Einstufung hätte hier eher in die Kategorie Diebstahl/Unterschlagung zum Nachteil des Dienstherrn unter Missbrauch übertragener Obhuts-/Überwachungspflichten gehört (vgl. Rn. 14). Das Gleiche gilt für den Diebstahl von Gegenständen, die zum Inventarbestand einer Schule gehörten, durch einen Schulleiter (OVG NW v. 14.4.2008 – 21d A 2427/07.O). Kein Zugriffsdelikt liegt vor bei zur Vernichtung bestimmter und bereits aussortierter Gegenstände (BVerwG v. 29.10.1997 – 1 D 65.96 –Dok. Ber. B 1998, 147). Äußerst zweifelhaft deshalb die Wertung als Zugriffsdelikt im Falle der Entwendung eines Laptops, den der Beamte zu verwalten hatte, der aber zur Vernichtung freigegeben worden war (OVG NW v. 12.12.2005 – 21d A 958/04.O-). Unzutreffend die Wertung als Zugriffsdelikt im Falle eines Polizeibeamten, der anlässlich der Aufnahme eines Einbruchdiebstahls 500 € entwendet, die in einer Vitrine unter einem Teller versteckt waren. (OVG NW v. 12.2.2009 – 3d A 2528/07.O). Hier wird die Rspr. des BVerwG, wonach ein Zugriffsdelikt auch dann vorliegen kann, wenn Gelder ohne weiteres dienstlich zugänglich sind, falsch verstanden (vgl. Absatz zuvor am Ende). Die Einstufung als Zugriffsdelikt ist unabhängig von der strafrechtlichen Beurteilung (BVerwG v. 21.7.1993 – 1 D 46.92). Es kommt nicht darauf an, ob der Beamte die dienstlichen Gelder durch Betrug, Diebstahl, Untreue, Unterschla-

B. II. 10 Pflicht zur Uneigennützigkeit

gung, Verwahrungsbruch, Gebühren-Abgabenüberhebung oder Postunterdrückung (§§ 263, 242, 266, 246, 133, 352, 353, 206 Abs. 2 Nr. 2 StGB) erlangt hat. Entscheidend ist, dass der Beamte sich die dienstlichen Gelder für **die private Verwendung zugeeignet** hat oder zueignen wollte (BVerwG v. 27. 9. 2000 – 1 D 63.99; BVerfG v. 14. 6. 2000 – 2 BvR 993/94). Dies kann zweifelhaft sein, wenn nach den Tatumständen in Betracht kommt, dass der Beamte das Geld verlegt oder verloren hat. Jedenfalls bedarf es für die Feststellung eines Zueignungswillens einer ausreichenden Tatsachengrundlage, damit der Anspruch auf ein faires gerichtliches Verfahren gewahrt ist (BVerfG, a. a. O.).

4 Für die Bewertung als Zugriffsdelikt macht es keinen Unterschied, ob sich ein Beamter im Kassendienst unmittelbar durch den Zugriff auf Geldwerte bereichert oder sich unter Ausnutzung seiner dienstlichen Möglichkeiten **buchmäßig Geld** seines Dienstherrn beschafft; etwa Ansichnahme eines fehlerhaft bearbeiteten Auszahlungsscheins über 2000 DM und Gutbuchung auf eigenes Konto (BVerwG v. 8. 10. 1996 – 1 D 102.95); Abzweigung von Kassengeldern auf das eigene Konto unter Fälschung von Unterschriften der Berechtigten (BVerwG v. 14. 5. 1997 – 1 D 51.96); Verfälschung einer Zahlkarte zugunsten des eigenen Postgirokontos (BVerwG v. 5. 3. 1991 – 1 D 54.90). Der wertmäßige Bestand der Kasse wird nicht vermindert und ein Zugriffsdelikt liegt demgemäß nicht vor, wenn der Kassenbestand gleichzeitig durch Wertzeichen im gleichen Umfang aufgefüllt wird (BVerwG v. 20. 2. 1990 – 1 D 22.89 – DÖD 1990, 298) oder bei Einlage eigener Telefonkarten (BVerwG v. 23. 4. 1997 – 1 D 62.96). In derartigen Fällen finden die Rechtsprechungsgrundsätze zur innerdienstlichen Untreue zum Nachteil des Dienstherrn Anwendung, bei denen es keine Regelmaßnahme gibt (vgl. Rn. 21 f.).
Der **Anstifter** oder **Gehilfe** eines Zugriffsdelikts unterliegt den gleichen Bewertungsmaßstäben wie der Täter (BVerwG v. 27. 6. 1999 – 2 WD 3.95). Der **Versuch eines Zugriffs** auf dienstliche Gelder unterliegt den gleichen Bewertungsmaßstäben wie der Zugriff selbst, wenn der Beamte zur Verwirklichung seines Handlungswillens alles getan hatte, der Erfolg jedoch durch objektive und von dem Beamten nicht beeinflussbare Umstände verhindert worden ist (BVerwG v. 7. 12. 1993 – 1 D 32.92 – E 103, 54). **Fangsendungen,** die der Überführung eines in Verdacht geratenen Beamten dienen, genießen den gleichen Schutz wie normale, der Post zur Beförderung anvertraute Sendungen (st. Rspr., BVerwG v. 15. 9. 1998 – 1 D 90.97).

5 Eine **Gebührenüberhebung** (zugleich Straftat nach § 352 StGB) stellt ein Zugriffsdelikt dar, wenn sich der Beamte den Differenzbetrag zueignet. Auch dann, wenn der Beamte die Gebühren zum Nachteil der Postkunden falsch berechnet, um sich den Differenzbetrag privat anzueignen, gelangt das Geld in dienstlichen Gewahrsam. Der innere Vorbehalt der Beamten ist gem. § 116 Satz 1 BGB unbeachtlich (BVerwG v. 21. 7. 1998 – 1 D 51.97). In den Fällen der **nicht eigennützigen Gebührenüberhebung** sind die Umstände des Einzelfalles entscheidend. Es liegt jedoch regelmäßig ein schwerwiegendes Dienstvergehen vor, da insbesondere gegenüber den Postkunden ein grober Vertrauensbruch begangen wird. Diese müssen sich darauf verlassen können, dass ihnen kein höherer Betrag als der vorgeschriebene abverlangt wird (BVerwG v. 27. 9. 2000 – 1 D 63.99).

6 Der Zugriff auf anvertraute oder dienstlich zugängliche Gelder führt **regelmäßig zur Entfernung aus dem Beamtenverhältnis** und bei einem zwischenzeitlich in den Ruhestand versetzten Beamten zur Aberkennung des Ruhegehalts.

Zu den von der Rspr. anerkannten Milderungsgründen, die ein Absehen von der Höchstmaßnahme rechtfertigen können, vgl. Rn. 12.

Vom Zugriffsdelikt abzugrenzen ist **der Missbrauch des Gehalts- und Barabhebungsverfahrens.** Die Einlösung eigener Schecks oder die Abhebung von Bargeld gegen Hingabe von Auszahlungsscheinen an der selbstgeführten Kasse ist bei Einhaltung der Vorschriften gestattet (zum Gehaltsabhebungsverfahren vgl. BVerwG v. 23. 8. 1988 – 1 D 16.88 – E 86, 31; zum Barabhebungsverfahren BVerwG v. 26. 3. 1996 – 56.94). Löst ein Beamter an der von ihm geführten Kasse **ungedeckte Schecks** oder ungedeckte Auszahlungsscheine ein, so ist darin nach der Rspr. des BVerwG kein einem Zugriffsdelikt gleichzustellendes Fehlverhalten zu sehen. Zur Begründung wird im Urteil v. 23. 8. 1988 noch darauf abgestellt, dass der Postscheck in den Augen des betreffenden Beamten nicht »ein völlig wertloses Stück Papier darstelle, sondern ein Dokument, von dem er wisse oder hoffe, dass es zur Zeit des Eingangs gedeckt sei«. Der zutreffende Grund dafür, dass in den genannten Fällen kein Zugriffsdelikt vorliegt, besteht darin, dass durch Entnahme des Geldes gegen Hingabe eines ordnungsgemäß ausgestellten Schecks oder Auszahlungsscheins keine wertmäßige Verminderung des Kassenbestandes eingetreten ist. Die Auszahlungsscheine dokumentieren, dass das bezogene Konto des Beamten in Höhe des entnommenen Geldes zu belasten war. Dies bewirkte einen buchungsmäßigen Ausgleich von Soll und Haben im Kassenbestand. Für diesen Ausgleich kommt es nicht darauf an, dass die Schecks oder Auszahlungsscheine wegen des ausgeschöpften Dispositionskredits ungedeckt waren. Entscheidend ist allein die nicht eingetretene wertmäßige Verminderung des Kassenbestandes (vgl. insoweit BVerwG v. 23. 3. 1999 – 1 D 8.98, das allerdings offen lässt, ob die Rechtsprechungsgrundsätze zum Zugriffsdelikt oder zum Missbrauch des Barabhebungsverfahrens gelten; eindeutig jetzt BVerwG v. 6. 2. 2001 – 1 D 67.99 – ZBR 2002, 274 wonach in derartigen Fällen kein Zugriffsdelikt vorliegt).

Das BVerwG geht in st. Rspr. davon aus, dass eine Gleichstellung mit Zugriffsdelikten nur dann nicht in Betracht kommt, wenn der **Kassenbeamte im konkreten Fall befugt war,** in Gehalts- oder Barabhebungsverfahren **Geld an sich selbst auszuzahlen** (BVerwG v. 22. 2. 1979 – 1 D 18.78 – E 63, 253; BVerwG v. 23. 8. 1988 – 1 D 16.88 – E 86, 31; BVerwG v. 7. 12. 1988 – 1 D 22.88 – ZBR 1989, 374 = DÖD 1989, 262). Ist dies nicht der Fall, soll die Regelrechtsprechung der Dienstentfernung Anwendung finden, weil sich die Fälle nicht von denen unterschieden, in denen ein Beamter Geld der von ihm verwalteten Kasse vorübergehend entnehme und die Entnahme durch einen beschriebenen Zettel deutlich mache. Diese Rspr. ist insoweit überholt, als nunmehr in derartigen Fällen der Milderungsgrund der Offenbarung der Tat vor ihrer Entdeckung eingreift (vgl. Rn. 12, unter d). Die Rspr. ist aber bereits im Ansatz verfehlt. Ob der Beamte die Befugnis zur Auszahlung von Kassengeldern an sich selbst hatte, betrifft in erster Linie die **Wahrung der Kassenvorschriften.** Hebt ein Beamter trotz fehlender Befugnis an der von ihm geführten Kasse Geld ab, so begeht er einen Verstoß gem. § 62 Abs. 1 Satz 2 BBG i. V. m. den einschlägigen Dienstvorschriften für Kassenbeamte. Die fehlende Befugnis ist lediglich eine allgemeine Zumessungserwägung. Das deckt sich mit der Entscheidung des BVerwG vom 7. 7. 1998 (1 D 70.97), in der ebenfalls kein Zugriffsdelikt angenommen wurde und in der ein Beamter EC-Scheckformulare unter Ausschaltung der Bonitätsprüfung erlangte, diese unbefugt trotz Ausschöpfung des Dispositionslimits in Zahlung gab und die Postbank in Höhe der Garantiesumme haftete. Nimmt

B. II. 10 Pflicht zur Uneigennützigkeit

aber ein Beamter Geld aus der Kasse gegen Hingabe eines Schecks und nimmt diesen (nach Durchführung einer Prüfung) wieder aus der Kasse oder leitet er den Scheck zur Belastung seines Kontos nicht weiter, liegt ein Zugriffsdelikt vor (BVerwG v. 26. 4. 1994 – 1 D 23.93; v. 8. 6. 1994 – 1 D 72.93). Dagegen liegt Missbrauch des Bar-Abhebungsverfahrens vor, wenn ein Beamter Geld aus der von ihm geführten Kasse gegen Einlage ungedeckter Schecks entnimmt und durch buchungstechnische Manipulationen die Belastung seines Kontos hinauszögert (BVerwG v. 26. 11. 1996 – 1 D 7.96 – ZBR 1997, 360).

Beim Missbrauch des Gehalts-/Barabhebungsverfahrens gibt es wie beim Betrug zum Nachteil des Dienstherrn **keine Regelmaßnahme.** Entfernung kommt nur beim Hinzutreten erschwerender Umstände (Missbrauch dienstlicher Stellung oder anderer Möglichkeiten, Verschleierungshandlungen) in Betracht (BVerwG v. 29. 8. 2000 – 1 D 22.99).

9 **Dem direkten Zugriff gleichgestellt** sind in der disziplinaren Bewertung **Kassenmanipulationen, die mittelbar zu einer Verkürzung des Kassengeldbestandes** und zu einer entsprechenden geldmäßigen Bereicherung des Täters führen. Zu diesen gehört das Nichtbuchen von Kasseneingängen zum Zwecke der **Verheimlichung eines Kassenminderbetrages.** Hierdurch wird weder Geld aus der Kasse entnommen noch Geld der Kasse vorenthalten (das eingenommene Geld wird in die Kasse gelegt). Jedoch wird der Kassenbestand dadurch letztlich vermindert, dass der Fehlbetrag buchungstechnisch verschwindet und sich der Beamte der Pflicht zur Erstattung des Fehlbetrags entzieht. Dies führt regelmäßig zur Verhängung der Höchstmaßnahme (BVerwG v. 1. 2. 1995 – 1 D 65.93; BVerwG v. 18. 5. 1999 – 1 D 51.98). Ein in der Entziehung der persönlichen Haftung liegender materiell-egoistischer Zug wird auch dann angenommen, wenn das Motiv Haftungsfreistellung nur eines von mehreren Motiven war (BVerwG v. 28. 10. 1997 – 1 D 31.96). Dagegen liegt nur ein Verstoß gegen Kassenvorschriften vor, wenn ein Beamter durch kassentechnische Manipulationen (Falschbuchungen) lediglich die Durchsetzung von Regressansprüchen erschwert (BVerwG v. 21. 3. 2001 – 1 D 10.00).

10 Die **Unterschlagung von Beförderungsgut** unterliegt den gleichen Grundsätzen wie die Unterschlagung oder Veruntreuung von dienstlich anvertrauten oder zugänglichen Geldern (st. Rspr. BVerwG v. 27. 11. 1990 – 1 D 16.90). Hierher gehören die Brief- und Paketberaubungen bei der Post, die Entwendung des Beförderungsguts bei der Bahn oder beispielsweise die Entwendung von Gegenständen im Rahmen einer zollamtlichen Beschau. Derartige Verfehlungen führen regelmäßig zur Entfernung, sofern kein Milderungsgrund (vgl. Rn. 12) vorliegt. Die Verwaltungen wie auch deren Kunden müssen sich darauf verlassen können, dass die anvertrauten Sendungen korrekt und zuverlässig die Adressaten erreichen. Die Zollverwaltung muss nicht auch noch die zur Kontrolle berufenen Beamten ständig überwachen (BVerwG v. 21. 4. 1999 – 1 D 6.98). Keine Unterschlagung von Postgut liegt vor, wenn der Beamte selbst Empfänger ist (aber Betrug wegen nicht bezahlten Nachnahmebetrages, BVerwG v. 22. 6. 1993 – 1 D 76.92 – E 93, 376). Ein Zugriffsdelikt scheidet auch aus bei zur Vernichtung ausgesonderten Gegenständen (BVerwG v. 29. 10. 1997 – 1 D 65.96). **In Fällen von Postunterdrückung** (früher § 354 Abs. 2 Nr. 2 StGB, jetzt § 206 Abs. 2 Nr. 2 StGB) kommt die **Regelrechtsprechung** der Dienstentfernung nur **bei materiell-eigennütziger Postunterdrückung** in Betracht. **Postunterdrückung** bedeutet den Entzug von Postsendungen aus dem ordnungsgemäßen Postbetrieb, umfasst also sowohl die Unterschlagung oder den Diebstahl als auch den bloß vorschriftswidrigen Umgang mit Postsendungen, etwa durch Zurückstellen von der Zustellung ohne Rückmeldung bei der Dienststelle oder verbotene Aufbewahrung von Sendungen im Schreibtisch oder Schrank. **Warensendungen** sind grundsätzlich nicht anders zu behandeln wie andere anvertraute Sendungen (BVerwG v. 9. 2. 1983 – 1 D 25.82; BVerwG v. 18. 3. 1998 – 1 D 88.97 – NVwZ 1998, 1083 = BVerwGE 113, 208). Ob eine Sendung offen oder verschlossen ist und damit eine **Verletzung des Postgeheimnisses** gem. § 206 Abs. 2 Nr. 1 StGB vorliegt, hängt von der tatrichterlichen Beurteilung ab (vgl. hierzu die Rechtsprechungsübersicht in BVerwG v. 11. 11. 1997 – 1 D 7.97 und B. II. 9. Rn. 14). Von dieser Beurteilung kann die Frage abhängen, ob der Milderungsgrund der Geringwertigkeit Anwendung findet (verneint im Urt. des BVerwG v. 18. 3. 1998, a. a. O., mit der zweifelhaften Begründung, das nach Art. 10 Abs. 1 GG geschützte Postgeheimnis gelte auch nach Umwandlung der Deutschen Bundespost Postdienst in die Deutsche Post AG). In der überwiegenden Literatur, mit der sich das BVerwG nicht auseinander gesetzt hat, wird mit zutreffenden Gründen eine unmittelbare Grundrechtsbindung der Deutschen Post AG abgelehnt (vgl. statt aller Hermes, in: Dreier [Hrsg.], GG, 1996, Art. 10 Rn. 38-40). Bezüglich der strafrechtlichen Verletzung des Post- und Fernmeldegeheimnisses gem. § 206 StGB wurde der Täterkreis gegenüber § 354 a. F. als Folge der Postreform neu bestimmt. Er umfasst Inhaber und Beschäftigte eines Unternehmens, das geschäftsmäßig Post- oder Telekommunikationsdienste erbringt. Beschäftigte sind sämtliche Mitarbeiter dieser Unternehmen, gleichgültig, ob sie in einem privatrechtlichen oder noch in einem (auslaufenden) öffentlich-rechtlichen Dienstverhältnis stehen (Tröndle/Fischer, StGB, 50. Aufl. 2001, § 206 Rn. 2).

Da die Postunterdrückung, soweit sie wegen materiell-eigennützigen Verhaltens nicht den für Zugriffsdelikte geltenden Grundsätzen unterliegt, eine weite Spanne denkbarer Verhaltensweisen umfasst, gibt es **keine Regelmaßnahme**. Die Höchstmaßnahme ist insbesondere dann verhängt worden, wenn **Postsendungen endgültig dem Postverkehr entzogen** worden sind oder werden sollten (BVerwG v. 20. 4. 1999 – 1 D 44.97; vgl. im Übrigen BVerwG v. 27. 1. 99 – 1 D 5.98; BVerwG v. 18. 5. 1999 – 1 D 51.98). Ein Postbeamter darf sich nicht unter Berufung auf sein Gewissen weigern, bestimmte Postsendungen zuzustellen, ohne zuvor zumutbar zu versuchen, seinen Gewissenskonflikt mit Mitteln des Beamtenrechts, etwa durch Umsetzung, zu lösen (Weigerung einer Zustellung von Postwurfsendungen der Scientology Kirche und Zerreißen der Sendungen, Geh.K., BVerwG v. 29. 6. 1999 – 1 D 104.97).

Die **Fundunterschlagung** beruht nicht auf einem Zugriff auf »anvertrautes«, jedoch auf »amtlich erlangtes« Gut und stellt deshalb auch eine Unterschlagung im Amt dar. Sie setzt voraus, dass die Sache im behördlich-dienstlichen Bereich gefunden wurde und deshalb im Gewahrsam der Behörde war. Sie liegt auch vor, wenn Diebesgut in der Zugtoilette gefunden wird (BVerwG v. 26. 1. 1972 – 2 D 32.71), wenn die Sachen vom Finder dem dafür unzuständigen Beamten zur amtlichen Behandlung übergeben und anvertraut wurden (BVerwG v. 27. 1. 1999 – 1 D 10.98). Die Zueignung muss eindeutig erwiesen sein. Sie liegt angesichts der unterschiedlichen dienstlichen Arbeitsabläufe nicht immer auf der Hand, zumal dann nicht, wenn der Finder wegen anhaltenden Dienstes nicht die Fundsache abliefern kann. Die disziplinarrechtliche Bedeutung der Fundunterschlagung wurde früher der normalen Amtsunterschlagung gleichgestellt, später milder bewertet. Der Maßnahmenrahmen reicht von der Geld-

B. II. 10   Pflicht zur Uneigennützigkeit

buße (BVerwG v. 9. 5. 1979 – 1 D 42.78) bis zur Entfernung (BVerwG v. 8. 8. 1984 – 1 D 48.84; vgl. auch Geh.K: BVerwG v. 23. 11. 1983 – 1 D 28.83; Degr.: BVerwG v. 28. 11. 1990 – 1 D 19.90). Die Zueignung von Bargeld aus der als Fundsache anvertrauten Geldtasche richtet sich wiederum nach den Grundsätzen des Zugriffsdelikts (BVerwG v. 4. 7. 2000 – 1 D 33.99; BVerwG v. 27. 1. 1999 – 1 D 10.98; BVerwG v. 27. 8. 1986 – 1 D 21.86).

12   In den Fällen, die nach den **Grundsätzen des Zugriffsdelikts** zu bewerten sind, lässt die Rspr. nur in einem **engen Rahmen Ausnahmen von der regelmäßig zu verhängenden Entfernung aus dem Beamtenverhältnis zu**. Diese **Milderungsgründe** hat das BVerwG im Laufe der Zeit erweitert. Bisher gab es **fünf Milderungsgründe,** die es ausnahmsweise rechtfertigen können, von der Höchstmaßnahme abzusehen. Diese sind: Eine unverschuldete ausweglose wirtschaftliche Notlage, eine psychische Ausnahmesituation, eine einmalige, persönlichkeitsfremde, kurzschlussartige Gelegenheitstat, eine freiwillige Wiedergutmachung des Schadens vor Entdeckung der Tat oder wenigstens die vorbehaltlose Offenbarung der Tat und schließlich eine Geringwertigkeit des veruntreuten Geldes oder Gutes.

Diese Rspr. hat der nunmehr für Revisionsverfahren auf dem Gebiet des Disziplinarrechts zuständige 2. Senat des BVerwG mit Blick auf die in §13 BDG erstmals kodifizierten Bemessungsregeln formal aufgegeben, was aber in den meisten Fällen nicht zu anderen Ergebnissen führen dürfte. Die in §13 BDG aufgenommenen Bemessungsregeln beruhen auf Kernaussagen der bisherigen Rspr. des BVerwG, die der Gesetzgeber sich zu Eigen gemacht und in Gesetzesform gekleidet hat. Damit sind sie insoweit nicht mehr (veränderbares) **Richterrecht** (vgl. A. II. 2 Rn. 52f.), **sondern Gesetzesbestimmungen, die angewendet und notfalls ausgelegt werden müssen.** Grundlegend ist die Entscheidung v. 20. 10. 2005 (2 C 12.04 – BVerwGE 124, 252, 258ff., NVwZ 2006, 469), wonach auch bei einem so genannten **Zugriffsdelikt** eine Entfernung aus dem Beamtenverhältnis nur ausgesprochen werden darf, wenn ein endgültiger Vertrauensverlust nur unter umfassender Würdigung des Persönlichkeitsbildes festgestellt werden kann. Die Würdigung darf sich also nicht auf die bisher anerkannten Milderungsgründe, die besondere Konfliktlagen umschreiben, beschränken. Vielmehr **muss in jedem Einzelfall die Prognose für oder gegen einen endgültigen Vertrauensverlust dargelegt werden.**

In der Entscheidung vom 3. 5. 2007 (2 C 9.06) hat das BVerwG die einzelnen Bemessungsmerkmale des § 13 BDG näher erläutert (s. § 13 Rn. 18). Danach bleibt bei Zugriffsdelikten aufgrund der Schwere dieser Dienstvergehen die Entfernung aus dem Beamtenverhältnis grundsätzlich Richtschnur für die Maßnahmebestimmung. Das Gewicht der Milderungsgründe muss umso größer sein, je »schwerer das Zugriffsdelikt aufgrund der Höhe des Schadens, der Anzahl und Häufigkeit der Zugriffshandlungen, der Begehung von ‚Begleitdelikten' und anderen belastenden Gesichtspunkten im Einzelfall wiegt«. Die neue Rspr. ist zu begrüßen, weil sie jetzt, was auch eine Forderung dieses Kommentars war (vgl. 3. Aufl.: A. IV. 2. Rn. 77, B. II. 10. Rn. 13), mehr Einzelfallgerechtigkeit ermöglicht. So hat das BVerwG mit Urteil v. 10. 1. 2007 (1 D 15.05) eine Maßnahme unterhalb der Entfernung damit begründet, dass der Beamte Unterschlagungen von Nachnahmebeträgen in der »nassen Phase« der **Alkoholkrankheit** begangen hatte und seine Eigenverantwortlichkeit aufgrund unzureichender Dienstaufsicht gemindert war. Entscheidend ist, dass Milderungsgründe, die für ein Absehen von der Höchstmaßnahme herangezogen werden, in ihrem Gewicht mit den nachfolgend dargelegten bisherigen Milderungsgründen vergleichbar sind. Es wird insoweit also keine »Flut« neuer Milderungsgründe geben.

a) Wirtschaftliche Notlage

Eine wirtschaftliche Notlage muss die existenziellen Bedürfnisse des Beamten und seiner Familienangehörigen in Frage stellen. Sie darf nicht mit einer Überschuldung gleichgesetzt werden (BVerwG v. 22. 11. 1994 – 1 D 2.94). Bloße wirtschaftliche Sorgen oder finanzielle Engpässe reichen nicht aus. Ob zum Zeitpunkt des Zugriffs eine wirtschaftliche Notlage vorlag, ist nach st. Rspr. am **Maßstab der einschlägigen Regelsätze der Sozialhilfe** festzustellen (BVerwG v. 24. 2. 1999 – 1 D 14.98). Bei Pfändungen bleibt aufgrund der gesetzlichen Freigrenzen in der Regel genügend Geld für den notwendigen Lebensbedarf (BVerwG v. 4. 9. 1996 – 1 D 1.96). Die **Notlage muss unverschuldet** sein. Dies ist nicht der Fall bei **vorwerfbarer Lebensweise** oder Wirtschaftsführung, z. B. unverhältnismäßig aufwendiger Lebensführung (überflüssiger Aufwendungen, Schenkung ohne Rechtspflicht, BVerwG v. 4. 6. 1996 – 1 D 48.95; v. 23. 3. 1999 – 1 D 8.98; v. 27. 9. 2000 – 1 D 24.98). Eine nicht vorwerfbare Verschuldung kommt z. B. in Betracht beim Wegfall eines Verdienstes, Arbeitslosigkeit eines Familienmitgliedes, plötzlicher Tod der Eltern, die bis dahin finanziellen Beitrag geleistet hatten (BVerwG v. 9. 9. 1987 – 1 D 13.87). Die Notlage muss aus der Sicht des Beamten **ausweglos** sein (BVerwG v. 26. 4. 1984 – 1 D 120.83). Statt auf dienstliche Gelder zuzugreifen, muss ein Beamter jedoch alles Zumutbare unternehmen, um sich die finanziellen Mittel auf legale Weise zu beschaffen. Hierbei muss er auch versuchen, außer der üblichen Kreditbeschaffung bei Banken usw. und eventueller Vorschüsse durch die Verwaltung familiäre Hilfe zu erlangen (bei Verwandten, u. U. auch Bekannten). Schamgefühl oder anders begründete Hemmungen können ihn jedenfalls in der Regel nicht entlasten (BVerwG v. 5. 10. 1994 – 1 D 31.94 – NVwZ-RR 1995, 287 = BVerwGE 103, 177, 179 f.; v. 8. 7. 1998 – 1 D 52.97).

12a

Sind die bisher genannten Kriterien erfüllt, kann nach st. Rspr. von der Verhängung der Höchstmaßnahme nur abgesehen werden, wenn der Zugriff auf dienstlich anvertrautes oder erlangtes Geld allein **zu dem Zweck erfolgt, eine existenzbedrohende Notlage abzuwenden oder zu mildern.** Dies ist regelmäßig nicht der Fall, wenn der Beamte die veruntreuten Gelder zur **Schuldentilgung** einsetzt. Die Begleichung von Schulden kann die Zubilligung des Milderungsgrundes allenfalls dann rechtfertigen, wenn die Nichtbegleichung der Schulden den Beamten von den für den Lebensbedarf notwendigen Leistungen abschneiden würde (Urt. v. 5. 10. 1994, a. a. O.). Dies kann z. B. der Fall sein, wenn dem Beamten bei Nichtbezahlung entsprechender Rechnungen der Strom oder die Heizung abgestellt würde (BVerwG v. 26. 1. 1994 – 1 D 34.93). Denkbar auch bei rückständigen Mietzahlungen, um eine sonst bevorstehende Räumung der Wohnung oder Obdachlosigkeit zu verhindern. Abgelehnt vom BVerwG bei einer nicht unaufschiebbaren Dachreparatur (BVerwG v. 25. 1. 1994 – 1 D 11.93). Der Milderungsgrund findet keine Anwendung, wenn die unterschlagenden Gelder erheblich höher sind als zur Befriedigung des dringenden Lebensbedarfs erforderlich gewesen wäre (BVerwG v. 26. 4. 1994 – 1 D 23.93). Der Milderungsgrund muss bei allen Tathandlungen vorliegen und ein zeitlich begrenztes Fehlverhalten betreffen. Bei längeren Zeiträumen kann die Ursache des Fehl-

B. II. 10   Pflicht zur Uneigennützigkeit

verhaltens nicht mehr auf einer Konfliktsituation, sondern auf der Absicht der Beschaffung zusätzlicher Einkünfte beruhen (BVerwG v. 28. 11. 1995 – 1 D 29.95).

b) Psychische Ausnahmesituation

12b   Eine solche Situation setzt nach st. Rspr. des BVerwG den plötzlichen, unvorhergesehenen Eintritt eines Ereignisses voraus, das gemäß seiner Bedeutung für die besonderen Lebensverhältnisse des Betroffenen bei diesem einen **seelischen Schock auslöst,** der seinerseits zu einem für einen derartigen Schockzustand typischen Fehlverhalten des Betroffenen führt (BVerwG v. 27. 9. 2000 – 1 D 24.98). Ein solcher Schockzustand kann durch ein Ereignis begründet werden, das den Beamten derart aus der Bahn wirft, dass er nicht mehr in der Lage ist, entsprechend den sonst gegebenen Wertvorstellungen und Hemmschwellen zu handeln (BVerwG v. 25. 6. 1997 – 1 D 25.97). Eine fortdauernde seelische Belastung, eine allgemeine angespannte Seelenlage, Angst vor familiären oder ehelichen Schwierigkeiten reichen nicht aus (BVerwG v. 5. 10. 1994 – 1 D 23.94; BVerwG v. 16. 4. 1996 – 1 D 79.95; v. 30. 9. 1998 – 1 D 97.97).
Wesentlich ist, dass es sich bei **dem Schock um einen vorübergehenden Zustand** handelt, der allerdings auch mehrere Monate andauern kann (BVerwG v. 4. 9. 1996 – 1 D 1.96 m. w. N.). Eine schwere Erkrankung eines nahen Familienangehörigen kann grundsätzlich geeignet sein, einen eine psychische Ausnahmesituation auslösenden Schock herbeizuführen. Voraussetzung ist aber stets, dass es hierdurch zu einem Schock, also zu einem vorübergehenden Zustand gekommen ist (BVerwG v. 22. 2. 2000 – 1 D 58.97 m. w. N.). Soweit das BVerwG in früheren Einzelentscheidungen (vgl. z. B. BVerwG v. 19. 6. 1984 – 1 D 102.83 – Dok. Ber. B. 1984, 290) den Milderungsgrund unter Verzicht auf einen Schockzustand (durch Klimakterium verursachte außergewöhnliche Seelenlage) anerkannt hat, hat es diese Rspr. im Urteil vom 23. 3. 1999 (1 D 45.98) ausdrücklich aufgegeben. Die Anwendung des Milderungsgrundes scheiterte in der Vergangenheit oft daran, dass das Fehlverhalten des Beamten keine typische Folge des Schockzustandes ist, die Kausalität also fehlt. Wer durch ein bestimmtes, schockartig wirkendes Ereignis vorübergehend in seinem Denken und Handeln beeinträchtigt ist, muss sich deshalb nicht an dienstlichen Geldern oder anvertrauten Gegenständen vergreifen. **Beispiele für schocktypische Verfehlungen aus der Rspr.:** Zugriff auf Postsendungen, in denen ein Beamter, der an einer bis dahin unerkannten Zuckerkrankheit litt, Süßwaren vermutete (BVerwG v. 29. 3. 1984 – 1 D 16.84); wiederholte Selbstmorddrohungen eines Familienangehörigen, dessen Geldforderungen der Beamte mit veruntreutem Geld befriedigte, um einen Selbstmord zu verhindern (BVerwG v. 28. 3. 1984 – 1 D 63.83 – ZBR 1984, 279); Schockzustand durch erforderliche Zehenamputation als Folge einer schwerwiegenden Diabetes; Verwendung der unterschlagenen Gelder zum Kauf von Insulin (BVerwG v. 24. 6. 1997 – 1 D 53.95); neurotisch stark gestörter Beamter; endgültiger Verlust der Freundin; Öffnung eines Briefes und Zueignung des Inhalts (Briefmarken) soll schocktypische Verfehlung sein; sehr fraglich, der Beamte war Briefmarkensammler (BVerwG v. 18. 3. 1998 – 1 D 18.97); Krebsoperation der Ehefrau; Selbstmordversuch des Beamten; veruntreute Gelder sollten nach dem geplanten »Unfalltod« der finanziellen Absicherung der Familie dienen (BVerwG v. 24. 5. 1998 – 1 D 102.97).
In jüngster Zeit hat das **BVerwG diese Rspr. wieder geändert** und hat unter Berücksichtigung der so genannten Bedingungs- oder Äquivalenztheorie seiner

Rspr. ein neues Kausalitätsverständnis zugrunde gelegt. Danach ist eine psychische Ausnahmesituation für die Pflichtwidrigkeit kausal, wenn der Schockzustand nicht hinweggedacht werden kann, ohne dass das Fehlverhalten entfiele. Der Milderungsgrund kann einem Beamten danach schon dann zugebilligt werden, wenn ihm nicht zu widerlegen ist, dass sein Fehlverhalten auf einem seelischen Schock beruht. **Es muss kein »schocktypisches«, sondern nur noch ein »schockbedingtes« Fehlverhalten vorliegen** (BVerwG v. 9. 5. 2001 – 1 D 22.00, E 144, 240).

c) Gelegenheitstat

Die einmalige, unbedachte, kurzschlussartige, persönlichkeitsfremde Gelegenheitstat erlaubt ebenfalls ein Absehen von der Höchstmaßnahme. Eine **Einmaligkeit** liegt auch dann nicht vor, wenn die Einzeltaten nach strafrechtlichen Grundsätzen als fortgesetzte Handlung anzusehen wären (BVerwG v. 16. 6. 1999 – 1 D 67.98). Bei mehraktigen Delikten ist für die Einmaligkeit entscheidend, ob bei »natürlicher Betrachtung« von einem einheitlichen Vorgang ausgegangen werden kann. Beim Zugriff auf Schecks und deren Einlösung kann die dazwischen liegende Zeitdauer von entscheidender Bedeutung sein (Milderungsgrund abgelehnt bei 3 Tagen, BVerwG v. 12. 4. 1983 – 1 D 53.82, bejaht bei einer dazwischen liegenden Nacht, BVerwG v. 24. 2. 1999 – 1 D 31.98). Der Milderungsgrund setzt weiter voraus, dass der Beamte in einer für ihn unvermutet entstandenen **Versuchungssituation** gehandelt hat (BVerwG v. 27. 9. 2000 – 1 D 24.98). Das Ereignis muss geeignet sein, **Spontaneität, Kopflosigkeit und Unüberlegtheit** auszulösen (BVerwG v. 4. 9. 1996 – 1 D 1.96). Die Situation muss für den Beamten ungewöhnlich und unvorhersehbar sein (BVerwG v. 7. 8. 1996 – 1 D 69.95). **Unbedacht** ist die Tat nicht, wenn sie zielstrebig vorbereitet wird (BVerwG v. 14. 5. 1997 – 1 D 51.96). Der Spontaneität des Tatentschlusses soll aber nicht die konsequente, überlegte und planvolle Tatausführung und Erfassung der Tragweite und Konsequenz der Tat entgegenstehen (BVerwG v. 9. 3. 1988 – 1 D 86.87; v. 8. 8. 1995 – 1 D 41.93). Auch nachfolgendes, der Verschleierung der Tat dienendes Verhalten muss der vorangegangenen Tat nicht den Charakter von Spontaneität und Unüberlegtheit wieder nehmen, kann aber von indizieller Bedeutung gegen die Annahme spontanen bzw. unüberlegten Handels sein (BVerwG v. 13. 10. 1998 – 1 D 95.97). Eine **unerwartete Überraschungssituation** liegt im Allgemeinen **nicht vor bei einer alltäglichen, gewohnten dienstlichen Tätigkeit** (BVerwG v. 22. 7. 1993 – 1 D 17.92: Geldzähler, Entwendung eines Mehrbetrages). Der Milderungsgrund kann aber auch in derartigen Fällen eingreifen, wenn der Beamte unter Einfluss eines von auf seine Willensbildung einwirkenden Ereignisses in Versuchung geraten ist, sich an dienstlichen Geldern zu vergreifen. So etwa bei plötzlich eintretendem Bedarf oder unter den Einfluss einer Mahnung oder gar Drohung durch Gläubiger (BVerwG v. 15. 3. 1994 – 1 D 19.93; v. 27. 9. 2000 – 1 D 24.98) erst recht, wenn die Drohung nicht psychischer, sondern unmittelbar körperlicher Art ist, wobei eine Versuchungssituation durch wiederholte Gewaltandrohung jeweils neu entstehen kann (BVerwG v. 8. 8. 1995 – 1 D 41.93). Eine angemahnte Forderung muss nach der subjektiven Empfindung des Beamten aber dringend und unaufschiebbar sein, um zu einem kopflosen Verhalten führen zu können (BVerwG v. 28. 9. 1999 – 1 D 42.98). Der Milderungsgrund kommt nur dem Beamten zugute, dessen einmaliges Fehlverhalten **persönlichkeitsfremd** gewesen ist. Das ist der

B. II. 10 Pflicht zur Uneigennützigkeit

Fall, wenn er nicht vorbelastet ist. Es stehen nur solche Vorbelastungen innerhalb oder außerhalb des Dienstes entgegen, die einschlägig sind und eine persönlichkeitsbedingte Labilität, eine »einheitliche Neigung« gerade zu dieser Art von Verfehlung offenbaren (BVerwG v. 8. 9. 1987 – 1 D 6.87; v. 27. 1. 1988 – 1 D 50.87). Verfehlungen, die wegen des Grundsatzes der Einheit des Dienstvergehens Bestandteil des zu beurteilenden Falles sind, scheiden als »Vorbelastung« aus.
Fälle aus der Rspr. des BVerwG, in denen der **Milderungsgrund bejaht worden ist:**
Öffnung einer Einschreibsendung; Entwendung des Inhalts – Smaragde – und Versuch, diese bei einem Juwelier zu veräußern; körperliche Bedrohung durch drogenabhängigen Lebensgefährten (BVerwG v. 8. 8. 1995 – 1 D 41.93). Hauswart befand sich privat (Urlaub) im Dienstgebäude und nahm zum ersten Mal eine Fundsache entgegen – Briefumschlag mit 6000 DM – spontanes Versagen in verführerischer Situation (BVerwG v. 13. 10. 1998 – 1 D 95.97). Irrtümliche Zuleitung eines Schecks, den Beamtin einen Tag später zur Gutschreibung auf ihr Konto vorlegte (BVerwG v. 24. 2. 1999 – 1 D 31.98). Beamte nimmt zur Auszahlung einer Postanweisung bestimmtes Geld übers Wochenende **versehentlich** mit nach Hause und verspielt es; **Spielsucht** aber als Dauerzustand grundsätzlich keine Versuchungssituation (BVerwG v. 22. 3. 1999 – 1 D 61.97 m. w. N.). Psychische Vorbelastung im Zusammenwirken mit vom normalen Dienstbetrieb abweichenden Ereignis begründet besondere Versuchungssituation; Abgrenzung zur psychischen Ausnahmesituation (BVerwG v. 15. 9. 1999 – 1 D 38.98).

d) Wiedergutmachung, Offenbarung des Schadens

12d Dieser Milderungsgrund wurde erstmals vom BVerwG im Urteil vom 8. 3. 1988 (1 D 69.87 – BVerwGE 86, 1) anerkannt. Er wird damit begründet, dass positive Persönlichkeitselemente vorliegen, wenn einer endgültigen materiellen Schädigung des Dienstherrn vorgebeugt wird. Danach muss **die Wiedergutmachung des Schadens vor Entdeckung der Tat erfolgen,** sie muss **freiwillig** sein und nicht auf **Furcht vor konkreter Entdeckungsgefahr** beruhen, der Täter darf nichts zur Verschleierung seines Fehlverhaltens getan haben, er musste zum Tatzeitpunkt mit der Fähigkeit zum alsbaldigen Schadensausgleich rechnen, das veruntreute Geld oder Gut nur kurzfristig eigenen Zwecken zuführen und dienstlich und außerdienstlich unbescholten sein. In der Folgezeit wurde der Milderungsgrund erheblich differenziert und erweitert. Mit Urteil vom 9. 5. 1990 (1 D 81.89 – BVerwGE 86, 283) wurde er auf die **vollständige und vorbehaltlose Offenbarung** des dem Dienstherrn zugefügten Schadens vor Tatentdeckung oder Kenntnis des Beamten hiervon ausgedehnt und in der Folgezeit ebenfalls differenziert.
Eine **freiwillige Offenbarung** liegt dann nicht vor, **wenn die Tat als solche entdeckt** ist und der Beamte weiß, dass deshalb ermittelt wird, er aber noch nicht überführt ist. Ein Geständnis steht dann einem freiwilligen Offenbaren nicht gleich (BVerwG v. 5. 10. 1994 – 1 D 31.94 – DÖD 1995, 194; v. 4. 9. 1996 – 1 D 1.96; v. 28. 10. 1997 – 1 D 60.97). Die Vermutung der Unfreiwilligkeit, wenn der Schaden nach Aufdeckung des Fehlverhaltens wieder gutgemacht worden ist, kann ausnahmsweise widerlegt werden (Beamter hat sich aufgrund psychiatrischer Belastungen über die Möglichkeit der Tataufdeckung überhaupt keine

Gedanken gemacht (BVerwG v. 7.2.2001 – 1 D 69.99; sehr weitgehend). Die Hingabe eines ungedeckten Gehaltsschecks zum Kassenbestand erfüllt in der Regel die Voraussetzung einer vollständigen und vorbehaltlosen Offenbarung, da hier die Vollständigkeit des Bestandes der amtlichen Kasse gewahrt und der einwandfreie Nachweis des Bestandes möglich ist. Aus dem unterschriebenen Scheck ist für den Dienstherrn erkennbar, dass der Beamte Bargeld aus der Kasse entnommen hatte (BVerwG v. 22.11.1993 – 1 D 57.92 – DÖD 1994,159). Fehlendes Datum auf dem Auszahlungsschein steht der Offenbarung nicht entgegen. Die **Offenbarung** muss auch **nicht unmittelbar gegenüber dem Dienstvorgesetzten** erfolgen. Dies kann vielmehr auch durch Information gegenüber Polizei oder Kollegen geschehen, die nicht Vorgesetzte sind. Es dürfen aber keine Absprachen oder Vorkehrungen zur Geheimhaltung des Vorgangs getroffen worden sein (BVerwG v. 13.6.1995 – 1 D 37.94; v. 26.3.1996 – 1 D 58.95; v. 4.9.1996 – 1 D 1.96; v. 23.3.1999 – 1 D 8.98). Die Freiwilligkeit der Offenbarung erfordert **keine Reue** und Einsicht in das Fehlverhalten (BVerwG v. 9.8.1995 – 1 D 45.94). Der Wehrdienstsenat verlangt allerdings das Vorliegen dieser Merkmale (2 WD v. 19.7.1995 – 9.95).

Die Absicht eines nur vorübergehenden Zugriffs auf dienstliche Gelder muss nicht bereits bei Begehung der Tat vorhanden gewesen sein. Auch der Beamte, der sich erst nach der Tat zur Wiedergutmachung/Offenbarung des Schadens entschlossen hat, offenbart ein für die weitere Zusammenarbeit günstiges Persönlichkeitsbild, was eine Milderung rechtfertigt. Mit der freiwilligen Offenbarung des Fehlverhaltens bzw. der freiwilligen Wiedergutmachung des Schadens ist in der Regel die Voraussetzung des nur **vorübergehenden Zugriffs** erfüllt, so dass dieses im Urteil vom 8.3.1988 (1 D 69.87 – BVerwGE 86, 1) noch enthaltenen Merkmal keiner selbständigen Prüfung mehr bedarf. Auch am Merkmal der Fähigkeit zu alsbaldigem Schadensausgleich hält die Rspr. nicht mehr fest. Diese Fähigkeit ist durch die erfolgte Schadenswiedergutmachung erwiesen. Es genügt, wenn der Betroffene sich ernsthaft um Schadensausgleich bemüht hat und mit einem Ausgleich realistischerweise zu rechnen ist. Auch derjenige, der sein Fehlverhalten offenbart hat, jedoch zum Ausgleich des Schadens nicht sofort in der Lage ist, kommt in den Genuss des Milderungsgrundes (vgl. zu allem BVerwG v. 6.9.1994 – 1 D 18.94 – E 103, 164). Dies gilt auch für den, der vor Entdeckung der Tat die **Wiedergutmachung nach außen erkennbar in die Wege geleitet hat** (BVerwG v. 5.2.1991 – 1 D 34.90 – E 93, 38; offen gelassen bei Offenbarung in BVerwG v. 23.3.1999 – 1 D 45.98). Der Milderungsgrund der freiwilligen Wiedergutmachung findet auch dann Anwendung, wenn bis zum Zeitpunkt der Entdeckung der Tat eine vollständige Wiedergutmachung des Schadens nicht erfolgt ist, der Beamte jedoch hiervon aus nachvollziehbaren Gründen irrtümlich ausgegangen ist (BVerwG v. 28.5.1997 – 1 D 74.96). Im Übrigen müssen zum Zeitpunkt der Tatentdeckung **nicht alle Folgen beseitigt sein,** z.B. geringfügige Zinsverlust (BVerwG v. 16.3.1994 – 1 D 17.93 – E 103, 93).

Der Milderungsgrund ist nicht anwendbar, wenn der Beamte eine **zusätzliche Verfehlung mit erheblichem Eigengewicht** begangen hat (die frühere Formulierung »kein zusätzliches Unrecht mit dem Ziel der Ermöglichung oder Verschleierung der Tat« wurde aufgegeben, BVerwG v. 16.3.1994, a.a.O.). Bloße Begleitdelikte wie Vernichten der Paketkarten oder Anbringen falscher Auslieferungsvermerke, Zurückhalten der Abrechnungsunterlagen oder deren falsches Ausfüllen oder Verfälschen haben in der Regel kein erhebliches Eigenge-

B. II. 10 Pflicht zur Uneigennützigkeit

wicht (BVerwG v. 16. 3. 1994, a. a. O.; v. 21. 9. 1994 – 1 D 70.93; v. 10. 11. 1998 – 1 D 103.97). Eine **Bescholtenheit** des Beamten steht der Anwendung des Milderungsgrundes entgegen. Dies sind in der Regel **einschlägige Vorbelastungen mit Warnfunktion** (BVerwG v. 5. 9. 1995 – 1 D 69.94). Eine disziplinare oder strafrechtliche Ahndung des früheren Fehlverhaltens ist aber nicht erforderlich, es genügt z. B. eine Ermahnung durch einen Vorgesetzten (BVerwG v. 30. 9. 1998 – 1 D 84.97 – DVBl. 1999, 320). Beim so genannten »**Schieben**« von Geldbeträgen ist der Milderungsgrund in der Regel dann anwendbar, wenn der Ausgleich des letzten unterschlagenen Betrags mit eigenem Geld erfolgt (BVerwG v. 10. 11. 1998 – 1 D 103.97 m. w. N.).

e) Geringer Wert

12e   Der geringe Wert einer Sache wurde als letzter, das Absehen von der Höchstmaßnahme rechtfertigender Grund anerkannt (BVerwG v. 24. 11. 1992 – 1 D 66.91). Er ist **dogmatisch der problematischste.** So sehr es zu begrüßen ist, dass eine weitere Differenzierung erlaubt und ein Ausbrechen aus einem engen System bisher anerkannter Milderungsgrund ermöglicht wird, so schwierig ist es nachzuvollziehen, dass die bei einem Zugriffsdelikt offenbarte Unzuverlässigkeit des Täters und die eingetretene Vertrauenseinbuße vom Wert des Gegenstandes abhängen soll. Nach der Rspr. des BVerwG soll der Zugriff auf geringe Werte im Gegensatz zu einem ungehemmten Zugriff auf höhere Werte noch vertrauenserhaltende Persönlichkeitselemente enthalten. Bezüglich der Grenzwerte orientiert sich die Rspr. an den Grundsätzen zu § 248a StGB und bemisst derzeit den geringen Wert (noch) mit etwa 50 DM (BVerwG v. 16. 4. 1996 – 1 D 62.95: Wert entwendeter Münzen 80 DM, Entf.). Das BDiG hat dagegen in einer nicht angefochtenen Entscheidung (IX VL v. 3. 4. 1995 – 23/94 – ZBR 1995, 277) einen aus der Kasse eines Kollegen entwendeten Betrages in Höhe von 80 DM noch als geringen Wert angesehen. Nach einer Entscheidung des OLG Zweibrücken (v. 18. 1. 2000 – 1 Ss 266/99 – NStZ 2000, 536) liegt die **Geringwertigkeitsgrenze i. S. d. § 248 a StGB jetzt bei 50 Euro** (so jetzt ausdrücklich Wertgrenze bei ca. 50 Euro, BVerwG v. 11. 6. 2002 – 1 D 31.01 – BVerwGE 116, 308 = NVwZ 2003, 108).
Voraussetzung für die Anwendung des Milderungsgrundes ist weiter, dass der Beamte nicht **durch sein sonstiges Verhalten oder die konkrete Tatausführung zusätzlich belastet ist,** dass durch das Dienstvergehen keine **weiteren wichtigen öffentlichen oder private Schutzgüter verletzt werden**. Damit sollte in erster Linie die Vertraulichkeit des Inhalts von Post- und Bahnsendungen unabhängig vom Wert geschützt bleiben. Wenn der geringe Wert trotz Verletzung des Postgeheimnisses unzweifelhaft erkennbar ist, soll der Milderungsgrund wieder anwendbar sein (BVerwG v. 19. 5. 1998 – 1 D 20.96 – DÖD 1999, 28: **Warensendung** mit Gummibärchen). Im Übrigen wird in derartigen Fällen der Milderungsgrund nur zugelassen, wenn der Warenwert deutlich unter der Geringwertigkeitsgrenze, mindestens der Hälfte liegt (BVerwG v. 16. 9. 1998 – 1 D 62.97). Es wird damit innerhalb der Wertgrenze eine weitere Wertgrenze eingeführt, was die Anwendung des Milderungsgrundes noch problematischer macht. Zu welchen **absurden Ergebnissen ein kleinliches Festhalten an den Wertgrenzen** führen kann (obwohl das BVerwG immer betont, dass es keine starre Grenze festsetzen will), zeigt der mit Urteil vom 23. 10. 1996 entschiedene Fall (BVerwG – 1 D 10.96). Der Beamte hatte ein in

Folie verpacktes Hemd entwendet, bei dem nicht ersichtlich war, ob es kurze oder lange Ärmel hatte. Nachforschungen bei der Herstellerfirma ergaben, dass das Hemd langärmelig war. Damit lag der Wert über 50 DM, nämlich bei 59,90 DM. Dies kostete den Beamten seine berufliche Existenz. Der Preis für ein Hemd mit kurzen Ärmeln hätte unter 50 DM (49,90 DM) gelegen. Hier wäre der Beamte voraussichtlich mit einer Degradierung (nunmehr: Zurückstufung) davongekommen, auch wenn noch ein entwendetes Kartenspiel im Wert von 5 DM hinzukam.

Eine zusätzliche Belastung und damit der Ausschluss des Milderungsgrundes wurde z. B. darin gesehen, dass ein Beamter einen mehrfachen Hausfriedensbruch begangen und Kollegen in der Begehung von Straftaten bestärkt hatte (BVerwG v. 17. 7. 1995 – 1 D 58.94). Dagegen blieb es bei dem Milderungsgrund im Falle der zusätzlichen Verwendung von gebührenfreien Umschlägen für Privatzwecke (BVerwG v. 21. 9. 1993 – 1 D 50.92). Greift ein Beamter über einen längeren Zeitraum immer wieder auf kleinere Geldbeträge – gleichsam in Serie – zu, die insgesamt über der Geringwertigkeitsgrenze liegen, kann auch dies der Anwendung des Milderungsgrundes entgegenstehen (BVerwG v. 28. 10. 1998 – 1 D 99.97 m. w. N.).

Die anerkannten **Milderungsgründe müssen nicht positiv festgestellt werden**, **13** es genügt, wenn ihr Vorliegen nicht ausgeschlossen werden kann. Es müssen hierfür aber hinreichende tatsächliche Anhaltspunkte bestehen (st. Rspr., BVerwG v. 21. 6. 2000 – 1 D 49.99). Es gilt der Grundsatz »in dubio pro reo« (BVerwG v. 3. 5. 2007 – 2 C 9.06). Das BVerwG lehnte es bisher in st. Rspr. ab, aus den anerkannten Milderungsgründen durch **Kumulieren einzelner Elemente** einen neuen Ausnahmegrund zu schaffen (BVerwG v. 30. 9. 1998 – 1 D 97.97). Diese Rspr. ist nunmehr aufgrund der an § 13 BDG orientierten neuen Rspr. des BVerwG (Urt. v. 3. 5. 2007, a. a. O.) überholt. Wenn sich insgesamt aus einzelnen Elementen der bisher anerkannten Milderungsgründe einer mit vergleichbarem schwerwiegenden Gewicht ergibt, kann dies ebenfalls ein Absehen von der Höchstmaßnahme rechtfertigen. Für sich allein **nicht anerkannt werden** lange tadelsfreie Dienstzeit, gute dienstliche Leistungen, Fehlen von Vorbelastungen in strafrechtlicher und disziplinarer Hinsicht, negative Lebensphase (BVerwG v. 28. 6. 1995 – 1 D 16.94; v. 23. 9. 1997 – 1 D 76.96), Geständnis (BVerwG v. 28. 3. 2000 – 1 D 6.99), Angst vor familiären oder ehelichen Schwierigkeiten (BVerwG v. 5. 10. 1994 – 1 D 23.94; v. 30. 9. 1998 – 1 D 97.97), lange Verfahrensdauer (BVerwG v. 21. 6. 2000 – 1 D 49.99), Weiterbeschäftigung, fehlende Suspendierung (BVerwG v. 26. 8. 1997 – 1 D 68.96), nachträgliche Schadenswiedergutmachung bzw. Wiedergutmachungsabsicht, Enttäuschung über unterbliebene Beförderung (BVerwG v. 9. 9. 1997 – 1 D 36.96), Dankurkunde des Dienstherrn (BVerwG v. 23. 9. 1997 – 1 D 76.96), Schwerbehindertenstatus (BVerwG v. 2. 4. 1998 – 1 D 4.98), »Mitverschulden« des Dienstherrn wegen Abschaffung dienstinterner Kontrollmaßnahmen, »Doppelbestrafung« (BVerwG v. 25. 6. 1997 – 1 D 72.96), »Resozialisierung« (BVerwG v. 18. 5. 1988 – 1 D 145.87), Versetzung in den Ruhestand nach Begehung des Dienstvergehens (BVerwG v. 28. 11. 2000 – 1 D 62.99).

Der Sache nach aufgegeben hat jetzt das BVerwG die bisherige Rspr. des D-Senats, wonach **verminderte Schuldfähigkeit** bei Zugriffsdelikten niemals einen Milderungsgrund darstellen konnte, auch nicht bei **Alkoholkrankheit** (Urt. v. 16. 4. 1996 – 1 D 79.95), und **Spielsucht**, wobei ein Verstoß gegen den Verhältnismäßigkeitsgrundsatz verneint wurde (Urt. v. 10. 10. 2000 – 1 D 32.98). Bei

B. II. 10   Pflicht zur Uneigennützigkeit

der prognostischen Gesamtwürdigung aller im Einzelfall bedeutsamen be- und entlastenden Gesichtspunkte ist nunmehr auch bei Zugriffsdelikten eine erheblich verminderte Schuldfähigkeit i. S. v. §§ 20, 21 StGB einzubeziehen. Entscheidend ist, ob die Verminderung der Steuerungsfähigkeit aufgrund einer krankhaften seelischen Störung »erheblich« war. Die Erheblichkeit hängt von der Bedeutung und Einsehbarkeit der verletzten Dienstpflicht ab. Bei Zugriffsdelikten wird deshalb wie bisher eine verminderte Schuldfähigkeit nur in **Ausnahmefällen** eine Maßnahme unterhalb der Entfernung rechtfertigen können (so ausdrücklich BVerwG v. 3. 5. 2007, a. a. O. und 2 C 30.05), weil es hier um die Verletzung leicht einsehbarer Kernpflichten geht.

Bei **anerkannten Milderungsgründen muss nicht zwingend die zweitschwerste Disziplinarmaßnahme,** die Zurückstufung (früher Degradierung), verhängt werden. Auch eine Gehaltskürzung kann gerechtfertigt sein, wenn mehrere anerkannte Milderungsgründe oder sonstige besondere Umstände vorliegen (BVerwG v. 13. 10. 1998 – 1 D 91.97). Umgekehrt kann trotz Vorliegens eines anerkannten Milderungsgrundes die Höchstmaßnahme gerechtfertigt sein, wenn besonders erschwerende Umstände vorliegen (weitere Straftatbestände wie Betrug oder Urkundenfälschung, besondere kriminelle Intensität und Rücksichtslosigkeit, langer Zeitraum der Verfehlung oder besonders hoher Schaden).

Rechtsprechungsübersicht

Münzzähler – Diebstahl von annähernd 2000 DM aus Kassetten öffentlicher Münzfernsprecher: **Entf.**
 – *BVerwG* v. 20. 9. 1988 – 1 D 80.87

Paketzusteller – **Postpakete** in mehreren Fällen geöffnet und ihres Inhalts **beraubt – Spielleidenschaft: Entf.**
 – *BVerwG* v. 8. 11. 1989 – 1 D 1.89

Schalterbeamter – **Veruntreuung von Nachnahmegebühren** – Milderungsgrund der Notlage anerkannt: **Degr.**
 – *BVerwG* v. 28. 11. 1989 – 1 D 8.89

Museumsbeamter in Vorgesetztenstellung – **Veruntreuung von Eintrittsgeldern** unter Doppelverkauf von Eintrittskarten – Diebstahl von Geld aus der Kasse – Einbeziehung eines von der Vorinstanz ausgeschiedenen Vorwurfs in das Berufungsverfahren bei unbeschränkter Berufung: **Entf.**
 – *BVerwG* v. 22. 8. 1990 – 1 D 38.89

Fahrkartenverkäufer – Unterschlagung von eingenommenem Fahrgeld – **spontanes Handeln, Versuchungssituation: Degr.**
 – *BVerwG* v. 9. 10. 1990 – 1 D 5.90 – BVerwGE 86,336

Schalterbeamter – Einbringen einer eigenen Überweisung in den Postverkehr ohne Einzahlung des Gegenwerts – Gleichstellung mit Zugriffsdelikt – **Offenbarung vor Entdeckung** der Tat: **Degr.**
 – *BVerwG* v. 23. 4. 1991 – 1 D 57.90

Pflicht zur Uneigennützigkeit B. II. 10

Omnibusfahrer – **Veruntreuung von Fahrgeldeinnahmen,** Manipulation des Fahrscheindruckers zur Verschleierung – Bindung an strafgerichtliche Feststellung: **Entf.**
– *BVerwG* v. 24.4.1991 – 1 D 70.90

Zugriff auf anvertrautes Geld **einer sozialen Einrichtung** der Bundesbahn – Rspr. zum Zugriff findet nicht uneingeschränkte Anwendung auf die Schädigung einer sozialen Einrichtung durch außerdienstliche Vergehen, wenn soziale Einrichtungen Aufgaben wahrnimmt, die dem privaten rechtlichen Bereich des Beamten zuzuordnen sind: **Degr.**
– *BVerwG* v. 26.2.1992 – 1 D 29.91 – DÖV 1993,487

Zustellerin – **Briefberaubung und Vernichtung** – Ess- und Brechsucht (Bulimie) kein Ausnahmegrund – **mittelbare Beschaffungskriminalität eines Suchtkranken** begründet regelmäßig keinen Ausschluss der Schuldfähigkeit: **Entf.**
– *BVerw* v. 16.3.1993 – 1 D 69.91 – BVerwGE 93, 358

Kassenbeamter – vorübergehende Verwendung eingezahlter Postspareinlagen für eigennützige Zwecke – **Wiedergutmachung vor Entdeckung** der Tat bejaht: **Degr.**
– *BVerwG* v. 16.3.1994 – 1 D 17.93 – BVerwGE 103, 93

Rechnungsführer – **Zurückbehaltung von Wehrsold** und Verpflegungsgeldern – keine Zueignungsabsicht – vorübergehende zweckwidrige Verwendung des Geldes – Empfang des Geldes mit gefälschten Unterschriften der Soldaten quittiert – Milderungsgründe: **Degr.**
– *BVerwG* v. 27.7.1994 – 1 D 66.93

Briefzusteller – Öffnen eines Briefes und Entnahme von Eintrittskarten für eine Sportveranstaltung – **Zugriff auf Beförderungsgut** – Verletzung des Postgeheimnisses – **psychische Ausnahmesituation** bejaht (epileptischer Anfall der Ehefrau, Handeln aus dem Gefühl, der Ehefrau »etwas Gutes zu tun«): **Degr.**
– *BVerwG* v. 18.1.1995 – 1 D 6.94

Briefzustellerin – Tausch eines privat erhaltenen falschen 1000 DM-Geldscheins mit einem echten Geldschein aus dienstlichen Geldern – Auszahlung des Falschgeldes an Postkunden – **keine einmalige Gelegenheitstat, da zielstrebiges Vorgehen: Entf.**
– *BVerwG* v. 28.3.1995 – 1 D 33.94

Verwendung von eingenommenen **Paketentgelten zum Ausgleich eines Fehlbetrages,** für den der Beamte gehaftet hätte – Gleichstellung mit einem Zugriffsdelikt: **Entf.**
– *BVerwG* v. 27.2.1996 – 1 D 33.95

Zustellerin – **Öffnen eines Fangbriefes** und Entwendung des Inhalts von 30 DM – **kein Milderungsgrund der Geringwertigkeit beim Zugriff auf Inhalt von Briefsendungen: Entf.**
– *BVerwG* v. 7.8.1996 – 1 D 61.95

B. II. 10 Pflicht zur Uneigennützigkeit

Beamter der Arbeitsverwaltung – **Abzweigung eines Kassenbetrages** von über 120 000 DM **auf das eigene Konto** – Verwendung für Handwerkerrechnungen – Milderungsgründe verneint: **Entf.**
– *BVerwG* v. 14. 5. 1997 – 1 D 51.96

Postzusteller – unbefugtes **Öffnen von Sendungen** in der Absicht, aus Neugierde vom Inhalt – pornographische Literatur – Kenntnis zu nehmen: **Geh.K, Einstellung des Verfahrens** im Hinblick auf § 14 BDO **an Stelle erstinst. verhängter Entf.**
– *BVerwG* v. 11. 11. 1997 – 1 D 7.97

Zusteller – Zugriff auf fünf **verschlossene Infopostsendungen** (Inhalt: Päckchen Zigaretten, Kartenspiel) und Weitergabe an einen Dritten zur Beraubung – Milderungsgrund verneint: **Entf.**
– *BVerwG* v. 3. 3. 1998 – 1 D 6.97

Entwendung einer EC-Karte und Geheimnummer aus zwei Einschreibsendungen – Abhebung von insgesamt 3200 DM an 8 Geldautomaten verschiedener Geldinstitute: **Entf.**
– *BVerwG* v. 21. 7. 1998 – 1 D 79.97

Überhebung von Zustell- und Nachentgelten – keine Abführung der Beträge an die Postkasse – Überführung durch Gutachten eines Schriftsachverständigen: **Entf.**
– *BVerwG* v. 21. 7. 1998 – 1 D 51.97

Zollbeamter – Entwendung von Gegenständen im Rahmen einer zollamtlichen Beschau: **Entf.**
– *BVerwG* v. 21. 4. 1999 – 1 D 6.98

Schalterbeamter – Verfälschen des Fahrkartenstammes einer Blankofahrkarte – beabsichtigte Verwendung des Geldes zur Anschaffung eines Faxgerätes für den Dienstbetrieb: **Geh.K auf 5 Jahre an Stelle erstinst. verhängter Entf.**
– *BVerwG* v. 24. 11. 1999 – 1 D 68.98

Veruntreuung von Verwarnungsgeldern durch Polizeibeamte: **Entf.**
– *OVG NW* v. 1. 6. 2005 – 21 d A 233/04.O
– *Nds. OVG* v. 22. 3. 2007 – 19 LD 4/06

Unrechtmäßige Belastung eines Bahnkunden mit 98 DM zum Ausgleich von Kassenfehlbeträgen – Milderungsgrund Geringwertigkeit (jetzt bei etwa 50 Euro) anerkannt
– *BVerwG* v. 11. 6. 2002 – 1 D 31.01

Veruntreuung von 7600 DM – Milderungsgrund des Handelns in einer besonderen Versuchungssituation – trotz strafgerichtlicher Verurteilung ausnahmsweise **fortbestehendes Pflichtmahnungsbedürfnis** (Alkoholabilität, Uneinsichtigkeit): **Zurückstufung**
– *BVerwG* v. 23. 6. 2005 – 1 D 6.04

Veruntreuung hoher Geldbeträge zum Nachteil zu betreuender Personen durch **Amtsbetreuer: Entf.**
– *Nds. DiszH* v. 13. 1. 2005 – 2 NDH L 10/03

Entwendung einer EC-Karte aus der **Asservatentüte** durch **Justizvollzugsbeamten** – Benutzung der Karte für 4 Einkäufe: **Entf.**
– *OVG NW* v. 28. 3. 2007 – 21 d A 1477/06.O

Entwendung von Goldbarren und Goldmünzen aus der **Wohnung einer Verstorbenen**, die ein Polizeibeamter **dienstlich zu betreten** hatte: **Entf.**
– *OVG NW* v. 23. 5. 2007 – 21 d A 2492/06.O

Beamter veranlasst Überweisungen von **Sozialhilfeleistungen** auf sein Konto und das seiner Schwiegermutter – Beträge lagen immer unter 1000 DM, für die Freigabe durch Dritte nicht erforderlich war: **Entf.**
– *OVG NW* v. 21. 11. 2007 – 21 d A 4158/06.O

Innerdienstlicher Diebstahl zum Nachteil des Dienstherrn, der Kollegen und Kunden; Hehlerei

Soweit dienstlich anvertraute oder zugängliche Gelder oder Güter entwendet werden, gelten die Grundsätze für Zugriffsdelikte (Rn. 3 ff.). Der **Diebstahl von behördeneigenem Gut** wird milder bewertet als der Diebstahl von Beförderungsgut und anderem anvertrauten Geld oder Gut (st. Rspr., z. B. BVerwG v. 10. 1. 1996 – 1 D 35.95; v. 30. 8. 2000 – 1 D 18.99). Entscheidend sind die Umstände des Einzelfalles. Der gesamte Maßnahmenkatalog findet Anwendung. Allerdings wird beim Diebstahl von Verwaltungseigentum dann regelmäßig auf die Höchstmaßnahme erkannt, wenn er unter **Missbrauch von übertragenen Obhuts- oder Überwachungspflichten** begangen wurde, wie dies bei Lagerverwaltern oder Pförtnern der Fall ist (BVerwG v. 21. 1. 1997 – 1 D 26.96). Dies kann auch bei **Hausmeistern** zutreffen (vgl. BVerwG v. 10. 2. 1999 – 1 D 66.97). 14

Auch der Diebstahl zum **Nachteil von Kollegen** zieht regelmäßig die Höchstmaßnahme nach sich, unabhängig davon, ob der Kollege persönlich bestohlen oder ob Geld aus der von ihm geführten Kasse entnommen wird (BVerwG v. 9. 8. 1995 – 1 D 7.95; v. 29. 9. 1998 – 1 D 82.97). Durch Diebstahlshandlungen gegenüber Kollegen wird das Betriebsklima vergiftet und der Arbeitsfrieden in schwerer Weise gestört. Diese Grundsätze hat das BVerwG auch dann angewandt, wenn ein Beamter die Insassen eines Wohnheims – Bundesbahnbedienstete – bestohlen hat (BVerwG v. 4. 5. 1988 – 1 D 149.87). 15

In den Fällen des Kollegendiebstahls oder der Verletzung besonderer Obhuts- oder Überwachungspflichten kann wie bei Zugriffsdelikten nur dann von der Höchstmaßnahme abgesehen werden, wenn einer der fünf in der Rspr. anerkannten oder nach der neuen Rspr. gleich schwerwiegenden Milderungsgründe (Rn. 12) vorliegt.

Beim als innerdienstliches Dienstvergehen zu wertenden **Diebstahl von Eigentum der Verwaltungs-/Behördenkunden** gibt es wiederum keine Regelmaßnahme und damit wieder einen großen Spielraum in der Maßnahmenwahl. Erschwerend wirkt sich hier aus, wenn der Diebstahl bei Kunden während der eigentlichen Dienstausübung, zumal bei direkter amtlicher Befassung mit

B. II. 10 Pflicht zur Uneigennützigkeit

dem Kunden begangen wird (Postzusteller stiehlt in der Wohnung des Postkunden, BVerwG v. 10. 4. 1984 – 1 D 65.83 – Entf.; Beamter entwendet bei der Passkontrolle am Flughafen in den Pass eingelegtes Geld in Höhe von 900 DM, BVerwG v. 10. 2. 1988 – 1 D 105.87 – Entf.) Bei weniger engem dienstlichem Zusammenhang, wenn die Tat nur bei Gelegenheit der Dienstausübung begangen wird, ist das Dienstvergehen von geringerem Gewicht (Kabeldiebstahl aus bei der Rangierfahrt zu durchfahrendem Firmengelände, Gehaltskürzung, Einstellung wegen § 14 BDO, BVerwG v. 11. 2. 1981 – 1 D 5.80; Diebstahlshandlungen eines Postzustellers in einem zu seinem Zustellbereich gehörenden SB-Laden, BVerwG v. 21. 10. 1986 – 1 D 56.86 – E 83, 237 – Degr.; Entwendung von Kunststoffbehältern, die von einem Bahnkunden auf dem Bahngelände abgestellt waren, Abtransport mit einem Dienstfahrzeug, langfristige Gehaltskürzung noch angemessen, Einstellung wegen § 14 BDO, BVerwG v. 15. 9. 1998 – 1 D 87.97).

Eine in einem **besonders schweren Fall, (Einbruchsdiebstahl)** begangene Diebstahlshandlung ist stets ein Erschwerungsgrund; ebenso die Ausnutzung dienstlicher Möglichkeiten und Kenntnisse. Beim Einbruchsdiebstahl wird regelmäßig wenigstens auf Degradierung erkannt (BVerwG v. 11. 10. 1995 – 1 D 11.95; v. 15. 9. 1998 – 1 D 22.98).

16 Bei **Hehlerei an Beförderungsgut** wird regelmäßig auf die Höchstmaßnahme erkannt, wenn der Beamte in nicht unerheblichem Umfang dem Dieb erst die Möglichkeit zur Verwertung gestohlener Sachen verschafft und so das gestohlene oder unterschlagende Gut dem Eigentümer noch weiter entfremdet (klassische Hehlerei) oder wenn der Beamte die Herkunft der Gegenstände gekannt und gewusst, zumindest aber damit gerechnet hat, dass sie Beförderungsgut waren (BVerwG v. 10. 10. 1995 – 1 D 27.95 m. w. N.). Kann der Hehler annehmen, dass das Diebesgut aus einer nur einmaligen Gelegenheitstat stammt oder erhält er es unentgeltlich, so muss er nicht davon ausgehen, dass er den Dieb zu Wiederholungstaten anregt, er kann dann selbst als der Verleitete erscheinen. In diesen Fällen ist wie beim Diebstahl nach dem Ausmaß der Schuld zu differenzieren. Trifft den Hehler aber eine besondere dienstliche Obhutspflicht gegenüber dem Verwaltungsgut, wie etwa einen Bahnpolizeibeamten, so ist das Gewicht der Pflichtverletzung ebenso groß wie bei der Unterschlagung einer amtlich anvertrauten Sache (BVerwG v. 18. 10. 1979 – 1 D 110.78 – E 63, 276). Bei Hehlerei an normalem Diebesgut sind wiederum die Umstände des Einzelfalles maßgebend (vgl. auch B. II. 12. Rn. 10).

Rechtsprechungsübersicht

Diebstahl eines hochwertigen Radiogerätes aus unverschlossenem geparkten PKW – **Tatausführung im Dienst und während der Dienstverrichtung:** langfristige **Geh.K**, Notwendigkeit der Verhängung trotz sachgleicher Strafe
 – *BVerwG* v. 6. 12. 1988 – 1 D 23.88

Beihilfe zum Diebstahl (Rauhaardackel) während des Dienstes: **Geh.K**
 – *BVerwG* v. 12. 12. 1990 – 1 D 12.90

Einbruch in den Keller eines Dienstgebäudes und Entwendung von historischen Wertpapieren – kein Eigentum des Dienstherrn: **Entf.**
 – *BVerwG* v. 11. 10. 1995 – 1 D 11.95

Gelddiebstahl aus verplombten, im Stahlschrank eines Amtes lagernden Münzkassetten in mehreren Fällen – **besonders schwerer Fall** in Tateinheit mit Siegelbruch: **Entf.**
– *BVerwG* v. 12.3.1997 – 1 D 34.96

Beihilfe zum schweren Diebstahl durch Herausgabe eines Briefkastenschlüssels zur Herstellung eines Duplikats, mit dessen Hilfe Briefkästen beraubt wurden: **Entf.**
– *BVerwG* v. 27.10.1992 – 1 D 71.91 – BVerwGE 93, 300 = NJW 1994, 209

Diebstahl durch **Pförtner** aus einer Cafeteria, die nur aus dienstlichem Anlass betreten werden durfte – Überwachung mit Videokamera – Geringwertigkeit der entwendeten Gegenstände nicht auszuschließen – zusätzliche erschwerende Umstände: **Entf.**
– *BVerwG* v. 12.7.1995 – 1 D 58.94 – NVwZ-RR 1996, 453

Leitender **Maschinist** auf einem Schwimmkran – **Diebstahl von 6000 Liter Dieselöl** in 6 Jahren: **Entf.**
– *BVerwG* v. 23.1.1996 – 1 D 39.95

Lagerverwalter – Entwendung geringfügiger Gegenstände (Wert 16 DM): **RGeh.K**
– *BVerwG* v. 7.5.1996 – 1 D 83.95

Stellvertretender **Lagerverwalter,** u.a. Diebstahl eines Telefonapparates aus Lagerbestand (Wert 800 DM) und Übergabe an einen Dritten zwecks Geldbeschaffung zur Finanzierung der Heroinsucht – Milderungsgründe verneint: **Entf.**
– *BVerwG* v. 21.1.1997 – 1 D 26.96

Diebstähle als **Hausmeister aus der Kantine des Dienstgebäudes** im Wert von insgesamt 1200 DM – erschwerende Umstände (Bewachungsfunktion, längerer Tatzeitraum): **Entf.**
– *BVerwG* v. 10.2.1999 – 1 D 66.97

Überlassung einer Maschinenpistole an Dritte – **Verletzung der Obhutspflicht durch Polizeimeister: Entf.**
– *OVG NW* v. 15.9.1998, RiA 2000, 41

Postwertzeichen **aus der Mappe des Kollegen** am Nebenschalter entnommen und eigenem Bestand zugeführt – dafür 400 DM der Kasse für eigene Zwecke entnommen: **Entf.**
– *BVerwG* v. 9.3.1983 – 1 D 109, 87

Entwendung von Münzen aus **postdienstlichen Geldbörsen von Kollegen: Aberkennung des RGeh.**
– *BVerwG* v. 21.7.1993 – 1 D 9.92

Entwendung von Geld, Postwertzeichen und Telefonkarten **aus von Kollegen geführten Kassen: Entf.**
– *BVerwG* v. 9.8.1995 – 1 D 7.95

B. II. 10 Pflicht zur Uneigennützigkeit

Entwendung der **Scheckkarte eines Kollegen** – Abhebung von zweimal 400 DM an einem Geldautomaten: **Entf.**
– *BVerwG* v. 13. 3. 1996 – 1 D 55.95

Diebstahl (110 DM) aus der **Geldbörse einer Kollegin** während des Dienstes – keine Milderungsgründe: **Entf.**
– *BVerwG* v. 29. 9. 1998 – 1 D 82.97

Kleptomanie führt grundsätzlich nicht zu Schuldunfähigkeit
– *BVerwG* v. 27. 6. 1996 – 1 D 103.95

Diebstahl eines verwaltungseigenen Gegenstandes im Wert von 20 DM: **Geh.K**
– *BVerwG* v. 21. 6. 2000 – 1 D 70.98

Entwendung von mindestens 25 **Telefonapparaten** im Wert von 8300 DM – Einbau der Geräte bei sich und Dritten: **Entf.**
– *BVerwG* v. 30. 8. 2000 – 1 D 18.99

Entwendung von 20 Euro aus der Handtasche einer Kollegin – Milderungsgrund der Geringwertigkeit: **Zurückstufung um 2 Stufen**
– *BayVGH* v. 19. 6. 2006 – 16b D 05.155

Betrug gegen die eigene Verwaltung

17 Die mit dem Betrug gegenüber der eigenen Verwaltung beabsichtigte rechtswidrige Bereicherung und entsprechende Schädigung der Verwaltung beeinträchtigt ebenfalls schwerwiegend die **Vertrauensbasis.** Die Verwaltung ist nicht in der Lage, die auf Leistung abzielenden Angaben ihrer Mitarbeiter in jedem Einzelfall zu überprüfen. Sie muss und darf sich darauf verlassen können, dass sich Beamte auf Lebenszeit ihr gegenüber redlich verhalten. Dem Betrug gegenüber dem eigenen Dienstherrn steht der innerhalb einer **Sozialeinrichtung** der Verwaltung an Bedeutung gleich (BVerwG v. 26. 1. 1983 – 1 D 121.81; v. 28. 11. 2000 – 1 D 56.99; vgl. auch Rspr.-Übersicht S. 294 f).

18 Auch disziplinarrechtlich liegt Betrug nur bei absichtlicher Bereicherung i. S. d. § 263 StGB vor. Fehlt es daran, so kann zwar eine unredliche, eigennützige Bereicherung vorliegen, die jedoch gegenüber dem Betrug minderes Gewicht hat. **Beihilfebetrug** liegt auch dann vor, wenn ein Erstattungsanspruch zwar ursprünglich gegeben war, aber durch die formalen Vorschriften nicht anerkannt werden kann, so im Falle der Verjährung bei Vorlage einer erst nach der Ausgabe ausgestellten, vordatierten ärztlichen Verordnung (BVerwG v. 22. 9. 1987 – 1 D 18.87). Ebenso ist es ein Beihilfebetrug, wenn jahrelang **monatlich regelmäßige Beihilfe zweckfremd verwendet** wird, ohne die Behörde aufzuklären (z. B. bei jahrelangem Beihilfebezug für Anstaltskosten des Kindes ohne die Absicht der zweckentsprechenden Verwendung, BDiG v. 27. 2. 1985 – I VL 37/84). Hier wird vor den jeweils anfallenden Beihilfeleistungen zur Täuschung die ursprüngliche, inzwischen unrichtig gewordene Behauptung aufrechterhalten, dass die Absicht zweckentsprechender Verwendung noch bestehe. Die Absicht der Beihilfeverwendung für die Bezahlung der belegten, aber noch nicht entstandenen Ausgaben ist rechtliche Voraussetzung der Beihilfeleistung. Andernfalls wäre die Erstattung vor der tatsächlichen Kostentilgung durch den Beamten unzulässig.

An der Bereicherungsabsicht fehlt es, wenn die Falschangabe zwar bewusst **vorsätzlich oder bedingt vorsätzlich,** aber nur deswegen gemacht wird, um im Umzugskostenantrag das Leben in »wilder Ehe« zu verschweigen (BVerwG v. 13.2.1974 – 1 D 74.73), um die weisungswidrige Abweichung von der Dienstreise (BDiG v. 24.2.1976 – V VL 25/75), die Abweichung von Dienstvorschriften (Falschbeurkundung im Amt: BVerwG v. 11.6.1991 – 1 D 47.90) oder den Verlust der vollen Dienstfähigkeit (BDiG v. 23.2.1973 – IV VL 33/71) nicht zu offenbaren oder um als Grund des Fernbleibens vom Dienst den »Seitensprung« zu verheimlichen (BDiG v. 19.8.1976 – VII VL 61/76). In diesen Fällen wird die Bereicherung nicht angestrebt, sondern nur (bedingt vorsätzlich) in Kauf genommen. Liegt der Betrug mangels Bereicherungsabsicht nicht vor, so wird häufig die **vorsätzliche Falschangabe mit der Folge der Bereicherung** mit Zurückstufung (BVerwG v. 15.1.1986 – 1 D 121.85), die fahrlässige i. d. R. mit einer Gehaltskürzung (BVerwG v. 12.12.1985 – 1 D 106.85) gemaßregelt. Bei fahrlässiger Falschangabe im Beihilfeantrag ist zu unterscheiden zwischen **grober und leichter Fahrlässigkeit.** Die Falschangaben beruhen häufig auf Fehlinterpretation der Formularfragen und -erläuterungen sowie auf Irrtümern über die anzugebenden Tatsachen. Konnte die Falschangabe durch die mögliche und nötige Informationsbeschaffung unschwer verhindert werden und hat der Antragsteller keinen oder keinen ernsthaften Versuch dazu unternommen, oder wurden vorherige Hinweise leichtfertig in den Wind geschlagen, so liegt **grobe Fahrlässigkeit** vor, die eine Gehaltskürzung erfordern kann (BVerwG. v. 23.7.1986 – 1 D 16.86). Versucht die Beamtin Fragen des Beihilfeantrags rechtlich und tatsächlich aufzuklären und richtig zu beantworten, unterlaufen ihr dabei dennoch vermeidbare Irrtümer, so handelt sie **leicht fahrlässig,** was entweder gar nicht oder allenfalls mit einer Geldbuße zu maßregeln wäre (BVerwG v. 6.5.1985 – 1 D 175.84, Einst. wegen Verjährung aus § 4 BDO [nunmehr: § 15 BDG]; v. 22.5.1986 – 1 D 158.85).

Betrug kann auch **durch Unterlassen** begangen werden, wenn Pflicht zur Meldung veränderter Sachlage besteht. Die Meldepflicht besteht für alle dienstlich erheblichen Umstände schon aus der allgemeinen Wahrheits- und Unterstützungspflicht und speziell aus vorangegangener Veranlassung (Antrag auf Verwaltungsleistung). Sie kann entfallen, wenn die Dienststelle den geänderten Sachverhalt bereits kennt (z. B. im Falle der Angabe der Beschäftigung des Ehepartners im öffentlichen Dienst für die Berechnung des Ortszuschlags, weil der Ehepartner in derselben Dienststelle arbeitete, BDiG v. 2.10.1985 – VI Bk 5/85). Das Gewicht der Unterlassung kann gemildert sein, wenn die unberechtigte Weiterzahlung einer entfallenen Zulage nur leicht fahrlässig übersehen wurde (Unübersichtlichkeit der EDV-gedruckten Gehaltsnachweisung, BDiG v. 24.8.1988 – I Bk 9/88).

Wer das Vertrauen in Uneigennützigkeit und Redlichkeit missbraucht, stellt seine Vertrauenswürdigkeit für die Zukunft in Frage. Dennoch gibt es keine **Regelmaßnahme.** Betrügerisches Verhalten hat nach der Rspr. des BVerwG geringere Bedeutung als direkter Zugriff auf dienstlich anvertraute oder zugängliche Gelder oder Sachen. Außerdem lässt die Vielzahl unterschiedlicher Gewichtungen eine generalisierende Bewertung nicht zu. Als Einstufungshinweis kann gelten, dass die Höchstmaßnahme der **Entfernung nur bei besonderen Erschwerungsgründen** in Betracht kommt, nämlich »bei besonders hohem Ei-

B. II. 10 Pflicht zur Uneigennützigkeit

gengewicht (etwa besonderer krimineller Eigennutz, Tatintensität, Energie, Umfang, Dauer, Missbrauch dienstlicher Stellung und Möglichkeiten), bei Vorliegen zusätzlicher Pflichtverletzungen mit erheblichem Eigengewicht (**Urkundenfälschung**, Vorteilsannahme), im Wiederholungsfall und wenn bei alledem durchgreifende Milderungsgründe fehlen« (BVerwG, st. Rspr., vgl. etwa v. 28. 11. 2000 – 1 D 56.99). Im Übrigen erfolgt die Einstufung frei nach den Umständen des Einzelfalles.
Kritik an der Rspr. bei vorsätzlichem Betrug: Es ist schwer nachvollziehbar und den ehrenamtlichen Richtern auch kaum begreiflich zu machen, dass z. B. ein Beamter, der mit einem plumpen Griff in die Kasse 100 Euro erbeutet, in der Regel aus dem Dienst entfernt wird, und derjenige, der seinen Dienstherrn auf raffinierte Weise um größere Beträge betrügt, oft mit einer Zurückstufung davonkommt.

Rechtsprechungsübersicht

Beamter mit Vorgesetztenfunktion – **Beihilfebetrug mit Urkundenfälschung** – langer Zeitraum in zahlreichen Fällen mit hohem Schaden: **Aberkennung des RGeh.**
– *BVerwG* v. 26. 11. 1991 – 1 D 28.91

Beihilfebetrug, wahrheitswidrige Angaben in 9 Anträgen über einen Zeitraum von 4 Jahren (Leistungsaustausch ärztl. verordneter Fangobehandlungen in nicht beihilfefähige Sauna- und Massageanwendungen) – Milderungsgründe: **Geh.K** noch ausreichend, Verhängung trotz § 14 BDO wegen individuellen Erziehungsbedürfnisses.
– *BVerwG* v. 5. 5. 1993 – 1 D 49.92 – NVwZ 94, 1219

Betrügerischer Bezug von erhöhtem Ortszuschlag durch vorsätzliche Nichterfüllung der Anzeigepflicht bei Veränderungen – Abgabe falscher Erklärungen und Vorlage einer inhaltlich unrichtigen gefälschten Quittung – **Rspr.-Übersicht** zu Fällen des Betruges zum Nachteil des Dienstherrn: **Degr.**
– *BVerwG* v. 22. 4. 1991 – 1 D 69.90 – BVerwGE 93, 86

Annahme an Postzusteller selbst gerichtete Nachnahmesendungen in 20 Fällen ohne Bezahlung der Nachnahmebeträge von insgesamt 5190 DM – strafgerichtl. Verurteilung wegen § 354 Abs. 2 Nr. 2 StGB – Einstufung des Dienstvergehens nach **Grundsätzen betrügerischen Verhaltens und nicht als Zugriffsdelikt** – erschwerende Umstände: **Entf.**
– *BVerwG* v. 22. 6. 1993 – 1 D 76.92 – BVerwGE 93, 376

Omnibusfahrer – **Verkauf eines ungültigen Fahrscheins** in der Absicht, den Fahrgeldbetrag für sich zu behalten – Betrugsversuch in einem Kaufhaus durch **Umetikettierung von Waren: Geh.K**
– *BVerwG* v. 25. 8. 1993 – 1 D 33.92 – DÖD 1994, 117

Beihilfebetrug zum Nachteil der KVB – Rezeptfälschung in großem Umfang – Entwendung von Apothekenstempeln – Schaden 6365 DM: **Entf.**
– *BVerwG* v. 8. 6. 1994 – 1 D 43.93, ebenso v. 14. 9. 1999 – 1 D 54.98

Manipulation an Fernmelderechnungen, die das eigene Fernmeldekonto der Fernmeldebeamtin betrafen – Löschung von Daten – unberechtigte Gutschriften – **Abgrenzung von Zugriffsdelikt und Betrug** – Ausnutzung dienstlicher Möglichkeiten und Kenntnisse: **Entf.**
– *BVerwG* v. 12.7.1994 – 1 D 39.93

Nutzung eines dienstlichen Bildschirmtext-Anschlusses für private Zwecke – Abruf vergütungspflichtiger Angebote für private Zwecke unter Verwendung der Kennung eines anderen Bildschirmtext-Anschlusses und unter Nutzung eines fremden persönlichen Kennworts: **RGeh.K auf 3 Jahre**
– *BVerwG* v. 9.8.1994 – 1 D 54.93

Unterschlagung und **abredewidriges Ausfüllen eines Blanko-Schecks** in Höhe von 20 000 DM – Vorlage des Schecks bei einer Bank gegen Auszahlung von 15 000 DM – keine Gleichstellung mit Zugriffspflicht – erschwerende Umstände: **Aberkennung RGeh.**
– *BVerwG* v. 13.6.1995 – 1 D 3.95

Austausch gebrauchter und defekter hochwertiger **Funk- und Tastentelefone gegen neue gleichwertige Apparate** aus dem Bestand der Telekom – Weitergabe der Geräte gegen Bezahlung: **Entf.**
– *BVerwG* v. 16.4.1996 – 1 D 67.95

Überzahlung des Gehalts 2 Jahre lang – **grob fahrlässige Verletzung der Wahrheitspflicht: Geh.K**
– *BVerwG* v. 10.6.1997 – 1 D 66.96; ebenso v. 8.12.1999 – 1 D 28.98 (Überzahlung von Kindergeld)

Langjähriger **Beihilfesachbearbeiter** – **mehrmaliges Einreichen von Zahnarztrechnungen** – Schaden 28 000 DM: **Entf.**
– *BVerwG* v. 11.11.1998 – 1 D 29.97

Missbräuchliche Benutzung einer dienstlichen Tankkarte für private Zwecke in 2 Fällen – keine Gleichstellung mit Zugriffsdelikt: **Geh.K**
– *BVerwG* v. 27.11.1997 – 1 D 39.97; ebenso v. 25.11.1998 – 1 D 42.97

Abordnung in die neuen Bundesländer – **falsche Angaben in Reisekostenabrechnung** über die gezahlte Miete – **Vernichtung von Abrechnungsunterlagen** – Schaden 2095 DM: **Degr.**
– *BVerwG* v. 17.3.1998 – 1 D 14.97
– *BVerwG* v. 28.5.1997 – 1 D 71.97, Geh.K 5 Jahre
– *BVerwG* v. 28.11.2000 – 1 D 62.99, Schaden 24 000 DM: **Entf.**
– *BVerwG* v. 30.11.2006 – 1 D 6.05, Schaden 22 000 DM: **Aberkennung RGeh.**

Erneute Vorlage von nicht funktionsfähigen Telefonkarten zur Erstattung nach Entfernung der Verrechnungsvermerke – Schaden 630 DM – kein Zugriffsdelikt: **Degr.**
– *BVerwG* v. 30.8.2000 – 1 D 26.99; ähnlich
– *BVerwG* v. 24.1.2001 – 1 D 57.99

B. II. 10 Pflicht zur Uneigennützigkeit

Wiederverwendung nichtentwerteter Postwertzeichen, die Postbeamter von eingehenden Sendungen abgelöst hatte: **RGeh.K**
– *BVerwG* v. 11. 10. 2000 – 1 D 50.99

Polizeibeamter reicht 65 bereits abgerechnete Belege noch einmal ein – 8020 DM erhalten – 24 Fälle in fast 6 Jahren: **Entf.**
– *OVG NW* v. 7. 11. 2007 – 21d A 4489/06.O

Beamter reicht in 26 Fällen in 5 Jahren Belege noch einmal ein – Erstattung von 3272 € - Betrug zum **Nachteil einer betrieblichen Sozialeinrichtung** (Postbeamtenkrankenkasse) – grob fahrlässiges Verhalten – Milderungsgründe: **RGeh.K**
– *Nds. OVG* v. 9. 4. 2008 – 3 LD 4/06

Reisekostenbetrug in 96 Fällen – Urkundenfälschung – Schaden 4552 €: **Entf.**
– *OVG NW* v. 17. 9. 2008 – 21d A 2233/07

Veruntreuungen im weiteren Sinne, Missbrauch dienstlicher Möglichkeiten zu privaten Zwecken, Interessenkollision

21 Uneigennütziges Verhalten im Dienst bedeutet allgemein über die Tatbestände der Unterschlagung, des Diebstahls und des Betrugs hinaus, dass die **aus dem Dienst erwachsenen Kenntnisse und Möglichkeiten dem Dienst zugute kommen und nicht mit persönlichen Interessen verquickt** werden sollen. Soweit privater Nutzen aus dienstlichen Gegebenheiten möglich ist, darf er nicht der Behörde zum Schaden gereichen. Das haben Beamte bei Kollisionen von dienstlichen und privaten wirtschaftlichen Interessen zu beachten. Diese Pflicht enthält den Untreuetatbestand des § 266 StGB, geht aber über diesen hinaus.

22 Die **disziplinarrechtliche Untreue im engeren** Sinn betrifft den wirtschaftlichen Missbrauch von **Sachen und Dispositionen, die zur amtlichen Befassung anvertraut** worden sind. Sie ist auch möglich durch **Beihilfe** bei dienstlichem Missbrauch eines Kollegen (Vermietung von Bundesbahngelände auf eigene Rechnung: BVerwG v. 28. 10. 1992 – 1 D 63.91 – E 93, 305). Sie ist auch bei Untreue **zugunsten Dritter** gegeben. Die eigennützige Untreue wird meist bereits mit der Amtsunterschlagung und dem Betrug erfasst sein (Rn. 2 f., 17 f.). Eigennützige Untreue liegt beispielsweise im Eingriff von Fernmeldebeamten in das technische System der Fernmeldeanlagen und in der unzulässigen Nutzung zur Ersparung eigener Gebührenbelastung (Gebührenhinterziehung, BVerwG v. 27. 11. 1991 –1 D 17.91), in der eigennützigen Manipulation von amtlich anvertrautem Versteigerungsgut (BVerwG v. 17. 5. 1988 – 1 D 11.87). Untreue zugunsten eines Dritten begeht der Fernmeldetechniker, der im Rahmen seiner Amtstätigkeit ohne eigenen Vorteil einem Dritten eine Schwarzanlage an das öffentliche Fernmeldenetz anschließt (BDiG v. 22. 3. 1972 – IV VL 36/71), ein Beamter der Kfz-Betreuungsstelle, wenn er seinen Pkw durch die Vertragswerkstatt der Post auf Kosten der Behörde reparieren lassen will (BVerwG v. 10. 2. 1987 – 1 D 7.86, das auch noch Betrug annimmt), ein Vorgesetzter, der seine Untergebenen dienstlich zu privaten Arbeiten heranzieht (BVerwG v. 14. 1. 1986 – 1 D 63.85, ggf. auch bei außerdienstlichem Einsatz, wenn er das Abhängigkeitsverhältnis missbraucht), der Grundstückssachbearbeiter, der mit Grundstücksgeschäften manipuliert, ohne Unterschlagung oder Betrug zu be-

gehen (BVerwG – 1 D 17.74), wer unberechtigt private Gespräche auf Diensttelefon (BVerwG v. 23.11.1993 – 1 D 48.93, v. 11.12.1996 – 1 D 56.95) führt, der Fahrladeschaffner, der eine Bekannte in das Dienstabteil nimmt und den Zugrevisor belügt, um ihr den Fahrpreis zu ersparen (BDiG v. 16.6.1976 – IV VL 1/76), der Bahnbeamte, der seinen Freifahrschein unberechtigt seiner Mutter überlässt (BVerwG v. 3.3.1978 – 1 D 35.77), der Post-Bauleiter, der ohne eigenen Vorteil Kostenangebote zugunsten des Bewerbers und zum Schaden seiner Verwaltung manipuliert (BVerwG v. 25.10.1977 – 1 D 76.76 – E 53, 338).

Außerhalb der amtlichen Tätigkeit ist eine **pflichtwidrige Verquickung dienstlicher mit privaten Interessen** gegeben, wenn die aus dem Dienst gewonnenen Kenntnisse und Möglichkeiten zum Schaden der Behörde privatwirtschaftlich missbraucht werden. Das ist der Fall, wenn ein hauptamtlicher Bahnbusfahrer privat für ein Konkurrenz-Reisebüro fährt (BDiG v. 12.7.1988 – III Bk 1/88) oder wenn ein Fernmelde-Kundenberater der Post die ihm dienstlich bekannt gewordenen Interessenten seiner eigenen Firma zuführt, die er zu diesem Zweck gegründet hat und zum Schein von seiner Frau führen lässt. Ebenso pflichtwidrig handelt der Postschalterbeamte, der Wertzeichen für eigene Rechnung verkauft (BVerwG v. 22.1.1991 – 1 D 22.90 – E 93, 22); aber auch ein Missbrauch ohne Bereicherungsabsicht ist pflichtwidrig (unzulässige Beschaffung von Daten einer Meldebehörde: BVerwG v. 6.2.1991 – 1 D 32.90). Das Verbot der Verknüpfung von persönlichen Interessen und dienstlichem Handeln hat der Gesetzgeber in § 65 Abs. 2 BBG i.V.m. § 20 Abs. 1 Satz 1 Nr. 1 und 2 VwVfG zum Ausdruck gebracht.

Das Bilden **schwarzer Kassen** stellt einen **Haushaltsverstoß** dar. Sie bedeuten **23** die Vorenthaltung öffentlicher Mittel vor der geordneten Haushaltsführung und -kontrolle. In der disziplinaren Praxis sind sie selten, obwohl nach den Berichten des Bundesrechnungshofs in Wirklichkeit ständig Verfehlungen vorkommen. Das Bilden »schwarzer«, also haushaltsrechtlich verbotener Kassen aus dienstlichen Mitteln ist ein schwerwiegender Tatbestand, der häufig den Aspekt der »Korruption« im öffentlichen Dienst und der »Verschleuderung von Steuergeldern« enthält (vgl. BVerwG v. 6.9.1989 – 1 D 55.88 – DÖD 1990, 270). Besonders bei Vorgesetzten und Behördenleitern wirkt die erhöhte haushaltsrechtliche Verantwortung erschwerend. Das Dienstvergehen kann die Höchstmaßnahme rechtfertigen. Dafür ist es nicht entscheidend, ob die Gelder der schwarzen Kasse für bereits vorhandene oder erst künftig erwartete Bedürfnisse, für dienstliche oder auch für private Zwecke verwendet wurden. Auch **sonstige Haushaltsverstöße,** wie Falschbescheinigungen zur Umgehung des Haushaltsrechts und der unberechtigten Ausgabe öffentlicher Mittel, wiegen schwer (im letzteren Fall käme Unterschlagung hinzu, BDH v. 5.10.1955 – 1 D 57.54; weiterhin BVerwG – 3 D 2.69 m. w. N.). Zum Grundsatz der Wirtschaftlichkeit und Sparsamkeit und zur objektiv unwirtschaftlichen Verwendung öffentlicher Mittel vgl. Zängl, Bayer. DiszO, MatR/II Rn. 364 f.; vgl. auch BVerwG v. 27.4.1987 – 1 D 100.86.

Wer missbräuchlich aus seiner Amtsstellung und dienstlichen Möglichkeit zum **24** Schaden seiner Behörde privaten Nutzen zieht, begeht ein schweres Dienstvergehen, für das **keine Regeleinstufung** gilt, so dass von der Höchstmaßnahme bis zur Gehaltskürzung und darunter eingestuft werden kann (BVerwG v. 3.3.1978 – 1 D 35.77). Die Rspr. orientiert sich an den Grundsätzen des betrügerischen Verhaltens gegenüber dem Dienstherrn (BVerwG v. 26.6.1985 – 1 D 161.84).

B. II. 10 Pflicht zur Uneigennützigkeit

Rechtsprechungsübersicht

Postschalterbeamter – **Verkauf von privat und verbilligt erworbenen Postwertzeichen** am Schalter auf eigene Rechnung – Schädigung der Post 23 000 DM: **Entf.**
- *BVerwG* v. 22. 1. 1991 – 1 D 22.90 – DÖV 1991, 937

Bahnoberinspektor – Leiter des Expressgut- und Ermittlungsdienstes – **mehrfache Manipulation von Versteigerungsgut** – Falschbeurkundung und Betrugsversuch – freiwilliger Rücktritt vom Versuch – Milderung: **Degr.**
- *BVerwG* v. 17. 5. 1988 – 1 D 11.87

Bundesbahn-Beamter – missbräuchlicher **Einsatz von Dienstfahrzeugen** und Mitarbeitern **für private Zwecke** – weitere Pflichtverstöße: **Entf.**
- *BVerwG* v. 25. 4. 1989 – 1 D 14.88 – DÖD 1990, 14

Fernmeldebeamter – **amtlicher Schwarzanschluss** für sich selbst – Gebührenhinterziehung – großer Schaden für die Verwaltung: **Entf.**
- *BVerwG* v. 26. 6. 1985 – 1 D 161.84; milder: **Degr.**
- *BVerwG* v. 26. 2. 1986 – 1 D 57.85 wegen Eheproblemen

Bundesbahnamtmann – Zusammenwirken mit Kollegen (Beihilfe) unter Missbrauch dessen dienstlicher Möglichkeiten – **Vermietung von Bundesbahngelände** auf eigene Rechnung: **Entf.**
- *BVerwG* v. 28. 10. 1992 – 1 D 63.91 – E 93, 305

Bahnbeamter überlässt seinen **persönlichen Freifahrschein unberechtigt** der Mutter – Milderungsgründe: **Geh.K**
- *BVerwG* v. 3. 3. 1978 – 1 D 35.77

Post-Bauleiter – **Manipulation der Kostenangebote** zugunsten Bewerber im öff. Ausschreibungsverfahren – kein eigener Vorteil – Schaden der Post 100 DM: **Entf.**
- *BVerwG* v. 25. 10. 1977 – 1 D 76.76; ähnlich
- *BVerwG* v. 30. 10. 1984 – 1 D 52.84 (Vergabebeamter)

Techn. Fernmeldehauptsekretär – Vergabebeamter in Linientechnik – **Manipulation von Angeboten** zuungunsten von Konkurrenten – **Vorteilsannahme** für Kollegenkasse (Ausflüge, Feiern) – Benzin für sich selbst: **Entf.**
- *BVerwG* v. 14. 6. 1988 – 1 D 59.87 – Dok. Ber. 1988, 245

Beschaffungsbeamter – Bildung »**schwarzer Kasse**« durch Vorlage fingierter Rechnungen: **Entf.**
- *BVerwG* v. 6. 9. 1989 – 1 D 50.88 – DÖD 1990, 270

Beamter des mittleren Dienstes – **Missbrauch der Amtsstellung** und von Dienstausweis – widerrechtliche Erlangung von Meldedaten – weitere Pflichtverstöße: **Geh.K**
- *BVerwG* v. 6. 2. 1991 – 1 D 32.90

Pflicht zur Uneigennützigkeit B. II. 10

Bundesbahnoberamtsrat – Heranziehen nachgeordneter Dienstkräfte zu **privaten Bauvorhaben** in großem Umfang auch während der Dienstzeit: **Entf.**
– *BVerwG* v. 14.1.1986 – 1 D 63.85

Präsident einer Bundesanstalt – **unberechtigte unentgeltliche Benutzung eines Dienst-Pkws zu Privatfahrten** – **Verstoß gegen Haushaltsvorschriften** durch luxuriöse Einrichtung eines Dienstzimmers – erhebliche Mittelüberschreitung: **RGeh.K**
– *BVerwG* v. 27.4.1986 – 1 D 100.86

Entgegennahme von Briefmarken von befreundetem Händler im Wert von 30 000 DM **gegen Provision** – Bezahlung mit amtlichen Geldern und Verkauf am Schalter: **Entf.**
– *BVerwG* v. 28.11.1995 – 1 D 26.95

Schalterbeamter – Einlage eigener **Telefonkarten** in den Schalterbestand – **Verkauf auf eigene Rechnung** – erschwerende Umstände: **Aberkennung RGeh.**
– *BVerwG* v. 23.4.1997 – 1 D 62.96

Abteilungsleiter – bewusste **Überzahlung einer Speditionsfirma** von 134 000 DM zu Lasten der Deutschen Bundesbahn – eigennützige Motive offen gelassen – erhebliche Erschwerungsgründe: **Entf.**
– *BVerwG* v. 22.4.1997 – 1 D 9.96

Schalterbeamter – **unzulässiger Umtausch von ungültigen Briefmarken** in Geld – Schaden 12 800 DM – keine eigennützigen Motive: **Degr.**
– *BVerwG* v. 7.11.1995 – 1 D 1.95

Lehrer an einer Schule des Bundes – Entwicklung eines Produkts als Hilfsmittel für die Praxis außerhalb der Dienstzeit – Verkauf des Produkts an die Schule und Mitwirkung bei der Beschaffung – **pflichtwidrige Verknüpfung dienstlicher und privater Interessen: Geh.K**
– *BVerwG* v. 24.11.1999 – 1 D 7.98

Abwicklung von **Devisengeschäften** am Postschalter auf eigene Rechnung – Schaden 280 DM: **Degr.**
– *BVerwG* v. 22.5.2001 – 1 D 46.00

Verbotene Geschenkannahme, Vorteilsnahme, Bestechung

§ 71 (bisher § 70) BBG, die beamtenrechtliche Spezialregelung, ist durch das Dienstrechtsneuordnungsgesetz vom 5.2.2009 neu gefasst und erweitert worden. Die Vorschrift lautet jetzt:

»**Verbot der Annahme von Belohnungen, Geschenken und sonstigen Vorteilen**

(1) Beamtinnen und Beamte dürfen, auch nach Beendigung des Beamtenverhältnisses, keine Belohnungen, Geschenke oder sonstigen Vorteile für sich oder einen Dritten in Bezug auf ihr Amt fordern, sich versprechen lassen oder annehmen. Ausnahmen bedürfen der Zustimmung der obersten Dienstbehörde. Die Befugnis zur Zustimmung kann auf eine andere Behörde übertragen werden.

B. II. 10 Pflicht zur Uneigennützigkeit

(2) Wer gegen das in Absatz 1 genannte Verbot verstößt, hat auf Verlangen das aufgrund des pflichtwidrigen Verhaltens Erlangte dem Dienstherrn herauszugeben, soweit nicht im Strafverfahren der Verfall angeordnet worden oder es auf andere Weise auf den Staat übergegangen ist. Für den Umfang des Herausgabeanspruchs gelten die Vorschriften des Bürgerlichen Gesetzbuches über die Herausgabe einer ungerechtfertigten Bereicherung entsprechend. Die Herausgabepflicht nach Satz 1 umfasst auch die Pflicht, dem Dienstherrn Auskunft über Art, Umfang und Verbleib des Erlangten zu geben.«

Der frühere § 70 BBG war bereits durch Art. 10 des Gesetzes zur Bekämpfung der Korruption vom 13. 8. 1997 (BGBl. I S. 2038) neu gefasst worden. Durch die erneute Neuformulierung soll ausdrücklich klargestellt und jedermann verdeutlicht werden, dass sowohl aktiven als auch ehemaligen Beamten jede Annahme von Belohnungen oder Geschenken in Bezug auf ihr Amt – wie bisher – grundsätzlich verboten ist. Ausnahmen unterliegen einem Zustimmungsvorbehalt des Dienstherrn.

In Absatz 1 des § 71 wird in Anpassung an § 331 Abs. 1 StGB aufgenommen, dass ein Beamter auch **nicht für einen Dritten** Belohnungen, Geschenke oder sonstige Vorteile in Bezug auf das Amt fordern, sich versprechen lassen oder annehmen darf. Allerdings kann nach neuem Abs. 1 Satz 2 nur das Sichversprechenlassen und die Annahme nicht geforderter Vorteile genehmigt werden, da das Fordern von Vorteilen gegen die Pflicht zur uneigennützigen Amtsführung (jetzt: § 61 Abs. 1 Satz 2 BBG) verstößt und dem Ansehen des Beamtentums derart abträglich ist, dass eine Zustimmung in diesen Fällen nicht in Betracht kommt. Im neuen Absatz 2 wird klargestellt, dass entgegen dem Verbot der Annahme von Belohnungen oder Geschenken pflichtwidrig Erlangtes herauszugeben ist, soweit im Strafverfahren nicht der Verfall angeordnet worden ist. Diese Neuregelung beruht auf der Rspr. des BVerwG (BVerwGE 115, 389).

26 Bei Verstößen gegen die verbotene Geschenkannahme handelt es sich seit jeher um eine schwerwiegende Pflichtverletzung. Dienstgeschäfte müssen uneigennützig erfüllt werden und dürfen nicht von privaten Vorteilen geprägt sein. Andernfalls nimmt die Integrität des Berufsbeamtentums nicht wieder gut zu machenden Schaden. Zweck der Vorschriften der §§ 71 Abs. 1 Satz 1, 61 Abs. 1 Satz 2 BBG ist es, bereits den **Anschein zu vermeiden**, ein Beamter könne sich bei der Wahrnehmung seiner dienstlichen Aufgaben aus Eigennutz durch sachwidrige Erwägungen beeinflussen lassen und für Amtshandlungen käuflich sein. Ein pflichtwidriges Handeln ist als Gegenleistung nicht erforderlich (BVerwG v. 23. 11. 2006 – 1 D 1.06). § 71 Abs. 1 Satz 1 BBG ist **nicht an die Tatbestände des § 331** (Vorteilsannahme für die Dienstausübung) oder **§ 332 StGB** (Bestechlichkeit: Fordern, Versprechenlassen oder Annehmen eines Vorteils für die Vornahme einer pflichtwidrigen Diensthandlung) gebunden. Auf deren Tatbestandsmerkmale und Abgrenzung kommt es disziplinarrechtlich nicht an, die strafrechtlichen Einstufungen können allenfalls für die Bemessung der Disziplinarmaßnahme von Bedeutung sein. Erfolgt strafgerichtlich insoweit ein Freispruch (vgl. Bindung nach § 17 Abs. 5 BDO, jetzt § 14 Abs. 2 BDG), so kann der darüber hinausgehende Tatbestand des § 71 Abs. 1 Satz 1 BBG gleichwohl erfüllt sein (BDHE 5, 50, 55).

27 Das »**Amt**« beschränkt sich nicht auf die Aufgaben des übertragenen Dienstpostens, sondern erstreckt sich auf alle dienstlichen Möglichkeiten, die mit der

Dienststellung und der Dienstausübung verbunden sind (BVerwG – 1 D 64.79 – E 73, 71).

»**In Bezug auf das Amt**« sind die Vorteile gewährt, wenn sie erkennbar nur oder mindestens auch darauf abzielen, eine dem Gewährenden günstige Situation bei der Verfolgung seiner behördlichen Zielsetzung einzuräumen, den Beamten günstig und hilfsbereit zu stimmen. Das kann schon damit erfüllt sein, dass ein Bezirksbauführer der Post bei Bauvorhaben Stellung zu nehmen hat, ohne selbst die endgültige Entscheidung über Auftragsvergabe und Auftragsabwicklung treffen zu können (BVerwG v. 26.11.1987 – 1 D 23.86). Für die Beziehung zum Amt spricht von vornherein, dass private Beziehungen zwischen Geber und Nehmer nicht bestehen (BVerwGE 71, 75). Die Vorteilsannahme ist ohne Rücksicht darauf verboten, ob sie von Außenstehenden oder von Angehörigen der Behörde gewährt wird. Nicht erforderlich ist, dass der Beschenkte tatsächlich in der Objektivität seiner Amtsführung beeinträchtigt war oder den Eindruck haben musste, der Vorteil ziele auf begünstigendes oder gar pflichtwidriges Dienstverhalten ab. Die Amtsbezogenheit setzt nicht voraus, dass der Beamte eine Diensthandlung im Rahmen der ihm übertragenen Obliegenheiten vornimmt. Es genügt, dass die Handlung seinen Dienstpflichten widerspricht und er hierfür Geschenke oder Belohnungen annimmt (BVerwG v. 26.1.2000 – 1 D 20.99). Eine nach § 71 Abs. 1 Satz 1 BBG verbotene Annahme eines Geschenks oder einer Belohnung »in Bezug auf sein Amt« liegt – anders als nach der Rspr. des BGH zum Begriff »Diensthandlung« in § 331 StGB (vgl. BGHSt 29, 300) – auch dann vor, wenn der Beamte unter Hinweis auf seine Dienststellenzugehörigkeit beim Zuwender (nur) den wahrheitswidrigen Anschein erweckt hat, auf die begehrte Entscheidung der Dienststelle irgendwie Einfluss nehmen zu können, und er dafür einen »Freundschaftspreis« fordert und entgegennimmt (BVerwG v. 20.2.2002 – 1 D 19.01). In der zugrunde liegenden Entscheidung hatte ein Beamter für die Vermittlung einer von seiner Behörde verwalteten Mietwohnung eine Vermittlungsgebühr gefordert und 3000 DM erhalten. Er wurde aus dem Dienst entfernt.

Als Geschenke oder Belohnungen kommen alle vermögenswerten Vorteile in Betracht, nicht nur Geld oder Sachen, also z. B. Überlassungen von Urlaubswohnungen, Autos, eigener Arbeitskraft, die Gewährung von Preisnachlässen, die Einladung zu Reisen, zur Übernachtung, zum Essen, die überhöhte Bezahlung privater Leistungen, etwa in Nebentätigkeit, aber auch ideelle Vorteile wie Aufenthalt in Luxusvilla, Benutzung von Sportmöglichkeiten, sexuelle Erlebnisse usw. Die Vorteile müssen nicht unmittelbar dem Beamten, sie können auch mittelbar Angehörigen oder Freunden gewährt werden. Es kommt entscheidend darauf an, ob der Beschenkte die Gabe als »eigenen« Vorteil empfinden konnte und musste (Claussen/Janzen, Einl. C. Rn. 23a).

Nicht unter das Verbot fallen Vorteile, deren Annahme die zuständigen **Vorgesetzten** zugestimmt haben. Nach der Neufassung des § 71 Abs. 1 Satz 2 BBG **stellt die Zustimmung die Ausnahme** dar. Nicht zustimmungspflichtig sind die Annahme von Vorteilen, die nur **Höflichkeitscharakter** haben oder üblich oder ohne wesentlichen Wert sind, wie das Anbieten einer Zigarette, Bezahlung eines Glases Bier oder Wein bei Verhandlungen, Reklameartikel, die Mitnahme im Auto zum nahen Ortstermin, Trinkgelder der Postzusteller usw. Die Grenzen sind fließend und problematisch in den Fällen, in denen **von Beamten unternehmerisches Handeln** verlangt wird, wie beispielsweise bei der Telekom. Hier könnte die Ablehnung einer Essenseinladung geschäftsschädigend sein. Einige

28

B. II. 10 Pflicht zur Uneigennützigkeit

oberste Dienstbehörden haben für die Grenzen geringwertiger Vorteile Richtlinien erlassen.

29 **§ 71 BBG gilt auch für frühere Beamte,** wenn das Geschenk in Bezug auf das frühere Amt geleistet worden ist, er findet keine Anwendung, wenn ein Ruhestandsbeamter für eine während des Ruhestandes ausgeübte Tätigkeit ein Geschenk erhält (vgl. § 77 Abs. 2 Nr. 3 BBG).

30 Verbotene Geschenk- oder Vorteilsannahme führt regelmäßig dann zur **Entfernung aus dem Beamtenverhältnis,** wenn der Beamte die »als Äquivalent des angebotenen oder angenommenen Vorteils angesonnene **pflichtwidrige Amtshandlung tatsächlich vorgenommen** oder **bares Geld angenommen** hat«. In diesem Fall wird die Hemmschwelle gegen die Pflichtverletzung als besonders hoch angesehen. Dem Bargeld werden Schecks gleichgestellt (BVerwG v. 21.9.1988 – 1 D 140.87 – E 86, 74). Auch bei Annahme anderer Zuwendungen kann unter erschwerenden Umständen die Höchstmaßnahme verhängt werden (BVerwG v. 24.6.1998 –1 D 23.97 – E 113, 229). Von der **Regelmaßnahme kann aus allen erdenklichen Milderungsgründen abgesehen werden** (BVerwG v. 10.9.1985 – 1 D 25.85 – E 83, 49). Die Verwendung des angenommenen Geldes für gemeinnützige Zwecke stellt nur dann einen Milderungsgrund dar, wenn der gemeinnützige Zweck nach außen hin erkennbar ist. Dies ist bei Übereinstimmung zwischen Schenker und Beschenktem über die gemeinnützige Verwendung der Fall (BVerwG v. 1.9.1998 – 1 D 63.97). Milderung, wenn wegen der Üblichkeit der Verfahrensweise oder Duldung der rechtswidrigen Praxis durch Vorgesetzte das Unrechtsbewusstsein gemindert ist (BVerwG v. 30.9.1992 – 1 D 32.91 – E 93, 294).

Rechtsprechungsübersicht

Annahme **kleiner Geldbeträge** für nicht pflichtwidrige Handlungen in die »Kaffeekasse« Verwaltungsübung – unbeschränkte Milderungsgründe – wegen § 14 BDO: **Einstellung**
– BVerwG v. 6.5.1987 – 1 D 64.86 – ZBR 1988, 75

Bezirksbauführer der Post – günstige Stellungnahme zugunsten eines Auftragskunden – Annahmen von **teuren Reisen** und mehreren tausend Mark: **Aberk. RGeh.**
– BVerwG v. 6.11.1987 – 1 D 23.86

Bahnpolizeibeamter – **Weihnachtsgeschenke eines Bahnkunden** (Wert 35 DM und 40 DM) – Milderung wegen Geringwertigkeit und übliche Praxis: **Geldbuße**
– BVerwG v. 7.12.1988 – 1 D 42.88

Verkauf begehrter Sammlermarken gegen besondere Zuwendungen – **Bestechlichkeit** – Minderung des Unrechtsbewusstseins infolge vorgefundener rechtswidriger Praxis: **Degr. um zwei Beförderungsämter**
– BVerwG v. 30.9.1992 – 1 D 32.91 – E 93, 294

Verbotene Geschenkannahme durch **preisgünstigen Ankauf eines fabrikneuen PKWs** – Vornahme einer Amtshandlung als Äquivalent der Geschenkannahme nicht nachweisbar: **Degr.**
– BVerwG v. 2.11.1993 – 1 D 60.92 – E 103, 36

Pflicht zur Uneigennützigkeit B. II. 10

Für die **Auftragsvergabe zuständiger Beamter** des gehobenen Dienstes – mehrfache **Annahme von Bargeld** im Zusammenhang mit der Vergabe von Aufträgen an eine Firma: **Entf.**
– *BVerwG* v. 24.11.1993 – 1 D 61.92

Annahme von Fernreisen und Rolexuhr (Wert mehrere tausend Mark) – keine Vornahme pflichtwidriger Handlung – keine sonstigen erschwerenden Umstände: **Degr.**
– *BVerwG* v. 11.10.1995 – 1 D 15.95

Schriftliche **Aufforderung an Firmen,** zu denen Geschäftsbeziehungen bestanden, für Weihnachtstombola der Dienststelle **Geschenke zu übersenden** – Milderungsgründe führten zum Absehen von Degradierung: **Geh.K für 4 Jahre**
– *BVerwG* v. 24.1.1996 – 1 D 38.95 – NVwZ 1997, 588

Annahme von **6 Flaschen Wodka als Abfertigungsbeamter** – Falschbeurkundung im Frachtbrief: **Degr.**
– *BVerwG* v. 28.2.1996 – 1 D 71.95 – NVwZ 1997, 589

Unerlaubte Geschenkannahme von Untergebenen (Wert ca. 55 000 DM): **RGeh.K auf 5 Jahre**
– *BVerwG* v. 22.10.1996 – 1 D 76.95 – E 113, 4

Annahme einer **Heizungsanlage** im Wert von ca. 8000 DM – ungenehmigte entgeltliche Nebentätigkeit für Bewerberfirma: **Entf.**
– *BVerwG* v. 27.11.1996 – 1 D 28.95 – E 113, 32 = NVwZ 1997, 1220

Stempeln von ungültigen Sammlermarken auf teilweise unzulässigen Vorlagen – **Annahme baren Geldes** (800 bis 1000 DM): **Entf.**
– *BVerwG* v. 1.9.1998 – 1 D 63.97

Kriminaldirektor – **unentgeltliche Nutzung eines PKW Mercedes** über ca. 11 Monate in Bezug auf sein Amt – Absehen von Degradierung wegen langer Verfahrensdauer: **Geh.K auf 5 Jahre**
– *BVerwG* v. 24.6.1998 – 1 D 23.97 – NVwZ 1999, 658

Beamter des höheren Dienstes – **Annahme von 14 000 DM** in Bezug auf sein Amt – erhebliche Milderungsgründe **(Dienstvergehen lag 14½ Jahre zurück): Degr.**
– *BVerwG* v. 9.2.1999 – 1 D 1.98

Sachgeschenke – **von Werbeagentur** finanzierter Hotelaufenthalt mit umfangreichem Rahmenprogramm – Milderungsgründe, u.a. Umbruchsphase bei der Telekom: **RGeh.K**
– *BVerwG* v. 26.10.1999 – 1 D 55.98

Zur **Abgrenzung von unerlaubter Geschenkannahme und zulässiger Entlohnung für eine Nebentätigkeit**
– *BVerwG* v. 9.11.1999 – 1 D 76.97
– *BVerwG* v. 7.11.2000 – 1 D 16.99

B. II. 11 Wohlverhaltenspflicht innerhalb des Dienstes

Gegenleistung für pflichtwidrig zugunsten eines Dritten am Postschalter verkaufte Postwertzeichen und Telefonkarten – **Belohnung etwa 2000 DM: Entf.**
– *BVerwG* v. 26. 1. 2000 – 1 D 20.98

Ein mit einer wissenschaftlichen Ehrung verbundenes **Preisgeld** kann ein Geschenk sein, das nur mit Zustimmung der obersten Dienstbehörde angenommen werden darf
– *BVerwG* v. 20. 1. 2000 – 2 C 19.99

Vergabebeamter – **Annahme eines Preisnachlasses** von einem Auftragsunternehmen – Bewirtungen – 14 Jahre zurückliegendes Dienstvergehen: **Degr.**
– *BVerwG* v. 26. 9. 2000 – 1 D 66.99

Langjähriger **Stasispitzel – Annahme von insgesamt 91 000 DM: Entf.**
kein Unterhaltsbeitrag wegen Unwürdigkeit
– *BVerwG* v. 23. 1. 2001 – 1 D 1.00

Geschäftsleitender Beamter einer Gemeinde – **Fordern eines Teils eines Grundstücks** (kostenlos oder verbilligt) für das beschleunigte Herbeiführen der Bebaubarkeit des Grundstücks – unzulässiges Ausnutzen dienstlich erworbener Kenntnisse von Umständen, die die Wertsteigerung eines Grundstückes erwarten lassen: **Aberk. RGeh.**
– *VGH München* v. 24. 1. 2001 – 16 D 99.1734

Baudirektor – Annahme einer Uhr im Wert von 1900 DM, VW Golf mit hohem Rabatt, Bezahlung von Wirtshausrechnungen und Bordellbesuchen: **Aberk. RGeh.**
– *Nds. DiszH* v. 13. 1. 2005 – 2 NDH L 6/04

Annahme von 60 000 DM für Wahrnehmung dienstlicher Aufgaben als **Bauüberwacher**, die den Beamten **wohlwollend stimmen** sollte: **Aberk. RGeh.**
– *BVerwG* v. 23. 11. 2006 – 1 D 1.06

Geldannahme bzw. **Annahme sexueller Leistungen** von **Strafgefangenen** für Gefälligkeiten durch Justizvollzugsbeamten: **Entf.**
– *OVG NW* v. 20. 9. 2006 – 21d A 2098/05.O

Vollzugsbeamter schmuggelt gegen Bezahlung Mobiltelefon, Rauschgift, Toilettenartikel und gibt sie Inhaftierten: **Entf.**
– *OVG NW* v. 2. 4. 2008 – 21d A 257/07.O

11. Wohlverhaltenspflicht innerhalb des Dienstes, Einzelfälle

Rechtsgrundlage: § 61 Abs. 1 Satz 3 BBG

Wortlaut:
»Ihr Verhalten innerhalb und außerhalb des Dienstes muss der Achtung und dem Vertrauen gerecht werden, die ihr Beruf erfordert.«

Die Wohlverhaltensklausel ist der **Auffangtatbestand** für alle Dienstpflichten, 1
die keine spezielle Regelung im Beamtengesetz gefunden haben. Letzten Endes
gehen alle Dienstpflichten aus ihm hervor (vgl. A. II. Rn. 39, 40). Für die durch
die Rspr. entwickelten einzelnen Dienstvergehenstypen kommt es nicht auf die
Unterscheidung an, ob sie das Vertrauen, die Achtung oder das Ansehen in den
Augen der Verwaltung oder der Allgemeinheit beeinträchtigen (vgl. A. II.
Rn. 45-48). Entscheidend ist, ob das Verhalten die Funktionsfähigkeit der Verwaltung unmittelbar (in der Erfüllung der Amtsaufgaben und der Wahrung der
dienstlichen Interessen – Betriebs- und Grundverhältnis) oder mittelbar (im
Ansehen der Beamtenschaft nach außen) beeinträchtigt oder – bei außerdienstlichem Verhalten – zu beeinträchtigen geeignet ist (§ 77 Abs. 1 Satz 2 BBG).
Deshalb zielen diese Dienstvergehenstypen insgesamt auf die **Erhaltung des
Betriebsfriedens** als der wesentlichen Grundlage effektiver Verwaltungsarbeit
ab. Die Anhäufung mehrerer, für sich genommen leichterer Pflichtverletzungen kann Untragbarkeit begründen (BVerwG v. 23.11.1988 – 1 D 115.87).
Die Pflicht zur **Kollegialität** erfordert die Anwendung der Achtung, Hilfsbereitschaft und Rücksicht **gegen den Mitarbeiter,** die er auch selbst erwartet. Das 2
gilt zunächst im Bereich der normalen, alltäglichen Zusammenarbeit. Wer dem
Kollegen absichtlich nicht zuarbeitet oder ihn nicht unterstützt, handelt pflichtwidrig. Diese Pflichtverletzung ist aber bereits in der Verletzung der Pflicht zu
vollem Arbeitseinsatz (s. o. B. II. 6.) enthalten (konsumiert). Bei **Meinungsverschiedenheiten** ist, bei Berücksichtigung der im gegebenen Kreis und unter den
gegebenen Umständen üblichen Verhaltensweise, sachlich, verständnisvoll und
für die weitere Zusammenarbeit förderlich zu argumentieren. Wer ohne Anlass
persönlich und ausfallend wird, beleidigt und verleumdet, den Mitarbeiter
kränkt, verletzt die Pflicht zur Rücksichtnahme. Das Weglassen des **Doktortitels** des Vorgesetzten ist nicht pflichtwidrig (VG München, BayVBl. 1989,
25); der Doktortitel ist zudem nicht Bestandteil des Namens (Anm. Mayer,
BayVBl. 1989, 282). In **Erregung** abgegebene verbale **beleidigende Äußerungen**
sind milder zu beurteilen als solche schriftlichen Äußerungen, die in Ruhe und
mit Bedacht gefertigt worden sind (BDiG v. 17.1.1985 – 1 BK 15/84), auch
kommt es darauf an, ob der Betreffende provoziert worden ist. Bei **Schmähkritik** tritt die Meinungsfreiheit regelmäßig hinter den Ehrenschutz zurück
(BVerwG v. 20.6.2000 – 1 D 7.99). Ein Beamter verletzt die Grundpflicht des
§ 54 Satz 3 BBG, wenn er wegen innerdienstlicher Vorgänge gegen seinen Vorgesetzten oder einen anderen Mitarbeiter eine wissentlich unwahre oder leichtfertig eine verdächtigende **Strafanzeige** erstattet. Vor Erstattung einer Strafanzeige muss grundsätzlich alles Zumutbare unternommen werden, um eine
Klärung durch die Verwaltung herbeizuführen (BVerwG v. 13.12.2000 – 1 D
34.98). Werden zur Gedächtnisstütze Aufzeichnungen zur eigenen Verteidigung
gemacht, liegt kein Verstoß gegen die Grundpflicht vor (BVerwG v. 4.4.2001 –
1 D 15.00)
Wer sich in **Tätlichkeiten** mit Kollegen einlässt, handelt grundsätzlich pflichtwidrig. Ebenso wie bei verbalen Angriffen kommt es hier auf die Umstände des 3
Einzelfalls, den Anlass und die Tatumstände an (BDiG v. 26.8.1975 – IV Bk 7/
75; v. 10.2.1971 – IV Bk 22/70). Aus der Tatsache allein, dass ein Beamter in eine
Tätlichkeit verwickelt war (selbst verletzt), kann nicht die Pflichtwidrigkeit seines Verhaltens gefolgert werden (BDiG v. 2.4.1971 – III Bk 5/70). Auch eine
freundschaftliche Neckerei, selbst wenn sie in eine Rangelei ausartet, muss
nicht achtungs- und ansehensunwürdig sein, zumal wenn sie unter den Betei-

B. II. 11 Wohlverhaltenspflicht innerhalb des Dienstes

ligten üblich ist und von den Vorgesetzten bislang geduldet wurde (BDiG v. 26.2.1988 – I VL 10/87). Schlägt ein Beamter bei Angriffen eines betrunkenen Kollegen auf einer Faschingsfeier in Notwehr zurück, so liegt darin kein Dienstvergehen (BDiG v. 2.6.1976 – V Bk 6/75).

4 **Sexuelle Belästigung am Arbeitsplatz** führt in schweren Fällen, insbesondere wenn die Vorgesetzteneigenschaft ausgenutzt wird, zur Verhängung der Höchstmaßnahme (BVerwG v. 8.11.2000 – 1 D 35.99; v. 12.11.1997 – 1 D 90.95 – NJW 1998, 1656). Der Dienstbetrieb muss von sexuellen Bindungen und Spannungen frei gehalten werden. Diese belasten die vertrauensvolle Zusammenarbeit und damit den Betriebsfrieden. Dem hat auch der Gesetzgeber Rechnung getragen. Nach § 3 Abs. 4 des **Allgemeinen Gleichbehandlungsgesetzes** vom 14.8.2006 (BGBl. I S. 1897), das das Gesetz zum Schutz der Beschäftigten vor sexuellen Belästigungen abgelöst hat, fällt hierunter jede sexuelle Belästigung, die auf ein unerwünschtes, sexuell bestimmtes Verhalten zurückgeht. Dazu gehören u. a. Aufforderungen zu sexuellen Handlungen und Bemerkungen sexuellen Inhalts, die von den Betroffenen erkennbar abgelehnt werden (BVerwG v. 15.11.1996 – 1 DB 5.96 – DÖV 1997, 342). Es reicht aus, wenn die ablehnende Haltung aus den Umständen erkennbar ist (BVerwG v. 8.11.2000 – 1 D 35.99).

5 Achtungs- und ansehenswidriges **Verhalten gegenüber Kunden der Verwaltung oder anderen Außenstehenden** kann erhebliches disziplinares Gewicht haben. Wer Postkunden bei der Zustellung schikaniert und die Zustellung abbricht (BDiG v. 14.9.1973 – III Bk 5/73), als Zollabfertigungsbeamter einen Reisenden schikaniert (BDiG v. 20.6.1983 – VI Bk 3 u. 4/83), als Kundenberater unhöflich und laut die Bedienung eines Kunden ohne Grund ablehnt (BDiG v. 30.10.1975 – IV Bk 14/75), handelt in disziplinarrechtlich erheblicher Weise pflichtwidrig; ebenso der Postbeamte, der unter Missbrauch seiner dienstlichen Möglichkeiten auf Kosten eines Postkunden Ferngespräche führt (BVerwGE 63, 81). Zugbegleiter, die ohne Grund einen Reisenden ohne Fahrausweis, der nachlösen will, zusammenschlagen, machen sich untragbar (a. A. BVerwG, das unverständlicherweise aufgrund Geh.K nach § 14 BDO einstellt, v. 23.6.1987 – 1 D 137.86). Das Gleiche gilt für sexuelle Verfehlungen im Dienst, z. B. für fortgesetzte anonyme obszöne Anrufe vom Diensttelefon aus (BVerwG v. 27.10.1982 – 1 D 27.82), für sexuelle Belästigungen von Reisenden durch Zugbegleiter, deren amtliche Kernpflicht gerade auch die Fürsorge und der Schutz der Reisenden ist (Degr. – Entf. durch BVerwG v. 25.10.1979 – 1 D 100.78; v. 27.3.1984 – 1 D 126.83), für sexuelle Belästigungen und versuchte Vergewaltigung einer Postkundin während der Zustellung in ihrer Wohnung (BVerwG v. 21.10.1987 – 1 D 106.86), sexuelle Gespräche und Aufforderungen gegenüber minderjährigen Mädchen am Bahnschalter (BVerwG v. 8.1.1969 – 1 D 27.68). Unverständlich BVerwG (v. 27.2.1980 – 1 D 27.79), wonach sexueller Missbrauch von Schwachsinnigen weniger schwer wiegen soll als der von gesunden Minderjährigen.

6 Sonstige **Straftaten gegen den Dienst** sind ohnehin grundsätzlich geeignet, den Betriebsfrieden und die Vertrauensbasis zu beeinträchtigen. Wer z. B. von der Dienststelle aus anonym Bombendrohungen gegen seine Behörde ausspricht und damit den gesamten Verwaltungsbetrieb lahmlegt (BDiG v. 31.3.1982 – I VL 19/81), handelt schwerwiegend vertrauenszerstörend. Auch Meineid und Anstiftung Untergebener hierzu sind schwerwiegende Dienstvergehen (BVerwG v. 6.11.1990 – 1 D 3.90).

Rechtsprechungsübersicht

Beamter – **Schlägerei mit Kollegen** – ebenso wie bei verbalen Angriffen kommt es bei Tätlichkeiten auf die Umstände des Einzelfalls, den Anlass und die Tatumstände an: **Freispr.**
- *BDiG* v. 26. 8. 1975 – IV Bk 7/75; v. 10. 2. 1971 – IV Bk 22/70

Bahnpolizist – **Körperverletzung im Amt** – Provokation durch Verletzten – wegen § 14 (Geh.K): **Einst.**
- *BVerwG* v. 10. 12. 1991 – 1 D 26.91

Postbeamter – fortgesetzte **anonyme obszöne Anrufe** vom Diensttelefon aus: **Degr.**
- *BVerwG* v. 27. 10. 1982 – 1 D 27.82; auch Dok. Ber. 1984, 41

Zollbeamter – **fortgesetzter Ehebruch mit Frau eines befreundeten Kollegen** – Beamter prahlt damit öffentlich im Kreis anderer Kollegen und deren Frauen – Drohungen des betrogenen Ehemannes: **Geh.K**
- *BDiG* v. 8. 12. 1976 – IV VL 24/76

Zugbegleiter – **sexuelle Belästigungen von Reisenden** – Verstoß gegen amtliche Kernpflicht zur Fürsorge und Schutz der Reisenden: **Entf.**
- *BVerwG* v. 25. 10. 1979 – 1 D 100.78; Degr.: v. 27. 3. 1984 – 1 D 126.83

Postzusteller – versucht bei Zustellung **Postkundin in deren Wohnung zu vergewaltigen: Entf.**
- *BVerwG* v. 21. 10. 1987 – 1 D 106.86

Busfahrer – während Dienst **sexuelle Handlungen mit Sonderschülern** (Kindern): **Entf.**
- *BVerwG* v. 12. 1. 1982 – 1 D 4.81

Beamter – während des Dienstgangs **Onanieren vor Passantin** in Öffentlichkeit: **Geh.K**
- *BVerwG* v. 20. 7. 1980 – 1 D 71.79

Fernmeldebeamter im Sicherheitsdienst – kündigt während des Dienstes mehrfach der Dienststelle aus Schabernack **anonym telefonisch Bombenanschläge** an – zeitweise Lahmlegung des Verwaltungsbetriebs: **Entf.**
- *BDiG* v. 31. 3. 1982 – I VL 19/81

Postbeamter – führt unter Missbrauch seiner dienstlichen Möglichkeiten **auf Kosten eines Postkunden Ferngespräche: Degr.**
- *BVerwG* v. 24. 5. 1978 – 1 D 39.77 – E 63, 81

Zollabfertigungsbeamter – **schikaniert einen Reisenden: Geldbuße**
- *BDiG* v. 20. 6. 1983 – VI Bk 3 und 4/83

Kundenberater der Bahn – **lehnt ohne Grund** unhöflich und laut die **Bedienung eines Kunden ab: Verweis**
- *BDiG* v. 30. 10. 1975 – IV Bk 14/75

B. II. 11 Wohlverhaltenspflicht innerhalb des Dienstes

Abfällige und **beleidigende Äußerungen gegenüber österreichischen Postkunden: Geh.K**
- *BVerwG* v. 26. 6. 1996 – 1 D 52.94

Anonyme Telefonanrufe, z.T. unter Missbrauch dienstlicher Möglichkeiten – erschwerende Umstände: **Aberk. RGeh.**
- *BVerwG* v. 29. 6. 1999 – 1 D 73.98

Kriminalbeamter des Höheren Dienstes – **diffamierende Randbemerkungen** in privaten »**Spiegel**«**-Heften** – Kenntnis vom Inhalt durch andere Bedienstete: **RGeh.K**
- *BVerwG* v. 20. 6. 1999 – 1 D 7.99

Unberechtigte Strafanzeigen gegen Vorgesetzte: Geh.K
- *BVerwG* v. 13. 12. 2000 – 1 D 34.98

Leichtfertige **Strafanzeigen gegen Mitarbeiter** – Schuldunfähigkeit wegen Querulantenwahns
- *BVerwG* v. 15. 11. 2000 – 1 D 65.98

Innerdienstliche **sexuelle Belästigungen von Mitarbeiterinnen: Degr.**
- *BVerwG* v. 12. 11. 1997 – 1 D 90.95 – DÖV 1998, 340 = NJW 1998, 1656; ebenso bei **Soldatinnen:** *BVerwG* v. 10. 11. 1998 – 2 WD 4.98 – NJW 1999, 659, 662; ebenso bei **zivilen Mitarbeiterinnen:** *BVerwG* v. 12. 11. 1998 – 2 WD 12.98

Sexuelle Belästigung zweier Mitarbeiterinnen – erheblich erschwerende Umstände: **Aberk. RGeh.**
- *BVerwG* v. 8. 11. 2000 – 1 D 35.99

Sexueller Kontakt eines Lehrers zur Schülerin – Hilfe beim Abitur: **Entf.**
- *Nds. DiszH* v. 1. 12. 1999 – 2 N DHL 12/97

Sexuelle Belästigung von Sozialbetreuer gegenüber Probanden: Geh.K
5 Jahre
- *OVG NW* v. 5. 6. 2000 – 12d A 5789/98.O

Heimliche Filmaufnahmen von Schülerinnen innerhalb und außerhalb der Schule durch Oberstudienrat: **Entf.**
- *BayVGH* v. 19. 4. 2005 – 16a D 04.2289

Sexuelle Beleidigung einer im Dienstgebäude tätigen **Reinigungskraft** durch Worte und Gesten durch **Verwaltungsleiter: Geh.K**
- *BVerwG* v. 14. 2. 2007 – 1 D 12.05

12. Wohlverhaltenspflicht außerhalb des Dienstes, Einzelfälle

a) Rechtsgrundlage: § 77 Abs. 1 Satz 2 BBG

Wortlaut:
»Außerhalb des Dienstes ist dieses nur dann ein Dienstvergehen, wenn die Pflichtverletzung nach den Umständen des Einzelfalles in besonderem Maße geeignet ist, das Vertrauen in einer für ihr Amt oder das Ansehen des Beamtentums bedeutsamen Weise zu beeinträchtigen.«

b) Definition der Pflicht und ihrer Verletzung

Der disziplinaren Ahndung unterliegt unter bestimmten einengenden Voraussetzungen auch das **außerdienstliche Privatverhalten** der Beamten. Dies ist mit Blick auf die funktionale Zielrichtung des Disziplinarrechts problematisch. Es geht in § 77 Abs. 1 Satz 2 BBG um ein Privatverhalten, das jeder andere Bürger auch und ohne jeglichen Bezug zu amtlichen Pflichten zeigen könnte. Die disziplinare Verfolgung derartigen außerdienstlichen Verhaltens stellt die Ausnahme dar und ist nur bei konkret bestimmbarem dienstlichem Interesse zulässig. Die neue Definition des außerdienstlichen Dienstvergehens in § 77 Abs. 1 Satz 2 BBG wurde durch das Gesetz zur Neuordnung des Bundesdisziplinarrechts vom 20.7.1967 (BGBl. I S. 725) eingeführt. Mit ihr verfolgte der Gesetzgeber den Zweck, den Tatbestand des Dienstvergehens im Bereich außerdienstlichen Verhaltens mit Blick auf die **gewandelte Stellung des Beamten in der sozialen Gemeinschaft** gegenüber früher einzuschränken. Insbesondere bezüglich der **Straßenverkehrsdelikte** sollte die disziplinare Verfolgung durch verschärfte tatbestandliche Anforderungen auf Fälle von besonderer Bedeutsamkeit beschränkt werden (vgl. schriftl. Bericht des Innenausschusses des Deutschen Bundestages, BT-Drucks. V/1693, S. 10, zu Art. II § 2).

Die Intention des Gesetzgebers ist in der Folgezeit nur sehr zurückhaltend von der Rspr. umgesetzt worden. Sie hat keine objektiven Abgrenzungskriterien entwickelt, sondern ein Fall-Recht gebildet, das häufig nicht der gewandelten Stellung des Beamten in der sozialen Gemeinschaft entsprach. Zu Recht hat dies Steinbach bereits im Jahr 1971 (ZBR 1971, 271) mit deutlichen Worten kritisiert. Zu Recht kritisch zur bisherigen Rspr. des BVerwG auch Els S. 146 f., 160 f., 212. Erst in jüngster Zeit hat das BVerwG nach nunmehr fast 35 Jahren genau in der Zeit, in der das neue Gesetz zur Neuordnung des Bundesdisziplinarrechts eingebracht und in Form des Bundesdisziplinargesetzes verabschiedet worden ist, mit den Anforderungen des Neuordnungsgesetzes aus dem Jahre 1967 an das außerdienstliche Verhalten ernst gemacht und in dogmatischer Aufarbeitung der Normstruktur der §§ 61 Abs. 1 Satz 3, 77 Abs. 1 Satz 2 BBG Kriterien entwickelt, mit denen sich die Fälle außerdienstlichen Verhaltens zufrieden stellend lösen lassen (BVerwG v. 30.8.2000 – 1 D 37.99 – ZBR 2001, 39 f. i.V.m. BVerwG v. 8.5.2001 – 1 D 20.00). Dies gilt vor allem für den Bereich der **außerdienstlichen Trunkenheitsfahrten**. Hier hat die neuere Rspr. mit der äußerst konservativ geprägten Rspr. des BVerwG in den vorangegangenen 30 Jahren endlich aufgeräumt.

Die bisherige Streitfrage, ob § 77 Abs. 1 Satz 2 BBG einen Dienstvergehenstatbestand sui generis darstellt, ob Satz 2 dieser Vorschrift eine Konkretisierung des Satzes 1 ist oder § 77 Abs. 1 S. 2 eine **Qualifizierung des Grundtatbestandes**

1

2

3

B. II. 12 Wohlverhaltenspflicht außerhalb des Dienstes

des § 61 Abs. 1 Satz 3 BBG enthält, hat das BVerwG nunmehr in letzterem Sinn entschieden. Danach ist vorab der Grundtatbestand des § 61 Abs. 1 Satz 3 BBG zu prüfen, ob das Verhalten eines Beamten also die Achtung und das Vertrauen beeinträchtigt, die sein Beruf erfordert. Dabei wird das Merkmal »die sein Beruf erfordert« hinsichtlich außerdienstlicher Pflichtverletzungen durch die später erlassene Vorschrift des § 77 Abs. 1 Satz 2 inhaltlich dahin konkretisiert, dass sich die Achtungs- und Vertrauensbeeinträchtigung entweder auf das Amt oder das Ansehen des Beamtentums zu beziehen hat. Mit dem **Amt ist damit bereits im Rahmen des § 61 Abs. 1 Satz 3 BBG** nicht mehr das Amt im statusrechtlichen Sinne, sondern **das konkret-funktionale Amt im dienstrechtlichen Sinne gemeint.** Zu Besonderheiten von Verfehlungen während einer **Beurlaubung,** die als außerdienstliche Dienstvergehen einzustufen sind, vgl. BVerwG v. 7. 6. 2000 – 1 D 4.99 – DVBl 2001, 122 und B. I. Rn. 4. Auch das Fehlverhalten eines »in-sich-beurlaubten« Beamten kann geeignet sein, das Ansehen des Beamtentums zu beeinträchtigen (BVerwG v. 12. 12. 2001 – 1 D 4.01 in Abgrenzung zu 1 D 4.99).
Erst nach Bejahung eines pflichtwidrigen Verhaltens i. S. d. § 61 Abs. 1 Satz 3 BBG sind die weiteren besonderen Voraussetzungen des § 77 Abs. 1 Satz 2 BBG zu prüfen. Zu beachten ist, dass ausweislich des Wortlauts von § 61 Abs. 1 Satz 3 der Beamte sich sowohl achtungs- als auch vertrauensgerecht verhalten muss (»und«). Deshalb liegt eine Pflichtwidrigkeit bereits dann vor, wenn der Beamte einem dieser Verhaltensgebote »nicht gerecht« wird. Dagegen ist angesichts des neuen Wortlauts des § 77 Abs. 1 Satz 2 BBG ein außerdienstliches Dienstvergehen nur gegeben, wenn der Beamte das Vertrauen beeinträchtigt. Der Kritik von Weiß (ZBR 2001, 42 f.) an der Entscheidung vom 30. 8. 2000 ist das BVerwG nicht gefolgt und hat seine Rspr. im Urteil vom 8. 5. 2001 fortgebildet. Unter Berücksichtigung des alten Wortlauts, in dem das Merkmal »Achtung« noch enthalten war, bezieht sich das Merkmal **»in besonderem Maße«** auf die Eignung zur Achtungs- und Vertrauensbeeinträchtigung. Da die Eignung voraussetzt, dass die konkrete Möglichkeit einer Beeinträchtigung besteht, ist obiges Merkmal nur erfüllt, wenn das Verhalten des Beamten in quantitativer und qualitativer Hinsicht eine über das für eine jede Eignung vorausgesetzte Mindestmaß an Wahrscheinlichkeit einer Beeinträchtigung hinausgeht (Urt. v. 8. 5. 2001 unter Berufung auf Zängl). Das Merkmal **»in bedeutsamer Weise«** bezieht sich auf den »Erfolg« der möglichen Achtungs- und Vertrauensbeeinträchtigung. Die zur Beeinträchtigung in besonderem Maße geeignete Pflichtverletzung weist Bedeutsamkeit auf, wenn sie in qualitativer und/oder quantitativer Hinsicht das einer jeden außerdienstlichen Pflichtverletzung innewohnende Maß an disziplinarer Relevanz deutlich überschreitet. Durch das Dienstrechtsneuordnungsgesetz v. 5. 2. 2009 ist das Merkmal »**Achtung**« in § 77 Abs. 1 Satz 2 BDG gestrichen worden. In der amtlichen Begründung zum wortgleichen § 47 Abs. 1 Satz 2 Beamtenstatusgesetz v. 17. 6. 2008 (BGBl. I S. 1010) heißt es hierzu, die Einschränkungen in Satz 2 trügen den Wertungen des Grundgesetzes und dem gewandelten Verständnis über die Stellung von Beamten in der Gesellschaft Rechnung. Zwar habe auch das außerdienstliche Verhalten Bedeutung für die Pflichten aus dem beamtenrechtlichen Dienst- und Treueverhältnis. Die vorkonstitutionelle Auffassung, Beamte seien »immer im Dienst«, gelte jedoch in dieser Allgemeinheit nicht mehr. Es gehe vielmehr allein um das Vertrauen in eine objektive, rechtmäßige und effiziente Aufgabenerfüllung. Das entspreche auch der neuen höchstrichterlichen Rspr.

zur außerdienstlichen Trunkenheitsfahrt (vgl. Rn. 5). Diese Grundsätze wurden in diesem Kommentar von Anfang an vertreten. Ein außerdienstliches Dienstvergehen ist auch nach Wegfall des Merkmals »Achtung« im § 77 BBG nur dann gegeben, wenn ein Verstoß gegen § 61 Abs. 1 Satz 3 BBG vorliegt und die erforderliche **besondere Schwere** des außerdienstlichen Pflichtverstoßes gegeben ist. Die oben wiedergegebene Rspr. ist dahin zu lesen, dass die Pflichtverletzung besonders zur Vertrauensbeeinträchtigung für Amt und Ansehen des Beamtentums geeignet sein muss.
Nach der neuen Rspr. sind die Kriterien eines außerdienstlichen Dienstvergehens erfüllt bei gegen den Staat gerichtetem Verhalten (§§ 80-120 StGB), wenn das Vermögen des Staates betroffen ist **(Steuer- und Abgabenhinterziehung)** und in der Regel bei vorsätzlich begangenen schwer wiegenden Straftaten, die mit einer **Freiheitsstrafe** geahndet worden sind. Dies zeigt auch die gesetzgeberische Wertung in § 41 Absatz 1 Nr. 1 BBG. Im Übrigen gilt: Je näher ein Bezug außerdienstlichen Fehlverhaltens zu dem übertragenen Aufgabenbereich besteht, desto eher sind der Grundtatbestand des § 61 Abs. 1 Satz 3 BBG und die besonderen Voraussetzungen eines außerdienstlichen Dienstvergehens erfüllt. Dies ist in der Regel der Fall bei einem zur Verhinderung und Verfolgung von Straftaten betrauten Polizeibeamten. Außerdienstliche Vermögensdelikte können geeignet sein, bei einem Kassenbeamten Rückschlüsse auf dessen dienstliche Vertrauenswürdigkeit zu ziehen. Außerdienstliche Verfehlungen, die keinen **Straftatbestand** erfüllen, sind grundsätzlich nicht derart schwerwiegend, dass eine Dienstentfernung gerechtfertigt sein könnte (**BVerfG** v. 8. 12. 2004 – 2 BvR 52/02 – S. 19).

Verfehlungen im Straßenverkehr

Eine **außerdienstliche Trunkenheitsfahrt,** die den Entzug des Führerscheins zur Folge hat, hat auch dienstliche Auswirkungen bei einem Beamten, der dienstlich mit dem Führen von Kraftfahrzeugen betraut ist. Entsprechende Grundsätze gelten für **Angehörige von Betriebsdiensten,** die ähnlich wie **Berufskraftfahrer** beim Führen von Fahrzeugen im Schienen-, Luft- oder Wasserverkehr besondere innerdienstliche Zuverlässigkeit und Verantwortlichkeit schulden. Dies gilt insbesondere für **Lok- und Triebfahrzeugführer** (vgl. nachf. Rechtsprechungsübersicht). Der allgemeine Schluss, wer außerdienstlich im Verkehr versage, neige auch in seinem Dienst dazu, ist fraglich und ohne konkrete Anhaltspunkte für entsprechende innerdienstliche Labilität nicht haltbar (A. I. Rn. 43). Jedenfalls kommt ein mittelbarer innerdienstlicher Bezug bei **sonstigen Betriebsdienstangehörigen** wie Rangierbeamten, Fahrdienstleitern, Stellwerksbeamten nicht schon allein aufgrund des Vorliegens der außerdienstlichen Trunkenheitsfahrt in Betracht. 4

Nach der Entscheidung des BVerwG vom 30. 8. 2000 (1 D 37.99) erfüllt eine **einmalige außerdienstliche Trunkenheitsfahrt im Sinne von § 316 StGB** bei einem Beamten, der dienstlich nicht mit dem Führen von Kraftfahrzeugen betraut ist, bereits nicht mehr den Grundtatbestand des § 61 Abs. 1 Satz 3 BBG. Damit wurde eine **jahrzehntelange Rspr. ausdrücklich aufgegeben.** Offen gelassen wurde, ob und in welchen Fällen Wiederholungstaten eine außerdienstliche Dienstvergehensqualität erhalten. Im Urteil vom 8. 5. 2001 (1 D 20.00) hat das BVerwG ein außerdienstliches Dienstvergehen bei einem dienstlich nicht mit Führen eines Kraftfahrzeugs betrauten Beamten bejaht, der innerhalb von 5

B. II. 12 Wohlverhaltenspflicht außerhalb des Dienstes

30 Monaten zwei außerdienstliche Straßenverkehrsgefährdungen infolge alkoholbedingter Fahruntüchtigkeit (§ 315c Abs. 1 Nr. 1a StGB, jeweils mit Fremdschaden) begangen hatte und wegen der ersten Tat nicht nur strafrechtlich, sondern erst 6 Monate zuvor auch disziplinar gemaßregelt worden war. Wie sich die Rspr. weiter entwickelt bleibt abzuwarten. Dies gilt insbesondere für die bisher regelmäßig mit Disziplinargerichtsbescheid abgeschlossene **zweite außerdienstliche Trunkenheitsfahrt i. S. d. § 316 StGB** eines Beamten, der dienstlich nicht mit dem Führen von Kraftfahrzeugen betraut ist. Hierzu wird im Urteil vom 30. 8. 2000 ausgeführt, nur bei einer Mehrzahl von Fällen des § 316 StGB könne eine neue Qualität für die Beurteilung der dienstlichen Vertrauenswürdigkeit begründet werden. Jeder Einzelfall auf verkehrsrechtlichem Gebiet ist neu zu bewerten. Die frühere Rspr. des BVerwG kann nicht vorbehaltlos übernommen werden. Es erscheint fraglich, ob durch die Wiederholung einer außerdienstlichen Trunkenheitsfahrt, die keine dienstlichen Auswirkungen hat, mit Blick auf die Aufrechterhaltung der Funktionsfähigkeit des öffentlichen Dienstes ein Mahnbedürfnis vorliegt. Die eigentliche Mahnungswirkung kann dem sachgleichen Strafverfahren vorbehalten bleiben. Warum sollte das Vertrauen der Allgemeinheit in die korrekte Dienstausübung der Beamtenschaft beeinträchtigt sein, wenn ein dienstlich mit dem Führen von Kraftfahrzeugen nicht betrauter Beamter, der seinen Dienst ordentlich und zur Zufriedenheit seines Dienstherrn verrichtet, privat über den Durst trinkt und in diesem Zustand (wiederholt) ein Kraftfahrzeug führt? Wenn in derartigen Fällen allerdings eine **gerichtliche Freiheitsstrafe** verhängt wird, ist das Verhalten geeignet, einen Achtungs- und Vertrauensverlust herbeizuführen. Die rechtskräftige Verurteilung zu einer Freiheitsstrafe, gleich aufgrund welchen Verhaltens, erfüllt die Voraussetzungen des § 77 Abs. 1 Satz 2 BBG. Im Falle der Verbüßung einer Freiheitsstrafe (Widerruf einer Bewährung) kommt hinzu, dass der Beamte auch noch alimentiert wird, weil ein schuldhaftes Fernbleiben vom Dienst in aller Regel nicht vorliegt (vgl. BVerwG v. 7. 6. 1994 – 1 D 35.93). Ein denkbarer Ansatzpunkt wäre auch, die Dienstvergehensqualität bei Wiederholungstaten auf straßenverkehrsrechtlicher Ebene bei einer Verurteilung zu einer bestimmten Zahl von Tagessätzen eintreten zu lassen, wobei in Anlehnung an § 43 StGB ein Tagessatz einem Tag Freiheitsstrafe entspricht. Dies könnte etwa bei 120 Tagessätzen entsprechend einer Freiheitsstrafe von 4 Monaten der Fall sein.

In der Vergangenheit war Ende der 1980er Jahre eine Liberalisierung bei der Bemessung der 2. Trunkenheitsfahrt insoweit eingetreten, als vom Bundesdisziplinargericht in der Regel nur noch eine Geldbuße verhängt wurde. Auf Betreiben des damaligen Bundesdisziplinaranwalts schlossen die Einleitungsbehörden diese Verfahren ebenfalls mit einer Geldbuße ab (Wattler, ZBR 1989, 321, 330 f.). Erst sein Nachfolger stellte die Fälle wieder zur Überprüfung an (Hertel, ZBR 1993, 289, 303). Es kam zur Fortsetzung der konservativen Rspr. des BVerwG, das für die 2. außerdienstliche Trunkenheitsfahrt die Verhängung einer Gehaltskürzung im unteren Bereich für erforderlich hielt (z. B. v. 5. 2. 1991 – 1 D 29.90). Das BVerwG hat in seiner Entscheidung vom 8. 5. 2001 (1 D 20.00) **hohe Anforderungen an die Erfüllung der Voraussetzungen eines außerdienstlichen Dienstvergehens gestellt.** Werden diese im Einzelfall bejaht, dürfte mindestens eine Gehaltskürzung die angemessene Disziplinarmaßnahme sein. Dies bedeutet umgekehrt, dass bei einem außerdienstlichen Dienstvergehen, bei dem allenfalls die Verhängung einer Geldbuße denkbar wäre (wie

Wohlverhaltenspflicht außerhalb des Dienstes B. II. 12

unter Umständen bei der 2. außerdienstlichen Trunkenheitsfahrt), zumindest die besonderen Voraussetzungen des § 77 Abs. 1 Satz 2 BBG nicht mehr erfüllt sein dürften, so dass diese Fälle in Zukunft zu einem Freispruch führen müssten. Unterhalb der Gehaltskürzung dürfte es keine außerdienstlichen Verfehlungen mehr geben.

Ebenso problematisch ist die disziplinare Bewertung des strafbaren **Entfernens vom Unfallort nach § 142 StGB** (früher Unfallflucht). Das BVerwG hat bisher in st. Rspr. die Unfallflucht in ihrem disziplinaren Gewicht mit moralisierendem Pathos der Trunkenheitsfahrt gleichgestellt (v. 18. 3. 1986 – 1 D 47.85; v. 25. 1. 1994 – 1 D 77.92; v. 10. 7. 1996 – 1 DB 14.96). In der Vorschrift des § 142 StGB wird seit jeher bereits in strafrechtlicher Hinsicht ein umstrittener und verunglückter Straftatbestand gesehen. Schutzzweck ist, die Aufklärung von Verkehrsunfällen zu erleichtern und der Gefahr eines drohenden Beweisverlustes entgegenzuwirken (Schönke/Schröder, StGB, Rn. 1 ff.). Es geht also um die **Sicherung zivilrechtlicher Ansprüche**. Wie beim Schuldenmachen, soweit es um die Abwicklung zivilrechtlicher Ansprüche geht (s. u. Rn. 13), hat hier das Disziplinarrecht nichts zu suchen (kritisch auch Ostler, Festgabe 25 Jahre BVerwG, S. 454). Eine ebensolche Zurückhaltung in der Bewertung der disziplinaren Erheblichkeit ist beim **Fahren ohne Fahrerlaubnis** geboten. Das BVerwG hat im Urteil vom 11. 12. 1996 (1 D 56.95 – E 113, 44) ein derartiges Verhalten pauschal mit anderen Verkehrsdelikten als außerdienstliches Dienstvergehen gewertet. Dagegen hat es im Urteil v. 12. 12. 1990 (1 D 12.90) einen Beamten freigestellt, der mit einem PKW in Urlaub gefahren ist, obwohl er wusste, dass er nicht im Besitz der erforderlichen Fahrerlaubnis war. Diese war ihm lange zuvor wegen einer Trunkenheitsfahrt entzogen worden. **Nötigung im Straßenverkehr** soll nach bisheriger Rspr. des BVerwG ein außerdienstliches Dienstvergehen sein (v. 9. 4. 1997 – 1 D 17.96).

Das BVerwG hat nunmehr in seinem jüngsten Urteil vom 29. 8. 2001 (1 D 49.00) einen Postzusteller (Fußzustellbezirk) freigesprochen (BDiG: 7 Monate Geh.K), der eine vorsätzliche außerdienstliche Trunkenheitsfahrt mit 2,76 Blutalkoholkonzentration begangen hatte und etwa 1 Jahr später mit Motorroller gefahren ist, obwohl ihm die wegen der Trunkenheitsfahrt entzogene Fahrerlaubnis noch nicht wieder erteilt worden war. Der Beamte war vorbelastet durch eine etwa 2 Jahre vor der Trunkenheitsfahrt begangene Verkehrsunfallflucht. Er hatte ein Geländer beschädigt (300 DM Schaden) und war zu einer Geldstrafe von 15 Tagessätzen zu 50 DM verurteilt worden. Das sachgleiche Disziplinarverfahren war damals eingestellt worden. Keine der drei Straftaten hätte für sich die Voraussetzungen des § 61 Abs. 1 Satz 3 BBG erfüllt. Das Fehlverhalten reichte dem BVerwG insbesondere aufgrund des geringen Gewichts der Verkehrsunfallflucht (Vorbelastung) und des Fahrens ohne Fahrerlaubnis insgesamt nicht, die besonderen Voraussetzungen des § 77 Abs. 1 Satz 2 BBG zu bejahen. Aufgrund dieser Entscheidung kann die Prognose gewagt werden, dass auch einer zweiten Trunkenheitsfahrt i. S. d. § 316 StGB i. d. R. keine Dienstvergehensqualität zukommt. Die st. Rspr. des BDiG, das derartige Verfehlungen meist ohne Differenzierung, ob ein Verstoß nach § 316 oder § 315c StGB, fahrlässige oder vorsätzliche Begehungsweise oder eine schwerwiegende Verkehrsunfallflucht vorliegt, mit einer Gehaltskürzung im unteren Bereich ahndet, ist danach nicht gerechtfertigt.

B. II. 12 Wohlverhaltenspflicht außerhalb des Dienstes

Rechtsprechungsübersicht

Lokführer – **außerdienstliche Trunkenheitsfahrt im Ausland** (Österreich) – tödlicher Unfall – österreichisches Strafurteil – besonderer Ansehensschaden auch in Augen der deutschen Öffentlichkeit – Geh.K – wegen § 14: **Einst.**
– BDiG v. 23. 6. 1971 – IV VL 32/70

Motorisierter **Postzusteller – außerdienstliche Trunkenheitsfahrt im Vollrausch** – Verlust der Fahrerlaubnis und Ablösung als Kraftfahrer – Vorsorge gegen spätere Fahrmöglichkeit (Abgabe der Wagenschlüssel) – unvorhergesehene Besitzerlangung und Fahrt im Vollrausch – kein Dienstvergehen: **Freispr.**
– BDiG v. 10. 8. 1976 – V VL 9/73

Hauptamtlicher Bahnpolizeibeamter – Pkw-Fahrt in übermüdetem Zustand – Einschlafen während der Fahrt – Unfall – steht Trunkenheitsfahrt gleich: **Geldbuße**
– BVerwG v. 18. 8. 1981 – 1 D 82.80

Hauptamtl. **Bahnbusfahrer** – außerdienstl. **Pkw-Fahrt mit 1,17 BAK** – Bußgeldbescheid mit Fahrverbot – Ablösung als Kraftfahrer – schon im Erstfall Geh.K – weitere Verfehlungen – mildernd: Fahrtentschluss unfreiwillig und unter Alkohol, 4 Jahre nach Vortat: **Geh.K**
– BVerwG v. 28. 11. 1984 – 1 D 31.84

Hauptamtl. **Bahnbusfahrer – 2 außerdienstl. Trunkenheitsfahrten** mit Pkw und Mofa – Verlust der Fahrerlaubnis, Ablösung als Kraftfahrer – kein Rückfall, da gemeinsam und erstmalig diszipl. vorgeworfen – wegen dienstl. Auswirkung und Wiederholungstat: **Geh.K**
– BVerwG v. 12. 12. 1984 – 1 D 129.84

Lokführer – auf **Mofa mit 2,5 BAK** – Dienstvergehen – Rückfall – einheitliche Bemessung, Berücksichtigung der Vormaßnahme – (keine Gesamtstrafenbildung): **Geh.K**
– BVerwG v. 13. 5. 1981 – 1 D 21.80

Früherer Bahnbusfahrer – wegen Vortat nicht mehr im Fahrdienst – erneute **außerdienstliche Trunkenheitsfahrt** mit 2,39 – Rückfall – Verstoß gegen Pflicht, Wiederverwendung als Fahrer zu ermöglichen (?): **Degr.**
– BVerwG v. 9. 2. 1982 – 1 D 50.81

Polizeivollzugsbeamter – **außerdienstliche Unfallflucht** – Verlassen des Unfallorts unter Zeugen, um Abschleppen zu veranlassen und danach sich bei der Polizei zu melden – keine besondere Ansehenswidrigkeit: **Freispr.**
– BDiG v. 17. 12. 1978 – I Bk 19/78

Lokführer – außerdienstliche Trunkenheitsfahrt und **Fahren ohne Fahrerlaubnis** (nach gerichtl. Entzug der FE) an 2 verschiedenen Tagen – Ablösung aus Lokfahrerdienst – mildernd: Fahrtentschluss erst unter Alkohol – 6 Jahre seit Vortat verstrichen: **Geh.K**
– BVerwG v. 18. 4. 1985 – 1 D 131.84

Oberlokomotivführer – vorsätzliche **außerdienstliche Trunkenheitsfahrt** – Herausnahme aus dem Lokfahrdienst – bedingt vorsätzliche Einschränkung der Verwendungsfähigkeit: **Geh.K**
– *BVerwG* v. 14. 2. 1995 – 1 D 77.93

Vorsätzliche Sachbeschädigung, **Nötigung im Straßenverkehr** – kein Zusammenhang mit Pflichten als Ruhestandsbeamter: **Einstellung** gem. § 14 BDO
– *BVerwG* v. 9. 4. 1997 – 1 D 17.96

Erste Trunkenheitsfahrt eines dienstlich mit dem Führen von Kfz nicht betrauten Beamten – **kein Dienstvergehen** – Grundbestand des § 54 Satz 3 (jetzt: § 61 Abs. 1 Satz 3) BBG nicht erfüllt; **Aufgabe der bisherigen Rspr.**
– *BVerwG* v. 30. 8. 2000 – 1 D 37.99 – DVBl. 2001, 137

Polizeibeamter verweigert mehrfach geforderten Alkoholtest – entzieht sich durch Flucht – fährt mit Auto los, obwohl sich kontrollierender Polizeibeamter noch mit dem Oberkörper im Fahrzeug befand: **Entf.**
– *OVG NW* v. 28. 1. 2009 – 3d A 3531/07.O

Außerdienstliche Unterschlagung, Untreue, Betrug

Unterschlagung, Betrug und Untreue außerhalb des Dienstes sind i. S. d. § 77 Abs. 1 Satz 2 BBG in aller Regel in besonderem Maße geeignet, achtungs- und ansehensmindernd sowie – auch innerdienstlich – vertrauensmindernd zu wirken. Das ergibt sich bereits aus dem kriminellen Gehalt und aus der durch die strafrechtliche Einordnung und Bewertung ersichtlichen Sozialschädlichkeit dieser Delikte. Diese außerdienstlichen Verfehlungen haben deshalb grundsätzlich Dienstvergehensqualität. An dieser kann es fehlen, wenn die Umstände des Einzelfalles die »Schwelle des disziplinar Erheblichen« als nicht überschritten erscheinen lassen. Das kann bei außerdienstlichen Vermögensdelikten im Gegensatz zu innerdienstlichen eher angenommen werden, etwa wegen des besonders geringen Wertes des Tatobjektes, wegen der persönlichen Beziehung zu dem Opfer (Familienangehörige) oder wegen geringer Schuld (Vollrausch, Irrtum über den Wert des Objekts, besondere Verleitungssituation). Entscheidend ist, ob für die außerdienstliche Entgleisung im Privatbereich Außenstehende berechtigterweise eine Verbindung zur dienstlichen Vertrauenswürdigkeit des Beamten herstellen oder Vorgesetzte und Mitarbeiter an der Zuverlässigkeit im Dienst zweifeln müssen.
Liegt ein Dienstvergehen nach § 77 Abs. 1 Satz 2 BBG vor (zu den Kriterien vgl. Rn. 3), so gelten **für seine Bewertung und Einstufung mildere Maßstäbe** als für vergleichbare Straftaten in oder gegenüber dem Dienst.
Sowohl bei Unterschlagung als auch bei Betrug und Untreue außerhalb des Dienstes gibt es keine Regelmaßnahmen, weder die Höchstmaßnahme der Entfernung (wie für Zugriffsdelikte) noch eine sonstige. Vielmehr ist immer nach den besonderen Umständen des Einzelfalles zu bewerten und einzustufen, außer erschwerenden Umständen auch alle denkbaren Milderungsgründe anwendbar (dazu A. IV. Rn. 94 ff.; weitere Fallbeispiele in folgender Rspr.-Übersicht).

B. II. 12 Wohlverhaltenspflicht außerhalb des Dienstes

Rechtsprechungsübersicht

Beamter – Entnahme von **Geld aus der Kollegen-Gemeinschaftskasse** – kein Kollegendiebstahl, keine Amtsunterschlagung – daher mildere Bewertung: **Degr.**
– *BVerwG* v. 16. 1. 1985 – 1 D 112.84

Beamter des gehobenen Dienstes – **Gebrechlichkeitspfleger** – fortgesetzte **Veruntreuung** von insgesamt 8000 DM: **Entf.**
– *BVerwG* v. 11. 4. 1984 – 1 D 53.83

Beamter des gehobenen Dienstes – **Vorsitzender des Schulelternbeirats** – **fortgesetzte Veruntreuungen** (13 000 DM) – seelische Ausnahmesituation: **Degr.**
– *BVerwG* v. 22. 11. 1982 – 1 D 16.82

Postbeamter des mittleren Dienstes – außerdienstlicher **Fund von Olympiamünzen** – Unterschlagung – Wert 450 DM – Geldbuße, wg. Verjährung: **Einst.**
– *BVerwGE* 63, 226

Bahnbeamter – bei der Leerung von Sparkästen eines **Sparvereins** eingenommene **Gelder** in Höhe von 20 000 DM **verspielt: RGeh.K** von 5 Jahren nach nicht mehr zulässiger Degr.
– *BVerwG* v. 7. 9. 1994 – 1 D 45.93

Entnahme von Geld aus Barbestand der Kasse des **Bundesbahnsozialwerks** – Wahrnehmung der Aufgaben der sozialen Einrichtung waren dem privaten, gesellschaftlichen Bereich des Beamten zuzuordnen – Wertung als außerdienstliches Dienstvergehen: **Degr.**
– *BVerwG* v. 26. 2. 1992 – 1 D 29.91 – DÖV 1993, 487

Beamter der Bundeswehrverwaltung – Veruntreuung von **Vereinsgeldern** als Kassierer einer Unteroffizier-Heimgesellschaft in Höhe von 26 000 DM: **Entf.**
– *BVerwG* v. 13. 4. 1994 – 1 D 44.93

Außerdienstlicher Betrug durch **Einlösung** von einem Dritten **entwendeten Schecks** – außerdem **Urkundenfälschung: Degr.**
– *BVerwG* v. 13. 7. 1994 – 1 D 56.93

Veruntreuung von **Parkgebühren** als Pförtner und Kassierer im Rahmen einer genehmigten Nebentätigkeit – Degr. laufbahnrechtlich unzulässig: **Geh.K**; § 14 BDG wegen konkreten Erziehungsbedürfnis nicht entgegenstehend
– *BVerwG* v. 19. 9. 1995 – 1 D 32.94

Unterschlagung von **Vereinsgeldern** in Höhe von 4850 DM: **Geh.K**
– *BVerwG* v. 9. 7. 1996 – 1 D 6.96

Beteiligung an **außerdienstlichem Versicherungsbetrug** – Schaden 40 000 DM – fehlende Eigennützigkeit: **Degr.**
– *BVerwG* v. 6. 9. 1995 – 1 D 48.94

Veruntreuung von **Vereinsgeldern** einer Karnevalsgesellschaft in Höhe von 13 500 DM über 8 Jahre – Anlegen eines fiktiven Postsparbuchs durch die als Posthelferin tätige Ehefrau und Vornahme von Eintragungen zum »Nachweis« der ordnungsmäßigen Verwendung der Gelder: **Aberk. RGeh.**
– *BVerwG* v. 24. 11. 1998 – 1 D 36.97

Beihilfe zum versuchten **außerdienstlichen Versicherungsbetrug: Geh.K**
– *BVerwG* v. 17. 9. 1996 – 1 D 64.95

Versicherungsbetrug durch Fingierung von Kfz-Unfällen: **Entf.**
– *BVerwG* v. 10. 3. 1992 – 1 D 50.91

Versicherungsbetrug – Schaden 19 000 DM – Vortäuschung einer Straftat, Urkundenfälschung und versuchte Hehlerei: **Entf.**
– *BVerwG* v. 8. 9. 1997 – 1 D 32.96

Versicherungsbetrug – Schaden 125 000 DM: **Aberk. RGeh.**
– *BVerwG* v. 4. 7. 2000 – 1 D 38.99

Herstellung und Verkauf von aufladbaren Telefonkarten an verdeckten Ermittler – hoher drohender Schaden: **Entf.**
– *BVerwG* v. 25. 4. 2001 – 1 D 16.00

Börsenspekulation mit Vereinsgeldern ohne eigene Bereicherungsabsicht – Schaden über 186 000 DM: **Entf.**
– *BayVGH* v. 17. 11. 2006 – 16b D 05.790

Außerdienstlicher Diebstahl und Hehlerei

Außerdienstlicher Diebstahl kommt in solcher Vielfalt vor, dass es auch für ihn keine Regelmaßnahme gibt. Zwar bewertet das BVerwG jeden Diebstahl eines Beamten immer noch dahin, dass seine disziplinare Bedeutung grundsätzlich »um ein Vielfaches über die strafrechtliche Bewertung hinausgeht« (st. Rspr., z. B. v. 12. 6. 1985 – 1 D 139.84), was mindestens in leichten Fällen ohne dienstlichen Bezug zu bezweifeln ist. Denn immerhin fallen unter diesen Dienstvergehenstatbestand auch die Bagatellantragsdelikte des Haus- und Familiendiebstahls (§ 247 StGB) und des Diebstahls geringwertiger Sachen (§ 248 a StGB, früher Mundraub), für deren Verfolgung normalerweise kein öffentliches Interesse besteht und ohne Bezug zur dienstlichen Tätigkeit (z. B. Polizeibeamter) keine disziplinare Relevanz vorliegt. In Wirklichkeit **differenziert das BVerwG** selbst inzwischen erheblich in der Bewertung und Einstufung der verschiedenartigen Diebstahlstypen sowohl nach dem Wert des Diebesguts als auch nach der Tatsituation und dem kriminellen Aufwand, nach der Täterpersönlichkeit und dem dienstlichen Bezug. In den letzten Jahren hat das BVerwG seine früher sehr strenge Bewertung erheblich gemildert und vor allem dem häufigen Fehlen des dienstlichen Bezugs Rechnung getragen. So hat es bei wiederholten Warenhausdiebstählen von dem Begriff des »Beutezugs« mit der Regelfolge der Entfernung, später Degradierung, Abstand genommen (in Urt. v. 7. 5. 1980 – 1 D 17.79), schließt auch nicht mehr pauschal von dem dienstlichen Einsatzgebiet auf eine mittelbare Dienstbezogenheit und konkrete Wiederho-

B. II. 12 Wohlverhaltenspflicht außerhalb des Dienstes

lungsgefahr (v. 5.8.1980 – 1 D 73.79 [»eine Aussage des Inhalts, dass ein in einem Warenhaus als Dieb überführter Beamter deshalb auch gegen jedes andere Eigentums- oder Vermögensdelikt anfällig ist, erscheint nicht angängig«]; v. 17. 4. 1985 – 1 D 124.84 – ZBR 1985, 203) und setzt ohnehin die disziplinare Bedeutung außerdienstlicher Diebstähle niedriger an (schon mit Urt. v. 10.12.1981 – 1 D 12.81, nicht mehr regelmäßig Degr., sondern Geh.K bei mehrfachem Diebstahl, jetzt eindeutig Urt. v. 12. 6. 1985 – 1 D 139.84). Ob außer- oder innerdienstlicher Diebstahl vorliegt, ist oft zweifelhaft, für die Bewertung aber häufig nicht entscheidend. Zu Unrecht für außerdienstlich BVerwG im Fall des Diebstahls von 5000 DM aus dem Schaltertresor eines Kollegen während des Besuchs im Urlaub (so BVerwG v. 27. 1. 1988 – 1 D 88.87 – DÖD 1988, 214; genau entgegengesetzt aber BVerwG v. 24.9.1986 – 1 D 81.86 für Beraubung von Waggons außerhalb des Dienstes und der dienstlichen Zuständigkeit). Denn verletzt ist – mindestens auch – die innerdienstliche Pflicht zur kollegialen Rücksicht und zur Wahrung der Interessen der Behörde.

9 Warenhausdiebstähle erfolgen meist unter der Verlockung der Werbung und der Gelegenheit zum eigenen Zugreifen auf die ausgelegte Ware (BVerwG v. 10.12.1981 – 1 D 12.81). Für das Gewicht ist von Bedeutung die Erstmaligkeit oder Wiederholung der Tat (Geldbuße oder Geh.K, BVerwG v. 2.9.1981 – 1 D 81.80; v. 8.12.1981 – 1 D 34.81).

Diebstähle außerhalb von Warenhäusern und Selbstbedienungsläden haben in der Regel höheres kriminelles Gewicht, machen aber im Allgemeinen den Beamten selbst in den **besonders schweren Fällen des § 243 StGB** noch nicht untragbar, sondern erfordern im Regelfall die Degradierung (BVerwG v. 22. 7. 1986 – 1 D 178.85 – E 83, 217). Kommen besondere kriminelle Intensität, dienstlicher Bezug, Dauer und Schaden der Diebstähle, Gewalttätigkeit oder gewerbsmäßige Kriminalität hinzu, so kann die Entfernung unabwendbar sein (BVerwGE 83, 217). Wegen Einzelbeispielen vgl. folgende Rechtsprechungsübersicht.

10 **Hehlerei** hat ähnliche disziplinare Bedeutung wie der Diebstahl. Sie wiegt jedoch **nicht generell gleich schwer wie Diebstahl**. Nur dann, wenn der Hehler dem Dieb erst die Möglichkeit der Verwertung des Diebesgutes verschafft und das Gut dem Eigentümer noch weiter entfremdet, gelten dieselben Bewertungsgrundsätze (BVerwG v. 23.7.1980 – 1 D 67.79). Ähnliche Bewertung im Falle einer **Geldwäsche** (vgl. nachfolgende Rechtsprechungsübersicht). Wer als Bahnbeamter gestohlenes Beförderungsgut der Bahn hehlt, verstößt zugleich gegen die innerdienstlichen Treue- und Vertrauenspflichten und macht sich in der Regel untragbar (BVerwG v. 18.10.1979 – 1 D 100.78 – BVerwGE 63, 276; v. 8.5.1990 – 1 D 46.89 – BVerwGE 86, 273). Ohne diesen dienstlichen Bezug werden im Allgemeinen Geldbuße und Gehaltskürzung angemessen sein, bei fortgesetzter, gewerbsmäßiger Hehlerei Degradierung (BVerwG v. 8.9.1982 – 1 D 73.81; bei erschwerenden Umständen Entfernung, v. 6.9.1994 – 1 D 7.94; v. 23.2.2000 – 1 D 65.99).

Rechtsprechungsübersicht

Beamter – Diebstähle **geringwertiger Sachen an 3 verschiedenen Tagen** – Rückfall – wegen nicht erfolgter Abmahnung: **Geh.K**
– *BVerwG* v. 2.9.1981 – 1 D 81.80; auch v. 10.12.1981 – 1 D 12.81; ebenso trotz erfolgter Abmahnung v. 8.12.1981 – 1 D 34.81

Wohlverhaltenspflicht außerhalb des Dienstes B. II. 12

Postobersekretär – außerdienstlicher **Warenhausdiebstahl im 1. Rückfall** – Badehose im Wert von 20 DM – einzelner Zugriff, geringer Wert, psychisch bedingte Kompensationshandlung: **Geh.K**
- BVerwG v. 10. 12. 1981 – 1 D 12.81, auch
v. 8. 12. 1981 – 1 D 34.81, ebenso bei 2. Rückfall
v. 25. 2. 1982 – 1 D 54.81

Bahnbeamter – außerdienstlicher **Warenhausdiebstahl im 2. Rückfall** – wegen Vortat strafgerichtlich und disziplinar ermahnt – geringer Wert, finanziell schwierige Lage: **Geh.K** (hierzu krit. Ebert, ZBR 1987, 171)
- *BVerwG* v. 25. 2. 1982 – 1 D 54.81

Polizeihauptmeister im BGS – außerdienstlicher **Kaufhausdiebstahl an 2 Tagen** – **Rückfall** – wegen Vortat Strafverfahren eingestellt, disziplinar nicht verfolgt – geringwertige Gegenstände – kein dienstlicher Bezug auf dienstliche Aufgaben als Polizeivollzugsbeamter: **Geh.K**
- *BVerwG* v. 17. 4. 1985 – 1 D 124.84 – ZBR 1985, 203; auch v. 26. 3. 1985 – 1 D 65.84 und BDiG v. 1. 10. 1985 – X VL 26/85

Posthauptschaffnerin – außerdienstlicher Kaufhausdiebstahl (Wert: 48 DM) – 2. Rückfall – Vortaten strafgerichtlich und disziplinar verfolgt – wegen vorgerückten Alters und mangelnder Beförderungschance statt Degr.: **Geh.K**
- *BVerwG* v. 28. 6. 1988 – 1 D 119.87

Bahnbeamter – **Diebesgut** über längeren Zeitraum **an- und z. T. weiterverkauft: Entf.**
- *BVerwG* v. 6. 9. 1994 – 1 D 7.94

Polizeimeister im BGS – **versuchter Einbruchsdiebstahl** – bes. kriminelle Energie: **Entf.**
- *BVerwG* v. 22. 5. 1996 – 1 D 41.95 – BVerwGE 103, 268 = DÖD 1996, 200

Seriendiebstahl z. T. in erschwerter Form (§ 243 Abs. 1 Nr. 1 StGB) – einschlägige Vorbelastung: **Aberk. RGeh.**
- *BVerwG* v. 10. 7. 1996 – 1 D 98.95

Briefzusteller – Entwendung von Waren aus einer Schaufensterauslage, zusätzlich außerdienstlicher Betrug und Unterschlagung: **Geh.K**
- *BVerwG* v. 11. 2. 1998 – 1 D 21.97

Polizeivollzugsbeamter im BGS – **Hehlerei** in 5 Fällen – Verkaufswert des Diebesguts mindestens 150 000 DM: **Entf.**
- *BVerwG* v. 23. 2. 2000 – 1 D 65.99

Beamter tauscht in Spielbank Jetons im Wert von 119 000 DM ein, die ein dort beschäftigter Croupier unterschlagen hatte und erhält 20 % Anteil (**Geldwäsche** gem. § 261 StGB): **Entf.**
- *BVerwG* v. 15. 3. 2005 – 1 D 3.05

B. II. 12 Wohlverhaltenspflicht außerhalb des Dienstes

Schuldnerverhalten

11 In der disziplinaren Praxis werden zwei Fälle von Schuldnerverhalten vorgeworfen: das leichtfertige, unehrenhafte (betrügerische) **Eingehen von Schulden** und das unehrenhafte Verhalten gegenüber den Gläubigern bei der Abwicklung (in Wirklichkeit **Nichtabwicklung) der Schulden.** Die frühere Rspr. ging, wie in allen Bereichen des Beamtenrechts, von den überkommenen Vorstellungen aus, dass Beamte unfehlbar und in jeder Hinsicht vollkommenes Vorbild der Gesellschaft sein müssten. So waren sie auch dem Dienstherrn eine einwandfreie und geordnete Wirtschaftsführung im Privatbereich schuldig und dabei auch für das unwirtschaftliche oder verschwenderische Verhalten ihrer Ehepartner disziplinar verantwortlich (BDH 2 D 58.59; v. 28. 4. 1965 – 3 D 6.65; mehr auf die eigene Verantwortlichkeit abstellend BVerwG v. 26. 5. 1966 – 3 D 11.66). Noch in neuerer Zeit ist die Rspr. des BVerwG zu diesem Ansatz widersprüchlich: Überzeugend Urt. v. 18. 3. 1982 (1 D 29.81): »Die Pflicht zu achtungswürdigem Verhalten reicht nur so weit, wie es dienstliche Interessen erfordern, wie es zur Aufrechterhaltung der Funktionsfähigkeit der öffentlichen Verwaltung erforderlich ist.« Dagegen im alten, moralisierenden Stil wieder Urt. v. 24. 7. 1984 (1 D 99.83): »In der verschuldeten Unordnung privater wirtschaftlicher Verhältnisse offenbart sich charakterliche Unzuverlässigkeit, . . . die diensterheblich ist.« In Wirklichkeit hat die Liberalisierung der letzten Jahrzehnte auch auf dem Gebiet des finanziellen und wirtschaftlichen Privatverhaltens den alten Kodex, dass ein Beamter keine Schulden haben dürfe, hinfällig werden lassen; Urt. v. 18. 3. 1982 (1 D 29.81): »Nicht jedes gegen die Zahlungsmoral verstoßende . . . Verhalten läuft den Beamtenpflichten zuwider, insbesondere nicht in besonderem Maße.«

12 Ein **unehrenhaftes Eingehen von Schulden** kommt deshalb nicht schon dann in Betracht, wenn der Beamte über die finanziellen Verhältnisse lebt und damit auch über die Grenze der wirtschaftlichen Belastbarkeit geht. Die sich daraus ergebenden Probleme sind in erster Linie privater Art und sind allenfalls zivilrechtlich von Bedeutung. Hohe Verschuldungen und damit verbundene Zahlungsschwierigkeiten können beamtenrechtlich bedeutsam sein, indem die Zuverlässigkeit und Vertrauenswürdigkeit des Betreffenden für einen bestimmten Dienstposten fraglich erscheinen und somit personelle organisationsmäßige Entscheidungen rechtfertigen, z. B. Einsatz als Kassenbeamter (bedenklich weitgehend BVerwG v. 24. 3. 1981 – 1 D 24.80), im Kundenkontakt (Bestechung), in sicherheitsempfindlichen Bereichen (Nachrichtendienste). Eine disziplinare Erheblichkeit käme aber erst in den nachfolgenden Dienstvergehen zum Ausdruck, nicht schon in der Schuldensituation an sich.

Bei **betrügerischem Schuldenmachen** liegt die »Unehrenhaftigkeit« des Verhaltens ohnehin in dem selbständigen Dienstvergehenstatbestand des inneroder außerdienstlichen Betrugs (vgl. dazu B. II. 10. Rn. 17 ff.; o. Rn. 7).

13 Pflichtwidriges Verhalten durch **Nichtabwicklung der bestehenden Schulden** überschneidet sich meist mit dem Tatbestand des pflichtwidrigen Eingehens von Schuldverpflichtungen. Wer sich bei bestehender Überschuldung erneut verschuldet, ist normalerweise zahlungsunfähig und zur vertraglichen Abwicklung nicht in der Lage. Weiß er dies bei der Schuldeingehung oder rechnet er damit, so liegt betrügerisches Schuldenmachen vor. Die Unmöglichkeit der Abwicklung ist dann die zwangsläufige Folge und keine selbständige, weitere Pflichtverletzung. Anderseits liegt bei unvorhergesehener Überschuldung allenfalls pflichtwidrige Nichtabwicklung vor. Da sich hinsichtlich des Verschuldens **diese beiden Pflichtentatbestände gegenseitig ausschließen**, kommt es auf eine präzise Abgrenzung und Substantiierung in der Disziplinarverfügung oder in der Disziplinarklage an.

Unehrenhaft und damit pflichtwidrig ist die Nichtabwicklung von Schulden nicht ohne weiteres, jedenfalls dann nicht, wenn **Zahlungsunfähigkeit** vorliegt. Unmögliches kann auch disziplinarrechtlich nicht verlangt werden. Zahlungsunfähigkeit besteht, wenn der verfügbare Rest des Einkommens in vollem Umfang durch Pfändungen oder Gehaltseinziehungen von Gläubigern erfasst ist. Bestehende Überschuldung führt aber dann nicht zur Unfähigkeit der Begleichung gerade dieser neuen Schuld, wenn der Beamte frei über die – beschränkten – Einkünfte verfügen kann. Er hat dann die Wahl, welcher Gläubiger befriedigt oder ob und in welchem Umfang die verschiedenen Gläubiger teilweise befriedigt werden sollen. Nur in diesem Bereich kann die Verantwortung der verschuldeten Beamten zur Bemühung um eine vertragsgemäße und achtungsgerechte Schuldenabwicklung zutage treten. Die frühere disziplinare Rspr. erwartete in diesem Bereich, dass Beamte ihre Gläubiger nicht einfach »sitzenlassen«, sie auf den Weg der Zwangsbeitreibung verweisen, sondern sich um ehrliche Aufdeckung der Zahlungsmöglichkeiten und um ein Arrangement – möglicherweise mit Teilzahlungen oder mit einem Zahlungsplan – bemühen (BVerwG v. 24.3.1981 – 1 D 24.80; v. 11.3.1970 – 2 D 29.68; ebenso: 2 D 7.68, 2 D 11.71). Seit dem Urteil vom 18.3.1982 (1 D 29.81) gilt jedoch zu Recht auch hier, dass »die Pflicht zur Achtungswürdigkeit außerhalb des Dienstes nur so weit reicht, wie es die dienstlichen Interessen erfordern, wie es zur Aufrechterhaltung der Funktionsfähigkeit der öffentlichen Verwaltung geboten ist«. Nach diesem Maßstab kommt pflichtwidriges Abwicklungsverhalten nur noch in Frage, wenn die Gläubiger durch betrügerische Angaben von der Verfolgung ihrer Forderung abgehalten werden sollen, z.B. bei Übertragung von Vermögenswerten an Dritte, um sie Gläubigern zu entziehen (BVerwG v. 4.9.1991 – 1 D 35.90 – E 93, 151); auch Nichtzahlung von Arztrechnungen trotz Erhaltens von Beihilfeleistungen (BVerwG v. 8.5.1996 – 1 D 74.95). Das BVerwG stellt darauf ab, dass es der Beamte trotz Erstattungsleistung zu **Zwangsvollstreckungsmaßnahmen** habe kommen lassen. Dies ist nach richtiger Auffassung dann nicht vorwerfbar, wenn der Beamte mit der Erstattungsleistung ältere Schulden getilgt hat. Allgemein darf bezweifelt werden, ob es überhaupt ansehensschädigend ist, wenn es gegen einen Beamten zu Zwangsvollstreckungsmaßnahmen kommt. Zängl (Bayer. DisziplinarO, Mat R/II. S. 266 f.) weist zutreffend darauf hin, dass es der Gläubiger grundsätzlich selbst in der Hand hat, sich einen Titel zu verschaffen. Die Merkmale »unlauter, unredlich, unehrenhaft, beamtenunwürdig«, die, weil nicht präzise und moralisierend, einer Subsumtion nicht zugänglich sind, sollten aufgegeben werden. Abgesehen von betrügerischem Verhalten sowohl beim Eingehen als auch beim Abwickeln von Verbindlichkeiten, dürfte es kaum disziplinar vorwerfbares Verhalten geben. Dies gilt für alle Fälle, die Gegenstand **zivilrechtlicher Beziehungen** von Beamten sind. Bei Kassenbeamten, die gefährdet sein können, müssen innerdienstliche Umsetzungsmaßnahmen genügen.

In eine andere Richtung geht eine Entscheidung des OVG NW v. 6.3.2002 (15d A 2046/00.O), das zurecht einen Beamten degradiert hat, der wiederholt Personen, mit denen er dienstlich in Verbindung und seine Behörde in Geschäftsverbindung steht, um private Darlehen gebeten hat. Hier bestand die Gefahr, dass

B. II. 12 Wohlverhaltenspflicht außerhalb des Dienstes

sich der Beamte in ein dienstbedeutsames Abhängigkeitsverhältnis brachte und ein Verstoß gegen die innerdienstliche Pflicht zur Uneigennützigkeit vorlag.

Rechtsprechungsübersicht

Posthauptschaffner – Verschuldung, große Familie – **unnötige Anschaffungen ohne Zahlungsfähigkeit** – **Betrug** – Fortsetzung trotz diszipl. Mahnungen: **Entf.**
– BVerwG v. 24. 7. 1984 – 1 D 99.83

Flugleiter (gehob. Dienst) – **Überschuldung** – vielfaches **betrügerisches Schuldenmachen** – unnötige Ausgaben – Rückfall: **Entf.**
– BVerwG v. 29. 4. 1986 – 1 D 129.85

Verwaltungsoberamtsrat – Lehrer an Verwaltungsschule – Überschuldung, dennoch weiteres Schuldenmachen – Betrug – **rücksichtslose Ausnutzung einer Kollegin** – keine Bemühung um Schuldtilgung – außerdem außerdienstliche Untreue: **Entf.**
– BVerwG v. 13. 3. 1985 – 1 D 53.84

Zollbeamtenanwärter – unehrenhaftes, **betrügerisches Schuldenmachen** – Anpumpen von Zollkunden – Nichtbemühen um Abwicklung: **Geh.K**
– BVerwG v. 27. 4. 1973 – 1 D 15.72

Postzusteller – **unehrenhaftes Schuldenmachen** – Anpumpen des Empfängers einer Geldauszahlung – falsche Angaben zum Schuldenstand – zusätzliche dienstliche Kassenunterschlagung, deswegen: **Entf.**
– BVerwG v. 13. 11. 1985 – 1 D 87.85

Postschaffner – Nichteinhaltung von Ratenzahlungen – **Zahlungsunfähigkeit kein Dienstvergehen** – Abwicklungsverschulden nur bei dolosem Verhalten gegenüber Gläubigern – **Freist.** vom Vorwurf
– BVerwG v. 18. 3. 1982 – 1 D 29.81

Nichtbezahlen von Arztrechnungen trotz erhaltener **Beihilfeleistungen** und eingeleiteter Zwangsvollstreckungsmaßnahmen: **Geh.K**
– BVerwG v. 8. 12. 1992 – 1 D 6.92; v. 8. 5. 1995 – 1 D 74.95, v. 21. 1. 1997 – 1 D 5.96

Nichtbezahlen von **Arztrechnungen** und Miete führte zu Pfändungs- und Überweisungsbeschlüssen – Vorbelastung: **Degr.**
– BVerwG v. 28. 6. 1995 – 1 D 66.94

Nichtbezahlung von **Bestellungen im Versandhandel durch Ehefrau**; beschuldigter Soldat Mittäter, leichtfertiges Schuldenmachen; trotz Betonung, dass Soldat wie jeder andere Bürger Schulden machen kann, in der weiteren Begründung unangemessen moralisierend: **Beförderungsverbot**
– BVerwG v. 18. 6. 1996 – 2 WD 10.96 (Wehrdienstsenat)

Leichtfertige Abwicklung von Schulden – BVerwG stellt nur noch darauf ab, ob die Gefahr gerichtlicher Maßnahmen »heraufbeschworen« wurde: **Freistellung,** weil keine gerichtlichen Zwangsmaßnahmen ergingen
– *BVerwG* v. 23. 2. 1999 – 1 D 24.97

Überschuldung eines Richters führte dazu, dass er sich über gesetzliche Vorschriften hinwegsetzte und auf dubiose Geschäfte einließ. Das Richterdienstgericht des BGH sah nur in den **Folgen** der leichtfertigen Überschuldung eine Dienstpflichtverletzung
– *BGH*, NJW 2002, 834

Dieses Urteil des BGH hat das **BVerfG** erwartungsgemäß aus mehreren Gründen aufgehoben. Für eine »Leichtfertigkeit« der Schuldeneingehung fänden sich keine ausreichenden Feststellungen. Eine Aufklärung sei nur entbehrlich gewesen, wenn die Schuldenlage bereits für sich genommen – unabhängig von den vorgetragenen Abhilfemöglichkeiten – als pflichtwidrige Schädigung **disziplinarrechtlich geschützter Rechtsgüter** hätte gewertet werden können. Die Begründung der Gefahr eines Fehlverhaltens könne keine schwerwiegenderen Sanktionen nach sich ziehen als das Fehlverhalten selbst (Beschluss v. 8. 12. 2004 – 2 BvR 52/02).

Urkundenfälschung, Meineid, Falschaussage

Die **Urkundenfälschung** außerhalb des Dienstes ist von den Delikten gegen **14** den Rechtsverkehr die am meisten dienstbezogene, weil öffentliche Amtsträger mit der Herstellung von Urkunden häufig auch dienstlich befasst sind. Die Fälschung einer Urkunde ist deshalb besonders geeignet, das Vertrauen in die Redlichkeit und Integrität des Beamten allgemein, also auch im Dienst, zu beeinträchtigen. Die Urkundenfälschung verliert ihre disziplinare Erheblichkeit nicht durch eine **Zustimmung der unterschriftsberechtigten Person,** wenn die Echtheit der Unterschrift auch aus anderen Gründen als zu deren Schutz gesichert sein soll. Das ist im amtlichen Bereich stets der Fall, weil die Behörde ein eigenes, dienstliches Interesse an der Authentizität der Unterschrift hat (BDiG v. 20. 2. 1986 – 1 VL 1/86; Tröndle/Fischer, StGB, § 267 Rn. 18). Die außerdienstliche Urkundenfälschung hat grundsätzlich erhebliches Gewicht. Da die Tathandlung die Täuschung im Rechtsverkehr ist, steht sie in der Nähe des Betrugs. Für die Urkundenfälschung gibt es keine **Maßnahmeregel.** Die Bewertung hängt von den Umständen des Einzelfalles ab. Häufig ist die Urkundenfälschung **Bestandteil vorrangiger Pflichtverletzungen,** wie Betrug, Untreue, unberechtigtes Fernbleiben vom Dienst, oder kumuliert mit solchen, wie bei Unterschlagung. Dann gibt die Urkundenfälschung ein erschwerendes Moment für das durch die Hauptverfehlung geprägte Gewicht des Dienstvergehens ab. Liegt in der Urkundenfälschung die vorrangige Pflichtverletzung, so kommen normalerweise die Maßnahmen von Geldbuße bis Zurückstufung in Betracht. Auch die Aussagedelikte wie **Meineid und Falschaussage** richten sich gegen **15** den Rechtsverkehr, speziell gegen die Funktion der Rechtspflege. Die Rspr. des BVerwG geht für die disziplinare Bedeutung von Falschaussagen und Meineid nach wie vor davon aus, dass diese Delikte gegen die dienstliche Treuepflicht verstoßen, die »gebiete, den Dienstherrn und die für diesen und das Staatswesen insgesamt handelnden Organe bei der Erfüllung ihrer im öffentlichen

B. II. 12 Wohlverhaltenspflicht außerhalb des Dienstes

Interesse liegenden Aufgaben zu unterstützen . . .« (st. Rspr. BVerwG noch in DÖD 1988, 139 m. w. N.) bzw. »das Vertrauen und die Wahrhaftigkeit auch in Augenblicken der Bewährung zu erhalten« (BVerwG v. 10. 12. 1991 – 1 D 91.90). Damit wird für diese Delikte eine umfassende innerdienstliche Treuepflicht konstruiert, indem immer noch auf die – ansonsten überwundene – These abgestellt wird, der Beamte sei »rund um die Uhr« im Dienst für den Staat, jederzeit dessen Repräsentant und Hüter und auch außerhalb seines Dienst- und Amtsbereichs verpflichtet, andere Staatsorgane bei deren amtlicher Tätigkeit zu unterstützen (vgl. zur Unzeitgemäßheit und Funktionsfremdheit dieses Ansatzes Einf. I. 4.; A. II. Rn. 42-44; B. II. 7. Rn. 14). Dementgegen besteht eine innerdienstliche Pflicht nur im Rahmen des übertragenen Amtes und des persönlichen Statusverhältnisses, nicht in dem Bereich des Privatlebens, der sich von demjenigen anderer Staatsbürger nicht unterscheidet (B. I. Rn. 1-4).

Allerdings liegt auf der Hand, dass diese **als Vergehen und Verbrechen eingestuften Straftaten** generell in besonderem Maße geeignet sind, achtungs- und ansehensbeeinträchtigend zu wirken, zumal dann, wenn sie konkreten dienstlichen Bezug zum innegehabten Amt aufweisen oder wenn andere erschwerende Umstände wie Rückfall, hartnäckiges Beharren oder Eigennutz hinzutreten. Das **disziplinare Gewicht der Aussagedelikt** ist unterschiedlich, eine Regelmaßnahme gibt es nicht. Für die disziplinare Bewertung ist auch die Prüfung des strafrechtlich »minder schweren Falles« nach § 154 Abs. 2 StGB von Bedeutung (BVerwG, DÖD 1988, 139).

Rechtsprechungsübersicht

Beamter des auswärtigen Dienstes – **Bigamie und Urkundenfälschung** – Verleitung eines Kollegen: **Entf.**
 – *BVerwG* v. 29. 9. 1992 – 1 D 36.91

Kundenberater der Bundesbahn – **Fälschung der Quittung** eines privaten Reisebüros mit dem Namen der Ehefrau – Motiv: Verdeckung eigener Empfangnahme: **Geh.K**
 – *BDiG* v. 20. 2. 1986 – I VL 1/86

Postbeamter – **Meineid** – als Zeuge im Familienrechtsstreit zur eigenen intimen Beziehung – kein Eigennutz, keine Hartnäckigkeit – Geh.K, wegen § 14 BDO: **Einst.** mit Rspr.-Übersicht
 – *BVerwG* v. 8. 12. 1987 – 1 D 34.87 – DÖD 1988, 139

Wehrbereichsbeamter – außerdienstliche fortgesetzte **uneidliche Falschaussage** und Vortäuschung einer Straftat – wegen § 14 (Geh.K): **Einst.**
 – *BVerwG* v. 10. 12. 1991 – 1 D 91.90

Beamter – Anstiftung zur Falschaussage – **Beihilfe zum Meineid: Geh.K**
 – *BVerwG* v. 27. 1. 1981 – 1 D 115.79; ebenso v. 18. 4. 1985 – 1 D 61.84 – E 76, 366

Oberfinanzpräsident – **Falschaussage vor parlament. Untersuchungsausschuss** – weitere Pflichtverletzungen – wegen zwischenzeitlicher Versetzung in Ruhestand statt Degr.: **RGeh.K**
 – *BVerwG* v. 25. 3. 1980 – 1 D 14.79 – E 63, 354

Wohlverhaltenspflicht außerhalb des Dienstes B. II. 12

Außerdienstliche Sexualverfehlungen

Außerdienstliche Sexualverfehlungen sind als strafrechtliche Vergehen oder **16**
Verbrechen in besonderem Maße geeignet, ansehensbeeinträchtigend zu wirken
und damit ein Dienstvergehen darzustellen, § 77 Abs. 1 Satz 2 BBG. Das **disziplinare Gewicht** hängt auch hier von den Umständen des Einzelfalles ab
(BVerwG, st. Rspr., v. 22. 6. 1993 – 1 D 7.92), also von der Intensität der sexuellen
Bedrängung, dem seelischen und körperlichen Schaden des Opfers, von der
persönlichen Situation des Täters (sexuelle Belastung), der Auswirkung auf
den dienstlichen Bereich usw. Dabei ist wiederum die strafrechtliche Einstufung
ein Indiz für das disziplinare Gewicht (Berücksichtigung der strafrechtlichen
Liberalisierung: BVerwG v. 31. 7. 1970 – 3 D 3.70; A. III. Rn. 63). Besteht die
unzüchtige Handlung nur in einer **exhibitionistischen Darstellung,** so ist meist
kein großer Schaden bei dem Opfer zu befürchten, und das Dienstvergehen
liegt an der unteren Grenze der Skala der denkbaren Delikte. Es kommen Geldbuße (BDiG v. 10. 3. 1971 – IV VL 26/70) oder Gehaltskürzung in Betracht
(BVerwG v. 19. 5. 1992 – 1 D 46.91).

Homosexuelle Betätigung außerhalb des Dienstes wurde in früheren Zeiten **17**
immer als ein Dienstvergehen gewertet und sehr streng gemaßregelt (bei Rückfall oder dienstlichem Bezug Entfernung oder Degradierung, BVerwG v. 13. 3.
1968 – 2 D 34.67 mit Zitaten; v. 30. 7. 1970 – 3 D 12.70). Seit dem Urt. des BVerwG
v. 16. 12. 1970 (– 2 D 19.70, wie schon BVerwG v. 10. 6. 1970 – 2 WD 73.09) ist die
einfache Homosexualität kein Dienstvergehen mehr, wenn dienstliche Auswirkungen fehlen. Die dafür gegebene Begründung (nach Strafrechtsliberalisierung hat die anhaltende Ablehnung in der Gesellschaft hinter dem **Toleranzgebot** zurückzutreten!) hat wirkliche Grundsatzbedeutung, ist aber in anderen
Fällen vom BVerwG nie mehr angewandt worden. Die **homosexuelle Betätigung mit Jugendlichen unter 16 J.**, die weiter strafbar ist (§§ 176, 182 StGB),
bleibt aber ein Dienstvergehen (BVerwG v. 1. 3. 1977 – 1 D 69.76, Degr. wegen
Wiederholung). Erschreckend die Vielzahl der Fälle, in denen Beamte (oft **Lehrer**) wegen des **Besitzes** und/oder **Verbreitung kinderpornografischer Schriften** (§ 184b Abs. 4 StGB) diszipliniert werden mussten (vgl. nachfolgende
Rechtsprechungsübersicht). Mit der erheblichen Anhebung des Strafrahmens
(Gesetz v. 27. 12. 2003, BGBl. I S. 3007) sollte ein entsprechender »Markt« mit
authentischen kinderpornografischen Darstellungen verhindert werden. In der
Herabminderung der Opfer zum bloßen Objekt der Befriedigung des Sexualverhaltens des Täters liegt eine grobe Missachtung der Persönlichkeit der betroffenen Kinder oder Jugendlichen und Verletzung von deren Menschenwürde. Ein solches Verhalten führt bei Vorgesetzten und hervorgehobenen
Positionen sowie bei Lehrern grundsätzlich zur Dienstentfernung (BVerwGE
111, 291 und BVerwG v. 17. 2. 2004 – 2 WD 15.03 – Dok. Ber. B 2004, 278). Das
Verhältnis von Lehrern und Schülern ist trotz aller erlaubten Zuwendung und
Hilfsbereitschaft durch körperliche Distanz geprägt.

Rechtsprechungsübersicht

Postschalterbeamter – mehrfacher **außerdienstlicher Exhibitionismus** im Pkw
gegenüber jugendlichen Mädchen (14-15, 18 Jahre) und erwachsener Frau –
gestörte Ehebeziehung – erstmalige disz. Verfehlungen: **Geh.K**
– *BVerwG* v. 25. 5. 1972 – 2 D 6.72

B. II. 12 Wohlverhaltenspflicht außerhalb des Dienstes

Bahnobersekretär – außerdienstlicher **Exhibitionismus in 2 Fällen** – vor 14- und 15-jährigen Mädchen – Rückfall: **Geh.K**
– *BDiG* v. 24. 2. 1976 – V Vl 23/75; ebenso BVerwG v. 3. 3. 1978 – 1 D 57.77 – E 63, 18

Beamter – unzüchtige **Handlungen im Bett an 6-jährigem Mädchen** und Masturbation durch dieses – Kind eines im Haus wohnenden Kollegen: **Degr.**
– *BVerwG* v. 19. 4. 1979 – 1 D 30.78 – Dok. Ber. 1979, 208

Beamter – **versuchter Geschlechtsverkehr mit 9-jährigem** Mädchen – überraschende Verleitungssituation – persönlichkeitsfremd: **Degr.**
– *BVerwG* v. 13. 11. 1969 – 2 D 27.69

Beamter – jahrelange koitusähnliche **Handlungen an** Stieftochter – wegen nachträglicher Zurruhesetzung: **Aberk. RGeh.**
– *BVerwG* v. 16. 1. 1968 – 2 D 33.67

Beamter – außerdienstlicher **sexueller Missbrauch von Kindern** – homosexuelle Handlungen mit Jugendlichen: **Degr.**
– *BVerwG* v. 8. 7. 1987 – 1 D 141.86

Zollhauptwachtmeister – mehrere **unzüchtige Handlungen mit 3 Mädchen** zwischen 8 und 10 Jahren in seinem Haus – hirnorganischer Abbau, mangelnde Dienstbezogenheit – keine Milderung wegen Schwere der Tat: **Entf.**
– *BVerwG* v. 21. 5. 1975 – 1 D 64.74

Beamter – Herstellen von **Nacktfotos von Kind** gegen dessen Willen: **Degr.**
– *BVerwG* v. 20. 9. 1968 – 3 D 12.68

Fernmeldeamtmann – außerdienstliches **homosexuelles Zusammenleben mit Mann** – keine dienstliche Auswirkung – kein Dienstvergehen: **Freispr.**
– *BVerwG* v. 16. 12. 1970 – 2 D 19.70, auch 2 WD 73.69

Beamter – wiederholte **homosexuelle Handlungen mit Jugendlichen**: **Degr.**
– *BVerwG* v. 1. 3. 1977 – 1 D 69.76

Fernmeldeoberinspektor – **vergewaltigt 14-Jährige** in seiner Privatwohnung – minderschwerer Fall: **Degr.**
– *BVerwG* v. 17. 3. 1983 – 1 D 23.82

T.Fernmeldeobersekretär – mehrfache Hausfriedensbrüche mit **Notzuchtversuchen an schlafenden Frauen** – wegen § 14 (Geh.K): **Einst.** (völlig unverständliche Entscheidung)
– *BVerwG* v. 29. 11. 1990 – 1 D 9.90

Bahnbeamter – außerdienstliche **versuchte Vergewaltigung** an einer Türkin – keine Anwendung v. § 14: **Geh.K**
– *BVerwG* v. 2. 6. 1993 – 1 D 7.92

Wohlverhaltenspflicht außerhalb des Dienstes B. II. 12

Sexueller Missbrauch von Kindern – Geständnis – Therapie: **Degr.**
– *BVerwG* v. 24. 8. 1993 – 1 D 40.92

Fortgesetzter **sexueller Missbrauch** von Kindern – fortgesetzte **homosexuelle Handlungen**: **Entf.**
– *BVerwG* v. 9. 11. 1994 – 1 D 36.93, ebenso
– *BVerwG* v. 24. 2. 1999 – 1 D 72.97

Besitz kinderpornografischen Bildmaterials durch **Lehrer**: **Entf.**
– *OVG NW* v. 9. 2. 2005 – 22d A 1583/04.O und 22d A 2865/99.O
– *BayVGH* v. 12. 7. 2006– 16a D 05.981

Verschaffung und Besitz kinderpornografischer Fotos durch Bürgermeister (früher Hauptschullehrer): **Entf.**
– *BayVGH* v. 1. 6. 2005 – 16a D 04.3502

Besitz von Bildern mit kinderpornografischem Inhalt aus Internet durch Polizeihauptmeister: **Zurückstufung**
– *BayVGH* v. 11. 7. 2007 – 16a D 06.1183

Sexueller Missbrauch eines Schülers durch Lehrer, u.a. Abstreifen des ganzen Körpers aus Anlass einer Zeckenkontrolle, Übernachten im Bett des Lehrers während einer Ferienfreizeit: **Entf.**
– *Nds. DiszH* v. 17. 7. 2007 – 19 LD 13/06

Beamter bietet sich zur Verringerung seiner Schulden über das Internet zur **Prostitution** an und gesteht freiwillig Ausübung in geringem Umfang zu: **Geh.K** (die Begründung des Gerichts, das Verhalten des Beamten könnte beim Bürger zu dem Verdacht führen, dass er auch bereit sein könnte, Amtshandlungen gegen Bezahlung zu erbringen, erscheint doch sehr weit hergeholt)
– *OVG NW* v. 28. 11. 2007 – 21a A 4658/06.O

Grundschullehrer verfasst **kinderpornografische Schriften**, wobei auch von ihm unterrichtete Kinder beschrieben wurden, und speichert sie auf privatem PC – Herunterladen kinderpornographischer Bilddateien aus dem Internet und **Speicherung auf privatem PC**: **Entf.**
– *Hess. VGH* v. 23. 4. 2008 – 24 DH 1191/07

Rauschtat, sonstige Straftaten und Wohlverhaltensverstöße außerhalb des Dienstes

Die **Rauschtat** i. S. d. § 323 a StGB ist auch disziplinär erheblich. Zwar wird die mit Strafe bedrohte Handlung im Zustand der Schuldunfähigkeit begangen, der Vollrausch ist aber schuldhaft herbeigeführt. Als abstraktes Gefährdungsdelikt enthält der Tatbestand des schuldhaften Vollrauschs auch den Vorwurf der im Rausch begangenen Tat, so dass deren Gewicht einzubeziehen ist. Im Gegensatz zu anderen Unzurechnungsfähigen »kann der Täter etwas für die Tat« (BGH JR 1958, 28; BDH v. 26. 4. 1967 – 3 D 1.67 – E 5, 20). Deshalb kommt es für die Bewertung dieses Dienstvergehens neben dem Grad des Verschuldens am Vollrausch auch auf die besondere Achtungs- und Ansehenswidrigkeit der Rausch-

18

B. II. 12 Wohlverhaltenspflicht außerhalb des Dienstes

tat an (BVerwG v. 24.9.1976 – 1 D 11.76), d. h. vor allem auf Art, Schwere und Folgen (BVerwG st. Rspr. v. 6.11.1991 – 1 DB 15.91 [m. w. Rspr.-Nachw.] – DÖV 1992, 359). Vorsatz am Vollrausch ist selten nachgewiesen. Bei Fahrlässigkeit ist erheblich, ob und inwieweit der Betroffene aus früheren Erfahrungen mit der Begehung von Straftaten allgemein oder einer speziellen rechnen musste. Dann müsste ggf. angenommen werden, dass es sich nicht nur um eine Folge des Vollrauschs, sondern um eine wesensmäßige Labilität handelte, mit der der Betroffene rechnen musste. Ist das der Fall, so wiegt die im Rausch begangene Tat erheblich schwerer (BVerwG a. a. O., m. w. N. zu Bewertung und Bemessung). Hat der Täter sich mit der Absicht der Tat in Vollrausch versetzt oder damit gerechnet, dass es im Rausch zu der Tat kommen könnte, oder musste er damit rechnen, so liegt keine Rauschtat vor, sondern die Rauschtat selbst ist als »actio libera in causa« vorsätzlich, bedingt vorsätzlich oder fahrlässig begangen worden.

Im Übrigen gibt es eine **Vielzahl von Straftaten,** die nach dem Maßstab des § 77 Abs. 1 Satz 2 BBG in besonderem Maße zur Vertrauens- und Ansehensbeeinträchtigung geeignet sein können, zumal wenn Dienstbezogenheit vorliegt. Nicht strafbares Verhalten kann den Tatbestand des außerdienstlichen Dienstvergehens nur ausnahmsweise, also in der Regel nicht begründen (zu allem A. II. Rn. 42-44, 49; A. III. Rn. 63; B. I. Rn. 2). In der disziplinarrechtlichen Praxis kommt **Steuerhinterziehungen** eine größere Bedeutung zu. Bei hohen hinterzogenen Beträgen wird in der Regel auf Herabstufung, bei Finanzbeamten auch auf Entfernung erkannt (vgl. nachfolgende Rechtsprechungsübersicht).

Rechtsprechungsübersicht

Bahnbetriebsbeamter – **gefährliche Körperverletzung** außerhalb des Dienstes – Alkoholeinfluss: **Geh.K**
- *BVerwG* v. 11.12.1990 – 1 D 18.90

Zollbeamter – **außerdienstlicher Schmuggel** (Abgabenhinterziehung) – eigener Einsatzort, eigene Mitarbeiter – selbst gegen Schmuggel eingesetzt – dienstlicher Bezug: **Degr.**
- *BVerwG* v. 25.8.1987 – 1 D 132.86

Regierungshauptsekretär, kein Zollbeamter – **außerdienstlicher gewerbsmäßiger Schmuggel** – nicht gegen Bundesrepublik, sondern gegen Dänemark gerichtet – kein Dienstbezug – dänische Freiheitsstrafe verbüßt – Geh.K, wegen § 14 BDO: **Einst.**
- *BVerwG* v. 1.9.1991 – 1 D 90.80 – E 73, 252

Bahnoberinspektor – außerdienstlicher **illegaler Handel mit Kriegswaffen** – wesensmäßige Labilität – hohes Gewicht aus Allgemeingefahr: **Entf.**
- *BVerwG* v. 26.4.1988 – 1 D 95.87

Posthauptschaffner – **vielfache Straftaten** (Körperverletzungen, uneidliche Falschaussage, Fahrerflucht u. a.) **und innerdienstliche Verfehlungen** – Rückfall – wegen Gesamtpersönlichkeit: **Entf.**
- *BVerwG* v. 3.5.1988 – 1 D 144.87

Wohlverhaltenspflicht außerhalb des Dienstes B. II. 12

Fernmeldebeamter – minderschwerer Fall der versuchten **räuberischen Erpressung** und gefährlichen Körperverletzung: **Degr.**
– *BVerwG* v. 17. 6. 1992 – 1 D 3.92

Anonyme Drohbriefe – Androhung eines gemeingefährlichen Verbrechens: **Degr.**
– *BVerwG* v. 22. 9. 1993 – 1 D 78.92

Bundesbahnbeamter – **Handel mit Rauschgift** (Haschisch, Kokain) und Fernbleiben vom Dienst: **Entf.**
– *BVerwG* v. 12. 7. 1994 – 1 D 31.93 – ZBR 1995, 26

Bahnbeamter – Beteiligung an dem Versuch der **Verbreitung von Falschgeld**: **Degr.**
– *BVerwG* v. 15. 3. 1994 – 1 D 32.93

BGS-Beamter – **Handel mit Anabolika – Verstoß gegen Arzneimittelgesetz** – keine Gleichstellung mit Drogen: **Geh.K** 5 Jahre
– *BVerwG* v. 9. 12. 1998 – 1 D 111.97 – DVBl. 1999, 925

Laborleiter in einem Wehrmedizinischen Institut – **fahrlässiger Verstoß gegen Arzneimittelgesetz** durch Testen mehrerer Seren im Pool statt Einzeltestung – erschwerende Umstände: **Entf.**
– *BVerwG* v. 21. 1. 1998 – 1 D 27.98

Telekombeamter – **gefährliche Körperverletzung – Vortäuschung einer Straftat**: RGeh.K
– *BVerwG* v. 15. 8. 2000 – 1 D 77.98

Handel mit Heroin und Kokain – Freiheitsstrafe von 11 Monaten – erhebliche Milderungsgründe: **Degr.**
– *BVerwG* v. 14. 12. 2000 – 1 D 40.99

Beamter des höheren Dienstes – **fortgesetzte Steuerhinterziehung mit Urkundenfälschung** – Hinterziehungsbetrag ca. 9000 DM – erschwerende Umstände: **Degr.**
– *BVerwG* v. 9. 11. 1994 – 1 D 57.93 – DVBl 1995, 622 = ZBR 1995, 75

Steuerhinterziehung in 24 Fällen über 5 Jahre mit Urkundenfälschung zugunsten Dritter – **fehlender Eigennutz** führte zum Absehen von der Höchstmaßnahme
– *BVerwG* v. 7. 11. 1995 – 1 D 14.95 – Dok. Ber. 1995, 307

Vorsätzliche und fahrlässige **Falschangaben in Steuererklärung** – Geh.K im oberen Bereich angemessen – Einstellung wegen § 14 BDO (BDG)
– *BVerwG* v. 10. 12. 1996 – 1 D 89.95

B. II. 12　Wohlverhaltenspflicht außerhalb des Dienstes

Gewerbsmäßige Steuerhehlerei mit unverzollten und unversteuerten Zigaretten: **Entf.**
- *BVerwG* v. 25. 6. 1998 – 1 D 32.97; v. 26. 11. 1997 – 1 D 57.97
- *BVerwGE* 113, 166 = DÖD 1998, 204; v. 6. 6. 2000 – 1 D 34.99

Steuerhinterziehung – 4 Fälle über 4 Jahre – Hinterziehungsbetrag 156 000 DM: **Degr.**
- *BVerwG* v. 5. 7. 2000 – 1 D 21.99, ähnlich v. 12. 11. 2001 – 1 D 55.00

Einfuhr von Handfeuerwaffen zu Sammlerzwecken – **Selbstanzeige (§ 371 AO)** führte zu Milderung: **RGeh.K**
- *BVerwG* v. 6. 6. 2000 – 1 D 66.98

Finanzbeamter – Hinterziehungsbetrag 5000 DM betreffend einen Zeitraum von 5-7 Jahren – eine nicht durch konkrete Furcht vor Entdeckung veranlasste **Selbstanzeige** führte zum Absehen von der Höchstmaßnahme
- *OVG NW* v. 7. 8. 2001 – IÖD 2002, 114

Steuerhinterziehung in Höhe von 265 000 DM – Selbstanzeige: **Zurückstufung**
- *OVG NW* v. 13. 12. 2006 – 21d A 652/05.O

Unbefugte Hilfe in Steuersachen in 279 Einzelfällen und Eintragung falscher Angaben in Steuererklärungen Dritter durch **Finanzbeamten: Entf.**
- *Nds. DiszH* v. 11. 5. 2004 – 1 NDN L 6/04

Kriminalbeamter – **außerdienstlicher Versicherungsbetrug** – Vortäuschen einer Straftat (Kfz-Diebstahl) – Benutzung eines V-Mannes als Alibi-Zeuge: **Aberk. RGeh.**
- *BVerwG* v. 8. 3. 2005 – 1 D 15.04

Beschaffung und Konsumierung harter **Drogen (Heroin)** durch Polizeibeamten: **Entf.**
- *OVG NW* v. 5. 4. 2006 – 21d A 235/04.O

Volksverhetzung (Leugnung des Holocaust) durch Polizeioberkommissar: **Zurückstufung**
- *BayVGH* v. 11. 7. 2007 – 16a D 06.2094

Steuerhinterziehung in 16 Fällen durch **Finanzbeamtin** – hinterzogener Betrag über 100 000 DM: **Entf.**
- *Nds. OVG* v. 27. 2. 2008 – 19 LD 8/07

Dritter Teil:

Kommentar zum Bundesdisziplinargesetz (BDG)

Teil 1
Allgemeine Bestimmungen

§ 1 Persönlicher Geltungsbereich

Dieses Gesetz gilt für Beamte und Ruhestandsbeamte im Sinne des Bundesbeamtengesetzes. Frühere Beamte, die Unterhaltsbeiträge nach den Bestimmungen des Beamtenversorgungsgesetzes oder entsprechender früherer Regelungen beziehen, gelten bis zum Ende dieses Bezuges als Ruhestandsbeamte, ihre Bezüge als Ruhegehalt.

Diese Regelung entspricht inhaltlich der des früheren § 1 BDO. Es wurden lediglich Umformulierungen vorgenommen, die der inhaltlichen Klarheit dienen. **1**

§ 1 legt den persönlichen Geltungsbereich des BDG fest. Danach fallen unter dieses Gesetz nur Beamte im aktiven Dienst und Ruhestand, die dem Bundesbeamtengesetz (BBG) unterliegen. Nicht zum Bereich des § 1 gehören die im Bundesdienst stehenden Richter nach dem Deutschen Richtergesetz (DRiG). Allerdings gelten gem. § 63 DRiG für das Verfahren in Disziplinarsachen bei Richtern des Bundes die Vorschriften des BDG sinngemäß. Hier ist allerdings die Besonderheit zu beachten, dass gegen Richter bei oberen Bundesgerichten nur die Disziplinarmaßnahmen des Verweises, der Geldbuße oder der Entfernung aus dem Dienst verhängt werden können. Für Soldaten gilt die Wehrdisziplinarordnung i. d. F. vom 4. 9. 1972 (BGBl. I S. 1665). Für Beamte auf Probe bzw. auf Widerruf gilt das BDG nur mit der Einschränkung nach § 5 Abs. 3. Bei ihnen sind neben der Entlassung nur Verweis und Geldbuße zulässig (vgl. § 5 Rn. 1 ff.). **2**

Beamter nach § 1 ist nur, wer in einem **Bundesbeamtenverhältnis** steht, also nach § 4 BBG zu der Bundesrepublik Deutschland in ein öffentlich-rechtliches Dienst- und Treueverhältnis berufen worden ist. Für den Erwerb der Beamteneigenschaft sind die Vorschriften des BBG maßgebend. Angestellte und Arbeiter des öffentlichen Dienstes unterliegen deshalb nicht dem BDG, auch Bundesminister nicht. Letzteren gegenüber ist nach § 8 des Bundesministergesetzes (BMinG) vom 7. 6. 1953 (BGBl. I S. 407) ein Disziplinarverfahren ausgeschlossen. Bundesbeamter ist nur, wer in **unmittelbarem oder mittelbarem Dienst des Bundes steht** (§ 4 BBG). Hierzu gehören nicht Mitglieder von Leitungsgremien der Bundesbank in einem öffentlich-rechtlichen Amtsverhältnis (vgl. hierzu Gramlich, RiA 1991, 261 ff.; GKöD-Weiß, § 1 Rn. 40). Zu den **unmittelbaren Bundesbeamten** gehören die der obersten Bundesbehörden, Bundesoberbehörden (Art. 87 Abs. 3 GG), der Mittel- und Unterbehörden der bundeseigenen Verwaltungen und Verwaltungseinrichtungen (Art. 87 Abs. 1 GG), wie die des Bundestages, des Bundesrates, des Bundesverfassungsgerichtes und der Bundesgerichte sowie der Anstalt Deutscher Wetterdienst. **3**

Mittelbare Bundesbeamte sind z.B. die Beamten der Bundesbank als einer bundesunmittelbaren juristischen Person des öffentlichen Rechtes (§ 2 Abs. 1, § 31 Abs. 3 Satz 1 des Gesetzes über die Deutsche Bundesbank vom 26. 7. 1957 [BGBl. I S. 745]), der bundesunmittelbaren Körperschaften des öffentlichen Rechtes (Art. 87 Abs. 2 GG), der Sozialversicherungsträger, die aufgrund Gesetzes oder entsprechender Ermächtigung Dienstherrenfähigkeit besitzen, z. B. der Bundesanstalt für Arbeitsvermittlung und Arbeitslosenversicherung **4**

§ 1 BDG

(§ 2 Abs. 1 AVAVG i. d. F. vom 3. 4. 1957 [BGBl. I S. 322]) und der Bundesversicherungsanstalt für Angestellte nach dem Gesetz vom 7. 8. 1953 (BGBl. I S. 857).
Die **aus dem Bundesdienst abgeordneten** oder unter Fortfall der Dienstbezüge beurlaubten Beamten (§ 90 BBG) sowie die gem. § 4 Abs. 4 PostPersRG einem privatrechtlichen Unternehmen zugewiesenen Beamten gehören zum Geltungsbereich des BDG, nicht dagegen Beamte der Länder, der Gemeinden oder Religionsgemeinschaften (BVerwG, ZBR 1960, 390), und zwar auch dann nicht, wenn sie in den Bundesdienst abgeordnet sein sollten. Zu **Bundesbeamten** gehören auch die Beamten des Bundes im »**Beitrittsgebiet**« nach dem Einigungsvertrag. Für sie gilt das BDG uneingeschränkt (vgl. hierzu Art. I Einigungsvertrag 1990, BGBl. II S. 885, 1142 und ausführlich GKöD-Weiß, § 1 Rn. 30 a). Nach dem Einigungsvertrag war die BDO für die Übergangszeit bis zur Geltung eigener Landesdisziplinargesetze auch auf **Landes- und Kommunalbeamte** im Beitrittsgebiet entsprechend anzuwenden. Disziplinargerichte werden insoweit bei den Verwaltungsgerichten geführt.
Die **Zivildienstleistenden**, die gem. § 1 ZDG Zivildienst leisten, werden nicht unmittelbar von § 1 erfasst. Nach den Vorschriften des Zivildienstgesetzes gilt allerdings grundsätzlich das Recht des BDG (vgl. §§ 61, 65, 66 und 58 ZDG, GKöD-Weiß, § 1 Rn. 38).

5 Nach § 10 BBG erfolgt die Begründung des Beamtenverhältnisses durch einseitigen empfangsbedürftigen Verwaltungsakt, nämlich durch Aushändigung einer Ernennungsurkunde, in der die Worte »unter Berufung in das Beamtenverhältnis« mit jeweiligem Zusatz »auf Lebenszeit«, »auf Probe«, »auf Widerruf« oder »als Ehrenbeamter« bzw. »auf Zeit« mit Angabe der Zeitdauer enthalten sein müssen. § 13 Abs. 1 Nr. 1 BBG bestimmt, dass ein Beamtenverhältnis nicht entstanden ist, wenn die Form des § 10 Abs. 2 BBG nicht beachtet wurde. Eine wirksame Ernennung liegt deshalb z. B. nicht vor, wenn die Worte »auf Lebenszeit« in der Urkunde weggelassen wurden. Das BVerwG (NJW 1965, 1978) hat die Ansicht vertreten, dass bei nicht eindeutigem Inhalt der Urkunde dahingehend, welche Amtsstellung dem Beamten verliehen wird, dies im Wege der Auslegung unter Heranziehung auch solcher Umstände ermittelt werden könne, die nicht in der Urkunde angeführt sind. Dieser Auffassung des BVerwG ist der Gesetzgeber nunmehr mit der Vorschrift des § 13 Abs. 2 BBG nachgekommen. Dort wird ausdrücklich geregelt, dass eine Ernennung auch dann als wirksam anzusehen ist, wenn sich aus dem Akteninhalt eindeutig ergibt, dass die für die Ernennung zuständige Stelle ein bestimmtes Beamtenverhältnis begründen wollte. In diesen Fällen liegt eine wirksame Ernennung zum Beamten vor.
Wirksam wird die Ernennung mit dem Tag der Aushändigung der Urkunde. Soll sie später wirksam werden, ist dies in der Urkunde festzulegen (§ 12 Abs. 2 BBG). Mängel bei der Ernennung sind von den Disziplinarbehörden und -gerichten grundsätzlich nur im Rahmen der §§ 13 und 14 BBG zu beachten.

6 In **Ausnahmefällen** kann die Begründung des Beamtenverhältnisses auch kraft Gesetzes oder Verordnung, d. h. ohne Aushändigung der Ernennungsurkunde geschehen. Beispiele: Wiederbegründung eines früheren Beamtenverhältnisses etwa nach § 3 des Gesetzes über die Rechtsstellung der in den Deutschen Bundestag gewählten Angehörigen des öffentlichen Dienstes vom 4. 8. 1953 (BGBl. I S. 777), wonach der mit der Wahl in den Ruhestand getretene Beamte nach Beendigung der Mitgliedschaft auf seinen Antrag wieder in das frühere Dienst-

§ 1 BDG

verhältnis zu übernehmen ist, oder nach §§ 42, 43 BBG und 76, 81 BDG, wenn das aufgrund strafgerichtlichen Urteils (§ 41 BBG), oder durch eine disziplinarrechtliche Verurteilung zur Entfernung aus dem Dienst (§ 10 BDG) erloschene Beamtenverhältnis als nicht unterbrochen gilt, wenn das Urteil durch ein anderes ohne die Rechtsfolgen des früheren ersetzt wird oder durch Gnadenakt seine Wirkung verliert.

Hauptsächlich sind jedoch zu unterscheiden: **Beamte** auf Lebenszeit (§ 6 Abs. 1 BBG), für die das BDG uneingeschränkt gilt, solche **auf Probe und Widerruf** (§ 6 Abs. 3 und 4 BBG), auf die die Vorschriften des BDG über das förmliche Verfahren nur eingeschränkt anzuwenden sind (§ 6 Abs. 5 BBG), die seltenen auf Zeit und die Ehrenbeamten (§ 6 Abs. 2 und 5 BBG).

Verlust der Beamteneigenschaft tritt ein durch den Tod des Beamten. Ein anhängiges Verfahren ist dann einzustellen (§ 32 Abs. 2 Nr. 1). Verlust der Beamtenrechte tritt ferner ein kraft Gesetzes nach § 31 BBG, etwa beim Wegfall der Eigenschaft als Deutscher i. S. d. Art. 116 GG oder durch Verwaltungsakt, d. h. Entlassungsverfügung nach den §§ 32 ff. BBG. Hierher gehört der Fall, dass der Beamte sich weigert, den gesetzlich vorgeschriebenen Diensteid zu leisten (§ 32 Abs. 1 Nr. 1 BBG), die Entlassung auf Antrag des Beamten (§ 33 BBG), die Entlassung von Probebeamten und Widerrufsbeamten nach §§ 34 und 37 BBG. Ein **Sonderfall** ist die **Beendigung** des Beamtenverhältnisses **infolge strafgerichtlicher Verurteilung** nach § 41 BBG. § 41 BBG bestimmt, dass ein Strafurteil zur Beendigung des Beamtenverhältnisses führt, wenn es wegen einer vorsätzlichen Tat auf eine Freiheitsstrafe von mindestens (vgl. hierzu OVG Münster, RiA 1976, 18) einem Jahr oder wegen vorsätzlicher hochverräterischer, staatsgefährdender oder landesverräterischer Handlung auf eine Freiheitsstrafe von mindestens sechs Monaten lautet. Die Strafaussetzung zur Bewährung ändert daran nichts (BVerwG, ZBR 1980, 381). Voraussetzung ist allerdings ein Urteil eines deutschen Gerichtes im Geltungsbereich des Grundgesetzes. Die Rechtsfolgen des § 41 BBG treten mit Rechtskraft des Strafurteils ein, sie können daher nur ein Beamtenverhältnis tangieren, das zu diesem Zeitpunkt besteht. Unerheblich ist, ob die im Strafurteil verhängte Gefängnisstrafe wegen einer oder mehrerer Straftaten ausgesprochen wurde oder erst durch eine Gesamtstrafe erreicht wird. Wird allerdings das strafgerichtliche Urteil im **Wiederaufnahmeverfahren** durch ein Urteil ersetzt, das die Rechtsfolgen des § 41 BBG nicht hat, gilt das Beamtenverhältnis kraft Gesetzes als nicht unterbrochen (§ 42 BBG), d. h., der Beamte wird mit Rechtskraft des neuen Urteils kraft Gesetzes aktiver Beamter.

Der **Status eines Beamten** im aktiven Dienst oder im Ruhestand ist i. S. d. § 1 **notwendige Voraussetzung** für die Anwendbarkeit des BDG bzw. Durchführung eines Disziplinarverfahrens. Der Status muss eindeutig feststehen, bloße Wahrscheinlichkeit genügt nicht (BDHE 2, 94, 96). Eine Unterstellung des Status ist unzulässig. Das Vorhandensein der Beamteneigenschaft zum Zeitpunkt der Tat, also des Dienstvergehens, muss von Amts wegen vor und in jeder Lage des Verfahrens geprüft werden. Ist der Beamten- oder Ruhestandsbeamtenstatus nicht gegeben, so ist das Verfahren unzulässig, und es ist, ggf. durch Beschluss, einzustellen (§ 32 Abs. 1 Nr. 4 BDG).

Probleme warf die Frage auf, ob und wie das Disziplinarrecht auf die Beamten der ehemaligen Deutschen Bundespost und der Bundesbahn nach der Privatisierung dieser Staatsunternehmen in Post AG, Postbank AG, Telekom AG und Bahn AG anwendbar ist. Die ganz herrschende Meinung geht davon aus, dass auch auf diese Beamten das Disziplinarrecht uneingeschränkt Anwendung findet. Die Art. 143 a und 143 b GG regeln für die bei diesen Unternehmen beschäftigten Beamten, dass sie unter Wahrung ihrer Rechtsstellung als Beamte bei den privaten Unternehmen beschäftigt werden können. Die Dienstherreneigenschaft wird den Unternehmen zugewiesen. Damit gelten die beamtenrechtlichen Vorschriften einschließlich der Disziplinarvorschriften für diese Beamten unbeschadet ihrer Beschäftigung bei einem privaten Unternehmen grundsätzlich weiter. Ob das jedoch auch bedeutet, dass diese Beamten hinsichtlich ihrer disziplinaren Pflichten entsprechend ihrer im Verhältnis zu herkömmlichen Beamtenverhältnissen unterschiedlichen Beschäftigung anders zu behandeln sind, ist nach der neueren Rspr. des BVerwG wieder offen. Insoweit wird auf die Ausführungen unter B. II. 3 Rn. 27 verwiesen. Das Disziplinarrecht erstreckt sich bei dieser Beamtengruppe auch auf das außerdienstliche Verhalten. Auch hier hat das BVerwG jedoch in seiner jüngeren Rspr. engere Grenzen gezogen (vgl. BVerwG v. 7.6. 2000 – 1 D 4.99 – E 111, 231).

Das Disziplinarrecht gilt insoweit auch für »beurlaubte Beamte« oder »Insichbeurlaubte Beamte«. Darunter werden bei den Nachfolgeunternehmen der ehemaligen Deutschen Bundespost diejenigen Beamten verstanden, die entweder für eine Tätigkeit bei einem Tochterunternehmen eines Postnachfolgeunternehmens (beurlaubte Beamte) oder für eine Angestelltentätigkeit bei einem Postnachfolgeunternehmen selbst (insichbeurlaubte Beamte) beurlaubt wurden. In diesen Fällen gelten Dienstpflichtverletzungen als außerdienstliche Vergehen (BVerwG v. 7.6. 2000 – 1 D 4.99 – E 111, 231). Hierbei kommt es entscheidend jedoch auf das vor der Beurlaubung innegehaltene Amt, in welches der Beamte nach der Beurlaubung zurückkehren würde, an. Gleiches gilt für Beamte die nach § 4 Abs. 4 PostPersRG einem Unternehmen zugewiesen sind.

9 Zu den **Ruhestandsbeamten** i. S. d. § 1 gehören nur frühere Beamte, die einen Anspruch auf Versorgung aus einem vorausgegangenen Beamtenverhältnis haben (§ 49 BBG). Der Ruhestand beginnt kraft Gesetzes bei Erreichen der Altersgrenze, d. h. i. d. R. nach Vollendung des 67. Lebensjahres (§ 51 Abs. 1 Satz 1 BBG), infolge des Ablaufs der Amtszeit bei Beamten auf Zeit oder kraft Verwaltungsaktes, z. B. auf Antrag des Beamten nach Vollendung des 62. Lebensjahres (§ 52 Abs. 1 BBG) bzw. bei den politischen Beamten unter den Voraussetzungen des einstweiligen Ruhestandes nach § 54 BBG. Das Ende des Ruhestandes tritt ein durch den Tod, durch strafgerichtliche Verurteilung nach § 59 BeamtVG und durch erneute Berufung in das Beamtenverhältnis.

10 Die Regelung des § 1 Satz 2 ist von keiner besonderen Bedeutung in der Praxis.

§ 2 Sachlicher Geltungsbereich

**(1) Dieses Gesetz gilt für die
1. von Beamten während ihres Beamtenverhältnisses begangenen Dienstvergehen (§ 77 Abs. 1 des Bundesbeamtengesetzes) und
2. von Ruhestandsbeamten
a) während ihres Beamtenverhältnisses begangenen Dienstvergehen (§ 77 Abs. 1 des Bundesbeamtengesetzes) und
b) nach Eintritt in den Ruhestand begangenen als Dienstvergehen geltenden Handlungen (§ 77 Abs. 2 des Bundesbeamtengesetzes).
(2) Für Beamte und Ruhestandsbeamte, die früher in einem anderen Dienstverhältnis als Beamte, Richter, Berufssoldaten oder Soldaten auf Zeit gestanden**

§ 2 BDG

haben, gilt dieses Gesetz auch wegen solcher Dienstvergehen, die sie in dem früheren Dienstverhältnis oder als Versorgungsberechtigte aus einem solchen Dienstverhältnis begangen haben; auch bei den aus einem solchen Dienstverhältnis Ausgeschiedenen und Entlassenen gelten Handlungen, die in § 77 Abs. 2 des Bundesbeamtengesetzes bezeichnet sind, als Dienstvergehen. Ein Wechsel des Dienstherrn steht der Anwendung dieses Gesetzes nicht entgegen.

(3) Für Beamte, die Wehrdienst im Rahmen einer Wehrübung, einer Übung, einer besonderen Auslandsverwendung, einer Hilfeleistung im Innern oder einer Hilfeleistung im Ausland leisten, gilt dieses Gesetz auch wegen solcher Dienstvergehen, die während des Wehrdienstes begangen wurden, wenn das Verhalten sowohl soldatenrechtlich als auch beamtenrechtlich ein Dienstvergehen darstellt.

Diese Vorschrift entspricht in den Abs. 1 und 2 dem früheren § 2 BDO. Im Vergleich zu § 2 BDO wurden lediglich sprachliche Änderungen vorgenommen und für das Dienstvergehen jeweils auf die Legaldefinition des § 77 Abs. 1 BBG verwiesen. Abs. 3 wurde neu aufgenommen und regelt die Geltung für Dienstvergehen, die im Rahmen einer Wehrübung oder einer besonderen Auslandsverwaltung begangen werden. **1**

§ 2 bestimmt, in welchen Fällen die Ausübung der Disziplinargewalt zulässig ist, indem er den Bereich der verfolgbaren Handlungen und damit den **sachlichen Geltungsbereich** festlegt. Er stellt damit wie § 1 eine **unabdingbare Prozessvoraussetzung** auf, bei deren Fehlen das Verfahren mangels disziplinarrechtlich verfolgbaren Verhaltens einzustellen ist (§§ 32 Abs. 1 Nr. 4, 60 Abs. 2). Die Bedeutung der Bestimmung, insbesondere Abs. 1 Nr. 1, ist darin zu sehen, dass sie alle vor der Berufung in das Beamtenverhältnis begangenen Verfehlungen als so genannte **vordienstliche Verfehlungen** der disziplinarrechtlichen Ahndung entzieht. Vordienstliche Verfehlungen sind deshalb grundsätzlich für die Beurteilung der Tat und Schuldfrage nicht relevant. Handlungen, die ein Beamter vor der Ernennung z. B. im **Angestellten- oder Arbeitsverhältnis** begangen hat, müssen deshalb grundsätzlich unberücksichtigt bleiben. Sie können auch nicht bei der Zumessung der Disziplinarmaßnahme und bei der Prüfung der Voraussetzungen des § 14 verwertet werden, weil vordienstliches Verhalten für die wesensmäßige Einstellung zu den Beamtenpflichten nicht aussagekräftig ist (A. IV. Rn. 81 m. w. N.). Bei vordienstlichen Verfehlungen kommt allerdings die Rücknahme der Beamtenernennung in Betracht, soweit die Voraussetzungen des § 14 BBG gegeben sind. Handlungen, die teilweise im Arbeiter- oder Angestelltenstatus, teilweise im Beamtenverhältnis begangen worden sind, können disziplinarisch nur insoweit berücksichtigt werden, als sie zeitlich nach der Berufung in das Beamtenverhältnis liegen. Voraussetzung für eine disziplinarrechtliche Verfolgung ist immer aber das Vorliegen eines Dienstvergehens. Wann ein solches vorliegt, bestimmt sich ausschließlich nach dem Pflichtenkatalog des BBG (§§ 60 ff., 77 BBG; vgl. hierzu A. I.). **2**

Ruhestandsbeamte können belangt werden wegen eines während des aktiven Beamtenverhältnisses begangenen Dienstvergehens, d. h. ein Beamter kann sich der Verantwortlichkeit nicht durch Eintritt in den Ruhestand entziehen (vgl. im Einzelnen § 5 Rn. 6 ff.). Die allgemein generalpräventive Wirkung der Aberkennung des Ruhegehalts und zumeist auch der Ruhegehaltskürzung machen diese Maßnahmen rechtspolitisch fragwürdig. Das BVerwG hat dies in einem Einzelfall durch seine Entscheidung auch anerkannt (dazu A. IV. Rn. 84 a. E.; A. IV. Rn. 88-90). Für Verhaltensweisen **nach Zurruhesetzung** ist disziplinarrechtliche **3**

§ 2 BDG

Verfolgung nur noch möglich wegen eines im § 77 Abs. 2 des BBG aufgeführten Verhaltens, nämlich bei einer Betätigung gegen die freiheitlich demokratische Grundordnung i. S. d. GG, bei Teilnahme an umstürzlerischen Bestrebungen gegen Bestand oder Sicherheit der Bundesrepublik, bei Verletzung der Amtsverschwiegenheit oder bei Verstoß gegen das Annahmeverbot von Belohnungen und Geschenken bzw. bei schuldhafter Weigerung, einer erneuten Berufung in das Beamtenverhältnis nachzukommen.

4 **Abs. 2** spricht die Disziplinarverfolgung solcher Dienstvergehen an, die ein Beamter oder Ruhestandsbeamter in einem **früheren Dienstverhältnis** begangen hat. Dabei werden Vergehen in früheren Dienstverhältnissen als Richter, Soldat bzw. beamtenähnlichen Dienstverhältnissen einbezogen. Durch Beendigung eines Beamtenverhältnisses und anschließenden Neueintritt in ein solches kann also die disziplinarrechtliche Verfolgung nicht verhindert werden. Ein **Dienstherrnwechsel** spielt nach § 2 Abs. 2 Satz 2 ausdrücklich keine Rolle. Die Möglichkeit der Ahndung eines Verhaltens, das der Beamte außerhalb des jetzigen Beamtenverhältnisses in einem früheren Dienstverhältnis der in Abs. 2 genannten Art begangen hat, ist grundsätzlich umfassend und unabhängig von Art, Inhalt und Beendigung des früheren Dienstverhältnisses. Auch derjenige, der im früheren Beamtenverhältnis nur Widerrufs- und Probebeamter war, kann nach der Neubegründung eines Beamtenverhältnisses (diesmal auf Lebenszeit) wegen der früher als Probe- bzw. Widerrufsbeamter begangenen Verhaltensweisen mit allen Maßnahmen aus § 5 herangezogen werden. Ob dies auch dann gelten kann, wenn dem früheren Dienstherrn das Verhalten bekannt war und er gleichwohl die denkbare Entlassung nach § 34 BBG nicht ausgesprochen hat (so offenbar GKöD-Weiß, § 2 Rn. 5, 6), erscheint zumindest zweifelhaft. Zwar hatte der frühere Dienstvorgesetzte grundsätzlich die Möglichkeit, zunächst unbeanstandete Pflichtverletzungen später aufzugreifen (§ 35 Abs. 2 und 3), aber solange er das ablehnt, entspricht dies seinem disziplinaren Ermessen (§ 13 Abs. 1 Satz 1) und stellt eine Entscheidung dar, die nicht ohne weiteres von einem anderen Entscheidungsträger ignoriert werden kann. Auch an Verwirkung des disziplinaren Verfolgungsanspruchs ist hier zu denken. Zwar hat insoweit das BVerwG die Auffassung vertreten, der Gesichtspunkt der Verwirkung sei dem Disziplinarrecht fremd (BVerwG – 1 D B 21.84 – NJW 1985, 215). Zur Ablehnung dieser Rspr. vgl. A. I und A. V.
Jedenfalls darf das außerhalb des jetzt bestehenden Beamtenverhältnisses in einem früheren Dienstverhältnis i. S. d. § 2 Abs. 2 gezeigte Verhalten nur dann als pflichtwidrig angesehen werden, wenn es zurzeit der Handlung nach den Pflichten des früheren Dienstverhältnisses auch als Fehlverhalten gewertet werden konnte (Grundsatz nullum crimen sine lege).

5 Ein **Dienstherrnwechsel** i. S. d. § 2 Abs. 2 liegt etwa vor bei Versetzung nach § 28 BBG, bei Entlassung aus einem früheren Beamtenverhältnis und Wiedereintritt in ein solches bei einem neuen Dienstherrn, wobei keine Rolle spielt; ob sich der Wechsel mit oder ohne zeitliche Unterbrechung abspielt; allerdings sind Handlungen, die der Beamte während der Zeit einer Unterbrechung zwischen zwei Beamtenverhältnissen begeht, wiederum, weil nicht im Beamtenverhältnis begangen, kein Dienstvergehen. Ansonsten liegt auf der Hand, dass der bloße Wechsel des Dienstherrn zu keinen anderen Rechtsfolgen führen kann als die Begründung eines neuen Dienstverhältnisses nach einem früheren.

6 Ein Beamter, der **Mitglied einer Personalvertretung** ist, ist disziplinarrechtlich nach wie vor Beamter und muss dem Grunde nach mit disziplinarrechtlicher

Verfolgung bei einem Dienstvergehen rechnen (BDHE 4, 69; BVerwG – 1 D 10.84). Allerdings ist insoweit sowohl bei der Frage der Feststellung eines Dienstvergehens wie auch bei der Frage der möglichen Maßnahmenbemessung der Auftrag, den ein Personalratsmitglied wahrnimmt, angemessen zu berücksichtigen. Damit hat sich das BVerwG bisher nur unzureichend auseinandergesetzt (BVerwG, Dok. 1 D 10.84; zur Rspr. des BDiG und grundsätzlich vgl. B. II. 7. unter b; 9. unter b Rn. 11).

Der neu aufgenommene **Abs.** 3 regelt, welche Verfahrensordnung bei Dienstvergehen, die im Rahmen der dort angesprochenen Verwendung begangen werden, Anwendung findet. Dabei ist zunächst Voraussetzung, dass ein aktiver Beamter – Ruhestandsbeamte werden nicht ausdrücklich erwähnt – nach § 1 (§ 1 Rn. 6) ein Dienstvergehen im Rahmen seiner Verwendung begeht. Die weitere Voraussetzung, die das Gesetz verlangt, ist, dass das begangene Dienstvergehen sowohl nach soldatenrechtlichen als auch nach beamtenrechtlichen Vorschriften verfolgbar ist. In der sich daraus ergebenden Konkurrenz – Verfolgbarkeit sowohl nach Wehrrecht als auch nach Beamtenrecht – gibt Abs. 3 dem BDG den Vorrang. In dieser Konstellation ist nicht das Soldatenrecht, sondern das BDG anzuwenden. 7

§ 3 Ergänzende Anwendung des Verwaltungsverfahrensgesetzes und der Verwaltungsgerichtsordnung

Zur Ergänzung dieses Gesetzes sind die Bestimmungen des Verwaltungsverfahrensgesetzes und der Verwaltungsgerichtsordnung entsprechend anzuwenden, soweit sie nicht zu den Bestimmungen dieses Gesetzes in Widerspruch stehen oder soweit nicht in diesem Gesetz etwas anderes bestimmt ist.

Einen grundsätzlichen Unterschied zum bisherigen Recht regelt § 3 BDG. War bislang das Disziplinarrecht nach § 25 BDO ergänzend auf die Vorschriften der Strafprozessordnung bezogen, so gelten jetzt nach § 3 BDG die Vorschriften des VwVfG und der VwGO ergänzend. Dies bildet auch den Hintergrund für die insoweit konsequente Zuständigkeitsregelung der Verwaltungsgerichtsbarkeit für Disziplinarverfahren. 1

Durch die Bezugnahme auf die Verwaltungsgerichtsordnung wird klargestellt – was der Bezug auf die Strafprozessordnung bislang eher verschleiert hat –, dass das Disziplinarrecht kein Sonderstrafrecht für Beamte darstellt. Das Disziplinarrecht dient durch die Maßregelungen von Beamten, die ein Dienstvergehen begangen haben, der Sicherstellung der Funktionsfähigkeit der Verwaltung. Das wird durch die ergänzende Inbezugnahme der Verwaltungsvorschriften verdeutlicht und wird z. B. auch durch die Einführung des Widerspruchsverfahrens nach §§ 41-44 BDG unterstrichen.

Hinsichtlich der konkreten Auswirkungen dieser Neuregelung wird auf die Kommentierung der einzelnen Vorschriften verwiesen.

Allerdings kommt auch das BDG im Hinblick darauf, dass für eine disziplinare Maßnahme nicht nur der »objektive Tatbestand« eines Dienstvergehens erfüllt sein muss, sondern eben auch ein Verschulden nachgewiesen werden muss, nicht umhin, neben der Bezugnahme auf die verwaltungsrechtlichen Vorschriften auch weiterhin Elemente des Strafrechts zu berücksichtigen. Insoweit wird in Einzelvorschriften auch weiterhin auf die Strafprozessordnung verwiesen. Darüber hinaus haben auch bislang tragende Grundsätze des Disziplinarrechts, 2

§ 4 BDG

die ihre Wurzeln in strafrechtlichen Überlegungen haben, weiterhin Geltung. Darunter fallen z. B. der Grundsatz des »in dubio pro reo«, die Beweisregelungen des § 244 StPO und die Vorschriften der §§ 20, 21 StGB, deren mögliches Vorliegen auch im Disziplinarverfahren immer zu prüfen ist.

3 Der Verweis auf die Verwaltungsgerichtsordnung führt aber für den betroffenen Beamten auch zu gravierenden Verschlechterungen im Vergleich zum alten Recht. Bislang galten für die Wiedereinsetzung in den vorigen Stand die Vorschriften der §§ 44-47 StPO entsprechend. Dies hatte zur Folge, dass ein Verschulden des Anwalts, welches zur Fristversäumnis geführt hat, nicht dem Beamten zugerechnet werden konnte. Dagegen hat das OVG Rheinland-Pfalz (v. 3. 11. 1999 – 3 A 11780/99) entschieden, dass nach dem Landesdisziplinargesetz Rheinland-Pfalz, dem das BDG weitgehend entspricht, der Beamte sich das Verschulden des Prozessbevollmächtigten zurechnen lassen muss. Hier ist die Wiedereinsetzung nur nach den allgemeinen Regelungen möglich. Die Rspr. des BVerwG (v. 1. 3. 1994 – 1 D B 24.93) zum Verschulden und zur Wiedereinsetzung unter Berücksichtigung des § 145 a StPO wird zukünftig wohl keine Geltung mehr haben. Die einschlägige Regelung ist zukünftig § 60 VwGO. Es wird auf die insoweit einschlägige Fachkommentierung verwiesen.

4 Ob allerdings die mit der Inbezugnahme der VwGO und des VwVfG beabsichtigte Beschleunigung der Verfahren und eine Kosteneinsparung erreicht werden können, darf bis zum Beweis des Gegenteils füglich bezweifelt werden. Bislang ist z. B. erstinstanzlich das Bundesdisziplinargericht grundsätzlich mit einem Berufsrichter und zwei ehrenamtlichen Richtern besetzt. Zukünftig wird das Gericht nach § 46 Abs. 1 BDG mit drei Berufsrichtern und zwei Beamtenbeisitzern besetzt sein. Hier wird der Personaleinsatz der Berufsrichter verdreifacht. Nach § 46 Abs. 2 darf im Fall der Disziplinarklage das Verfahren auch nicht auf den Einzelrichter übertragen werden. Hinzu kommt, dass die nunmehr zuständigen Verwaltungsgerichte in Fällen von Landesbeamten, für die sie ebenfalls zuständig sind, nach den meisten Landesdisziplinarvorschriften (bis zu deren nicht absehbarer Angleichung an das BDG) ergänzend weiterhin strafprozessuale und nicht verwaltungsrechtliche Vorschriften anwenden müssen. Ob diese Doppelgleisigkeit effizienzsteigernd wirkt, ist zumindest fraglich. Bei der bekannten verwaltungsgerichtlichen Verfahrensdauer wird die Zukunft zeigen müssen, ob dies bei Disziplinarverfahren anders aussieht. Skepsis ist sicherlich nicht verfehlt.

§ 4 Gebot der Beschleunigung

Disziplinarverfahren sind beschleunigt durchzuführen.

1 Mit dieser Vorschrift wird zum ersten Mal der Beschleunigungsgrundsatz als ein für das Disziplinarrecht beherrschender Grundsatz gesetzlich geregelt. Neben einzelnen gesetzlichen Regelungen (z. B. § 19 Abs. 2, § 22 Abs. 1 Satz 2, § 62) ist dieser Grundsatz in jeder Phase des Verfahrens als objektives Disziplinarrecht zu beachten. Dies entspricht auch der herrschenden Rspr., die die Verfahrensdauer zumindest bei der Maßnahmebemessung mit berücksichtigt hat. Eine lange Verfahrensdauer konnte mildernd berücksichtigt werden (BVerwG v. 24. 6. 1998 – 1 D 23.97), nicht aber bei Zugriffsdelikten und sonstiger objektiver Untragbarkeit: BVerwG v. 2. 9. 97 – 1 D 29.97).

2 Diese Vorschrift ist auch von den Gerichten bei der Terminierung zu beachten.

Entsprechend dem Beschleunigungsgebot sind Disziplinarklagen bevorzugt zu terminieren.

Unbeschadet des auch verfassungsrechtlichen Gebots, Rechtsschutz in angemessener Zeit zur Verfügung zu stellen, ist es doch fraglich, ob aus dem Beschleunigungsgebot, neben den Regelungen im BDG selbst, weitere konkrete Folgen abzuleiten sind. Dies ist eher fraglich. Das gilt insbesondere im Hinblick auf die eingeräumte Möglichkeit, verspätetes Vorbringen zurückzuweisen. Hier ist vor dem Hintergrund des im Verwaltungsgerichtsverfahren herrschenden Ermittlungsgrundsatzes deutliche Zurückhaltung geboten.

3

Teil 2
Disziplinarmaßnahmen

§ 5 Arten der Disziplinarmaßnahmen

(1) Disziplinarmaßnahmen gegen Beamte sind:
1. Verweis (§ 6)
2. Geldbuße (§ 7)
3. Kürzung der Dienstbezüge (§ 8)
4. Zurückstufung (§ 9) und
5. Entfernung aus dem Beamtenverhältnis (§ 10).
(2) Disziplinarmaßnahmen gegen Ruhestandsbeamte sind:
1. Kürzung des Ruhegehalts (§ 11) und
2. Aberkennung des Ruhegehalts (§ 12).
(3) Beamten auf Probe und Beamten auf Widerruf können nur Verweise erteilt und Geldbußen auferlegt werden. Für die Entlassung von Beamten auf Probe und Beamten auf Widerruf wegen eines Dienstvergehens gelten § 34 Abs. 1 Nr. 1 und Abs. 3 sowie § 37 des Bundesbeamtengesetzes.

Diese Vorschrift entspricht inhaltlich der Vorschrift des bisherigen § 5 BDO. Vorgenommen wurden lediglich sprachliche Änderungen. Anstelle der Bezeichnung »Gehaltskürzung« tritt die genauere Bezeichnung »Kürzung der Dienstbezüge« und statt der umständlichen Bezeichnung »Versetzung in ein Amt derselben Laufbahn mit geringerem Endgrundgehalt« wurde die Bezeichnung »Zurückstufung« gewählt. Die Bezeichnung »Entfernung aus dem Dienst« wird durch die gängigere und genauere Bezeichnung »Entfernung aus dem Beamtenverhältnis« ersetzt. Die disziplinaren Maßnahmen gegen Ruhestandsbeamte – das sind mit der Kürzung des Ruhegehalts und der Aberkennung des Ruhegehalts die gleichen wie nach bisher geltendem Recht – werden nun ausschließlich in Abs. 2 geregelt.

1

Die Vorschrift des § 5 bestimmt die nach dem BDG zulässigen **Disziplinarmaßnahmen**. Sie stellt damit materielles Disziplinarrecht dar (o. A. IV. Rn. 71 ff.). Mit der Abkehr vom Begriff »Disziplinarstrafe« hat das Neuordnungsgesetz 1967 die unterschiedliche Aufgabenstellung von Disziplinar- und Strafrecht auch in dieser Bestimmung noch einmal verdeutlicht. Die **Aufzählung** in § 5 ist erschöpfend. Andere rein **beamtenrechtliche Maßnahmen** wie Umsetzung, Versetzung, Rückstufung in der Beförderungsliste usw. dürfen nur aus dem funktionalen dienstlichen Interesse der Verwaltungsorganisation als personal-

2

341

§ 5 BDG

politische Mittel, aber nicht als versteckte Disziplinarmaßnahmen an deren Stelle ergriffen werden (vgl. hierzu o. A. IV. Rn. 71). Soweit die Dienstaufsicht Vorhaltungen außerhalb der Maßnahmen des § 5 macht, die einen Pflichtenvorwurf zum Gegenstand haben, so sind dies keine Disziplinarmaßnahmen. Dies regelt nun § 6 Satz 2 BDG ausdrücklich. Konsequenterweise wurde deshalb auch § 126 BDO gestrichen. Durch den Wegfall dieser Regelung kann der Beamte gegen solche Maßnahmen seines Diensthern nunmehr lediglich im Rahmen des allgemeinen Rechtsschutzes des Beamtenrechts vorgehen. Missbilligungen werden in der Praxis häufig im Zusammenhang mit disziplinaren Vorwürfen ausgesprochen, wenn das Verfahren eingestellt wird. Es fällt offensichtlich vielen Dienstvorgesetzten schwer, es bei der Einstellung des Verfahrens mit einer bloßen Feststellung eines Dienstvergehens, was ja selbst vielfältige pflichtenmahnende Wirkungen hat, zu belassen.

3 Der Grundsatz der **Einheit des Dienstvergehens** (A. I. Rn. 2, 11 ff.) verlangt, dass bei Zusammentreffen mehrerer Handlungen, die als leichte, als mittelschwere oder schwere Verfehlungen zu qualifizieren sind, grundsätzlich nur eine Disziplinarmaßnahme verhängt wird. Das aus mehreren einzelnen Pflichtverletzungen bestehende Dienstvergehen kann auch nur mit einer einheitlichen Disziplinarmaßnahme belangt werden (BDHE 1, 168; 3, 285; zur ausnahmsweise getrennten Verfolgung A. I. Rn. 12-14). Die Verbindung mehrerer Disziplinarmaßnahmen ist ebenso wenig möglich wie die Ahndung mehrerer Pflichtverletzungen mit unterschiedlichen Einzelmaßnahmen. Insoweit missverständlich das Urteil des BVerwG v. 14.2.2007 (1 D 12.05). Diese Entscheidung soll wohl keine Aufgabe der bisherigen Rspr. darstellen, eine Klarstellung wäre wünschenswert.

4 Die **Wahl** der Disziplinarmaßnahme im Einzelfall hängt von Art und Schwere des Dienstvergehens ab. Grundsätzlich stehen für die Maßregelung eines Dienstvergehens alle Maßnahmen des § 5 alternativ zur Verfügung. Die Wahl der angemessenen Maßnahme folgt in der Regel deren »**Einstufungsfunktion**«, wie sie sich aus der Gliederung in § 5 und der Bewertungskategorie ergibt (vgl. A. IV. Rn. 77 ff.). § 5 gibt keine gleichwertige Aufstellung nebeneinander stehender Disziplinarmaßnahmen, sondern sieht nach der Schwere des Dienstvergehens eine **aufsteigende** Folge der Disziplinarmaßnahmen vor, wobei eine schwerere Maßnahme leichtere ausschließt (dem entspricht auch der Grundsatz der »stufenweisen Steigerung« von Disziplinarmaßnahmen in der Rspr., vgl. o. A. IV. Rn. 78).

5 Für die **Bemessung** der Disziplinarmaßnahme gilt grundsätzlich der **Ermessensgrundsatz**. Im Einzelfall kommt es dabei wesentlich auf die Bedeutung der verletzten Pflicht, das Eigengewicht des Vergehens, die Auswirkungen für die Verwaltung, das Verschulden, die Motive der Betroffenen, die bisherige Führung und auch auf die Rechtsstellung der Betroffenen an (zu letzterem BDHE 2, 59, 78). Nähere Ausführungen hierzu s. o. A. IV. Rn. 85 ff. und § 13.

6 Bei **Ruhestandsbeamten** sind nur Kürzung und Aberkennung des Ruhegehalts möglich. Dabei ist die Möglichkeit der Disziplinierung von Ruhestandsbeamten ebenso neu – sie wurde endgültig erst mit der Reichsdienststrafordnung 1937(!) eingeführt – wie umstritten. Die Kürzung des Ruhegehalts, eine »erzieherische Maßnahme«, erscheint bei einem Ruhestandsbeamten verfehlt (vgl. auch A. IV. Rn. 90). Pflichtenmahnende Wirkung der Ruhegehaltskürzung kann allenfalls in den Fällen angenommen werden, in denen die Ruhestandsbeamten weiterhin den Dienstpflichten unterliegen, nämlich denen des § 77 Abs. 2 BBG. Aber

auch gegen die Maßnahme der Aberkennung des Ruhegehalts gibt es gewichtige Bedenken. Die Aberkennung des Ruhegehalts hat nur generalpräventiven Charakter. Sie ist auch nicht effektiv (im Einzelnen A. IV. Rn. 84 a. E., 90; ebenso Lindgen, BayBz 1967, 33; Finger, ZBR 1969, 312).

§ 11 regelt die Disziplinarmaßnahme der **Kürzung des Ruhegehalts**. Diese Beschränkung der Maßnahmen gegenüber Ruhestandsbeamten (wegen des Begriffs vgl. § 1 Rn. 8) darf nicht dazu führen, bei einem Dienstvergehen (vgl. hierzu für Beamte im Ruhestand § 2 Rn. 3), das bei einem aktiven Beamten mit einem Verweis oder einer Geldbuße geahndet wäre, die Mindestmaßnahme der Ruhegehaltskürzung zu verhängen. In solchen Fällen hat das Gericht das Verfahren nach § 32 Abs. 3 **einzustellen.** § 11 gilt nicht für wiederernannte frühere Ruhestandsbeamte (§§ 57, 46 BBG); sie unterliegen wegen ihres Verhaltens wieder den Bestimmungen, die für aktive Beamte gelten. 7

Die Rspr. des BVerwG hat diese Kritik allerdings immer wieder zurückgewiesen (vgl. u. a. BVerwGE 46, 64 zur Frage der Ruhegehaltskürzung). Die Rspr. überzeugt jedoch – insbesondere soweit es die Ruhegehaltskürzung angeht – nicht. Alleiniger Sinn einer Ruhegehaltskürzung könnte die so genannte Generalprävention sein. Damit aber wird der Ruhestandsbeamte bei der Verhängung einer Ruhegehaltskürzung in unzulässiger Weise zum Objekt der Abschreckung anderer degradiert. Bei der Frage der Aberkennung des Ruhegehalts bzw. auch der Kürzung hält die Rspr. des BVerwG, jedenfalls bei langer Verfahrensdauer und im Übrigen guter und unbescholtener Dienstleistung, die vorwiegend generalpräventive Verhängung dieser Maßnahmen für unangemessen und hat im Falle eines schweren, sonst nach der Rspr. zur Dienstentfernung führenden Dienstvergehens das Verfahren nach §§ 76 Abs. 3, 31 Abs. 4 Satz 5 eingestellt (BVerwG – 1 D 110.85 – NVwZ 88, 735; s. hierzu näher noch A. IV. Rn. 84, 89, 90). 8

Ob die neue Formulierung in § 13 Abs. 2 Satz 1 diesen Streit, wie die Gesetzesbegründung meint, löst, erscheint fraglich. Die oben skizzierten Bedenken sind allein durch eine neue Formulierung nicht ausgeräumt und von den Gerichten im Rahmen ihrer Entscheidungsfindung zu berücksichtigen. 9

Abs. 3 regelt weiterhin die Maßnahmen gegen Beamte auf Probe und Widerruf. Hier sind die Maßnahmen, wie bisher auch schon, beschränkt auf Verweise und Geldbußen. 10

Für die Entlassung aus dem Dienst wird nunmehr in § 5 Abs. 3 Satz 2 auf die Vorschrift des § 34 Abs. 1 Nr. 1 BBG verwiesen. Die bisherige Vorschrift des § 126 BDO entfällt. Dafür wurde in Art. 3 des Gesetzes zur Neuordnung des Disziplinarrechts unter der Nr. 4 die Vorschrift des § 31 geändert und in Abs. 1 Nr. 1 zunächst die Entlassungsgründe neu gefasst. Eine Entlassung ist nunmehr dann möglich, wenn ein Verhalten vorliegt, das bei einem Beamten auf Lebenszeit mindestens eine Kürzung der Dienstbezüge zur Folge hätte. Dies entspricht der bisherigen Rechtslage, wonach als Entlassungsgrund ein Dienstvergehen vorliegen musste, das im förmlichen Disziplinarverfahren zu verfolgen war. Die Änderung folgt insoweit nur der veränderten Systematik des BDG, das das förmliche Verfahren nicht mehr vorsieht, und benennt die mildeste Maßnahme, die für eine Entlassung erforderlich ist, ausdrücklich.

Weiter wird in § 34 Abs. 1 Nr. 1 BBG eine Regelung eingeführt, die vorschreibt, dass vor der Entlassung der Sachverhalt aufzuklären ist. Insoweit werden die §§ 21 bis 29 BDG entsprechend in Bezug genommen. Zu beachten ist, dass die Vorschriften der §§ 20 und 30 BDG nicht in Bezug genommen werden. 11

§ 6 BDG

12 Die Regelung der Entlassung ausschließlich im BBG ist wegen der größeren Sachnähe durchaus nachvollziehbar. Durch die Verweisung auf die Vorschriften des BDG wird dem Probebeamten bei der Ermittlung des Sachverhaltes im Wesentlichen das gleiche Schutzniveau gewährt wie einem Lebenszeitbeamten. Unverständlich bleibt jedoch, dass die §§ 20, 30 BDG nicht mit in Bezug genommen werden. Zwar ist dem Beamten, da die Entlassung einen belastenden Verwaltungsakt darstellt, grundsätzlich die Möglichkeit eingeräumt worden, sich zu äußern; auch kann er die Entlassung mit der Anfechtungsklage angreifen (Battis, BBG, § 31 Rn. 14 ff.). Jedoch hätte hinsichtlich der Durchführung der Ermittlungen des Sachverhaltes durch die Inbezugnahme des § 20 BDG (Unterrichtung und Belehrung, Anhörung des Beamten) und § 30 BDG (abschließende Anhörung) eine klare Rechtsgrundlage geschaffen werden müssen; dies wäre auch aus der Sachnähe der Regelungen im BDG angezeigt gewesen. Mit einer solchen Inbezugnahme wären auch Irritationen vermieden worden, ob diese Beamtengruppe auch informiert werden muss und ihr ein Äußerungsrecht zusteht. Dies ist (s. o.) selbstverständlich gegeben.

§ 6 Verweis

Der Verweis ist der schriftliche Tadel eines bestimmten Verhaltens des Beamten. Missbilligende Äußerungen (Zurechtweisungen, Ermahnungen oder Rügen), die nicht ausdrücklich als Verweis bezeichnet werden, sind keine Disziplinarmaßnahmen.

1 Diese Vorschrift entspricht inhaltlich der Vorschrift des § 6 BDO. In der Neufassung ist klarstellend aufgenommen, dass der Verweis schriftlich zu ergehen hat.

2 Der **Verweis** ist in der Stufenfolge der Disziplinarmaßnahmen die **mildeste**. Er kommt in Frage bei Ordnungswidrigkeiten gegen bisher tadelsfreie Betroffene. Voraussetzung ist immer ein pflichtwidriges und schuldhaftes Verhalten, das die Schwelle der disziplinaren Erheblichkeit überschreitet. Der Verweis kann gegenüber **allen aktiven Beamten** einschließlich derer auf Probe und Widerruf ausgesprochen werden; gegenüber **Ruhestandsbeamten** ist er nicht zulässig (§ 5 Abs. 2). Nicht ausgesprochen werden darf ein Verweis auch dann, wenn wegen desselben Sachverhalts bereits eine Kriminalstrafe oder Ordnungsmaßnahme verhängt worden ist (§ 14 Abs. 1 Nr. 1).

3 Der Verweis hat **schriftlich** durch Disziplinarverfügung zu erfolgen. Er muss immer wörtlich als Verweis bezeichnet werden, um den Charakter einer Disziplinarmaßnahme zu erfüllen. Der Verweis ist im Übrigen nach einer Frist von zwei Jahren zu tilgen (§ 16). Ein Beförderungsverbot wird durch den Verweis nicht bewirkt. Die ergibt sich als Umkehrschluss aus §§ 8 ff.

4 Kein Verweis, aber Disziplinarmaßnahmen im weiteren Sinne sind so genannte **missbilligende Äußerungen** (zu ihrer Rechtsnatur vgl. BDiG – IV BK 11/96 – ZBR 1998, 326) des Dienstvorgesetzten, die nicht ausdrücklich als Verweis bezeichnet werden. Der Charakter als Disziplinarmaßnahme im weiteren Sinne wird durch den Verweis in § 16 Abs. 5 auf § 112 BBG aufgezeigt. In dieser Vorschrift wird die Entfernung solcher Missbilligungen aus der Personalakte geregelt. Die Gesetzesregelung ist fragwürdig (s. hierzu Fleig, DÖD 1992, 129, 132). Sie schafft über den Katalog des § 5 hinaus eben doch eine weitere Disziplinarmaßnahme, die auch allen maßnahmebezogenen Regelungen des BDG unter-

§ 7 BDG

liegt. Die Anfechtung der schriftlichen Missbilligung ist möglich, wenn sie vom Dienstvorgesetzten wegen eines **Dienstvergehens** ausgesprochen wird (BVerwG v. 12. 12. 1978 – I Wb 84.77; OVG Münster, DÖD 1975, 237). Im Übrigen gilt für die Anfechtung der schriftlichen Missbilligung Gleiches wie für eine Disziplinarverfügung, mit der ein Verweis ausgesprochen wurde. Kein Rechtsmittel nach dem BDG haben Betroffene gegen eine bloß mündliche missbilligende Äußerung, ob nun ein Dienstvergehen vorgeworfen ist oder nicht. Hier besteht einerseits die Möglichkeit, sich allgemein beschwerdeführend oder im Rahmen der Dienstaufsichtsbeschwerde an den Dienstvorgesetzten zu wenden, andererseits die Antragsmöglichkeit nach § 18 (Selbstreinigungsverfahren). Eine Einstellung, die zwar die Feststellung eines Dienstvergehens, aber keine ausdrückliche Missbilligung enthält, soll nach BDiG (v. 23. 10. 1984 – VIII Bk 12/84) nicht anfechtbar sein; demgegenüber BDiG (v. 15. 6. 1984 – IV Bk 8/84): Anfechtung auch, wenn Feststellung des Dienstvergehens erfolgt und Missbilligung nicht als solche geäußert wird, aber dem Inhalt nach zum Ausdruck kommt.

Nach Auffassung des BVerwG kann trotz Ausspruch einer schriftlichen Missbilligung gegenüber einem Beamten später ein förmliches Verfahren eingeleitet werden (BVerwGE 43, 211). Die Missbilligung sei keine Disziplinarmaßnahme im eigentlichen Sinne. Deshalb stehe das Verbot der Doppelbestrafung einer zusätzlichen Disziplinierung im förmlichen Verfahren nicht entgegen. Gegen diese Auffassung spricht, dass die Missbilligung eine disziplinare Sanktion enthält und deswegen mit den echten Disziplinarmaßnahmen gleichgesetzt ist (o. Rn. 4; so auch BDiG v. 2. 10. 1985 – VI Bk 5/85 für »freisprechende« Einstellungsverfügungen; v. 30. 10. 1973 – III VL 13/73 für Einstellungen nach § 14). 5

Beim Ausspruch einer missbilligenden Äußerung hat die Personalrat kein Mitwirkungsrecht nach dem BPersVG (BVerwG, DVBl. 1979, 469). Unabhängig hiervon bleibt die allgemeine Befugnis des Personalrats nach § 67 BPersVG, darüber zu wachen, dass Angehörige der Dienststelle nach Recht und Billigkeit behandelt werden, sowie das Recht des Beamten, in eigener Sache den Personalrat zur Rechtswahrung einzuschalten. 6

§ 7 Geldbuße

Die Geldbuße kann bis zur Höhe der monatlichen Dienst- oder Anwärterbezüge des Beamten auferlegt werden. Hat der Beamte keine Dienst- oder Anwärterbezüge, darf die Geldbuße bis zu dem Betrag von 500 Euro auferlegt werden.

Diese Regelung entspricht dem früheren § 7 BDO. Klarstellend ist im Hinblick auf die Beamten auf Widerruf, die keine Dienstbezüge im besoldungsrechtlichen Sinne erhalten, der Begriff »Anwärterbezüge« hinzugefügt worden (Satz 1). 1

Die **Geldbuße** ist die zweitschwerste Maßnahme, die der **Dienstvorgesetzte** durch Disziplinarverfügung verhängen kann (§ 33 Abs. 1). Von ihr können wie beim Verweis alle aktiven Beamten – nicht jedoch die in Ruhestand – betroffen sein. Im Unterschied zu der darauf folgenden schweren Maßnahme der Gehaltskürzung erfolgt sie durch Festsetzung einer Geldsumme, die in **einem Betrag** zu zahlen ist (a. A. GKöD-Weiß II, § 7 Rn. 2, der auch die Festsetzung als Bruchteil der einmonatigen Dienstbezüge für zulässig hält; dies erscheint allerdings unpraktisch und verwischt den Unterschied zur Gehaltskürzung, so dass sich diese Auffassung nicht in der Praxis hat durchsetzen können). 2

3 Die Geldbuße kommt in Betracht, wenn das Vertrauensverhältnis nicht außergewöhnlich belastet ist und eine einmalige Pflichtenmahnung zur Einwirkung auf den Beamten genügt. Dies gilt insbesondere für den Bereich der **Ordnungswidrigkeiten und Bagatellverfehlungen** (vgl. A. I. Rn. 20, A. II. Rn. 4). Bei Wiederholungstätern kommt die Geldbuße deshalb nur ausnahmsweise in Betracht.

4 Die Vorschrift begrenzt die Geldbuße nach unten auf 1 Euro, nach oben auf die **einmonatigen Dienstbezüge.** Hierzu gehören Grundgehalt, Ortszuschlag, örtlicher Sonderzuschlag, Amtsstellen- und Ausgleichszulagen, nicht jedoch Einnahmen aus genehmigter Nebentätigkeit und übrige Einkünfte wie Kindergeld, Ministerialzulage o. Ä. Der Grundsatz der Einheit des Dienstvergehens verbietet bei mehreren Verfehlungen, jede besonders mit einer Geldbuße zu belegen und damit den Höchstbetrag des § 7 zu umgehen. Bei einer Überschreitung des Höchstbetrages ist Wiederaufnahme des Verfahrens möglich, da eine nach Art und Höhe im Gesetz nicht vorgesehene Maßnahme ausgesprochen wurde (so auch GKöD-Weiß II, § 7 Rn. 3).

5 Neben einer **Kriminalstrafe** oder **Ordnungsmaßnahme**, die wegen desselben Sachverhalts ergangen ist, darf eine Geldbuße nur unter den besonderen Voraussetzungen des § 14 verhängt werden.

6 Das **Amt eines Beamtenbeisitzers** erlischt, wenn gegen ihn im Disziplinarverfahren eine Geldbuße, gleichviel ob dies durch Disziplinarverfügung oder disziplinargerichtliche Entscheidung geschieht, ausgesprochen wird (§ 50 Abs. 1 Nr. 2).

7 Eine wirksam und rechtskräftig durch Disziplinarverfügung bzw. Urteil festgesetzte Geldbuße wird vollstreckt durch Abzug von den Dienst- oder Versorgungsbezügen. Bereits bei Verhängung der Geldbuße kann **Ratenzahlung** gewährt werden. Da dies aber eine Frage der Vollstreckung ist, kommt eine solche nur in der Disziplinarverfügung selbst und nicht bei gerichtlicher Entscheidung in Betracht.

8 Unter Beamten, die keine oder nur vorübergehende Dienstbezüge beziehen, sind Ehrenbeamte, Referendare sowie solche im Vorbereitungsdienst bzw. während eines Beschäftigungsauftrages zu verstehen. Hier ist der Höchstbetrag auf 500 Euro festgesetzt. Diese Maßnahme steht einer Beförderung nicht entgegen.

§ 8 Kürzung der Dienstbezüge

(1) Die Kürzung der Dienstbezüge ist die bruchteilmäßige Verminderung der monatlichen Dienstbezüge des Beamten um höchstens ein Fünftel auf längstens drei Jahre. Sie erstreckt sich auf alle Ämter, die der Beamte bei Eintritt der Unanfechtbarkeit der Entscheidung inne hat. Hat der Beamte aus einem früheren öffentlich-rechtlichen Dienstverhältnis einen Versorgungsanspruch erworben, bleibt dieser von der Kürzung der Dienstbezüge unberührt.
(2) Die Kürzung der Dienstbezüge beginnt mit dem Kalendermonat, der auf den Eintritt der Unanfechtbarkeit der Entscheidung folgt. Tritt der Beamte vor Eintritt der Unanfechtbarkeit der Entscheidung in den Ruhestand, gilt eine entsprechende Kürzung des Ruhegehalts (§ 11) als festgesetzt. Tritt der Beamte während der Dauer der Kürzung der Dienstbezüge in den Ruhestand, wird sein Ruhegehalt entsprechend wie die Dienstbezüge für denselben Zeitraum gekürzt. Sterbegeld sowie Witwen- und Waisengeld werden nicht gekürzt.

§ 8 BDG

(3) Die Kürzung der Dienstbezüge wird gehemmt, solange der Beamte ohne Dienstbezüge beurlaubt ist. Er kann jedoch für die Dauer seiner Beurlaubung den Kürzungsbetrag monatlich vorab an den Dienstherrn entrichten; die Dauer der Kürzung der Dienstbezüge nach der Beendigung der Beurlaubung verringert sich entsprechend.
(4) Solange seine Dienstbezüge gekürzt werden, darf der Beamte nicht befördert werden. Der Zeitraum kann in der Entscheidung abgekürzt werden, sofern dies im Hinblick auf die Dauer des Disziplinarverfahrens angezeigt ist.
(5) Die Rechtsfolgen der Kürzung der Dienstbezüge erstrecken sich auch auf ein neues Beamtenverhältnis. Hierbei steht bei Anwendung des Absatzes 4 die Einstellung oder Anstellung in einem höheren als dem bisherigen Amt der Beförderung gleich.

Diese Vorschrift tritt an die Stelle des früheren § 9 BDO. **1**

Die Gehaltskürzung besteht in einer **laufenden**, allerdings zeitlich befristeten **2** Kürzung der jeweiligen Dienstbezüge in vom Gericht festgesetzten **Bruchteilen**. Dienstbezüge sind dabei die, die die Betroffenen im Laufe der Vollstreckung beziehen. Es sind also auch Erhöhungen nach Eintritt der Rechtskraft mit einzubeziehen.

Die neue Vorschrift bringt im Vergleich zum alten Recht wichtige Änderungen. **3** Zunächst ist die Kürzung der Dienstbezüge nicht mehr einer gerichtlichen Entscheidung vorbehalten, sondern nach § 32 Abs. 1 in die Hand des Dienstherrn gelegt. Weiter wurde in § 8 Abs. 1 die Dauer der Gehaltskürzung von fünf Jahren nach altem Recht auf nunmehr drei Jahre festgelegt. Begründet wird diese Änderung damit, dass bei einer Ausschöpfung der fünf Jahre sich die Maßnahme in ihren finanziellen Auswirkungen für den Beamten nachteiliger darstellt als eine Zurückstufung. Damit ergab sich ein Verstoß gegen den Grundsatz der sich steigernden Disziplinarmaßnahme. Mit der Neuregelung soll die Abgrenzung zwischen diesen beiden Maßnahmen klarer gezogen werden. Dies insbesondere auch deshalb, weil nunmehr die Grenze zwischen Maßnahmen, die noch der Dienstherr verhängen darf, und denen, die vom Gericht ausgesprochen werden, anders verläuft. Die Laufzeit einer Gehaltskürzung von drei Jahren ist in jeder Hinsicht ausreichend, um Dienstvergehen mittlerer und schwerer Art angemessen zu ahnden. Dieser Gesetzesbegründung ist beizupflichten. Vor diesem Hintergrund besteht keine Veranlassung, bestimmte Verfehlungen nur wegen der verkürzten Laufzeit nicht mehr mit einer Gehaltskürzung, sondern mit der Zurückstufung zu ahnden. Für diese Delikte ist auch weiterhin eine Gehaltskürzung angemessen. Weiter wird nun klargestellt, dass sich die Kürzung auf alle Ämter bezieht, die der Beamte im Zeitpunkt der Unanfechtbarkeit der Entscheidung innehat. Dies entspricht der Verfahrensweise nach altem Recht, ohne dass dies ausdrücklich in der BDO geregelt gewesen wäre. Ebenso altem Recht entspricht, dass nach § 8 Abs. 1 Satz 3 Versorgungsbezüge aus einem früheren öffentlich-rechtlichen Dienstverhältnis von der Kürzung unberührt bleiben. Die Höchstgrenze der Kürzung blieb mit einem Fünftel gleich. Es wurde klargestellt, dass sich die Kürzung auf die monatlichen Dienstbezüge bezieht.

Unter Aufgabe der bisherigen Rspr. hat das BVerwG in seiner Entscheidung **4** vom 21. 3. 2002 (1 D 29.00) entschieden, dass die regelmäßige Gehaltskürzung nicht mehr einheitlich ein Zwanzigstel beträgt, sondern nach den wirtschaftlichen Verhältnissen zu differenzieren sei. Danach betrage der regelmäßige

347

§ 8 BDG

Kürzungssatz bei Beamten des einfachen Dienstes ein Fünfundzwanzigstel, des mittleren Dienstes ein Zwanzigstel und bei Beamten des gehobenen und höheren Dienstes bis Besoldungsgruppe A 16 regelmäßig ein Zehntel.

5 Mit der Gehaltskürzung sind die **mittelschweren Dienstvergehen** zu ahnden. Auch sie unterliegen, sofern ein sachgleiches Strafverfahren oder eine Ordnungsmaßnahme vorangegangen ist, den Regelungen des § 14 Abs. 1 Nr. 2. Nach dem Gesetz unterliegen beide Komponenten (Laufzeit und Kürzungssatz) freier Zumessung. Beide können nach den pflichtenmahnenden Zielsetzungen aufeinander abgestimmt werden (vgl. im Einzelnen A. IV. Rn. 87). Das Gesetz gibt den Gerichten in Abs. 1, was Dauer und Bruchteil angeht, **einen erheblichen Spielraum**, der nach den konkretisierten Bemessungsregeln auszufüllen ist (s. o. A. IV. Rn. 87, 94 ff.).

6 Wirksam wird die Gehaltskürzung mit dem der Rechtskraft des Urteils folgenden Monat, in dem die Vollstreckung beginnt.

7 Offen ist die **Mindestlaufzeit**. Hier wird von einem Monat auszugehen sein (BVerwG – 1 D 10.71). Sie reicht bis zu drei Jahren. Der Kürzungssatz reicht von 1 Euro bis zu einem Fünftel der Dienstbezüge. Ein Überschreiten des **Höchstbetrages** oder der Höchstdauer gibt auch hier einen Wiederaufnahmegrund nach § 71 Abs. 1 Nr. 1. Bei laufender Gehaltskürzung und erneuter Kürzung des Gehalts darf aber **insgesamt** um einen höheren Betrag als nach § 8 Abs. 1 zulässig gekürzt werden, weil sich die Kürzungsrate nur nach den **jeweiligen** Dienstbezügen bemisst (BDiG v. 12.5.1982 – XIV VL 3/82). Innerhalb des gesetzlichen Rahmens kann das Gericht Höhe und Dauer nach seinem Ermessen festlegen (s. o. Rn. 5). Pfändungsgrenzen sind grundsätzlich ohne Einfluss auf die Höchstgrenze der Gehaltskürzung. Allerdings darf eine solche nicht zu einer wirtschaftlich unerträglichen Belastung werden. Die nach Art. 33 Abs. 5 GG garantierte Alimentation darf nicht unterschritten werden. Dazu ist auf die wirtschaftlichen Bedürfnisse der Familie des Beamten konkret einzugehen. Auch die äußeren Lebensumstände (Großstadt/Land) spielen eine Rolle. In einer Großstadt kann z. B. eine Person mit täglich 14 DM nicht den Bedarf an Nahrung, Kleidung, Körperpflege, Fahrtkosten, Zeitung, Fernsehen, Freizeit decken (BDiG v. 19.2.1987 – VI VL 35/86). Die finanziellen Folgen des sachgleichen Strafverfahrens sind anzurechnen, anderenfalls liegt verfassungswidrige Doppelsanktion vor (dazu A. V. Rn. 129). Die Wirkung der Gehaltskürzung bezieht sich auch hier nur auf die Bezüge, die der Beamte hat, nicht auf Leistungen, die nicht hierzu gehören, wie etwa Einkommen aus Nebenbeschäftigung oder Ministerialzulagen.

8 In **Abs. 2** wird nunmehr auch geregelt, dass bei Eintritt in den Ruhestand eine entsprechende Kürzung des Ruhegehalts als festgesetzt gilt. Dies entspricht den Regelungen des § 117 Abs. 4 und Abs. 7 BDO.
Missverständlich ist die Regelung in Abs. 2 Satz 3. Gemeint ist hier nicht, dass in diesem Fall der Beamte noch einmal die Gesamtdauer der Kürzung des Ruhegehalts erleiden muss, sondern es wird nur noch für die Restdauer das Ruhegehalt gekürzt. Die zusammengezogene Kürzungszeit aus dem aktiven Dienst und dem Ruhestand darf nicht länger als die verhängte Zeit sein. Dies entspricht der bisherigen Rechtslage des § 117 Abs. 4 BDO, auf den sich die Gesetzesbegründung bezieht. Wie bisher (§ 117 Abs. 4 Satz 4 BDO) werden Sterbegeld, Witwen- und Waisengeld nicht gekürzt.

9 **Abs. 3** stellt eine neue Regelung dar, die den Problemen bei den privatisierten ehemaligen Staatsunternehmen, die beurlaubte Beamte beschäftigten, Rechnung tragen soll. Für die bei Post, Postbank, Telekom und Bahn beschäftigten Beamten ruht die Kürzung der Bezüge für die Dauer ihrer Beurlaubung. Dauert die Beurlaubung bis zum Eintritt in den Ruhestand, so ist die Bezügekürzung bis zu diesem Zeitpunkt gehemmt und es tritt dann eine Kürzung des Ruhegehalts ein. Um diese Folge zu vermeiden, gibt Abs. 3 Satz 2 dem Beamten die Möglichkeit, auch während seiner Beurlaubung »freiwillig« den Kürzungsbetrag an seinen Dienstherrn abzuführen. Diese Regelung wird man im Hinblick auf die Formulierung »monatlich vorab« so zu verstehen haben, dass der Beamte bei dieser Vorabzahlung an den monatlichen Kürzungsbetrag aus dem Urteil gebunden ist und er nicht frei in der Höhe der Zahlung ist. Entsprechend dieser Zahlung verkürzt sich selbstverständlich die Kürzungsdauer nach Ende der Beurlaubung. Diese Regelung wird vor allem für Beamte interessant sein, die während der Beurlaubung aufgrund privatrechtlicher Arbeitsverträge ein höheres Einkommen erzielen als nach der Beendigung der Beurlaubung.

In **Abs. 4** wird grundsätzlich am Beförderungsverbot während der Laufzeit der Kürzung der Dienstbezüge festgehalten. Allerdings wird den Gerichten bzw. dem Dienstherrn, anders als im alten Recht, jetzt die Möglichkeit eröffnet, diesen Zeitraum abzukürzen, wenn dies im Hinblick auf die Dauer des Verfahrens angezeigt ist. Mit dieser Regelung wird an bestehende Regelungen in einzelnen Bundesländern angeknüpft und dem Umstand Rechnung getragen, dass mit der Einleitung des Disziplinarverfahrens ein faktisches Beförderungsverbot besteht. Bei langer Dauer des Verfahrens führt dies faktisch zu einer überharten Folge für den Beamten. Die Beförderungsmöglichkeiten sind unangemessen lange beschnitten. Es handelt sich um eine Kann-Bestimmung. Sie gibt in ihrer Ausgestaltung dem Dienstherrn oder dem Gericht die Möglichkeit an die Hand, unter Beachtung aller Umstände des Einzelfalls, wenn die tatbestandlichen Voraussetzungen vorliegen, im Sinne einer Einzelfallgerechtigkeit zu entscheiden. Diese Regelung ist zu begrüßen, folgt sie doch einer verbreiteten Kritik an der bisherigen Regelung, die auch an dieser Stelle vorgetragen wurde. Es empfiehlt sich, obwohl die Disziplinarorgane auch über diese Verkürzungsmöglichkeit von Amts wegen zu entscheiden haben, auf diese Möglichkeit im Rahmen der Verteidigung hinzuweisen und zu den Voraussetzungen vorzutragen.

Abs. 5 soll zukünftig verhindern, dass die Disziplinarmaßnahme durch einen Wechsel des Dienstherrn unterlaufen werden kann. Dies gilt sowohl hinsichtlich der Kürzung der Bezüge (Satz 1) als auch hinsichtlich des Beförderungsverbots bei einem neuen Dienstherrn (Satz 2).

Das Amt eines Disziplinarbeisitzers erlischt durch eine verhängte Gehaltskürzung (§ 50 Abs. 1 Nr. 2).

§ 9 Zurückstufung

(1) Die Zurückstufung ist die Versetzung des Beamten in ein Amt derselben Laufbahn mit geringerem Endgrundgehalt. Der Beamte verliert alle Rechte aus seinem bisherigen Amt einschließlich der damit verbundenen Dienstbezüge und der Befugnis, die bisherige Amtsbezeichnung zu führen. Soweit in der Entscheidung nichts anderes bestimmt ist, enden mit der Zurückstufung auch die Ehrenämter und die Nebentätigkeiten, die der Beamte im Zusammenhang mit dem bisherigen Amt oder auf Verlangen, Vorschlag oder Veranlassung seines Dienstvorgesetzten übernommen hat.

§ 9 BDG

(2) Die Dienstbezüge aus dem neuen Amt werden von dem Kalendermonat an gezahlt, der dem Eintritt der Unanfechtbarkeit der Entscheidung folgt. Tritt der Beamte vor Eintritt der Unanfechtbarkeit der Entscheidung in den Ruhestand, erhält er Versorgungsbezüge nach der in der Entscheidung bestimmten Besoldungsgruppe.

(3) Der Beamte darf frühestens fünf Jahre nach Eintritt der Unanfechtbarkeit der Entscheidung befördert werden. Der Zeitraum kann in der Entscheidung verkürzt werden, sofern dies im Hinblick auf die Dauer des Disziplinarverfahrens angezeigt ist.

(4) Die Rechtsfolgen der Zurückstufung erstrecken sich auch auf ein neues Beamtenverhältnis. Hierbei steht im Hinblick auf Absatz 3 die Einstellung oder Anstellung in einem höheren Amt als dem, in welches der Beamte zurückgestuft wurde, der Beförderung gleich.

1 Diese Vorschrift entspricht dem früheren § 10 BDO. Die Folgen der Zurückstufung entsprechen denjenigen der früheren Versetzung in ein Amt derselben Laufbahn mit geringerem Endgrundgehalt nach § 10 Abs. 1 BDO. Neu geregelt wurde, dass auch eine Zurückstufung wegen Zeitablaufs nach § 15 Abs. 3 nach sieben Jahren nicht mehr möglich ist (§ 15 Rn. 5 ff.).

2 Die zweitschwerste Disziplinarmaßnahme ist die **Versetzung in ein Amt derselben Laufbahn mit geringerem Endgrundgehalt** (Zurückstufung). Sie ist auf schwere Dienstvergehen eines Beamten beschränkt, der sich nicht im Eingangsamt der Laufbahn befindet.

3 Die Degradierung als eine Art Gegenstück zur Beförderung ist in erster Linie eine entfernende Maßnahme gegen Beamte, die in einer Beförderungsstelle ihrer Laufbahn erheblich versagt und sich damit als ungeeignet für eine herausgehobene Tätigkeit erwiesen haben. Sie hat aber auch pflichtenmahnenden Charakter (BVerwGE 46, 169, 170; s. auch A. IV Rn. 86). Eine disziplinar nicht gebotene Versetzung in ein Amt mit geringerem Endgrundgehalt kann nicht ausschließlich deshalb ausgesprochen werden, weil die Dienstbehörde es unterlassen hat, wegen desselben Sachverhalts die nach der Tat wirksam gewordene Beförderung des Beamten nach § 14 Abs. 1 Nr. 2 BBG zurückzunehmen (BVerwGE 53, 166).

4 Die Dienstgradherabsetzung ist über alle Beförderungsämter der Laufbahn hinweg bis herunter zum Eingangsamt möglich, so dass z. B. der Postbetriebsinspektor zum Assistenten degradiert werden kann. Welche Laufbahnen es im Einzelnen gibt, regelt sich nach dem BBG (§§ 15 ff.) i.V. m. der Bundeslaufbahnverordnung (BLV) v. 15. 11. 1978 (BGBl. I S. 1763). Jede Laufbahn der einzelnen Verwaltungszweige muss sich dabei innerhalb einer der vier in § 2 Abs. 1 BLV genannten Laufbahngruppen (einfacher, mittlerer, gehobener und höherer Dienst) bewegen (BDHE 3, 188).

5 Ein Aufstiegsbeamter kann nicht in die Laufbahn zurückversetzt werden, aus der er aufgestiegen ist. Dagegen können Betroffene, die ein in eine höhere Laufbahngruppe hineinragendes Amt (z. B. das eines Oberamtsrats) innehaben, innerhalb der gesamten Laufbahngruppe des Dienstes, der sie immer noch angehören, zurückversetzt werden. Auch von der B-Besoldung kann in ein Amt der A-Besoldung degradiert werden (BVerwG v. 25. 3. 1980 – 1 D 14.79), obwohl es dort i. S. d. § 9 keine Ämter mit unterschiedlichem Endgrundgehalt gibt (vgl. A. IV. Rn. 85).

Voraussetzung für eine Degradierung (nunmehr: Zurückstufung) ist **Zurück-** **6**
versetzbarkeit. § 9 ist also nicht anzuwenden gegenüber Beamten, die sich noch
im Eingangsamt befinden. Ein Postassistent oder technischer Fernmeldeoberinspektor könnte beispielsweise nicht zurückgestuft werden, ebenso ein Lokführer. Hier ist anstelle der Zurückstufung auf die nächstmildere Maßnahme
der Gehaltskürzung zu erkennen. Die Zurückstufung versagt auch gegenüber
Beamten auf Zeit und Ehrenbeamten. Wird abweichend von § 9 ein Beamter in
ein Amt versetzt, das einer niedrigeren Laufbahn angehört, so handelt es sich
um eine nach dem Gesetz nicht vorgesehene Maßnahme. Dies kann zur Wiederaufnahme des Verfahrens nach § 71 Abs. 1 Nr. 1 führen. Das gilt auch, wenn
eine nach dem individuellen Status des Beamten nicht mögliche Degradierung
verhängt wird. Sie ist dann nach dem Gesetz »nicht vorgesehen«.

Mit dem neu eingefügten Abs. 1 Satz 3 ist nunmehr auch geregelt, dass mit dem **7**
Verlust der Rechte aus dem bisherigen Amt nicht nur die im Zusammenhang
mit dem bisherigen Amt oder auf Verlangen, Vorschlag oder Veranlassung des
Dienstvorgesetzten übernommenen Nebentätigkeiten erlöschen, sondern auch
die Ehrenämter verloren gehen. Mit dieser Regelung wurde eine bisherige Gesetzeslücke geschlossen. Von dieser Rechtsfolge kann das Gericht in der Entscheidung im Einzelfall absehen. Diese Möglichkeit soll nach der Gesetzesbegründung vor allem für diejenigen Ehrenämter oder Nebentätigkeiten bestehen,
die der Beamte, möglicherweise sogar gegen seinen Willen, aus dienstlichem
Interesse auf Verlangen seines Dienstherrn übernommen hat. Die Gesetzesbegründung meint, dass diese Regelung notwendig sei, um in diesen Fällen eine
nicht gerechtfertigte Bevorzugung gegenüber dem pflichtgemäß handelnden
Beamten zu vermeiden. Damit ist klargestellt, dass das Gericht von dieser Möglichkeit restriktiv und im Regelfall nicht zugunsten des Beamten Gebrauch
machen kann.

Der neu gefasste Abs. 2 entspricht den Regelungen des § 117 Abs. 5 und 7 BDO **8**
und wird nun an dieser Stelle sachnäher geregelt. Inhaltlich gleichbleibend tritt
die Rechtsfolge der Zurückstufung mit allen Rechtsfolgen des Abs. 1 mit der
Rechtskraft des Urteils ein.

Der zurückgestufte Beamte wird so behandelt, als habe er das bisherige Amt nie
bekleidet. Die niedrigeren Dienstbezüge werden vom Ersten des Monats an
gezahlt, der der Rechtskraft des Urteils folgt. Das Urteil muss das neue Amt
genau bezeichnen und sollte auch die Besoldungsgruppe angeben. Mit Rechtskraft des Urteils hat der Beamte das neue Amt im Rahmen der Besoldungsgruppe inne. Die Einweisung in eine Planstelle des neuen Amtes ist eine beamtenrechtliche Folge der Zurückstufung, kein Bestandteil der Vollstreckung.
Sie erfolgt im Verwaltungswege und wird unabhängig von der Zurückstufung
wirksam. Ist eine entsprechende freie Planstelle nicht vorhanden, muss der
Beamte dennoch in eine solche eingewiesen werden. Die Kosten müssen aus
der früheren nunmehr unterbesetzten Stelle bestritten werden (so Behnke, § 10
Rn. 6).

Die mit der Zurückstufung verbundene **Beförderungssperre** ist in Abs. 3 auf **9**
fünf Jahre festgesetzt worden. Sie ist gesetzliche Folge der rechtskräftigen disziplinargerichtlichen Entscheidung und muss nicht besonders ausgesprochen
werden. Dies entspricht bisherigem Recht. Neu ist die Regelung – wie in § 8
Abs. 4 –, dass das Gericht diese Frist im Hinblick auf die Dauer des Disziplinarverfahrens verkürzen kann (s. § 8 Rn. 10).

Die neue Regelung in Abs. 4 entspricht § 8 Abs. 5 (s. § 8 Rn. 11). **10**

Ein zurückgestufter Beamter, der vor Rechtskraft des Urteils in den Ruhestand tritt, erhält Versorgungsbezüge aus der im Urteil bestimmten Besoldungsgruppe (Abs. 2 Satz 2).
Der **Verlust**, der in § 9 Abs. 1 Satz 3 bezeichneten **Nebenämter** ist eine von selbst eintretende Rechtsfolge.

11 Gegen § 9 sind wiederholt **Bedenken** auch verfassungsrechtlicher Art erhoben worden. Diese hat die Rspr. als unbegründet zurückgewiesen (BDHE 7, 110). Gewichtiger sind Bedenken, die sich aus den schwer wiegenden Wirkungen der Maßnahme ergeben, insbesondere hinsichtlich der Dauer der Beförderungssperre (vgl. hierzu GKöD-Weiß, § 10 Rn. 26). Wegen der weit über den pflichtenmahnenden Zweck hinausgehenden laufbahnmäßigen Auswirkungen der Degradierung verlangen die DGB-Gewerkschaften de lege ferenda auch eine Streichung dieser Maßnahme im Gesetz (DDB 11/1986, S. 19, wegen der auch angenommenen Lösungsfunktion der Degradierung vgl. A. IV. Rn. 86).

§ 10 Entfernung aus dem Beamtenverhältnis

(1) Mit der Entfernung aus dem Beamtenverhältnis endet das Dienstverhältnis. Der Beamte verliert den Anspruch auf Dienstbezüge und Versorgung sowie die Befugnis, die Amtsbezeichnung und die im Zusammenhang mit dem Amt verliehenen Titel zu führen und die Dienstkleidung zu tragen.

(2) Die Zahlung der Dienstbezüge wird mit dem Ende des Kalendermonats eingestellt, in dem die Entscheidung unanfechtbar wird. Tritt der Beamte in den Ruhestand, bevor die Entscheidung über die Entfernung aus dem Beamtenverhältnis unanfechtbar wird, gilt die Entscheidung als Aberkennung des Ruhegehalts.

(3) Der aus dem Beamtenverhältnis entfernte Beamte erhält für die Dauer von sechs Monaten einen Unterhaltsbeitrag in Höhe von 50 Prozent der Dienstbezüge, die ihm bei Eintritt der Unanfechtbarkeit der Entscheidung zustehen; eine Einbehaltung von Dienstbezügen nach § 38 Abs. 2 bleibt unberücksichtigt. Die Gewährung des Unterhaltsbeitrags kann in der Entscheidung ganz oder teilweise ausgeschlossen werden, soweit der Beamte ihrer nicht würdig oder den erkennbaren Umständen nach nicht bedürftig ist. Sie kann in der Entscheidung über sechs Monate hinaus verlängert werden, soweit dies notwendig ist, um eine unbillige Härte zu vermeiden; der Beamte hat die Umstände glaubhaft zu machen. Für die Zahlung des Unterhaltsbeitrags gelten die besonderen Regelungen des § 79.

(4) Die Entfernung aus dem Beamtenverhältnis und ihre Rechtsfolgen erstrecken sich auf alle Ämter, die der Beamte bei Eintritt der Unanfechtbarkeit der Entscheidung inne hat.

(5) Wird ein Beamter, der früher in einem anderen Dienstverhältnis im Bundesdienst gestanden hat, aus dem Beamtenverhältnis entfernt, verliert er auch die Ansprüche aus dem früheren Dienstverhältnis, wenn diese Disziplinarmaßnahme wegen eines Dienstvergehens ausgesprochen wird, das in dem früheren Dienstverhältnis begangen wurde.

(6) Ist ein Beamter aus dem Beamtenverhältnis entfernt worden, darf er nicht wieder zum Beamten ernannt werden; es soll auch kein anderes Beschäftigungsverhältnis begründet werden.

§ 10 BDG

Diese Vorschrift entspricht dem früheren § 11 BDO. Darüber hinaus werden die bislang an verschiedenen Stellen der BDO geregelten Folgen der Entfernung aus dem Dienst in einer Vorschrift zusammengefasst und damit übersichtlicher gestaltet. **1**

Die **Entfernung aus dem Dienst** ist die **schwerste Disziplinarmaßnahme** gegen aktive Beamte – ausgenommen auch hier wieder solche auf Probe und auf Widerruf (§ 5 Abs. 3). Auf sie kann nur durch Urteil im Rahmen einer Disziplinarklage erkannt werden. Sie steht bei Beamten auf Lebenszeit sozusagen anstelle einer außerordentlichen Kündigung aus wichtigem Grund und stellt die einzige Möglichkeit der Auflösung des Lebenszeitbeamtenverhältnisses gegen den Willen der Betroffenen dar. Sie setzt voraus, dass der Beamte sich durch sein Fehlverhalten **untragbar** gemacht hat und dass auch ein **Rest an Vertrauen** in die künftige ordnungsgemäße Aufgabenerfüllung **nicht** besteht. Als Ausnahme von der lebenslänglichen Anstellung ist die Dienstentfernung deshalb nur sehr zurückhaltend anzuwenden, sofern keine andere Disziplinarmaßnahme ausreicht. Dieser Grundsatz kommt in der Rspr. oft nicht voll zum Ausdruck. Für bestimmte Dienstvergehenstatbestände – etwa beim Zugriffsdelikt – wird eine Regelvermutung für die Untragbarkeit angenommen. Dies erscheint im Hinblick darauf, dass nicht nur das Fehlverhalten, sondern auch die Gesamtpersönlichkeit des Betroffenen zu würdigen ist, nicht immer überzeugend (A. IV. Rn. 77, 84). Hier deutet sich mit der neuesten Rspr. des BVerwG auch ein Wandel an, indem die Persönlichkeit des Beamten bei allen Delikten zu berücksichtigen ist (Genaueres hierzu s. § 13). **2**

Im neu gefassten Abs. 1 Satz 1 wird nunmehr zunächst die selbstverständliche Rechtsfolge der Entfernung aus dem Dienst, nämlich das Ende des Dienstverhältnisses, benannt. In Satz 2 werden dann die sekundären Folgen dieser Maßnahme geregelt. **3**

Die **Rechtsfolge** des auf Dienstentfernung lautenden Urteils tritt mit der **Rechtskraft des Urteils** ein; die Zahlung der Dienstbezüge wird mit dem Ende des Monats eingestellt, in dem das Urteil rechtskräftig wird (Abs. 2 Satz 1). Die **Folgen** im Einzelnen sind einmal die Beendigung des Beamtenverhältnisses, zum anderen der Verlust des Anspruchs auf Dienstbezüge. Hierzu gehört auch der Anspruch auf sämtliche Zuschläge; auch die mit einer vorläufigen Dienstenthebung einbehaltenen Dienstbezüge verfallen. Der Beamte behält lediglich den Anspruch auf Beträge, die er sich bereits verdient hatte, etwa noch zu erstattende Reisekosten. Der Beamte verliert weiter den Anspruch auf Versorgung, und zwar sowohl hinsichtlich des eigenen Ruhegehalts wie für die Hinterbliebenenbezüge. Er muss allerdings in der gesetzlichen Rentenversicherung nachversichert werden (§ 8 Abs. 1 Satz 1 Nr. 1 i.V.m. Abs. 2 SGB VI; vgl. BVerwG v. 10.10.2000 – 1 D 46.98). Der Beamte verliert weiter die Amtsbezeichnung, worunter die Befugnis zu verstehen ist, den bisherigen Dienstgrad mit oder ohne den Zusatz »a.D.« zu führen, desgleichen ist die Titelführung von amtsbezogenen Bezeichnungen untersagt; ein akademischer Grad fällt allerdings nicht hierunter. Es tritt ferner ein der Verlust der Berechtigung, Dienstkleidung zu tragen, und schließlich verliert der Beamte alle Ämter, wodurch sämtliche von ihm begleitete Positionen im Dienst des Bundes, seien sie haupt- oder nebenamtlich, wegfallen. Diese Regelungen entsprechen den Vorschriften des § 117 Abs. 6 und 7 BDO. **4**

Die **Milderung der Folgen** einer Dienstentfernung kann durch Gewährung eines Unterhaltsbeitrags, der die Nachversicherung nicht tangiert, erreicht wer- **5** den (Abs. 3). Diese in Abs. 3 nunmehr neu und völlig umgestaltete Regelung ersetzt § 77 Abs. 1 BDO. Nach bisherigem Recht konnte das Gericht dem aus dem Dienst entfernten Beamten für eine bestimmte Zeit einen Unterhaltsbeitrag bewilligen, wenn der Beamte nach seinen wirtschaftlichen Verhältnissen bedürftig und des Unterhaltsbeitrags nicht unwürdig war. Der Unterhaltsbeitrag konnte höchstens 75% des im Zeitpunkt der Entscheidung erdienten Ruhegehalts betragen. In der Praxis wurde dieser Unterhaltsbeitrag regelmäßig zunächst auf die Dauer von sechs Monaten gewährt und konnte beim Nachweis der erfolglosen Bemühungen um eine Arbeitsstelle – auch mehrmals – verlängert werden. Im Hinblick auf die Bedürftigkeit hatte der Beamte seine wirtschaftlichen Verhältnisse offen zu legen.

Nunmehr erhält jeder Beamte nach Abs. 3 Satz 1 von Gesetzes wegen einen Unterhaltsbeitrag, ohne dass es einer Entscheidung des Gerichts bedarf, und unabhängig von der Prüfung der Bedürftigkeit.

Die Höhe des Unterhaltsbeitrags ist nunmehr auf 50% der tatsächlichen Dienstbezüge festgesetzt. Damit wird eine Bemessungsgrundlage gewählt, die für den Beamten nachvollziehbarer wird. Die Gesetzesbegründung geht – unter Verweis auf die Regelung in § 38 Abs. 2 – davon aus, dass ein Satz von 50% der aktuellen Dienstbezüge angemessen ist, was in den unteren Gehaltsgruppen sehr fraglich ist.

Zu beachten ist, dass einbehaltene Dienstbezüge nach § 38 Abs. 2 nicht zu berücksichtigen sind; es ist von den ungekürzten Bezügen auszugehen.

6 Tritt der aus dem Dienst entfernte Beamte vor Rechtskraft des Urteils in den Ruhestand, so gilt eine solche Entscheidung kraft Gesetzes als in ein Urteil auf Aberkennung des Ruhegehalts umgewandelt (Abs. 2 Satz 2).

7 Abs. 3 Satz 2 und 3 gibt dem Gericht die Möglichkeit, bei »Unwürdigkeit« den Unterhaltsbeitrag oder nicht vorliegender Bedürftigkeit den Unterhaltsbeitrag ganz oder teilweise auszuschließen. Dies hat das Gericht im Urteil auszusprechen. Die »Unwürdigkeit« muss sich **aus der Person und dem früheren Verhalten** des Beamten selbst ergeben. Aus dem Zweck der Regelung ergibt sich, dass nur solche Umstände der »Würdigkeit« entgegenstehen, die eine völlige und unbedingte Beamtenunwürdigkeit ergeben, weil sich das Fehlverhalten gegen die Grundlagen des beiderseitigen Treueverhältnisses richtete (z. B. bei Beihilfe zu schwerem Posteinbruchsdiebstahl, BDiG v. 18.8.1987 – I VI 3/87; Schalterkasse als »Selbstbedienungsladen« behandelt, BVerwG v. 14.3.2000 – 1 D 68.99). Das ist nicht bei jedem zur Dienstentfernung führenden Dienstvergehen der Fall. Denn auch bei den schwersten Dienstvergehenstypen sind noch Milderungsmöglichkeiten gegeben, die zeigen, dass ein Rest von Achtungs- und Vertrauenswürdigkeit denkbar ist. Die Rspr. auf der Grundlage der Gesetzesänderung 1967 lässt deshalb weitgehend Nichtunwürdigkeit gelten (entgegen der BDH-Rspr. zu § 64 Abs. 1 Satz 1 a. F., worauf sich Behnke-Hardraht, § 77 Rn. 23, und Claussen/Janzen, § 77 Rn. 5, ausschließlich beziehen). Ein Grund für die Verneinung der Nichtunwürdigkeit kann in der kurzfristigen Wiederholung schwerer, mit der Regelmaßnahme der Entfernung bedrohter Dienstvergehen durch Beamte liegen, die noch nicht lange im Dienst sind oder jedenfalls keine wesentlichen Zeiten unbescholtener Bewährung aufzuweisen haben. Dagegen sprechen lange Jahre der Bewährung vor dem zur Entfernung führenden Dienstvergehen für die Nichtunwürdigkeit. Nichtunwürdigkeit kann verneint werden, wenn der Beamte durch sein Verhalten jedes Interesse und jede Verantwortung für die dienstlichen Bedürfnisse vermissen lässt und

§ 10 BDG

mit seinem Verhalten von sich aus alle Brücken zum Dienst abgebrochen hat (z. B. bei monate- oder jahrelangem Fernbleiben vom Dienst ohne jede Meldung oder Teilnahme am Disziplinarverfahren oder bei völligem Untertauchen an unbekannten Orten). Das muss aber auch bei langem Fernbleiben dann nicht gelten, wenn der Betreffende zuvor einige Jahre den Dienst ordentlich leistete und das Fernbleiben auf Depression beruhte (BVerwG v. 8. 8. 1984 – 1 D 32.84) oder wenn das Fernbleiben des bisher unbescholtenen Beamten anfangs familiär bedingt war (BVerwG v. 29. 11. 1978 – 1 D 101.77). Unwürdigkeit wurde bei einem Beamten angenommen, der sich weigerte, wieder in das Beamtenverhältnis berufen zu werden und ärztliche Termine nicht wahrnahm (BVerwG v. 29. 6. 1995 – 1 D 67.92). Echte Schwerkriminalität wird der Annahme der Nichtunwürdigkeit entgegenstehen, ebenfalls Täuschung des Gerichts zur Frage der Bedürftigkeit (BVerwG v. 26. 1. 1994 – 1 DB 3.94; v. 15. 2. 2001 – 1 DB 4.01; ebenso bei der Ausübung einer Nebentätigkeit während der Krankschreibung, BVerwG v. 1. 6. 1999 – 1 D 49.97).

Bedürftigkeit ist nicht gegeben, wenn der Beamte die **Möglichkeit zu eigenem Erwerbseinkommen** hat, sie aber ohne zwingenden Grund **nicht nutzen will**. Denn die Arbeitskraft eines jeden ist bei entsprechender Arbeitsmarktlage und Arbeitsfähigkeit ein Erwerbsfaktor, der im Rahmen des Unterhaltsbeitragsrechts genutzt werden muss. Ist der Betroffene in Arbeit zu vermitteln, so ist er grundsätzlich nicht bedürftig. Dies setzt voraus, dass der frühere Beamte dem Arbeitsmarkt zumindest eingeschränkt zur Verfügung steht (BVerwG v. 1. 2. 2006 – 1 DB 1.05). Vor der Verurteilung wird dies allerdings selten nachzuweisen sein. Anhaltspunkte dafür können sich aber aus einer Nebentätigkeit während einer vorläufigen Dienstenthebung nach § 38 ergeben. Der aus dem Dienst Entfernte ist zur Annahme jeder Arbeit, nicht nur der »standesgemäßen« oder einer der früheren Tätigkeit vergleichbaren, verpflichtet (BVerwG, ZBR 1988, 98). Die Umschulung durch das Arbeitsamt steht der ausreichenden Bemühung um Arbeit gleich und berechtigt zum Unterhaltsbeitrag (BDiG v. 21. 1. 1987 – VII Bk 25/86; v. 29. 1. 1987 – I Bk 27/86; v. 24. 3. 1987 – XI Bk 2/87; auch BVerwG – 1 D 47.88). Auch **realisierbare Rechtsansprüche** können als Einkommen zählen und der Bedürftigkeit entgegenstehen. Ggf. muss den Betroffenen die Einziehung ihrer Forderungen zugemutet werden (etwa fällige Darlehensforderungen). Unterhaltsansprüche gegen Familienangehörige können der Bedürftigkeit entgegenstehen, wenn der Betroffene sie ohne Grund nicht realisieren will (BVerwG v. 29. 4. 1980 – 1 DB 10.80), anders wenn die Heranziehung der Kinder deren Lebensunterhalt selbst gefährden würde (BVerwG v. 18. 5. 1984 – 1 D 15.84). Die Veräußerung von Vermögenswerten wird nur dann zu verlangen sein, wenn diese nicht existenziell wichtig sind und der Erlös die Bedürftigkeit in wesentlichem Maße beheben kann. So sind Wertpapiere und Sparkonten aufzulösen, soweit sie nicht einen zuzubilligenden Notgroschen oder eine Rücklage für anstehende, notwendige Anschaffungs-, Arzt- oder Erhaltungskosten darstellen. Die **Veräußerung eines Eigenheimes** kann im Urteilszeitpunkt ohnehin nicht erwartet, aber auch späterhin nicht verlangt werden, wenn die dann zu zahlende Miete nicht wesentlich niedriger als die Ratenzahlungen aus der Hausbelastung wäre (BVerwG, DÖD 1989, 264; v. 15. 2. 1984 – 1 DB 1.84; v. 22. 6. 1984 – 1 DB 19.84; vgl. auch BDiG v. 8. 6. 1984 – IX Bk 2/84). Das Haus muss aber der eigenen Unterkunft, nicht der Vermögensbildung dienen (BVerwG v. 8. 9. 1987 – 1 DB 42.87). Bei ausreichendem Verdienst des Ehegatten besteht keine Bedürftigkeit (BVerwG

8

§ 10 BDG

v. 18.3.1998 – 1 D 88.97). Die Berechnung der Bedürftigkeit und mit ihr die Höhe des Unterhaltsbeitrages richten sich nach den gegenwärtigen, das heißt den finanziellen Verhältnissen des früheren Beamten im Zeitpunkt der jeweiligen gerichtlichen Entscheidung. Als Maßstab für die Bedarfsberechnung stellt das BVerwG nunmehr – nach Außerkrafttreten des Bundessozialhilfegesetzes (BSHG) – auf die pauschalierten Regelleistungen zur Sicherung des Lebensunterhalts für Arbeitsuchende (§§ 20, 28 SGB II – Grundsicherung für Arbeitsuchende) ab, ergänzt um die tatsächlichen monatlichen Aufwendungen, insbesondere für Unterkunft und Heizung sowie die Kranken- und Pflegeversicherung (BVerwG v. 1.2.2006 – 1 DB 1.05).

9 Abs. 3 Satz 4 gibt dem Gericht zur Vermeidung unbilliger Härten die Möglichkeit in seiner Entscheidung den Unterhaltsbeitrag für einen längeren Zeitraum als sechs Monate zu gewähren. Das Gesetz enthält keine Regelung über die Möglichkeit einer nachträglichen Weiterbewilligung des Unterhaltsbetrages wie es § 110 BDO vorsah. Wäre eine Weiterbewilligung zukünftig nicht mehr möglich, würde dies dazu führen, dass der frühere Beamte und seine Familie nur noch auf den Sozialhilfebezug verwiesen werden könnten (vgl. Schwandt, RiA 2001, 157). Allerdings geht die Gesetzesbegründung davon aus, dass am bisherigen Zweck der Übergangsregelung, »dem Verurteilten den Übergang in einen zweiten Beruf zu erleichtern oder ihn bei Erwerbsunfähigkeit vor wirtschaftlicher Not zu schützen«, festgehalten werden soll. Bei einer verfassungskonformen Auslegung dieser Vorschrift, die den erklärten Willen des Gesetzgebers, den Bedürftigen vor wirtschaftlicher Not zu schützen, mit berücksichtigt, muss die Gesetzesformulierung nicht abschließend verstanden werden und kann damit auch Raum für eine nachträgliche Weiterbewilligung auf Antrag bestehen. Dies gilt insbesondere in den Fällen, in denen sich die außergewöhnlichen Belastungen der disziplinaren Maßnahme erst nach Rechtskraft des Urteils und damit auch der Entscheidung über die Laufzeit des Übergangsbeitrags deutlich wird. Eine Begründung für diese Verschlechterung ist nicht ersichtlich und ergibt sich auch nicht aus der Gesetzesbegründung. Zu den Übergangsregelungen vgl. § 85 Rn. 7.

10 Die Dienstentfernung ist weder der Verfolgungsverjährung (§ 15), dem Maßnahmenverbot (§ 14) noch der Tilgung (§ 16) unterworfen.

11 Abs. 4 regelt die Selbstverständlichkeit, dass sich die Entfernung aus dem Dienst und die damit zusammenhängende Rechtsfolge auf alle Ämter, die der Beamte innehat, erstrecken.

12 Abs. 5 nimmt die Regelung des früheren § 13 Abs. 1 BDO auf.
Die Vorschrift erstreckt die Folgen der Höchstmaßnahme auch auf frühere Dienstverhältnisse zum Bund. Allerdings gehen früher erworbene Versorgungsansprüche nur dann verloren, wenn der Beamte wegen eines mit dem früheren öffentlich-rechtlichen Verhältnis im Zusammenhang stehenden Dienstvergehens aus dem dann wiederaufgenommenen Dienst entfernt wird. Ist das nicht der Fall, so werden die Rechte aus dem früheren Dienstverhältnis nicht berührt. Abs. 5 findet Anwendung auf Beamte, die **früher** in einem anderen Beamten- oder diesem gleichgestellten öffentlich-rechtlichen Dienstverhältnis gestanden haben und aus diesem **versorgungsberechtigt** sind. Er umfasst nur Verfehlungen aus dem **früheren** Dienstverhältnis. Ist das Dienstvergehen z.T. während des früheren Dienstverhältnisses, z.T. später begangen, dann muss ggf. in den Urteilsgründen geklärt werden, ob die Pflichtverletzung aus dem früheren Dienstverhältnis für sich allein die Dienstentfernung gerechtfertigt hätte.

Voraussetzung für die Anwendung des Abs. 5 ist aber immer ein echtes **Dienstvergehen** oder eine als Dienstvergehen geltende Handlung nach § 77 Abs. 2 BBG. Die Bestimmung hat in der Praxis nur sehr geringe Bedeutung.
Abs. 6 stellt eine weitere Verschärfung zu Lasten des Beamten dar. Diese Regelung verbietet die erneute Ernennung zum Beamten. Nach der Gesetzesbegründung soll mit dieser Regelung ein Unterlaufen der Maßnahme durch Begründung eines neuen Beamtenverhältnisses verhindert werden. Soweit die Gesetzesbegründung hier darauf abstellt, dass eine erneute Ernennung zum Beamten nur unter außergewöhnlichen Umständen in Betracht kommen soll, wäre dies vor dem klaren Wortlaut der Regelung und der Differenzierung zwischen Beamtenverhältnis und sonstigem Beschäftigungsverhältnis nicht recht nachvollziehbar. Offensichtlich entspricht damit der Wortlaut nicht dem vom Gesetzgeber gewollten. Gewollt ist nach der Begründung ganz offensichtlich auch die Möglichkeit der Wiederbegründung eines Beamtenverhältnisses in außergewöhnlichen Ausnahmefällen. Die Vorschrift ist damit nach dem gewollten Zweck auszulegen. **13**
Hier kann sich nach dem Beschluss des BVerwG vom 7.5.1993 (1 D 92.85) **Handlungsbedarf** ergeben. Das BVerwG hat in diesem Beschluss gegenüber einem Mitglied der DKP nicht zuletzt im Hinblick auf die grundlegende Änderung der politischen und staatlichen Verhältnisse in der Bundesrepublik Deutschland seit der Vereinigung Aktivitäten in der und für die DKP nicht mehr die frühere Bedeutung beigemessen mit der Folge der Einstellung des Verfahrens. Danach müssten aber andere Mitglieder bzw. frühere Mitglieder der DKP, die durch Urteil aus dem Dienst entfernt worden waren, eine Chance zu Wiederbeschäftigung erhalten (s. auch B. II. 1.). **14**
Die Begründung eines anderen Beschäftigungsverhältnisses – als Arbeiter oder Angestellter – soll danach unterbleiben. Die Ausgestaltung als »Soll-Bestimmung« lässt hier jedoch Spielraum für abweichende Regelungen. **15**

§ 11 Kürzung des Ruhegehalts

Die Kürzung des Ruhegehalts ist die bruchteilmäßige Verminderung des monatlichen Ruhegehalts des Ruhestandsbeamten um höchstens ein Fünftel auf längstens drei Jahre. § 8 Abs. 1 Satz 2 und 3 sowie Abs. 2 Satz 1 und 4 gilt entsprechend.

§ 11 regelt die Kürzung des Ruhegehalts. Er trat an die Stelle des früheren § 12 BDO. Hatte diese Vorschrift noch die Kürzung und die Aberkennung des Ruhegehalts zusammengefasst, so werden diese beiden Disziplinarmaßnahmen nun getrennt in § 11 und § 12 (Aberkennung des Ruhegehalts) geregelt. Inhaltlich handelt es sich um die gleiche Regelung wie in § 8 Abs. 1. Auf diese Vorschriften wird dann auch konsequenterweise verwiesen. **1**
Die Verweisung auf § 8 stellt klar, dass für eine Ruhegehaltskürzung § 8 insoweit entsprechend gilt. Die Ruhegehaltskürzung besteht demnach ebenfalls in der bruchteilmäßigen Verminderung der Ruhebestandsbezüge um höchstens 1/5 auf längstens 3 Jahre. Ist gegen einen noch aktiven Beamten auf Gehaltskürzung erkannt worden, wandelt sich diese Maßnahme bei Eintritt des Ruhestandes vor Rechtskraft des Urteils in eine Ruhegehaltskürzung um (§ 8 Abs. 2 Satz 3). Die Beschränkung der Maßnahmen auf die Kürzung bzw. die Aberkennung des Ruhegehalts, darf nicht dazu führen, dass bei einem Dienstver- **2**

gehen, das bei einem aktiven Beamten mit einer milderen Maßnahme zu ahnden wäre, die Mindestmaßnahme der Ruhegehaltskürzung verhängt wird. Das Verfahren gegen den Ruhestandsbeamten ist in solchen Fällen einzustellen.

3 Die Vorschriften der §§ 14 Abs. 1 Nr. 1, 15 Abs. 2 und 16 Abs. 1 gelten für die Verfolgung von Delikten, bei denen eine Kürzung des Ruhegehalts verhängt werden kann.

4 Zur Kritik an der Verhängung von Disziplinarmaßnahmen gegen Ruhestandsbeamte s. § 5 Rn. 6 ff.

§ 12 Aberkennung des Ruhegehalts

(1) Mit der Aberkennung des Ruhegehalts verliert der Ruhestandsbeamte den Anspruch auf Versorgung einschließlich der Hinterbliebenenversorgung und die Befugnis, die Amtsbezeichnung und die Titel zu führen, die im Zusammenhang mit dem früheren Amt verliehen wurden.

(2) Nach der Aberkennung des Ruhegehalts erhält der Ruhestandsbeamte bis zur Gewährung einer Rente auf Grund einer Nachversicherung, längstens jedoch für die Dauer von sechs Monaten, einen Unterhaltsbeitrag in Höhe von 70 Prozent des Ruhegehalts, das ihm bei Eintritt der Unanfechtbarkeit der Entscheidung zusteht; eine Kürzung des Ruhegehalts nach § 38 Abs. 3 bleibt unberücksichtigt. § 10 Abs. 3 Satz 2 bis 4 gilt entsprechend.

(3) Die Aberkennung des Ruhegehalts und ihre Rechtsfolgen erstrecken sich auf alle Ämter, die der Ruhestandsbeamte bei Eintritt in den Ruhestand inne gehabt hat.

(4) § 10 Abs. 2 Satz 1 sowie Abs. 5 und 6 gilt entsprechend.

1 § 12 trat an die Stelle des § 12 Abs. 2 BDO und regelt die Rechtsfolgen der Aberkennung des Ruhegehalts umfassend. Die Vorschrift fasst auch hier die vormals an verschiedenen Stellen der BDO zu findenden Regelungen zusammen.

2 Die Aberkennung des Ruhegehalts setzte bereits nach altem Recht voraus, dass die Entfernung aus dem Dienst bei einem aktiven Beamten gerechtfertigt wäre. Diese Voraussetzung ist in der Neufassung nicht mehr in § 12 aufgenommen worden, sondern findet sich in § 13 Abs. 2 Satz 2. Näheres dort (Rn. 20).

3 Streitig ist allerdings, ob die Dienstentfernung die **einzige Voraussetzung** für die Aberkennung des Ruhegehalts ist (so das BVerwG in st. Rspr., u. a. v. 8. 6. 1983 – 1 D 112.82; E 63, 120, 126; 1 D 108/87; v. 21. 7. 1993 – 1 D 9.92) oder ob die Dienstentfernung bei vergleichbarem Verhalten eines noch aktiven Beamten nur **Mindestvoraussetzung** für die Aberkennung des Ruhegehalts ist (Claussen/Janzen, § 12 Rn. 3), so dass der Eintritt in den Ruhestand die disziplinare Bewertung ändern und zu einer milderen Beurteilung führen könnte. Das Gebot der Gleichbehandlung (so BVerwG, a. a. O.) erfordert nicht die zwangsläufige Gleichsetzung von Dienstentfernung und Ruhegehaltsaberkennung. Die dienstlichen Interessen sind in beiden Fällen nicht gleich. Außerdem steht die Auffassung des BVerwG in eindeutigem Widerspruch zum Wortlaut des § 12 BDO (heute: § 13 Abs. 2 Satz 2 BDG). Sie schließt weitere Voraussetzungen begrifflich nicht aus. Selbst das BVerwG sieht gelegentlich (1 D 110/85 – DÖV 88,1) in Fällen, die nach st. Rspr. mit Dienstentfernung zu ahnden wären, von Aberkennung ab (A. IV. Rn. 84; wegen Kritik an Maßnahmen gegen Ruhestandsbeamte generell § 5 Rn. 5 ff., A. II. Rn. 89 f.).

Die Anlehnung an die Entfernung aus dem Beamtenverhältnis zeigt sich auch durch die Verweisung in Abs. 4.

Die Aberkennung des Ruhegehalts führt ebenso wie die Dienstentfernung zur Beendigung des Ruhestandsbeamtenverhältnisses. Sie wird mit Rechtskraft des Urteils wirksam. Auch hier ist die Zubilligung eines Unterhaltsbeitrags möglich. Schließlich ist auch bei der Aberkennung des Ruhegehalts die Nachversicherung wie bei der Dienstentfernung vorzunehmen. 4

Abs. 2 trifft die Regelungen hinsichtlich der Gewährung eines Unterhaltsbeitrags im Fall der Aberkennung des Ruhegehalts. Dieses ist nach dem Ruhegehalt bei Eintritt der Unanfechtbarkeit der Entscheidung zu bemessen. In Abs. 2 ist ein Regelsatz von 70% vorgesehen. Damit soll nach der Gesetzesbegründung eine betragsmäßige Vergleichbarkeit zu dem gem. § 10 Abs. 3 bei der Entfernung aus dem Beamtenverhältnis maßgeblichen Regelsatz gegeben sein. Dieser Regelsatz ist zugleich identisch mit dem Höchstmaß, bis zu dem nach § 37 Abs. 3 eine vorläufige Einbehaltung des Ruhegehalts möglich ist. Da der Unterhaltsbeitrag bei Ruhestandsbeamten lediglich die Umstellung vom Ruhegehalt auf die Rente überbrücken soll, erfolgt seine Gewährung konsequenterweise nur bis zur Gewährung der Rente. Auf § 79 wird hinsichtlich der weiteren Abwicklung hingewiesen. 5

Bei der Ermittlung des Ruhegehalts bleiben Kürzungen nach § 38 Abs. 3 unberücksichtigt. Diese Regelung entspricht § 10 Abs. 3 Satz 1 (§ 10 Rn. 5). 6

Die Verweisung auf die Vorschrift des § 10 Abs. 3 Satz 2 und 3 eröffnet dem Gericht im Einzelfall von der Vorschrift des Abs. 2 Satz 1 abweichende Regelungen. Auf die dortigen Ausführungen unter § 10 Rn. 7 wird verwiesen.

Zur Kritik an der Verhängung von Disziplinarmaßnahmen gegen Ruhestandsbeamte s. § 5 Rn. 6 ff. 7

§ 13 Bemessung der Disziplinarmaßnahme

(1) Die Entscheidung über eine Disziplinarmaßnahme ergeht nach pflichtgemäßem Ermessen. Die Disziplinarmaßnahme ist nach der Schwere des Dienstvergehens zu bemessen. Das Persönlichkeitsbild des Beamten ist angemessen zu berücksichtigen. Ferner soll berücksichtigt werden, in welchem Umfang der Beamte das Vertrauen des Dienstherrn oder der Allgemeinheit beeinträchtigt hat.

(2) Ein Beamter, der durch ein schweres Dienstvergehen das Vertrauen des Dienstherrn oder der Allgemeinheit endgültig verloren hat, ist aus dem Beamtenverhältnis zu entfernen. Dem Ruhestandsbeamten wird das Ruhegehalt aberkannt, wenn er als noch im Dienst befindlicher Beamter aus dem Beamtenverhältnis hätte entfernt werden müssen.

Im bisherigen Recht erschöpften sich die Regelungen zur Bemessung der Disziplinarmaßnahme darin, sie in ihrer Reihenfolge aufzuzählen. Die Fragen der Zumessung wurden der Rspr. überlassen, welche auch umfangreiche und differenzierte Kriterien entwickelt hat (vgl. dazu ausführlich A. IV. Rn. 74 ff., 85 ff.). 1

Das BDG unternimmt nunmehr mit der neuen Vorschrift des § 13 den Versuch, diesen Bereich gesetzlich zu bestimmen und konkreter zu fassen. Dem Gesetzgeber ist zuzugeben, dass eine gesetzliche Regelung hinsichtlich der Voraussetzungen insbesondere bei Verhängen der Höchstmaßnahme alleine schon aus 2

§ 13 BDG

rechtsstaatlichen Gründen geboten ist. Ob allerdings die vorliegenden Regelungen hier im Vergleich zur bisherigen gerichtlichen Praxis mehr Klarheit bringen, muss sich noch erweisen. Die aufgeführten Kriterien sind derart allgemein und waren in der Rspr. immer Grundlage der Bemessung der Disziplinarmaßnahme, dass der Gewinn an Klarheit eher gering sein wird.

3 Die Vorschrift bezieht sich mit Abs. 1 auf § 3 BDO und präzisiert die Regelung. Abs. 1 enthält Bemessungsregeln für die zu verhängende Disziplinarmaßnahme, die allesamt nicht neu sind, sondern von BDiG und BVerwG in jahrelanger Rspr. bereits detailliert herausgearbeitet wurden (z. B. BVerwG v. 9. 5. 2000 – 1 D 22.00; v. 8. 5. 2001 – 1 D 20.00). Abs. 2 kann auf eine Vorläuferregelung in der BDO nicht zurückgreifen.

4 **Abs. 1 Satz 1** behält das schon in § 3 BDO festgelegte **Opportunitätsprinzip** bei. Das danach auszuübende pflichtgemäße Ermessen greift aber nur für die Frage, ob auf ein (Fehl-)Verhalten von Beamten mit einer Disziplinarmaßnahme reagiert werden soll und ggf. mit welcher (vgl. §§ 32 bis 34, 59, 60). Die Frage, ob ein Ermittlungsverfahren eingeleitet werden soll, beantwortet § 17 im Sinne des **Legalitätsprinzips**.

5 In **Abs. 1 Satz 2** wird nunmehr ausdrücklich vorgeschrieben, dass im Rahmen der Bemessung der Disziplinarmaßnahme das Persönlichkeitsbild des Beamten angemessen zu berücksichtigen ist. Nach der Gesetzesbegründung soll die Bedeutung dieses Kriteriums besonders hervorgehoben werden. Das kann wiederum nur bedeuten, dass diese Hervorhebung im Vergleich zur bisherigen Rspr. und dem dortigen Stellenwert dieses Kriteriums geschieht. Daraus folgt jedoch, dass nach der Neufassung des Gesetzes dieses Merkmal bei der Bemessung der Maßnahme deutlicher und stärker als in der Vergangenheit zu berücksichtigen ist.

6 § 13 Abs. 1 verlangt allgemein, dass nicht nur das Vorliegen eines Dienstvergehens und auf dessen objektives Gewicht, sondern ebenso auf die Gesamtpersönlichkeit des Beamten abzustellen ist. Dies entspricht der dem Disziplinarrecht wesentlichen Pflichtenmahnungsfunktion, d. h. dem Ziel, Disziplinarmaßnahmen in erster Linie zur stabilisierenden Einwirkung auf den Beamten zum Zwecke künftiger Pflichterfüllung einzusetzen (Einf. II. Rn. 2; A. IV. Rn. 88–90). Verfahrensrechtlich ist § 13 in der Regelung des § 32 Abs. 1 Nr. 2 umgesetzt. Da § 32 nur für die Disziplinarvorgesetzten gilt, steht das Ermessen zum »Ob« der Maßregelung den Disziplinargerichten nicht zu. Bei Vorliegen eines Dienstvergehens müssen sie die angemessene Disziplinarmaßnahme verhängen. Soweit sie aus dem Gesichtspunkt des § 32 eine Disziplinarmaßnahme für nicht angebracht halten, liegt die Entscheidung wieder bei den Disziplinarvorgesetzten.

7 Das **Ermessen** der Disziplinarvorgesetzten zur Frage, ob gemaßregelt werden muss, ist **nicht unbeschränkt**. Soweit Rechtsanwendung vorgeschrieben ist, findet kein Ermessen, sondern gebundene Rechtsanwendung statt. Dies gilt für die tatsächliche und rechtliche Feststellung des Dienstvergehenstatbestandes. Zwar sind die Pflichtentatbestände im BBG weitgehend generalklauselhaft und damit unbestimmt formuliert. Sie sind aber richterrechtlich konkretisiert und damit erst verfassungsgemäß eindeutig (BVerfGE 26, 204 = NJW 1969, 2195; im Einzelnen dazu A. I. Rn. 38). Damit sind die einzelnen Dienstvergehenstypen und Tatbestände zur **Rechtsanwendung** nicht zum freien Ermessen vorgegeben. Dasselbe gilt für die grundlegenden richterlich geprägten Bewertungs- und Einstufungsgrundsätze (A. IV. Rn. 76 ff., zum Richterrecht A. II. Rn. 52 ff.).

§ 13 BDG

Den Disziplinarvorgesetzten ist im Rahmen dieser Rechtsanwendung kein freies Ermessen eingeräumt. Das Opportunitätsprinzip kommt erst **nach** der Feststellung, ob ein Dienstvergehen vorliegt und wie seine Einstufung in den Maßnahmenkatalog grundsätzlich zu erfolgen hat, zum Zuge.

Das Ermessen der Disziplinarvorgesetzten nach § 13 Abs. 1 ist in all den Fällen gegeben, in denen die Einstufung nicht zwingend festliegt bzw. in denen von einer Disziplinarmaßnahme unter bestimmten Voraussetzungen abgesehen werden kann. Dies gilt nicht für die Verfehlungen, die grundsätzlich zur objektiven Untragbarkeit führen, z. B. für langes unberechtigtes Fernbleiben vom Dienst oder schwere Kassenverfehlungen. In diesen Fällen würde auch eine Milderung aus der Persönlichkeit des Beamten oder hinsichtlich der Tatumstände des Einzelfalles kein Absehen von jeglicher Maßregelung rechtfertigen (Abs. 2; A. IV. Rn. 77). **8**

Das BDG gibt einen konkreten Beispielsfall für das Absehen von Maßregelung. § 14 BDG zeigt auf, dass das Gesetz jedenfalls bis zur Schwelle der Zurückstufung ein Absehen von disziplinarer Maßregelung unter bestimmten Umständen für geboten hält. Er stellt, wie es für jedes disziplinarrechtliche Eingreifen gilt, auf das Bedürfnis nach Pflichtenmahnung ab, also auf die Persönlichkeitsstruktur und -prognose. Da es auch im Rahmen des § 13 hierauf ankommt, kann aus § 14 der Rechtsgedanke entnommen werden, dass bei Dienstvergehen, die nach ihrem Gewicht keine strengere Disziplinarmaßnahme als die Zurückstufung erfordern, das Ermessen des § 13 anzuwenden ist (in schwerer wiegenden Fällen kann das Ermessen im Rahmen der Maßnahmenwahl und -bemessung stattfinden, siehe A. IV. Rn. 74 ff., 85 ff.). **9**

Die Fälle, in denen nach §§ 13, 32 Abs. 1 Nr. 2 von einer an sich möglichen disziplinaren Maßnahme abgesehen werden kann, liegen damit im unteren Bereich der Bewertungs- und Einstufungsskala. Die Zurückstufung kommt allerdings insoweit nicht in Betracht, jedoch sowohl die pflichtwidrigen Verhaltensweisen, die unterhalb der Schwelle zur disziplinaren Erheblichkeit liegen, als auch die darüber liegenden disziplinar erheblichen Bagatellverfehlungen (A. I. Rn. 20), darüber hinaus aber auch die mittelschweren Dienstvergehen, deren dienstliche Auswirkung gering ist, die früher aber vom BVerwG dennoch in das förmliche Disziplinarverfahren verwiesen wurden (z. B. außerdienstliche Verkehrsstraftaten ohne dienstliche Auswirkung im Rückfall, B. II. 12 Rn. 5). Soweit das BVerwG insoweit Regeln aufgestellt hat, nähern sie sich nicht Rechtssätzen, wie verschiedentlich ohne Differenzierungen angenommen wird (vgl. Claussen/Janzen, Einl. D. 3 c); vielmehr handelt es sich hier um **Orientierungshilfen** (so zutreffend Ostler, Das Disziplinarrecht in Festgabe aus Anlass des 25-jährigen Bestehens des Bundesverwaltungsgerichts 1978, S. 459 ff.; Wattler, ZTR 1979, 341). Bei der Persönlichkeitswürdigung und Prognose sind die bisherige Führung und Leistung, Kollegialität und dienstlicher Einsatz, freiwilliges dienstliches und gesellschaftliches Engagement, außerdienstliches Verhalten, hinsichtlich des Dienstvergehens Einsichts- und Mahnungsempfindlichkeit von Bedeutung. Insgesamt erfordert das »Gleichbehandlungsgebot« die Anwendung objektiv abgrenzbarer, einheitlicher Kriterien (A. IV. Rn. 77 ff.). **10**

§ 17 (»Legalitätsprinzip«) bringt keine Einschränkung des § 13, da er sich ausschließlich auf den Zwang zur Aufklärung disziplinarverdächtiger Sachverhalte (s. § 17 Rn. 3), nicht auf die Entscheidung über das »ob« einer Maßregelung bezieht. **11**

12 Auch § 15 wirkt in den Regelungsbereich des § 13 nicht ein, denn er gewährt Ermessen nur bei der Vorentscheidung, welche Disziplinarmaßnahme bei hypothetischer Prüfung des vorliegenden und erwartenden Sachverhalts in Frage kommen kann (§ 15 Rn. 6). Ist diese Vorfrage geklärt, so sind das Verfolgungsverbot und damit das Maßregelungsverbot zwingend.

13 Da das Opportunitätsprinzip entgegen dem für das Strafrecht geltenden **Legalitätsgrundsatz** den Maßregelungszwang ausschließt, sind alle Bestimmungen, die auf dem Zwang zur Verfolgung aufbauen, im Disziplinarverfahren **nicht anwendbar**. Es liegt ebenfalls im pflichtgemäßen Ermessen eines Dienstvorgesetzten, zu entscheiden, ob er gegen Betroffene Strafanzeige erstattet (Claussen/Janzen, § 3 Rn. 5; Behnke, § 3 Rn. 7). Bedenken sind deshalb gegen die Regelungen im Bereich einiger Verwaltungen zu erheben, die, wie etwa bei der Deutschen Post AG, eine generelle Anzeigepflicht statuieren. Durch sie wird in die Ermessenskompetenz des zuständigen Dienstvorgesetzten eingegriffen. Sieht der Disziplinarvorgesetzte von Disziplinarmaßnahmen im Rahmen des Opportunitätsprinzips ab, ist darin kein **Verzicht** auf die Ausübung der Disziplinargewalt zu sehen, insbesondere dann, wenn zusätzliche Verfehlungen hinzukommen (vgl. § 35 und die dortigen Fristen).

14 **Zuständige Behörde** im Sinne von § 13 sind zunächst dieselben Disziplinarvorgesetzten wie in §§ 17, 35, 43. Es sind alle Dienstvorgesetzten im Rahmen der Ausübung der ihnen zustehenden Disziplinargewalt. § 13 gibt den Disziplinargerichten keine eigenen Opportunitätsbefugnisse. Nur im begrenzten Rahmen der §§ 53 Abs. 3, 56, 60 Abs. 3 können sie entsprechende Erwägungen anstellen. Im Übrigen steht die Bemessung der Disziplinarmaßnahme innerhalb des gesetzlich und richterrechtlich vorgegebenen Rahmens im pflichtgemäßen Ermessen der Disziplinargerichte. Die Sätze 2-4 des § 13 gelten deshalb mittelbar und sinngemäß auch für die Rspr. der Disziplinargerichte, wie insbesondere § 60 Abs. 3 belegt.

15 Trotz seiner grundlegenden Bedeutung lief der sachgleiche § 3 BDO in der Praxis weitgehend leer. Ursache war hauptsächlich, dass die Verwaltungen den ihnen gegebenen Freiraum (vgl. Rn. 5, 6) nicht ausschöpften, sondern sich starr an Rspr. oder Anregungen des BDiA im Rahmen des § 37 BDO gebunden sahen. Der Grundsatz, dass im Vordergrund eine Würdigung der Gesamtpersönlichkeit der Betroffenen unter Berücksichtigung des gesamten dienstlichen und außerdienstlichen Verhaltens zu stehen hat (§ 13 Abs. 1 Sätze 2-4), wird hierdurch weitgehend verfehlt. Damit wird oft auch dem Grundsatz der Einzelfallgerechtigkeit nur unzureichend Rechnung getragen (vgl. A. IV Rn. 77 a. E.). Hier bleibt abzuwarten, ob die Neuregelung die Verwaltungspraxis ändert. Möglicherweise macht sich hier der Wegfall des BDiA mit seiner vereinheitlichenden Überwachungskompetenz positiv bemerkbar.

16 Entscheidet sich der Dienstvorgesetzte für weitere Verfolgung mit dem Ziel der Maßregelung, so sind die Verfahrensvorschriften des BDG anzuwenden, ggf. auch weitere Beteiligte in das Verfahren einzubeziehen (im Einzelnen A. V Rn. 136).

17 Abs. 2 greift ebenfalls die Rspr. von BDiG und BVerwG auf. **Abs. 2 Satz 1** regelt die Voraussetzungen der Entfernung aus dem Beamtenverhältnis. Er übernimmt wortwörtlich die Rspr. des BDiG und BVerwG (zuletzt BVerwG v. 4.4.2001 – 1 D 19.00 – DVBl. 2001, 1218; v. 9.5.2001 – 1 D 22.00; 15.8.2000 – 1 D 44.98). Wann das Vertrauen des Dienstherrn in die pflichtgemäße Amtsführung des Beamten endgültig zerstört ist, ist Teil des Zumessungsermessens der

§ 13 BDG

Disziplinarorgane und letztlich nur durch Gerichte zu entscheiden (§§ 52 ff BDG). Das Zumessungsermessen umfasst nämlich auch die Einordnung des Fehlverhaltens in eine bestimmte Disziplinarmaßnahme.

Mit seiner grundlegenden Entscheidung vom 20. 10. 2005 (2 C 12.04) – in diesem Zusammenhang seiner ersten Entscheidung als Revisionsinstanz – hat das BVerwG eine grundlegende Änderung der Rspr. zu den sog. Zugriffsdelikten vorgenommen. **18**

Konnte bis zu diesem Zeitpunkt von der Regelmaßnahme »Entfernung aus dem Dienst« nur bei Vorliegen eines der abschließend entscheidenden Milderungsgründe abgesehen werden, so hat das BVerwG diese Rspr. mit dieser Entscheidung faktisch aufgegeben. Es hat entschieden, dass auch bei den sog. Zugriffsdelikten, also bei den Delikten, bei denen der Beamte auf ihm anvertrautes Gut des Dienstherrn rechtswidrig zugreift, auch über den bislang durch die Rspr. aufgestellten Kanon der Milderungsgründe hinaus, von einer Entfernung aus dem Dienst abgesehen werden kann (BVerwG v. 20. 10. 2005 – 2 C 12.04). In dieser Entscheidung hat das Gericht ausdrücklich festgestellt, dass die von der Schwere des Dienstvergehens ausgehende Indizwirkung im Hinblick auf die Vertrauenszerstörung entfallen kann, wenn gewichtige und im Einzelfall durchgreifende Entlastungsgründe festgestellt werden. Deshalb dürfe sich die Gesamtwürdigung gem. § 13 Abs. 1 BDG nicht auf die Verneinung von »anerkannten Milderungsgründen« beschränken.

Die in dieser Entscheidung angestellten Überlegungen im Hinblick auf die Strafzumessung unter Geltung des neuen § 13 BDG hat das BVerwG dann in seiner Entscheidung vom 3. 5. 2007 (2 C 9.06) systematisiert. Mit dieser Entscheidung hat es die veränderte Rspr. systematisch zusammengefasst und im Kern fast schon ein Prüfungsschema vorgegeben. Die Ausführungen in dieser Entscheidung gelten für die Maßnahmewahl insgesamt, so dass die Sonderstellung der Zugriffsdelikte mit der Beschränkung auf die »anerkannten Milderungsgründe« nicht mehr gegeben ist. Damit hat das BVerwG eine einheitliche Prüfung für alle disziplinaren Delikte vorgegeben und Abschied genommen von der Vorstellung, dass bei den sog. Zugriffsdelikten nur dann von der Höchstmaßnahme abgesehen werden kann, wenn einer der anerkannten Milderungsgründe vorliege. Dies darf jedoch nicht zu der irrigen Vorstellung führen, dass damit auch bei den Zugriffsdelikten Tür und Tor dafür geöffnet wären, dass jeder beliebige Milderungsgrund ein Absehen von der Höchstmaßnahme ermöglicht. Das Gericht hat ausdrücklich festgehalten, dass das Gewicht der »neuen« Milderungsgründe umso größer sein muss, je schwerer das Zugriffsdelikt aufgrund der Höhe des Schadens, der Anzahl und Häufigkeit der Zugriffsverhandlungen, der Begehung von Begleitdelikten und anderer belastende Gesichtspunkte im Einzelfall wiegt und dass dabei die bisherigen Milderungsgründe als Maßstab herangezogen werden könnten. **18a**

Ausgehend von der Vorschrift des § 13 Abs. 1 Satz 2-4 BDG stellt das BVerwG in seiner Entscheidung vom 3. 5. 2007 (2 C 9.06) fest, dass sich die erforderliche Disziplinarmaßnahme im Einzelfall nach der Schwere des Dienstvergehens unter angemessener Berücksichtigung der Persönlichkeit des Beamten und des Umfangs der durch das Dienstvergehen herbeigeführten Vertrauensbeeinträchtigung richtet. Unter Rückgriff auf die Entscheidung vom 20. 10. 2005 (2 C 12.04) stellt der Senat fest, dass danach als maßgebendes Bemessungskriterium für die Bestimmung der Disziplinarmaßnahme gem. § 13 Abs. 1 Satz 2 BDG die Schwe- **18b** re des Dienstvergehens gilt. Diese beurteile sich zum einen nach Eigenart und Bedeutung der verletzten Dienstpflichten, Dauer und Häufigkeit der Pflichtverstöße und den Umständen der Tatbegehung (objektive Handlungsmerkmale), zum anderen nach Form und Gewicht des Verschuldens und den Beweggründen des Beamten für sein pflichtwidriges Verhalten (subjektive Handlungsmerkmale) sowie nach den unmittelbaren Folgen der Pflichtverstöße für den dienstlichen Bereich und für Dritte, insbesondere nach der Höhe des entstandenen Schadens. Weiter müsse gem. § 13 Abs. 1 Satz 3 BDG das Persönlichkeitsbild des Beamten, das dessen persönliche Verhältnisse und sein sonstiges dienstliches Verhalten vor, bei und nach Tatbegehung einschließe, berücksichtigt werden. Dies erfordere eine Prüfung, ob das festgestellte Dienstvergehen mit dem bisher gezeigten Persönlichkeitsbild des Beamten übereinstimme oder etwa als persönlichkeitsfremdes Verhalten in einer Notlage oder einer psychischen Ausnahmesituation davon abweiche. Das Bemessungskriterium Umfang und Beeinträchtigung des Vertrauens des Dienstherrn oder der Allgemeinheit (§ 13 Abs. 1 Satz 4 BDG) erfordere eine Würdigung des Fehlverhaltens des Beamten im Hinblick auf seinen allgemeinen Status, seinen Tätigkeitsbereich innerhalb der Verwaltung und seine konkret ausgeübte Funktion.

18c Vor dem Hintergrund dieser allgemeinen Überlegungen formuliert das BVerwG die Verpflichtung der Verwaltungsgerichte, über die erforderliche Disziplinarmaßnahme aufgrund einer prognostischen Gesamtwürdigung unter Berücksichtigung aller im Einzelfall belastenden und entlastenden Gesichtspunkte zu entscheiden. Dies wird aber auch für den Dienstherrn gelten, soweit dessen Disziplinargewalt reicht. Das entspricht dem Zweck der Disziplinarbefugnis als einem Mittel der Funktionssicherung des öffentlichen Dienstes. Danach ist Gegenstand der disziplinarrechtlichen Betrachtung und Wertung die Frage, welche Disziplinarmaßnahme in Ansehung der gesamten Persönlichkeit des Beamten geboten ist, um die Funktionsfähigkeit des öffentlichen Dienstes und die Integrität des Berufsbeamten möglichst ungeschmälert aufrechtzuerhalten. Hierzu haben die Verwaltungsgerichte zunächst die im Einzelfall bemessungsrelevanten Tatsachen zu ermitteln und mit dem ihnen zukommenden Gewicht in die Bewertung einzubeziehen. Insbesondere bei der Bestimmung der Schwere des Dienstvergehens dürfen nur solche belastenden Tatsachen berücksichtigt werden, die zur Überzeugung des Gerichtes feststehen. Demgegenüber sind entlastende Umstände nach dem Grundsatz »in dubio pro reo« schon dann beachtlich, wenn hinreichende tatsächliche Anhaltspunkte für ihr Vorliegen gegeben sind und eine weitere Sachverhaltsaufklärung nicht möglich ist. Diesen an sich selbstverständlichen Satz hat das BVerwG in der Entscheidung vom 3. 5. 2007 noch einmal ausdrücklich betont.

18d Damit bestimme sich die angemessene Disziplinarmaßnahme
1. nach der Schwere des Dienstvergehens unter
2. angemessener Berücksichtigung der Persönlichkeit des Beamten und
3. des Umfangs der durch das Dienstvergehen herbeigeführten Vertrauensbeeinträchtigung.

18e Nach der Rspr. des BVerwG ist die **Schwere des Dienstvergehens** das maßgebende Bemessungskriterium. Diese ist richtungsweisend für die Bestimmung der erforderlichen Maßnahme, das heißt der Zuordnung des festgestellten Dienstvergehens einer der im Katalog des § 5 BDG aufgeführten Disziplinarmaßnahmen. Dabei können die (bisherigen) Regeleinstufungen für bestimmte Fallgruppen »von Bedeutung« (BVerwG v. 3. 5. 2007 – 2 C 9.06) sein.

§ 13 BDG

Bei der Schwere des Dienstvergehens stellt das BVerwG auf
- objektive Handlungsmerkmale:
  • Eigenart und Bedeutung der verletzten Dienstpflicht
  • Dauer und Häufigkeit der Pflichtverstöße
  • Die Umstände der Tatbegehung
- subjektive Handlungsmerkmale:
  • Form und Gewicht des Verschuldens
  • Beweggründe des Beamten für sein pflichtwidriges Verhalten
- »Auswirkungen«,
  • das heißt die unmittelbaren Folgen der Dienstverstöße für den dienstlichen Bereich und für Dritte, insbesondere nach der Höhe des entstandenen Schadens,
ab.
Es wird wohl nach der Formulierung in dem Urteil des BVerwG davon auszugehen sein, dass das Gericht diese Aufzählung als abschließend betrachtet.

Hat der Dienstherr bzw. die Verwaltungsgerichtsbarkeit die Schwere des Dienstvergehens bestimmt, so ist in einem **zweiten Schritt** nunmehr festzustellen, ob »Erkenntnisse zum Persönlichkeitsbild und zum Umfang der Vertrauensbeeinträchtigung im Einzelfall derart ins Gewicht fallen, dass eine andere als die durch **die Schwere des Dienstvergehens indizierte Disziplinarmaßnahme** geboten ist« (BVerwG v. 3. 5. 2007 – 2 C 9.06). **18f**

Unter dem **Persönlichkeitsbild** des Beamten fasst der Senat dann die folgenden Kriterien:
- persönliche Verhältnisse
- sonstiges dienstliches Verhalten vor, bei und nach der Tatbegehung

Dabei hat derjenige, der die Disziplinargewalt ausübt, dann auch zu prüfen, ob das Verhalten bei Tatbegehung mit dem bisherigen Verhalten des Beamten übereinstimmt oder aus welchen Gründen es abweicht.

Im Einzelnen ist das Verhältnis zwischen den Überlegungen zur Schwere des Dienstvergehens und zum Persönlichkeitsbild des Beamten noch etwas unscharf. Dies gilt z. B. für das Verhältnis der Überlegungen zu den subjektiven Handlungsmerkmalen, soweit dort die Beweggründe des Beamten für sein pflichtwidriges Handeln angesprochen werden, und der Persönlichkeit des Beamten, wenn dort Fragen nach der Tatmotivation ebenfalls eine Rolle spielen. Konkret stellt sich die Frage, ob damit Motive quasi zweimal »mildernd« berücksichtigt werden können. Dies wäre z. B. dann der Fall, wenn der Beamte ein Zugriffsdelikt in einer unverschuldeten wirtschaftlichen Notlage zur Sicherung der Ernährung der Familie begeht. Nach der Systematik des BVerwG hätte dies zunächst Auswirkungen auf die Einstufung der Schwere des Dienstvergehens, soweit dort unter den subjektiven Handlungsmerkmalen die Beweggründe des Beamten für sein pflichtwidriges Handeln angesprochen werden, mit der Folge, dass hier eine geringere Schwere festgestellt werden müsste. Gleichzeitig wäre dies jedoch auch noch bei der Frage des Persönlichkeitsbildes des Beamten zu berücksichtigen. Damit wäre diese Motivlage bei der Findung der angemessenen Disziplinarmaßnahme doppelt einzustellen. **18g**

Nach den Feststellungen des Persönlichkeitsbildes des Beamten ist dann in einem dritten Schritt der **Umfang der Beeinträchtigung des Vertrauens des Dienstherrn oder der Allgemeinheit** zu berücksichtigen. Hierunter will das BVerwG eine Würdigung des Verhaltens des Beamten im Hinblick auf seinen **18h** allgemeinen Status, seinen Tätigkeitsbereich innerhalb der Verwaltung und seine konkret ausgeübte Funktion verstanden haben.

18i Hierbei ist insbesondere beim Umfang der Beeinträchtigung des Vertrauens der Allgemeinheit die Frage noch offen, inwieweit bei dieser Gesamtwürdigung der Persönlichkeit auch außerdienstliche Fragen, wie eine herausgehobene Funktion im ehrenamtlichen Bereich oder ein ähnlicher Einsatz für die Allgemeinheit zu berücksichtigen sind.

19 Abschließend stellt das BVerwG dann fest, dass alle entlastenden Gesichtspunkte berücksichtigt werden müssen, egal ob sie für einen klassischen Milderungsgrund relevant sind oder nicht. Die bisherigen Milderungsgründe sollen, so der Senat, jedoch einen Vergleichsmaßstab für die Bewertung der »neuen« Milderungsgründe darstellen. Generell gelte, dass das Gewicht der »neuen« Milderungsgründe umso größer sein müsse, je schwerer das Zugriffsdelikt aufgrund der Höhe des Schadens, der Anzahl und Häufigkeit der Zugriffshandlungen, der Begehung von Begleitdelikten und anderer belastender Gesichtspunkte im Einzelfall wiege.

20 **Abs. 2 Satz 2** entspricht § 12 Abs. 2 Satz 1 BDO. Die Aberkennung des Ruhegehalts ist danach zu verhängen, wenn bei einem noch aktiven Beamten die Entfernung aus dem Beamtenverhältnis auszusprechen gewesen wäre, also das Vertrauen in die pflichtgemäße Amtsführung endgültig als zerstört anzusehen gewesen wäre. Dies gilt vor allem in den Fällen, in denen Beamte »Flucht in den Ruhestand« antreten. Hier soll eine Art Gleichbehandlung stattfinden. Der Ruhestandsbeamte soll also für eine gleiche Pflichtwidrigkeit (z. B. Unterschlagungen) nicht besser gestellt werden als ein aktiv verbliebener Beamter, nur weil er zwischenzeitlich dienstunfähig geworden ist. Das BVerwG begründet dies leider immer noch mit dem Gedanken der Generalprävention (BVerwG v. 14. 11. 2001 – 1 D 60.00). Fälle des § 77 Abs. 2 BBG sind nicht ohne weiteres hier einzuordnen. Allerdings können auch aktive Beamte gegen die dort aufgeführten Tatbestände verstoßen, sodass die fiktive Betrachtungsweise nach Abs. 2 Satz 2 auch insoweit möglich ist.

§ 14 Zulässigkeit von Disziplinarmaßnahmen nach Straf- oder Bußgeldverfahren

(1) Ist gegen einen Beamten im Straf- oder Bußgeldverfahren unanfechtbar eine Strafe, Geldbuße oder Ordnungsmaßnahme verhängt worden oder kann eine Tat nach § 153 a Abs. 1 Satz 5 oder Abs. 2 Satz 2 der Strafprozessordnung nach der Erfüllung von Auflagen und Weisungen nicht mehr als Vergehen verfolgt werden, darf wegen desselben Sachverhalts
1. ein Verweis, eine Geldbuße oder eine Kürzung des Ruhegehalts nicht ausgesprochen werden,
2. eine Kürzung der Dienstbezüge nur ausgesprochen werden, wenn dies zusätzlich erforderlich ist, um den Beamten zur Pflichterfüllung anzuhalten.

(2) Ist der Beamte im Straf- oder Bußgeldverfahren rechtskräftig freigesprochen worden, darf wegen des Sachverhalts, der Gegenstand der gerichtlichen Entscheidung gewesen ist, eine Disziplinarmaßnahme nur ausgesprochen werden, wenn dieser Sachverhalt ein Dienstvergehen darstellt, ohne den Tatbestand einer Straf- oder Bußgeldvorschrift zu erfüllen.

§ 14 BDG

Bedeutung der Regelung

Bereits die Novelle 1967 hat mit dieser Vorschrift eine Neuregelung geschaffen, die ein **Novum im Disziplinarrecht** darstellt, seit dem vom Ende des 18. Jahrhunderts an die disziplinare Verfolgung eigenständig neben die strafrechtliche trat (vgl. Einf. I. Ziff. 1 ff.). Das **Verbot der Doppelmaßregelung** – genauer eigentlich »beschränktes Maßnahmeverbot« in § 14 stellt, wie der Name schon sagt, **kein Verbot der Sachaufklärung und Verfolgung** dar, sondern verbietet nur unter bestimmten Umständen bestimmte Maßregelungen. Die einstellende Entscheidung beruht auf verbindlichen Tat- und Tatfolgenfeststellungen und stellt daher eine **echte Sachentscheidung** dar, die in materielle Bestands- bzw. Rechtskraft erwächst (Behnke-Lange, § 14 Rn. 2; im Einzelnen Rn. 42 ff.). Dass es sich nicht um die Unzulässigkeit des Verfahrens, sondern um eine Sachentscheidung mit gesetzlicher Maßnahmenbeschränkung handelt, ergibt sich auch aus der gesonderten Regelung in § 32 Abs. 1 Nr. 3. Die Einstellung wegen § 14 stellt deshalb **keine Freistellung vom disziplinaren Vorwurf oder ein Offenlassen** des Vorwurfs dar, sondern eine Sachentscheidung im Sinne einer »**Verurteilung dem Grunde nach**«; bei der nur von der Vollstreckung der (in den Gründen festgelegten) Disziplinarmaßnahme abgesehen wird. 1

Mit § 14 soll zwar nicht anerkannt sein, dass jede disziplinare Maßregelung neben der strafrechtlichen Bestrafung schon eine verfassungswidrige Doppelverfolgung i. S. d. Art. 103 Abs. 3 GG ist; er kommt aber der **aus Art. 103 Abs. 3 GG folgenden Forderung nach Verhältnismäßigkeit der Sanktion** durch die Möglichkeit der disziplinaren Berücksichtigung des gleichgearteten Strafrechtseingriffs nach (BVerfG, NJW 1967, 1654 u. 1951 = E 21, 381 u. 391; 1970, 507 = E 27, 180; 1972, 93; vgl. A. V. Rn. 129). Die Rspr. des BVerwG hat sich mit der neuen Maßregelungsbeschränkung lange Zeit schwer getan (vgl. Einf. I. Ziff. 8 und dort Fn. 33). Sie erkennt sie in der neueren Rspr. konsequent an, indem eine zusätzliche Disziplinarmaßnahme (der durch § 14 erfassten Art) dann nicht zulässig ist, »wenn ihr kein von der strafgerichtlichen Verurteilung trennbar disziplinarer Zweck zugrunde gelegt werden kann« (BVerwGE 53, 230 = ZBR 1977, 134). 2

Dem Verbot der Doppelmaßregelung ist **auch die Maßnahmenbemessung** unterworfen, wenn es im Rahmen des § 14 zu einer zusätzlichen Maßregelung kommt. Denn das Zusammentreffen von Strafe und Maßregelung ist verfassungsrechtlich nur deshalb unbedenklich, weil die Disziplinargerichte bei Ablehnung einer Einstellung nach § 14 auch bei der Bemessung der zusätzlichen Disziplinarmaßnahme die strafgerichtliche Strafe einzubeziehen haben, wenn diese eine gleichartige (hier also eine finanzielle) Sanktion darstellt (BVerfGE 27, 180 = NJW 1970, 507). Nach Meinung der Hälfte des entscheidenden Senats ist sogar die volle rechnerische Anrechnung (die bei Freiheitssanktionen angenommen wurde, BVerfGE 21, 378 und 391) auch bei Geldsanktionen erforderlich (**dafür** auch urspr. BVerwG v. 20.8.1968 – 2 D 16.68 und später BDiG v. 19.2.1987 – VI VL 35/86; **dagegen** BVerwG – 1 D 10.71; Claussen/Janzen, § 14 Rn. 2 b; Behnke-Lange, § 14 Rn. 4; GKöD-Weiß, § 14 Rn. 9 für angemessene Anrechnung aber jetzt BVerwG v. 15.10.1997 – 1 D 3.97). Bei außerdienstlichen Dienstvergehen ohne unmittelbare dienstliche Auswirkungen kann ohnehin die pflichtmahnende Einwirkung im Wesentlichen dem Strafgericht überlassen bleiben, das alle erschwerenden Umstände berücksichtigt (BVerwG – 1 D 47.74). 3

§ 14 BDG

Aber auch bei innerdienstlichen Verfehlungen braucht die disziplinare Einwirkung auch der Höhe nach nur noch eine »zusätzliche« zu sein (BVerwG v. 20.8.1968 – 2 D 16.68). In jedem Fall muss die verfassungsrechtlich gebotene Anrechnung der strafrechtlichen Geldstrafe effektiv und aus der Entscheidung erkennbar sein (vgl. A. IV. Rn. 124).

4 Deshalb kann die Bemessung der zusätzlich verhängten Maßnahme nicht ohne Rücksicht auf den Gesetzeszweck des § 14 getroffen werden. Wird nach § 14 von **der zusätzlichen Verhängung abgesehen**, ist **keine Bemessung** der gewählten Maßnahme erforderlich (a. A. BVerwG v. 23.7.1968 – 3 D 9.68 und Behnke-Lange, § 14 Rn. 4). Denn die Berücksichtigung der sachgleichen Straferkenntnisse erstreckt sich auf den gesamten disziplinaren Entscheidungsvorgang im Rahmen des § 14. Es ist zwar erforderlich, die angemessene Maßnahmenart auszuwählen, weil davon die Entscheidung über die Einstellung nach § 14 und die Tilgungsfrist nach § 16 abhängen. Für die Frage der Einstellung ist aber nicht von Bedeutung, wie die Maßnahme im Einzelnen bemessen sein müsste, wenn sie verhängt worden wäre.

5 Die Neuregelung nimmt in Abs. 1 zunächst die in § 14 BDO auch bereits bislang geregelte Frage auf, inwieweit eine disziplinarrechtliche Sanktion neben eine strafrechtliche Verurteilung treten darf. Bislang war lediglich die Verhängung eines Verweises nicht mehr möglich, in anderen leichten Fällen war jedoch die Doppelahndung zumindest dem Grunde nach zulässig. Dies wurde nunmehr durch das neue Recht grundlegend geändert. Das neue Recht weitet zum einen das Doppelahndungsverbot nachhaltig aus und regelt den Sachverhalt gleichzeitig übersichtlicher.

6 Zunächst werden die im Strafverfahren verhängten Sanktionen, die eine Sperrwirkung entfalten, aufgezählt. Dabei ist zu beachten, dass auch eine Verfahrenseinstellung nach § 153 a Abs. 1 Satz 5 oder Abs. 2 Satz 2 StPO darunter fällt. Alsdann wird in Nr. 1 ein disziplinares Maßregelungsverbot normiert, soweit der ermittelte Sachverhalt disziplinarrechtlich lediglich einen Verweis, eine Geldbuße oder eine Kürzung des Ruhegehalts zulässt. Damit sind zukünftig – durch die Ausdehnung der Sperrwirkung auch auf die Geldbuße und damit korrespondierend auch auf die Kürzung des Ruhegehalts – viele Dienstverstöße zusätzlich in das absolute Maßregelverbot mit einbezogen. Dies ist nach der Gesetzesbegründung ausdrücklich gewollt und wird mit der ausreichenden Pflichtenmahnung durch das Strafverfahren begründet. Diese Neuregelung ist ausdrücklich zu begrüßen, wird sie doch zukünftig einen angemesseneren Umgang mit leichten Delikten zulassen und gleichzeitig zu einer nicht unerheblichen Entlastung bei der Durchführung von Verfahren im unteren Sanktionsbereich führen.

7 Weiter ist mit der Aufnahme der Einstellung nach § 153 a StPO auch eine alte Streitfrage durch die Gesetzesregelung gelöst. In der Vergangenheit wurde es überwiegend abgelehnt, diese Verfahrenseinstellung ebenfalls mit einer Sperrwirkung zu versehen, da eine gesetzliche Regelung nicht vorhanden war und die Möglichkeit einer Analogie abgelehnt wurde. Gleichzeitig wurde dieser Zustand jedoch als unbefriedigend empfunden, da die Auflage in der Einstellungsverfügung in der Regel als Strafe empfunden wird und es schwer nachzuvollziehen ist, weshalb bei einer ausgesprochenen Strafe ein Maßnahmeverbot besteht, dies jedoch bei einer mit einer Auflage versehenen Einstellung nicht der Fall sein soll (vgl. dazu ausführlich 2. Aufl., Rn. 10). Die dort vertretene und ausgeführte Meinung nimmt der Gesetzgeber nun auf. Er hat mit der Neurege-

§ 14 BDG

lung für klare Verhältnisse gesorgt und den bisherigen Wertungswiderspruch beseitigt.

In Nr. 2 wird die Verhängung der weiteren Maßregelungen – mit Ausnahme der Entfernung aus dem Beamtenverhältnis und der Aberkennung des Ruhegehalts – davon abhängig gemacht, dass dies neben der Kriminalstrafe zusätzlich erforderlich ist, um den Beamten zur Pflichtenerfüllung anzuhalten. Hier ist das zusätzliche Erfordernis aus § 14 BDO, dass die Verhängung der Sanktion daneben zur Wahrung des Ansehens des Beamtentums notwendig ist, weggefallen. Es wird damit zukünftig allein auf das Erfordernis einer weiteren – disziplinaren – Maßnahme zur individuellen Pflichtenmahnung ankommen. Dies galt ausdrücklich auch hinsichtlich der damit nicht mehr möglichen Verhängung einer Zurückstufung (BVerwG v. 23. 2. 2005 – 1 D 13.04). In dieser Entscheidung hat das BVerwG ausdrücklich festgestellt, dass die Zurückstufung nur dann ausgesprochen werden darf, wenn dies zusätzlich erforderlich ist, um den Beamten zur Pflichterfüllung anzuhalten. Dies ist auch nach neuem Recht und damit auch hinsichtlich der Zurückstufung nur nach individueller Prüfung des Einzelfalles beim Vorliegen konkreter Umstände für eine Wiederholungsgefahr zulässig. Es müssen also konkrete Befürchtungen ersichtlich sein, dass der Beamte sich trotz der ihm wegen desselben Sachverhalts bereits auferlegten Kriminalstrafe erneut einer Dienstpflichtverletzung schuldig machen werde (BVerwG v. 23. 2. 2005 – 1 D 13.04). Weiter führt der Senat in dieser Entscheidung ausdrücklich aus, dass die Gesetzesänderung keinen Anlass für eine Änderung der Rspr. hinsichtlich der Frage des Nachmessens oder Nachprüfens der Höhe oder Angemessenheit der strafgerichtlich verhängten Maßnahme zulasse. Es bleibt also bei der bisherigen Rspr., dass die Bemessung der Strafe im Hinblick auf die Frage, ob eine Disziplinarmaßnahme zusätzlich erforderlich ist, als unerheblich angesehen werden muss. Der erkennende Senat beruft sich hierbei zu Recht darauf, dass dem Gesetzgeber bei der Gesetzesänderung diese Kriterien der Rspr. bekannt waren und er in Kenntnis dieser Rspr. die Änderung bewusst eingeführt habe.

Der Gesetzgeber ist nun den vom Senat hiergegen vorgebrachten rechts- und verfassungspolitischen Bedenken gefolgt (siehe dazu auch Mayer, ZBR 2005, 80) und hat diese Vorschrift gestrichen. Damit ist eine Zurückstufung auch in diesen Fällen wieder möglich.

Ist dies nicht der Fall, darf eine weitere Maßnahme von Gesetzes wegen nicht verhängt werden; das Verfahren ist, wie bei Nr. 1, nach § 32 Abs. 1 Nr. 3 (§ 32 Rn. 8) einzustellen.

In Abs. 2 wurde die frühere Regelung des § 17 Abs. 5 BDO aufgenommen. Sie ist bis auf sprachliche Glättungen identisch mit dem damaligen Recht, jedoch an der jetzigen Stelle sachnäher beheimatet.

Abs. 2 verbietet die Führung oder Fortsetzung eines Disziplinarverfahrens bei einem **Freispruch** im strafgerichtlichen Verfahren wegen einer Straftat oder einer Ordnungswidrigkeit. Dies dient der Verhinderung gegensätzlicher Entscheidungen und berücksichtigt die rechtsstaatlich gesicherten Aufklärungsregeln des Strafprozesses (BVerwG – 1 D 157.85). Die **Sperrwirkung** des Abs. 2 ist im jeweiligen Verfahrensstadium als Prozesshindernis von Amts wegen zu prüfen. Unabhängig von ihr bleibt ein Disziplinarverfahren nach Freispruch im Strafverfahren zulässig, wenn ein sog. **disziplinarer Überhang** besteht.

Ein strafgerichtlicher Freispruch i. S. d. Abs. 2 ist nur gegeben, wenn der Beamte von einem **deutschen** Gericht im Straf- oder Bußgeldverfahren freigesprochen worden ist (Behnke-Amelung, § 17 Rn. 38). Anderes könnte gelten, wenn die vom ausländischen Gericht beurteilte Tat im Ausland geschah und nach ausländischem Recht keine Straftat darstellt, dennoch als Dienstpflichtverletzung des Beamten hier vorgeworfen wird (s. hierzu BDiG v. 22. 6. 1971 – IV VL 32/70; BVerwG, Dok. Ber. 1981, 305). Ein Freispruch i. S. d. Abs. 2 liegt **nicht** vor, wenn die Staatsanwaltschaft das Verfahren einstellt, das Gericht den beschuldigten Beamten nach durchgeführter Voruntersuchung außer Verfolgung setzt oder die Eröffnung des Hauptverfahrens ablehnt bzw. das Verfahren wegen Geringfügigkeit oder aus formellen Gründen, etwa wegen des Fehlens einer Prozessvoraussetzung wie Verjährung, einstellt. Freispruch ist aber gegeben, wenn das Strafgericht das Verfahren eingestellt hat, allerdings hätte freisprechen müssen. Z. B. bei einer Einstellung, weil das angeschuldigte schwerere Vergehen nicht gegeben ist, das erwiesene in Tateinheit stehende leichtere Delikt wegen eines Verfahrenshindernisses nicht mehr verfolgt werden kann.

12 Voraussetzung für die Sperrwirkung des Abs. 2 ist ein Freispruch, der nach Prüfung der Tat- und Schuldfrage nach rechtlicher und sachlicher Prüfung durch das Strafgericht erfolgt ist. Unerheblich ist, ob die rechtliche oder tatsächliche Würdigung des Strafgerichts auch zutreffend ist. Auch ein fehlerhafter Freispruch entfaltet die Sperrwirkung des Abs. 2. Der rechtskräftige Freispruch im Strafverfahren führt nicht nur dazu, dass der Sachverhalt, der dem Strafurteil zugrunde lag, unter den dort behandelten Gesichtspunkten nicht mehr Gegenstand des Disziplinarverfahrens sein kann, sondern verbietet die Heranziehung des Sachverhalts zur Darstellung eines Dienstvergehens auch insoweit, als die Tatbestandsmerkmale irgendeiner Straftat erfüllt sein könnten. Wird ein Beamter vom Strafgericht mit der Begründung freigesprochen, bestimmte ihm zur Last gelegte Verhaltensweisen stellten keine Sorgfaltspflichtverletzungen dar, so steht der Freispruch der Disziplinarverfolgung wegen dieses Verhaltens unter dem Gesichtspunkt, der Beamte habe hierdurch beamtenrechtliche Sorgfaltspflichten verletzt, entgegen. **Entscheidend** ist, ob der **Sachverhalt** des Strafverfahrens und der des Disziplinarverfahrens identisch sind. Eine verfahrensrechtliche Trennung je nach der strafrechtlichen oder disziplinarrechtlichen Zielrichtung der Prüfung ist bei derartiger Fallgestaltung nicht möglich (BVerwG – 1 D 54.89 – ZBR 1991, 92).

13 Ist ein so genannter **disziplinarer Überhang** gegeben, d. h., liegen Pflichtverletzungen vor, die unter keinem denkbaren rechtlichen Gesichtspunkt einen Straftatbestand erfüllen, greift die Sperrwirkung allerdings nicht (BVerwG v. 12. 5. 1986 – 1 D 3.84). Ein. derartiger disziplinarer Überhang kann etwa bei einer strafgerichtlich verneinten Veruntreuung, wegen gleichzeitigen Verstoßes gegen Zustellvorschriften angenommen werden oder bei einer vom Strafgericht verneinten Vorteilsannahme im Hinblick auf § 71 Abs. 1 BBG (Annahme von Vorteilen und Geschenken in Bezug auf das Amt). Die Rspr. des BVerwG ist allerdings insoweit angreifbar, als sie die im Strafurteil abgelehnte Annahme von Vorteilen und Geschenken im Rahmen des § 71 BBG erneut prüft.

14 Der Dienstherr muss zur hinreichenden Klarstellung eines noch zulässigen disziplinaren Vorwurfs den so genannten disziplinaren Überhang klar herausstellen. Ggf. muss er ihn, sofern bereits Disziplinarklage, auch in einer besonderen Stellungnahme substanziieren; zur Behebung mangelnder Substanziierung ist das Verfahren auszusetzen (BVerwG, Dok. Ber. 1985, 138). Der Überhang muss eindeutig als selbständiges Dienstvergehen bewertet und vorgeworfen sein (BDHE 3, 271).

§ 14 BDG

Zuständigkeit, Form und Inhalt der Einstellungsentscheidung

Vor Gerichtshängigkeit des Verfahrens entscheidet der Dienstvorgesetzte über die Einstellung nach § 14 (§ 32 Abs. 1 Nr. 3). **15**

Nach Eingang der Disziplinarklage können nur die Gerichte § 14 einbeziehen. Dies führt dann zur Abweisung der Disziplinarklage (§ 60 Rn. 17 f.) oder zur Aufhebung der Disziplinarverfügung. **16**

Die Einstellungsentscheidung **ergeht durch schriftliche Verfügung** und ist zu begründen (§ 32 Abs. 3). Die Schriftform ist nötig, um die Feststellung des Sachverhalts, des Dienstvergehens und der für angemessen gehaltenen Maßnahme für den Fall späterer Berücksichtigung als Vorbelastung oder Rückfall und für die Tilgungsregelung (§ 16) zu fixieren. **17**

Jede Einstellungsentscheidung muss, da sie eine echte Sachentscheidung mit materieller Bestands-/Rechtskraft ist (Rn. 42-44), eine **definitive Darstellung des entscheidungserheblichen Sachverhalts, der Würdigung als Dienstvergehen und der für die Maßnahmenwahl bedeutsamen Umstände und Gründe enthalten.** Anders ließe sich weder die Rechtmäßigkeit der Einstellung im Fall nachfolgender Anfechtung (Rn. 43) nachprüfen, noch die Tilgungsregelung gem. § 16 anwenden (weil die Tilgungsfristen von der Maßnahmenart abhängen), noch bei späteren Verfehlungen die Vortat erschwerend als Vorbelastung oder Rückfall richtig einschätzen und sachgemäß berücksichtigen (ähnlich auch GKöD-Weiß, § 14 Rn. 61). Unverzichtbar ist besonders die **Bezeichnung der zugrunde gelegten Maßnahmenart** (BVerwGE 33, 56). **18**

Voraussetzungen der Verfahrenseinstellung

Strafgerichtliche oder behördliche Strafen oder Ordnungsmaßnahmen müssen bestands- oder rechtskräftig sein und denselben disziplinaren Sachverhalt betreffen. Dazu gehören alle gerichtlichen Verurteilungen nach dem StGB und seinen Nebengesetzen sowie Behördenstrafen nach gesetzlich geordneten Verfahren wie dem OWiG oder Steuerstrafbescheide der Finanz- und Zollbehörden. Sachgleiche Disziplinarmaßnahmen fallen nicht unter § 14, wie z. B. standesrechtliche Maßnahmen gegen beamtete Ärzte, die sowohl dem Beamtenrecht als auch dem Standesrecht unterliegen (BVerfGE 27, 180;), die aber analog zu behandeln (Rn. 20) oder jedenfalls voll anzurechnen sind (A. V. Rn. 129). Die gerichtlichen oder behördlichen Entscheidungen müssen Strafen oder Ordnungsmaßnahmen auswerfen, also reale Sanktionen wie Freiheitsentzug oder Geldzahlungen auferlegen. Auf die Vollstreckung kommt es nicht an (BDiG v. 23. 6. 1971 – IV Vl 37/70), so dass auch die Aussetzung der Vollstreckung zur Bewährung unerheblich ist; denn die Strafe, auf die es allein ankommt, bleibt bestehen. Die bloße Feststellung einer Straftat oder Ordnungswidrigkeit ohne Folge, wie bei der Verwarnung mit Strafvorbehalt nach § 59 StGB oder der Verurteilung mit Absehen von Strafe nach § 60 StGB erfüllt den Tatbestand nicht. So stellt auch nicht jeder gerichtlich oder behördlich auferlegte Nachteil eine Strafe oder Ordnungsmaßnahme dar. Vielmehr muss es sich um eine »Verurteilung« zur Sanktion **wegen** einer Straftat oder Ordnungswidrigkeit handeln. Unter § 14 fallen deshalb auch nicht bloße Nebenfolgen einer Straftat oder Zwischenentscheidungen wie Maßnahmen des Verfalls und der Einziehung im objektiven Verfahren nach §§ 73 ff. StGB, Eintragungen in Register wie Bundeszentralregister, Verkehrssünderkartei usw. (Claussen/Janzen, § 14 Rn. 3 b; a. A. Behnke-Lange, § 14 Rn. 16), jedoch Ordnungs- und Zwangs- **19**

strafen nach der StPO und gebührenpflichtige Verwarnungen, wenn das zugrunde liegende Verhalten disziplinar vorgeworfen wird (GKöD-Weiß, § 14 Rn. 20 ff.).

20 **Die analoge Anwendung des § 14** auf von ihm nicht erfasste, aber dem Gesetzeszweck entsprechende Fälle wird vom BVerwG strikt abgelehnt (E 86, 379 = NJW 1991, 2583 = DÖV 1991, 425; v. 22. 7. 1992 – 1 D 57.91 – PersV 1993, 182). Für den § 14 kommt es auch nur auf diese Wirkung zur künftigen Erfüllung der Dienstpflichten an. Eine der Strafe vergleichbare Wirkung wird bejaht in den Fällen **des § 59 StGB** (BVerwG, DÖV 1991, 425 a. E.; v. 28. 6. 1998 – 2 WDB 7.88; BDiG v. 27. 2. 1989 – I Vl 7/86), des § 60 StGB, weil sich die Betroffenen durch die vorausgegangene Hauptverhandlung und das Unwerturteil des strafrechtlichen Schuldspruchs verurteilend ermahnt fühlen müssen (bei § 59 StGB folgt auch die Eintragung in das BZR).

21 Auch eine **ausländische »Gerichtsstrafe«** ist i. R. d. § 14 beachtlich (BVerwG v. 1. 9. 1981 – 1 D 90.80 – E 73, 252; BDiG v. 23. 6. 1971 – IV Vl 37/70). Für die Anwendung nach § 14 kommt es auf die für §§ 23, 57 erhebliche Übereinstimmung mit den Rechtsgrundsätzen des innerdeutschen Rechts im Sinne des »**ordre publik**« nicht an. Denn für § 14 ist entscheidend, dass das – in diesem Fall im Ausland begangene – Dienstvergehen bereits strafgerichtlich geahndet und damit grundsätzlich auch die erforderliche Pflichtenmahnung bewirkt wurden.

22 Die Einstellung nach § 14 setzt voraus, dass der **strafgerichtlich abgeurteilte Sachverhalt mit dem disziplinaren Sachverhalt identisch** ist (»desselben Sachverhalts«). Für die Sachverhaltsidentität ist nicht die straf- oder disziplinarrechtliche Würdigung des Tatverhaltens sondern allein der historische Geschehensablauf (Tathergang) maßgebend (BVerwG v. 20. 2. 2001 – 1 D 7.00 – DÖV 2001, 734 = NJW 2001, 3353). Dies gilt auch dann, wenn im Strafverfahren nur ein Teil der disziplinarrechtlich vorgeworfenen Taten verfolgt wurde, die strafrechtlich nicht verfolgten Taten jedoch in einem einheitlichen geschichtlichen Vorgang stehen, bei denen die einzelnen Lebensverhältnisse so miteinander verknüpft sind, dass sie nach der Lebensauffassung eine Einheit bilden (OVG Rheinland-Pfalz v. 18. 8. 2008 – 11 A 10708/07.OVG). Mit der Verwendung des Begriffes »wegen desselben Sachverhalts« soll ausgeschlossen werden, dass aus einer natürlichen Handlungseinheit, die sich als einheitlicher historischer Geschehensablauf darstellt, Sachverhaltsteile herausgefiltert werden, um diese dann disziplinarrechtlich gesondert zu verfolgen. Es entspricht nämlich nicht dem im Disziplinarrecht notwendig einheitlichen Persönlichkeitsbild, aus einem in sich geschlossenen Lebensvorgang, selbst wenn dieser einen längeren Zeitabschnitt umfasst, einen Teilsachverhalt auszusondern und diesen einer disziplinaren Maßnahme zu unterwerfen, nur weil er von der strafrechtlichen Bewertung und Sanktionierung nicht erfasst worden ist. Die strafrechtliche Subsumtion des Strafgerichts muss sich weder mit der strafrechtlichen Subsumtion des Disziplinargerichts noch mit der disziplinarrechtlichen Beurteilung der Tat decken (BVerwG v. 13. 10. 1971 – 1 D 21.71). So kommt es weder darauf an, ob der strafrechtlich festgestellte Sachverhalt richtigerweise als Diebstahl, Unterschlagung, Untreue oder Betrug zu werten ist, noch darauf, ob disziplinarrechtlich das Dienstvergehen als Verstoß gegen die Pflicht zur Uneigennützigkeit (§ 61 Abs. 1 Satz 2 BBG), zu vollem dienstlichen Einsatz (§ 61 Abs. 1 Satz 1 BBG), zur vertrauenswürdigen Dienstleistung (§ 61 Abs. 1 Satz 3 BBG) oder nur zur Befolgung dienstlicher Weisungen (§ 62 Abs. 1 Satz 2 BBG) beurteilt wird.

§ 14 BDG

Selbst Feststellungen zur Schuldfähigkeit oder zum Schuldgrad können in der straf- und disziplinarrechtlichen Beurteilung auseinanderfallen, soweit nicht insoweit Bindung nach §§ 23, 57 besteht (BVerwGE 33, 69: pflichtwidriges Verdächtigmachen anstelle von Unterschlagung). Liegt ein nicht bindender Strafbefehl wegen Trunkenheitsfahrt mit fahrlässiger Tötung vor und wird disziplinarrechtlich auf Vollrausch erkannt, so liegt doch aufgrund des übereinstimmend anzunehmenden Geschehensablaufs Sachverhaltsidentität vor (Claussen/Janzen, § 14 Rn. 3 a). Denn für § 14 ist allein entscheidend, dass die Tat im natürlichen Sinn bereits mit Strafe oder Ordnungsmaßnahme sanktioniert wurde.

23 Im Rahmen der §§ 23, 57 sind allerdings die Disziplinarorgane sowohl **hinsichtlich der Identität des Sachverhalts als auch** hinsichtlich der Prüfung **der materiellen Ausnahmevoraussetzungen des § 14 an den strafgerichtlich festgestellten Sachverhalt gebunden**, die Disziplinarkammern jedoch mit der Lösungsmöglichkeit aus § 57 Abs. 1 Satz 2. Bezüglich der **Identität** kann sich die Bindungswirkung dahin auswirken, dass der disziplinare Vorwurf weitergeht als der strafrechtliche und dass deshalb keine Sachverhaltsidentität vorliegt. Andererseits kann ein nach Lösung veränderter Sachverhalt die Identität herstellen, z. B. wenn eine im Strafurteil festgestellte Tat falsch datiert ist und sich in Wirklichkeit mit der unter anderem Datum disziplinar vorgeworfenen Tat deckt. Fällt durch die gerichtliche Nachprüfung (nach Lösung gem. § 57 Abs. 1 Satz 2) die strafrechtliche Tatbestandsmäßigkeit des Fehlverhaltens weg und bleibt ein minderer Teil des ursprünglichen Strafvorwurfs als Dienstvergehen übrig (z. B. bei mangelnder Zueignung von Kassengeldern der Verstoß gegen die dienstlichen Kassenvorschriften), so fehlt es nicht an der Sachverhaltsidentität, wenn der mindere Verstoß in dem schwereren Strafvorwurf – wie in aller Regel – enthalten gewesen ist. Andernfalls wäre dennoch bei der disziplinaren Maßregelung des minderen Pflichtenverstoßes § 14 weiter zu beachten. Da die Bestrafung weiter existiert, wäre es gegen den Sinn des § 14, ein gegenüber dem Strafekenntnis minderes Dienstvergehen doppelt zu ahnden (vgl. ebenso Behnke-Lange, § 14 Rn. 12). Auch das **Pflichtmahnungsbedürfnis** kann sich nach dem bindenden oder durch Lösung geänderten Strafurteilssachverhalt unterschiedlich darstellen.

24 **Sind in dem strafrechtlich festgestellten Geschehensablauf** außer der zugleich dienstpflichtwidrigen Straftat **weitere Dienstpflichtverletzungen enthalten**, (wie z. B. innerdienstliche Vorschriften und Weisungen), so kommt es für die Frage der Sachverhaltsidentität darauf an, ob Letztere Inhalt der strafrechtlichen Würdigung und damit der Verurteilung waren oder jedenfalls das Tatverhalten betreffen (BVerwG v. 26. 6. 1985 – 1 D 49.84). Das ist z. B. der Fall, wenn bei einer Kassenveruntreuung die Rechtswidrigkeit der Tat sich aus den – auch vom Strafgericht zu prüfenden – dienstlichen Kassenvorschriften ergibt, wenn bei einer fahrlässigen Tötung im Bahnbetrieb die Rechtswidrigkeit aus den Betriebsvorschriften zu entnehmen war (BVerwG v. 6. 6. 1972 – 1 D 7.72; v. 21. 10. 1969 – 3 D 1.69) oder wenn die Schuld eines Schrankenwärters an dem Schrankenunfall aus dem vorausgegangenen pflichtwidrigen Alkoholgenuss (absolutes Alkoholverbot) abgeleitet wurde, der unabhängig von der nachfolgenden Straftat einen Verstoß gegen seine Pflicht zur Erhaltung der alkoholfreien Dienstfähigkeit darstellte (BVerwGE 46, 231). Dagegen handelt es sich um **unterschiedliche Sachverhalte**, wenn der pflichtwidrige Geschehensablauf nicht Gegenstand der strafrechtlichen Aburteilung war, z. B. wenn ein Berufskraftfahrer nach dem Dienst mit dem Dienstwagen eine Privatfahrt mit Alkoholgenuss beging und wegen des Verkehrsdelikts, nicht aber wegen der innerdienstliche Pflichtverletzung bestraft wurde (BVerwGE 33, 314), oder wenn ein Elektroschlepperfahrer der Post innerhalb des Dienstes gegen das absolute Alkoholverbot verstieß und nach dem Dienst eine Trunkenheitsfahrt beging (BVerwGE 43, 136), oder wenn ein Beamter mit dem Alkoholmissbrauch nicht nur vor dem Dienst die bestrafte außerdienstliche Trunkenheitsfahrt begangen, sondern zugleich die Dienstverrichtung in alkoholfreiem und dienstfähigem Zustand pflichtwidrig vereitelt hatte (BVerwG v. 6.5.1985 – 1 D 6.85; v. 26.3.1985 – 1 D 180.84). Denn in diesen Fällen hat das Strafgericht weder den Alkoholgenuss als solchen noch die dienstliche Auswirkung in die Verurteilung einbezogen. Das gilt auch für die innerdienstlichen Auswirkungen der bestraften Tat, wenn sie »zurechenbar« sind. In all diesen Fällen liegt ein selbständiges, innerdienstliches Dienstvergehen nach § 61 Abs. 1 Satz 1 BBG neben dem außerdienstlichen Pflichtenverstoß nach § 77 Abs. 1 Satz 2 BBG vor. Da sich die Strafe nur auf letzteren bezieht, scheidet »Sachverhaltsidentität« gem. § 14 aus.

25 Umso weniger liegt ein identischer Sachverhalt dann vor, wenn in dem disziplinaren Gesamtvorwurf **zu dem strafgerichtlich erfassten Sachverhalt noch weitere zeitlich und kausal getrennte disziplinar erhebliche Geschehensabläufe hinzukommen,** die nicht Gegenstand einer Strafe oder Ordnungsmaßnahme waren. Denn die **»Einheit des Dienstvergehens«** verbietet grundsätzlich die getrennte disziplinare Behandlung verschiedener Pflichtverletzungen. Aber auch im Rahmen des § 14 lässt die Rspr. der Disziplinargerichte die **isolierte Beurteilung und ggf. Einstellung** einzelner Pflichtverletzungen zu, wenn sie abtrennbar oder nur ein unwesentlicher Annex der Hauptverfehlung sind (BVerwGE 73, 369; 6.5.1987 – 1 D 64.86 – ZBR 1992, 281; im Einzelnen zu § 15 Rn. 9-11.

26 Kommt im konkreten Disziplinarfall die **an sich gebotene Degradierung** nur deswegen nicht in Betracht, weil der Beschuldigte im Eingangsamt der Laufbahn ist, so unterliegt der Fall dennoch der Regelung des § 14. Das Verfahren muss auch hier nach § 14 **grundsätzlich wegen der dann verwirkten Gehaltskürzung eingestellt werden.** Nur unter den gesetzlichen Ausnahmevoraussetzungen kann wegen der besonderen Persönlichkeitsstruktur des Beschuldigten ein zusätzliches Pflichtenmahnungsbedürfnis bejaht werden (BVerwG v. 18. 8. 1982 – 1 D 96.81; v. 11.3.1981 – 1 D 13.80).

27 Würde der bestrafte Sachverhalt disziplinarrechtlich **lediglich einen Verweis,** eine Geldbuße oder eine Kürzung des Ruhegehalts rechtfertigen, so schließt § 14 eine zusätzliche Maßregelung ausnahmslos aus. Die herrschende Praxis geht davon aus, dass **die Missbilligung** des Dienstvergehens durch § 14 nicht ausgeschlossen wird (so auch GKöD-Weiß, § 124 Rn. 6 a). Offenbar wird angenommen, dass sie zwar eine disziplinare Verfolgungsmaßnahme (BDHE 6, 13), aber keine »Disziplinarmaßnahme« i. S. d. § 5 darstelle. Das Problem ist in Rspr. und Literatur kaum angesprochen worden (erst Claussen befasst sich – zustimmend – damit in FS für Ostler, 1983, S. 18 ff.; jetzt auch GKöD-Weiß, § 14 Rn. 36, 61). Dagegen bestehen Bedenken aus denselben Gründen, die für die Einbeziehung der Missbilligung in die Verjährensregelung gelten (§ 15 Rn. 14). Denn wenn nach dem Gesetz eine Pflichtenmahnung sogar für die eigentliche Maßnahme des Verweises ausgeschlossen ist, so ist nicht einzusehen, warum die Mahnung in der geringeren Form der »Verfolgungsmaßnahme im weiteren

Sinn« (BDHE 6, 13; BDiG v. 13.3.1979 – VI Bk 6/78; so auch Fleig, DÖD 1992, 129 ff.) zulässig sein soll (zur grundsätzlichen Kritik an der Missbilligung A. IV. Rn. 72 und § 6 Rn. 4 f.).

Voraussetzungen einer zusätzlichen Maßregelung

Fällt ein Dienstvergehen in den Anwendungsbereich des § 14, so sind Kürzung der Dienstbezüge oder die Zurückstufung nur zulässig, wenn ein **zusätzliches Bedürfnis nach Pflichtenmahnung** des Beschuldigten besteht. Dies ist kein Ermessensbegriff, sondern ein unbestimmter Rechtsbegriff, welcher eindeutige und verbindliche Rechtsanwendung erfordert. Er kann nicht mit den Umständen der Tat selbst (wie Schwere, Tatfolgen) begründet werden, da diese den Regeltatbestand des Maßregelungsverbots in § 14 begründen und nicht zugleich für dessen ausnahmsweise Aufhebung herangezogen werden können (BVerwGE 53, 346, das darin ausdrücklich die gegenteilige frühere Rspr. aufgibt). Erstes Anwendungsgebot des § 14 ist deshalb, dass die Einstellung des Verfahrens die Regel, die zusätzliche Maßregelung die Ausnahme zu sein hat. Dabei kommt es für die zusätzliche Pflichtenmahnung auf **das Persönlichkeitsbild im Entscheidungszeitpunkt** und nicht auf dasjenige aus früheren dienstlichen Beurteilungen an (st. Rspr. des BVerwG, z. B. v. 7.9.1982 – 1 D 79.81). 28

Das Erfordernis **zusätzlicher Ansehenswahrung** ist nach der Neuregelung entfallen. Nach der amtl. Begründung wurde hierauf verzichtet, weil es keinen Grund gäbe, eine notwendige Einwirkung auf den Beamten nur deshalb nicht vorzunehmen, weil der Schutz des abstrakten Ansehens des Beamtentums dies nicht ohne weiteres gebiete. 29

Die frühere Rspr. des BVerwG nahm ein Bedürfnis für eine zusätzliche Pflichtenmahnung zum einen bei unmittelbaren und mittelbaren dienstlichen Auswirkungen der Tat (was Abgrenzungsprobleme für innerdienstliche Verfehlungen ergab) und zum zweiten bei Wiederholungsgefahr an. Seit der Entscheidung vom 7.12.1977 stellte das BVerwG zunehmend auf die Persönlichkeitsprognose ab, ob der Beschuldigte nach seinem bisherigen außer- und innerdienstlichen Verhalten konkreten Anhalt für eine Wiederholung dieser oder einer ähnlichen Verfehlung trotz der Gerichtsstrafe bietet (1 D 8.77: Einstellung trotz innerdienstlicher Unfallflucht eines als Kraftfahrer eingesetzten Bahnbeamten, dem die Fahrerlaubnis entzogen wurde). Wenn auch der dienstliche Bezug weiter als erheblich angesehen wurde, so kam es doch immer mehr auf die zukunftsorientierte Gefahr des Rückfalls auch im dienstlichen Bereich an (E 63, 18; v. 23.5.1978 – 1 D 42.77; v. 20.6.1978 – 1 D 94.77; v. 9.5.1979 – 1 D 11.78; deutlich schon auf Rückfallgefahr begrenzt in E 73, 211; v. 18.8.1981 – 1 D 63.80). Mit den Urteilen vom 7.9.1982 (1 D 79.81) und v. 9.12.1982 (1 D 42.82 – E 76, 43) ist die Rspr. des BVerwG gefestigt, dass es für die zusätzliche Pflichtenmahnung ohne Rücksicht auf geringeren oder stärkeren dienstlichen Bezug zur dienstlichen Aufgabe, auf Personen- und Berufsgruppen sowie frühere Verwendung und Belehrung und auch bei innerdienstlichen Straftaten **nur noch auf die persönlichkeitsbezogene, zukunftsorientierte Prognose der Wiederholungsgefahr ankommt,** die zudem durch **konkrete Tatsachen** und nicht durch allgemeine Charakterdeutungen belegt sein muss (BVerwG v. 23.2.2005 – 1 D 13.04). Zeigt der Täter auch im Disziplinarverfahren noch keine Einsicht, so kann das für Wiederholungsgefahr und für zusätzliche Pflichtenmahnung sprechen (BVerwG v. 5.5.1993 – 1 D 49.92 – NVwZ 1994, 216). 30

§ 14 BDG

31 Die persönlichkeitsbedingte **Wiederholungsgefahr muss für den dienstlichen Bereich bestehen.** Andernfalls gibt es nach dem Gesetzeszweck des § 14 keinen Anlass, zusätzlich zu der sachgleichen Strafe disziplinar zur dienstlichen Pflichterfüllung anzuhalten. Ist schon die Wertung als Dienstvergehen von außerdienstlichen Straftaten ohne dienstliche Auswirkung bedenklich, so kann jedenfalls i. R. des § 14 ein dienstliches Bedürfnis nach zusätzlicher Maßregelung nicht konkret dargelegt werden. Denn Disziplinarrecht hat nicht die Aufgabe, ohne Zusammenhang mit den funktionalen Interessen der Verwaltung aus Beamten bessere Menschen zu machen (vgl. Einf. II. 4., A. II. Rn. 42; B. II. 12. Rn. 1). Deshalb ist der frühere Anknüpfungspunkt der Dienstbezogenheit nicht völlig unwesentlich geworden, sondern zusätzlich zu der Persönlichkeitsprognose heranzuziehen. So liegt ein Bedürfnis nach zusätzlicher Pflichtenmahnung auch im Rückfall z. B. nicht vor, wenn ein Stellwerksbeamter außerdienstlich einen Warenhausdiebstahl begeht, ohne im Amt mit Gütern der Bahn oder Dritter betraut zu sein (für Ersttat: BVerwGE 53, 322), ein Dienstkraftfahrer im Dienst mit Dienstwagen Fahrerflucht begeht, aber sein weiterer Einsatz als Kraftfahrer nicht erforderlich ist (für Ersttat: BVerwG v. 7. 12. 1977 – 1 D 8.77), ein Bahnpolizist außerdienstliche Trunkenheitsfahrt begeht, aber trotz Dienstführerscheins im Dienst nicht als Kraftfahrer eingesetzt wird (für Ersttat: BVerwG v. 23. 5. 1978 – 1 D 42.77; ähnlich 1 D 94.77 und 1 D 11.78).

32 Hat der Beamte **neben oder nach der angeschuldigten Tat einschlägige Pflichtverletzungen** begangen, so können sie bzw. die zugrunde liegenden Umstände für die Prognose der Wiederholungsgefahr nur berücksichtigt werden, wenn sie mit angeschuldigt worden sind (BVerwG v. 21. 4. 1969 – 2 D 4.69; v. 23. 5. 1978 – 1 D 42.77).

33 Die Bemessung der Strafe/Ordnungsmaßnahme ist grundsätzlich unerheblich für die Frage, ob zusätzlich eine weitere Disziplinarmaßnahme erforderlich ist. Allerdings ist für die Maßnahmenwahl zur Entscheidung nach § 14 wie auch bei einer zu verhängenden Disziplinarmaßnahme zu prüfen, ob die Bemessungsgründe der Strafe erheblich sind (vgl. A. III. Rn. 69; A. V. Rn. 124; zur Bemessung der nach § 14 zusätzlich Maßnahmen vgl. Rn. 41). Ein »Nachmessen« der Strafe/Ordnungsmaßnahme lässt § 14 nicht zu. Die Disziplinarorgane sind nicht berechtigt, das Strafferkenntnis auf seine Richtigkeit oder Ausgewogenheit voll nachzuprüfen (wegen der engen Grenzen in §§ 23, 57; wie hier auch GKöD-Weiß, § 14 Rn. 43). Sie müssen besonders im Rahmen des § 14 das Strafferkenntnis so hinnehmen, wie es vorliegt. Das Gesetz hält die Strafe/Ordnungsmaßnahme, so wie sie sind, im Regelfall für ausreichend, auch dem dienstrechtlichen Sanktionsinteresse nachzukommen. Das zusätzliche Bedürfnis nach disziplinarer Pflichtenmahnung kann nur aus den besonderen dienstlichen Aspekten, nicht aus den Aspekten der Strafzumessung gewonnen werden. Andernfalls würden die Gründe für das Vorliegen des Grundtatbestands (sachgleiche Bestrafung) zugleich für seine Umgehung herangezogen werden. Deshalb kann die Verfahrenseinstellung ebenso wenig auf eine Nachmessung der Strafe wie etwa auf das Leugnen des Beschuldigten gestützt werden (Grundsatzrechtsprechung des BVerwG seit v. 13. 12. 1977 – 1 D 38.77; v. 23. 2. 2005 – 1 D 13.04). Ausdrücklich offen gelassen hat das BVerwG in der Entscheidung vom 23. 2. 2005 die Frage, ob hinsichtlich des Verbots des »Nachmessens« der strafrechtlichen Sanktion ausnahmsweise etwas anderes zu gelten hat, wenn die zu verhängende Disziplinarmaßnahme und die Sanktion im Strafverfahren ihrer Art und Wirkung nach zueinander gänzlich außer Verhält-

§ 14 BDG

nis stehen – etwa bei einer an sich gebotenen Zurückstufung einerseits und Auflagen und Weisungen, deren Erfüllung die endgültige Einstellung des sachgleichen Strafverfahrens gem. § 153 a StPO nach sich zieht andererseits. Soweit ersichtlich, ist diese Frage auch in den Instanzgerichten seitdem nicht mehr aufgeworfen worden.

Auf eine Wiederholungsgefahr lassen **einschlägige Vortaten** (Rückfall) schließen. Denn wenn eine frühere strafgerichtliche Bestrafung nicht von einem Rückfall abgehalten hat, so gibt es keinen Anlass, der jetzigen Gerichtsstrafe eine stärkere und ausreichende Mahnungswirkung zuzutrauen (BVerwG v. 27. 2. 1968 – 3 D 42.67). **Nicht einschlägige Vortaten** lassen nicht ohne weiteres den Schluss auf eine Wiederholung in der Art des zur Entscheidung stehenden Dienstvergehens zu (BVerwG. 7. 6. 1968 – 1 D 12.68; v. 28. 4. 1981 – 1 D 7.80 – E 73, 166; v. 11. 12. 1984 – 1 D 113.83; BDiG v. 22. 8. 1988 – I Bk 10/88; im Widerspruch dazu BVerwG, Dok. Ber. 1985, 305; v. 8. 12. 1987 – 1 D 48.87), ebenso wenig dürfen **getilgte oder zu tilgende Vorstrafen oder Vormaßnahmen** gegen den Beamten verwertet werden (vgl. zu allem im Einzelnen A. IV. Rn. 80). Nicht rückfallbegründend und deshalb auch im Rahmen des § 14 nicht zu berücksichtigen sind **Vorstrafen aus der Zeit vor Begründung des Beamtenverhältnisses.** Denn nur der dienstrechtliche Rückfall lässt den Schluss auf eine Wiederholungslabilität auch im dienstlichen Bereich zu (dazu A. IV. Rn. 81).

34

Der Rückfall nach einschlägigen Vortaten begründet dann kein zusätzliches Mahnungsbedürfnis, wenn nach der Vortat **längere Zeit der Unbescholtenheit** liegt. Das BVerwG geht zur Frage der Maßnahmenwahl und -bemessung davon aus, dass nach etwa 4-jähriger Unbescholtenheit nicht angenommen werden kann, dass die frühere Gerichtsstrafe keine erzieherische Wirkung ausgeübt habe, also eine erhöhte disziplinare Mahnung notwendig sei (BVerwG v. 28. 11. 1984 – 1 D 31.84; auf Tilgungsfrist nach § 44 Abs. 1 Nr. 1 BZRG abstellend: v. 11. 12. 1984 – 1 D 113.83; bei mehreren Milderungsgründen: v. 18. 4. 1985 – 1 D 131.84; ohne Begründung a. A. v. 28. 4. 1986 – 1 D 152.85). Dieselbe Erwägung gilt auch für die Frage des zusätzlichen Mahnungsbedürfnisses in § 14 (jetzt anerkannt durch BVerwG v. 28. 11. 1990 – 1 D 11.90), wenn durch eigene Bemühungen der Anfälligkeit zum Rückfall entgegengewirkt wurde. Auch wenn nur durch bloße längere Unbescholtenheit eine Erziehungswirkung der früheren Strafe zutage tritt, kann der jetzigen Gerichtsstrafe eine ausreichende Wirkung zugetraut werden, zumal bei außerdienstlichen Verfehlungen ohne jede dienstliche Auswirkung (BDiG v. 19. 10. 1988 – I Vl 17/88; v. 14. 3. 1985 – VI Vl 46/84; auch für 2. Rückfall BDiG v. 27. 5. 1988 – VI Vl 2/88; a. A. BVerwG, wenn neben Gerichtsstrafe auch disziplinarische Vormaßnahme zu berücksichtigen ist, v. 13. 3. 1989 – 1 D 52.88; vgl. im Einzelnen A. IV. Rn. 80). Dies gilt jetzt umso mehr als das Beschleunigungsgebot in § 4 BDG nunmehr ausdrücklich geregelt wurde.

35

Eine **unangemessene Verfahrensverzögerung** kann ein zusätzliches Pflichtenmahnungsbedürfnis beseitigen. Der **Beschleunigungsgrundsatz Art. 6 Abs. 1 Satz 1 Menschenrechtskonvention** (MRKV) ist unmittelbar geltendes Bundesrecht (BVerfGE 10, 274; BVerwGE 47, 378). Seine Verletzung kann im Strafverfahren bis zum Absehen von Strafe führen (BGHSt 21, 81 = JZ 1972, 59). Er ist auf das gleichartige Sanktionsrecht des Disziplinarverfahrens entweder unmittelbar (BDiG v. 24. 5. 1972 – IV Vl 44/71) oder **analog anzuwenden** (Ersteres ablehnend und Letzteres auf Fälle »eklatanter, schlechthin unerträglicher Verzögerung« beschränkend BVerwGE 46, 122: im Einzelnen A. V. Rn. 128). Dies gilt nunmehr umso mehr als das Beschleunigungsgebot in § 4 BDG ausdrücklich geregelt ist.

36

§ 14 BDG

37 Zu der Annahme eines zusätzlichen Pflichtenmahnungsbedürfnisses zwingt nicht der Umstand, dass **zwei getrennte Taten** (gleichartige oder verschiedene, gleichzeitige oder zeitlich auseinander liegende) als erstmaliges Dienstvergehen zusammen angeschuldigt sind (BVerwG v. 7.6.1968 – 1 D 12.68; v. 29.10.1971 – 2 D 27.71 [aus anderen Gründen Einstellung verneinend]; v. 22.5.1984 – 1 D 94.83; v. 12.12.1984 – 1 D 129.84). **Auch im Rückfall** lässt das BVerwG Einstellung zu, wenn besondere Tatumstände ergeben, dass aus dem Rückfall nicht zwingend auf eine wesensmäßige Wiederholungsgefahr geschlossen werden muss (BVerwG v. 12.12.1978 – 1 D 10.78: unvorhergesehene Trunkenheitsfahrt trotz Vorkehrungen wegen Verletzung der Fahrerin).

38 Ein Bedürfnis nach zusätzlicher Pflichtenmahnung besteht auch bei einer Wiederholungstat **dann nicht, wenn sie zeitlich vor der früheren Maßregelung liegt.** Sie ist zwar eine Wiederholungstat, wenn sie nach der Vortat (wenn auch vor der Vormaßnahme) begangen wurde. Auch kann erheblich sein, dass der Beamte noch während des laufenden Disziplinarverfahrens versagte. Wenn aber die zu beurteilende Pflichtverletzung entgegen dem Gebot der einheitlichen Verfolgung in das frühere Verfahren nicht einbezogen wurde, so waren die Vorstrafe und Vormaßnahme nicht in der Lage, durch erzieherische und pflichtenmahnende Einwirkung die zuvor schon begangene Tat zu verhindern. Deshalb kann jetzt nicht gesagt werden, die Vormaßnahme/Strafe hätte keine ausreichende Erziehungswirkung gehabt. Der Gesichtspunkt der Rückfälligkeit kann in diesem Fall keine zusätzliche Maßnahme rechtfertigen (BDiG v. 14.8.1984 – VI Bk 5/84).

39 Auch Ruhestandsbeamte unterliegen der Regelung des § 14. Soweit sie die in § 77 Abs. 2 BBG aufgeführten Pflichten verletzen, gelten die auch für aktive Beamte üblichen Grundsätze. Ist der Beamte **nach dem Dienstvergehen in den Ruhestand versetzt** worden, so liegt in Regel kein Bedürfnis nach zusätzlicher Pflichtenmahnung mehr vor. Denn die Mahnung zur künftigen Pflichterfüllung setzt voraus, dass der Betroffene überhaupt noch Pflichten hat, zu deren Erfüllung angehalten werden kann. Zwar bestehen für Ruhestandsbeamte weiterhin die eingeschränkten Pflichten aus § 77 Abs. 2 BBG. Aber die zusätzliche Pflichtenmahnung hat nur Sinn, wenn die begangene Pflichtverletzung in einem, wenn auch nur losen, Zusammenhang mit den noch bestehenden Pflichten steht und den konkreten Schluss zulässt, dass es zu einer Verletzung gerade dieser Pflichten kommen kann. Das ist bei einer außerdienstlichen Verletzung der Wohlverhaltenspflicht in der Regel nicht anzunehmen (zu allem BVerwGE 33, 174). Das Pflichtenmahnungsbedürfnis entfällt auch dann, wenn der Beschuldigte **kurz vor der Pensionierung** steht und wegen Dienstunfähigkeit ohnehin keinen Dienst mehr leisten wird (BDiG v. 9.11.1971 – IV Vl 18/71).

40 Für **Beamte auf Probe und auf Widerruf** hat § 14 keine Bedeutung. Die beamtenrechtliche, ggf. vom allgemeinen Verwaltungsgericht zu entscheidende Entlassung nach § 34 Abs. 1 Satz 1 Nr. 1 BBG setzt nicht voraus, dass es im Vergleichsfall eines aktiven Beamten gem. § 14 letztlich zur Verhängung der Gehaltskürzung kommen würde. Vielmehr kommt es für § 34 Abs. 1 Satz 1 Nr. 1 BBG allein auf die disziplinarrechtliche Einordnung des Dienstvergehens nach seinem Gewicht in den Maßnahmenkatalog des § 5 an. Denn die beamtenrechtliche Regelung stellt auf die Erforderlichkeit der Entlassung, nicht wie § 14 auf ein Erziehungsbedürfnis ab (so Beamtensenate des BVerwG, ZBR 1983, 159 und DÖD 1983, 19). Dementsprechend hat auch das Disziplinargericht die Zulässigkeit der Anordnung nur nach dem Gewicht des Dienstvergehens und der

Einstufung in die Maßnahmenart, jedoch ohne Rücksicht auf § 14 zu beurteilen (BVerwGE 43, 243; v. 13. 12. 1977 – 1 D 38.77, entgegen erstinstanzlich BDiG und OVG Münster, DÖD 1970, 238).
Liegen die Voraussetzungen einer zusätzlichen Pflichtenmahnung vor, so ist bei der **Bemessung der Disziplinarmaßnahme** die sachgleiche Strafe/Ordnungsmaßnahme (Auflage nach § 153 a StPO) anzurechnen (BVerfGE 27, 180). Im Übrigen kann sich bei einer außerdienstlichen Verfehlung ohne dienstliche Auswirkungen die Disziplinarmaßnahme auf eine geringe, **nur zusätzliche Mahnung** beschränken. Die eigentliche Pflichtenmahnung kann der Strafe/Ordnungsmaßnahme überlassen werden, die alle Umstände der Tat und des Täters berücksichtigen (BVerwG – 1 D 47.74; zu allem Rn. 3, 33). Wegen des umgekehrten Falles der Strafmilderung wegen der zu erwartenden Disziplinarmaßnahme vgl. Rn. 33. 41

Rechtliche Wirkung, Zustellung und Anfechtbarkeit der Verfahrenseinstellung

Da das Maßnahmenverbot des § 14 kein Prozesshindernis ist, sondern eine verbindliche Tat- und Tatfolgenfeststellung zulässt, **ist die Einstellungsentscheidung eine der materiellen Bestands- und Rechtskraft unterliegende Sachentscheidung** (so auch Lange und Arndt, in: Behnke, § 14 Rn. 2 und Vorbem. zu § 79 Rn. 12; a. A. BVerwGE 46, 242; GKöD-Weiß, § 14 Rn. 61 ff., § 27 Rn. 65, 69, und Claussen/Janzen, § 14 Rn. 9 a, die zu Unrecht in § 14 ein Prozesshindernis sehen, dazu Rn. 1; zur Rechtskraft im Einzelnen Rn. 44). Dass diese Sachentscheidung der Bestands- und Rechtskraft unterliegt, ergibt sich auch daraus, dass für ihre Aufhebung förmliche Verfahren vorgesehen werden mussten, so in §§ 71 ff. oder in § 36 (dazu Rn. 47). Das ist bei nicht bestands- oder rechtskräftigen Entscheidungen, die jederzeit und ohne weiteres von Amts/Gerichts wegen geändert werden können nicht erforderlich. 42

Die Bestands- und Rechtskraft der Einstellungsentscheidung bedeutet einerseits, dass die Einstellung wegen der mit ihr festgestellten Tat- und Tatfolgenfeststellung den Beschuldigten **beschwert und deshalb insoweit anfechtbar** ist (BDHE 2, 59; 3, 275; Arndt und Lange, in: Behnke, Vorbem. zu § 79 Rn. 12 und § 14 Rn. 2; bedingt – zugunsten des BDiA – auch Claussen/Janzen, § 64 Rn. 9, entgegen ihrer These von der mangelnden Rechtskraft; ebenso Schwandt, ZBR 1984, 264; a. A. ohne Begründung GKöD-Weiß, § 14 Rn. 65). 43

Andererseits ist mit der bestands- oder rechtskräftigen Einstellungsentscheidung **die Disziplinargewalt verbraucht** und eine erneute Verfolgung – auch im Zusammenhang mit neuen Verfehlungen – ausgeschlossen. Das gilt (entgegen Behnke-Lange, § 14 Rn. 7) gleichermaßen für alle Einstellungen, sowohl durch die Dienstvorgesetzten als auch durch die Gerichte. Denn alle diese Organe treffen in diesem Fall eine bestands- bzw. rechtskräftige Sachentscheidung. Die zum Verbrauch der Disziplinargewalt generell **gegenteilige Meinung des BVerwG** (in E 43, 212, entgegen dem aufgehobenen Urt. des BDiG v. 30. 10. 1973 – III VI 13/73 verkennt den gegenüber dem normalen Anwendungsfall von § 27 BDO (neu: § 32 BDG) besonderen, materiellen Sachentscheidungscharakter der Einstellung nach § 14, die den disziplinaren Vorwurf nicht dahinstehen lässt wie bei Einstellung mangels Beweises oder wegen Verjährung, sondern durch die Feststellung eines Dienstvergehens und der an sich verwirkten Disziplinarmaßnahme den Beamten beschwert und für die Zukunft »vorbelastet«. Mit 44 einer solchen Entscheidung sind die Betroffenen dem Grunde nach wegen eines Dienstvergehens »verurteilt« (Rn. 1). Entgegen BVerwG (a. a. O.) stellt § 27 BDO (neu: § 32 BDG) keine abgeschlossene Regelung dar, auf die § 35 Abs. 3 nicht einwirkt. Zwar gilt § 35 Abs. 3 wörtlich nur für »Disziplinarverfügungen«, zu denen nach § 33 nicht die Einstellungsverfügungen und nach § 33 Abs. 1 nicht die Missbilligung gehören. Dennoch muss, ggf. durch Analogie der § 35 Abs. 3 in Fällen des § 14 (wie auch der Einstellung wegen Unschuld oder wegen geringer Schuld) angewandt werden. Denn das **jederzeitige Aufgreifen eingestellter disziplinarer Vorwürfe ist nicht bei materiellen Sachentscheidungen zulässig,** sondern nur bei reinen Verfahrensentscheidungen (Fehlen einer Prozessvoraussetzung, Vorliegen eines Prozesshindernisses, vgl. Lange und Arndt, in: Behnke, a. a. O.). Gleiches gilt gegen die mit BVerwG übereinstimmende Meinung von Claussen/Janzen (§ 14 Rn. 9 a; die dort auch zitierte Entscheidung [BVerwGE 46, 335] betrifft nicht den Verbrauch der Disziplinargewalt, sondern die Berücksichtigung einer strafrechtlich noch nicht getilgten Strafe trotz einer sachgleichen disziplinaren Tilgung bei der Bemessung einer späteren Maßregelung). Zum Argument des BVerwG, § 32 Abs. 2 Satz 3 beziehe sich nicht auf die mit einer Missbilligung verbundenen Einstellungen nach § 32, vgl. Rn. 45.

45 Ist **mit der Einstellung nach § 14 eine Missbilligung verbunden** (zur Kritik dagegen vgl. Rn. 27), so ist diese kraft gesetzlicher Regelung in § 16 Abs. 5 BDG, § 112 BBG ohnehin **anfechtbar.** Schon daraus ergibt sich, dass die Entscheidung über die Missbilligung nach der Vorstellung des Gesetzes eine der **Rechtskraft** unterliegende Sachentscheidung ist, die einer disziplinaren Maßregelungsverfügung gleichsteht. Da auch die auf § 14 gegründete Einstellungsentscheidung nach allgemeiner Meinung anfechtbar sein muss, dies ein weiteres Argument für die materielle Rechtskraft der Einstellung nach § 14. Mit der Bestands- oder Rechtskraft der Missbilligung ist ebenso wie für die Einstellung die **Disziplinargewalt verbraucht.** Dementsprechend wird durchweg in der disziplinaren Praxis der Bundesverwaltungen ein nach § 14 eingestelltes Disziplinarverfahren anlässlich späterer (andersartiger wie einschlägiger) Verfehlungen nicht wiederaufgenommen, sondern in der Bemessung als Erschwerungsgrund oder i. R. d. § 14 als Grund für die zusätzliche Maßregelung angenommen. Die entgegenstehende Meinung des BVerwG (E 43, 212) ist aus den vorstehenden Erwägungen und Literaturhinweisen abzulehnen.

46 Dass eine Einstellung nach § 14 ausscheidet, bedeutet nicht die disziplinäre Unerheblichkeit der darin genannten Sanktionen. Auch **außerhalb des Rahmens von § 14 können strafrechtliche oder behördliche Strafen** disziplinar wie auch beamtenrechtlich zu berücksichtigen sein. Das gilt auch für andere als die in § 14 geregelten Straf- oder Verwaltungsmaßnahmen. So ist sowohl bei der Maßnahmenbemessung (Rn. 3) als auch vor allem schon bei der grundsätzlichen Maßregelungsentscheidung im Rahmen des Opportunitätsprinzips (§ 13 Abs. 1 Satz 1) auf die Auswirkungen der in § 14 genannten Straf- oder Bußsanktionen sowie auf die Folgen anderer strafrechtlicher oder behördlicher Maßnahmen gegen die Beschuldigten abzustellen. Dementsprechend können die als Folgen von Dienstvergehen geschehenen beamtenrechtlichen Versetzungen, finanziellen Verluste, Beförderungsverluste ebenso wie straf- und verwaltungsrechtliche Verwarnungen, Bußen, Beschlagnahmen und Einziehungen dazu veranlassen, ganz von einer Maßregelung abzusehen oder jedenfalls die Maßnahmenwahl und -bemessung zu mildern (Claussen/Janzen, § 14 Rn. 6).

Ergeht die sachgleiche **Bestrafung oder Ordnungsmaßnahme erst nach der** **47**
bestands- oder rechtskräftigen Verhängung der Disziplinarmaßnahme, so
kann letztere im Verfahren nach §§ 36, 71 ff. aufgehoben werden. Ist die Strafe
oder Ordnungsmaßnahme vorher ergangen und dem Disziplinarorgan nur
nicht bekannt gewesen, so kommt Wiederaufnahme nach § 71 in Betracht,
und zwar je nachdem, ob es ein bindendes Strafurteil oder ein Strafbefehl oder
ein Bußgeldbescheid ist, nach Abs. 1 Nr. 2 oder 4.

Beispielsfälle für Verfahrenseinstellung

Sachverhaltsidentität auch dann, wenn Strafurteil nicht alle disziplinaren Vor- **48**
würfe umfasst – *BVerwG* v. 20. 2. 2001 – 1 D 7.00; *OVG Rheinland-Pfalz* v.
18. 8. 2008 – 11 A 10708/07.OVG
Berufskraftfahrer begeht außerdienstliche Trunkenheitsfahrt – Verlust der Fahrerlaubnis und dienstliche Umsetzung erlauben keine zusätzl. Maßnahme –
**dienstl. Auswirkung auf Personen-, Berufsgruppe oder fr. Verwendung
und Belehrung ohne Bedeutung** – entscheidend ist nur die persönlich bezogene Wiederholungsgefahr – wegen Ersttat hier nicht gegeben – *BVerwGE*
76, 43
Außerdienstlicher Warenhausdiebstahl bzw. Etikettenbetrug – Ersttat eines gut
beurteilten Beamten – obwohl im Kassen- und Gepäck-Expressdienst eingesetzt, keine Wiederholungsgefahr im Dienst – **Wiederholungsgefahr muss
aus Persönlichkeitsbild konkret belegt werden** – kein genereller Schluss auf
Rückfallgefahr wegen ähnlicher Versuchungssituation – *BVerwGE* 73, 53; ebenso
im Grundsatz *BVerwG* v. 10. 12. 91 – 1 D 26.91 – PersV 1993, 183
Kein identischer Sachverhalt, aber **Straftat abtrennbar als unwesentlicher Annex** – Einstellung – *BVerwG* v. 18. 4. 1985 – 1 D 156.84
Busfahrer begeht außerdienstliche Trunkenheitsfahrt im Rückfall – **wegen 4-
jähriger Unbescholtenheit Schluss auf Strafunempfindlichkeit nicht gerechtfertigt** – kein zusätzliches Mahnungsbedürfnis – *BVerwG* v. 28. 11. 1984 – 1 D
31.84; ebenso *BDiG* v. 19. 10. 1988 – I Vl 17/88; v. 14. 3. 1985 – VI Vl 46/84
Früher dienstl. als Kraftfahrer eingesetzter Beamter – **wegen Tilgung strafrechtlicher Ersttat** – lange Unbescholtenheit seitdem (5 Jahre) – deswegen gegenüber
strafrechtlicher Erziehung nicht unempfindlich – kein zusätzliches Mahnungsbedürfnis – *BVerwG* v. 11. 12. 1984 – 1 D 113.83
Beamter des BGS – **außerdienstliche Trunkenheitsfahrt im Rückfall** – keine
unmittelbare dienstliche Auswirkung – **nicht einschlägige Vormaßnahme,** kein
zusätzliches Mahnungsbedürfnis – aufgrund von Geldbuße: Einst. – *BDiG* v.
22. 8. 1988 – I Bk 10/88
Außerdienstliche Trunkenheitsfahrt eines **Berufskraftfahrers** – Verlust der
Fahrerlaubnis, Umsetzung – da **keine persönl. bezogene Rückfallgefahr**: Einst.
– *BVerwG* v. 11. 12. 1984 – 1 D 125.83
Fernmeldeoberwart – anlässlich dienstlicher Reparaturarbeiten **Einbau einer
Abhöranlage in Bundeswehrgebäude** – Motiv Neugier und Blödsinn – angesichts Persönlichkeitsbild kein Mahnungsbedürfnis – *BVerwG* v. 13. 1. 1987 – 1 D
61.86
Reg. Hauptsekretär (kein Zollbeamter) **schmuggelt an der dänischen Grenze
zum Nachteil Dänemarks** – verurteilt durch dänisches Gericht – § 14 ist auch
bei ausländischem Urteil anwendbar, daher auf der Basis einer Geh.K Einst. –
BVerwG v. 1. 9. 1981 – 1 D 90.80

§ 15 BDG

Vorgesetzter im Polizeivollzugsdienst stiehlt außerdienstlich – geringer Wert – **keine Gleichsetzung mit Polizei der Länder** – kein zusätzliches Mahnungsbedürfnis – *BVerwG* v. 26. 3. 1985 – 1 D 65.84

Bahnbeamter, zur Tatzeit **keine Polizeivollzugsfunktion, stiehlt im Dienst aus aufgebrochenem Beförderungsgut** – da keine eigene Verwahrungspflicht und unbescholten, kein zusätzliches Mahnungsbedürfnis – *BVerwG* v. 19. 6. 1984 – 1 D 9.84

Ordnungsstrafe nach DDR-Recht dann keine Vorbelastung, wenn diese nach Bundesrecht tilgungsreif ist – kein Nachmessen der vom Strafgericht verhängten Strafe – BVerwG v. 22. 4. 1997 – 1 D 24.96 – BVerwGE 113, 79 = DÖD 1997, 283

Beispielsfälle gegen Verfahrenseinstellung

49 Elektroschlepperfahrer verstößt im Dienst gegen absolutes Alkoholverbot und begeht nach Dienst Trunkenheitsfahrt – kein identischer Sachverhalt – **Trunkenheitsfahrt nicht abtrennbar** – Geldbuße – *BVerwGE* 43, 136

Außerdienstliche Trunkenheitsfahrt eines Berufskraftfahrers – wegen **langjähriger Unbescholtenheit** und anderen Milderungsgründen statt Degr. nur Geh.K – **zusätzliches Mahnungsbedürfnis** – *BVerwG* v. 18. 4. 1985 – 1 D 131.84

Mehrjähriger Beihilfebetrug – sachgleiches Strafverfahren – vor Disziplinargericht keine Einsicht – **persönlich bedingte Wiederholungsgefahr**, keine Einstellung: **Geh.K** – BVerwG v. 5. 5. 1993 – 1 D 49.92 – NVwZ 1994, 1219

Bei **mehrfachen außerdienstlichen Warenhausdiebstählen** ist auf der Grundlage der für ausreichend gehaltenen Geh.K jedenfalls die **zusätzliche Verhängung erforderlich** –*BVerwG* v. 22. 4. 1980 – 1 D 46.79; ebenso v. 22. 4. 1980 – 1 D 50.79; v. 23. 7. 1980 – 1 D 62.79

Vorausgegangene disziplinarrechtliche Maßregelung durch EG-Behörde steht § 14 nicht entgegen – *BDiG* v. 1. 12. 1994, DÖD 1995, 80

Unterschlagung von Schecks und Vorlage bei Bank – Milderungsgrund unbedachte Augenblickstat bejaht – Degradierung aus Statusgründen nicht möglich – Uneinsichtigkeit und Belastung eines Kollegen rechtfertigen zusätzliche Pflichtenmahnung – *BVerwG* v. 24. 2. 1999 – 1 D 31.98

§ 15 Disziplinarmaßnahmeverbot wegen Zeitablaufs

(1) Sind seit der Vollendung eines Dienstvergehens mehr als zwei Jahre vergangen, darf ein Verweis nicht mehr erteilt werden.
(2) Sind seit der Vollendung eines Dienstvergehens mehr als drei Jahre vergangen, darf eine Geldbuße, eine Kürzung der Dienstbezüge oder eine Kürzung des Ruhegehalts nicht mehr ausgesprochen werden.
(3) Sind seit der Vollendung eines Dienstvergehens mehr als sieben Jahre vergangen, darf auf Zurückstufung nicht mehr erkannt werden.
(4) Die Fristen der Absätze 1 bis 3 werden durch die Einleitung oder Ausdehnung des Disziplinarverfahrens, die Erhebung der Disziplinarklage, die Erhebung der Nachtragsdisziplinarklage oder die Anordnung oder Ausdehnung von Ermittlungen gegen Beamte auf Probe und Beamte auf Widerruf nach § 34 Abs. 3 Satz 2 und § 37 Abs. 1 in Verbindung mit § 34 Abs. 3 Satz 2 des Bundesbeamtengesetzes unterbrochen.
(5) Die Fristen der Absätze 1 bis 3 sind für die Dauer des Widerspruchsverfahrens, des gerichtlichen Disziplinarverfahrens, für die Dauer einer Aussetzung des Diszi-

§ 15 BDG

plinarverfahrens nach § 22 oder für die Dauer der Mitwirkung des Personalrats gehemmt. Ist vor Ablauf der Frist wegen desselben Sachverhalts ein Straf- oder Bußgeldverfahren eingeleitet oder eine Klage aus dem Beamtenverhältnis erhoben worden, ist die Frist für die Dauer dieses Verfahrens gehemmt.

Die Neuregelung des § 15 tritt an die Stelle des § 4 BDO und wurde wegen des größeren Sachzusammenhangs an diese Stelle des Gesetzes gesetzt. Dies ist sachgerecht und übersichtlicher. **1**

Die neue Vorschrift knüpft an die Regelung des § 4 BDO an. War jedoch § 4 BDO als Verfolgungsverjährung konzipiert, so beinhaltet § 15 im Unterschied dazu ein Maßnahmeverbot und fügt sich damit in das Legalitätsprinzip des § 17 BDG ein. Mit dieser Neukonzeption als Maßnahmeverbot wird deutlich gemacht, dass der Ablauf der jeweiligen Fristen einer Einleitung eines Disziplinarverfahrens nach § 17 nicht von vorneherein entgegensteht. Dafür spreche, dass sich die Frage, welche Schwere einem Dienstvergehen zukommt und damit auch, welche Frist des § 15 einschlägig ist, oft erst im Laufe der Ermittlungen im Rahmen des § 17 klären lässt. Für die Fälle, in denen sich diese Frage jedoch bereits vor der Aufnahme der Ermittlungen zweifelsfrei beantworten lässt, ist § 17 Abs. 2 einschlägig, welcher dann die Einleitung eines Disziplinarverfahrens zwingend untersagt (§ 17 Rn. 16). Stellt sich im Laufe des Verfahrens heraus, dass wegen Zeitablaufs nach § 15 keine Maßnahme verhängt werden darf, ist das Verfahren nach § 32 Abs. 1 Nr. 3 einzustellen.

Mit dieser Regelung kehrt der Gesetzgeber im Grundsatz zum Rechtszustand vor der Novelle zur BDO aus dem Jahre 1967 zurück. Vor dieser Novelle war der damalige § 3 ebenfalls als »Bestrafungsverbot« ausgelegt, das eine Aufklärung des Vergehens und damit Ermittlungen nicht untersagte. Diese Rückkehr zum vormaligen Recht ist nicht gerechtfertigt und verleiht der Kritik an einem solchen Verständnis als reinem Maßnahmeverbot wieder Aktualität. Dies umso mehr, als auch die Gesetzesbegründung jede Auseinandersetzung mit den Beweggründen der Änderung durch die Novelle 1967 vermissen lässt.

Wesen der Verfolgungsverjährung

Schon die damalige Einführung dieses »Bestrafungsverbots« (mit dem Gesetz zur Änderung und Ergänzung des Dienststrafrechts vom 28. 11. 1952 und des § 198 des BBG vom 14. 7. 1953) entsprach dem in der Rspr. und Literatur entwickelten Grundsatz »von der heilenden Wirkung des Zeitablaufs auch im Disziplinarrecht« (Preuß, OVGE 83, 443; RDiszH 1934, 10; Wittland, DJ 1934, 1079). Das »Bestrafungsverbot« wurde aber nicht als »Verjährungsregelung« angesehen, weil die Verfolgung zulässig und nur die »Bestrafung« unzulässig sein sollte. Außerdem beinhaltete das Opportunitätsprinzip in § 3, in den das Bestrafungsverbot integriert war, hinreichenden Spielraum für die Berücksichtigung der »sühnenden« Wirkung des Zeitablaufs. Deshalb wurde der Verjährungsgedanke des Strafrechts als dem Disziplinarrecht fremd angesehen (vgl. Behnke, BDO, 1954, § 3 Rn. 3). **2**

Die **Novelle 1967** hat diese Rechtslage ausdrücklich geändert. Sie hat aus dem bisherigen Bestrafungsverbot ein »**Verfolgungsverbot**« gemacht (wie das Gesetz selbst eindeutig formuliert; BVerwG – 1 D 29.67; BDiG v. 6. 6. 1989 – XVI Bk 14/88) und dieses unabhängig von dem »Opportunitätsprinzip« des § 3 als selbständiges Institut geregelt. Hätte der Gesetzgeber es bei dem **3**

§ 15 BDG

Bestrafungs(richtig: Maßnahmen-)verbot belassen wollen, so hätte er einerseits § 3 a. F. nicht ausdrücklich geändert und andererseits in § 64 BDO ähnlich wie die Regelung des Abs. 1 Nr. 7 für das Maßnahmenverbot des § 14 BDO eine weitere Regelung für § 4 BDO treffen müssen. So fällt die Unzulässigkeit des Verfahrens nach § 4 BDO unter Nr. 1 (so auch Behnke-Lange und GKöD-Weiß zu § 4 Rn. 2). Angesichts des ausdrücklichen und eindeutigen Gesetzeswillens, (»Verfolgung nicht mehr zulässig«) kann die Regelung in § 4 BDO nicht als »rechtssystematisch bedenklich« in Frage gestellt und in ein »Maßnahmenverbot im Rahmen des Opportunitätsprinzips« umgekehrt werden (so durch Claussen/Janzen, § 4 Rn. 1). In Wirklichkeit ist die Umkehrung in ein Maßnahmenverbot entgegen der ausdrücklichen Gesetzesregelung rechtssystematisch unzulässig.

4 Sie ist auch rechtspolitisch unangemessen. Es handelt sich im Rahmen des § 4 BDO um eine **echte Verjährungsregelung** wie im Strafverfahren auch, beruhend auf der heilenden Wirkung des Zeitablaufs. Die – gegen das Verjährungsprinzip eingewandte – Einheit des Dienstvergehens und der Maßregelungszweck der Einwirkung auf die Gesamtpersönlichkeit ändern nichts daran, dass auch im Disziplinarrecht die einzelne oder die zum Dienstvergehen zusammengefassten verschiedenen Pflichtverletzungen die Grundlage der Maßregelung sind (§ 77 Abs. 1 BBG). Nicht der moralische Charakter als solcher wird pflichtmahnend angesprochen, sondern das konkrete, dienstbezogene Fehlverhalten (vgl. dazu Einf. II. Rn. 2; A. II. Rn. 42, 43, 49), das wegen der »heilenden Wirkung des Zeitablaufs« unter bestimmten Umständen nicht mehr ausdrücklich und formell pflichtmahnend vorgehalten werden muss. Das im Gegensatz zum Strafrecht weitgehende Fehlen gesetzlicher Dienstvergehenstatbestände steht begrifflich dem Verjährungsprinzip nicht entgegen (a. A. BVerwGE 63, 373; Dok. Ber. 1990, 26). Denn die im Gesetz unterbliebene Konkretisierung des Pflichten- und Dienstvergehenstatbestands ist durch die Rspr. (Richterrecht) nachgeholt worden. Auch die spätere Verfolgbarkeit von ursprünglich verjährten Einzelverfehlungen im Rahmen der Einheit des Dienstvergehens ist keine Systemabweichung gegenüber dem Verjährungsprinzip (a. A. BVerwGE 63, 89 und 374; Behnke-Lange § 4 BDO Rn. 6; Claussen/Janzen, § 4 BDO Rn. 1; GKöD-Weiß, J 060 Rn. 12 ff., bes. 27). Im Unterschied zum Strafrecht erweitert die Einheit des Dienstvergehens lediglich den einzelnen Versagenstatbestand auf mehrere. Dieser konkretisierte Gesamttatbestand ist nach dem Zeitpunkt seiner Beendigung entweder verfolgbar oder verjährt. Ist die Verjährungsfrist auch für die letzte Einzelhandlung abgelaufen, dann ist er insgesamt nicht mehr verfolgbar. Sind nur einzelne, ältere Einzelverfehlungen verjährt, so sind sie mit den jüngeren verfolgbar, soweit sie nicht isoliert zu beurteilen sind (vgl. A. I. Rn. 16 und unter Rn. 10 f.). Gerade die vom BVerwG anerkannte isolierte Beurteilung einzelner Pflichtverletzungen nach § 4 BDO beweist die Anwendbarkeit der Verfolgungsverjährung auch im Disziplinarrecht. Im Übrigen dürfte es sich, falls das Verfolgungsverbot bejaht und die Besonderheit der Einheit des Dienstvergehens berücksichtigt werden, eher um einen müßigen Begriffsstreit handeln.

Der Gesetzgeber hat bei der Neuregelung bewusst den Begriff »Verjährung«, mit dem noch § 4 BDO überschrieben war, vermieden. Eine gleiche Begriffswahl wie im Strafrecht schien ihm angesichts der Unterschiede zwischen Disziplinarrecht und Strafrecht nicht opportun. Dies begründet er insbesondere damit, dass die Verjährung im Strafrecht ein endgültiges und absolutes Verfahrenshindernis sei, im Disziplinarrecht jedoch angesichts der Einheit des Dienstvergehens die wegen Zeitablaufs unzulässige Verhängung einer disziplinaren Maßnahme durch Hinzutreten weiterer Dienstvergehen auch für die zeitlich zurückliegenden Vergehen wieder zulässig werden kann.

Auswirkung auf die disziplinaren Entscheidungen

Die auf § 15 beruhende Unzulässigkeit weiterer disziplinarer Verfolgung ist ein **Prozesshindernis**. Es ist in jedem Stadium des Disziplinarverfahrens und durch alle Disziplinarorgane zu berücksichtigen. Die Verjährung führt zur Verfahrenseinstellung gem. § 32 Abs. 1 Nr. 3. Im gerichtlichen Verfahren hat das Gericht das Verfahren einzustellen. Ist ein Verfahren vor den Gerichten noch nicht anhängig, so entscheidet der zuständige Disziplinarvorgesetzte über das Absehen von Ermittlungen gem. § 17 Abs. 2 oder über die Verfahrenseinstellung nach § 32 Abs. 1 Nr. 3. Die Verjährungsregelung in § 4 gilt nach der eindeutigen Regelung **nur für die eigentlichen »Maßregelungsverfahren«** i. S. d. § 5. 5

Mit dem Eintritt des Maßnahmeverbots, nicht erst mit ihrer Feststellung ist das Verfahren unzulässig. Damit ist jedenfalls nach dem Erkennen eine **Fortführung des Verfahrens zur weiteren Sachaufklärung und Entscheidung in der Regel nicht zulässig** (zur Ausnahme vgl. Rn. 12). Auch die Sachaufklärung ist disziplinare Verfolgung (Behnke-Lange, § 4 Rn. 2, 7 ff.; GKöD-Weiß, § 4 Rn. 3, 4 d). Zur Klärung der Folge des § 15 bedarf es im Normalfall auch keiner verbindlichen Feststellung des Sachverhalts. Denn die Verfahrenseinstellung wegen Verfolgungsverjährung ist keine Sach-, sondern eine Prozessentscheidung. Deswegen erwachsen Tatfeststellungen ohnehin nicht in materielle Rechtskraft und sind im Normalfall nicht beweiserheblich (Behnke-Lange, § 4 Rn. 4 und 35). Vielmehr sind die tatsächlichen (Tatumstände) und rechtlichen (Dienstvergehen und Maßnahmenart) Voraussetzungen des Maßnahmeverbots **nur hypothetisch zu prüfen** (BVerwG – 1 D 29.67; BDiG v. 16. 5. 1988 – XVI Vl 28/87; ebenso GKöD-Weiß, § 4 Rn. 26; Cieplik, Der Deutsche Beamte 1969, 69; a. A. Claussen/Janzen, § 4 Rn. 1; offen lassend, aber nicht generell verneinend Behnke-Lange, § 4 Rn. 4, 35). Die hypothetische Prüfung erfolgt durch den Dienstvorgesetzten schon bei der Prüfung der Einleitung und durch die Gerichte nach Eingang der Disziplinarklage. Sie gründet sich auf den verdächtigen oder vorgeworfenen Sachverhalt, also in den Grenzen der Disziplinarklage. An diese Grenze ist das Gericht in seiner Prüfungszuständigkeit gebunden. 6

Ist schon **vor der Anordnung von disziplinaren Vorermittlungen** dem Dienstvorgesetzten ersichtlich, dass wohl ein Dienstvergehen vorliegen, aber keine höhere Maßnahme als Geldbuße in Frage kommen kann, so ist jede weitere disziplinare Verfolgung, also auch die Anordnung von Vorermittlungen nach § 17 Abs. 2 unzulässig. Das gilt sowohl für den Fall, dass der Vorwurf eingestanden als auch bestritten wurde. Ausreichend für die hypothetische Prüfung ist die eindeutige Klärung, dass höhere Disziplinarmaßnahmen als die verjährten nicht in Betracht kommen können. Der Anordnung von Ermittlungen allein zu dem Zweck der persönlichen Anhörung bedarf es nicht, auch nicht aus Rechtsschutzgründen (entgegen Behnke-Lange, § 4 Rn. 7). Das rechtliche Gehör muss der Betroffene zuvor schon aus beamtenrechtlichen Gründen bekommen haben bzw. im Hinblick auf die Personalaktenführung noch bekommen. Ein Interesse an der Anhörung im eigens dazu eröffneten Disziplinar- 7 verfahren nach § 17 und der zwangsläufig unmittelbaren Verfahrenseinstellung danach kann der Betroffene angesichts der nur hypothetischen Prüfung des Sachverhalts nicht haben. Disziplinare Ermittlungen sind auch nicht etwa deshalb erforderlich, weil die Feststellung der Verjährung »disziplinare Rechtsanwendung« und deshalb nur im Disziplinarverfahren zulässig ist (GKöD-Weiß, § 4 Rn. 15). Naturgemäß sind disziplinare Erwägungen auch außerhalb des Disziplinarverfahrens möglich, nämlich gerade im Rahmen des § 17 zur Frage, ob die Voraussetzungen für die Anordnung von Ermittlungen erfüllt sind.

8 Ist für die Klärung der Verjährung der verdächtige **Sachverhalt nicht hinreichend gesichert** oder kommen bei gesichertem Sachverhalt, der eine höhere Disziplinarmaßnahme als die verjährungsfähigen erwarten lässt, **erhebliche Milderungsgründe** in Betracht, so bedarf es weiterer Ermittlungen. Angesichts der Möglichkeit eines Maßnahmeverbots sind die Ermittlungen bzw. Untersuchungen zunächst auf die Umstände zu beschränken, von denen die Verjährung abhängt (Behnke-Lange, § 4 Rn. 11). Ebenso sind bei diesen Vorermittlungen solche **Einzelverfehlungen auszuklammern, die abtrennbar** sind und ohnehin der Verjährung nach § 15 unterliegen (BVerwG – 2 D 17.68, 2 D 12.70; GKöD-Weiß, § 4 Rn. 26. a. E.; dazu Rn. 10, 11).

9 Bei einer **Mehrheit von Pflichtverletzungen** richtet sich die Verjährung wegen der Einheit des Dienstvergehens im Allgemeinen nach der **Verjährung des gesamten Dienstvergehens** (st. Rspr. BVerwGE 33, 194; ZBR 1989, 245 = RiA 1989, 135; im Einzelnen A. I. Rn. 15), also nach der zeitlich letzten Einzelverfehlung bzw. nach dem Gewicht und der Maßnahmewahl der schwerstwiegenden. Werden verschiedene, zeitlich auseinander liegende Alkoholverstöße inner- und außerhalb des Dienstes vorgeworfen, so stehen sie in dem inneren Zusammenhang der wesensbedingten Alkohollabilität, und die Verjährung bestimmt sich einheitlich nach der zeitlich letzten Verfehlung. Liegt neben drei Einzelverfehlungen mit Ordnungsverstoßcharakter eine schwere Kassenveruntreuung vor, kommt als einheitliche Maßnahme ohnehin die Regelmaßnahme Entfernung in Betracht, für die Verjährung nicht gilt.

10 Von mehreren Pflichtverletzungen sind einzelne aus der einheitlichen Beurteilung und Bewertung als Dienstvergehen **abtrennbar und hinsichtlich der Verjährung isoliert zu beurteilen,** wenn sie nicht in einem äußerlich ursächlich/ zeitlichen oder innerlich (das Persönlichkeitsbild der Beschuldigten betreffenden) psychologisch/wesensmäßigen Zusammenhang stehen (BVerwG v. 10. 12. 1991 – 1 D 26.91; E 63, 88 = DÖD 1978, 211; ebenso, wenn auch im konkreten Fall ablehnend – E 63, 374; auch v. 9. 5. 1979 – 1 D 11.78 und v. 27. 6. 1979 – 1 D 56.78). Nach diesen Gesichtspunkten ist eine getrennte Prüfung nach § 15 vor allem bei verschiedenen außerdienstlichen Pflichtverletzungen und beim Zusammentreffen von außer- und innerdienstlichen Verstößen nahe liegend (im Einzelnen und zur getrennten Nachprüfung außerdienstlicher Einzelverfehlungen sowie zur abgelehnten Rspr. das BVerwG vgl. A. I. Rn. 16-18).

11 Die **Verselbständigungsfähigkeit einzelner Pflichtverletzungen** kann hinsichtlich des Maßnahmeverbots wie auch im Rahmen des § 14 großzügig behandelt werden, wenn diese im Verhältnis zu anderen Pflichtverletzungen **kein erhebliches Gewicht** haben (BVerwG v. 20. 8. 1969 – 3 D 12.69; v. 13. 12. 1973 – 1 D 68.73; v. 9. 5. 1979 – 1 D 11.78) bzw. als **unbedeutender Annex** des Hauptvorwurfs angesehen werden können (BVerwGE 73, 367; v. 18. 4. 1984 – 1 D 156.84; v. 6. 5. 1987 – 1 D 64.86).

§ 15 BDG

12 Trotz Maßnahmeverbot ist weitere **Sachaufklärung und Sachentscheidung zulässig** und erforderlich, wenn der Betroffene die **Klärung der Unschuld** begehrt. Dieses Recht steht einem jeden im Rahmen des »Selbstreinigungsverfahrens« nach § 18 zu. Es gilt auch im Falle des Verfolgungsverbots der Verjährung, und zwar sowohl vor dem Beginn disziplinarer Verfolgung als auch nach dessen Einstellung, sofern ein Dienstvergehen angenommen oder offen gelassen wurde. Da die Einstellung wegen Verjährung keine verbindlichen Feststellungen zum Vorliegen eines Dienstvergehens enthalten kann (s. o. Rn. 6), stünde bei Verfahrenseinstellung wegen eines Maßnahmeverbots die mit § 15 den Betroffenen zugesicherte Klärung von Schuld oder Unschuld noch aus. Haben die Disziplinarvorgesetzten über den Erlass einer Disziplinarverfügung oder die Einreichung einer Disziplinarklage oder über die Verfahrenseinstellung (§ 32) noch nicht entschieden, so müssen sie auf Antrag trotz »Verjährung« das Verfahren nach § 18 betreiben (Behnke-Lange, § 4 Rn. 4 und 23; auch Claussen/Janzen, § 34 Rn. 3 b; GKöD-Weiß, § 4 Rn. 22 a; Schwandt, ZBR 1984, 264).

13 Das Gericht ist im Fall der Verjährung aus **prozessfürsorglichen wie prozessökonomischen Gründen** verpflichtet, die Prozessparteien auf die Verjährung und die **Notwendigkeit der Verfahrenseinstellung hinzuweisen,** bevor es entsprechend entscheidet. Dazu besteht umso mehr Anlass, als nur das Gericht selbst genau wissen kann, welche Maßnahmenart es für angemessen hält und ob dementsprechend überhaupt eine und ggf. welche Verjährungsfrist in Frage kommt. Die Parteien haben die Möglichkeit, sich hierzu zu äußern, vor allem die Beschuldigten die Gelegenheit, der Verfahrenseinstellung zu widersprechen und eine Entscheidung über das Vorliegen oder Nichtvorliegen eines Dienstvergehens herbeizuführen, um so das Doppelverfahren nach § 18 zu vermeiden.

14 Die Regelung nach § 15 gilt entsprechend auch für die mit der Feststellung eines Dienstvergehens verbundene **schriftliche Missbilligung** (so schon unter der alten Rechtslage des »Bestrafungsverbots« BVerwG, DVBl. 1962, 522; Lindgen, Handbuch, Bd. I, S. 121; Döring, DVBl. 1962, 505; Fleig, DÖD 1992, 129 ff.; s. auch § 14 Rn. 17). Dabei kommt es nicht darauf an, dass die Missbilligung nach § 6 keine Disziplinarmaßnahme i. S. d. § 5 ist und § 16 Abs. 5 auf § 112 BBG verweist. Denn § 15 bezieht sich ausdrücklich nicht auf »Disziplinarmaßnahmen« (worauf GKöD-Weiß, § 4 Rn. 4 f. in seiner Kritik abstellt), sondern allgemein auf »eine Verfolgung«. Dass die Missbilligung eine disziplinare Verfolgung darstellt, ergibt sich aus der Rechtsschutzregelung des § 16 Abs. 5. Die Regelung des § 15 beruht auf dem Grundgedanken, dass der Verweis nur innerhalb von zwei Jahren nach dem Dienstvergehen verfolgt werden darf. Damit würde es sich nicht vereinbaren, die geringere disziplinare Verfolgung in Form der Missbilligung für einen längeren Zeitraum zuzulassen und damit zugleich die Umgehung des Verfolgungsverbots zu ermöglichen (st. Rspr. BDiG, z. B. v. 7.3.1974 – V Bk 2/74, v. 13.3.1979 – VI Bk 6/78; ebenso Behnke-Lange, § 4 Rn. 38; Claussen/Janzen, § 4 Rn. 5; GKöD-Weiß, § 4 Rn. 4 f.; a. A. Claussen, in: FS für Ostler, S. 39).

15 An der Notwendigkeit der Verfahrenseinstellung wegen des Maßnahmeverbots ändert sich nichts dadurch, dass die an sich nach dem Gewicht des Dienstvergehens angemessene, **dieser Regelung nicht unterliegende Maßnahme nicht verhängt werden kann,** etwa die Degradierung eines Beamten im Eingangsamt, wegen des Maßnahmeverbots in § 14 oder wegen zwischenzeitlicher Zurruhesetzung (§ 5 Abs. 2; BDiG v. 30.1.1968 – IV Bk 19/67).

§ 15 BDG

Rechtliche Wirkungen von Einstellungsentscheidungen

16 Einstellungsentscheidungen wegen Verjährung unterliegen der im Verfahrensrecht üblichen **formellen Bestands- bzw. Rechtskraft.** Das heißt, sie müssen als endgültig von den Rechtsbeteiligten hingenommen werden, soweit nicht das Verfahrensrecht anderes vorsieht. Sie unterliegen auch so weit der **materiellen Rechtskraft,** wie ihr Entscheidungsinhalt reicht. Dieser bezieht sich im Disziplinarrecht allein darauf, dass im Zeitpunkt der Entscheidung die weitere Verfolgung unzulässig ist. Einer materiellen Rechtskraft hinsichtlich des disziplinaren Vorwurfs ist ein Prozessurteil im Disziplinar- wie im Strafverfahren nicht fähig. Daraus ergibt sich, dass die Bindung an die Einstellungsentscheidung sich nur auf die Verfahrenseinstellung und die Feststellung der Verjährung, nicht auf die Tat, das Dienstvergehen oder die angemessene Maßnahme bezieht (für das Strafverfahren so anerkannt BVerwG v. 14. 5. 1986 – 1 D 157.85; v. 8. 4. 1986 – 1 D 145.85; auch für das Disziplinargerichtsurteil Behnke-Lange, § 4 Rn. 35, deren Forderung nach einer »definitiven« Sachverhaltsfeststellung durch die Berufungsinstanz allerdings mehrdeutig ist).

17 Sind zur Feststellung der Verjährung im Disziplinarverfahren Sachaufklärungen nötig geworden oder haben sie stattgefunden, bevor die Verjährung erkannt wurde, so **binden sie dennoch nicht die Prozessbeteiligten.** Auch die Einordnung des hypothetisch zugrunde zu legenden Sachverhalts in den Maßnahmenkatalog stellt keine rechtsverbindliche Feststellung eines Dienstvergehens dar (s. o. Rn. 6). Soweit die Disziplinarorgane das Verfahren wegen Verjährung einstellen, sollte die Prüfung von Tat, Dienstvergehen und Maßnahmenwahl **in der Formulierung der Entscheidungsgründe** zum Ausdruck kommen, auch dann, wenn Beweiserhebungen zuvor stattgefunden und zu einem gesicherten Sachverhalt geführt haben. Dies dient der wünschenswerten Klarstellung des Mangels an materieller Bindung.

18 Pflichtverletzungen, wegen derer das Verfahren aufgrund des Maßnahmeverbots eingestellt wurde, können **wegen der Einheit des Dienstvergehens in die Verfolgung einbezogen** werden. Mit der Einstellung wegen § 15 ist kein dauernder Verzicht auf die Disziplinargewalt oder eine Verwirkung verbunden (BVerwGE 63, 334; Behnke-Lange, § 4 Rn. 14, 15, 22; Claussen/Janzen zu § 4 Rn. 7; GKöD-Weiß, § 4 Rn. 9, 10; a. A. OVG Lüneburg d DVBl. 1959, 447; Breithaupt/Zoch, NDO, § 3 Rn. 13). Sind die früheren, wegen dieser Vorschrift nicht verfolgten **Pflichtverletzungen abtrennbar,** so können sie nicht erneut verfolgt werden (s. o. Rn. 10, 11).

19 Ist durch ein Gericht **irrtümlich ein Maßnahmeverbot angenommen** und zu Unrecht das Verfahren eingestellt worden, so ist die Gerichtsentscheidung nach Ablauf der Rechtsmittelfrist unanfechtbar und damit rechtskräftig. An die damit festgestellte Unzulässigkeit der weiteren Verfolgung sind die Disziplinarbehörden so **lange gebunden, wie keine neuen Tatsachen** die weitere Verfolgung rechtfertigen. Solche neue Tatsachen können neue Pflichtverletzungen sein, deren einheitliche Verfolgung die Einbeziehung der früheren rechtfertigt (s. o. Rn. 10, 11, 16). Neue Tatsachen sind auch solche, die dem entscheidenden Disziplinarorgan nicht bekannt waren, etwa Unkenntnis eines den Fristablauf hemmenden Strafverfahrens (Abs. 4 und 5). Ist in der Entscheidung aber in Kenntnis der maßgeblichen Umstände und nur fehlerhaft die Verjährung angenommen worden, so kann sich niemand über die insoweit gegebene formelle

§ 15 BDG

und materielle Rechtskraft hinwegsetzen (undeutlich hierzu Behnke-Lange, § 4 Rn. 37 und GKöD-Weiß, § 4 Rn. 20 a).

Auch hinsichtlich der Fristen, nach denen Dienstvergehen nicht mehr sanktioniert werden können, hat der Gesetzgeber Änderungen vorgenommen und ein weiteres Dienstvergehen – die Zurückstufung – in das Maßnahmeverbot mit aufgenommen. **20**

Abs. 1 normiert, dass nach Ablauf von zwei Jahren nach Vollendung des Dienstvergehens ein Verweis nicht mehr verhängt werden, darf. Dies entspricht der bisherigen Rechtslage. **21**

Abs. 2 regelt abweichend vom bisherigen Recht, das einen Zeitraum von zwei Jahren genügen ließ, dass eine Geldbuße nach drei Jahren ausgeschlossen ist. Eine Begründung für diese Verlängerung gibt es nicht, der Gesetzgeber stellt ohne weitere Ausführungen lediglich lapidar fest, dass diese Verlängerung notwendig sei, da sich die alte Frist in der Praxis als zu kurz erwiesen habe. Unverändert ist die Gehaltskürzung oder die Kürzung des Ruhegehalts nach drei Jahren nicht mehr zu ahnden.

Neu geregelt – und dies stellt eine Verbesserung gegenüber dem alten Recht dar – ist nun in Abs. 3, dass nach Ablauf von sieben Jahren nach Vollendung der Tat eine Zurückstufung unzulässig ist. Der gewählte Zeitraum folgt vergleichbaren Vorschriften in den Disziplinarordnungen und -gesetzen der Länder.

In den Abs. 4 und 5 werden Unterbrechung und Hemmung der Fristen aus den Abs. 1-3 geregelt. Abs. 4 umfasst dabei die Unterbrechung und Abs. 5 die Hemmung der Fristen. **22**

In Abs. 4 wird festgelegt, dass die Fristen durch die in dieser Vorschrift aufgezählten Maßnahmen unterbrochen werden. Nach § 217 BGB bedeutet dies, dass die Zeit vor Beginn der Unterbrechung nicht auf den Zeitraum nach § 15 angerechnet wird. Die Frist nach § 15 beginnt nach Ende der Unterbrechung neu zu laufen, der gesamte Zeitraum des § 15 muss nach Ende der Unterbrechung neu verstreichen, um ein Maßregelverbot zu bewirken.

Abs. 5 regelt dagegen die Hemmung der Fristen durch die in dieser Vorschrift benannten Maßnahmen. Die Vorschrift bewirkt, dass der Zeitraum, in dem die Maßnahme, z. B. die Beteiligung des Personalrats, durchgeführt wird, auf die Frist nicht angerechnet wird, ohne dass bereits verstrichene Zeiträume wie im Fall der Unterbrechung »verfallen«. Nach Wegfall der Hemmung, beispielsweise nach dem Abschluss der Beteiligung des Personalrats, läuft die Frist weiter. Soweit in Abs. 5 alleine der Personalrat erwähnt wird, dürfte es sich dabei um eine Flüchtigkeit des Gesetzgebers handeln. Nach der einschlägigen gesetzlichen Vorschrift (§ 28 PostPersRG) nimmt der Betriebsrat in den Nachfolgeunternehmen der ehemaligen Bundespost die Mitwirkungsrechte in den Disziplinarverfahren wahr. Die Vorschrift wird dahin zu verstehen sein, dass auch die Beteiligung des Betriebsrates die Hemmung bewirkt. Eine Unterscheidung zwischen Personalrat und Betriebsrat wäre ohne Sinn. **23**

Die Anwendung des Maßregelverbots

Der **Fristenlauf beginnt** also mit der Beendigung des als Dienstvergehen in Betracht kommenden Verhaltens; das ist normalerweise der Zeitpunkt der letzten Tathandlung, bei Erfolgsdelikten der Eintritt des Erfolgs, bei Unterlassungstaten der Zeitpunkt, in dem keine Pflicht zum Tätigwerden mehr bestand, bei einer Mehrheit von Pflichtverletzungen die letzte Einzelhandlung, soweit frü- **24**

§ 15 BDG

here nicht abtrennbar sind (zu Letzterem s. Rn. 9-11). Eine Kassenveruntreuung z. B. ist mit der Entnahme des Geldes beendet, wenn es **für den Tatbestand des Dienstvergehens** – wie in aller Regel – auf die Absicht der Rückgabe nicht ankommt. Bei einer Wahrheitspflichtverletzung dauert das Dienstvergehen bis zur Kenntnis der Vorgesetzten von dem wahren Sachverhalt an; bei fortgesetztem unehrenhaften Schuldenmachen endet das Dienstvergehen wie in der Regel auch bei anderen Gesamtdienstvergehen mit der letzten Tathandlung des letzten Pflichtenverstoßes.

25 Die Verjährungsfrist endet normalerweise nach ununterbrochenem Zeitablauf der im Gesetz jeweils angegebenen Jahre an dem der Vollendung der Tat vorausgehenden Kalendertag. Sie wird gegenstandslos, wenn vor ihrem Ablauf das Fehlverhalten disziplinarrechtlich gemaßregelt bzw. ohne Maßregelung bestands- oder rechtskräftig als Dienstvergehen beschieden worden ist (§ 14).

26 Probleme traten in der Vergangenheit immer wieder in Bezug auf Strafverfahren auf. Der **Fristenlauf wird gehemmt,** wenn »wegen desselben Sachverhalts ein Strafverfahren eingeleitet worden ist«. Die Hemmungsregel des Abs. 5 gilt ausdrücklich für alle Fälle der Abs. 1-3. Dies ergibt sich aus dem ausdrücklichen Gesetzeswortlaut. »**Strafverfahren**« sind alle von Staatsanwalt und Strafgericht betriebenen Strafverfolgungsverfahren, also auch das Privatklageverfahren (§§ 374 ff. StPO) und das Steuerstrafverfahren, sobald außer dem Finanzamt Strafverfolgungsorgane tätig werden (BVerwG v. 2. 5. 1968 – 1 DB 3.68; v. 19. 9. 1968 – 3 D 2.68); **dagegen nicht** das Klageerzwingungsverfahren (§§ 172 ff. StPO), Erzwingungs- oder Beugeverfahren (§ 70 Abs. 2 StPO), Bußgeldverfahren nach OWiG (was sich aus dem bewussten Weglassen in § 4 im Gegensatz etwa zu § 14 ergibt, Behnke-Lange, § 4 Rn. 43). Ein strafrechtlicher **Wiederaufnahmeantrag** ist noch nicht geeignet, die disziplinare Verjährungsfrist erneut zu hemmen. Das verfahrensbeendende rechtskräftige Strafurteil bleibt davon unberührt. Erst ein die Wiederaufnahme anordnender Beschluss des Strafgerichts beseitigt die bis dahin wirkende Rechtskraft des Strafurteils und macht das Strafverfahren erneut anhängig (BDiG v. 9. 4. 1968 – IV Bk 8/67). »**Derselbe Sachverhalt**« liegt unter denselben Voraussetzungen wie in § 14 vor (vgl. dort Rn. 22). Zu beachten ist allerdings, dass der Hemmungstatbestand auch dann gegeben ist, also die Hemmung auch dann eintritt, wenn der dem Strafverfahren zugrunde liegende Sachverhalt nur einen Teil des Dienstvergehens umfasst (BVerwG v. 14. 11. 2007 – 1 D 6.06). Dies bedeutet: Die Hemmungswirkung tritt auch dann ein, wenn keine Sachverhaltsidentität vorliegt, sondern der disziplinarangeschuldigte Sachverhalt weitergehend ist als der dem Strafverfahren zugrunde liegende. Nach dem ausdrücklichen Gesetzeswortlaut ist nunmehr auch ein Bußgeldverfahren wegen des gleichen Sachverhalts geeignet, die Hemmung nach Abs. 5 auszulösen.

27 **Andere Verfahren als ein Strafverfahren hemmen nicht,** also auch nicht etwa ein vorgreifliches Verwaltungsgerichtsverfahren oder das disziplinare Ermittlungs- und das gerichtliche Antragsverfahren nach § 62.

28 Die Hemmung wirkt für die Dauer des Strafverfahrens. Ist nur eine von mehreren Pflichtverletzungen vom sachgleichen Strafverfahren betroffen, so wirkt sich die Hemmung dennoch auf das **gesamte Dienstvergehen** aus (Einheit des Dienstvergehens, s. o. Rn. 9), soweit sie sich nicht nur auf eine abtrennbare Pflichtverletzung bezieht (o. Rn. 10 f.).

29 Für das gem. § 66 ZDG ebenfalls vor dem VG eröffnete Disziplinarverfahren nach dem **Zivildienstgesetz** (i. d. F. vom 17. 5. 2005, BGBl. I S. 1346, zuletzt ge-

§ 15 BDG

ändert durch Gesetz vom 5.2.2009, BGBl. I S. 160) gelten zwar die Verfahrensvorschriften des BDG entsprechend (Abs. 3 Satz 3 ZDG). Jedoch ist § 15 ausdrücklich durch die **spezielle Verjährungsregelung** in § 58 a Abs. 2 ZDG ausgeschlossen. Danach »darf eine Disziplinarmaßnahme nicht mehr verhängt werden, wenn seit einem Dienstvergehen sechs Monate verstrichen sind. Die Frist läuft nicht (Hemmung), solange der Sachverhalt Gegenstand von Ermittlungen nach § 62, einer Beschwerde nach § 65 Abs. 2, eines Verfahrens vor dem BDiG nach § 66, eines Strafverfahrens oder eines Bußgeldverfahrens ist.« Die Sechsmonatsfrist beginnt nach Beendigung des Dienstvergehens und wird erst mit dem Beginn der tatsächlichen Ermittlungstätigkeit gehemmt, nicht schon mit der Ermittlungsanordnung oder dem Auftrag an den Ermittlungsführer, auch nicht mit der Vorklärung zwischen Dienstvorgesetzten und Ministerium, ob disziplinar aufgeklärt werden soll. Das ZDG trifft keine förmliche Regelung über den Beginn des disziplinaren Ermittlungsverfahrens. Dem Gesetzeszweck der Verfahrensbeschleunigung und dem Ausnahmecharakter der Hemmungsregelung entsprechend können nur solche Ermittlungen die Hemmung auslösen, die auf disziplinare Aufklärung abzielen. Bloße Verwaltungsermittlungen reichen nicht (zu allem BDiG – IX Zk 1/81). Die Hemmungswirkung der »Ermittlungen« reicht nur so lange, wie sie tatsächlich geführt werden oder noch anstehen. Sind die Ermittlungen abgeschlossen, so läuft die Sechsmonatsfrist weiter, bis die Disziplinarverfügung ergeht (BDiG v. 19.3.1981 – III Zk 4/80). Durch die Sonderregelung in § 66 Abs. 4 ZDG werden auch im Gegensatz zum BDG (Prozessvoraussetzung nach § 1) »die Fortführung des Verfahrens und die Sachentscheidung nicht dadurch berührt, daß das Dienstverhältnis des Dienstleistenden endet«. Der Beginn der Ermittlungen muss aber innerhalb des Dienstverhältnisses und der Sechsmonatsfrist liegen.

Die Hemmung beginnt mit der Einleitung des Strafverfahrens. Die StPO trifft 30 keine ausdrückliche Regelung über den Zeitpunkt des Beginns der »Einleitung«. Die Rspr. des BVerwG greift deshalb auf die Systematik der RAO zurück, für die die StPO ebenso wie für das Disziplinarverfahren subsidiär gilt (BVerwGE 33, 146; a. A. BDiG v. 9.7.1968 – III VI 10/67, das als Einleitung des Strafverfahrens die öffentliche Klage ansieht). § 432 Abs. 1 RAO i. d. F. v. 10.8.1967 bestimmte ebenso wie § 397 Abs. 1 AO 1977, dass das Strafverfahren eingeleitet ist, sobald außer dem Finanzamt die Polizei, die Staatsanwaltschaft oder ihre Hilfsbeamten oder der Strafrichter eine **erkennbar auf Strafverfolgung abzielende Maßnahme** trifft (BVerwG v. 2.5.1968 – 1 DB 3.68; v. 19.9.1968 – 3 D 2.68). Die auf Strafverfolgung abzielenden **Maßnahmen müssen sichtbar** geworden sein, um eine »Einleitung« darzustellen. Anders ließe sich der Lauf der gesetzlichen Verjährungsfrist nicht in rechtsstaatlich eindeutiger Weise bestimmen (Claussen/Janzen, § 4 Rn. 3 a). Falls nicht in anderer Weise, etwa durch ein polizeiliches Vernehmungsprotokoll (BVerwGE 33, 147), die erste Strafverfolgungsmaßnahme sichtbar geworden ist, müsste jedenfalls eine Aktennotiz über die Aufnahme von strafrechtlichen Ermittlungen gefertigt worden sein (was auch § 397 Abs. 2 AO vorschreibt). Es muss sich um ermittelnde Maßnahmen handeln, nicht nur um deren Vorbereitung. Auch müssen die Maßnahmen vollzogen, nicht nur angeordnet gewesen sein. Andernfalls würde die Hemmung als Ausnahmeregelung zum Verfolgungsverbot der Verjährung über Gebühr ausgeweitet und der Gesetzeszweck des § 15 umgangen werden können. Deshalb beginnt die Hemmung der Verjährungsfrist nicht schon bei der bloßen Ladung zur polizeilichen Vernehmung oder der Vorbereitung der Verhaftung,

§ 16 BDG

Durchsuchung, Beschlagnahme, ärztlichen Untersuchung usw. Im Zweifel ist der für die Beschuldigten günstigere Zeitpunkt anzunehmen (Behnke-Lange, § 4 Rn. 45). Fehlt es an den beschriebenen Zeichen einer frühen Einleitung, so beginnt das Strafverfahren i. S. d. § 15 Abs. 5 Satz 2 jedenfalls mit dem Eingang der Anklageschrift (§ 170 Abs. 1 StPO), der gerichtlichen Erhebung der öffentlichen Klage (§ 175 StPO), des Strafbefehlsantrags (§ 408 StPO), des Wiederaufnahmeantrags (§ 365 StPO), der Privatklageerhebung (§ 381 StPO), des Erlasses des Bußgeldbescheides.

31 Die Hemmung endet nach der bestands- oder rechtskräftigen Beendigung des Strafverfahrens durch Urteil, Strafbefehl, Bußgeldbescheid oder gerichtlichen und staatsanwaltlichen Einstellungsbeschluss; auch nach der vorläufigen Einstellung nach § 205 StPO, da sonst die Verjährung auf ungewisse Weise und auf unbestimmte Zeit aufgeschoben wäre. Das Gleiche gilt für die vorläufige Einstellung nach § 154 Abs. 2 StPO bis zur Wiederaufnahme. Das ergibt sich schon aus der Bezugnahme in Abs. 3-5 auf die auch strafrechtlich weiterlaufende Verjährung (vgl. ebenso Behnke-Lange, § 4 Rn. 46; GKöD-Weiß, § 4 Rn. 36). Die vorläufige Einstellung nach § 153 a Abs. 2 beendet die Hemmung nicht, da die endgültige Einstellung des Verfahrens in der Hand des Betroffenen selbst liegt. Die Beschwerde gegen Einstellungsbeschlüsse und das Klageerzwingungsverfahren hemmen die Verjährungsfrist nicht (vgl. Behnke-Lange und GKöD-Weiß, a. a. O.). **Nach Ende der Hemmung läuft die Verjährungsfrist** von dem Stadium aus weiter, in dem sie sich bei Beginn der Hemmung befand.

Verfahrenseinstellung, Kosten, Tilgung

32 Der zuständige Dienstvorgesetzte nach § 32 stellt das Verfahren wegen § 15, als unzulässig ein. Aus Gründen der Rechtsklarheit und -sicherheit ist Schriftform erforderlich (vgl. § 32 Abs. 3).

33 Wegen der **Kostenentscheidung** im Falle der Verfahrenseinstellung wegen Verjährung vgl. Ausführungen zu § 37.

34 Mit der Vorschrift des § 16 Abs. 4 ist nunmehr auch eine gesetzliche Regelung zur Tilgung von Maßnahmen geschaffen worden, die nicht zur Verhängung einer Maßnahme, z. B. auch wegen § 15, geführt haben. Danach beträgt die Tilgungsfrist generell zwei Jahre (§ 16 Rn. 18).

§ 16 Verwertungsverbot, Entfernung aus der Personalakte

(1) Ein Verweis darf nach zwei Jahren, eine Geldbuße, eine Kürzung der Dienstbezüge und eine Kürzung des Ruhegehalts dürfen nach drei Jahren und eine Zurückstufung darf nach sieben Jahren bei weiteren Disziplinarmaßnahmen und bei sonstigen Personalmaßnahmen nicht mehr berücksichtigt werden (Verwertungsverbot). Der Beamte gilt nach dem Eintritt des Verwertungsverbots als von der Disziplinarmaßnahme nicht betroffen.
(2) Die Frist für das Verwertungsverbot beginnt, sobald die Entscheidung über die Disziplinarmaßnahme unanfechtbar ist. Sie endet nicht, solange ein gegen den Beamten eingeleitetes Straf- oder Disziplinarverfahren nicht unanfechtbar abgeschlossen ist, eine andere Disziplinarmaßnahme berücksichtigt werden darf, eine Entscheidung über die Kürzung der Dienstbezüge noch nicht vollstreckt ist oder ein gerichtliches Verfahren über die Beendigung des Beamtenverhältnisses oder über die Geltendmachung von Schadenersatz gegen den Beamten anhängig ist.

(3) Eintragungen in der Personalakte über die Disziplinarmaßnahme sind nach Eintritt des Verwertungsverbots von Amts wegen zu entfernen und zu vernichten. Das Rubrum und die Entscheidungsformel einer abschließenden gerichtlichen Entscheidung, mit der auf eine Zurückstufung erkannt wurde, verbleiben in der Personalakte. Dabei sind die Bezeichnung weiterer Beteiligter und der Bevollmächtigten, die Namen der Richter sowie die Kostenentscheidung unkenntlich zu machen. Auf Antrag des Beamten unterbleibt die Entfernung oder erfolgt eine gesonderte Aufbewahrung. Der Antrag ist innerhalb eines Monats zu stellen, nachdem dem Beamten die bevorstehende Entfernung mitgeteilt und er auf sein Antragsrecht und die Antragsfrist hingewiesen worden ist. Wird der Antrag gestellt oder verbleiben Rubrum und Entscheidungsformel einer abschließenden gerichtlichen Entscheidung nach Satz 2 in der Personalakte, ist das Verwertungsverbot bei den Eintragungen zu vermerken.

(4) Die Absätze 1 bis 3 gelten entsprechend für Disziplinarvorgänge, die nicht zu einer Disziplinarmaßnahme geführt haben. Die Frist für das Verwertungsverbot beträgt, wenn das Disziplinarverfahren nach § 32 Abs. 1 Nr. 1 eingestellt wird, drei Monate und im Übrigen zwei Jahre. Die Frist beginnt mit dem Eintritt der Unanfechtbarkeit der Entscheidung, die das Disziplinarverfahren abschließt, im Übrigen mit dem Tag, an dem der Dienstvorgesetzte, der für die Einleitung des Disziplinarverfahrens zuständig ist, zureichende tatsächliche Anhaltspunkte erhält, die den Verdacht eines Dienstvergehens rechtfertigen.

(5) Auf die Entfernung und Vernichtung von Disziplinarvorgängen, die zu einer missbilligenden Äußerung geführt haben, findet § 112 Abs. 1 Satz 1 Nr. 2, Satz 2 und 3 des Bundesbeamtengesetzes Anwendung.

Diese Vorschrift ersetzt § 119 BDO und strukturiert die Regelungen zur Tilgung von Disziplinarmaßnahmen neu. In Abs. 1 wird zunächst das Verwertungsverbot bei neuen Disziplinarmaßnahmen geregelt. Abs. 2 enthält die Vorschriften zum Fristbeginn und -ende, sowie die Regelungen zur Unterbrechung der Frist. Abs. 3 regelt dann Entfernung und Vernichtung der Eintragungen. Abs. 4 enthält die Regelungen für den Umgang mit den Eintragungen, die nicht zu einer Disziplinarmaßnahme geführt haben. Die Regelung des Abs. 5 stellt sicher, dass missbilligende Äußerungen, die aufgrund eines Disziplinarverfahrens in die Personalakte aufgenommen wurden, zu gleichen Bedingungen aus der Personalakte entfernt werden wie diejenigen, die ohne vorheriges Disziplinarverfahren aufgenommen wurden. 1

Die Regelung dient der **Rehabilitierung** des disziplinar vorbelasteten und danach eine Zeitlang unbescholten gebliebenen Beamten. Nach entsprechender Bewährung sollen die Betroffenen als nicht vorbelastet gelten und in der angemessenen beruflichen Förderung und Entwicklung ihrer Laufbahn durch das frühere Versagen nicht mehr beeinträchtigt werden. Die Regelung verstärkt die pflichtenmahnende Wirksamkeit der Disziplinarmaßnahme (sowohl der verhängten als auch der nur dem Grunde nach zugeordneten und verhindert ungerechtfertigte Nachteile in den Fällen, in denen ein Dienstvergehen nicht festgestellt wurde (Verfahrenseinstellung und Freispruch). Das Bewusstsein der Betroffenen, dass sich künftiges Wohlverhalten und dienstliche Einsatzbereitschaft lohnen, stärkt deren Motivation und damit den Leistungsgedanken im öffentlichen Dienst (ebenso mit weiteren beachtlichen Gründen Els, ZBR 1988, 319; zur Bedeutung der Tilgung vgl. auch BVerwG, ZBR 1985, 178). 2

§ 16 BDG

3 Demgegenüber sind schon nach der Neuregelung der früheren Rechtslage (§ 103 a a. F. 1961) wie auch nach der erweiterten Fassung des alten § 119 BDO durch das NeuOG (Novelle 1967) **anhaltende Bedenken gegen die Tilgung** von Disziplinarvorgängen geäußert worden (z. B. BDHE 7, 112; Claussen/Janzen, § 119 Rn. 1; auch zur strafrechtlichen Tilgung nach § 51 Abs. 1 BZRG v. 18. 3. 1971: Dreher, JZ 1972, 618; Götz, JZ 1973, 496). Sie gründen sich im Wesentlichen darauf, dass die Ausklammerung dieser Disziplinarvorgänge die gerechte Beurteilung des Persönlichkeitsbildes, ggf. auch zugunsten der Betroffenen, verhindere. Dieser Gesichtspunkt ist ungerechtfertigt, einerseits weil nur die mit der disziplinaren Verfolgung verbundenen Vorgänge (Disziplinarurteile, -verfügungen und die disziplinaren Verfahrensakten), nicht aber die verwaltungserheblichen Sachverhalte der Tilgung unterliegen (unten Rn. 8), andererseits weil die Betroffenen auf Tilgung verzichten und das Verbleiben des Vorgangs in den Personalakten verlangen können (Rn. 13). Soweit die Tilgung dennoch Informationen zu dem Persönlichkeitsbild vernichtet, hat die soziopsychologische Erkenntnis von der heilenden Wirkung der Bewährung und der Notwendigkeit entsprechender Motivierung der Betroffenen den Vorrang.

4 Unter den **zu tilgenden »Eintragungen«** in den Personalakten sind sowohl die Disziplinarentscheidungen selbst als auch die ihnen vorausgegangenen disziplinaren Aufklärungsvorgänge, also die Ermittlungsakten sowie die aus den Gerichtsverfahren stammenden Verfahrensunterlagen (nicht die Gerichtsakten selbst) zu verstehen. Daran ändert auch der im Vergleich zu § 119 Abs. 1 Satz 1 2. Hs. BDO veränderte Wortlaut nichts. In § 16 Abs. 3 Satz 1 BDG fehlen die Verweise auf die »über diese Disziplinarmaßnahmen entstandenen Vorgänge«. Allerdings verweist die Gesetzesbegründung auf die Entfernung »der Vorgänge«. Unter Vorgang kann jedoch nicht nur das Ergebnis, nämlich die Disziplinarmaßnahme, verstanden werden, sondern alle Hinweise und Unterlagen, die in diesem Zusammenhang entstanden sind. Dies entspricht dem Rehabilitationscharakter (Rn. 1) dieser Vorschrift. Auch spricht die Vorschrift selbst von »Eintragungen (. . .) über die Disziplinarmaßnahme«. Diese Formulierung im Plural wäre unsinnig, wenn mit der Tilgungsvorschrift lediglich die Maßnahme selbst gemeint wäre. Es sind mit dieser Formulierung eben alle Eintragungen im oben beschriebenen Sinne gemeint. Da die genannten Disziplinarvorgänge in jedem Fall (also auch schon während ihrer getrennten Aktenführung) Personalakten darstellen, sind sie nach Abschluss der Disziplinarverfahren den Hauptpersonalakten beizufügen (st. Rspr. BVerwGE 50, 308). Auch wenn sie nicht beigefügt wurden, müssen sie nach Abs. 2 getilgt und vernichtet werden.

5 Die **Effektivität des § 119 BDO** war nicht gesichert. Denn für das Verwertungsverbot hinsichtlich getilgter disziplinarer (und ggf. strafrechtlicher) Vorbelastungen könnte die Befürchtung von Rapsch (ZBR 1987, 336) zutreffen, der die Verwaltungspraxis mit dem Satz kennzeichnet: »Immer daran denken, nie darüber reden!« Die formale Tilgung löscht nicht automatisch die Erinnerung der Vorgesetzten und die Prägung der persönlichen Einschätzung der Betroffenen. Dass beides, mindestens unbewusst, weiterhin die Personalentscheidungen beeinflussen kann, ist kaum auszuschließen. Dies gilt genauso für das neue Recht. Umso mehr kommt es auf genaue und zuverlässige Handhabung der Tilgungsvorschriften an. Diese Handhabung wird dadurch erschwert, dass die **Tilgungsregelungen in erheblichem Maße unklar und unvollständig** sind. Der Vorschrift mangelt es an einer genauen inhaltlichen Abgrenzung, welche Vor-

§ 16 BDG

gänge im Einzelnen von der Tilgung betroffen sein sollen (im Einzelnen und zur höchstrichterlichen Rspr. hierzu u. Rn. 8).

Abs. 1 regelt zunächst das Verwertungsverbot, d. h. die Frist, nach deren Ablauf verhängte Disziplinarverfahren nicht mehr berücksichtigt werden dürfen. Dies gilt sowohl im Hinblick auf weitere Disziplinarmaßnahmen als auch bei sonstigen Personalmaßnahmen. Der Beamte gilt nach Ablauf dieser Fristen als in jeder Hinsicht unbescholten. Dies ergibt sich ausdrücklich aus Abs. 1 Satz 2. Die Fristen des Abs. 1 entsprechen den Fristen des § 15. Dies erscheint sachgerecht, da damit eine Gleichbehandlung gewährleistet wird. Genaueres siehe dort. 6

Abs. 3 bezieht sich auf die Fälle, in denen durch Urteil oder Disziplinarverfügung eine **Disziplinarmaßnahme verhängt worden ist.** Für andere disziplinare Entscheidungen gilt die Regelung in Abs. 4 und 5. Die Geltung der Abs. 3-5 ist nicht auf einen bestimmten Personenkreis, sondern an die Art der verhängten Disziplinarmaßnahmen beschränkt. Deshalb gelten die Tilgungsregelungen auch für **Ruhestandsbeamte** (folgt schon aus § 5 Abs. 2). 7

Enthält die verfahrensabschließende Entscheidung keine Feststellung zum Vorliegen eines Dienstvergehens (z. B. bei Maßregelverbot, vgl. dazu § 15) oder verneint sie ein Dienstvergehen (Freispruch), so besteht kein gesetzlich begründeter Anlass für eine weitere Belassung der Disziplinarvorgänge in den Personalakten. Sie sind dann sofort nach Rechts-Bestandskraft zu vernichten (Rapsch, ZBR 1987, 338). 8

Nicht der Tilgung unterliegen die Verwaltungsvorgänge, die – noch – keine disziplinare Bedeutung erlangt hatten, die also vor Beginn der disziplinaren Ermittlungen nach § 17 liegen. In diesen kommt zunächst nur der Geschehensablauf ohne disziplinare Wertung oder einen entsprechenden Verdacht zum Ausdruck. Gegen dessen weitere Speicherung in den Personalakten bestehen keine Bedenken. Einerseits befinden sich die Betroffenen damit in keiner anderen Situation, als sie allgemein für alle Bediensteten gilt, die nicht disziplinar verdächtigt und verfolgt wurden. Andererseits lassen das Beamtenrecht und das BDG die Speicherung diensterheblicher Vorkommnisse in den Personalakten zu, soweit sie für den dienstlichen Einsatz und die Laufbahnentwicklung der Beamten von Bedeutung sein können (vgl. BVerwG, DÖD 1976, 210; 1981, 190). 9

Die Tilgung der Eintragungen geschieht durch **Entfernung der betreffenden Blätter aus der Personalakte,** ohne dass deren Inhalt oder Gegenstand vermerkt wird, oder durch Schwärzen der betreffenden Stellen eines im übrigen Teil noch wichtigen Blattinhaltes sowie durch **Vernichtung der getrennt geführten Disziplinarakten** (Verfahrens- und gerichtlichen Handakten). Neu eingeführt wurden durch das Dienstrechtsneuordnungsgesetz in § 16 Abs. 3 die Sätze 2 und 3. Danach haben das Rubrum und die Entscheidungsformel einer gerichtlichen Entscheidung, mit der auf Zurückstufung erkannt wurde, auch nach Ablauf der Löschungsfrist in der Akte zu verbleiben. Damit wird im Hinblick auf den beruflichen Werdegang des jeweiligen Beamten oder der jeweiligen Beamtin Transparenz hergestellt. Aus dieser Aufbewahrungspflicht wird man jedoch nicht folgern dürfen, dass in diesem Fall das Verwertungsverbot des § 16 nicht mehr zu gelten hat. Auch in diesem Fall gilt § 16 Abs. 1 un diese Maßnahme darf bei möglichen weiteren disziplinaren Verfehlungen nicht mehr berücksichtigt werden, der Beamte gilt als von einer Disziplinarmaßnahme nicht mehr betroffen. Dies ergibt sich auch aus der ebenfalls vorgenommenen 10

§ 16 BDG

Veränderung in § 16 Abs. 3 Satz 4, in der ausdrücklich vorgeschrieben wird, dass das Verwertungsverbot bei den Eintragungen zu vermerken ist. Auch hier kommt zum Ausdruck, dass das Verwertungsverbot des § 16 Abs. 1 gilt.

11 **Gegen die Versagung der Tilgung** kann der Betroffene gerichtliche Hilfe in Anspruch nehmen. Ist die **Tilgung zu Unrecht durchgeführt** worden, etwa wegen falscher Berechnung der Tilgungsfrist oder wegen Unkenntnis eines die Frist verändernden Disziplinar- oder Strafverfahrens nach Abs. 2, so ist die disziplinare Vorbelastung voll verwertbar (BVerwGE 33, 45).

12 Die zu Unrecht getilgten Vorgänge können und müssen nach Möglichkeit wieder rekonstruiert werden. Die betroffenen Beamten sind nicht verpflichtet, daran mitzuwirken, da dies einer nicht geschuldeten Selbstbelastung gleichkäme (vgl. dazu B. II. 8. Rn. 9, auch Rn. 3 und 6.).

13 Auch ohne tatsächlich vollzogene Tilgung dürfen nach Ablauf der Frist **die tilgungsbedürftigen Disziplinarmaßnahmen nicht mehr berücksichtigt** werden (Abs. 1 Satz 1; BVerwG v. 13. 12. 1967 – 2 D 21.67). Allein durch den Fristablauf gilt der Beamte »als von Disziplinarmaßnahmen nicht betroffen« (Abs. 1 Satz 3). Dies entspricht der für strafgerichtliche Entscheidungen geltenden Regelung in § 51 Abs. 1 BZRG, die verfassungsgemäß ist (BVerfG, NJW 1974, 179), was entsprechend auch für § 16 gilt. Aufklärungen zu Vorverfehlungen, die der Tilgung unterliegen, sind deshalb unzulässig. Die Verwertung ist im ganzen Bereich des öffentlichen Dienstrechts verboten, was sich zwangsläufig aus der Tilgung der disziplinaren Vorgänge ergibt. Das Verbot gilt nach Abs. 4 **auch für Verfahrenseinstellungen,** die auf der Feststellung eines Dienstvergehens beruhen (§ 14; BDiG, ZBR 1984, 251; auch ZBR 1974, 306; BVerwG v. 18. 4. 1968 – 2 D 168; s. auch v. 11. 2. 1984 – 1 D 113.83 = ZBR 1985, 178, sowie 1 D 125.83; gegenteilig BVerwGE 46, 144 und E 46, 205 sowie NJW 1974, 286) oder damit verbunden sind (§§ 17, 60 Abs. 2 Nr. 2, 32; vgl. zum Charakter der Sachentscheidung bei Verfahrenseinstellungen § 14 Rn. 42 ff.). Nach der st. Rspr. des BVerwG ist die wegen desselben Sachverhalts verhängte und nach § 51 Abs. 1 BZRG **noch nicht tilgungsfähige strafgerichtliche Bestrafung** bzw. Verurteilung gegen die Betroffenen i. S. d. Rückfälligkeit disziplinarrechtlich auch dann zu verwerten, wenn die disziplinare Entscheidung getilgt ist oder sein müsste (v. 13. 3. 1969 – 2 D 2.69 – E 33, 268), auch für Bemessung und im Rahmen des § 14 (v. 29. 4. 1971 – 2 D 4.71). Ebenso soll **umgekehrt die nach § 16 disziplinarrechtlich nicht tilgungsreife Disziplinarmaßnahme** verwertbar sein, wenn für den sachgleichen, bestraften Sachverhalt ein Verwertungsverbot nach § 51 Abs. 1 BZRG besteht (BVerwG v. 9. 1. 1974 – 1 D 78.73; v. 28. 6. 1973 – 1 D 22.73; v. 3. 12. 1973 – 1 D 72.73). Das ist bedenklich, da § 51 Abs. 1 BZRG nicht nur die Berücksichtigung der Strafe (gleich Disziplinarmaßnahme in § 119 Abs. 1) verbietet, sondern zwingend regelt, dass »im Rechtsverkehr die Tat und die Verurteilung nicht mehr vorgehalten und zu seinem Nachteil verwertet werden« dürfen. Zum Rechtsverkehr gehört auch das Disziplinarrecht. Die Verwertung im Disziplinarverfahren gehört nicht zu den in Abs. 2 des § 51 BZRG geregelten Ausnahmen der Verwertbarkeit, nämlich im Fall von »aus der Tat oder der Verurteilung entstandenen Rechten Dritter, von gesetzlichen Rechtsfolgen von Tat und Verurteilung sowie von Entscheidungen von Gerichten oder Verwaltungsbehörden, die im Zusammenhang mit der Tat oder der Verurteilung ergangen sind« (die Disziplinargewalt ist originär und nicht im Sinne dieser Fälle vom Strafverfahren abhängig; gegen BDiG a. A. BVerwG, NJW 1974, 286 = ZBR 1974, 64; vgl. auch BVerwGE 46, 58). **Nach der Rspr. des**

§ 16 BDG

BVerwG gilt bei sachgleichem Straf- und Disziplinarverfahren ein Verwertungsverbot nur dann, wenn **sowohl nach § 16 als auch nach § 51 Abs. 1 BZRG Tilgungsreife** vorliegt (E 46, 125, sogar dann noch sonstigen Akteninhalt verwertend E 46, 144; E 46, 158; v. 9.1.1974 – 1 D 78.73).

In Abs. 2 werden diejenigen Tatbestände normiert, bei deren Vorliegen die Tilgungswirkung nicht eintritt. Nach Abs. 2 Satz 1 **beginnt die Frist** mit der Rechtskraft, bzw. bei Disziplinarverfügungen mit der Bestandskraft der Disziplinarmaßnahme oder des Freispruchs und der anderen nach Abs. 4 gleichgestellten Verfahrensentscheidungen. Da es auf die Rechtskraft der gesamten Verurteilung ankommt, beginnt die Frist auch dann nicht früher, wenn das Verfahren in der Rechtsmittel-/-behelfsinstanz nur noch beschränkt anhängig ist. 14

Abs. 2 Satz 2 enthält, wie die gegenüber § 15 Abs. 5 Satz 2 abweichende Formulierung zeigt, **keine Fristhemmung.** Die Frist läuft also auch in den genannten Fällen weiter, aber nicht ab. Im Sinne der Tilgungsregelung endet sie erst nach dem rechtskräftigen Abschluss des anderen Straf- oder Disziplinarverfahrens, der Berücksichtigungsfähigkeit einer anderen Disziplinarmaßnahme oder einer laufenden Kürzung der Dienstbezüge. Ergeben die laufenden Straf- oder Disziplinarverfahren weitere Strafen oder Disziplinarmaßnahmen, so stehen diese wiederum einer Tilgung nach Abs. 2 entgegen. Ende der Tilgungszeit und Verwertbarkeit der neuen Strafe/Disziplinarmaßnahme fallen in einer »juristischen Sekunde« zusammen. Es kann also die alte Disziplinarmaßnahme nicht als vor dem Ende des laufenden Verfahrens tilgungsbedürftig und unverwertbar geworden angesehen werden. **Strafverfahren** sind auch staatsanwaltliche, kriminalpolizeiliche und von staatsanwaltlichen Hilfsbeamten der Verwaltung betriebene Ermittlungen (vgl. § 15 Rn. 30). Disziplinarverfahren i. S. d. Abs. 2 beginnen ab Anordnung der Ermittlungen nach § 17 Abs. 1. Nach eindeutiger Formulierung des Abs. 2 können darüber hinaus nur **Disziplinarmaßnahmen** (nicht auch Einstellungsentscheidungen, die ein Dienstvergehen feststellen, dazu Rn. 11) den Ablauf der Tilgungsfrist verhindern. Denn § 16 bezieht zwar mit Abs. 4 die dort genannten Einstellungsfälle in die Tilgungsregelung ein, erstreckt aber nicht die Tilgungssperre des Abs. 2 auf die Einstellungen i. S. d. Abs. 4. Deshalb wirkt auch die mit einer Einstellung verbundene Missbilligung nach § 6 Satz 2 nicht tilgungssperrend. Als Ausnahmeregelung kann Abs. 3 nicht erweiternd ausgelegt werden, zumal nicht gegen seinen eindeutigen Wortlaut, aber auch nicht nach seinem Regelungszweck. Im Vergleich zu § 119 BDO wurden in § 16 BDG die Vorschriften über das gerichtliche Verfahren zur Beendigung des Beamtenverhältnisses und das Verfahren über die Geltendmachung von Schadenersatzansprüchen neu aufgenommen. Auch in diesen Fällen endet die Tilgungsfrist nicht. 15

Bei den Tilgungsfristen nimmt **Abs. 3** Bezug auf die Regelungen in Abs. 1. Bei Ablauf dieser Fristen ist die Tilgung – mit Ausnahme der Möglichkeiten nach Abs. 3 Satz 4 – von Amts wegen vorzunehmen. 16

Auf die Tilgung **kann der Betroffene verzichten,** da sie ausschließlich zu seinem Schutz eingeführt worden ist (BVerwG, DÖD 1972, 22; Claussen/Janzen, § 119 Rn. 5, 8). Das heißt, dass gegen den Willen der Betroffenen nicht getilgt werden darf. Dies regelt Abs. 3 Satz 4 ausdrücklich. Satz 5 und 6 regeln das Verfahren. Danach ist dem Beamten die bevorstehende Tilgung mitzuteilen und er ist auf die Möglichkeit hinzuweisen, dass die Tilgung auf seinen Antrag hin unterbleibt. Weiter ist er darauf hinzuweisen, dass der Antrag innerhalb eines 17

397

Monats nach Mitteilung, also Zugang, der bevorstehenden Tilgung zu stellen ist. Wird der Antrag rechtzeitig gestellt, so muss die Tilgung unterbleiben. Der Dienstherr hat insoweit keine eigene Entscheidungsmöglichkeit. Der Antrag muss auch nicht begründet werden. Unterbleibt die Tilgung auf einen solchen Antrag hin, so ist dies nach Abs. 3 Satz 6 in der Akte zu vermerken. Unterbleiben die Anfrage und eine Antwort, so kann die Behörde die Tilgung weder unterlassen noch hinausschieben, da sie durch die zwingende Regelung des § 16 Abs. 3 Satz 1 zur Tilgung von Amts wegen verpflichtet ist. Zu den Sätzen 2 und 3 s. Rn. 10.

18 Eine Neuregelung stellt **Abs. 4** dar. Danach gelten die Vorschriften der Abs. 1-3 für Vorgänge, die nicht zu einer Disziplinarmaßnahme geführt haben, entsprechend. Abweichend davon sind jedoch die Tilgungsfristen geregelt. Wurde das Verfahren nach § 32 Abs. 1 Nr. 1 eingestellt, weil ein Dienstvergehen nicht nachgewiesen werden konnte, so sind alle damit zusammenhängenden Unterlagen (Rn. 4) nach drei Monaten aus den Personalakten zu entfernen. In allen anderen Fällen beträgt die Frist zwei Jahre. Dies gilt z. B. für die Einstellungen nach den übrigen Vorschriften des § 32. Mit dieser Vorschrift wird eine Gesetzeslücke insoweit geschlossen, als nun – im Gegensatz zum früheren § 119 BDO – alle Verfahren und Beendigungsmöglichkeiten von dieser Vorschrift erfasst werden. Damit ist ein umfassender Rechtsschutz gewährleistet.

19 Die Frist nach Abs. 4 beginnt nach Satz 3 in den Fällen einer abschließenden Entscheidung an dem Tag ihrer Unanfechtbarkeit. In den Fällen, in denen eine solche abschließende Entscheidung – aus welchen Gründen auch immer – nicht ergeht, beginnt die Frist mit dem Tag, an dem der Dienstvorgesetzte, der für die Einleitung des Disziplinarverfahrens zuständig ist (§ 17 Rn. 9), zureichende tatsächliche Anhaltspunkte (§ 17 Rn. 3) hat, die den Verdacht eines Dienstvergehens rechtfertigen. Die Regelung stellt damit eine Verfolgungsverjährung dar. Das ist für die Fälle von Bedeutung, in denen der Dienstherr in Kenntnis der Möglichkeit eines Dienstvergehens in der Frist von zwei Jahren ein Verfahren entgegen § 17 Abs. 1 nicht einleitet. Dies ergibt sich aus der Formulierung des Satzes 1, wenn dort von »Disziplinarvorgängen« und nicht von »Disziplinarverfahren« die Rede ist.

20 In **Abs. 5** wird erstmals auch sichergestellt, dass in den Fällen einer missbilligenden Äußerung im Zusammenhang mit einem Disziplinarverfahren Rechtsschutz besteht. Die damit zusammenhängenden Unterlagen sind nach den gleichen rechtlichen Grundlagen – § 112 BBG – zu entfernen wie missbilligende Äußerungen, die in keinem Zusammenhang mit einem Disziplinarverfahren stehen. Danach sind die Unterlagen nach drei Jahren und nur auf Antrag des Beamten zu entfernen und zu vernichten. Damit kommt es im Verhältnis zum Verweis, der nach Abs. 1 Satz 1 nach zwei Jahren zu entfernen ist, zu einer Ungleichbehandlung, die nicht nachvollziehbar ist, da nach § 6 Satz 2 eine missbilligende Äußerung doch gerade keine Disziplinarmaßnahme ist. Damit wird der Beamte, dem kein Verweis erteilt wurde oder erteilt werden durfte, gegenüber dem Beamten, dessen Dienstvergehen einen Verweis verwirkte, schlechter gestellt, muss er doch die missbilligende Äußerung ein Jahr länger erdulden. Hinzu kommt, dass die Entfernung nach § 112 BBG nur auf Antrag geschieht, in § 16 jedoch von Amts wegen zu geschehen hat. In den Fällen, in denen der Antrag vergessen wird, bleibt damit die missbilligende Äußerung in den Personalakten.

Teil 3
Behördliches Disziplinarverfahren

Kapitel 1
Einleitung, Ausdehnung und Beschränkung

§ 17 Einleitung von Amts wegen

(1) Liegen zureichende tatsächliche Anhaltspunkte vor, die den Verdacht eines Dienstvergehens rechtfertigen, hat der Dienstvorgesetzte die Dienstpflicht, ein Disziplinarverfahren einzuleiten. Der höhere Dienstvorgesetzte und die oberste Dienstbehörde stellen im Rahmen ihrer Aufsicht die Erfüllung dieser Pflicht sicher; sie können das Disziplinarverfahren jederzeit an sich ziehen. Die Einleitung ist aktenkundig zu machen.

(2) Ist zu erwarten, dass nach den §§ 14 und 15 eine Disziplinarmaßnahme nicht in Betracht kommt, wird ein Disziplinarverfahren eingeleitet. Die Gründe sind aktenkundig zu machen und dem Beamten bekannt zu geben.

(3) Hat ein Beamter zwei oder mehrere Ämter inne, die nicht im Verhältnis von Haupt- zu Nebenamt stehen, und beabsichtigt der Dienstvorgesetzte, zu dessen Geschäftsbereich eines dieser Ämter gehört, ein Disziplinarverfahren gegen ihn einzuleiten; teilt er dies den Dienstvorgesetzten mit, die für die anderen Ämter zuständig sind. Ein weiteres Disziplinarverfahren kann gegen den Beamten wegen desselben Sachverhalts nicht eingeleitet werden. Hat ein Beamter zwei oder mehrere Ämter inne, die im Verhältnis von Haupt- zu Nebenamt stehen, kann nur der Dienstvorgesetzte ein Disziplinarverfahren gegen ihn einleiten, der für das Hauptamt zuständig ist.

(4) Die Zuständigkeiten nach den Absätzen 1 bis 3 werden durch eine Beurlaubung, eine Abordnung oder eine Zuweisung nicht berührt. Bei einer Abordnung geht die aus Absatz 1 sich ergebende Pflicht hinsichtlich der während der Abordnung begangenen Dienstvergehen auf den neuen Dienstvorgesetzten über, soweit dieser nicht ihre Ausübung den anderen Dienstvorgesetzten überlässt oder soweit nichts anderes bestimmt ist.

Die Vorschrift des § 17 nimmt die Regelungen des früheren § 26 BDO auf. **1**
In der Vorschrift wird am auch bisher vorliegenden Legalitätsprinzip festgehalten. Die Umformulierungen in Abs. 1 und 2 Satz 1 stellen lediglich eine sprachliche und keine inhaltliche Änderung dar. Dies soll deutlich machen, dass der Verdacht eines Dienstvergehens hinreichend konkret sein muss und bloße Vermutungen nicht ausreichend sind. Die neue Regelung schließt jedoch nicht aus, dass verwaltungsinterne »Vorermittlungen« durchgeführt werden, um bloße Vermutungen zu erhärten oder auszuräumen, bevor ein Disziplinarverfahren eingeleitet wird. Für solche »Vorermittlungen« stellt das BDG zwar keine Rechtsgrundlagen zur Verfügung, ihre Zulässigkeit ergibt sich jedoch daraus, dass der Dienstherr bei einem nur vagen Verdacht auf Dauer daran gehindert ist, ein Disziplinarverfahren einzuleiten, da in einem solchen Fall gerade keine zureichenden tatsächlichen Anhaltspunkte vorliegen. Er muss die Möglichkeit der Prüfung haben, ob sich ein solcher Tatverdacht zur Schwelle des § 17 Abs. 1 Satz 1 verdichten lässt. Unzulässig ist es jedoch, derartige »Vorermittlungen« ohne das Vorliegen eines solchen Tatverdachts schon mit dem Instrumentarium des BDG, z. B. der Beschlagnahme von Unterlagen oder

§ 17 BDG

den Mitteln der Beweiserhebung nach § 24 ff. durchzuführen. Das kann der Dienstherr nach der klaren Gesetzeslage nur unter den Voraussetzungen des Abs. 1 Satz 1.

3 § 17 behandelt das so genannte **Legalitätsprinzip** in Disziplinarverfahren. Er bezieht sich nicht auf Verfolgung und Maßregelung, sondern nur auf die **Sachaufklärung**. Ermittlungen nach § 17 dürfen nur eingeleitet werden, wenn Tatsachen bekannt werden, die den Verdacht eines Dienstvergehens rechtfertigen. Das schließt Ermittlungen aus, durch die erst festgestellt werden soll, ob solche Tatsachen vorliegen. Es genügen also nicht bloße Vermutungen, Gerüchte o. Ä. Zumindest zweifelhaft ist, ob auch eine anonyme Anzeige ausreicht. Hinreichende Tatsachen können sich ergeben aus Hinweisen von Verwaltungsangehörigen, Aktenvorgängen, aber auch aus schriftlichen oder mündlichen Mitteilungen von Verwaltungsfremden.

4 Die Ermittlungen werden regelmäßig durch einen vom Dienstvorgesetzten beauftragten **Ermittlungsführer** durchgeführt. Problematisch dabei ist, dass dieser nicht unabhängig ist, sondern an Weisungen gebunden bleibt. Dieser Umstand war bislang hinnehmbar, da sich das förmliche Ermittlungsverfahren angeschlossen hat. Durch die Neuregelung entfällt es. Dem Beamten bleibt damit nur die Möglichkeit, sich gegen ein unzutreffendes Ergebnis der Ermittlungen und die daran anschließende disziplinare Bewertung mit dem Mittel der Disziplinarklage zu wehren. Das verdient deshalb Beachtung, da bereits die Erfahrung mit dem alten Recht gezeigt hat, dass die Vorermittlungen in der Regel davon geprägt waren, dass mit hohem Verfolgungseifer alles irgendwie Belastende zusammengetragen und dann ausschließlich unter dem Aspekt des Schuldnachweises gewertet wurde. Entlastendes Material oder entlastende Wertungen wurden nahezu mit dem gleichen Eifer regelmäßig ignoriert. Es steht zu befürchten, dass sich diese Praxis fortsetzen wird, insbesondere auch durch die Betonung der kontradiktorischen Verfahrensgestaltung bei der Disziplinarklage. Dies könnte zu einem Ansteigen der notwendigen Disziplinarklagen der Beamten führen, um sich gegen eine solche Verfolgung zu schützen. Für die Einleitung der Vorermittlungen ist ausdrücklich **keine Form** vorgeschrieben, sie ist jedoch aktenkundig zu machen (Abs. 1 Satz 3).

5 Die dem Dienstvorgesetzten bekannt gewordenen Tatsachen müssen den **Verdacht eines Dienstvergehens** rechtfertigen, d. h., dass eine schuldhafte Pflichtverletzung vorliegen würde, wenn sich die verdächtigten Tatsachen als wahr erweisen würden. Der Verdacht bezieht sich also zunächst nur auf das Vorliegen einschlägiger Tatsachen, über die **Rechtsfrage**, ob die verdächtigte Tat auch den Tatbestand eines Dienstvergehens erfüllt, muss **Gewissheit** bestehen. Hinsichtlich des erheblichen Sachverhalts müssen zumindest hinreichende tatsächliche Verdachtsgründe bestehen, eine bloße Vermutung reicht nicht aus. Ein »Verdacht« liegt nicht vor, wenn der Sachverhalt schon entscheidungsreif bekannt ist. Dann bedarf es keiner weiteren Aufklärung von Tatsachen. Bei disziplinarer Erheblichkeit muss aber vor Erlass der Disziplinarverfügung aus Rechtsschutzgründen nach § 17 – unter Beachtung des § 21 Abs. 2 – verfahren werden. Bei Unschuld bedarf es einer förmlichen Einstellungsverfügung nach § 32 Abs. 1 Nr. 1. Ermittlungen nach § 17 scheiden auch dann aus, wenn bei geklärtem Sachverhalt die disziplinare Bewertung schon feststeht in dem Sinne, dass ein Dienstvergehen gar nicht vorliegt, d. h. unter der Schwelle der disziplinaren Erheblichkeit liegt, oder dass das Dienstvergehen mangels erheblichen Gewichts keiner Maßregelung bedarf.

§ 17 BDG

Liegen die Voraussetzungen des Abs. 1 vor, sind also Tatsachen bekannt geworden, die den Verdacht eines Dienstvergehens rechtfertigen, und kommt eine Disziplinarmaßnahme in Betracht (s. Rn. 5), so besteht die Pflicht, Vorermittlungen nach § 17 zu führen (vgl. hierzu Claussen/Janzen, § 26 Rn. 6; GKöD-Weiß, § 26 Rn. 10). **Bagatellverfehlungen,** die keiner Maßregelung bedürfen, fallen ohnehin nicht unter den Ermittlungszwang nach § 17 (s. Rn. 5; ebenso Hofmann-Riem, DÖV 1978, 781, wenn auch mit anderer Begründung, jetzt auch Claussen/Janzen, § 26 Rn. 66). Mit dieser Begrenzung des Aufklärungszwangs nach § 17 wird einem verbreiteten Bedürfnis vieler Verwaltungen entsprochen, bei disziplinar unerheblichen und geringfügigen Bagatellverfehlungen ohne formalisiertes Verfahren und bei Freihaltung der Personalakten der Betroffenen, diese sinnvoll einsetzen und fördern zu können. Dementsprechend lag es z. B. im Interesse der Funktionsfähigkeit des öffentlichen Dienstes, als der Bundespostminister 1980 den Schichtdienststreik bei der Deutschen Bundespost beendete, indem er zusicherte, keine Maßnahmen gegen Beamte einzuleiten. Allerdings ist der Abschluss eines **Vergleichs** grundsätzlich dem Disziplinarverfahren fremd. Sind nach dem Verfolgungsgrundsatz disziplinare Ermittlungen zwingend geboten, ist für Vereinbarungen oder **Zusagen** einer zuständigen Behörde, auf die Einleitung und Durchführung eines Disziplinarverfahrens zu verzichten, **kein Raum** (Bay. Dienstgerichtshof für Richter v. 10.10.1991 – DGH 22/91). Ein Verzicht auf Vorermittlungen wie beim Schichtdienststreik bei der Deutschen Bundespost wird deshalb nur für einfache bis mittelschwere Verfehlungen gelten können. Bei allem ist zu berücksichtigen, dass die Geltung des Legalitätsprinzips erst neueren Datums ist. Es gehört also keineswegs zu den tragenden Grundsätzen des Disziplinarrechts. So sieht der Entwurf des Gesetzes zur Neuordnung des Landesdisziplinarrechts für das Land Baden-Württemberg unter § 37 Abs. 2 vor, dass in bestimmten Fällen das Verfahren nach Erfüllung der Aufgaben eingestellt werden kann. Diese Vorschrift ist erkennbar § 153 StPO nachempfunden. Hier wird deutlich, dass der Gesetzgeber beabsichtigt, die Möglichkeit von Absprachen zwischen den Beteiligten zur Vermeidung eines förmlichen Verfahrens zu ermöglichen. Es darf auch nicht verkannt werden, dass es heute bereits in der Praxis nicht unüblich ist, Absprachen im Hinblick auf die zu verhängende Disziplinarmaßnahme zu treffen und damit den Aufwand auf beiden Seiten geringer zu halten. Nach überwiegender Ansicht kann ohnehin beim Verdacht eines so schweren Dienstvergehens, dass eine in die Zuständigkeit von Dienstvorgesetzten fallende Disziplinarmaßnahme nicht mehr in Betracht kommt, die Einleitung des förmlichen Disziplinarverfahrens unter Abbruch des Vorermittlungsverfahrens unverzüglich erfolgen (BVerwG, ZBR 1981, 343).

Unumstritten ist auch, dass das Ermittlungsverfahren weitgehend vereinfacht werden kann, und zwar hauptsächlich dann, wenn es um Straftaten ohne unmittelbaren dienstlichen Bezug geht und anzunehmen ist, dass § 14 mit seinem Maßnahmeverbot eingreift.

Die Zulässigkeit formloser **Verwaltungsermittlungen** neben bzw. vor oder anstelle von Ermittlungen ist nach wie vor umstritten. Die überwiegende Auffassung bejaht ihre grundsätzliche Zulässigkeit (Claussen/Janzen, § 26 Rn. 7; offen lassend BVerwG, Dok. Ber. 1989, 21 ff.); das ist nur dann unbedenklich, wenn bei den Verwaltungsermittlungen die allgemeinen Schutzrechte wie rechtliches Gehör, Einholung von Rechtsrat, Aussageverweigerungsrecht gege-

6

7

8

ben sind. Dies ist allerdings gerade zweifelhaft. So wird Betroffenen nicht nur das Akteneinsichtsrecht, sondern auch das Aussageverweigerungsrecht in Verwaltungsermittlungen abgesprochen (vgl. Frentz, DÖD 1993, 73 ff. mit Nachw.). Bei allem ist zu beachten, dass in der dienstrechtlichen Aufklärung vor dem Verfahren nach § 17 noch keine die Betroffenen belastenden Entscheidungen getroffen werden, sondern erst späteren verfahrensrechtlich formalisierten Verfahren (Verwaltungsverfahrensgesetz, BDG) vorbehalten sind. Andererseits muss beachtet werden, dass in der Praxis sich Betroffene sehr häufig mit Aussagen in Verwaltungsermittlungen belasten, die unter Nichtbeachtung des Schutzzwecks des § 20 (Belehrung etc.) zustande gekommen sind und an denen sie dann im gesamten Verfahren festgehalten werden. Die Durchführung von Verwaltungsermittlungen schließt nicht aus, dass mit ihnen auch Ziele des Strafrechts verfolgt werden. Es ist deshalb in der Praxis üblich, dass als Ermittlungsführer, soweit sie Hilfsbeamte der Staatsanwaltschaft sind, eine dienstliche Verfehlung gleichzeitig unter disziplinaren und strafrechtlichen Gesichtspunkten untersuchen. Dabei ist allerdings wieder darauf zu achten, dass die allgemeinen Schutzrechte des § 20 nicht unterlaufen werden, etwa in einem Fall, in dem der Beschuldigte lügt, was er im Strafverfahren darf.

9 Verantwortlich für die Einleitung von Ermittlungen ist der **Dienstvorgesetzte**, d. h. derjenige, der für beamtenrechtliche Entscheidungen über die persönlichen Angelegenheiten der ihm nachgeordneten Beamten zuständig ist (§ 3 Abs. 2 BBG). Im Regelfall ist der unmittelbare Dienstvorgesetzte, d. h. der Leiter einer Dienststelle, Dienstvorgesetzter i. S. d. § 17. Allerdings können Vorermittlungen auch vom höheren Dienstvorgesetzten oder der obersten Dienstbehörde veranlasst werden (Abs. 1 Satz 2).

10 Diese schriftliche Anordnung ist im Interesse der Klarheit und Rechtssicherheit unerlässlich. Das **Wie** und der **Umfang** der Durchführung liegen im **pflichtgemäßen Ermessen** des Dienstvorgesetzten. Zu ermitteln ist alles, was wichtig und bedeutsam für die Einschätzung als Dienstvergehen ist, wobei oberstes Ziel die objektive Feststellung der **belastenden** und **entlastenden** Umstände ist. Welche Maßnahmen im Einzelnen der Aufklärung dienen und vorgenommen werden, muss jeweils gesondert entschieden werden. Der Zweck der Vorermittlungen geht dahin, dem Dienstvorgesetzten die Grundlage für eine Entscheidung nach §§ 32 ff. zu geben. Neben Zeugen- und Sachverständigenvernehmung kommt die Auskunftserteilung, die Heranziehung von Urkunden o. Ä. in Betracht. Lädt der Ermittlungsführer Zeugen oder Sachverständige, besteht kein Zwang zum Erscheinen, außer bei Beamten, die dem Dienstvorgesetzten unterstellt sind (Gehorsamspflicht); anders auch, wenn der Dienstvorgesetzte die Ermittlungen über den Weg der Rechtshilfe (§ 25) durch ein Gericht vornehmen lässt. Bei allem spielt die Frage der vorliegenden Aussagegenehmigung eine erhebliche Rolle (vgl. hierzu § 25 Rn. 8 und B. II. 9 b unter Rn. 9 a. E., 13). Die Anhörung von Zeugen und Sachverständigen ist grundsätzlich nicht öffentlich. Über Vernehmungen ist schließlich eine Niederschrift nach § 21 Abs. 3 zu fertigen, wobei § 168 a StPO sinngemäß anwendbar ist. Der mit Vorermittlungen beauftragte Beamte kann nicht wegen Besorgnis der **Befangenheit** abgelehnt werden (BDiG v. 6. 9. 1983 – VII Bk 15/83).

11 Die Aufklärungspflicht einerseits und die Fürsorgepflicht gegenüber dem Betroffenen andererseits verlangen, dass der **Beschleunigungsgrundsatz** bei den Ermittlungen berücksichtigt wird (§ 4). Dem Dienstvorgesetzten kann durch das Gericht eine Frist gesetzt werden (§ 62).

§ 17 BDG

Im Übrigen sieht das BDG das Verwaltungsgericht nicht als Kontrollorgan für die Ermittlungen vor. Deshalb gibt es auch z. B. keine Anrufung des Gerichts wegen Besorgnis der Befangenheit. Vielmehr haben hier die Dienstvorgesetzten zu entscheiden. Das Gericht ist erst nach einer Disziplinarentscheidung nach §§ 34, 45 berufen, über den Gang des Verfahrens zu befinden. **12**

Abs. 1 Satz 2 regelt nunmehr ausdrücklich das Recht des höheren Dienstvorgesetzten und der obersten Dienstbehörde, über die ordnungsgemäße Einleitung von Ermittlungsverfahren zu wachen und damit das **Legalitätsprinzip** zu gewährleisten. Dies ergibt sich auch aus dem ihnen zustehenden **Weisungs- und Aufsichtsrecht**. **13**

Damit korrespondiert auch das Recht der Vorgesetzten, das Verfahren jederzeit an sich zu ziehen. Dies bedarf keiner Begründung, ist jedoch wegen der Transparenz des Verfahrens in den Akten zu vermerken. Ein solches Ansichziehen des Verfahrens kann im Hinblick auf die Einheitlichkeit und Gleichbehandlung geboten sein. Dies gilt z. B. in Fällen, in denen in der gleichen Behörde, jedoch in unterschiedlichen Abteilungen gleichartige Fälle disziplinar zu ahnden sind. **14**

Die Verpflichtung nach **Abs. 1 Satz 3**, die Einleitung des Ermittlungsverfahrens aktenkundig zu machen, ist vor dem Hintergrund, dass der Beamte über diese Einleitung oftmals nicht unmittelbar informiert wird, im Interesse der Nachvollziehbarkeit des Gangs des Ermittlungsverfahren, der Rechtsklarheit, der Vollständigkeit der Akten zu begrüßen. Ihre Notwendigkeit ergibt sich auch aus der in § 62 Abs. 1 normierten Frist und der Möglichkeit, zur Beschleunigung des Verfahrens gerichtliche Hilfe in Anspruch zu nehmen. Zur Fristbestimmung muss deren Beginn jedoch eindeutig nachprüfbar sein. **15**

Abs. 2 regelt nunmehr, dass in den Fällen, in denen nach §§ 14, 15 die Verhängung einer Disziplinarmaßnahme ausscheidet, kein Ermittlungsverfahren durchgeführt werden darf (»wird nicht eingeleitet«). Ein solches Maßnahmeverbot muss in diesen Fällen von Beginn an ohne jeden Zweifel feststehen, sind auch nur kleine Zweifel vorhanden, so ist ein Ermittlungsverfahren einzuleiten. Bestätigt sich dann das Vorliegen eines solchen Maßnahmeverbots, ist das Verfahren nach § 32 Abs. 1 Nr. 3 einzustellen. Angesichts der hohen Schwelle des »zweifelsfreien Feststehen« dürfte diese Vorschrift in der Praxis keinen großen Anwendungsbereich haben. **16**

Wird nach Abs. 2 von der Durchführung eines Ermittlungsverfahrens abgesehen, ist dies mit Begründung aktenkundig zu machen und dem Beamten bekannt zu geben. Diesem steht dann, soweit in dem Vermerk für ihn belastende Umstände festgehalten werden, die Möglichkeit der Anrufung des Gerichts offen.

Abs. 3 tritt an die Stelle des früheren § 36 Abs. 1 und 2 BDO. **17**

Bekleidet ein Beamter **zwei Hauptämter** (ein äußerst seltener Fall), so kann jeder der Dienstvorgesetzten das förmliche Verfahren gegen ihn einleiten. Bei gleichem Sachverhalt darf allerdings nur ein Verfahren eingeleitet werden, wobei der Grundsatz der Priorität gilt. Der Dienstvorgesetzte, der das Disziplinarverfahren einleitet, hat dies von Gesetzes wegen allen anderen Dienstvorgesetzten mitzuteilen. **18**

Bekleidet der Beamte außer dem Hauptamt noch **Nebenämter**, besteht nur die Zuständigkeit der Einleitungsbehörde des Hauptamtes. Dies gilt selbst dann, wenn der Beamte das Dienstvergehen im Nebenamt begangen hat. Auch hier besteht Unterrichtungspflicht. Schwierig kann im Einzelfall die Frage zu entscheiden sein, was Haupt- und was Nebenamt ist. Das Gesetz gibt keine Defini- **19** tion dieser Begriffe. Ein Nebenamt wird regelmäßig vorliegen, wenn es die Arbeitskraft des Beamten nur in wesentlich geringerem Umfang als das Hauptamt beansprucht und in irgendeiner Weise auf dieses bezogen ist.

20 In **Abs. 4 Satz 1** wird klargestellt, dass, wie nach bisherigem Recht auch, eine Beurlaubung aus dem Dienst, eine Abordnung oder eine Zuweisung an den Zuständigkeiten nach Abs. 1-3 nichts ändert. Es bleibt in diesen Fällen immer der Dienstherr zuständig. Dies gilt gerade auch für die Beamten, die bei den Nachfolgeunternehmen der ehemaligen Bundespost und Bundesbahn beschäftigt sind oder bei diesen beurlaubt und bei Tochterunternehmen beschäftigt sind. Hier bleibt der jeweils beliehene Dienstherr zuständig.

21 Ausnahmsweise geht im Fall der Abordnung nach **Abs. 4 Satz 2** die Verpflichtung zur Einleitung eines Disziplinarverfahrens auf den nach der Abordnung zuständigen Dienstvorgesetzten über, soweit es sich um ein Dienstvergehen handelt, das in der Zeit der Abordnung begangen wurde. Der Dienstvorgesetzte kann seine Verpflichtung jedoch nach eigenem Ermessen den anderen Dienstvorgesetzten überlassen. Auch wenn hier keine ausdrückliche gesetzliche Regelung vorliegt, wird auch diese Entscheidung aus den oben genannten Gründen (Rn. 15) aktenkundig zu machen sein. Die letzte Alternative in Abs. 4 Satz 2 lässt auch Raum für abstrakte allgemeine Kompetenzzuweisungen nach Abs. 1, die von der Regelung, dass der unmittelbare Vorgesetzte in den Fällen der Abordnung primär zuständig ist, abweichen und für diese Fälle andere Zuständigkeiten schaffen.

§ 18 Einleitung auf Antrag des Beamten

(1) Der Beamte kann bei dem Dienstvorgesetzten oder dem höheren Dienstvorgesetzten die Einleitung eines Disziplinarverfahrens gegen sich selbst beantragen, um sich von dem Verdacht eines Dienstvergehens zu entlasten.
(2) Der Antrag darf nur abgelehnt werden, wenn keine zureichenden tatsächlichen Anhaltspunkte vorliegen, die den Verdacht eines Dienstvergehens rechtfertigen. Die Entscheidung ist dem Beamten mitzuteilen.
(3) § 17 Abs. 1 Satz 2 zweiter Halbsatz und Satz 3 sowie Abs. 3 und 4 gilt entsprechend.

1 Die Vorschrift des § 18 tritt an die Stelle des ehemaligen § 34 BDO.
2 Diese **Bestimmung** hat hohe Rechtsschutzbedeutung für die Beamten. Sie sichert im Ergebnis durch gerichtlichen Rechtsschutz, dass kein geäußerter disziplinarer Verdacht offen gelassen werden darf, wenn es der Beamte nicht selbst so will. Damit ist der verfassungsrechtlich garantierte Rechtsschutz aus Art. 19 Abs. 4 GG im Disziplinarrecht gesetzlich gesichert.
3 Das Selbstreinigungsverfahren dient nicht nur dazu, dem Beamten Gewissheit über die disziplinare Beurteilung der vorgesetzten Behörde zu geben (so Behnke-Hardraht, § 34 Rn. 1). Vielmehr gibt es dem Beamten das **Recht auf objektive und gegen jedermann wirkende Klärung von Schuld und Unschuld.** Deshalb kann der Betroffene nicht nur das Selbstreinigungsverfahren in Gang setzen, sondern **auch bei drohender bloßer Verfahrensentscheidung, z. B. wegen Verjährung,** in den bereits anhängigen disziplinaren Maßregelverfahren diese Klärung erzwingen.

Zulässigkeit des Verfahrens

Der Antrag ist nur zulässig, wenn ein **Rechtsschutzbedürfnis** vorliegt. Der Antragsteller muss einen berechtigten Anlass für die Selbstreinigung haben, also durch den Verdacht eines Dienstvergehens i. S. d. § 18 beschwert sein. Hat niemand im dienstlichen Bereich einen Verdacht geäußert, so wird häufig kein Anlass für ein Selbstreinigungsverfahren vorliegen. Anders, wenn das fragliche Verhalten publik geworden ist und nach seiner Eigenart den Verdacht zwangsläufig nach sich zieht. Nach dem Regelungszweck des § 18 sind seine Prozessvoraussetzungen großzügig zu beurteilen. Ist der Tatverdacht bereits in einem sachgleichen Strafverfahren verneint und das Strafverfahren deswegen eingestellt worden, so schließt das einen weiterbestehenden Verdacht der Dienstvorgesetzten nicht aus. In diesem Fall kann wegen der fehlenden Bindungswirkung einer solchen Verfahrenseinstellung auch noch ein Rechtsschutzinteresse an disziplinarer Klärung bestehen (a. A. Claussen/Janzen, § 34 Rn. 3 c). Laufen schon disziplinare Ermittlungen, so fehlt dem Antrag das Rechtsschutzbedürfnis. 4

Zu beachten ist dabei die Neuregelung des Abs. 2. Danach darf der Antrag nur abgelehnt werden, wenn keine zureichenden tatsächlichen Anhaltspunkte vorliegen, die den Verdacht eines Dienstvergehens rechtfertigen. Die Formulierung verweist zunächst auf § 17 Abs. 1 Satz 1, so auch die Gesetzesbegründung, die anmerkt, dass über den Antrag unter Zugrundelegung des Legalitätsprinzips des § 17 zu entscheiden ist. Dies ist vor den obigen Ausführungen zum Zweck der Vorschrift so zu verstehen, dass bei einem zulässigen Antrag immer Ermittlungen zur Prüfung, ob solche Anhaltspunkte vorliegen (§ 17 Rn. 3), anzustellen sind und erst nach dem Ergebnis dieser Ermittlungen entschieden werden kann und darf, ob das beantragte Disziplinarverfahren auch durchgeführt werden darf. Dies ist nach Abs. 2 nur dann der Fall, wenn zureichende tatsächliche Anhaltspunkte vorliegen. Dann ist das Disziplinarverfahren durchzuführen und folgt den gleichen Vorgaben, die auch für das von Amts wegen einzuleitende Verfahren nach § 17 gelten. Dies schließt ggf. auch die Möglichkeiten der Einstellung des Verfahrens nach § 32 ein. Auch für diesen Fall gelten die Vorschriften im vollen Umfang. 5

Die Durchführung eines Disziplinarverfahrens darf nur dann abgelehnt werden wenn festgestellt ist, dass kein Dienstvergehen vorliegt. Mit dieser Entscheidung ist dann die beantragte Entlastung unmittelbar erreicht. 6

Mit der nunmehr vorgenommenen Regelung und ihrer Begründung folgt der Gesetzgeber der in der Vorauflage vertretenen Auslegung der Vorgängervorschrift des § 34. 7

Der Antrag ist unzulässig, wenn ihm die allgemeinen disziplinaren **Prozessvoraussetzungen** fehlen (kein Beamtenstatus, vordienstliche Verfehlung) oder **Prozesshindernisse** vorliegen (Bestands- oder Rechtskraft in derselben Sache, auch bei Missbilligung. Ist z. B. ein Beamter aus dem Beamtenverhältnis ausgeschieden, so ist der Antrag unzulässig und zu verwerfen. 8

Auch der **Ruhestandsbeamte** kann den Antrag stellen (so auch Claussen/Janzen, § 34 Rn. 2; ebenso GKöD-Weiß, § 34 Rn. 25; a. A. BVerwGE 33, 211). Für den Antrag ist keine Prozessvoraussetzung, dass der Beamte noch im aktiven Dienst ist. Auch pensionierte Beamte haben noch einen Teil des beamtenrechtlichen Status und ein entsprechendes Rechtsschutzbedürfnis. Sie werden deswegen auch verfahrensrechtlich in § 2 Abs. 1 Nr. 2 den akti- 9 ven Beamten gleichgestellt, ggf. ja auch von Amts wegen disziplinar verfolgt.

10 Das Prozesshindernis der **Verjährung steht nicht entgegen,** weil § 18 gerade bezweckt, in einem solchen Fall nach dem Wunsch des Betroffenen eine Sachentscheidung über das Vorliegen oder Nichtvorliegen eines Dienstvergehens zu ermöglichen (vgl. o. Rn. 2; Claussen/Janzen, § 34 Rn. 3 b).
Der Antrag ist zur Befreiung von allen Dienstvergehen – unabhängig von der Schwere – zulässig.

11 Für **Beamte auf Probe und auf Widerruf** gilt das Selbstreinigungsverfahren nach § 18 entsprechend. Sie können, da ein Verfahren vor dem Disziplinargericht gem. § 34 Abs. 1 Nr. 1 BBG ausgeschlossen ist, eine Untersuchung beantragen.

Verfahren vor der Einleitungsbehörde

12 Der Antrag kann nach Abs. 1 Satz 1 sowohl bei dem Vorgesetzten als auch bei dem höheren Vorgesetzten gestellt werden. Durch die Möglichkeit, den Antrag beim höheren Dienstvorgesetzten direkt einzureichen, wird sichergestellt, dass die bislang durch die Prüfung im förmlichen Verfahren gewährleistete Prüfung durch eine höhere und in der Regel nicht unmittelbar mit dem Vorgang befasste Stelle auch weiterhin besteht.

13 Der Antrag muss den verdächtigen **Sachverhalt und die Tatsache des Verdachts substantiiert und schlüssig darlegen.** Dies ist je nach Bildungsgrad des Beamten großzügig zu beurteilen. Es reicht aus, wenn der Verdacht bestimmbar ist. Das ist bei sachgleichen Strafverfahren, Verwaltungsstreitverfahren, dienstrechtlich behandelten Vorgängen, ohne Sachentscheidung eingestellten Disziplinarverfahren besonders nahe liegend (vgl. o. Rn. 4). Ergibt sich der Verdacht nicht aus solchen Verfahren, sondern aus der Publizität des Vorfalles und einer entsprechenden Befürchtung des Betroffenen, so bedarf dies näherer Darlegung.

14 Der Dienstherr hat bei zulässigem Antrag den **Sachverhalt bis zur Entscheidungsreife** (der Frage des Dienstvergehens) **aufzuklären.** Dafür stehen ihr dieselben Verfahrenswege und Mittel wie bei eigenem disziplinarem Betreiben zur Verfügung. Er kann – und muss ggf. – das Verfahren nach § 22 aussetzen. Die Bindung an Strafentscheidungen nach § 23 ist ebenfalls gegeben, auch die Beteiligungsrechte des Personalrats und der Schwerbehindertenvertrauensleute sind zu beachten.

15 Nach Aufklärung des Sachverhalts **entscheidet der Dienstherr nach denselben Ermessensgründen** aus §§ 32 ff., die auch sonst gelten. Liegt ein Dienstvergehen nicht vor, so stellt sie die Unschuld des Beamten fest und das Verfahren ein. Andernfalls hat sie die Wahl zwischen der Disziplinarverfügung und der Disziplinarklage. Immer aber **muss eine definitive Sachentscheidung über Vorliegen oder Nichtvorliegen eines Dienstvergehens getroffen** werden. Darüber zu entscheiden, steht nicht im Belieben der Einleitungsbehörde.

16 Hat der Dienstherr auf den Antrag hin das **Disziplinarverfahren eingeleitet, so bestimmt sich dessen weiterer Verlauf** wie üblich nach der gesetzlichen Regelung in §§ 20 ff. Der Antragsteller ist dann nicht mehr Herr des förmlichen Disziplinarverfahrens wie noch zuvor beim Antragsverfahren. Das Disziplinarverfahren kann dann **nicht mehr durch Rücknahme des Antrags,** sondern nur durch die Einleitungsbehörde oder anschließend durch Gerichtsentscheidung **beendet werden.**

Lehnt die Einleitungsbehörde die Einleitung des förmlichen Disziplinarverfahrens ab, so muss sie darüber den Antragsteller/die Antragstellerin **bescheiden** (Abs. 2 Satz 2). Enthält der Bescheid keine **Begründung,** so muss die Einleitungsbehörde diese auf Antrag schriftlich nachreichen. Erlässt die Einleitungsbehörde keine Disziplinarmaßnahme, stellt aber ein Dienstvergehen fest oder lässt dieses offen, so kann dagegen **Rechtsschutz** beantragt werden. **17**

Gegen eine solche Entscheidung kann der Beamte Widerspruch und darüber hinaus Klage einreichen. Des darüber hinausgehenden Schutzes des § 34 Satz 2 bedarf es nach dieser Konzeption der Vorschrift nicht mehr. **18**

Abs. 3 verweist für die Durchführung des Verfahrens auf die einschlägigen Vorschriften des § 17. Damit wird noch einmal zum Ausdruck gebracht, dass das Verfahren nach § 18 den gleichen Grundsätzen wie das nach § 17 von Amts wegen eingeleitete durchgeführt werden muss. **19**

§ 19 Ausdehnung und Beschränkung

(1) Das Disziplinarverfahren kann bis zum Erlass einer Entscheidung nach den §§ 32 bis 34 auf neue Handlungen ausgedehnt werden, die den Verdacht eines Dienstvergehens rechtfertigen. Die Ausdehnung ist aktenkundig zu machen.
(2) Das Disziplinarverfahren kann bis zum Erlass einer Entscheidung nach den §§ 32 bis 34 oder eines Widerspruchsbescheids nach § 42 beschränkt werden, indem solche Handlungen ausgeschieden werden, die für die Art und Höhe der zu erwartenden Disziplinarmaßnahme voraussichtlich nicht ins Gewicht fallen. Die Beschränkung ist aktenkundig zu machen. Die ausgeschiedenen Handlungen können nicht wieder in das Disziplinarverfahren einbezogen werden, es sei denn, die Voraussetzungen für die Beschränkung entfallen nachträglich. Werden die ausgeschiedenen Handlungen nicht wieder einbezogen, können sie nach dem unanfechtbaren Abschluss des Disziplinarverfahrens nicht Gegenstand eines neuen Disziplinarverfahrens sein.

Diese Vorschrift regelt die Möglichkeit der Einbeziehung neuer Handlungen in ein bereits eingeleitetes Disziplinarverfahren (Abs. 1) – was nach altem Recht gem. § 62 Abs. 2 BDO dem Untersuchungsführer im Benehmen mit dem Bundesdisziplinaranwalt vorbehalten war – und die Konzentration des Disziplinarverfahrens auf die wesentlichen Vorwürfe sowie das Ausscheiden nebensächlicher Vorwürfe. **1**

Abs. 1 bestimmt, dass ein Disziplinarverfahren nach seiner Einleitung bis zu einer Abschlussentscheidung des Dienstherrn – unabhängig davon, ob Einstellung (§ 32), der Erlass einer Disziplinarverfügung (§ 33) oder die Erhebung der Disziplinarklage (§ 34) ist – jederzeit auf neue Handlungen ausgedehnt werden kann. Das Gesetz stellt als entscheidenden Zeitpunkt auf den Erlass der Entscheidung ab. Dies ist der Zeitpunkt, in dem die Entscheidung nicht verändert werden kann, mithin spätestens der Zeitpunkt, in dem sie ausgefertigt wird. Dieser Zeitpunkt ergibt sich aus den Akten und ist ggf. durch Akteneinsicht festzustellen. Wurde die Ausdehnung nach der Entscheidung vorgenommen, darf sie nach dem klaren Wortlaut des Gesetzes bei der Bemessung der Maßnahme nicht berücksichtigt werden. Die Ausdehnung darf nur auf solche Handlungen vorgenommen werden, die den Verdacht eines Dienstvergehens rechtfertigen. Die Ausdehnung und der Zeitpunkt der Ausdehnung sind nach Abs. 1 Satz 2 aktenkundig zu machen. Dies ist zum einen erforderlich, um für **2** den Beamten Klarheit über die ihm gegenüber erhobenen Vorwürfe zu schaffen, zum anderen ist es notwendig, um feststellen zu können, ob die Ausdehnung rechtzeitig vor der Entscheidung des Dienstherrn nach Satz 1 geschehen ist.

3 **Abs.** 2 schafft erstmals im Disziplinarrecht die Möglichkeit der Konzentration des Verfahrens auf die für den Ausgang des Verfahrens maßgeblichen Vorwürfe. Die jetzige Vorschrift ermöglicht es dem Dienstherrn, im Disziplinarverfahren von der Ermittlung auch in nebensächlichen, geringfügigen Vorwürfen abzusehen, wenn daneben schwerwiegendere Vorwürfe erhoben werden. Insoweit folgt das BDG bereits bestehenden Regelungen in verschiedenen Landesdisziplinargesetzen. Vermieden wird damit, dass die Aufklärung nebensächlicher Vorwürfe das gesamte Disziplinarverfahren unangemessen verzögert. Im Interesse der Beschleunigung der Verfahren ist damit eine Regelung geschaffen worden, einzelne Handlungen, die für die zu erwartende Disziplinarmaßnahme voraussichtlich nicht ins Gewicht fallen, aus dem Verfahren herauszunehmen. Da dadurch eine Beschleunigung erreicht werden soll, bedeutet das nicht nur, dass die entsprechenden Handlungen nach den Ermittlungen unberücksichtigt bleiben können. Vielmehr ist es so, dass zu diesen Handlungen von vornherein nicht ermittelt werden muss.

4 Nach § 19 Abs. 2 Satz 3 dürfen diese Vorwürfe, sobald sie ausgeschieden sind, nicht wieder in das Disziplinarverfahren einbezogen werden. Sie müssen dann grundsätzlich zukünftig unberücksichtigt bleiben. Eine Ausnahme ergibt sich nur dann, wenn die Voraussetzungen für das Ausscheiden nachträglich wegfallen. Dies ist z. B. dann der Fall wenn die »Haupttat« nicht nachweisbar ist und das Verfahren wegen dieses Vorwurfs eingestellt wird. Ist jedoch eine Entscheidung im Disziplinarverfahren unanfechtbar geworden, so können die in diesem Zeitpunkt ausgeschiedenen Vorwürfe auf Dauer nicht mehr in zukünftigen Disziplinarverfahren berücksichtigt werden.

Kapitel 2
Durchführung

§ 20 Unterrichtung, Belehrung und Anhörung des Beamten

(1) Der Beamte ist über die Einleitung des Disziplinarverfahrens unverzüglich zu unterrichten, sobald dies ohne Gefährdung der Aufklärung des Sachverhalts möglich ist. Hierbei ist ihm zu eröffnen, welches Dienstvergehen ihm zur Last gelegt wird. Er ist gleichzeitig darauf hinzuweisen, dass es ihm freisteht, sich mündlich oder schriftlich zu äußern oder nicht zur Sache auszusagen und sich jederzeit eines Bevollmächtigten oder Beistands zu bedienen.
(2) Für die Abgabe einer schriftlichen Äußerung wird dem Beamten eine Frist von einem Monat und für die Abgabe der Erklärung, sich mündlich äußern zu wollen, eine Frist von zwei Wochen gesetzt. Hat der Beamte rechtzeitig erklärt, sich mündlich äußern zu wollen, ist die Anhörung innerhalb von drei Wochen nach Eingang der Erklärung durchzuführen. Ist der Beamte aus zwingenden Gründen gehindert, eine Frist nach Satz 1 einzuhalten oder einer Ladung zur mündlichen Verhandlung Folge zu leisten, und hat er dies unverzüglich mitgeteilt, ist die maßgebliche Frist zu verlängern oder er erneut zu laden. Die Fristsetzungen und Ladungen sind dem Beamten zuzustellen.

§ 20 BDG

(3) Ist die nach Absatz 1 Satz 2 und 3 vorgeschriebene Belehrung unterblieben oder unrichtig erfolgt, darf die Aussage des Beamten nicht zu seinem Nachteil verwertet werden.

§ 20 regelt die Unterrichtung, Belehrung und Anhörung von Beamten im Rahmen von Disziplinarverfahren. Die Vorschrift nimmt im Wesentlichen die Regelungen des früheren § 26 Abs. 2 BDO auf. 1

Die Neuregelung verwendet nicht mehr den Begriff des Verteidigers wie ehemals § 26 Abs. 2 BDO, sondern hat diesen durch die Begriffe »Bevollmächtigter« und »Beistand« ersetzt. Dies ist angesichts der Änderung der Bezugnahme vom Strafrecht zum Verwaltungsrecht in § 3 konsequent. Die Begriffe »Bevollmächtigter« und »Beistand« ergeben sich damit aus § 14 VwVfG für das behördliche Disziplinarverfahren und aus § 67 VwGO für das gerichtliche Verfahren. Bevollmächtigter oder Beistand kann mit Ausnahme des vor den OVG/VGH und dem BVerwG bestehenden Anwaltszwangs jeder sein, es bestehen insoweit keine besonderen Voraussetzungen. Hinzuweisen ist auf § 67 Abs. 1 Sätze 6 und 7 VwGO. Danach können auch Angestellte und Mitglieder einer Gewerkschaft in Beamtenangelegenheiten – damit auch in Disziplinarverfahren – vor dem OVG/VGH als Bevollmächtigte auftreten, soweit sie kraft Satzung oder Bevollmächtigung zur Vertretung befugt sind. Dies gilt für alle Gewerkschaftssekretäre, die im Rahmen ihrer Aufgaben als Angestellte einer Gewerkschaft auch mit der Rechtsvertretung von Mitgliedern befasst sind. Sie können auch vor dem OVG/VGH als Prozessbevollmächtigte auftreten. Gleiches gilt nach § 67 Abs. 1 Satz 7 auch für Mitarbeiter der »Rechtsschutz-GmbH« des DGB. Dies stellt zum alten Recht in zweierlei Hinsicht eine Änderung dar: Zum einen können nunmehr auch Gewerkschaftssekretäre – auch Nichtjuristen – in Berufungsverfahren auftreten. Dies konnten sie angesichts des Anwaltszwangs vor dem BVerwG als Berufungsinstanz unter Geltung der BDO nicht. Allein die Revisionsinstanz ist ihnen, soweit sie über keine Anwaltszulassung verfügen, weiterhin versperrt. Zum anderen ist die Streitfrage, ob Mitarbeiter der DGB-Rechtsschutz-GmbH als Vertreter von Beamten wirksam als Bevollmächtigte Rechtsmittel einlegen können, obsolet geworden. Dies war in der Vergangenheit angesichts des Fehlens einer ausdrücklichen Regelung in der BDO, die mit § 67 Abs. 1 Satz 7 VwGO vergleichbar gewesen wäre, umstritten. 2

§ 20 regelt die Rechtsstellung des Beamten im Ermittlungsverfahren. Dabei lässt Abs. 1 Satz 1 zu, dass das Verfahren zunächst beginnt, ohne dass der betroffene Beamte angehört wird. Sobald es ohne Gefährdung des Ermittlungszwecks möglich ist, ist diesem aber Gelegenheit zu geben, sich zu äußern. Eine Anhörung im Verlustfeststellungsverfahren nach § 9 BBesG ersetzt die Anhörung nach § 20 nicht. Der Beamte sollte schon aus Zweckmäßigkeitsgründen aber möglichst früh gehört werden. Im Disziplinarverfahren ist der Ermittlungszweck in der Regel nicht gefährdet, wenn der Beamte durch Anhörung von dem Verfahren Kenntnis erhält. Sobald Ermittlungen beginnen, ist das in einer Dienststelle sowieso nicht geheim zu halten. Die Anhörung nach Abs. 1 soll in erster Linie zur Sachaufklärung führen. Vor ihrem Beginn **ist** der Beamte nach Abs. 1 Satz 2 über die ihm zur **Last gelegte Verfehlung** zu unterrichten. Ebenso ist er nach Abs. 1 Satz 3 zu **belehren.** Der Beamte hat nach Abs. 2 folgende Möglichkeiten: Er kann sich bereit erklären, sofort mündlich auszusagen. Dann kann alsbald die Vernehmung zur Person und zur Sache erfolgen. Er kann weiterhin erklären, er sei zwar grundsätzlich zur Aussage bereit, wolle 3 jedoch zunächst einen Bevollmächtigten als Verteidiger befragen. Dann muss der Ermittlungsführer die Anhörung bereits vor der Anhörung zur Person abbrechen. Er muss einen neuen Termin bestimmen, der dem Beamten ausreichend Zeit lässt, einen Verteidiger auszuwählen und die Sache mit ihm zu besprechen. Dazu muss der Termin in der Regel mehrere Tage später gelegt werden. Eine kurze Unterbrechung der Verhandlung genügt normalerweise nicht, weil nicht sichergestellt ist, dass der Verteidiger alsbald erreichbar ist. In diesen Fällen ist jedoch die in Abs. 2 Satz 2 neu eingeführte Frist von drei Wochen zu beachten. In der genannten Frist ist die Anhörung anzuordnen. In den Fällen, in denen der Beamte erklärt, er wolle sich schriftlich äußern, ist ihm eine Frist von einem Monat zur Äußerung zu setzen. Auch dies stellt eine konkrete Ausgestaltung des Beschleunigungsgrundsatzes des § 4 dar. Ist der Beamte aus zwingenden Gründen daran gehindert, die Fristen einzuhalten oder der Ladung zur mündlichen Anhörung zu folgen, so ist die Frist zu verlängern bzw. er neu zu laden (Abs. 2 Satz 3). Der Beamte kann weiterhin erklären, er wolle sich zwar schriftlich oder mündlich äußern, bittet aber den Ermittlungsbeamten, die zu stellenden Fragen schriftlich zu formulieren oder ihm zuzusenden.

4 Schließlich kann der Beamte erklären, er wolle überhaupt nicht aussagen. Dann kann er jedenfalls die Aussage zur Sache verweigern. Über jede Anhörung ist im Übrigen eine **Niederschrift** anzufertigen (§ 28). Sagt der Beamte aus, so unterliegt er nicht der Wahrheitspflicht (entgegen st. Rspr. der BeamtenD-Senate im Gegensatz zu den WD-Senaten; im Einzelnen dazu B. II. 8. Rn. 8). Wie im Strafprozessrecht muss dem Betroffenen das Recht zur Lüge zugebilligt werden, will er sich effektiv verteidigen können. Daran ändert auch die nunmehrige Bezugnahme auf das Verwaltungsrecht nichts. § 20 folgt immer noch der Grundkonstruktion, dass gegen den Beamten ermittelt wird und dass dieser sich gegen Vorwürfe wehren muss, die ggf. auch strafrechtlich relevant sind. Unstreitig darf der Beamte in seiner strafrechtlichen Verteidigung lügen. Dieses Recht kann nicht dadurch unterlaufen werden, dass ihm im Disziplinarverfahren eine Wahrheitspflicht bei Äußerungen auferlegt wird. Dies umso weniger, als gerade in den Fällen, in denen Ermittlungsbeamte auch als Hilfsorgane der Staatsanwaltschaft tätig werden, für den Beamten überhaupt kein Unterschied besteht, ob er nun im Straf- oder im Disziplinarverfahren aussagt. Hinzu kommt, dass die Akten aus dem Disziplinarverfahren im Strafverfahren beigezogen werden und sich die Wahrheitspflicht damit auch auf das Strafverfahren auswirkt und faktisch zu einer Wahrheitspflicht auch im Strafverfahren wird. Dies widerspricht jedoch den klaren strafrechtlichen Verteidigungsmöglichkeiten und beschneidet die Rechte des Beamten in unangemessener und nicht hinnehmbarer Weise (so auch BayVGH v. 11. 7. 2007 – 16a D 06.85). Da § 20 nicht nur der Aufklärung des Sachverhalts dient, sondern auch den schutzwürdigen Interessen des Beamten, sollten gerade unerfahrene Beamte und Beamte des einfachen und mittleren Dienstes vom Dienstvorgesetzten oder Ermittlungsführer dringend auf die Möglichkeit, einen Verteidiger hinzuzuziehen, und die der schriftlichen Äußerung hingewiesen werden. Für Beamte besteht **keine Teilnahmeverpflichtung an Anhörungen** (vgl. GKöD-Weiß, § 26 Rn. 116; BVerwG, st. Rspr. E 73, 118; B. II. 5. Rn. 5, 10.; B. II. 7. Rn. 7; B. II. 8. Rn. 6). Von daher kann auch keine Mitteilungspflicht seitens des Beamten bestehen, wenn er nicht persönlich zur Anhörung kommen will. Beamte müssen sich die Entscheidung über eine Teilnahme an der Anhörung bis zum letzten Augenblick vorbehalten können. Hat der Beamte ein Geständnis abgelegt und widerruft er dieses, so ist dieser Widerruf nicht nach den Vorschriften über rechtsgeschäftliche Willenserklärungen gem. §§ 104ff. BGB zu behandeln. Die Würdigung der Richtigkeit des Geständnisses erfolgt nach dem Gebot der freien Beweiswürdigung gem. § 108 Abs. 1 Satz 1 VwGO (BVerwG v. 3.5.2007 – 2 C 30.05).

Eine Aussage, die bei **unrichtiger oder unterlassener Belehrung** zustande gekommen ist, ist später nicht verwertbar, so jetzt ausdrücklich Abs. 3. **5**

Im Übrigen steht dem Beamten das Recht auf **rechtliches Gehör** zu. Eine Verletzung dieses Rechts stellt allerdings einen Verfahrensmangel dar, der im nachfolgenden Verfahrensabschnitt geheilt werden kann (BVerwG v. 1.11.1985 – 1 DB 45.85; vgl. zum rechtlichen Gehör auch A. V. Rn.130). Das früher in § 26 Abs. 3 BDO geregelte Akteneinsichtsrecht ergibt sich nunmehr aus § 3 BDG i.V.m. § 100 VwGO für das gerichtliche Verfahren bzw. i.V.m. § 29 VwVfG für das behördliche Verfahren. Einer eigenständigen Regelung bedurfte es daher nicht mehr. Die Akteneinsicht nach Abschluss des Disziplinarverfahrens richtet sich nicht nach den Vorschriften des BDG, sondern nach den beamtenrechtlichen Vorschriften über die Einsicht in die Personalakten (BVerwG v. 8.5.2006 – 1 DB 1.06). **6**

Mit dem Ausschluss der Akteneinsicht wegen Gefährdung des Ermittlungszwecks sollte höchst zurückhaltend verfahren werden, weil dies wiederum den Beamten dazu veranlassen wird, ohne Akteneinsicht nicht auszusagen. Hierdurch käme es letztlich zu einer nicht wünschenswerten Verschleppung der Verfahren. Dem Beamten steht nach § 24 Abs. 4 grundsätzlich ein Anwesenheitsrecht bei Vernehmungen von Dritten zu. **7**

Ladungen sind grundsätzlich schriftlich, tunlichst gegen Empfangsbekenntnis, vorzunehmen. Ist dann ein Verteidiger bestellt, ist auch dieser zu laden. Nur dies entspricht dem Gebot der prozessualen Fürsorge und dem Schutzzweck des § 20. **8**

§ 21 Pflicht zur Durchführung von Ermittlungen, Ausnahmen

(1) Zur Aufklärung des Sachverhalts sind die erforderlichen Ermittlungen durchzuführen. Dabei sind die belastenden, die entlastenden und die Umstände zu ermitteln, die für die Bemessung einer Disziplinarmaßnahme bedeutsam sind. Der höhere Dienstvorgesetzte und die oberste Dienstbehörde können die Ermittlungen an sich ziehen.

(2) Von Ermittlungen ist abzusehen, soweit der Sachverhalt auf Grund der tatsächlichen Feststellungen eines rechtskräftigen Urteils im Straf- oder Bußgeldverfahren oder im verwaltungsgerichtlichen Verfahren, durch das nach § 9 des Bundesbesoldungsgesetzes über den Verlust der Besoldung bei schuldhaftem Fernbleiben vom Dienst entschieden worden ist, feststeht. Von Ermittlungen kann auch abgesehen werden, soweit der Sachverhalt auf sonstige Weise aufgeklärt ist, insbesondere nach der Durchführung eines anderen gesetzlich geordneten Verfahrens.

§ 21 tritt an die Stelle des ehemaligen § 26 Abs. 1 Satz 2 BDO und ersetzt den Begriff »Vorermittlungen« im Rahmen der Abschaffung der doppelten Ermittlungen nach der BDO (verwaltungsinterne Vorermittlungen zum einen und Ermittlungsverfahren durch einen Ermittlungsführer) durch den Begriff »Ermittlungen«. **1**

2 Die Ermittlungen erfolgen nunmehr abweichend vom bisherigen Recht nicht mehr nach den Regeln der StPO, sondern nach den Regeln des Verwaltungsverfahrens. Hiervon werden Ausnahmen nur im Rahmen der nachfolgenden Vorschriften zur Beweiserhebung gemacht. Dies betrifft auch die Regelungen zur Zuständigkeit bei der Durchführung der Ermittlungen. Diese richten sich jetzt nach den verwaltungsinternen Vorschriften. Insoweit wird auf die Ausführungen unter § 17 verwiesen. Ausdrücklich abgesehen wurde in diesem Zusammenhang davon, eine dem bisherigen unabhängigen Untersuchungsführer nachempfundene Einrichtung zu schaffen. Die damit einhergehende Zuweisung der Ermittlungen an die Dienstvorgesetzten soll – so die Gesetzesbegründung – eine flexible, der beschleunigten Durchführung der Ermittlungen dienende Handhabung ermöglichen. Eine einzelfallbezogene Auswahl geeigneter Personen, die die Ermittlungen durchführen, soll dann ebenso möglich sein wie die Einrichtung fester Dienstposten, deren Inhaber sämtliche in dem jeweiligen Geschäftsbereich anfallenden Ermittlungen durchführen. Weshalb diese Struktur eine schnellere, flexiblere Durchführung der Ermittlungen gewährleisten soll, erschließt sich nicht. Mit der Einrichtung ständiger Dienstposten für die Ermittlungen wird nichts anderes fortgeschrieben, als dies bislang durch den Einsatz von Ermittlungsführern geschehen ist. Der Unterschied besteht alleine darin, dass nunmehr eine in die Verwaltung eingebundene Einrichtung anstelle der unabhängigen Ermittler gesetzt wird. Die bisherigen Erfahrungen mit den Vorermittlungen – bei denen es sich um verwaltungsinterne Ermittlungen gehandelt hat – gibt zu der Befürchtung Anlass, dass zukünftig mit einem Qualitätsverlust bei den Ermittlungen zu rechnen ist. Auf § 17 Rn. 4 wird verwiesen.

3 Es ist nicht ersichtlich, weshalb der gleiche Effekt der Verschlankung des Verfahrens stattdessen – unter Beibehaltung des Disziplinaranwaltes – nicht auch durch die Abschaffung der Verwaltungsermittlung hätte erreicht werden können und dabei auch der Schutz der Beamten gewährleistet worden wäre. Der damit zusammenhängende Bruch in der Systematik – Einbindung in die Verwaltungsstruktur – wäre im Vergleich mit den Vorteilen, die sich ergeben hätten, nicht gravierend. Hier kommt den Gerichten eine wichtige Rolle bei der Bewertung der vorgelegten Beweise zu. In den Fällen jedoch, in denen der Dienstherr im Rahmen der Disziplinarverfügung ohne vorherige gerichtliche Kontrolle eine Maßnahme verhängen darf, steht zu befürchten, dass die Beamten häufiger davor zurückschrecken, die Maßnahme gerichtlich überprüfen zu lassen. Hier werden die Personal- und Betriebsräte eine wichtige Kontrollfunktion im Rahmen ihrer Beteiligung auszuüben haben.

4 Wird gegen Beamte ermittelt, die bei privatisierten Unternehmen beschäftigt sind, so können diese Ermittlungen zukünftig, ebenso wie bisher schon die Vorermittlungen, von Beschäftigten dieser privatisierten Unternehmen durchgeführt werden.

5 Zulässig ist es nach der Neufassung des Gesetzes, dass nunmehr auch mehrere Beschäftigte mit den Ermittlungen in einem Disziplinarverfahren beauftragt werden. Dies dürfte als Ausfluss des Beschleunigungsgebotes des § 4 insbesondere in umfangreichen Verfahren angezeigt sein. Aus dem Beschleunigungsgebot ergibt sich ebenfalls, dass diejenigen Beschäftigten, die mit den Ermittlungen beauftragt sind, soweit sie dies nicht im Hauptamt wahrnehmen, von anderen Tätigkeiten in dem Umfang entlastet werden müssen, der notwendig ist, um die Ermittlungen zu einem zügigen Abschluss zu bringen.

Die in § 21 geregelte Ermittlung ist nicht nur für die Erstellung der Disziplinarklage von Bedeutung, sie ist vielmehr Grundlage der Entscheidung für die Disziplinarverfügung. Die Untersuchung dient der **umfassenden Aufklärung.** Dabei sind nicht nur alle Aspekte des Sachverhalts zu erforschen, sondern auch die Umstände, die für die Bemessung der Disziplinarmaßnahme von Bedeutung sein können. Es gilt der Grundsatz der **Unmittelbarkeit,** woraus sich auch das jederzeitige Teilnahmerecht des Beamten ergibt (§ 24 Abs. 5). 6

Lediglich bei unbestrittenem oder gem. § 23 bindendem Sachverhalt kann deshalb auch auf das Ermittlungsverfahren verzichtet werden. 7

Abs. 1 Satz 1 bestimmt als Grundsatz die **Ermittlungspflicht.** Der Begriff der Ermittlung ist im Gesetz nicht näher bestimmt. Sie bestimmt sich nach den verwaltungsrechtlichen Vorschriften. 8

Nur in den Ausnahmefällen des Abs. 2 darf die Einleitungsbehörde von der Durchführung der Ermittlung **absehen.** 9

§ 22 Zusammentreffen von Disziplinarverfahren mit Strafverfahren oder anderen Verfahren, Aussetzung

(1) Ist gegen den Beamten wegen des Sachverhalts, der dem Disziplinarverfahren zugrunde liegt, im Strafverfahren die öffentliche Klage erhoben worden, wird das Disziplinarverfahren ausgesetzt. Die Aussetzung unterbleibt, wenn keine begründeten Zweifel am Sachverhalt bestehen oder wenn im Strafverfahren aus Gründen nicht verhandelt werden kann, die in der Person des Beamten liegen.
(2) Das nach Absatz 1 Satz 1 ausgesetzte Disziplinarverfahren ist unverzüglich fortzusetzen, wenn die Voraussetzungen des Absatzes 1 Satz 2 nachträglich eintreten, spätestens mit dem rechtskräftigen Abschluss des Strafverfahrens.
(3) Das Disziplinarverfahren kann auch ausgesetzt werden, wenn in einem anderen gesetzlich geordneten Verfahren über eine Frage zu entscheiden ist, deren Beurteilung für die Entscheidung im Disziplinarverfahren von wesentlicher Bedeutung ist. Absatz 1 Satz 2 und Absatz 2 gelten entsprechend.

Diese Vorschrift ersetzt § 17 BDO und regelt die Konkurrenz des behördlichen Disziplinarverfahrens zu anderen Verfahren, insbesondere zum Strafverfahren. Einer Sondervorschrift im Hinblick auf das gerichtliche Verfahren bedarf es nicht; dieses richtet sich nach § 94 VwGO, welche durch die allgemeine Verweisungsklausel des § 3 in Bezug genommen ist. 1

Zunächst muss entsprechend dem Legalitätsgrundsatz aus § 17 Abs. 1 auch in diesen Fällen immer ein Ermittlungsverfahren eingeleitet werden. Das eingeleitete Verfahren muss dann nach dem insoweit klaren Wortlaut des Abs. 1 Satz 1 (»wird . . . ausgesetzt«) ausgesetzt werden. Hiervon macht Abs. 1 Satz 2 dann wiederum Ausnahmen, soweit keine begründeten Zweifel am Sachverhalt bestehen oder im Strafverfahren aus Gründen, die in der Person des Beamten liegen, nicht verhandelt werden kann. In diesen Fällen ist dann genauso zwingend (»Die Aussetzung unterbleibt . . .«) von einer Aussetzung abzusehen und sind die Ermittlungen weiterzuführen. 2

Ziel des **§ 22 Abs. 1** ist es, den **Vorrang des Strafverfahrens** vor einem in gleicher Sache eingeleiteten Disziplinarverfahren festzulegen. Voraussetzung ist Identität von Person und Gegenstand. Deshalb kann zwar nach § 17 Abs. 1 ein Disziplinarverfahren eingeleitet werden, obwohl in einem gleichge- 3

§ 22 BDG

lagerten Strafverfahren bereits öffentliche Klage erhoben ist. Es ist aber bis zur Beendigung des strafrechtlichen Verfahrens auszusetzen (**Aussetzungszwang**). Über den Rahmen des § 17 hinaus gibt es keine Aussetzungsmöglichkeiten für die Behörden (anders für die Gerichte vgl. § 94 VwGO).

4 Voraussetzung der Aussetzung ist nach dem Wortlaut des § 22 Abs. 1 Satz 1 die **Erhebung der öffentlichen Klage** im Strafverfahren (BVerwG v. 11.12.1973 – 1 D 54.73). Diese ist dann erhoben, wenn die Anklageschrift der Staatsanwaltschaft oder der Antrag auf gerichtliche Voruntersuchung dem Gericht zugegangen ist, das zur Entscheidung über die Eröffnung des Hauptverfahrens berufen ist (§§ 179, 199 StPO). Der Erhebung der öffentlichen Klage wird man die Eröffnung des Hauptverfahrens im Privatklageverfahren bzw. die Anordnung des Hauptverhandlungstermins im Strafbefehlsverfahren gleichstellen müssen, weil Urteile hier ebenfalls Bindungswirkung auslösen (so Behnke-Amelung, § 17 Rn. 6; Claussen/Janzen, § 17 Rn. 2 a). Solange das Strafverfahren sich noch im Stadium der polizeilichen oder staatsanwaltschaftlichen Ermittlungen oder der gerichtlichen Voruntersuchung befindet, kann das Disziplinarverfahren fortgesetzt, nach Abs. 3 aber auch ausgesetzt werden.

5 Die zulässige **Einleitung** des Disziplinarverfahrens nach **Erhebung der öffentlichen Anklage** muss unter Berücksichtigung des **Beschleunigungsgrundsatzes,** der gerade auch im Interesse der betroffenen Beamten gilt, gesehen werden. Ebenso ist in diesem Zusammenhang zu beachten, dass die Einleitungsverfügung Voraussetzung für bedeutsame disziplinarrechtliche Nebenentscheidungen, wie etwa für die vorläufige Dienstenthebung und die Einbehaltung eines Teils der Dienstbezüge nach § 38 ist.

6 Bei gesicherter Sachaufklärung besteht eine **Ausnahme vom Aussetzungszwang** (BVerwGE 63, 179). I. S. d. Abs. 1 Satz 2 bedarf es nicht erst der Aussetzung, bevor fortgesetzt werden kann. Allerdings müssen insoweit wegen der Bedeutung der Bindungsvorschrift des § 23 Abs. 1 ebenso strenge Anforderungen wie zu Abs. 1 Satz 2 (vgl. Rn. 11) gestellt werden.

7 Ist von mehreren disziplinarrechtlichen Vorwürfen nur einer Gegenstand eines Strafverfahrens, gilt der Aussetzungszwang nur für diesen (Behnke-Amelung, § 17 Rn. 8; Claussen/Janzen, § 17 Rn. 3 b). Der Grundsatz der Einheit des Dienstvergehens steht allerdings grundsätzlich einer isolierten Fortsetzung des Disziplinarverfahrens wegen einzelner Teilvorwürfe entgegen (A. I. Rn. 2, 11, 18).

8 Für die Aussetzung gibt es keine besonderen **Formvorschriften.** Sie ist jedoch förmlich, also schriftlich oder durch Verkündung im Termin (Aufnahme ins Protokoll) und nach den Voraussetzungen des § 22 vorzunehmen. Stillschweigende Aussetzung im Sinne bloßen Wartens auf eine vorgreifliche Entscheidung ist unzulässig (BVerwGE 53, 304). Bei Aussetzung durch die Einleitungsbehörde ist ein schriftlicher Bescheid erforderlich.
Für die Aussetzung durch das Gericht vgl. § 94 VwGO.

9 Ein Verstoß gegen den Aussetzungszwang ist ein Verfahrensmangel, der allerdings nicht zur Unwirksamkeit gleichwohl vorgenommener Prozesshandlungen führt (Claussen/Janzen, § 17 Rn. 9 c). Die Aussetzung nach § 22 betrifft nur das Verfahren selbst, nicht dagegen die unabhängig davon mögliche Einleitung oder Durchführung von Maßnahmen nach den § 38 (BVerwG v. 4.5.1984 – 1 DB 11.84).

10 Abs. 1 Satz 2 tritt an die Stelle des § 17 Abs. 3 BDO und ändert diesen. Anstelle der in § 17 BDO enthaltenen »Kann-Bestimmung« tritt die Regelung, dass in

§ 22 BDG

den Fällen, in denen keine begründeten Sachverhaltszweifel bestehen, eine Aussetzung nicht mehr möglich ist. Das Ermittlungsverfahren ist dann mit der gebotenen Beschleunigung weiterzuführen. Die veränderte Formulierung »wenn keine begründeten Zweifel am Sachverhalt bestehen« anstelle von »wenn die Sachaufklärung gesichert ist« aus § 17 BDO soll nach dem erklärten Willen des Gesetzgebers keine sachliche Änderung darstellen, sondern nur die praktische Handhabung der Vorschrift erleichtern.

Aus dem Sinn dieser Vorschrift – der Vermeidung sich widersprechender Entscheidungen – und dem Ausnahmecharakter der Regelung in Abs. 1 Satz 2 ergibt sich, dass diese Vorschrift eng auszulegen ist und an die Prüfung, ob die tatbestandlichen Vorraussetzungen erfüllt sind, strenge Kriterien anzulegen sind. Keine begründeten Zweifel am Sachverhalt bestehen z. B. dann, wenn ein glaubwürdiges Geständnis vorliegt oder wenn der Beamte auf frischer Tat ertappt wird. Zum zweifelsfrei geklärten Sachverhalt sind aber auch die subjektiven Voraussetzungen zu rechnen. Sind demnach Untersuchungen zur Schuldfähigkeit notwendig, ist der Sachverhalt auch bei einem zweifelsfreien objektiven Tatbestand nicht geklärt und die Voraussetzungen des Abs. 1 Satz 2 liegen nicht vor. Bedenken, ob der Sachverhalt zweifelsfrei geklärt ist, bestehen auch dann, wenn z. B. bei Zugriffsdelikten die Frage, ob Milderungsgründe vorliegen, noch geklärt werden muss. **11**

Wird im Strafverfahren das **Rechtsmittel** auf das Strafmaß **beschränkt,** ist das Disziplinarverfahren **fortzuführen,** weil die einen rechtskräftige Schuldspruch tragenden tatsächlichen Feststellungen des Untergerichts rechtsbeständig und nach § 23 Abs. 1 bindend geworden sind. Der Zweck der Verfahrensaussetzung ist damit erreicht. Dies gilt in diesen Fällen auch, wenn der Beamte im höheren Rechtszug nicht verurteilt, sondern das Verfahren gem. § 153 oder § 153 a StPO eingestellt wird, weil die tatsächlichen Feststellungen des unteren Gerichts in objektiver und subjektiver Hinsicht infolge der Beschränkung des Rechtsmittels auf das Strafmaß vor der Einstellung unangreifbar geworden sind (BVerwG, DÖV 1987, 291, horizontale Rechtskraftwirkung). **12**

Das Disziplinarverfahren muss nach Abs. 1 Satz 2 2. Alt. auch weitergeführt werden, wenn das Strafverfahren, gleichgültig in welchem Stadium, aus Gründen zum Stillstand gekommen ist, die **in der Person** des Beamten liegen. Solche Gründe sind etwa lang andauernde Krankheit, die zur Verhandlungsunfähigkeit führt, unbekannter Aufenthaltsort oder Flucht.

Wird das Disziplinarverfahren vor Abschluss des vorgreiflichen Strafverfahrens fortgesetzt und ergeht in Letzterem eine von der Disziplinarentscheidung abweichende Tat- und Schuldentscheidung, so ist das Disziplinarurteil zu korrigieren, und zwar durch Wiederaufnahme des Verfahrens nach § 71 Abs. 1 Nr. 8. Auch bei gleicher Tat- und Schuldentscheidung kann eine Auswirkung auf das Disziplinarurteil entstehen, wenn nämlich das Beamtenverhältnis nach § 41 BBG wegen des Strafurteils endet. **13**

Abs. 2 enthält die Regelung für die Fälle, in denen nach einer Aussetzungsentscheidung eine Sachverhaltsaufklärung eintritt. In diesen Fällen muss das Disziplinarverfahren unverzüglich fortgeführt werden. Es ist kein Raum für eine Ermessensentscheidung, wie dies nach altem Recht noch möglich war. Auch dies stellt eine Konkretisierung des in § 4 enthaltenen Beschleunigungsgrundsatzes dar. **14**

Abs. 3 ersetzt zum einen die Regelung des § 17 Abs. 2, übernimmt jedoch zusätzlich die Vorschrift des Abs. 1 Satz 2 auch in diesen Fällen der Aussetzung. **15**

§ 22 BDG

16 **Nach Abs. 3 kann** das Verfahren auch ausgesetzt werden, wenn in einem anderen gesetzlich geordneten Verfahren über eine Frage entschieden wird, die für das Disziplinarverfahren von **wesentlicher Bedeutung** ist. Hierunter fallen nicht nur alle Gerichtsverfahren außer dem strafgerichtlichen – für dieses gilt Abs. 1 –, sondern auch andere Verfahren, deren rechtsstaatlicher Gang durch formelle Rechtsnormen geregelt ist, also etwa die Vorverfahren vor Anrufung des Verwaltungsgerichts (§§ 68-80 VwGO) und des Sozialgerichts (§§ 77-86 SGG) sowie das staatsanwaltschaftliche und polizeiliche Ermittlungsverfahren, was sich zu Letzterem aus der Geltung der Bestimmungen der StPO zur Aussagefreiheit von Beschuldigten und Zeugen, Belehrungspflichten usw. ergibt (BVerwGE 63, 339). Die Voraussetzungen erfüllt auch ein Verfahren nach § 9 BBesG über den Verlust der Besoldung im Fall eines schuldhaften Fernbleibens vom Dienst.

17 Das andere gesetzlich geordnete Verfahren muss für die Entscheidung des Disziplinarverfahrens von **wesentlicher Bedeutung** (vorgreiflich) sein. Hierher kann z. B. ein Verwaltungsstreitverfahren gehören, in dem es um die Rechtswirksamkeit einer beamtenrechtlichen Weisung des Dienstvorgesetzten geht, wenn deren Nichtbefolgung dem Betroffenen als Dienstvergehen zur Last gelegt wird. So hat z. B. das BDiG die Beantwortung der dem BVerfG mit Verfassungsbeschwerde vorgelegten Frage, ob die Weisung der Deutschen Bundespost an einen Beamten, sich einer Sicherheitsüberprüfung zu unterziehen, den Beamten in seinen Grundrechten verletzt, als vorgreiflich i. S. d. § 17 Abs. 2 BDO angesehen und ein eingeleitetes förmliches Verfahren bis zur Entscheidung des BVerfG ausgesetzt (BDiG v. 20. 6. 1987 – XIII VL 1/87). Das BVerwG hat im gleichen Verfahren die Aussetzung nach § 17 Abs. 2 BDO wegen eines noch anhängigen Verfahrens zur Sicherheitsüberprüfung abgelehnt (BVerwG – 1 D 44.90 – Dok. Ber. 1991, 315.) Es hat darauf hingewiesen, die **Aussetzung** des Verfahrens nach § 17 Abs. 2 BDO stehe im **Ermessen** des Gerichts, das zu entscheiden habe. Im anhängigen Verfahren sei nicht zu erwarten, dass die verwaltungsgerichtliche Entscheidung für den Ausgang des Disziplinarverfahrens von wesentlicher Bedeutung sei. Dies wäre nur dann anzunehmen, wenn der Kläger im Verwaltungsstreitverfahren letztlich obsiegen würde. Davon könne aber aufgrund der vorliegenden Entscheidungen des BDiG, des OVG eines anderen Bundeslandes und der Nichtannahme der Verfassungsbeschwerde gegen das Urteil des genannten OVG durch das BVerfG nicht ausgegangen werden. Im Umkehrschluss hat damit das BVerwG die grundsätzliche Aussetzungsmöglichkeit in einem solchen Fall bejaht.

18 Das »andere Verfahren« des Abs. 3 muss nicht gegen den Beschuldigten anhängig sein. Vorgreiflich i. S. d. Abs. 3 kann auch ein Verfahren nach völkerrechtlichen Normen, etwa nach der Verfassung der Internationalen Arbeitsorganisation (ILO), sein. Das BVerwG hat zwar Vorgreiflichkeit i. S. d. § 17 Abs. 2 BDO in einem Verfahren verneint, in dem Aussetzung beantragt war wegen eines bei der ILO anhängigen Verfahrens gegen die Bundesrepublik Deutschland wegen der Disziplinierung politischer Betätigung, wegen Verletzung der so genannten Treuepflicht (BVerwG, Dok. Ber. 1987, 105). Es hat dies damit begründet, dass nach der ILO-Verfassung der Entscheidung des zuständigen Gremiums, des Untersuchungsausschusses, nur empfehlender Charakter beigemessen werden könne. Diese Auffassung ist abzulehnen; die »Empfehlungen« des zuständigen Untersuchungsausschusses werden nämlich, sofern die betroffene Regierung die Empfehlungen nicht annimmt und auch den Internationalen Gerichtshof nicht anruft, bindend (vgl. Art. 28-33 der ILO-Verfassung und Däubler, RiA 1985, 121 ff.; ebenso Weiß, ZBR 1985, 72; im Einzelnen B. II. 1. b Rn. 15). Weitere Beispiele der Vorgreiflichkeit: z. B. der im Verwaltungsstreitverfahren zu klärende Status des Betroffenen, da hiervon die disziplinare Verfolgbarkeit abhängt, oder generell im Verwaltungsrechtsweg zu klärende Rechtsfragen beamtenrechtlicher Art, etwa hinsichtlich einer Versetzung oder Abordnung, soweit hiervon bei der disziplinaren Beurteilung Rechtswidrigkeit oder Schuld abhängen. Auch Tatfragen können vorgreiflich sein, etwa Entscheidungen in einem bürgerlichen Rechtsstreit wegen unerlaubter Handlung (vgl. hierzu Claussen/Janzen, § 17 Rn. 6 b-d; Behnke-Amelung, § 17 Rn. 17).

Der Verweis in Abs. 3 Satz 2 auf Abs. 1 Satz 2 regelt, dass auch bei diesen Verfahren Aussetzungen nicht möglich sind, soweit die Bedingungen nach Abs. 1 Satz 2 erfüllt sind. **19**

§ 23 Bindung an tatsächliche Feststellungen aus Strafverfahren oder anderen Verfahren

(1) Die tatsächlichen Feststellungen eines rechtskräftigen Urteils im Straf- oder Bußgeldverfahren oder im verwaltungsgerichtlichen Verfahren, durch das nach § 9 des Bundesbesoldungsgesetzes über den Verlust der Besoldung bei schuldhaftem Fernbleiben vom Dienst entschieden worden ist, sind im Disziplinarverfahren, das denselben Sachverhalt zum Gegenstand hat, bindend.

(2) Die in einem anderen gesetzlich geordneten Verfahren getroffenen tatsächlichen Feststellungen sind nicht bindend, können aber der Entscheidung im Disziplinarverfahren ohne nochmalige Prüfung zugrunde gelegt werden.

§ 23 tritt an die Stelle des § 18 BDO und regelt die Bindungswirkung im behördlichen Verfahren. Für gerichtliche Verfahren stellt § 57 die einschlägige Norm dar. Der wesentliche Unterschied zwischen beiden Normen besteht darin, dass § 23 keine vergleichbarere Regelung zu § 57 Abs. 1 Satz 2 enthält. Damit sind die Verwaltungen an die Feststellungen in den dort genannten Verfahren ohne Lösungsmöglichkeit gebunden. Dies gilt auch in den Fällen, in denen die Verwaltungen aufgrund eigener Erkenntnisse zu anderen Schlüssen kommen. Unabhängig von diesen eigenen Erkenntnissen haben sie die rechtskräftigen Feststellungen für ihre Entscheidung im Disziplinarverfahren zugrunde zu legen. Eine Lösungsmöglichkeit besteht erst dann, wenn der Beamte in solchen Fällen gerichtlich gegen eine mögliche Disziplinarverfügung vorgeht und das Gericht sich über § 57 Abs. 1 Satz 2 lösen kann. Eine Begründung für diese unterschiedliche Regelung ergibt sich aus der Gesetzesbegründung nicht. Nahe liegende Vermutung ist, dass die Unrichtigkeit gerichtlicher Feststellungen ebenfalls nur durch ein Gericht, nicht durch einfache Verwaltungen festgestellt werden können soll. **1**

Ausdrücklich nicht in die Bindungswirkung mit einbezogen sind nach der Gesetzesbegründung Strafbefehle. **2**

Die Einbeziehung der Verfahren nach § 9 BBesG in die Bindungswirkung ist auch aus § 21 Abs. 2 konsequent, ist doch auch in diesen Fällen von weiteren Ermittlungen abzusehen. Das macht nur dann Sinn, wenn die Feststellungen aus diesen Verfahren auch in Bindungswirkung erwachsen und damit Zeitverzug durch anschließende, doppelte Ermittlungen vermieden wird. **3**

Im Übrigen wird auf die Kommentierung zu § 57 verwiesen. **4**

§ 24 Beweiserhebung

(1) Die erforderlichen Beweise sind zu erheben. Hierbei können insbesondere
1. schriftliche dienstliche Auskünfte eingeholt werden,
2. Zeugen und Sachverständige vernommen oder ihre schriftliche Äußerung eingeholt werden,
3. Urkunden und Akten beigezogen sowie
4. der Augenschein eingenommen werden.

(2) Niederschriften über Aussagen von Personen, die schon in einem anderen gesetzlich geordneten Verfahren vernommen worden sind, sowie Niederschriften über einen richterlichen Augenschein können ohne erneute Beweiserhebung verwertet werden.

(3) Über einen Beweisantrag des Beamten ist nach pflichtgemäßem Ermessen zu entscheiden. Dem Beweisantrag ist stattzugeben, soweit er für die Tat- oder Schuldfrage oder für die Bemessung der Art und Höhe einer Disziplinarmaßnahme von Bedeutung sein kann.

(4) Dem Beamten ist Gelegenheit zu geben, an der Vernehmung von Zeugen und Sachverständigen sowie an der Einnahme des Augenscheins teilzunehmen und hierbei sachdienliche Fragen zu stellen. Er kann von der Teilnahme ausgeschlossen werden, soweit dies aus wichtigen Gründen, insbesondere mit Rücksicht auf den Zweck der Ermittlungen oder zum Schutz der Rechte Dritter, erforderlich ist. Ein schriftliches Gutachten ist ihm zugänglich zu machen, soweit nicht zwingende Gründe dem entgegenstehen.

1   Diese Vorschrift normiert die Grundsätze für die Beweiserhebung im Disziplinarverfahren. Eine Vorgängervorschrift im eigentlichen Sinne bestand in der BDO nicht, da dort auf die Beweisregeln der Strafprozessordnung verwiesen wurde. Soweit die BDO im Einzelfall Regelungen enthalten hat (§§ 21 Abs. 1 Satz 2, 61 Abs. 2 BDO), sind diese in § 24 aufgegangen.

2   Abs. 1 zählt zunächst lediglich beispielhaft die wichtigsten Beweismittel auf. Diese Aufzählung ist nach dem Wortlaut des Abs. 1 (»insbesondere«) nicht abschließend. Andere Beweismöglichkeiten sind zulässig und auch im Rahmen der Ermittlungen zu nutzen.

3   Abs. 2 gibt den Stellen, die **Beweiserhebungen** anordnen, weitgehende **Freiheit in der Ausgestaltung des Verfahrens**. Die Stellen, die die Beweisaufnahme durchführen, entscheiden z. B., da der Grundsatz der Unmittelbarkeit der Beweisaufnahme im Disziplinarverfahren nicht gilt (bestätigend noch einmal BVerwG v. 8.9.1988 – 1 D 70.87), ob sie Zeugen selbst hören wollen oder ob sie Niederschriften über frühere Vernehmungen im gleichen Disziplinarverfahren verwerten. Auch über das Verfahren bei der Beweiserhebung und die jeweils in Betracht kommenden Beweismittel entscheiden sie selbst.

4   Abs. 2 nimmt die Regelungen des § 21 Abs. 1 Satz 2 BDO auf und ergänzt diese im Hinblick auf den richterlichen Augenschein.

5   **Niederschriften über Aussagen von Personen,** die schon in einem anderen **gesetzlich geordneten Verfahren** vernommen worden sind, können im Disziplinarverfahren, ohne nochmalige Vernehmung, verwertet werden. So können insbesondere Ermittlungsniederschriften, die Polizeibeamte oder andere Hilfsbeamte der Staatsanwaltschaften im Rahmen strafrechtlicher Ermittlungsverfahren anfertigen, grundsätzlich nach § 24 Abs. 1 Satz 2 zugrunde gelegt werden (BVerwG – 1 D 94.85; v. 27.2.1980 – 1 D 3.80). Weder im Ermittlungs-

verfahren noch im Verfahren vor dem Gericht dürfen die Freiheit in der Verwertung der Beweismittel und die Möglichkeit der Verwertung von Niederschriften zur **mangelhaften Sachaufklärung** führen. Diese Gefahr besteht insbesondere bei der Verwertung von Niederschriften. Häufig gibt eine Niederschrift eine Aussage nicht erschöpfend wieder, da der sie Aufnehmende oft seine eigene Interpretation und Vermutung einbringt. Die Glaubwürdigkeit eines Zeugen lässt sich ohne den persönlichen Eindruck selten beurteilen. Deshalb kann von der Möglichkeit, Niederschriften aus anderen Verfahren zu verwerten, nur mit Vorsicht Gebrauch gemacht werden. Dies gilt für das Untersuchungsverfahren wie für das Verfahren vor den Disziplinargerichten und für die Fälle, in denen in dem anderen Verfahren keine rechtsförmliche Untersuchung stattgefunden hat. Abs. 2 lässt überdies nur die Verwertung von Niederschriften über **Aussagen von Personen** und Augenschein zu, nicht aber über andere Beweiserhebungen (Urkundsbeweis). Sie müssen nach Maßgabe der Bestimmungen der StPO oder BDG entstanden sein. Allerdings ist es zulässig, etwa in einem anderen Verfahren gefertigte Skizzen und Pläne wie Tatortskizzen aus einem Strafverfahren, den Zeugen oder den Beamten im Disziplinarverfahren vorzulegen und entsprechende Vorhalte zu machen.

Zutreffend hat das BVerwG auf die **eingeschränkte Beweiskraft** eines **Protokolls** aus dem Strafverfahren hingewiesen (BVerwG v. 6.3.1991 – 1 D 52.90). In Strafverfahren ist es nämlich üblich, dass der protokollierte Text dem Aussagenden in der Hauptverhandlung nicht vorgelesen oder zur Genehmigung vorgelegt wird. Ein solches Protokoll hat daher nur eingeschränkte Beweiskraft, insbesondere kann nicht ausgeschlossen werden, dass ein Protokollführer, der den Fall nach allgemeiner Erfahrung wahrscheinlich nicht näher kennt, den Betroffenen hinsichtlich der Details missversteht. 6

Nach **Abs. 1 Satz 2 Nr. 1** sind dienstliche Auskünfte von Behörden und Beamten **schriftlich** anzufordern. Dabei sind **dienstliche Auskünfte** Mitteilungen über Geschehnisse, die die Stelle oder Person, die Auskunft erteilt, in **dienstlicher Eigenschaft** erfahren hat. Etwa solche über Dienstzeugnisse, Behördenaufbau, Dienstbetrieb, Persönlichkeit oder Werdegang von Betroffenen oder Zeugen. Keine dienstliche Auskunft liegt bei Angaben unmittelbar zum Hergang des vorgeworfenen Dienstvergehens vor; auch ist Schriftlichkeit der erbetenen dienstlichen Auskunft erforderlich (so auch Claussen/Janzen, § 21 Rn. 4). Die Bestimmung des Abs. 1 Satz 2 Nr. 1 ist aber eine bloße Formvorschrift, die Auskunft darüber erteilt, dass dort, wo Auskünfte zulässig sind, diese schriftlich einzufordern sind. § 24 Abs. 1 Satz 2 Nr. 1 kann deshalb materiell über eine Auskunftspflicht nichts aussagen. So kann aus § 24 Abs. 1 Satz 2 Nr. 1 etwa keine Pflicht einer Postbank abgeleitet werden, über § 6 des Postgesetzes hinaus Auskünfte zu geben, die nicht im Einklang mit dem Postgiro- oder Postsparkassengeheimnis stehen. Zutreffend weisen Claussen/Janzen darauf hin, dass § 24 auf das »Wie« einer Beweisaufnahme abstellt (Claussen/Janzen, § 21 Rn. 1). Zu trennen ist zwischen einer dienstlichen Auskunft i. S. v. § 24 Abs. 1 Satz 2 Nr. 1 einerseits und Äußerung zu einem Sachverhalt, der unmittelbar Gegenstand eigener Wahrnehmung durch ihren Verfasser ist (BVerwGE 63, 293). Im letzteren Fall kommt nur Zeugenvernehmung (mündlich) in Betracht bzw. Verwertung einer Zeugenniederschrift nach §§ 24 Abs. 1 Satz 2 Nr. 2, 25). 7

Eine Niederschrift ist nicht nur über Zeugenvernehmungen aufzunehmen, sondern über jede Beweiserhebung, etwa auch über die Einnahme des Augenscheins und bei Sachverständigengutachten, sofern diese nicht ohnehin 8

§ 24 BDG

schriftlich erstattet werden. Vor allem sollte die Niederschrift die Bekundungen der vernommenen Zeugen oder Sachverständigen möglichst genau wiedergeben.

9 Der Umstand, dass die Beschuldigten des Strafverfahrens abschließende Entscheidungen, die keine Bindungswirkung entfalten, akzeptiert haben (z. B. Einstellung nach § 153 a StPO), kann allein **nicht den Schluss auf Schuldgeständnis** rechtfertigen (BVerwG v. 26. 3. 1992 – 1 D 6.91; vgl. zur fortgeltenden Unschuldsvermutung Loewe/Rosenberg, StPO, § 153 a Rn. 8; BVerfG, Strafverteidiger 1987, 325).

10 **Abs. 3** ersetzt im Wesentlichen den früheren § 61 Abs. 2 BDO. Nicht übernommen wurde dabei der Bezug auf die Gewährung eines Unterhaltsbeitrags. Dies ist in der Folge der veränderten Regelung des Unterhaltsbeitrags in §§ 10, 12 konsequent. Die Gesetzesbegründung verweist in diesem Zusammenhang auf das gerichtliche Disziplinarverfahren als den Ort, an dem allein schon wegen der Aktualität der erhobenen Daten im Hinblick auf den Urteilszeitpunkt der richtige Platz sei.

11 Über Beweisanträge des Beamten ist nach Satz 1 nach pflichtgemäßem Ermessen zu entscheiden. Ihnen ist immer dann stattzugeben, wenn die Voraussetzungen des Satzes 2 vorliegen. Dem Dienstherrn steht dann kein Ermessen nach Satz 1 mehr zu. Es kommt dabei auf die reine Möglichkeit an, dass der Beweisantrag von Bedeutung sein kann. Vor diesem Hintergrund sind an Ablehnungen von Beweisanträgen strenge Anforderungen zu stellen. Gegen eine Ablehnung steht dem Beamten kein Rechtsmittel zu. Er kann jedoch den Antrag im gerichtlichen Verfahren wiederholen.

12 **Abs. 4** regelt die Möglichkeit des Beamten, Vernehmungen von Zeugen und Sachverständigen beizuwohnen und an Augenscheinsterminen teilzunehmen.

13 Der Beamte ist danach zu *allen* Beweiserhebungen zu laden. Nur bei Beschlagnahmungen und Durchsuchungen ist eine Beteiligung des Beamten nicht vorgesehen. Sie sind auch keine echten Beweiserhebungen, sondern Verfahren zur Beweissicherung. Werden bei Beschlagnahme oder Durchsuchungen gefundene Gegenstände im Verlauf des Verfahrens im Wege der Beweiserhebung durch Augenscheinseinnahme verwertet, so ist hierzu der Beamte selbstverständlich zu laden. Bei allen Beweiserhebungen haben der Beamte und der Verteidiger nicht nur das Recht zu erscheinen, sie wirken vielmehr an der Sachaufklärung mit. Sie können Anträge ebenso stellen wie Fragen sowie Anregungen zur Beweisaufnahme geben.

14 Der Beamte ist zur **Beweiserhebung** zu laden. Die Form der Ladung ist nicht ausdrücklich geregelt. Da es sich um das Untersuchungsverfahren mit für das Gerichtsverfahren verwertbaren Beweiserhebungen handelt, müssen dieselben Erfordernisse wie für das gerichtliche Verfahren gelten, also Zustellung. Bei der Ladung ist das konkrete Beweisthema bzw. der jeweilige Untersuchungsgegenstand anzugeben, damit der Beamte in der Lage ist, seine Verteidigung hierauf einzustellen. Wird der Beamte nicht ordnungsgemäß geladen, so ist hierin ein schwerer Verfahrensmangel zu sehen. Erhebt der Beamte keine Einwände gegen die nicht ordnungsgemäße Ladung und das Beweisergebnis, so ist eine Heilung des Verfahrensmangels möglich. Erscheint der Beamte trotz Ladung nicht zu einem Untersuchungstermin, so liegt hierin allerdings keine Verletzung des rechtlichen Gehörs. Teilt der Beamte rechtzeitig eine Verhinderung mit und macht dies glaubhaft, dann hat er zwar keinen formellen Anspruch auf eine Terminverlegung, einem entsprechenden Antrag ist aber regelmäßig stattzugeben, weil nur eine derartige Entscheidung der Verwirklichung des Anspruchs auf rechtliches Gehör dient. Ist die Ladung formlos erfolgt, so ist das Ergebnis der Untersuchungshandlung nur verwertbar, wenn der Beamte am Termin teilnahm.

Das Recht des Beamten auf Teilnahme an der Beweiserhebung kann nur **im Einzelfall** nach Abs. 4 Satz 2 **ausgeschlossen** werden, und zwar dann, wenn der Untersuchungsführer dies aus besonderen dienstlichen Gründen oder – hier liegt das Schwergewicht – mit Rücksicht auf den Untersuchungszweck für erforderlich hält. Die Beeinträchtigung des Untersuchungszwecks wird vor allem dann in Betracht kommen, wenn bei einer Zeugenvernehmung befürchtet werden muss, dass der Zeuge, etwa wenn ein Vorgesetzter angeschuldigt ist, in Anwesenheit des Beamten nicht unbefangen und damit womöglich auch nicht wahrheitsgemäß aussagen wird. Von der Möglichkeit des Ausschlusses ist aber sparsam Gebrauch zu machen, weil mit einem entsprechenden Ausschluss in das grundrechtlich gesicherte rechtliche Gehör des Beamten eingegriffen wird. Die Entscheidung wird nach pflichtgemäßem Ermessen getroffen. Sie bezieht sich nur auf die jeweilige, einzelne Beweiserhebung. Sie kann grundsätzlich nicht generell erfolgen. Nicht ausgeschlossen werden kann der Verteidiger. Ein unbegründeter Ausschluss führt wiederum zu einem, allerdings durch spätere Anhörung ggf. heilbaren, schweren Verfahrensmangel. **15**

Der Beamte und der Verteidiger sind berechtigt, während des gesamten Untersuchungsverfahrens die Akten des Disziplinarverfahrens sowie alle beigezogenen Akten und Schriftstücke **einzusehen.** Nach Absicht des Gesetzgebers soll dabei von der verbleibenden Möglichkeit, die Einsichtnahme zu versagen (soweit dies ohne Gefährdung des Untersuchungszwecks möglich ist), nur in engen Grenzen Gebrauch gemacht werden. Ebenso steht dem Beamten bzw. dem Bevollmächtigten das Recht zu, Fotokopien bzw. Abschriften auf eigene Kosten fertigen zu lassen. Akten, in die keine Einsicht genommen werden darf, dürfen im Disziplinarverfahren nicht verwendet werden (Behnke-Hardraht, § 61 Rn. 17). **16**

Nach Abs. 4 Satz 3 muss dem Beamten ein schriftliches Gutachten zugänglich gemacht werden. Von der Möglichkeit, ihm dies unter Verweis auf zwingende Gründe zu versagen ist zurückhaltend Gebrauch zu machen. An das Vorliegen solcher zwingender Gründe sind hohe Anforderungen zu stellen, da eine Versagung einen nachhaltigen Eingriff in die Verteidigungsmöglichkeiten darstellt. Als Ausnahmeregelung vom grundsätzlichen Recht auf Überlassung des Gutachtens ist die Vorschrift eng auszulegen. **17**

§ 25 Zeugen und Sachverständige

(1) Zeugen sind zur Aussage und Sachverständige zur Erstattung von Gutachten verpflichtet. Die Bestimmungen der Strafprozessordnung über die Pflicht, als Zeuge auszusagen oder als Sachverständiger ein Gutachten zu erstatten, über die Ablehnung von Sachverständigen sowie über die Vernehmung von Angehörigen des öffentlichen Dienstes als Zeugen oder Sachverständige gelten entsprechend.

(2) Verweigern Zeugen oder Sachverständige ohne Vorliegen eines der in den §§ 52 bis 55 und 76 der Strafprozessordnung bezeichneten Gründe die Aussage oder die Erstattung des Gutachtens, kann das Gericht um die Vernehmung ersucht werden. In dem Ersuchen sind der Gegenstand der Vernehmung darzule-

§ 25 BDG

gen sowie die Namen und Anschriften der Beteiligten anzugeben. Das Gericht entscheidet über die Rechtmäßigkeit der Verweigerung der Aussage oder der Erstattung des Gutachtens.
(3) Ein Ersuchen nach Absatz 2 darf nur von dem Dienstvorgesetzten, seinem allgemeinen Vertreter oder einem beauftragten Beschäftigten gestellt werden, der die Befähigung zum Richteramt hat.

1 Vorbild dieser Regelung ist § 65 VwVfG, jedoch mit einer wesentlichen Änderung. Verweist § 65 VwVfG ergänzend auf die ZPO, so wird in § 25 Abs. 1 Satz 2 auf die StPO verwiesen.

2 Abs. 1 Satz 1 regelt zunächst, dass Zeugen und Sachverständige zur Aussage bzw. Erstattung eines Gutachtens verpflichtet sind.

3 Für die **Beweiserhebung** und die Beurteilung von Beweisanträgen **gelten** gem. § 25 Abs. 1 Satz 2 die Vorschriften des **§ 244 Abs. 3-5 StPO** entsprechend. Ein Beweisantrag ist deshalb abzulehnen bzw. eine Beweisaufnahme darf auch von Amts wegen nicht durchgeführt werden, wenn die Erhebung des Beweises unzulässig ist. Unzulässig ist eine Beweisaufnahme zu Tatsachen, die gem. §§ 23, 57 bindend vom Strafgericht festgestellt sind. Keine Beweisaufnahme kann weiter durchgeführt werden, wenn die Beweiserhebung wegen **Offenkundigkeit** überflüssig oder eine Tatsache **bereits bewiesen** ist. Offenkundig sind allgemein- oder gerichtsbekannte Tatsachen; auf die Kenntnis des Dienstherrn kann dabei schon vom Wortsinn her nicht abgestellt werden. Erwiesen ist eine Tatsache, wenn der Dienstherr von ihrer Richtigkeit schon so überzeugt ist, dass er sie seiner Beurteilung ohne weitere Beweisaufnahme zugrunde legen will. Auch **Bedeutungslosigkeit** der behaupteten Tatsache schließt eine Beweisaufnahme aus. Eine Tatsache ist für die Entscheidung ohne Bedeutung, wenn ein Zusammenhang zwischen ihr und dem zu beurteilenden Verhalten nicht besteht oder wenn sie trotz eines solchen Zusammenhangs nicht geeignet ist, die Entscheidung irgendwie zu beeinflussen (BGH, NJW 1961, 2069). Die Bedeutungslosigkeit kann sich aus rechtlichen oder tatsächlichen Gründen ergeben. Auch **völlig ungeeignete** Beweismittel scheiden aus. Völlig ungeeignet ist etwa ein Zeuge, der wegen dauernder körperlicher oder geistiger Gebrechen oder einer geistigen Störung, insbesondere infolge von Trunkenheit, die in sein Wissen gestellte Wahrnehmung nicht machen konnte. **Nicht erreichbar** und damit ebenfalls untauglich für eine Beweiserhebung ist ein Beweismittel, wenn alle seiner Bedeutung und seinem Wert entsprechenden Bemühungen, es einzubringen, erfolglos geblieben sind und auch keine Aussicht auf Abhilfe besteht. Schließlich ist bei **Wahrunterstellung** der behaupteten Tatsache nach § 244 Abs. 3 Satz 2 StPO von der Beweisaufnahme abzusehen. Die behaupteten Tatsachen müssen danach in ihrem wirklichen Sinn ohne Einengung oder Änderung als wahr behandelt werden (BGH, NJW 1968, 1293). Sie wird allerdings nur in Ausnahmefällen in Betracht kommen können, weil hier ein Spannungsverhältnis zur Aufklärungspflicht besteht. Als wahr unterstellt werden können vor allem gegen die Anschuldigung vorgebrachte Umstände, wenn die Anschuldigung ohnehin nicht bewiesen und beweisbar ist. Solche Umstände sind nicht »unerheblich«, weil sie für die Unschuld von Bedeutung sind. Ihre Aufklärung ist dann aber nicht erforderlich. Daneben ist die Beweisaufnahme bei **Verschleppungsabsicht** unzulässig. Unter diesen Begriff fallen alle Scheinbeweisanträge, z. B. diejenigen, mit denen der Antragsteller seinen Antrag zu dem Zweck missbraucht, Zeugen bloßzustellen. Wird ein

§ 25 BDG

Beweisantrag abgelehnt, ist dies zu protokollieren und zu begründen (§§ 168 a, 34 StPO).

Gemäß § 25 finden die Bestimmungen der StPO über die Vernehmung von Zeugen und Sachverständigen (§§ 48 ff., 12 ff. StPO) entsprechende Anwendung. Beweisverwertungsverbote aus dem Strafverfahren, insbesondere § 252 StPO, der die Verlesung der Aussage eines früher vernommenen Zeugen, der nunmehr von seinem Aussageverweigerungsrecht Gebrauch macht, verbietet, gelten auch in der Untersuchung. Beweismittel, die auf widerrechtliche Weise erlangt worden sind, z. B. eine Aussage, die unter Verletzung von § 136 a StPO zustande gekommen ist, dürfen grundsätzlich nicht verwertet werden (§ 136 a Abs. 3 StPO; vgl. hierzu auch § 20 Rn. 5).   4

Für alle Personen, die sich in der Bundesrepublik aufhalten und keine Exterritorialität genießen, gilt **Zeugnispflicht.** D. h., sie müssen als **Zeugen erscheinen** und **aussagen**, soweit ihnen nicht ein Zeugnis- oder Auskunftsverweigerungsrecht nach §§ 52-56 StPO zusteht. Ggf. müssen sie ihre Aussage auch beeiden (§ 25 Abs. 1 Satz 2 i.V. m. §§ 59-63 StPO). Die Zeugen müssen auf die Folgen des Ausbleibens hingewiesen werden (§§ 48, 51 StPO). Erscheint ein Zeuge trotz Ladung ohne ausreichende Entschuldigung nicht, so kann nach Abs. 2 das Verwaltungsgericht angerufen werden. Als Entschuldigung ist nicht ausreichend die spätere Berufung auf eine bereits bei der Ladung vorhersehbare Verhinderung. Der Zeuge darf einen Rechtsbeistand für die Dauer seiner Vernehmung hinzuziehen (BVerfG, NJW 1975, 103). Als Zeugen können im Übrigen auch Verfahrensbeteiligte in Betracht kommen (für den Verteidiger BVerfG, NJW 1963, 1771).   5

Die Bestimmungen der §§ 52-55 StPO geben dem Zeugen unter den dort genannten Voraussetzungen ein Recht auf **Zeugnis- bzw. Auskunftsverweigerung.** Die Zeugnisverweigerung eines Zeugen gilt nicht zwingend für das gesamte weitere Verfahren. Macht ein Zeuge erst in der Untersuchung von seinem Zeugnisverweigerungsrecht Gebrauch, so darf über den Inhalt seiner Aussage in den Vorermittlungen die Verhörperson auch bei Belehrung nach §§ 52-55 StPO nicht vernommen werden. Über das Zeugnisverweigerungsrecht nach § 52 StPO, betreffend Angehörige, und § 55 StPO, betreffend Gefahr strafgerichtlicher, ordnungsbehördlicher oder auch disziplinarer Verfolgung, sind die Berechtigten **eindeutig zu belehren.** Unterbleibt diese Belehrung, besteht jedenfalls ein Verwertungsverbot in den Fällen des § 52 StPO. Dagegen schließt das Aussageverweigerungsrecht nach § 55 StPO nicht die Vernehmung von Verhörpersonen über frühere Bekundungen eines Zeugen aus. Dies findet seine Begründung darin, dass die Vorschrift des § 55 nur dem Schutz des betroffenen Zeugen, nicht dem des beschuldigten Beamten dient. Verschweigt ein Angehöriger nach § 52 StPO bei der richterlichen Vernehmung sein Angehörigenverhältnis, kann seine Vernehmungsniederschrift dennoch verwertet werden.   6

Bedeutsam in der Praxis ist die Zeugnisverweigerung der **Berufsgeheimnisträger** und der Berufshelfer nach §§ 53, 53 a StPO. Vom Berufsgeheimnis kann allerdings nur derjenige den Zeugen freistellen, zu dessen Gunsten die Schweigepflicht besteht. Wird ein als Zeuge geladener Arzt von seinem Patienten nicht von der Schweigepflicht entbunden, so ist eine gleichwohl abgegebene Äußerung nicht verwertbar (anders, allerdings nicht überzeugend, Behnke-Hardraht, § 58 Rn. 18, weil § 53 StPO auch dem Schutz des betroffenen Beamten dient). Ist der ärztliche Sachverständige vom Dienstherrn beauftragt worden, so schuldet er dem Betroffenen keine Verschweigung (vgl. B. II. 19. Rn. 13).   7

423

§ 25 BDG

8 Wegen des Berufsgeheimnisses von öffentlich Bediensteten (§ 54 StPO) ist für Beamte als Zeugen oder Sachverständige unter den Voraussetzungen der §§ 61, 62 BBG vom Untersuchungsführer die **Aussagegenehmigung** einzuholen. Unabhängig hiervon wird man von einer Genehmigung absehen können bei Beamten, die derselben Behörde wie der beschuldigte Beamte angehören, soweit es nicht um Geheimnisse besonderer Art, z. B. Verschlusssachen, geht (vgl. im Einzelnen B. II. 9. Rn. 9 u. 13; Claussen/Janzen, § 58 Rn. 15). Äußerungen können hier als Mitteilungen des dienstlichen Verkehrs in einem behördeninternen Verfahren angesehen werden. Überlegenswert wäre auch ggf. de lege ferenda eine generelle Aussagepflicht. Diese wäre daraus abzuleiten, dass mit der Einleitung des Verfahrens auch eine stillschweigende Aussagegenehmigung verbunden ist, soweit hier keine ausdrücklichen Einschränkungen vorgenommen werden, denn in aller Regel wird es den entsprechenden Willen des die Einleitung anordnenden Dienstvorgesetzten geben.

9 Die Durchführung der **Zeugenvernehmung** richtet sich nach den Bestimmungen der StPO, insbesondere nach § 57 StPO hinsichtlich der Belehrung, § 58 StPO für die Reihenfolge der Vernehmung, § 68 StPO für die Vernehmung zur Person, § 69 StPO für die Vernehmung zur Sache. Es ist angezeigt, Zeugen zunächst im Zusammenhang aussagen zu lassen. Erst danach dürfen Zeugen Aussagen aus früheren Vernehmungen vorgelesen bzw. vorgehalten werden. Allerdings darf der Zeuge während der Vernehmung zur Herbeiführung einer wahren Aussage erneut nach § 57 StPO belehrt werden. Auch dürfen entsprechende Vorhalte gemacht werden. Der Zeuge darf bei seiner Vernehmung Unterlagen mitführen und verwenden. Suggestive Fangfragen sind unzulässig, weil sie die Freiheit der Willensbetätigung tangieren. Die Vernehmungsniederschrift sollte in Form der wörtlichen Protokollierung von Frage und Antwort erfolgen. Die Wiedergabe in indirekter Rede ist ungeeignet und lässt der Verfälschung der eigentlichen Aussage durch Fehlinterpretation des Untersuchungsführers und/oder des Schriftführers zuviel Raum. Zeugen sind im Übrigen einzeln und in **Abwesenheit** später noch zu hörender Zeugen zu vernehmen. Im Anschluss an die umfassende Zeugenanhörung haben Beamte und Verteidiger Fragerecht oder das Recht auf Kreuzverhör (§§ 239, 240 StPO). Missbräuchen des Fragerechts kann nach § 241 StPO entgegengetreten werden. Nach der Anhörung sind Zeugen nach dem Gesetz über die Entschädigung von Zeugen und Sachverständigen zu entschädigen (§ 71 StPO).

10 Ist der Dienstherr nicht in der Lage, aufgrund seiner Kenntnisse und Erfahrungen eine Beweisfrage zu beurteilen, dann kann er sich eines **Sachverständigen,** sozusagen als Gehilfen bei der Ermittlung, bedienen. Ähnlich wie ein Gericht kann bei eigener spezieller Sachkenntnis nach § 244 Abs. 4 StPO ein Antrag auf Einholung eines Sachverständigengutachtens abgelehnt werden (für das Gericht: BVerwG v. 19.7.1977 – 1 D 106.76). Hiervon wird er aber in der Praxis zurückhaltend Gebrauch machen müssen. Andererseits kann es nicht angehen, einen Sachverständigen heranzuziehen, wenn die hierfür erforderlichen tatsächlichen Anknüpfungspunkte fehlen. Für die Vernehmung von Sachverständigen gelten die Bestimmungen über Zeugen analog (§§ 72 ff. StPO). Der Sachverständige hat nicht nur ein schriftliches Gutachten zu erstatten. Er ist zum Inhalt des Gutachtens zu vernehmen, weil Sachverständigengutachten, wenn sie nicht zum Gegenstand einer Vernehmung gemacht werden, in der Hauptverhandlung nicht verlesen werden können, sofern es sich nicht um Gutachten öffentlicher Behörden i. S. v. § 56 StPO handelt (BDHE 2, 7; BVerwGE 53, 212).

Ein **medizinischer** oder **psychiatrischer Sachverständiger** sollte ein Gutachten grundsätzlich nur nach Untersuchung des Betroffenen erstatten. Zugrunde zu legen sind nur eigene Untersuchungsergebnisse. Sachverständige können nach §§ 22 ff. StPO wie Richter abgelehnt werden, und zwar sowohl von dem Beamten. Dies ist auch nach Erstattung des Gutachtens noch möglich (§ 83 Abs. 2 StPO). Beamte der jeweiligen Betriebssicherung der Verwaltungen, die im Ermittlungsdienst als Hilfsbeamte der Staatsanwaltschaft eingesetzt sind, werden wegen ihrer besonderen Aufgabenstellung und Zielsetzung mit Erfolg als Sachverständige abgelehnt werden können. Gegen seine Entscheidung gibt es die Beschwerde gem. § 304 StPO. Eine solche steht aber dem abgelehnten Sachverständigen nicht zu.

11

Abs. 2 und 3 stellen Regelungen für den Fall bereit, dass sich Zeugen oder Sachverständige weigern, ihren Pflichten nachzukommen, ohne dass ihnen ein Verweigerungsgrund nach der StPO zur Seite steht (Rn. 6). In diesen Fällen kann das Gericht um die Vernehmung ersucht werden. Mit dem Gericht ist das Verwaltungsgericht und nicht das Strafgericht gemeint. Dies ergibt sich aus den eindeutigen Ausführungen der Gesetzesbegründung. Dies entspricht § 65 Abs. 2 VwVfG. Damit wird das Gericht auch in die Lage versetzt, zur Erzwingung der Zeugenaussagen bzw. der Erstattung des Gutachtens die dafür vorgesehenen Zwangsmittel einzusetzen, über die der Dienstherr nicht verfügt und die diesem nicht eingeräumt werden können und sollen.

12

Form und Inhalt des Ersuchens richten sich nach Abs. 2 Satz 2. Über dieses Ersuchen entscheidet das zuständige Verwaltungsgericht und führt ggf. die Vernehmung durch. Dabei hat das Gericht selbstverständlich zunächst darüber zu entscheiden, ob die vom Zeugen oder Sachverständigen geltend gemachten Gründe durchgreifen oder nicht (Abs. 2 Satz 3).

13

Abs. 3 regelt in Anlehnung an § 65 Abs. 5 VwVfG, wer das Ersuchen nach Abs. 2 stellen darf. Danach ist diese Kompetenz zunächst begrenzt auf den Dienstvorgesetzten bzw. dessen allgemeinen Vertreter. Um den besonderen Anforderungen in privatisierten Unternehmen Rechnung zu tragen, steht diese Kompetenz auch einem »beauftragten Beschäftigen« dieser Unternehmen zu. Dieser muss nicht die Vorgesetzteneigenschaft erfüllen, jedoch – anders als die Dienstvorgesetzten – über die Befähigung zum Richteramt verfügen. Aus der Gesetzesbegründung ist nicht zu entnehmen, wer den Beschäftigten beauftragt. Aus dem Zusammenhang wird wohl davon auszugehen sein, dass dies der private Arbeitgeber sein wird, dem gegenüber den Beamten auch die Dienstherreneigenschaft zusteht. Darauf, dass eine andere Stelle, z. B. die Aufsichtsbehörde, eine solche Bevollmächtigung vorzunehmen hat, ergeben sich keine Hinweise.

14

§ 26 Herausgabe von Unterlagen

Der Beamte hat Schriftstücke, Zeichnungen, bildliche Darstellungen und Aufzeichnungen einschließlich technischer Aufzeichnungen, die einen dienstlichen Bezug aufweisen, auf Verlangen für das Disziplinarverfahren zur Verfügung zu stellen. Das Gericht kann die Herausgabe auf Antrag durch Beschluss anordnen und sie durch die Festsetzung von Zwangsgeld erzwingen; für den Antrag gilt § 25 Abs. 3 entsprechend. Der Beschluss ist unanfechtbar.

§ 27 BDG

1 Diese Vorschrift regelt die Herausgabe von Unterlagen bereits im Ermittlungsverfahren umfassend. Betroffen sind dabei, wie die abschließende Aufzählung zeigt, alle möglichen Arten der Aufzeichnung einschließlich technischer Aufzeichnungen. Hierunter sind sowohl Aufzeichnungen auf Tonträgern als auch in Computer gespeicherte Daten zu verstehen.

2 Die Verpflichtung zur Herausgabe erstreckt sich dabei nicht nur auf Unterlagen, die im Eigentum des Beamten stehen, sondern auch auf private Unterlagen, die Dritten gehören. Hierauf verweist die Gesetzesbegründung ausdrücklich. Voraussetzung für die Herausgabepflicht ist, dass die Unterlagen, deren Herausgabe verlangt wird, einen dienstlichen Bezug aufweisen. Diese Vorschrift ist allerdings dahin zu verstehen, dass nicht jeder dienstliche Bezug genügt, sondern dass ein Zusammenhang mit den Ermittlungen bestehen muss. Es ist nicht ersichtlich weshalb z. B. Kopien von Reisekostenabrechnungen, die nicht Gegenstand des Disziplinarverfahrens sind, herausgegeben werden müssen. Der Dienstherr hat diesen Zusammenhang darzulegen.

3 Im Streitfall kann das Verwaltungsgericht angerufen werden, das die Herausgabe durch Beschluss anordnen und ggf. durch Festsetzung eines Zwangsgelds erzwingen kann.

4 Der Antrag kann nur von den in § 25 Abs. 3 genannten Personen gestellt werden (§ 25 Rn. 14).

5 Gegen einen solchen Beschluss des Gerichts ist nach Satz 3 kein Rechtsmittel gegeben, er ist unanfechtbar.

§ 27 Beschlagnahmen und Durchsuchungen

(1) Das Gericht kann auf Antrag durch Beschluss Beschlagnahmen und Durchsuchungen anordnen; § 25 Abs. 3 gilt entsprechend. Die Anordnung darf nur getroffen werden, wenn der Beamte des ihm zur Last gelegten Dienstvergehens dringend verdächtig ist und die Maßnahme zu der Bedeutung der Sache und der zu erwartenden Disziplinarmaßnahme nicht außer Verhältnis steht. Die Bestimmungen der Strafprozessordnung über Beschlagnahmen und Durchsuchungen gelten entsprechend, soweit nicht in diesem Gesetz etwas anderes bestimmt ist.
(2) Die Maßnahmen nach Absatz 1 dürfen nur durch die nach der Strafprozessordnung dazu berufenen Behörden durchgeführt werden.
(3) Durch Absatz 1 wird das Grundrecht der Unverletzlichkeit der Wohnung (Artikel 13 Abs. 1 des Grundgesetzes) eingeschränkt.

1 Diese Vorschrift, die erst auf Initiative des Bundesrates eingefügt wurde, regelt das Verfahren bei Beschlagnahmungen im Disziplinarverfahren.

2 Zunächst sind zur Stellung solcher Anträge wiederum nur die in § 25 Abs. 3 genannten Personen (§ 25 Rn. 14) befugt. Dies ergibt sich aus dem Wortlaut des Abs. 1 Satz 1 2. Hs.

3 Zuständig ist auch hier das Verwaltungsgericht; an dieses ist der Antrag auf Beschlagnahme bzw. auch auf Erlass eines Durchsuchungsbeschluss zu richten.

4 Das Gericht darf dem Antrag nach Abs. 1 Satz 2 zunächst nur dann stattgeben, wenn der Beamte eines Dienstvergehens dringend verdächtig ist. Die im Vergleich zu § 17 veränderte Terminologie – es ist vom dringenden Tatverdacht und nicht lediglich von tatsächlichen Anhaltspunkten die Rede – zeigt, dass hier die Eingriffsschwelle deutlich höher liegt. Ein dringender Tatverdacht liegt dann vor, wenn die Wahrscheinlichkeit groß ist, dass der Beamte als Täter ein

§ 27 BDG

Dienstvergehen begangen hat (vgl. Kleinknecht/Meyer-Goßner, StPO, § 112 Rn. 5). Ein bloßer Anfangsverdacht wie in § 17 reicht damit nicht aus, um einen Beschlagnahme- oder Durchsuchungsbeschluss zu erlassen.

Als weitere Voraussetzung muss neben dem dringenden Tatverdacht die beantragte Maßnahme zu der Bedeutung der Sache *und* der zu erwartenden Disziplinarmaßnahme nicht außer Verhältnis stehen. Das bedeutet, dass eine Maßnahme nach § 27 nur dann angeordnet werden darf, wenn dem Beamten ein erhebliches Delikt zur Last gelegt wird. Das wird selbst dann nicht immer der Fall sein, wenn das Delikt mit einer Disziplinarklage verfolgt werden muss. So wird z. B. ein Zugriffsdelikt im unteren Bereich, nahe der Geringfügigkeitsgrenze, nicht das Kriterium der »bedeutenden Sache« erfüllen und damit regelmäßig nicht die Anordnung von Beschlagnahmungen und Durchsuchungen rechtfertigen. 5

Kumulativ zur Bedeutung der Sache darf die nach § 27 beantragte Maßnahme nicht außer Verhältnis zur erwarteten Maßnahme sein. Dies wird regelmäßig nur dann der Fall sein, wenn die Disziplinarklage erhoben werden muss, also die Zurückstufung oder die Entfernung aus dem Beamtenverhältnis angestrebt werden kann. 6

Festzuhalten ist damit, dass alle drei Voraussetzungen
– dringender Tatverdacht,
– Verhältnismäßigkeit zwischen Maßnahme und Bedeutung des Tatvorwurfs sowie
– Verhältnismäßigkeit zwischen Maßnahme und zu erwartender disziplinarer Ahndung
im Zeitpunkt des Erlasses des Beschlusses vorliegen müssen. Mangelt es auch nur an einer Voraussetzung, so muss das Gericht den Antrag zurückweisen.

Abs. 1 Satz 3 verweist hinsichtlich Beschlagnahmung und Durchsuchung – insoweit abweichend von der Verweisung auf die Verwaltungsvorschriften in § 3 – ergänzend auf die Vorschriften der StPO. Das sind §§ 94 ff. StPO. Diese gelten, soweit das BDG für diese Fälle keine abweichenden Regelungen trifft. 7

Abs. 2 legt fest, dass die Maßnahmen des Abs. 1 – Durchsuchung und Beschlagnahme – nur durch die nach der StPO dazu berufenen Behörden durchgeführt werden dürfen. Hierbei handelt es sich um eine rechtsstaatlich selbstverständliche Regelung, deren Bedeutung für die Praxis durch die ausdrückliche Benennung hervorgehoben wird. Inhaltlich bedeutet dies, dass der Dienstherr den Beschluss des Verwaltungsgerichts durch die Polizeibehörden vollstrecken lassen muss, er darf die Vollstreckung auch nach einem verwaltungsgerichtlichen Beschluss nicht durch eigenes Personal durchführen lassen. Eine Ausnahme ergibt sich nur dann, wenn die behördeninternen Ermittlungsstellen selbst den Status von Hilfsbeamten der Staatsanwaltschaft haben. Das jedoch gilt für die Ermittlungsstellen bei den privatisierten Unternehmen nicht mehr. 8

Insgesamt wird mit der Vorschrift des § 27 deutlich gemacht, dass auch in Disziplinarverfahren die dort genannten rechtsstaatlichen Grundsätze zu gelten haben. In der Praxis wird das oftmals vergessen, wenn z. B. Durchsuchungen von Spinden in der Behörde ohne Ermächtigungen und ohne Einverständnis des betroffenen Beamten durchgeführt werden. 9

Verstöße gegen die Vorschrift des § 27 können zu einem Verwertungsverbot der dann ggf. rechtswidrig gewonnenen Beweise führen (vgl. Kleinknecht/Meyer-Goßner, StPO, § 94 Rn. 21) 10

Beschlagnahme und **Durchsuchung** sind auch möglich, wenn **Gefahr im Verzug** ist (vgl. §§ 94 ff., 102 ff. StPO). Die Maßnahmen sind nicht nur gegenüber 11

427

§ 29 BDG

Beamten, sondern auch gegenüber anderen Personen möglich. Zur Ausführung der bei Gefahr im Verzug angeordneten Maßnahmen sind in entsprechender Anwendung von § 189 StPO die Polizeibehörden berufen. Eine Beschlagnahme oder Durchsuchung durch den Dienstherrn selbst, im Wege der Vollstreckung, ist vom Wortlaut der Bestimmung her ausgeschlossen. Ist Gefahr im Verzug nicht gegeben, bedarf der Untersuchungsführer zur Anordnung von Beschlagnahmungen und Durchsuchungen der Unterstützung des Gerichts.

§ 28 Protokoll

Über Anhörungen des Beamten und Beweiserhebungen sind Protokolle aufzunehmen; § 168a der Strafprozessordnung gilt entsprechend. Bei der Einholung von schriftlichen dienstlichen Auskünften sowie der Beiziehung von Urkunden und Akten genügt die Aufnahme eines Aktenvermerks.

1 § 28 fasst die verschiedenen Vorschriften der früheren BDO zur Protokollierung – §§ 21 Abs. 3, 26 Abs. 2, 57 BDO – zusammen. Zu Form und Inhalt der Protokollierung wird auf § 168 a StPO verwiesen, der nach § 25 BDO auch nach altem Recht Anwendung gefunden hat.

2 Ein Protokoll ist über jede Anhörung des Beamten und über jede Maßnahme nach § 24 zur Beweiserhebung zu fertigen.

3 In das Protokoll sind nach § 168 StPO Ort und Tag der Verhandlung sowie die Namen der mitwirkenden und beteiligten Personen aufzunehmen. Weiter muss sich aus dem Protokoll ergeben, ob die jeweils vorgeschriebenen Förmlichkeiten des Verfahrens beachtet wurden.

4 In den Fällen des Satzes 2 kann aus Praktikabilitätsgründen und zur Verwaltungsvereinfachung ein Aktenvermerk desjenigen treten, der mit der Untersuchung beauftragt ist.

§ 29 Innerdienstliche Informationen

(1) Die Vorlage von Personalakten und anderen Behördenunterlagen mit personenbezogenen Daten sowie die Erteilung von Auskünften aus diesen Akten und Unterlagen an die mit Disziplinarvorgängen befassten Stellen und die Verarbeitung oder Nutzung der so erhobenen personenbezogenen Daten im Disziplinarverfahren sind, soweit nicht andere Rechtsvorschriften dem entgegenstehen, auch gegen den Willen des Beamten oder anderer Betroffener zulässig, wenn und soweit die Durchführung des Disziplinarverfahrens dies erfordert und überwiegende Belange des Beamten, anderer Betroffener oder der ersuchten Stellen nicht entgegenstehen.

(2) Zwischen den Dienststellen eines oder verschiedener Dienstherrn sowie zwischen den Teilen einer Dienststelle sind Mitteilungen über Disziplinarverfahren, über Tatsachen aus Disziplinarverfahren und über Entscheidungen der Disziplinarorgane sowie die Vorlage hierüber geführter Akten zulässig, wenn und soweit dies zur Durchführung des Disziplinarverfahrens, im Hinblick auf die künftige Übertragung von Aufgaben oder Ämtern an den Beamten oder im Einzelfall aus besonderen dienstlichen Gründen unter Berücksichtigung der Belange des Beamten oder anderer Betroffener erforderlich ist.

§ 30 BDG

Die Vorschrift des § 29 hat keinen Vorläufer in der BDO. Sie schafft im Hinblick auf das Grundrecht der informationellen Selbstbestimmung eine Gesetzesgrundlage für den innerdienstlichen Datenaustausch. **1**

Erfasst werden von dieser Vorschrift alle personenbezogenen Daten, unabhängig davon, in welcher Form – Papier oder Datenerfassung – sie vorliegen und unabhängig davon, wann und zu welchem Zweck sie erhoben wurden. **2**

Grundsätzlich geht die Norm davon aus, dass ein Datenaustausch und/oder die Verarbeitung im Disziplinarverfahren nur mit Zustimmung des Beamten möglich sind. Dies ergibt sich aus der Konstruktion der Vorschrift. Denn sie trifft eine Ausnahmeregelung, indem sie die Verarbeitung *ohne* Zustimmung des Beamten ausdrücklich regelt. Eine solche Ausnahme kann sich nur auf die im Regelfall notwendige Zustimmung des Beamten beziehen. Dies entspricht auch der herrschenden Meinung im Datenschutz, wo davon ausgegangen wird, dass eine Weitergabe nur mit Zustimmung des Betreffenden oder aber auf Grundlage einer gesetzlichen Regelung zulässig ist (vgl. § 4 BDSG). **3**

Abweichend von dieser grundsätzlich notwendigen Zustimmung können nach § 29 Daten an die mit dem Disziplinarverfahren befassten Stellen nur dann weitergegeben werden, wenn und soweit dies zur Durchführung des Disziplinarverfahrens erforderlich ist. Zu dieser Voraussetzung muss kumulativ hinzutreten, dass die Belange des Beamten, Dritter oder der zur Datenherausgabe ersuchten Stelle dem nicht entgegenstehen. **4**

In diesem Abwägungsprozess ist grundsätzlich der Ausnahmecharakter der Vorschrift zu beachten und die Erlaubnis daher zurückhaltend zu erteilen. Es ist immer zuerst zu prüfen, ob die notwendigen Daten nicht direkt, z. B. durch Zeugeneinvernahme oder unmittelbar bei dem Beamten, erhoben werden können. Außerdem ist der Beamte vor einem Datenaustausch immer um seine Zustimmung zu bitten. Nur in den Fällen, in denen er diese ablehnt, kann geprüft werden, ob eine Ermächtigung nach § 29 vorliegt. **5**

Hat Abs. 1 den Fall geregelt, dass Daten für die Verwendung im Disziplinarverfahren angefordert werden, so beschäftigt sich Abs. 2 mit der Weitergabe von Informationen über das Disziplinarverfahren, dessen Inhalte und sein Ergebnis. Auch hier gelten die grundsätzlichen Ausführungen zu Abs. 1 zum Ausnahmecharakter dieser Vorschrift. **6**

Die Weitergabe dieser Informationen ist nur zu den im Gesetz genau und abschließend geregelten Zwecken zulässig. Besondere Vorsicht und Zurückhaltung ist bei der Weitergabe im Einzelfall aus besonderen dienstlichen Gründen angebracht. Diese ungenaue Formulierung kann und darf nicht dazu führen, dass mit einer solchen Begründung eine extensive Weitergabe gerechtfertigt wird. Der Beamte hat – neben den allgemeinen datenschutzrechtlichen Überlegungen – auch aus der Fürsorgepflicht des Dienstherrn heraus einen Anspruch, dass diese besonders sensiblen Informationen nur im wirklichen Ausnahmefall, der gut begründet sein muss, weitergegeben werden. **7**

§ 30 Abschließende Anhörung

Nach der Beendigung der Ermittlungen ist dem Beamten Gelegenheit zu geben, sich abschließend zu äußern; § 20 Abs. 2 gilt entsprechend. Die Anhörung kann unterbleiben, wenn das Disziplinarverfahren nach § 32 Abs. 2 Nr. 2 oder 3 eingestellt werden soll.

§ 31 BDG

1 Die Vorschrift nimmt die Regelung des früheren § 26 Abs. 4 Satz 4 BDO auf.
2 Sind die Ermittlungen nach Auffassung des Dienstherrn abgeschlossen, so ist dem Beamten die Möglichkeit einzuräumen, sich zu dem Ergebnis der Untersuchung und deren Wertungen abschließend zu äußern. Dem Beamten ist das Untersuchungsergebnis bekannt zu machen.
3 Mit der Bekanntgabe des Untersuchungsergebnisses – zumindest aber kurz danach – wird der Beamtete zweckmäßigerweise **zur abschließenden Anhörung** geladen. Bei Unterbleiben der Bekanntgabe des Untersuchungsergebnisses liegt ein schwerer Verfahrensmangel vor, der allerdings durch Nachholung heilbar ist. Der Beamte kann **weitere Ermittlungen** beantragen. Der Dienstvorgesetzte ist hieran allerdings nicht gebunden, wenn er auch nach pflichtgemäßem Ermessen unter Beachtung der geltenden Beweisregeln zu verfahren hat.
4 Die **abschließende Anhörung** nach § 20 Satz 1 dient den schützenswerten Interessen des Beamten, vor allem dem Recht auf rechtliches Gehör. Er muss deshalb auch in der Lage sein, dieses Recht durch einen Verteidiger wahrnehmen zu lassen, insbesondere dann, wenn er befürchten muss, bei persönlichem Erscheinen Nachteile zu erleiden (so im Ergebnis auch Claussen/Janzen, § 26 Rn. 25). Auch in der Nichtgewährung des Schlussgehörs ist ein – wenn auch behebbarer – Verfahrensmangel zu sehen.
5 **Ladungen** und **Fristsetzungen** sind gegen Empfangsbekenntnis vorzunehmen (Abs. 2 Satz 4). Ist ein Bevollmächtigter bestellt, ist auch dieser zu laden. Nur dies entspricht dem Gebot der prozessualen Fürsorge und dem Schutzzweck des § 20 (a. A. Claussen/Janzen, § 26 Rn. 27, die eine Ladungspflicht ablehnen, andererseits Ladung des Verteidigers aus Fürsorgegründen ebenso bejahen).
6 Für die Fristen und die Ladung zur Anhörung wird auf § 20 Abs. 2 verwiesen, siehe dort Rn. 3, 8.
7 Nach Satz 2 kann die Anhörung unterbleiben, wenn das Disziplinarverfahren nach § 32 Abs. 2 Nr. 2 und 3 eingestellt wird. In diesen Fällen wird ein Rechtsschutzinteresse in der Regel nicht gegeben sein, so dass auf das Schlussgehör regelmäßig verzichtet werden kann. Es handelt sich jedoch um eine Kann-Vorschrift, so dass das Unterbleiben der Anhörung nicht vorgeschrieben ist.

§ 31 Abgabe des Disziplinarverfahrens

Hält der Dienstvorgesetzte nach dem Ergebnis der Anhörungen und Ermittlungen seine Befugnisse nach den §§ 32 bis 34 nicht für ausreichend, so führt er die Entscheidung des höheren Dienstvorgesetzten oder der obersten Dienstbehörde herbei. Der höhere Dienstvorgesetzte oder die oberste Dienstbehörde können das Disziplinarverfahren an den Dienstvorgesetzten zurückgeben, wenn sie weitere Ermittlungen für geboten oder dessen Befugnisse für ausreichend halten.

1 § 31 stellt eine reine Kompetenzregelung dar und tritt insoweit an die Stelle des § 28 Satz 2 2. Alt. Satz 2 ist im Vergleich zur BDO eine Neuregelung. Die Kompetenz zum Erlass einer Disziplinarverfügung oder zur Erhebung der Disziplinarklage ergibt sich aus §§ 33 Abs. 2-5, 34 Abs. 2.
2 Kommt der Dienstvorgesetzte aufgrund der Untersuchung zu dem Ergebnis, dass seine Disziplinarbefugnis für die verwirkte Maßnahme nach den zitierten Vorschriften nicht ausreicht, so hat er nach Satz 2 die Entscheidung seines Vorgesetzten oder der obersten Dienstbehörde herbeizuführen. Zu diesem Zweck hat er den genannten Stellen die Akten zuzuleiten.

Teilt der höhere Dienstvorgesetzte oder die oberste Dienstbehörde die Ansicht des Dienstvorgesetzten, so treffen sie selbst die Maßnahme. **3**

Ist die genannte Stelle im Unterschied zu dem Dienstvorgesetzten der Auffassung, dass eine Maßnahme verwirkt ist, für deren Verhängung die Kompetenz des Dienstvorgesetzten ausreicht, gibt sie ihm den Vorgang zurück. Das führt faktisch dazu, dass dann der Dienstvorgesetzte die Maßnahme verhängen muss, die nach seiner Auffassung unzureichend, jedoch nach Auffassung seiner Vorgesetzten ausreichend ist. Dies stellt eine tatsächliche Beschränkung der Disziplinargewalt dar. Der unmittelbare Vorgesetzte ist in seiner Entscheidung nicht mehr frei. Hierin liegt insoweit eine Änderung zur BDO, als dort in § 15 dem Dienstvorgesetzten die uneingeschränkte Disziplinargewalt übertragen wurde. Hiervon wird jedoch in den §§ 33 f. BDG abgewichen und eine abgestufte Kompetenz eingeführt. Vor dem Hintergrund dieser anderen gesetzlichen Regelung greift das Argument, eine solche Weisung sei unzulässig, da in die Kompetenzen des Dienstvorgesetzten nach § 15 BDO eingegriffen würde, nicht mehr durch. § 33 Abs. 2 normiert gerade eine abgestufte Kompetenz zur Verhängung von Disziplinarmaßnahmen. Ausfluss einer solchen abgestuften Kompetenzhierarchie ist auch die Notwendigkeit zur Prüfung der Zuständigkeit. Dies kann und wird naturgemäß auch immer wieder dazu führen, dass diese Prüfung zu unterschiedlichen Ergebnissen kommt. Hier liegt nach allgemeinen Verwaltungsgrundsätzen und ausdrücklich normiert in § 31 die Entscheidungsgewalt bei dem höheren Vorgesetzten. Hinzu kommt, dass dieser nach § 35 ebenfalls das Recht hat, in die Entscheidung seines Untergebenen einzugreifen. **4**

Wird der Vorgang nach § 31 vorgelegt und stellt der höhere Dienstvorgesetzte oder die oberste Dienststelle fest, dass nach ihrer Auffassung die Angelegenheit noch nicht genügend aufgeklärt ist, so gibt sie den Vorgang zur Durchführung der weiteren notwendigen Ermittlungen ebenfalls zurück. **5**

Kapitel 3
Abschlussentscheidung

§ 32 Einstellungsverfügung

(1) Das Disziplinarverfahren wird eingestellt, wenn
1. ein Dienstvergehen nicht erwiesen ist,
2. ein Dienstvergehen zwar erwiesen ist, eine Disziplinarmaßnahme jedoch nicht angezeigt erscheint,
3. nach § 14 oder § 15 eine Disziplinarmaßnahme nicht ausgesprochen werden darf oder
4. das Disziplinarverfahren oder eine Disziplinarmaßnahme aus sonstigen Gründen unzulässig ist.

(2) Das Disziplinarverfahren wird ferner eingestellt, wenn
1. der Beamte stirbt,
2. das Beamtenverhältnis durch Entlassung, Verlust der Beamtenrechte oder Entfernung endet oder
3. bei einem Ruhestandsbeamten die Folgen einer gerichtlichen Entscheidung nach § 59 Abs. 1 des Beamtenversorgungsgesetzes eintreten.

(3) Die Einstellungsverfügung ist zu begründen und zuzustellen.

§ 32 BDG

1 Die Vorschrift tritt formal an die Stelle des § 27 Abs. 1 BDO. Inhaltlich fasst sie die bislang nur sehr spärlich geregelten Einstellungsmöglichkeiten zusammen und strukturiert diese neu. § 27 Abs. 1 BDO regelte lediglich, dass das Verfahren einzustellen ist, wenn ein Dienstvergehen nicht festzustellen ist oder wenn der Dienstvorgesetzte aus Opportunitätsgründen von einer Maßnahme absieht. Die Rspr. hat in einer Vielzahl von Entscheidungen das weitere Kriterium in § 27 Abs. 1 BDO – Unzulässigkeit einer Disziplinarmaßnahme – richterrechtlich ausgestaltet. Dabei haben sich die Gerichte in der Regel auf die Einstellungsgründe des § 64 BDO bezogen. § 32 fasst nun diese Vorschriften zusammen und regelt die Einstellungsgründe positivrechtlich. Die Aufzählung der Einstellungsgründe ist abschließend.

2 Im Aufbau der Vorschrift wird unterschieden zwischen rein statusbezogenen Einstellungsgründen in Abs. 2 und formellen und materiellrechtlichen Einstellungsgründen in Abs. 1. Im letzteren Fall ist eine Subsumtion unter disziplinarrechtliche Vorschriften Einstellungsvoraussetzung.

3 Liegt dem Dienstvorgesetzten das Ergebnis der Ermittlungen und das der abschließenden Anhörung vor, so **hat er zu entscheiden**, wie das Verfahren beendet oder weitergeführt werden soll. Der Disziplinarvorgesetzte, in der Regel also der Dienststellenleiter, hat zunächst **in eigener Zuständigkeit** (BDiG v. 15. 5.1986 – IX Bk 4/86) zu entscheiden, ob das Verfahren **eingestellt** oder weitergeführt werden soll. Allerdings wird er dabei zu beachten haben, dass eine Reihe von Mittelbehörden und obersten Bundesbehörden nach Abschluss der Vorermittlungen eine Unterrichtung über die weiteren Absichten des Dienstvorgesetzten verlangen.

4 Das Verfahren **ist nach Abs. 1 Nr. 1 einzustellen**, wenn durch die Ermittlungen ein **Dienstvergehen nicht festgestellt** wurde (Abs. 1 Nr. 1), eine Disziplinarmaßnahme nicht zulässig ist (Abs. 1 Nr. 3 und 4) bzw. der Dienstvorgesetzte eine Disziplinarmaßnahme **nicht für angezeigt** (Abs. 1 Nr. 2) hält.

5 Ein Dienstvergehen ist dann nicht festgestellt, wenn der ermittelte Sachverhalt die Unschuld des Beamten ergibt. An einem Dienstvergehen fehlt es aber auch dann, wenn zwar ein mehr oder weniger starker Verdacht gegen den Beamten bestehen bleibt, die Begehung der Tat aber nicht mit hinreichender Sicherheit nachzuweisen ist. Es ist dabei zu beachten, dass auch der geringste Zweifel an der Täterschaft zugunsten der Unschuldsvermutung für die Betroffenen den Ausschlag zu geben hat; denn die »an Sicherheit grenzende Wahrscheinlichkeit« ist nur gegeben, wenn nach der Beweislage »kein vernünftiger Zweifel« an der Schuld in Betracht kommt.

6 Das Verfahren ist nach **Nr. 2** ebenfalls dann einzustellen, wenn zwar der Dienstherr ein Dienstvergehen für festgestellt erachtet, er aber aus **Opportunitätsgründen** eine Maßnahme nicht für angezeigt hält. Dabei kann eine Vielzahl von Gründen von Bedeutung sein, so kann etwa die Versetzung des Beamten zu einer anderen Dienststelle, zu einem anderen Dienstort, auch eine Änderung der Familienverhältnisse bzw. der soziale Hintergrund für die Entscheidung prägend sein. Dieser Ausdruck des im Disziplinarrecht herrschenden **Opportunitätsprinzips** ermöglicht eine Abwägung zwischen einer geringfügigen Verfehlung und einem sonst einwandfreien Verhalten des Beamten. Von dieser Möglichkeit wird in der Praxis oft zu sparsam Gebrauch gemacht. Die Disziplinarmaßnahme mag zwar zur Generalprävention bedeutsam erscheinen, ist aber für den vorherrschenden Pflichtenmahnungszweck oft nicht geeignet (vgl. hierzu A. IV. Rn. 73, 86, 88-90). Für die Betroffenen stehen die Auswirkungen einer Disziplinarmaßnahme häufig in keinem Verhältnis zu ihrem Vergehen; schon aus diesem Grund ist eine Disziplinarmaßnahme in relativ harmlosen Fällen oft nur geeignet, den Diensteifer der Betroffenen zu dämpfen. Einstellungen unter Beachtung des Opportunitätsprinzips verlangen allerdings vom Dienstvorgesetzten ein gewisses Maß an Zivilcourage, weil er sein Handeln gegenüber seiner vorgesetzten Behörde vertreten muss. Will der übergeordnete Dienstvorgesetzte seine Auffassung durchsetzen, muss er den Weg des § 35 gehen.

Trotz **Einstellung** des Verfahrens kann der Dienstvorgesetzte allerdings eine **Missbilligung** aussprechen (vgl. § 6 Rn. 1 ff.). Diese Maßnahme, die eine gewisse Ähnlichkeit mit dem Verweis besitzt, aber keine eigentliche Disziplinarmaßnahme im engeren Sinne nach dem BDG ist, bleibt von der Einstellung unberührt. Damit ist die Pflicht verbunden, die Betroffenen entsprechend zu belehren; außerdem unterliegen auch diese Maßnahmen der Tilgung (§ 16 Rn. 20). Auch eine Einstellung nach § 14 beschwert den Beamten, weil sie einen disziplinaren Schuldvorwurf enthält und wegen der Einstufung der fiktiv verwirkten Disziplinarmaßnahme anfechtbar sein muss (Schwandt, ZBR 1984, 264; § 14 Rn. 1 ff.).   **7**

Nr. 3 des Abs. 1 schreibt vor, dass bei Vorliegen der Voraussetzungen nach §§ 14, 15 das Verfahren ebenfalls zwingend einzustellen ist. Näheres siehe unter diesen Vorschriften.   **8**

Nach **Abs. 1 Nr. 4** ist das Verfahren dann einzustellen, wenn eine Disziplinarmaßnahme unzulässig ist. Hier ist auch nach der ausdrücklichen Gesetzesbegründung auf die Vorschrift des § 64 BDO und die dazu ergangene Rspr. abzustellen.   **9**

Das Verfahren ist nach Abs. 1 Nr. 4 auch dann einzustellen, wenn es **unzulässig ist**, d. h., wenn eine Prozessvoraussetzung fehlt oder ein Prozesshindernis vorliegt. Als Prozessvoraussetzungen sind insbesondere die Verfolgbarkeit von Täter und Tat anzusehen. Die **Verfolgbarkeit des Täters** fehlt, wenn der Beamte nicht Beamter auf Lebenszeit ist, etwa weil die Ernennung nichtig und damit rechtsunwirksam war. Sie fehlt auch, wenn der Beamte nach strafgerichtlicher Verurteilung gem. § 41 BBG aus dem Beamtenverhältnis ausgeschieden ist (dies ist allerdings ein Fall des Abs. 2 Nr. 2). Die **Verfolgbarkeit der Tat** ist nicht gegeben bei vor- und nachdienstlichen Verfehlungen (vgl. § 2 Rn. 2), weiter auch bei Freispruch im Strafverfahren (§ 17), es sei denn, es ist ein disziplinarer Überhang gegeben. Auch bei bereits vorgenommener disziplinarer Ahndung ist wegen des Verbots der Doppelbestrafung ebenso wenig die Verfolgbarkeit der Tat gegeben. Weitere Beispiele für das Fehlen von Prozessvoraussetzungen bzw. Prozesshindernissen: unterlassene Beteiligung bzw. Anhörung Dritter, soweit gesetzlich vorgesehen, Verwirkung, unangemessene Verzögerung (vgl. im Einzelnen A. V. Rn. 125, 127, 134). Wird bei **Verhandlungsunfähigkeit** eines Betroffenen ein Betreuer bestellt, so ist eine Einstellung des Verfahrens wegen Verhandlungsunfähigkeit nicht mehr möglich (BVerwG v. 6. 11. 1990 – 1 D 3.90).   **10**

Nicht zur Einstellung nach Abs. 1 Nr. 4 führen **behebbare Mängel des Verfahrens**, etwa Mängel des rechtlichen Gehörs bzw. eine unzulässige Beschränkung der Verteidigung. Hier kommt eine Behebung in Betracht. **Nicht behebbare Verfahrensmängel** wie z. B. die unterlassene Mitwirkung der zuständigen Personalvertretung gem. § 78 BPersVG bzw. der Vertrauensleute der Schwerbehinderten und der Zivildienstleistenden führen dagegen nach zutreffender Ansicht zur Einstellung nach Abs. 1 Nr. 4. Das BVerwG hat offen gelassen, ob   **11** fehlerhafte Beteiligung der Personalvertretung bei der Einleitung des Disziplinarverfahrens (jetzt Erhebung der Disziplinarklage) die Rechtswirksamkeit der Einleitungsverfügung mit der Folge der Einstellung berührt (BVerwG v. 24. 1. 1985 – E 76, 322). Diese Frage ist aber in Übereinstimmung mit der Rspr. des BDiG zu bejahen. Die Mitwirkungsmöglichkeit der Personalvertretung bei der Erhebung der Disziplinarklage gem. § 78 Abs. 1 Nr. 3 BPersVG will sicherstellen, dass in die Ermessensentscheidung die tatsächlichen und rechtlichen Hinweise der Personalvertretung einfließen können, die Beteiligung ist deshalb unerlässlich (so zutreffend BDiG, PersR 1985, 47; Gleiches gilt für andere gesetzlich geregelte Beteiligungsrechte, vgl. zum Gesamtkomplex A. V. Rn. 134). Zum Umfang der Mitbestimmung des Personalrates: BVerwG v. 20. 10. 2005 – 2 C 12.04.

12 Die Einstellungsgründe des **Abs. 2** sind rein statusbezogen und enthalten keinen Raum für eigene Beurteilungen. Liegen die Voraussetzungen der Nrn. 1-3 vor, so ist das Verfahren einzustellen.

13 Die Nrn. 1-3 des Abs. 2 beinhalten Einzelfälle des nachträglichen Wegfalls der Verfolgbarkeit. **Der Tod** des Beamten beendet immer das Verfahren, ebenso **das Ausscheiden** aus dem Beamtenverhältnis (dieser Fall ist auch dann i. S. d. § 41 BBG gegeben, wenn wegen mehrerer vorsätzlicher Straftaten eine Gesamtfreiheitsstrafe von einem Jahr ausgesprochen wurde [BVerwG, DÖV 1992, 973]) oder **die Entlassung**. Nach Nr. 3 ist einzustellen, wenn bei einem Ruhestandsbeamten die **Folgen einer gerichtlichen Verurteilung** nach § 59 Abs. 1 Beamtenversorgungsgesetz gegeben sind.

14 Nach **Abs. 3** ist die Einstellungsverfügung mit einer Begründung zu versehen und dem Beamten förmlich zuzustellen.

15 Nach § 35 Abs. 1 Satz 1 ist die Einstellungsverfügung unverzüglich auch dem höheren Dienstvorgesetzten zuzuleiten.

16 Die Einstellung führt zum Abschluss des Verfahrens. Sie führt aber nicht zur **formellen oder materiellen Rechtskraft.** Grundsätzlich kann wegen desselben Sachverhalts eine Disziplinarverfügung erlassen werden, allerdings nur in den Grenzen des § 35. Freilich dann nicht, wenn die Gründe, die zur Einstellung geführt haben, nach wie vor bestehen. Z. B. ist eine Einstellung wegen Verjährung oder Verwirkung nicht mehr durch die Einleitung eines neuen Verfahrens zu korrigieren. Die erneute Einleitung nach vorausgegangener Einstellung ist, wenn eine Disziplinarmaßnahme verhängt worden war, nur innerhalb der Frist des § 35 Abs. 3 Satz 3 zulässig. Die Einstellung ist vom Grundsatz her unanfechtbar (BDHE 3, 276). Dies gilt jedenfalls für Einstellungen nach § 32 Abs. 2. Die dort geregelten formellen Einstellungsgründe sind nämlich dadurch gekennzeichnet, dass sie nicht mit der Feststellung eines Dienstvergehens verbunden sind, sondern lediglich die Folgerung aus der eingetretenen Unzulässigkeit des Disziplinarverfahrens ziehen. Deshalb entfaltet der Einstellungsausspruch nach § 34 Abs. 2 selbst keine belastenden Wirkungen auf Rechtspositionen des Beamten (BVerwG, DÖV 1992, 34 ff.). Eine Einstellung nach § 32 Abs. 1 ist jedoch anfechtbar, da in ihr sowohl die verbindliche Annahme eines Dienstvergehens als auch die Zumessung der Geldbuße oder Gehaltskürzung liegt. Nach Letzterem richtet sich auch die Tilgungsfrist aus § 16. Mit alldem ist der Beschuldigte beschwert. Nach Art. 19 Abs. 4 GG muss ihm dazu gerichtlicher Rechtsschutz eröffnet sein. Eine Aufhebung der Einstellungsverfügung durch den höheren Dienstvorgesetzten oder die oberste Dienstbehörde im Rahmen der allgemeinen Anweisungsbefugnis ist wegen ausdrücklicher

Regelungen in § 34 unzulässig. **Nebenentscheidungen**, etwa eine gleichzeitig ergangene Disziplinarverfügung, können mit den hierfür in Frage kommenden Rechtsmitteln (z. B. der Beschwerde und dem Antrag auf disziplinargerichtliche Entscheidung nach §§ 31, 32) angefochten werden. Gleiches gilt für die Kostenentscheidung.

§ 33 Disziplinarverfügung

(1) Ist ein Verweis, eine Geldbuße, eine Kürzung der Dienstbezüge oder eine Kürzung des Ruhegehalts angezeigt, wird eine solche Maßnahme durch Disziplinarverfügung ausgesprochen.
(2) Jeder Dienstvorgesetzte ist zu Verweisen und Geldbußen gegen die ihm unterstellten Beamten befugt.
(3) Kürzungen der Dienstbezüge können festsetzen:
1. die oberste Dienstbehörde bis zum Höchstmaß und
2. die der obersten Dienstbehörde unmittelbar nachgeordneten Dienstvorgesetzten bis zu einer Kürzung um ein Fünftel der Dienstbezüge auf zwei Jahre.
(4) Kürzungen des Ruhegehalts bis zum Höchstmaß kann der nach § 84 zur Ausübung der Disziplinarbefugnisse zuständige Dienstvorgesetzte festsetzen.
(5) Die oberste Dienstbehörde kann ihre Befugnisse nach Absatz 3 Nr. 1 durch allgemeine Anordnung ganz oder teilweise auf nachgeordnete Dienstvorgesetzte übertragen; die Anordnung ist im Bundesgesetzblatt zu veröffentlichen.
(6) Die Disziplinarverfügung ist zu begründen und zuzustellen.

Diese neue Vorschrift definiert zum einen, was unter einer Disziplinarverfügung zu verstehen ist, zum anderen regelt sie die Kompetenzen zum Erlass einer Disziplinarverfügung. 1

Zentrale Neuerung gegenüber bisherigem Recht ist die Regelung in Abs. 1, dass nun neben einem Verweis, und einer Geldbuße auch die Kürzung der Dienstbezüge bzw. des Ruhegehalts im Rahmen einer Disziplinarverfügung durch den Dienstherrn selbst verhängt werden kann. Auch hier ist Hintergrund, dass das Verfahren beschleunigt werden soll. Zur Ahndung der Dienstvergehen, die eine Gehaltskürzung verwirken, soll die Disziplinarklage nicht erforderlich sein. Ausführlich verweist die Gesetzesbegründung insoweit darauf, dass damit keine Verkürzung der Rechte der Beamten eintrete, da sie zum einen im behördlichen Disziplinarverfahren ebenfalls beteiligt seien und dort ihre Rechte wahrnehmen könnten. Zum anderen stehe ausreichender Rechtsschutz durch die Verfahren im BDG zur Verfügung. Vorteilhaft sei dagegen für sie, dass dadurch die Verfahren verkürzt würden, schneller Rechtssicherheit bestehe und die Nebenfolgen eines Disziplinarverfahrens (z. B. Beförderungsverbot) schneller beseitigt würden. Ob dies alles zutrifft, wird die Zukunft zeigen müssen. 2

Beim Erlass einer Disziplinarverfügung muss im Gegensatz zur Erhebung der Disziplinarklage (§ 78 Abs. 1 Nr. 3 BPersVG) der **Personalrat nicht beteiligt** werden. Beim eindeutigen Gesetzeswortlaut des BPersVG ist es nicht möglich, das Mitwirkungsverfahren auf Verfahren bei Erlass einer Disziplinarverfügung auszudehnen. Dies umso mehr, als durch Art. 9 dieses Gesetzes auch das BPerVG dahingehend geändert wurde, dass der Personalrat nur in den Fällen einer Erhebung der Disziplinarklage zu beteiligen ist. Das fehlende Mitwir- 3

§ 33 BDG

kungsrecht schließt es jedoch nicht aus, dass der Beamtem seinerseits den Personalrat bittet, ihn in dem Verfahren schon im Stadium des Ermittlungsverfahrens zu unterstützen (§§ 67, 68 BPersVG; vgl. A. V. Rn. 133 unter b).
Auf Wunsch des Beamten oder auf Wunsch des Personalrats, der von einer Disziplinarsache Kenntnis hat, wird der Dienststellenleiter deshalb auch vor Erlass einer Disziplinarverfügung den Personalrat anhören und die Sache mit ihm erörtern müssen (vgl. hierzu GKöD-Weiß, § 28 Rn. 24). Nach § 20 Abs. 1 ist es im Übrigen möglich, dass sich der Beamte von einem Mitglied des Personalrats verteidigen lässt. Hierzu wird allerdings für den Beamten immer zu berücksichtigen sein, dass ein Personalrat nicht nur die Interessen des Betroffenen, sondern als Personalrat auch die der Dienststelle zu vertreten hat, so dass er insoweit in eine Konfliktsituation geraten kann.

4 In den **Abs. 2 bis 5** werden nun die einzelnen Zuständigkeiten voneinander abgegrenzt. Dies geschieht sowohl im Hinblick auf die einzelnen Vorgesetzten als auch im Hinblick auf die oberste Dienstbehörde. Ziel ist es, die Rechte der unteren Ränge zu stärken um damit bei den höheren Vorgesetzten Raum für die Verfolgung schwerwiegenderer Dienstvergehen zu schaffen.

5 **Abs. 2** tritt an die Stelle der Regelung des § 29 Abs. 2 BDO. Danach dürfen die unmittelbaren Vorgesetzten nur Verweise aussprechen und Geldbußen verhängen. Daraus ergibt sich auch, dass diese nicht befugt sind, Disziplinarmaßnahmen gegen Ruhestandsbeamte zu verhängen. Dies liegt in der logischen Konsequenz dessen, dass Ruhestandsbeamte keine unmittelbaren Vorgesetzten mehr haben.

6 **Abs. 3** gibt nur den obersten Dienstbehörden das Recht, die Maßnahme bis zur Höchstgrenze auszuschöpfen. Die den obersten Dienstbehörden unmittelbar nachgeordneten Vorgesetzten können eine Kürzung der Dienstbezüge bis zu zwei Jahren aussprechen.

7 Die Kürzung des Ruhegehalts bis zur Höchstgrenze kann nach Abs. 4 nur der nach § 84 zuständige Dienstvorgesetzte vornehmen (vgl. § 84).

8 **Abs. 4** ersetzt den ehemaligen § 29 Abs. 4 BDO und gibt den obersten Bundesbehörden die Möglichkeit, durch allgemeine Anordnung andere als die in Abs. 3 bestimmten gesetzlichen Zuständigkeiten vorzunehmen. Wirksamkeitsvoraussetzung für eine solche andere Kompetenzverteilung ist die Veröffentlichung dieser allgemeinen Anordnung im Bundesgesetzblatt (Abs. 5 letzter Hs.). Die Kompetenzverteilung kann sich nur darauf beziehen, auch nachgeordneten Dienstvorgesetzten die Möglichkeit einzuräumen, Gehaltskürzungen bis zur Höchstgrenze vorzunehmen.

9 **Abs. 5** verweist nur auf die Regelung in Abs. 3 Nr. 1. Die Vorschrift wird dahin zu verstehen sein, dass dieses Recht nur auf die unmittelbar der obersten Dienstbehörde nachgeordneten Vorgesetzten übertragen werden kann. Das ergibt sich daraus, dass eine Verlagerung der Kompetenz aus Nr. 2 weiter nach unten nicht möglich ist. Unmittelbaren Vorgesetzten kann nach dem klaren Wortlaut des Gesetzes und der Verweisungssystematik – es wird eben nur auf Abs. 3 Nr. 1 und nicht auch auf die Nr. 2 verwiesen – die Kompetenz zur Verhängung der geringeren Maßnahme nach Nr. 2 nicht übertragen. Würde man die Verweisung so verstehen, dass die Kompetenz nach Nr. 1 auch auf die unmittelbaren Vorgesetzten übertragen werden darf, so käme es zu der absurden Situation, dass die höheren Dienstvorgesetzten nur Gehaltskürzungen bis zu zwei Jahren verhängen dürften und der unmittelbare Vorgesetzte bis zur Höchstgrenze gehen könnte. Dies wäre ein unsinniges Ergebnis. Damit

§ 33 BDG

bleibt es dabei, dass die Kompetenz nach Nr. 1 nur auf die in Nr. 2 genannten Dienstvorgesetzten übertragen werden kann.
Weitere Möglichkeiten zur Kompetenzverlagerung lässt das Gesetz nicht zu. Es kann damit nicht dem unmittelbaren Vorgesetzten abweichend von Abs. 2 die Kompetenz zur Gehaltskürzung übertragen werden.

Abs. 6 trifft dann die Regelungen zu Form und Zustellung der Disziplinarverfügung, die bislang in § 30 BDO enthalten waren. **10**

Er schafft für die Disziplinarverfügung **Begründungszwang**. Die Gestaltung der Verfügung ist im Übrigen dem Dienstvorgesetzten überlassen. Allerdings muss die Verfügung aus Gründen der Klarheit verschiedenen Mindestanforderungen genügen, will sie nicht fehlerhaft sein. Dazu gehören: genaue Bezeichnung der entscheidenden Stelle im Kopf, genaue Bezeichnung der verhängten Maßnahme, wobei die gesetzliche Terminologie zu verwenden ist, Bezeichnung des betroffenen Beamten, genaue Schilderung des Sachverhalts (BDHE 5, 99), Beschreibung des Vorwurfs und der Schuldform (vorsätzlich oder fahrlässig), Angabe der verletzten Pflichten, Begründung der Art und Höhe der Disziplinarmaßnahme, Kostenentscheidung, Rechtsmittelbelehrung, Unterschrift. Fehlt eine dieser Voraussetzungen mit Ausnahme der Kostenentscheidung, die entbehrlich, aber zweckmäßig ist, ist die Maßnahme ohne weiteres aufzuheben. **11**

Bei der Abfassung der Gründe ist darauf zu achten, dass die Verfügung in allererster Linie für den Beamten bestimmt ist. Er muss die **Begründung verstehen können,** und schon deshalb sollte sie keine Formulierungen enthalten, die ausschließlich für einen Juristen verständlich sind. Auch die Rechtsmittelbelehrung ist so abzufassen, dass dem Beamten sofort erkennbar ist, wie und in welcher Frist er gegen die Verfügung vorgehen kann. **12**

Die Gründe legen den disziplinaren Vorwurf in tatsächlicher und rechtlicher Hinsicht fest. Der durch sie **gekennzeichnete Sachverhalt begrenzt die Nachprüfungsbefugnis** des Gerichts. Dasselbe gilt für die Konkretisierung der vorgeworfenen Pflichtverletzung. Trägt der Sachverhalt in tatsächlicher und rechtlicher Hinsicht den erhobenen Vorwurf nicht, so liegt darin ein schwerer Verfahrensfehler, der zur gerichtlichen Aufhebung führen kann (Behnke-Amelung, § 31 Rn. 50). Die Beschwerdebehörde kann im Rahmen ihrer Disziplinarbefugnis die Entscheidung und die Gründe der Disziplinarverfügung korrigieren und ergänzen. **13**

Die Disziplinarverfügung ist grundsätzlich vom nach Abs. 2-5 zuständigen **Dienstvorgesetzten** oder seinem **allgemeinen Vertreter** zu **unterzeichnen.** Allgemeiner Vertreter ist derjenige, der nach dienstinternen Regelungen (Dienstanweisung, Geschäftsordnung usw.) beauftragt worden ist, seinen Dienstvorgesetzten allgemein zu vertreten. Der Vertreter kann dabei allerdings auch dann unterschreiben, wenn der Dienstvorgesetzte nicht an der Unterschriftsleistung verhindert ist. Eine von einem anderen Beamten unterzeichnete Disziplinarverfügung ist unwirksam und führt zur Aufhebung im Rechtsmittelverfahren. Die schriftliche Missbilligung kann dagegen auch von einem anderen Beamten als dem Dienstvorgesetzten oder seinem allgemeinen Vertreter unterzeichnet werden (BVerwG – 1 D 29.67). Die Unterschrift des Dienstvorgesetzten braucht sich allerdings nicht auf der dem Beamten zugestellten Ausfertigung der Verfügung zu befinden. Es genügt die Zustellung einer beglaubigten Abschrift, sofern die Verfügung in der Urschrift vom zuständigen Vorgesetzten unterzeichnet ist. Die Zustellung an den Beamten ist unbedingt erforderlich. Nur bei ordnungsgemäßer Zustellung beginnt die Beschwerdefrist zu laufen. **14**

15 Die Disziplinarverfügung **kann eine Kostenentscheidung enthalten** (§ 37). Die Auferlegung der Verfahrenskosten setzt voraus, dass eine Disziplinarmaßnahme verhängt wird und die entstandenen Kosten wegen des zugrunde liegenden Dienstvergehens entstanden sind. Ob dem Beamten entstandene Kosten auferlegt werden sollen, steht im Ermessen des Dienstvorgesetzten (§ 37 Rn. 8). Er wird dabei zu prüfen haben, ob die Kostenbelastung in einem sinnvollen Verhältnis zur Disziplinarmaßnahme steht. So wäre es möglicherweise unverhältnismäßig, bei auferlegten Kosten von 100 Euro oder mehr es auch noch bei der an sich angemessenen Geldbuße von 50 Euro oder mehr zu belassen. Einer Kostentscheidung über die notwendigen Auslagen des Beschuldigten bedarf es im Fall des § 37 Abs. 4.

16 Die Disziplinarverfügung muss eine **ordnungsgemäße Rechtsbehelfsbelehrung** enthalten, andernfalls Bestandskraft erst ein Jahr nach Zustellung eintreten kann (§§ 3, 58 VwGO).

§ 34 Erhebung der Disziplinarklage

(1) Soll gegen den Beamten auf Zurückstufung, auf Entfernung aus dem Beamtenverhältnis oder auf Aberkennung des Ruhegehalts erkannt werden, ist gegen ihn Disziplinarklage zu erheben.
(2) Die Disziplinarklage wird bei Beamten durch die oberste Dienstbehörde, bei Ruhestandsbeamten durch den nach § 84 zur Ausübung der Disziplinarbefugnisse zuständigen Dienstvorgesetzten erhoben. Die oberste Dienstbehörde kann ihre Befugnis nach Satz 1 durch allgemeine Anordnung ganz oder teilweise auf nachgeordnete Dienstvorgesetzte übertragen; die Anordnung ist im Bundesgesetzblatt zu veröffentlichen. § 17 Abs. 1 Satz 2 zweiter Halbsatz sowie Abs. 3 und 4 gilt entsprechend.

1 Diese neu eingefügte Vorschrift stellt eine zentrale Änderung in der Systematik des Disziplinarverfahrens dar. In den Fällen, in denen das Disziplinarverfahren weder nach § 32 eingestellt wird noch nach § 33 eine Disziplinarverfügung ergeht, erhebt nunmehr der Dienstherr direkt Klage beim Verwaltungsgericht. Dies betont noch einmal sehr deutlich den Paradigmenwechsel, der in der Abkehr vom Strafrecht und in der Zuwendung zum Verwaltungsrecht liegt. Die Disziplinarklage ist Ausdruck des nunmehr herrschenden kontradiktorischen Verfahrens.

2 Zur Abgrenzung von anderen Klagearten und um den Inhalt des Verfahrens zu kennzeichnen, wird die Bezeichnung »Disziplinarklage« eingeführt.

3 Zulässigkeitsvoraussetzung für die Erhebung der Disziplinarklage ist die Untersuchung des Sachverhalts nach §§ 17 ff. Mit der Disziplinarklage wird der durch die Untersuchung ermittelte Sachverhalt dem Gericht zur Prüfung vorgelegt, wobei immer nur ein Beamter erfasst sein darf (vgl. § 52 Rn. 6).

4 Mit der Disziplinarklage kann nach Abs. 1 nur das Ziel verfolgt werden, den Beamten zurückzustufen, ihn aus dem Beamtenverhältnis zu entfernen oder ihm das Ruhegehalt abzuerkennen. Sollen andere Disziplinarmaßnahmen verhängt werden, kann dies nur im Rahmen des § 33 geschehen. Im Umkehrschluss bedeutet das, dass die in Abs. 1 genannten Maßnahmen nur vom Verwaltungsgericht, nicht vom Dienstherrn verhängt werden können.

5 Form, Frist, Inhalt und das Verfahren der Disziplinarklage sind in den §§ 52 ff. geregelt.

Abs. 2 stellt die Zuständigkeitsregelung für die Einreichung der Disziplinarklage dar. Zu beachten ist dabei besonders die Möglichkeit, diese Befugnisse durch allgemeine Anordnung auf nachgeordnete Dienstvorgesetzte zu übertragen. Solche allgemeinen Anordnungen sind nur dann wirksam, wenn sie im Bundesgesetzblatt veröffentlicht wurden. Wird die Klage von einem insoweit unzuständigen Vorgesetzten eingereicht, leidet die Disziplinarklage an einem Formmangel, der dazu führt, dass keine wirksame Klageerhebung vorliegt.

§ 35 Grenzen der erneuten Ausübung der Disziplinarbefugnisse

(1) Die Einstellungsverfügung und die Disziplinarverfügung sind dem höheren Dienstvorgesetzten unverzüglich zuzuleiten. Hält dieser seine Befugnisse nach den Absätzen 2 und 3 nicht für ausreichend, hat er die Einstellungsverfügung oder die Disziplinarverfügung unverzüglich der obersten Dienstbehörde zuzuleiten. Die oberste Dienstbehörde kann das Disziplinarverfahren an den höheren Dienstvorgesetzten zurückgeben, wenn sie weitere Ermittlungen für geboten oder seine Befugnisse für ausreichend hält.
(2) Der höhere Dienstvorgesetzte oder die oberste Dienstbehörde kann ungeachtet einer Einstellung des Disziplinarverfahrens nach § 32 Abs. 1 im Rahmen ihrer Zuständigkeiten wegen desselben Sachverhalts eine Disziplinarverfügung erlassen oder Disziplinarklage erheben. Eine Entscheidung nach Satz 1 ist nur innerhalb von drei Monaten nach der Zustellung der Einstellungsverfügung zulässig, es sei denn, es ergeht wegen desselben Sachverhalts ein rechtskräftiges Urteil auf Grund von tatsächlichen Feststellungen, die von denjenigen tatsächlichen Feststellungen, auf denen die Entscheidung beruht, abweichen.
(3) Der höhere Dienstvorgesetzte oder die oberste Dienstbehörde kann eine Disziplinarverfügung eines nachgeordneten Dienstvorgesetzten, die oberste Dienstbehörde auch eine von ihr selbst erlassene Disziplinarverfügung jederzeit aufheben. Sie können im Rahmen ihrer Zuständigkeiten in der Sache neu entscheiden oder Disziplinarklage erheben. Eine Verschärfung der Disziplinarmaßnahme nach Art oder Höhe oder die Erhebung der Disziplinarklage ist nur innerhalb von drei Monaten nach der Zustellung der Disziplinarverfügung zulässig, es sei denn, es ergeht wegen desselben Sachverhalts ein rechtskräftiges Urteil auf Grund von tatsächlichen Feststellungen, die von denjenigen tatsächlichen Feststellungen, auf denen die Entscheidung beruht, abweichen.

§ 35 beinhaltet in Abs. 1 neue Regelungen über die Weitergabe- und Mitteilungspflichten der Vorgesetzten über ihre Entscheidungen in Disziplinarsachen. Die Vorschrift knüpft damit an § 30 an. Die Abs. 2 und 3 treffen im Anschluss daran Kompetenzregelungen über die Möglichkeiten von Vorgesetzten, nach dem Abschluss von Disziplinarverfahren diese wieder aufzunehmen und abweichende Entscheidungen zu treffen. Sie nehmen damit die Regelungen der §§ 27 Abs. 2 und 32 Abs. 2 BDO auf. Wichtigste Änderung ist dabei die Einführung einer Frist bzw. die Abänderung der Frist, in der es möglich ist, bereits abgeschlossene Verfahren neu aufzunehmen und die Maßnahme zu ändern.

In Abs. 1 wird geregelt, dass die Abschlussentscheidung – dabei kann es sich nur um Einstellung und Disziplinarverfügung handeln, da der Dienstvorgesetzte nur für deren Verhängung die Kompetenz nach § 33 hat – unverzüglich dem höheren Dienstvorgesetzten zuzuleiten ist. Dies stellt im Verhältnis zum

§ 35 BDG

beschuldigten Beamten eine reine Ordnungsvorschrift dar, aus deren Verstoß für ihn weder Nach- noch Vorteile erwachsen können.

3 Der Dienstvorgesetzte prüft die Entscheidung. Kommt er zu dem Schluss, dass seine Kompetenz für die Verhängung der von ihm für angemessen erachteten Maßnahme nicht ausreicht, so hat er den Vorgang ebenfalls unverzüglich der obersten Dienstbehörde zuzuleiten.

4 Stellt diese nach weiterer Prüfung fest, dass seine Befugnisse doch ausreichen, so gibt sie den Vorgang an ihn zurück. Gleiches gilt für den Fall, dass die oberste Dienstbehörde den Fall noch nicht für aufgeklärt und weitere Ermittlungen für notwendig hält.

5 Auffallend und auch nicht recht erklärlich ist, warum die Kompetenz zur Rückgabe bei unaufgeklärten Sachverhalten nicht auch dem höheren Dienstvorgesetzten im Verhältnis zum Dienstvorgesetzten eingeräumt wird. Dies stellt einen Unterschied zu Abs. 1 Satz 2 2. Alt. und auch zu § 30 Satz 2 dar. Eine ergänzende Auslegung wird angesichts des klaren Wortlauts wohl kaum in Betracht kommen. Damit bleibt diese Möglichkeit nur für die Fälle bestehen, in denen der Dienstvorgesetzte nach § 30 vorlegt.

6 Abs. 2 regelt die Fälle, in denen der Dienstvorgesetzte das Verfahren – in Betracht kommen nur die Fälle des § 32 Abs. 1 – einstellt. Diese Einstellung bindet den höheren Dienstvorgesetzten und die oberste Dienstbehörde nicht. Sie können wegen desselben Sachverhalts – trotz der zugestellten Einstellung – eine Disziplinarverfügung erlassen oder Disziplinarklage erheben. Das kann allerdings nicht zeitlich unbegrenzt erfolgen, sondern nur in der Frist von drei Monaten (Abs. 2 Satz 2). Die Frist beginnt mit Zustellung der Einstellungsverfügung zu laufen. Nach dem insoweit klaren Wortlaut ist dabei unbeachtlich, ob die Information nach Abs. 1 rechtzeitig geschehen ist. Der Dienstherr kann sich bei Fristüberschreitung nicht darauf berufen, dass der Dienstvorgesetzte seine Pflicht zur unverzüglichen Vorlage verletzt habe und die Frist deshalb versäumt wurde. Abs. 1 entfaltet seine Wirkung als Ordnungsvorschrift nur innerdienstlich. Die Einführung dieser Frist stellt einen deutlichen Fortschritt gegenüber altem Recht dar und ist zu begrüßen.

7 Die zweite Alternative des Abs. 2 Satz 2 lässt eine Ausnahme von dieser Frist in den Fällen zu, in denen wegen desselben Sachverhalts ein rechtskräftiges Urteil ergeht und dieses Urteil in seinen tatsächlichen Feststellungen von den tatsächlichen Feststellungen des Disziplinarverfahrens abweicht. Abs. 2 enthält keine Angabe, welche Urteile hier in Betracht kommen. Es wird jedoch auf die Vorschrift des § 23 zurückgegriffen werden können. Als Urteile i. S. d. Abs. 2 kommen alle die Urteile, die aufgrund von Verfahren nach § 23 ergehen (§ 23 Rn. 1), in Betracht. Das Urteil muss rechtskräftig sein. Liegt ein solches Urteil vor, dann ist eine Wiederaufnahme auch nach Ablauf der Frist des Abs. 2 Satz 2 zulässig. Dies ist vor dem Hintergrund der Bindungswirkung der Urteile nach § 23 gerechtfertigt.

Erneute Disziplinarbefugnis des höheren Dienstvorgesetzten gegenüber Disziplinarentscheidungen nachgeordneter Dienstvorgesetzter

8 »Im Übrigen« erlaubt Abs. 3 **jederzeit und unbefristet die Aufhebung und Milderung** von nachgeordneten wie eigenen Disziplinarentscheidungen. Der höhere Dienstvorgesetzte kann nicht Disziplinarentscheidungen aufheben, die

Gegenstand eines Gerichtsverfahrens nach § 34 sind oder waren. Vor der Aufhebung muss der Beamte nicht angehört werden, wohl aber vor der Neuentscheidung, auch wenn sie zugunsten der Betroffenen beabsichtigt ist.

Wenn die vorherigen Entscheidungen **zu Ungunsten des Beamten abgeändert** werden sollen, so kann das nur innerhalb von drei Monaten nach ihrem Erlass (= Zustellung) oder nach dem Erlass eines sachgleichen, im Sachverhalt abweichenden präjudiziellen Urteils geschehen. **9**

Abs. 3 gilt für **alle bestandskräftigen, sachentscheidenden Disziplinarentscheidungen** untergeordneter Dienstvorgesetzter bzw. die eigenen Entscheidungen der obersten Dienstbehörde oder der Einleitungsbehörde. **Bloße Verfahrensentscheidungen** sind von Abs. 3 nicht betroffen. Beruhen sie auf einem Verfahrenshindernis oder dem Fehlen einer Verfahrensvoraussetzung, die nicht behebbar sind, so stehen diese Umstände ohnehin auch dem neuen Verfahren entgegen. Können aber die zugrunde liegenden Verfahrensfehler ausgeräumt bzw. im neuen Verfahren vermieden werden, so liegt keine die Neuaufnahme des Verfahrens hindernde Bestandskraft vor. **10**

Voraussetzung der Verschlechterungsbefugnis ist die vorherige **Aufhebung der Erstentscheidung** innerhalb der Dreimonatsfrist. Die Aufhebung beseitigt die Erstentscheidung ex tunc (BDHE 5, 106; Behnke-Amelung, § 32 Rn. 21). Vor der Aufhebungsentscheidung bedarf es der Anhörung des Beamten. Die Aufhebung allein ist nicht anfechtbar, da sie keine Beschwer der Betroffenen enthält. Erst die verschlechternde Neubescheidung enthält die Beschwer. **Die Neubescheidung** kann, muss aber nicht gleichzeitig mit der Aufhebung und auch nicht in der Frist erfolgen. Sie muss aber die Frist des § 15 weiterhin beachten. Vor ihrem Erlass muss, wenn dies nicht schon im Zusammenhang mit der Aufhebung geschehen ist, der Betroffene angehört werden (§§ 20 Abs. 2, 30). **11**

Für die Neuentscheidung stehen dieselben **Entscheidungsmöglichkeiten wie für die Erstentscheidung** zur Verfügung, also Aufhebung, Milderung, Verschärfung, Bestätigung, Verfahrenseinstellung (aus sachlichen wie prozessualen Gründen). Die Neuentscheidung kann es bei dem zuvor entschiedenen Sachverhalt und Vorwurf belassen, aber auch neue Tatsachen und Vorwürfe seiner Neuentscheidung zugrunde legen. **12**

Die Neuentscheidung hat dieselbe **Form und den Inhalt** zu wahren, wie dies für die Erstentscheidung gilt. Die Aufhebungsentscheidung bedarf, wenn sie getrennt von der Neuentscheidung ergeht, keiner Begründung. Dann erfordert die Fürsorgepflicht aber eine Information des Betroffenen dahin, dass eine verschlechternde Neuentscheidung beabsichtigt ist, zu der noch Anhörung erfolgen wird. **13**

Die alte Disziplinarentscheidung kann neben der neuen nicht weiterbestehen. Das ergibt sich zwar schon aus dem bestandskräftigen Entscheidungsinhalt der erneuten Disziplinarentscheidung. Aus Gründen der Rechtsklarheit aber sollte die Unwirksamkeit der alten in der Entscheidungsformel der neuen Entscheidung ausdrücklich hervorgehoben werden. **14**

§ 36 Verfahren bei nachträglicher Entscheidung im Straf- oder Bußgeldverfahren

(1) Ergeht nach dem Eintritt der Unanfechtbarkeit der Disziplinarverfügung in einem Straf- oder Bußgeldverfahren, das wegen desselben Sachverhalts eingeleitet worden ist, unanfechtbar eine Entscheidung, nach der gemäß § 14 die

Disziplinarmaßnahme nicht zulässig wäre, ist die Disziplinarverfügung auf Antrag des Beamten von dem Dienstvorgesetzten, der sie erlassen hat, aufzuheben und das Disziplinarverfahren einzustellen.
(2) Die Antragsfrist beträgt drei Monate. Sie beginnt mit dem Tag, an dem der Beamte von der in Absatz 1 bezeichneten Entscheidung Kenntnis erhalten hat.

1 § 36 tritt an die Stelle des ehemaligen § 123 BDO.
2 Mit dieser Vorschrift wird dem Beamten ein Recht auf Wiederaufgreifen seines Disziplinarverfahrens nach dessen Unanfechtbarkeit gegeben, was dem Disziplinarrecht – mit Ausnahme der Vorschriften der §§ 71 ff. – fremd ist. § 36 korrespondiert mit den Wiederaufnahmevorschriften nach §§ 71 ff. für die Verfahren die ohne gerichtliches Verfahren, durch Disziplinarverfügung beendet wurden.
3 Der Anspruch auf Aufhebung besteht für alle Fallkonstellationen des § 14. Dies umfasst sowohl das Verbot der doppelten Maßregelung als auch die Fälle des § 14 Abs. 2, in denen der Beamte im strafrechtlichen Verfahren nachträglich freigesprochen wurde und kein disziplinarer Überhang besteht. Insoweit sichert diese Vorschrift die im Hinblick auf § 14 gebotene Gleichbehandlung aller Beamten.
4 In den Fällen, in denen das Verfahren durch Urteil abgeschlossen wurde, ist die Wiederaufnahme nach § 71 Abs. 1 Nr. 8 möglich.
5 Die Vorschrift ist eine **Spezialregelung der Wiederaufnahme.** Sie sichert die Gleichbehandlung der unter § 14 fallenden Disziplinarvorgänge und ist auf den **Fall nachträglicher strafrechtlicher Ahndung** beschränkt. Für den Fall **nachträglicher Aufhebung** der strafgerichtlichen Ahndung gelten die Wiederaufnahmeregelungen der §§ 71 ff. (vgl. § 71 Rn. 12).
6 Voraussetzung für das Verfahren nach § 36 ist, dass die im Disziplinarverfahren verhängte **Disziplinarmaßnahme** (nicht die Verfahrenseinstellung oder die Missbilligung, wegen Letzterer vgl. § 14 Rn. 45) **unanfechtbar** geworden war, bevor die strafrechtliche Ahndung erfolgte. War Letztere vor der Verhängung der Disziplinarmaßnahme schon existent, aber nur nicht dem Disziplinarorgan bekannt, so gelten wiederum für das förmliche Disziplinarverfahren die Wiederaufnahmevorschriften der §§ 71 ff., für das Disziplinarverfügungsverfahren das Aufhebungsverfahren nach § 35.
7 Im Übrigen gelten für die Anwendung des § 36 **dieselben Voraussetzungen wie für § 14:** Auf strafrechtliche Verfahrenseinstellungen mit Straf- oder Bußcharakter ist § 14 analog anzuwenden (§ 14 Rn. 20 ff.). Es muss sich in beiden Verfahren um den identischen Sachverhalt handeln, andernfalls muss bei mehreren Pflichtverletzungen die strafrechtlich geahndete verselbständigungsfähig sein, und beide Ausnahmevoraussetzungen zur zusätzlichen Maßregelung müssen erfüllt sein (vgl. § 14 Rn. 22 ff., 28 ff.). In erster Linie zielt § 36 auf die **ersatzlose Aufhebung der Disziplinarmaßnahmen** ab. Da aber im Falle zusätzlicher Maßregelung im Rahmen des § 14 auch die Maßnahmebemessung auf die finanziellen und pflichtmahnenden Auswirkungen der strafgerichtlichen Ahndung abzustellen ist (vgl. § 14 Rn. 3), ist der **Antrag auch zur Milderung der Disziplinarmaßnahmen zulässig.**
8 Das Verfahren nach § 36 wird durch Antrag der betroffenen Beamten in Gang gebracht, ist **aber nicht von deren Antrag abhängig** (a. A. Behnke-Amelung, § 123 Rn. 5; GKöD-Weiß, K § 123 Rn. 6; offenbar auch Claussen/Janzen, § 123 Rn. 4). Abs. 1 bestimmt lediglich, dass die Aufhebung auf Antrag erfolgen

muss, nicht aber, dass die Dienstvorgesetzten trotz Kenntnis der nachträglichen Bestrafung untätig bleiben müssten oder dürften. Die beamtenrechtliche Fürsorgepflicht gebietet den Dienstvorgesetzten, von Amts wegen nach § 32 Abs. 3 Satz 1 die nachträglich unrichtig gewordene Disziplinarmaßnahme nach dem Gesetzeswillen in § 36 zu korrigieren, wenn die Voraussetzungen des § 14 erfüllt sind. Die Fürsorgepflicht besteht umso mehr, als die Beamten über die Möglichkeit des § 36 in der Regel nicht belehrt sind. **Gegenüber Disziplinarverfügungen,** die nicht durch das Gericht ganz oder teilweise bestätigt worden sind, besteht neben dieser Amtspflicht der Dienstvorgesetzten das Antragsrecht der Gemaßregelten. Über die vom Gericht ganz oder teilweise bestätigten Disziplinarmaßnahmen entscheidet nach §§ 71 ff. allein das Gericht, nicht etwa nach § 35 der Dienstvorgesetzte. Gegen diese Disziplinarmaßnahmen haben die Gemaßregelten wie auch – zugunsten der Gemaßregelten – die Dienstvorgesetzten das Antragsrecht gegenüber dem Gericht.

Der Antrag muss den üblichen Erfordernissen der Klarheit und Eindeutigkeit entsprechen. Er bedarf keiner Begründung, wohl aber der Bezeichnung der betroffenen Disziplinarentscheidung und der strafgerichtlichen Ahndung. Der Antrag entfaltet mangels ausdrücklicher Regelung **keine unmittelbaren Wirkungen,** was den allgemeinen Wiederaufnahmebestimmungen entspricht. Er ist **an die Stelle zu richten,** die die aufzuhebende oder zu ändernde Disziplinarmaßnahme verhängt hat. 9

Der nach Abs. 1 **vom Dienstvorgesetzten erlassene Bescheid** muss eine **Begründung** mit Sachverhalt und rechtlicher Würdigung enthalten, aus denen hervorgeht, weshalb die Voraussetzungen des § 14 erfüllt oder nicht erfüllt sind. Gegen diesen Bescheid sind die üblichen Rechtsmittel des BDG – Widerspruchsverfahren und Klage – gegeben. 10

Wird die frühere **Disziplinarmaßnahme aufgehoben,** so ist sie damit – wie auch im allgemeinen Wiederaufnahmeverfahren – ex tunc beseitigt. Das Verfahren ist **einzustellen.** Die finanziellen und – soweit eingetreten (Beförderungsnachteil) – laufbahnrechtlichen Nachteile der inzwischen vollstreckten Disziplinarmaßnahmen sind wieder gutzumachen. Auch die bislang wegen der Disziplinarmaßnahme unterbliebene Tilgung ist ggf. nachzuholen. 11

Im Gegensatz zum früheren Recht ist der Antrag nunmehr nach Abs. 2 fristgebunden zu stellen. Die Frist beträgt drei Monate. Sie beginnt mit dem Tag zu laufen, an dem der Beamte vom Aufhebungsgrund Kenntnis erlangt. Dies ist frühestens mit Kenntnis der Rechtskraft der strafrechtlichen Entscheidung der Fall. Die Kenntnis der Entscheidung vor Rechtskraft derselben kann nach dem Wortlaut des Abs. 1 diese Vorrausetzung nicht erfüllen. Dort ist als Voraussetzung die Unanfechtbarkeit der Entscheidung genannt. Damit ist auch auf die Kenntnis der Unanfechtbarkeit als Fristbeginn abzustellen. Die Vorschrift entspricht § 51 Abs. 3 VwVfG. 12

§ 37 Kostentragungspflicht

(1) Dem Beamten, gegen den eine Disziplinarmaßnahme verhängt wird, können die entstandenen Auslagen auferlegt werden. Bildet das Dienstvergehen, das dem Beamten zur Last gelegt wird, nur zum Teil die Grundlage für die Disziplinarverfügung oder sind durch Ermittlungen, deren Ergebnis zugunsten des Beamten ausgefallen ist, besondere Kosten entstanden, können ihm die Auslagen nur in verhältnismäßigem Umfang auferlegt werden.

(2) Wird das Disziplinarverfahren eingestellt, trägt der Dienstherr die entstandenen Auslagen. Erfolgt die Einstellung trotz Vorliegens eines Dienstvergehens, können die Auslagen dem Beamten auferlegt oder im Verhältnis geteilt werden.
(3) Bei einem Antrag nach § 36 gilt im Falle der Ablehnung des Antrags Absatz 1 und im Falle seiner Stattgabe Absatz 2 entsprechend.
(4) Soweit der Dienstherr die entstandenen Auslagen trägt, hat er dem Beamten auch die Aufwendungen zu erstatten, die zur zweckentsprechenden Rechtsverfolgung notwendig waren. Hat sich der Beamte eines Bevollmächtigten oder Beistands bedient, sind auch dessen Gebühren und Auslagen erstattungsfähig. Aufwendungen, die durch das Verschulden des Beamten entstanden sind, hat dieser selbst zu tragen; das Verschulden eines Vertreters ist ihm zuzurechnen.
(5) Das behördliche Disziplinarverfahren ist gebührenfrei.

1   Die neue Regelung des § 37 fasst die Vorschriften über die Kostenentscheidungen in der BDO (§§ 111-116) zusammen und regelt sie vor dem Hintergrund der Zuwendung zum Verwaltungsrecht und des Wegfalls des förmlichen Verfahrens neu.

2   Nach bisherigem Recht gab es in den Disziplinarverfahren keine Prozesskostenhilfe (BVerwG v. 30.1.1985 – 1 DB 8/85). Dies war insoweit konsequent, als Prozesskostenhilfe auch im Strafrecht, auf das bislang ergänzend verwiesen wurde, nicht bekannt war. Die Regelung des Pflichtverteidigers findet nur in ausdrücklich bestimmten Fällen Anwendung und galt deshalb in der BDO nur in den Fällen des § 60 aufgrund der dortigen ausdrücklichen Normierung.

3   Nunmehr wird aber in § 3 ausdrücklich auf die VwGO verwiesen und deren subsidiäre Geltung angeordnet. Im Zusammenhang mit der Kostenregelung ist dies im Hinblick auf die Frage, ob nunmehr auch in Disziplinarfällen Prozesskostenhilfe gewährt werden kann, von Bedeutung. § 166 VwGO gewährt über die Verweisung auf die einschlägigen Vorschriften der ZPO den Anspruch auf Prozesskosten, sofern die entsprechenden Voraussetzungen vorliegen. § 3 nimmt auf die gesamte VwGO Bezug, soweit im BDG nichts anderes geregelt ist und die Vorschriften der VwGO nicht zu Bestimmungen dieses Gesetzes in Widerspruch stehen.

4   Zunächst ist festzuhalten, dass das BDG keine Regelung zur Gewährung von Prozesskosten enthält. Es ist auch nicht ersichtlich, inwieweit die Vorschrift des § 166 VwGO im Widerspruch stehen soll. Die §§ 37, 44 treffen nur Kostenregelungen dem Grunde nach. Damit ist festzuhalten, dass unter Geltung des BDG auch in Disziplinarverfahren ein **Anspruch dem Grunde nach auf Gewährung von Prozesskostenhilfe** besteht. Die nach den Vorschriften der ZPO (§§ 114 ff.) notwendige Prüfung der Erfolgsaussichten ist weit zu fassen. Regelmäßig dann, wenn im gerichtlichen Verfahren noch Sachverhaltsaufklärung, z. B. durch Zeugeneinvernahme oder Einholung eines Sachverständigengutachtens betrieben werden muss, sind die Erfolgsaussichten im Hinblick auf den Prüfungsmaßstab zur Gewährung von Prozesskostenhilfe ausreichend (Zöller, ZPO, § 114 Rn. 19 f.).

5   Die Kostenvorschriften des BDG werden weiterhin vom Grundsatz beherrscht, dass der Dienstherr die Kosten zu tragen hat.

6   Abs. 1 Satz 1 enthält insoweit eine Kann-Bestimmung. Nach dieser Vorschrift können dem Beamten die entstandenen Auslagen ersetzt werden. Diese Regelung folgt § 112 Abs. 1 Satz 1 BDO.

Voraussetzung und Kriterien der Kostenentscheidung im Vorverfahren

Rechtliche Voraussetzung der Auferlegung von Auslagen an den Beamten durch den Dienstvorgesetzten (Abs. 1 Satz 1) ist die **Verhängung einer Disziplinarmaßnahme**. Als solche können nur die in § 5 aufgeführten echten Disziplinarmaßnahmen gelten. Wird das Verfahren wegen geringer Schuld oder mangelndem Pflichtenmahnungsbedürfnis eingestellt und eine Missbilligung i. S. d. § 6 ausgesprochen, so ist die Aufbürdung der Verfahrenskosten ebenso unzulässig wie bei Einstellung wegen eines Verfahrensmangels oder eines Prozesshindernisses oder fehlender Prozessvoraussetzung. **Zuständig für die Kostenentscheidung** ist der für die Abschlussentscheidung im Hauptsacheverfahren zuständige Dienstvorgesetzte. 7

§ 37 geht von dem Grundsatz aus, dass die **Verfahrenskosten** im Verfahren vor den Dienstvorgesetzten der verfolgenden Verwaltung zur Last fallen. Nur im Falle besonderer Entscheidung können sie den Betroffenen aufgebürdet werden. Ob die Verfahrenskosten des Verfahrens dem Beamten überhaupt auferlegt werden sollen, nur zu einem Bruchteil oder nur hinsichtlich bestimmter Kosten, liegt im **Ermessen** des zuständigen Dienstvorgesetzten. Die Entscheidung darf nicht der Sanktionierung dienen. Deshalb sind Erwägungen zur Schuld der Betroffenen oder zum Gewicht des festgestellten oder vermuteten Dienstvergehens sachfremd und unzulässig, sie machen die Kostenaufbürdung ermessensfehlerhaft. Sachgerechte Gesichtspunkte können aus dem Maß der Verfahrensveranlassung und der Kostenverursachung (verzögerndes Verhalten oder kostensteigerndes Lügen), aus den wirtschaftlichen Verhältnissen der Betroffenen und ähnlichen Zweckmäßigkeitserwägungen gewonnen werden. 8

Die durch Abs. 1 Satz 1 ermöglichte **Auferlegung der Verfahrenskosten ergeht dem Grunde nach**. Die Berechnung und Festsetzung des Kostenbetrags nach der Höhe der entstandenen Kosten ist Sache des gesonderten Festsetzungsbescheids. Die Aufbürdung der Verfahrenskosten kann **nach Bruchteilen** (BDHE 3, 29) und nach einzelnen Verfahrensabschnitten oder -handlungen (Gutachten, Zeugenvernehmungen, Ortsbesichtigung) geschehen (BVerwG [WD] E 46, 18, 19). **Bei mehreren Beschuldigten** ist eine gemeinsame Kostenaufbürdung wegen der Einheit des Dienstvergehens nur zulässig, wenn alle wegen desselben Sachverhalts und derselben Vorwürfe gemaßregelt wurden (BVerwG [WD] E 46, 18, 19). Sollen Kosten nicht auferlegt werden, bedarf es keiner ausdrücklichen Hervorhebung im Entscheidungssatz der verfahrensabschließenden Entscheidung. **Unterbleibt hinsichtlich der Verfahrenskosten die Kostenentscheidung,** so kann sie jederzeit nachgeholt werden, weil das bloße Unterlassen der Entscheidung keinen Regelungscharakter hat, also weder der formellen Bestandskraft noch dem Verbot der Schlechterstellung unterliegt (vgl. BGHSt 5, 52; OVG Münster, ZBR 1958, 7; Claussen/Janzen, § 113 Rn. 7). Anders wegen des Vertrauensschutzes, wenn in der abschließenden Entscheidung ausdrücklich auf die Aufbürdung der Verfahrenskosten verzichtet wurde (Claussen/Janzen, § 112 Rn. 2). 9

Der **Umfang der Kostenentscheidung** ist dadurch begrenzt, dass die Kosten nur insoweit auferlegt werden können, als sie die Grundlage der Disziplinarmaßnahme betreffen. Diese Begrenzung muss zur eindeutigen Klarstellung des Umfangs der Kostenentscheidung in dem Entscheidungssatz der Kostenent- 10 scheidung ausdrücklich enthalten sein (wie in der früheren Regelung der gerichtlichen Kostenentscheidung nach § 113 Abs. 1 a. F.; vgl. Behnke-Leußer § 113 Rn. 6).

Die **Festsetzung der Verfahrenskosten der zu erstattenden Auslagen** ergeht durch einen selbständigen Festsetzungsbescheid. Zuständig dafür ist der **Dienstvorgesetzte.**

11 Abs. 1 Satz 2 trifft Regelungen für den Fall, dass dem Beamten bei mehreren ursprünglichen Vorwürfen nach Abschluss des Verfahrens nur noch ein Teil nachgewiesen werden kann und sich damit auch die Disziplinarmaßnahme nur auf diesen Teil der ursprünglichen Vorwürfe stützen kann. In einem solchen Fall dürfen ihm die Kosten auch nur zu einem Teil auferlegt werden.

12 Es sind nur **die Kosten festzusetzen, die durch die Kostenentscheidung aufgebürdet wurden.** Soweit sich die Kostenentscheidung auf einen Teil der ursprünglich verfolgten Vorwürfe beschränkt, muss bei der Kostenfestsetzung genau abgegrenzt werden, welche Kosten durch welche Ermittlungen erwuchsen und ob sie zur Klärung des Vorwurfs erforderlich waren (BDHE 5, 185; 6, 114). Nicht aufgebürdet werden dürfen solche Kosten, die ohne Veranlassung oder ohne Verhinderungsmöglichkeit des Betroffenen entstanden sind (etwa Reisekosten von Zeugen oder Sachverständigen oder des Ermittlungs- oder Untersuchungsführers zu einer erneuten Beweisaufnahme, nachdem Zeugen oder Gutachter beim ersten Termin ausgeblieben waren, vgl. Claussen/Janzen, § 112 Rn. 1 b; Behnke-Leußer, § 112 Rn. 6).

13 Abs. 2 Satz 1 stellt noch einmal klar, dass in diesen Fällen der Dienstherr die Kosten zu tragen hat. Nur unter den dort ausdrücklich geregelten und abschließend aufgezählten Ausnahmefällen ist es möglich, die Kosten dem Beamten aufzuerlegen.

14 Abs. 3 regelt leicht nachvollziehbar und sachgerecht die Kostenverteilung im Falle eines Antrags nach § 36. Zu beachten ist, dass in diesem Fall die Kostenfolge zu Lasten des Beamten auf einer gesetzlichen Regelung des Satzes 1 2. Alt. beruht, die keinen Raum für eine Ermessensentscheidung lässt.

15 Abs. 4 enthält Regelungen für die Fälle, in denen der Dienstherr die Kosten trägt. Dies ist immer dann der Fall, wenn es an einer ausdrücklichen Entscheidung zu Lasten des Beamten fehlt (vgl. Rn. 18).

16 Eine Erstattung der notwendigen Auslagen ist in § 37 Abs. 4 vorgesehen. In gleicher Weise ist für den **Erstattungsanspruch die Notwendigkeit der Auslagen** der Betroffenen nach ihrem kausalen Zusammenhang mit den freigestellten oder gemaßregelten Sachverhalten zu prüfen. Der Hauptteil der erstattungsfähigen Auslagen entfällt in der Regel auf die Verteidigeraufwendungen, besonders die Rechtsanwaltsgebühren nach der BRAGO.

17 Die erstattungsfähigen Kosten umfassen alle notwendigen Ausgaben, unabhängig davon ob sie im behördlichen oder im gerichtlichen Disziplinarverfahren entstanden sind. Die Kosten eines Bevollmächtigten sind nunmehr auch ohne weiteres bis zur Höhe der gesetzlichen Gebühren erstattungsfähig. Nach Abs. 4 steht dem Beamten wie etwa in § 162 Abs. 1 VwGO ein unmittelbarer Aufwendungsersatzanspruch zu.

18 Nach Satz 4 sind nur solche Kosten vom Erstattungsanspruch ausgenommen, die durch das Verschulden des Beamten oder seines Vertreters entstanden sind. Das Verschulden ist vom Dienstherrn darzulegen und ggf. zu beweisen.

19 Beibehalten wird in Abs. 5 die Regelung, dass das behördliche Disziplinarverfahren gebührenfrei ist. Dies entspricht § 111 Abs. 1 BDO.

Kapitel 4
Vorläufige Dienstenthebung und Einbehaltung von Bezügen

§ 38 Zulässigkeit

(1) Die für die Erhebung der Disziplinarklage zuständige Behörde kann einen Beamten gleichzeitig mit oder nach der Einleitung des Disziplinarverfahrens vorläufig des Dienstes entheben, wenn im Disziplinarverfahren voraussichtlich auf Entfernung aus dem Beamtenverhältnis oder auf Aberkennung des Ruhegehalts erkannt werden wird oder wenn bei einem Beamten auf Probe oder einem Beamten auf Widerruf voraussichtlich eine Entlassung nach § 5 Abs. 3 Satz 2 dieses Gesetzes in Verbindung mit § 34 Abs. 1 Satz 1 Nr. 1 oder § 37 Abs. 1 Satz 1 des Bundesbeamtengesetzes erfolgen wird. Sie kann den Beamten außerdem vorläufig des Dienstes entheben, wenn durch sein Verbleiben im Dienst der Dienstbetrieb oder die Ermittlungen wesentlich beeinträchtigt würden und die vorläufige Dienstenthebung zu der Bedeutung der Sache und der zu erwartenden Disziplinarmaßnahme nicht außer Verhältnis steht.

(2) Die für die Erhebung der Disziplinarklage zuständige Behörde kann gleichzeitig mit oder nach der vorläufigen Dienstenthebung anordnen, dass dem Beamten bis zu 50 Prozent der monatlichen Dienst- oder Anwärterbezüge einbehalten werden, wenn im Disziplinarverfahren voraussichtlich auf Entfernung aus dem Beamtenverhältnis oder auf Aberkennung des Ruhegehalts erkannt werden wird. Das Gleiche gilt, wenn der Beamte im Beamtenverhältnis auf Probe oder auf Widerruf voraussichtlich nach § 5 Abs. 3 Satz 2 dieses Gesetzes in Verbindung mit § 34 Abs. 1 Satz 1 Nr. 1 oder § 37 Abs. 1 Satz 1 des Bundesbeamtengesetzes entlassen werden wird.

(3) Die für die Erhebung der Disziplinarklage zuständige Behörde kann gleichzeitig mit oder nach der Einleitung des Disziplinarverfahrens anordnen, dass dem Ruhestandsbeamten bis zu 30 Prozent des Ruhegehalts einbehalten werden, wenn im Disziplinarverfahren voraussichtlich auf Aberkennung des Ruhegehalts erkannt werden wird.

(4) Die für die Erhebung der Disziplinarklage zuständige Behörde kann die vorläufige Dienstenthebung, die Einbehaltung von Dienst- oder Anwärterbezügen sowie die Einbehaltung von Ruhegehalt jederzeit ganz oder teilweise aufheben.

Die Vorschrift ersetzt die früheren §§ 91, 92 BDO.
Die Anordnungen nach § 38 sind beamtenrechtliche Maßnahmen des Disziplinarrechts, aber **keine »Disziplinarmaßnahmen«** i. S. d. Maßnahmenkatalogs des § 5. Sie bewirken deshalb auch keine Doppelverfolgung. Sie sind, obwohl sie schwerwiegend in die nach Art. 33 Abs. 3 GG geschützten Statusrechte des Betroffenen eingreifen, verfassungsrechtlich zulässig, unterliegen aber in der Anwendung – wie alle disziplinaren Eingriffe – dem Verhältnismäßigkeitsgebot (BVerfGE 46, 17/27). Dies wird im Gesetzeswortlaut nunmehr ausdrücklich hervorgehoben. Sie dürfen nicht zu pflichtmahnenden Sanktionszwecken, schon gar nicht zu »Strafzwecken« eingesetzt werden. Ihre Berechtigung erwächst allein aus dem funktionalen Bedürfnis, noch vor der Klärung des Vorliegens eines Dienstvergehens und der abschließenden Entscheidung über die angemessene Maßregelung des Beamten eine den Verwaltungsaufgaben und dem Dienstbetrieb dienende, vorübergehende Sicherungsregelung zu treffen (BVerwG v. 29. 11. 1985 – 1 DB 54.85 – E 46, 17). Wenn der Betreffende ohnehin

§ 38 BDG

von der Dienstleistung freigestellt ist, z. B. ein zu 100 % freigestelltes Personalratsmitglied, so besteht in der Regel kein sachlicher Anlass für eine vorläufige Dienstenthebung (Lorenzen/Haas/Schmitt, § 30 BPersVG Rn. 17). Jedenfalls ist es ermessensfehlerhaft und unzulässig, ohne Rücksicht auf die allein aktuelle Personalratstätigkeit oder gar zum Zwecke deren Vereitelung das Personalratsmitglied vorläufig des Dienstes zu entheben (BDiG v. 6. 9. 1988 – XVI Bk 11/88).

2 Die vorläufige Dienstenthebung (Suspendierung) ist nicht gleichzusetzen mit dem **Verbot der Führung der Dienstgeschäfte** nach § 66 BBG. Beide Maßnahmen stehen unabhängig voneinander zur Verfügung, auch nach Einleitung des förmlichen Disziplinarverfahrens gem. § 17 BDG (BVerwG, NJW 1978, 1597). Maßnahmen nach § 38 können frühestens mit der Einleitung des Disziplinarverfahrens, aber für deren gesamte Dauer, angeordnet werden.

Zuständig für die Anordnung der Maßnahmen nach § 38 BDG ist die für die Erhebung der Disziplinarklage zuständige Behörde, dies ist gem. § 34 Abs. 2 BDG bei Beamten die oberste Dienstbehörde, bei Ruhestandsbeamten die zum Zeitpunkt des Eintritts in den Ruhestand zuständige oberste Dienstbehörde (§ 84 BDG). Diese Befugnisse können durch allgemeine Anordnung ganz oder teilweise auf nachgeordnete Dienstvorgesetzte übertragen werden, wobei die Anordnung im Bundesgesetzblatt zu veröffentlichen ist. Die Maßnahmen der vorläufigen Dienstenthebung und Einbehaltung von Gehaltsteilen mussten nach bisheriger Rspr. ebenso wie die Einleitungsverfügung persönlich durch den Leiter der Einleitungsbehörde oder durch seinen allgemeinen Vertreter angeordnet und unterzeichnet werden (BVerwG v. 2. 6. 1995 – 1 DB 7.95 – E 103, 240). Diese strengen Formerfordernisse gelten nicht mehr. Nach § 17 Abs. 1 Satz 3 BDG ist die Einleitung lediglich aktenkundig zu machen. Der Beamte ist gem. § 20 Abs. 1 BDG nicht in jedem Fall sofort zu unterrichten Die Maßnahmen nach § 38 BDG müssen jedoch, da sie gem. § 39 Abs. 1 BDG zuzustellen sind, schriftlich erfolgen. Hierbei dürfte es genügen, dass sie von dem nach der internen Geschäftsverteilung der Behörde zur Klageerhebung befugten Zuständigen unterzeichnet sind.

3 **Neu gegenüber der bisherigen Regelung** ist, dass nicht nur die Einbehaltung von Dienstbezügen, sondern bereits die vorläufige Dienstenthebung, soweit diese nicht aus Gründen des § 38 Abs. 1 Satz 2 BDG in Betracht kommt (Rn. 4), **nur zulässig ist, wenn im Disziplinarverfahren voraussichtlich auf Entfernung** aus dem Beamtenverhältnis oder auf Aberkennung des Ruhegehaltes erkannt werden wird. Nach st. Rspr. muss es aufgrund der gebotenen summarischen Prüfung des dem Beamten vorgeworfenen Sachverhalts überwiegend wahrscheinlich sein, dass gegen ihn die disziplinare Höchstmaßnahme verhängt werden wird (BVerwG v. 24. 3. 1999 – 1 DB 20.98). Die Höchstmaßnahme muss wahrscheinlicher sein als eine geringere Maßnahme (BVerwG v. 28. 2. 2000 – 1 DB 26.99). Je weniger der den Verdacht begründende Sachverhalt in seinen Einzelheiten bekannt ist, desto mehr muss mit dem Vorliegen von Ausnahmeumständen gerechnet werden. Hält sich die Wahrscheinlichkeit der Dienstentfernung mir derjenigen des Verbleibens im Dienst die Waage, ist die Maßnahme unzulässig (BVerwG v. 18. 12. 1987 – 1 DB 27.87 – E 83, 376). Bereits geklärte und für die Zukunft nicht auszuschließende Tatsachen dürfen nicht vernachlässigt werden. Das ausreichende Maß an Wahrscheinlichkeit wird in der Regel durch eine auf die Höchstmaßnahme lautende, noch nicht rechtskräftige erstinstanzliche Entscheidung begründet (st. Rspr., BVerwG v. 14. 10. 1998 – 1 D 65.98 m. w. N.). Der Verdacht, ein Dienstvergehen begangen zu haben, das eine strafgerichtliche Verurteilung erwarten lässt, die zu einer Beendigung des Beamtenverhältnisses kraft Gesetzes (§ 48 BBG) führt, macht Maßnahmen nach § 38 BDG erst recht zulässig (BVerwG v. 2.4.1997 – 1 DB 3.97). Eine Einstellung des Strafverfahrens nach § 153 a StPO lässt den Tatverdacht ebenso wenig entfallen wie in der Regel der Widerruf eines Geständnisses (BVerwG v. 15.12.1998 – 1 DB 12.98).

Die Maßnahme der vorläufigen Dienstenthebung ist gem. § 38 Abs. 1 Satz 2 BDG außerdem zulässig, wenn durch das Verbleiben des Beamten im Dienst **der Dienstbetrieb oder die Ermittlungen wesentlich beeinträchtigt würden** und die Maßnahme mit Blick auf die Bedeutung der Sache und zu erwartender Disziplinarmaßnahme nicht **außer Verhältnis steht**. Diese Regelung entspricht der bisherigen Rspr. in den Fällen, in denen eine Dienstentfernung erkennbar nicht in Betracht kam. Hier bedurfte es für die Anordnung der vorläufigen Dienstenthebung unter Beachtung des Grundsatzes der Verhältnismäßigkeit eines **besonderen rechtfertigen Grundes** (grundlegend BVerwG v. 16.5.1994 – 1 DB 7.94 – E 103, 116 = ZBR 1994, 284; ebenso v. 17.5.2001 – 1 DB 15.01). Die entscheidungserheblichen Ermessenserwägungen sind nach § 39 Abs. 1 VwVfG in der Anordnung darzulegen oder müssen nach Abs. 2 Nr. 2 dieser Vorschrift dem Betroffenen bereits bekannt oder ohne weiteres erkennbar sein. Die pauschale Begründung, die Dienstenthebung rechtfertige sich aus der zu erwartenden Höchstmaßnahme oder eine Weiterbeschäftigung komme bis zum rechtskräftigen Abschluss des Disziplinarverfahrens nicht in Betracht, um eine Gefährdung oder Störung dienstlicher Belange zu vermeiden, genügt nicht. Es bedarf der **Darlegung der besonderen Umstände** für die Störung des Dienstbetriebs (BVerwG v. 4.1.1996 – 1 DB 16.95; v. 16.5.1994, a.a.O.). Die vorläufige Dienstentfernung erweist sich dann als ermessensgerecht und verhältnismäßig, wenn ohne diesen Eingriff der Dienstbetrieb oder die ordnungsmäßige Tätigkeit der Verwaltung durch die Anwesenheit des Beamten empfindlich gestört oder in besonderem Maße gefährdet wäre (BVerwG v. 1.9.2000 – 1 DB 16.00).

Die vorläufige Dienstenthebung kann gerechtfertigt sein, wenn die Anwesenheit des Beamten im Dienst die Ermittlungen wesentlich beeinträchtigt, was bei **Verdunklungsgefahr** (§ 112 Abs. 2 Nr. 3 StPO) in Betracht kommt. Es muss die Gefahr drohen, dass die Ermittlung der Wahrheit erschwert wird. Im Hinblick auf den Verhältnismäßigkeitsgrundsatzes ist eine restriktive Auslegung geboten. Nach dem ausdrücklichen Gesetzeswortlaut ist die vorläufige Dienstenthebung nur zulässig, wenn sie zu der Bedeutung der Sache und der zu erwartende Disziplinarmaßnahme nicht außer Verhältnis steht. Bei **Bagatellverfehlungen** und solchen, die höchstens die Verhängung eines Verweises oder einer Geldbuße rechtfertigen, kommt die Maßnahme schlechterdings nicht in Betracht. Derartige Verfehlungen hätten nach altem Recht nicht die Einleitung eines förmlichen Disziplinarverfahrens gem. § 33 BDO gerechtfertigt, die, wenn sie rechtswirksam war, nach § 91 BDO alleinige Voraussetzung für die vorläufige Dienstenthebung war. Eine materielle Verschärfung ist mit der Neuregelung nicht beabsichtigt (Amtl. Begründung zu § 38 BDG).

Die vorläufige Dienstenthebung lässt die **beamtenrechtlichen Statusrechte** im Wesentlichen unberührt und bewirkt lediglich, dass der Betroffene die mit dem Amt und dem übertragenen Dienstposten **zugeteilten Dienstgeschäfte nicht bearbeiten** darf. Das Erscheinen am Dienstort und im Dienstgebäude, etwa zur Wahrnehmung persönlicher Rechte gegenüber der Behörde (Beihilfeanträge,

§ 38 BDG

sonstige Erstattungsanträge) oder zum Aufsuchen der Betriebskantine oder von Kollegen/Kolleginnen ist dadurch noch nicht verboten. Hierzu bedürfte es eines **Hausverbots** nach beamtenrechtlichen Grundsätzen. Ein **Urlaubsanspruch** besteht während der Zeit der vorläufigen Dienstenthebung nicht. Da eine Pflicht zur Dienstleistung nicht besteht, kann von ihr auch nicht – urlaubsweise – Befreiung erteilt werden (so auch GKöD-Weiß, K § 91 Rn. 32.). Der Suspendierte hat weiterhin den Alimentationsanspruch und damit den – allenfalls – nach § 38 vorübergehend gekürzten **Anspruch auf die Dienstbezüge**. Ohne gegenteilige beamtenrechtliche Anordnung nimmt die Suspendierung den Betroffenen nicht das Recht, weiterhin **Uniform** zu tragen, **dienstlich empfangene Sachen** zu behalten und eine **Dienstwohnung** zu bewohnen. Die Suspendierung beseitigt auch nicht die **sonstigen Grundpflichten** aus dem Beamtenverhältnis. So bleibt die **Pflicht zur Dienstbereitschaft** bestehen (BDHE 2, 14). Deshalb entfällt nach § 9 BBesG im Falle mangelnder Dienstbereitschaft der gesamte Anspruch auf Dienstbezüge. Deswegen besteht auch weiterhin die Genehmigungspflicht für Nebentätigkeiten (deren Entgelt nach § 40 Abs. 2 später angerechnet werden kann) sowie die Pflicht, die **Wohnung in angemessener Nähe zur Dienststelle** zu nehmen (§ 72 BBG). Während dieser Zeit der Suspendierung sind alle Dienstpflichtverletzungen denkbar mit Ausnahme derjenigen, die eine Dienstleistung voraussetzen.

6 Besonderheiten gelten für **Beamte auf Probe und Widerruf**. Diese können vorläufig des Dienstes enthoben werden, wenn voraussichtlich eine Entlassung nach § 34 Abs. 1 Nr. 1 sowie § 37 Abs. 1 Satz 1 BBG erfolgen wird. Ein **Beamter auf Probe** kann nach § 34 Abs. 1 Nr. 1 BBG aus dem Dienst entlassen werden, wenn ein Verhalten vorliegt, das bei einem Beamten auf Lebenszeit mindestens **eine Kürzung der Dienstbezüge zur Folge hätte**. Dies entspricht der bisherigen Rechtslage, wonach mindestens die Verhängung einer Gehaltskürzung überwiegend wahrscheinlich sein musste (BVerwGE 43, 241, v. 17.8.2000 – 1 DB 2.00 m. w. N.). Für Beamte auf Probe in leitender Funktion vgl. § 35 Abs. 4 Nr. 4 BBG. Bei der Feststellung der zu erwartenden Disziplinarmaßnahme ist § 14 BDG zu beachten (zutreffend OVG Münster, DÖD 1970, 238). Dem korrespondiert die Neuregelung in § 17 Abs. 2 BDG, wonach ein Disziplinarverfahren erst gar nicht mehr einzuleiten ist, wenn feststeht, dass nach § 14 oder 15 BDG eine Disziplinarmaßnahme nicht ausgesprochen werden darf. Aus der entsprechenden Anwendbarkeit der §§ 21 bis 29j BDG gem. § 34 Abs. 3 Satz 2 BBG ergibt sich, dass der Sachverhalt vor einer fristlosen Entlassung des Beamten auf Probe aufzuklären ist.

7 Bei einem **Beamten auf Widerruf** genügt für die vorläufige Dienstenthebung der Verdacht eines Dienstvergehens schlechthin. Diese geringeren Anforderungen als bei einem Beamten auf Probe sind gerechtfertigt, weil der Beamte jederzeit durch Widerruf (§ 37 Abs. 1 Satz 1 BBG) entlassen werden kann, wobei allerdings ein sachlicher Grund für den Widerruf vorliegen muss, der auch durch ein Dienstvergehen begründet werden kann (BVerwG v. 17.2.1995 – 1 DB 35.94 – Buchholz 235 § 126 BDO Nr. 1). Bei Widerrufsbeamten im **Vorbereitungsdienst** ist im Suspendierungsverfahren der Zweck des § 37 Abs. 2 BBG zu beachten (BVerwG v. 17.2.1995, a. a. O.).

8 Mit oder zeitlich nach der vorläufigen Dienstenthebung kann die zuständige Behörde anordnen, dass Beamte bis **zu 50 Prozent der monatlichen Dienst- oder Anwärterbezüge** (Letztere wurden aus Gründen der Klarstellung in den Gesetzestext aufgenommen) und Ruhestandsbeamten bis **zu 30 Prozent des**

§ 38 BDG

Ruhegehalts einbehalten werden. Die Regelung entspricht § 92 Abs. 1 und 2 BDO und setzt voraus, dass im Disziplinarverfahren voraussichtlich auf Entfernung aus dem Beamtenverhältnis bzw. auf Aberkennung des Ruhegehalts erkannt werden wird (vgl. hierzu Rn. 3). Sind diese Voraussetzungen erfüllt, ist eine Einbehaltungsanordnung dem Grunde nach zulässig. Die Entscheidung, ob, in welcher Höhe und für welche Zeit die Behörde die Dienstbezüge einbehalten will, steht in ihrem **pflichtgemäßen Ermessen**. Zum Eintritt der Unverhältnismäßigkeit der Einbehaltung in Folge ungewöhnlich langer Verfahrensdauer vgl. OVG NW v. 28. 5. 2002 – 15 d A 880/00.

Die Ermessensentscheidung hat sich an dem **Grundsatz der angemessenen Alimentation** eines Beamten auszurichten (zum Alimentationsprinzip gem. Art. 33 Abs. 5 GG vgl. BVerfG v. 24. 11. 1998 – DÖD 1999, 381 f.). Da der Betroffene keinen Dienst leistet, hat er eine gewisse **Einschränkung seiner Lebenshaltung hinzunehmen**. Die Einbehaltung darf jedoch wegen ihres vorläufigen Charakters **nicht zu existenzgefährdenden wirtschaftlichen Beeinträchtigungen** oder nicht wieder gutzumachenden Nachteilen führen (st. Rspr. BVerwG v. 21. 11. 2000 – 1 DB 23.00 m. w. N.). Dem Beamten darf nicht die Möglichkeit zur Tilgung seiner Schulden genommen werden. Er muss den ihm gesetzlich obliegenden oder vertraglich eingegangenen Verpflichtungen nachkommen können (BVerwG v. 22. 5. 2000 – 1 DB 8.00). Kreditverpflichtungen, die noch vor der Einbehaltungsanordnung eingegangen wurden, sind in der Regel anzuerkennen (BVerwG v. 6. 5. 2001 – 1 DB 6.01; v. 16. 4. 1996 – 1 DB 6.96). Den laufenden Einkünften der Familie ist der Gesamtbedarf gegenüber zu stellen. Erst nach Feststellung der Verbindlichkeiten kann bestimmt werden, ob und in welchem Umfang eine Einbehaltung möglich ist (BVerwG v. 16. 4. 1996 – 1 DB 6.96). Bei der Ermittlung seiner wirtschaftlichen Verhältnisse trifft den Beamten (auch im eigenen Interesse) eine **Mitwirkungspflicht**. Deren Verstoß führt zwar nicht zu einer Umkehrung der Beweislast, ist aber bei der Beweislast zu berücksichtigen (BVerwG v. 21. 11. 2000, a. a. O.). Bringt der Beamte erst nachträglich wesentliche Umstände vor, so ist die Einbehaltung nicht rückwirkend unzutreffend. Dies setzt natürlich voraus, dass der Betroffene vor der Anordnung dazu eingehend gehört worden ist. Der Beamte ist nicht gehalten, während der Zeit seiner vorläufigen Dienstenthebung einer entgeltlichen Tätigkeit (Nebentätigkeit) nachzugehen. Hat er jedoch derartige Einkünfte, können sie bis zum Höchstsatz berücksichtigt werden, da kein Anspruch auf höhere Gesamteinnahmen als die vollen Bezüge besteht (BVerwG v. 22. 5. 2000 a. a. O.). Der Beamte darf nicht auf die Veräußerung von Vermögen und Familienhabe, auch nicht auf den Verbrauch von Erspartem verwiesen werden. Die Behörde verletzt ihre Alimentationspflicht und überschreitet ihr Ermessen, wenn der dem Beamten nach der Einbehaltungsanordnung für den Lebensunterhalt verbleibende Betrag keinen hinreichenden **Abstand zu dem Regelsatz der Sozialhilfe** wahrt (st. Rspr. BVerwG 21. 11. 2000 – 1 DB 8.00). Die Alimentationspflicht des Dienstherrn geht anderen Einkünften, insbesondere den ohnehin nur subsidiär gewährten Sozialhilfeleistungen vor (BVerwG v. 28. 10. 1982 – 1 DB 27.82 – E 76, 22). Dies gilt entsprechend für die Arbeitslosenhilfe. Bei der Einbehaltung sind die **Kosten einer sinnvollen Rechtswahrung**, insbesondere Anwaltskosten zu berücksichtigen. Dies gilt auch dann, wenn der Rechtsanwalt des Vertrauens des Beamten nur auf der Grundlage einer Honorarvereinbarung das Mandat zu übernehmen bereit ist (BVerwG v. 16. 4. 1996 – 1 DB 6.96). Anerkannt werden Kosten für eine Lebensversicherung (nicht für mehrere), Bausparkas-

9

senbeiträge, **Kfz-Kosten** nur, wenn besondere Gründe für die Benutzung erkennbar sind, andernfalls soll dem Beamten die Veräußerung des Kfz zumutbar sein (BVerwG v. 29. 5. 1996 – 1 DB 11.96). Anerkannt wurden Fahrtkosten der Ehefrau zur Arbeitsstelle und bezüglich eines Hospitantenpraktikums des Beamten in einer Rechtsanwaltspraxis (BVerwG v. 20. 10. 1999 – 1 D 65.98).
Mit der Einbehaltung von höchstens 50 Prozent der Dienst- oder Anwärterbezüge bzw. 30 Prozent bei Ruhestandsbeamten bleibt den Betroffenen so viel, wie ihnen bei endgültiger Entfernung aus dem Dienst bzw. bei endgültiger Aberkennung des Ruhegehaltes gem. § 10 Abs. 3 bzw. 12 Abs. 2 im Regelfall als Unterhaltsbeitrag zukommen würde. Diese Regelung entspricht der bisherigen Rspr. zur Mindestbelassungsgrenze des § 92 Abs. 2 BDO als untere Ermessensgrenze (BVerwG v. 6. 2. 1995 – 1 D 44.94 – E 103, 208). Ermessensfehlerhaft wäre es, wenn die Einbehaltung zu pflichtmahnenden oder sonstigen Zwecken, die den Ausgleich der Nichtdienstleistung nicht berühren, angeordnet würde. Äußerst bedenklich ist deshalb die Rspr. des BVerwG, das einen »**symbolischen**« **Kürzungssatz** von 1% zulässt, um das Weihnachts- und Urlaubsgeld gem. § 67 BBesG i.V. m. § 3 Abs. 1 UrlGG, § 5 Abs. 2 SZG entfallen zu lassen (BVerwG v. 15. 12. 1998 – 1 DB 12.98, v. 7. 12. 1983 – 1 DB 30.83). Zu Recht ist das OVG NW (v. 25. 11. 1988 – 3 W 14/88 – ZBR 1989, 211) von der Entscheidung des BVerwG vom 7. 12. 1983 abgewichen (ebenso Claussen/Janzen, zu § 92 Rn. 5 a). Im Übrigen muss die Anordnung den Einbehaltungssatz generalisierend in Prozentsätzen und nicht durch Benennung eines konkreten Betrages kennzeichnen.

10 Nach Abs. 4 kann die zuständige Behörde die **Maßnahmen** nach Abs. 1 bis 3 **jederzeit ganz oder teilweise aufheben.** Die Regelung entspricht § 95 Abs. 2 1. Halbsatz BDO. Weder die vorläufige Dienstenthebung noch die Einbehaltungsanordnung erwachsen in formeller Bestandskraft. Sie können von der Behörde jederzeit aufgehoben und wieder neu angeordnet werden. **Die Einbehaltungsanordnung** ist von Amts wegen auf ihre Berechtigung dem Grund und der Höhe nach **laufend zu überprüfen** (BVerwG v. 6. 2. 1995 – 1 D 44.94 – E 103, 208). Dazu besteht Anlass nicht nur aufgrund eines freisprechenden oder in der Sache erheblich entlastenden Strafurteils, sondern auch bei verändertem Ermittlungsstand oder geänderten wirtschaftlichen Verhältnissen des Betroffenen. Die Aufhebung kann mit Wirkung ex nunc oder auch ex tunc erfolgen. Die Rückwirkung kommt in Betracht auf den Zeitpunkt, in dem die Voraussetzungen bereits weggefallen waren oder erst gar nicht vorlagen (BDHE 6, 54).

11 **Rechtsschutz** gegen eine nicht gerechtfertigte Maßnahme nach § 38 BDG wird gewährleistet durch die in § 63 BDG vorgesehene Möglichkeit, beim Verwaltungsgericht einen **Aussetzungsantrag** zu stellen (vgl. dort).

§ 39 Rechtswirkungen

(1) Die vorläufige Dienstenthebung wird mit der Zustellung, die Einbehaltung von Bezügen mit dem auf die Zustellung folgenden Fälligkeitstag wirksam und vollziehbar. Sie erstrecken sich auf alle Ämter, die der Beamte inne hat.
(2) Für die Dauer der vorläufigen Dienstenthebung ruhen die im Zusammenhang mit dem Amt entstandenen Ansprüche auf Aufwandsentschädigung.
(3) Wird der Beamte vorläufig des Dienstes enthoben, während er schuldhaft dem Dienst fernbleibt, dauert der nach § 9 des Bundesbesoldungsgesetzes begründete Verlust der Bezüge fort. Er endet mit dem Zeitpunkt, zu dem der Be-

amte seinen Dienst aufgenommen hätte, wenn er hieran nicht durch die vorläufige Dienstenthebung gehindert worden wäre. Der Zeitpunkt ist von der für die Erhebung der Disziplinarklage zuständigen Behörde festzustellen und dem Beamten mitzuteilen.

(4) Die vorläufige Dienstenthebung und die Einbehaltung von Bezügen enden mit dem rechtskräftigen Abschluss des Disziplinarverfahrens.

Die **vorläufige Dienstenthebung** nach Abs. 1 Satz 1 wird unmittelbar **mit ihrer Zustellung wirksam**, das heißt, wie im Gesetzestext klarstellend hervorgehoben, vollziehbar. Ihre materielle Geltung hängt von der getroffenen Regelung ab. Eine Rückwirkung scheidet ohnehin aus. Dagegen, dass die Anordnung zu einem späteren Zeitpunkt als der Zustellung in Kraft treten sollen, brauchten von der Systematik der vorläufigen Regelung her grundsätzlich keine Bedenken zu bestehen. Für die vorläufige Dienstenthebung wird dies allerdings von der konkreten Problemlage her kaum in Frage kommen. Wenn im Zeitpunkt der Entscheidung ein dienstliches Interesse an der Dienstenthebung erkannt wird, dann kann die Realisierung wohl nicht ermessensfehlerfrei hinausgeschoben werden, andernfalls Zweifel an der Notwendigkeit der Anordnung aufkommen müssten.   1

Dasselbe gilt für die vorläufige **Einbehaltung von Teilen der Bezüge**. Für diese regelt Satz 1, 2. Halbsatz unterschiedlich zur Dienstenthebung, dass sie erst **mit dem nächsten auf die Zustellung folgenden Fälligkeitstag wirksam** wird. Das bedeutet für sich nur die Wirksamkeit der Anordnung, so wie sie getroffen wurde, also die Vollziehbarkeit der Anordnung nach ihrem jeweiligen Regelungsinhalt. Ob der Regelungsinhalt sich auf die Zeit vor der Zustellung der Entscheidung erstrecken darf, ist eine Frage der materiellen Regelungsgrundlage, nicht der Vollziehbarkeit. Gegen die Regelung einer erst später einsetzenden Einbehaltung von Bezügeteilen, etwa um den Betroffenen die Möglichkeit zu geben, sich darauf einzustellen, bestehen keine rechtlichen Bedenken, auch nicht von der Ermessenslage her. Eine materielle Rückwirkung der Einbehaltungsanordnung ist im Hinblick auf das verfassungsrechtliche Alimentationsprinzip unzulässig.   2

Nach **Abs. 1 Satz 2 wirken** die Anordnungen **für alle innegehabten Haupt- und Nebenämter** (Abs. 2). Das entspricht der auch von der Hauptsacheentscheidung (Entfernung oder Ruhegehaltsaberkennung) ausgehenden einheitlichen Wirkung. Diese gesetzliche Gestaltungswirkung kann durch die Anordnungen nicht geändert werden. Beschränkungen auf einzelne Ämter wären unwirksam, ohne dass dies die Anordnung insgesamt fehlerhaft und aufhebbar machen würde (a. A. Claussen/Janzen, § 93 Rn. 2). Denn in der Regel ist nicht davon auszugehen, dass die Anordnung ohne Beschränkung nicht erlassen worden wäre, da ja das verfolgte Fehlverhalten den Ausschlag für die Anordnungen gab.   3

Für die Dauer der vorläufigen Dienstenthebung hat der Betroffene, wie die Vorschrift zwingend vorschreibt, keinen Anspruch auf Gewährung einer **Aufwandsentschädigung,** die im Zusammenhang mit seinem Amt steht (Abs. 2). Abs. 3 entspricht dem früheren § 125 BDO.   4

Die Vorschrift **ergänzt die §§ 9 BBesG und 60 BeamtVG** und klärt die nach der früheren Rechtslage streitige Frage, wie sich Suspendierung auf den Bezügeverlust auswirkt (vgl. dazu m. Nachw. Behnke-Amelung, § 125 Rn. 2). Die jetzige Regelung des Andauerns des Bezügeverlusts erklärt sich daraus, dass die

§ 39 BDG

Suspendierung nichts an der weitergeltenden **Pflicht zur »Dienstbereitschaft«** ändert (BVerwG v. 3.6.1977 – D 64.76). Da mit dem »Fernbleiben« weniger die tatsächliche Dienstverrichtung als die generelle Bereitschaft zur Dienstleistung verweigert wird (vgl. B. II. 3. Rn. 1, 2), bedeutet die Suspendierung nicht zugleich, dass wegen des Dienstleistungsverbots der Betroffene die Ablehnung der Dienstleistung aufgegeben hat.

5 Der Tatbestand des Fernbleibens endet normalerweise mit dem Dienstantritt des Betroffenen. Während des vorläufigen Dienstleistungsverbots des § 38 Abs. 1 **kann sich die Änderung in der Einstellung der Betroffenen nur durch die Erklärung der Dienstbereitschaft äußern.** Dementsprechend »endet der Bezügeverlust mit dem Zeitpunkt, in dem der Beamte den Dienst aufgenommen hätte, wenn er hieran nicht durch die vorläufige Dienstenthebung gehindert worden wäre« (Satz 2). Ebenso wie er kraft Gesetzes eintritt, **endet der Bezügewegfall auch kraft Gesetzes** in dem Zeitpunkt, in dem die Bereitschaft gegeben ist. Die **Feststellung des Zeitpunkts** durch die Einleitungsbehörde (Satz 3) hat nur **deklaratorischen** Charakter, ist aber natürlich als feststellender Verwaltungsakt verbindlich und dem Betroffenen mitzuteilen. Es kommt also nicht mehr (wie in einer früheren Regelung des § 106 BDO a. F.) auf den Zeitpunkt an, in dem die Einleitungsbehörde die Feststellung trifft. Dadurch wird eine unberechtigte Schädigung der Betroffenen durch die mehr oder weniger lange Bearbeitungsdauer der Behörde verhindert.

6 Die Dienstbereitschaft der Betroffenen muss tatsächlich gegeben sein. Dementsprechend muss die **Bereitschaftserklärung ernsthaft, eindeutig und glaubhaft** sein. Sie darf nicht an Vorbehalte oder Bedingungen geknüpft sein (BVerwG v. 5.7.1994 – 1 DB 22.93, v. 24.8.1994 – 1 D 15.94: nur grundsätzliche Dienstbereitschaft genügt nicht). Die dahin gehende Überzeugung ist aus allen möglichen Anhaltspunkten zu gewinnen. »In dubio pro reo« gilt hier nicht, da es sich nicht um eine Verfolgungssanktion handelt. Die Dienstbereitschaft muss nicht verbal erklärt sein, sie kann sich auch aus dem tatsächlichen Verhalten schlüssig ergeben, wie etwa daraus, dass die Betroffenen an der Dienststelle zur Dienstaufnahme erscheinen oder nachfragen, ob und wann sie wieder Dienst leisten können. Liegen **keine Anhaltspunkte** für eine tatsächliche Dienstbereitschaft vor, so setzt dennoch die Unterstellung weiterer Fernbleibensabsicht voraus, dass der Betroffene **ausdrücklich über die Möglichkeit und die Bedeutung einer Dienstbereitschaftserklärung belehrt** wurde (BVerwG v. 8.11.1974 – 1 D 37.74).

7 Der tatsächlichen Dienstbereitschaft steht nicht entgegen, dass der Beamte durch nicht zu behebende Umstände **an der gewollten Dienstleistung gehindert** ist, z. B. durch Krankheit, Haft (BDHE 4, 117). Ebenso ist unerheblich, ob die Verwaltung an der Dienstleistung interessiert ist oder diese gar ablehnt. Denn es kommt hier allein auf den Dienstleistungswillen an. Nicht entscheidend ist auch, ob die Hinderungsgründe verschuldet und zu vertreten sind (BDHE 4, 117). Denn bei ruhender Dienstleistungspflicht braucht sich der Suspendierte nicht auf eine unmittelbar bevorstehende Dienstleistung einzustellen (vgl. B. II. 5. Rn. 4 ff.).

8 Die zuständige Behörde hat **von Amts wegen die Feststellung** zu treffen, wenn sie Anzeichen für eine Dienstbereitschaft der Betroffenen sieht. Entsprechend der beamtenrechtlichen Fürsorgepflicht muss sie vor Anordnung der Suspendierung von sich aus der Frage nachgehen, ob Dienstbereitschaft vorliegt. Ist die Dienstbereitschaft ersichtlich, ist die **Feststellung zwingend** (BVerwG v.

22.3.1983 – 1 DB 3.83). Geht die Behörde dieser Frage nicht nach, unterlässt sie die Sachaufklärung und lehnt sie die Feststellung ab, so kann sie sich bei der gerichtlichen Überprüfung ihrer Entscheidung nicht auf mangelnde Ernsthaftigkeit der Dienstbereitschaftserklärung berufen (BVerwG, Beschl. v. 8.5.1989 – 1 DB 4.89 – E 86, 154).

Von dem Zeitpunkt an, für den die Einleitungsbehörde die Dienstbereitschaft festgestellt hat, haben die Betroffenen den **Anspruch auf die Bezüge**, ggf. nach Maßgabe der Einbehaltungsanordnung nach § 38 Abs. 2, 3. 9

Nach **Abs. 4** enden – abgesehen von anderen Gründen (Aufhebung, Zeitablauf, Ausscheiden aus dem Beamtenverhältnis) – die Anordnungen spätestens mit dem rechtkräftigen Abschluss des Disziplinarverfahrens. 10

§ 40 Verfall und Nachzahlung der einbehaltenen Beträge

(1) Die nach § 38 Abs. 2 und 3 einbehaltenen Bezüge verfallen, wenn
1. im Disziplinarverfahren auf Entfernung aus dem Beamtenverhältnis oder auf Aberkennung des Ruhegehalts erkannt worden oder eine Entlassung nach § 5 Abs. 3 Satz 2 dieses Gesetzes in Verbindung mit § 34 Abs. 1 Satz 1 Nr. 1 oder § 37 Abs. 1 Satz 1 des Bundesbeamtengesetzes erfolgt ist,
2. in einem wegen desselben Sachverhalts eingeleiteten Strafverfahren eine Strafe verhängt worden ist, die den Verlust der Rechte als Beamter oder Ruhestandsbeamter zur Folge hat,
3. das Disziplinarverfahren auf Grund des § 32 Abs. 1 Nr. 3 eingestellt worden ist und ein neues Disziplinarverfahren, das innerhalb von drei Monaten nach der Einstellung wegen desselben Sachverhalts eingeleitet worden ist, zur Entfernung aus dem Beamtenverhältnis oder zur Aberkennung des Ruhegehalts geführt hat oder
4. das Disziplinarverfahren aus den Gründen des § 32 Abs. 2 Nr. 2 oder 3 eingestellt worden ist und die für die Erhebung der Disziplinarklage zuständige Behörde (§ 34 Abs. 2) festgestellt hat, dass die Entfernung aus dem Beamtenverhältnis oder die Aberkennung des Ruhegehalts gerechtfertigt gewesen wäre.

(2) Wird das Disziplinarverfahren auf andere Weise als in den Fällen des Absatzes 1 unanfechtbar abgeschlossen, sind die nach § 38 Abs. 2 und 3 einbehaltenen Bezüge nachzuzahlen. Auf die nachzuzahlenden Dienstbezüge können Einkünfte aus genehmigungspflichtigen Nebentätigkeiten (§ 99 des Bundesbeamtengesetzes) angerechnet werden, die der Beamte aus Anlass der vorläufigen Dienstenthebung ausgeübt hat, wenn eine Disziplinarmaßnahme verhängt worden ist oder die für die Erhebung der Disziplinarklage zuständige Behörde feststellt, dass ein Dienstvergehen erwiesen ist. Der Beamte ist verpflichtet, über die Höhe solcher Einkünfte Auskunft zu geben.

Die Vorschrift entspricht überwiegend dem früheren § 96 BDO.
Die Verfallsregelung in § 40 hat **nicht den Charakter einer weiteren disziplinaren Maßregelung** (so aber Behnke-Amelung, § 96 Rn. 2). Dies wäre angesichts des abschließenden Maßnahmenkatalogs des § 5 unzulässig. Es wäre auch systemfremd, da der Betroffene im Zeitpunkt des Verfalls keine Beamtenpflichten mehr hat, auf deren Einhaltung pflichtenmahnend hingewirkt werden könnte. Die Regelung hat auch nicht »**Strafcharakter**« (so Claussen/Janzen, § 96 Rn. 1). Vielmehr ist der Verfall nur die Realisierung des schon in § 38 angelegten **Aus-** 1

§ 40 BDG

gleichs zwischen formalem Alimentationsanspruch und tatsächlicher Erdienung der Bezüge. Andernfalls wäre schon die vorläufige Einbehaltung rechts- und verfassungswidrig (ähnlich auch GKöD-Weiß, K § 96 Rn. 6, der darin ein Korrektiv für die nicht sofort vollziehbare Dienstentfernung sieht).

2 Der **Verfall von Bezügen,** die nach § 38 einbehalten worden waren, ist an die **Voraussetzung der disziplinarrechtlich begründeten Beendigung des Beamtenverhältnisses** gebunden. § 40 Abs. 1 zählt all die Fälle auf, in denen der Abschluss des Gerichtsverfahrens wegen des schwerwiegenden Dienstvergehens den Verlust der Beamtenrechte bewirkt, auf diesem Verlust beruht oder ihm gleichgestellt ist, also die Verurteilung zur **Entfernung oder Ruhegehaltsaberkennung oder die Entlassung von Beamten auf Probe oder Widerruf** (Nr. 1), die **strafrechtliche Verurteilung** i. S. d. § 41 BBG (Nr. 2), die Verurteilung in einem **neuen Disziplinarverfahren** zum selben Sachverhalt (Nr. 3) und die **Verfahrenseinstellung** wegen Prozesshindernisses (Nr. 4). Die **Aufzählung ist abschließend** und kann nicht sinngemäß erweitert werden.

3 Der Verfall betrifft **alle einbehaltenen Bezüge in voller Höhe,** auch diejenigen, die während des festgestellten Wegfalls der Bezüge nach § 9 BBesG gar nicht nach § 38 einbehalten werden konnten (vgl. § 39 Abs. 3). aber bei Vorliegen einer parallelen Einbehaltungsanordnung im Falle einer rückwirkenden Aufhebung des Bescheids einzubehalten gewesen wären.

4 Der Verfall setzt die **Wirksamkeit der Einbehaltungsanordnung bis zum Verfahrensabschluss** voraus. Fehlt es daran oder hat eine Aussetzung der vorläufigen Dienstenthebung und der Einbehaltung von Dienstbezügen gem. § 63 Bestand, tritt der Verfall nicht ein. Ist die Einbehaltungsanordnung nur für einen Teil ihrer zeitlichen Geltung wirksam oder wirksam geblieben, so tritt der Verfall für diese Zeit (BVerwG v. 18. 2. 1985 – 1 DB 14.85 – ZBR 1985, 176) ein.

5 Bei Verfall verbleiben die einbehaltenen Bezüge **bei dem unmittelbaren Dienstherrn,** gegen den sich der Anspruch auf die Dienst- oder Versorgungsbezüge richtet. Sie wachsen nicht etwa dem Bund zu, auch nicht nach gerichtlicher Entscheidung über die Anordnung.

6 Bei Verurteilung zur **Entfernung aus dem Beamtenverhältnis oder Ruhegehaltsaberkennung** (Nr. 1) tritt der Verfall ohne weiteres und unmittelbar **mit der Rechtskraft des Urteiles** ein. Voraussetzung für den Verfall nach Nr. 1 ist, dass das Urteil wegen desselben Dienstvergehens erging, dessentwegen auch die Einbehaltungsanordnung getroffen wurde.

7 Im Falle des § 41 Abs. 1 BBG muss der **Verlust der Beamtenrechte durch ein Strafurteil** herbeigeführt worden sein, das denselben Sachverhalt wie die Einbehaltungsanordnung betrifft. Zum »selben« Sachverhalt vgl. § 14 Rn. 22 f. **Mit der Rechtskraft des Strafurteils** verfallen die einbehaltenen Bezüge. Betrifft das Strafurteil einen anderen Sachverhalt als das anhängige Disziplinarverfahren und die Einbehaltungsanordnung, so kann eingestellt und anlässlich dessen der Verfall nach Nr. 4 festgestellt werden.

8 In den **Verfahrenseinstellungen nach § 32 Abs. 2 Nr. 2 oder 3** tritt der Verfall erst ein, wenn festgestellt wird, dass im eingestellten Verfahren Entfernung oder Ruhegehaltsaberkennung gerechtfertigt gewesen wären. Die »Feststellung« kann nur aus den Vorwürfen hergeleitet werden, die Gegenstand des Disziplinarverfahrens und der aufgrund dessen ergangenen Einbehaltungsanordung waren (BDiG v. 25. 5. 1988 – 1 Bk 3/88). Bei einem Beamten auf Probe liegt ein derartiger Fall auch vor, wenn die »Entlassung« nicht wegen des nach § 34 Abs. 1 Nr. 1 BBG verfolgten Dienstvergehens, sondern stattdessen nach

dessen Nr. 2 wegen mangelnder Bewährung erfolgte. Die »Entlassung« nach § 34 Abs. 1 BBG muss bestands- bzw. rechtskräftig sein (BVerwG v. 12. 6. 1984 – 1 DB 17.84; BDiG v. 18. 9. 1988 – XIV Bk 17/88). Ist der Beamte nach rechtskräftiger Verfahrenseinstellung gestorben, so ist eine Feststellung i. R. d. Nr. 4 nicht mehr zulässig. Der Fall ist von § 40 ausgeklammert. Zuständig für die Feststellung ist allein die zur Klageerhebung befugte Behörde (§ 34 Abs. 2), auch nach gerichtlicher Verfahrenseinstellung.

Nr. 3 betrifft den Fall, dass das Disziplinarverfahren zunächst wegen eines Verfahrensfehlers als unzulässig eingestellt werden musste, nach Behebung des Fehlers **dasselbe Fehlverhalten** innerhalb dreier Monate **in einem neuen Disziplinarverfahren verfolgt** wurde und zur Entfernung oder Ruhegehaltsaberkennung geführt hat. Fällt das Verfahren und die Regelung der Nr. 3 (innerhalb der Dreimonatsfrist eingeleitet), so wird nach dem Sinn des Gesetzes der Verfall nach den Nrn. 2 und 4 vorgehen (Claussen/Janzen, § 96 Rn. 4). Bis zum Ablauf der Dreimonatsfrist ist die Fälligkeit der Nachzahlung (Abs. 2 Satz 1), nicht der laufenden Dienst- und Ruhensbezüge, hinausgeschoben (Behnke-Amelung, § 96 Rn. 21, GKöD-Weiß, K § 96 Rn. 14; Claussen/Janzen, § 96 Rn. 4). Der Verfall tritt **mit der Rechtskraft des Urteils im neuen Disziplinarverfahren** ein.

9

Abs. 2 Satz 1 regelt die **Fälligkeit des Nachzahlungsanspruchs** für die Fälle, in denen die Disziplinarverfahren in anderer Weise als in Abs. 1 geregelt, enden. Der Regelfall ist der, dass der Beamte nicht aus dem Beamtenverhältnis entfernt, sondern mit einer milderen Disziplinarmaßnahme belegt wird. Der Nachzahlungsanspruch ist vererblich. Es besteht kein Anspruch auf Verzinsung nachzuzahlender Dienstbezüge (BVerwG v. 28. 4. 1994 – 2 WDB 1.94 – ZBR 1994, 311).

10

Nach Abs. 2 Satz 2 können auf die Nachzahlungen **Einkünfte aus Nebentätigkeit,** die während der Suspendierung ausgeübt wurde, angerechnet werden, wenn eine Disziplinarmaßnahme verhängt worden ist oder die zuständige Behörde festgestellt hat, dass ein Dienstvergehen erwiesen ist. Die Befugnis ist abweichend von der bisherigen Regelung des § 96 Abs. 3 BDO in das Ermessen der Behörde gestellt, um den Einzelfall besser gerecht werden zu können (Amtl. Begründung). Der Beamte ist zur Auskunft über die Höhe der Nebeneinkünfte verpflichtet. Das Gewicht des Dienstvergehens und die zuzuordnenden Disziplinarmaßnahmen sind ohne Bedeutung. Anzurechnen sind nur Einkünfte aus einer **genehmigungspflichtigen Nebentätigkeit,** also einer solchen, die in der Regel ohne die Suspendierung nicht hätte ausgeübt werden können. Der Sinn der Regelung, die Betroffenen nicht besser zu stellen als die Dienst leistenden, nicht suspendierten Beamten, wird bestritten (Behnke-Amelung, § 96 Rn. 36 ff; GKöD-Weiß, K § 96 Rn. 32). Die Regelung ist jedenfalls nicht verfassungswidrig (BVerfGE 37, 154, 181). Auch die Anrechnung der Nebeneinkünfte entfällt bei Rechtswidrigkeit und Unwirksamkeit der Einbehaltung (BVerwG v. 18. 2. 1985 – 1 DB 14.85).

11

Die **Aufrechnung** der Dienstbehörde mit Gegenforderungen nach § 11 Abs. 2 BBesG, § 51 Abs. 1 und 2 BeamtVG ist zulässig bis zur Pfändungsgrenze (BDiG v. 27. 6. 1989 – I Bk 17/88).

12

Rechtsschutz: Gegen die Feststellung nach Abs. 1 Nr. 4 sowie die Anrechnung, Aufrechnung und Einbehaltung sind die allgemeinen Rechtsbehelfe nach der VwGO gegeben. Die frühere Generalklausel des § 122 BDO, die den Rechtsweg für alle Rechtsschutzbegehren eröffnete, ist nunmehr in § 52 Abs. 2 aufgegangen.

13

Kapitel 5
Widerspruchsverfahren

§ 41 Erforderlichkeit, Form und Frist des Widerspruchs

(1) Vor der Erhebung der Klage des Beamten ist ein Widerspruchsverfahren durchzuführen. Ein Widerspruchsverfahren findet nicht statt, wenn die angefochtene Entscheidung durch die oberste Dienstbehörde erlassen worden ist.

(2) Für die Form und die Frist des Widerspruchs gilt § 70 der Verwaltungsgerichtsordnung.

1   Die Vorschrift ersetzt die nach alter Regelung der BDO vorgesehene Beschwerde durch den **Widerspruch**. Nach der VwGO ist grundsätzlich vor der Klageerhebung ein **Vorverfahren** durchzuführen (**§§ 68 ff. VwGO**). In diese Systematik fügt das BDiszNOG die Rechtsmittel der Beamten ein, so dass nunmehr ein Widerspruchsverfahren vorgesehen ist. Ohne das ausdrücklich zu benennen, gelten die §§ 68 ff. VwGO, soweit nicht im Einzelfall das BDG eine Sonderregelung trifft, sowie die §§ 21 ff. (GKöD-Weiß, M § 41 Rn. 9)..

2   Das Widerspruchsverfahren nach **Abs. 1** ist nur vor der Erhebung der Klage der Beamten durchzuführen. Erachtet der Dienstherr eine schwerere Maßnahme für erforderlich, als durch Disziplinarverfügung verhängt werden kann – Verweis, Geldbuße und Kürzung der Dienstbezüge –, so erhebt er seinerseits (Disziplinar-)Klage gegen den Beamten. Ein Vorverfahren ist hierfür nicht sinnvoll. Ein **Vorverfahren findet** – in Übereinstimmung mit dem früheren § 31 Abs. 1 und 3 BDO – ebenfalls **nicht statt**, wenn die Disziplinarverfügung schon die **oberste Dienstbehörde erlassen** hat, Abs. 1 Satz 2. § 126 Abs. 2 BBG gilt daher in Disziplinarverfahren nicht. In diesem Fall ist sogleich Klage gem. § 52 Abs. 2 zulässig (unverständlich dazu die amtliche Begründung, die offensichtlich § 31 Abs. 3 BDO übersieht und Abs. 1 Satz 2 für neu hält).

3   Nach dem Wortlaut des Abs. 1 ist die Klage des Beamten an ein vorheriges Vorverfahren geknüpft, ohne den Gegenstand des Widerspruchs näher einzugrenzen. Der Widerspruch ist daher nicht wie früher die Beschwerde gem. § 31 Abs. 1 BDO an eine Disziplinarverfügung gekoppelt. Vielmehr kann jede Entscheidung oder Maßnahme des Dienstherrn angefochten werden, die den Beamten beschwert. Im Rahmen des BDG sind dies jedoch nur die in § 5 i.V.m. § 33 aufgeführten Disziplinarmaßnahmen oder Entscheidungen in deren Vorfeld, also Einstellungsverfügungen nach § 32, wenn sie eine beschwerende Sachentscheidung enthalten. Dazu zählen nicht nur die schriftliche Missbilligung (§ 6 Satz 2), weil sie keine der für eine Disziplinarverfügung vorgesehene Disziplinarmaßnahme ist (§ 33), sondern auch die Verfahrenseinstellungen wegen geringer Schuld oder Mangels an Mahnungsbedürfnis (§ 32 Abs. 1 Nr. 2) oder wegen des Verbots der Doppelmaßregelung (§§ 14, 32 Abs. 1 Nr. 3) von einer Maßregelung absehen. Da sie eine beschwerende, statusrechtliche Sachentscheidung enthalten und der Bestands- und Rechtskraftwirkung unterliegen, sind auch sie anfechtbar. Denn auf das Verfahren nach § 18 Abs. 1 ist der Betroffene nur zur Reinigung von dem »Verdacht« eines Dienstvergehens verwiesen, also wenn der Dienstherr in seinen Entscheidungen ein Dienstvergehen offen lässt (wie bei § 15), nicht aber, wenn bereits definitiv das Dienstvergehen bejaht wird (so § 32 Abs. 1 Nr. 2 bis 4).

§ 41 BDG

Anfechtungsbefugt ist der durch die Disziplinarverfügung bzw. Einstellungsverfügung in den persönlichen Rechten Betroffene. Die Beschwer und die Widerspruchsbefugnis hängen nicht davon ab, ob der Betroffene noch im Beamtenverhältnis steht und der disziplinaren Verfolgbarkeit sachlich oder persönlich unterliegt oder ob der Widerspruchsbehörde eigene Disziplinargewalt zuerkannt wird oder nicht (entgegen GKöD-Weiß, M § 41 Rn. 51). Für die Widerspruchsbefugnis entscheidet das Interesse des Beschuldigten an individuellem Rechtsschutz, nicht das Interesse der Widerspruchsbehörde an der Sicherung der eigenen Disziplinargewalt. Das Rechtsschutzinteresse an der Abwehr des disziplinaren Eingriffs in die statusrechtliche oder persönliche Rechtssphäre, zumal des finanziellen Bereichs im Fall der Geldbuße und der Kürzung der Dienstbezüge besteht auch im Ruhestand und nach Ausscheiden aus dem Dienst fort. Wegen der Auswirkung des nachträglichen Wegfalls der Prozess- (§ 1) oder Maßregelungsvoraussetzung (§ 14) oder des Eintritts eines Prozesshindernisses (§ 15) auf die Zulässigkeit des weiteren Verfahrens vgl. § 42 Rn. 4; zu weiteren Voraussetzungen vgl. GKöD-Weiß, M § 41 Rn. 66ff.. **4**

Abs. 2 verweist für die Form und die Frist des Widerspruchs auf § 70 VwGO. Damit gelten auch die §§ 58 und 60 VwGO entsprechend. Für die Einlegung des Widerspruchs ist die **Schriftform** vorgeschrieben, es besteht aber keine Pflicht zur Konkretisierung des Anfechtungsumfangs und -ziels oder zur Begründung. Möglich ist auch die Niederschrift bei der Behörde. Der Ausdruck »Widerspruch« muss nicht verwendet sein, wenn sich der Wille der Anfechtung eindeutig aus dem Gesamtinhalt der Eingabe ergibt. Auch die eigenhändige Unterzeichnung ist bei Eindeutigkeit der Herkunft des Schreibens und des Anfechtungswillens entbehrlich (zur Revision im Verwaltungsstreitverfahren BVerwGE 77, 38; vgl. weiter dazu und wegen der verschiedenen Einlegungsformen [Telegramm usw.] Redeker/v. Oertzen, § 70 Rn. 1, 10; wegen unleserlicher Unterschrift vgl. A. V. Rn. 132). **5**

Die **Widerspruchsfrist von einem Monat** (§ 70 VwGO) ist eine gesetzliche Ausschlussfrist, die nicht verlängert werden kann. Die lange Frist steht der beschleunigten Abwicklung der Disziplinarverfahren entgegen. Es hätte bei einer Frist von zwei Wochen bleiben sollen. Sie läuft nur nach Erteilung einer ordnungsgemäßen Rechtsbehelfsbelehrung an, andernfalls erst nach Ablauf eines Jahres nach Zustellung ab. Die Dienstvorgesetzten haben zudem § 59 **VwGO** zu beachten. Sie sind als Bundesbehörden verpflichtet, Rechtsmittelbelehrungen zu erteilen, was in der Praxis jedoch schon immer geschah. Der Fristenlauf beginnt mit der Zustellung der Einstellungs- oder Disziplinarverfügung an den Beamten oder dessen Verteidiger. Die **Frist ist gewahrt**, wenn der Widerspruch bei der Behörde eingeht; der Zugang bei dem zuständigen Dienstvorgesetzten persönlich ist nicht erforderlich. Der Eingangsstempel der Behörde beweist den Zugang; falls dieser fehlt, bedarf es der Aufklärung, ggf. im Beweisverfahren. Steht fest, dass der Widerspruch bei der Behörde eingegangen ist und ist nur das Datum unsicher, so trägt die Behörde die Beweislast. Bis zum Beweis des Gegenteils gilt der Widerspruch als rechtzeitig eingegangen. **Bei Fristversäumung kommt Wiedereinsetzung** gem. § 60 VwGO in Betracht (vgl. Redeker/v. Oertzen, § 70 Rn. 5). Wegen Verletzung des rechtlichen Gehörs hierbei vgl. A. V. Rn. 142. **6**

Der Widerspruch ist **bei dem Dienstvorgesetzten, der die Disziplinarverfügung erlassen hat, oder auch bei der Widerspruchsbehörde einzulegen** (§ 70 Abs. 1 Satz 1 und 2 VwGO). Darüber muss die Rechtsbehelfsbelehrung **7** eindeutig und unmissverständlich informieren und auch die Anschriften der in Frage kommenden Stellen angeben (vgl. § 59 VwGO). Ist der Widerspruch trotz richtiger Rechtsbehelfsbelehrung an eine falsche Behörde gesandt worden, so trägt der Beschuldigte die Gefahr verspäteten Eingangs bei der zuständigen Behörde.

8 Die Maßregelungsentscheidungen der Disziplinarkammern oder -gerichte können erst nach Bestandskraft/Rechtskraft vollzogen (vollstreckt) werden, wie § 168 Abs. 1 Nr. 1 VwGO ausdrücklich regelt. Entsprechend den allgemeinen verwaltungsrechtlichen Grundsätzen (vgl. Redeker/v. Oertzen, § 42 Rn. 91) tritt auch **bei den Disziplinarverfügungen Rechtskraft bzw. Bestandskraft ein**. Andernfalls wäre es auch nicht erforderlich gewesen, für den Fall nachträglichen Unrichtigwerdens der Disziplinarverfügung ein förmliches Aufhebungsverfahren in § 36 zu regeln, das sich auch auf das Disziplinarverfügungsverfahren bezieht. Indem der Widerspruch die Bestandskraft der angefochtenen Disziplinarverfügung hinausschiebt, löst er den auch für andere justizförmig geregelte Verfahren des öffentlichen Rechts (vgl. § 80 Abs. 1 VwGO) üblichen **Suspensiveffekt** aus. Auch nach Einlegung des Widerspruchs bleibt die Verhängung der Maßnahme (bzw. in den Fällen der anfechtbaren Einstellungsverfügungen die Sachentscheidung) wirksam, sie kann nur bis zur Bestandskraft nicht vollzogen werden. Diese Folge des Suspensiveffekts ist im öffentlichen Recht allen Anfechtungen von Verwaltungsakten eigen (vgl. BVerwGE 13, 1; 18, 72; 24, 98; DVBl. 1973, 861; Redeker/von Oertzen, § 80 VwGO Rn. 1 m. w. N.). Die Ablehnung des Suspensiveffekts würde die Betroffenen gegenüber den statusrechtlichen Sanktionseingriffen zeitweise rechtlos machen. Das widerspricht der Rechtsschutzgarantie des Art. 19 Abs. 4 GG und dem Rechtsstaatsgebot.

9 Allerdings kommt theoretisch gem. § 80 Abs. 2 Nr. 4 VwGO die **Anordnung der sofortigen Vollziehung** in Betracht (so auch die amtliche Begründung zu § 41 – wenn auch im Ergebnis zu Unrecht). Auch für das BDG gilt jedoch der Grundsatz weiter, dass nur rechts-, bzw. bestandskräftige Entscheidungen vollstreckt werden dürfen. Für eine »einstweilige Regelung« besteht bei Disziplinarmaßnahmen kein Bedarf. Gerade wegen des in der Disziplinarverfügung getroffenen Schuldvorwurfs hat es – wie auch im Strafverfahren nach §§ 464 Abs. 3, 462 Abs. 3 und 453 Abs. 2 StPO (Kleinknecht/Meyer-Goßner, § 307 Rn. 1) – bei dem Suspensiveffekt zu bleiben. Ein **öffentliches Interesse** oder **überwiegendes Interesse des Dienstherrn** ist hier **ausgeschlossen**. Entsprechend knüpfen §§ 6 Abs. 2 für die Kürzung der Dienstbezüge, 9 Abs. 2 für die Zurückstufung und 10 Abs. 2 für die Entfernung aus dem Beamtenverhältnis den Eintritt der Wirkung der Maßnahme an den Eintritt der Unanfechtbarkeit. Für Verweis und Geldbuße hat dann gleiches zu gelten. Offensichtlich handelt es sich um das gleiche redaktionelle Versehen wie bei der Schaffung der BDO 1967. § 80 Abs. 2 Nr. 4 VwGO kommt damit keine Wirkung zu.

10 Anders als noch nach § 31 Abs. 2 BDO hat der Dienstvorgesetzte nach § 72 VwGO die Möglichkeit, dem **Widerspruch abzuhelfen**, also die Disziplinarverfügung aufzuheben oder zu ändern (so auch GKöD-Weiß, M § 41 Rn. 73; Gansen, § 42 Rn. 2). Erst die Entscheidung, nicht abzuhelfen, bewirkt den **Devolutiveffekt**, nämlich die Übertragung der weiteren Entscheidungskompetenz auf die nächsthöhere Instanz. Wegen des Devolutiveffekts ist der erlassende Dienstvorgesetzte dann nicht mehr zu eigener Entscheidung befugt, wenn er über die Nichtabhilfe entschieden hat.

Der Widerspruch kann auf Maßnahmenart und -höhe, auch auf die Kostenentscheidung **beschränkt werden**, jedoch wegen der Einheit des Dienstvergehens nicht auf Teile des Dienstvergehens. Der Widerspruch kann auch **zurückgenommen werden** (Redeker/v. Oertzen, § 69 Rn. 3).
Die **Mitwirkungsrechte Dritter sind im Vorverfahren** in gleicher Weise wie im Verfahren vor Erlass der Disziplinarverfügung zu wahren. Das gilt besonders für den Personalrat und die Vertrauensleute für Schwerbehinderte (vgl. A. V. Rn. 136 ff.). Fehlerhaftes Unterlassen der Beteiligung stellt eine schweren Verfahrensfehler dar, der (im Gegensatz zu einem solchen im Disziplinarverfügungsverfahren, vgl. § 42 Rn. 5) im nachfolgenden gerichtlichen Klageverfahren nicht geheilt werden kann. Das BDG sieht zwar in § 55 eine Regelung zur Beseitigung von Mängeln des behördlichen Verfahrens vor. Dies gilt nach dem ausdrücklichen Wortlaut aber nur für die Disziplinarklagen (des Dienstherrn auf Entfernung oder Zurückstufung), vgl. § 55 Rn. 2 sowie A. V. Rn. 136. Um so wichtiger ist es, dass eventuelle Verfahrensfehler wie insbes. übergangene Mitwirkungsrechte oder rechtliches Gehör im Widerspruchsverfahren erkannt und geheilt werden.

§ 42 Widerspruchsbescheid

(1) Der Widerspruchsbescheid wird durch die oberste Dienstbehörde, bei Ruhestandsbeamten durch den nach § 84 zuständigen Dienstvorgesetzten erlassen. Die oberste Dienstbehörde kann ihre Zuständigkeit nach Satz 1 durch allgemeine Anordnung ganz oder teilweise auf nachgeordnete Behörden übertragen; die Anordnung ist im Bundesgesetzblatt zu veröffentlichen.
(2) In dem Widerspruchsbescheid darf die angefochtene Entscheidung nicht zum Nachteil des Beamten abgeändert werden. Die Befugnis, eine abweichende Entscheidung nach § 35 Abs. 3 zu treffen, bleibt unberührt.

§ 42 regelt in Anlehnung an § 73 VwGO die Zuständigkeit für den Erlass des **Widerspruchsbescheids**. Dies ist die **oberste Dienstbehörde** bei aktiven Beamten und bei Ruhestandsbeamten (§ 84). Es steht aber zu erwarten, dass die obersten Dienstbehörden von der Ermächtigung nach Abs. 1 Satz 2 und § 84 Satz 2 Gebrauch machen und ihre **Zuständigkeit** ganz oder teilweise **auf nachgeordnete Behörden übertragen**. Solche Anordnungen fanden früher schon unter der Geltung der BDO statt (z. B. für die Einleitungsbehörden) und machen durchaus Sinn, weil eine nachgeordnete Behörde den regionalen und funktionsspezifischen Besonderheiten aufgrund der Sach- und Ortsnähe oft besser gerecht werden kann. Die Anordnung ist im Bundesgesetzblatt **vor ihrem Inkrafttreten** zu veröffentlichen. Zu den Anordnungen im Einzelnen vgl. GKöD-Weiß, Teil 1 D 068, D 900 ff. und D 910 ff.

Die Entscheidung der Beschwerdeinstanz **beschränkt sich nicht auf die kassatorische Nachprüfung** der Rechtmäßigkeit der Disziplinarverfügung im Zeitpunkt ihres Erlasses. Für ihre Entscheidung hat die **Widerspruchsinstanz die volle Disziplinargewalt**, eingeschränkt lediglich durch das rechtsbehelfsbedingte Verschlechterungsverbot (Abs. 2, vgl. Rn. 3; a.M. etwa GKöD-Weiß, M § 41 Rn. 12). Die eigene Disziplinargewalt ergibt sich aus dem uneingeschränkten Suspensiv- und Devolutiveffekt des Widerspruchs, aus dem von §§ 33 Abs. 2-5, 34 gewährten vollen Entscheidungsspielraum und aus der ohnehin gegebenen Dienstvorgesetzteneigenschaft. Die Prüfungs- und Entscheidungsbefugnis der Widerspruchsbehörde ist durch den vorgegebenen Sachverhalt und disziplinaren Vorwurf der angefochtenen Disziplinarverfügung eingegrenzt (OVG Saarlouis, DÖD 2006, 67). Sie erstreckt sich in diesem Rahmen auf alle tatsächlichen und rechtlichen Voraussetzungen des Verfahrens, der Maßnahmenwahl und -bemessung, auf alle Rechts- und Ermessenserwägungen, die die Verhängung der angefochtenen Maßnahme tragen. Die Widerspruchsinstanz ist dementsprechend zu allen in Frage kommenden Entscheidungen befugt und ggf. verpflichtet, also zur Verwerfung des unzulässigen Widerspruchs wie zur Zurückweisung des unbegründeten (gleich Aufrechterhaltung der Disziplinarverfügung), zur Aufhebung wie zur mildernden Abänderung, wie auch zur Verfahrenseinstellung unter Aufhebung der Disziplinarverfügung.

3 **Abs. 2:** Nur durch das **Verbot der Verschlechterung** und das Prinzip der **Teilrechtskraft** (reformatio in peius, Bindung durch den Rechtsbehelf) ist die Widerspruchsbehörde in der disziplinaren Beurteilung des Falles und in ihrer Entscheidung beschränkt. Insoweit darf sie weder die angefochtene Maßnahme verschärfen (BDHE 4, 96; 5, 104, 106) oder – bei Belassung der Maßnahme – im alten Sachverhalt neue disziplinare Pflichtverletzung feststellen noch den vorgeworfenen Sachverhalt um weitere disziplinarrechtlich erhebliche Verhaltensweisen erweitern. Darüber hinaus hat sie **außerhalb des Widerspruchsverfahrens** die uneingeschränkte Disziplinargewalt nach § 35 Abs. 2 und 3, wie Abs. 2 Satz 2 ausdrücklich regelt. Will also die Disziplinarbehörde neue Sachverhalte und Vorwürfe verfolgen und eine schärfere Maßnahme verhängen oder veranlassen (durch Einleitung des Disziplinarklageverfahrens), so muss sie die Voraussetzungen der §§ 35 Abs. 2 und 3, 43 beachten. Mit der Aufhebung der angefochtenen Disziplinarverfügung gem. §§ 35 Abs. 3 Satz 1, 43 und der erforderlichen Anhörung nach § 28 VwVfG wird dieses Vorhaben dem Beamten bekannt, so dass er sich in der Verteidigung darauf einstellen kann. Der nach § 41 Abs. 1 eingelegte Widerspruch ist mit der auf § 35 Abs. 3 Satz 1 gestützten Aufhebung der angefochtenen Disziplinarverfügung in der Hauptsache erledigt und gegenstandslos, so dass es einer Sachentscheidung nicht bedarf, wohl aber einer Einstellungs- und Kostenentscheidung nach § 44. Das durch die Aufhebung der Disziplinarverfügung veranlasste weitere Verfahren bestimmt sich erneut nach §§ 17 ff.

4 Die Widerspruchsinstanz entscheidet nach der Sach- und Rechtslage zum Zeitpunkt des Erlasses des Widerspruchsbescheids (GKöD-Weiß, M § 41 Rn. 84). Da sie wegen der eigenen Disziplinargewalt nicht auf die kassatorische Nachprüfung der Rechtmäßigkeit der Disziplinarverfügung im Zeitpunkt ihres Erlasses beschränkt ist (Rn. 2), muss sie auch in jedem Stadium des Verfahrens prüfen, ob die **Prozessvoraussetzungen** (§ 1) noch vorliegen, **Prozesshindernisse** (§ 15) und **Maßregelungsverbote** (§ 14) nicht entgegenstehen und keine unheilbaren, schweren Verfahrensfehler vorliegen. Andernfalls ist die weitere Verfolgung im Widerspruchsverfahren unzulässig, und das Verfahren muss unter Aufhebung der angefochtenen Disziplinarverfügung beendet werden.

5 **Verfahrensfehler** des Disziplinarverfügungsverfahrens hat die Widerspruchsbehörde, soweit zulässig, zu heilen oder bei Unheilbarkeit wegen Unzulässigkeit des Verfahrens die Disziplinarverfügung aufzuheben. Einer Verfahrenseinstellung bedarf es nicht (vgl. §§ 44-47 VwVfG, § 3 BDG; Rn. 7). Als unheilbare Verfahrensfehler kommen nur solche in Betracht, die sich auf die disziplinaren Ermessensentscheidungen des unmittelbaren Dienstvorgesetzten ausgewirkt

§ 42 BDG

haben könnten und die von der Widerspruchsbehörde nicht nach eigenem Ermessen ersetzt werden können. Da diese die volle Disziplinargewalt und – als höhere Dienstvorgesetzte – gem. § 35 denselben Ermessensspielraum wie der unmittelbare Dienstvorgesetzte hat, sind nur wenige Verfahrensfehler des Disziplinarverfügungsverfahrens denkbar, die im Widerspruchsverfahren nicht heilbar wären. Als solche könnten etwa absolute Unzuständigkeit oder Unterlassen jeglichen eigenen Ermessens des erlassenden Dienstvorgesetzten in Betracht kommen, weil dessen originäre Erstzuständigkeit nicht umgangen werden darf. Ebenso kommen schwere Formfehler in Betracht, wie das Fehlen eines substantiierten Sachverhalts, jeglicher disziplinarer Begründung oder gar der Schriftform (vgl. zu allem A. V. Rn. 141 ff.).

Ist der **Widerspruch unzulässig** so wird er ohne Sachentscheidung **verworfen**. **6**
Der Widerspruch ist **unbegründet und zurückzuweisen**, wenn die Widerspruchsbehörde nach eigener Sach- und Rechtsprüfung nach den Umständen im Zeitpunkt ihrer Entscheidung zu demselben Ergebnis wie die Disziplinarverfügung kommt. Sind dazu weitere **eigene Ermittlungen** erforderlich, so sind sie nach den Verfahrensregelungen in § 20 durchzuführen. Entfällt nach der eigenen Sachverhaltsfeststellung ein Teil des in der Disziplinarverfügung vorgeworfenen Sachverhalts, ohne dass sich der Gesamtvorwurf oder die Berechtigung der Disziplinarmaßnahme ändern, so bleibt es bei der Bestätigung der angefochtenen Disziplinarverfügung (durch Zurückweisung des Widerspruchs). Kommen aber weitere Sachverhalte und Vorwürfe hinzu, so können sie nicht in die Widerspruchsentscheidung einbezogen werden; zwar nicht deshalb, weil es an der dafür nötigen Entscheidungskompetenz (Disziplinargewalt) fehlte (so Claussen/Janzen, BDO § 31 Rn. 11), sondern weil sonst dem Verbot der Verschlechterung (reformatio in peius) zuwidergehandelt würde, Abs. 2. Denn auch die bloße Erweiterung des pflichtwidrigen Verhaltens beinhaltet eine neue Sach- und Rechtsentscheidung, die eine zusätzliche, im Rechtsbehelfsverfahren unzulässige Beschwer bewirken würde. Zur Verfolgung neuer Sachverhalte ist der Dienstherr auf das Verfahren nach § 35 Abs. 2 und 3 verwiesen (Rn. 3). In diesem kommt es zur gebotenen Einheit der disziplinaren Verfolgung der angefochtenen wie der neuen Vorwürfe, worauf nicht verzichtet werden darf.

Ist der Widerspruch **sachlich** (wegen Unschuld, wegen Unzulässigkeit oder **7**
Nichterforderlichkeit der Maßregelung) oder **prozessual** (wegen Unzulässigkeit des Verfahrens) **in vollem Umfang begründet**, so wird die Disziplinarverfügung **aufgehoben**. Einer Einstellung des Verfahrens bedarf es nicht. Denn bei sachlicher Begründetheit ergibt sich wegen der materiellen Bestandskraft aus den Sachentscheidungsgründen, dass das Verfahren beendet ist. Bei verfahrensrechtlicher Begründetheit ist unter Umständen die – diesmal fehlerfreie – Weiterführung des Verfahrens vor dem unmittelbaren Dienstvorgesetzten möglich. Dann bedarf es nicht der Beendigung des bisherigen und der Eröffnung eines gleichen, neuen Verfahrens. Mit der Aufhebung der angefochtenen Disziplinarverfügung wird das Verfahren in den Stand der Ermittlungen nach §§ 20 ff. zurückversetzt. Falls es zu einer erneuten Disziplinarverfügung nicht kommt, stellt der unmittelbare Dienstvorgesetzte das Verfahren ein. Ist aber das Verfahren auf Dauer unzulässig (wegen Verjährung nach § 15 oder Wegfall der Verfolgbarkeit nach § 1), so stellt die Widerspruchsbehörde neben der Aufhebung der Disziplinarverfügung das Verfahren selbst – endgültig – ein. Liegt nur **teilweise Begründetheit** vor, z. B. bei Ausscheiden einzelner Verfehlungen oder

bei wertender Reduzierung des disziplinaren Vorwurfs, so wird das in der Regel (vgl. Rn. 6) zur **Abänderung** hinsichtlich der Maßnahmenwahl oder der Bemessung führen müssen.

8 Für **Form und Inhalt des Widerspruchsbescheides** ist mangels ausdrücklicher gesetzlicher Regelung auf § 73 VwGO zurückzugreifen.

9 Die Widerspruchsentscheidung muss eine **Kostenentscheidung** enthalten, § 44 BDG i.V. m. § 73 Abs. 3 Satz 2 VwGO (vgl. Erl. dort) sowie mit einer **ordnungsgemäßen Rechtsbehelfsbelehrung** (§ 73 Abs. 3 Satz 1 VwGO) versehen werden, da sie auch bei bloßer Bestätigung der Disziplinarverfügung eine eigene, neue Sachentscheidung enthält (Rn. 2). Selbstverständlich gilt dies auch für den Fall nur teilweiser Stattgabe des Widerspruchs. Denn auch ein geringer Rest an Beschwer eröffnet die weitere Anfechtung vor dem VG. Hat der Widerspruch vollen Erfolg, so bedarf es keiner Rechtsbehelfsbelehrung, da der Betroffene nicht mehr beschwert ist und der Dienstherr selbstverständlich kein Beschwerderecht hat. Jedoch hat der höhere Dienstvorgesetzte bzw. die oberste Dienstbehörde das Aufhebungs- und Änderungsrecht aus §§ 35, 43.

10 Die Widerspruchsentscheidung ist wie die Disziplinarverfügung **zuzustellen** §§ 73 Abs. 3, 56 Abs. 1 VwGO i.V. m. VwZG.

§ 43 Grenzen der erneuten Ausübung der Disziplinarbefugnisse

Der Widerspruchsbescheid ist der obersten Dienstbehörde unverzüglich zuzuleiten. Diese kann den Widerspruchsbescheid, durch den über eine Disziplinarverfügung entschieden worden ist, jederzeit aufheben. Sie kann in der Sache neu entscheiden oder Disziplinarklage erheben. Eine Verschärfung der Disziplinarmaßnahme nach Art oder Höhe oder die Erhebung der Disziplinarklage ist nur innerhalb von drei Monaten nach der Zustellung des Widerspruchsbescheids zulässig, es sei denn, es ergeht wegen desselben Sachverhalts ein rechtskräftiges Urteil auf Grund von tatsächlichen Feststellungen, die von denjenigen tatsächlichen Feststellungen, auf denen die Entscheidung beruht, abweichen.

1 Die Vorschrift übernimmt gemeinsam mit § 35 Abs. 2 und 3 die Regelung über die wiederholte Ausübung der Disziplinargewalt aus § 32 Abs. 2 BDO (vgl. auch § 35 Rn. 6, 8). Sie übernimmt dabei den Teil, der aus der funktionalen Trennung in Disziplinar- und Widerspruchsverfahren für letzteres entsteht, nämlich den Widerspruchsbescheid, während § 35 für die Einstellungs- und die Disziplinarverfügung gilt. Auch im BDG wird also die herkömmliche Meinung fort geschrieben, dass der jeweilige höhere Dienstvorgesetzte grundsätzlich zur Aufhebung und Änderung der Entscheidung des untergeordneten Dienstvorgesetzten befugt sei. In Satz 4 wird die Tendenz fortgeführt, zum Schutz der Beamten eine Verschärfung der Maßnahme an kurze Fristen zu binden. Während die Neuregelung der BDO 1967 diese Frist von zwölf auf sechs Monate verkürzte, gilt nun eine **Dreimonatsfrist,** während der sogar die **neue Entscheidung zu ergehen** hat.

2 Allerdings ist nicht zu verkennen, dass die Vorschrift einen Fremdkörper im verwaltungsgerichtlichen Rechtsschutz darstellt. § 73 VwGO kennt eine solche Unverbindlichkeit des Widerspruchsbescheids nicht. Er ist vielmehr endgültig bindend, soweit nicht Widerruf oder Rücknahme möglich sind (Redeker/v. Oertzen, § 73 Rn. 39), dann liegt aber auch ein neuer Sachverhalt vor. Hier reicht bereits eine abweichende Einschätzung der obersten Dienstbehörde aus. Ange-

sichts der in der Gesetzesbegründung so deutlich erklärten Angleichung des BDG an die VwGO verwundert eine solche Inkonsequenz. Sie wäre auch nicht nötig gewesen, da der Widerspruchsbescheid nach § 42 von der obersten Dienstbehörde erlassen wird. § 43 greift erst ein, wenn diese zuvor ihre Zuständigkeit auf nachgeordnete Behörden delegiert hat. Dann sollte diese Delegation nicht durch erneute Entscheidung konterkariert werden. Eine zu § 31 Abs. 1 BDO vergleichbare Vorschrift (Ausschluss erneuter Sachentscheidung nach gerichtlicher Entscheidung) hat das BDG in § 61 Abs. 2 übernommen (vgl. § 61 Rn. 3).

Satz 1 dient der Information der obersten Dienstbehörde über die von nachgeordneten, nach Delegation zuständigen Behörden erlassenen Widerspruchsbescheide. Dies hat seinen Sinn in der Kompetenz der obersten Dienstbehörde zur erneuten Sachentscheidung. 3

Satz 2 erlaubt **jederzeit und unbefristet die Aufhebung und Milderung** von nachgeordneten wie eigenen Widerspruchsentscheidungen. Vor der Aufhebung muss der Beamte nicht angehört werden, wohl aber vor der Neuentscheidung, auch wenn sie zugunsten der Betroffenen beabsichtigt ist (§ 20 Abs. 1 und 2). 4

Wenn der vorherige Widerspruchsbescheid **zuungunsten der Beamten abgeändert** werden soll, was auch mit der Erhebung der Disziplinarklage verbunden ist (Satz 4), so kann das nur innerhalb von 3 Monaten nach Zustellung oder nach dem Erlass eines sachgleichen, im Sachverhalt abweichenden präjudiziellen Urteils geschehen. Satz 2 gilt nicht für eigene Widerspruchsbescheide der obersten Dienstbehörde (Rn. 2). Aus dem Zusammenhang mit Satz 1 ergibt sich, dass die der obersten Dienstbehörde zugeleiteten Widerspruchsbescheide aufgehoben werden können. Vom Wortlaut werden also die eigenen Widerspruchsbescheide nicht erfasst (a.M. GKöD-Weiß, M § 43 Rn. 14). Dies bestätigt auch die eindeutige Abkehr von § 32 Abs. 2 BDO, wonach auch eigene Entscheidungen aufgehoben werden konnten, wovon auch § 35 Abs. 3 ausgeht. Dessen Formulierung enthält § 43 gerade nicht. 5

Voraussetzung der Verschlechterungsbefugnis ist die vorherige **Aufhebung** des Widerspruchsbescheids innerhalb der Dreimonatsfrist. Die Aufhebung beseitigt die Erstentscheidung ex tunc (BDHE 5, 106; Behnke-Amelung, § 32 BDO Rn. 21). Vor der Aufhebungsentscheidung bedarf es der Anhörung des Beamten (§ 28 VwVfG, § 3 BDG). Die Aufhebung allein ist nicht anfechtbar, da sie keine Beschwer der Betroffenen enthält (BDH, Dok. Ber. 1955, 304). Erst die verschlechternde Neubescheidung enthält die Beschwer i. S. d. § 42 Abs. 1 VwGO (nicht aber die Erhebung der Disziplinarklage, vgl. § 52 Rn. 7). **Die Neubescheidung** kann, muss aber nicht gleichzeitig mit der Aufhebung erfolgen. Sie **muss** aber nunmehr **innerhalb der Frist** von 3 Monaten **erlassen werden**. Dies soll der Beschleunigung der Verfahren und größerer Rechtssicherheit der Beamten dienen. Sie muss auch die Verjährungsfrist des § 15 weiterhin beachten. Vor ihrem Erlass muss, wenn dies nicht schon im Zusammenhang mit der Aufhebung geschehen ist, der Betroffene angehört werden (s. o.). 6

Für den neuen Widerspruchsbescheid der obersten Dienstbehörde stehen dieselben **Entscheidungsmöglichkeiten wie für die Erstentscheidung** zur Verfügung, also Aufhebung, Milderung, Verschärfung, Bestätigung, Verfahrenseinstellung (aus sachlichen wie prozessualen Gründen). Die Neuentscheidung kann es bei dem zuvor entschiedenen Sachverhalt und Vorwurf belassen, aber auch neue Tatsachen und Vorwürfe seiner Neuentscheidung zugrunde legen (vgl. § 42 Rn. 3). Die oberste Dienstbehörde kann auch Disziplinarklage erhe- 7 ben; auch dafür gilt die 3-Monats-Frist. Maßgeblich ist zur Einhaltung der Frist der Eingang der Klageschrift bei dem Verwaltungsgericht, § 90 VwGO i.V.m. § 3.

8 Die Neuentscheidung hat dieselbe **Form und den Inhalt** zu wahren, wie dies für die Erstentscheidung gilt. Die Aufhebungsentscheidung bedarf, wenn sie getrennt von der Neuentscheidung ergeht, keiner Begründung. Dann erfordert die Fürsorgepflicht aber eine Information des Betroffenen dahin, dass eine verschlechternde Neuentscheidung beabsichtigt ist, zu der noch Anhörung erfolgen wird.

9 Der alte Widerspruchsbescheid kann neben dem neuen nicht weiterbestehen. Das ergibt sich zwar schon aus dem bestandskräftigen Entscheidungsinhalt des erneuten Widerspruchsbescheides. Aus Gründen der Rechtsklarheit aber sollte die Unwirksamkeit des alten in der Entscheidungsformel des neuen Widerspruchsbescheides ausdrücklich hervorgehoben werden.

§ 44 Kostentragungspflicht

(1) Im Widerspruchsverfahren trägt der unterliegende Teil die entstandenen Auslagen. Hat der Widerspruch teilweise Erfolg, sind die Auslagen im Verhältnis zu teilen. Wird eine Disziplinarverfügung trotz des Vorliegens eines Dienstvergehens aufgehoben, können die Auslagen ganz oder teilweise dem Beamten auferlegt werden.
(2) Nimmt der Beamte den Widerspruch zurück, trägt er die entstandenen Auslagen.
(3) Erledigt sich das Widerspruchsverfahren in der Hauptsache auf andere Weise, ist über die entstandenen Auslagen nach billigem Ermessen zu entscheiden.
(4) § 37 Abs. 4 und 5 gilt entsprechend.

1 Die Vorschrift regelt ausdrücklich nur die Kostentragungspflicht der entstandenen Auslagen im Widerspruchsverfahren. Gebühren entstehen auch im Widerspruchsverfahren nicht (Abs. 4 i.V.m. § 37 Abs. 5).

2 Nach **Abs. 1** ist entscheidend das Maß des Obsiegens und Unterliegens. Dieses bestimmt sich aus dem Tenor des Widerspruchsbescheides und seiner Begründung. Bei teilweisem Obsiegen und Unterliegen hat die Kostenentscheidung die Auslagen anteilig zu verteilen, Abs. 1 Satz 2. **Abs. 1 Satz 3** ermöglicht eine **Billigkeitsentscheidung**, wenn zwar der Widerspruch erfolgreich ist, gleichzeitig aber ein Dienstvergehen festgestellt wird. Eine ähnliche Regelung traf schon § 113 Abs. 2 Nr. 1 BDO. Voraussetzung ist aber der **Nachweis eines Dienstvergehens**. Dafür langt der Freibeweis nach dem Sachstand der Ermittlungen im Zeitpunkt des Widerspruchsverfahrens. Eine weitere Sachaufklärung nur wegen der Kostenentscheidung erfolgt nicht (BVerwG v. 19.1.1993 – 1 DB 19.92). Da Satz 3 das Vorliegen eines Dienstvergehens verlangt, kann nicht nach Wahrscheinlichkeit oder Billigkeit, sondern im Zweifel nur zugunsten der Widerspruchsführer entschieden werden. Auch hierbei können nur die Vorwürfe herangezogen werden, die vor Erlass des Widerspruchsbescheides rechtsverbindlich eingeführt (§ 19 Abs. 1) und nicht wirksam ausgeschieden (§ 19 Abs. 2) worden waren. Die Widerspruchsbehörde hat dann hierauf beruhend eine Ermessensentscheidung zu treffen und zu begründen, die anfechtbar ist.

3 Nach **Abs. 2** hat der Beamte die Auslagen zu tragen, wenn er den **Widerspruch zurücknimmt**. Das Rechtsmittel gilt wie üblich dann als erfolglos.

Abs. 3 regelt die Kostentragung, wenn sich das Widerspruchsverfahren auf andere Weise als durch Sachentscheidung oder Rücknahme erledigt. Die Verteilung nach billigem Ermessen entspricht § 161 Abs. 2 VwGO, § 91 a ZPO. In Betracht kommen insbesondere die Fallgestaltungen aus § 32 Abs. 2, wenn also der Beamte stirbt, das Beamtenverhältnis endet oder bei einem Ruhestandsbeamten die Folgen des § 59 Abs. 1 BeamtVG eintreten. 4

Auch im Widerspruchsverfahren fallen Abs. 4 i.V.m. § 37 Abs. 4 dem Beamten angefallene Aufwendungen unter die vom Dienstherrn zu erstattenden Auslagen. Dies sind insbes. die Kosten eines Rechtsanwaltes, vgl. im Einzelnen § 37 Rn. 16. 5

Teil 4
Gerichtliches Disziplinarverfahren

Kapitel 1
Disziplinargerichtsbarkeit

§ 45 Zuständigkeit der Verwaltungsgerichtsbarkeit

Die Aufgaben der Disziplinargerichtsbarkeit nach diesem Gesetz nehmen die Gerichte der Verwaltungsgerichtsbarkeit wahr. Hierzu werden bei den Verwaltungsgerichten Kammern und bei den Oberverwaltungsgerichten Senate für Disziplinarsachen gebildet. Die Landesgesetzgebung kann die Zuweisung der in Satz 1 genannten Aufgaben an ein Gericht für die Bezirke mehrerer Gerichte anordnen. Soweit nach Landesrecht für Verfahren nach dem Landesdisziplinargesetz ein Gericht für die Bezirke mehrerer Gerichte zuständig ist, ist dieses Gericht, wenn nichts anderes bestimmt wird, auch für die in Satz 1 genannten Aufgaben zuständig. § 50 Abs. 1 Nr. 4 der Verwaltungsgerichtsordnung bleibt unberührt.

Die Norm betrifft eine der grundlegenden Änderungen des BDiszNOG und sogleich eine der kritikwürdigsten. Während unter der Geltung der BDO ein eigenes erstinstanzliches Gericht, das Bundesdisziplinargericht (Altakten des BDiG können über das Bundesarchiv in Koblenz angefordert werden), und als Berufungsgericht spezielle Disziplinarsenate beim Bundesverwaltungsgericht (§ 41 BDO) vorgesehen waren, übernehmen nunmehr die **Verwaltungs-, Oberverwaltungsgerichte und das Bundesverwaltungsgericht** diese Aufgabe entsprechend dem Instanzenzug der VwGO. VG und OVG sind Tatsacheninstanzen, das BVerwG (fast) nur noch Revisionsinstanz. Nach wie vor ist das BVerwG als Gericht erster Instanz und damit als Tatsacheninstanz für Disziplinarverfahren zuständig, die den Geschäftsbereich des **Bundesnachrichtendienstes** betreffen, § 45 Satz 5 BDG, § 50 Abs. 1 Nr. 4 VwGO. Dies bereits relativiert die Aussage der amtlichen Begründung, die Befassung des BVerwG mit Klagen als Tatsacheninstanz sei eine »Kuriosität«. Denn nach § 50 VwGO ist dies schon bisher ein Teil der Tätigkeit des BVerwG gewesen und nach wie vor den Bundesrichtern nicht fremd. So bleiben auch die Wehrdienstsenate beim BVerwG erhalten, die die Disziplinargerichtsbarkeit für die Soldaten letztinstanzlich und als Tatsacheninstanz wahrnehmen. Damit wird nun auch die 1

§ 45 BDG

Gleichbehandlung von Beamten und Soldaten aufgehoben. Gem. § 66 Abs. 3 ZDG sind die Verwaltungsgerichte ab 2002 auch für **Dienstverfehlungen der Zivildienstleistenden** zuständig (vgl. § 46 Rn. 13).

2 Insgesamt wirkt die Begründung für die Verlagerung der Disziplinarverfahren auf die Verwaltungsgerichtsbarkeit weit hergeholt und wenig durchdacht. Es kann kaum nachvollzogen werden, wie eine »wesentliche Beschleunigung der Disziplinarverfahren« durch eine **Erweiterung des Instanzenzuges** erreicht werden soll. Der rechtsstaatliche Standard eines Gerichtsverfahrens definiert sich zudem nicht über die Zahl der Instanzen, sondern über die in der jeweiligen Instanz gewährten Rechte und über die Verfahrensdauer. Da es in Disziplinarverfahren um den Vorwurf eines schuldhaften Verhaltens geht, bot die StPO hier den Beamten mehr Rechte (Schwandt, RiA 2001, 157). Verräterisch wirkt denn auch die Erläuterung der amtlichen Begründung, »zahlreiche Einzelregelungen gewährleisten, ... einen Missbrauch von Rechtsmitteln zu verhindern«. Während einerseits wegen des angeblich bisher fehlenden rechtsstaatlichen Standards eine zusätzliche Instanz eingefügt wird, sorgt man andererseits sofort dafür, dass dieser Standard nicht jedem Beamten zugute kommt. Unter der Hand ist klar, dass es nur zu wenig Berufungen und kaum zu Revisionen kommen wird, vgl. etwa § 124 VwGO. Tatsächlich wird eine gut und effizient arbeitende Gerichtsbarkeit einem Reformstreben um jeden Preis ohne sachliche Begründung geopfert. Vordergründig scheint der Bund Einsparungen zu erzielen, wenn die Last der Verfahren auf den Ländern ruht. Ein finanzieller Ausgleich ist nicht vorgesehen. Effektiv wird die Reform dem Bund jedoch wahrscheinlich Mehrkosten einbringen, da sich die Verfahrensdauer erheblich verlängern dürfte. Während der gesamten Laufzeit des Disziplinarverfahrens sind die Beamten zu alimentieren. Die Mehrkosten allein in Fällen von Entfernungen aus dem Beamtenverhältnis oder der Zurückstufung werden über die fortlaufende Alimentation (für die Länder geschätzt auf ca. zwei Jahre gegenüber sechs Monaten beim BDiG) die aufgrund der Auflösung des BDiG eingesparten Kosten aufwiegen.

3 Die bei den Verwaltungs- und Oberverwaltungsgerichten zu bildenden Kammern und Senate können funktionsidentisch mit den Spruchkörpern für Landesdisziplinarverfahren sein. Die Länder können ein Gericht für die Bezirke mehrerer Gerichte für zuständig erklären. Besteht eine solche Regelung in einem Land bereits für Landesdisziplinarverfahren, so gilt diese zugleich gem. **Satz 4** auch für die Bundesdisziplinarverfahren. Allerdings können die Länder diese Folge ausdrücklich durch Gesetz wieder aufheben. Damit sollen landesspezifische Besonderheiten und Zweckmäßigkeiten berücksichtigt werden können.

4 Das BDG trifft keine eigene Gerichtsstandsregelung. Daher bestimmt sich die **örtliche Zuständigkeit des Verwaltungsgerichtes** nach § 52 Nr. 4 VwGO, also nach dem dienstlichen Wohnsitz des aktiven Beamten und nach dem Wohnsitz des Ruhestandsbeamten. Dies gilt unmittelbar sowohl für die Klagen des Beamten gegen Disziplinar- und Einstellungsverfügungen seines Dienstherrn als auch nach Neufassung der Vorschrift durch Art. 14 Nr. 4 BDiszNOG für Disziplinarklagen des Dienstherrn gegen den Beamten. In den Fällen der Sätze 3 und 4 muss der dienstliche Wohnsitz in einem der Gerichtsbezirke liegen, für die das nach Landesgesetz bestimmte VG zuständig ist. Die Bundesländer haben Ausführungsgesetze zum BDG erlassen und zum Teil darin oder im LDG die Zuständigkeit geregelt (vgl. Rn. 13). Ohne eine solche Bestimmung ist das

§ 45 BDG

nach dem jeweiligen Ausführungsgesetz zur VwGO berufene Gericht zuständig.

Dienstlicher Wohnsitz i. S. d. § 52 Nr. 4 VwGO i.V. m. § 3 BDG ist die kleinste   5
Verwaltungseinheit, die noch organisatorische und personelle Selbständigkeit aufweist (BVerwGE 43, 323; ähnlich § 15 BBesG). Das ist die Dienststelle, für die die Planstelle des Beamten eingerichtet ist, an welcher der konkrete Dienstposten übertragen und wahrgenommen und wo der Beamte durch einen unmittelbaren Dienstvorgesetzten personalrechtlich betreut wird (vgl. schon zur BDO: BDHE 3, 96; 5, 109; fraglich BVerwG, Dok. Ber. 1990, 335, das die räumliche und aufgabenmäßige Abtrennung verschiedener Abteilungen einer Dienststelle/Behörde – hier: Bundesnachrichtendienst – ausreichen lässt, um eine »Dienststelle« anzunehmen; eher einleuchtend in E 76, 77 für verschiedene Abteilungen eines Ministeriums und in Dok. Ber. 1991, 182, für verschiedene Grenzschutzstellen). Daran hat sich auch durch die Neuregelung nichts geändert.

Bloße **Nebenstellen** haben häufig keinen selbständigen Dienststellencharakter,   6
Außenstellen können bei organisatorischer Abgrenzbarkeit oftmals solchen haben (z. B. Außenstellen des Bundesarchivs in Rastatt und Berlin). Versetzungen ändern die Dienststellen, Umsetzungen und Abordnungen nicht (vgl. § 17 Abs. 4). Bei mehreren Ämtern entscheidet das Hauptamt, bei mehreren Hauptämtern dasjenige, das zuerst durch die Einleitung des behördlichen Disziplinarverfahrens betroffen ist (§ 17 Abs. 3, der § 36 Abs. 1 und 2 BDO entspricht).

Beamte, die **privaten Unternehmen** zugewiesen sind oder nach Beurlaubung   7
mit Unternehmen Angestelltenverträge geschlossen haben, sind nicht mehr bei Behörden oder Dienststellen tätig, woran nach § 15 BBesG der dienstliche Wohnsitz anknüpft. Das BDiG hat bei der Deutschen Bahn AG zugewiesenen oder bei der Deutschen Post AG, Deutschen Postbank AG und Telekom AG tätigen Beamten in Anlehnung an die oben genannte Definition als dienstlichen Wohnsitz die jeweils kleinste organisatorisch selbständige **Arbeitseinheit** angesehen, an welcher der Beamte **ständig eingesetzt** ist, d. h. seinen örtlichen Schwerpunkt hat. Da auch Versetzungen und Abordnungen bei den privaten Unternehmen nicht erfolgen, ist darauf abzustellen, wo der Beamte nach dem Willen seiner Vorgesetzten **auf Dauer Dienst leisten soll**. Der Dienststellenbegriff wird also durch den Begriff des **dauerhaften Einsatzortes** ersetzt. Dies ist z. B. bei Bahnbeamten der Bahnhof, wenn er nicht nur eine Fahrkartenverkaufsstelle ist. Bei Postbeamten ist dies in der Regel das Postamt. Würde man dies anders sehen, wäre für alle Bahnbeamten das BEV in Bonn zuständig. Die Anknüpfung an die regionale Gebundenheit der Beamten wäre damit hinfällig. Für **Ruhestandsbeamte** ist nach § 52 Nr. 4 VwGO der Wohnsitz maßgeblich und in Ermangelung dessen der Sitz der entscheidenden Behörde. Die Sonderregelung für Beamte des BND in § 50 Abs. 1 Nr. 4 VwGO ist zu beachten.

Maßgeblich ist der dienstliche Wohnsitz und Wohnsitz im Zeitpunkt des Ein-   8
gangs der Disziplinarklageschrift bei Gericht, bzw. der Zustellung der Disziplinar- oder Einstellungsverfügung. **Wegen der Rückwirkung** einer Versetzung (= Änderung des dienstlichen Wohnsitzes) vgl. § 43 VwVfG (dazu Stelkens/Bonk/Leonhardt, Rn. 131).

Die einmal begründete Kammerzuständigkeit ändert sich durch späteren   9
Wohnsitzwechsel nicht, dagegen durch spätere **Änderung der Kammerbezirke**. Nach dem Gesetz gilt für die gesamte Dauer des Verfahrens, dass jeweils das Gericht örtlich zuständig ist, in dessen Bereich der Beamte zur Zeit der Klage-

§ 45 BDG

erhebung den dienstlichen Wohnsitz hatte, nicht aber das Gericht in dessen Bezirk früher einmal der dienstliche Wohnsitz lag.

10 Für Ruhestandsbeamte knüpft der Gesetzgeber an den bürgerlichen Wohnsitz (§§ 7 ff. BGB) an. Bei Fehlen eines solchen im Bereich der Bundesrepublik ist der letzte dienstliche Wohnsitz entscheidend. Liegt dieser außerhalb des Geltungsbereiches des Grundgesetzes, so ist das für den Sitz der Bundesregierung zuständige Gericht zuständig.

11 Entscheidungen einer unzuständigen Kammer können, obwohl ihnen notwendigerweise ein Verfahrensmangel immanent ist, rechtswirksam werden, nämlich dann, wenn sie nicht angefochten werden. Wird eine solche Entscheidung angefochten, so kann das Oberverwaltungsgericht sie in Anbetracht des vorliegenden Verfahrensmangels aufheben und die Sache an das zuständige Verwaltungsgericht mit dem Ziel der anderweitigen Verhandlung zurückverweisen.

12 Bei Unzuständigkeit ist das Verfahren durch Verweisungsbeschluss an das zuständige Gericht abzugeben, §§ 17 a, b GVG, § 83 VwGO.

13 Zuständige Gerichte nach § 45 i.V. m. § 52 Nr. 4 VwGO sind:

– Baden-Württemberg: § 40 LDO v. 25. 4. 1991 (GBl. S. 227), § 1 AGVwGO
  - VG Stuttgart für den Reg.bez. Stuttgart
  - VG Karlsruhe für den Reg.bez. Karlsruhe
  - VG Freiburg für den Reg.bez. Freiburg
  - VG Sigmaringen für den Reg.bez. Tübingen
– Bayern: Art. 1 Abs. 6 AGBDG v. 2. 1. 2002 (GVBl. S. 2), Art. 42 BayDG v. 24. 12. 2005 (GVBl. S. 665)
  - VG München für die Reg.bez. Oberbayern und Schwaben
  - VG Ansbach für die Reg.bez. Ober-, Mittel- und Unterfranken
  - VG Regensburg für die Reg.bez. Niederbayern und Oberpfalz
– Berlin: § 41 LDG v. 29. 6. 2004 (GVBl. S. 263)
  - VG Berlin
– Brandenburg: § 45 Satz 1 BbgLDG (GVBl. I, S. 254)
  - VG Potsdam für das gesamte Land
– Bremen: § 44 BremDG v. 19. 11. 2002 (GBl. S. 545), zuletzt geändert 2006 (GBl. S. 543)
  - VG Bremen
– Hamburg: § 44 HmbDG v. 18. 2. 2004 (GVBl. S. 69), § 1 AGBDG v. 24.12.2001 (GVBl., S. 457)
  - VG Hamburg
– Hessen: § 50 HDG (GVBl. I, S. 394)
  - VG Wiesbaden für den Reg.bez. Darmstadt
  - VG Kassel für die Reg.bez. Kassel und Gießen
– Mecklenburg-Vorpommern: § 13 KonzentrationsVO i. d. F. v. 27. 1. 2001 (GVOBl. M-V, S. 499)
  - VG Schwerin für das gesamte Land
– Niedersachsen: § 41 NDiszG v. 13. 10. 2005 (GVBl. S. 296), § 1 AGVwGO
  - VG Braunschweig für die Städte Braunschweig, Salzgitter und Wolfsburg, die Landkreise Gifhorn, Goslar, Helmstedt, Peine und Wolfenbüttel
  - VG Göttingen für die Landkreise Göttingen, Northeim und Osterode am Harz
  - VG Hannover für den Reg.bez. Hannover
  - VG Lüneburg für die Landkreise Celle, Harburg, Lüchow-Dannenberg, Lüneburg, Soltau-Fallingbostel und Uelzen
  - VG Oldenburg für die Städte Delmenhorst, Emden, Oldenburg und Wilhelmshaven, die Landkreise Ammerland, Aurich, Cloppenburg, Friesland, Leer, Oldenburg, Vechta, Wesermarsch, Wittmund und das außerhalb von Städten und Kreisen gelegene Gebiet des Reg.bez. Weser-Ems

- VG Osnabrück für die Stadt Osnabrück, die Landkreise Emsland, Grafschaft Bentheim und Osnabrück
- VG Stade für die Landkreise Cuxhaven, Osterholz, Rotenburg (Wümme), Stade und
- Verden und das außerhalb von Städten und Kreisen gelegene Gebiet des Reg.-bez. Lüneburg
– Nordrhein-Westfalen: § 45 LDG NRW v. 16. 11. 2004 (GVBl. S. 624)
- VG Düsseldorf für das Gebiet der Reg.bez. Düsseldorf oder Köln und außerhalb
- VG Münster für das übrige Landesgebiet
– Rheinland-Pfalz: § 53 LDG-RP v. 2. 3. 1998 (GVBl. S. 29), § 3 GerichtsorganisationsG i.d.F. v. 23. 6. 2003 (GVBl. S. 120)
- VG Trier für das gesamte Land
– Saarland: § 45 SDG v. 13. 12. 2005 (ABl. S. 2010), § 1 AGVwGO
- VG des Saarlandes in Saarlouis
– Sachsen: §§ 36, 37 Abs. 1 SächsDO v. 28. 2. 1994 (GVBl. S. 333), geändert 25. 8. 2003 (GVBl. S. 330, 341); zukünftig: § 45 SächsDG (noch Entwurf)
- VG Dresden für das gesamte Land
– Sachsen-Anhalt: § 45 DG-LSA v. 21. 3. 2006 (GVBl. S. 102), §§ 1, 2 AGVwGO
- VG Magdeburg für das gesamte Land
– Schleswig-Holstein: § 41 LDG SH v. 18. 3. 2003 (GVBl. S. 154), § 1 AGVwGO
- Schleswig-Holsteinisches VG in Schleswig
– Thüringen: § 45 ThürDG v. 21. 6. 2002 (GVBl. S. 257)
- VG Meiningen für das gesamte Land

§ 46 Kammer für Disziplinarsachen

(1) Die Kammer für Disziplinarsachen entscheidet in der Besetzung von drei Richtern und zwei Beamtenbeisitzern als ehrenamtlichen Richtern, wenn nicht ein Einzelrichter entscheidet. An Beschlüssen außerhalb der mündlichen Verhandlung und an Gerichtsbescheiden wirken die Beamtenbeisitzer nicht mit. Einer der Beamtenbeisitzer soll dem Verwaltungszweig und der Laufbahngruppe des Beamten angehören, gegen den sich das Disziplinarverfahren richtet.
(2) Für die Übertragung des Rechtsstreits auf den Einzelrichter gilt § 6 der Verwaltungsgerichtsordnung. In dem Verfahren der Disziplinarklage ist eine Übertragung auf den Einzelrichter ausgeschlossen.
(3) Der Vorsitzende der Kammer für Disziplinarsachen entscheidet, wenn die Entscheidung im vorbereitenden Verfahren ergeht,
1. bei Zurücknahme der Klage, des Antrags oder eines Rechtsmittels,
2. bei Erledigung des gerichtlichen Disziplinarverfahrens in der Hauptsache und
3. über die Kosten.
Ist ein Berichterstatter bestellt, entscheidet er anstelle des Vorsitzenden.
(4) Die Landesgesetzgebung kann die Besetzung der Kammer für Disziplinarsachen abweichend von den Absätzen 1 bis 3 regeln. Soweit nach Landesrecht für die Verfahren nach dem Landesdisziplinargesetz eine andere Besetzung der Kammer für Disziplinarsachen vorgesehen ist, gilt diese Besetzung, wenn nichts anderes bestimmt wird, auch für die gerichtlichen Verfahren nach diesem Gesetz.

§ 46 regelt die Zusammensetzung der **Kammer für Disziplinarsachen** in enger Anlehnung an die Besetzung der allgemeinen Kammern der Verwaltungsgerichte. Nach **Abs. 1** sind dies in der Regel drei Berufsrichter und zwei Beamtenbeisitzer. Die allgemeine Rechtsstellung der Beamtenbeisitzer erläutert das Gesetz nicht. Aus den nach § 3 ergänzend heranzuziehenden Vorschriften des § 19

VwGO, § 45 DRiG, des GVG und des GG folgt aber die **Gleichrangigkeit der ehrenamtlichen Richter** gegenüber den Berufsrichtern (vgl. im Einzelnen Redeker/v. Oertzen, § 19 Rn. 2 f.).

2 Die Beteiligung der Beamtenschaft an der Disziplinarrechtsprechung hat das BDG sinnvollerweise von § 45 Abs. 2 BDO übernommen. Der Zweck dieser Beteiligung der Beamtenschaft an der Disziplinar-Rspr. besteht zunächst einmal darin, die **Anschauungen der Beamtenschaft,** aber auch die **verwaltungs- und betriebsspezifischen Kenntnisse** bei der Urteilsfindung zu verwerten. Durch Mitwirkung der Beamtenbeisitzer haben die Berufsrichter die Möglichkeit, die realen Berufserfahrungen der Beisitzer, aber auch deren Verwaltungskenntnisse und persönliche und betriebliche Sicht hinsichtlich des Erfordernisses einer Disziplinarmaßnahme bei der Entscheidung zu berücksichtigen. Der hauptamtliche Richter wird oft den betrieblichen Hintergrund wie auch die persönliche Situation des Beamten nicht überblicken. Sozialwissenschaftliche Untersuchungen haben außerdem ergeben, dass sich die Berufsrichterschaft zum überwiegenden Teil aus den oberen sozialen Schichten rekrutiert und dass die für die Berufsrichter typischen Wertvorstellungen nicht mit denen der breiten Masse der Bevölkerung übereinstimmen müssen. Der Beamtenbeisitzer, insbesondere der Laufbahnbeisitzer, bringt eigene Sachkunde aus dem Betrieb bzw. seinem Verwaltungszweig mit und stellt sich andererseits als der »soziale Interpret« des betroffenen Beamten dar. Gerade Letzteres ist vom Gesetz ganz offensichtlich gem. Abs. 1 Satz 3 so gewollt, wenn auch die Mitwirkung eines Beisitzers aus demselben Verwaltungszweig und derselben Laufbahngruppe für die Beschuldigten nur als »Sollvorschrift« geregelt ist. »Sollen« heißt aber im Regelfall immer »müssen« (BVerwG, ZBR 1967, 147). Für die Berufsrichter ist diese Heranziehung sachkundiger Interpreten der Verwaltung und der Beamtenschaft ebenso ein unschätzbarer Vorteil wie der Zwang, sich bei der Beratung von formaljuristischen Kriterien lösen zu müssen. Zwar sind nach Abs. 1 Satz 1 die Beamtenbeisitzer im Gegensatz zur BDO nicht mehr in der Mehrheit (wobei gem. Abs. 4 nach Landesrecht eine »kleine« Besetzung möglich ist, vgl. Rn. 11 f.). Dennoch werden die Berufsrichter – gerade bei unterschiedlichen Rechtsauffassungen untereinander – die höchstrichterliche Rspr. und ihre eigenen Sach- und Rechtsansichten den weniger eingeweihten Beisitzern eingehend vortragen und verständlich machen. Dabei müssen sie auch die Akzeptanz ihres Standpunktes überprüfen. Falsch wäre es, die ehrenamtlichen Richter als »Laienrichter« zu bezeichnen, denn sie werden gerade wegen ihrer Sachkunde vorgeschlagen und bringen diese, wie die Erfahrung lehrt, in sehr sinnvoller und wirksamer Weise in die Rechtsfindung ihrer Kammern ein.

3 Die Beamtenbeisitzer sind als ehrenamtliche Richter im Übrigen im gleichen Maße **unabhängig** wie ein Berufsrichter (Art. 97 GG, § 45 DRiG). Wie ein Berufsrichter hat der Beamtenbeisitzer seine Pflichten zu erfüllen und nach bestem Wissen und Gewissen ohne Ansehen der Person zu urteilen und nur der Wahrheit und Gerechtigkeit zu dienen. Hierauf legt der Beamtenbeisitzer auch seinen Eid ab (§ 45 Abs. 3 Nr. 1 DRiG). An Weisungen der ihn vorschlagenden Bundesbehörde oder seiner Gewerkschaft ist der Beisitzer deshalb ebenso wenig gebunden wie an Vorstellungen, Vorschläge bzw. Empfehlungen der Berufsrichter bei der Urteilsberatung. Er ist wie die Berufsrichter an Gesetz und Recht gebunden. Jeder Richter hat nur daran den zu entscheidenden Fall zu messen, nicht an seiner persönlichen Wunschvorstellung (zur Bindung an unbestimmt geregeltes und durch Richterrecht/Rspr. geprägtes Recht vgl. A. II. Rn. 37–39, 52 ff.).

§ 46 BDG

Da die Beamtenbeisitzer ohne Ansehen der Person zu urteilen haben, sind sie **4**
auch zur **Unparteilichkeit** verpflichtet, d. h., sie dürfen nicht eindeutig für einen Verfahrensbeteiligten Stellung nehmen und haben in der Hauptverhandlung die gebotene Zurückhaltung im Umgang mit den Beteiligten an den Tag zu legen.

Die **richterliche Mitwirkung** der Beamtenbeisitzer im Disziplinarverfahren beginnt mit der Hauptverhandlung vor Gericht. Der Vorsitzende leitet die Hauptverhandlung und stellt grundsätzlich die Fragen an die Verfahrensbeteiligten. **5**
Die Beamtenbeisitzer haben nicht die Befugnis, in die Verhandlungsführung einzugreifen oder zur Sache selbst Stellung zu nehmen, jedoch das Recht, zur weiteren Aufklärung des Sachverhalts Fragen an Verfahrensbeteiligte, Zeugen und Sachverständige zu stellen. Der Vorsitzende hat dies von sich aus zu ermöglichen, jedenfalls auf entsprechendes Verlangen zu gestatten. Hierauf und auf die Notwendigkeit neutraler, sachlicher Fragestellung sind die Beisitzer vor der Hauptverhandlung hinzuweisen. Der Vorsitzende hat das Recht, den Zeitpunkt der Fragestellung zu bestimmen, er kann ggf. ungeeignete oder nicht zur Sache gehörende Fragen ausscheiden. Einen weiteren Einfluss auf die Verhandlung haben die Beamtenbeisitzer insoweit, als sie nach Abschluss der Beweisaufnahme in der Beratung des Gerichts, dort wo sie weitere Beweisaufnahme für erforderlich halten, Eintritt in die mündliche Verhandlung anregen können, woraufhin bei Unstimmigkeit der Spruchkörper abzustimmen hat.

Keine Regelung enthält das Gesetz über die Stellung des Beisitzers, soweit es **6**
die **Vorbereitung** der Hauptverhandlung angeht. Hier ist insbesondere zweifelhaft, ob einem Beamtenbeisitzer zur Vorbereitung der Hauptverhandlung auch **Akteneinsicht** zu gewähren ist bzw. ob ihm bestimmte Auszüge aus dem bisherigen Verfahren, z. B. Niederschriften aus dem Ermittlungsverfahren, dem Strafurteil, der Disziplinarklageschrift zur Verfügung gestellt werden können. Dies wurde nach bisheriger Praxis überwiegend verneint, weil nach § 25 BDO die strafgerichtliche Rspr. anzuwenden sei, nach welcher dem Schöffen Akteneinsicht nicht gewährt werden darf (zum Meinungsbild vgl. 3. Aufl. Rn. 6). Die strafgerichtliche Rspr. und herrschende Praxis ist allerdings kaum haltbar. Die vom Gesetz angeordnete Einrichtung von Kollegialgerichten beruht auf dem Grundgedanken, dass alle Mitglieder eines solchen Gerichts gleichwertig und unterschiedslos zur Rechtsfindung beitragen sollen, um die Gefahr einer formaljuristischen Einseitigkeit bei der Beurteilung der Sach- und Rechtsfragen auszuschließen. Dieser Effekt wird nur dann hinreichend gewährleistet, wenn alle beteiligten Richter im Wesentlichen über den **gleichen Informationsstand** verfügen. Nach bisheriger Praxis der Disziplinargerichte des Bundes erhalten die Beamtenbeisitzer keine Unterlagen zum Verfahrensstand. Das läuft darauf hinaus, dass die Einschätzung der Sache dem ehrenamtlichen Beisitzer »vermittelt« werden muss. Er wird weitgehend nur mittelbar orientiert, so dass nicht auszuschließen ist, dass er bei gleichem unmittelbarem Kenntnisstand, wie ihn die Berufsrichter besitzen, eine andere Auffassung in der Beratung äußern könnte. Nach richtiger Auffassung wird von Gerichts wegen den Beisitzern zur Vorbereitung der mündlichen Verhandlung Akteneinsicht gewährt oder entsprechende Aktenauszüge (Klageschrift, Einlassung des Betroffenen, Verteidigungsschriftsätze o. Ä.) überlassen werden müssen. Wie hier Czapski, ZBR 1989; 200 ff., der mit Recht darauf hinweist, dass die Verweigerung der Akteneinsicht oder sonstiger Möglichkeiten einer angemessenen Vorbereitung entgegen der klaren Gesetzeslage die Bedeutung des Richteramtes der ehren-

§ 46 BDG

amtlichen Richter mindert und deren Einfluss auch für die Hauptverhandlung einschränkt. In der Sozialgerichtsbarkeit dagegen hat die berechtigte Forderung nach besserer Information der ehrenamtlichen Richter bereits dazu geführt, dass das BSG 1981 in seiner Geschäftsordnung die Übersendung von bestimmten Informationsunterlagen an ehrenamtliche Richter vorgesehen hat. Gegen die Verweigerung des Informationsrechts und damit die Verletzung der Unabhängigkeit des Richters müsste das Gesetz eine Regelung schaffen.

7 Die ehrenamtlichen Richter haben nicht nur die gleichen Rechte wie die Berufsrichter, sondern auch die **gleichen Pflichten** (vgl. Rn. 4). Sie dürfen nicht ohne genügende Entschuldigung den anberaumten Sitzungen fernbleiben oder zu spät kommen. Bei Säumnis können ihnen die hierdurch verursachten Auslagen und ein Ordnungsgeld auferlegt werden (§ 3 i.V. m. § 33 VwGO). Die Übernahme der Beisitzertätigkeit ist beamtenrechtliche Dienstpflicht. Beisitzer haben das Beratungsgeheimnis gegenüber jedermann, also auch gegenüber der sie entsendenden Gewerkschaft oder Behörde, zu wahren (§§ 43, 45 Abs. 1 Satz 2 DRiG, § 353 d StGB). Die Beamtenbeisitzer sind und bleiben während ihrer Tätigkeit hauptberufliche Bundesbeamte. Bei Dienstpflichtverletzung im Zusammenhang mit der richterlichen Tätigkeit im Nebenamt unterliegen sie daher den Vorschriften des Bundesbeamtengesetzes wie des BDG.

8 Die Mitwirkung und damit der Einfluss der Beamtenbeisitzer auf die Rspr. wird jedoch abnehmen. Nach **Abs. 1 Satz 2** wirken sie an Beschlüssen außerhalb der Hauptverhandlung und an Gerichtsbescheiden gem. § 84 VwGO nicht mit (ebenso § 5 VwGO). Dies entspricht für Gerichtsbescheide noch der Regelung der BDO. Bereits bei Beschlüssen ist die Änderung spürbar. Im Beschlussverfahren nach der BDO waren die Beamtenbeisitzer auch ohne Hauptverhandlung beteiligt. Deren Beschlussverfahren ersetzt das BDG durch die allgemeine Anfechtungsklage (§ 52 Abs. 2), so dass grundsätzlich die Beamtenbeisitzer auch hier teilnehmen. Bereits wenn ohne Hauptverhandlung entschieden wird, fallen die Beamtenbeisitzer weg. Dies wird nahezu alle Verfahren von Zivildienstleistenden betreffen, die bisher Rechtsschutz nach der BDO erhielten. Maßgebliche Veränderungen wird jedoch die Möglichkeit der Übertragung des Rechtsstreits auf den **Einzelrichter** nach Abs. 1 Satz 1, 2. Halbsatz, **Abs. 2** bringen. Gem. des in Bezug genommenen § 6 VwGO **soll** diese Übertragung erfolgen. Bei Verweisung an ein anderes Gericht ist das Verfahren aber wieder bei der Kammer anhängig. Gerade in den zahlreichen Verfahren, in denen der Beamte gegen eine gegen ihn verhängte Kürzung der Dienstbezüge (§ 8) oder Geldbuße (§ 7) klagt, dürfte nach der verwaltungsgerichtlichen Praxis die Übertragung auf den Einzelrichter die Regel sein. An diesen Verfahren nehmen dann **keine Beamtenbeisitzer** teil, § 5 Abs. 3 VwGO. Für Disziplinarklagen ist die Übertragung auf den Einzelrichter gem. **Abs. 2 Satz 2** ausgeschlossen. Dies wird der Bedeutung dieser Verfahren für die betroffenen Beamten gerecht, auch wenn in solchen Verfahren oft keinerlei Schwierigkeiten vorliegen, etwa bei einem sachverhaltsidentischen, rechtskräftigen Strafurteil mit Bindungswirkung nach § 57 Abs. 1.

9 Auch in Disziplinarverfahren können gem. § 3 i.V. m. § 173 VwGO, § 192 Abs. 2 GVG Ergänzungsrichter hinzugezogen werden. Auch deren Heranziehung sollte bereits im Geschäftsverteilungsplan geregelt werden, auch wenn die Heranziehung nach Bestimmung durch das Präsidium im Einzelfall zulässig ist (Löwe/Rosenberg, § 192 GVG Rn. 7, Schoch/Schmidt-Aßmann/Pietzner, § 30 VwGO Rn. 8; Redeker/v. Oertzen, § 5 VwGO Rn. 3).

Abs. 3 weist solche Entscheidungen dem Kammervorsitzenden, bzw. dem – wie in aller Regel – bestellten Berichterstatter **(Satz 2)** zu, die das Verfahren ohne Sachentscheidungen abschließen. Dies sind Fälle der Klage- oder Antragsrücknahme, der Erledigung in der Hauptsache etwa weil die angegriffene Disziplinarverfügung gem. § 35 Abs. 3 Satz 1 aufgehoben wurde, sowie der danach erforderlichen Kostenentscheidung. Die Vorschrift entspricht § 87 a VwGO und soll der Straffung der Verfahren und Entlastung der übrigen Kammermitgliedern dienen. Eine Straffung der Verfahren dürfte in dem geschilderten Zeitpunkt nicht mehr relevant sein; eine komplette Kammerentscheidung erscheint allerdings auch nicht mehr erforderlich.

Nach **Abs. 4** können die Länder die Kammerbesetzung abweichend von Abs. 1 bis 3 regeln. Ziel der Vorschrift ist es, eine Harmonisierung der bundesdisziplinarrechtlichen mit den speziellen landesdisziplinarrechtlichen Regelungen zu ermöglichen, insbes. die Installierung einheitlicher Spruchkörper für Disziplinarverfahren gegen Bundes- und Landesbeamte. **Abs. 4 Satz 2** greift dieser Harmonisierung allerdings voraus, indem er die Geltung einer abweichenden Regelung nach Landesrecht auch für die gerichtlichen Verfahren nach dem BDG zugrunde legt.

Diese Harmonisierungstendenz mag oberflächlich gesehen sinnvoll und für die Länder effektiv sein. Sie ist jedoch insofern kritisch zu würdigen, als nicht die Beamten des Landes mit denen des Bundes zu vergleichen sind. Ziel eines **Bundes**disziplinargesetzes hat vielmehr die **Gleichbehandlung der Bundesbeamten** untereinander zu sein. Der Beamte im Bundespolizeidienst in München wird sich nicht mit den Polizeibeamten Bayerns vergleichen, sondern mit seinen Bundespolizei-Kollegen in Hamburg, Köln oder Berlin. Zudem steht diese Regelung im Widerstreit zum Grundanliegen der Reform, »notwendigen, rechtsstaatlichen Standard des üblichen Verwaltungsprozesses zu gewährleisten« (Amtliche Begründung zu § 44 BDG, BT-Drs. 14/4659 v. 16.11.2000, S. 33). Hier wird sich zeigen müssen, ob diese Vorschrift verfassungsrechtlich haltbar ist.

Gem. **§ 66 ZDG** nimmt statt des Beamtenbeisitzers ein **Zivildienstleistender als Beisitzer** an der Beratung und Beschlussfassung teil. Da eine mündliche Verhandlung nicht zwingend vorgeschrieben ist und in der Regel nicht angeordnet wird, träte durch die entsprechend anwendbare Regelung des § 46 Abs. 1 Satz 2 BDG die merkwürdige Konsequenz ein, dass aufgrund der Beschlussfassung außerhalb der mündlichen Verhandlung **keine Beisitzer** teilnehmen, obwohl das ZDG dies ausdrücklich vorsieht. Die Lösung liegt in § 66 Abs. 3 Satz 4, 2. Halbsatz ZDG, wonach der Verweis auf das BDG nur gilt, wenn dieses nicht in Widerspruch zum ZDG steht. Da aus § 66 ZDG eindeutig der Wille des Gesetzgebers abzulesen ist, einen Zivildienstleistenden als Beisitzer an der Beschlussfassung teilnehmen zu lassen, liegt hier ein Widerspruch vor, der insoweit die Geltung des BDG zurückdrängt, so dass das Gericht in diesen Fällen in der Kammerbesetzung zu entscheiden hat. Andernfalls wäre die Bestellung der Beisitzer durch das Bundesministerium der Justiz auf Vorschlag des Bundesministeriums für Familie, Senioren, Frauen und Jugend nahezu überflüssig. Das BDiG hat praktisch nie in Fällen von Dienstvergehen von Zivildienstleistenden mündlich verhandelt.

Derzeit haben folgende Länder eine von § 46 Abs. 1 abweichende Kammerbesetzung:

– Baden-Württemberg: zwei Lebenszeitrichter, ein Beamtenbeisitzer (§ 44 Abs. 1 LDO)

§ 47 BDG

- Bayern: ein Lebenszeitrichter, zwei Beamtenbeisitzer (Art. 43 BayDG)
- Mecklenburg-Vorpommern: ein Lebenszeitrichter, zwei Beamtenbeisitzer (§ 44 LDG)
- Niedersachsen: zwei Lebenszeitrichter, ein Beamtenbeisitzer (§ 42 NDiszG)
- Nordrhein-Westfalen: zwei Lebenszeitrichter, ein Beamtenbeisitzer (bei beschuldigten Beamtinnen soll eine Beisitzerin an der Sitzung teilnehmen, § 47 LDG NRW)
- Sachsen: ein Lebenszeitrichter, zwei Beamtenbeisitzer (§ 37 Abs. 2 SächsDO, zukünftig § 46 SächsDG)

In Berlin (§ 41 BlnLDG), Brandenburg (§ 46 Abs. 1 LDG), Bremen (§ 45 BremDG), Hamburg (§ 45 HmbDG, § 1 Abs. 3 AGBDG), Hessen (§ 51 HDG), Rheinland-Pfalz (§ 54 LDG), Saarland (§ 46 SDG), Sachsen-Anhalt (§ 46 DG LSA), Schleswig-Holstein § 41 LDG SH) und Thüringen (§ 46 ThürDG) ist die Besetzung der Kammer vergleichbar zum BDG geregelt.

§ 47 Beamtenbeisitzer

(1) Die Beamtenbeisitzer müssen auf Lebenszeit ernannte Beamte im Bundesdienst sein und bei ihrer Auswahl oder Bestellung ihren dienstlichen Wohnsitz (§ 15 des Bundesbesoldungsgesetzes) im Bezirk des zuständigen Verwaltungsgerichts haben. Ist einem Verwaltungsgericht die Zuständigkeit für die Bezirke mehrerer Verwaltungsgerichte übertragen, müssen die Beamtenbeisitzer ihren dienstlichen Wohnsitz in einem dieser Bezirke haben.
(2) Die §§ 20 bis 29 und 34 sind vorbehaltlich des § 50 Abs. 3 der Verwaltungsgerichtsordnung auf die Beamtenbeisitzer nicht anzuwenden.
(3) Das Verfahren zur Auswahl oder Bestellung der Beamtenbeisitzer bestimmt sich nach Landesrecht.

Amtliche Begründung: Mit den Änderungen in den Absätzen 1 und 3 wird, wie ursprünglich beabsichtigt, den Ländern weitestgehender Raum für landesrechtliche Bestellungsverfahren eröffnet. Neben der Möglichkeit, die Beamtenbeisitzerinnen und Beamtenbeisitzer durch Wahl zu bestimmen, können auch andere Möglichkeiten wie das Lost- oder Bestellungsverfahren in Betracht kommen. Durch die Neufassung des Absatzes 2 wird klargestellt, dass – auch – die Anwendung der §§ 25 und 26 VwGO ausgeschlossen ist. Damit wird ein redaktionelles Versehen behoben. Zugleich wird klargestellt, dass § 24 Abs. 3 VwGO entsprechend anwendbar ist. Der Verweis auf § 30 Abs. 1 Satz 2 VwGO entfällt, weil diese Vorschrift zum 1. Januar 2005 weggefallen ist.

1 Die Vorschrift regelt die Voraussetzungen zur Wahl der Beamtenbeisitzer. Auch nach neuem Recht sind die ehrenamtlichen Richter in Bundesdisziplinarverfahren Bundesbeamte, um die Erfahrungen dieser Beisitzer für die Disziplinar-Rspr. nutzbar zu machen. Sie werden nunmehr gewählt und nicht mehr ausgelost. Nach der Neuregelung des Dienstrechtsneuordnungsgesetzes bestimmt sich Wahl oder Bestimmung der Beamtenbeisitzer nach Landesrecht.

2 **Abs. 1** bestimmt übereinstimmend zur früheren Rechtslage, dass die Beamtenbeisitzer auf Lebenszeit ernannte Bundesbeamte (§ 6 Abs. 2 BBG) sein müssen und ihren dienstlichen Wohnsitz im Bezirk des Verwaltungsgerichtes haben müssen, für das sie ihr Amt als Beisitzer ausüben sollen. Der Begriff »Beamter« ist rein statusrechtlich zu betrachten. Zugelassen sind daher auch beurlaubte

§ 47 BDG

Beamte und auch solche, die der Deutschen Bahn AG zugewiesen sind (Art. 2 Eisenbahn-NeuordnungsG § 12 Deutsche Bahn GründungsG). Ausgeschlossen sind jedoch Ruhestandsbeamte.

Ist ein Verwaltungsgericht allein für die Bezirke mehrerer Verwaltungsgerichte zuständig – wie etwa in Rheinland-Pfalz –, so muss der dienstliche Wohnsitz in einem dieser Bezirke liegen, Abs. 1 Satz 2. Zum Begriff des dienstlichen Wohnsitzes verweist die Vorschrift auf § 15 BBesG. Dieser Verweis klärt allerdings nicht alle Zweifelsfragen, insbes. nicht für die Beamten bei den privatisierten Bundesunternehmen Bahn und Post, vgl. dazu § 45 Rn. 4. 3

Das BDG trifft keine eigene – mit dem früheren § 49 BDO vergleichbare – Regelung über die Wahl der Beamtenbeisitzer mehr. Hintergrund ist wohl, dass der Bundestag das vom Bundesrat reklamierte Zustimmungsbedürfnis vermeiden wollte. Im Entwurf sah § 47 Abs. 2 noch eine Regelung für die Erstellung der Vorschlagslisten dahingehend vor, dass die nach Landesrecht zuständige Behörde auf Vorschlag der obersten Bundesbehörden und der Spitzenorganisationen der Gewerkschaften Vorschlagslisten aufstellte. Diese Norm ist ersatzlos entfallen. Gem. **Abs. 3** bestimmt sich das **Verfahren zur Wahl** der Beamtenbeisitzer vielmehr nach dem jeweiligen Landesrecht. Hierbei bleibt unklar, ob die Landesdisziplinargesetze oder die Ausführungsgesetze zur VwGO und diese selbst gemeint sind. Es kann nur vermutet werden, dass die Disziplinargesetze der Länder in Bezug genommen sein sollen, um das Zustimmungserfordernis des Bundesrates zu umgehen (vgl. Rn. 7). Dieser Bezug gilt jedoch nur für das Wahlverfahren, also vor allem die Erstellung der Vorschlagslisten, aus denen die Beamtenbeisitzer zu wählen sind. **Abs. 2 nimmt** die Vorschriften der VwGO über ehrenamtliche Richter im Wesentlichen von der Geltung für Beamtenbeisitzer **aus**. Die **§§ 20 bis 29 und 34** treffen Bestimmungen über die Voraussetzungen zur Wahl zum ehrenamtlichen Richter und der Ausübung des Amtes entgegenstehende Gründe. Diesen Komplex regelt das BDG eigenständig in den §§ 47 bis 51. Sonst könnten etwa nach § 22 Satz 3 VwGO gerade Beamte nicht Beisitzer sein. Geltung haben aber die Vorschriften der VwGO über die Wahlperiode, den Wahlausschuss und die Wahl selbst (§ 3 i.V.m. § 30 Abs. 1 Satz 1 und Abs. 2 VwGO). Für die Auswahl oder Bestimmung liegt hierzu eine Vorschlagsliste vor. Für das Disziplinarverfahren bedeutet dies nach § 46 Abs. 1 Satz 3, dass aus Vorschlagslisten getrennt nach Verwaltungszweigen und Laufbahngruppen auszuwählen ist. Hierzu treffen weder BDG noch VwGO eine ausdrückliche Regelung. Das BDiG hatte zuletzt vier Verwaltungszweige benannt, nämlich Bahn, Post, Finanzen und Allgemeine Verwaltung. Eine weitere Aufsplitterung dürfte wegen der Fallzahlen in den jeweiligen Bereichen nicht praktikabel sein. Eine solche Einteilung empfiehlt sich auch für die Wahl der Beamtenbeisitzer nach neuem Recht. Innerhalb dieser Verwaltungszweige sind ehrenamtliche Richter jeweils für den einfachen, den mittleren, den gehobenen und den höheren Dienst zu wählen. 4

Bei vorübergehender, unvorhergesehener **Verhinderung von Beamtenbeisitzern** ist auf Ersatzbeisitzer zurückzugreifen, die vorher getrennt zu wählen und in Ersatzlisten einzutragen sind. Als Beispiel für vorübergehende Verhinderung kommen in Frage erfolgreiche Ablehnung des Beisitzers, Krankheit, Urlaubsabwesenheit usw. Normale dienstliche Belastung im Hauptamt ist kein Hinderungsgrund, dagegen ausnahmsweise Sonderfälle wie Auslandsdienstreise, nicht verschiebbare dienstliche Konferenzen/Tagungen zwischen verschiedenen Behörden usw. Die erforderliche Dienstzeit ist den Beisitzern von 5

§ 47 BDG

ihrer Behörde zur Verfügung zu stellen; dies gilt auch für die Beteiligung an einem Beschluss im Umlaufweg. Bei dauernder Verhinderung des Beisitzers, d. h. längerer Krankheit, Tod, Ruhen oder Erlöschen des Beisitzeramtes nach §§ 49, 50, nach dem Verlust der Beamtenrechte usw., kommt die Heranziehung eines Ersatzbeisitzers nicht in Betracht; hier folgt vielmehr der nach der Hauptliste folgende nächste Beisitzer. Die jeweilige Verhinderung ist vom Vorsitzenden festzustellen (vgl. hierzu BVerwG, NJW 1962, 268).

6 Über die Zahl der auszuwählenden Beamtenbeisitzer trifft das BDG ebenfalls keine Aussage. § 27 VwGO, der dies für die allgemeinen Verwaltungsgerichtsverfahren regelt, wurde unverständlicherweise nach Abs. 2 abbedungen. Sinnvollerweise kann nur das Verwaltungsgericht selbst seinen Bedarf anmelden, hierbei vertreten durch den Präsidenten nach Information des Disziplinarkammervorsitzenden. Nur das Gericht selbst kennt aus nächster Nähe die Zahl der bei ihm anhängigen Verfahren und somit den Bedarf an Beamtenbeisitzern (vgl. die AGBDG der Länder, Rn. 13).

7 § 28 VwGO, der in der Tat nicht ganz passt, gilt ebenfalls nicht, ohne dass eine eigene Regelung getroffen worden wäre. Die Amtliche Begründung führt aus, dass statt der Kreise und kreisfreien Städte die im jeweiligen Bundesland zuständige Behörde die Listen erstellen soll. Dies ist aus dem BDiszNOG nicht ersichtlich, zumal nach der VwGO in den Ländern gerade die Kreise und kreisfreien Städte hierfür zuständig sind, die wiederum keine Bundesbeamten beschäftigen. Deren Zuständigkeit widerspräche zudem dem Umstand, dass die ursprünglich in § 47 Abs. 2 des Entwurfs vorgesehene Zuständigkeit der Länderbehörden wegen des Zustimmungserfordernisses der Länder gerade nicht Gesetz wurde (s. Rn. 4). Auf diese sowie die weitere völlig offen gelassene Frage, wer die erforderlichen Vorschlagslisten erstellt, haben die **Länder** überwiegend durch Erlass eigener **Ausführungsgesetze zum BDG** reagiert. Diese sind in den Ländern stark heterogen und weichen insbesondere von den Regeln des BDG (etwa zu der Bestimmung einer Wahl oder zur Laufzeit der Wahl) ab. Auch ist zu beachten, dass die Landesbehörden keine Bundesbeamten haben. Sie werden auf die Zusammenarbeit mit den Bundesbehörden angewiesen sein, was das BDG nach seinem Wortlaut nicht abdeckt. Die Länder, die Ausführungsgesetze erlassen haben, haben in der Regel das **Vorschlagsrecht der obersten Bundeshörden und der Spitzenorganisationen der Gewerkschaften** beibehalten. Gerade die Divergenzen zwischen VwGO und AGVwGO einerseits und LDG bzw. AGBDG andererseits stellen eine äußerst unklare Gesetzesregelung dar. Damit ist ein Verstoß gegen das Recht auf den gesetzlichen Richter nicht ganz ausgeschlossen, wenn die Beamtenbeisitzer fehlerhaft ausgewählt werden. Bedenklich erscheinen alle Landesregelungen, die keine Wahl der Beamtenbeisitzer vorsehen (etwa AGBDG Saarland), die Zeit der Wahl abweichend regeln (etwa § 43 LDG-SH: 5 Jahre) oder Vorschriften der VwGO für anwendbar erklären, die das BDG ausdrücklich ausgeschlossen hat (§ 2 Abs. 1 Satz 2 HambAGBDG). Auch ist der Verweis in Abs. 3 möglicherweise ein Verstoß gegen das Zustimmungsrecht des Bundesrates, der ausweislich der Eingangsformel nicht zugestimmt hat, obwohl er in seiner Stellungnahme vom 29. 9. 2000 (BR-Drs. 467/00) dies beanspruchte.

8 Scheiden Beamtenbeisitzer nach § 50 aus dem Beisitzeramt aus, müssen die Vorschlagslisten berichtigt werden. Da die Aufstellung der »Vorschlagsliste« in der Kompetenz der jeweiligen Behörde nach den AGBDG liegt (s. o.), kann auch nur sie außerhalb der vom Gesetz geregelten Erlöschensgründe (§ 50) über

§ 47 BDG

die Streichung oder Hinzufügung in den Vorschlagslisten entscheiden. Für die Streichung in der gerichtlichen »Wahlliste« (§ 47) ist allein der Senats- bzw. Kammervorsitzende zuständig, in dessen Spruchkörper der Beisitzer im laufenden Geschäftsjahr gewählt ist. Kommt es zu einer Streichung in der Wahlliste, so ist zugleich die Streichung auch in der Vorschlagsliste durch den anordnenden Vorsitzenden zu veranlassen. Verfügt der Vorsitzende in seiner Zuständigkeit die Streichung in Wahl- und Vorschlagslisten, so hat er die zuständige Behörde davon zu verständigen, damit die dortigen Listen berichtigt werden können. Wegen der Gründe, die eine Streichung rechtfertigen, vgl. Erl. zu § 50.

Bei der **Heranziehung** ist die vom Präsidium des VG vor Beginn des Geschäftsjahres bestimmte Reihenfolge einzuhalten (§ 30 Abs. 1 Satz 1 VwGO). Beim VG soll einer der Beisitzer der Laufbahngruppe und möglichst dem Verwaltungszweig der Beschuldigten angehören. Dem Gesetz entspricht es am ehesten, für jede anstehende Verhandlung den passenden Laufbahnbeisitzer heranzuziehen. So handhabe dies bisher auch das BDiG. Da aber der Begriff der »Sitzungsdauer« im Gesetz nicht geregelt ist, kann die Heranziehung nur eines Laufbahnbeisitzers für den ganzen Sitzungstag und auch für Beschuldigte aus anderen Verwaltungszweigen und Laufbahngruppen als zulässig gelten. Nur bei Vorliegen sachfremder Erwägungen bei der Beisitzerbestellung kann hier etwas anderes gelten und ein Verfahrensmangel vorliegen (BVerwG v. 11.12.1976 – 1 DB 1.76). Bei der Fortsetzung einer unterbrochenen Hauptverhandlung muss die Richterbank mit denselben Richtern, d. h. auch Beisitzern, besetzt sein, nicht jedoch bei einer Vertagung (BDH, Dok. Ber. S. 3631; BVerwGE 33, 312). Ist die Liste erschöpft, so beginnt die Heranziehung wieder von vorne. 9

Ebenfalls Geltung für die Beamtenbeisitzer haben die §§ 32 und 33 VwGO über die Sitzungsentschädigung und Ordnungsgelder im Falle unentschuldigten Fernbleibens. Der DB-AG zugewiesenen Beamten können als Beamtenbeisitzer nicht die monatlichen Dienstbezüge für die Dauer der Teilnahme an Sitzungen des Gerichts gekürzt werden. Für beurlaubte Beamte, die als Angestellte bei den privatisierten Unternehmen oder deren Töchtern tätig sind, ist dies allerdings der Fall, so dass ihnen **Verdienstausfall** zu zahlen ist (§ 2 EhrRiEG). 10

Den Beamten muss vom Hauptamt Dienstbefreiung gewährt werden, da das Richteramt vorgeht. Die Wahrnehmung des Beisitzeramtes (Nebenamt) ist beamtenrechtliche Dienstpflicht. Für die Pflichten der Beamtenbeisitzer gilt dasselbe wie für die hauptamtlichen Richter (z. B. Beratungsgeheimnis nach § 43 DRiG). 11

Die Beamtenbeisitzer sind vor ihrer ersten richterlichen Dienstleistung in öffentlicher Sitzung des Gerichts durch den Vorsitzenden zu vereidigen (§ 45 Abs. 2 DRiG). Sind Beamtenbeisitzer durchgehend gewählt, so sind sie (unabhängig von der weiteren Heranziehung) durchgehend im Richteramt. Mit Beginn der neuen Wahlperiode sind sie allerdings neu zu vereidigen. 12

Das Verfahren nach Landesrecht ist wie folgt derzeit geregelt: 13
– Baden-Württemberg: AGBDG v. 23.4.2002 (GBl. Nr. 5, S. 178), geändert 19.12.2005 (GBl. S. 803)
– Bayern: AGBDG v. 2.1.2002 (GVBl. 2), geändert 24.12.2005 (GVBl. 665)
– Berlin: Gesetz zur Wahl der Beamtenbeisitzer und zur Besetzung der Spruchkörper in der Disziplinargerichtsbarkeit v. 8.10.2001 (GVBl. S. 532)
– Brandenburg: BbgAGBDG v. 13.3.2002 (GVBl. I Nr. 3, S. 26), geändert 29.6.2004 (GVBl. I, S. 281)

§ 48 BDG

- Bremen: AGBDG-ZDG v. 4. 12. 2001 (GBl. S. 408)
- Hamburg: AGBDG v. 4. 12. 2001 (GVBl. S. 457)
- Hessen: § 6b AGVwGO i.d.F. v. 21. 7. 2006 (GVBl. I S. 384, 420)
- Mecklenburg-Vorpommern: BDGAG M-V v. 5. 7. 2002 (GVBl. S. 439)
- Niedersachen: NdsAGBDG v. 14. 12. 2001 (GVBl. S. 755), geändert 13. 10. 2005 (GVBl. S. 296)
- Nordrhein-Westfalen: AGBDG v. 5. 3. 2002 (GVBl. S. 101), geändert 5. 4. 2005 (GVBl. S. 351)
- Rheinland-Pfalz: § 21 Landesgesetz zur Ausf. der VwGO, zuletzt geändert 21. 7. 2003 (GVBl. S. 212)
- Saarland: AGBDG v. 20. 3. 2002 (AmtsBl. 2002, S. 931), geändert 13. 12. 2005 (ABl. S. 2010)
- Sachsen: § 38 a SächsDO i. d. F. v. 13. 11. 2001 (GVBl. Nr. 15, S. 693), zuletzt geändert 25. 8. 2003 (GVBl. S. 330, 341), zukünftig § 48 SächsDG
- Sachsen-Anhalt: § 7 a AGVwGO-BDG LSA, eingefügt durch Art. 3 Abs. 5 des 4. Rechtsbereinigungsgesetzes v. 19. 3. 2002 (GVBl. S. 130), geändert 16. 7. 2003 (GVBl. S. 158) und 18. 11. 2005 (GVBl. S. 698)
- Schleswig-Holstein: § 43 Abs. 6 LDG-SH
- Thüringen: AGBDG v. 29. 1. 2002 (GVBl. S. 150)

§ 48 Ausschluss von der Ausübung des Richteramts

(1) Ein Richter oder Beamtenbeisitzer ist von der Ausübung des Richteramts kraft Gesetzes ausgeschlossen, wenn er
1. durch das Dienstvergehen verletzt ist,
2. Ehegatte, Lebenspartner oder gesetzlicher Vertreter des Beamten oder des Verletzten ist oder war,
3. mit dem Beamten oder dem Verletzten in gerader Linie verwandt oder verschwägert oder in der Seitenlinie bis zum dritten Grad verwandt oder bis zum zweiten Grad verschwägert ist oder war,
4. in dem Disziplinarverfahren gegen den Beamten tätig war oder als Zeuge gehört wurde oder als Sachverständiger ein Gutachten erstattet hat,
5. in einem wegen desselben Sachverhalts eingeleiteten Straf- oder Bußgeldverfahren gegen den Beamten beteiligt war,
6. Dienstvorgesetzter des Beamten ist oder war oder bei einem Dienstvorgesetzten des Beamten mit der Bearbeitung von Personalangelegenheiten des Beamten befasst ist oder
7. als Mitglied einer Personalvertretung in dem Disziplinarverfahren gegen den Beamten mitgewirkt hat.
(2) Ein Beamtenbeisitzer ist auch ausgeschlossen, wenn er der Dienststelle des Beamten angehört.

1   Die Vorschrift übernimmt nahezu wörtlich die Regelung des § 51 BDO. Sie zählt **erschöpfend** die Gründe auf, die von der **Ausübung des Richteramtes ausschließen** (BVerwGE 46, 96). Sie gilt für alle Verfahrensarten und -abschnitte sowohl für Berufs- wie ehrenamtliche Richter und Richterinnen. Sie ist zwingend, ihre Nichtbeachtung stellt einen schweren, nicht mehr heilbaren Verfahrensmangel dar, allerdings bleibt eine gleichwohl getroffene Entscheidung wirksam, wenn sie nicht angefochten oder im Wiederaufnahmeverfahren geändert wird. Auch im Wiederaufnahmeverfahren gilt § 48 i.V. m. § 73 Abs. 2.

§ 48 BDG

Ausgeschlossen ist nach **Satz 1 Nr. 1** der Richter oder Beamtenbeisitzer, der 2
durch das **Dienstvergehen** verletzt ist. Verletzt ist nur der vom **Dienstvergehen konkret Betroffene**. Es genügen also nicht Handlungen außerhalb des Bereichs des vorgeworfenen Dienstvergehens, etwa Äußerungen im Verfahren oder nicht in den Vorwurf aufgenommene Straftaten.

Nach **Satz 1 Nr. 2** sind Ehegatten, Lebenspartner und gesetzliche Vertreter des 3
beschuldigten Beamten oder des Verletzten ausgeschlossen. Gesetzliche Vertreter sind dabei z. B. Eltern Minderjähriger, Vormünder o. Ä.

Satz 1 Nr. 3 schließt vom Richteramt aus diejenigen, die mit dem Beamten oder 4
Verletzten in gerader Linie **verwandt** oder **verschwägert**, in der Seitenlinie bis zum dritten Grade verwandt oder bis zum 2. Grade verschwägert sind oder waren (vgl. hierzu §§ 1589, 1590 BGB).

Nach **Nr. 4** ist ausgeschlossen, wer im **Disziplinarverfahren** tätig war, und zwar 5
als Ermittlungsführer oder sonstige, an der Sachverhaltsaufklärung beteiligte Person. Voraussetzung ist, dass der Betroffene tatsächlich im Disziplinarverfahren gegen den Beamten tätig geworden ist. Es kommt dabei entscheidend auf das **Tätigwerden im Disziplinarverfahren** an, die Bestimmung bezieht sich nicht auf frühere richterliche Tätigkeiten (BVerwGE 63, 263). Die bloße Weiterleitung von Anträgen ist danach nicht als Ausschließungsgrund anzusehen (BVerwG, Dok. Ber. 1990, 335). Die Rspr. des BVerwG zeigt deutlich die Tendenz, die Ausschließungsgründe eng zu fassen und im Zweifel lediglich einen Ablehnungsgrund anzunehmen. Allerdings sind Richter, die bei einer durch Rechtsmittel angefochtenen oder durch Wiederaufnahme zu wiederholenden Entscheidung mitgewirkt haben, von der Mitwirkung an der Entscheidung in einem höheren Rechtszug kraft Gesetzes ausgeschlossen (§§ 54 VwGO, 41 Nr. 6 ZPO i.V. m. § 3 BDG).

Nach **Nr. 5** ist ausgeschlossen der Richter oder Beisitzer, der in einem **sach-** 6
gleichen Strafverfahren oder Bußgeldverfahren gegen den Beamten **beteiligt** war. Hier wird Sachverhaltsidentität bei wenigstens einer der angeschuldigten Handlungen gefordert. Bei der starken Bindung des Disziplinarverfahrens an das sachgleiche Strafverfahren wegen §§ 23, 57 BDG ist es notwendig, die Ausschließung auch an eine Beteiligung im meist vorausgegangenen Strafverfahren, sei es als Richter, Staatsanwalt, Vollzugsorgan, Anzeigeerstatter, Privat- oder Nebenkläger, zu knüpfen.

Nr. 6 schließt **Dienstvorgesetzte** (vgl. §§ 17, 18, 33, § 3 Abs. 2 BBG) aus; ebenso 7
diejenigen, die bei dem Dienstvorgesetzten mit der **Bearbeitung von Personalangelegenheiten** befasst sind. Hierzu gehören nicht bloße Registrier- oder Schreibkräfte. Es genügt, dass ein Betroffener allgemein mit Personalangelegenheiten dieser Beamtengruppe befasst ist, es muss sich nicht um die des Beamten selbst handeln (BDiG, ZBR 1984, 313). Nicht mit Personalangelegenheiten befasst ist der Besoldungsreferent (BVerwGE 63, 261).

Der Ausschließungsgrund der **Nr. 7** richtet sich gegen Mitglieder der **Personal-** 8
vertretung, die im Disziplinarverfahren gegen den Beamten nach Maßgabe der Bestimmung des § 78 BPersVG mitgewirkt haben. Dieser Ablehnungsgrund ist sehr häufig bei gewerkschaftlichen Beisitzern, die auch Funktionen in Personalvertretungen ausüben. Durch die Bestimmung werden gelegentlich geeignete und von den Gewerkschaften vorgeschlagene Beisitzer tangiert. Der Gesetzeswortlaut ist aber eindeutig und lässt keine Ausnahmen zu.

Dienststelle im Sinne von Abs. 2 ist die **kleinste** organisatorisch abgrenzbare 9
Verwaltungseinheit mit einem örtlich und sachlich bestimmten Aufgabengebiet (vgl. § 45 Rn. 5-7. Was das BDG unter Dienststelle versteht, ist zwar in § 48

Abs. 2 nicht klar festgelegt. Erkennbar ist aber der Wille des Gesetzgebers, zu verhindern, dass das Disziplinarverfahren durch Beziehungen persönlicher Art beeinflusst wird. Deshalb darf der Begriff der Dienststelle nicht zu eng ausgelegt werden, vielmehr muss auf die tatsächliche Nähe der Zusammenarbeit (und damit Befangenheit) abgestellt werden.

10 **Neben** den im § 48 aufgezählten Ausschließungsgründen ist als weiterer Ausschließungsgrund die **Besorgnis der Befangenheit** gegeben (vgl. § 54 VwGO). Hiernach kommt eine Ablehnung in Betracht, wenn das Verhalten eines Richters geeignet ist, bei einem unbefangenen Verfahrensbeteiligten Misstrauen gegen die Unparteilichkeit zu rechtfertigen. Es muss vom Standpunkt des Ablehnenden aus ein auf Tatsachen beruhender, vernünftiger Grund für dieses Misstrauen vorliegen (BDHE 6, 47). **Ablehnungsgründe** können danach sein: enge persönliche Bindungen mit einem Verfahrensbeteiligten, ein besonderes rechtliches oder wirtschaftliches Interesse am Ausgang des Verfahrens, unangebrachte, unsachgemäße, z. B. gehässige Bemerkungen während des Verfahrens, Aussagen, die erkennen lassen, dass ein Richter von einer Verurteilung ausgeht, obwohl die Beweisgrundlage unsicher ist, Einflussnahme auf das Verhalten von Zeugen (vgl. hierzu Claussen/Janzen, § 51 BDO Rn. 9 b). **Keine** Ablehnungsgründe sind Zugehörigkeit eines Richters zu einer Berufsvereinigung, Gewerkschaft, Partei oder Konfession, Herausstellen einer dem beschuldigten Beamten ungünstigen Rechtsauffassung entweder in der Verhandlung oder auch in einer wissenschaftlichen Veröffentlichung. Auch die in einer Vorentscheidung, etwa nach § 63, vertretene Ansicht des Richters, der Beamte sei überführt, ist kein Ablehnungsgrund (BGH, DRiZ 62, 121). Auch die Empfehlung, ein Rechtsmittel zurückzunehmen, gibt keinen Ablehnungsgrund, da eine solche Äußerung eines Richters durchaus sachbezogen sein kann (BGHSt 1, 34). Auch Verfahrensfehler allein sind keine Ablehnungsgründe, soweit nicht aus ihnen zusätzliche Befangenheit in der Sache hervorgeht, auch die von Beschuldigten provozierte Spannung mit Richtern bewirkt allein nicht deren Befangenheit (vgl. im Übrigen Rspr. zu §§ 24 ff. StPO).

11 Das Ablehnungsgesuch eines Verfahrensbeteiligten (oberste Dienstbehörde oder Dienstvorgesetzte i. S. d. §§ 34, 84 BDG, beschuldigte Beamte oder Verteidiger) richtet sich verfahrensrechtlich mangels eigener Regelung im BDG nach der VwGO, § 3. Im Einzelnen wird insoweit auf die Kommentare zur VwGO verwiesen, etwa Redeker/v. Oertzen, § 54 Rn. 13 ff.

§ 49 Nichtheranziehung eines Beamtenbeisitzers

Ein Beamtenbeisitzer, gegen den Disziplinarklage oder wegen einer vorsätzlich begangenen Straftat die öffentliche Klage erhoben oder der Erlass eines Strafbefehls beantragt oder dem die Führung seiner Dienstgeschäfte verboten worden ist, darf während dieser Verfahren oder für die Dauer des Verbots zur Ausübung seines Amts nicht herangezogen werden.

1 § 49 stimmt inhaltlich weitgehend mit dem früheren § 53 BDO überein. Die Bestimmung stellt klar, dass sie sich nur auf ehrenamtliche Richter bezieht. Berufsrichtern kann die Führung der Amtsgeschäfte nur unter den Voraussetzungen des § 35 DRiG entzogen werden.

2 Beisitzer **sind nicht zur Amtsausübung heranzuziehen**, wenn eine der drei folgenden Voraussetzungen gegeben ist: **Erhebung der Disziplinarklage** (vgl.

§ 34), entscheidender Zeitpunkt ist hier die Zustellung der Klageschrift; **Erhebung der öffentlichen Klage oder Beantragung des Erlasses eines Strafbefehls** (während nach § 53 BDO weitergehend schon die Einleitung eines Strafverfahrens die Sperrwirkung nach sich zog, kann ein Beisitzer nunmehr während des Laufes des strafrechtlichen Ermittlungsverfahrens weiter sein Amt ausüben); **Verbot der Führung der Dienstgeschäfte** nach § 60 Abs. 1 BBG. Das Heranziehungsverbot des § 50 stellt für die Dauer seiner Wirksamkeit einen **gesetzlichen Ausschließungsgrund dar.**

§ 50 Entbindung vom Amt des Beamtenbeisitzers

(1) Der Beamtenbeisitzer ist von seinem Amt zu entbinden, wenn
1. er im Strafverfahren rechtskräftig zu einer Freiheitsstrafe verurteilt worden ist,
2. im Disziplinarverfahren gegen ihn unanfechtbar eine Disziplinarmaßnahme mit Ausnahme eines Verweises ausgesprochen worden ist,
3. er in ein Amt außerhalb der Bezirke, für die das Gericht zuständig ist, versetzt wird oder
4. das Beamtenverhältnis endet oder
5. die Voraussetzungen für das Amt des Beamtenbeisitzers nach § 47 Abs. 1 bei ihrer Auswahl oder Bestellung nicht vorlagen.

(2) In besonderen Härtefällen kann der Beamtenbeisitzer auch auf Antrag von der weiteren Ausübung des Amts entbunden werden.

(3) Für die Entscheidung gilt § 24 Abs. 3 der Verwaltungsgerichtsordnung entsprechend.

Amtliche Begründung: Die Ergänzung in Absatz 1 Nr. 5 eröffnet die Möglichkeit, Beamtenbeisitzerinnen und Beamtenbeisitzer auch dann abzuberufen, wenn die Voraussetzungen für eine Bestellung bei der Auswahl oder der Bestellung nicht vorlagen. Bislang war das explizit nur für die Fälle des nachträglichen Wegfalls der Voraussetzungen für die Bestellung vorgesehen. Die Ergänzung in Absatz 3 dient der Klarstellung.

Die Vorschrift übernimmt im Wesentlichen inhaltlich den ehemaligen § 54 BDO. Während nach früherer Regelung das Amt des Beamtenbeisitzers kraft Gesetz erlosch, muss nunmehr der Beisitzer von seinem Amt entbunden werden. Es wird also zukünftig der Beamtenbeisitzer nicht nur in der Wahl- und Vorschlagsliste gestrichen (§ 47 Rn. 8), sondern zusätzlich durch Rechtsakt ausdrücklich von seinem Amt entbunden werden. **1**

Nach der Entbindung vom Beisitzeramt sind die Betroffenen in der Wahl- wie in der Vorschlagsliste zu streichen (zur Zuständigkeit hierzu vgl. § 47 Rn. 8). **2**

Nach **Abs. 1 Nr. 1** ist der Beamtenbeisitzer von seinem Amt zu entbinden, wenn er im Strafverfahren zu einer Freiheitsstrafe verurteilt wird. Die Verhängung einer Freiheitsstrafe durch Strafbefehl steht der Verurteilung gleich, § 410 Abs. 3 StPO. Die Entbindungspflicht tritt erst mit Rechtskraft der Verurteilung oder des Strafbefehls ein. **3**

Nach **Abs. 1 Nr. 2** hat auch die Verhängung mindestens einer Geldbuße oder einer schwereren Maßnahme (vgl. § 5) im gerichtlichen Disziplinarverfahren die Wirkung der Pflicht zur Entbindung vom Beisitzeramt. Bei der Verhängung einer Geldbuße oder einer Kürzung der Dienstbezüge ist gleichgültig, ob diese im Disziplinarverfahren oder durch Disziplinarverfügung auferlegt wird. Die **4**

§ 50 BDG

Pflicht zur Entbindung tritt erst mit der Unanfechtbarkeit der jeweiligen Disziplinarmaßnahme ein.

5 Nach **Abs. 1 Nr. 3** ist auch eine Versetzung zu einem außerhalb des Gerichtsbezirkes gelegenen Amt ein Grund zur Entbindung. Der Beamtenbeisitzer kann der Entbindung dann nicht mehr widersprechen. Mangels entgegenstehender Vorschrift (früher § 54 Abs. 2 BDO) verliert er sein Amt auch, wenn er gerade zu diesem Zweck aus dem Gerichtsbezirk weg versetzt wird. §§ 30 ff. DRiG gelten nicht. Denkbar bleibt allein ein Verstoß gegen Art. 101 Abs. 1 Satz 2 GG – das Gebot des gesetzlichen Richters. Wird allerdings die **gesamte Dienststelle verlegt**, bedeutet dies für den Beamtenbeisitzer **keine Versetzung** i. S. d. Abs. 1 Nr. 3; sein Amt als Beamtenbeisitzer bei der Disziplinarkammer bleibt also erhalten. Scheidet der Laufbahnbeisitzer durch Beförderung aus der Laufbahngruppe aus, für die er vorgeschlagen (und ausgelost) war, so erlischt wegen der ausdrücklichen Einschränkung des § 50 Abs. 1 Nr. 4 das Beisitzeramt nicht. Er verbleibt deshalb nicht nur für den Rest des Auslosungsjahres im Amt, sondern auch für den Rest des Vorschlagszeitraums in den Vorschlagslisten und ist bei künftigen Auslosungen in der bisherigen Laufbahngruppe zu berücksichtigen (a. A. VGH BW v. 27. 11. 2002 – 1 S 2080/02 entgegen des Wortlauts). Auch der neu eingefügte Abs. 1 Nr. 5 steht nicht entgegen, da in § 47 Abs. 1 nur auf den Beamtenstatus und den dienstlichen Wohnsitz abgestellt wird. Auch hier könnte eine Listenberichtigung für die Zukunft nur die nach §§ 47 BDG, 26 VwGO zuständige Behörde (§ 47 Abs. 1) in der Vorschlagsliste vornehmen.

6 Nach **Abs. 1 Nr. 4** hat die Entbindung vom Amt zu erfolgen, wenn der Beamtenbeisitzer auf andere Weise aus dem Beamtenverhältnis ausscheidet. Hier kommen vor allem die in § 6 Abs. 3 und Abs. 4 BBG aufgeführten Beendigungsgründe des Beamtenverhältnisses, wie Entlassung kraft Gesetzes oder auf Antrag, Eintritt in den Ruhestand, in Betracht. Beisitzer, die ihre **Altersteilzeit** im so genannten »**Blockmodell**« vollziehen, also eine Ermäßigung ihrer Arbeitszeit so legen, dass sie die halbe Laufzeit voll arbeiten und die zweite Hälfte freigestellt sind, verlieren ihr Beisitzeramt in der Freistellungsphase nicht, weil während dessen das Beamtenverhältnis fortbesteht (anders noch unter § 54 BDO, der an das Hauptamt anknüpfte, das in der Freistellungsphase verloren geht, vgl. VG Ansbach, PersR 2001, 372 für das Amt des Personalrats). Ein ausgeloster rechtskundiger Beisitzer behält das Beisitzeramt auch dann, wenn er zu einem anderen Gericht abgeordnet wird und dort als Richter kraft Auftrags tätig ist. Das Beisitzeramt ruht aber in dieser Zeit, weil es an das Beamtenhauptamt gebunden ist (§§ 47, 50 Abs. 1 Nr. 4) und dies nach §§ 14, 15 DRiG für die Dauer des Richterverhältnisses ruht. Mit dem Beamtenhauptamt ruht auch das damit verbundene Nebenamt des ehrenamtlichen Richters. Eine Heranziehung als Beamtenbeisitzer an den Disziplinarkammern und -senaten ist deshalb solange unzulässig.

7 **Abs. 1 Nr. 5** wurde durch das Dienstrechtsneuordnungsgesetz (DNeuG) eingefügt. Damit reagiert der Gesetzgeber auf die in der 3. Aufl. vertretene Auffassung, dass Beamtenbeisitzer trotz Fehlens der Voraussetzungen nach § 47 Abs. 1 im Amt verbleiben (3. Aufl.: § 50 Rn. 2). Nunmehr ist klargestellt, dass ein Beamtenbeisitzer, der bei Auswahl oder Bestellung nicht die Voraussetzungen des § 47 Abs. 1 erfüllt (auf Lebenszeit ernannter Beamter im Bundesdienst und dienstlicher Wohnsitz im Bezirk des zuständigen Verwaltungsgerichts) vom Amt zu entbinden ist.

8 **Abs. 2** sieht neuerdings eine **Entbindung vom Beamtenbeisitzeramt** in besonderen Härtefällen vor. Der Beamtenbeisitzer muss dafür einen entsprechenden

Antrag stellen. Zuständig für diese Entscheidung ist der Spruchkörper, für den der Beamte als Beisitzer gewählt wurde. Davon unberührt bleibt die Möglichkeit der Behörden, den Beisitzer von der Vorschlagsliste zu nehmen und so die Ausübung des Beisitzeramtes für die Zukunft auszuschließen.

§ 51 Senate für Disziplinarsachen

(1) Für den Senat für Disziplinarsachen des Oberverwaltungsgerichts gelten § 46 Abs. 1 und 3 sowie die §§ 47 bis 50 entsprechend.
(2) Für das Bundesverwaltungsgericht gilt § 48 Abs. 1 entsprechend.

Die Vorschrift erklärt in Abs. 1 die Regeln über die Beamtenbeisitzer bei den Disziplinarkammern der Verwaltungsgerichte entsprechend anwendbar für die Disziplinarsenate der Oberverwaltungsgerichte (§ 45 Satz 2), die ebenfalls mit ehrenamtlichen Richtern entscheiden. Im Einzelnen vgl. dazu §§ 46 bis 50. Nicht übernommen werden § 46 Abs. 2 und 4. Im Berufungsverfahren greift damit keine Übertragung auf den Einzelrichter. Auch kann die Besetzung der Senate nicht durch Landesgesetzgebung abweichend von der Systematik des BDG geregelt werden. **1**

Kapitel 2
Disziplinarverfahren vor dem Verwaltungsgericht

Abschnitt 1
Klageverfahren

§ 52 Klageerhebung, Form und Frist der Klage

(1) Die Disziplinarklage ist schriftlich zu erheben. Die Klageschrift muss den persönlichen und beruflichen Werdegang des Beamten, den bisherigen Gang des Disziplinarverfahrens, die Tatsachen, in denen ein Dienstvergehen gesehen wird, und die anderen Tatsachen und Beweismittel, die für die Entscheidung bedeutsam sind, geordnet darstellen. Liegen die Voraussetzungen des § 23 Abs. 1 vor, kann wegen der Tatsachen, in denen ein Dienstvergehen gesehen wird, auf die bindenden Feststellungen der ihnen zugrunde liegenden Urteile verwiesen werden.
(2) Für die Form und Frist der übrigen Klagen gelten die §§ 74, 75 und 81 der Verwaltungsgerichtsordnung. Der Lauf der Frist des § 75 Satz 2 der Verwaltungsgerichtsordnung ist gehemmt, solange das Disziplinarverfahren nach § 22 ausgesetzt ist.

Die Vorschrift bestimmt Inhalt, Form und Frist der Klagen, die aus Disziplinarverfahren nach § 17 erwachsen. Abs. 1 betrifft die Disziplinarklage des Dienstherrn (§ 34), Abs. 2 dagegen die Klagen der Beamten gegen Entscheidungen des Dienstherrn (§§ 32, 33). **1**

Allgemeines

Abs. 1 entspricht im Wesentlichen der Anschuldigungsschrift nach § 65 BDO und betrifft die schwereren Fälle von Dienstvergehen. Ist ein »Altfall« noch nach der BDO zu beurteilen, kann eine dennoch erhobene Disziplinarklage in **2** eine Anschuldigungsschrift umgedeutet werden, unterliegt aber auch deren Zulässigkeitserfordernissen (BVerwG v. 13.3.2006 – 1 D 3.06: hier fehlende Untersuchung; dazu 2. Aufl. zu § 56 BDO). Die auf Zurückstufung oder Entfernung gerichtete **Disziplinarklage** nach § 34 muss **schriftlich** erhoben werden. Sie stammt vom Dienstherrn, einer Behörde, so dass § 81 Abs. 1 Satz 2 VwGO mit der Möglichkeit der Erklärung zur Niederschrift des Urkundsbeamten der Geschäftsstelle unpassend wäre und nicht gilt. Abs. 1 ist eine zwingende Formvorschrift für eine wirksame Klageerhebung, die einen **bestimmenden** Schriftsatz darstellt. Daher bedarf sie der **Angabe des Absenders,** also der klagenden Dienstbehörde, **sowie der Unterschrift** eines vertretungsbefugten Beamten (vgl. dazu § 34 Rn. 6; BVerwG v. 22.6.2006 – 2 C 11.05 Rn. 13). Der schriftlichen Klageerhebung stehen gleich die Erhebung durch Telegramm, Telebrief, Btx oder Telefax (vgl. dazu insgesamt Redeker/v. Oertzen, § 81 Rn. 3). Auf sie wird es in der Praxis kaum ankommen, da **für die Disziplinarklage in der Regel keine Frist zu beachten ist.** Allerdings gilt weiterhin der Beschleunigungsgrundsatz nach § 4, so dass bei unangemessener Verzögerung der Abwicklung nicht nur Dienstvergehen der Beteiligten, sondern auch Auswirkungen auf das weitere Verfahren und die Maßregelung in Frage kommen (vgl. zu Letzterem A. V. Rn. 128). Eine Ausnahme gilt nach §§ 35, 43, wenn die oberste Dienstbehörde von ihrer Disziplinarbefugnis Gebrauch macht und eine Einstellungs- oder Disziplinarverfügung oder einen Widerspruchsbescheid aufhebt, um eine Maßnahme zu verhängen oder zu verschärfen. Dies ist nur binnen drei Monaten ab Zustellung der Verfügung oder des Widerspruchsbescheides zulässig. Besteht die Verschärfung in der Disziplinarklage nach § 34, muss die Klage fristgerecht bei dem VG eingehen. Ähnliches gilt für die Erhebung der Nachtragsdisziplinarklage gem. § 53 Abs. 2.

3 Die Klagen sind vor dem zuständigen Verwaltungsgericht als 1. Instanz zu erheben, wie sich aus der Stellung der Vorschrift in Teil 4, Kapitel 2: »Disziplinarverfahren vor dem Verwaltungsgericht« ergibt. Ausnahmen bilden nur die Klagen, die den Geschäftsbereich des BND betreffen (vgl. § 45 Rn. 2). Das örtlich zuständige Gericht bestimmt sich nach § 52 Nr. 4 VwGO, sofern keine Sonderregelung im Land getroffen wurde (vgl. § 45 Rn. 4).

4 Die Klage ist **mit dem Zugang** der Klageschrift bei dem VG **erhoben und damit rechtshängig i. S. d. § 90 VwGO.** Das ist in der Regel mit der Aushändigung durch den Postbediensteten, Einlegung in das Postfach oder Nachtbriefkasten der Fall. Der Eintritt der Gerichtshängigkeit ist unabhängig von etwaigen **Mängeln der Klageschrift.** Diese können allenfalls zur Fristsetzung nach § 55 Abs. 3 führen. Auch die Unterzeichnung durch einen nicht zur Unterzeichnung befugten Beamten steht der Gerichtshängigkeit nicht im Weg, soweit der äußere Anschein für die Rechtmäßigkeit spricht und der Dienstherr es sich anrechnen lassen muss, dass der Unterzeichner den Anschein erwecken konnte (vgl. § 55 Rn. 4).

5 Der Dienstherr legt mit der **Klageschrift alle Vorgänge,** auch beigezogene Akten, die der Klageschrift zugrunde gelegt worden sind, dem VG vor oder reicht sie nach. Das Disziplinarverfahren ist **nur im Umfang der Klage bei Gericht anhängig,** auf den Inhalt und Umfang des bisherigen Verfahrens kommt es nicht mehr an (vgl. Rn. 8), auch nicht auf bindende Tatsachenfeststellungen nach § 23, 57, solange diese nicht Gegenstand der Klage sind (BDHE 3, 56). Die Kosten des Disziplinarverfahrens können dem Beamten deshalb auch nur noch in dem Umfang auferlegt werden, wie sie für die angeschuldigten Ver-

fehlungen entstanden sind. Entsprechend sind notwendige Auslagen des Beamten, die gegenüber früheren Vorwürfen im Verfahren entstanden waren, im Normalfall zu erstatten, wenn sie nicht mehr angeschuldigt wurden und daher nicht mehr Gegenstand des Disziplinarverfahrens sind.
Die Disziplinarklage darf nicht gegen mehrere Beamte gleichzeitig erhoben werden. Dies käme einer Verfahrensverbindung gleich, die das BDG nicht vorsieht. Der nach § 3 ergänzend geltende § 93 VwGO ermächtigt hierzu nur das Gericht (vgl. § 34 Rn. 3). **6**

Bedeutung der Klageschrift

Mit ihrem Eingang beim VG **eröffnet die Klageschrift den gerichtlichen Verfahrensabschnitt.** Die Einreichung der Klageschrift an das VG ist eine **reine Prozesshandlung** ohne Entscheidungsinhalt. Sie ist deshalb **nicht anfechtbar.** **7**
Nach §§ 53 Abs. 1, 60 Abs. 2 **grenzt die Klageschrift für das Disziplinargericht verbindlich den gerichtlich verwertbaren Prozessstoff ein** und **legt ihn gleichzeitig fest.** Wie § 61 Abs. 1 zeigt, kann der Dienstherr auch die Disziplinarklage ganz oder teilweise **zurücknehmen,** was unter der Geltung der BDO nicht zulässig war. Eine **Erweiterung** des Prozessstoffs ist nur durch Nachtragsdisziplinarklage (§ 53 Abs. 1) zulässig. **8**
Dem Vorwurf laut Klageschrift kann auch **nicht nachträglich ein anderer Inhalt** gegeben werden, etwa durch Erklärung des Dienstherrn in der Hauptverhandlung (Rn. 10 ff.). Dagegen kann der Dienstherr unschlüssige oder nicht eindeutige Sachverhalte **nachträglich klarstellen,** soweit sie nur einen einzigen Pflichtverstoß betreffen (andernfalls vgl. Rn. 12, 17, § 53 Rn. 2, 8). Er kann in diesem Fall auch präzisieren oder konkretisieren, welcher von mehreren in Frage kommenden Pflichtentatbeständen, die sich möglicherweise logisch gegenseitig ausschließen oder miteinander verbunden oder ineinander enthalten sind, angeschuldigt sein soll (BVerwG, Dok. Ber. 1979, 279 = DÖD 1980, 85). Die Klarstellung hat dann für alle Verfahrensbeteiligten dieselbe Verbindlichkeit wie die erste Klage selbst, falls sie eindeutig war. Erfolgt die Klarstellung erst kurz vor oder in der Hauptverhandlung, so ist ggf. aus Rechtsschutzgründen die Hauptverhandlung zu vertagen. **9**
Die Verwaltungsgerichte sind nicht nur in der tatsächlichen und rechtlichen Beurteilung des angeklagten Dienstvergehens, sondern auch bei der Wahl und Bemessung der Disziplinarmaßnahme an den Rahmen des vorgetragenen Sachverhalts gebunden. Deshalb ist es **unzulässig, einen disziplinarrechtlich erheblichen Sachverhalt, der nicht Gegenstand der Klageschrift gewesen ist, auf dem Umweg über Erwägungen zur Höhe der Disziplinarmaßnahme in das Verfahren einzuführen** (st. Rspr. BVerwG v. 26.11.1968 – 3 D 24.68; v. 21.4.1969 – 2 D 4.69; v. 2.7.1969 – 1 D 8-9.69; weiterhin Dok. Ber. 1992, 24). Dasselbe gilt für die gerichtliche Prüfung des zusätzlichen Mahnungsbedürfnisses **im Rahmen des § 14** (BVerwG v. 21.4.1969 – 2 D 4.69 noch zum inhaltsgleichen § 14 BDO). **10**

Inhalt der Klageschrift

Angesichts der Bedeutung der Klageschrift für den Gegenstand und die Entscheidungsgrundlagen des gerichtlichen Verfahrens kommt der **geordneten Darstellung** des Werdegangs des Beamten, des Gangs des Verfahrens, der fest- **11** gestellten Tatsachen, in denen ein Dienstvergehen gesehen wird und der anderen bedeutsamen Tatsachen und Beweismittel (Abs. 1 Satz 2) große Bedeutung zu. Die Vorschrift normiert damit den auch bisher üblichen Inhalt einer Anschuldigungsschrift (BVerwG v. 25. 1. 2007 – 2 A 3.05). Im Einzelnen sind aus Gründen der Eindeutigkeit weiter zu fordern: In dem Rubrum der Klageschrift die **persönliche Kennzeichnung des Beschuldigten** nach Name, Amtsbezeichnung, Behördenzugehörigkeit, ladungsfähiger Adresse, Pfleger oder Vormund, ein **Klageantrag**, der kurzgefasst, aber präzise und vollständig das angeschuldigte Dienstvergehen tatsächlich und rechtlich festlegt, die **Biografie** des Beschuldigten, soweit sie für die disziplinare Würdigung, Bewertung und Maßnahmenbemessung erheblich sein könnte (vor allem die statusrechtlichen und vollständigen wirtschaftlichen Verhältnisse der Beschuldigten und ihrer Familie sowie Vorstrafen und disziplinare Vorbelastungen). Der **vorgeworfene Sachverhalt** muss der Eigenart des Dienstvergehens entsprechend **substantiiert** dargestellt sein (BVerwG, a. a. O.; wegen der Folgen mangelhafter Substantiierung vgl. Rn. 12), also schlüssig all die Einzelumstände darstellen, die Voraussetzung für den Tatbestand des Dienstvergehens und für die Maßnahmenwahl und -bemessung sind. Dazu gehören die Tatsachen, aus denen sich der äußere Tatverlauf und seine Hintergründe, die Kenntnis bzw. die Evidenz der Pflichtwidrigkeit, die Schuld und im Zweifelsfall die Schuldfähigkeit, die Motive, Zielsetzungen und Folgen des Dienstvergehens, die dienstlichen Einflussfaktoren für die Verfehlung, die persönlichen Lebensverhältnisse (z. Z. der Tat und hinsichtlich der Maßnahmenwahl und Bemessung), insgesamt alle entscheidungserheblichen, erschwerenden wie mildernden oder maßnahmeausschließenden Umstände ergeben sollen. Ein **sachgleiches Strafverfahren** ist in jedem Fall im Sachverhalt anzugeben und bei Bindungswirkung nach § 23 Abs. 1 kann wegen der Tatsachen auf die Feststellungen der zu Grunde liegenden Urteile verwiesen werden, wobei die Bindungswirkung für das Gericht aus dem wortgleichen § 57 Abs. 1 folgt. Will der Dienstherr einen abweichenden Sachverhalt anschuldigen, weil er diesen für richtig hält, so ist ihm dies trotz der Bindung aus § 23 Abs. 1 nicht verwehrt, wenn er die Zweifel an den strafgerichtlichen Tatsachenfeststellungen substantiiert darlegt (BVerwG v. 11. 5. 1973 – 1 D 19.73). Entsprechendes gilt für den Fall der Klage wegen eines disziplinaren Überhangs bei strafgerichtlichem Freispruch im Übrigen (§ 14 Abs. 2) und bei anderen präjudiziellen Verfahrensergebnissen i. S. v. § 23 Abs. 2. Eine **Beweiswürdigung** ist nicht mehr erforderlich, nachdem das Gericht nunmehr die Beweise zu erheben hat (§ 58). In der Klage sind aber die Beweismittel zu benennen. Zur geordneten Angabe der Beweismittel gehört nicht nur die Aufzählung der entstandenen oder verwendeten Verfahrensakten am Ende der Klageschrift, sondern vor allem die Kennzeichnung der zugrunde gelegten Beweismittel und -ergebnisse in der Sachverhaltsdarstellung, sinnvollerweise durch sorgfältige **Randvermerke der Fundstellen.** Für eigene **Beweisanträge des Dienstherrn** besteht bei Fertigung der Klageschrift normalerweise kein Anlass, da bei Kenntnis weiterer Aufklärungsnotwendigkeit der Dienstvorgesetzte dieser Erkenntnis folgen und ermitteln muss, ggf. auch entsprechend von seinen Vorgesetzten anzuweisen ist. In der Praxis ist es üblich, nach dem Sachverhalt kurz den **wesentlichen Verfahrensverlauf** darzulegen (Einleitungsdatum, Aussetzungen, Verfahrensausweitungen, Nebenanordnungen nach § 38). Eines **Antrags auf eine bestimmte gerichtliche Entscheidung** bedarf es nicht, da das Gericht die weitere Disziplinargewalt nach seiner freien Beurteilung ausübt (BVerwG v. 20. 10. 2005

– 2 C 12.04). Üblicherweise gab früher der BDiA abschließend seine Bewertung und Einschätzung der angemessenen Maßnahmenart zu erkennen. Dies sollte der Dienstherr in seiner Klageschrift beibehalten.

Ist die Klage eindeutig, widerspruchsfrei und schlüssig, so bindet sie insoweit das Gericht und die Verfahrensbeteiligten (Rn. 8-10). Im **Zweifelsfall** hat das VG die Klageschrift auf den wirklichen, erkennbaren **Willen hin auszulegen**, wie er sich aus der Gesamtheit der Klageschrift ergibt, also aus der Formel, dem Sachverhalt und der rechtlichen Würdigung. Die Auslegung findet – wie auch bei Gesetzesauslegung – ihre **Grenzen an der eindeutigen Formulierung** der Klageschrift. Lässt z. B. der Klageantrag keinen Zweifel daran, dass nur ein Teil der im Sachverhalt dargestellten Tatsachen zum Gegenstand des Vorwurfs gemacht sein soll, so ist die Formel ausschlaggebend. Das Gleiche gilt für die Frage der selbständigen Geltendmachung der in der größeren Verfehlung mitenthaltenen geringeren Verfehlung (Rn. 13). Widersprüchlichkeiten sind im Rahmen des angeschuldigten Sachverhalts durch den Dienstherrn aufzuklären oder ggf. nach Aufforderung durch das VG nach § 55 Abs. 3 auszuräumen (Rn. 9, Rn. 14, § 55 Rn. 6, 10). Durch bloße Meinungsäußerung des Dienstherrn in der Hauptverhandlung, durch den Inhalt der Einleitungsverfügung oder durch die übliche Praxis ist eine verbindliche Inhalts- und Grenzbestimmung der Klageschrift nicht möglich (wie hier – noch zur BDO – GKöD-Weiß, § 64 Rn. 55). Denn dabei würde angesichts der Wahlmöglichkeit das Merkmal der »eindeutigen Erkennbarkeit« für das Gericht und vor allem auch für den Beamten vernachlässigt und die Abgrenzung zur Nachtragsdisziplinarklage gefährdet. Immer ist bei der Auslegung gerade zum Schutz der Beschuldigten kritisch vorzugehen. Häufig sind Umstände im Sachverhalt nicht als Grundlage, sondern nur als erläuternde Vorgeschichte des vorgeworfenen Dienstvergehens dargestellt (z. B. bei pflichtwidrigem Schuldenmachen die finanzielle Entwicklung bis zum Zeitpunkt der disziplinaren Erheblichkeit, bei unberechtigtem Fernbleiben die Krankheits- bzw. Abwesenheitsvorgeschichte, bei Alkoholverfehlungen frühere Auffälligkeiten zur Darstellung der Entwicklung usw.).

12

Zur Frage der Auswirkungen und Behandlung von Fehlern in der Klageschrift und im vorherigen Disziplinarverfahren hat der Gesetzgeber die neue Vorschrift des § 55 eingefügt. Damit sind im Wesentlichen alle behebbaren Fehler nachträglich heilbar (vgl. dazu § 55 Rn. 3 ff.).

13

Für die gerichtliche Sachentscheidung stellt sich nicht selten die Frage, ob im Falle der Verneinung des angeschuldigten Dienstvergehens das in dem dargestellten Sachverhalt zugleich enthaltene **mindere Dienstvergehen mit angeschuldigt** ist, Schluss »a maiore ad minus« (z. B. in der Kassenveruntreuung der formale Kassenverstoß, in der Bestechung die verbotene Geschenkannahme, in der Trunkenheitsfahrt der formale Verstoß gegen ein absolutes Alkoholverbot, in der Vorsatztat die fahrlässige Tat usw.). Dies kann nicht generell unterstellt werden. Denn das Opportunitätsprinzip kann den Dienstherrn veranlassen, auf das Verfahren oder auf jede weitere Verfolgung des minderen Vorwurfs zu verzichten. Deswegen kommt es auf den für alle Beteiligten (also vor allem auch für die Beschuldigten) eindeutig erkennbaren Verfolgungs- und **Klagewillen** an, also darauf, ob die Absicht erkennbar ist, auch bei Wegfall des schwereren Vorwurfs den geringeren Vorwurf verfolgen zu lassen (st. Rspr. BVerwG, z. B. fahrlässige Nichtabrechnung von Kassengeldern statt Zugriff, v. 13. 6. 2001 – 1 D 35.00).

§ 52 BDG

14 Eine ähnliche Auslegungsfrage stellt sich, wenn es sich nicht um die Beurteilung eines »minus«, sondern eines »**aliud**« handelt. Das ist der Fall, wenn die eine Pflichtverletzung logisch durch eine andere denkbare ausgeschlossen wird, etwa im Fall des unberechtigten Fernbleibens vom Dienst und des Unterlassens der Krankmeldung und Attestvorlage (vgl. B. II. 3. Rn. 12 a. E.). Zu Letzterem bestehen bei Dienstfähigkeit und Gesundheit weder die Möglichkeit noch eine Pflicht, während bei krankheitsbedingter Dienstunfähigkeit das Fernbleiben nicht pflichtwidrig war. Wird nur das Fernbleiben vorgeworfen, so fehlt es bei seiner Ablehnung wegen erwiesener Dienstunfähigkeit an dem erkennbaren Vorwurf hinsichtlich der Krankmeldung und Attestvorlage. Ebenso kann bei Schuldnerverfehlung in ein und demselben Vorgang nicht gleichzeitig leichtfertige Schuldeingehung und nachlässige Schuldtilgung liegen, da die Zahlungsunfähigkeit für den ersten Fall das Verschulden bewirkt, für den zweiten Fall von der Schuld befreit (B. II. 12. Rn. 13). **In diesen Fällen ist der hilfsweise Klageantrag** der sekundär zu verfolgenden Pflichtverletzung zulässig, um dem vorzubeugen, dass das Gericht z. B. im Fall von Schuldnerversagen das Eingehensverschulden wegen Verneinens der Zahlungsunfähigkeit verneint und wegen fehlenden Vorwurfs das Abwicklungsverschulden nicht verurteilen kann. Die Klage im Verhältnis von Haupt- und Hilfsvorwurf ist ausreichend eindeutig. Das Gericht ist dann zur Entscheidung in erster Linie über den Hauptvorwurf und erst in zweiter Linie über den Hilfsvorwurf verpflichtet.

Klage des Beamten

15 Für alle übrigen Klagen verweist **Abs. 2** für die Form und Frist auf §§ 74, 75 und 81 VwGO. Insoweit kommt allein der Rechtsschutz der Beamten in Betracht, da der Dienstherr nur die Disziplinarklage nach § 34 erheben kann. Damit wird klar, dass der Beamte eine allgemeine Anfechtungsklage nach der VwGO gegenüber allen Maßnahmen des Dienstherrn erheben kann, die während des Dienstes begangene Dienstvergehen zum Gegenstand haben. Entgegen des in der amtlichen Begründung erweckten Eindrucks (»Klagemöglichkeit, die das bisherige Disziplinarrecht verwehrte«) waren natürlich auch früher alle disziplinarrechtlichen Entscheidungen des Dienstherrn, insbesondere die Disziplinarverfügungen (§§ 32, 33) angreifbar (hinsichtlich § 121 BDO stellt das BDG sogar einen Rückschritt dar!). Abs. 2 knüpft nur an §§ 31 Abs. 3, 122 BDO an. Die Klage muss nun innerhalb eines Monats ab Zustellung des Widerspruchsbescheids, bzw. Bekanntgabe des Verwaltungsakts erhoben werden. Entsprechend muss die Rechtsmittelbelehrung (§§ 58, 59 VwGO) lauten. Ist ein Bevollmächtigter beauftragt, muss an ihn zugestellt werden (§§ 41 Abs. 5 VwVfG, 8 Abs. 1 VwZG). Die Klage muss bei Gericht erhoben werden, Eingang der Klageschrift bei der Dienst- oder Widerspruchsbehörde wahrt die Frist nicht. Bei Fristversäumung wird die Entscheidung des Dienstherrn endgültig, es besteht aber die Möglichkeit der Wiedereinsetzung in den vorigen Stand nach § 60 VwGO (im Einzelnen dazu Redeker/v. Oertzen, Erl. zu § 74).

16 Abs. 2 umreißt den Umfang seines Regelungsgehalts wenig genau. Tatsächlich dürfte die **Anfechtung von Disziplinarverfügungen** den Hauptteil des Anwendungsbereichs ausmachen. Erfasst werden auch Klagen gegen Einstellungsverfügungen, soweit eine Beschwer verbleibt, wie bei dem Vorwurf eines Dienstvergehens. **Darüber hinaus** kommen aber auch die Fälle in Betracht, die früher durch **§ 122 BDO** der Beurteilung des BDiG zugewiesen

§ 52 BDG

waren. § 122 BDO war die Generalklausel, die alle disziplinarrechtlichen Streitigkeiten den Disziplinargerichten als eigene Gerichtsbarkeit zuwies. Nach § 2 gilt das BDG für die während des Dienstes begangenen Dienstvergehen. Erfasst werden damit nicht nur Disziplinarmaßnahmen, sondern alle eine **disziplinare Sachentscheidung beinhaltenden Regelungen oder Feststellungen** einer Disziplinarbehörde oder eines Disziplinargerichts. Kommt es im späteren Verlauf zu Streit über die Auslegung, die Tragweite oder die Folgen einer Disziplinarentscheidung, so sind auch dann über § 2 die Disziplinarkammern und -senate zuständig. Das Gleiche gilt für die Entscheidung über den Verfall einbehaltener Bezüge nach Einstellung des Verfahrens gem. § 40 Abs. 1 Nr. 4, die Entscheidung über die Anrechnung von Einkünften aus einer Nebentätigkeit nach § 40 Abs. 2, die Entscheidung über die Entfernung von Eintragungen in der Personalakte gem. § 16 Abs. 3 etc. **Keine Disziplinarentscheidungen** sind die Prozesshandlungen wie Einleitungsverfügung, § 17, Disziplinarklageschrift, § 52 Abs. 1 und Aufklärungsmaßnahmen oder Beweiserhebungen (die als unselbständige Verfahrensfehler erst mit der zuständigen Sachprüfung beurteilt werden können). Treten Unklarheiten auf, wird die zuständige Dienstbehörde eine Klärung herbeiführen und ihre Entscheidung schriftlich fixieren. Hiergegen stehen den Beamten dann die allgemeinen Rechtsmittel zur Verfügung.

Um die **Auslegung** geht es bei missverständlichen, mehrdeutigen oder lückenhaften Entscheidungen, so bei einer Gerichtsentscheidung nach § 63, deren zeitlicher Geltungswille unklar ist (BDiG v. 6.3.1986 – I BK 2/86 zu § 95 Abs. 3 BDO). Die **Tragweite** kann angesprochen sein, wenn die Wirksamkeit der Entscheidung in Frage steht, so wenn es um die sofortige Vollziehbarkeit einer Gerichtsentscheidung nach Beschwerde gem. § 67 geht (BDiG v. 20.12.1984 – I BK 20/84 zu § 79 BDO), ebenso, wenn der Gegenstand ihres Regelungsinhalts oder ihre rechtsgestaltende Auswirkung zweifelhaft ist, ob etwa eine Einstellungsverfügung das Verfahren insgesamt beendet hat, von welchen Bezügen ein Unterhaltsbeitrag zu berechnen ist, von wann ab er zurückzuzahlen ist (BVerwGE 43, 270), ob bestimmte Bestandteile der Bezüge von einer Gehaltskürzung erfasst werden, welche Verfahrensabschnitte und -maßnahmen von einer Kostenentscheidung betroffen sind usw. Die **Folgen** einer Disziplinarentscheidung können in den weiteren, selbständigen Auswirkungen einer Entscheidung liegen, etwa die disziplinaren Auswirkungen gem. §§ 10 Abs. 5, 12 Abs. 4, die Tilgung gem. § 16, die Verpflichtung der Behörde zur Nachzahlung aus § 40 Abs. 2 Satz 1, nach Aussetzung des Bescheids nach § 63. **Keine** disziplinaren **Folgen** sind die ferneren Auswirkungen, die sich nach der – unstreitigen – disziplinaren Gestaltung der Rechtslage aus dem Beamtenrecht oder sonstigen Rechtsgebieten ergeben und die im Streitfall ihrem Wesen nach anderen Regelungen zugeordnet sind, etwa die tatsächliche Auszahlung des zustehenden Unterhaltsbeitrags, der Nachzahlungen aus § 40 Abs. 2 oder nach Aussetzung des Bescheids nach § 63, die sich aus einer Disziplinarmaßnahme ergebende Nichtbeförderung oder Versagen der Eignung für ein bestimmtes Amt (BDiG v. 18.3.1969 – IV BK 3/69), die Neufestsetzung des Besoldungsdienstalters (BDiG v. 25.4.1972 – IV BK 8/71) usw.

Entscheidet die oberste Dienstbehörde oder der nachgeordnete Dienstvorgesetzte nicht in angemessener Zeit über den Widerspruch, kann der Beamte **Untätigkeitsklage** erheben, Abs. 2 Satz 2 i.V.m. § 75 VwGO. Allerdings läuft die Mindestwartefrist von drei Monaten nicht, wenn das Verfahren wegen eines

17

18

sachgleichen Strafverfahrens oder eines anderen vorgreiflichen Gerichtsverfahrens nach § 22 ausgesetzt ist. Die praktische Relevanz dieser Einschränkung ist fraglich. Sie erfordert, dass etwa nach Erlass der Disziplinarverfügung öffentliche Klage erhoben wird. Die Weiterführung eines Disziplinarverfahrens während strafrechtlicher Ermittlungen, die absehbar zur Anklageerhebung und einer Verurteilung führen, die dann nach §§ 23, 57 bindet oder sogar nach § 36 die nachträgliche Aufhebung der Verfügung erfordert, wäre blanker Aktionismus. In der Regel sollte ein Strafurteil abgewartet werden oder es kann auf die Aussetzung des Disziplinarverfahrens insgesamt nach § 22 Abs. 1 Satz 2 verzichtet werden. Dann ist der Lauf der Frist nach § 75 Satz 2 VwGO aber nicht gehemmt. Im Übrigen könnte nach § 75 Satz 3 VwGO ausreichend reagiert werden, weil das laufende Strafverfahren ein zureichender Grund für die Untätigkeit der Widerspruchsbehörde ist (vgl. im Einzelnen Redeker/v. Oertzen, § 75 Rn. 2 ff., 17). § 81 VwGO gilt in vollem Umfang. Auch wenn Abs. 2 hierüber keine Aussage trifft, ist auch § 82 VwGO anzuwenden. Die Klage des Beamten bedarf ebenfalls eines notwendigen Inhalts wie Kläger, Beklagter, Gegenstand des Begehrens etc. (vgl. Redeker/v. Oertzen, § 82 Rn. 1 a ff.).

§ 53 Nachtragsdisziplinarklage

(1) Neue Handlungen, die nicht Gegenstand einer anhängigen Disziplinarklage sind, können nur durch Erhebung einer Nachtragsdisziplinarklage in das Disziplinarverfahren einbezogen werden.
(2) Hält der Dienstherr die Einbeziehung neuer Handlungen für angezeigt, teilt er dies dem Gericht unter Angabe der konkreten Anhaltspunkte mit, die den Verdacht eines Dienstvergehens rechtfertigen. Das Gericht setzt das Disziplinarverfahren vorbehaltlich des Absatzes 3 aus und bestimmt eine Frist, bis zu der die Nachtragsdisziplinarklage erhoben werden kann. Die Frist kann auf einen vor ihrem Ablauf gestellten Antrag des Dienstherrn verlängert werden, wenn dieser sie aus Gründen, die er nicht zu vertreten hat, voraussichtlich nicht einhalten kann. Die Fristsetzung und ihre Verlängerung erfolgen durch Beschluss. Der Beschluss ist unanfechtbar.
(3) Das Gericht kann von einer Aussetzung des Disziplinarverfahrens nach Absatz 2 absehen, wenn die neuen Handlungen für die Art und Höhe der zu erwartenden Disziplinarmaßnahme voraussichtlich nicht ins Gewicht fallen oder ihre Einbeziehung das Disziplinarverfahren erheblich verzögern würde; Absatz 2 Satz 4 und 5 gilt entsprechend. Ungeachtet einer Fortsetzung des Disziplinarverfahrens nach Satz 1 kann wegen der neuen Handlungen bis zur Zustellung der Ladung zur mündlichen Verhandlung oder bis zur Zustellung eines Beschlusses nach § 59 Nachtragsdisziplinarklage erhoben werden. Die neuen Handlungen können auch Gegenstand eines neuen Disziplinarverfahrens sein.
(4) Wird innerhalb der nach Absatz 2 bestimmten Frist nicht Nachtragsdisziplinarklage erhoben, setzt das Gericht das Disziplinarverfahren ohne Einbeziehung der neuen Handlungen fort; Absatz 3 Satz 2 und 3 gilt entsprechend.

1   Die Vorschrift knüpft an den früheren § 67 Abs. 3 BDO an und stellt in Abs. 1 ausdrücklich klar, dass neue Handlungen nach erhobener Disziplinarklage nur durch Erhebung einer **Nachtragsdisziplinarklage** in das Verfahren einbezogen werden dürfen. Dabei handelt es sich also um einen besonders geregelten Fall einer Klageerweiterung, die aus Gründen der Einheitlichkeit des Dienstverge-

hens an besondere Förmlichkeiten gebunden ist. Abs. 2 bis 4 regeln das Verfahren, wenn der Dienstherr neue Handlungen geltend machen will.

Nachtragsdisziplinarklage (Abs. 1)

Das Gebot der »**einheitlichen disziplinaren Verfolgung**« erfordert die Einbeziehung neuer Verfehlungen oder Verdächte in das bereits anhängige Disziplinarverfahren. Deshalb muss der Dienstherr solche neuen Sachverhalte, wenn sie disziplinar verfolgt werden sollen, im Wege der **förmlichen Nachtragsdisziplinarklage** in das anhängige Verfahren einführen. Eine stillschweigende Aufnahme neuer Vorwürfe in das Verfahren gibt es nicht (so auch GKöD-Weiß, § 67 Rn. 27 a. E.; dagegen verstoßend BVerwG v. 11. 8. 1987 – 1 D 149.86, vgl. § 52 Rn. 10). Der **Gegenstand der Nachtragsdisziplinarklage** kann ein nachträglich entstandener Sachverhalt, ein schon früher entstandener, aber erst nachträglich bekannt gewordener wie auch ein schon vorher bekannter, aber bewusst nicht von der Klageerhebung einbezogener Sachverhalt sein. Ist ein Sachverhalt bereits von der Klage erfasst worden, so liegt in der nach Aufforderung gem. § 55 Abs. 3 erneut vorgelegten, von Verfahrensfehlern befreiten Klageschrift keine Nachtragsdisziplinarklage. Jedoch können Sachverhalte, die bereits in der Klageschrift erwähnt, aber eindeutig nicht Gegenstand der Disziplinarklage sind, zum Gegenstand einer Nachtragsdisziplinarklage gemacht werden. Ob **neue Teile einer »fortgesetzten Handlung«** ohne Nachtragsdisziplinarklage in das anhängige Verfahren eingebracht werden können (so Behnke-Hardraths, § 67 Rn. 10; ihnen folgend Claussen/Janzen, § 67 Rn. 6, allerdings die »fortgesetzte Handlung« zum Nachteil der Beschuldigten ablehnend in Einf. B. Rn. 8; ebenso GKöD-Weiß, § 67 Rn. 28 a. E.), ist zweifelhaft. Denn das strafrechtliche Institut der fortgesetzten Handlung ist dem Begriff des einheitlichen Dienstvergehens fremd (A. I. Rn. 6 ff.). Da § 53 Abs. 1 von »neuen Handlungen« ausgeht, dürfte dies unzulässig sein.

Aussetzung des Verfahrens (Abs. 2)

Um die Klärung und die spätere Einführung des neuen Verdachts zu ermöglichen, muss das anhängige Verfahren angehalten werden. Da über die neue Klage nicht das VG, sondern der Dienstherr zu entscheiden hat, hat das VG vorbehaltlich der Ausnahme nach Abs. 3 keine Entscheidungsfreiheit zur Frage der Aussetzung. Auf die Mitteilung der zusätzlichen Verfolgungsabsicht durch den Dienstherrn (in der Praxis in Form eines Aussetzungsantrags), **muss das VG das Verfahren** bis zur Nachtragsdisziplinarklage oder zum Fortsetzungsantrag **aussetzen** (Abs. 2). Wegen der neuen eigenen Prüfungsbefugnis des VG nach Abs. 3 ist in dem Aussetzungsantrag der Verdacht unter Angabe der konkreten Anhaltspunkte darzulegen.

Die Sachverhaltsschilderung hat konkrete Tatsachen und Beweismittel aufzuführen und auszuführen, welchen zeitlichen Umfang die Aufklärung bis zur Nachtragsdisziplinarklage erfordert, damit das Gericht die Voraussetzungen nach Abs. 2 prüfen kann und anschließend die Aussetzung beschließt. Das Gericht verbindet mit der Aussetzung gem. Abs. 2 Satz 2 eine Frist, bis zu deren Ablauf die Nachtragsdisziplinarklage erhoben werden kann. Die Frist ist eine richterliche Ausschlussfrist (§ 57 Abs. 1 VwGO). Die Nachtragsdisziplinarklage muss also vor Fristablauf bei Gericht eingegangen sein (vgl. § 52 Rn. 4), soll sie berücksichtigt werden (zu den Folgen der Fristversäumung vgl. Rn. 12). Die Frist ist so zu bemessen, dass sie dem nachträglich einzubeziehenden Sachverhalt gerecht wird. Dafür ist eine summarische Beurteilung des weiteren Aufklärungsaufwands und der Auswirkung auf das weitere Verfahren vorzunehmen und gleichzeitig dem Beschleunigungsgrundsatz nach § 4 Genüge zu tun. Die vom Gericht geforderte Einschätzung entspricht der nach § 62 für den Antrag auf gerichtliche Fristsetzung (vgl. § 62 Rn. 12). Danach ist ein Zeitablauf von sechs Monaten ab Einleitung der Ermittlungen nach § 17 als geeignet anzusehen, die Beschleunigung des Verfahrens durch gerichtliche Fristsetzung zu fördern. Das Maß von sechs Monaten kommt daher auch für die zu setzende Frist bei Aussetzung in Betracht, wenn nicht besondere Gründe für eine Verkürzung oder Verlängerung sprechen. Die Frist kann verlängert werden, wenn vor ihrem Ablauf ein entsprechender Antrag gestellt wird (Abs. 2 Satz 3). Dafür muss der Dienstherr dartun, dass er an der Einhaltung der Frist gehindert ist, ohne dies vertreten zu müssen. Die Anforderungen dürften denen nach § 62 BDG entsprechen (§ 62 Rn. 13). Fristsetzung und Nachfrist erfolgen durch Beschluss des Gerichts, also des Kollegiums ohne Beamtenbeisitzer. Er ist unanfechtbar (Abs. 2 Satz 4 und 5).

5 Die **Nachtragsdisziplinarklage ist nicht im Berufungsverfahren** vor dem OVG möglich (§ 65 Abs. 1 Satz 2). Dieses kann, wenn es die einheitliche Verfolgung sicherstellen will, allenfalls das anhängige Berufungsverfahren nach § 22 Abs. 3 aussetzen, bis der neue Vorwurf durch das VG entschieden und geklärt ist, ob auch dagegen Berufung eingelegt wurde. Dann können beide Berufungsverfahren verbunden werden.

6 Die Aussetzung nach Abs. 2 kann bis zum Schluss der mündlichen Verhandlung vor dem VG beantragt werden. Verzögert sich die Nachtragsdisziplinarklage über sechs Monate nach Aussetzung hinaus, so kann ebenso wie bei der Fristsetzung nach § 55 Abs. 3 **kein Beschleunigungsantrag aus § 62** gestellt werden. Einerseits zielt dieser auf die Herbeiführung des gerichtlichen Verfahrens ab, das bereits, wenn auch zu einem anderen Sachverhalt, anhängig ist (§ 62 Rn. 3). Andererseits fehlt es im Zeitpunkt des Aussetzungsantrages im Unterschied zu dem Fall des § 62 an der Einleitung des Disziplinarverfahrens bezüglich des neuen Verdachts. Dessen Aufklärung kann sich sogar noch im Stadium der dienstlichen Vorklärung befinden. **Der Sachverhalt der Nachtragsdisziplinarklage wird** wie im Falle der ersten Disziplinarklage **im Ermittlungsverfahren** aufgeklärt.

7 Für **Form und Inhalt** der Nachtragsdisziplinarklage gilt dasselbe wie für die Disziplinarklageschrift (§ 52 Rn. 2). Die **Nachtragsdisziplinarklage kann nicht** ohne Zustellung **mündlich in die mündliche Verhandlung eingebracht werden**, denn Abs. 1 spricht ausdrücklich von der Erhebung der Nachtragsdisziplinarklage. Die Konfrontation mit neuen Vorwürfen verstieße in jedem Fall gegen das Gebot des »Fair play« und der Rechtsstaatlichkeit. Dem Beamten muss wiederum eine Frist zur Stellungnahme und eine Belehrung gem. § 54 zuteil werden.

8 **Widersprechen sich Klageschrift und Nachtragsdisziplinarklage**, so kann das nur darauf beruhen, dass sich die Nachtragsdisziplinarklage nicht gem. Abs. 1 u. 2 darauf beschränkt, einen neuen Sachverhalt vorzuwerfen, sondern den bereits in der Disziplinarklage vorgehaltenen Sachverhalt erweitert (zulässig, da ein neuer Anschuldigungspunkt) oder einschränkt (neuerdings nach § 61 Abs. 1 zulässig mit den sich daraus ergebenden Folgen). Bei Einschränkung hat aus Gründen des Rechtsschutzes des Beklagten der günstigere Vorwurf, also ggf. auch der nachträgliche, die bestimmende und das Gericht bindende

Bedeutung. Der Dienstherr hat das grundsätzlich ihm zustehende Verfolgungsermessen dann im Sinne der Nachtragsdisziplinarklage ausgeübt. Dafür spricht auch, dass auf Aufforderung und Fristsetzung nach § 55 Abs. 3 der Dienstherr vorhandene Mängel beseitigen oder die Klage (teilweise) zurücknehmen kann. Dann ist auch eine Einschränkung des Vorwurfs durch nachträgliche Erklärung im Rahmen des § 53 möglich.

Abs. 3 soll einer Verzögerung des anhängigen Disziplinarverfahrens entgegen wirken. Während nach der BDO die Aussetzung des Verfahrens auf Antrag des BDiA zwingend vorgeschrieben war, kann das VG nunmehr in eigener Zuständigkeit nach richterlichem Ermessen von der Aussetzung absehen, wenn die neuen Handlungen – so wie sie sich nach der Mitteilung des Dienstherrn darstellen, (vgl. Rn. 4, § 52 Rn. 5) – die **Erledigung des Verfahrens unnötigerweise verzögern** würden. Dies kann zum einen der Fall sein, wenn die zusätzlichen Tatsachen bei der Bemessung der Disziplinarmaßnahme nach einer Prognose des Gerichts nicht ins Gewicht fallen werden. Das Gericht hat den neuen Gesamtsachverhalt fiktiv als bewiesen anzusehen und eine Maßnahme zu finden. Weicht dann diese Maßnahme nicht oder nur unwesentlich von der fiktiven Maßnahme für den ursprünglichen Klagegegenstand ab, so fällt der neue Sachverhalt nicht ins Gewicht. Dann rechtfertigt das materielle Gewicht des Dienstvergehens nicht die Verzögerung der Erledigung der Disziplinarklage. Da das Gericht gem. § 56 Satz 1 solche Handlungen ausscheiden kann, die für Art und Höhe der zu erwartenden Maßnahme voraussichtlich nicht ins Gewicht fallen, erscheint es konsequent, solche weniger gewichtigen Handlungen gar nicht erst von Gerichtsseite her zu berücksichtigen. 9

Zum anderen könnte die Einbeziehung der neuen Handlungen das Disziplinarverfahren erheblich verzögern. Jede Nachtragsdisziplinarklage bringt eine **Verfahrensverzögerung.** Wann diese erheblich ist, kann nur im Verhältnis zum Gewicht der bereits geltend gemachten Tatsachen beurteilt werden. Da die Disziplinarklage auf die beiden schwersten Disziplinarmaßnahmen abzielt, liegen bereits schwerwiegende Handlungen als Vorwurf vor. Von diesem Gewicht müssen auch die neuen Handlungen sein, sollen sie nach Art und Höhe der zu erwartenden Disziplinarmaßnahme erheblich sein. Dann verstößt die Nichtberücksichtigung wegen des bloßen Zeitablaufs gegen grundlegende Grundsätze des Disziplinarrechts. Diese Alternative ist daher bedenklich. Das Tatbestandsmerkmal der erheblichen Verzögerung ist viel zu unbestimmt, als dass die nach dem Grundsatz der Einheitlichkeit des Dienstvergehens in der Regel erforderliche Aburteilung aller bekannten Tatsachen in einem Verfahren vernachlässigt werden dürfte. Ist der neue Sachverhalt von solchem Gewicht, dass es auf ihn ankommt, ist der Zeitablauf bis zur Vorlage der Nachtragsdisziplinarklage nicht entscheidend. Kann der neue Sachverhalt – sollte er sich erweisen – die Maßnahme nicht beeinflussen, so kann bereits nach der 1. Alternative von der Aussetzung abgesehen werden. Führte der neue Sachverhalt zu einer Steigerung der Maßnahme, macht es keinen Sinn, jetzt eine mildere Maßnahme zu verhängen im Bewusstsein, in naher Zukunft erneut entscheiden zu müssen. Nach dem oben genannten Grundsatz der Einheitlichkeit ist die in diesem Verfahren ausgesprochene Maßnahme bei der Bemessung einer zukünftigen Maßnahme mit zu berücksichtigen. Abs. 3 Satz 1, 2. Alt. ist daher als gesetzgebungstechnisch verfehlt anzusehen. Auf seine Anwendung sollte verzichtet werden. Soweit die Vorschrift Anwendung finden sollte, wäre eine Parallele in § 87 b Abs. 3 VwGO zu sehen. Danach können Erläuterungen und Beweismittel bei 10

Verzögerung der Erledigung des Rechtsstreits nach Ablauf einer Frist zurückgewiesen werden. Die Frist muss angemessen sein und in einem Verhältnis zur Bearbeitung durch das Gericht stehen (Redeker/v. Oertzen, § 87 b Rn. 6). Zu beachten ist also das **Gewicht des neuen Sachverhalts, das Stadium des Rechtsstreits und der Aufwand der Sachverhaltserforschung** (auch später durch das Gericht). Wie in der VwGO-Kommentierung erläutert, wird § 87 b VwGO selten angewandt (Redeker/v. Oertzen, § 87 b Rn. 2). Dies bestätigt die kritische Haltung zu Abs. 3 Satz 1, 2. Alt. Wenn nach § 62 Abs. 1 sechs Monate eine (einfache) Verzögerung bedeuten, ist im Rahmen des Abs. 3 Satz 1 ein noch längerer Zeitablauf zu fordern, bis eine erhebliche Verzögerung eintritt. In Anbetracht der materiellen Bedeutung der einheitlichen Betrachtung des Dienstvergehens sollte daher nur dann von der Einbeziehung abgesehen werden, wenn andernfalls der Abschluss des Verfahrens **auf absehbare Zeit ausgeschlossen** wäre.

11 Beschließt das Gericht, von der **Aussetzung abzusehen,** setzt es das Disziplinarverfahren fort und führt es der Entscheidungsreife zu. **Abs. 3 Satz 2** stellt für diesen Fall klar, dass damit eine Nachtragsdisziplinarklage nicht unzulässig wird. Der Dienstherr behält vielmehr sein Entscheidungsermessen, die neuen Handlungen einzubringen. Erhebt der Dienstherr Nachtragsdisziplinarklage, so hat das Gericht den neuen Sachverhalt zu berücksichtigen und über ihn zu entscheiden. Allerdings setzt Abs. 3 Satz 2 der Verfolgung der neuen Tatsachen im anhängigen Verfahren eine Frist. Nach Zustellung der Ladung zur mündlichen Verhandlung oder eines Beschlusses nach § 59 ist die Erhebung der Nachtragsdisziplinarklage unzulässig. Die **Erhebung einer neuen Disziplinarklage** ist gem. Abs. 3 Satz 3 aber entgegen des Grundsatzes der Einheit des Disziplinarvergehens **möglich**. Diese Folge ist wegen des Ausschlusses der einheitlichen Verfolgung zwar konsequent, insgesamt jedoch rechtfertigt die Beschleunigung des Verfahrens aus den unter Rn. 10 genannten Gründen die Einschränkung der einheitlichen Verfolgung von Dienstvergehen nicht.

12 Abs. 4 regelt die Folgen der Fristversäumung nach Abs. 2. In diesem Fall setzt das Gericht das gerichtliche Disziplinarverfahren auf der Basis der ursprünglichen Klage fort. Die neuen Handlungen dürfen mangels Einbeziehung gem. Abs. 1 nicht berücksichtigt werden, auch nicht bei der Bemessung der eventuellen Maßnahme. Dem Gericht bleibt insofern kein Entscheidungsspielraum (GKöD-Weiß, M § 53 Rn. 56). Die nicht zum Gegenstand des Gerichtsverfahren gewordenen Tatsachen können aber entsprechend Abs. 3 Satz 2 bis zur Hauptverhandlung während des weiteren Gerichtsverfahrens durch Nachtragsdisziplinarklage einbezogen werden oder gem. Abs. 3 Satz 3 zum Gegenstand einer neuen Klage gemacht werden, vgl. Abs. 4, 2. Halbsatz.

§ 54 Belehrung der Beamten

Der Beamte ist durch den Vorsitzenden gleichzeitig mit der Zustellung der Disziplinarklage oder der Nachtragsdisziplinarklage auf die Fristen des § 55 Abs. 1 und des § 58 Abs. 2 sowie auf die Folgen der Fristversäumung hinzuweisen.

1 Die Vorschrift entspricht dem früheren § 67 Abs. 2 BDO. Sie betrifft die Zustellung der Disziplinarklageschrift und einer Nachtragsdisziplinarklageschrift, und die Pflicht des Gerichts, auf die Fristen der §§ 55 Abs. 1 und 58 Abs. 2 sowie auf die Folgen einer Fristversäumung hinzuweisen.

Zustellung der Disziplinarklageschrift

Die Zustellung der Klageschrift hat an den Beamten oder nach § 67 Abs. 3 VwGO nur an den Bevollmächtigten zu erfolgen, wenn ein solcher bestellt ist. Im Falle einer Betreuung ist weiterhin an den Beamten zuzustellen, da diese die prozessrechtliche Stellung der Betroffenen unberührt lässt. Ist für diesen Pflichtenkreis dem Beamten eine Betreuung zugeordnet, ist auch dem Betreuer zuzustellen. Die ordnungsgemäße Zustellung der Klageschrift und der Nachtragsklageschrift ist eine Verfahrensvoraussetzung. Ohne die Zustellung sind gerichtliche Prozesshandlungen und Entscheidungen unzulässig. Deswegen beseitigen auch **Mängel der Klageschrift** nicht die Pflicht zur Zustellung. Denn sie ändern im Allgemeinen an dem Eintritt der Gerichtshängigkeit und der alleinigen Entscheidungskompetenz des Gerichts nichts.

2

Entsprechend § 85 VwGO fordert der Vorsitzende den Beamten auf, sich schriftlich zu äußern und setzt eine Frist. Für Beweisanträge gibt § 58 Abs. 2 eine besondere Frist von zwei Monaten nach Zustellung der Klage. Daran kann sich die **Fristsetzung zur Äußerung orientieren**. Im Übrigen ist sie nach der Schwierigkeit des Falles zu bemessen und ggf. – auf innerhalb der Frist gestellten Verlängerungsantrag hin – zu verlängern. Die bloße **Sach- und Rechtsäußerung** ist auch bei fristverspätetem Eingang vom Gericht zu beachten. Die Beklagten sind zur Äußerung nicht verpflichtet, aus ihrem Schweigen dürfen keine Beweis- oder sonstige nachteilige Folgerungen gegen sie gezogen werden (B. II. 8. Rn. 9). **Fristverspätete Beweisanträge** unterliegen der Gefahr der Zurückweisung wegen Verspätung, sind aber nicht mehr generell unzulässig wie früher (§ 68 Satz 3 BDO). In der Regel dürften sie zu berücksichtigen sein, gerade wenn sie erheblich sind (§ 53 Rn. 9 f.).

3

Belehrungspflicht

Das BDG enthält hinsichtlich Mängel der Disziplinarklage oder der vorangegangenen Verfahren sowie für Beweisanträge feste Fristen. Zur Beschleunigung der Verfahren besteht nunmehr eine gesetzliche Frist von zwei Monaten, die nicht verlängert werden kann und den Vortrag der Beamten nach Fristablauf präkludiert. Demgemäß ist es unter rechtsstaatlichen Gesichtspunkten unabdingbar, dass der beklagte Beamte mit Beginn der Frist auf deren Lauf und die Folgen ihrer Versäumung hingewiesen wird. Unterbleibt die Belehrung bei der Zustellung, treten die Folgen bei Versäumung der Frist nicht ein.

4

§ 55 Mängel des behördlichen Disziplinarverfahrens oder der Klageschrift

(1) Bei einer Disziplinarklage hat der Beamte wesentliche Mängel des behördlichen Disziplinarverfahrens oder der Klageschrift innerhalb zweier Monate nach Zustellung der Klage oder der Nachtragsdisziplinarklage geltend zu machen.

(2) Wesentliche Mängel, die nicht oder nicht innerhalb der Frist des Absatzes 1 geltend gemacht werden, kann das Gericht unberücksichtigt lassen, wenn ihre Berücksichtigung nach seiner freien Überzeugung die Erledigung des Disziplinarverfahrens verzögern würde und der Beamte über die Folgen der Fristversäumung belehrt worden ist; dies gilt nicht, wenn der Beamte zwingende Gründe für die Verspätung glaubhaft macht.

§ 55 BDG

(3) Das Gericht kann dem Dienstherrn zur Beseitigung eines wesentlichen Mangels, den der Beamte rechtzeitig geltend gemacht hat oder dessen Berücksichtigung es unabhängig davon für angezeigt hält, eine Frist setzen. § 53 Abs. 2 Satz 3 bis 5 gilt entsprechend. Wird der Mangel innerhalb der Frist nicht beseitigt, wird das Disziplinarverfahren durch Beschluss des Gerichts eingestellt.
(4) Die rechtskräftige Einstellung nach Absatz 3 steht einem rechtskräftigen Urteil gleich.

1 Die Norm orientiert sich an § 67 Abs. 4 BDO. Allerdings weicht sie von dessen Regelung wesentlich ab. Das BDiG setzte das Verfahren aus, bis die Anschuldigungsbehörde – der BDiA – die gerügten Mängel beseitigt hatte. Nunmehr **findet eine Aussetzung nicht mehr statt**. Die Folge, das Verfahren wegen eines Fehlers einstellen zu müssen, soll nun über die Verpflichtung der betroffenen Beamten, wesentliche Mängel zu rügen, vermieden werden. Andernfalls können sie unberücksichtigt bleiben. Auf eine solche Rüge kann die Dienstbehörde aufgefordert werden, wesentliche Mängel binnen einer Frist zu beseitigen, andernfalls das Verfahren eingestellt wird. Das Gebot der Beschleunigung wird also vor allem durch Präklusionsvorschriften vollzogen, die der Überprüfung der Einhaltung der verfahrensrechtlichen Bestimmungen entscheidende Grenzen setzen, wenn das Gericht sie anwendet (zur Problematik vgl. § 53 Rn. 10).

2 Nach **Abs. 1** hat der Beamte wesentliche Mängel des Verfahrens oder der Klageschrift – wozu auch die Verletzung von Verfahrensregelungen außerhalb des Regelbereichs des BDG zählt, wie nach dem BPersVG (BVerwG v. 20. 10. 2005 – 2 C 12.04) – innerhalb einer Frist von zwei Monaten nach Zustellung der Klageschrift geltend zu machen. Dies muss nicht in der Erwiderung auf die Disziplinarklage geschehen (GKöD-Weiß, M § 55 Rn. 28). § 55 gilt nach dem Wortlaut nur für die Disziplinarklage. Wesentlich sind immer **Verletzungen des rechtlichen Gehörs**. Außerdem führen auch **andere wesentliche Verfahrensmängel** zur Rügepflicht. Unausgesprochene Voraussetzung ist, dass der Verfahrensmangel noch behoben werden kann.

Fehler des Disziplinarverfahrens

3 Bei **nicht behebbaren Verfahrensmängeln** ist das Verfahren nach § 32 Abs. 1 Nr. 4 einzustellen bzw. die Klage abzuweisen. Nicht behebbar sind Verfahrensmängel, die auf Dauer der disziplinaren Verfolgung entgegenstehen. Das können solche sein, die das gesamte Verfahren unzulässig machen, z. B. Verlust des Beamtenstatus (vgl. § 32 Abs. 2), Fehlen oder Unwirksamkeit der Einleitung (OVG NW v. 29. 6. 2005 – 21d A 2943/03.BDG), Unterzeichnung der Klageschrift durch Angestellten statt Beamten, Verjährung (§ 32 Abs. 1 Nr. 3 i.V. m. § 15 – vgl. dort Rn. 5), unterlassene Anhörung (solche im Verfahren nach §§ 9 BBesG, 121 BDO genügt nicht, BVerwG v. 1. 6. 1992 – 1 DB 21.91; vgl. § 20 Rn. 3), Unterlassen der zwingend vorgeschriebenen Beteiligung Dritter (vgl. A. V. Rn. 136; a.A. OVG NW v. 19. 1. 2005 – 22d A 1433/03.BDG), oder die jedenfalls einer **Maßregelung entgegenstehen,** z. B. der Fall des § 32 Abs. 1 Nr. 3 (Verbot der Doppelmaßregelung). Nicht behebbare Verfahrensfehler können auch in der Klageschrift liegen (vgl. § 52 Rn. 12 ff.). Überlange Verfahrensdauer stellt (jedenfalls im Fall der Höchstmaßnahme) keinen Verfahrensmangel dar (OVG NW v. 2. 4. 2008 – 21d A 257/07.O; vgl. auch A. IV. 2. Rn. 76 f.).

Wesentliche Mängel sind zwar behebbar, stellen jedoch ein Hindernis einer **4** Sachentscheidung dar. Während früher oftmals Mängel in der Sachaufklärung zur Aussetzung führten, dürfte dies kaum noch Probleme aufwerfen. Denn statt der indirekten Beweisaufnahme vor dem BDiG, das auf eine verfahrensrechtlich einwandfreie Tatsachenermittlung angewiesen war, führt das VG gem. § 58 die Beweisaufnahme selbst durch und ist daher auf eine Heilung insoweit nicht angewiesen. § 55 dürfte vor allem auf solche Fehler anwendbar sein, die den Inhalt der zum Gegenstand der Klage gemachten Vorwürfe betreffen. Diese inhaltliche Begrenzung obliegt zunächst allein dem Dienstherrn, vgl. § 52 Rn. 8). Hier kann nun der Dienstherr für Klarstellung sorgen. Eine verzögerte Unterrichtung des Beamten über die Einleitung (§ 20 Abs. 1) stellt keinen Mangel dar (Nds. OVG v. 3. 6. 2008 – 6 LD 2/06).

Fehler der Klageschrift

Bestimmte Mängel können die Klageschrift absolut unwirksam machen und die **5** Klageabweisung erfordern, etwa die **fehlende Unterschrift** oder die Klageerhebung durch eine **falsche Behörde** (Nds. OVG v. 17. 7. 2007 – 3 LD 5/04; weitere Details bei GKöD-Weiß, M § 55 Rn. 22). Dies ist nicht der Fall, wenn der Dienstvorgesetzte nicht im eigenen Namen, sondern als Vertreter der Behörde unterzeichnet. Der Fehler wird durch Einreichung der korrigierten Klageschrift geheilt (BVerwG v. 18. 12. 2007 – 2 B 113/07). Behebbare Fehler der Anschuldigungsschrift führen zur Mängelrüge unter Fristsetzung nach § 55 Abs. 3, ohne dass erneut die weiteren Voraussetzungen einer wirksamen Klageschrift – etwa Mitwirkung des Personalrats – erfüllt sein müssen (Nds. OVG, a. a. O.). Es kann einen unheilbaren Verfahrensmangel darstellen und die **Klageschrift unwirksam** machen, wenn in der zur Beseitigung von Mängeln überarbeiteten Klageschrift die **ursprünglichen Seiten gegen inhaltlich veränderte Seiten ausgetauscht** werden, so dass die vorgenommenen Änderungen nicht erkennbar sind (BVerwGE 33, 330 zur Anschuldigung nach § 65 BDO). Die **gleichzeitige oder wahlweise Klageerhebung** hinsichtlich zweier gleichartiger, sich aber tatbestandsmäßig gegenseitig ausschließender Pflichtverletzungen ist nicht zulässig. Klagt der Dienstherr die sich ausschließenden Tatbestände ohne differenzierende Rangfolge als ein und denselben Pflichtentatbestand an, so liegen darin innere Mehrdeutigkeit und Unklarheit, die es an einer ordnungsgemäßen Klageerhebung fehlen lassen und eine Ergänzung oder Erweiterung nicht ermöglichen (Claussen/Janzen, § 65 Rn. 14 zur BDO). Denn das Gericht und die anderen Verfahrensbeteiligten können nicht erkennen, an welchen disziplinaren Vorwurf sie gebunden sein sollen. Der Fehler kann auch nicht durch nachträgliche Klarstellung geheilt werden, denn es handelt sich nicht um bloße Konkretisierung des bereits erhobenen Vorwurfs (Rn. 6), sondern in Wirklichkeit um eine neue Ermessensentscheidung darüber, welche von beiden sich ausschließenden Pflichtverletzungen – mit möglicherweise weiteren, neuen Tatsachen – angeschuldigt sein soll. Der klagende Dienstherr kann zwar die Klage zurücknehmen, dann könnte er den Sachverhalt aber nicht erneut anklagen, § 61 Abs. 1. Eine Nachtragsdisziplinarklage ist mangels neuen Sachverhalts nicht möglich, § 53 Abs. 1. Keine Bedenken bestehen, wenn es sich dabei lediglich um die **strafrechtliche Bewertung** handelt, etwa als Betrug oder Untreue oder als Diebstahl oder Unterschlagung. Denn diese tatbestandsmäßige Klärung ist disziplinarrechtlich unerheblich (A. III. Rn. 63).

6 **Widerspricht die Nachtragsdisziplinarklage in wesentlichen Teilen dem Vorwurf der Klageschrift,** so kann das beide insgesamt unwirksam machen. Jedenfalls kann in einem solchen Fall nicht einfach der Nachtragsdisziplinarklage die bestimmende und das Gericht bindende Bedeutung zuerkannt werden (entgegen BVerwG v. 25.11.1971 – 2 D 7.71; vgl. zur Auslegung der Klage Rn. 9). Es kann auch nicht von dem Vorwurf ausgegangen werden, der dem beschuldigten Beamten als der maßgebliche erscheinen musste (so BVerwG, DÖD 1972, 73). Denn die Widersprüchlichkeit der Klageschrift beschränkt nicht nur die Verteidigungsmöglichkeit der Beklagten. Die Entscheidung des Gerichts über die Maßgeblichkeit des einen oder anderen Vorwurfs verstieße auch gegen das Klageerhebungsermessen des Dienstherrn. Dieser könnte die – hier durch in sich eindeutige (anders § 52 Rn. 9) Sachverhaltsschilderungen gegebene – Widersprüchlichkeit nur durch Rücknahme eines der beiden Vorwürfe beseitigen. Das ist im gerichtlichen Verfahren zwar zulässig, lässt aber eine erneute Geltendmachung nicht zu (§ 61 Abs. 1). Vielmehr ist eine neue Ermessensentscheidung darüber fällig, welcher der verschiedenen denkbaren Pflichtenverstöße nun verbindlich Klagegegenstand werden soll. Dieses Ermessen besteht nur für den Dienstherrn. Deshalb ist er gem. § 55 Abs. 3 unter Fristsetzung zur Mängelbeseitigung aufzufordern und ggf. durch Beschluss das Verfahren einzustellen.

7 **Fehlende oder mangelhafte Substantiierung des Sachverhalts** kann die Klageschrift **unwirksam** bzw. fehlerhaft machen (BVerwG v. 25.1.2007 – 2 A 3.05; v. 22.6.2006 – 2 C 11.05). Das Gericht kann nicht ausdrücklich oder stillschweigend auf die Sachaufklärung des Disziplinarverfahrens oder des Strafurteils verwiesen werden, denn seine Bindung ergibt sich nicht aus diesen. Die Bindungswirkung ergibt sich allein aus dem Sachverhalt der Klageschrift (BVerwG, a.a.O.). Daran ändert auch § 52 Abs. 1 Satz 2 nichts, da zumindest erklärt werden muss, dass der im Strafverfahren ermittelte Sachverhalt Gegenstand der Disziplinarklage sein soll. Ist der Vorwurf nicht hinreichend substantiiert, so dass die für die Beurteilung des Dienstvergehens und die Wahl und Bemessung der Disziplinarmaßnahme erforderlichen bzw. im Vorverfahren aufgeklärten Umstände des Dienstvergehens nicht umfassend und schlüssig ersichtlich sind, so liegt der Fehler entweder – nur – in der Klageschrift oder – auch – in der mangelhaften Aufklärung im Disziplinarverfahren. In jedem Fall verhindert die mangelhafte Substantiierung eine sachgerechte Entscheidung des Gerichts (so auch bei fehlender Klarstellung, ob Einzelverstöße oder fortgesetzte Handlung vorgeworfen, BVerwG v. 24.5.1988 – 1 DB 9.88 und 10.88). Handelt es sich um Details des insgesamt erkennbaren, konkretisierten, abgegrenzten Dienstvergehens, so kann es bei der Aufforderung des Dienstherrn zur Mängelbeseitigung nach § 55 Abs. 3 verbleiben. Dieser verbessert dann seine Klageschrift, ggf. nach weiterer Sachaufklärung im Verfahren. Nach fristgerechter Beseitigung des Mangels wird das gerichtliche Verfahren fortgesetzt. **Fehlt es aber an jeder Substantiierung,** so dass weder der vorgeworfene Sachverhalt noch der daraus abgeleitete disziplinare Vorwurf konkret und vollständig erkennbar ist, so ist **die Klage abzuweisen.**

8 Mangelt es an der **Substantiierung nur einer von mehreren Pflichtverletzungen,** so ist wegen des Gebots der einheitlichen Verfolgung des Dienstvergehens der Sachverhalt insgesamt aufzuklären oder die Klage abzuweisen (Rn. 7; wegen des Gebots einheitlicher Verfolgung A. I. Rn. 11 ff.). Es bedarf **keiner Mängelbeseitigung oder Verfahrenseinstellung,** wenn der unter mehreren Pflichtverletzungen fehlerhaft oder unwirksam zum Klagegegenstand gemachte

§ 55 BDG

Einzelverstoß im Verhältnis zu den verwertbaren Anschuldigungspunkten ohne besondere Bedeutung ist. Ein solcher Mangel kann nach § 55 Abs. 2 unberücksichtigt bleiben, weil er das Verfahren unnötig verzögern würde. Da es dem alleinigen Ermessen des Dienstherrn unterliegt, Inhalt und Grenzen der Anschuldigung zu bestimmen, **betrifft es die Wirksamkeit der Klageschrift nicht, wenn einzelne, gegebene Pflichtverletzungen nicht angeschuldigt sind.** Die Klageschrift wird dadurch weder unverständlich noch widerspruchsvoll (BVerwG v. 28. 1. 1971 – 3 D 5.70). Auch das Ausklammern von Vorwürfen der Einleitungsbehörde, selbst wenn diese erwiesen wurden, berührt die Wirksamkeit der Klageschrift nicht (Rn. 2). Sie sind für das gerichtliche Verfahren bedeutungslos geworden. **9**

Nach Abs. 3 setzt das Gericht dem Dienstherrn eine Frist zur Beseitigung solcher Mängel, die der Beamte rechtzeitig gerügt hat oder die das Gericht selbst als heilungsbedürftig ansieht. Abs. 3 gilt nach seinem Wortlaut nur für das Disziplinarklageverfahren nach § 52 Abs. 1. Diese Beschränkung erscheint wenig sinnvoll. Zum einen können auch im Disziplinarverfügungsverfahren nach § 52 Abs. 2 Mängel vorliegen. Zum anderen wird bei wesentlichen Verfahrensmängeln, also solchen, die die unabdingbaren Verfahrensbestimmungen betreffen, das Gericht immer die Heilung für angezeigt halten (etwa zum rechtlichen Gehör, Rn. 2). **10**

Obwohl Abs. 3 die Aufforderung zur Mängelbeseitigung vorsieht, wird zunächst das Gericht nach freiem Ermessen zu prüfen haben, ob es die Verfahrensfehler nicht selbst schon ohne Verletzung der Rechte der Beteiligten im gerichtlichen Verfahrensabschnitt beheben kann (wie zuvor BVerwG v. 30. 9. 1981 – 1 D 120.79). Das ist der Fall, wenn die Mängel heilbar sind (s. A. V. Rn. 130, 134 ff.). Für die **Heilung im gerichtlichen Verfahrensabschnitt** kommen besonders Mängel in der Sachaufklärung in Betracht, die das Gericht ohne größere Beschwerlichkeit und Verzögerung nachholen kann. Dies wird in der Regel so sein, da das Gericht selbst die Tatsachenermittlung in der Hand hat. **11**

Kann oder will das VG den Verfahrensmangel nicht selbst heilen, so **setzt es dem Dienstherrn eine Frist zur Beseitigung** der Mängel, wenn diese noch geheilt werden können. Die Fristsetzung folgt dem Gebot der beschleunigten Verfahrensabwicklung. Die Frist muss so bemessen sein, dass dem Dienstherrn eine angemessene Zeit zur Behebung der Mängel bleibt. Dabei muss das Gericht bedenken, dass der Fristablauf – wenn die Mängel nicht beseitigt werden können – zwingend die Einstellung des Verfahrens zur Folge hat, Abs. 3 Satz 3 (vgl. Rn. 15). Gem. Abs. 3 Satz 2 i.V.m. § 53 Abs. 2 Satz 3 kann auch diese Frist auf Antrag des Dienstherrn verlängert werden (vgl. § 53 Rn. 4). Eine Mängelbeseitigungsaufforderung im Berufungsverfahren ist in § 55 nicht vorgesehen, aber auch nicht ausgeschlossen. Auch das OVG kann die Mängel selbst heilen (Nds. OVG v. 17. 7. 2007 – 3 LD 5/04). **12**

Das Gericht entscheidet durch **unanfechtbaren Beschluss**, Abs. 3 Satz 2 i.V. m. § 53 Abs. 2 Satz 4 und 5. Damit wird die umstrittene Rspr. des BVerwG zu § 67 Abs. 4 BDO nicht fortgesetzt. Das VG muss **im Beschluss die Verfahrensmängel darstellen** und den Weg zur ordnungsgemäßen Verfahrensweise aufzeigen. Dabei empfiehlt es sich zur Straffung und Effizienz des weiteren Verfahrens, **auch auf andere Punkte hinzuweisen**, die nach Auffassung des Gerichts weiter aufklärungsbedürftig sind. **13**

Zur Beseitigung der Mängel in der Klageschrift langt es nicht, nur in einem Schriftsatz zu den Mängeln Stellung zu nehmen oder einige Klarstellungen nachzureichen. Vielmehr muss eine neue, mangelfreie Klageschrift gefertigt **14** und eingereicht werden, die den gesamten Anforderungen des § 52 entsprechen muss. Sie ist dann die maßgebliche Grundlage des gerichtlichen Verfahrens. Liegen die Mängel in der **Unzulässigkeit des Disziplinarverfahrens**, so sind dort unterlassene oder fehlerhaft vorgenommene Handlungen nachzuholen oder fehlerfrei zu wiederholen.

15 Sind die **Verfahrensmängel nach Fristablauf nicht behoben** worden, so muss das Gericht das Verfahren nach **Abs. 3 Satz 3** durch Beschluss einstellen. Es hat insoweit keinen Ermessensspielraum, etwa erneut eine Frist zu setzen. Dies hat das Gericht bereits bei der Fristsetzung zu beachten. Nach **Abs. 4** steht die rechtskräftige Einstellung einem rechtskräftigen Urteil gleich. Abs. 4 regelt damit die Bindungswirkung des Beschlusses und sichert zugleich damit auch die materielle Rechtssicherheit. Es steht dann fest, dass der Beamte kein Dienstvergehen begangen hat. Auch können Tatsachen, die Gegenstand des Verfahrens waren, nicht erneut Gegenstand eines neuen Disziplinarverfahrens sein. Beschlüsse nach Abs. 3 Satz 3 sind **nicht unanfechtbar.** Da Abs. 3 und 4 über Rechtsmittel nichts aussagen – die Unanfechtbarkeit gilt gem. Abs. 3 Satz 2 nur für den Beschluss über die Fristsetzung, nicht aber über den Einstellungsbeschluss –, ist nach der Systematik des Gesetzes die **Beschwerde nach § 67 i.V. m. § 146 VwGO** zulässig. Erst der rechtskräftige Beschluss, also nach endgültiger Erledigung auch der Rechtsmittel, steht dem Urteil gleich.

§ 56 Beschränkung des Disziplinarverfahrens

Das Gericht kann das Disziplinarverfahren beschränken, indem es solche Handlungen ausscheidet, die für die Art und Höhe der zu erwartenden Disziplinarmaßnahme nicht oder voraussichtlich nicht ins Gewicht fallen. Die ausgeschiedenen Handlungen können nicht wieder in das Disziplinarverfahren einbezogen werden, es sei denn, die Voraussetzungen für die Beschränkung entfallen nachträglich. Werden die ausgeschiedenen Handlungen nicht wieder einbezogen, können sie nach dem unanfechtbaren Abschluss des Disziplinarverfahrens nicht Gegenstand eines neuen Disziplinarverfahrens sein.

1 Die Vorschrift übernimmt für das gerichtliche Verfahren nahezu wörtlich die Regelung des § 19 Abs. 2 für das behördliche Verfahren. Hiermit sollen zur Beschleunigung weniger gewichtige, aber aufwändig zu beweisende Vorwürfe außer Betracht bleiben können. Sie gilt für die Disziplinarklage des Dienstherrn wie auch für die Anfechtungsklage der Beamten. Darin liegt eine gravierende Durchbrechung des Grundsatzes der alleinigen Disziplinarbefugnis des Dienstherrn sowie des Grundsatzes der Einheit des Dienstvergehens. Nur er kann bestimmen, welchen Sachverhalt er zum Gegenstand einer Disziplinarklage nach § 52 oder einer Disziplinarverfügung nach § 33 macht. Schon gem. § 3 BDO konnte die Behörde von der Verfolgung einzelner Sachverhalte absehen. Während § 19 Abs. 2 sich in diesem Rahmen hält, da hier die Beschränkung im behördlichen Verfahren getroffen wird, erhalten die Gerichte diese Befugnis – ähnlich zu § 154 a StPO – außerhalb des Verwaltungsverfahrens und können die Einheit des Dienstvergehens einschränken. Das Gesetz übernimmt damit vollständig die Rspr. des BVerwG (zuletzt v. 9. 11. 2000 – 1 D 8.96, vgl. auch A. I. Rn. 11) auch für die erste Instanz.

2 Die gesetzlich geregelte Möglichkeit der Beschränkung erfüllt aber durchaus ein berechtigtes Interesse der Gerichte. Bereits unter der Geltung der BDO wäre

§ 56 BDG

es wünschenswert gewesen, eine dem § 154 a StPO vergleichbare Regelung zu schaffen. Während die Verwaltung nicht immer die Aussichten ihrer Klagen oder Verfügungen auf gerichtlichen Fortbestand abschätzen kann, sieht das Gericht klarer, auf welche Pflichtverletzungen im Gesamtzusammenhang verzichtet werden kann. Die Beschränkung ist dann geeignet, Kapazitäten des Gerichtes von unwesentlichen Vorwürfen frei zu halten und auf gewichtige Sachverhalte zu konzentrieren. Übereinstimmend mit der Rspr. des BVerwG (v. 27.11.1996 – 1 D 28.95 – BVerwGE 113,32) bedarf die Beschränkung des Verfahrens **nicht der Zustimmung der Beteiligten.**

Das Gericht hat dabei einen eingegrenzten Entscheidungsspielraum. Nur solche Handlungen dürfen ausgeschieden werden, die nach **Art und Höhe** voraussichtlich nicht ins Gewicht fallen. Hier hat das Gericht eine Art Rechtsfolgenberechnung vorzunehmen (vgl. Kleinknecht/Meyer-Goßner, StPO, § 154 a Rn. 9). Zunächst ist auf die Art der Disziplinarmaßnahme abzustellen. Zieht eine Handlung bereits die Höchstmaßnahme nach sich, kann auf weitere Handlungen verzichtet werden. Kommt eine darunter liegende Maßnahme in Betracht, ist zu berücksichtigen, ob durch die Einbeziehung/Nichteinbeziehung weiterer Handlungen eine der Art nach andere (höhere/niedrigere) Maßnahme zu erwarten ist. Ändert sich dadurch die Maßnahmenart, kann die weitere Handlung nicht ausgeschieden werden. Soweit ein Bemessungsspielraum vorgesehen ist wie bei Zurückstufung (über mehrere Stufen hinweg), Kürzung der Dienstbezüge oder des Ruhegehalts (Laufzeit) oder Geldbuße (Höhe; vgl. A. IV. Rn. 85 ff.) ist die gleiche Betrachtungsweise innerhalb der Maßnahmenart anzustellen. Kommt statt einer Zurückstufung um ein Amt eine solche um zwei oder mehrere Ämter in Frage, scheidet eine Verfahrensbeschränkung aus. Für die Kürzung der Dienstbezüge gilt dabei, dass eine nicht nur geringfügige Veränderung der Laufzeit vorher zu sehen sein muss. Kürzungen der Dienstbezüge staffeln sich ebenfalls nach kurzer, mittlerer und langer Laufzeit. Die Kürzung muss also quasi ein anderes Gewicht erhalten, sollte eine Handlung unberücksichtigt bleiben. Eine Veränderung beispielsweise um nur 2 oder 3 Monate wird nach Satz 1 nicht ins Gewicht fallen.

Wenn auch § 56 nicht wie § 19 Abs. 2 die Pflicht vorsieht, die Beschränkung aktenkundig zu machen, so verlangt doch das Rechtsstaatsgebot, dass der Beamte auf die Vorgehensweise des Gerichtes aufmerksam gemacht wird, damit er seine Verteidigung darauf einstellen kann (Kleinknecht/Meyer-Goßner, StPO, § 154 a Rn. 18). Gem. § 3 i.V. m. § 122 VwGO ist eine Entscheidung durch Beschluss angezeigt. Denn gerichtliche Entscheidungen, die der Erarbeitung des Urteils dienen, sind durch Beschluss zu treffen (Redeker/v. Oertzen, § 122 Rn. 1). Dafür spricht auch, dass die Beschränkung des Verfahrens materiell-rechtliche Folgen nach sich zieht, ausgeschiedene Handlungen in der Regel nicht weiter verfolgbar sind (vgl. Rn. 6). Die Beschränkung geht damit weit über verfahrenslenkende Maßnahmen hinaus. Letztlich handelt es sich um eine Teilsachentscheidung über disziplinar relevante Handlungen. Der Beschluss ist allerdings nicht zu begründen, da er nicht durch Rechtsmittel angefochten werden kann. § 146 Abs. 2 VwGO (i.V. m. §§ 3, 67 Abs. 1) sieht die Beschwerde nicht vor für prozessleitende Verfügungen und ähnliche Verfahrenshandlungen, wie z. B. die Trennung und Verbindung von Verfahren. Um eine solche Verfahrenshandlung handelt es sich auch bei der Beschränkung des Verfahrensstoffes entgegen des Grundsatzes der Einheit des Dienstvergehens. Auch ist die Begründung durch das Gesetz schon vorgegeben.

§ 57 BDG

5 Die aktenkundige Dokumentation der Beschränkung ist insbesondere deshalb erforderlich, weil **Satz 2** das **Verbot der Wiedereinbeziehung** ausgeschiedener Handlungen ausspricht. Dazu müssen die von diesem materiell-rechtlichen Verwertungsverbot betroffenen Handlungen bzw. Vorwürfe eindeutig festgelegt sein. Sie sind nur dann wieder einzubeziehen, wenn die Voraussetzungen der Beschränkung nachträglich wieder entfallen. Dies kommt nur in Betracht, wenn sich die im Verfahren verbliebenen Vorwürfe später in völlig anderem Licht (und damit Gewicht) präsentieren oder überhaupt nicht nachgewiesen werden können. Dann gewinnt die ausgeschiedene Handlung ein neues – stärkeres – Gewicht, das das Gericht in der Regel dazu zwingen wird, diese wieder einzubeziehen. Nur so kann es dem Klagewillen des Dienstherrn und dessen Disziplinarbefugnis gerecht werden. Dem Gericht steht insoweit kein Ermessen zu. Der Wortlaut »können« ist also zu lesen als »dürfen«.

6 Die **Verfolgung ausgeschiedener Handlungen ist** – soweit sie nicht im anhängigen Verfahren wieder einbezogen werden – **unzulässig, Satz 3**. Der Dienstherr darf sie also nach Abschluss des Disziplinarverfahrens nicht zum Gegenstand eines neuen Disziplinarverfahrens machen und sie auch nicht in ein solches neues Verfahren – das wegen neuer Vorwürfe eingeleitet wurde – mit einbeziehen. Auch eine dortige Nachtragsdisziplinarklage wäre unzulässig. Insoweit setzt die Vorschrift wieder den Grundsatz der Einheit des Dienstvergehens um. Die ausgeschiedenen Handlungen sind also mit der unanfechtbaren Entscheidung endgültig (mit) erledigt worden und verbraucht.

§ 57 Bindung an tatsächliche Feststellungen aus anderen Verfahren

(1) Die tatsächlichen Feststellungen eines rechtskräftigen Urteils im Straf- oder Bußgeldverfahren oder im verwaltungsgerichtlichen Verfahren, durch das nach § 9 des Bundesbesoldungsgesetzes über den Verlust der Besoldung bei schuldhaftem Fernbleiben vom Dienst entschieden worden ist, sind im Disziplinarverfahren, das denselben Sachverhalt zum Gegenstand hat, für das Gericht bindend. Es hat jedoch die erneute Prüfung solcher Feststellungen zu beschließen, die offenkundig unrichtig sind.
(2) Die in einem anderen gesetzlich geordneten Verfahren getroffenen tatsächlichen Feststellungen sind nicht bindend, können aber der Entscheidung ohne erneute Prüfung zugrunde gelegt werden.

1 Die Vorschrift übernimmt inhaltlich die Regelung aus dem früheren § 18 BDO und ergänzt die nach § 23 für das behördliche Verfahren geltende Bindungswirkung auch für das gerichtliche Verfahren. Neu ist dabei die Bindungswirkung solcher Entscheidungen, die auf Klagen gegen Feststellungsbescheide über den Verlust der Dienstbezüge nach § 9 BBesG ergehen. Dies ist vor dem Hintergrund zu würdigen, dass das BDG den Rechtsschutz gegen Feststellungsbescheide über den Verlust der Dienstbezüge mangels ausdrücklicher Regelung nicht (mehr) der Disziplinarkammer des VG zuweist, sondern als allgemeines Beamtenrecht ansieht. Kraft Sachzusammenhangs (Hintergrund ist das schuldhafte Fernbleiben vom Dienst) sollte auch diese Materie der Disziplinarkammer zugewiesen werden (vgl. vor § 62 Rn. 2).

2 **§ 57 regelt zunächst die Bindung** des Gerichtes im Disziplinarverfahren an den im Strafverfahren festgestellten Sachverhalt. Die Bindung der Disziplinargerichte an **tatsächliche Feststellungen in Strafurteilen** ist eine die Nutzung

§ 57 BDG

besserer Ermittlungsmöglichkeiten der Strafverfolgungsbehörden sichernde und zugleich das Auseinanderfallen von Entscheidungen verschiedener Gerichtsbarkeiten in ein und derselben Sache zu hindern bestimmte Ausnahme von der Freiheit der Gerichte bei der Sachverhaltsfeststellung (BVerwG, Dok. Ber. 1986, 209). Die Bindung soll nicht nur zu einer Beschleunigung des Verfahrens führen, sondern auch einen unnötigen Aufwand an Zeit und Kosten verhindern, was allerdings nicht immer damit verbunden ist.

Bindende Wirkung für die Annahme eines Dienstvergehens hat grundsätzlich **3** jedes **rechtskräftige Urteil** eines **deutschen Gerichts**. Auch ausländische Urteile können bei Annahme eines Dienstvergehens binden, wenn ihre Tatsachenfeststellungen dem disziplinaren Vorwurf zugrunde liegen. Voraussetzung ist kulturelle und rechtsstaatliche Übereinstimmung der dortigen Strafnormen und Prozessschutzregeln mit denen des deutschen Rechts (ordre public, Art. 30 EGBGB). Ist die Übereinstimmung gegeben, so ist die Bindung schon deswegen nahe liegend, weil deutsche Disziplinarvorgesetzte bzw. -organe im Ausland kaum die Möglichkeit besserer oder überhaupt freier Sachaufklärung haben. Für Zweifelsfälle steht das Mittel der Lösung nach § 57 Abs. 1 Satz 2 zur Verfügung. Da die Berücksichtigung eines ausländischen Urteils für § 14 anerkannt ist (BVerwG v. 1.9.1981 – 1 D 90.80; BDiG v. 23.6.1971 – IV VL 37/70), kann Gleiches für § 57 angenommen werden. Bindend ist ein Urteil, das im Straf- oder Bußgeldverfahren gegen den Beamten, das denselben Sachverhalt betrifft, ergeht (anders bei § 57 Abs. 2 vgl. u. Rn. 14).

Die Bindung reicht nur so weit, als die in der Klageschrift oder Disziplinarverfügung vorgeworfene Pflichtverletzung auch Gegenstand des Strafverfahrens **4** war (BVerwG, Dok. Ber. 1986, 5). **Keine Bindung** nach Abs. 1 besteht an Strafbefehle (BVerwG, Dok. Ber. 1992, 317) und Bußgeldbescheide (jedoch im Rahmen des Abs. 2). Dagegen sind die tatsächlichen Feststellungen eines im Privatklageverfahren gegen den Beamten ergangenen Urteils bindend. Problematisch ist die Frage der Bindungswirkung von Urteilen, die in abgekürzter Form ergehen (§ 267 Abs. 4 StPO). Hier besteht Bindungswirkung nur, wenn das Urteil ausreichende tatsächliche Feststellungen enthält. Allerdings genügt für die Bindungswirkung, dass der in Bezug genommene **Anklagesatz ausreichende und widerspruchsfreie Feststellungen** enthält, die den Urteilsspruch tragen (BVerwG v. 24.2.1999 – 1 D 31.98; v. 4.3.1998 – 1 D 52.96; v. 6.6.1984 – 1 D 73.83). Keine Bindungswirkung entfalten auch in sich widerspruchsvolle oder nicht zum Straftatbestand gehörende oder unschlüssige tatsächliche Feststellungen (Behnke-Amelung, § 18 Rn. 14). **Unterschiedliche Feststellungen** über die Beteiligung eines Beamten an einer Straftat in einem Straf- und einem Zivilurteil, die beide rechtskräftig geworden sind, sind geeignet, erhebliche Zweifel an der Richtigkeit der tatsächlichen Feststellungen im Strafurteil zu begründen, und rechtfertigen deshalb (auch unter dem neuen Wortlaut »offenkundig unrichtig«, s. Rn. 10) einen Lösungsbeschluss nach § 18 Abs. 1 Satz 2 BDO – nunmehr § 57 Abs. 1 Satz 2 BDG – (BVerwG v. 12.4.1989 – 1 D 120.87). **Nicht bindend** sind ferner auch auf **Einstellung** aus formalen Gründen lautende strafgerichtliche Entscheidungen (BVerwGE 83, 180). Bei der **Einstellung** des Strafverfahrens, z. B. wegen Verjährung oder mangels einer Schuldfeststellung, sind keine tatsächlichen Feststellungen zwingend zu treffen, die Voraussetzung für die Bindungswirkung sein könnten (BVerwG, Dok. Ber. 1986, 195). Dies gilt entsprechend auch für die häufigen **Einstellungen nach § 153 a StPO**. Umgekehrt sind die den Schuldspruch tragenden Feststellungen eines Strafurteils auch dann für das Disziplinargericht bindend, wenn nach der Beschränkung der Berufung auf das Strafmaß das Strafverfahren in der Berufungsinstanz eingestellt wird (BVerwGE 83, 228, »horizontale Rechtskraftwirkung«, insbes. steht die Unschuldsvermutung nicht entgegen, BVerwG v. 24. 11. 1999 – 1 D 68.98 – ZBR 2000, 313), ebenso bei Rechtskraft des Schuldspruchs in der Revisionsinstanz und neue Entscheidung der Tatinstanzen nur über das Strafmaß (BVerwG v. 26. 4. 1988 – 1 D 95.87). Wird dagegen ein Strafurteil der Vorinstanz in der Revision aufgehoben, ohne dass bei der Aufhebung aus Tenor und Gründen eine Einschränkung hinsichtlich der Aufhebung ersichtlich wird, dann hat das angefochtene Urteil keine Bindungswirkung erlangt. Daran ändert auch nichts, dass die Revisionsentscheidung durch Beschluss ergangen ist. Auch der Umstand, dass das Revisionsgericht die Feststellungen des Landgerichts wegen seiner Bindung hieran selbst zugrunde gelegt und sie in den Gründen seiner Entscheidung wiedergegeben hat, ändert hieran nichts (BVerwG, Dok. Ber. 1985, 336).

5 § 57 Abs. 1 stellt **kein Prozesshindernis** wie § 14 Abs. 2 dar, er verbietet lediglich die Beweisaufnahme über bindend festgestellte Tatsachen. Seine Verletzung stellt mithin einen behebbaren Verfahrensmangel dar (BDHE 7, 19).

6 **Die Bindungswirkung** des Abs. 1 bezieht sich nach dem klaren Wortlaut der Bestimmung auf die **tatsächlichen Feststellungen,** auf denen das strafgerichtliche Urteil **beruht,** und zwar sowohl hinsichtlich des äußeren als auch des inneren Tatbestandes.

In Bindung erwachsen deshalb die Feststellungen zur Zueignung einer Sache bei der Unterschlagung, der Absicht, sich einen Vermögensvorteil zu verschaffen beim Betrug, ferner Feststellungen zur Schuldfähigkeit bzw. zum Vorsatz oder der Fahrlässigkeit (BVerwG v. 10. 8. 1982 – 1 D 5.81). Bindend sind auch Ausführungen zum Zeitpunkt des Tatentschlusses (BVerwGE 43, 125). Keine Bindung besteht an Geschehensablauf, der im freisprechenden Strafurteil zwar hätte geprüft werden können, aber tatsächlich nicht geprüft wurde (BDH v. 17. 2. 1962 – 2 DB 7.66). Dagegen sind stillschweigende Tatsachenfeststellungen (etwa zu Nichtvorliegen von Schuldunfähigkeit) bindend (BVerwG v. 9. 9. 1997 – 1 D 36.96). Aus bindend festgestellter Schuldfähigkeit kann aber nicht bindend die Verhandlungsfähigkeit abgeleitet werden (BVerwG v. 25. 1. 2001 – 1 D 31.99). Bindend sind nicht Feststellungen zum Wert entwendeter Sachen; wenn die Sachen selbst konkretisiert sind, besteht allerdings insoweit Bindung (BVerwG, Dok. Ber. 1990, 315). Bindend sind auch negative Feststellungen, auf denen beruhend das Strafgericht Beamte von Beschuldigungen teilweise freistellt und nur wegen weiterer Tatsachen verurteilt. Es liegt zwar kein Freispruch i. S. d. § 14 Abs. 2 vor, aber Bindung des Verwaltungsgerichts nach § 57 Abs. 1.

7 Die **Bindungswirkung** gilt grundsätzlich **für das gesamte behördliche (§ 23 Abs. 1) Verfahren** und das anschließende Gerichtsverfahren, soweit sich das Gericht nicht nach Abs. 1 Satz 2 gelöst hat. Dienstvorgesetzte sind mithin sämtlich i. S. d. § 23 Abs. 1 gebunden. Beweisanträge, die tatsächliche Feststellungen eines Strafurteils im Sinne von § 57 Abs. 1 betreffen, sind mithin unzulässig (arg. aus § 58 »erforderliche Beweise«, BVerwG v. 2. 8. 1980 – 1 D 77.79). Eine Lösung der ersten Instanz im Disziplinarverfahren befreit wiederum die Berufungsinstanz nicht automatisch von der Bindungswirkung des § 57 (BVerwGE 73, 31).

8 Nicht bindend sind **Rechtsansichten** des Strafgerichts zur Einordnung des Sachverhalts unter einen Straftatbestand (BDHE 3, 125, 131). Also beispielswei-

§ 57 BDG

se die Auffassung, das Verhalten des Betroffenen erfülle die Voraussetzungen des Diebstahls und nicht die einer Unterschlagung. **Keine Bindung** tritt schließlich ein bei Feststellungen, die **nicht den gesetzlichen Tatbestand betreffen;** so binden z. B. Feststellungen, die sich nur auf die Schwere der Schuld erstrecken, lediglich das Strafmaß betreffen oder solche zur Zubilligung mildernder Umstände oder zu Begleitumständen einer Tat, nicht. Nicht zum gesetzlichen Tatbestand gehören auch Ausführungen zur Verwendung unterschlagenen oder entwendeten Geldes oder die Höhe des gefundenen Geldbetrages bei einer Fundunterschlagung.

Bindend sind neuerdings auch **tatsächliche Feststellungen im verwaltungsgerichtlichen Verfahren über den Verlust der Besoldung bei schuldhaftem Fernbleiben vom Dienst** (vgl. dazu vor § 62 Rn. 14). Die amtliche Begründung gibt keinen Aufschluss für diese Ausdehnung der Bindungswirkung. Sie spiegelt aber den engen Sachzusammenhang beider Verfahren wieder und ist zu begrüßen. Bereits unter der Geltung der BDO waren Verfahren nach § 121 BDO schwierig und langwierig, so dass die Übernahme der dort getroffenen Tatsachenfeststellungen sinnvoll ist. Allerdings sollten solche Verfahren auch zukünftig **der mit Disziplinarsachen betrauten Kammer zugewiesen** werden. Diese könnten sachgleiche Disziplinar- und Verlustfeststellungsverfahren nach § 3 i.V. m. § 93 VwGO zur gemeinsamen Entscheidung verbinden, wie dies auch § 121 Abs. 6 BDO vorsah. Zu berücksichtigen ist dabei, dass eine abweichende Entscheidung im Disziplinarverfahren die Pflicht des Dienstherrn nach § 3 i.V. m. § 51 VwVfG nach sich ziehen kann, das Verfahren nach § 9 BBesG wieder aufzugreifen (BVerwG v. 29. 3. 1999 – 1 DB 7.97 – ZBR 1999, 309 = NVwZ 2000, 202).

9

§ 57 Abs. 1 Satz 2 gibt die Möglichkeit der **Lösung** durch Mehrheitsbeschluss mit der Folge, dass das Disziplinargericht oder der Disziplinarsenat des OVG sich von bindenden strafgerichtlichen Feststellungen lösen und eigene Tatsachenfeststellungen treffen können. Soweit nun Abs. 1 Satz 2 **offenkundige Unrichtigkeit** voraussetzt, handelt es sich lediglich um eine Präzisierung der Voraussetzungen eines Lösungsbeschlusses, aber keine Verschärfung (so die Amtliche Begründung, BT-Drs. 14/4659, S. 42). Die Lösung von der grundsätzlichen Bindung muss Ausnahme bleiben. Ein Lösungsbeschluss kommt deshalb nur in Frage, wenn das Disziplinargericht sonst gezwungen wäre, auf der Grundlage unrichtiger, zumindest höchst zweifelhafter Feststellungen zu entscheiden. Nur dies soll durch die Zulässigkeit einer Lösung verhindert werden (BVerwG v. 29. 11. 2000 – 1 D 13.99 – DÖD 2001, 216 = NVwZ-RR 2001, 394), wie Abs. 1 Satz 2 jetzt noch deutlicher ausdrückt. Es genügt nicht, dass die Disziplinargerichte aufgrund einer eigenen anderen Würdigung abweichende Feststellungen für richtig halten. Das Disziplinargericht darf insbesondere nicht seine eigene Beweiswürdigung gegen die des Strafgerichts setzen; auch die Möglichkeit eines anderen Geschehensablaufs reicht grundsätzlich für den Lösungsbeschluss nicht aus (BVerwG, Dok. Ber. 1980, 277; 1981, 217 und 1988, 175). Lösung kommt nur in Frage bei Fehlern, die im Strafprozess die Revision begründen (BVerwG, Dok. Ber. 1981, 217), also bei **unzulänglichen, widersprüchlichen, gegen die Denkgesetze verstoßenden,** nicht zum Straftatbestand gehörenden oder unschlüssigen Feststellungen (vgl. hierzu BVerwGE 73, 31; ZBR 1983, 208 = Dok. Ber. 1988, 175; BVerwG v. 5. 9. 1990 – 1 D 78.89 – Dok. Ber. 1990, 315; v. 10. 3. 1992 – 1 D 50.91 – Dok. Ber. 1992, 249) sowie bei offenkundiger Verletzung wesentlicher Verfahrensvorschriften (BVerwG, DÖD 2001, 216). Ein Verstoß gegen die Denkgesetze liegt noch nicht vor, wenn ein

10

anderer Tathergang oder eine andere Erklärung für das Tatgeschehen möglich oder wahrscheinlich ist (BVerwG, Dok. Ber. 1986, 187). Eine Lösung ergibt sich jedoch, wenn Straf- und Zivilurteil in derselben Sache unterschiedliche Tatsachen feststellen (BVerwG v. 12. 4. 1989 – 1 D 120.87; s. Rn. 4). Bei Wahlfeststellungen des Strafurteils besteht eine Bindung nur hinsichtlich des disziplinarrechtlich minderschweren Verhaltens (wg. »in dubio pro reo«, so BVerwG v. 21. 7. 1992 – 1 D 27.92). Es muss allerdings auch berücksichtigt werden, dass die Bindungswirkung als eine Regelung der Ausnahme von der Freiheit der Gerichte bei der Sachverhaltsfeststellung wiederum eng auszulegen ist (so zutreffend BVerwGE, Dok. Ber. 1986, 209). Bedenklich deshalb die allzu weite Einschränkung einer Lösung durch das BVerwG, wonach die Zulässigkeit einer Lösung nach § 18 BDO (nunmehr: § 57 BDG) in der Praxis auf Fälle beschränkt sei, in denen das Disziplinargericht sonst gezwungen wäre, auf der Grundlage offensichtlich unrichtiger oder inzwischen als unzutreffend erkannter Feststellungen zu entscheiden (so u. a. BVerwG v. 5. 3. 1991 – 1 D 48.89 u. BVerwG, Dok. Ber. 1993, 149). Der Wortlaut des Abs. 1 Satz 2 ist daher einschränkend auszulegen. Dies ist schon deshalb notwendig, weil die Sorgfalt der Untersuchung und Feststellung eines Sachverhalts im Strafverfahren, insbesondere in Bagatellfällen oder bei Sachverhalten, die eine genaue Kenntnis des von dem Beamten verrichteten Dienstes voraussetzen, nicht selten sehr zu wünschen übrig lässt. Gerade solche Sachverhalte können im Disziplinarverfahren, in dem die Beteiligten in der Regel sachkundig sind, leichter und genauer ermittelt werden. Gerade in solchen Fällen muss deshalb immer geprüft werden, ob die Sachaufklärung des Strafgerichts zureichend ist. Auch offensichtliche Unrichtigkeiten, wie falsches Datum, können erst nach förmlicher Lösung gem. Abs. 1 Satz 2 berichtigt werden (BVerwG v. 4. 5. 1988 – 1 D 149.87).

11 **Der Beamte ist** ohnehin trotz Bindungswirkung in jedem Stadium des Verfahrens **zu hören.** Dies einmal, weil alle für die disziplinarrechtliche Beurteilung erforderlichen Aspekte herauszuarbeiten sind, und zum anderen, weil der Beamte oder der Verteidiger Gesichtspunkte darlegen können, die für einen Lösungsbeschluss sprechen. Rechtliches Gehör steht dem Beamten auch in der Ermittlung zu; der Ermittlungsführer ist zwar nach § 23 Abs. 1 absolut gebunden, er muss aber, wenn er nach Anhörung des Beamten zu einem anderen Ergebnis kommt, in den Akten kenntlich machen, dass seine Ermittlungen zu anderen Ergebnissen geführt hat, als sie das Strafgericht der Entscheidung zugrunde gelegt hat.

12 In der gerichtlichen Hauptverhandlung kann ein **Beweismittel,** dessen Einführung einen Lösungsbeschluss voraussetzt, auch schon **vor** dem Beschluss präsent gemacht werden (BVerwGE 33, 110). Auch informatorische Anhörung von Zeugen und Sachverständigen zur Vorbereitung eines Lösungsbeschlusses ist zulässig (BVerwG, Dok. Ber. 1987, 7). Nur so kann das Gericht ausreichende Grundlagen für eine Entscheidung über eine Lösung gewinnen. Einem Beweisantrag, mit dem entgegen den bindenden Feststellungen des Strafurteils verminderte Schuldfähigkeit bewiesen werden soll, kann ohnehin stattgegeben werden, weil diese Feststellung nicht von der Bindung abweicht, soweit Schuldfähigkeit festgestellt ist, andererseits eine Maßnahmemilderung in Betracht kommen kann.

13 Löst sich das Gericht nicht, so bedarf dies nur bei entsprechender Anregung eines Verfahrensbeteiligten eines förmlichen Beschlusses, der aber nicht begründet werden muss. Prozessuale Fürsorge gebietet aber in der Regel Mitteilung der Gründe in der Hauptverhandlung, kurz gefasst auch in den Entscheidungsgründen. Wird bei der Begründung der Nichtlösung auf die Strafurteilsgründe eingegangen, müssen diese Gegenstand der Klageschrift nach § 52 Abs. 1 Satz 2 geworden sein, sonst liegt ein Verfahrensfehler vor. Will sich das Gericht lösen, muss es dazu den Verfahrensbeteiligten das rechtliche Gehör bieten. Der Lösungsbeschluss muss gefasst sein, bevor die Beweisaufnahme zu dem Lösungstatbestand begonnen wird. Die Gründe der Lösung sind in der Hauptverhandlung und in den Urteilsgründen darzulegen (Claussen/Janzen, § 18 Rn. 12 d). Der in der Hauptverhandlung gefasste Lösungsbeschluss ist **unanfechtbar**. Ein Abweichen von bindenden Feststellungen oder auch die irrige Annahme bindender Feststellungen stellten schwere **Verfahrensmängel** dar, sie können zur Aufhebung der Sache und Zurückverweisung an das Vordergericht führen. Feststellungen in einem anderen gesetzlich geordneten Verfahren **nach Abs. 2**, das mit einer Sachentscheidung endete (BVerwG v. 25.3.1980 – 1 D 14.79), binden dagegen **nicht**. Das Gericht kann sie aber nach **pflichtgemäßem Ermessen** der Entscheidung im Disziplinarverfahren zugrunde legen. Die nach Abs. 2 zu übernehmenden tatsächlichen Feststellungen setzen ein rechtsbeständig abgeschlossenes **anderes Verfahren** voraus. Es können nur solche Verfahrensakten beigezogen werden, die keinem Verwertungsverbot unterliegen, wie etwa ggf. Ehescheidungsakten (vgl. BVerfGE 27, 345; B. II. 9. Rn. 16). Die disziplinaren Ermittlungen und Untersuchungen in eigener Sache sind kein anderes Verfahren i. S. d. Abs. 2, fallen also nicht unter Abs. 2 (BVerwGE 33, 147). Auch Verfahren gegen Dritte können nach Abs. 2 verwertet werden, wenn sie dem Amtsermittlungsgrundsatz unterliegen oder der Beschuldigte im Privatmaximeverfahren auf das Verfahren Einfluss nehmen konnte (BVerwG v. 22.11.1979 – 1 D 84.78). Das Disziplinargericht **kann** den übernommenen Sachverhalt ergänzen. In keinem Fall können Tatsachenfeststellungen aus anderen Verfahren verwertet werden, wenn der im Disziplinarverfahren erhebliche Sachverhalt dort nicht **umfassend und eindeutig geklärt** ist. Deshalb können diese tatsächlichen Feststellungen nur ungeprüft übernommen werden, wenn sie unstreitig sind (BVerwG, IÖD 2009, 5-7).

14

15

§ 58 Beweisaufnahme

(1) Das Gericht erhebt die erforderlichen Beweise.
(2) Bei einer Disziplinarklage sind Beweisanträge von dem Dienstherrn in der Klageschrift und von dem Beamten innerhalb zweier Monate nach Zustellung der Klage oder der Nachtragsdisziplinarklage zu stellen. Ein verspäteter Antrag kann abgelehnt werden, wenn seine Berücksichtigung nach der freien Überzeugung des Gerichts die Erledigung des Disziplinarverfahrens verzögern würde und der Beamte über die Folgen der Fristversäumung belehrt worden ist; dies gilt nicht, wenn zwingende Gründe für die Verspätung glaubhaft gemacht werden.
(3) Die Bestimmungen der Strafprozessordnung über die Pflicht, als Zeuge auszusagen oder als Sachverständiger ein Gutachten zu erstatten, über die Ablehnung von Sachverständigen sowie über die Vernehmung von Angehörigen des öffentlichen Dienstes als Zeugen und Sachverständige gelten entsprechend.

§ 58 betrifft eine weitere grundlegende Veränderung des Disziplinarverfahrens, nämlich die **Abkehr vom Mittelbarkeitsprinzip** der Hauptverhandlung. Während nach der BDO eine mittelbare Beweisaufnahme das Gerichtsverfahren be-

1

stimmte, indem die im förmlichen Untersuchungsverfahren gewonnenen Beweismittel durch Verlesen in der Beweisaufnahme vor dem BDiG in das Verfahren eingeführt wurden (ein Verfahren, das in vielen europäischen Staaten bekannt ist), sieht das BDG eine **unmittelbare Beweisaufnahme vor dem VG** entsprechend der Vorschriften nach §§ 86, 96 bis 98 VwGO vor, zum Teil durch Abs. 2 zur Beschleunigung des Verfahrens etwas abgewandelt.

2 Abs. 1 bestimmt, dass das Gericht die erforderlichen Beweise erhebt. Dies ist mehr deklaratorisch zu verstehen, denn aus § 3 i.V.m. §§ 96 ff. VwGO ergäbe sich das Gleiche. Es soll wohl die Änderung der Rechtslage ausdrücklich dokumentiert werden. Neben dem Grundsatz der Unmittelbarkeit gilt auch der Grundsatz der Mündlichkeit und der Parteiöffentlichkeit (§ 97 VwGO). Die ausdrückliche Verweisung der Beweisaufnahme an das Gericht ohne eine § 96 Abs. 2 VwGO entsprechende Vorschrift bedeutet, dass in Disziplinarverfahren keine Beweisaufnahme vor dem beauftragten oder ersuchten Richter stattfindet (a.M. GKöD-Weiß, M § 58 Rn. 2, der aber wenig nachvollziehbar § 96 Abs. 2 VwGO für anwendbar hält, nicht aber § 96 Abs. 1 VwGO, so Rn. 24).

3 Das Gericht hat nach **Abs. 1** nicht alle zum Nachweis des Dienstvergehens erforderlichen Tatsachen durch Beweismittel in der mündlichen Verhandlung zu erheben, sondern **nur die Tatsachen,** die im Zweifel stehen (so die Amtliche Begründung, BT-Drs. 14/4659, S. 42 und Rundschreiben des BMI vom 20.6.2001) und deren Aufklärung es nach dem Amtsermittlungsgrundsatz nach Lage der Dinge als sich aufdrängend für erforderlich hält (BVerwG, IÖD 2005, 243). Diese sind aus Klageschrift und Klageerwiderung zu ermitteln. Im Übrigen kann sich das Gericht an die Ermittlungsakten der Behörde halten und die darin enthaltenen Unterlagen, Vernehmungen oder Erklärungen verwerten. Es bestimmt über aufzuklärende Tatsachen wie auch über die Art der Aufklärung (Zeugen, Sachverständige etc.). Müsste das Gericht alle Tatsachen, die in der Entscheidung verwertet werden, durch eine Beweisaufnahme im echten Sinne in der mündlichen Verhandlung feststellen, wäre man wieder im Strafprozess, was das Gesetz partout vermeiden will. Erforderlich ist die Feststellung des Sachverhalts von Amts wegen. Ist er geklärt, bedarf es keiner Beweisaufnahme. Abs. 1 verlangt diese also nicht generell, sondern legt sie – so erforderlich – dem Gericht auf (Schoch/Schmidt-Aßmann/Pietzner, § 96 Rn. 18). Dies könnte problematisch werden. Soll tatsächlich der Sachverhalt aus der Klageschrift als wahr unterstellt werden, wenn der Beamte sich nicht äußert, zumal das Gesetz eine Klageerwiderung nicht ausdrücklich vorsieht? Hier wird sich in der Praxis zeigen müssen, ob der **Amtsermittlungsgrundsatz** ein Regulativ schafft. Einmal mehr zeigt sich die verfehlte Politik, dem zum Strafverfahren wesensähnlichen Disziplinarrecht die Basis zu entziehen, denn es handelt sich jeweils um Konsequenzen für schuldhaftes Fehlverhalten. Der Ausweg kann nur darin bestehen, nur absolut klare oder zugestandene Feststellungen ohne weiteres zu verwerten. Schweigt ein Beamter, ist dies nicht als Geständnis anzusehen und sind beim geringsten Zweifel insbesondere Zeugen und Sachverständige vor Gericht mündlich zu hören. Frühere schriftliche Aussagen (§ 24 BDG) sind nicht verwertbar. Die Unmittelbarkeit der Beweisaufnahme verlangt die Beweiserhebung unmittelbar vor Gericht (BVerwG v. 15.12.2005 – 2 A 4.04 Rn. 39; v. 4.9.2008 – 2 B 61/07). Jedenfalls sind auch unstreitig gebliebene Tatsachen durch Verlesen in die Verhandlung einzuführen, damit die Beteiligten die Grundlage der Entscheidungsfindung kennen. Dies kann auch in einem sehr detaillierten Sachbericht des Berichterstatters geschehen. Über § 3 und § 98 VwGO kann das Gericht auf

alle in der ZPO geregelten **Beweismittel** zurückgreifen (§§ 372ff. ZPO), also auch Augenschein, Zeugen, Sachverständige, Urkunden und Parteivernehmung, soweit diese Vorschriften im Verwaltungsprozess auch Anwendung finden. Letzteres Beweismittel steht aber unter der Einschränkung, dass der Beamte nicht verpflichtet ist, sich selbst zu belasten, weshalb er auch über die Parteivernehmung hierzu nicht gezwungen werden kann (so überzeugend GKöD-Weiß, M § 58 Rn. 37ff., 42ff.). Dürfen Mitarbeiter des Dienstherrn nicht aussagen, werden Urkunden nicht vorgelegt oder Auskünfte dem Gericht nicht erteilt, etwa wegen einer Sperrerklärung, so können dort enthaltene Tatsachen nicht zu Lasten des Beamten berücksichtigt werden (BGH, NJW 2004, 1259; GKöD-Weiß, M § 58 Rn. 51). Im Einzelnen kann auf die Kommentierung zur VwGO verwiesen werden (etwa Redeker/v. Oertzen, § 86 Rn. 7 ff.; Schoch/Schmidt-Aßmann/Pietzner, § 86 Rn. 19, 46, 69).

Abs. 2 schränkt das Recht der Beteiligten im Disziplinarklageverfahren zur Stellung von Beweisanträgen erheblich ein, wie dies auch §§ 67 Abs. 2, 68 Satz 2 und 3 BDO vorsahen. Der Dienstherr hat solche in der Klageschrift, der Beamte innerhalb einer gesetzlichen Frist von zwei Monaten nach Zustellung der Klageschrift zu stellen. Das Gesetz selbst stellt also schon eine Frist, binnen derer die Beteiligten ihren Mitwirkungspflichten Genüge zu tun haben. Kommen sie dieser nicht nach, bestimmt Abs. 2 Satz 2 die Folgen. Ein verspäteter Antrag kann bei Verzögerung der Erledigung des Rechtsstreits und Belehrung des Beamten über diese Rechtsfolge (§ 54) abgelehnt werden. Dies entspricht § 87 b VwGO, ebenso wie bei der Rüge von Verfahrensmängeln nach § 55 Abs. 2. Daher kann auf die Kommentierung zu § 55 verwiesen werden (Rn. 5, § 53 Rn. 9 f.). Liegen Gründe für die verspätete Antragstellung vor, muss dieser zugelassen werden, auch wenn er verzögernd wirkt. 4

Ein **Beweisbeschluss** ist in der Regel nicht erforderlich, wenn auch oftmals sinnvoll, etwa zur Einholung eines Gutachtens. Beweisanträge müssen das **Beweisthema** eindeutig erkennen lassen. Im Zweifelsfall sind sie nach ihrem Sinn, nicht nur nach dem Wortlaut auszulegen (BDHE 3, 122; BGH, NJW 1959, 396). **Beweisermittlungsbegehren** sind zulässig, aber keine echten Beweisanträge (vgl. dazu BGH, DVBl. 1961, 176 und NJW 1983, 126). Bloße **Beweisanregungen** sind in das Ermessen des Gerichts gestellt und bedürfen keiner förmlichen Behandlung (BGH, NStZ 1981, 309). Über **Eventualanträge** (Hilfsanträge) ist in der Urteilsberatung mit zu entscheiden. **Beweisangebote**, die nach Auffassung des Gerichts entscheidungserheblich und nicht gem. §§ 58 Abs. 2, 65 Abs. 3 präkludiert sind, dürfen nur unberücksichtigt bleiben, wenn sich ausschließen lässt, dass die Beweiserhebung zu neuen, maßgeblichen Erkenntnissen führen kann, etwa weil die Tatsachenbehauptung »ins Blaue hinein« aufgestellt wurde oder das Beweismittel offensichtlich untauglich ist. Will das Gericht dem Beweisangebot nicht nachkommen, muss es den Beamten darauf hinweisen (BVerwG v. 14.6.2005 – 2 B 108.04). Die Ablehnung eines in der mündlichen Verhandlung gestellten **Haupt-Beweisantrags** geschieht durch zu begründenden **Beschluss des Gerichts in der Hauptverhandlung** (§ 98 VwGO), der gem. § 146 Abs. 2 VwGO **nicht selbständig anfechtbar** ist. 5

Sind **Zeugen und Sachverständige** durch das Gericht oder die Verfahrensbeteiligten geladen, so kann im Einvernehmen mit den Beteiligten **auf die Vernehmung verzichtet** bzw. bei Unerheblichkeit davon abgesehen werden. Sind zusätzliche Zeugen- und Sachverständigenvernehmungen beantragt, so gelten für die Entscheidung über die Anträge die Grundsätze des § 98 VwGO. Die 6

Unzulässigkeit der Anträge ist nicht gleichbedeutend mit einer Unzulässigkeit der Beweiserhebung selbst (wegen der Notwendigkeit eigener Beweiserhebung von Gerichts wegen vgl. o. Rn. 3). Die **Bindungswirkung des § 57** steht der Zulässigkeit jeder Beweisaufnahme entgegen. Die Beweisaufnahme muss sich in den **Grenzen des angeschuldigten Sachverhalts** halten (vgl. § 52 Rn. 9 f.). **Das Fragerecht der ehrenamtlichen Richter** gilt auch gegenüber den vernommenen Zeugen und Sachverständigen. Auch den **Verfahrensbeteiligten** ist nach jeder Vernehmung **Gelegenheit zur Befragung** der Zeugen und Sachverständigen zu geben (§ 97 VwGO).

7 Abs. 3 erklärt die Vorschriften der StPO zur Pflicht von Zeugen, Sachverständigen und Angehörigen des öffentlichen Dienstes vor Gericht auszusagen für entsprechend anwendbar. Während die VwGO insofern in § 98 VwGO auf die ZPO verweist, erscheint dem Gesetzgeber hier der Verweis auf die StPO sinnvoller. Auch die amtliche Begründung erläutert diesen Bruch zu dem erklärten Ziel, das Disziplinarrecht vom Strafprozess zu trennen, nicht. Auch die Vorschriften der ZPO hätten – wie im Verwaltungsprozess – Sinn gemacht. Die Erläuterung zur Vorschrift des § 25, diese würde dem Normzweck und Regelungsgegenstand des disziplinaren Ermittlungsverfahren nicht so gerecht, ist nichtssagend und verrät nur die verfehlte Gesetzgebungspolitik.

8 Die in Bezug genommenen Vorschriften sind die §§ 49 bis 71, 72 bis 84 StPO; im Wesentlichen (z.T. a.M. GKöD-Weiß, M § 58 Rn. 115ff.):
- § 49: Aussagepflicht des Bundespräsidenten
- § 50: Aussagepflicht oberster Staatsorgane
- § 51: Folgen des Ausbleibens, Kosten und Ordnungsgeld
- § 52: Zeugnisverweigerungsrecht der Angehörigen
- § 53: Zeugnisverweigerungsrecht der Berufsgeheimnisträger
- § 54: Verschwiegenheitspflicht für öffentlich Bedienstete
- § 55: Auskunftsverweigerungspflicht bei Gefahr eigener Strafverfolgung
- § 75: Gutachterpflicht bei öffentlicher Bestellung oder Erwerbsausübung
- § 76: Gutachtenverweigerungspflicht von Sachverständigen
- § 77: Folgen des Ungehorsams

§ 59 Entscheidung durch Beschluss

**(1) Bei einer Disziplinarklage kann das Gericht, auch nach der Eröffnung der mündlichen Verhandlung, mit Zustimmung der Beteiligten durch Beschluss
1. auf die erforderliche Disziplinarmaßnahme (§ 5) erkennen, wenn nur ein Verweis, eine Geldbuße, eine Kürzung der Dienstbezüge oder eine Kürzung des Ruhegehalts verwirkt ist, oder
2. die Disziplinarklage abweisen.
Zur Erklärung der Zustimmung kann den Beteiligten von dem Gericht, dem Vorsitzenden oder dem Berichterstatter eine Frist gesetzt werden, nach deren Ablauf die Zustimmung als erteilt gilt, wenn nicht ein Beteiligter widersprochen hat.
(2) Der rechtskräftige Beschluss nach Absatz 1 steht einem rechtskräftigen Urteil gleich.**

1 Die Vorschrift ist die Nachfolgebestimmung zu § 70 a BDO. Zur Entstehungsgeschichte wird auf die 3. Aufl. (s. dort § 59 Rn. 1) verwiesen.

2 Dieser als **Disziplinargerichtsbescheid** bezeichneten Entscheidungsform **entspricht** inhaltlich nun der **Beschluss nach § 59**. Der Praktiker fragt sich nur, was sinnvollerweise im Rubrum der Entscheidung stehen soll. Beschlüsse treffen an sich Regelungen, die die Sachentscheidung vorbereiten und ihr vorgehen oder das Verfahren mangels Sachentscheidung abschließen, nicht aber selbst eine Sachentscheidung (Redeker/v. Oertzen, § 122 Rn. 1). Nichts hätte näher gelegen, als dieses altvertraute Institut weiterhin »Disziplinargerichtsbescheid« zu nennen. Eine Verwechslungsgefahr zum Gerichtsbescheid (so die Amtliche Begründung, BT-Drs. 14/4659, S. 43) kann ernsthaft angesichts der Namensverwandtschaft von »Disziplinarklage« und »Nachtragsdisziplinarklage« zur »Klage« nicht begründet werden, zumal § 84 VwGO ähnlich strukturiert ist. § 59 verlangt zusätzlich die Zustimmung der Beteiligten und gewährt deshalb keine Rechtsmittel. Da schon nach § 70 a Abs. 2 BDO der Disziplinargerichtsbescheid durch Beschluss erging, steht nichts entgegen, diesen Begriff auch weiterhin zu verwenden.

§ 59 gilt nur für die Disziplinarklage. Für Klagen der Beamten kann das Gericht **3** § 84 VwGO anwenden. Sinnvollerweise hätte auch insoweit der Disziplinargerichtsbescheid nach § 70 a BDO beibehalten werden sollen. Der unterschiedliche Verfahrensablauf zwischen Klagen des Dienstherrn und des Beamten ist nicht zu begründen, da das VG auch bei Klagen des Beamten volle Disziplinargewalt ausübt (§ 60 Abs. 3 BDG).

Nur im gerichtlichen Disziplinarverfahren **vor dem VG**, also nicht im Berufungsverfahren vor dem OVG, kann der Beschluss erlassen werden (§ 66). Der **Kammervorsitzende** oder Berichterstatter als Einzelrichter kündigt den Beschluss an, den das Gericht ohne Beamtenbeisitzer erlässt (§ 46 Abs. 1 Satz 2). Die Entscheidung darüber, ob in der Hauptverhandlung oder durch Beschluss entschieden werden soll, steht bei Vorliegen der rechtlichen Voraussetzungen im freien **Ermessen des Gerichts.** Rechtliche Voraussetzungen des Ermessens und damit **objektive Prozessvoraussetzungen** für diese Verfahrensweise sind: Die verwirkte Disziplinarmaßnahme liegt unterhalb der Zurückstufung und die Verfahrensbeteiligten müssen in Kenntnis der beabsichtigten Maßnahme zustimmen. Auch wenn dies nicht in Abs. 1 genannt wird, dürfte der Beschluss nur in Betracht kommen, wenn das Verfahren **keine besonderen tatsächlichen oder rechtlichen Schwierigkeiten** aufweist. Dies ist nicht vom Ergebnis abhängig, sondern vom Inhalt der Vorwürfe, Sachverhalt, Ermittlungsaufwand etc. **4**

Nach der ausdrücklichen Regelung in Abs. 1 Satz 1 ist der Beschluss auch nach **5** Eröffnung der mündlichen Verhandlung zulässig. Damit übernimmt die Vorschrift die Praxis des BDiG (vgl. 2. Aufl., § 70 a Rn. 5). Ist die Sache in der mündlichen Verhandlung verhandelt, aber vertagt worden, so kann ebenfalls der Beschluss angekündigt werden, ebenso nach einer Aufforderung zur Mängelbeseitigung. Erst nach durchgeführter mündlicher Verhandlung muss nach § 60 durch Urteil entschieden werden. Verbindung mit dem Verfahren nach § 9 BBesG ist nicht möglich, wenn ein Beschluss ergehen soll. Denn eine Zustimmung der Betroffenen zur Feststellung nach § 9 BBesG ist gesetzlich nicht vorgesehen und widerspricht dem Zweck des § 59.

Der Beschluss ist nur zulässig in Verfahren, die nach der Aktenlage **keine 6 höhere Disziplinarmaßnahme als eine Kürzung der Dienstbezüge oder des Ruhegehalts** rechtfertigen (Abs. 1 Satz 1 Nr. 1) **oder wenn die Klage abzuweisen ist** (Abs. 1 Satz 1 Nr. 2). Das Gesetz stellt dabei nicht auf den Typus und die dienstliche Bedeutung des angeschuldigten Dienstvergehens ab. Ein mehr oder weniger gegebenes Bedürfnis nach mahnender Ansprache der Beschuldigten in der Hauptverhandlung steht dem Beschluss nicht entgegen, kann aber die Ermessensentscheidung des Gerichts mitbestimmen.

7 § 59 sieht den Beschluss auch für die Klageabweisung vor, nicht jedoch für die Einstellung des Verfahrens. Offensichtlich glaubte der Gesetzgeber, solche Fälle seien als Verfahrensfehler alle über § 55 Abs. 3 zu erledigen. Tritt ein Fall des § 32 Abs. 1 Nr. 2 bis 4, Abs. 2 während des Gerichtsverfahrens ein, greift § 55 nicht und das Verfahren wäre eigentlich entsprechend § 32 einzustellen. Fehlt es jedoch an den Voraussetzungen für die Verhängung einer Disziplinarmaßnahme, wozu auch die Prozessvoraussetzungen zählen, ist die Klage abzuweisen. Entsprechend kann auch durch Beschluss entschieden werden. Der vom BDiG früher praktizierten Anwendung des Gerichtsbescheides auch für die Einstellung wegen Geringfügigkeit bedarf es wegen der Beschränkungsmöglichkeit nach § 56 nicht mehr. Für die Disziplinarklage kommt auch die **Erledigung der Hauptsache** entsprechend § 3 i.V.m. § 161 Abs. 2 VwGO in Betracht. Beamte sind hinsichtlich der Unterwerfung unter das Disziplinarrecht in höchstpersönlichen Rechten betroffen, so dass sich die Verfolgung erledigt, wenn etwa der Beamte stirbt. Für Klagen des Beamten gegen Disziplinarverfügungen gilt dies aber nicht, da die Auswirkungen von Geldbuße und Kürzung der Dienstbezüge auch die Erben treffen, so dass sich das Verfahren nicht erledigt, sondern durch Sachentscheidung entsprechend § 32 zu beenden ist.

8 Das Verfahren darf **keine besonderen Schwierigkeiten tatsächlicher oder rechtlicher Art** aufweisen (arg. aus § 84 VwGO). Andernfalls hat im Interesse der Wahrheitsfindung und nach dem Gesetzeszweck die Aufarbeitung des Verfahrensstoffs gemeinsam mit den ehrenamtlichen Richtern und den Verfahrensbeteiligten in der Hauptverhandlung zu erfolgen. Für den Beschluss bieten sich sonach in erster Linie einfach gelagerte und von den Beschuldigten eingestandene Sachverhalte an. Bedarf eine Sache ihrer Eigenart nach der umfassenden und ausführlichen Behandlung und Klärung in der Hauptverhandlung, so ist das Beschlussverfahren nur aus Gründen der Zeit- oder Arbeitsersparnis nicht angebracht. Der Annahme eines tatsächlich oder rechtlich einfach gelagerten Falles steht nicht ohne weiteres entgegen, dass das Gericht in der Beurteilung des Falles von der Klageschrift abweicht (a. A. Klein, DÖD 1984, 84 links oben; vgl. aber wegen der Offenlegung in der Ankündigung u. Rn. 10). Im Übrigen können die Verfahrensbeteiligten ihr Interesse an einer Hauptverhandlung durch Widerspruch gegen die Ankündigung des Beschlusses wahren.

9 Der Gesetzestext fordert die **Zustimmung der Verfahrensbeteiligten** (Abs. 1 Satz 2). Denn nicht das bloße Fehlen von Widerspruch, sondern die ausdrückliche Übereinstimmung ist die eindeutige gesetzgeberische Rechtfertigung für das vereinfachte Verfahren. Deshalb kann von einer Zustimmung vor Erlass des Beschlusses nur gesprochen werden, wenn der Beschluss den Beteiligten **zuvor angekündigt** wurde und diese darauf **hingewiesen wurden, dass bei Ausbleiben von Widerspruch der Beschluss mit der Wirkung eines rechtskräftigen Urteils erlassen** und zugestellt werden wird. Die Ankündigung muss sich auf eine bestimmte Disziplinarmaßnahme oder die Klageabweisung beziehen (Abs. 1 Satz 2). Das Gesetz will sicherstellen, dass der vereinfachte Verfahrensabschluss nur in voller Übereinstimmung mit den Betroffenen erfolgt. Deshalb muss das Gericht einerseits die **beabsichtigte Verfahrenserledigung konkret benennen,** andererseits den Betroffenen eine **ausreichende Prüfungs- und Überlegungsfrist** (Abs. 1 Satz 2) setzen, innerhalb deren diese Widerspruch

§ 59 BDG

einlegen bzw. durch ausdrückliche Zustimmung oder durch schlüssiges Schweigen ihre Haltung zu der Ankündigung erklären können (Klein, DÖD 1984, 82; Claussen/Janzen, § 76 Rn. 7). Für die Ankündigung ist Schriftform nicht vorgeschrieben, aber vom Verfahrensablauf her die Regel. Wird erst in der Hauptverhandlung der Beschluss aktuell (Rn. 5), so kann ihn das Gericht auch mündlich ankündigen.

Die beabsichtigte Verfahrens- oder Sachentscheidung muss **in der Ankündigung so genau benannt** werden, weil sie nach Zustimmung als Beschluss ergehen soll (z. B. Kürzung der Dienstbezüge von $1/20$ auf die Dauer von 6 Monaten). Der Ankündigung muss dieselbe Sach- und Rechtsprüfung des Gerichts vorausgehen, wie es sie zur Vorbereitung der Hauptverhandlung vornehmen müsste. Es ist auch hier gem. § 60 Abs. 2 **an den Inhalt und Umfang der Klage gebunden** (vgl. zu § 52 Rn. 5, 8), kann also nicht darüber hinausgehen. Es ist aber, wie bei einer Entscheidung nach Hauptverhandlung gem. § 60 Abs. 2 auch, nicht an die tatsächliche und rechtliche Wertung der Klageschrift gebunden (st. Rspr. BDiG; vgl. im Einzelnen Klein, DÖD 1984, 83 rechts). **Ist der Ankündigung der Entscheidung ein geringerer Vorwurf oder eine andere Verfahrensbeurteilung als in der Klageschrift zugrunde gelegt** (z. B. wegen Verneinung der Schuld, wegen Verjährung, wegen Anwendung des § 14 hinsichtlich aller oder auch nur eines von mehreren Verstößen), so gebietet es nicht nur das Interesse an der Vermeidung von Widerspruch, sondern vor allem das **Gebot richterlicher Fairness,** beide Beteiligte in der Ankündigung darauf hinzuweisen (Klein, DÖD 1984, 84 links oben).

10

Da der **Ankündigung** keine rechtsverbindliche Wirkung zukommt, sie vielmehr nur der Vorbereitung einer Rechtsvoraussetzung für den Beschluss dient, kann sie das Gericht bis zum Erlass des Beschlusses **jederzeit ändern.** Dem steht allenfalls entgegen, dass bei zu häufiger Änderung, mindestens nach entsprechenden Anregungen der Verfahrensbeteiligten, der Eindruck eines unangemessenen Aushandelns entstehen könnte. Auch in der Art der Ankündigung und in dem Beschluss muss die Unabhängigkeit der richterlichen Sachbeurteilung zum Ausdruck kommen. Die **neue Ankündigung macht die vorausgegangene gegenstandslos,** auch wenn sie nicht ausdrücklich zurückgenommen wird (Klein, a. a. O., 82 rechts unten). Haben der ersten Ankündigung die Beteiligten zugestimmt, der geänderten aber widersprochen, so ist eine Übereinstimmung nicht mehr gegeben, das Gericht kann nicht mehr ohne erneute Zustimmung der Beteiligten auf die erste Ankündigung zurückgreifen. Nach dem Gesetzeszweck **hat der Dienstherr nicht den Erlass eines Beschlusses oder gar die Maßnahme** oder die Verfahrensentscheidung dem VG **vorzuschlagen.** Er wird auch deswegen davon Abstand nehmen müssen, um nicht bei dem Beamten den Eindruck einer einseitigen Festlegung des Gerichts zu erwecken.

11

Sowohl die – ausdrückliche wie stillschweigende – **Zustimmung als auch der Widerspruch** sind als verbindliche Prozesshandlungen bedingungsfeindlich. Sind sie unbedingt wirksam erklärt worden, können sie jedoch bis zur Entscheidung in der Sache **widerrufen** werden. Denn es entspricht dem Gesetzeszweck, den Beschluss bei bestehender Übereinstimmung aller Beteiligten, aber auch nur dann, zuzulassen. Entsprechend gilt auch weiterhin die Pflicht des Dienstherrn, eine erteilte Zustimmung zu widerrufen, wenn neue Handlungen bekannt werden, die in das Verfahren einzubeziehen sind (vgl. BVerwG v. 11. 2. 2000 – 1 DB 20.99 – DÖD 2001, 31 = ZBR 2000, 315 = DÖV 2000, 777).

12

13 Die **Versäumnis der Frist** macht den Widerspruch nicht unzulässig, da es sich um eine richterliche, nicht um eine gesetzliche Ausschlussfrist handelt. Der Gesetzeszweck, nur bei allseitiger Übereinstimmung den Beschluss zuzulassen, verbietet dem Gericht die Zustellung des Beschlusses, wenn es – obwohl fristverspätet – vorher Kenntnis von dem Widerspruch erlangt (BDiG v. 2. 11. 1978 – IX VL 52/78). Bekommt es von dem zuvor eingegangenen Widerspruch **erst nach der Zustellung Kenntnis,** so kann es zunächst von Gerichts wegen an dem Bestand des – fehlerhaften – Beschlusses nichts ändern. Denn mit seiner Zustellung ist das Verfahren rechtskräftig wie durch ein Urteil abgeschlossen (Abs. 2). Zwar fehlt dann dem Beschluss im Zeitpunkt der Zustellung die objektive Prozessvoraussetzung der Zustimmung des Beteiligten. Das macht ihn fehlerhaft, aber nicht nichtig oder unwirksam (wie im Falle fehlender subjektiver Prozessvoraussetzung, etwa mangelnder Verfolgbarkeit, die eine wirksame Zustellung und Rechtskraft sowie weitere Verfolgung verhindert; vgl. dazu § 60 Rn. 16).

14 In dem Fall fristverspäteten Widerspruchs und nachfolgenden Beschlusses ist aber **Wiedereinsetzung in den vorigen Stand** analog § 60 VwGO möglich. Die unmittelbare Anwendung der Wiedereinsetzungsregelungen scheitert zwar daran, dass die richterliche Frist keine gesetzliche Ausschlussfrist ist (Rn. 13). Der Umstand aber, dass das Beschlussverfahren als Prozessvoraussetzung die andauernde Übereinstimmung der Betroffenen zur Grundlage hat, erfordert die weitgehende Verfahrenssicherung, dass ohne die Übereinstimmung aller Beteiligten eine das gesamte Verfahren abschließende, rechtskräftige Sachentscheidung nicht getroffen werden kann (vgl. Redeker/v. Oertzen, § 60 Rn. 1). Aus der Regelung der §§ 72 ff. OWiG kann (entgegen Klein, DÖD 1984, 83) nichts Gegenteiliges hergeleitet werden. Denn im Gegensatz zum Beschluss nach § 59 betrifft sie nicht den Inhalt einer verfahrensabschließenden Sachentscheidung, sondern nur die Entscheidungsform (Hauptverhandlung oder Beschlussverfahren); außerdem liegt eine Sachentscheidung bereits vor, die nicht zu Lasten des Betroffenen verschlechtert werden darf, und schließlich ist die Entscheidung nach § 72 OWiG anfechtbar. Die **Wiedereinsetzung kann** sowohl der betroffene **Verfahrensbeteiligte beantragen** als auch **von Gerichts wegen** gewährt werden (BVerwG – 1 DB 23.83).

15 **Stimmen beide Verfahrensbeteiligten** dem angekündigten Beschluss zu oder **widerspricht keiner von ihnen in der gesetzten Frist,** so kann er (in der Praxis des BDiG wurde er als »Disziplinargerichtsbescheid« bezeichnet) erlassen werden. Für ihn gelten die Regelungen wie für das Urteil nach § 3 BDG, § 116 VwGO. Er ist schriftlich zu begründen und zuzustellen.

16 **Widerspricht einer der Beteiligten,** so ist der Erlass des Beschlusses unzulässig. Das Verfahren nimmt seinen weiteren gesetzlichen Verlauf, als wäre keine Ankündigung erfolgt. Die Kammer ist in der Hauptverhandlung auch nicht etwa an die Beurteilung der Sach- und Rechtslage, wie sie in der Ankündigung des Kammervorsitzenden zum Ausdruck kam, gebunden (BVerwG v. 13. 1. 1988 – 1 D 127.86).

17 Mit der Zustellung erlangt der Beschluss nicht sofort die Wirkung eines rechtskräftigen Urteils. Anders als der frühere Disziplinargerichtsbescheid nach § 70 a Abs. 2 BDO ist er **anfechtbar** und bedarf einer Rechtsmittelbelehrung. Dies folgt daraus, dass erst der rechtskräftige Beschluss dem rechtskräftigen Urteil gleichsteht (Abs. 2). Daraus ist die grundsätzliche Rechtsmittelfähigkeit abzuleiten. Dies bestätigt auch § 67 Abs. 2, wonach zwar die Beschwerde möglich ist, jedoch nur auf das **Fehlen der Zustimmung der Beteiligten** gestützt werden kann. Nach Ablauf der Beschwerdefrist oder Entscheidung über die Beschwerde ist das Disziplinarverfahren abgeschlossen.

Deshalb ist im Beschluss eine **Kostenentscheidung** im selben Umfang wie bei einem Urteil zu treffen (Abs. 2). War dem angekündigten Beschluss widersprochen und das Urteil unverändert in der angekündigten Weise gefällt worden, so spricht das im Kostenrecht maßgebliche Veranlassungsprinzip dafür, die Kosten und Auslagen für die Hauptverhandlung dem Widersprechenden aufzuerlegen (so BDiG v. 13.3.1979 – I VL 45/78). Das wird zumeist den widersprechenden Dienstherrn treffen, da bei Maßregelung ohnehin der Beamte die Kosten in der Regel zu tragen hat. Durch den ergebnislosen Widerspruch des Dienstherrn wird der Beamte nicht selten erst zur Hinzuziehung eines Verteidigers und damit zu erheblichen Kosten veranlasst. Die Kosten seiner Verteidigung in der Hauptverhandlung ihm aufzubürden, könnte dann der Billigkeit widersprechen und die Kosten- und Auslagenüberbürdung auf den Bund entsprechend § 77 Abs. 1 Satz 2 rechtfertigen (ähnlich bei der Veranlassung des Berufungsverfahrens durch eine »unzutreffende« Entscheidung des BDiG: BVerwG v. 26.2.1986 – 1 D 118.85 und 1 D 24.78; im vorliegenden Fall aber **in st. Rspr. dagegen:** BVerwG z. B. v. 24.6.1980 – 1 D 48.79 mit der Begründung, die Durchführung der Hauptverhandlung gehöre zum Risikobereich der Beamten).

Schreib- oder offensichtliche Flüchtigkeitsfehler des Beschlusses können von Gerichts wegen wie bei einem Urteil auch nach der Zustellung berichtigt werden (vgl. Erl. zu § 78; Claussen/Janzen, § 78 Rn. 7). Als ein offensichtlicher Flüchtigkeitsfehler der Schreibkanzlei kommt auch die versehentliche Abweichung von der angekündigten Disziplinarmaßnahme in Betracht. Denn durch die Ankündigung ist offensichtlich, welche Maßnahme verhängt werden sollte (Klein, DÖD, 1984, 84 Anm. 5; Claussen/Janzen, § 76 Rn. 7).

Ist bewusst (gleichgültig ob absichtlich oder irrtümlich) **in der Sache falsch entschieden worden** in dem Sinne, dass z. B. eine gar nicht angeschuldigte Verhaltensweise im Beschluss behandelt oder eine von mehreren Pflichtverletzungen ausgelassen, § 14 trotz Einschlägigkeit nicht erwähnt, eine Kostenentscheidung falsch getroffen oder von der Ankündigung bewusst abgewichen wurde, so steht wie bei einem falschen Urteil die Rechtskraft einer Änderung entgegen. Lagen aber die **objektiven Prozessvoraussetzungen** für das Beschlussverfahren gar nicht vor, etwa bei Verhängung einer höheren Maßnahme als der Kürzung der Dienstbezüge, bei bewusstem Übergehen des vorliegenden Widerspruchs, bei Kenntnis der unterbliebenen Ankündigung, so ist das Verfahren ohne gesetzliche Grundlage geführt worden und damit insgesamt unzulässig. Das gerichtliche Disziplinarverfahren hätte dann in dieser Form nicht beendet werden dürfen. Der Beschluss ist deshalb als rechtswidrig anzusehen. In diesem Fall muss ein Rechtsmittel in demselben Maß zugelassen sein wie bei Versagung des Rechtswegs oder des Rechtsschutzes (vgl. Klein, DÖD 1984, 84 Anm. 6). Die Eröffnung des Beschwerdewegs wird aus § 146 VwGO hergeleitet, der die Regelung für – wie im vorliegenden Ausnahmefall – anfechtbare Beschlüsse enthält.

§ 60 Mündliche Verhandlung, Entscheidung durch Urteil

(1) Das Gericht entscheidet über die Klage, wenn das Disziplinarverfahren nicht auf andere Weise abgeschlossen wird, auf Grund mündlicher Verhandlung durch Urteil. § 106 der Verwaltungsgerichtsordnung wird nicht angewandt.
(2) Bei einer Disziplinarklage dürfen nur die Handlungen zum Gegenstand der Urteilsfindung gemacht werden, die dem Beamten in der Klage oder der Nachtragsdisziplinarklage als Dienstvergehen zur Last gelegt werden. Das Gericht kann in dem Urteil
1. auf die erforderliche Disziplinarmaßnahme (§ 5) erkennen oder
2. die Disziplinarklage abweisen.
(3) Bei der Klage gegen eine Disziplinarverfügung prüft das Gericht neben der Rechtmäßigkeit auch die Zweckmäßigkeit der angefochtenen Entscheidung.

1 Die Vorschrift erklärt die Durchführung der mündlichen Verhandlung in Disziplinarverfahren und die Entscheidung durch Urteil für Disziplinarklagen und die übrigen Anfechtungsklagen (§ 52) zum Grundsatz (vgl. §§ 101, 107 VwGO). Auch die §§ 102 bis 105, 108 und 112 VwGO gelten. Allerdings dürfte ein Großteil der Verfahren nach bisheriger Praxis gerade ohne mündliche Verhandlung nach § 59 entschieden werden. Ein Vergleich ist nach Abs. 1 Satz 2 ausdrücklich ausgeschlossen. Die mündliche Verhandlung ist – für Disziplinarverfahren des Bundes eine Neuheit – entsprechend dem Verwaltungsgerichtsprozess öffentlich (§ 3 i.V.m. § 55 VwGO, § 169 GVG). Entsprechend § 172 GVG kann die Öffentlichkeit ausgeschlossen werden.

2 Der Beamte wie die Verteidiger haben ein **Recht auf Anwesenheit** in der Hauptverhandlung, und zwar jeder selbständig für sich allein und unabhängig davon, ob der andere anwesend ist. Das gilt auch für unter Vormundschaft, Betreuung oder Pflegschaft gestellte Beamte (BDH bei Döring, ZBR 1961, 388). Wegen der Ladung von Betreuer, Pfleger oder Vormund als Vertreter des Beamten vgl. §§ 62, 102 VwGO. Der Beamte kann nur unter den Voraussetzungen des § 173 VwGO, § 177 GVG i.V.m. § 3 BDG von der Hauptverhandlung zeitweise ausgeschlossen werden.

3 Ein **Zwang zur Teilnahme besteht nicht,** auch nicht aufgrund der richterlichen Anordnung des persönlichen Erscheinens (§ 95 VwGO). Der Beamte ist nicht verpflichtet, an der eigenen disziplinaren Verfolgung mitzuwirken (vgl. B. II. 7. Rn. 7 und B. II. 8. Rn. 9). Die Anordnung des persönlichen Erscheinens hat nur die Bedeutung, dem Beamten klarzumachen, dass durch eine Einlassung vor Gericht eine weitere Klärung, möglicherweise gerade zu seinen Gunsten, erwartet wird (vgl. BVerwG v. 9.5.2001 – 1 D 22.00). Im Falle der Anordnung ist ein Reisekostenabschlag auf den bloßen Antrag hin, ohne Anordnung nur nach Glaubhaftmachung der Mittellosigkeit von der Beschäftigungsbehörde bzw. der Pensionsregelungsbehörde zu zahlen (Runderlass BMI v. 31.3.1962, GMBl. 1962, 129).

4 Bei **Nichterscheinen des Beamten** kann die Verhandlung stattfinden (§ 102 Abs. 2 VwGO), wenn er ordnungsgemäß geladen wurde. Hat der Beamte den Wunsch auf Teilnahme – möglicherweise konkludent – geäußert und die **zwingenden Gründe der Verhinderung** rechtzeitig mitgeteilt, so ist die **Verhandlung aufzuheben und ein neuer Termin zu bestimmen** (in der Verhandlung durch das Gericht im Aussetzungs-/Vertagungsbeschluss, davor oder danach durch den Vorsitzenden). In der Ladung kann für bestimmte Verhinderungsgründe Glaubhaftmachung in bestimmter Form verlangt werden, etwa für krankheitsbedingte Verhinderung amtsärztliches Attest. **Rechtzeitig mitgeteilt** sind die Hinderungsgründe, wenn die Mitteilung unverzüglich nach dem Entstehen des Hinderungsgrundes erfolgt (BDH, NDBZ 1960, 245; BVerwG v. 11. 7. 1988 – 1 D 106/87). Unmaßgeblich ist dann, ob das Gericht noch genügend Zeit zur weiteren Überprüfung der Gründe und/oder zur Vertagung hat. Ist der Hinderungsgrund aber einige Zeit vor dem Termin entstanden und die Mitteilung nach Zustellung der Ladung unnötig verzögert worden, so ist sie verspätet. Dann entfällt eine Aufhebung/Vertagung, wenn der Termin mangels Kenntnis des Gerichts nicht aufgehoben werden konnte oder weitere Überprüfung durch das Gericht nicht möglich war. Bei der Prüfung der zwingenden Verhinderung und der Rechtzeitigkeit muss das Gericht bzw. der Vorsitzende einen sensiblen Maßstab anlegen. Denn bei tatsächlicher Verhinderung darf den Beschuldigten die Teilnahme nicht verwehrt werden. Dass dem Gericht die Sache hinreichend geklärt erscheint oder ein Verteidiger existiert, ist kein ausreichender Grund für die Ablehnung der Vertagung.

Auch die **Verhinderung des Verteidigers** gibt grundsätzlich einen Anspruch auf Aufhebung. Durch eine ungerechtfertigte Behinderung der Verteidigung wird das Recht auf gerichtlichen Rechtsschutz und auf rechtliches Gehör verletzt. Deshalb haben der Vorsitzende oder das Gericht sorgfältig zu prüfen, ob die Verhinderung des Verteidigers durch den Beamten vermeidbar war oder durch die Wahl eines anderen Verteidigers ausgeglichen werden kann. Bei der Abwägung des Beschleunigungsgebots mit dem Rechtsschutzinteresse der Beschuldigten ist auf den Gesichtspunkt der Veranlassung und der Zurechenbarkeit abzustellen. So wird z. B. die plötzliche und kurzfristige Erkrankung des Verteidigers die Aufhebung erfordern, wenn kein Vertreter zur Verfügung steht oder nicht hinreichend in die Sache eingearbeitet ist (BDHE 2, 107). Auch die Mandatsniederlegung durch den Verteidiger, zumal die unerwartet kurzfristige, wird in der Regel durch den Beamten nicht rechtzeitig zum Termin ausgeglichen werden können. Das gilt besonders bei umfangreichen und komplizierten Verfahren, die eine Akteneinsicht und Einarbeitung des neuen Verteidigers verlangen. Die übliche Geschäftsbelastung ist kein Aufhebungsgrund, wohl aber andere, nicht verschiebbare Gerichts- oder Behördentermine, wenn eine Vertretung nicht möglich oder dem Beamten unzumutbar ist. Bei alledem hat das Gericht dem Verteidiger das einem »Justizorgan« gebührende Vertrauen und dem Beamten die prozessuale Fürsorge zu gewähren. Ein zwingender Hinderungsgrund liegt nicht vor, wenn der Beamte sich erst kurz vor dem Termin oder nach Niederlegung des Mandats nicht unverzüglich um einen neuen Verteidiger bemüht oder diesen nicht informiert hat. **5**

Die Entscheidung über die Terminaufhebung ist **nicht anfechtbar** (§ 173 VwGO, § 277 ZPO). Ist die Aufhebung rechtsfehlerhaft abgelehnt worden, so kann der darin liegende schwere Verfahrensfehler im Berufungsverfahren zur Aufhebung des Urteils und zur Zurückverweisung der Sache an das VG führen. **6**

Bei Beginn der Verhandlung sind die **ehrenamtlichen Richter zu vereidigen** (§ 45 Abs. 2 DRiG), soweit dies nicht vor Eintritt in die Verhandlung oder schon vorher durch gesonderte Vereidigungsveranstaltung geschehen ist. Die Vereidigung wirkt für die Amtsdauer der ehrenamtlichen Richter (§ 45 Abs. 2 Satz 2 DRiG), also für die Zeit ihrer Wahl. **7**

Mit dem **Aufruf der Sache beginnt die mündliche Verhandlung** (§ 103 Abs. 1 VwGO). Unterbleibt der Aufruf und beruft sich der Beamte darauf, im Gebäude anwesend gewesen zu sein, aber mangels Aufrufs nichts vom Beginn der Ver- **8** handlung erfahren zu haben, so ist dies ein Grund zur Wiedereinsetzung und Wiederholung der mündlichen Verhandlung (vgl. BVerwG, DRiZ 1977, 54). Die **mündliche Verhandlung endet nach der Erörterung der Streitsache** mit der Erklärung des Vorsitzenden, dass die Verhandlung geschlossen sei (§ 104 Abs. 3 VwGO).

9 Die **Verhandlungsführung** liegt allein in der Hand des Vorsitzenden (§ 103 Abs. 1 VwGO). Er hat sich an die wesentlichen Vorgaben der VwGO zum Gang der Verhandlung zu halten (Rn. 10) und sich gegenüber den Verfahrensbeteiligten sachlich, unabhängig, unvoreingenommen und **fürsorglich zu verhalten** (vgl. A. V. Rn. 131, zur Richterpersönlichkeit A. II. Rn. 58). Auch wenn mangels konkreter gesetzlicher Dienstvergehenstatbestände § 265 StPO nicht gilt, so sind doch die Verfahrensbeteiligten aus Prozessfürsorge auf bisher nicht bekannte oder neu aufgetretene, entscheidungserhebliche tatsächliche und rechtliche Umstände hinzuweisen. Das gilt besonders für die mögliche Abweichung von der bisherigen Rspr. und für die Verwertung gerichtskundiger Tatsachen (dazu Behnke-Hardraht, § 74 Rn. 8). Ein **Rechtsgespräch** mit den Beteiligten über die Gesamt- oder Detailproblematik der Sache sieht nunmehr § 104 Abs. 1 VwGO vor.

10 Der **Gang der Verhandlung** ist in §§ 103, 104 VwGO verbindlich geregelt. Verstöße gegen die vorgegebene Reihenfolge der Verfahrensabschnitte sind aber im Allgemeinen nicht geeignet, schwerwiegende Verfahrensfehler zu begründen. Der Vorsitzende kann zur besseren Übersichtlichkeit und zum besseren Verständnis aller Beteiligten einzelne Verfahrensabschnitte noch einmal gliedern, aber auch anders zuordnen, so z. B. den Vortrag des bisherigen Verfahrensergebnisses, die Verlesung von Niederschriften und die Anhörung des Beamten innerhalb einzelner von mehreren Anschuldigungspunkten durchführen. Auch kann der Sachbericht (§ 103 Abs. 2 VwGO) mit der notwendigen Verlesung der Niederschriften kombiniert werden.
Der Gang und der wesentliche Inhalt der Verhandlung sind gem. § 105 VwGO, §§ 159-165 ZPO zu **protokollieren**. Die Ausführungen der Verfahrensbeteiligten sowie der Zeugen und Sachverständigen können mit deren Zustimmung auf Band aufgenommen werden (§ 160 a Abs. 1 ZPO). Die Sitzungsniederschrift ist die Beweisgrundlage für die Einhaltung der Verfahrensförmlichkeiten; dagegen ist nur der Nachweis der Fälschung zulässig (Redeker/v. Oertzen, § 105 Rn. 11). Berichtigungen oder Ergänzungen können wirksam nur durch Gegenzeichnung von Schriftführer und Vorsitzendem vorgenommen werden (§ 164 ZPO).

11 **Abs. 2 Satz 1** knüpft wörtlich an § 75 Abs. 1 BDO an. Die Verfolgung eines Dienstvergehens bestimmen allein die Dienstvorgesetzten. Dementsprechend ist die **Entscheidungskompetenz der Disziplinargerichte an den Inhalt und den Umfang von Disziplinarklage oder -verfügung gebunden** (Abs. 2). Nicht angeschuldigte Verfehlungen darf das Gericht nicht zum Gegenstand seiner Entscheidung, auch nicht von Beweiserhebungen oder der mündlichen Verhandlung, machen. Das Gericht ist auch weder befugt noch verpflichtet, die Verfolgung von nichtangeschuldigten Pflichtverletzungen bei dem Dienstherrn anzuregen (vgl. § 55 Rn. 9). Andererseits bewirkt die Bindung des Gerichts an die Klageschrift, dass **geltend gemachte Pflichtverletzungen von der Verurteilung nur unter den Voraussetzungen des § 56 ausgeklammert** werden dürfen. Zulässigerweise kommt es dazu auch in den Ausnahmefällen der **isolierten Beurteilung** einzelner Pflichtenverstöße wegen Verfolgungsverjährung (§ 15 Rn. 10, 11) und Verbot der Doppelmaßregelung (§ 14 Rn. 25).

Inhalt und Umfang der Klage und Disziplinarverfügung ergeben sich nicht nur aus dem in der Klageschrift dargestellten Sachverhalt, sondern **aus dem disziplinarrechtlichen Vorwurf** eines Dienstvergehens, also der Verletzung einer konkreten Dienstpflicht (BDHE 1, 99, 3, 56, 83, 5, 71, 74). Deshalb kann das Gericht aus dem dargestellten Sachverhalt keine andere als die angeschuldigte Pflichtverletzung herleiten und zur Grundlage des Urteils machen. Ergibt sich aus der Sachverhaltsdarstellung – zusätzlich oder allein – **eine andere als die angeschuldigte Pflichtverletzung,** so unterliegt sie nicht der Beurteilung des Gerichts, und zwar weder für die Verurteilung als Dienstvergehen noch als erschwerender Bemessungsgrund oder Pflichtenmahnungsgrund nach § 14 (vgl. § 52 Rn. 10). Dasselbe gilt für **nachträglich entstandene Pflichtverletzungen.** Sie können nur nach Nachtragsdisziplinarklage (§ 53 Abs. 1) dem Urteil zugrunde gelegt werden (A. IV. Rn. 118). Dagegen ist das Gericht nicht an die tatsächliche und rechtliche Würdigung der Klageschrift gebunden, da es ja gerade zur selbständigen Beurteilung des dargestellten Sachverhalts eingesetzt ist. Es kann auch andere als die in der Klageschrift dargestellten Umstände, soweit sie nicht einen selbständigen, nicht angeschuldigten Pflichtenverstoß darstellen, dem Urteil zugrunde legen, etwa die durch zusätzliche Beweisaufnahme gewonnenen Erkenntnisse. Ist der **Gegenstand der Klage nicht eindeutig,** so muss er zunächst aus der **Auslegung der gesamten Klageschrift** (Klageantrag, Sachverhalt, rechtliche Würdigung) gewonnen werden (vgl. § 52 Rn. 12). Zu Mängeln der Disziplinarklage ist auf § 52 Rn. 13, § 53 Rn. 3 ff. zu verweisen. **12**

Für die Urteilsfindung gilt das Prinzip der **freien Beweiswürdigung** (§ 108 VwGO). Aufgrund der gesamten Beweislage hat das Gericht zu prüfen, ob es von der Tat und der Schuld des Beamten voll überzeugt ist. Die Mitglieder des Gerichts dürfen keinen vernünftigen Zweifel an der Schuld haben (BDH, Dok. Ber. 1960, 1281; BGH, JR 1975, 34). Andernfalls gilt »**in dubio pro reo**«. Die Überzeugung muss sich auf einen konkreten, bestimmten Geschehensablauf richten. Eine **Wahlfeststellung** ist nur bei Verhaltensweisen möglich, die ein und denselben Pflichtentatbestand betreffen; so betreffen z. B. innerdienstlicher Betrug oder Diebstahl jedenfalls dieselbe Pflicht aus § 54 Satz 2 BBG zu innerdienstlicher Redlichkeit und Uneigennützigkeit; ähnlich bei der Wahl zwischen Handlungs- und Unterlassungsdelikten (BDHE 5, 115). Beim **Sachverständigenbeweis** darf das Gericht seine eigene Sachkunde nicht überschätzen. Im Disziplinarrecht gibt es weder einen »Anscheinsbeweis (prima facie)« noch wechselnde Beweislastregeln. Die Beweislast trägt allein und immer die verfolgende Behörde. Deshalb kann auch nicht aus dem Leugnen oder Schweigen ein Schluss zum Nachteil des Beklagten gezogen werden. Die **Beweiswürdigung** muss tatsächlich belegt, alle Beweisumstände erfassend und in sich schlüssig sein (vgl. Redeker/v. Oertzen, § 108 Rn. 2, 9). **13**

Die Mitglieder des Gerichts haben ihr **Urteil nur aus dem Verfahrensstoff der Verhandlung** zu bilden. Privates Wissen von außerhalb der Hauptverhandlung ist nicht verwertbar. Offenkundige Tatsachen sind nur verwertbar, wenn sie allen Mitgliedern des Gerichts bekannt sind (BGHSt 6, 292). Die Kammern beim VG und die Senate beim OVG und BVerwG entscheiden nach § 196 GVG, § 55 VwGO mit absoluter Stimmenmehrheit, wobei hauptamtliche und ehrenamtliche Richter sowohl zur Tat- und Schuldfrage als auch zur disziplinaren Würdigung und Maßnahmenwahl und Bemessung das gleiche Stimmrecht haben. **14**

Abs. 2 Satz 2 gestattet dem Gericht zwei Alternativen der Sachentscheidung: die **Verhängung der erforderlichen Disziplinarmaßnahme** bei Feststellung ei- **15**

ner schuldhaften Pflichtverletzung **oder Klageabweisung,** wenn die Voraussetzungen zur Verhängung einer Disziplinarmaßnahme fehlen, insbesondere wenn eine Pflichtverletzung nicht bewiesen werden kann.

16 Abs. 2 Satz 2 zählt die Möglichkeiten der Verfahrensbeendigung abschließend auf. Aus dem **Gebot der einheitlichen Verfolgung** von Pflichtverletzungen folgt, dass auf das einheitliche Dienstvergehen auch nur eine **einheitliche Entscheidung** folgen kann (vgl. A. I. Rn. 11). Eine teilweise Verurteilung bei teilweiser Klageabweisung oder teilweiser Einstellung im Übrigen lässt das Gesetz nicht zu. Deshalb ist es ausgeschlossen, dass hinsichtlich der verschiedenen Einzelverfehlungen unterschiedliche Entscheidungen ergehen können, etwa hinsichtlich einer Verfehlung die Einstellung wegen Verfolgungsverjährung (nur gem. § 32 Abs. 1 Nr. 3), hinsichtlich einer anderen Abweisung, wegen einer dritten eine Disziplinarmaßnahme. Werden einzelne Pflichtverletzungen von der Verurteilung ausgenommen, sei es durch isolierte Beurteilung nach §§ 14 oder 15 oder wegen Unschuld des Beamten, so erscheint dieses Ergebnis nicht in der Urteilsformel. Das Urteil richtet sich in seinem Ausspruch nach der insgesamt weitestgehenden disziplinaren Reaktion. Bleibt wegen einer oder mehrerer Pflichtverletzungen ein zu maßregelndes Dienstvergehen übrig, so lautet das Urteil allein auf die dafür angemessene Disziplinarmaßnahme, ohne die Abweisung wegen der übrigen Anschuldigungen zu erwähnen. Bedarf das aus mehreren Pflichtverletzungen übrig gebliebene Dienstvergehen keiner Maßregelung (§ 32 Abs. 1 Nr. 2), liegen die Prozessvoraussetzungen nicht vor oder besteht ein Verfahrenshindernis oder Maßregelungsverbot, so wird die Klage abgewiesen, ebenso wenn für alle Anschuldigungen die Schuld zu verneinen bzw. nicht nachzuweisen ist. Bei der **Verhängung einer Disziplinarmaßnahme** ist das Gericht nicht auf die der Disziplinarklage vorbehaltenen Maßnahmen beschränkt. Vielmehr steht der ganze Maßnahmenkatalog des § 5 zur Verfügung.

17 Auf Klageabweisung (Nr. 2) ist zu erkennen, wenn die Prozess- und Sachurteilsvoraussetzungen nicht (mehr) gegeben sind oder ein Dienstvergehen nicht erwiesen ist. Zum Fehlen der Voraussetzungen für das Erkennen auf eine Disziplinarmaßnahme zählen die Voraussetzungen nach §§ 1 und 2 sowie die in § 32 aufgezählten Gründe für die Einstellung im behördlichen Verfahren. Ob ein Dienstvergehen nicht erwiesen ist, entscheidet sich **nach der freien Beweiswürdigung** des Gerichts (Rn. 13). Ein Dienstvergehen kann »nicht erwiesen« sein, weil die Unschuld des Beamten feststeht, weil der Nachweis der Schuld nicht erbracht worden ist und weil der Beamte für das festgestellte Dienstvergehen nicht schuldfähig war.

18 Die Verfahrenseinstellung im gerichtlichen Verfahren als materielle Sachentscheidung kennt das BDG nicht mehr. Nach den Grundsätzen der VwGO kann eine Klage keinen Erfolg haben, wenn die Sachurteilsvoraussetzungen fehlen (Rn. 17). Daher stellt das Gericht in solchen Fällen das Verfahren nicht mehr ein, sondern weist die Klage ab.

19 Ist nach § 93 VwGO das Antragsverfahren gegen den **Feststellungsbescheid aus § 9 BBesG** mit dem sachgleichen förmlichen Disziplinarverfahren vor Gericht verbunden worden, so ergeht die Entscheidung über den Verlustfeststellungsbescheid nicht durch Beschluss, sondern **im Urteil**; sie wird auch durch die Berufung gegen das Urteil erfasst (BDHE 5, 152, 154).

20 Wird das Verfahren **nach Verkündung des Urteils eingestellt**, etwa wegen Todes oder Ausscheidens noch vor Rechtskraft im erstinstanzlichen Verfahren oder im Berufungsverfahren, so sollte aus Gründen der Rechtsklarheit die **Unwirksamkeit des Urteils** in dem Einstellungsbeschluss festgestellt werden (BGH, NJW 1983, 463; BDiG v. 22. 9. 1985 – VI VL 39/85). Die Einstellung durch Urteil oder Beschluss ist auch noch im Berufungsverfahren möglich und ggf. erforderlich.

Auf Klageabweisung oder auf eine Disziplinarmaßnahme lautende Urteile **verbrauchen die Disziplinargewalt** für den entschiedenen Fall, wenn sie rechtskräftig geworden sind. Wegen **Verkündung, Form und Zustellung** des Urteils siehe §§ 116, 117 VwGO, wegen der **Rechtskraft** § 121 VwGO.

Abs. 3 bestimmt für Klagen der Beamten ausdrücklich im Einklang mit der BDO, dass das Gericht die Zweckmäßigkeit der Verfügung beurteilt. Das Gericht ist insbesondere nicht darauf beschränkt, die angefochtene Verfügung nach §§ 113, 114 VwGO im Falle der Rechtswidrigkeit aufzuheben. Vielmehr übt das Gericht wie im Fall des § 52 Abs. 1 eigene Disziplinargewalt aus. Es kann also statt der verhängten Maßnahme eine mildere verhängen, wenn diese dem festgestellten Dienstvergehen gerecht wird (vgl. BVerwG v. 15. 12. 2005 – 2 A 404). Abs. 2 Satz 2 gilt sinngemäß. Eine schärfere Maßnahme kann nicht verhängt werden. Dem steht das Verschlechterungsverbot, die »**reformatio in peius**« entgegen.

21

§ 61 Grenzen der erneuten Ausübung der Disziplinarbefugnisse

(1) Soweit der Dienstherr die Disziplinarklage zurückgenommen hat, können die ihr zugrunde liegenden Handlungen nicht mehr Gegenstand eines Disziplinarverfahrens sein.
(2) Hat das Gericht unanfechtbar über die Klage gegen eine Disziplinarverfügung entschieden, ist hinsichtlich der dieser Entscheidung zugrunde liegenden Handlungen eine erneute Ausübung der Disziplinarbefugnisse nur wegen solcher erheblicher Tatsachen und Beweismittel zulässig, die keinen Eingang in das gerichtliche Disziplinarverfahren gefunden haben. Eine Verschärfung der Disziplinarmaßnahme nach Art oder Höhe oder die Erhebung der Disziplinarklage ist nur innerhalb von drei Monaten nach der Zustellung des Urteils zulässig, es sei denn, es ergeht wegen desselben Sachverhalts ein rechtskräftiges Urteil auf Grund von tatsächlichen Feststellungen, die von denjenigen tatsächlichen Feststellungen, auf denen die Entscheidung beruht, abweichen.

Die Vorschrift führt ausdrücklich in Abs. 1 die Zulässigkeit der Klagerücknahme in das gerichtliche Disziplinarverfahren ein. Abs. 2 führt nach der amtlichen Begründung die Vorschrift des früheren § 32 BDO fort.

1

Nach der Zuwendung des BDG zur VwGO hin, ist auch die Rücknahme der Disziplinarklage zulässig. Hierin liegt eine wesentliche Änderung zur früheren Rechtslage, unter der nach Eingang der Anschuldigungsschrift bei Gericht allein dieses über den weiteren Fortgang des Verfahrens entschied und weder BDiA noch Einleitungsbehörde den Inhalt der Anschuldigung verändern konnten (es sei denn durch Nachtrag erweitern). Die entsprechende Anwendung des § 92 VwGO ist mit der Anlehnung an die VwGO nach § 3 konsequent und § 61 **Abs. 1** regelt an sich nicht die **Klagerücknahme**, sondern setzt sie voraus. Sein Regelungsinhalt sind vielmehr die Folgen der Rücknahme. Nach Rücknahme der Disziplinarklage – die auch teilweise wegen einzelner Pflichtwidrigkeiten möglich ist, weil der Dienstherr die Disziplinarbefugnis insoweit behält – **kön-**

2

523

§ 61 BDG

nen die ihr zugrunde liegende Handlung nicht mehr Gegenstand eines neuen Disziplinarverfahrens sein. Eine Handlung, die Gegenstand einer Klage im Disziplinarverfahren war, ist nach Rücknahme erledigt und nicht mehr verfolgbar, was dem Grundsatz der Einheit des Dienstvergehens entspricht (vgl. § 56 Rn. 6). Es entspricht auch dem Grundsatz der Beschleunigung von Disziplinarverfahren, dass der Dienstherr nicht dem Gericht unterbreitete Sachverhalte wieder entzieht, um etwa eine Disziplinarverfügung zu erlassen. Hier baut das Gesetz auch etwaigen »Vergleichen« vor (Disziplinarklagerücknahme gegen Annahme einer Disziplinarverfügung), § 60 Abs. 1 Satz 2. Der Sachverhalt ist damit verbraucht, was eine Art der Verwirkung darstellt (vgl. A. V. Rn. 126). Nach Stellung der Anträge in der mündlichen Verhandlung kann die Disziplinarklage nur mit Zustimmung des beklagten Beamten zurückgenommen werden, § 92 Abs. 1 Satz 2 VwGO.

3 Nach **Abs. 2** kann grundsätzlich wegen solcher Handlungen, die Gegenstand einer unanfechtbaren Entscheidung des VG über eine Disziplinarverfügung waren, kein neues Disziplinarverfahren geführt werden.

§ 32 BDO baute auf der **herkömmlichen Meinung** auf, dass der jeweils höhere Dienstvorgesetzte grundsätzlich zur Aufhebung und Änderung der Entscheidung des untergeordneten Dienstvorgesetzten befugt sei. Diese Regelung wurde in der Folgezeit beschränkt. Und zwar durch § 32 Abs. 2 BDO **gegenüber allen Beschlüssen des BDiG, die eine Sachentscheidung beinhalten**, während die Einschränkung in der alten Fassung des § 27 Abs. 1 BDO nur für die Beschlüsse galt, mit denen ein Dienstvergehen verneint wurde. Darin kam ebenfalls der gesetzgeberische Wille zum Ausdruck, den **Beschlüssen des BDiG** im Verfahren nach § 31 Abs. 3 und 4 BDO die **Bedeutung voller Disziplinargewalt** zuzuerkennen. Außerdem hatte die Neuregelung die Frist für die verschlechternde Aufhebung der Disziplinarentscheidung des untergeordneten Dienstvorgesetzten von einem Jahr auf sechs Monate verkürzt. Abs. 2 beschränkt diese Befugnis noch weiter auf drei Monate.

Erneute Disziplinarbefugnisse der Dienstvorgesetzten gegenüber Entscheidungen des VG

4 Abs. 2 bestätigt die **volle materielle und formelle Rechtskraftwirkung** der Entscheidungen des VG. Die materielle Rechtskraftbindung reicht soweit wie die beinhaltete Entscheidung. Alle Entscheidungen des VG, die eine Sachentscheidung beinhalten, schließen eine erneute disziplinare Verfolgung wegen derselben Sache aus (Behnke-Amelung, § 32 Rn. 3). Auch Verfahrensentscheidungen entfalten ihre materielle Rechtskraft nach dem Inhalt ihrer Entscheidung. So kann nach gerichtlicher Verfahrensbeendigung wegen Verjährung, wegen Verlustes der Beamteneigenschaft kraft Todes oder Ausscheidens der höhere Dienstvorgesetzte das Verfahren bei unveränderter Sach- und Rechtslage nicht wiederaufgreifen und in derselben Sache gegenteilig entscheiden. Bei Verjährung könnte unter dem Gesichtspunkt der Einheit des Dienstvergehens anderes gelten (vgl. Rn. 6). Beruht die gerichtliche Verfahrenseinstellung auf Verfahrensfehlern, die in einem neuen Verfahren vermieden werden können, so bezieht sich die materielle Rechtskraft des Einstellungsbeschlusses ohnehin nur auf das bisherige Verfahren. Die Neuaufnahme des Verfahrens und Neuentscheidung durch den Dienstvorgesetzten sind problemfrei zulässig. In allen anderen Fällen verbotener Neuverfolgung würde es sich um eine verfassungswidrige »Doppelverfolgung« in derselben Sache handeln (Art. 103 Abs. 3 GG), deren Unzulässigkeit vor Gericht geltend gemacht werden kann und in jedem Verfahrensabschnitt von Amt oder Gerichts wegen zu beachten ist (Behnke-Amelung, § 32 Rn. 33). Das gilt auch für Tatsachen, die zwar Gegenstand der Ermittlungen waren, aber nicht zum Inhalt der Disziplinarverfügung gemacht wurden (BDiG v. 30. 6. 1999 – XIV BK 3/99).

Eine **Ausnahme** vom Verbot der wiederholten Verfolgung gilt für den Fall, dass **erhebliche Tatsachen oder Beweismittel keinen Eingang in das gerichtliche Verfahren** gefunden haben. In dieser Formulierung liegt keine sachliche Änderung zum Wortlaut des § 32 Abs. 1 BDO, wonach Voraussetzung war, dass die Tatsachen dem BDiG bei seiner Entscheidung nicht bekannt waren. Dies folgt bereits aus § 35 Abs. 2 und 3, der das gleiche Verwertungsverbot dem Dienstherrn vorhält, so dass bereits danach die Möglichkeit einer neuen Entscheidung eingeschränkt ist. Für Abs. 2 verbleibt es dann bei der zusätzlichen Regelung, dass die neuen Handlungen zum Zeitpunkt der Entscheidung unbekannt waren. Es handelt sich hierbei um eine Art Wiederaufnahmeregelung, die sich an den Wiederaufnahmetatbestand in § 71 Abs. 1 Nr. 2 i.V. m. Abs. 2 Satz 2 anlehnt, erweitert ihn aber auf alle erheblichen Tatsachen oder Beweismittel, die dem VG **nicht bekannt** waren. Waren Tatsachen oder Beweismittel dem VG zwar bekannt, was sich aus den Verfahrens- und Beiakten ergibt, hat es diese aber in den Gründen nicht erwähnt oder sie der Entscheidung gar nicht zugrunde gelegt, so mag zwar der Beschluss rechtsfehlerhaft sein, eine erneute Disziplinarprüfung und -entscheidung steht den Dienstvorgesetzten aber nicht zu. Deshalb können sich Dienstvorgesetzte zur Frage der erneuten Disziplinarbefugnis nicht allein auf die Entscheidungsgründe des Beschlusses stützen. Neu müssen die Tatsachen oder Beweismittel nicht sein (a. A. Claussen/Janzen, § 32 Rn. 3). Da ausdrücklich »nur« die genannten Tatsachen und Beweismittel die erneute disziplinare Behandlung und Entscheidung des Falles erlauben, ist eine direkte oder analoge Anwendung der anderen in § 71 genannten Wiederaufnahmegründe nicht zulässig. Allerdings können die Fälle des § 71 Abs. 1 Nr. 3 und 4 ohnehin direkt unter die Regelung des § 61 Abs. 2 fallen, soweit die Unrichtigkeit der Urkunde oder des Gutachtens bzw. das neue, aufhebende Urteil nicht bekannt waren (Behnke-Amelung § 32 Rn. 4; Claussen/Janzen, § 32 Rn. 3). Der Fall des § 14 ist mit der Regelung in § 71 Abs. 1 Nr. 8 erfasst.

Die Ausnahmeregelung **gilt für alle rechtskräftigen Entscheidungen**, also für solche mit Sach- wie mit bloßer Verfahrensentscheidung. Bei der Verjährung können die »nicht bekannten« Umstände den vom VG zugrunde gelegten **Verjährungstatbestand** betreffen oder auch weitere Pflichtverletzungen, die unter dem Gesichtspunkt der **Einheit des Dienstvergehens** die Verjährung ausschließen, weil sie in einem inneren, kausalen Zusammenhang mit der eingestellten Sache stehen (vgl. § 15 und A. I. Rn. 11 ff.).

Zuständig für die »erneute« Disziplinarentscheidung ist, wie die Formulierung »erneut« besagt, der Dienstvorgesetzte, der die vom VG entschiedene Disziplinarentscheidung getroffen hat. Das ist im Normalfall die Widerspruchsbehörde, da sie eine neue, eigenständige Sachentscheidung getroffen hat (vgl. § 42 Rn. 2 ff.), die die Disziplinarverfügung des nachgeordneten Dienstvorgesetzten gegenstandslos macht.

Anders als im Wiederaufnahmeverfahren nach § 71 steht dem Beamten **kein Anspruch auf »Neubescheidung«** zu. Ihrer formlosen Anregung werden die Dienstvorgesetzten wegen der beamtenrechtlichen Fürsorgepflicht aber nach-

9 Eine **Frist für die Neubescheidung** nach Abs. 2 besteht nicht (abgesehen von der Verjährungsfrist des § 15), auch nicht analog Abs. 2 Satz 2. Denn hier geht es um einen Fall der Wiederaufnahme, deren Voraussetzungen grundsätzlich unbefristet eintreten können. In Abs. 2 Satz 2 dagegen handelt es sich um die Durchsetzung der Disziplinargewalt des höheren gegenüber dem nachgeordneten Dienstvorgesetzten bzw. um die ermessensmäßige Selbstkorrektur des höheren Vorgesetzten, wovor der Beamte aus Gründen des individuellen Rechtsschutzes und der objektiven Rechtssicherheit (Bestandskraft) gesichert werden muss (Behnke-Amelung, § 32 Rn. 11; Claussen/Janzen, § 32 Rn. 6; GKöD-Weiß, § 32 Rn. 41). Allerdings kann bei unangemessener Verzögerung der Neubescheidung nach Bekanntwerden des Neubescheidungsgrundes Verwirkung eintreten (vgl. A. V. Rn. 126 ff.).

10 Für die Neubescheidung gelten **dieselben Verfahrensbestimmungen** wie für die Erstentscheidung, also die Beachtung des rechtlichen Gehörs, der Beweiserhebungen, des Verteidigerrechts, der Mitwirkung Dritter usw. (vgl. §§ 20, 21).

11 Die »erneute« Disziplinarentscheidung ist wiederum nach §§ 41, 42 **anfechtbar.** Lagen die Voraussetzungen der Neubescheidung nach Abs. 1 nicht vor, so ist sie ohne weitere Sachprüfung aufzuheben, andernfalls ist nach den Verfahrensvoraussetzungen zu entscheiden.

12 Abs. 2 Satz 2 entspricht inhaltlich wörtlich § 43 Satz 4; die Frist läuft ab Zustellung des Urteils. Insofern kann vollständig auf § 43 verwiesen werden (Rn. 5).

Abschnitt 2
Besondere Verfahren

Vor § 62 Verlust der Dienstbezüge nach § 9 BBesG, § 60 BeamtVG

§ 9 BBesG:
Verlust der Besoldung bei schuldhaftem Fernbleiben vom Dienst

Bleibt der Beamte, Richter oder Soldat ohne Genehmigung schuldhaft dem Dienst fern, so verliert er für die Zeit des Fernbleibens seine Bezüge. Dies gilt auch bei einem Fernbleiben vom Dienst für Teile eines Tages. Der Verlust der Bezüge ist festzustellen.
...

§ 60 BeamtVG:
Erlöschen der Versorgungsbezüge bei Ablehnung einer erneuten Berufung
Kommt ein Ruhestandsbeamter entgegen den Vorschriften der §§ 39 und 45 Abs. 1 des Bundesbeamtengesetzes oder des entsprechenden Landesrechts einer erneuten Berufung in das Beamtenverhältnis schuldhaft nicht nach, obwohl er auf die Folgen eines solchen Verhaltens schriftlich hingewiesen worden ist, so verliert er für diese Zeit seine Versorgungsbezüge. Die oberste Dienstbehörde stellt den Verlust der Versorgungsbezüge fest. Eine disziplinarrechtliche Verfolgung wird dadurch nicht ausgeschlossen.

1 Das BDiszNOG sieht eine § 121 BDO vergleichbare Regelung im BDG nicht mehr vor. Nach § 121 BDO waren Rechtsschutzbegehren gegen Bescheide, in denen der Verlust der Bezüge für die Zeit schuldhaften, ungenehmigten Fern-

Vor § 62 BDG

bleibens vom Dienst festgestellt wurde, dem Bundesdisziplinargericht zugewiesen. Damit waren frühere Streitfragen, ob bestimmte Rechtsschutzbegehren disziplinarrechtlicher oder allgemein beamtenrechtlicher Natur seien und welcher Rechtsweg für sie gelten sollte, im Sinne der disziplinarrechtlichen Zuständigkeit entschieden worden. Wenn auch in § 121 BDO kein Maßregelungsverfahren liegt, so war doch der enge Bezug zu den Disziplinarverfahren und deren Folgen zu Recht ausschlaggebend für die Übertragung dieser Verfahren auf die Disziplinargerichte.

Mit der Auflösung des BDiG und der Übertragung der Zuständigkeit in Bundesdisziplinarverfahren auf die Verwaltungsgerichtsbarkeit ist die Notwendigkeit einer Rechtswegverweisung entfallen. Disziplinarrechtliche und allgemein beamtenrechtliche Verfahren werden nunmehr beide von Verwaltungs-, Oberverwaltungs- und selten auch vom BVerwG entschieden. Daher bedurfte es keiner Regelung mehr, die die Verfahren nach § 9 BBesG besonders den Verwaltungsgerichten zuweist. Davon ausgehend hat das BDiszNOG offensichtlich keine Veranlassung gesehen, dieses Teilgebiet im BDG anzusprechen und zu regeln. Es wurde damit allerdings übersehen, dass der enge Sachzusammenhang der Verfahren über die Feststellung des Verlustes der Bezüge zu den Disziplinarverfahren bestehen blieb. In aller Regel folgt auf das Verlustfeststellungsverfahren das Disziplinarverfahren wegen des gleichen Vorwurfs des schuldhaften, ungenehmigten Fernbleibens vom Dienst. Der Bescheid nach § 9 BBesG ist fast immer ein Vorreiter für das Disziplinarverfahren. Diesen engen Bezug sieht der Gesetzgeber selbst in §§ 23, 57 BDG, wonach die Entscheidungen im verwaltungsgerichtlichen Verfahren zu § 9 BBesG die Disziplinarbehörden, -kammern und -senate binden. **2**

Wenn auch § 52 Abs. 2 für alle übrigen Klagen neben der Disziplinarklage (also solche der Beamten) auf die VwGO verweist, so ist nicht klar, ob auch Klagen gegen Bescheide nach § 9 BBesG hierzu zählen. Nach § 52 Abs. 2 sind nur Klagen nach dem BDG geregelt. § 2 erklärt das BDG für anwendbar für von Beamten während ihres Beamtenverhältnisses begangene Dienstvergehen. Ein solches ist zwar auch das schuldhafte, ungenehmigte Fernbleiben vom Dienst, das zu den Folgen des § 9 BBesG führt. Auch die Abweichung vom Wortlaut des § 2 BDO könnte ein Indiz dafür sein, dass auch Verlustfeststellungsverfahren vom BDG erfasst werden. Allerdings ist dieses eben kein Disziplinarverfahren. Mangels Einlassung dazu in der amtlichen Begründung ist ein dahingehender Wille des Gesetzgebers jedoch nicht sicher erkennbar, so dass das BDG auf Verfahren nach § 9 BBesG keine Anwendung finden dürfte (OVG NW v. 17. 9. 2008 – 21d B 1100/08.BDG). **3**

Die ausdrückliche Aufnahme dieser Verfahren in Teil 4 Kapitel 2 Abschnitt 2 des BDG »Besondere Verfahren« wäre daher klarstellend und systemgerecht gewesen und hätte den Fachkammern und -senaten an VG und OVG auch insoweit ihnen vertraute Materie zugewiesen. Auch wäre die Gefahr sich widersprechender Entscheidungen geringer gewesen, der Aufwand der beteiligten Richter kleiner, die den Sachverhalt großteils schon kennen. Wieder einmal schafft es das Neuregelungsgesetz nicht, selbst in Details Rechtseinheit zu verwirklichen. Es bleibt nur zu hoffen, dass die Gerichte in ihren Geschäftsverteilungsplänen diese Gefahr sehen und durch Zuweisung der Verfahren zu § 9 BBesG an die Disziplinarspruchkörper das Unterlassen des Gesetzgebers nachholen. **4**

Die VwGO regelt nur das Rechtsschutzverfahren gegen die Feststellung der Behörde nach § 9 BBesG und § 60 BeamtVG. Der **Verlust der Bezüge tritt kraft** **5**

Gesetzes mit dem unberechtigten und schuldhaften Fernbleiben vom Dienst bzw. der Verweigerung der Reaktivierung ein. Es handelt sich dabei nicht um eine disziplinare Maßregelung im engeren oder weiteren Sinn, auch wenn sie die Betroffenen zusätzlich zur Disziplinarmaßnahme trifft (§ 96 Abs. 2 BBG), sondern um eine besoldungsrechtliche Regelung, die lediglich wegen des engen Zusammenhangs mit dem disziplinaren Sachverhalt den Disziplinargerichten zugeordnet sein sollte. Richtig ist, dass nach dem Zweck des Feststellungsbescheids reine »finanzielle« Einwendungen ausgeschlossen sind (BVerwG NVwZ 1992, 171 = DÖV 1991, 938). Darin liegt **keine disziplinare Doppelverfolgung** (BDHE 5, 154), was auch in der Möglichkeit der von der disziplinaren Bewertung abweichenden Behandlung des Verlusttatbestandes zum Ausdruck kommt (z. B. bei alkoholbedingter Dienstunfähigkeit: BVerwG v. 15.7.1980 – 1 DB 15.80 – E 73, 27; vgl. Rn. 7). Nach § 9 Satz 3 BBesG (der dies nicht ausdrücklich formuliert) ist der Dienstvorgesetzte, nach § 60 Satz 2 BeamtVG ist die oberste Dienstbehörde zur **Feststellung des Verlusts der Bezüge in einem förmlichen Bescheid** verpflichtet. Die Feststellung des Verlustes hat zwar nur **deklaratorische Bedeutung**, ist aber die Grundlage für den Rechtsschutz der Betroffenen und daher wie jeder **belastende Verwaltungsakt** grundsätzlich nur nach Eintritt der Bestandskraft vollziehbar (s. Rn. 12). Der Feststellungsbescheid ist nach den **Vorschriften des VwVfG und des VwZG** zu behandeln, also schriftlich mit Begründung und Rechtsbehelfsbelehrung förmlich zuzustellen. Die Feststellung ist auch rückwirkend möglich (BVerwG v. 20.7.1992 – 1 DB 4.92; v. 12.11.1990 – 1 DB 18.90). Die **Zustellung an den Abwesenheitspfleger oder Betreuer** – nunmehr zu bestellen nach VwVfG und VwGO – ist dann wirksam, wenn er für das Verfahren nach § 9 BBesG bestellt wurde. Die Bestellung für das »Disziplinarverfahren« legitimiert ihn nicht, weil das Verfahren nach § 9 BBesG kein Disziplinarverfahren ist (BVerwG v. 20.8.1985 – 1 DB 35.85). Zur Zustellung nach VwZG s. o. dazu BVerwG, Dok. Ber. 1992, 125). Sie erfolgt nach § 7 Abs. 1 Satz 2 VwZG i.V.m. § 128 BBG **zwingend an den Bevollmächtigten**. Enthält der Feststellungsbescheid nicht **die eindeutige Feststellung**, dass der Anspruch auf die Bezüge in einem bestimmten Zeitraum weggefallen ist, statt dessen z. B. nur die Mitteilung über die Einstellung der Zahlungen, so ist der Bescheid mangels gesetzlichen Regelungsinhalts keine Rechtsgrundlage für die Vollziehung des Bezügeverlustes (BVerwG – 1 DB 25.80).

6 Die Regelung des § 9 BBesG gilt **für alle aktiven Beamten**, auch für solche im Vorbereitungsdienst, für Probe- und Widerrufsbeamte (BVerwGE 53, 120). § 60 BeamtVG gilt für die Ruhestandsbeamten.

7 Die **materiellen Tatbestandsvoraussetzungen** des Bezügeverlustes gleichen nach dem Gesetz denen des Disziplinartatbestands des **schuldhaft pflichtwidrigen Fernbleibens** bzw. der Verweigerung der Reaktivierung. Wer zum Dienst erscheint, aber bei der Dienstleistung Mängel zeigt, bleibt nicht »fern«. Dazu vgl. im Einzelnen B. II. 3. Rn. 1 ff. Nach st. Rspr. des BVerwG obliegt der Behörde die materielle Beweislast für das Vorliegen der Voraussetzungen hinsichtlich der Dienstfähigkeit der Beamten (zu Nachweis und Abwägung zwischen betriebs- und privatärztlichen Feststellungen vgl. BVerwG v. 19.7.1994 – 1 DB 27.93). Diese trifft demgegenüber eine Mitwirkungspflicht aus § 46 Abs. 6 BBG. Eine Verletzung der Mitwirkungspflicht führt zwar an sich nicht zur Verlustfeststellung (BVerwG v. 10.5.1995 – 1 DB 4.95). Unterlässt jedoch der Beamte die Mitteilung seiner Reiseadresse, obwohl er mit der Aufforderung zur

Vor § 62 BDG

Wiederaufnahme des Dienstes rechnen musste, und tritt er deshalb den Dienst nicht rechtzeitig an, bleibt er schuldhaft fern (BVerwG v. 23. 5. 2005 – 1 D 1.04; v. 8. 8. 1996 – 1 DB 10.96). Die unberechtigte Weigerung, sich einer amtsärztlichen Untersuchung zu unterziehen, stellt aber eine erhebliches Indiz für die Dienstfähigkeit eines Beamten dar, das nach dem übertragenen Grundsatz des § 444 ZPO – schuldhaftes beweisvereitelndes Verhalten – bei der Beweiswürdigung zu berücksichtigen ist und für die Richtigkeit der Tatsachenfeststellungen der Behörde spricht (BVerwG v. 19. 6. 2000 – 1 DB 13.00 – DÖD 2001, 33 = NVwZ 2001, 436; v. 18. 9. 1997 – 2 C 33.96; BDiG v. 3. 4. 1996 – XVI BK 15/95). Im Gegensatz zur Rspr. über lange Jahre wird vom BVerwG nun (E 73, 27 = ZBR 1982, 381 [Leitsatz]) der **Tatbestand des § 9 BBesG als mit dem Dienstvergehenstatbestand des Fernbleibens nicht identisch** angesehen. Macht sich ein Beamter schuldhaft dienstunfähig krank, etwa durch Alkoholmissbrauch vor Dienstantritt, so kann darin ein Verstoß gegen die **Pflicht zur Erhaltung der Dienstfähigkeit bzw. zu vollem dienstlichem Einsatz** i. S. d. § 61 Abs. 1 Satz 1 BBG liegen, nicht aber ein »Fernbleiben ohne Genehmigung« i. S. d. § 9 BBesG. In diesem Fall fehlt dem Fernbleiben die Tatbestandsmäßigkeit oder – je nach systematischer Betrachtung – die Rechtswidrigkeit. Nur im ersteren Fall (Tatbestandsmäßigkeit) bestehen gegen diese Lösung keine begrifflichen Bedenken. Denn »Fernbleiben« ist nicht dasselbe wie »nicht Dienstleisten« (dazu B. II. 3. Rn. 1, 6). Das Krankmachen durch pflichtwidriges Verhalten verletzt nicht die Pflicht aus § 96 Abs. 1 BBG, zum Dienst zu erscheinen (sie besteht bei Krankheit nicht), sondern die Pflicht aus § 61 Abs. 1 Satz 1 BBG, seine volle Dienstleistung zu erbringen und die Einsatzfähigkeit zu erhalten (hier ist die Pflichtwidrigkeit betroffen, da das pflichtwidrige Krankmachen nicht »genehmigt« ist, Pflicht zur Gesunderhaltung! vgl. B. II. 5.). Allerdings muss dieselbe Logik für den Disziplinartatbestand der Dienstunfähigkeit aufgrund anderer pflichtwidrig herbeigeführter Hinderungsgründe gelten, wie etwa bei Krankheit durch Unfallfolgen, Haft usw. (B. II. 3. Rn. 1, 6, 8; zur selbständigen Vorwerfbarkeit der »Folgen« von Pflichtverletzungen und zu ihrer »Zurechenbarkeit« vgl. auch B. II. 5. Rn. 4 und 8). Die Differenzierung zwischen »Fernbleiben« und »dienstlichem Einsatz« hat die wünschenswerte Folge, dass die doppelte finanzielle Belastung der Betroffenen (vgl. Rn. 3) für die Fälle verhindert wird, in denen das Fernbleiben auf pflichtwidrig schuldhaft veranlassten Hinderungsgründen beruht. Trotz unterschiedlicher Voraussetzungen von § 9 BBesG und Dienstvergehenstatbestand nimmt BVerwG (DÖV 1990, 526) Bindungswirkung von Tenor und rechtlicher Würdigung in der Disziplinarentscheidung auch für die Feststellung nach § 9 BBesG an. Dem kann gefolgt werden unter der Voraussetzung, dass die Besonderheiten beider Regelungen beachtet werden. Jedenfalls sind die Tatsachenfeststellungen verwendbar. Wegen der Bindung in umgekehrter Richtung (Feststellungsbescheid für Disziplinarentscheidung) vgl. §§ 23, 57.

Der **festzustellende Zeitraum** des Bezügeverlustes kann sich jetzt nach § 9 Satz 2 BBesG (seit Art. 1 Nr. 1 Gesetz zur Änderung besoldungs- u. versorgungsrechtlicher Vorschriften, BGBl. 1980 I S. 1509) quotenmäßig auch auf **Teile eines Tages** beschränken. Die geringste festzustellende Zeiteinheit ist die **volle Arbeitsstunde** (BVerwG v. 29. 7. 1985 – 1 DB 36.85; v. 21. 4. 1993 – 1 DB 8.93 – E 83, 37). Der Verlust der Bezüge umschließt auch die **im Gesamtzeitraum und an dessen Ende liegenden dienstfreien Tage** wie Feiertage, Wochenende, planmäßige Ruhetage usw. Denn diese Einzeltage werden vom Fernbleibensvorsatz bzw. von dem Anlass des Fernbleibens umfasst (BVerwG v. 30. 8. 1985 – 1 DB

8

9.95 – E 73, 227). Liegen solche dienstfreien Tage zu Beginn des Fernbleibenszeitraums, so dürfen sie nicht in die Feststellung einbezogen werden. Unterliegt ein Beamter – auch teilweise – keiner zeitlichen und örtlichen Konkretisierung seiner Dienstleistungspflicht in Gestalt von Arbeitszeitregelungen, denen er mit seiner Anwesenheit Rechnung zu tragen hat, ist in pauschalisierender Betrachtungsweise der Verlust der Dienstbezüge für solche Zeiten gegeben, in denen die Anwesenheit des Beamten an einem bestimmten Ort zu einer bestimmten Zeit erforderlich ist und der Beamte diesem Gebot nicht folgt (vgl. BVerwG v. 11. 5. 2000 – 1 DB 35.99 – NVwZ-RR 2001, 251 = ZBR 2000, 345 = RiA 2001, 243 zu einem Verfahren gegen einen Professor an der Fachhochschule der Deutschen Telekom AG). Für die **disziplinare Beurteilung** von Fernbleibenszeiten gelten diese Grundsätze nicht, vielmehr muss dort jeder Einzeltag die Voraussetzungen des Disziplinartatbestands erfüllen (BVerwG v. 26. 7. 1984 – 1 D 57.83; vgl. B. II. 3. Rn. 11).

9 Ist dem Beamten **nachträglich die Zeit des Fernbleibens genehmigt worden**, z. B. als Urlaub oder Mehrarbeitsausgleich, auch in der Form der nachträglichen Verrechnung, so ist der Tatbestand des § 9 BBesG nicht erfüllt (im Gegensatz zum Dienstvergehenstatbestand, vgl. Rn. 7; B. II. 3 Rn. 5; die Frage offen lassend: BVerwG, Dok. Ber. 1988, 124). Denn es können – außer der zusätzlich möglichen Disziplinarmaßnahme (§ 96 Abs. 2 BBG) – nicht auch noch für ein und denselben Zeitraum die Bezüge und der Anspruch auf bezahlte Freizeit weggenommen werden. Dasselbe gilt für den Fall, dass die Betroffenen die mit dem Fernbleiben **versäumte Zeit nachgearbeitet** und damit den Anspruch auf die Bezüge – wieder – erlangt haben (BDiG v. 7. 3. 1983 – VI Bk 10/82).

10 Auch **während der Zeit der Suspendierung nach § 38** bleibt das unberechtigte Fernbleiben bestehen, solange der Beamte nicht die Dienstleistung wieder anbietet (dazu § 39 Abs. 3). Deshalb ist auch nach einem Feststellungsbescheid gem. § 9 BBesG die Suspendierung noch sinnvoll. Jedoch setzt die Unterstellung weiterer Fernbleibensabsicht voraus, dass die Betroffenen ausdrücklich über die Möglichkeit und die Bedeutung einer Dienstbereitschaftserklärung belehrt wurden (BVerwG v. 7. 11. 1974 – 1 D 37.74). Wird die Dienstbereitschaft erklärt, ist dem Feststellungsbescheid die Grundlage entzogen. Bleibt eine Entscheidung nach § 39 Abs. 3 aus, so ist die gerichtliche Nachprüfung im Wege der Konversion möglich (BVerwG v. 22. 3. 1983 – 1 DB 3.83). Auch **die Anordnung der vorläufigen Einbehaltung von Teilen der Bezüge** ist während des Feststellungszeitraums möglich und kann zweckmäßig sein (dazu § 38 Abs. 2). Einem Antrag nach § 63 Abs. 1 kann das Rechtsschutzbedürfnis nicht abgesprochen werden (unzutreffend OVG NW v. 17. 9. 2008 – 21d B 1100/08.BDG). Wenn die Einbehaltungsanordnung sinnvoll ist, stehen dem Beamten dagegen Rechtsmittel zu. Anderfalls wäre die Einbehaltungsanordnung mangels eigenen Regelungsgehalts gerade aufzuheben. Der Antrag nach § 63 Abs. 1 ist daher materiell zu prüfen. Mit dem **Eintritt in den Ruhestand** entfallen die Voraussetzungen des Bescheids nach § 9 BBesG, und er ist aufzuheben. Der Ruhestandsbeamte hat aber auch im Ruhestand noch das Anfechtungsrecht (s. u. Rn. 12).

11 Bescheide nach § 9 BBesG stellen Verwaltungsakte dar, so dass sich das Rechtsschutzbegehren nunmehr nach der VwGO richtet (OVG NW v. 17. 9. 2008 – 21d B 1100/08.BDG). Im Unterschied zur BDO ist nach §§ 68 ff. VwGO in der Regel zunächst das Vorverfahren durch zu führen, bevor der betroffene Beamte Anfechtungsklage nach § 42 Abs. 1 VwGO erheben kann. Von großer Relevanz wird weiterhin der vorläufige Rechtsschutz nach § 80 VwGO sein.

Widerspruchs- und klagebefugt ist jeder durch den Feststellungsbescheid Betroffene, also auch die inzwischen aus dem Beamtenverhältnis Ausgeschiedenen wie die in den Ruhestand Versetzten und die Beamten im Vorbereitungs-, Probe- oder Widerrufsverhältnis (so jetzt auch BVerwG v. 20.7.1992 – 1 DB 4.92). Dem Rechtsschutzbedürfnis steht die Rechtskraft der sachgleichen Disziplinarentscheidung nach § 33 oder §§ 59, 60 nicht entgegen, jedoch besteht Bindungswirkung (vgl. Rn. 7). Der **Widerspruch** ist schriftlich **innerhalb von 1 Monat** nach Zustellung des Feststellungsbescheids bei der erlassenden Behörde **einzureichen**. Ein Begründungszwang besteht nicht mehr. Bei **Versäumung der Frist ist Wiedereinsetzung** nach § 3 BDG, § 60 VwGO möglich. Auch in diesem Verfahren ist für Wiedereinsetzung das **Verschulden des Prozessbevollmächtigten** dem Antragsteller **anzurechnen** (Redeker/v. Oertzen, § 60 Rn. 3). Die gegenteilige Auffassung des BVerwG (v. 18.3.1991 – 1 DB 2.91) ist mit der Neuordnung überholt.

Verfahrensgegnerin ist in dem Verfahren **die feststellende Behörde**. Sie kann dem Widerspruch **abhelfen,** indem sie den angefochtenen Bescheid abändert oder aufhebt. Das Verfahren richtet sich nach dem VwVfG und der VwGO. Die **zuständige Kammer** des VG bestimmt sich nach § 52 Nr. 4 VwGO (vgl. § 45 Rn. 4-6).

Widerspruch und Klage haben aufschiebende Wirkung. Das entspricht dem Charakter des Feststellungsbescheids als Verwaltungsakt; § **80 VwGO** (geändert durch 4. VwGOÄndG v. 17.12.1990, BGBl. I S. 2811) ist nun **direkt anwendbar**. Die **Anordnung der sofortigen Vollziehung**, die nur für die Zukunft wirken kann (BVerwG v. 28.10.1983 – 1 DB 23.83), bedarf einer ausdrücklichen und inhaltlich über die Gründe für den Bezügeverlust hinausgehenden **Begründung** (BVerwG, NJW 1974, 1294; Redeker/von Oertzen, § 80 VwGO Rn. 20, 25 ff.). Die Begründung, dass der Empfang von Bezügen ohne Dienstleistung ungerechtfertigt sei, wiederholt nur die gesetzlichen Voraussetzungen des Verlustes, nicht aber die besondere Einbehaltungsnotwendigkeit vor rechtskräftiger Klärung (BDiG v. 9.6.1975 – IV Bk 2/75). Ebenso wenig kann das fiskalische Interesse, der späteren Zahlungsunfähigkeit der Empfänger vorzubeugen, das »öffentliche Interesse« i. S. d. § 80 Abs. 2 Nr. 4 VwGO begründen (BVerwGE 1, 45; BGHZ 17, 84; Hamburg, NJW 1959, 488; Münster DVBl. 1955, 601; LVG Düsseldorf, DÖV 1951, 367; Koblenz, DVBl. 1967, 329, und DÖV 1965, 675; Lüneburg, OVGE 3, 191; Häberle, DVBl. 1967, 220; Redeker/von Oertzen, § 80 Rn. 22). Denn dieses Risiko geht § 80 VwGO bewusst ein; die Ausnahme von der Regel kann nicht mit Umständen, die für die Regelsituation maßgeblich sind, begründet werden. Gerade die Entziehung der verfassungsgeschützten Alimentation (Art. 33 Abs. 5 GG, §§ 2, 3 BBesG) vor Rechtskraft muss auf äußerste Ausnahmefälle beschränkt werden (BDiG v. 18.1.1988 – I Bk 2/88; ebenso GKöD-Weiß, K § 121 Rn. 15; a. A. BVerwG v. 28.10.1983 – 1 DB 23.83). Auch kann nicht die sofortige Vollziehung mit der Möglichkeit der Sozialhilfe begründet werden, da diese hinter der Alimentationspflicht zurücktritt (BDiG v. 8.8.1975 – IV Bk 12/75). An der sofortigen **Vollziehung eines offensichtlich fehlerhaften Feststellungsbescheids** besteht niemals ein öffentliches Interesse (wie die h. M. zu § 80 Abs. 2 Nr. 4 auch o. a. BVerwG – 1 DB 23.83), umgekehrt aber an der Vollziehung eines **offensichtlich rechtmäßigen und fehlerfreien Bescheids** (BVerwG v. 19.5.1988 – 1 DB 13.88).

§ 80 Abs. 8 VwGO lässt in dringenden Fällen eine **Eilentscheidung allein durch den Kammervorsitzenden** zu. Diese wird begründet sein, wenn der Feststellungsbescheid bereits vollzogen wird und der Betroffene ohne ausreichende Einkünfte zu sein scheint. Da der Beschluss des Vorsitzenden gem. § 80 Abs. 7 VwGO von dem Gericht – ggf. auf Antrag der Beteiligten – jederzeit geändert werden kann und damit nur vorläufigen Charakter hat, ist er seinem Zweck nach ohne weitere Beweiserhebung und auch vor der Stellungnahme der Antragsgegnerin zulässig (BDiG v. 8. 8. 1975 – IV Bk 12/75).

14 Die Entscheidung nach § 9 BBesG bindet nach §§ 23, 57 die Disziplinarbehörden und -gerichte in gleichem Maße wie Strafurteile. Bloßes Bestreiten des Sachverhalts reicht daher nicht mehr aus; der Beamte muss offenkundige Fehler darlegen, damit sich (nur) das Gericht lösen kann. Geschieht dies und führt das gerichtliche Disziplinarverfahren zur Klageabweisung, Aufhebung der Disziplinarverfügung oder wenigstens zur Freistellung von diesem Vorwurf kann der Dienstherr verpflichtet sein, das Verlustfeststellungsverfahren wieder aufzugreifen (vgl. BVerwG v. 29. 3. 1999 – 1 DB 7.97 – E 113, 322 = NVwZ 2000, 202 = ZBR 1999, 309). Nur so ist die Bindung der Disziplinarkammer an die zeitlich vorangehende Entscheidung zu rechtfertigen, obwohl im Disziplinarverfahren oftmals neue Beweismittel vorliegen.

15 Die **verwaltungsgerichtlichen Entscheidungen** im Rahmen des § 9 BBesG **gestalten die Rechtslage** hinsichtlich des Anspruchs auf Dienst- oder Versorgungsbezüge. In die **tatsächliche Abwicklung (Vollziehung)** greifen sie auch nur regelnd und insoweit ein, als nach § 80 VwGO der Behörde die Vollziehung verboten oder gestattet oder die bereits durchgeführte Vollziehung aufgehoben wird (§ 80 Abs. 5 Satz 3 VwGO). **Die tatsächliche Auszahlung** der aufgrund der entschiedenen Rechtslage zustehenden Bezüge ist eine **beamtenrechtliche Angelegenheit**, die notfalls vor der zuständigen Kammer der Verwaltungsgerichte durchzusetzen ist (BVerwG v. 28. 10. 1983 – 1 DB 23.83).

16 Nach § 93 VwGO ist die **Verbindung des gerichtlichen Disziplinarverfahrens mit dem Verfahren zu § 9 BBesG** möglich, aber nicht mehr zwingend vorgeschrieben. Sie ist jedoch nach wie vor **sinnvoll**. Dadurch wird eine gemeinsame Prozessführung, Aufklärung und Entscheidung für die Verfahren herbeigeführt. Allerdings ist mit der **Änderung der Rspr. des BVerwG zum Tatbestand des § 9 BBesG** (o. Rn. 7) die Verbindung beider Verfahrensarten dann zweifelhaft geworden, wenn beide Verfahren u. U. unterschiedliche Prozessgegenstände betreffen (wenn nämlich die alkoholbedingte Dienstabwesenheit nach § 9 BBesG kein Fernbleiben ist, nach § 61 Abs. 1 Satz 1 BBG aber ein Dienstvergehen im Sinne der Verletzung der Dienstleistungs- und Einsatzpflicht darstellt). Die Verbindung hat dann keinen Nutzeffekt, wenn der Tatbestand des § 9 BBesG ohnehin sofort ausscheidet. Die Verbindung ist prozessökonomisch nur noch dort sinnvoll, wo es in beiden Verfahren um das »echte« Fernbleiben vom Dienst geht. Eine Verbindung ist auch dann nicht am Platz, wenn der Beschluss nach § 59 angekündigt wird (vgl. zu § 59 Rn. 5 a. E.).

17 Die Verbindung setzt **Anhängigkeit beider Verfahrensarten im selben Rechtszug** voraus. Die Entscheidung des Gerichts ergeht für beide Verfahren einheitlich durch Urteil. Dementsprechend ist auch die **Anfechtung einheitlich**. Beide verbundenen Verfahren werden mit der Berufung angefochten. Problematisch ist dies nur, weil die Berufung gegen die Entscheidung zu § 9 BBesG gem. § 124 Abs. 1 VwGO der Zulassung bedarf, während die Berufung über eine Disziplinarklage unbeschränkt zulässig ist (§ 64 Abs. 1). Da die Bedeutung des Disziplinarverfahrens weiter reicht, beide Verfahren aber gegenseitig Auswirkungen entfalten, ist die Berufung unbeschränkt zulässig. Die Revision ist auch für

§ 62 BDG

die Disziplinarklagen nur nach Zulassung eröffnet, so dass diese einheitlich für die verbundenen Verfahren geregelt ist (§ 69 i.V. m. §§ 132, 133 VwGO).

§ 62 Antrag auf gerichtliche Fristsetzung

(1) Ist ein behördliches Disziplinarverfahren nicht innerhalb von sechs Monaten seit der Einleitung durch Einstellung, durch Erlass einer Disziplinarverfügung oder durch Erhebung der Disziplinarklage abgeschlossen worden, kann der Beamte bei dem Gericht die gerichtliche Bestimmung einer Frist zum Abschluss des Disziplinarverfahrens beantragen. Die Frist des Satzes 1 ist gehemmt, solange das Disziplinarverfahren nach § 22 ausgesetzt ist.
(2) Liegt ein zureichender Grund für den fehlenden Abschluss des behördlichen Disziplinarverfahrens innerhalb von sechs Monaten nicht vor, bestimmt das Gericht eine Frist, in der es abzuschließen ist. Anderenfalls lehnt es den Antrag ab. § 53 Abs. 2 Satz 3 bis 5 gilt entsprechend.
(3) Wird das behördliche Disziplinarverfahren innerhalb der nach Absatz 2 bestimmten Frist nicht abgeschlossen, ist es durch Beschluss des Gerichts einzustellen.
(4) Der rechtskräftige Beschluss nach Absatz 3 steht einem rechtskräftigen Urteil gleich.

Allgemeines

§ 62 ist die einzige Regelung des BDG, die dem vorrangigen Grundsatz der **Verfahrensbeschleunigung unmittelbare Geltung** verschafft. § 3 ist proklamatorischer Art. Wegen der **mittelbaren Auswirkung** unangemessener Verzögerung vgl. A. IV Rn. 104 und wegen des **Beschleunigungsgebots des Art. 6 Abs. 1 MRKV** vgl. A. V Rn. 128. Eine Regelung wie in § 62 ist dem Disziplinarverfahrensrecht erst seit der BDO von 1953 bekannt. Die Novellierung von 1967 hat nur geringfügige Änderungen (Fristen, das der Rspr. entspr. Tatbestandsmerkmal der »unangemessenen Verzögerung«) vorgenommen. Mit der Regelung sind nicht nur den Beschuldigten eine eigene Initiative und ein Zwangsmittel zur Beschleunigung in die Hand gegeben, sondern auch deren Schutz vor übermäßigen Nebenmaßnahmen wie Suspendierung (§ 38 Abs. 2), Einbehaltung von Dienstbezügen (§ 38 Abs. 1) und Verbot der Dienstgeschäfte (§ 60 BBG) oder gegenüber gesetzlichen oder faktischen Nebenfolgen des förmlichen Disziplinarverfahrens (vgl. A. IV. Rn. 71) verstärkt worden. Dies entspricht dem rechtsstaatlichen **Gebot effektiven Gerichtsschutzes und der Verhältnismäßigkeit** (BVerfG, DÖD 1977, 274). Diese Gesetzgebung schreibt § 62 fort. Dem Sinn und Zweck nach handelt es sich um ein **Eilverfahren**. 1

Die Regelung des § 62 gilt nur für das behördliche Disziplinarverfahren, **nicht für die davor stattfindenden dienstrechtlichen Vorklärungen**. Die Ausnahmeregelung nur für das behördliche Disziplinarverfahren hat ihren Grund darin, dass nur während dessen Maßnahmen möglich sind, die schon vor Abschluss des Verfahrens in die Rechtsstellung der Beschuldigten eingreifen (§ 38 Abs. 1 und 2; BVerwGE 63, 116). Die Vorschrift kann **auch nicht analog** angewandt werden. Das lässt sich zwar nicht damit begründen, dass im Vorverfahren kein Rechtsschutzbedürfnis für einen Beschleunigungsantrag bestehe, weil der Beamte den Antrag nach § 18 stellen könne (so BVerwGE 63, 116 noch zu § 66 BDO). Denn wenn disziplinare Ermittlungen bereits durchgeführt werden, so 2

533

§ 62 BDG

besteht umgekehrt kein Rechtsschutzbedürfnis für den Antrag nach § 18, für den im Übrigen § 62 ebenso wenig unmittelbar anwendbar ist. Vielmehr ergibt sich das Verbot der Analogie aus dem Umstand, dass der Beschleunigungsantrag der Beamten und das Eingreifen des Dienstherrn die Ausnahme von der Regel sind, dass das Gericht erst mit der Rechtshängigkeit des Verfahrens befugt ist, den Gang des Verfahrens zu bestimmen (BDiG v. 30. 5. 1978 – IV Bk 5/78).

3 § 62 ist auch **nicht anwendbar, wenn das gerichtliche Verfahren** wegen Verfahrensfehlern **nach § 55 Abs. 3 nicht betrieben wird**. Zwar sind dann ggf. die weiteren Aufklärungen durch den Dienstherrn durchzuführen und die Verfahrensfehler ebenfalls durch diesen zu beheben. Aber das Verfahren ist noch immer bei Gericht anhängig. Damit ist aber bereits die Entscheidung getroffen worden, die der Antrag nach § 62 allein anstreben kann und zu der das VG allein verurteilen könnte (Abs. 2 Satz 1). Für diesen Fall besteht kein Rechtsschutzbedürfnis i. S. d. § 62. Dieses könnte zwar bei der **Aussetzung zum Zwecke der Nachtragsdisziplinarklage gem. § 53 Abs. 2** gegeben sein, da hinsichtlich dieses Verdachtes das gerichtliche Verfahren noch nicht anhängig ist. Jedoch kann der Schutzgedanke des § 62 allein eine analoge Anwendung auf diesen Fall nicht rechtfertigen (a. A. Claussen/Janzen, § 66 Rn. 2 a; GKöD-Weiß, § 66 Rn. 24; Behnke-Hardraht, § 66 Rn. 5). Denn im Falle des Antrags nach § 53 Abs. 2 fehlt es noch an der Vorklärung des Sachverhalts, die so weit abgeschlossen sein muss, dass sie zu einer Einleitungsverfügung oder einer Klage mit einem konkreten Sachverhalt und einem bestimmten disziplinaren Vorwurf führen kann. Nicht ohne Grund schließen die Voraussetzungen des § 62 an eine solche Vorklärung an. Das möglicherweise ungewisse Aufklärungsstadium von Vorklärungen ist nicht mit der Entscheidungslage zum Zeitpunkt der Einleitung des behördlichen Verfahrens gleichzusetzen. Deshalb kann nicht unterstellt werden, die Aufklärung habe innerhalb von sechs Monaten erfolgen können. Zwar kann das Gericht nach § 53 Abs. 2 eine Frist zur Erhebung der Nachtragsdisziplinarklage setzen und nach fruchtlosem Ablauf das Verfahren fortsetzen. Der Dienstherr kann aber dadurch nicht daran gehindert werden, dennoch die Nachtragsdisziplinarklage wirksam und bindend für das VG zu erheben. Wegen des Falles der Aussetzung nach § 22 vgl. Abs. 1 Satz 2 und Rn. 5.

Verfahren

4 **Der Antrag richtet sich auf** die gerichtliche Entscheidung zur Fristsetzung, nicht auf eine isolierte Entscheidung darüber, ob eine unangemessene Verzögerung vorliegt. Er kann zulässigerweise erst **nach Ablauf von sechs Monaten ab Zustellung der Einleitungsverfügung** gestellt werden (Abs. 1 Satz 1), und zwar von dem Beamten, dem Vormund oder Pfleger oder dem Verteidiger. Formelle Voraussetzung ist, dass bis dahin weder das Verfahren eingestellt noch eine Disziplinarverfügung oder Disziplinarklageschrift zugestellt worden ist. Der vor Ablauf der Frist eingereichte Antrag ist unzulässig, aber nur so lange, wie im gerichtlichen Verfahrensabschnitt die Frist noch nicht abgelaufen ist. Sind die sechs Monate vor der Gerichtsentscheidung abgelaufen, ohne dass die Einleitungsbehörde über Einstellung, Disziplinarverfügung oder Klage entschieden hat, so wird der Antrag nachträglich zulässig. Erst recht kann der Antrag beliebig lange nach Ablauf der Frist gestellt werden.

§ 62 BDG

Die **Sechsmonatsfrist ist gehemmt** (Abs. 1 Satz 2), solange das Verfahren nach 5
§ 22 ausgesetzt ist. Die Aussetzung nach § 22 endet erst mit ihrer Aufhebung
durch den Disziplinarvorgesetzten oder das VG oder mit der Fortsetzung des
Verfahrens. Das VG hat bei der sachlichen Prüfung der »unangemessenen Verzögerung« (u. Rn. 10) die Berechtigung der Aussetzung nachzuprüfen (BDHE 2, 143; BVerwG v. 11. 2. 1976 – 1 DB 1.76; Claussen/Janzen, § 66 Rn. 3).

Die Stellung des **Antrags ist nicht an eine Frist oder Form gebunden.** Er kann 6
schriftlich oder zu Protokoll der Geschäftsstelle, aber auch telegrafisch, telefonisch oder mündlich gestellt werden, soweit sich die Identität mit dem Beamten sicherstellen lässt. Der Antrag muss auch **nicht begründet** werden, schon gar nicht substantiiert. Das Gericht ist von Amts wegen zur vollen Aufklärung des Entscheidungsgegenstandes verpflichtet.

Der Antrag kann bis zur Entscheidung des Gerichts jederzeit **zurückgenom-** 7
men werden, da der Beschuldigte Herr des Antragsverfahrens ist (BDiG v. 30. 6. 1972 – IV Bk 2/72). Entscheidet die Einleitungsbehörde über Einstellung, Disziplinarverfügung oder Klage vor der Entscheidung des Gerichts, so ist der **Antrag in der Hauptsache erledigt (§ 161 Abs. 2 VwGO).** Das Antragsverfahren ist in all diesen Fällen einzustellen und ggf. (Rn. 18) mit einer Kostenentscheidung zu versehen (BVerwGE 63, 116).

Vor der Entscheidung hat das **VG der Einleitungsbehörde das rechtliche Ge-** 8
hör zu gewähren und ihr eine Äußerungsfrist einzuräumen. Das sieht zwar die Vorschrift im Gegensatz zu § 66 BDO nicht mehr vor, ist aber aus rechtsstaatlichen Gründen selbstverständlich (Art. 103 GG, § 108 Abs. 2 VwGO). Außer der Beiziehung der entscheidungserheblichen Verfahrensakten hat das VG auch das Recht und die **Pflicht zu weiterer Klärung** der »unangemessenen Verzögerung«. So wird es in der Regel eine **Stellungnahme des Diensthern und dessen beauftragten Beamten** einholen, ggf. auch eine **mündliche Verhandlung** durchführen, auch wenn diese nicht ausdrücklich in § 62 vorgesehen ist (Claussen/Janzen, § 66 Rn. 2 b; GKöD-Weiß, § 66 Rn. 40).

Leidet das behördliche Disziplinarverfahren unter einem **anderen Verfahrens-** 9
fehler als der »unangemessenen Verzögerung«, so ist dies im Antragsverfahren nach § 62 unerheblich und kann nicht berücksichtigt werden. Denn das Beschleunigungsverfahren dient nur diesem beschränkten Zweck und unterliegt nicht den allgemeinen Prozessvoraussetzungen oder Prozesshindernissen (Behnke-Hardraht, § 66 Rn. 7).

Gegenstand der gerichtlichen Prüfung ist die Frage des zureichenden Grundes 10
für den fehlenden Abschluss des behördlichen Disziplinarverfahrens durch den Diensthern bei der Entscheidung über Einstellung oder Nichteinstellung und Einreichung der Disziplinarklageschrift (Abs. 2). Dies entspricht inhaltlich der unangemessenen Verzögerung, die sprachlich treffender ist. Unangemessen ist eine Verzögerung, wenn die Sachaufklärung und die vorgenannten Entscheidungen bzw. Prozesshandlungen nicht mit der gebotenen und möglichen Beschleunigung durchgeführt worden sind. Dabei hat das Gericht einerseits die Unabhängigkeit des mit den Ermittlungen betrauten Beamten und dessen Beurteilungsspielraum zu den einzelnen Aufklärungspunkten und Aufklärungsmitteln sowie die notwendige Bearbeitungs- und Prüfungszeit, andererseits das Recht der Beschuldigten auf beschleunigte Bearbeitung zu berücksichtigen. Ob unangemessen verzögert wurde, lässt sich nicht durch bloßen Vergleich einer pauschalen Prognose der notwendigen Gesamtbearbeitungszeit mit dem Sechsmonatszeitraum beantworten (so GKöD-Weiß, § 66 Rn. 28), sondern nur

durch konkrete Nachprüfung des bisherigen realen Bearbeitungsaufwands feststellen. Sinn des § 62 ist nicht, eine fiktive Bearbeitungszeit zu errechnen und daran die Einhaltung des Beschleunigungsgebots zu messen. Das wäre nicht nur utopisch, sondern würde auch in rechtlich bedenklicher Weise in die Disziplinarbefugnisse des Dienstherrn eingreifen. Der Zweck des § 62 zielt allein darauf ab, die – auf der Grundlage der zu akzeptierenden Aufklärungserwägungen – tatsächlich erfolgte Verfahrensverzögerung zu erfassen. Das erfordert keine »summarische« (so GKöD-Weiß, § 66 Rn. 28), sondern eine **genaue Überprüfung des bisherigen Verfahrens** daraufhin, welche besonderen tatsächlichen und rechtlichen Besonderheiten den ordnungsgemäßen Bearbeitungsaufwand bestimmen und ob dabei säumig verfahren wurde (st. Rspr. BVerwG v. 23. 5. 1977 – 1 DB 4.77; v. 28. 10. 1977 – 1 DB 15/16/17.77). Dabei ist nicht von dem Arbeitsaufwand auszugehen, den das Gericht nach seiner Beurteilung der Rechtslage annehmen würde, sondern von demjenigen, der sich aus der Aufklärungsbeurteilung des Ermittlungsführers ergibt. Hierbei ist Großzügigkeit geboten. **Unangemessene Verzögerung ist gleichbedeutend mit sachlich nicht gerechtfertigter Untätigkeit der jeweils befassten Disziplinarorgane**. Untätigkeit des Ermittlungsführers liegt nicht in den notwendigen Einarbeitungs- und Überlegungszeiten, in den unvermeidbaren Zwischenzeiten zwischen Ladung und Anhörungs- oder Beweistermin, in den üblichen Bürolaufzeiten, in den durch die Beschuldigten selbst veranlassten Unterbrechungen oder Vertagungen von Terminen oder Fristverlängerungen für Schriftsätze, in den urlaubs- oder krankheitsbedingten Abwesenheiten der Beteiligten. Ergibt aber die genaue Nachprüfung, dass das jeweils zuständige Organ auf der Basis seiner Aufklärungsbeurteilung längere Zeiten ohne sachlichen Grund untätig geblieben ist, so liegt darin eine unangemessene Verzögerung.

11 Nach der st. Rspr. des BVerwG erforderte § 66 BDO weiterhin, dass das säumige Verhalten der Disziplinarorgane »schuldhaft« war. Das gilt auch weiterhin für § 62 BDG. Das Verschulden ergibt sich daraus, dass die Organe nicht für die ihnen mögliche Beschleunigung des Verfahrens sorgten. So ist nicht nur die Hauptfigur im vorgerichtlichen Abschnitt des förmlichen Verfahrens, der Ermittlungsführer, zur Aufbietung all seiner Kräfte und seiner Zeit in der **vorrangigen Bearbeitung** des Untersuchungsverfahrens verpflichtet. Auch die Einleitungsbehörde muss dafür sorgen, dass er nach Bedarf so weit von den Aufgaben seines Hauptamtes freigestellt wird, dass er sich mit Vorrang dem Ermittlungsverfahren widmen kann. Unterlässt sie dies, so handelt sie »schuldhaft säumig« i. S. d. § 62 (BVerwG – 1 DB 4.77, a. a. O.; ebenso, wenn auch im entschiedenen Fall einschränkend, 1 DB 15/16/17.77). Den Ermittlungsführer trifft ein Verschulden, wenn er von der Notwendigkeit seiner Entlastung im oder vom Hauptamt der Einleitungsbehörde bzw. seinen Dienstvorgesetzten keine dienstliche Mitteilung macht. In gleicher Weise handelt der Dienstherr schuldhaft säumig, wenn er selbst oder durch seine Beamten nach Abschluss des Ermittlungsverfahrens die Disziplinarverfügung oder -klage nicht in angemessener Zeit fertigt und dem Gericht einreicht bzw. zustellt.

12 Stellt das Disziplinargericht eine schuldhaft unangemessene Verzögerung fest, so hat es **eine Frist zu bestimmen**, in der entweder die Anschuldigungsschrift vorzulegen oder das Verfahren einzustellen ist (Abs. 2 Satz 1). Der **Antrag kann** nicht auf Einstellung des Verfahrens, sondern **nur auf Fristsetzung gerichtet sein** (BVerwG v. 11. 9. 2000 – 1 DB 21.00). Für die Bestimmung der Frist kann das Gericht, anders als bei der Feststellung der Verzögerung (Rn. 10), nur eine sum-

§ 62 BDG

marische Beurteilung des weiteren Aufklärungsaufwandes vornehmen (BVerwG v. 22. 3. 1988 – 1 DB 6.88). Denn hier ist nur eine pauschale Prognose möglich, da bei den einzelnen Aufklärungs- und Prozessmaßnahmen künftig auftretende Schwierigkeiten nicht voll zu übersehen sind. Für diese Prognose kann allerdings das Gericht die Beweiserhebungen zugrunde legen, die es selbst noch für erforderlich hält. Dies ist in der Entscheidung darzulegen, damit sich der Ermittlungsführer daran ausrichten kann. Bei der Fristbestimmung muss wiederum den Besonderheiten des Falles Rechnung getragen werden, damit das Gebot voller Sachaufklärung nicht verletzt wird (BVerwG, a. a. O.). Eine **Fristbestimmung erübrigt sich**, wenn der Antrag in der Hauptsache erledigt ist (Rn. 7). Dasselbe soll gelten, wenn die Ursachen für die bisherige Verzögerung weggefallen sind und mit einer zügigen Bearbeitung sicher gerechnet werden kann (BVerwG – 1 DB 15/16/17.77; Claussen/Janzen, § 66 Rn. 5 a-c). Das ist abzulehnen, da § 62 für die Disziplinargerichte eine zwingende Regelung zur Fristsetzung trifft und keinen Ermessensspielraum bietet (Kodal, ZBR 1981, 92). Der **Lauf der gerichtlich bestimmten Frist** beginnt mit der Zustellung des Beschlusses des VG; **der Beschluss ist** gem. Abs. 2 Satz 3 i.V. m. § 53 Abs. 2 Satz 5 **unanfechtbar**. Mit Ablauf der gerichtlichen Frist **endet die disziplinare Verfolgbarkeit** des zugrunde liegenden Dienstvergehens (Rn. 15).

13 Die Frist kann allerdings gem. Abs. 2 Satz 2 über die entsprechende Anwendung des § 53 Abs. 2 Satz 3 bis 5 verlängert werden, wenn der Dienstherr ohne schuldhaftes Verhalten (Rn. 11) an der Einhaltung der Frist verhindert war (vgl. § 53 Rn. 4, § 55 Rn. 12). Hieraus ergibt sich eine erhebliche Unsicherheit für die Beamten, die die ansonsten gelungene Vorschrift in diesem Punkt als bedenklich erscheinen lässt. Nach Sinn und Zweck des § 62 kann es sich nur um solche Gründe handeln, die nachträglich entstanden sind oder dem Gericht bei seiner Beschlussfassung nicht bekannt waren. Da der Dienstherr gerade nicht mehr an die frühere Untersuchung und damit insbesondere nicht mehr an den unabhängigen Untersuchungsführer gebunden ist, muss ihm die zeitnahe Sachaufklärung noch leichter fallen. Die Fristverlängerung muss daher die Ausnahme bleiben.

14 Bei Erfolglosigkeit des Antrags hat der **Beschluss des VG den Tenor**: »Der Antrag wird verworfen« (bei Unzulässigkeit) oder: »Der Antrag wird zurückgewiesen« (bei Unbegründetheit). Ist der Antrag begründet, so lautet der Tenor: »Zur Entscheidung über die Vorlage der Disziplinarklageschrift, den Erlass einer Disziplinarverfügung oder die Einstellung des Verfahrens wird eine Frist von ... Monaten ab Rechtskraft dieses Beschlusses gesetzt.« Bei Rücknahme oder Erledigung des Antrags wird das Verfahren mit einer Kostenentscheidung (Rn. 18) eingestellt. Bei Streit über die Erledigung ist bei deren Bejahung der Antrag (wegen Unzulässigkeit) zu verwerfen, bei Verneinung wird das Antragsverfahren ggf. mit Fristsetzung weitergeführt.

15 Der dem Antrag stattgebende, eine **Frist bestimmende Beschluss** nach § 62 Abs. 2 entfaltet mit seiner Zustellung **volle Rechtskraft** insoweit, als der Dienstherr keine weiteren Wahlmöglichkeiten in der Verfolgung des Beschuldigten hat.

16 Der den Antrag **ablehnende Beschluss ist ebenfalls rechtskraftfähig**, natürlich nur soweit sein Entscheidungsinhalt reicht. Das bedeutet, dass das Verfahren in dem Stadium seinen unbeeinflussten Fortgang nimmt, in dem es sich bei Antragstellung befand. Nach Abschluss des gerichtlichen Verfahrens kann der Beamte wegen neuer Tatsachen wiederum unangemessene Verzögerung nach § 62 vor Gericht geltend machen.

17 Der Beschluss muss eine **Kostenentscheidung** enthalten, da das Antragsverfahren nicht mit dem Maßregelungsverfahren akzessorisch ist. Es enthält einen eigenen Streitgegenstand, über den abschließend entschieden wurde. Nach §§ 3, 77 Abs. 4 i.V.m. § 154 VwGO hat der unterliegende Teil die Kosten des Verfahrens zu tragen. Das verkennt die gegenteilige st. Rspr. des BVerwG (Dok. Ber. 1988, 154 gegen früher E 33, 21), die aber dann eine Kostenentscheidung verlangt, wenn im Zeitpunkt der Entscheidung nach § 62 bereits feststeht, dass es zu einem Maßregelungsverfahren nicht kommen wird, etwa bei einem unzulässigen Antrag in den Vorermittlungen, (BVerwGE 63, 115 f.). Jedenfalls richtet sich die Kostenentscheidung, auch wenn sie erst im so genannten Hauptsacheverfahren ergeht, allein nach dem Erfolg in dem Antragsverfahren.

18 Der rechtskräftige **Beschluss ist nur wegen der Kostenentscheidung vollstreckbar**, weil er nicht unter die in §§ 8–10 fallenden Maßregelungsentscheidungen fällt und keinen vollstreckungsfähigen Urteilsspruch besitzt. Maßgeblich ist insoweit allerdings der Kostenfestsetzungsbeschluss (Redeker/v. Oertzen, § 168 Rn. 5, 12). Die Disziplinarorgane sind wegen der Rechtskraftwirkung an ihn gebunden und können im Wege der Dienstaufsicht zur Befolgung gezwungen werden. Verstoßen sie dennoch gegen die Fristsetzung, so haben die Gerichte das Verfahren als unzulässig einzustellen (§ 62 Abs. 3).

19 Nach Abs. 3 und 4 ist ein innerhalb der Frist nicht abgeschlossenes Verfahren einzustellen. Mit dem Gesetzeszweck des § 62 wäre es unvereinbar, wenn nach ergebnisloser Fristsetzung dasselbe Disziplinarverfahren noch einmal, von Anfang an und mit noch größerer Verzögerung begonnen werden könnte. Deshalb hat der Dienstherr **keine Möglichkeit der Neueinleitung desselben Disziplinarverfahrens.** § 62 hat dies in **Abs. 3 und 4** dankenswert klar geregelt. Nach Ablauf der Frist wird das **behördliche Disziplinarverfahren durch Beschluss des VG eingestellt**, wenn es nicht vorher durch den Dienstherrn zum Abschluss gebracht wurde. Das VG stellt nach dem Wortlaut nicht sein Gerichtsverfahren, sondern das behördliche Verfahren ein. Die betroffenen Vorwürfe sind damit verbraucht. Die gegenteiligen Meinungen, die die Neueinleitung nach der BDO für zulässig hielten, sind durch diese gesetzliche Regelung überholt. Wenn nach dem Willen des Gesetzes nach Ablauf der gerichtlichen Frist das Verfahren eingestellt werden muss, so bedeutet das, dass wegen unangemessener Verzögerung nicht weiter verfolgt werden darf, vielmehr das Verfahren zum Abschluss zu bringen ist. Eine weitere oder neue Verfolgung würde dieses Verfahren unzulässig machen.

20 Gegen den Beschluss nach Abs. 3 ist die **Beschwerde nach § 146 VwGO** für alle Beteiligten gegeben, sowohl für den Antragsteller als auch für den Dienstherrn. Die Beschwerde nach § 146 VwGO hat grundsätzlich keine aufschiebende Wirkung (vgl. Redeker/v. Oertzen, § 149 Rn. 21). Wird dieser Beschluss unanfechtbar (ggf. nach Abschluss des Beschwerdeverfahrens), steht er einem rechtskräftigen Urteil gleich, **Abs. 4** (vgl. dazu Rn. 19). Auch dieser Beschluss hat eine Kostenentscheidung zu tragen. Für den Fall der Einstellung des behördlichen Verfahrens nach Abs. 3 trifft § 77 Abs. 3 die spezielle Kostentragungspflicht des Dienstherrn (vgl. § 77 Rn. 5). Die gegenteilige Rspr. des BVerwG zur Kostenentscheidung ist durch die Neuregelung überholt.

§ 63 Antrag auf Aussetzung der vorläufigen Dienstenthebung und der Einbehaltung von Bezügen

(1) Der Beamte kann die Aussetzung der vorläufigen Dienstenthebung und der Einbehaltung von Dienst- oder Anwärterbezügen beim Gericht beantragen; Gleiches gilt für den Ruhestandsbeamten bezüglich der Einbehaltung von Ruhegehalt. Der Antrag ist bei dem Oberverwaltungsgericht zu stellen, wenn bei ihm in derselben Sache ein Disziplinarverfahren anhängig ist.

(2) Die vorläufige Dienstenthebung und die Einbehaltung von Bezügen sind auszusetzen, wenn ernstliche Zweifel an ihrer Rechtmäßigkeit bestehen.

(3) Für die Änderung oder Aufhebung von Beschlüssen über Anträge nach Absatz 1 gilt § 80 Abs. 7 der Verwaltungsgerichtsordnung entsprechend.

Vorbemerkungen

Die Vorschrift knüpft an § 38 Abs. 1 bis 3 an und regelt den Rechtsschutz gegen die von der für die Erhebung der Disziplinarklage zuständigen Behörde (§ 34 Abs. 2) getroffenen Entscheidungen über die vorläufige Dienstenthebung und teilweise Einbehaltung der Dienst- bzw. Anwärterbezüge. Sie entspricht damit inhaltlich § 95 Abs. 3 BDO, stellt aber gleichzeitig ein völlig neues Konzept dar. Die betroffenen Beamten können nämlich nicht mehr die Aufhebung der Anordnungen erreichen wie nach § 95 BDO, sondern nur noch die Aussetzung. Das bedeutet, dass die Anordnungen wirksam bleiben und nur deren Vollziehung (vgl. § 39 Abs. 1) gehemmt ist (Redeker/v. Oertzen, § 80 Rn. 4). 1

Diese **gesetzliche Regelung ist verfehlt**. Zwar sind die Anordnungen nach § 38 Abs. 1 bis 3 vorläufiger Natur und hinsichtlich der Tatbestandsvoraussetzungen der Voraussichtlichkeit einer Prognoseentscheidung unterworfen. Die amtliche Begründung (BT-Drs. 14/4659, S. 44) verkennt jedoch, dass beide Anordnungen – die vorläufige Dienstenthebung wie die teilweise Einbehaltung von Dienstbezügen – keine einstweilige Regelung darstellen. Sie sind zeitlich begrenzt, haben aber ihren eigenen Regelungscharakter und stellen selbständige Verwaltungsakte dar. Sie sind eben nicht vorläufig, sondern für die Zeit ihrer Geltung endgültig. Sie werden selbstverständlich nicht nur summarisch, sondern vollinhaltlich auf ihre Rechtmäßigkeit hin überprüft; die amtliche Begründung verwechselt hier Tatbestandsmerkmal mit einer Wertung mit der summarischen Prüfung nach §§ 80, 123 VwGO, bei der der Sachverhalt noch nicht endgültig vom Gericht geklärt ist und die endgültige Beantwortung – etwa mittels Beweisaufnahme – noch nachfolgt. Die Aussetzung der Anordnungen nach § 38 macht auch deshalb keinen Sinn, weil keine endgültige Klärung des ihnen zugrunde liegenden Regelungsgegenstandes beabsichtigt und auch gar nicht möglich ist. Denn die Anordnungen verlieren ihre Wirkung mit dem rechtskräftigen Abschluss des Disziplinarverfahrens (§ 39 Abs. 4). Die Rechtmäßigkeit der Anordnungen nach § 38 muss bereits endgültig entschieden werden. Die Frage, ob ein Sachverhalt vorläufig für einen bestimmten Zeitraum geregelt werden darf, hat nichts damit zu tun, ob eine Anordnung bis zur verbindlichen Klärung bereits vollzogen werden darf. Eine Entscheidung, die einstweilen trotz Rechtsmittel vollzogen werden soll, existiert hier gar nicht, da die Entfernung oder Aberkennung gerade erst das Gericht treffen darf. **Es gibt also keine einstweilige Entfernung** aus dem Dienst. Einstweiliger Rechtsschutz ist hier völlig fehl am Platz. Die betroffenen Beamten benötigen gegen den massiven 2

Eingriff in ihre nach Art. 33 Abs. 5 geschützten Statusrechte vollwertigen Rechtsschutz.

3 Konsequent wäre die Ausgestaltung des Rechtsschutzverfahrens nach der VwGO gewesen. Gegen die Anordnungen wäre der Widerspruch mit aufschiebender Wirkung zulässig gewesen. Diesen hätte man entsprechend § 80 Abs. 2 Nr. 3 VwGO entfallen lassen können mit der Möglichkeit des Antrages nach § 80 Abs. 5 VwGO. Später wäre dann die Entscheidung in der Hauptsache gefolgt, die angesichts der Verfahrenslaufzeiten bei Verwaltungsgerichten vielleicht noch vor Abschluss des Disziplinarverfahrens hätte getroffen werden können, was nach Abschluss des Verfahrens nach § 80 Abs. 5 VwGO aber nicht zwingend erforderlich ist.

Aufhebungs- und Änderungsrecht des Dienstherrn

4 Auch wenn die rechtlichen Voraussetzungen der Anordnungen noch bestehen, **kann** die für die Erhebung der Disziplinarklage zuständige Dienstbehörde, die die Anordnungen getroffen hat, jederzeit von ihrem Ermessen erneut Gebrauch machen und **die Anordnungen nach § 38 aufheben**. Sie bleibt Herrin des Disziplinarverfahrens und kann die Verwaltungsakte aufheben. Will sie **neue Gründe** für die Aufrechterhaltung **nach gerichtlicher Entscheidung** geltend machen, muss sie einen **Antrag nach § 80 Abs. 7** VwGO stellen, Abs. 3 (vgl. Rn. 18).

Sie **muss** die Anordnungen aufheben, wenn sich aufgrund ihrer laufenden Überprüfung herausstellt, dass die Rechtsvoraussetzungen für die Ermessensentscheidung weggefallen sind. Ebenso muss der Dienstherr die Anordnungen bei veränderter Sachlage neu überprüfen und ggf. eine neue Entscheidung treffen (BVerwGE 76, 201; vgl. Rn. 18). Bei der Dienstenthebung kann die Änderung der Sachlage in einer milderen Beurteilung des verdächtigen Fehlverhaltens bei Beibehaltung der Einordnung in die Gehaltskürzung liegen. Bei der Bezügeeinbehaltung kommen Veränderungen vor allem in den wirtschaftlichen Verhältnissen in Betracht (vgl. § 38 Rn. 9 f.). Aufgrund verbesserter wirtschaftlicher Verhältnisse darf sie die Einbehaltung auch erhöhen, nicht aber allein wegen der linearen Gehaltssteigerung (BVerwG v. 2. 10. 1973 – 1 DB 10.73).

5 Die zuständige Dienstbehörde kann die **Aufhebung der Einbehaltungsanordnung** mit **Wirkung ex nunc oder auch ex tunc** versehen. Wird dazu in dem Verfügungssatz der Aufhebung nichts ausdrücklich bestimmt, so wirkt die Aufhebung nur ex nunc, auch wenn sich aus dem Zusammenhang der Begründung oder den bekannten Umständen ein zurückliegender Aufhebungsgrund ergibt. Denn in materielle Bestandskraft erwächst nur der entscheidende Verfügungssatz. Die **Rückwirkung** kommt in Betracht auf den Zeitpunkt, in dem die Voraussetzungen bereits weggefallen waren bzw. gar nicht erst vorlagen (für das Recht der Einleitungsbehörde BDHE 6, 54). Auch nach gerichtlicher Aufhebung des Einbehaltungssatzes (bei Bestätigung dem Grunde nach) kann die Einleitungsbehörde die neue Entscheidung rückwirkend auf den Zeitpunkt des Ersterlasses treffen. Denn dem Grunde nach ist die Anordnung von diesem Zeitpunkt an berechtigt geblieben (BVerwG v. 23. 1. 1987 – 1 DB 59.86).

6 Die Aufhebung der getroffenen Anordnung – im Fall der Einbehaltung auch die mindernde Änderung – wird **mit der Zustellung wirksam**, die erhöhende Abänderung mit dem nächsten Fälligkeitstermin nach der Zustellung wirksam und vollziehbar. Die **Aufhebung der vorläufigen Dienstenthebung** hat ohne weiteres die **Unwirksamkeit der Bezügeeinbehaltung** zur Folge. Dagegen kann die Bezügeeinbehaltung getrennt von der Dienstenthebung geändert werden. Wegen der sonstigen Beendigung der Anordnungen vgl. § 38 Rn. 10.

Gerichtliches Nachprüfungsverfahren (Abs. 1 und 2)

Der **Antrag auf Aussetzung** kann nur von dem betroffenen Beamten gestellt werden. Der Antrag ist Verfahrensvoraussetzung für das gerichtliche Verfahren. Er ist **an keine Frist gebunden** – auch nicht, wenn nur eine Abänderungsverfügung Verfahrensgegenstand ist (BVerwG v. 24. 10. 2006 – 1 DB 6.06) –, kann auch vor Gerichtshängigkeit des Disziplinarverfahrens gestellt und jederzeit unter Berufung auf veränderte Verhältnisse wiederholt werden (vgl. § 38 Rn. 10). Er kann **formlos**, also auch mündlich zu Protokoll der Geschäftsstelle, telegrafisch, durch Telex oder Telefax, bei Gericht gestellt werden. Er hat mangels entgegenstehender Regelung **keine aufschiebende Wirkung**. 7

Zuständig für das Verfahren nach Abs. 1 ist das Gericht, bei dem das Disziplinarverfahren anhängig ist; ggf. also auch das OVG (**nicht** jedoch das **BVerwG**, siehe aber für die Übergangszeit § 85 Rn. 6); falls das noch nicht der Fall ist das VG. Ist der Antrag bei dem VG zu stellen und dort auch eingegangen, so ist er gerichtsanhängig. 8

Der Antrag **sollte klarstellen, welche Anordnung angefochten** sein soll. Sind sowohl vorläufige Dienstenthebung als auch Bezügeeinbehaltung angeordnet worden, so kommt jedenfalls hinsichtlich der Einbehaltung eine isolierte Anfechtung in Betracht (vgl. § 38 Rn. 8). Fehlt es an einer entsprechenden Klarstellung, so ist von der Anfechtung beider Anordnungen auszugehen. Ist allein die vorläufige Dienstenthebung angefochten, so ist zwangsläufig auch die Einbehaltungsanordnung angefochten, weil sie ohne die Dienstenthebung ihre Grundlage verliert (§ 38 Abs. 2). Der Antrag auf Aussetzung der vorläufigen Dienstenthebung wird unzulässig, wenn vor der gerichtlichen Entscheidung das Beamtenverhältnis gem. § 48 Abs. 1 Satz 1 BBG endet (BVerwG v. 23. 4. 2001 – 1 DB 14.01). Die Anordnung nach § 38 Abs. 1 endet nämlich mit Abschluss des Disziplinarverfahrens, das wiederum mit dem Ausscheiden des Beamten endet. Die Beteiligten können die Hauptsache für erledigt erklären. Hinsichtlich der Anordnung des Einbehalts eines Teils der Dienstbezüge nach § 38 Abs. 2 bleibt der Antrag zulässig, da diese Anordnung wirksam bleibt – an sie knüpft der Verfall der Bezüge an. Eine Verlustfeststellung der Dienstbezüge nach § 9 BBesG beseitigt nicht das Rechtsschutzinteresse (vgl. vor § 62 Rn. 10). 9

Das **Gericht kann nur über die Aussetzung oder die Ablehnung** des Antrags der angefochtenen Anordnung **entscheiden** (Abs. 1), also die Anordnungen nicht selbst inhaltlich ändern. Das ist durch die Ermessensfreiheit der zuständigen Dienstbehörde begründet. Stellt das Gericht das Vorliegen der Rechtsvoraussetzungen fest, hält aber die Ermessensabwägung für fehlerhaft, so kann es nur – insoweit – aussetzen. Bei der Dienstenthebung führt das zur Aussetzung insgesamt, bei der Einbehaltung mindestens teilweise, da **das Gericht den Einbehaltungssatz nicht nach eigenem Ermessen festsetzen** kann (st. Rspr. BVerwGE 33, 233; auch v. 3. 6. 1983 – 1 DB 14.83). Bei der Einbehaltungsanordnung muss das Gericht dann aber in den Gründen seiner Entscheidung klarstellen, in welchem Umfang es die Einbehaltungsanordnung für fehlerhaft hält (BVerwG v. 2. 10. 1973 – 1 DB 10.73). Ist z. B. der Einbehaltungssatz in keinem erdenklichen Fall als ermessensfehlerfrei zu halten und damit das mögliche 10

Ermessen der Behörde auf Null reduziert, so kann das Gericht schon in der Aufhebungsformel den Umfang der festgestellten Fehlerhaftigkeit zum Ausdruck bringen, indem es z. B. tenoriert, dass ». . . die angefochtene Anordnung insoweit ausgesetzt wird, als sie einen höheren Einbehaltungssatz als x % festsetzt«.

11 Bei der **Nachprüfung der Rechts- und Ermessenserwägungen** der Einbehaltungsanordnung hat das Gericht dieselben Maßstäbe anzulegen wie die zuständige Dienstbehörde (vgl. insoweit § 38 Rn. 9; BVerwG v. 3. 7. 2001 – 1 DB 17.01). Es muss z. B. zur Anordnung nach § 38 Abs. 2, 3 zwar keine eigene Beweiserhebung durchführen, kann sich aber entgegen des Wortlauts des Abs. 2 (»ernstliche Zweifel an ihrer Rechtmäßigkeit«) auch nicht auf eine nur »überschlägige, abstrakte« Prüfung z. B. der Voraussetzung der überwiegend wahrscheinlichen Dienstentfernung beschränken (dazu Rn. 2). **Summarisch** zu prüfen ist allein die Frage, ob im Disziplinarverfahren voraussichtlich auf Entfernung aus dem Dienst erkannt werden wird. Dieses zukünftige Verfahren kann nur dergestalt zugrunde gelegt werden, dass zu fragen ist, ob die Verhängung der Höchstmaßnahme wahrscheinlicher ist als eine mildere Maßnahme (BVerwG v. 24. 10. 2006 – 1 DB 6.06). Im Rahmen der **Ermessensüberprüfung** zur Einbehaltung überhaupt und zum Einbehaltungssatz kann es sein Ermessen nicht an die Stelle der Einleitungsbehörde setzen (Rn. 10). Im Hinblick auf fehlerfreie Ermessensbetätigung der Einleitungsbehörde entscheidet es nach der **Sach- und Rechtslage im Zeitpunkt seiner Entscheidung** (st. Rspr. BDHE 1, 161). Das Gericht hat seiner Prüfung und Entscheidung den gesamten Zeitraum seit Erlass der angefochtenen Anordnung zu unterstellen, also **rückwirkend** die Rechtmäßigkeit der Anordnung zu prüfen und ggf. entsprechend auszusetzen (BVerwG, Dok. Ber. 1992, 68 = DÖV 1992, 360 = E 33, 332; v. 27. 8. 1970 – 1 DB 4.70; v. 13. 1. 1984 – 1 DB 27.83).

12 Vor der Entscheidung hat das Gericht der **zuständigen Dienstbehörde (§ 34) Gelegenheit zur Äußerung** zu geben (vgl. § 62 Rn. 8).

13 Für die Art und Weise des **gerichtlichen Tenors** gibt das Gesetz den Hinweis, dass das Gericht »über die Aussetzung« zu entscheiden hat. Dementsprechend kommen folgende Entscheidungsformulierungen in Betracht: Bei Unzulässigkeit des Antrags (z. B. bei mangelndem Rechtsschutzbedürfnis) »wird der Antrag verworfen«. Bei Begründetheit des Antrags »wird die Anordnung der vorläufigen Dienstenthebung des Beamten und/oder der Einbehaltung von . . . Prozent der Dienst-/Ruhegehaltsbezüge (ggf. »mit Wirkung vom . . . bis . . .«) ausgesetzt«. Bei Unbegründetheit wird der Antrag auf Aussetzung der vorläufigen Dienstenthebung des Beamten und/oder der Einbehaltung von . . .% der Dienst-/Ruhegehaltsbezüge abgelehnt«. Bei teilweiser Begründetheit »werden die Anordnungen . . . insoweit ausgesetzt, als . . .«. Bei zeitlicher Differenzierung wird die Anordnung »mit Wirkung vom . . .« ausgesetzt.

14 Ob die gerichtliche Entscheidung eine **Kostenentscheidung** zu treffen hat, war zu § 95 Abs. 3 BDO streitig. Nach §§ 154 ff. VwGO, § 77 Abs. 4 ist das Gericht in jedem Hauptverfahren dazu verpflichtet. Da das Verfahren nach § 63 Abs. 1 unabhängig von dem Disziplinarverfahren vor Gericht anhängig werden kann – und in den meisten Fällen auch davor entschieden wird –, ist es nicht akzessorisch (BVerfG, DÖD 1977, 274). Das spricht für einen selbständigen Streitgegenstand und für den Charakter einer Hauptsache i. S. d. § 77 Abs. 4 (so BDiG v. 4. 6. 1973 – IV Bk 1/73). Außerdem würde bei Nichtanhängigwerden des behördlichen Disziplinarverfahrens bei Gericht die Kostenentscheidung dann die

zuständige Behörde treffen müssen. Diese ist aber nicht befugt, eine Gerichtskostenentscheidung zu treffen. Da auch Verfahren nach §§ 80, 123 VwGO einer Kostenentscheidung bedürfen, gilt dies auch hier. Die frühere Meinung des BVerwG ist also überholt. Die Kostenentscheidung richtet sich in jedem Fall allein nach dem Erfolg dieses Antragsverfahrens (§ 77 Abs. 4 BDG, § 154 Abs. 1 VwGO).

Nach Maßgabe des Umfangs der Aussetzung der Einbehaltungsanordnung hat der Beamte einen **sofort fälligen Nachzahlungsanspruch** gegen die Dienstbehörde (BVerwG – 1 DB 12.85 – Dok. Ber. 1985, 135 = ZBR 1985, 176), über den notfalls aber nur die allgemeinen Verwaltungsgerichte zu entscheiden haben (BDHE 6, 53). Der Nachzahlungsanspruch ist aber nur dann sofort fällig, wenn die Einbehaltungsanordnung auch dem Grunde nach ersatzlos aufgehoben worden ist, also jegliche Einbehaltung als unberechtigt erkannt wurde. **15**

Gegen den Beschluss des VG ist die **Beschwerde nach § 67** gegeben. Nach § 67 Abs. 3 unterliegt die Statthaftigkeit der Beschwerde allerdings der **Zulassung des OVG** entsprechend § 124 Abs. 2 VwGO (vgl. § 67 Rn. 2). Sie steht außer dem Beamten auch der Dienstbehörde zu (BVerwG, Dok. Ber. 1992, 26 = E 63, 256). Sie hat **keine aufschiebende Wirkung** (vgl. § 62 Rn. 20). **16**

Hat sich das **gerichtliche Antragsverfahren in der Hauptsache erledigt**, etwa durch Aufhebung der Anordnungen durch die Einleitungsbehörde oder durch Beendigung des Beamtenverhältnisses, so ist das Verfahren entsprechend § 3 i.V.m. § 161 Abs. 2 VwGO **einzustellen** und unter Berücksichtigung des bisherigen Sach- und Streitstandes nach billigem Ermessen **über die Kosten und Auslagen zu entscheiden**, wenn die Beteiligten übereinstimmend die Hauptsache für erledigt erklären. Fehlen solche Erklärungen, wird der Antrag nach § 63 über die Aufhebung der vorläufigen Dienstenthebung unzulässig, da die Anordnung kraft Gesetzes endete. Der Antrag über die Aufhebung der Einbehaltensanordnung bleibt zulässig, da damit der Verfall der Bezüge nach § 40 verbunden ist (BVerwG v. 23.4.2001 – 1 DB 14.01 noch zu § 96 BDO). Im Falle der Erledigung durch Beendigung des Beamtenverhältnisses sind die Anordnungen, im Falle des Beschwerdeverfahrens vor dem OVG auch der Beschluss des VG für unwirksam zu erklären (BVerwG v. 14.3.1988 – 1 DB 36.87). **17**

Bei **veränderter Sach- und Rechtslage**, etwa im Fall der §§ 14 Abs. 2, 23 Abs. 1, 57, 15 können Beamte und zuständige Dienstbehörde auch nach rechtskräftiger Entscheidung der Disziplinargerichte das Gericht in derselben Sache erneut anrufen (BVerwGE 76, 201 = DÖV 1985, 322 = ZBR 1985, 30; vgl. Rn. 7). Abs. 3 verweist dazu auf § 80 Abs. 7 VwGO. Das Gericht kann auch selbst seinen Beschluss ändern oder aufheben. **18**

Abgesehen von anderen Gründen (Aufhebung, Zeitablauf, Ausscheiden der Betroffenen aus dem Beamtenverhältnis, vgl. § 38 Rn. 10) **enden die Anordnungen** spätestens mit dem rechtskräftigen Abschluss des Disziplinarverfahrens. Die Gründe, derentwegen das Verfahren sein Ende findet, sind gleichgültig. Dies folgt aus § 39 Abs. 4, der den Wortlaut des § 38 über die vorläufige Regelung umsetzt. **19**

Kapitel 3
Disziplinarverfahren vor dem Oberverwaltungsgericht

Abschnitt 1
Berufung

§ 64 Statthaftigkeit, Form und Frist der Berufung

(1) Gegen das Urteil des Verwaltungsgerichts über eine Disziplinarklage steht den Beteiligten die Berufung an das Oberverwaltungsgericht zu. Die Berufung ist bei dem Verwaltungsgericht innerhalb eines Monats nach Zustellung des vollständigen Urteils schriftlich einzulegen und zu begründen. Die Begründungsfrist kann auf einen vor ihrem Ablauf gestellten Antrag von dem Vorsitzenden verlängert werden. Die Begründung muss einen bestimmten Antrag sowie die im Einzelnen anzuführenden Gründe der Anfechtung (Berufungsgründe) enthalten. Mangelt es an einem dieser Erfordernisse, ist die Berufung unzulässig.

(2) Im Übrigen steht den Beteiligten die Berufung gegen das Urteil des Verwaltungsgerichts nur zu, wenn sie von dem Verwaltungsgericht oder Oberverwaltungsgericht zugelassen wird. Die §§ 124 und 124 a der Verwaltungsgerichtsordnung sind anzuwenden.

1 Die Vorschrift **unterscheidet in den Absätzen 1 und 2** zwischen der Berufung gegen das Urteil des Verwaltungsgerichts über eine **Disziplinarklage des Dienstherrn** gegen den Beamten nach § 34 (§ 52 Abs. 1) und einer **Anfechtungsklage des Beamten**, mit der dieser sich gegen eine Disziplinarverfügung gem. § 33 nach erfolglosem Widerspruchsverfahren gem. §§ 41 f. wehrt (vgl. § 52 Abs. 2). Nur im ersten Fall ist eine Klage uneingeschränkt, also ohne besondere Zulassung durch das VG und das OVG, möglich (zur Zulassung der Berufung vgl. Rn. 12 f.). Dies ist gerechtfertigt, weil es in diesem Verfahren um die einschneidende Maßnahme der Zurückstufung und die oftmals existenzvernichtende Maßnahme der Entfernung aus dem Beamtenverhältnis geht. Hier muss der Beamte immer die Möglichkeit haben, das ihm vorgeworfene Dienstvergehen durch zwei Tatsacheninstanzen überprüfen zu lassen. Anders als nach der BDO, wonach der Beamte selbst Berufung zum BVerwG einlegen konnte, ist dies unter Geltung der VwGO nicht mehr möglich. Gem. § 3 BDG, § 67 VwGO besteht vor dem OVG und dem BVerwG **Anwaltszwang**. Ohne Anwalt eingelegt Rechtsmittel sind unzulässig (Nds. OVG v. 11. 6. 2007 – 19 ZD 6/07).

2 **Die Frist der nach Absatz 1 beim Verwaltungsgericht einzulegenden und zu begründenden Berufung** beträgt nach Zustellung des vollständigen Urteils einen Monat. **Die Einlegung der Berufung beim Verwaltungsgericht ist zwingend**. Eine dem § 81 Satz 2 BDO entsprechende Bestimmung, wonach die Berufungsfrist auch gewahrt wird, wenn während ihres Laufes die Berufung beim OVG eingeht, ist in das BDG nicht aufgenommen worden. Nach OVG Hamburg (NJW 1998, 696) soll selbst der Eingang bei einer gemeinsamen Briefannahmestelle von VG und OVG nicht genügen, wenn das Schriftstück an das OVG adressiert ist. Das fälschlicherweise angerufene OVG ist jedoch aufgrund seiner prozessualen Fürsorgepflicht gehalten, den Antrag an das zuständige VG weiterzuleiten (OVG Münster, NVwZ 1997, 1235). Dem Berufungsführer ist Wiedereinsetzung zu gewähren, wenn die Berufungsschrift bei ordnungsgemäßer Weiterleitung noch rechtzeitig zum VG gelangt wäre. Das zugestellte **Urteil**

muss vollständig sein, nur dann läuft die Frist. Vollständig ist das Urteil, wenn es § 117 Abs. 2 VwGO entspricht. Diese Vorschrift ist gem. § 3 BDG ergänzend anwendbar. Dies gilt ebenso für § 58 Abs. 2 VwGO im Falle einer unrichtigen oder unterbliebenen Rechtsmittelbelehrung. Die Frist zur Einlegung und Begründung der Berufung beträgt dann ein Jahr. Die Zustellung des Urteils muss ordnungsgemäß sein. § 56 Abs. 2 VwGO i.V. m. § 9 Abs. 2 VwZG gilt entsprechend.

Neu ist, dass die **Berufungsbegründungsfrist vom Vorsitzenden verlängert** werden kann, wenn dies vor Ablauf der Monatsfrist beantragt wird. Bei einer nach Fristablauf beantragten Verlängerung ist die Berufung unzulässig. Mit dem Vorsitzenden ist der Vorsitzende Richter des zuständigen OVG gemeint. Die Neuregelung ist zu begrüßen, da der erstinstanzlich nicht anwaltlich vertretene Beamte oft Schwierigkeiten haben wird einen Anwalt zu finden, der innerhalb eines Monats die Berufung einlegen und begründen kann. Die **Begründung** muss einen **bestimmten Antrag** enthalten. Dieser kann beispielsweise lauten, unter Aufhebung des erstinstanzlichen Urteils die Disziplinarklage abzuweisen oder anstelle der Entfernung aus dem Beamtenverhältnis auf eine Zurückstufung oder Kürzung der Dienstbezüge, anstelle der Zurückstufung auf eine Kürzung der Dienstbezüge oder, wenn der Betroffene sich nicht festlegen will, allgemein auf eine mildere Disziplinarmaßnahme zu erkennen. Letzteres muss zulässig sein, da das OVG eigene Disziplinargewalt ausübt und die für angemessen gehaltene Disziplinarmaßnahme ausspricht. 3

Die Begründung muss weiter die im Einzelnen **anzuführenden Gründe der Anfechtung (Berufungsgründe) enthalten**. Die Regelungen zum Begründungszwang sind an § 124 a Abs. 3 VwGO angelehnt. 4

Wie nach bisherigem Recht kann die **Berufung auf die Disziplinarmaßnahme beschränkt oder unbeschränkt** eingelegt werden. Dies bedeutet im ersten Falle, dass die Tat- und Schuldfeststellungen bindend sind und in der Berufungsinstanz nicht mehr angegriffen werden können. Es ist insoweit eine Teilrechtskraft eingetreten (BVerwG v. 8. 11. 2000 – 1 D 52.99; vgl. Rn. 8). Abgeleitet wurde die Berechtigung zur Einlegung einer maßnahmebeschränkten Berufung nach altem Recht aus der Formulierung in § 82 BDO, wonach anzugeben war, inwieweit das Urteil angefochten werde. Hieran hat sich durch den etwas abgewandelten, jedoch inhaltsgleichen Wortlaut des § 64 Abs. 1 Satz 4 und die grundsätzliche Anlehnung an die VwGO anstelle der StPO nichts geändert. Auch das Verwaltungsstreitverfahren kennt die Teilrechtskraft (BVerwGE 91, 24, 26, 27). Der **nicht angefochtene Teil einer Entscheidung kann nur in Teilrechtskraft erwachsen**, wenn es sich um einen **selbständigen, abtrennbaren Teil handelt**, und wenn und soweit eine Erweiterung des Rechtsmittels oder eine Anschließung des Gegners nicht mehr möglich ist (Schoch/Schmidt-Aßmann/Pietzner-Clausing, § 121 Rn. 9; Schoch/Meyer-Ladewig, § 124 a Rn. 105). 5

Diese Grundsätze gelten auch im Verfahren nach dem BDG. So auch jetzt das BVerwG (Urt. v. 5. 7. 2006 – 1 D 5.05). Um einen rechtlich abtrennbaren und einer **selbständigen Prüfung fähigen Teil** des angefochtenen Urteils handelt es sich nach st. Rspr. des BVerwG bei der Beschränkung auf die Art und Höhe der Disziplinarmaßnahme, auf die Bewilligung eines Unterhaltsbeitrages (v. 9. 7. 1996 – 1 D 28.96; v. 14. 3. 2000 – 1 D 68.99) und auf die Voraussetzungen des § 14 BDG (v. 6. 8. 1996 – 1 D 81.95; v. 15. 9. 1998 – 1 D 87.97). Schon das teilweise Bestreiten eines Anschuldigungspunktes führte nach bisheriger Rspr. zur Unbeschränktheit der Berufung insgesamt (BVerwG v. 12. 6. 2001 – 1 D 6

39.00). Die **Beschränkung der Berufung auf einzelne Anschuldigungspunkte** wurde für unzulässig gehalten (v. 29. 6.1999 – 1 D 104.97). Begründet wurde dies mit dem **Grundsatz der Einheit des Dienstvergehens**, wonach nur eine einheitliche Schuldfeststellung möglich sei. **Dies bedarf der Überdenkung.** Der Grundsatz der Einheit des Dienstvergehens galt bisher nicht lückenlos und hat auch im neuen BDG weitere Einschränkungen erfahren. Die Einleitungsbehörde und das Gericht können einzelne Handlungen ausscheiden, die für die Art und Höhe der Disziplinarmaßnahme nicht oder voraussichtlich nicht ins Gewicht fallen (§ 19 Abs. 2, § 56, vgl. § 154 a StPO, dessen analoge Anwendung bisher ausdrücklich abgelehnt wurde). Bei einer Nachtragsanklage können gem. § 53 Abs. 3 Satz 3 neue Handlungen auch Gegenstand eines neuen Disziplinarverfahrens sein. Daraus ergibt sich, dass nicht mehr alle bekannten Pflichtverletzungen in einem Verfahren verfolgt werden müssen. Nach bisheriger bedenklicher Rspr. des BVerwG mussten bei einer unbeschränkten Berufung des Beamten sogar die Anschuldigungspunkte in der Berufungsinstanz voll überprüft werden, in denen erstinstanzlich eine Freistellung erfolgt war (E 63, 366; vgl. auch v. 29. 8. 2000 – 1 D 22.99). In derartigen Fällen ist jedoch ebenso **eine Teilrechtskraft eingetreten** wie bezüglich derer, die vom **Berufungsführer erkennbar nicht mehr angegriffen werden**. Eine **einheitliche Schuldfeststellung** ist auch dann möglich, wenn einzelne Punkte nicht mehr zu überprüfen sind, entweder weil die Freistellung oder die nicht angefochtenen Feststellungen bindend geworden sind. Die Disziplinarmaßnahme ist einheitlich unter Einbeziehung der rechtkräftig gewordenen Teile und gemäß dem Ergebnis des in der Berufungsinstanz zu überprüfenden Teils zu bilden. So jetzt auch das BVerwG (Urt. v. 14. 2. 2007 – 1 D 12.05).

7 Einer **ausdrücklichen Erklärung der Beschränkung bedarf es nicht**. Sie ergibt sich aus der Pflicht zur substantiierten Begründung des Rechtsmittels. Eine **Klarstellung kann in der mündlichen Verhandlung** erfolgen (§ 86 Abs. 3 VwGO). Im Übrigen **unterliegt die Berufungsschrift der Auslegung. Unbeschränkt ist die Berufung**, wenn die Qualifizierung als inner- oder außerdienstliches Dienstvergehen angegriffen wird (BVerwG v. 24. 11. 1992 – 1 D 52.91; v. 24. 11. 1998 – 1 D 36.97), wenn der subjektive Disziplinartatbestand bestritten wird (v. 20. 4.1999 – 1 D 44.97), wenn Verjährung geltend gemacht wird. Mit letzterem wird das Vorliegen eines disziplinar noch verfolgbaren Dienstvergehens bestritten (v. 20. 4.1999 – 1 D 68.97). Bei der Geltendmachung von Verfahrensfehlern führen nur solche zur Unbeschränktheit der Berufung, die die Grundlage für die Feststellung des Dienstvergehens in Frage stellen (E 103, 122 und v. 26. 6. 2001 – 1 D 44.00). Eine unbeschränkte Berufung liegt vor bei der Rüge der festgestellten Schuldform. Die Bestimmung der richtigen Schuldform ist nicht nur für die Disziplinarbemessung, sondern als so genannter doppelrelevanter Umstand zugleich für die Schuldfrage, also für den subjektiven Teils des Dienstvergehens von Bedeutung (v. 9. 3. 1999 – 1 D 15.98). Fahrlässigkeit ist kein Minus zum Vorsatz, sondern ein »Aliud« (v. 26. 3. 1996 – 1 D 56.94). Unbeschränkt auch, wenn eigennütziges Verhalten i. S. d. § 61 Abs. 1 Satz 2 BBG angegriffen wird (v. 27. 9. 2000 – 1 D 63.99; vgl. aber einschränkend v. 23. 5. 2001 – 1 D 12.00). Ein Bestreiten der Bereicherungsabsicht bedeutet dagegen kein Bestreiten der Eigennützigkeit i. S. d. § 61 Abs. 1 Satz 2 BBG. Der Begriff der Eigennützigkeit wird weit ausgelegt, daher beschränkte Berufung (v. 11. 1. 1994 – 1 D 3.93). Die Qualifizierung, ob ein Fehlverhalten ein Zugriffsdelikt darstellt, ist Bestandteil der Erwägungen zum Disziplinarmaß. Eine Berufung, mit der eine

§ 64 BDG

Einstufung des Fehlverhaltens als Zugriffsdelikt angestrebt wird, ist deshalb maßnahmebeschränkt eingelegt (v. 9.8.1995 – 1 D 7.95). Die rechtliche Einordnung als Zugriffsdelikt hängt aber maßgeblich vom Umfang der erstinstanzlichen Feststellungen zum Sachverhalt ab, die an der Berufungswirkung teilnehmen (v. 7.7.1998 – 1 D 70.97). Die Berufung ist beschränkt, wenn nur der Fahrlässigkeitsgrad angegriffen wird (einfache statt grobe Fahrlässigkeit. v. 28.10.1998 – 1 D 28.97).

Bei einer Beschränkung der Berufung auf die Disziplinarmaßnahme **erwachsen die nicht angefochtenen Feststellungen und disziplinarrechtlichen Würdigungen der ersten Instanz in Rechtskraft und entfalten Bindungswirkung für das Rechtsmittelgericht**. Es obliegt dem in der Berufungsschrift zum Ausdruck kommenden Gestaltungswillen des Berufungsführers, ob eine solche Teilrechtskraft eintreten soll. Bei beschränkter Berufung kann das **Berufungsgericht (OVG) die Tat- und Schuldfeststellungen weder ergänzen noch berichtigen. Es darf aber zusätzliche Feststellungen treffen, die für die Art und Höhe der Disziplinarmaßnahmen von Bedeutung sein können**. Auch muss eine Beschränkung der Berufung auf die Disziplinarmaßnahme dem OVG die Möglichkeit lassen, die Angriffe gegen die vom VG verhängte Disziplinarmaßnahme losgelöst von den in Rechtskraft erwachsenen Teilen selbständig zu prüfen und rechtlich zu beurteilen. Deshalb ist eine Berufungsbeschränkung unzulässig, wenn sie zu Widersprüchen zwischen dem nicht angefochtenen Teil des Urteils und der Entscheidung des OVG führen kann, wenn sich das OVG also mit seinen Erwägungen zu Art und Maß der Disziplinarmaßnahme in Widerspruch zu den bindenden Feststellungen des VG zum Dienstvergehen setzen müsste (vgl. zu allem BVerwG v. 8.11.2000 – 1 D 52.99). Eine Bindung tritt nur ein bei **eindeutigen und zweifelsfreien Feststellungen**, die ein ausreichendes Maß an Substantiiertheit aufweisen. Die Feststellung, der Schaden betrage »weit über 50 DM« bindet insoweit als die Feststellung eines geringeren Schadens als 50 DM unzulässig ist, eigene Feststellungen der Berufungsinstanz sind dagegen bezüglich der Höhe eines über 50 DM liegenden Schadens zulässig (v. 10.10.2000 – 1 D 46.98). An zweifelsfreien Feststellungen fehlt es beispielsweise auch, wenn die Erstinstanz strafgerichtliche Feststellung gem. § 57 als bindend angenommen hat, die **unschlüssig** sind. **Die Klageschrift verliert durch wirksame Berufungsbeschränkung ihre Bedeutung**. Zur Diskussion stehen nur noch die Tat- und Schuldfeststellungen des angefochtenen Teils des Urteils (für die frühere Anschuldigungsschrift des BDiA vgl. Urt. v. 29.8.2000 – 1 D 22.99). Jedoch sind auch bei beschränkter Berufung die **Prozessvoraussetzungen bzw. Prozesshindernisse** in jedem Einzelfall zu prüfen.

8

Eine wirksame erklärte Beschränkung der Berufung auf Art und Höhe der Disziplinarmaßnahme kann als Prozesshandlung **nicht mehr widerrufen** werden (BDHE 3, 248). Dagegen kann die Beschränkung jederzeit, auch noch in der mündlichen Verhandlung vorgenommen werden.

9

Eine unwirksame Beschränkung führt nicht zur Unzulässigkeit der Berufung. Diese bleibt insoweit wirksam, als sie substantiiert begründet worden ist. Fehlender Antrag und Begründungsmängel führen dagegen nach Abs. 1 Satz 5 zur **Unzulässigkeit der Berufung**. Dies ist der Fall bei allgemein gehaltenen Ausführungen wie der Beamte fühle sich unschuldig (v. 4.5.1995 – 1 D 70.94), der Alkoholismus sei eine Krankheit und das Urteil zu hart (v. 13.10.1995 – 1 D 78.45), das Urteil sei zu hoch ausgefallen (v. 17.12.1996 – 1 D 25.96). Bei der Berufung eines Rechtsunkundigen sollte allerdings nicht kleinlich verfahren

10

§ 64 BDG

werden. Eine unzulässige Berufung ist zu verwerfen (§ 3 i.V.m. § 125 Abs. 2 VwGO). Die Entscheidung kann durch Beschluss ergehen. Die Beteiligten sind vorher zu hören. Dagegen ist das Rechtsmittel zulässig, das auch bei Entscheidung durch Urteil zulässig wäre. Eine **Zurücknahme der Berufung** ist zulässig, nach Stellung der Anträge in der mündlichen Verhandlung allerdings nur mit Zustimmung des Gegners (§ 3 i.V.m. § 126 Abs. 1 VwGO). § 126 Abs. 2 VwGO gilt ebenfalls. Auch ist eine **Anschlussberufung** gem. § 127 VwGO statthaft (OVG Rheinland-Pfalz v. 8.1.2001 – 3 A 11835/00 – IÖD 2001, 126). Eine unzulässige Berufung kann als unselbständig eingelegte Anschlussberufung umgedeutet werden. Sie ist dann hinsichtlich ihres Umfangs auf die Berufung beschränkt (BayVGH v. 11.7.2007 – 16a D 06.71).

11 Abs. 2 regelt die **Zulassung der Berufung** durch das VG und das OVG **bezüglich der Anfechtungsklagen gegen eine Disziplinarverfügung**, über die das VG entschieden hat. Zulassungsantrag sowie die Entscheidung über die Zulassung richten sich nach §§ 124, 124a VwGO. Nach § 124 Abs. 1 VwGO muss ein **Endurteil** vorliegen. Dies kann auch eine auf der Grundlage des § 84 VwGO ergangene Entscheidung, nicht aber eine nach § 59 BDG sein, da Letztere nach Abs. 2 dieser Vorschrift einem rechtskräftigen Urteil gleichsteht.

12 Zum gleichen Zeitpunkt wie das BDG ist das **Rechtsmittelbereinigungsgesetz im Verwaltungsprozess** (RmBereinVpG) am 1.1.2002 in Kraft getreten (BGBl. I S. 3987), das die Berufungszulassung anders regelte als in § 64 Abs. 2. Im Dienstrechtsneuordnungsgesetz vom 5.2.2009 ist jetzt eine überfällige Anpassung vorgenommen worden. Nunmehr kann also auch das VG in Fällen von grundsätzlicher Bedeutung und in Fällen der Divergenz die Berufung zulassen und das OVG ist hieran gebunden (§ 124a Abs. 1 i.V.m. § 124 Abs. 2 Nr. 3 und 4 VwGO).

13 Das **VG** kann in den ihm zugewiesenen Fällen **nur eine positive Zulassungsentscheidung** treffen, die Berufung kann es nicht ablehnen. Trifft es keine positive Zulassungsentscheidung, ist wie bisher hinsichtlich aller Zulassungsgründe ein **Zulassungsantrag** an das OVG zu stellen. Die Berufung ist, wenn sie vom VG zugelassen worden ist, innerhalb eines Monats nach Zustellung des vollständigen Urteils unter Bezeichnung des angefochtenen Urteils beim VG einzulegen und innerhalb von zwei Monaten zu begründen. Die Begründung ist, sofern sie nicht zugleich mit der Einlegung der Berufung erfolgt, beim OVG einzureichen (§ 124a Abs. 2 und 3 VwGO).
Wird die Berufung nicht in dem Urteil des VG zugelassen, so ist die Zulassung innerhalb eines Monats nach Zustellung des vollständigen Urteils beim VG zu beantragen. Der Antrag muss das angefochtene Urteil bezeichnen. Innerhalb von zwei Monaten nach Zustellung des vollständigen Urteils sind die Gründe darzulegen, aus denen die Berufung zuzulassen ist. Die Begründung ist, soweit sie nicht bereits mit dem Antrag vorgelegt worden ist, bei dem OVG einzureichen. Die Stellung des Antrags hemmt die Rechtskraft des Urteils.
Über den Antrag entscheidet das OVG durch Beschluss. Die Berufung ist zuzulassen, wenn einer der Gründe des § 124 Abs. 2 VwGO dargelegt ist und vorliegt. Der Beschluss soll kurz begründet werden. Mit der Ablehnung des Antrags wird das Urteil rechtskräftig. Lässt das OVG die Berufung zu, wird das Antragsverfahren als Berufungsverfahren fortgesetzt; der Einlegung einer Berufung bedarf es nicht.
Hat das OVG die Berufung zugelassen, so ist sie innerhalb eines Monats nach Zustellung des Beschlusses über die Zulassung der Berufung zu begründen. Die Begründung ist bei dem OVG einzureichen (§ 124a Abs. 4-6 VwGO).

§ 64 BDG

Sämtliche Zulassungsgründe des § 124 Abs. 2 Nr. 1-5 VwGO **bedürfen der schlüssigen, substantiierten Darlegung.** Die Darlegungspflicht verlangt ins Einzelne gehende, fallbezogene und aus sich heraus verständliche, auf den jeweiligen Zulassungsgrund bezogene und geordnete Ausführungen (Nds. OVG, Beschl. v. 22. 4. 2008 – 20 AD 1/06). Für die **Form der Begründung** gelten die Ausführungen zu Rn. 2-10 entsprechend. Werden diese **Formerfordernisse nicht eingehalten**, ist die Berufung unzulässig. Ein Antrag auf Zulassung der Berufung kann nicht in eine Berufung nach altem Recht umgedeutet werden (Nds. OVG v. 19. 10. 2006 – 19 LD 16/06 m.w.N.). Die Bezeichnung als Nichtzulassungsbeschwerde kann aber in Anwendung des Rechtsgedankens des § 300 StPO als statthafter Antrag auf Zulassung der Berufung anzusehen sein (Nds. OVG, Beschl. v. 22. 4. 2008 – 20 AD 1/06). 14

Die **Zulassungsgründe** im Einzelnen. Nach § 124 Abs. 2 Nr. 1 VwGO ist die Berufung nur zuzulassen, wenn **ernstliche Zweifel an der Richtigkeit des Urteils** bestehen. Dies wird der Hauptanwendungsfall für die Zulassung einer Berufung in Verfahren mit disziplinarem Inhalt sein. Die Vorschrift soll der **Verwirklichung der Einzelfallgerechtigkeit dienen.** Grob ungerechte Entscheidungen sollen korrigiert werden können (Begr. des RegE, BT-Drs. 13/3993, S. 13). Dies ist gerade im weitgehend vom Richterrecht geprägten Disziplinarverfahren von besonderer Bedeutung. Eine Überprüfbarkeit durch das OVG muss auch dann möglich sein, wenn die vom VG getroffene Entscheidung »vertretbar« erscheint. Bei einer vertretbaren Entscheidung können in Disziplinarsachen unter besonderer Berücksichtigung des Einzelfalles durchaus an dessen Richtigkeit ernstliche Zweifel bestehen. Diese können auch auf einer **unzureichenden Ermittlung** und Feststellung des entscheidungserheblichen Sachverhalts beruhen. Deshalb kann ein Zulassungsantrag hierauf gestützt werden. Dies gilt auch dann, wenn **neue Tatsachen und Beweismittel** geltend gemacht werden oder bei nachträglicher Veränderung der Sach- oder Rechtslage (Kopp/Schenke, § 124 Rn. 7 b, c m. w. N.). **Nach summarischer Prüfung der dargelegten Gründe müssen sich »gewichtige Gesichtspunkte« gegen die Richtigkeit** des angefochtenen Urteils ergeben (Kopp/Schenke, § 124 Rn. 7). Es müssen überwiegende Gründe dafür sprechen, dass die vom VG getroffene Entscheidung im Ergebnis unzutreffend ist, der Erfolg der Berufung muss mindestens ebenso wahrscheinlich sein wie ein Misserfolg. Das ist der Fall, wenn ein tragender Rechtssatz oder eine erhebliche Tatsache mit schlüssigen Gegenargumenten in Frage gestellt wird (BVerfG, Beschl. v. 23. 6. 2000 – 1 BvR 830/00 – DVBl. 2000, 1458). Die Richtigkeitszweifel müssen sich allerdings auch auf das Ergebnis der Entscheidung beziehen. Es muss mit hinreichender Wahrscheinlichkeit anzunehmen sein, dass die Berufung zu einer Änderung der angefochtenen Entscheidung führen wird (BVerwG, Beschl. v. 10. 3. 2004 – 7 AV 4.03 – DVBl. 2004, 838). 15

Nach Nr. 2 besteht ein Zulassungsgrund, wenn die Rechtssache besondere **tatsächliche oder rechtliche Schwierigkeiten** aufweist. Tatsächliche Schwierigkeiten dürften selten auftreten, da die den Beamten vorgeworfenen Tatbestände meist einfacher Art sind. Auch besonders umfangreiche Vorwürfe (Punktesachen), die nach früherem Recht gem. § 50 Abs. 3 BDO die Zuziehung eines weiteren Richters rechtfertigten, begründen keine tatsächliche Schwierigkeit. Die rechtlichen Schwierigkeiten können in der Subsumtion unter die Generalklauseln des Beamtengesetzes und in der Maßnahmebemessung bestehen. Hier wurden in langjähriger Rspr. bestimmte Fallgruppen gebildet, für die oftmals 16

549

§ 64 BDG

Regelmaßnahmen entwickelt worden sind, wobei allerdings nie der besondere Einzelfall außer Acht gelassen werden darf. Besondere rechtliche Schwierigkeiten können dann auftreten, wenn es um neuartige Sachverhaltskomplexe geht, die u. U. ein besonderes technisches oder wirtschaftliches Verständnis erfordern, für die die bisherigen Bewertungsmaßstäbe nicht ausreichen und die eine neue Rechtsschöpfung fordern (vgl. A. II. Rn. 53).

17 Der Zulassungsgrund der **grundsätzlichen Bedeutung** der Rechtssache (Nr. 3) entspricht dem Revisionszulassungsgrund des § 132 Abs. 2 Nr. 1 VwGO. Nach st. Rspr. des BVerwG muss eine grundsätzliche, bisher höchstrichterlich noch nicht entschiedene Rechtsfrage aufgeworfen werden, deren Klärung zur Erhaltung der Einheitlichkeit der Rspr. oder zur Weiterentwicklung des Rechts geboten ist (BVerwGE 13, 90 ff.). Anders als Nr. 1 dient die Vorschrift nicht der materiellen Einzelfallgerechtigkeit. Die Sache muss eine **allgemeine, über den Einzelfall hinausgehende Bedeutung** haben. Eine Überprüfung der individuellen Maßnahmebemessung durch das VG ist deshalb im Rahmen der Nr. 2 nicht möglich. Im Hinblick darauf, dass das OVG Tatsacheninstanz ist, kann auch eine **zu klärende Tatsachenfrage** grundsätzliche Bedeutung haben.

18 Nr. 4 regelt den Zulassungsgrund der **Divergenz** und ist mit § 132 Abs. 2 Nr. 2 VwGO identisch. Eine Divergenz liegt vor, wenn das angefochtene Urteil von einer Entscheidung des OVG, des BVerwG, des gemeinsamen Senats der obersten Gerichtshöfe des Bundes oder des BVerfG abweicht **und auf dieser Abweichung beruht**. Die Divergenzrüge ist ein Unterfall der Grundsatzrüge (BVerwGE 59, 87, 93). Ihr Zweck besteht in der Gewährleistung der Einheitlichkeit der Rspr. innerhalb des Verwaltungsrechtswegs (BVerwGE 85, 295). Maßgeblich ist die Abweichung von dem in einer Entscheidung aufgestellten **abstrakten Rechtssatz** (BVerwGE 71, 166). Die Abweichung kann sich bezüglich der Berufungszulassung auch auf eine verallgemeinerungsfähige Tatsachenfrage beziehen. Bei einer Abweichung von einer **Entscheidung des OVG** kommt es, anders als nach § 127 Nr. 1 BRRG (vgl. hierzu § 69 Rn. 3), auf das konkrete im Rechtszug übergeordnete OVG, nicht auf ein anderes OVG an. Bei Abweichung von einem anderen OVG wird die Zulassung der Berufung jedoch wegen grundsätzlicher Bedeutung zuzulassen sein (Kopp/Schenke, § 124 Rn. 12 m. w. N.). Das BVerwG verlangt in st. Rspr. nicht nur die **Identität der Rechtsfrage**, sondern auch eine **Identität der Rechtsnorm** (BVerwG, Buchholz 310 § 132 VwGO Nr. 184). Dem ist für das Disziplinarrecht nur eingeschränkt zu folgen. Die Identität ist gewahrt bei **übereinstimmenden Normen von BDG und entsprechenden Normen eines Landesdisziplinargesetzes**. So haben zehn Bundesländer (vgl. § 69 Rn. 1) die Bestimmungen des BDG einschließlich der amtlichen Begründung z.T. wörtlich übernommen. Die Tatsache, dass es sich in einem Fall um Bundesbeamte, im anderen Fall um Landesbeamte handelt, kann mit Blick darauf, dass es die Rechtseinheit zu wahren gilt, keinen Unterschied machen (vgl. die bei Schoch-Pietzner, § 132 Rn. 75, 76 zu erkennenden Tendenzen und BFHE 93, 25, 29). Zu den Entscheidungen, von denen nicht abgewichen werden darf, zählen selbstverständlich auch die, die vom Disziplinarsenat des BVerwG bisher als Tatsacheninstanz gefällt worden sind, sofern sie einen abstrakten Rechtssatz und nicht eine bloße einzelfallbezogene Begründung enthalten. Hierbei gilt nur die neueste, nicht die überholte oder aufgegebene Rspr. Dass die Entscheidung des BVerwG, soweit es das formelle Recht betrifft, zur BDO ergangen ist, spielt nach der hier vertretenen Auffassung keine Rolle in den Fällen, in denen die Vorschriften von BDO und BDG inhaltsgleich sind.

§ 65 BDG

Nr. 5 kann die Zulassung der Berufung bei der Geltendmachung eines **Verfahrensmangels** rechtfertigen, auf dem die Entscheidung, wenn der Mangel vorliegt, beruhen kann. Die Vorschrift entspricht § 132 Abs. 2 Nr. 3 VwGO. Der Verfahrensmangel muss schlüssig dargelegt werden. Ein Verfahrensmangel liegt vor bei Verstößen des Gerichts gegen verwaltungsprozessrechtliche Vorschriften und Rechtsgrundsätze, die den äußeren Ablauf des gerichtlichen Verfahrens betreffen. Ein davon zu unterscheidender Mangel des behördlichen Disziplinarverfahrens oder der Klageschrift führt zu einem Verfahrensmangel, wenn das Verwaltungsgericht die sich aus § 55 BDG ergebende Verpflichtung verletzt hat, auf die Beseitigung eines solchen Mangels durch den Dienstherrn hinzuwirken (BVerwG v. 26. 2. 2008 – 2 B 122.07).

19

§ 65 Berufungsverfahren

(1) Für das Berufungsverfahren gelten die Bestimmungen über das Disziplinarverfahren vor dem Verwaltungsgericht entsprechend, soweit sich aus diesem Gesetz nichts anderes ergibt. Die §§ 53 und 54 werden nicht angewandt.
(2) Wesentliche Mängel des behördlichen Disziplinarverfahrens, die nach § 55 Abs. 2 unberücksichtigt bleiben durften, bleiben auch im Berufungsverfahren unberücksichtigt.
(3) Ein Beweisantrag, der vor dem Verwaltungsgericht nicht innerhalb der Frist des § 58 Abs. 2 gestellt worden ist, kann abgelehnt werden, wenn seine Berücksichtigung nach der freien Überzeugung des Oberverwaltungsgerichts die Erledigung des Disziplinarverfahrens verzögern würde und der Beamte im ersten Rechtszug über die Folgen der Fristversäumung belehrt worden ist; dies gilt nicht, wenn zwingende Gründe für die Verspätung glaubhaft gemacht werden. Beweisanträge, die das Verwaltungsgericht zu Recht abgelehnt hat, bleiben auch im Berufungsverfahren ausgeschlossen.
(4) Die durch das Verwaltungsgericht erhobenen Beweise können der Entscheidung ohne erneute Beweisaufnahme zugrunde gelegt werden.

Nach Abs. 1 gelten die Bestimmungen über das Disziplinarverfahren vor dem Verwaltungsgericht, also die §§ 52 ff. entsprechend, soweit sich aus dem Gesetz nichts anderes ergibt.
Die Disziplinarklage gem. § 52 Abs. 1 bildet die Grundlage auch für das Berufungsverfahren. Soweit eine maßnahmebeschränkte Berufung vorliegt, hat die Disziplinarklage allerdings ihre Bedeutung verloren (§ 64 Rn. 8). Eine **Nachtragsdisziplinarklage** kann nur vor dem VG, nicht vor dem OVG erhoben werden. § 53 gilt nicht im Berufungsverfahren. Eine Pflicht zur Belehrung über die Fristen, wesentliche Mängel des behördlichen Disziplinarverfahrens oder der Klageschrift geltend zu machen oder Beweisanträge zu stellen, entfällt ebenfalls für das OVG, da § 54 im Berufungsverfahren keine Anwendung findet. Hat das VG unter den Voraussetzungen des § 55 Abs. 2 den Betroffenen von der Geltendmachung wesentlicher Mängel ausgeschlossen, **gilt die Präklusion** nach § 65 Abs. 2 **auch für das Berufungsverfahren**. Das **OVG hat** jedoch **zu prüfen**, ob das **VG geltend gemachte Mängel zu Recht nicht berücksichtigt** hat. Dies ergibt sich aus der Formulierung »unberücksichtigt bleiben durften«. Ob dies der Fall war, prüft das OVG nach. Hierbei ist entscheidend, ob die Mängel **im Ergebnis** zu Recht oder zu Unrecht keine Berücksichtigung fanden. Soweit dem VG ein Ermessen in § 55 Abs. 2 eingeräumt ist, prüft das

1

551

§ 65 BDG

OVG dies voll nach (Thomas/Putzo, ZPO, 23. Aufl. 2001, § 296 Rn. 44), also keine bloße Beschränkung darauf, ob das VG den Ermessensspielraum überschritten hat (Zöller-Gummer, ZPO, 22. Aufl. 2001, § 528 Rn. 33). Hat das VG die wesentlichen Mängel zu Recht ausgeschlossen, so bleiben sie es auch im Berufungsverfahren.

2 Zu Unrecht ausgeschlossene Mängel berücksichtigt das OVG und legt es seiner Entscheidung zugrunde. Das OVG kann dem Dienstherrn auch noch zur Beseitigung eines rechtzeitig geltend gemachten Mangels oder wenn es dies für angezeigt hält, eine Frist nach § 55 Abs. 3 setzen. Diese Befugnis wird in § 65 nicht ausgeschlossen (vgl. § 55 Rn. 12). Das OVG kann dem Dienstherrn auch noch zur Beseitigung eines rechtzeitig geltend gemachten Mangels oder wenn es dies für angezeigt hält, eine Frist nach § 55 Abs. 3 setzen. Diese Befugnis wird in § 65 nicht ausgeschlossen (vgl. § 55 Rn. 12). Abs. 3 ist § 128 a VwGO nachgebildet, der wiederum auf § 528 ZPO zurückgeht. Danach kann ein vor dem VG nicht rechtzeitig gestellter **Beweisantrag vom OVG abgelehnt werden**, falls dies zu einer **Verfahrensverzögerung** führen würde und der Beamte über die Folgen einer Fristversäumung ordnungsgemäß belehrt worden ist. Das OVG entscheidet nach seiner freien Überzeugung, ob eine Verfahrensverzögerung eintreten würde (BVerfG NJW 1992. 2557). Dies kann naturgemäß nur der Fall sein, wenn das Verfahren sonst entscheidungsreif wäre. In Disziplinarangelegenheiten, in denen es um die berufliche Existenz des Beamten geht, sollte hier nicht kleinlich verfahren werden. Werden zwingende Gründe für die Verspätung glaubhaft gemacht, ist der Beweisantrag zuzulassen. Dies gilt insbesondere für neue Beweismittel, auf die sich Abs. 3 nach seinem Wortlaut, anders als § 128 a VwGO und der frühere § 87 Abs. 2 BDO gar nicht bezieht. Über § 3 gilt § 128 Satz 2 VwGO, wonach **neu vorgebrachte Tatsachen und Beweismittel vom OVG zu berücksichtigen sind** (vgl. jetzt auch § 130 Abs. 1 VwGO n. F.). Beweismittel, die der Beamte vor dem VG nicht vorbringen konnte, weil sie ihm damals nicht bekannt oder zugänglich waren, sind zuzulassen. Hat das VG Beweisanträge zu Recht abgelehnt, was **vom OVG voll nachzuprüfen ist** (vgl. Rn. 1), so werden sie auch nicht im Berufungsverfahren zugelassen. Erfolgte die Ablehnung zu Unrecht, führt das OVG die Beweisaufnahme durch. Generell gilt, dass auch das zweitinstanzliche Gericht diejenigen Tatsachen aufzuklären und festzustellen hat, die für den Nachweis des Dienstvergehens und die Bemessung der Disziplinarmaßnahme von Bedeutung sind (§§ 58 Abs. 2, 65 Abs. 1). Deshalb darf ein Beweisangebot zu einer Tatsache, die bei der Bemessung der Disziplinarmaßnahme berücksichtigt werden kann, nicht mit der Begründung zurückgewiesen werden, die Möglichkeit, neue Erkenntnisse zu gewinnen, sei gering (BVerwG v. 14. 6. 2005 – 2 B 108.04). Stellt ein Beteiligter die entscheidungserhebliche tatsächliche oder rechtliche Würdigung des erstinstanzlichen Gerichts substantiiert in Frage, so muss das Berufungsgericht darauf in seiner Entscheidung inhaltlich eingehen (§ 108 Abs. 2 Satz 2 VwGO). Insoweit kommt eine **Bezugnahme auf die Gründe der angefochtenen Entscheidung gem. § 130b Satz 2 VwGO nicht in Betracht** (BVerwG v. 4. 8. 2005 – 2 B 5.05).

3 Die vom VG erhobenen Beweise können der Entscheidung des OVG ohne erneute Beweiserhebung zugrunde gelegt werden (Satz 4). Dies bedeutet eine Durchbrechung des Grundsatzes der **Unmittelbarkeit der Beweisaufnahme**. Die Durchbrechung ist nach der Neuregelung verfassungsrechtlich weniger bedenklich als im Verfahren der BDO, weil die Beweise nunmehr unmittelbar von einer erkennenden Instanz erhoben werden. In Zweifelsfällen, in denen der persönliche Eindruck eines Zeugen für dessen Glaubwürdigkeit entscheidend ist, sollte das OVG von der ihm eingeräumten Möglichkeit einer erneuten Zeugenvernehmung Gebrauch machen (dies kann angebracht sein, wenn der Aussage des Beamten nur ein Belastungszeuge gegenüber steht).

§ 66 Mündliche Verhandlung, Entscheidung durch Urteil

Das Oberverwaltungsgericht entscheidet über die Berufung, wenn das Disziplinarverfahren nicht auf andere Weise abgeschlossen wird, auf Grund mündlicher Verhandlung durch Urteil. § 106 der Verwaltungsgerichtsordnung wird nicht angewandt.

Die Vorschrift normiert den **Regelfall der Entscheidung aufgrund mündlicher Verhandlung durch Urteil**. Eine **Erledigung auf andere Weise** kommt in Betracht bei der Zurücknahme der Berufung, bei der Verwerfung einer unzulässigen Berufung (§ 3 i.V. m. § 125 Abs. 2 VwGO), ferner nach § 65 Abs. 1 Satz 1 i.V. m. § 59, der nach § 65 Abs. 1 Satz 2 nicht ausgeschlossen ist. Das OVG kann also, wenn nur Verweis, Geldbuße, Kürzung der Dienstbezüge oder des Ruhegehaltes angemessen sind, mit Zustimmung der Beteiligten durch Beschluss entscheiden. Darüber hinaus erledigt sich die Sache auf andere Weise, wenn der Beamte auf seinen Antrag nach § 33 BBG entlassen oder wegen einer vorsätzlichen Tat zu einem Jahr Freiheitsstrafe gem. § 41 BBG verurteilt wird. Der **Gerichtsbescheid** des § 84 VwGO, der in erster Instanz neben § 59 Anwendung findet (Amtl. Begründung zu § 59) ist dagegen in der Berufungsinstanz ausgeschlossen. Dies ergibt sich aus der ergänzenden Anwendung des § 125 Abs. 1 Satz 2 VwGO, wonach § 84 VwGO keine Anwendung findet. Dagegen ist § 130a VwGO, der eine Entscheidung im Beschlusswege ohne mündliche Verhandlung erlaubt, dann nicht anwendbar ist, wenn die Voraussetzungen für eine Entscheidung über eine zulässige Berufung ohne mündliche Verhandlung durch § 65 Abs. 1 Satz 1 i.V.m. § 59 Abs. 1 BDG abschließend geregelt sind. Die dort bestehenden Einengungen können nicht durch eine Anwendung von § 130a VwGO außer Kraft gesetzt werden. In diesem Fall ist auch eine Entscheidung im **schriftlichen Verfahren** gem. § 101 Abs. 2 VwGO, der sonst gem. § 3 BDG anwendbar ist, unzulässig (BVerwG v. 4. 8. 2005 – 2 B 5.05). Das BVerwG hat durch Urteil v. 25. 10. 2007 (2 C 43.07) endgültig klargestellt, dass das Berufungsgericht nicht gem. § 130a VwGO auf eine Entfernung aus dem Beamtenverhältnis, Aberkennung des Ruhegehalts oder Zurückstufung erkennen oder eine solche Entscheidung bestätigen darf, weil dem die auch im Berufungsverfahren geltende Sonderregelung des § 59 BDG entgegensteht. Außerdem sind die Bemessungsgrundsätze des § 13 BDG zu beachten. 1

Satz 2 regelt **den Ausschluss eines** dem Disziplinarrecht fremden **gerichtlichen Vergleichs**. Wie sich aus der amtlichen Begründung ergibt, sollte die Möglichkeit einer **Zurückweisung der Sache an das VG** ausgeschlossen sein (§ 66 Abs. 2 des Entwurfs vom 16. 11. 2000 – BT-Drs. 14/4695). Hiergegen hat der Bundesrat Einwände mit der Begründung erhoben, bei Verfahrensfehlern sollte der Beamte im Falle der Zurückverweisung zwei Sach- und Tatsacheninstanzen erhalten. Abs. 2 des Entwurfs wurde daraufhin gestrichen. Es gilt also § 3 i.V. m. § 130 Abs. 2 n. F. VwGO. Eine Zurückverweisung ist danach in erster Linie beim Vorliegen **wesentlicher Verfahrensmängel** angezeigt, besonders 2 wenn aufgrund dieser Mängel eine umfangreiche oder aufwändige Beweisaufnahme notwendig ist. In Betracht kommen alle in § 138 VwGO genannten Gründe, im Übrigen nur solche Mängel, auf denen die Entscheidung des VG beruhen kann (OVG Münster, NVwZ-RR 1997, 759). Auch bei **maßnahmenbeschränkter Berufung** kann eine **Zurückverweisung** erfolgen, wenn das **erstinstanzliche Urteil widersprüchliche Feststellungen**, beispielsweise zur Schuldfähigkeit enthält. Eine Bindungswirkung kommt hier nicht in Betracht, weil diese eindeutig und zweifelsfreie substantiierte Feststellungen des VG voraussetzt (vgl. § 64 Rn. 8). Sind dagegen die Feststellungen unschlüssig oder widersprüchlich, muss das Urteil, da eine sachgerechte Entscheidung nicht möglich ist, aufgehoben und zurückverwiesen werden (BVerwG v. 8.1.1992 – 1 D 41.91). Eine Zurückverweisung ist dann nicht geboten, wenn ein mangelhaftes erstinstanzliches **Urteil auslegungsfähig** ist (**Beispiel:** Feststellung »schuldhaften« Handelns ohne Klarstellung, ob Fahrlässigkeit oder Vorsatz gegeben war, BVerwG v. 9.6.1993 – 1 D 4.92). Aufgehoben und zurückverwiesen wurde ein Urteil mit zwei verschiedenen Fassungen, die nicht vom Willen aller Berufsrichter getragen waren (v. 21.2.1996 – 1 D 59.95 – NJW 1997, 1086). Eine Zurückverweisung kommt auch im Nichtabhilfeverfahren in Betracht (v. 16.5.2001 – 1 DB 16.01). Eine Zurückverweisung ist wegen der **Prozessförderungspflicht** nicht angezeigt **im fortgeschrittenen Verfahrensstadium**. Hier sollte die Beseitigung der Mängel möglichst durch das OVG erfolgen (v. 15.8.2000 – 1 D 44.98).

3 Im Hinblick auf den **Beschleunigungsgrundsatz** sollte das OVG unter Berücksichtigung der neuen Tatsachen und Erhebung der neuen Beweise das Verfahren abschließen (vgl. Rn. 2). § 130 Abs. 1 VwGO in der ab 1.1.2002 geltenden Fassung regelt jetzt, dass das **OVG** grundsätzlich die **notwendigen Beweise zu erheben** und in der Sache selbst zu entscheiden hat. Nach § 130 Abs. 2 VwGO ist das VG an die rechtliche Beurteilung des OVG gebunden. Die Bindung besteht nur für die konkrete zurückverwiesene Sache. Bindend ist nur die rechtliche Beurteilung, auf der die Aufhebung beruht. Sie gilt als innerprozessuale Bindung auch für die zurückverweisende Instanz, auch wenn diese erneut mit der Sache befasst wird (BVerwGE 76, 326).

Abschnitt 2
Beschwerde

§ 67 Statthaftigkeit, Form und Frist der Beschwerde

(1) Für die Statthaftigkeit, Form und Frist der Beschwerde gelten die §§ 146 und 147 der Verwaltungsgerichtsordnung.
(2) Gegen Beschlüsse des Verwaltungsgerichts, durch die nach § 59 Abs. 1 über eine Disziplinarklage entschieden wird, kann die Beschwerde nur auf das Fehlen der Zustimmung der Beteiligten gestützt werden.
(3) Für das Beschwerdeverfahren gegen Beschlüsse des Verwaltungsgerichts über eine Aussetzung nach § 63 gilt § 146 Abs. 4 der Verwaltungsgerichtsordnung entsprechend.

1 Für die Statthaftigkeit, Form und Frist gelten die §§ 146, 147 VwGO. Die Beschwerde ist danach statthaft gegen die **Entscheidungen** des VG, **die keine Urteile oder Gerichtsbescheide sind** und auch keine Maßnahmen nach § 146

Abs. 2 VwGO darstellen. Die Beschwerde ist beim VG schriftlich oder zur Niederschrift des Urkundsbeamten der Geschäftsstelle innerhalb von **2 Wochen nach Bekanntgabe** der Entscheidung einzulegen (§ 147 Abs. 1 VwGO). Die Frist läuft nur, wenn eine **ordnungsgemäße Belehrung** gem. § 58 Abs. 1 VwGO erfolgt ist. Die Beschwerdefrist ist auch gewahrt, wenn die Beschwerde fristgemäß beim OVG eingeht (§ 147 Abs. 2 VwGO). In den Fällen, in denen das VG nach **§ 59 Abs. 1 BDG** durch Beschluss entschieden hat, kann die Beschwerde nach Abs. 2 nur auf das **Fehlen der Zustimmung** der Beteiligten gestützt werden. Ansonsten kann die Entscheidung nicht angegriffen werden, insbesondere nicht mit dem Argument, in der Sache sei falsch oder fehlerhaft entschieden worden.

Gegen die Entscheidungen des VG über eine **Aussetzung der vorläufigen Dienstenthebung** und der **Einbehaltung von Dienst- oder Ruhegehaltsbezügen** stand den Beteiligten die Beschwerde bisher nur zu, wenn sie vom OVG entsprechend § 124 Abs. 2 VwGO zugelassen worden war. Damit sollte nach der amtlichen Begründung die im einstweiligen Rechtsschutz nach der VwGO geltende Rechtslage wiederhergestellt werden (§ 146 Abs. 4 VwGO). Dies war aber gerade nicht der Fall, weil vom Gesetzgeber nicht beachtet wurde, dass er ebenfalls zum 1.1.2002 nach dem RmBereinVpG § 146 Abs. 4 VwGO geändert hat und die Zulassungsbeschwerde, weil sie sich in der Praxis nicht bewährt hat und zu Verzögerungen führte, entfallen ist. Im Dienstrechtsneuordnungsgesetz vom 5.2.2009 ist jetzt die Anpassung vorgenommen worden. Die Beschwerde ist danach innerhalb eines Monats nach Bekanntgabe der Entscheidung zu begründen. Nicht geregelt wurde, was im Verfahren der **Prozesskostenhilfe** gilt. Das BVerwG hat in st. Rspr. eine Prozesskostenhilfe in Disziplinarverfahren mit der Begründung abgelehnt, die Kostenvorschriften der BDO und die gem. § 25 BDO entsprechend anwendbaren Gesetze sähen eine Prozesskostenhilfe nicht vor (v. 17.11.1997 – 1 D 44.97; v. 5.10.2001 – 1 D 12.01, offen gelassen für das Verlustfeststellungsverfahren, v. 17.11.1998 – 1 DB 4.98). Nach der Anlehnung des BDG an die VwGO **steht der Gewährung von Prozesskostenhilfe** gem. § 3 i.V. m. § 166 VwGO **nichts mehr im Wege.** Deshalb gilt auch § 146 Abs. 4 VwGO n. F. entsprechend (keine Zulassung durch das OVG mehr). 2

§ 68 Entscheidung des Oberverwaltungsgerichts

Das Oberverwaltungsgericht entscheidet über die Beschwerde durch Beschluss.

Die Vorschrift regelt die Form der Entscheidung über die Beschwerde.

Kapitel 4
Disziplinarverfahren vor dem Bundesverwaltungsgericht

§ 69 Form, Frist und Zulassung der Revision

Für die Zulassung der Revision, für die Form und Frist der Einlegung der Revision und der Einlegung der Beschwerde gegen ihre Nichtzulassung sowie für die Revisionsgründe gelten die §§ 132, 133, 137 bis 139 der Verwaltungsgerichtsordnung.

§ 69 BDG

1 Neu und zu begrüßen ist, dass das **Bundesverwaltungsgericht in Disziplinarangelegenheiten nunmehr Revisionsinstanz** ist. Das bisherige Berufungsverfahren nach der BDO wurde auf der Ebene des BVerwG stets als Fremdkörper angesehen. Inwieweit die **Länder** von der ihnen gem. § 187 Abs. 1 VwGO (besser Art. 99 GG) eingeräumten Möglichkeit Gebrauch machen, für ihren Bereich eine Revisionsinstanz vor dem Bundesverwaltungsgericht zu eröffnen, bleibt abzuwarten. Im Sinne der Vereinheitlichung der Rspr., zu der das BVerwG bisher als Berufungsinstanz aufgrund der Akzeptanz seiner Entscheidungen auch bei den Verwaltungsgerichten der Länder beigetragen hat, wäre dies wünschenswert. Auch wird dies davon abhängen, was das BVerwG als Revisionsinstanz mit Blick auf das Disziplinarrecht als Richterrecht mit den auf den Einzelfall bezogenen Entscheidungen noch regeln kann. Auch dies bleibt abzuwarten. Zu allgemeinen vom Einzelfall unabhängigen Bemessungsgrundsätzen, zu Grundsätzlichem in der Rechtsanwendung sowie zu Verfahrensfragen wird es sicherlich beitragen können. Zu den bisherigen Stimmen in der Literatur mit zumeist kritischen Untertönen vgl. Müller-Eising, ZBR 1999, 145, 147 f.; Weiß, ZBR 2000 21, 28; Schwandt, RiA 2001, 157, 164; Czapski, Bundesdisziplinarrecht, 2001, Anmerkungen zum BDG, S. 372; vgl. auch § 45 Rn. 1. Das BVerwG kann auch als Revisionsgericht selbst alle erforderlichen Disziplinarmaßnahmen verhängen, wenn im Berufungsverfahren ausreichende Tatsachenfeststellungen getroffen worden sind (§ 70 Rn. 2). Die Bundesländer haben von der Möglichkeit, ihre Disziplinarverfahren nach **Landesdisziplinarrecht** vom BVerwG als Revisionsinstanz überprüfen zu lassen, überwiegend Gebrauch gemacht: so die Länder Berlin, Brandenburg, Bremen, Hamburg, Hessen, Mecklenburg-Vorpommern, Nordrhein-Westfalen, Saarland, Sachsen, Schleswig-Holstein und Thüringen, nicht vorgesehen in Bayern, Niedersachsen, Rheinland-Pfalz und Sachsen-Anhalt; Baden-Württemberg ist noch an der BDO orientiert.

2 Die Revisionszulassung, die Revisionseinlegung und die Einlegung der Beschwerde gegen die Nichtzulassung sowie die zulässigen Revisionsgründe richten sich nach den in § 69 aufgeführten Vorschriften der VwGO. Aus der Nichterwähnung des § 134 VwGO ergibt sich, dass eine **Sprungrevision** nicht vorgesehen ist. Dies ist in den Fällen mit Blick auf eine Verfahrensbeschleunigung bedauerlich, in denen der Sachverhalt unstreitig, jedoch eine Rechtsfrage von grundsätzlicher Bedeutung zu klären ist. Im Falle einer **Missbilligung** hat das BVerwG eine Sprungrevision zugelassen, weil sie keine Disziplinarmaßnahme sei (BVerwG v. 18. 9. 2008 – 2 C 126.07).

3 Bezüglich der **Revisionszulassung** gelten die Ausführungen zu § 64 Rn. 17-19 entsprechend mit der Maßgabe, dass zu klärende Tatsachen außer Acht bleiben und bei der **Nichtzulassungsbeschwerde** das **Darlegungserfordernis** nur bezüglich der Grundsatzrüge (§ 133 Abs. 3 Satz 3) gilt und bezüglich der Divergenz- und Verfahrensrüge **Bezeichnungserfordernisse** bestehen. Aufgrund des Dienstrechtsneuordnungsgesetzes vom 5. 2. 2009 ist in § 69 die Vorschrift des **§ 127 des Beamtenrechtsrahmengesetzes** gestrichen worden. Eine Begründung hierfür wurde nicht gegeben. Nach § 63 Abs. 2 Satz 2 des Beamtenstatusgesetzes vom 17. 6. 2008 blieb Kapitel 3 BRRG und somit § 127 BRRG in Kraft, so dass sich die Frage stellt, ob § 127 BRRG trotz Streichung in § 69 als eigenständige Vorschrift für die Länder weiterhin gilt, die den Zugang zum BVerwG als Revisionsinstanz eröffnet haben. Dies wird man wohl verneinen müssen, weil die §§ 69, 70 eine abschließende Regelung des Revisionsrechts im BDG enthalten. Es wäre schlimm, wenn das BVerwG nicht mehr über § 127 BRRG oder eine vergleichbare neu zu schaffende Vorschrift umfassend für die Einheitlichkeit der Disziplinar-Rspr. in Bund und Ländern sorgen könnte. Wegen einer weiteren Vertiefung des Revisionsrechts muss auf die einschlägigen Kommentare zur VwGO verwiesen werden, da eine eigenständige Kommentierung der entsprechenden VwGO-Vorschriften den Rahmen dieses Kommentars sprengen würde.

§ 70 Revisionsverfahren, Entscheidung über die Revision

(1) Für das Revisionsverfahren gelten die Bestimmungen über das Disziplinarverfahren vor dem Oberverwaltungsgericht entsprechend.
(2) Für die Entscheidung über die Revision gelten die §§ 143 und 144 der Verwaltungsgerichtsordnung.

Die Durchführung des Revisionsverfahrens richtet sich nach den Bestimmungen über das Disziplinarverfahren vor dem OVG. Soweit dort Bezug auf die Bestimmungen des Verfahrens vor dem VG genommen wird (§ 65 Abs. 1), gelten diese ebenfalls, es sei denn, aus dem Wesen des Revisionsverfahrens ergäbe sich etwas anderes. Über § 3 BDG sind entsprechend anwendbar §§ 140 (**Zurücknahme der Revision**) und 141, 127 VwGO (**Anschlussrevision**, weil nach der Rspr. auch eine Anschlussberufung zulässig ist; s. hierzu § 64 Rn. 10). Die Vorschriften, die sich mit Tatsachenermittlungen und Erhebung von Beweisen befassen, sind nicht anwendbar. 1

Für die zu treffende **Entscheidung über die Revision** gelten gem. Abs. 2 die §§ 143, 144 VwGO. Danach wird die Revision, wenn sie nicht statthaft ist oder die Zulässigkeitsvoraussetzungen fehlen, durch Beschluss verworfen. Ist die Revision unbegründet oder das Urteil des OVG jedenfalls im Ergebnis zutreffend, weist das BVerwG sie zurück (§ 144 Abs. 2). Ist sie begründet, kann das BVerwG das angefochtene Urteil aufheben, in der Sache selbst entscheiden, wobei es ebenfalls alle zulässigen Maßnahmen verhängen, die Disziplinarverfügung aufheben oder die Disziplinarklage abweisen kann oder es verweist die Sache zur anderweitigen Verhandlung und Entscheidung zurück. 2

Die Entscheidungsbefugnis des BVerwG entfällt nicht deshalb, weil es in Ermessensentscheidungen eingreift. Die Instanzgerichte üben eigenes Ermessen und eigene Disziplinargewalt aus. Dies ergibt sich daraus, dass sie nach § 60 Abs. 2 Nr. 1 auf die **erforderliche** Disziplinarmaßnahme erkennen und nach § 60 Abs. 3 auch die **Zweckmäßigkeit** der angefochtenen Entscheidung prüfen. Das BVerwG hat bei einer Entscheidung in der Sache im Falle der Spruchreife dieselben Befugnisse, die das Berufungsgericht nach Zurückverweisung hätte (Buchholz 310 § 40 Nr. 271). Es übt dann ebenfalls **eigene Disziplinargewalt** aus und wird nicht nur kassatorisch tätig (so jetzt auch GKöDWeiß, M § 69 Rn. 2 und § 70 Rn. 28). Auch der BGH kann in Strafsachen gem. § 354 StPO jedenfalls auf bestimmte Maßnahmen erkennen, wobei die Rspr. teilweise auf die Schuldspruchberichtigung und Berichtigung des Rechtsfolgenausspruchs ausgedehnt worden ist (vgl. BGH v. 10.8.2001, NJW 2002, 834). Eine dem § 82 Abs. 3 Satz 2 DRiG vergleichbare Bestimmung, wonach das Urteil nur auf Zurückweisung der Revision oder Aufhebung des angefochtenen Urteils lauten kann, gibt es im Revisionsrecht des BDG i.V.m. der VwGO nicht. Für eine weitgehende Entscheidungsbefugnis des BVerwG selbst spricht auch ein erhebliches praktisches Bedürfnis im Hinblick auf den Beschleunigungsgrundsatz. Da nunmehr selbst im Disziplinarverfügungsverfahren die Revision möglich ist, wenn das OVG eine entsprechende Berufung zugelassen hat, erscheint eine Verlängerung des Verfahrens durch Aufhebung und Zurückverweisung nicht vertretbar, wenn das BVerwG selbst entscheiden könnte. Wurde die Revision beispielsweise wegen grundsätzlicher Bedeutung bei der Anwendung von Bemessungsmaßstäben zugelassen, wäre es nicht verständlich, wenn das BVerwG diese Maßstäbe nicht selbst im konkreten Fall anwenden könnte. Bei einer Zulassung der Revision wegen **Verfahrensfehler** kommt dagegen eine Zurückverweisung in der Regel in Betracht. Diese ist zwingend, wenn weitere tatsächliche Feststellungen erforderlich sind. Das BVerwG hat nun durch Urteil v. 3.5.2007 (2 C 9.06) entschieden, dass die Befugnis zur Bestimmung der erforderlichen Disziplinarmaßnahme auch für das Revisionsverfahren gilt, wenn das Berufungsurteil alle wesentlichen, den Anforderungen des § 13 Abs. 1 Satz 2-4 BDG genügenden bemessungsrelevanten Gesichtspunkte enthält. Der Revisionssenat kann weder Tatsachen berücksichtigen, die nicht festgestellt sind, noch die Richtigkeit der festgestellten Tatsachen überprüfen.

Kapitel 5
Wiederaufnahme des gerichtlichen Disziplinarverfahrens

§ 71 Wiederaufnahmegründe

(1) Die Wiederaufnahme des durch rechtskräftiges Urteil abgeschlossenen Disziplinarverfahrens ist zulässig, wenn
1. in dem Urteil eine Disziplinarmaßnahme ausgesprochen worden ist, die nach Art oder Höhe im Gesetz nicht vorgesehen ist,
2. Tatsachen oder Beweismittel beigebracht werden, die erheblich und neu sind,
3. das Urteil auf dem Inhalt einer unechten oder verfälschten Urkunde oder auf einem vorsätzlich oder fahrlässig falsch abgegebenen Zeugnis oder Gutachten beruht,
4. ein Urteil, auf dessen tatsächlichen Feststellungen das Urteil im Disziplinarverfahren beruht, durch ein anderes rechtskräftiges Urteil aufgehoben worden ist,
5. an dem Urteil ein Richter oder Beamtenbeisitzer mitgewirkt hat, der sich in dieser Sache der strafbaren Verletzung einer Amtspflicht schuldig gemacht hat,
6. an dem Urteil ein Richter oder Beamtenbeisitzer mitgewirkt hat, der von der Ausübung des Richteramts kraft Gesetzes ausgeschlossen war, es sei denn, dass die Gründe für den gesetzlichen Ausschluss bereits erfolglos geltend gemacht worden waren,
7. der Beamte nachträglich glaubhaft ein Dienstvergehen eingesteht, das in dem Disziplinarverfahren nicht hat festgestellt werden können, oder
8. im Verfahren der Disziplinarklage nach dessen rechtskräftigem Abschluss in einem wegen desselben Sachverhalts eingeleiteten Straf- oder Bußgeldverfahren unanfechtbar eine Entscheidung ergeht, nach der gemäß § 14 die Disziplinarmaßnahme nicht zulässig wäre.

(2) Erheblich im Sinne des Absatzes 1 Nr. 2 sind Tatsachen und Beweismittel, wenn sie allein oder in Verbindung mit den früher getroffenen Feststellungen geeignet sind, eine andere Entscheidung zu begründen, die Ziel der Wiederaufnahme des Disziplinarverfahrens sein kann. Neu im Sinne des Absatzes 1 Nr. 2 sind Tatsachen und Beweismittel, die dem Gericht bei seiner Entscheidung nicht

bekannt gewesen sind. Ergeht nach Eintritt der Rechtskraft des Urteils im Disziplinarverfahren in einem wegen desselben Sachverhalts eingeleiteten Straf- oder Bußgeldverfahren ein rechtskräftiges Urteil auf Grund von tatsächlichen Feststellungen, die von denjenigen tatsächlichen Feststellungen des Urteils im Disziplinarverfahren abweichen, auf denen es beruht, gelten die abweichenden Feststellungen des Urteils im Straf- oder Bußgeldverfahren als neue Tatsachen im Sinne des Absatzes 1 Nr. 2.

(3) In den Fällen des Absatzes 1 Nr. 3 und 5 ist die Wiederaufnahme des Disziplinarverfahrens nur zulässig, wenn wegen der behaupteten Handlung eine rechtskräftige strafgerichtliche Verurteilung erfolgt ist oder wenn ein strafgerichtliches Verfahren aus anderen Gründen als wegen Mangels an Beweisen nicht eingeleitet oder nicht durchgeführt werden kann.

Das Recht der Wiederaufnahme des Disziplinarverfahrens erfährt gegenüber dem bisherigen Recht nach der BDO insoweit eine Erweiterung, als nunmehr **eine Wiederaufnahme bei allen durch Urteil oder diesem gleichstehende Entscheidung** abgeschlossenen Verfahren im Grundsatz **möglich ist** und die bisherige Beschränkung auf das förmliche Disziplinarverfahren entfallen ist. 1

§ 71 entspricht im Wesentlichen § 97 BDO, ist aber übersichtlicher und gestraffter gestaltet. Die Wiederaufnahme ist grundsätzlich nur zulässig gegenüber der rechtskräftigen Entscheidung des VG und des OVG als Tatsacheninstanz. Daher erfolgt keine Wiederaufnahme nach Verlust der Beamteneigenschaft aufgrund eines Strafurteils gem. § 48 BBG. Entscheidungen des BVerwG als Revisionsinstanz kommen unter den Voraussetzungen der Nr. 5 und 6 in Betracht (vgl. § 153 Abs. 1 VwGO i.V.m. §§ 580 Nr. 5, 584 Abs. 1 ZPO). Im Übrigen sind die **Wiederaufnahmegründe im BDG abschließend geregelt.** Der Ausnahmecharakter der Wiederaufnahme steht einer extensiven Auslegung entgegen (BDHE 5, 172). 2

Nach Nr. 1 ist die Wiederaufnahme zulässig gegen eine im **Gesetz** (d.h. im Maßnahmenkatalog des Gesetzes) **nicht vorgesehene Maßnahme.** Diese Entscheidung muss rechtskräftig verhängt worden sein. Bei der Prüfung, ob eine nach Art und Höhe im Gesetz nicht vorgesehene Maßnahme vorliegt, ist abzustellen auf den konkreten Fall, nicht allein darauf, ob das Gesetz generell eine solche Maßnahme vorsieht. So ist etwa die gesetzlich vorgesehene Zurückstufung eines Beamten im Eingangsamt nicht möglich und gibt einen Wiederaufnahmegrund nach Abs. 1. Das Gleiche gilt für den Fall, dass ein unter dem innegehabten Amt eingestuftes Amt derselben Laufbahn (bisheriges Eingangsamt) zwar noch existiert, aber laufbahnrechtlich nicht mehr als Eingangsamt verwendet wird (Umwandlung von A 3 zum Eingangsamt für Postbeamte des einfachen Dienstes und Wegfall der Eingangsstufe A 2 – BVerwG, Beschl. v. 2.12.1986 – 2 DN 3.86 – Dok. Ber. 1987, 26). Ebenso ist die Verhängung einer Geldbuße gegen einen Ruhestandsbeamten oder die Verhängung einer Geldbuße über das Höchstmaß von einem Monat hinaus im Gesetz nicht vorgesehen. Auch in diesem Fall ist Wiederaufnahme nach Abs. 1 mit dem Ziel der Verhängung einer zulässigen Maßnahme gegeben (zum Gesamtkomplex auch OVG Münder, DÖV 1962, 880). 3

Nr. 2 ist dann erfüllt, wenn **Tatsachen oder Beweismittel beigebracht werden, die erheblich und neu sind**, Tatsachen im Wiederaufnahmerecht sind Vorgänge, Ereignisse und Zusammenhänge, die objektiv erkennbar oder allgemein gültig sind und im Gegensatz zu Beurteilungen oder Bewertungen stehen 4

(BVerwG v. 4.6.1998 – 2 DW 3.97 – NJW 1999, 1649). Auf eine **Änderung der Rechtslage und der rechtlichen Bewertung** kann ein Wiederaufnahmeantrag nicht gestützt werden. Dies gilt für eine Änderung der höchstrichterlichen Rspr., selbst des BVerfG, auch wenn dessen Entscheidungen Bindungswirkung zukommt und auch des Europäischen Gerichtshofs für Menschenrechte, der in einem Fall ähnlicher Art einen Konventionsverstoß festgestellt hat. Das BVerwG hat deshalb die Wiederaufnahme des Verfahrens eines Beamten, der wegen Kandidaturen für die DKP und dadurch verletzter politischer Treuepflicht aus dem Dienst entfernt worden war, trotz des Urteils des EGMR v. 26.9.1995 (EuGRZ 1995, 590 f. = NJW 1996, 375 f.), in welchem eine Lehrerin aus Niedersachsen Erfolg hatte, abgelehnt (zu allem BVerwG v. 4.6.1998, a.a.O.). Auch Einwendungen zu Verletzungen von Verfahrensvorschriften im früheren Verfahren zählen nicht zu Tatsachen oder Beweismitteln. Zu Letzteren zählen neue Zeugenaussagen, Gutachten und Urkunden. Sie können die Wiederaufnahme rechtfertigen, wenn sie erheblich und neu sind.

5 **Erheblich** sind Tatsachen oder Beweismittel, wenn sie allein oder in Verbindung mit den früher getroffenen Feststellungen eine andere Entscheidung, die Ziel des Wiederaufnahmeverfahrens sein kann, zu begründen geeignet sind (Abs. 2 Satz 1). Die bei dem vorangegangenen Urteil unbekannt gebliebene Tatsache, dass der Verurteilte bei Begehen seines Dienstvergehens schuldunfähig war, ist immer erheblich (BDH – DW 8.53 – Dok. Ber. 1953, 14), bei Maßnahmeerheblichkeit auch die bloß verminderte Schuldfähigkeit (BDH 3, 262), Widerruf oder Widerlegung früherer Geständnisse oder Zeugenaussagen, Erlass einer Straf- oder Bußgeldmaßnahme i.R.d. § 14. Ist Verurteilung wegen mehrerer Anschuldigungspunkte erfolgt, so ist das Vorbringen neuer Tatsachen bzw. Beweismittel im Hinblick auf nur einen Anschuldigungspunkt danach zu beurteilen, welche Bedeutung er konkret für die Gesamtbeurteilung gehabt hat. Ergibt die Wertung, dass unabhängig vom geltend gemachten Wiederaufnahmegrund zum einzelnen Anschuldigungspunkt der verbleibende Sachverhalt die ausgesprochene Maßnahme rechtfertigt, ist der Wiederaufnahmegrund unerheblich.

6 Tatsachen oder Beweismittel nach Nr. 2 müssen auch **neu** sein. Als neu sind Tatsachen und Beweismittel anzusehen, die dem Disziplinargericht bei seiner Entscheidung noch nicht bekannt waren (Abs. 2 Satz 2). Es kommt dabei auf Kenntnis des Gerichts an, dessen Tat- und Schuldfeststellungen rechtskräftig geworden sind. Das ist bei maßnahmebeschränkter Berufung das VG. Zweifelhaft ist, wann eine Tatsache »dem Gericht bekannt gewesen« ist. All das, was sich in den Entscheidungsgründen findet, war dem Gericht jedenfalls bekannt. Bloße Aktenkundigkeit von Tatsachen oder Beweismitteln bedeutet dagegen nach zutreffender Auffassung nicht unbedingt, dass sie das Gericht auch zur Kenntnis genommen hat. Dies muss vielmehr aus dem Urteil und aus den Gesamtumständen eindeutig hervorgehen (so zutreffend Behnke-Leußer; a.A. Claussen/Janzen, § 97 Rn. 7). Nicht neu sind im Berufungsverfahren vorgebrachte Tatsachen und Beweismittel, die zu Recht gem. § 65 Abs. 3 zurückgewiesen worden sind. Bei Zweifeln dahingehend, ob ein Wiederaufnahmegrund erheblich bzw. neu ist, kann der Grundsatz in dubio pro reo nicht gelten, da es sich bei § 71 um eine eng auszulegende Ausnahmeregelung handelt.

7 Nr. 3 setzt voraus, dass das angegriffene **Urteil** auf dem Inhalt einer unechten oder verfälschten Urkunde oder auf einem Zeugnis oder Gutachten beruht, das vorsätzlich oder fahrlässig abgegeben worden ist. Die Wiederaufnahme nach

Abs. 2 Nr. 3 und 5 ist allerdings nur zulässig, wenn wegen der behaupteten Handlung eine rechtskräftige Verurteilung erfolgt ist oder wenn ein strafgerichtliches Verfahren aus anderen Gründen als wegen Mangels an Beweisen nicht eingeleitet oder nicht durchgeführt werden kann (Abs. 3).

Nr. 4 setzt voraus, dass ein gerichtliches Urteil, auf dessen tatsächlichen Feststellungen das Disziplinarurteil beruht (§ 57 Abs. 1), durch ein anderes **rechtskräftiges Urteil aufgehoben worden ist**. Es handelt sich hier gegenüber Nr. 2 um eine diese ausschließende Spezialbestimmung (BVerwG v. 14.4.1988 – 2 DW 2.88). Es ist unbeachtlich, ob das Strafurteil durch Urteil oder Beschluss aufgehoben wurde (BDHE 5, 168). Das angegriffene disziplinarrechtliche Urteil muss aber auf dem aufgehobenen Urteil **beruhen**, was im Fall des § 57 Abs. 1 grundsätzlich gegeben ist. Ist allerdings ein Lösungsbeschluss erfolgt, dann kann im Umfang der Lösung von einem Beruhen i. S. d. Bestimmung nicht gesprochen werden, auch dann nicht, wenn das Disziplinargericht wieder zum selben Ergebnis wie das Strafurteil kommt. Feststellungen, die nach § 57 Abs. 2 aus anderen Urteilen übernommen wurden, bleiben eigene des entscheidenden Gerichts und fallen deshalb nicht unter Nr. 4. Unerheblich ist, ob das Urteil, auf dessen Feststellungen das Disziplinarurteil beruht, durch ein anderes Urteil im Wiederaufnahmeverfahren durch Beschluss (etwa nach § 371 StPO; BDH, Dok. Ber. S. 2248; vgl. aber BDHE 5, 168) oder durch Amnestiegesetz beseitigt worden ist. Nicht ausreichend ist, dass das Strafurteil im Gnadenwege beseitigt worden ist. **8**

Nr. 5 verlangt die **strafbare Verletzung** einer richterlichen **Amtspflicht**. Es kommt dabei auch eine Amtspflichtverletzung der Beamtenbeisitzer in Betracht; denkbar sind die Vergehen der Rechtsbeugung (§ 339 StGB) und Richterbestechung (334 Abs. 2 StGB). **9**

Nr. 6 ist gegeben, wenn ein kraft Gesetzes ausgeschlossener Richter oder Beamtenbeisitzer an der Entscheidung mitgewirkt hat (vgl. hierzu § 48 Rn. 1 ff.). Gefordert ist dabei die Mitwirkung an der Entscheidung des zuvor erkennenden Gerichts. Für Beamtenbeisitzer gelten die §§ 49, 50. **10**

Nr. 7 ermöglicht die Wiederaufnahme, wenn der Beamte nach dem angegriffenen Urteil nachträglich ein glaubhaftes Geständnis abgelegt hat, das ein Dienstvergehen betrifft, welches im Ursprungsverfahren nicht hat festgestellt (bewiesen) werden können. **11**

Nr. 8 entspricht, soweit die Regelung des § 14 Abs. 1 betroffen ist, dem bisherigen § 123 Abs. 1 BDO, der eine Spezialregelung der Wiederaufnahme darstellte (vgl. 2. Aufl., § 123 Rn. 1). Die Regelung ist deshalb systematisch zutreffend in die Wiederaufnahmegründe integriert worden. Voraussetzung ist, dass nach dem rechtskräftigen Abschluss eines aufgrund einer Disziplinarklage eingeleiteten Verfahrens in einem **Straf- oder Bußgeldverfahren wegen desselben Sachverhalts** unanfechtbar eine Entscheidung ergeht, die nach § 14 zur Unzulässigkeit einer Disziplinarmaßnahme führen würde. Die im Disziplinarverfahren verhängte Disziplinarmaßnahme muss unanfechtbar geworden sein, bevor die strafrechtliche Ahndung erfolgte. Bei einer nachträglichen strafgerichtlichen Verurteilung oder wenn eine Tat nicht mehr als Vergehen verfolgt werden darf, ist der Beamte so zu stellen, als wäre § 14 im vorangegangenen Verfahren angewandt worden. Die verhängte Disziplinarmaßnahme des Verweises, der Geldbuße oder der Kürzung des Ruhegehaltes sind aufzuheben. Im Falle einer Kürzung der Dienstbezüge oder – jetzt neu – auch einer Zurückstufung ist die Disziplinarklage abzuweisen, es sei denn, die Verhängung dieser Maßnahmen **12**

§ 72 BDG

wäre zusätzlich erforderlich, um den Beamten zur Erfüllung seiner Pflichten anzuhalten. Erfolgt im späteren sachgleichen Straf- oder Bußgeldverfahren ein **Freispruch**, sind sämtliche nach dem Maßnahmekatalog zulässigen Maßnahmearten – hier auch die Entfernung aus dem Beamtenverhältnis – aufzuheben, d. h., die Disziplinarverfügung ist aufzuheben bzw. die Disziplinarklage abzuweisen, es sei denn, der Sachverhalt stellt ein Dienstvergehen dar, ohne den Tatbestand einer Straf- oder Bußgeldvorschrift zu erfüllen (§ 14 Abs. 2). Liegt ein so genannter disziplinarer Überhang vor, greift also die Sperrwirkung des § 14 Abs. 2 nicht, ist im Wiederaufnahmeverfahren zu prüfen, ob die zuvor verhängte Disziplinarmaßnahme mit Blick auf den disziplinaren Überhang gerechtfertigt ist.

13 Im Disziplinarverfügungsverfahren enthält § 36 Abs. 1 eine entsprechende Regelung. Da es sich bei der Disziplinarverfügung um einen Verwaltungsakt handelt, kann das Verfahren auch gem. § 51 VwVfG wiederaufgegriffen werden. **Wiederaufgreifen und Wiederaufnahme sind selbständige Regelungen**, die nebeneinander Anwendung finden (für das Wiederaufnahmeverfahren nach der VwGO vgl. Bader, VwGO, § 153 Rn. 4).

§ 72 Unzulässigkeit der Wiederaufnahme

(1) Die Wiederaufnahme des durch rechtskräftiges Urteil abgeschlossenen Disziplinarverfahrens ist unzulässig, wenn nach dem Eintritt der Rechtskraft
1. ein Urteil im Straf- oder Bußgeldverfahren ergangen ist, das sich auf denselben Sachverhalt gründet und diesen ebenso würdigt, solange dieses Urteil nicht rechtskräftig aufgehoben worden ist, oder
2. ein Urteil im Strafverfahren ergangen ist, durch das der Verurteilte sein Amt oder seinen Anspruch auf Ruhegehalt verloren hat oder ihn verloren hätte, wenn er noch im Dienst gewesen wäre oder Ruhegehalt bezogen hätte.
(2) Die Wiederaufnahme des Disziplinarverfahrens zuungunsten des Beamten ist außerdem unzulässig, wenn seit dem Eintritt der Rechtskraft des Urteils drei Jahre vergangen sind.

1 Die Vorschrift schafft eine **Sperrwirkung** eines **nach** dem rechtskräftigen Urteil im Disziplinarverfahren ergehenden **Strafurteils**. Sie setzt den rechtspolitischen Zweck des § 18 Abs. 1 fort und ist deshalb auch nach den gleichen Kriterien zu beurteilen. Sie unterscheidet dabei zwei Fallgestaltungen. Einmal ist die Wiederaufnahme unzulässig, wenn nach dem Disziplinarurteil im Strafverfahren oder Bußgeldverfahren ein Urteil ergangen ist, das sich auf **dieselben Tatsachen** begründet und sie ebenso würdigt, solange dieses Urteil nicht rechtskräftig aufgehoben worden ist. Das Disziplinar- und Strafurteil muss sich dabei auf **dieselben** festgestellten Tatsachen gründen, wobei es auf die rechtliche Qualifizierung im Strafurteil nicht ankommt. Vorausgesetzt ist aber eine sachliche Würdigung der Tatsachen, die auch im Disziplinarverfahren zugrunde gelegt worden sind. Von daher kommt für § 72 nur ein Urteil in Betracht, das den Sachverhalt feststellt und würdigt. Bezieht sich das Strafurteil nur auf einen Teil der Anschuldigungspunkte im Disziplinarverfahren, so ist trotz § 72 Abs. 1 eine Wiederaufnahme, und zwar wegen der nichtbestätigten Verfehlungen, möglich, auch ist § 72 nicht anwendbar, wenn zu dem Sachverhalt, der dem Straf- und Disziplinarverfahren zugrunde liegt, nicht übereinstimmend dieselben Tatsachen festgestellt wurden.

Der **zweite Fall** betrifft die Unzulässigkeit der Wiederaufnahme, wenn es nachträglich in einem **Strafverfahren zur Verurteilung** gekommen ist, die kraft Gesetzes den Verlust des Amtes oder des Ruhegehalts herbeiführt, d. h. bei Verurteilung wegen vorsätzlicher Tat auf Freiheitsstrafe von mindestens einem Jahr oder wegen vorsätzlicher hochverräterischer, staatsgefährdender oder landesverräterischer Handlung auf Freiheitsstrafe von mindestens sechs Monaten nach § 41 BBG. Es spielt dabei keine Rolle, ob der Beamte erst durch die Rechtskraft des Strafurteils die Rechte verlor oder bereits vorher durch die disziplinargerichtliche Verurteilung oder danach aus einem anderen Grund verloren hatte. Für Nr. 2 des § 72 kommen allerdings nur solche Strafurteile in Betracht, die zu einem anderen Sachverhalt als im Disziplinarverfahren ergehen, da sachgleiche Urteile von der ersten Alternative des § 72 erfasst werden. Der Grund für die Regelung in der Nr. 2 des § 72 liegt darin, dass ein Beamter, der nach dem Abschluss des Disziplinarverfahrens sich eine weitere strafgerichtlich schwer geahnte Verfehlung zuschulden kommen lässt, kein Anrecht auf Wiedergutmachung haben soll.

Nach Ablauf von drei Jahren seit Rechtskraft des Urteils ist gem. § 72 Abs. 2 die Wiederaufnahme des Disziplinarverfahrens zuungunsten des Beamten unzulässig.

§ 73 Frist, Verfahren

(1) Der Antrag auf Wiederaufnahme des Disziplinarverfahrens muss bei dem Gericht, dessen Entscheidung angefochten wird, binnen drei Monaten schriftlich oder zur Niederschrift des Urkundsbeamten der Geschäftsstelle eingereicht werden. Die Frist beginnt mit dem Tag, an dem der Antragsberechtigte von dem Grund für die Wiederaufnahme Kenntnis erhalten hat. In dem Antrag ist das angefochtene Urteil zu bezeichnen und anzugeben, inwieweit es angefochten wird und welche Änderungen beantragt werden; die Anträge sind unter Bezeichnung der Beweismittel zu begründen.

(2) Für das weitere Verfahren gelten die Bestimmungen über das gerichtliche Disziplinarverfahren entsprechend, soweit sich aus diesem Gesetz nichts anderes ergibt.

Neu gegenüber der früheren Regelung gem. § 100 BDO ist, dass der **Antrag fristgebunden ist**. Die Frist von drei Monaten beginnt mit dem Tag der Kenntnis vom Wiederaufnahmegrund durch den Antragsberechtigten. Dies kann der betroffene Beamte oder die beteiligte Dienstbehörde sein. Die Befugnis hat auch ein Betreuer des Beamten. Die spezielle Betreuerbestellung in Disziplinarverfahren gem. § 19 BDO ist entfallen. Es gelten die allgemeinen Regeln (vgl. § 62 VwGO, § 1903 BGB). Antragsberechtigt ist auch der Erbe (Lemhofer, RiA 2002, 56). Die **Anforderungen an die Begründung** des Wiederaufnahmebegehrens sind ähnlich wie bei der Berufungsbegründung (vgl. § 64 Rn. 3, 4). Das angefochtene Urteil ist genau zu bezeichnen und anzugeben, inwieweit es angefochten wird und welche Änderungen beantragt werden. Die neuen Tatsachen und Beweismittel sind genau zu bezeichnen und schlüssig darzulegen, zu welchen anderen Ergebnissen sie führen werden.

Für das weitere Verfahren gelten nach Abs. 2 die Vorschriften über das gerichtliche Disziplinarverfahren entsprechend. Von Bedeutung ist § 57. Die Bindungswirkung bleibt auch im Wiederaufnahmeverfahren bestehen, es sei denn, es liegen die Voraussetzungen für einen Lösungsbeschluss vor.

§ 74 Entscheidung durch Beschluss

(1) Das Gericht kann den Antrag, auch nach der Eröffnung der mündlichen Verhandlung, durch Beschluss verwerfen, wenn es die gesetzlichen Voraussetzungen für seine Zulassung nicht für gegeben oder ihn für offensichtlich unbegründet hält.
(2) Das Gericht kann vor der Eröffnung der mündlichen Verhandlung mit Zustimmung der zuständigen Behörde durch Beschluss das angefochtene Urteil aufheben und die Disziplinarklage abweisen oder die Disziplinarverfügung aufheben. Der Beschluss ist unanfechtbar.
(3) Der rechtskräftige Beschluss nach Absatz 1 sowie der Beschluss nach Absatz 2 stehen einem rechtskräftigen Urteil gleich.

1   Abs. 1 regelt die **Verwerfung des Wiederaufnahmeantrags** im Beschlusswege. Der Beschluss kann – was die Regel sein wird – vor einer anberaumten mündlichen Verhandlung ergehen. Aber auch nach Eröffnung der mündlichen Verhandlung ist die Verwerfung durch Beschluss noch möglich. Erforderlich ist in jedem Falle, dass die gesetzlichen Voraussetzungen für die Zulassung der Wiederaufnahme nicht vorliegen oder der Antrag offensichtlich unbegründet ist. **Unzulässig ist der Antrag**, wenn die in § 71 genannten Voraussetzungen nicht gegeben sind, wenn beispielsweise die angeblich unzulässige Disziplinarmaßnahme tatsächlich zulässig war, wenn keine erheblichen oder neuen Tatsachen oder Beweismittel vorliegen, wenn nachträglich ein Strafurteil i. S. d. § 72 ergangen ist, wenn der Antrag von einem nicht Antragsberechtigten gestellt oder die Dreimonatsfrist versäumt wurde (§ 73).

2   **Offensichtlich unbegründet** ist der Antrag, wenn sich bereits aus dem Vorbringen des Antragstellers ergibt, dass eine Wiederaufnahme in der Sache keinen Erfolg haben kann. Dies kann der Fall sein, wenn schon das Vorbringen des Antragstellers unschlüssig ist oder wenn die behaupteten neuen Tatsachen erkennbar unrichtig sind. Allerdings wird das Gericht im Rahmen seiner Aufklärungs- und Fürsorgepflicht den Antragsteller auf Mängel des Antrags auch hinsichtlich der Zuständigkeit hinweisen müssen.

3   Nach **Abs. 2** besteht die Möglichkeit, vor Eröffnung der mündlichen Verhandlung mit Zustimmung der zuständigen Behörde das angefochtene Urteil aufzuheben und die Disziplinarklage abzuweisen oder die Disziplinarverfügung aufzuheben. Dies wird der Fall sein, wenn **der Wiederaufnahmeantrag offensichtlich begründet** ist. Der Beschluss nach Abs. 2 ist unanfechtbar, der rechtskräftige Beschluss nach Abs. 1 sowie der Beschluss nach Abs. 2 stehen einem **rechtskräftigen Urteil** gleich (Abs. 3).

§ 75 Mündliche Verhandlung, Entscheidung des Gerichts

(1) Das Gericht entscheidet, wenn das Wiederaufnahmeverfahren nicht auf andere Weise abgeschlossen wird, auf Grund mündlicher Verhandlung durch Urteil.
(2) Gegen das Urteil des Verwaltungsgerichts und des Oberverwaltungsgerichts kann das in dem jeweiligen Verfahren statthafte Rechtsmittel eingelegt werden.

1   Wird der Wiederaufnahmeantrag nicht durch Beschluss als unzulässig verworfen oder als offensichtlich unbegründet zurückgewiesen und auch nicht zurückgenommen, entscheidet das Gericht über die Begründetheit des Antrags, ggf.

nach Durchführung einer Beweisaufnahme durch Urteil. Mit der Wiederaufnahme tritt **das Verfahren wieder in das Stadium im Zeitpunkt der Erhebung der Disziplinarklage** bzw. der Zustellung der Disziplinarverfügung. Entscheidungsgrundlage sind alle ursprünglichen Anschuldigungspunkte, soweit sie angefochten worden sind. Eine durch Beschränkung der Berufung eingetretene Teilrechtskraft bleibt bestehen. Ergibt das Gutachten eines Sachverständigen nunmehr die Schuldunfähigkeit des Beamten, führt dies allerdings unter Durchbrechung der Teilrechtskraft zur Abweisung der Disziplinarklage. Hat das Wiederaufnahmeverfahren des Beamten Erfolg, hebt das Gericht das angefochtene Urteil auf und weist die Disziplinarklage ab oder es hebt die Disziplinarverfügung auf. Dies gilt auch dann, wenn Einstellungsgründe, etwa nach § 15 erst jetzt gegeben sind. Einstellungsgründe führen grundsätzlich, da die Einstellung des Verfahrens durch Urteil nicht mehr vorgesehen ist, ebenfalls zur Klageabweisung oder Aufhebung der Disziplinarverfügung (vgl. § 60 Rn. 17, 18, § 77 Rn. 1). Das Gericht kann im neuen Verfahren alle nach diesem Gesetz zulässigen und nach seiner freien Überzeugung in Betracht kommenden Maßnahmen aussprechen.

Bei einer **Wiederaufnahme zugunsten des Beamten gilt das Verbot der Schlechterstellung**. Allerdings ist für die Entscheidung über den **Unterhalt** der nunmehr eingetretene Zustand, insbesondere auch im Hinblick auf die Bedürftigkeit des Betroffenen zugrunde zu legen. 2

Die **Kostenentscheidung** richtet sich nach § 77 i.V.m. §§ 154 ff. VwGO. Nach § 154 Abs. 4 VwGO kommt ausnahmsweise eine Auferlegung der Kosten auf die Staatskasse in Betracht, wenn der Wiederaufnahmegrund nicht dem Dienstherrn zuzurechnen ist, sondern im Bereich des Gerichts liegt (§ 71 Abs. 1 Nr. 5, 6). 3

Gegen die durch Urteil gefällten Entscheidungen können die jeweils statthaften **Rechtsmittel** eingelegt werden, gegen das Urteil des VG also die Berufung gem. §§ 64 f., gegen die Entscheidung des OVG die Revision gem. §§ 69, 70 i.V.m. den in Bezug genommenen Vorschriften der VwGO. 4

§ 76 Rechtswirkungen, Entschädigungen

(1) Wird in einem Wiederaufnahmeverfahren das angefochtene Urteil zugunsten des Beamten aufgehoben, erhält dieser von dem Eintritt der Rechtskraft des aufgehobenen Urteils an die Rechtsstellung, die er erhalten hätte, wenn das aufgehobene Urteil der Entscheidung entsprochen hätte, die im Wiederaufnahmeverfahren ergangen ist. Wurde in dem aufgehobenen Urteil auf Entfernung aus dem Beamtenverhältnis oder auf Aberkennung des Ruhegehalts erkannt, gilt § 42 des Bundesbeamtengesetzes entsprechend.

(2) Der Beamte und die Personen, denen er kraft Gesetzes unterhaltspflichtig ist, können im Falle des Absatzes 1 neben den hiernach nachträglich zu gewährenden Bezügen in entsprechender Anwendung des Gesetzes über die Entschädigung für Strafverfolgungsmaßnahmen vom 8. März 1971 (BGBl. I S. 157) in der jeweils geltenden Fassung Ersatz des sonstigen Schadens vom Dienstherrn verlangen. Der Anspruch ist innerhalb von drei Monaten nach dem rechtskräftigen Abschluss des Wiederaufnahmeverfahrens bei der für die Erhebung der Disziplinarklage zuständigen Behörde geltend zu machen.

Die Bestimmung will den Status zugunsten des Beamten verändern. Sie stellt eine **Folgenbeseitigungsregelung** dar, die den ursprünglichen Rechtszustand in realo wiederherstellen will. Schadensersatz kommt erst wegen Unmöglich- 1 keit der Naturalrestitution in Betracht (vgl. im Übrigen Abs. 2). Entscheidend für die Folgenbeseitigung ist einerseits der frühere Rechtsstatus und der bei richtiger früherer Entscheidung heute bestehende Rechtsstatus, andererseits die frühere Disziplinarmaßnahme und die jetzige Entscheidung im Wiederaufnahmeverfahren.

2   Der Beamte ist so zu stellen, als hätte die **aufgehobene Entscheidung** dem **Urteil im Wiederaufnahmeverfahren entsprochen**. Ist z. B. ein Beamter zurückgestuft worden und wird im Wiederaufnahmeverfahren lediglich eine geringere Disziplinarmaßnahme ausgesprochen, so ist er so zu stellen, als wäre er nicht zurückgestuft worden. Der Unterschiedsbetrag zwischen den Besoldungsgruppen ist nachzuzahlen, die Beförderungssperre (§ 9 Abs. 3) fällt rückwirkend weg, angestandene Beförderungen sind nachzuholen, das Besoldungs- und das allgemeine Dienstalter sind neu zu berechnen, Jubiläumszulagen sind nachzuzahlen. Hat die aufgehobene Maßnahme aus der Entfernung aus dem Beamtenverhältnis bestanden, so gilt das Beamtenverhältnis als nicht unterbrochen (§ 42 BBG). Hat der Beamte inzwischen die Altersgrenze erreicht, gilt er als zum richtigen Zeitpunkt in den Ruhestand getreten, ansonsten hat er den Anspruch auf Übertragung eines Amts seiner Laufbahn, das dem Amt entspricht, dass er ohne die aufgehobene Disziplinarmaßnahme erreicht haben würde. Die Dienstbezüge sind nachzuzahlen, dies gilt auch für aufgrund des aufgehobenen Urteils nach § 40 Abs. 1 verfallene Bezüge und nach § 40 Abs. 2 nicht nachgezahlte Beträge. Allerdings muss der Beamte sich anrechnen lassen, was an Arbeitseinkommen oder Unterhaltsbeitrag erlangt wurde. Dies entspricht dem Rechtsgedanken der Vorteilsausgleichung (BVerwGE 40, 42). Der Begriff des Arbeitseinkommens ist nicht mit dem steuerrechtlichen Begriff des Einkommens identisch (BVerwGE 41, 211). Der Beamte ist zur Auskunft über die Höhe anderweitigen Einkommens verpflichtet.

3   Ist aufgrund des im Wiederaufnahmeverfahren festgestellten Sachverhalts oder aufgrund eines rechtskräftigen Strafurteils, das nach der früheren Entscheidung ergangen ist, ein **neues Disziplinarverfahren** mit dem Ziel der Entfernung aus dem Dienst eingeleitet worden, so verliert der Beamte die ihm nach § 42 Abs. 1 BBG zustehenden Ansprüche, wenn auf Entfernung aus dem Dienst erkannt wird. Bis zur rechtskräftigen Entscheidung können die Ansprüche nicht geltend gemacht werden (§ 42 Abs. 2 BBG).

4   Die Folgenbeseitigung nach § 76 umfasst auch nach Maßgabe der im Wiederaufnahmeverfahren ergangenen Kostenentscheidung eine Kostenerstattung der früheren Verfahrenskosten. Alle nach Abs. 1 erforderlichen Maßnahmen sind **von Amts wegen** zu treffen, es bedarf keines Antrags, auch nicht bezüglich der Nachzahlung der Bezüge.

5   Nach Abs. 2 ist der **Vermögensschaden** zu ersetzen, der durch die aufgehobene Disziplinarmaßnahme entstanden ist. Ein solcher Schaden liegt in der Regel im Hinblick auf die finanziellen Folgen einer unterbliebenen Beförderung vor, denkbar sind aber auch Kosten für eine erneute Berufsausbildung oder Umzugskosten infolge der Verurteilung als Vermögensschaden. Nicht ersetzungsfähig ist immaterieller Schaden (§ 7 Entschädigungsgesetz; BDH, Dok. Ber. 1967, 3071).

6   Die Gewährung einer Entschädigung setzt zunächst voraus, dass die Verpflichtung hierzu von dem im Wiederaufnahmeverfahren entscheidenden Gericht von Amts wegen nach § 8 des Entschädigungsgesetzes festgelegt wird.

7   Der Anspruch bedarf weiter eines **Antrags** des Beamten. Der Dienstherr wird hier nicht von Amts wegen tätig. Der Antrag muss vor Ablauf von drei Mona-

ten nach rechtskräftigem Abschluss des Wiederaufnahmeverfahrens bei der zuständigen obersten Dienstbehörde eingehen. Gegen die Versäumung der Antragsfrist ist **Wiedereinsetzung** in den vorigen Stand möglich (so schon Wittland, Kommentar zur Reichsdienststrafordnung 1941 zum inhaltsgleichen § 95 Rn. 8; a. A. Claussen/Janzen, § 109 Rn. 3). Im Hinblick darauf, dass Wiedereinsetzung grundsätzlich bei allen prozessualen Fristen beansprucht werden kann, erscheint es vom Fürsorgegedanken her geboten, gerade bei einem Betroffenen, der zunächst zu Unrecht verurteilt worden ist, bei einer unverschuldeten Fristenversäumnis auch Wiedereinsetzung zu gewähren. Der Antrag ist bei der obersten Dienstbehörde zu stellen.

Die Ansprüche aus § 76 stehen dem früher Verurteilten zu. Bei Tod des Betroffenen vor Schadensersatzleistungen oder Führung des Verfahrens nach dem Tod des Berechtigten stehen die bis zu dessen Tod fällig gewordenen Dienst- oder Versorgungsbezüge den Erben zu.   8

Kapitel 6
Kosten

§ 77 Kostentragung und erstattungsfähige Kosten

(1) Für die Kostentragungspflicht der Beteiligten und die Erstattungsfähigkeit von Kosten gelten die Bestimmungen der Verwaltungsgerichtsordnung entsprechend, sofern sich aus den nachfolgenden Vorschriften nichts anderes ergibt.
(2) Wird eine Disziplinarverfügung trotz Vorliegens eines Dienstvergehens aufgehoben, können die Kosten ganz oder teilweise dem Beamten auferlegt werden.
(3) In Verfahren über den Antrag auf gerichtliche Fristsetzung (§ 62) hat das Gericht zugleich mit der Entscheidung über den Fristsetzungsantrag über die Kosten des Verfahrens zu befinden.
(4) Kosten im Sinne dieser Vorschrift sind auch die Kosten des behördlichen Disziplinarverfahrens.

Die neue Vorschrift fasst die bisherigen §§ 77 und 78 mit Ausnahme der Gebührenfreiheit zusammen und erklärt die Bestimmungen der VwGO bezüglich der Kostentragung und erstattungsfähigen Kosten für entsprechend anwendbar. Nach bisherigem Abs. 1 trug der Verurteilte grundsätzlich allein die Verfahrenskosten. Gerichtliche Disziplinarverfahren waren aber nach § 78 Abs. 1 Satz 1 gebührenfrei. Künftig gelten die Erstattungsregelungen der §§ 154 ff. VwGO, die den Anforderungen an einen Parteiprozess besser gerecht werden sollen. Dies muss bezweifelt werden. Es passt im Hinblick auf die Kostenverteilung nur § 155 Abs. 1 VwGO, dessen Anwendung nicht zu wesentlich anderen Ergebnissen führt als der bisherige § 77 Abs. 1 Satz 2 BDG. Die Abs. 2 und 5 des § 155 VwGO galten bisher schon aufgrund der Bezugnahme in § 77 Abs. 4 a.F. Der wahre Grund für die Neuregelung des § 77 dürfte der Wunsch nach Abschaffung der Gebührenfreiheit gem. dem neuen § 78 Abs. 1 Satz 1 sein.   1

Aus der Anwendung der Kostenvorschriften der VwGO ergibt sich u.a. Folgendes: Allgemein gilt, dass eine **Kostenentscheidung** immer nur dem Grunde nach ergeht, also unabhängig davon, ob überhaupt Kosten entstanden sind. Letzteres wird erst im Kostenfestsetzungsverfahren festgestellt (§ 164 VwGO).   2

Nach § 154 Abs. 1 VwGO gilt das **Unterliegensprinzip**. Danach hat der Beamte, gegen den eine Disziplinarmaßnahme verhängt worden ist, die **Verfahrenskosten** zu tragen. Diese setzen sich zusammen aus den außergerichtlichen Kosten der Beteiligten und den Gerichtskosten (Gebühren und Auslagen; vgl. § 162 VwGO). Wird eine Disziplinarklage abgewiesen, fallen dem Dienstherrn die Verfahrenskosten zur Last. Das gilt auch dann, wenn die Klage abgewiesen wurde, obwohl ein Dienstvergehen festgestellt, die Verhängung einer Disziplinarmaßnahme aber nicht für erforderlich gehalten wurde. Die Vorschrift des § 77 Abs. 2 gilt nur für das Disziplinarverfügungsverfahren und ist auf das Disziplinarklageverfahren nicht entsprechend anwendbar. Die Kosten eines ohne Erfolg eingelegten **Rechtsmittels** fallen demjenigen zur Last, der das Rechtsmittel eingelegt hat (§ 154 Abs. 2 VwGO). In § 155 Abs. 1 VwGO ist eine Kostenverteilung vorgesehen. Diese kommt in Betracht, wenn mehrere Klagepunkte unterschiedlich entschieden wurden und das Ausmaß der Verurteilung oder Freistellung sich zahlenmäßig und vom Gewicht der Vorwürfe her nach Bruchteilen bestimmen lässt. Bei Klagerücknahme oder Rücknahme eines Rechtsmittels hat der Zurücknehmende die Kosten zu tragen, die durch einen Antrag auf Wiedereinsetzung entstandenen Kosten fallen dem Antragsteller zur Last (§ 155 Abs. 2, 3 VwGO). Eine Kostenentscheidung kann nur zusammen mit der Einlegung eines Rechtsmittels in der Hauptsache angefochten werden (§ 158 Abs. 1 VwGO). Kommt es zu einer Erledigung der Hauptsache, so entscheidet das Gericht über die Kosten nach billigem Ermessen und Berücksichtigung des bisherigen Streitstandes durch Beschluss (§ 161 VwGO).

3 Eine allgemeine **Billigkeitsregelung**, wie sie § 113 Abs. 1 Satz 1 2. Hs. BDO enthielt, wurde in die Vorschrift des § 77 nicht aufgenommen. Es gilt aber § 155 Abs. 5 VwGO, wonach Kosten, die durch **Verschulden eines Beteiligten** entstanden sind, diesem auferlegt werden können. Die Außerachtlassung der erforderlichen Sorgfalt muss ursächlich für das Entstehen zusätzlicher, ausscheidbarer Kosten sein. **Das Verschulden des Prozessbevollmächtigten** wird zugerechnet (§ 173 VwGO, § 85 Abs. 2 ZPO). Der Behörde werden ein Verschulden des Vertreters und ein Organisationsverschulden zugerechnet. Der Dienstherr hat die Mehrkosten zu tragen, die seine Organe unnötig und ohne Einwirkungsmöglichkeit des Verurteilten veranlasst haben, z. B. bei Abweichung von st. Rspr. des BVerwG (v. 6.5.1992 – 1 D 7.91 – Dok. Ber. B 1992, 224; v. 23.9.1979 – 1 D 24.78 – DÖD 1980, 137; bei fehlender Rechtsmittelbelehrung OVG Münster DÖD 1975, 237; a. A. BVerwG v. 19.3.1979 – 1 DB 3.79), für Heranziehung eines Rechtsanwalts nur wegen unbegründet schweren Vorwurfs. Im Übrigen gilt bei durch Verschulden des Gerichts entstandenen Kosten § 8 GKG. Von Interesse sind die den Beteiligten, insbesondere dem Beamten entstandene Kosten, die aufgrund einer entsprechenden Anwendung des § 21 GKG n.F., § 154 Abs. 4, 162 Abs. 3 VwGO der Staatskasse auferlegt werden können (Kopp/Schenke, § 155 Rn. 24, 25). Gebühren und Auslagen eines **Rechtsanwalts** und **Rechtsbeistands** sind stets erstattungsfähig (§ 162 Abs. 2 VwGO). § 162 Abs. 2 Satz 3 VwGO, wonach Gebühren und Auslagen nur erstattungsfähig sind, wenn das Gericht die Zuziehung von Bevollmächtigten für das **Widerspruchsverfahren** für notwendig erklärt, findet dagegen keine Anwendung. Hier findet gem. § 44 Abs. 4 i.V.m. § 37 Abs. 4 immer eine Erstattung statt.

4 **Abs. 2** regelt den Fall, dass bei einer Klage des Beamten die angefochtene **Disziplinarverfügung aufgehoben** wird, **obwohl ein Dienstvergehen vorliegt**. In einem derartigen Fall können die Kosten ganz oder teilweise dem

Beamten auferlegt werden. Hier besteht eine Parallele mit § 37 Abs. 2 Satz 2 und § 44 Abs. 1 Satz 2. Gemeint sind die Fälle, in denen nach bisherigem Recht gem. § 113 Abs. Nr. 1 BDO nach dem Ergebnis der Vorermittlungen oder der Untersuchung ein Dienstvergehen oder eine als Dienstvergehen geltende Handlung nachgewiesen, das Verfahren jedoch aus Gründen des § 64 Abs. 1 Nr. 3-5 BDO eingestellt wurde. Derartige Einstellungsgrunde können bei der Klage des Beamten zur Aufhebung der Disziplinarverfügung führen. Eine Überbürdung der Kosten auf den Beamten kommt in Betracht bei Vorliegen der Gründe für eine Einstellung nach § 32 Abs. 2 Nr. 2, wenn der Beamte entlassen wird (§ 33 BBG) oder der Verlust der Beamtenrechte eintritt (§ 41 BBG). Bei einem Ruhestandsbeamten führt eine strafgerichtliche Verurteilung gem. § 41 BBG nach § 59 BeamtVG zum Erlöschen der Versorgungsbezüge. Dieser Einstellungsgrund nach § 32 Abs. 2 Nr. 3 führt ebenfalls dazu, dass die Disziplinarverfügung aufzuheben ist, dem Ruhestandsbeamten aber die Kosten des Verfahrens auferlegt werden können, wenn ein Dienstvergehen vorliegt.

In Abs. 3 wird klargestellt, dass – abweichend von § 161 Abs. 1 VwGO – im Fall eines Antrags auf gerichtliche Festsetzung gem. § 62 bereits in der Entscheidung über die Fristsetzung und nicht erst in der Einstellungsentscheidung (§ 62 Abs. 3) über die Verfahrenskosten zu befinden ist. 5

Abs. 4 stellt klar, dass im gerichtlichen Disziplinarverfahren auch die Kosten des behördlichen Disziplinarverfahrens (§§ 17 ff.) anfallen. Die Kostentragungspflicht im behördlichen Disziplinarverfahren selbst ist in § 37 geregelt 6

§ 78 Gerichtskosten

In gerichtlichen Disziplinarverfahren werden Gebühren nach dem Gebührenverzeichnis der Anlage zu diesem Gesetz erhoben. Im Übrigen sind die für Kosten in Verfahren vor den Gerichten der Verwaltungsgerichtsbarkeit geltenden Vorschriften des Gerichtskostengesetzes entsprechend anzuwenden.

Für gerichtliche Disziplinarverfahren sind nach dem Dienstrechtsneuordnungsgesetz vom 5.2.2009 nunmehr in § 78 feste **Gerichtsgebühren** eingeführt worden, die den Gebührenbestimmungen des GKG angenähert sind und die die Besonderheiten des gerichtlichen Verfahrens berücksichtigen. Nach dieser neuen Vorschrift entfällt die bisherige Gebührenfreiheit. Nach der amtlichen Begründung soll dies wegen der Eingliederung der disziplinarrechtlichen Verfahren in das normale verwaltungsgerichtliche Verfahren und des Übergangs zu einem normalen Parteiprozess sachgerecht sein. Das klang in der amtlichen Begründung zum BDG noch ganz anders. Danach sollten Beamte neben den Disziplinarmaßnahmen wie Geldbuße und Gehaltskürzung nicht auch noch mit Gerichtsgebühren belastet werden. Die Gebührenfreiheit sei auch aufgrund einer Gleichstellung mit den Landesbeamten geboten. Dies ist nun Vergangenheit. Durch die Einführung fester Gebühren entfällt, anders als in den Bundesländern, die keine Festgebühren kennen, eine **Streitwertfestsetzung**. 1

Die Anlage zu § 78 enthält ein **Gebührenverzeichnis**, in dem in sechs Abschnitten die Gebühren für Klageverfahren erster Instanz, Zulassung und Durchführung der Berufung, Revision, Besondere Verfahren, Rüge wegen Verletzung des Anspruchs auf rechtliches Gehör und Beschwerde im Einzelnen festgelegt werden. So betragen z. B. die Gebühren in erster Instanz im Verfahren über eine Disziplinarklage mit Antrag auf Entfernung oder Aberkennung des Ruhege- 2 halts 360 Euro, auf Zurückstufung 240 Euro, im Verfahren über die Klage gegen eine Disziplinarverfügung mit dem Ergebnis Kürzung der Dienstbezüge oder des Ruhegehalts 180 Euro, Geldbuße 120 Euro und Verweis 60 Euro, wenn nur eine Kostenentscheidung in der Disziplinarverfügung oder eine Einstellungsverfügung angegriffen werden, jeweils 60 Euro. Im Berufungs- und Revisionsverfahren erhöhen sich die Gebühren um das 1,5- bzw. 2-fache. Wegen der weiteren Einzelheiten und Besonderheiten wird auf das Gebührenverzeichnis im Anhang verwiesen.

Teil 5
Unterhaltsbeitrag bei Entfernung aus dem Beamtenverhältnis oder bei Aberkennung des Ruhegehalts

§ 79 Unterhaltsbeitrag bei Entfernung aus dem Beamtenverhältnis oder bei Aberkennung des Ruhegehalts

(1) Die Zahlung des Unterhaltsbeitrags nach § 10 Abs. 3 oder § 12 Abs. 2 beginnt, soweit in der Entscheidung nichts anderes bestimmt ist, zum Zeitpunkt des Verlusts der Dienstbezüge oder des Ruhegehalts.
(2) Die Zahlung des Unterhaltsbeitrags nach § 12 Abs. 2 steht unter dem Vorbehalt der Rückforderung, wenn für denselben Zeitraum eine Rente auf Grund der Nachversicherung gewährt wird. Zur Sicherung des Rückforderungsanspruchs hat der Ruhestandsbeamte eine entsprechende Abtretungserklärung abzugeben.
(3) Das Gericht kann in der Entscheidung bestimmen, dass der Unterhaltsbeitrag ganz oder teilweise an Personen gezahlt wird, zu deren Unterhalt der Beamte oder Ruhestandsbeamte verpflichtet ist; nach Rechtskraft der Entscheidung kann dies die oberste Dienstbehörde bestimmen.
(4) Auf den Unterhaltsbeitrag werden Erwerbs- und Erwerbsersatzeinkommen im Sinne des § 18 a Abs. 2 sowie Abs. 3 Satz 1 und 2 des Vierten Buches Sozialgesetzbuch angerechnet. Der frühere Beamte oder frühere Ruhestandsbeamte ist verpflichtet, der obersten Dienstbehörde alle Änderungen in seinen Verhältnissen, die für die Zahlung des Unterhaltsbeitrags bedeutsam sein können, unverzüglich anzuzeigen. Kommt er dieser Pflicht schuldhaft nicht nach, kann ihm der Unterhaltsbeitrag ganz oder teilweise mit Wirkung für die Vergangenheit entzogen werden. Die Entscheidung trifft die oberste Dienstbehörde.
(5) Der Anspruch auf den Unterhaltsbeitrag erlischt, wenn der Betroffene wieder in ein öffentlich-rechtliches Amts- oder Dienstverhältnis berufen wird.

1 **Abs. 1** entspricht dem früheren § 77 Abs. 4 BDO. Die Laufzeit des mit dem Entfernungs- bzw. Aberkennungsurteil bewilligten Unterhaltsbeitrags beginnt mit dem Zeitpunkt des Verlustes der Dienst- oder Versorgungsbezüge. Dieser **Zeitpunkt tritt mit der formellen Rechtskraft des Urteils** ein (§ 3 i.V. m. § 173 VwGO und § 705 ZPO), wenn es also mit ordentlichen Rechtsmitteln nicht mehr angegriffen werden kann. Der Beamte erhält Dienstbezüge bzw. Ruhegehalt bis zum Ende des Kalendermonats, in dem die Entscheidung unanfechtbar wird (§§ 10 Abs. 2 Satz 1, 12 Abs. 4). In der Entscheidung über die Gewährung des Unterhaltsbeitrags kann ein anderer Beginn der Zahlungen festgelegt werden.

§ 79 BDG

Dies kommt in Betracht, wenn zum Zeitpunkt der Entscheidung erkennbar ist, dass eine Bedürftigkeit erst später eintritt.

Abs. 2 sieht einen besonderen **Rückforderungsvorbehalt** für die Zahlung vor. 2
Dies ist gerechtfertigt, weil, wie in der amtlichen Begründung betont, der Unterhaltsbeitrag bei Ruhestandsbeamten nur die Umstellung von Ruhegehalt auf die Rente überbrücken soll und erfahrungsgemäß ein längerer Zeitraum zwischen Nachversicherung und Rentengewährung liegt. Zur Sicherung des Rückforderungsanspruchs hat der Ruhestandsbeamte eine entsprechende Abtretungserklärung abzugeben.

Abs. 3 entspricht dem ehemaligen § 77 Abs. 3 BDO. Das Gericht oder nach 3
Rechtskraft des Urteils die oberste Dienstbehörde können bestimmen, dass der Unterhaltbeitrag ganz oder teilweise an eine gegenüber dem Beamten/Ruhestandsbeamten unterhaltsberechtigte Person gezahlt wird.

Nach Abs. 4 werden **Erwerbseinkommen** (Arbeitsentgelt, Arbeitseinkommen 4
und vergleichbares Einkommen) und **Erwerbsersatzeinkommen** (u.a. Kranken-, Verletzten-, Mutterschafts-, Übergangs-, Arbeitslosenentgelt, Alters und andere Renten) unmittelbar **auf den Unterhaltsbeitrag** angerechnet. Auch das Einkommen des Ehegatten ist zu berücksichtigen, unter Umständen unter Abzug von dessen anzuerkennenden Bedürfnissen (BVerwG v. 28.11.1996 – 1 D 67.96). Aus diesem Grund ist der frühere Beamte verpflichtet, der obersten Dienstbehörde **Veränderungen** seiner wirtschaftlichen Verhältnisse, die für die Zahlung des Unterhaltsbeitrags von Bedeutung sein können, unverzüglich anzuzeigen. Unter Veränderungen fallen im Wege der Auslegung auch Richtigstellungen. Macht der Beamte im gerichtlichen Verfahren keine oder unzureichende oder gar falsche Angaben über seine wirtschaftlichen Verhältnisse und erhält gem. § 10 Abs. 3 den pauschalierten Unterhaltsbeitrag in Höhe von 50 Prozent seiner Dienstbezüge, ist er verpflichtet, ggf. auch erstmalig korrekte Angaben zu machen. Eine Anrechnung kann die Behörde nur vornehmen, wenn sie über die wirtschaftlichen Verhältnisse des früheren Beamten umfassend informiert ist. Sie muss deshalb in das aufwändige Bedarfsermittlungsverfahren eintreten, das nach der amtlichen Begründung aufgrund der Pauschalierung vermieden werden sollte. Es hat sich lediglich vom Gericht auf die Behörde verlagert. Sinnvollerweise legt die Behörde dem früheren Beamten einen Fragebogen vor, in dem er sich detailliert über seine wirtschaftlichen Verhältnisse erklären muss. Kommt er dem schuldhaft, also vorsätzlich oder auch nur fahrlässig, nicht oder unzureichend nach, kann ihm der **Unterhaltsbeitrag** ganz oder teilweise »auch« für die Vergangenheit **entzogen** werden. Bisher war in der Rspr. nur die Rückwirkung streitig, weshalb sie jetzt ausdrücklich in das Gesetz aufgenommen wurde. Die Entziehung für die Zukunft ist problemlos möglich (vgl. zu allem GKöD-Weiß, M § 79 Rn. 43, 73 f., 81). **Maßstab für die Bedarfsermittlung** sind nach Außerkrafttreten des BSHG am 1.1.2005 die pauschalierten Regelleistungen zur Sicherung des Lebensunterhalts für Arbeitsuchende gem. §§ 20, 28 SGB II (BVerwG v. 1.2.2006 – 1 DB 1.05).

Abs. 5 enthält Voraussetzungen für das **Erlöschen des Unterhaltsanspruchs** 5
und Anpassung an die geltenden versorgungsrechtlichen Bestimmungen. Außer im Falle der erneuten Berufung in ein öffentlich-rechtliches Amts- oder Dienstverhältnis erlischt der Unterhaltsanspruch mit Ablauf der Bewilligungsfrist, mit dem Tod des Berechtigten, auch bei Aufhebung der Entfernung aus dem Beamtenverhältnis oder der Aberkennung des Ruhegehalts im Gnadenweg (§ 81 Abs. 2).

§ 80 Unterhaltsleistung bei Mithilfe zur Aufdeckung von Straftaten

(1) Im Falle der Entfernung aus dem Beamtenverhältnis oder der Aberkennung des Ruhegehalts kann die zuletzt zuständige oberste Dienstbehörde dem ehemaligen Beamten oder ehemaligen Ruhestandsbeamten, der gegen das Verbot der Annahme von Belohnungen oder Geschenken verstoßen hat, die Gewährung einer monatlichen Unterhaltsleistung zusagen, wenn er sein Wissen über Tatsachen offenbart hat, deren Kenntnis dazu beigetragen hat, Straftaten, insbesondere nach den §§ 331 bis 335 des Strafgesetzbuches, zu verhindern oder über seinen eigenen Tatbeitrag hinaus aufzuklären. Die Nachversicherung ist durchzuführen.

(2) Die Unterhaltsleistung ist als Prozentsatz der Anwartschaft auf eine Altersrente, die sich aus der Nachversicherung ergibt, oder einer entsprechenden Leistung aus der berufsständischen Alterssicherung mit folgenden Maßgaben festzusetzen:
1. Die Unterhaltsleistung darf die Höhe der Rentenanwartschaft aus der Nachversicherung nicht erreichen;
2. Unterhaltsleistung und Rentenanwartschaft aus der Nachversicherung dürfen zusammen den Betrag nicht übersteigen, der sich als Ruhegehalt nach § 14 Abs. 1 des Beamtenversorgungsgesetzes ergäbe.

Die Höchstgrenzen nach Satz 1 gelten auch für die Zeit des Bezugs der Unterhaltsleistung; an die Stelle der Rentenanwartschaft aus der Nachversicherung tritt die anteilige Rente.

(3) Die Zahlung der Unterhaltsleistung an den früheren Beamten kann erst erfolgen, wenn dieser das 65. Lebensjahr vollendet hat oder eine Rente wegen Erwerbs- oder Berufsunfähigkeit aus der gesetzlichen Rentenversicherung oder eine entsprechende Leistung aus der berufsständischen Versorgung erhält.

(4) Der Anspruch auf die Unterhaltsleistung erlischt bei erneutem Eintritt in den öffentlichen Dienst sowie in den Fällen, die bei einem Ruhestandsbeamten das Erlöschen der Versorgungsbezüge nach § 59 des Beamtenversorgungsgesetzes zur Folge hätten. Der hinterbliebene Ehegatte erhält 55 Prozent der Unterhaltsleistung, wenn zum Zeitpunkt der Entfernung aus dem Beamtenverhältnis oder der Aberkennung des Ruhegehalts die Ehe bereits bestanden hatte.

1 Diese Vorschrift, die im Wesentlichen der so genannten »Kleinen Kronzeugenregelung« des § 11 a BDO entspricht, wurde auch im neuen BDG trotz der vor allem von Weiß geübten Kritik (PersV 1998, 155; GKöD II, § 80 Rn. 29) beibehalten. In der Amtlichen Begründung heißt es (Hervorhebungen vom Verf.), in Abs. 1 werde auch die Möglichkeit der Gewährung einer Unterhaltsleistung an **ehemalige Ruhestandsbeamte** vorgesehen; dies schließe eine bisherige Regelungslücke. In Abs. 4 sei die bislang in § 11 a Abs. 3 BDO in Bezug genommene Norm des § 60 BeamtVG gestrichen worden, weil die dazu vorausgesetzte Konstellation, dass ein disziplinarrechtlich aus dem Beamtenverhältnis entfernter Beamter einem Reaktivierungsverlangen nicht Folge leiste, angesichts des Fehlens einer entsprechenden Rechtsverpflichtung nicht denkbar sei. Es ist das Verdienst von Weiß, auf diese Lücke und redaktionelle Fehlleistung hingewiesen zu haben. Die Vorschrift hat ebenso wie § 11 a BDO keine praktische Bedeutung erlangt. Es ist bis heute kein Fall bekannt geworden, wonach ein Beamter eine Unterhaltsleistung nach § 80 erhalten hat.

§ 80 BDG

Die Begründung des Entwurfs eines Gesetzes zur Bekämpfung der Korruption (Art. 3, Bundesdisziplinarordnung § 11 a. BR-Drs. 553/96, S. 22 f.) wird nachstehend wiedergegeben *(Ergänzungen und Hervorhebungen vom Verf.)*: 2

Es gibt Dienstvergehen, deren Begehung die beamtenrechtliche Kernpflicht zur Uneigennützigkeit der Amtsführung so schwerwiegend verletzt, dass der betroffene Beamte auch unter Berücksichtigung seines Beitrags zur Aufklärung bereits begangener oder zur Verhinderung weiterer Korruptionsstraftaten für den öffentlichen Dienst nicht länger tragbar erscheint. In diesen Fällen ist seine Entfernung aus dem Dienst unvermeidlich. Gemäß § 11 Abs. 1 der Bundesdisziplinarordnung (jetzt § 10 Abs. 1 BDG) bewirkt die Entfernung aus dem Dienst (jetzt Beamtenverhältnis) unter anderem den Verlust des Anspruchs auf Dienstbezüge und Versorgung. Der Beamte wird mit der Entfernung in der gesetzlichen Rentenversicherung nachversichert. Seiner vorübergehenden wirtschaftlichen Absicherung dient der Unterhaltsbeitrag, den das (Disziplinar-)Gericht nach Maßgabe des § 77 BDO (jetzt § 10 Abs. 3 BDG) auf bestimmte Zeit bewilligen kann, wenn der Beamte der Unterstützung bedürftig und ihrer nicht unwürdig erscheint. 3

Die Neuregelung des § 11 a BDO (jetzt § 80 BDG) dient dem Zweck, im Interesse einer effektiven Korruptionsbekämpfung und einer wirkungsvollen Selbstreinigung des öffentlichen Dienstes **Anreize für ein kooperatives Verhalten** auch desjenigen Beamten zu schaffen, dessen Entfernung aus dem Dienst voraussichtlich unausweichlich ist. Es ist nicht möglich, dem aus dem Dienst entfernten Beamten zu diesem Zweck ganz oder teilweise den Anspruch der Versorgung zu belassen. Dies würde die Nachversicherung ausschließen, so dass er allein im beamtenrechtlichen Versorgungssystem verbliebe und bei einer Teilpension schlechter gestellt sein könnte als bei einer Nachversicherung. Zudem hätte er als Empfänger von Versorgung bei Wegfall der Nachversicherung keinen Zugang zur gesetzlichen Krankenversicherung, so dass er auch im Beihilfesystem verbleiben müsste. Die Neuregelung sieht daher die Möglichkeit der obersten Dienstbehörde vor, **dem früheren Beamten eine monatliche Unterhaltsleistung zu gewähren**. Der persönliche Geltungsbereich der Regelung ist auf die Beamten auf Lebenszeit und auf Zeit (jetzt auch Ruhestandsbeamte) beschränkt. Dies erklärt sich daraus, dass in der Regel nur diese Statusgruppen Versorgungsanwartschaften begründet haben können. 4

Durch die Anknüpfung an den Tatbestand der Entfernung aus dem Dienst durch disziplinargerichtliches Urteil werden bewusst auch diejenigen Fälle nicht erfasst, in denen **das Beamtenverhältnis gem. § 41 des Bundesbeamtengesetzes mit der Rechtskraft eines Strafurteils endet**. In diesen Fällen wiegt die Verfehlung des Beamten auch unter Berücksichtigung seines kooperativen Verhaltens so schwer, dass die Zuerkennung einer zusätzlichen Unterhaltsleistung auf Dauer nicht in Betracht kommt.

Zu den Regelungen im Einzelnen:

Abs. 1 regelt die Voraussetzungen der **Gewährung einer monatlichen Unterhaltsleistung**, die im **pflichtgemäßen Ermessen der obersten Dienstbehörde steht**. Er stellt ferner klar, dass die **Verpflichtung des Dienstherrn zur Nachversicherung** des aus dem Dienst entfernten Beamten besteht. 5

Abs. 2 (jetzt Abs. 2 und 3) regelt die **Berechnungsmodalitäten der Unterhaltsleistung**, die durch zwei Komponenten geprägt werden. Die Unterhaltsleistung muss hinter der auf der Nachversicherung beruhenden Rentenanwartschaft zurückbleiben, damit kein Aufschubgrund für die Nachversicherung 6 besteht (§§ 184 Abs. 2 Satz 1 Nr. 3 und 185 SGB VI). Zum anderen darf die Unterhaltsleistung zusammen mit der auf der Nachversicherung beruhenden Rentenanwartschaft nicht höher sein als die erworbene Versorgungsanwartschaft. Es wird ein Vomhundertsatz gebildet, der das Verhältnis der Unterhaltsleistung zu Rentenanwartschaft aus der Nachversicherung darstellt. Zum Zeitpunkt der Rentengewährung (i. d. R. das 65. Lebensjahr) wird der auf der Nachversicherung beruhende aktuelle Rentenbetrag für die Ermittlung der konkreten Unterhaltsleistung herangezogen; dabei ist darauf zu achten, dass **Unterhaltsleistung und Rente nicht höher sind als die entsprechende Versorgung**.

Beispiel

Rentenanwartschaft durch Nachversicherung   150 Euro
erdiente Versorgung bei Ausscheiden   250 Euro
fiktive Unterhaltsleistung   100 Euro
= 66,66% der Rentenanwartschaft als Höchstgrenze.
Je nach den Gesamtumständen kann im Rahmen einer Ermessensentscheidung der Vomhundertsatz bis zu dieser Höhe bestimmt werden.
Aktuelle Rente aufgrund Nachversicherung bei Vollendung
des 65. Lebensjahres: 400 Euro, davon 66,66% =
    266,68 Euro
Unterhaltsleistung, falls die Relation zur bis zum Ausscheiden erworbenen Versorgung gewahrt bleibt.
Die oberste Dienstbehörde kann im Rahmen ihres Ermessens eine Unterhaltsleistung bis zu dieser Höchstgrenze festsetzen.

7   Abs. 3 (jetzt Abs. 4) regelt die **Voraussetzungen des Erlöschens des Anspruchs**. Die Gewährung der Unterhaltsleistung an den hinterbliebenen Ehegatten orientiert sich an dem für Hinterbliebene geltenden Anteilsatz von 55 vom Hundert. (BDG insoweit geändert durch Gesetz vom 20.12.2001, BGBl I, 3926, 3948). Voraussetzung ist, dass der hinterbliebene Ehegatte bereits zum Zeitpunkt der Entfernung aus dem Dienst mit dem Beamten verheiratet war.

§ 81 Begnadigung

**(1) Dem Bundespräsidenten steht das Begnadigungsrecht in Disziplinarsachen nach diesem Gesetz zu. Er kann es anderen Stellen übertragen.
(2) Wird die Entfernung aus dem Beamtenverhältnis oder die Aberkennung des Ruhegehalts im Gnadenweg aufgehoben, gilt § 43 Satz 2 des Bundesbeamtengesetzes entsprechend.**

1   § 81 entspricht dem früheren § 120 BDO.
Die **Zuständigkeit des Bundespräsidenten** hinsichtlich der Ausübung des Gnadenrechts für den Bund und damit auch für die Beamten des Bundes ergibt sich aus Art. 60 Abs. 2 GG. § 81 Abs. 1 hat dementsprechend für das Disziplinarrecht ebenso wie § 43 Satz 1 BBG für das Beamtenrecht nur nachvollziehenden Charakter. Abs. 2 regelt die **Delegationsbefugnis** des Bundespräsidenten.

2   Für die Delegation und die Ausübung des Gnadenrechts ist die **Anordnung des Bundespräsidenten über die Ausübung des Begnadigungsrechts des Bundes** vom 5.10.1965 (BGBl. I S. 1573) i. d. F. v. 3.11.1970 (BGBl. I S. 1513) maßgeblich.

§ 81 BDG

Darin hat er bestimmte Gnadenfälle der eigenen Entscheidung vorbehalten, andere delegiert.

Dem Gnadenrecht unterliegen nur **rechts- bzw. bestandskräftige Disziplinarmaßnahmen und disziplinare Nebenentscheidungen** (s. Rn. 4). Dem Gnadenrecht steht nicht entgegen, dass die Disziplinarmaßnahme bereits vollstreckt wurde, dies ist vielmehr häufig bei Gnadengesuchen der Fall. Ein Gnadenrecht vor Beginn von Disziplinarverfahren gibt es ebenso wenig wie einen Eingriff in laufende Verfahren. Solche Eingriffe wären gegenüber Disziplinarentscheidungen der Dienstvorgesetzten ein gesetzlicher Kompetenzverstoß, gegenüber den Disziplinargerichten eine Verletzung der richterlichen Unabhängigkeit und der Eigenständigkeit der rechtsprechenden Gewalt. Der Verzicht auf disziplinare Verfolgung oder Vollstreckung der Disziplinarmaßnahmen ist nur durch ein **Amnestiegesetz** für Disziplinarfälle möglich. Straffreiheitsgesetze wirken sich, auch wenn sie denselben Sachverhalt betreffen, nicht automatisch auf die disziplinare Verfolgbarkeit aus. 3

Dem Gnadenrecht unterliegen **alle Arten von Disziplinarmaßnahmen**, also auch die Entfernung aus dem Beamtenverhältnis und die Aberkennung des Ruhegehalts, wie sich aus Abs. 2 ergibt. Ebenso wie im Fall des § 41 BBG gelten bei voller Wiederherstellung des verlorenen Beamtenstatus die Vorschriften über die Wiederaufnahme nach § 42 BBG. Das Beamtenverhältnis gilt in diesem Fall als nicht unterbrochen, das frühere oder ein gleichwertiges Amt muss übertragen werden, ggf. unter Berücksichtigung in der Zwischenzeit entgangener Beförderungen (Claussen/Janzen, § 120 Rn. 2). Der Gnadenerweis kann alle rechtlich möglichen Differenzierungen bezüglich der Rechtsfolgen vornehmen, etwa auf ein bestimmtes Amt beschränkt werden, nur den Verlust der Amtsbezeichnung aufheben, den Unterhaltsbeitrag gewähren oder erhöhen usw. Entgegen der gesetzlichen Beschränkung des Unterhaltsbeitrags nach § 10 Abs. 3 in der Höhe und in der Bewilligungsdauer kann durch Gnadenerweis auch ein höherer oder andauernder Unterhaltsbeitrag eigener Art gewährt werden. Bei Zurückstufung und Kürzung der Dienstbezüge können die Maßnahmen selbst wie auch ihre gesetzlichen Folgen (Beförderungssperre, Verlust von Sonderzuwendungen) zusammen oder getrennt, voll oder teilweise gnadenhalber geändert werden. Entsprechendes gilt für nach §§ 38, 40 einbehaltene oder verfallene Bezüge sowie für die Tilgung von Disziplinarmaßnahmen und Verfahrenskosten (für Verfahrenskosten auch weitgehend BVerwG v. 27. 7. 1992 – 1 DB 14.92). Über den Umfang des Gnadenrechts vgl. auch BVerwG, DÖD 1976, 67. 4

Der Gnadenerweis **gilt** in den Fällen des Abs. 2 und des § 43 Satz 2 BBG **kraft Gesetzes ex nunc**, in anderen Fällen hat die Gnadenbehörde wiederum freies Ermessen. Der Gnadenbescheid ist ein justizfreier Hoheitsakt und daher **nicht anfechtbar** (str., vgl. BVerfG, NJW 1969, 1895; 1971, 795; BVerwG, DVBl. 1962, 528). Wird die Disziplinarmaßnahme im Gnadenweg ohne besondere Differenzierung vollständig beseitigt, so muss angenommen werden, dass sie keinerlei Wirkung mehr entfalten soll. Sie ist dann auch zu tilgen. Denn es besteht keine rechtliche Grundlage für die weitere Berücksichtigung einer Maßnahme, die als nicht verhängt behandelt werden soll. Auch hier steht es der Gnadenbehörde frei, Differenzierungen vorzunehmen. Der Gnadenakt ist nach den Grundsätzen des VwVfG wie jeder Verwaltungsakt widerruflich und u. U. nichtig. Hat der Verwaltungsakt statusrechtliche Wirkung, ist er nur nach § 14 BBG zurücknehmbar, im Übrigen i. R. d. § 13 BBG nichtig. 5

Teil 6
Besondere Bestimmungen für einzelne Beamtengruppen und für Ruhestandsbeamte

§ 82 Polizeivollzugsbeamte des Bundes

Das Bundesministerium des Innern bestimmt, durch Rechtsverordnung, welche Vorgesetzten der Polizeivollzugsbeamten des Bundes als Dienstvorgesetzte im Sinne des § 33 Abs. 2, Abs. 3 Nr. 2 und Abs. 5 gelten.

1 § 82 entspricht dem früheren § 127 BDO. Die Vorschrift gibt dem BMI in Ergänzung der §§ 17, 33 Abs. 2, 3, 5 das Regelungsrecht hinsichtlich der Dienstvorgesetzten für die Polizeivollzugsbeamten des Bundes. Unter diese Regelung fallen die Bundesbeamten, die mit polizeilichen Aufgaben betreut und **zur Anwendung unmittelbaren Zwanges befugt** sind. Das sind Beamte der Bundespolizei (ehemals Bundesgrenzschutz), des Bundeskriminalamtes, Polizeibeamte im BMI und im Ordnungsdienst der Verwaltung des Deutschen Bundestags (§ 1 Gesetz zur Regelung der Rechtsverhältnisse der Polizeivollzugsbeamten des Bundes – BPolBG 1976 [BGBl. I 1357, i. d. F. des Gesetzes zur Umbenennung des BGS in Bundespolizei 2005, BGBl. I 1818, 1822]). In der Verordnung zu § 82 BDG v. 31.1.2002 (BGBl. I 576), geändert durch Art. 66 des Gesetzes zur Umbenennung des BGS in Bundespolizei 2005 (BGBl. I 1818, 1832) ist im Einzelnen geregelt, wer Dienstvorgesetzter i.S.d. § 33 Abs. 2, Abs. 3 Nr. 2 und Abs. 5 BDG ist. Die Bestimmung der Dienstvorgesetzten durch diese Rechtsverordnung ist abschließend. Andere Vorgesetzte sind zur Ausübung von Disziplinarbefugnissen nicht ermächtigt und damit unzuständig. Die Bestimmung im Verordnungswege begegnet keinen Bedenken. Die Voraussetzungen des Art. 80 Abs. 1 GG sind erfüllt. In der Verordnung v. 9.7.2003 (BGBl. I 1338) sind die Dienstbezeichnungen aller Beamten aufgeführt, die Polizeivollzugsbeamte des Bundes sind.

§ 83 Beamte der bundesunmittelbaren Körperschaften, Anstalten und Stiftungen des öffentlichen Rechts

(1) Das für die Aufsicht zuständige Bundesministerium gilt im Sinne dieses Gesetzes als oberste Dienstbehörde der Beamten der bundesunmittelbaren Körperschaften, Anstalten und Stiftungen des öffentlichen Rechts. Es kann durch Rechtsverordnung im Einvernehmen mit dem Bundesministerium des Innern seine Befugnisse auf nachgeordnete Behörden übertragen und bestimmen, wer als nachgeordnete Behörde, Dienstvorgesetzter und höherer Dienstvorgesetzter im Sinne dieses Gesetzes anzusehen ist. Es kann durch Rechtsverordnung im Einvernehmen mit dem Bundesministerium des Innern darüber hinaus die Zuständigkeit für Verweise, Geldbußen und Kürzungen der Dienstbezüge abweichend von § 33 regeln.
(2) Für die in Absatz 1 bezeichneten Körperschaften, Anstalten und Stiftungen des öffentlichen Rechts gilt § 144 Abs. 2 des Bundesbeamtengesetzes entsprechend.

1 § 83 entspricht dem früheren § 129 BDO. Die Vorschrift regelt die **Disziplinarzuständigkeiten gegenüber den mittelbaren** Bundesbeamten (§ 2 BBG), also denjenigen, die nicht unmittelbar beim Bund, sondern bei bundesunmittelbaren

Körperschaften, Anstalten und Stiftungen des öffentlichen Rechts angestellt sind. Grundlage der mittelbaren Staatsverwaltung ist Art. 87 Abs. 2 und 3 GG (vgl. im Einzelnen Maunz/Dürig, GG, Art. 86 Rn. 2, Art. 87 Rn. 38).

Von der Regelung erfasst sind nur die Körperschaften, Anstalten und Stiftungen mit **eigener Rechtspersönlichkeit,** also z. B. nicht die Anstalt Deutscher Wetterdienst (Gesetz v. 11. 11. 1952, BGBl. I S. 738) oder die Bundesanstalt für Güterfernverkehr. Eigene Rechtspersönlichkeit haben z. B. die Bundesanstalt für Arbeit (§§ 367 ff. SGB III), Bundesversicherungsanstalt für Angestellte (§ 11 Errichtungsgesetz, BGBl. 1953 I S. 857). 2

Der für die Aufsicht zuständige Bundesminister **gilt als oberste Dienstbehörde** gegenüber den mittelbaren Beamten (Abs. 1 Satz 1). Er kann durch Rechtsverordnung seine **Disziplinarbefugnis delegieren** (Abs. 1 Satz 2) und die sachlichen **Zuständigkeiten für die einzelnen Disziplinarmaßnahmen** des nichtförmlichen Verfahrens bestimmen (Abs. 1 Satz 3). Mangels einer Rechtsverordnung gelten die innerministeriellen Anordnungen zur Zuständigkeitsregelung. Haben die Körperschaften, Anstalten und Stiftungen keinen eigenen Behördenaufbau, so werden ihre Befugnisse aus § 83 Abs. 1 gem. § 144 Abs. 2 BBG von der »zuständigen Verwaltungsstelle« wahrgenommen (Abs. 2). 3

§ 84 Ausübung der Disziplinarbefugnisse bei Ruhestandsbeamten

Bei Ruhestandsbeamten werden die Disziplinarbefugnisse durch die zum Zeitpunkt des Eintritts in den Ruhestand zuständige oberste Dienstbehörde ausgeübt. Diese kann ihre Befugnisse durch allgemeine Anordnung ganz oder teilweise auf nachgeordnete Dienstvorgesetzte übertragen; die Anordnung ist im Bundesgesetzblatt zu veröffentlichen. Besteht die zuständige oberste Dienstbehörde nicht mehr, bestimmt das Bundesministerium des Innern, welche Behörde zuständig ist.

§ 84 entspricht dem früheren § 15 Abs. 2 BDO. Die Vorschrift regelt die Besonderheiten bei Verfahren gegen Ruhestandsbeamte. Bei ihnen besteht eine beamtenrechtliche Bindung zum früheren Beschäftigungsamt nicht mehr. Ausschließlich zuständig für Disziplinarmaßnahmen ist deshalb die oberste Dienstbehörde, zu der allein noch rechtliche Beziehungen bestehen (§§ 50 ff. BBG). Aus praktischen Erwägungen lässt das Gesetz jedoch die Übertragung von Befugnissen zu. Hiervon wird häufig Gebrauch gemacht. Neu geregelt ist, dass die Anordnung, mit der die Befugnisse ganz oder teilweise auf nachgeordnete Dienstvorgesetzte übertragen werden, im Bundesgesetzblatt veröffentlicht werden muss.

Teil 7
Übergangs- und Schlussbestimmungen

§ 85 Übergangsbestimmungen

(1) Die nach bisherigem Recht eingeleiteten Disziplinarverfahren werden in der Lage, in der sie sich bei Inkrafttreten dieses Gesetzes befinden, nach diesem Gesetz fortgeführt, soweit in den Absätzen 2 bis 10 nichts Abweichendes be-

stimmt ist. Maßnahmen, die nach bisherigem Recht getroffen worden sind, bleiben rechtswirksam.
(2) Die folgenden Disziplinarmaßnahmen nach bisherigem Recht stehen folgenden Disziplinarmaßnahmen nach diesem Gesetz gleich:
1. die Gehaltskürzung der Kürzung der Dienstbezüge,
2. die Versetzung in ein Amt derselben Laufbahn mit geringerem Endgrundgehalt der Zurückstufung und
3. die Entfernung aus dem Dienst der Entfernung aus dem Beamtenverhältnis.
(3) Vor dem Inkrafttreten dieses Gesetzes eingeleitete förmliche Disziplinarverfahren werden nach bisherigem Recht fortgeführt. Für die Anschuldigung und die Durchführung des gerichtlichen Verfahrens gilt ebenfalls das bisherige Recht.
(4) Die Behörde des Bundesdisziplinaranwalts wird mit Ablauf des 31. Dezember 2003 aufgelöst. Ab diesem Zeitpunkt fertigt die Einleitungsbehörde in den Fällen von Absatz 3 die Anschuldigungsschrift; die Vorschriften der Bundesdisziplinarordnung sind nicht anzuwenden, soweit sie den Bundesdisziplinaranwalt betreffen.
(5) Statthaftigkeit, Frist und Form eines Rechtsbehelfs oder Rechtsmittels gegen eine Entscheidung, die vor dem Inkrafttreten dieses Gesetzes ergangen ist, bestimmen sich nach bisherigem Recht. Im weiteren Verfahren gelten ebenfalls die Bestimmungen des bisherigen Rechts.
(6) Die bei Inkrafttreten dieses Gesetzes anhängigen gerichtlichen Disziplinarverfahren werden nach den Bestimmungen des bisherigen Rechts fortgeführt. Dabei kann der Vorsitz einer oder mehrerer Kammern auch einem Richter auf Lebenszeit übertragen werden, der nicht Vorsitzender Richter ist. Ab dem Zeitpunkt des Inkrafttretens dieses Gesetzes kann von § 45 Abs. 1 der Bundesdisziplinarordnung abgewichen werden; ab diesem Zeitpunkt ist § 50 Abs. 1 der Bundesdisziplinarordnung nicht mehr anzuwenden.
(7) Das Bundesdisziplinargericht wird mit Ablauf des 31. Dezember 2003 aufgelöst. Die zu diesem Zeitpunkt bei diesem Gericht anhängigen Verfahren gehen in dem Stand, in dem sie sich befinden, auf das zuständige Verwaltungsgericht über. Die Vorschriften der Bundesdisziplinarordnung über das Verfahren vor dem Bundesdisziplinargericht gelten sinngemäß, soweit sie nicht die Beteiligung des Bundesdisziplinaranwalts oder die Besetzung der Kammern betreffen. Eine mündliche Verhandlung, die in einem anhängigen Gerichtsverfahren vor Ablauf des 31. Dezember 2003 geschlossen wurde, muss wiedereröffnet werden.
(8) Für die Wiederaufnahme von Disziplinarverfahren, die vor dem Inkrafttreten dieses Gesetzes rechtskräftig abgeschlossen worden sind, gilt bis zum Ablauf des 31. Dezember 2003 Abschnitt IV der Bundesdisziplinarordnung. Ab diesem Zeitpunkt gelten die Bestimmungen dieses Gesetzes.
(9) Die nach bisherigem Recht in einem Disziplinarverfahren ergangenen Entscheidungen sind nach bisherigem Recht zu vollstrecken, wenn sie unanfechtbar geworden sind.
(10) Die Frist für das Verwertungsverbot und ihre Berechnung für die Disziplinarmaßnahmen, die vor dem Inkrafttreten dieses Gesetzes verhängt worden sind, bestimmen sich nach diesem Gesetz. Dies gilt nicht, wenn die Frist und ihre Berechnung nach bisherigem Recht für den Beamten günstiger ist.
(11) Gebühren nach § 78 Satz 1 werden nur für die nach dem 31. Dezember 2009 anhängig werdenden gerichtlichen Verfahren erhoben. Dies gilt nicht im Verfahren über ein Rechtsmittel, das nach dem 31. Dezember 2009 eingelegt worden ist.

§ 85 BDG

Auch nach sieben Jahren seit Inkrafttreten des BDG am 1.1.2002 hat die Vorschrift des § 85 Bedeutung. Es gibt immer noch Verfahren, die nach altem Recht eingeleitet worden sind und vom Bundesdisziplinargericht nicht mehr beendet werden konnten. Naturgemäß sind dies umfangreiche und komplizierte, zum Teil ausgesetzte Verfahren, die sich bis zum Schluss erhalten haben und nun von den Verwaltungsgerichten der Länder und dem erhalten gebliebenen D-Senat des BVerwG abgearbeitet werden müssen. § 85 **Abs. 1** regelt **im Grundsatz**, dass die nach altem Recht eingeleiteten Disziplinarverfahren **nach neuem Recht** fortgeführt werden und nach bisherigem Recht getroffene Maßnahmen (beispielsweise Suspendierung und Einbehaltung von Teilen der Dienstbezüge) rechtswirksam bleiben, soweit in den Absätzen 2 bis 7 **nichts Abweichendes** geregelt ist. In diesen Absätzen sind aber nahezu alle noch nach altem Recht zu behandelnden Fälle aufgeführt, so dass der Grundsatz nach Absatz 1 Satz 1 **zur absoluten Ausnahme** wird. Hier bleiben nur die Fälle im nichtförmlichen Verfahren übrig, in denen es noch nicht zu einer anfechtbaren Entscheidung gekommen ist.
Bezüglich des Regel- und Ausnahmeverhältnisses des Abs. 1 hat das BVerwG mit Urteil v. 17.3.2004 (1 D 23.03 – BVerwGE 120, 218) ausgeführt, dass die **Grundsatz- und Auffangregelung** in § 85 Abs. 1 Satz 1 vor allem die **milderen Regelungen materiell-rechtlicher Art** zum Inhalt haben. Nach Sinn und Zweck der Gesamtregelung in § 85 sei nicht anzunehmen, dass der Gesetzgeber abweichend von dem in Abs. 10 zum Ausdruck kommenden Rechtsgedanken des § 2 Abs. 3 StGB (Meistbegünstigungsprinzip) die Geltung der materiell-rechtlichen Milderungen des neuen Rechts für die Übergangsfälle stillschweigend hätte ausnehmen wollen. Eine Regelung nach dem Meistbegünstigungsprinzip sei zwar verfassungsrechtlich nicht generell geboten. Ein Verzicht auf sie bedürfe jedoch in Ansehung des Art. 3 Abs. 1 GG einer entsprechend gewichtigen Veranlassung. Ohne einen gewichtigen Grund käme es einer genannten »Vergewaltigung der materiellen Gerechtigkeit« nahe, wenn der Richter noch ein Gesetz anwenden müsste, zu dessen Strenge sich der Gesetzgeber im Entscheidungszeitpunkt nicht mehr bekenne. Dem Gesetzgeber sei nicht zu unterstellen, dass er die Verfahren nach dem BDG und die Altverfahren nach der BDO mit zweierlei Maß ahnden lassen wollte.
Abs. 2 kennzeichnet eine Gleichstellung der Bedeutung der bisherigen und jetzigen Arten der Disziplinarmaßnahmen.
Abs. 3 regelt, dass **vor Inkrafttreten des BDG eingeleitete förmliche Disziplinarverfahren** (§§ 33 ff. BDO) nach altem Recht fortgeführt werden. Dies betrifft den größten Teil der in der Übergangszeit noch abzuwickelnden Verfahren. Es wird in der Regel ein **Untersuchungsverfahren** gem. §§ 56 ff. BDO durchgeführt. Für die Anschuldigung (§ 64 BDO), die der Bundesdisziplinaranwalt bis zur Auflösung seiner Behörde für bereits eingeleitete förmliche Verfahren vorzunehmen hat und für die Durchführung des gerichtlichen Verfahrens durch das BDiG bis zu seiner Auflösung (Abs. 7) gilt selbstverständlich ebenfalls bisheriges Recht. Die Vorschrift hat aber auch Auswirkungen auf die Frage, durch wen und nach welchem Recht die gem. Abs. 7 mit Ablauf des 31.12.2003 vom BDiG auf die VG übergehenden Verfahren in der Berufungsinstanz abgeschlossen werden (vgl. Rn. 11).
Der Begriff »**bisheriges Recht**« umfasst alle Vorschriften, die den Gang des Disziplinarverfahrens regeln. Ist der **Personalrat** zu beteiligen, gilt deshalb noch § 78 Abs. 1 Nr. 3 BPersVG a.F. (BVerwG v. 17.11.2005 – 1 D 17.04). Nach Be-

1

2

3

endigung des förmlichen Disziplinarverfahrens findet die BDO dagegen auch keine Anwendung mehr auf Folgemaßnahmen- und Entscheidungen, die in sachlichem Zusammenhang mit dem abgeschlossenen förmlichen Verfahren stehen. So fällt ein **Nachzahlungsbegehren einbehaltener Bezüge** gem. § 96 BDO nicht unter die Fortführungsklausel des Abs. 3 Satz 1, ggf. besteht ein öffentlich-rechtlicher Erstattungsanspruch (BVerwG, Beschl. v. 18.7.2007). Eine Ausnahme hat das BVerwG nur für die **Neubewilligung eines Unterhaltsbeitrags** gem. § 110 Abs. 1 gemacht, wenn die Erstbewilligung auf § 77 BDG beruht (vgl. hierzu Rn. 7). Es ist nicht verfahrensfehlerhaft, wenn es die Einleitungsbehörde unterlässt, neue Vorwürfe gegen den Beamten im Wege der **Nachtragsanschuldigung** in das Altverfahren einzubeziehen (§ 67 Abs. 3 BDO), sondern eine Disziplinarverfügung (§ 33 BDG) nach neuem Recht erlässt. Der richterrechtliche Grundsatz von der **Einheit des Dienstvergehens** wird in seiner verfahrensrechtlichen Ausprägung, soweit er der neu kodifizierten Rechtslage nicht mehr entspricht, durch das Übergangsrecht nicht perpetuiert (BVerwG v. 14.2.2007 – 1 D 12.05).

4 Die Behörde des **Bundesdisziplinaranwalts** wird mit **Ablauf des 31.12.2003 aufgelöst (Abs. 4)**. Ab diesem Zeitpunkt übernimmt bezüglich der vor Inkrafttreten des Gesetzes eingeleiteten förmlichen Disziplinarverfahren die Einleitungsbehörde die Aufgabe des Bundesdisziplinaranwalts und fertigt die Anschuldigungsschrift. Hierbei bleiben die Vorschriften der BDO außer Anwendung, die den Bundesdisziplinaranwalt betreffen. So leitet beispielsweise die Einleitungsbehörde die Anschuldigungsschrift ummittelbar an das zuständige VG weiter. Da bisheriges Recht gilt, muss auch in den Fällen, in denen lediglich die Verhängung einer Gehaltskürzung (Kürzung der Dienstbezüge) angestrebt wird (die nach neuem Recht in die Zuständigkeit der Einleitungsbehörde fällt), eine Anschuldigungsschrift und keine Disziplinarverfügung gem. § 33 erlassen werden. Zu Stellung und Umfang der Aufgaben der Einleitungsbehörde als Nachfolger des BDiA vgl. grundlegend BVerwG v. 20.1.2004 (1 D 33.02 – BVerwGE 120, 33 = NVwZ 2005, 93).

5 Abs. 5 enthält die einzige Vorschrift, die sich ausdrücklich mit **Rechtsbehelfen und Rechtsmitteln im Übergangsrecht** befasst. Ihr Regelungsgehalt betrifft nur Entscheidungen, die vor Inkrafttreten des Gesetzes ergangen sind, nicht also diejenigen, die nach Inkrafttreten des Gesetzes getroffen wurden. Es ist aber aus der Vorschrift nicht im Umkehrschluss zu folgern, dass für die nach Inkrafttreten des Gesetzes ergangenen Entscheidungen mit Ausnahme der nach dem 1.1.2002 zugestellten Disziplinarverfügungen das neue Recht nach dem BDG gilt. Hiergegen spricht, dass nach Satz 2 im weiteren Verfahren ebenfalls die Bestimmungen des bisherigen Rechts gelten und die Regelungen in Abs. 3 und 6, wonach jeweils bisheriges Recht gilt. Der Begriff »Entscheidung« umfasst sowohl Verwaltungs- als auch Gerichtsentscheidungen, also auch einen **Verlustfeststellungsbescheid** nach § 9 BBesG (BVerwG v. 31.1.2002 – 1 DB 33.01). Es finden also Anwendung z.B. § 79 BDO (Beschwerde), § 121 Abs. 5 BDO bezüglich des nach dem BDG nicht mehr vorgesehenen Rechtsbehelfs gegen die Feststellung des Verlustes der Dienstbezüge nach § 9 BBesG, §§ 80 ff. BDO (Berufung).

6 Die zum Zeitpunkt des Inkrafttretens des BDG **anhängigen gerichtlichen Disziplinarverfahren werden** nach den Bestimmungen der BDO fortgeführt **(Abs. 6)**. Dies ergibt sich weitgehend bereits aus den Regelungen in Abs. 3 und 5. Die Bestimmung betrifft die Fälle, in denen das BDiG noch nicht über eine angefochtene Disziplinarverfügung gem. § 31 Abs. 3 BDO oder über ein anhängiges förmliches Disziplinarverfahren und das BVerwG noch nicht über eine ihm anhängige Berufung entschieden hat. Die Rechtsmittel richten sich auch hier nach altem Recht. Das BVerwG entscheidet über die Berufung gegen ein Urteil des BDiG und in Beschwerdesachen gem. § 79, 121 BDO. BDiG und BVerwG sind auch als **Gericht der Hauptsache** zuständig, wenn in der Zeit, in der bei ihnen ein förmliches Verfahren anhängig ist, ein Antrag nach § 95 Abs. 3 BDO gestellt wird. Es gilt dann ebenfalls bzgl. der nach § 85 Abs. 1 Satz 2 noch wirksamen Maßnahmen altes Recht und nicht § 63 Abs. 1.

Für die nach **altem Recht abgeschlossenen Verfahren**, in denen einem Beamten ein **Unterhaltsbeitrag** üblicherweise für sechs Monate bewilligt worden war, stellt sich die Frage, ob für diese Verfahren weiterhin altes Recht gilt, ob also ein Unterhaltsbeitrag nach § 110 Abs. 2 Satz 2 BDO verlängert werden kann, wenn weiterhin Bedürftigkeit vorliegt. Ausdrückliche Übergangsbestimmungen gibt es hierzu nicht. Vertritt man hierzu die Auffassung, bei einem derartigen Antrag handele es sich um ein neues, also nicht bei Gericht anhängiges Verfahren (so Schwandt, RiA 2001, 157, 165 bzgl. der nach Abs. 7 am 1.1.2004 auf die Verwaltungsgerichte übergehenden Verfahren), so führt dies zu Ungerechtigkeiten in den Fällen, in denen das Bundesdisziplinargericht im Urteil keinen längeren Bewilligungszeitraum als üblicherweise sechs Monate gewählt hat, eben weil eine Verlängerungsmöglichkeit (Neubewilligung) nach § 110 Abs. 2 Satz 2 BDO bestand. Nach neuem Recht kann das Gericht im Urteil nach § 10 Abs. 3 einen längeren Bewilligungszeitraum bestimmen, um eine unbillige Härte zu vermeiden und damit den besonderen Umständen des Einzelfalles gerecht zu werden. Dies führt zu einer Ungleichbehandlung in den Altfällen, in denen eine derartige Härte vorliegt, in denen aber mangels Gerichtsanhängigkeit keine Neubewilligung in Betracht käme. Diese Ungleichbehandlung kann es rechtfertigen, für die Altfälle die BDO weiterhin, also § 110 gelten zu lassen. Rechtlich lässt sich dies damit begründen, dass § 110 ein **Annex** bezüglich der im Entfernungsurteil gem. § 77 getroffenen Grundentscheidung über die Bewilligung eines Unterhaltsbeitrags ist, die durch § 110 Abs. 1 bis 3 im Wege der Herabsetzung, Entziehung, Erhöhung oder Weiter-(Neu)bewilligung geändert werden kann. Es erscheint jedenfalls nicht gerechtfertigt, die davon betroffenen weiterhin bedürftigen früheren Beamten auf den Weg der Sozialhilfe zu verweisen und den Trägern der Sozialhilfe die zusätzlichen Kosten aufzubürden (dieses Problem sieht auch Schwandt, a.a.O.). Das BVerwG hat nunmehr in einer Entscheidung vom 15.1.2002 (1 DB 34.01) die Weiterbewilligung von Unterhaltszahlungen für zulässig erklärt, wenn die Grundentscheidung auf § 77 BDO beruht. Das BVerwG hat seine Rspr., wie hier, mit einer am Gleichheitssatz orientierten verfassungskonformen Auslegung des § 85, die einfachrechtlich an den Gedanken des so genannten Annexverfahrens anknüpfe, begründet. Diese nunmehr st. Rspr. ist in der Literatur z.T. auf heftigen Widerspruch gestoßen (Gansen, DiszR, § 85 Rn. 19c; zust. dagegen GKöD-Weiß, M § 85 Rn. 5). Das BVerwG hat jetzt seine Rspr. eingeschränkt und entschieden, dass ein Unterhaltsbeitrag insgesamt nur noch bis zu etwa fünf Jahren gewährt werden kann. Dies folge vor allem aus dem Zweck des Unterhaltsbeitrags als vorübergehende Leistung der nachwirkenden Fürsorgepflicht zur Erleichterung der beruflichen Neuorientierung (BVerwG v. 16.6.2008 – 1 DB 2.08). Das Gericht hat es abgelehnt, einen noch auf der Grundlage alten Rechts bewilligten Unterhalt auf Antrag der obersten Dienstbehörde gem. § 110 Abs. 1 zu entzie-

§ 85 BDG

hen. Hier handele es sich nicht mehr um die Fortführung des abgeschlossenen förmlichen Disziplinarverfahrens, sondern um ein neues, den Beamten belastendes Verfahren. Auch § 79 Abs. 4 Satz 3 scheide als Rechtsgrundlage aus, da die ursprüngliche Bewilligung auf altem Recht beruhe. Der Dienstherr müsse ggf. Schadensersatzansprüche nach allgemeinen Regeln geltend machen (BVerwG v. 18.9.2006 – 1 DB 5.05).

8 **Abs. 6 Satz 2 und 3** ist nach Auflösung des BDiG bedeutungslos geworden (zur ursprünglichen Bedeutung vgl. die Kommentierung in der Vorauflage).

9 Mit der **Auflösung des BDiG** mit Ablauf des 31.12.2003 gehen die bis dahin **anhängigen Verfahren** in dem Stand, in dem sie sich befinden, **auf das zuständige Verwaltungsgericht über (Abs. 7)**. Nach Satz 2 gelten die Bestimmungen der BDO über das Verfahren vor dem BDiG sinngemäß. Es gilt grundsätzlich altes Recht. Die Vorschriften, die die Besetzung der Kammern und die Beteiligung des BDiA betreffen, werden naturgemäß nicht mehr angewandt. Insoweit gilt ergänzend neues Recht. **Es entscheidet die nach § 46 zuständige Disziplinarkammer**, nicht jedoch ein nach der BDO nicht vorgesehener Einzelrichter (a.A. Gansen, § 85 Rn. 15). Nach Satz 4 muss eine mündliche Verhandlung, die vor dem Ablauf des 31.12.2003 geschlossen wurde, wiedereröffnet werden. Dies betrifft die **Hauptverhandlung** gem. §§ 72 ff. BDO. Eine mündliche Verhandlung entsprechend dem kontradiktorisches Verfahren (jetzt § 60) kannte die BDO nicht, eine solche konnte demnach nicht geschlossen werden. Daher wird vom zuständigen VG die Hauptverhandlung in den Fällen wiedereröffnet, in den vom BDiG keine abschließende Entscheidung gefällt wurde. Anstelle eines Vertreters des BDiA muss ein Vertreter der Einleitungsbehörde die erforderlichen Anträge in der Hauptverhandlung entsprechend § 74 Abs. 5 Satz 1 BDO stellen. Die Anwendung des § 74 Abs. 4 BDO dürfte sich in der Regel erübrigen, da der Vertreter der Einleitungsbehörde mit dem, der anstelle des BDiA auftritt, identisch ist.

10 Nicht ausdrücklich geregelt ist, welches Gericht über die **Berufung gegen ein Urteil des VG** entscheidet. Dies ist nicht entsprechend dem Instanzenzug der VwGO das OVG, sondern **der Disziplinarsenat des BVerwG**. Dieses Ergebnis mag überraschen, ist aber eine Konsequenz der Übergangsbestimmungen, insbesondere des Abs. 3. Danach werden vor dem Inkrafttreten des Gesetzes eingeleitete Verfahren nach bisherigem Recht fort- und das gerichtliche Verfahren nach bisherigem Recht durchgeführt. Dies betrifft alle beim BDiG anhängigen Verfahren, die mit Ablauf des 31.12.2003 auf das VG übergehen. Dies gilt sogar noch bezüglich der gem. Abs. 3 eingeleiteten förmlichen Disziplinarverfahren, in denen nach Abs. 4 die Einleitungsbehörde ab 1.1.2004 anstelle des BDiA die Anschuldigungsschriften (keine Disziplinarklagen) einreicht. An eine Anschuldigungsschrift nach altem Recht kann sich kein kontradiktorisches Verfahren nach neuem Recht anschließen. **Es gilt bis zum Abschluss dieser Verfahren die BDO** und demgemäß der in dieser Verfahrensordnung vorgesehene Instanzenzug. Ab 1.1.2004 tritt das VG lediglich an die Stelle des aufgelösten BDiG. Das OVG tritt aber nicht an die Stelle des für die Berufungen nach der BDO zuständigen und noch bestehenden Disziplinarsenats des BVerwG. Der beim BVerwG noch bestehende D-Senat entscheidet seitdem in ständiger Praxis über Berufungen gegen VG-Urteile.

11 Für die **Wiederaufnahme von Disziplinarverfahren**, die vor dem 1.1.2002 rechtskräftig abgeschlossen wurden gelten bis zum 31.12.2003 die §§ 97 ff. BDO, danach die §§ 71 f. BDG **(Abs. 8)**.

Unanfechtbare, auf der Grundlage der BDO ergangenen Entscheidungen werden auch nach den Vorschriften der BDO **vollstreckt** (§§ 117 ff.). Dies gilt auch für Entscheidungen, die nach dem 1.1.2002 nach altem Recht fortgeführt wurden (wie hier GKöD-Weiß, M § 85 Rn. 41; a.A. Gansen, § 85 Rn. 18). **12**

Abs. 10 regelt die **Fristen für das Verwertungsverbot** bezüglich der Disziplinarmaßnahmen, die vor dem 1.1.2002 verhängt wurden. Sie richten sich nach **neuem Recht**, also nach § 16 BDG. es sei denn, die Frist und ihre Berechnung ist nach bisherigem Recht, also der bisherigen **Tilgungsregelung** des § 119 BDO günstiger. Letzteres gilt für die Fälle, in denen eine Frist gem. § 119 Abs. 3 BDO nicht endet, weil sie die in § 16 Abs. 1 Satz 2 BDG neu aufgenommenen Tatbestände eines Verfahrens zur Beendigung des Beamtenverhältnisses oder zur Geltendmachung von Schadensersatzansprüchen gegen den Beamten nicht enthält (§ 78 BBG, nicht § 78 BDO, wie in der Amtl. Begründung zu § 16 angegeben). **13**

§ 86 Verwaltungsvorschriften

Die zur Durchführung dieses Gesetzes erforderlichen Verwaltungsvorschriften erlässt das Bundesministerium des Innern; die Verwaltungsvorschriften sind im Gemeinsamen Ministerialblatt zu veröffentlichen.

Die Vorschrift enthält wie § 131 Abs. 1 BDO eine Ermächtigung zum Erlass der erforderlichen Verwaltungsvorschriften. Derartige Vorschriften sind bisher nicht erlassen worden. Weiß (in GKöD, M § 86 Rn. 2, 13) hält das Bundesinnenministerium für verpflichtet, solche Vorschriften zu erlassen, um zu verhindern, dass sich nach Wegfall des Bundesdisziplinaranwalts die Anwendung des BDG unterschiedlich entwickeln könnte.

Gebührenverzeichnis

Anlage (zu § 78)
Gebührenverzeichnis

Gliederung
Abschnitt 1 Klageverfahren erster Instanz
Abschnitt 2 Zulassung und Durchführung der Berufung
Abschnitt 3 Revision
Abschnitt 4 Besondere Verfahren
Abschnitt 5 Rüge wegen Verletzung des Anspruchs auf rechtliches Gehör
Abschnitt 6 Beschwerde

Nr.	Gebührentatbestand	Gebührenbetrag oder Satz der jeweiligen Gebühr 10 bis 17
	Vorbemerkung: Das Verfahren über den Antrag auf Wiederaufnahme gilt als neuer Rechtszug. **Abschnitt 1 Klageverfahren erster Instanz**	
	Verfahren über eine Disziplinarklage mit dem Antrag auf	
10	– Entfernung aus dem Beamtenverhältnis	360,00 €
11	– Aberkennung des Ruhegehalts	360,00 €
12	– Zurückstufung	240,00 €
	Verfahren über die Klage gegen eine Disziplinarverfügung, in der als Disziplinarmaßnahme ausgesprochen worden ist	
13	– Kürzung der Dienstbezüge	180,00 €
14	– Kürzung des Ruhegehalts	180,00 €
15	– Geldbuße	120,00 €
16	– Verweis	60,00 €
17	Verfahren über die Klage gegen eine Disziplinarverfügung, wenn nur eine Kostenentscheidung in der Disziplinarverfügung angegriffen wird, oder gegen eine Einstellungsverfügung (§ 32 BDG)	60,00 €

… Gebührenverzeichnis

18	Beendigung des gesamten Verfahrens durch 1. Zurücknahme der Klage a) vor dem Schluss der mündlichen Verhandlung oder b) wenn eine solche nicht stattfindet, vor Ablauf des Tages, an dem die Entscheidung in der Hauptsache der Geschäftsstelle übermittelt wird, oder 2. Erledigungserklärungen, wenn keine Entscheidung über die Kosten ergeht oder die Entscheidung einer zuvor mitgeteilten Einigung der Beteiligten über die Kostentragung oder der Kostenübernahmeerklärung eines Beteiligten folgt: Die Gebühren 10 bis 17 ermäßigen sich auf Die Gebühr ermäßigt sich auch, wenn mehrere Ermäßigungstatbestände erfüllt sind.	0,5
	Abschnitt 2 **Zulassung und Durchführung der Berufung**	
20	Verfahren über die Zulassung der Berufung: Soweit der Antrag abgelehnt wird	1,0
21	Verfahren über die Zulassung der Berufung: Soweit der Antrag zurückgenommen oder das Verfahren durch anderweitige Erledigung beendet wird Die Gebühr entsteht nicht, soweit die Berufung zugelassen wird.	0,5
22	Verfahren über die Berufung im Allgemeinen	1,5
23	Beendigung des gesamten Verfahrens durch Zurücknahme der Berufung oder der Klage, bevor die Schrift zur Begründung der Berufung bei Gericht eingegangen ist: Die Gebühr 22 ermäßigt sich auf Erledigungserklärungen stehen der Zurücknahme gleich, wenn keine Entscheidung über die Kosten ergeht oder die Entscheidung einer zuvor mitgeteilten Einigung der Beteiligten über die Kostentragung oder der Kostenübernahmeerklärung eines Beteiligten folgt.	0,5

Gebührenverzeichnis

24	Beendigung des gesamten Verfahrens, wenn nicht Nummer 23 erfüllt ist, durch 1. Zurücknahme der Berufung oder der Klage a) vor dem Schluss der mündlichen Verhandlung oder b) wenn eine solche nicht stattfindet, vor Ablauf des Tages, an dem die Entscheidung in der Hauptsache der Geschäftsstelle übermittelt wird, oder 2. Erledigungserklärungen, wenn keine Entscheidung über die Kosten ergeht oder die Entscheidung einer zuvor mitgeteilten Einigung der Beteiligten über die Kostentragung oder der Kostenübernahmeerklärung eines Beteiligten folgt: Die Gebühr 22 ermäßigt sich auf Die Gebühr ermäßigt sich auch, wenn mehrere Ermäßigungstatbestände erfüllt sind.	1,0

	Abschnitt 3 **Revision**	
30	Verfahren über die Revision im Allgemeinen	2,0
31	Beendigung des gesamten Verfahrens durch Zurücknahme der Revision oder der Klage, bevor die Schrift zur Begründung der Revision bei Gericht eingegangen ist: Die Gebühr 30 ermäßigt sich auf Erledigungserklärungen stehen der Zurücknahme gleich, wenn keine Entscheidung über die Kosten ergeht oder die Entscheidung einer zuvor mitgeteilten Einigung der Beteiligten über die Kostentragung oder der Kostenübernahmeerklärung eines Beteiligten folgt.	1,0

Gebührenverzeichnis

32	Beendigung des gesamten Verfahrens, wenn nicht Nummer 31 erfüllt ist, durch 1. Zurücknahme der Revision oder der Klage a) vor dem Schluss der mündlichen Verhandlung oder b) wenn eine solche nicht stattfindet, vor Ablauf des Tages, an dem die Entscheidung in der Hauptsache der Geschäftsstelle übermittelt wird, oder 2. Erledigungserklärungen, wenn keine Entscheidung über die Kosten ergeht oder die Entscheidung einer zuvor mitgeteilten Einigung der Beteiligten über die Kostentragung oder der Kostenübernahmeerklärung eines Beteiligten folgt: Die Gebühr 30 ermäßigt sich auf Die Gebühr ermäßigt sich auch, wenn mehrere Ermäßigungstatbestände erfüllt sind.	1,5

Nr.	Gebührentatbestand	Gebührenbetrag oder Satz der jeweiligen Gebühr 40 und 41
	Abschnitt 4 **Besondere Verfahren**	
40	Verfahren über den Antrag auf Aussetzung der vorläufigen Dienstenthebung und der Einbehaltung von Bezügen	180,00 €
41	Verfahren über den Antrag auf gerichtliche Festsetzung einer Frist zum Abschluss des Disziplinarverfahrens einschließlich der Einstellung des Disziplinarverfahrens nach fruchtlosem Ablauf der Frist	60,00 €
42	Beendigung des gesamten Verfahrens durch 1. Zurücknahme des Antrags a) vor dem Schluss der mündlichen Verhandlung oder b) wenn eine solche nicht stattfindet, vor Ablauf des Tages, an dem die Entscheidung über den Antrag der Geschäftsstelle übermittelt wird, oder 2. Erledigungserklärungen, wenn keine Entscheidung über die Kosten ergeht oder die Entscheidung einer zuvor mitgeteilten Einigung der Beteiligten über die Kostentragung oder der Kostenübernahmeerklärung eines Beteiligten folgt: Die Gebühren 40 und 41 ermäßigen sich auf Die Gebühr ermäßigt sich auch, wenn mehrere Ermäßigungstatbestände erfüllt sind.	0,5

Gebührenverzeichnis

	Abschnitt 5 **Rüge wegen Verletzung des Anspruchs auf rechtliches Gehör**	
50	Verfahren über die Rüge wegen Verletzung des Anspruchs auf rechtliches Gehör: Die Rüge wird in vollem Umfang verworfen oder zurückgewiesen	50,00 €

Nr.	Gebührentatbestand	Gebührenbetrag oder Satz der jeweiligen Gebühr 10 bis 17 und 40
	Abschnitt 6 **Beschwerde**	
60	Verfahren über die Beschwerde gegen die Entscheidung über den Antrag auf Aussetzung der vorläufigen Dienstenthebung und der Einbehaltung von Bezügen	1,5
61	Verfahren über die Beschwerde gegen eine Entscheidung in der Hauptsache durch Beschluss nach § 59 BDG	1,5
62	Verfahren über die Beschwerde gegen die Nichtzulassung der Revision: Die Beschwerde wird verworfen oder zurückgewiesen	1,5
63	Beendigung des gesamten Verfahrens durch 1. Zurücknahme der Beschwerde, der Klage oder des Antrags a) vor dem Schluss der mündlichen Verhandlung oder b) wenn eine solche nicht stattfindet, vor Ablauf des Tages, an dem die Entscheidung über die Beschwerde der Geschäftsstelle übermittelt wird, oder 2. Erledigungserklärungen, wenn keine Entscheidung über die Kosten ergeht oder die Entscheidung einer zuvor mitgeteilten Einigung der Beteiligten über die Kostentragung oder der Kostenübernahmeerklärung eines Beteiligten folgt: Die Gebühren 60 bis 62 ermäßigen sich auf Die Gebühr ermäßigt sich auch, wenn mehrere Ermäßigungstatbestände erfüllt sind. Verfahren über nicht besonders aufgeführte Beschwerden im disziplinargerichtlichen Verfahren, die nicht nach anderen Vorschriften gebührenfrei sind:	0,75

Gebührenverzeichnis

| 64 | Die Beschwerde wird verworfen oder zurückgewiesen | 50,00 € |

Synopsen

1. Gegenüberstellung der Vorschriften des BBG a.F. und BBG n.F.

Bundesbeamtengesetz (BBG) a.F.	Bundesbeamtengesetz (BBG) n.F.
§ 2	§ 28
§ 2 Abs. 1	§ 4
§ 3 Abs. 2	§ 3 Abs. 1
§ 5 Abs. 1 Nr. 1	§ 6 Abs. 1
§ 5 Abs. 1 Nr. 2	§ 6 Abs. 3
§ 5 Abs. 3	§ 6 Abs. 5
§ 5 Abs. 4	§ 6 Abs. 2
§ 5 Abs. 2	§ 6 Abs. 4
§ 6	§ 10
§ 6 Abs. 2 Satz 3	§ 13
§ 10	§ 12
§ 12	§ 14
§ 12 Abs. 1 Nr. 2	§ 14 Abs. 1 Nr. 2
§ 24	§ 28
§ 27 Abs.1	§ 27
§ 28 Nr. 1	§ 32 Abs. 1 Nr. 1
§ 29	§ 31
§ 30	§ 33
§ 31	§ 34
§ 32	§ 37
§ 36	§ 54
§ 39	§ 52
§ 41 Abs. 1 Satz 1	§ 51 Abs. 1 Satz 1
§ 42	§ 47

§ 45	§ 46
§ 45 Abs. 3 Satz 1	§ 46 Abs. 6
§ 46	§ 49
§ 48	§ 41
§ 50	§ 43
§ 51	§ 42
§ 52 Abs. 1	§ 60 Abs. 1 Satz 1 und 2
§ 52 Abs. 2	§ 60 Abs. 1 Satz 3
§ 53	§ 60 Abs. 2
§ 54 Satz 1	§ 61 Abs. 1 Satz 1
§ 54 Satz 3	§ 61 Abs. 1 Satz 2
§ 55 Satz 1	§ 62 Abs. 1 Satz 1
§ 55 Satz 2	§ 62 Abs. 1 Satz 2
§ 56 Abs. 2 Satz 3	§ 63 Abs. 2 Satz 3
§ 58	§ 64
§ 59	§ 65
§ 61 Abs. 1 Satz 1	§ 67 Abs. 1
§ 61 Abs. 1 Satz 2	§ 67 Abs. 2 Satz 1
§ 61 Abs. 2	§ 67 Abs. 3
§ 61 Abs. 3	§ 67 Abs. 4
§ 61 Abs. 4	§ 67 Abs. 2 Satz 2
§ 62 Abs. 1	§ 68 Abs. 1
§ 62 Abs. 2	§ 69
§ 62 Abs. 3	§ 68 Abs. 2
§ 62 Abs. 4	§ 68 Abs. 3
§ 63	§ 70
§ 66	§ 60
§ 70	§ 71 Abs. 1
§ 72 Abs. 1	§ 87 Abs. 1
§ 72 Abs. 2	§ 88
§ 72 Abs. 3	§ 87 Abs. 2
§ 72 Abs. 4	§ 87 Abs. 3
§ 72a	§ 91
§ 73	§ 96
§ 73 Abs. 1	§ 96

2. Gegenüberstellung der Vorschriften des BDG und der BDO*

Bundesdisziplinargesetz (BDG)	Bundesdisziplinarordnung (BDO)
§ 1 Persönlicher Geltungsbereich	§ 1 Persönlicher Geltungsbereich
§ 2 Sachlicher Geltungsbereich	§ 2 Sachlicher Geltungsbereich
§ 3 Ergänzende Anwendung des Verwaltungsverfahrensgesetzes und der Verwaltungsgerichtsordnung	§ 25 Anwendbarkeit der StPO und des GVG
§ 4 Gebot der Beschleunigung	§ 66 Beschleunigung des Verfahrens
§ 5 Arten der Disziplinarmaßnahmen	§ 5 Maßnahmenkatalog
§ 6 Verweis	§ 6 Verweis und Missbilligung
§ 7 Geldbuße	§ 7 Geldbuße
§ 8 Kürzung der Dienstbezüge	§ 9 Gehaltskürzung
§ 9 Zurückstufung	§ 10 Dienstgradherabsetzung
§ 10 Entfernung aus dem Beamtenverhältnis	§ 11 Entfernung aus dem Dienst § 13 Auswirkung auf Ansprüche aus früherem Dienstverhältnis § 77 Abs. 1 Unterhaltsbeitrag
§ 11 Kürzung des Ruhegehalts § 12 Aberkennung des Ruhegehalts	§ 12 Kürzung und Aberkennung des Ruhegehalts, § 77 Abs. 1 Unterhaltsbeitrag
§ 13 Bemessung der Disziplinarmaßnahme	Neu
§ 14 Zulässigkeit von Disziplinarmaßnahmen nach Strafverfahren oder Bußgeldverfahren	§ 14 Verbot der Doppelmaßregelung § 17 Abs. 5 Bindung an Freispruch
§ 15 Disziplinarmaßnahmeverbot wegen Zeitablaufs	§ 4 Verjährung
§ 16 Verwertungsverbot, Entfernung aus der Personalakte	§ 119 Tilgung von Disziplinarmaßnahmen
§ 17 Einleitung von Amts wegen	§ 26 Vorermittlungen § 36 Mehrzahl von Ämtern/Verfahren
§ 18 Einleitung auf Antrag des Beamten	§ 34 Selbstreinigungsverfahren
§ 19 Ausdehnung und Beschränkung	§ 62 Abs. 2 Teilnahme des BDiA

---

* Die Titel der §§ sind nicht immer die offiziellen Überschriften, geben aber den Inhalt der Vorschrift an. Die Synopse geht nicht auf jeden Abs. getrennt ein, sondern nach inhaltlicher Zusammengehörigkeit für Regelungskomplexe.

§ 20 Unterrichtung, Belehrung und Anhörung des Beamten	§ 26 Vorermittlungen
§ 21 Pflicht zur Durchführung von Ermittlungen, Ausnahmen	§ 3 Opportunitätsprinzip
§ 22 Zusammentreffen von Disziplinarverfahren mit Strafverfahren oder anderen Verfahren, Aussetzung	§ 17 Aussetzung des Disziplinarverfahrens
§ 23 Bindung an tatsächliche Feststellungen aus Strafverfahren oder anderen Verfahren	§ 18 Bindungswirkung
§ 24 Beweiserhebung	§ 21 Beweiserhebung § 61 Teilnahmerecht an der Beweiserhebung
§ 25 Zeugen und Sachverständige	Neu
§ 26 Herausgabe von Unterlagen	Neu
§ 27 Beschlagnahmen und Durchsuchungen	§ 58 Beweiserhebung, Beschlagnahme
§ 28 Protokoll	§ 57, § 21 Abs. 3, § 26 Abs. 2 und 4
§ 29 Innerdienstliche Mitteilungen	Neu
§ 30 Abschließende Anhörung	§ 26 Abs. 4, § 63 Abs. 1
§ 31 Abgabe des Disziplinarverfahrens	§ 28, § 65
§ 32 Einstellungsverfügung	§ 27, § 64 Einstellung
§ 33 Disziplinarverfügung	§ 28, § 64 Abs. 2
§ 34 Erhebung der Disziplinarklage	§ 65 Anschuldigungsschrift
§ 35 Grenzen der erneuten Ausübung der Disziplinarbefugnisse	§ 32 Wiederholte Ausübung
§ 36 Verfahren bei nachträglicher Entscheidung im Strafverfahren oder Bußgeldverfahren	§ 123 Nachträgliche Anwendung des § 14
§ 37 Kostentragungspflicht	§ 111 Gebührenfreiheit; Auslagen § 112 Kostenentscheidung des Dienstvorgesetzten
§ 38 Zulässigkeit	§§ 91, 92 Vorläufige Dienstenthebung
§ 39 Rechtswirkungen	§§ 93, 94 Zustellung und Wirksamkeit
§ 40 Verfall und Nachzahlung der einbehaltenen Beträge	§ 96 Verfall, Nachzahlung
§ 41 Erforderlichkeit, Frist und Form des Widerspruchs	§ 31 Abs. 1 und 2 Beschwerde
§ 42 Widerspruchsbescheid	§ 31 Abs. 3 Satz 1

Synopsen

§ 43 Grenzen der erneuten Ausübung der Disziplinarbefugnisse	§ 32 Abs. 2 Wiederholte Ausübung
§ 44 Kostentragungspflicht	§§ 111 ff., § 112 Verfahrenskosten
§ 45 Zuständigkeit der Verwaltungsgerichtsbarkeit	§§ 41, 42, 45 Disziplinargerichte
§ 46 Kammer für Disziplinarsachen	§ 50 Besetzung der Kammern
§ 47 Beamtenbeisitzer	§ 49 Beamtenbeisitzer, § 45 Abs. 3
§ 48 Ausschluss von der Ausübung des Richteramts	§ 51 Ausschluss von Richtern
§ 49 Nichtheranziehung eines Beamtenbeisitzers	§ 53 Nichtheranziehung von Beisitzern
§ 50 Erlöschen des Amts des Beamtenbeisitzers	§ 54 Erlöschen des Amtes
§ 51 Senate für Disziplinarsachen	Neu
§ 52 Klageerhebung, Frist und Form der Klage	§ 65 Anschuldigungsschrift § 31 Abs. 3 Antrag auf gerichtliche Entscheidung
§ 53 Nachtragsdisziplinarklage	§ 67 Abs. 3 Nachtragsanschuldigung
§ 54 Belehrung des Beamten	§ 67 Abs. 2 Belehrung
§ 55 Mängel des behördlichen Disziplinarverfahrens oder der Klageschrift	§ 67 Abs. 4
§ 56 Beschränkung des Disziplinarverfahrens	Neu
§ 57 Bindung an tatsächliche Feststellungen aus anderen Verfahren	§ 18 Bindungswirkung
§ 58 Beweisaufnahme	§ 68 Wiederholung und Ergänzung der Beweisaufnahme
§ 59 Entscheidung durch Beschluss	§ 70 a Disziplinargerichtsbescheid
§ 60 Mündliche Verhandlung, Entscheidung durch Urteil	§ 75 Gegenstand, § 76 Tenor, § 31 Abs. 4
§ 61 Grenzen der erneuten Ausübung der Disziplinarbefugnisse	§ 32 Abs. 1 Wiederholte Ausübung der Disziplinargewalt
§ 62 Antrag auf gerichtliche Fristsetzung	§ 66 Beschleunigung des Verfahrens
§ 63 Antrag auf Aussetzung der vorläufigen Dienstenthebung und der Einbehaltung von Bezügen	§ 95 Abs. 3 Gerichtliche Nachprüfung
§ 64 Statthaftigkeit, Frist und Form der Berufung	§§ 80, 81 Berufungseinlegung

§ 65 Berufungsverfahren	§ 87 Berufungsverfahren
§ 66 Mündliche Verhandlung, Entscheidung durch Urteil	§§ 85, 86 Entscheidung des BVerwG
§ 67 Statthaftigkeit, Frist und Form der Beschwerde	§ 79 Beschwerde
§ 68 Entscheidung des Oberverwaltungsgerichts	§ 79
§ 69 Frist, Form und Zulassung der Revision	Neu
§ 70 Revisionsverfahren	Neu
§ 71 Wiederaufnahmegründe	§§ 97, 98 Zulässigkeitsvoraussetzungen § 123 Wiederaufnahme wg. § 14
§ 72 Unzulässigkeit der Wiederaufnahme	§ 99 Unzulässigkeit der Wiederaufnahme
§ 73 Frist, Verfahren	§§ 100, 101 Antragsberechtigung
§ 74 Entscheidung durch Beschluss	§§ 102, 105
§ 75 Mündliche Verhandlung, Entscheidung des Gerichts	§ 106 Entscheidung nach Hauptverhandlung
§ 76 Rechtswirkungen, Entschädigung	§§ 108, 109 Beseitigung, Entschädigung
§ 77 Kostentragungspflicht	§ 113 Kostenentscheidung des Gerichts im förmlichen Verfahren
§ 78 Erstattungsfähige Kosten	§ 111 Gebührenfreiheit, Auslagen § 115 Auslagen des Beamten
§ 79 Unterhaltsbeitrag bei Entfernung aus dem Dienst oder Aberkennung des Ruhegehalts	§ 77 Abs. 2-5 Unterhaltsbeitrag
§ 80 Unterhaltsleistung bei Mithilfe zur Aufdeckung von Straftaten	§ 11a Gewährung einer monatlichen Unterhaltsleistung
§ 81 Begnadigung	§ 120 Gnadenrecht
§ 82 Polizeivollzugsbeamte des Bundes	§ 127 Dienstvorgesetzte der Polizeivollzugsbeamten
§ 83 Beamte der bundesunmittelbaren Körperschaften, Anstalten und Stiftungen des öffentlichen Rechts	§ 129 Beamte der bundesunmittelbaren Körperschaften, Anstalten und Stiftungen des öffentlichen Rechts
§ 84 Ausübung der Disziplinarbefugnisse bei Ruhestandsbeamten	§ 15 Abs. 2 Disziplinarbefugnis
§ 85 Übergangsbestimmungen	Neu
§ 86 Verwaltungsvorschriften	§ 131 Durchführungsvorschriften

3. Gegenüberstellung der Vorschriften der BDO und des BDG

Bundesdisziplinarordnung (BDO)	Bundesdisziplinargesetz (BDG)
§ 1 Persönlicher Geltungsbereich	§ 1 Persönlicher Geltungsbereich
§ 2 Sachlicher Geltungsbereich	§ 2 Sachlicher Geltungsbereich
§ 3 Verfahrenseinleitung	§ 17 Einleitung von Amts wegen
§ 4 Verfolgungsverjährung	§ 15 Disziplinarmaßnahmeverbot
§ 5 Disziplinarmaßnahmen	§ 5 Arten der Disziplinarmaßnahmen
§ 6 Verweis und Missbilligung	§ 6 Verweis
§ 7 Geldbuße	§ 7 Geldbuße
§ 8 Kein Einfluss auf Beförderung	weggefallen
§ 9 Gehaltskürzung	§ 8 Kürzung der Dienstbezüge
§ 10 Dienstgradherabsetzung	§ 9 Zurückstufung
§ 11 Entfernung aus dem Dienst	§ 10 Entfernung aus dem Beamtenverhältnis
§ 11a Gewährung einer monatlichen Unterhaltsleistung	§ 80 Unterhaltsleistung bei Mithilfe zur Aufdeckung von Straftaten
§ 12 Kürzung und Aberkennung des Ruhegehalts	§ 11 Kürzung des Ruhegehalts § 12 Aberkennung des Ruhegehalts
§ 13 Auswirkung auf Ansprüche aus früherem Dienstverhältnis	§§ 10 Abs. 5, 12 Abs. 4
§ 14 Verbot der Doppelmaßregelung	§ 14 Zulässigkeit von Disziplinarmaßnahmen nach Strafverfahren oder Bußgeldverfahren
§ 15 Disziplinarbefugnis	§ 84 Ausübung der Disziplinarbefugnisse bei Ruhestandsbeamten
§ 16 Disziplinarverfahren gegen Ruhestandsbeamte	weggefallen
§ 17 Aussetzung, Bindung an Freispruch	§ 22 Zusammentreffen von Disziplinarverfahren mit Strafverfahren oder anderen Verfahren, Aussetzung, § 94 VwGO
§ 18 Bindewirkung von Urteilen	§§ 23, 57
§ 19 Bestellung eines Pflegers	§§ 3 i.V. m. 16 VwVfG, § 62 VwGO
§ 20 Rechts- und Amtshilfe	§§ 3 i.V. m. 4-8 VwVfG, § 14 VwGO
§ 21 Beweiserhebung	§ 24 Beweiserhebung, § 58
§ 22 Festnahme, Vorführung	weggefallen
§§ 23, 23 a Zustellung	§ 3 i.V. m. VwVfG, VwGO

§ 24 Rechtsbehelfsbelehrung	§ 3 i. V. m. VwVfG, VwGO
§ 25 ergänzende Vorschriften	§ 3
§ 26 Abs. 1 Vorermittlungen	§ 17 Einleitung von Amts wegen, § 21
Abs. 2	§ 20 Unterrichtung, Belehrung und Anhörung des Beamten
Abs. 3	§ 3 i. V. m. § 29 VwVfG
Abs. 4	§§ 28, 30
§ 27 Einstellung des Verfahrens	§§ 32, 35
§ 28 Disziplinarverfügung	§§ 31, 33
§ 29 Verweis und Geldbuße	§ 33 Disziplinarverfügung
§ 30 Begründung, Zustellung	§ 33 Abs. 6
§ 31 Abs. 1 und 2 Beschwerde	§§ 41, 42
§ 31 Abs. 3 und 4	§§ 52 Abs. 2, 60
§ 32 Erneute Ausübung	§§ 35, 61
§ 33 Einleitungsverfügung	weggefallen
§ 34 Selbstreinigungsverfahren	§ 18 Einleitung auf Antrag des Beamten
§ 35 Einleitungsbehörden	weggefallen
§ 36 Mitteilung an andere Behörden	§ 17 Abs. 3
§ 37-39 Bundesdisziplinaranwalt	weggefallen
§ 40 Verteidigung	§§ 3 i. V. m. 14 VwVfG, 67 VwGO
§§ 41, 42 Disziplinargerichte	§§ 45, 46
§ 43 Örtliche Zuständigkeit	§§ 3 i. V. m. 52 VwGO
§ 44–47	weggefallen
§ 49 Beamtenbeisitzer	§ 47 Beamtenbeisitzer
§ 50 Besetzung der Kammern	§ 46 Kammer für Disziplinarsachen
§ 51 Ausschließung eines Richters oder Beamtenbeisitzers	§ 48 Ausschluss von der Ausübung des Richteramts
§ 52 Pflichtverletzung der Beamtenbeisitzer	§§ 3 i. V. m. 33 VwGO
§ 53 Nichtheranziehung von Beisitzern	§ 49 Nichtheranziehung eines Beamtenbeisitzers
§ 54 Erlöschen des Amtes	§ 50 Erlöschen des Amts des Beamtenbeisitzers
§ 55 Disziplinarsenate	weggefallen
§§ 56-57 Untersuchungsführer	weggefallen

Synopsen

§ 58 Beweiserhebung, Beschlagnahme	§ 27
§ 59–60	weggefallen
§ 61 Teilnahme des Beamten	§ 24
§ 62 Abs. 1	weggefallen
Abs. 2	§ 19
§ 63 Abschließende Äußerung	§ 30
§ 64 Einstellung des Verfahrens	§ 32
§ 65 Anschuldigungsschrift	§ 52
§ 66 Verzögerung des Verfahrens	§ 62
§ 67 Abs. 1 Rechtshängigkeit	weggefallen
§ 67 Abs. 2 Belehrung	§ 54 Belehrung des Beamten
§ 67 Abs. 3 Nachtragsanschuldigung	§ 53 Nachtragsdisziplinarklage
§ 67 Abs. 4 Mängel	§ 55 Mängel des behördlichen Disziplinarverfahrens oder der Klageschrift
§ 68 Wiederholung und Ergänzung der Beweisaufnahme	§ 58 Beweisaufnahme
§ 69 Verbindung von Verfahren	§ 3 i.V. m. § 93 VwGO
§ 70 Akteneinsicht	§ 3 i.V. m. § 100 VwGO
§ 70a Disziplinargerichtsbescheid	§ 59 Entscheidung durch Beschluss, § 3 i.V. m. § 84 VwGO
§§ 71-78	§ 3 i.V. m. VwGO
§§ 75-76 Gegenstand des Urteils, Tenor	§ 60 Mündliche Verhandlung, Entscheidung durch Urteil
§ 77 Abs. 1 und 2 Unterhaltsbeitrag	§§ 10 Abs. 3, 12 Abs. 2
Abs. 3-5 Unterhaltsbeitrag	§ 79
§ 78	§ 3 i.V. m. VwGO
§ 79	§ 67
§§ 80-87 Berufungseinlegung	§§ 64-66
§§ 88-90	weggefallen
§§ 91-92 Vorläufige Dienstenthebung und Teilweise Einbehaltung	§ 38 Abs. 1-3
§§ 93-94 Zuständigkeit bei mehreren Ämtern, Zustellung und Wirksamkeit	§ 39
§ 95 Aufhebung und Ende d. Anordnung	§§ 38 Abs. 4, 39 Abs. 4, 63

§ 96 Verfall, Nachzahlung	§ 40
§§ 97, 98 Zulässigkeitsvoraussetzungen	§ 71 Wiederaufnahmegründe
§ 99 Unzulässigkeit der Wiederaufnahme	§ 72 Unzulässigkeit der Wiederaufnahme
§§ 100, 101 Antragsberechtigung	§ 73 Frist, Verfahren
§§ 102, 104, 105	§ 74 Entscheidung durch Beschluss
§§ 103, 106	§ 75 Mündliche Verhandlung, Entscheidung des Gerichts
§ 107	weggefallen
§§ 108, 109 Beseitigung, Entschädigung	§ 76 Rechtswirkungen, Entschädigung
§ 110 Entziehung und Neubewilligung des Unterhaltsbeitrages	weggefallen
§§ 111-116 Kosten	§§ 37, 44, 77 und 78
§ 117 Abs. 1-3	weggefallen
Abs. 4-7	§§ 8 Abs. 2, 9 Abs. 2, 10 Abs. 2
§ 118 Beitreibung	weggefallen
§ 119 Tilgung von Disziplinarmaßnahmen	§ 16 Verwertungsverbot, Entfernung aus der Personalakte
§ 120 Gnadenrecht	§ 81 Begnadigung
§ 121 Verfahren bei Fernbleiben	weggefallen (allg. nach VwGO)
§ 122 Streitigkeiten über Auslegung	§ 52 Abs. 2
§ 123 Nachträgliche Anwendung § 14	§§ 36, 71
§ 124 Beschwerde gegen Missbilligung	§ 52 Abs. 2
§ 125 Fortdauer des Verlustes	§ 39 Abs. 3
§ 126 Beamte auf Probe und Widerruf	weggefallen
§ 127 Dienstvorgesetzte der Polizeivollzugsbeamten	§ 82 Polizeivollzugsbeamte des Bundes
§ 128 Verlust der Berufsförderung	weggefallen
§ 129 Beamte der bundesunmittelbaren Körperschaften, Anstalten und Stiftungen des öffentlichen Rechts	§ 83 Beamte der bundesunmittelbaren Körperschaften, Anstalten und Stiftungen des öffentlichen Rechts
§ 129a Ausgleich	weggefallen
§ 130 Ausschließliche Zuständigkeit	weggefallen
§ 131 Durchführungsvorschriften	§ 86 Verwaltungsvorschriften

Stichwortverzeichnis

a maiore ad minus 489
Aberkennung des Ruhegehalts 115, 358, 366
– Voraussetzung 358
Aberkennung des Ruhegehalts, generalpräventive 116
Abgekürztes Urteil 505
Abhaltung einer Personalversammlung, rechtswidrige 184
Abhilfe 531
Ablehnung der Vertagung 519
Ablehnungsgesuch 482
Ablehnungsgründe 482
Abordnung 234
Abordnungen 177
Abschlussentscheidung 439
– dem höheren Dienstvorgesetzten zuzuleiten 439
– Disziplinarverfügung 439
– Einstellung 439
Absehen von disziplinarer Maßregelung 361
– Legalitätsprinzip 361
Absicht 90
Abwertungen 236
Abwesenheitspfleger 528
Achtung 235
Achtungswürdigkeit 97
Akteneinsicht 473
Akteneinsichtsrecht 411
Aktionen gegen Vorgesetzte 236
Aktivitäten, verfassungsgegnerische 153
Akzeptanz 106
– disziplinare Verfolgung 85
– Richterrecht 105
Alco-Test 197, 198
– Beweis 198
– disziplinare Verfolgung 198
– disziplinare Vermittlung 198
Alimentation 531
Alkoholabbauwerte 199
– Rückrechnung 199

– Vorausrechnung 199
Alkoholabhängigkeit 201
– Aufklärung 202
– dienstliche Belehrung 202
– Dienstunfähigkeit 201
– geschützte Privatsphäre 202
– Kur 201
– Pflichtwidrigkeit 202
– Rückfall 202
– Schuld 202
– Sucht 201
Alkoholentziehungskur 205
Alkoholgenuss 197, 199
– genehmigt 199
– Verschulden 200
– Verwaltungsanordnung 199
Alkoholkrankheit 285
Alkoholmissbrauch 215
Alkoholsucht 200
– Beeinträchtigung des Dienstes 201
– Dienstunfähigkeit 200
– Einsatzunfähigkeit 200
– kausal 200
– schuldfähiger Zustand 200
Alkoholverbot 197
– an Dienststelle üblicher Missbrauch 200
– Beeinträchtigung der Dienstleistungsfähigkeit 197
– Klärung der Dienstfähigkeit 197
Alkoholverbot im Dienst, absolutes 199
– Evidenz des Dienstvergehens 199
– geringste Alkoholbeeinflussung 199
Altersteilzeit 484
Amtsbetrieb, innerbehördliche 256
Amtsermittlungsgrundsatz 510
Amtshilfe 261
– vorgetäuscht 261
Amtsstellung 125
Amtsträger, Anspruch auf Anonymität 254
Amtsverschwiegenheit 263

Stichwortverzeichnis

- Medien 265
- Offenkundigkeit 264
- Pflicht zum Geheimnisbruch 265
- Strafrecht 254
- Triviale Alltagsbegebenheiten 264
- Zeitablauf 264

Anbieten der Dienstleistung 530
Änderung 540
Anfechtung von Disziplinarverfügungen 490
Anfechtungsbefugnis 459
Anfechtungsklage 234, 490
Angaben im persönlichen Intimbereich 246
Angestellte einer Gewerkschaft 409
Angriffe, persönliche 236
Anhörung 408, 409, 508
Anhörung, abschließende 430
Anhörung, unterbliebene 144
Ankündigung
- Änderung 515
- Beschluss 513

Annex 84
Anonyme Drohbriefe 329
Anordnung 232
- eindeutig und unmissverständlich 232
- Zumutbarkeit der – 234

Anordnung der sofortigen Vollziehung 531
Anordnungen, über- und untergeordneter Behörden 232
Anrechnung von Einkünften 491
Anscheinsbeweis 521
Anschlussberufung 548
Ansehen des Beamtentums 95, 98
Ansehensschaden 100
Ansehenswahrung 119, 375
Ansprüche gegen die Verwaltung 247
Anstalten 576
Anstifter 274
Anstiftung 79
Anwaltszwang 409
Arbeitsamt der Bundesbahn 215
Arbeitseinsatz von Untergebenen 220
Arbeitskampf 162
Arbeitskraft schwächt 218
Arbeitsmangel 215
Arbeitsqualität 214
Arbeitsunfähigkeitsbescheinigungen, ärztliche 191
Arbeitsverwaltung 263

Arbeitsverweigerung 214
Arbeitsverweigerung, demonstrative 182
Arbeitsweise 214
- durchschnittliche Leistung 214

Arbeitsweise, fehlerhafte oder nachlässige 214
Arbeitszeitregelungen 530
Arzneimittelgesetz, Verstoß gegen – 329
Arzneimittelmissbrauch 196
Außenstellen 469
Äußerung, missbilligende 398
Äußerung, mündliche missbilligende 345
Äußerungen, beleidigende 305
Äußerungen, missbilligende 344
Aufgaben, gefahrenträchtige 216
Aufhebung 524, 540
Aufhebung der Anordnung nach § 38 540
Aufhebung der Einbehaltungsanordnung 540
Aufhebung der vorläufigen Dienstenthebung 540
Aufhebung des Einbehaltungssatzes 540
Aufhebung von Disziplinarentscheidungen 440
Aufklärung, selbstbelastende 231
Aufklärungsfehler 142
Aufklärungszwang 401
Aufstiegsbeamter 350
Aufwandsentschädigung 453
Aufzeichnung über den Dienstablauf 244
Ausführungsgesetze zum BDG 478
Auskunftspflicht 245
Auslegung 489, 491, 521
- Widersprüchlichkeiten 489

Ausnahmesituation, psychisch 280
Aussagegenehmigung 402, 424
Ausscheiden nebensächlicher Vorwürfe 407
Ausschluss von der Hauptverhandlung 518
Aussetzung 493, 498, 539
- Absehen von 496

Aussetzung der Anordnungen 539
Aussetzungsantrag 452
- Fristsetzung 493

Aussetzungszwang 414
- andere gesetzlich geordnete Verfahren 416

Stichwortverzeichnis

- Ausnahme 414
- Rechtsmittel auf das Strafmaß beschränkt 415
- Verstoß 414

Bagatellbereich 215
Bagatellverfehlung 86
Bagatellverfehlungen 346, 401
BDG, Anwendbarkeit auf § 9 BBesG 527
Beamte 335, 450, 534
- beurlaubte 336
- der ehemaligen Deutschen Bundespost und der Bundesbahn 335
- Dienstherreneigenschaft 336
- disziplinare Pflichten 336
- insichbeurlaubte 336
Beamte auf Probe 333, 378, 450
Beamte auf Probe und Widerruf 343
- Entlassung aus dem Dienst 343
Beamte bei privatisierten Unternehmen 412
Beamte, beurlaubte 183, 348
- Kürzung der Bezüge 349
Beamtenbeisitzer 472, 483
- beurlaubte Beamte 477
- Ruhestandsbeamte 477
- Wahl 476
- Zivildienstleistender 475
Beamteneigenschaft 333
Bearbeitungsaufwand 536
Bedeutungslosigkeit 256
Bedingung 515
Bedürfnis nach Pflichtenmahnung 375
Beeinflussung von Zeugen 249
Beendigung des Beamtenverhältnisses 543
Beendigung des Ruhestandsbeamtenverhältnisses 359
Befangenheit 402
Befangenheit von Vorgesetzten 219
Befangenheitsgrund 166
Beförderungsgut, Unterschlagung von – 276
Beförderungsverbot 349
Beförderungsverlust 123
Begnadigung 574
Begründung des Beamtenverhältnis 334
Behandlung, faire 135
Behinderungen des Dienstes 184
Beihilfe 79
Beihilfebetrug 292
Beistand 409

Beitrittsgebiet 334
Bekanntheit von Tatsachen 525
Belästigung am Arbeitsplatz, sexuelle 306
Belästigung, sexuelle 221
Belehrung 408, 411, 497, 511
Beleidigungen 236
Belohnungen 301
Bemessung der Disziplinarmaßnahme 342, 359
- Legalitätsprinzip 360
- Opportunitätsprinzip 360
- Persönlichkeitsbild 360
Bemessungsfaktor 128
Bemessungsgrundsätze 116
Bemessungsspielraum 115, 116, 503
Beratung der Vorgesetzten 235
Beratungsgeheimnis 474
Berechtigte 89
Bereitschafts- und Rufbereitschaftsdienst 215
Berichterstatter 510
Berufserforderlichkeiit 94
Berufsgeheimnisträger 423
Berufskraftfahrer 244
Berufung 544, 545, 547
- Anfechtungsklage des Beamten 544
- beschränkt oder unbeschränkt 545
- Beschränkung 82
- Disziplinarklage des Dienstherrn 544
- Unzulässigkeit 547
- Verfahrensmangel 551
- Zulassung 548
- Zurücknahme 548
Berufungsbegründungsfrist 545
Berufungsgründe 545
Berufungsverfahren 513, 551
- Präklusion 551
Beschlagnahme 427
Beschlagnahmung 426
- Vollstreckung 427
- Voraussetzung 427
- Vorschriften der StPO 427
- zuständig 426
Beschleunigung 502
Beschleunigungsantrag 533
Beschleunigungsgebot 128, 131, 133, 341, 519, 533
- Art. 6 Abs. 1 Satz 1 MRKV 132
- Ermittlungsgrundsatz 341
- verspätetes Vorbringen 341
Beschleunigungsgrund 402

603

Stichwortverzeichnis

Beschleunigungsgrundsatz 128, 340, 494
Beschluss 517, 564
– Flüchtigkeitsfehler 517
– Verwerfung des Wiederaufnahme-
   antrags 564
– Wiederaufnahmeantrag offensichtlich
   begründet 564
Beschluss nach § 59 512
Beschränkung 502, 503
Beschwer 459
Beschwerde 516, 543, 554
– Aussetzung nach § 63 554
Besorgnis der Befangenheit 482
Bestandskraft 460
Bestechung 299
Bestrafungsverbot 383
Bestreiten des Sachverhalts 532
Betätigung im Dienst, politische,
   Zulässigkeit 161
Betätigung, politische 160
Beteiligungsrechte 137, 143
– Verfahrensfehler 137
Betreuer 497, 528
Betreuung 497
Betriebsfrieden 305
Betriebsverhältnis 234
Betrug 292
– außerdienstliche 315
Beurlaubung 178, 310
Beurteilung, isolierte 520
Beurteilungszeitpunkt 111
Bevollmächtigte 497
Bevollmächtigter 409, 490, 528
Bewährung 393
Beweisanregungen 511
Beweisanträge 488, 497, 511
Beweisaufnahme 509
Beweiserhebung 412, 418, 422
– Akten 421
– Ausgestaltung des Verfahrens 418
– Aussagen 419
– dienstliche Auskünfte 419
– eingeschränkte Beweiskraft eines
   Protokolls 419
– Ladung des Beamten 420
– Niederschrift 419
– Niederschriften 418
– schriftliches Gutachten 421
Beweisermittlungsbegehren 511
Beweislast, materielle 528
Beweislastregeln 521
Beweisthema 511

Beweiswürdigung 488, 521, 529
Bewusstsein der Pflichtwidrigkeit 90
Bezügeeinbehaltung 541
Billigkeit 517
Billigkeitsentscheidung 466
Bindung 520
– Feststellungsbescheid 529
– innerprozessuale 106
– Richterrecht 106
– Strafurteil 107
Bindungswirkung 417, 502, 504, 506, 512
– Feststellungsbescheid 527
– Feststellungsbescheide 504
– für Disziplinarverfahren 532
– Lösungsmöglichkeit 417
– Prüfkompetenz 233
– Strafbefehle 417
– Verwaltungsgerichte 233
Bindungswirkung von Weisungen 230
– gesetzliche Regelung entgegensteht
   231
– offensichtliche Unwirksamkeit 231
– rechtliche Grundlage fehlt 231
– Unmöglichkeit 230
– Unzuständigkeit 230
Blockmodell 484
Blutalkoholkonzentration 197
Blutentnahme, ärztliche 199
Brief- und Postgeheimnis 261
Bußgeldverfahren 505
Bummelstreik 184
Bummelstreik (go slow) 215
Bundesanstalt für Post und Telekom-
   munikation 137
Bundesanstalt für Post und Telekom-
   munikation Deutsche Bundespost 141
Bundesbeamtenverhältnis 333
Bundesbeamter 333
– mittelbarer 333
– unmittelbarer 333
Bundesdisziplinaranwalt 578
Bundesdisziplinargericht 578
Bundeseisenbahnvermögen 469
Bundesnachrichtendienst 467

Daten, personenbezogene 429
Daten, persönliche 247
Datenaustausch 429
– Ausnahmecharakter 429
– Zustimmung des Beamten 429
Datenaustausch, innerdienstliche 429
Dauer der Gehaltskürzung 347

Stichwortverzeichnis

Dauer des Disziplinarverfahrens, lange 123
Degradierung 350, 374
Demonstration 183
- Motive 183
Denkgesetze 507
Devolutiveffekt 460
Diebstahl 289
- außerdienstliche 317
- von Eigentum der Verwaltung 289
- zum Nachteil von Kollegen 289
Diebstähle 318
- in den besonders schweren Fällen des § 243 StGB 318
Dienst nach Vorschrift 215, 228
Dienstangelegenheiten 255
Dienstantritt, unter Restalkohol 122
Dienstantritt, verspäteter 176, 197
Dienstaufsicht 219
Dienstbefreiung 178
Dienstbereitschaft 176, 454
Dienstbereitschaftserklärung 530
Dienstbetrieb 243
- demonstrative Störung 221
Dienstbezogenheit 73, 97, 121
Dienstentfernung 356
- Maßnahmenverbot 356
- Tilgung 356
- Verfolgungsverjährung 356
Dienstenthebung 539, 541
Dienstenthebung, vorläufige 447, 453
- Aussetzung 555
Dienstfähigkeit 205, 529
Dienstherrenfähigkeit 333
Dienstherrnwechsel 338
Dienstleistung, geschuldete 176
Dienstleistung, volle 529
Dienstlicher Verkehr 257, 258
- Gewerkschaften 259
- Personalrat 258
- Rechtsstreitigkeiten 257
- Verteidiger 258
Dienstlicher Wohnsitz 469
Dienstpflicht zum Offenbaren 243
Dienstpflicht zur Loyalität 266
Dienstpflichten, nachwirkende 119
Dienstplan 177
Dienststelle 481
Diensttausch 178
Dienstunfähigkeit 176
- Alkoholismus 122
- als Folge 122

- Kausalität des Alkoholmissbrauchs 200
Dienstunfähigkeit durch Restalkohol 197
Dienstunfähigkeit, krankheitsbedingte
- ambulanter Arztbesuch 181
- Behandlung 181
- stationäre Krankheitsbehandlung 181
- widersprechende Arztgutachten 180
Dienstunfähigkeit, partielle 180
Dienstunfallfolgen 125
Dienstvergehen 63, 77, 106, 111
- Anknüpfungspunkte 111
- außerdienstliches 309
- Durchbrechung der Einheitlichkeit 83
- Einheit 63, 77
- einheitliche Betrachtung 83
- Persönlichkeitsbild 111
- Straftatbestände 106
- Tatbestand 77
- Verdacht 79
- Verselbständigung 84
Dienstverhältnis, früheres 338
Dienstverweigerung 175, 182
Dienstvorgesetzte 481
Dienstvorgesetzter 232
Dienstvorschriften 227
Dienstweg 266
Dienstzeit 176
Diskretion 253
Diskriminierungsverbot 153
Disziplinarbefugnis 430
Disziplinarbefugnis des Dienstherrn 502
Disziplinarbefugnis, erneute 525
Disziplinarentscheidung, erneute 525
Disziplinargerichtsbescheid 83
Disziplinargewalt 130, 461, 513, 524, 526
- Verbrauch 523
- verbraucht 83
Disziplinarkammer 233
Disziplinarklage 137, 438, 465, 482, 485, 486, 513
- Form 438
- Formmangel 439
- Frist 438
- Inhalt 438
- Verfahren 438
- Zuständigkeit 439
Disziplinarmaßnahme 83, 111, 341, 503, 521
- Beurteilungszeitpunkt 120
- einheitliche Verfolgung 120

605

Stichwortverzeichnis

- Ermessen 360
- Rechtsanwendung 360, 361
- Rückfall 113
- Rücktritt vom Versuch 124
- Steigerung der Maßnahmenart 113
- Tatmotive 124
- Vortaten 114

Disziplinarmaßnahmen 110, 458
- Einstufungsfunktion 111
- Regelmaßnahmen 111
- Steigerung, stufenweise 112
- verschiedene Disziplinarvorgesetzte 110

Disziplinarrecht
- Dienstbezogenheit 73
- Einigungsvertrag 70
- Europäische Gemeinschaftsrecht 70
- Funktion 71
- Gemeinschaftsrecht 105
- Geschichte 59
- Neuordnung 66
- Privatisierung 68

Disziplinarsenat 485
Disziplinarverfahren 539
Disziplinarverfügung 135, 435, 458, 462, 525
- Aufhebung 463
- Begründungszwang 437
- Geldbuße 435
- Kostenentscheidung 438
- Kürzung der Dienstbezüge 435
- Personalrat 435
- Rechtsbehelfsbelehrung 438
- Unterschrift 437
- Verweis 435

Divergenzrüge 556
Doppelahndungsverbot 368
Doppelbestrafung 133, 135
Doppelverfolgung 525, 528
Drogen 196, 204
Durchsuchung 427

EDV-Vernetzung 263
Ehegatte 481
Eigenverantwortung, mangelnde 214
Eilentscheidung durch den Kammervorsitzenden 531
Einbehaltung 530, 540
Einbehaltung der Dienstbezüge 539
Einbehaltung von Bezügen 447
Einbehaltung von Teilen der Bezüge 453
Einbehaltungsanordnung 541

Einbeziehung der neuen Handlungen 495
Einbeziehung neuer Handlungen in ein bereits eingeleitetes Disziplinarverfahren 407
Einbruchsdiebstahl 290
Einfluss auf die disziplinaren Tatsachenfeststellungen 107
Eingangsamt 351
Einheit der disziplinaren Verfolgung 463
Einheit des Dienstvergehens 80, 84, 85, 103, 133, 342, 502, 504, 524, 525
Einleitung des behördlichen Verfahrens 534
Einleitung des Disziplinarverfahrens 83
Einleitung eines neuen Verfahrens 434
Einleitungsverfügung 534
Einsatzfähigkeit 529
Einsatzfähigkeit, dienstliche 245
Einsatzort, dauerhafter 469
Einsatzpflicht 214
Einschränkung des Vorwurfs 495
Einstellung 380, 440, 502
Einstellung des Verfahrens, Nebenentscheidungen 435
Einstellungsentscheidung 371, 388
- Form und Inhalt 371
- schriftliche Verfügung 371

Einstellungsentscheidungen
- Hemmung 389
- Unterbrechung 389

Einstellungsgründe 432, 434
- Ausscheiden aus dem Beamtenverhältnis 434
- Entlassung 434
- Tod 434

Einstellungsverfügungen 458, 490
Einstellungsvoraussetzung 432
- Dienstvergehen nicht festgestellt 432
- Disziplinarmaßnahme nicht angezeigt 432
- Opportunitätsgründe 432
- Unschuld des Beamten 432

Einstufungsfunktion 342
Einstweilige Anordnung nach § 123 VwGO 234
Eintritt in den Ruhestand 128
Einzelakte 133
Einzelanweisungen 227
Einzelrichter 474
- Disziplinarklagen 474

Ende der Anordnungen nach § 38 543

Stichwortverzeichnis

Ende des Dienstverhältnisses 353
Entbindung vom Beamtenbeisitzeramt, Härtefällen 484
Entfernen vom Unfallort 313
Entfernung 486
Entfernung aus dem Beamtenverhältnis 115
Entfernung aus dem Dienst 353
- Aberkennung des Ruhegehalts 354
- Begründung eines anderen Beschäftigungsverhältnisses 357
- erneute Ernennung zum Beamten 357
- frühere Dienstverhältnisse 356
- Rechtskraft des Urteils 353
- Zahlung der Dienstbezüge 353
Entfernung von Eintragungen in der Personalakte 491
Entfernung, einstweilige 539
Entlastung im Hauptamt 536
Entscheidungsgründe des BVerfG 136
Entscheidungssatz 81
Entscheidungszeitpunkt 110
Entziehungskur 126, 201, 205
Ergänzungsrichter 474
Erhaltung der vollen Dienst- und Einsatzfähigkeit 195
Erhaltung und Wiederherstellung der Gesundheit 196
- private Lebensführung 196
- vor unmittelbar bevorstehendem Dienst 196
- Vorsorge 196
Erheblichkeit 86
Erhebung einer neuen Disziplinarklage 496
Erkrankung 519
Erledigung der Hauptsache 514
Erledigung in der Hauptsache 475
Ermessensentscheidung 143, 540
- rechtliches Gehör 143
Ermessensentscheidungen 130
Ermessenserwägungen 542
Ermessensfehlentscheidung 143
Ermessensfreiheit 541
Ermessensspielraum 228
Ermittlungen 412
Ermittlungsführer 400, 481
Ermittlungspflicht 413
Ermittlungsverfahren 409
- Anhörung 409
- Aussage verweigern 410
- schriftlich äußern 410

- Vernehmung zur Person 409
Ernennung 334
- Anfechtung 109
Erneute Disziplinarbefugnis des höheren Dienstvorgesetzten 440
Erpressung 329
Ersatzbeisitzer 477
Erscheinen, persönliches 518
Erstattung des Gutachtens 425
Erstattung einer Strafanzeige 235
Erstattungsanspruch der Auslagen 446
Erzwingung der Zeugenaussagen 425
Europäische Menschenrechtskonvention 136
Evidenz der Pflichtwidrigkeit 91

Fahren ohne Fahrerlaubnis 313
Fahrlässigkeit 89
Fahrlässigkeitstaten 99
Falschangabe 293
Falschaussage 323
Falschgeld, Verbreitung von – 329
Fangsendungen 274
Fehlende Bedeutung eines Anschuldigungspunktes 501
Fehler der Klageschrift 499
Fernbleiben 526
- Nebentätigkeit 218
Fernbleiben vom Dienst 174, 234, 528
- Beweislast 185
- Entlassungsantrag 179
- Genehmigung durch den Vorgesetzten 178
- Nachträgliches Akzeptieren durch Vorgesetzte 178
- Private Absprachen 178
- Schuldgrade 184
- Sonstige Hinderungsgründe 182
- Urlaubsantrag 179
- widersprechende Arztgutachten 185
Feststellungen in Strafurteilen, tatsächliche 504
Feststellungsbescheid 522
Feststellungsbescheide 504
Flucht in die Öffentlichkeit 266, 267
- Bundespersonalausschuss 267
- Meinungsfreiheit 267
- Petitionsausschuss 267
Folgen der Fristversäumung 496
Folgen der Tat 121, 122
Folgen einer Disziplinarentscheidung 491

Stichwortverzeichnis

Folgen für den Dienst 122
Folgen für den Täter 123
Fortsetzungsantrag 493
Fortsetzungszusammenhang 82
Freie Kameradschaften 155
Freiheitsentzug 123
Freispruch im strafgerichtlichen Verfahren 369
– Sperrwirkung 369
Freispruch im Strafverfahren 369
– disziplinarer Überhang 369
– Sperrwirkung 370
Freistellung von anderen Vorwürfen 133
Frist 393
Fristablauf 501
Fristhemmung 397, 535
Fristsetzung 494, 501, 534, 536
Fristsetzung zur Äußerung 497
Fristsetzung, gerichtliche 533
Fristverlängerung 494, 537
Fristversäumnis 340, 516
Fristversäumung 459, 490
Fundunterschlagung 277
Funktionsfähigkeit der Verwaltung 254
Fürsorge 219, 520
Fürsorgepflicht 87, 135, 221

Gang der Hauptverhandlung 520
Gebot der einheitlichen disziplinaren Verfolgung 493
Gebot der einheitlichen Verfolgung 522
Gebührenüberhebung 274
Gebührenverzeichnis 569, 584
Gefahr disziplinarer Verfolgung 245
Gefahr im Verzug 427
Gegenstand der Nachtragsdisziplinarklage 493
Gehaltshebungsverfahren, Missbrauch 275
Gehaltskürzung 116, 347, 374
– Beförderungsverbot 349
– Bemessung der 117
Geheimhaltungsgebote 259
Geheimnisbruch, Unterlassen 256
Geheimnisschutz 263
Gehör, rechtliches 142, 411, 508, 519, 535
Gehorsam 227
Gehorsamspflicht 254
Geldbuße 116, 237, 345, 374
– einmonatige Dienstbezüge 346
– Höchstbetrag 346
– Ratenzahlung 346

Geldstrafe, Anwendung 129
Gelegenheitstat 281
Geltungsbereich 333
Geltungsbereich, sachlicher 337
– unabdingbare Prozessvoraussetzung 337
Genehmigung des Fernbleibens 530
Generalprävention 110, 118, 119
Genesungspflicht 206
Genesungsverzögerung 218
Gerichtsbezirk 484
Gerichtskosten 569
Geringer Wert 284
Gesamtcharakter 96
Gesamtmaßnahme 77
Gesamtpersönlichkeit 85
Gesamtpersönlichkeit des Beamten 360
Geschenkannahme 299
Geschenkannahme, unerlaubte, und Nebentätigkeit 218
Geschenke 301
Geständnis 127, 510
Gesundungspflicht 205
Gewerkschaft 259
Gewerkschaften 162
Gewerkschaftsmitglieder 237
Gewerkschaftssekretäre 409
Gewicht des Dienstvergehens 495, 503
Gewissensentscheidung 231
Gewissensfreiheit 160
Gewissenskonflikt 248
– Wahrheitspflichtverletzung 248
Gewissenskonflikte 217
Glaubhaftmachung 518
Gleichbehandlung 115
– der Bundesbeamten 475
Gleichbehandlungsgrundsatz 119
Gleichgültigkeit, bewusste 214
Grund- und Hauptpflicht 253
Grundpflicht 94

Haft 123
Haftung 230
Halterabfrage 256
Handel mit Haschisch 204
Handlung, fortgesetzte 493
Haschischgenuss 204
Hauptamt 469
Hauptsacheerledigung 535, 541, 543
Hauptverhandlung 473
Haushaltsverstoß 297
Hehlerei 318

Stichwortverzeichnis

- an Beförderungsgut 290
- außerdienstliche 317
Heilung 130, 501
Heilung von Verfahrensfehlern 142
Hemmung 389
- Beendigung des Strafverfahrens 392
- Beteiligung des Betriebsrates 389
- Beteiligung des Personalrats 389
- Einleitung des Strafverfahrens 391
- vorläufige Einstellung 392
Herausgabe von Unterlagen 426
Heroinhandel 204
Hilfsanträge 511
Hilfsbeamte der Staatsanwaltschaft 402
Hilfsbereitschaft 235
Hingabepflicht 195
- Einsatzfähigkeit im weiteren Sinn 195
- Erhaltung bzw. Wiederherstellung der vollen Dienstfähigkeit 195
- private Lebensführung 195
Höchstgrenze der Kürzung 347
Höflichkeitsgebot 235

in dubio pro reo 92, 508, 521
Information der Öffentlichkeit, durch die Medien 253
Informationshilfe 261
Informationsrecht 474
Inhalt der Klageschrift 487
Instanzenzug 468
Integrität 99
Interesse, dienstliche 246
Interesse, fiskalische 531
Interesse, öffentliches 460, 531
Interessen- und Pflichtenkollisionen 249
Interessenkollision 87
Irrtum über Tatumstände 90

Kammer für Disziplinarsachen 471
Kammerbesetzung 471, 475
Kammerbezirke 469
Kassenbeamte 275
Kassenmanipulationen 276
Kassenminderbetrag 276
Kassenvorschriften 275
Kenntnis von Tatsachen 525
Kern 86
Kernbereich der Amtspflichten 237, 249
- Wahrheitspflicht 250
Kernbereich der Dienstpflichten 243
Kernpflicht 92
Klage des Beamten 490

Klageabweisung 514, 522
Klageantrag 488
Klageerhebung, wahlweise 499
Klageerhebungsermessen 500
Klageerwiderung 510
Klagegegenstand 515, 520
- Verzicht auf Vernehmung 511
Klagen der Beamten 485
Klagerücknahme 475, 523
- Folgen der Rücknahme 523
Klageschrift 510
- Auslegung 489
Klagewillen 489
Klarstellung des Vorwurfs 487
Koalitionsfreiheit 162
Konkurrenz 413
Konstruktiver Widerspruch 235
konsumiert 247, 248, 254
Konsumtion 79, 244, 245
Konversion 530
Konzentration des Verfahrens 408
Körperschaften 576
Kosten 438, 444
Kosten, erstattungsfähige 446, 567
Kostenentscheidung 392, 445, 517, 538, 542
- dem Grunde nach 445
- Ermessen 445
- Festsetzung der Verfahrenskosten 446
- mehrere Beschuldigte 445
- Umfang 445
- zuständige Dienstvorgesetzte 445
Kostenentscheidung im Vorverfahren 445
Kostenentscheidungen 444
Kostentragungspflicht 466, 567
Krankfeiern (go sick) 216
Krankheit, Bemessung 125
Krankheitsbedingte Dienstunfähigkeit 179
Kriegsverletzung 125
Kriminalstrafe 369
- disziplinare Maßnahme 369
Kronzeugenregelung 572
Kürzung der Dienstbezüge 347
Kürzung des Ruhegehalts 119, 343, 348, 357, 374

Ladung 411
Landesdisziplinargesetz 334
Landesdisziplinarverfahren 468
Lebensphase, negative 126

609

Stichwortverzeichnis

Legalitätsgrundsatz 362
Legalitätsprinzip 383, 400
Leistungsfähigkeit 219
Leistungsschwäche 217
- Kenntnis von der - 217
Lösung 507
Lösungsbeschluss 505, 507
- Beweisaufnahme 509
- Beweismittel 508
Lösungsmöglichkeit 417
Loyalität 267
Lügen im Disziplinarverfahren 248

Maßnahme, beamtenrechtliche 341
Maßnahmen, beamtenrechtliche 108
Maßnahmenverbot 379
Maßnahmenwahl 113
Maßnahmeverbot 83, 248, 383, 385, 403
- Anordnung von disziplinaren Vorermittlungen 385
- Klärung der Unschuld 387
- Mehrheit von Pflichtverletzungen 386
- Verfahrenseinstellung 387
Maßregelungsverbote 462
Maßregelungsverfahren 385
Maßregelverbot, Fristen 389
Mahnungsbedürfnis 458
Mandatsniederlegung 519
Mängel der Disziplinarklage 521
Mängel der Klageschrift 486
- Zustellung 497
Mängel des Verfahrens, behebbare 433
Mängel des Verfahrens, wesentliche 498
Mängelbeseitigungsaufforderung 501
Mehrarbeitsausgleich 530
Meineid 323
Meinungsäußerungsfreiheit 150
Meinungsfreiheit 161, 305
Meldepflicht 244
Menschenrechtskonvention 70
Mißbilligung 374
Milderungs- oder Erschwerungsgründe 112
Milderungs- und Erschwerungsgründe 121
Milderungsgründe 112
Minderheitsinteressen 91
Ministerium für Staatssicherheit 246
Missbilligende Äußerung 109
Missbilligung 110, 380, 387, 433, 437, 458
- Verfolgbarkeit der Tat 433
- Verfolgbarkeit des Täters 433

- Verhandlungsunfähigkeit 433
Missbrauch von Arzneimitteln 204
Missstände 88
Mitglied einer Personalvertretung 338
Mitgliedschaft 150, 152
Mittäterschaft 79
Mitwirkung 138
- Umgehung der 139
Mitwirkungspflicht 511, 528
Mitwirkungspflicht, innerdienstliche 231
Mitwirkungspflicht, prozessuale 248
Mitwirkungsrechte 461
Moral 95
Moralempfindungen 99
MRKV (Konvention zum Schutz der Menschenrechte und Grundfreiheiten) 131
Mündliche Verhandlung 553

Nacharbeit 530
Nachfrist 494
Nachlässigkeit, bewusste 215
Nachlässigkeiten 222
Nachtat, schlaflose 79
Nachtragsdisziplinarklage 127, 492, 500, 504, 521, 534, 551
- Berufungsverfahren 494
- Beschleunigungsantrag aus § 62 494
- Einschränkung des Vorwurfs 495
- Form und Inhalt 494
- Schluss der mündlichen Verhandlung 494
Nachversicherung 353, 359
Nachweispflicht 191, 193
- Melde- und Informationspflicht gegenüber ihrer Dienststelle 193
Nachweispflicht anlässlich des Fernbleibens 191
- Vorlagepflicht 192
Nachzahlung, der einbehaltenen Beträge 455
Nachzahlungsanspruch 543
Nebenamt 403
Nebenbeschäftigung, ungenehmigte 176
Nebenmaßnahmen 533
Nebenstellen 469
Nebentätigkeit 218, 243
Nebentätigkeiten 351
Neubescheidung 441, 465, 525
- Form 441
- Frist 526

Stichwortverzeichnis

Neueinleitung 538
Neutralität 244
Neutralitätspflicht, politische 160
- Aktivitäten außerhalb des Dienstes 162
- Amtsausübung 161
- Grundrechtsbeschränkungen 161
- Offenlegung des bekleideten Amtes 166
Nichterscheinen des Beamten 518
Nichtheranziehung eines Beamtenbeisitzers 482
Nichtvorlage von Attesten 185
Niederschrift 410
Nötigung im Straßenverkehr 313
Notstand 89
Notstands- und Konfliktlagen 126
Notwehr 89
NPD 154

Oberverwaltungsgericht 485, 544
Obhuts- oder Überwachungspflichten 289
Objektivität 244
Offenbarung des Schadens 282
Offenbarungsrecht 258
Offenheit 242
offenkundig 260
Offenkundigkeit 256
Opportunitätsgrundsatz 143
Opportunitätsprinzip 362, 380
Ordnungsgelder 479
Ordnungswidrigkeit 94
Ordnungswidrigkeiten 346

Partei, nicht verbotene politische 152
- Ermessensfaktor für die Einstellungsentscheidung 153
Parteien, politische 150
Personalakten 262
Personalrat 137, 236, 258, 345
- Dienstbefreiung zur Wahrnehmung von Personalratssitzungen 236
- Dienstlicher Verkehr 258
- Wohlverhaltenspflicht 237
Personalvertretung 481
Persönlichkeitsbild 96, 113, 124
Persönlichkeitsschutz 253
Pfleger 534
Pflicht 86
Pflicht zur Dienstleistung 175, 176
Pflicht zur Erhaltung und Wiederherstellung der vollen Dienst- und Einsatzfähigkeit 195
Pflicht zur Mehrarbeit 177
Pflicht zur Offenbarung privater Umstände 246
Pflicht zur Wiederherstellung 205
Pflicht zur Wiederherstellung der Dienstfähigkeit, Ruhestandsbeamte 206
Pflichtentatbestand 77, 87
- nachdienstlicher 85
Pflichtentatbestände 93
- Konkretisierung 95
Pflichtverletzung 77
Pflichtverletzung, außerdienstliche 100, 145
- Beamte bei privaten Arbeitgebern 148
- bei Gelegenheit der Dienstausübung 147
- dienstrechtlicher Charakter des Verhaltens 147
- Rechtsnatur der verletzten Pflicht 147
Pflichtwidrigkeit 87
- Bewusstsein 90
- Billigung des Vorgesetzten 88
- Evidenz 91
- gefahrengeneigte Tätigkeit 89
- Kollision widerstreitender Dienstpflichten 88
Pflichtwidrigkeit, Duldung von 88
Politische Aktivitäten 150
Politische Äußerungen außerhalb des Dienstes 165
- demonstrative Meinungsäußerungen 165
- Kritiken an der eigenen Verwaltung 166
- Teilnahme an Demonstrationen 165
Politische Äußerungen im Dienst 164
- Bekenntnis 164
- Diskussionen unter Kollegen 164
- Partei 164
- Strafbare Äußerungen 164
- Tragen von politischen Nadeln, Plaketten, Aufklebern 164
Politisches Verhalten 149
Polizeivollzugsbeamte 576
Postgeheimnis 277
Postunterdrückung 276
Pressesprecher 265
Private Verrichtungen während des Dienstes 177

611

Stichwortverzeichnis

Privatklageverfahren 505
Probebeamter 338
Prognose des Gerichts 495
Prognoseentscheidung 539
Protokoll 428, 520
Protokollierung 428
Prozesshindernis 385
Prozesshindernisse 462
Prozesskostenhilfe 444, 555
Prozessuale Fürsorge 135
Prozessvoraussetzungen 462
– Beschluss nach § 59 513
Prozessvoraussetzungen, objektive 517
Psychische Erkrankungen 181
– Dienstunfähigkeit 181
– Schuldfähigkeit 181

Radikalenbeschluss 151
– Parteienprivileg 153
Rauschgift, Handel mit – 329
Rauschtat 200, 327
Reaktivierung 528
Recht auf Anwesenheit 518
Recht des Beamten auf Teilnahme an der Beweiserhebung 421
Rechtfertigungsgründe 87
Rechtliches Gehör, Folgen der Verletzung 134
Rechtsanwaltsgebühren 446
Rechtsbehelfsbelehrung 459
Rechtsfolgenberechnung 503
Rechtsfortbildung 102, 137
Rechtsgespräch 520
Rechtshilfe 402
Rechtskraft 82, 460, 537
Rechtskraftwirkung 524
Rechtsmittelbereinigungsgesetz 548
Rechtsschutz, vorläufiger 530
Rechtsschutz-GmbH 409
Rechtsschutzbedürfnis 541
Rechtsschutzinteresse 459, 519
Rechtswahrung in eigener Sache 236
reformatio in peius 462
Regelbemessung 117
Regelungen und Entscheidungen, internationale 136
Regelungsinhalt von Weisungen 232
Rehabilitierung 393
Reinigung 458
Reinigung des Beamtentums 110
Reisekostenabschlag 518
Remonstration 230, 258

– Pflicht zur – 230
Republikaner 151, 154, 155
– erhebliche Anhaltspunkte für Bestrebungen gegen die freiheitlich-demokratische Grundordnung 155
– formale Bekenntnis zum GG 154
– nationalsozialistische Ziele 154
– Zulässigkeit der nachrichtendienstlichen Beobachtung 155
Resozialisierung 115
Restalkohol 203
Reue, tätige 126
Revision, Form, Frist und Zulassung 555
Revisionsverfahren 557
Revisionszulassung 556
Richter 333
Richter, beauftragter 510
Richter, ehrenamtlicher 472
– Vereidigung 519
Richter, ersuchter 510
Richteramt, Ausschluss 480
Richterpersönlichkeit 105
Richterrecht 102, 106
Röntgen-Lungenuntersuchung 205
Rückfall 113, 377
Rückfälligkeit 92, 112, 237
Rücknahme 500, 535
Rücknahme der Disziplinarklage 487
Rücksichtnahme 235
Rücktritt vom Versuch 78, 124
Rückwirkung 540
Rückwirkungsverbot 120
Ruhegehalt 359
– Ermittlung des – 359
Ruhestand 255, 378, 530
Ruhestandsbeamte 85, 336, 337, 342, 469
– Ausübung der Disziplinarbefugnisse 577
Ruhezeit 197

Sach- und Rechtslage, veränderte 543
Sachbericht 510, 520
Sachverhaltsidentität 83, 133
Sachverständige 424, 425, 510, 511, 521
Sachverständigenvernehmung 402
Sammeln von Material 236
Schieben von Geldbeträgen 284
Schmuggel, außerdienstlicher 328
Schuldausschließungsgründe 93
Schuldausspruch, einheitlicher 81
Schulden
– Nichtabwicklung 320

Stichwortverzeichnis

– unehrenhaftes Eingehen 320
Schuldfähigkeit 92, 125, 181
– Neurose 181
– verminderte 92, 115, 285
Schuldnerverhalten 320
Schwarze Kassen 297
Schweigen 521
Schweigepflicht 237
Schweigepflicht, ärztliche 260
Schwelle 86
Schwelle zur »disziplinaren Erheblichkeit« 86
– Berufserforderlichkeit 86
– Straßenverkehrsdelikt 86
Scientology-Kirche 217
Selbstbelastung, Disziplinarverfahren 248
Selbstbestimmung, informationelle 245, 246, 262, 429
Selbstbezichtigung 244
Selbstbezichtigungen 245
Selbsthilfe 89
Selbstreinigungsverfahren 138, 345, 404
– Antrag 406
– Beamte auf Probe 406
– Einleitung des förmlichen Disziplinarverfahrens 407
– Legalitätsprinzip 405
– Prozesshindernisse 405
– Prozessvoraussetzungen 405
– Rechtsschutz 407
– Rechtsschutzbedürfnis 405
– Rücknahme des Antrags 406
– Ruhestandsbeamte 405
– Sachentscheidung über Vorliegen eines Dienstvergehens 406
– Verfahren vor der Einleitungsbehörde 406
– Verjährung 406
Sexualverfehlungen, außerdienstliche 325
Sexualverstöße 222
Sicherheitsanfragen 246
Sicherheitsüberprüfung 246
Sittenanschauungen 95
Sittenempfinden 91
Sitzungsentschädigung 479
Skinheads 155
Soldaten 333
Sonderopfer 92, 125
Sozialhilfe 531
Sperrregelung 114

Spielsucht 285
Sprungrevision 556
Staatssicherheit 246
Statusbereich 234
Steigerung, stufenweise 112
Steuer- und Abgabenhinterziehung 311
Steuerhinterziehungen 328
Stiftungen des öffentlichen Rechts 576
Stimmrecht 521
Störung des Dienstbetriebs 229
Störung, neurotische 181
Störungen des Dienstbetriebs 97
Straßenverkehrsdelikte 309
Strafanzeige 305
Strafbefehl 107
Strafprozess 512
Strafprozessordnung 339
Strafrecht 339
Straftaten 107
– Gewicht 107
– sonstige 327
Strafurteil 107, 108
– Ausscheiden aus dem Dienst 107
– disziplinares Maßregelungsverbot 368
– Strafverfahren 368
Strafverfahren 368, 390, 413, 488, 505
– Aussetzung 414
– Einstellung nach § 153 a StPO 368
Strafverfahren, sachgleiche 128
Strafverfolgung 263
Streik 163, 182, 184
Streikeinsatz 231
Streikrecht 183
– nicht beurlaubte Beamte 183
Streitwertfestsetzung 569
Substantiierung 488
Substantiierung des Sachverhalts 500
Suchtkranker 287
Suspendierung 530
Suspensiveffekt 460

Tarifautonomie 162
Tätlichkeiten 305
Tatsachen, neue 525
Tatsachenbindung 107
Tatsachenirrtum 229
Tatverdacht 399
Teilrechtskraft 82, 545
Tenorierung 537, 542
Terminaufhebung, Anfechtbarkeit 519
Tilgung 113, 394, 396, 397, 443

Stichwortverzeichnis

– Antrag 397
– Frist 398
– Verzicht 397
Tilgung von Disziplinarmaßnahmen 393
Tilgungsfristen 398
– Einstellung 398
Toleranzgebot 91, 99, 153
Tonbandaufnahme, unbefugte 236
Tragweite 491
Treuepflicht, politische 149, 150, 151
– allgemeine Richtschnur 151
– Dienst- und Treueverhältnis 150
– disziplinarrechtlich erhebliche Dienstpflicht 151
– Europäische Menschenrechtskonvention 157
– Grundpflicht 150
– individuelles Verhalten 156
– internationale Regelung 157
– mit Einschränkungen verfassungsgemäß 152
– Rechtsprechung des Wehrdisziplinarsenats 156
– Verhältnismäßigkeitsgebot 153
– weitgehende Treuepflicht 151
Treueverhältnis 91
Trunkenheit 179
Trunkenheit im Dienst 197, 204
Trunkenheitsfahrt 123, 203
– außerdienstliche 309
Trunkenheitsfahrt, außerdienstliche 147, 311
Trunksucht 180
Tun 78

Übereifer 218
Übergangsbestimmungen 577
Überhang, disziplinarer 370
– Sperrwirkung 370
Umfang der Klage 486
Umfeld der Tat, dienstliches 121
Umsetzung 177
Unabhängigkeit 220
Unanfechtbarkeit 442
Unbescholtenheit 377
Uneigennützigkeit 271
Unerfahrenheit 216
Unfallflucht 313
Ungehorsam 215, 228
– Abgrenzung zur Arbeitsverweigerung 214
– Bemessung 237

Ungeschicklichkeit 216
Unmittelbarkeit 510
Unmögliches 125
Unparteilichkeit 166, 205
Unrichtigkeit, offenkundige 507
Unrichtigkeiten, nebensächliche 243
Unschuld 400
Unschuldsvermutung 80
Untätigkeit der Disziplinarorgane 536
Untätigkeitsklage 491
Unterbrechung 389
Untergebene 227
Unterhaltsbeitrag 353, 354, 359, 570, 581
– Bedürftigkeit 355
– Höhe 354
– längerer Zeitraum 356
– Unwürdigkeit 354
Unterhaltsleistung, bei Mithilfe zur Aufdeckung von Straftaten 572
Unterlassen 78, 243
Unternehmen, private 469
Unterrichtung 408
Unterscheidung zwischen inner- und außerdienstlichen Verhaltensweisen 146
Unterschlagung, außerdienstliche 315
Unterstützungspflicht 229, 234, 242
Untersuchung durch einen Amtsarzt 192
– Mitwirkung 192
– Vorlage der Diagnose 192
Untersuchungsführer 412
Untersuchungshaft 123
Untreue 296
– außerdienstliche 315
Unvermögen, individuelle 217
Unvoreingenommenheit 244
Unwahrheit 243, 244
Unzumutbarkeit 217, 233
Unzuständigkeit 463
Urkundenfälschung 294
– außerhalb des Dienstes 323
Urlaub 530
Urteil 553
– Anfechtungsklagen 518
– Disziplinarklagen 518
– ernstliche Zweifel an der Richtigkeit 549
Urteile, ausländische 505

venire contra factum proprium 130
Verantwortlichkeit der Beamten 230

Stichwortverzeichnis

Verbindung 532
- Anhängigkeit 532
- im selben Rechtszug 532
Verbot der Doppelbestrafung 345
- nochmalige Sachentscheidung 135
Verbot der Doppelmaßregelung 367, 458, 520
- Maßnahmenbemessung 367
- strafrechtliche Verurteilung 368
Verbot der Führung der Dienstgeschäfte 448, 483
Verbot der Verschlechterung 462
Verbot der Wiedereinbeziehung ausgeschiedener Handlungen 504
Verbot der wiederholten Verfolgung, Ausnahme 525
Verbotsirrtum 91
Verbrauch der Disziplinargewalt 524, 538
Verbüßen der Freiheitsstrafe 182
Verdacht 79, 458
Verdacht eines Dienstvergehens 400
Vereinigungsfreiheit 150
Verfahrensbeschleunigung 533
Verfahrensdauer 340
Verfahrensdauer, lange 128
Verfahrenseinstellung 462, 538
- Sachverhaltsidentität 372
- Voraussetzungen 371
Verfahrenseinstellungen 396, 458
Verfahrensfehler 142, 462, 534
Verfahrenskosten 445
Verfahrensmängel 433, 509, 511
- Darstellung 501
Verfahrensmängel, wesentliche 498
- nicht behebbare 498
Verfahrensrüge 556
Verfahrensverzögerung 128, 132, 377, 495
Verfall 455
Verfall der Bezüge 543
Verfall einbehaltener Bezüge 491
Verfassung, psychisch-intellektuelle 125
Verfassungsgrundsatz 136
Verfehlungen, vordienstliche 337
- Rücknahme der Beamtenernennung 337
Verfolgbarkeit, disziplinare 537
Verfolgung ausgeschiedener Handlungen 504
Verfolgung, nachträgliche getrennte 82
Verfolgungsverbot 383
Verfolgungsverjährung 83, 383, 520

Vergleich 401, 518, 524, 553
Verhalten, außerdienstliches 145
Verhaltensprognose 123
Verhältnismäßigkeit 115
Verhältnismäßigkeitsgebot 133
Verhältnisse, wirtschaftliche 540
Verhandlung, mündliche 513, 518
- Beschluss 513
Verhandlungsführung 520
Verhindertsein, unvermeidbares 175
Verhinderung 518
Verhinderung des Verteidigers 134, 519
Verhinderung von Beamtenbeisitzern 477
Verjährung 525
Verkehrsunfall, dienstlicher 244
Verletzung der Würde des Menschen 230
Verlust 205
Verlust der Beamteneigenschaft 335
Verlust der Besoldung 507
Verlust der Bezüge 526
Verlust der Dienstbezüge nach § 9 BBesG 526
Verlust der Fahrerlaubnis 244
Verlustfeststellung, Tatbestandsvoraussetzungen 528
Verlustfeststellungsbescheid 580
Verlustfeststellungsverfahren 507, 527
- Wiederaufgreifen 532
Vernehmung von Sachverständigen 423
Vernehmung von Zeugen 423
Veröffentlichungen 267
Verquickung dienstlicher mit privaten Interessen 297
Versäumung des Dienstwegs 266
Verschlechterungsbefugnis 441
Verschleppungsabsicht 422
Verschulden 89
Verschulden des Prozessbevollmächtigten 531
Verschwiegenheitspflicht 253
Versetzung 234
Versetzung in ein Amt derselben Laufbahn mit geringerem Endgrundgehalt 350
Versetzungen 177
Versorgungsbezüge 347
Versprechen des Schweigens, kollegiale 249
Verstoß gegen die politische Treuepflicht 151

615

Stichwortverzeichnis

Versuch eines Zugriffs 274
Versuchshandlung 78
Vertagung 134
Verteidiger 258, 534
Vertrauen 100
Vertrauensleute der Schwerbehinderten 137
Vertrauensmann der Zivildienstleistenden 137, 140
Vertrauenspersonen der schwerbehinderten Menschen 139
– Anhörung 139
– Information 139
Vertrauensschutz 83, 130
Vertrauenswürdigkeit 98
Vertraulichkeit 253
Verurteilung, strafgerichtliche 335
– Beendigung des Beamtenverhältnisses 335
– Wiederaufnahmeverfahren 335
Verwaltungsakt 234
Verwaltungseinheit 481
Verwaltungsermittlungen 401
Verwaltungsgericht 468, 486
Verwaltungsgerichtsordnung 340
Verwaltungsgerichtsordnung, Anwendung der 339
Verwaltungsübung 88, 229
Verwaltungsverfahrensgesetz 130
Verwaltungsverfahrensgesetz, Anwendung des 339
Verwaltungszweige 477
Verwandte 481
Verweis 115, 237, 344, 374
Verwendbarkeit 219
Verwertungsverbot 113, 393, 395, 427, 525
Verwirkung 82, 130, 338, 524
Verzicht 131
Verzicht auf Widerspruch 83
Verzögerung 495, 511
Verzögerung, nangemessene 131
Verzögerung, unangemessene 526, 534
Vollstreckung 348
– Folgen des sachgleichen Strafverfahrens 348
– jeweilige Dienstbezüge 348
– Mindestlaufzeit 348
– Ministerialzulage 348
– Nebenbeschäftigung 348
– Wiederaufnahmegrund 348
Vollziehung 532

Vollziehung, sofortige 460
Voraussetzungen der Entfernung aus dem Beamtenverhältnis 362
Voraussetzungen eines außerdienstlichen Dienstvergehens 146
Vorbelastungen 124
Vorbereitungshandlung 78
Vorbildfunktion Vorgesetzte 219
Vorermittlungen 399, 411
Vorermittlungen, verwaltungsinterne 399
Vorgesetzte 125, 227
Vorgesetztenstellung 219
Vorklärungen 534
Vorladung zur Dienststelle 193
Vormund 534
Vorrang des Strafverfahrens 413
Vorsatz 89
Vorsatztaten 99
Vorschlagsliste 477, 483, 485
Vorschlagslisten 478
Vorschlagsrecht
– der obersten Bundeshörden 478
– der Spitzenorganisationen der Gewerkschaften 478
Vorstrafe 114
Vorstrafen 124, 377
Vortaten 113, 377
Vortäuschung eines amtlichen Informationsersuchens 256
Vorteilsnahme 299
Vorverfahren 458, 530
Vorwerfbarkeit, Irrtum 236
Vorzeitiges Verlassen des Dienstes 176
VS-Richtlinien 254

Wahlfeststellung 508, 521
Wahlliste 483
– Berichtigung 479
– Streichung 479
Wahlverfahren 477
Wahrhaftigkeit 242
Wahrheitspflicht 242, 410
– als nachgeordneter Annex 248
– nachgeordneter Annex 246
Wahrunterstellung 422
Warnstreik 163
Wechsel des Dienstherrn 349
Weisung 87, 233
– schlüssiges Verhalten 233
– zurückgenommen 233
Weisungen 217

Stichwortverzeichnis

– eigene Kompetenz zur Prüfung der Zumutbarkeit 217
Weisungen, widersprüchliche 232
Weisungs- und Aufsichtsrecht 403
Weitergabe von Informationen 429
Werbung, gewerkschaftliche 162
– Gewerkschaftsvertreter 163
– Personalratsmitglied 163
– Schranke 164
Widerruf 378, 450
Widerruf der Zustimmung 515
Widerrufsbeamter 338
Widersetzlichkeit 214
Widerspruch 234, 458, 531, 540
– Abhilfe 460
– Beschluss 514
– Beschränkung 461
– Erledigung 467
– oberste Dienstbehörde erlassen 458
– Rücknahme 461, 466
– Verwerfung 463
Widersprüchlichkeit 500
Widerspruchsbefugnis 459
Widerspruchsbehörde 459
Widerspruchsbescheid 461, 464
– Änderung 464
– Aufhebung 464
– Aufhebung und Milderung 465
– Form und Inhalt 464
– Rechtsbehelfsbelehrung 464
Widerspruchsbescheids, oberste Dienstbehörde 461
Widerspruchseinlegung 459
Widerspruchsfrist 459
Wiederaufnahme 381, 442, 558
– Antrag 442, 443
– Aufhebung der Disziplinarmaßnahmen 442
– beamtenrechtliche Fürsorgepflicht 443
– Bescheid 443
– Frist, Verfahren 563
– Milderung der Disziplinarmaßnahmen 442
– Nachteile 443
– Rechtswirkungen, Entschädigungen 565
– Unzulässigkeit 562
– Voraussetzung 442
Wiederaufnahmeantrag 390
Wiederaufnahmegründe 559
Wiedereinsetzung 459, 531

Wiedereinsetzung in den vorigen Stand 516
Wiedergutmachung des Schadens 282
Wiederholungsgefahr 375, 376
Wiederholungstat 378
Wirksamkeit der Klageschrift 501
Wirksamkeitsmängel 78
Wirkung, aufschiebende 234, 531, 538, 541, 543
Wirtschaftliche Notlage 279
Wohlverhalten 97
– Ruhestandsbeamte 85
Wohlverhaltensklausel 94
Wohlverhaltenspflicht 95, 242
– außerhalb des Dienstes 309
– innerhalb des Dienstes 304
Wohnsitz, dienstlicher 477
Würde des Menschen 235

Zahlungsunfähigkeit 531
Zeitraum des Bezügeverlustes 529
Zeuge 510, 511
Zeugenvernehmung 402, 424
Zeugnispflicht 423
Zeugnisverweigerung 423
Zivildienstgesetz 390
Zivildienstleistende 334, 468
Zugriffsdelikt 272, 278
– Milderungsgründe 278
Zulassung des OVG 543
Zulassungsgrund
– Divergenz 550
– grundsätzliche Bedeutung der Rechtssache 550
– tatsächliche oder rechtliche Schwierigkeiten 549
Zumessungskriterien 115
Zumutbarkeit 87
Zumutbarkeit einer Heilbehandlung 205
Zurückstufung 116, 350, 351, 486
– Beamten auf Zeit 351
– Bedenken 352
– Beförderungssperre 351
– Ehrenämter oder Nebentätigkeiten 351
– Ehrenbeamte 351
– Vollstreckung 351
Zurückversetzbarkeit 351
Zurückweisung 553
Zusage von Disziplinarvorgesetzten 131
Zusammenarbeit 242
Zusammenarbeitspflicht 237

617

Stichwortverzeichnis

Zuständigkeit 431, 436, 468
– Disziplinarmaßnahmen gegen Ruhestandsbeamte 436
– durch allgemeine Anordnung 436
– Geldbußen 436
– Maßnahme bis zur Höchstgrenze 436
– Verweise 436
Zuständigkeitsregelungen 143

Zustellung 497
Zustimmung der Beteiligten 503, 513
Zustimmung der Verfahrensbeteiligten 514
Zustimmungen des Vorgesetzten 88
Zwangsvollstreckungsmaßnahmen 321
Zweifel 505

Kompetenz verbindet

Lothar Altvater / Wolfgang Hamer / Michael Kröll
Martin Lemcke / Manfred Peiseler

BPersVG – Bundespersonalvertretungsgesetz

mit Wahlordnung und ergänzenden Vorschriften
sowie vergleichenden Anmerkungen zu den
Landespersonalvertretungsgesetzen
Kommentar für die Praxis
6., überarbeitete und aktualisierte Auflage
2008. 2.085 Seiten, gebunden
€ 189,–
ISBN 978-3-7663-3793-1

Der praxisbezogene Kommentar erläutert die Vorschriften des Bundespersonalvertretungsgesetzes für die Personalvertretungen im Bundesdienst und in den Ländern. Ergänzend dazu enthält er detaillierte Hinweise auf die vergleichbaren Bestimmungen in allen 16 Landespersonalvertretungsgesetzen. Landesrechtliche Besonderheiten und Abweichungen bei den besonders wichtigen organisations- und beteiligungsrechtlichen Regelungen sind hervorgehoben.

Die aktualisierte und vollständig überarbeitete Neuauflage beruht im Wesentlichen auf dem Ende September 2007 erreichten Stand von Gesetzgebung, Rechtsprechung und Literatur. Die vergleichenden Anmerkungen zu den Landespersonalvertretungsgesetzen berücksichtigen die bis Ende Dezember 2007 erlassenen Änderungsgesetze.

Zu beziehen über den gut sortierten Fachbuchhandel oder direkt beim Verlag unter E-Mail: kontakt@bund-verlag.de

Bund-Verlag

Kompetenz verbindet

Axel Görg / Martin Guth
Wolfgang Hamer / Rainer Pieper

TVöD – Tarifvertrag für den öffentlichen Dienst

Kommentar für die Praxis
2007. 603 Seiten, gebunden
€ 89,90
ISBN 978-3-7663-3703-0

Seit 1. Oktober 2005 gilt für die Beschäftigten des Bundes und der Gemeinden der Tarifvertrag für den öffentlichen Dienst (TVöD). Die neuen Tarifregelungen, die sich insbesondere im Bereich des Entgelts, der Leistungsorientierung und der Arbeitszeit durch eine gesteigerte Flexibilität auszeichnen, verlagern an vielen Stellen die Regelungs- und Entscheidungskompetenz auf die Verwaltungen und Betriebe. Damit entsteht für die Praxis eine Fülle komplexer arbeitsrechtlicher Fragen.

Der Kommentar erläutert fundiert und praxisnah die Vorschriften des TVöD (Allgemeiner Teil, Besondere Teile: Verwaltung, Krankenhäuser, Pflege- und Betreuungseinrichtungen, Entsorgung, Flughäfen, Sparkassen) unter Berücksichtigung der ersten Änderungstarifverträge zum TVöD. Die wesentlichen Übergangsvorschriften sind einbezogen. Die neueste Rechsprechung und die ersten Meinungen in der Literatur zum TVöD sind enthalten.

Die Kernthemen:
- Überleitung in die neuen Entgeltgruppen
- Veränderungen in Gehaltsstufen
- Leistungs- bzw. erfolgsorientierte Vergütung
- Neue Arbeitszeitmodelle und -vorschriften
- Neue Entgeltfortzahlung
- Neue Führungsmodelle und Befristungsmöglichkeiten

Bund-Verlag

Kompetenz verbindet

Norbert Warga

Handbuch Dienstvereinbarung

Mit Musterschreiben auf CD-ROM
2009. 407 Seiten, kartoniert
€ 39,90
ISBN 978-3-7663-3802-0

Dienstvereinbarungen können für die unterschiedlichsten Bereiche ausgehandelt werden; so z.B. für Arbeitszeiten, Leistungsentgelt, Internet, E-Mail und EDV-Systeme sowie für alle personalwirtschaftlichen Themen. Für Personalräte stellt die Gestaltung von Dienstvereinbarungen eine große Herausforderung dar: Einerseits werden die zu regelnden Sachverhalte durch die neuen Kommunikationstechniken immer komplizierter; andererseits müssen auch die aktuellen Rechtsentwicklungen – wie derzeit das AGG und die nationale und europäische Rechtsprechung – Berücksichtigung finden.

Das Handbuch bietet eine umfassende Anleitung für die Konzeption und praktische Formulierung rechtlich einwandfreier Dienstvereinbarungen. Es erläutert verständlich die geltenden gesetzlichen und formalen Grundlagen. Denn nur so haben die getroffenen Regelungen auch vor den Verwaltungs- und Arbeitsgerichten Bestand.

Von der Vorbereitung über die Gestaltung und Anwendung begleitet das Buch den Personalrat Schritt für Schritt beim Erstellen der Dokumente. Die beiliegende CD-ROM enthält Mustervereinbarungen, die per Mausklick in die eigene Textverarbeitung übernommen werden können.

Bund-Verlag

Kompetenz verbindet

Gisela Graz / Wolf Klimpe-Auerbach / Michael Kröll

Personalratspraxis von A bis Z

Das Handwörterbuch für Interessenvertretungen
im öffentlichen Dienst
2006. 560 Seiten, gebunden
€ 39,90
ISBN 978-3-7663-3581-4

Die gravierenden Veränderungen im öffentlichen Dienst führen zu immer neuen Aktionsfeldern, auf denen sich Personalräte und Dienststellen beweisen müssen.

Die zweite, stark überarbeitete Auflage des Nachschlagewerks bietet mit 80 Stichwörtern das notwendige Knowhow, um die wichtigsten Fragen beantworten zu können. Insbesondere für neu gewählte Interessenvertreter das ideale Rüstzeug, um die Personalratsarbeit gut aufzustellen.

Die Regelungen des TVöD für den Bereich des Bundes und der Kommunen sind berücksichtigt.

Zu beziehen über den gut sortierten Fachbuchhandel oder direkt beim Verlag unter E-Mail: kontakt@bund-verlag.de

Bund-Verlag

Kompetenz verbindet

Michael Kittner

Arbeits- und Sozialordnung

Gesetzestexte • Einleitungen • Anwendungshilfen
34., aktualisierte Auflage
2009. 1.604 Seiten, kartoniert
€ 24,90
ISBN 978-3-7663-3914-0

Gesetze plus Erläuterungen – das ist die Erfolgsformel der jährlich neu aufgelegten »Arbeits- und Sozialordnung«. Die solide Grundlage bilden über 90 für die Praxis relevante Gesetzestexte im Wortlaut oder in wichtigen Teilen. Die Ausgabe 2009 ist weiter optimiert durch eine allgemeine Einführung in die Arbeits- und Sozialordnung sowie 79 Checklisten und Übersichten zur praxisgerechten Anwendung und raschen Orientierung über komplexe Gesetzesinhalte. Bei wichtigen Gesetzen erklären Übersichten die seit der Vorauflage publizierte höchstrichterliche Rechtsprechung – mit Verweis auf eine Fundstelle.

Fazit: Der »Kittner« ist unerlässlich für alle, die über das Arbeits- und Sozialrecht auf aktuellem Stand informiert sein wollen.

Zu beziehen über den gut sortierten Fachbuchhandel oder direkt beim Verlag unter E-Mail: kontakt@bund-verlag.de

Bund-Verlag Gisela Graz / Wolf Klimpe-Auerbach /

Erfolgreiche Personalratsarbeit

Der Personalrat
Personalrecht im öffentlichen Dienst

Der Personalrat

- berichtet über die aktuellen Entwicklungen in allen für die Personalratsarbeit wichtigen Rechtsfragen

- bietet konkrete Lösungen für die Probleme der Personalratsarbeit

- stellt beispielhafte Regelungen zu wichtigen Themen vor

- berichtet aktuell und umfassend über die Rechtsprechung

- wird von Fachleuten und Praktikern aus Gewerkschaften und Dienststellen sowie von Personalräten, Anwälten, Richtern und Wissenschaftlern geschrieben

Exklusiv für Abonnenten: PersonalratInfo – die neue Beilage speziell zum Arbeits- und Gesundheitsschutz im öffentlichen Dienst – 8x jährlich.

Erfahren Sie alles, was für die tägliche Arbeit eines Personalrats wichtig ist. Wertvolle Informationen, gesammelt und konzentriert in einer Zeitschrift. Überzeugen Sie sich selbst und nutzen Sie das Test-Abo. Lesen Sie die Fachzeitschrift für erfolgreiche Personalratsarbeit drei Monate kostenlos.

Zu beziehen über jede gut sortierte Fachbuchhandlung oder direkt beim Verlag unter E-Mail: abodienste@bund-verlag.de

AiB-Verlag